新世纪研究生教学用书 · 会计系列

含
MPAcc、MAud
及MBA、EMBA财会方向

高级管理会计理论与实务

（第三版）

Advanced Management Accounting Theory and Practice

杨公遂 杨若谷 马庆利 编著

东北财经大学出版社 大连
Dongbei University of Finance & Economics Press

图书在版编目（CIP）数据

高级管理会计理论与实务 / 杨公遂，杨若谷，马庆利编著．—3版．—大连：东北财经大学出版社，2023.8（2024.2重印）
（新世纪研究生教学用书·会计系列）
ISBN 978-7-5654-4901-7

Ⅰ．高…　Ⅱ．①杨…②杨…③马…　Ⅲ．管理会计-研究生-教材　Ⅳ．F234.3

中国国家版本馆CIP数据核字（2023）第134277号

东北财经大学出版社出版
（大连市黑石礁尖山街217号　邮政编码　116025）
网　　址：http://www.dufep.cn
读者信箱：dufep@dufe.edu.cn
大连东泰彩印技术开发有限公司印刷　东北财经大学出版社发行

幅面尺寸：170mm×240mm　字数：462千字　印张：22
2023年8月第3版　2024年2月第2次印刷

责任编辑：高　铭　孔利利　责任校对：张　华
封面设计：张智波　版式设计：原　皓

定价：48.00元

教学支持　售后服务　联系电话：（0411）84710309

如有印装质量问题，请联系营销部：（0411）84710711

第三版前言

习近平总书记在党的二十大报告中提出，深入实施人才强国战略。培养造就大批德才兼备的高素质人才，是国家和民族长远发展大计。办好人民满意的教育。教育是国之大计、党之大计。培养什么人、怎样培养人、为谁培养人是教育的根本问题。育人的根本在于立德。全面贯彻党的教育方针，落实立德树人的根本任务，培养德智体美劳全面发展的社会主义建设者和接班人。加强基础学科、新兴学科、交叉学科建设，加快建设中国特色、世界一流的大学和优势学科。

管理会计学是把会计和管理结合起来的一门新兴的交叉性学科，主要通过运用一系列的专门方法，对财务会计及其他相关资料进行深加工，为企业内部进行预测、决策、规划、控制和业绩考核评价服务的一整套信息处理系统。管理会计与财务会计是现代企业会计的两大分支。它们之间既有区别又有联系。管理会计提供的资料主要供企业领导者和管理人员使用；财务会计提供的资料主要供企业投资者、债权人及其他外界组织或人士使用。

传统管理会计最早产生于20世纪20年代，并于20世纪50年代形成体系。传统管理会计旨在为企业内部预测、决策、规划、控制和业绩考核评价服务，使企业资源得到合理利用，降低企业成本，提高企业经济效益，认为利润的实现来自于对企业内部资源的利用，并不注重外部的市场环境和企业的持续发展，也没有关注企业内部竞争优势的培养。因此，其指导思想是内向的、局部的和短期的。显然，这一指导思想与现在的战略管理理论是不相符的。

20世纪80年代以后，科学技术迅猛发展，电脑数控机床和机器人、电脑辅助设计、电脑辅助制造以及弹性制造系统等高科技成果在生产中的广泛运用，使企业生产组织和生产管理呈现出许多革命性变革，适时生产系统、全面质量管理等新观念、新理论和新方法相继形成，这对原有管理会计的技术和方法提出了新的挑战。人们开始对传统的管理会计技术和方法进行反思，认识到原有的管理会计技术和方法已难以继续适应新的生产组织和环境，必须做出相应的变革。

企业战略管理要求企业必须掌握其所处的外部环境及其变化，特别要掌握竞争企业的信息，包括产品的技术、成本、定价、市场占有率，内部财务和非财务资源以及战略措施。同时，企业应根据自身的资源现状和产品特性，明确自己的战略定位和战略目标，制定相应的战略决策。企业战略管理关注短期的会计利润，更关注长期的竞争优势和企业价值的增长。因此，企业战略管理要求管理会计的指导思想必须面向外部、面向长期、面向未来。战略管理会计由此产生。

战略管理会计最早由英国学者西蒙于1981年提出，并逐渐受到关注。1981年，西蒙在《战略管理会计》一文中将战略管理会计定义为："用于构建与监督企业战略的有关企业及竞争对手的管理会计数据的提供与分析。"他特别强调管理会计与企业战略结合的重要性，强调企业相对竞争者的成本竞争地位。威尔逊等人更加拓宽了战略管理会计的范围，强调战略管理的外部性和前瞻性。布朗维奇认为，当分析讨论竞争优势时，不应当抛开产品特性及其成本，对企业和竞争企业的产品特性及其成本变化的监控，正起到了管理会计所要求的保持竞争优势的职能。

考虑到会计学专业学生在本科阶段已经学习过传统管理会计（"管理会计基础"或者是"初级管理会计"）基础理论，因此，本书作为研究生用书，对传统管理会计理论只做简要介绍，主要侧重于高级管理会计理论与实务。在本次修订过程中，作者吸收了该领域的最新研究成果，并根据授课过程中的切身体会，对相关内容进行了增补。同时，案例分析部分也从原来的16个增加到18个。另外，课程思政的内容，在每一章开始时简要提及，具体渗透到各章节的详细内容中。

本书分为上、下两篇：

上篇为高级管理会计理论，共十二章，首先回顾传统管理会计理论、传统成本管理的内容和方法，然后分析战略管理会计基本理论、基于企业战略的全面预算管理、价值链分析、战略定位分析、作业成本管理、人力资源成本管理、财务预警分析与财务风险管理、平衡计分卡理论、财务共享服务、业财融合等内容。在课时安排上，本次修订新增的财务共享服务中心、业财融合两章内容，各学校任课老师可以根据本校具体情况，酌情考虑课堂授课时数。

下篇为高级管理会计应用案例，共18个与高级管理会计理论相对应的典型案例，目的在于：一方面，可以对上篇的相关内容作进一步的实例说明，便于读者理解相关内容；另一方面，可以为企业提供可借鉴的素材，便于企业实际运用高级管理会计方法。

本书由杨公遂，杨若谷，马庆利编著。参加本书编写和案例资料调研、整理的人员有：罗怀敬、杨侠、宋蕾蕾、吴婧、安素霞、杨海静、冯建忠、马洪章、李德柱、刘波、许百强、冯兴登、于晓兵、钊静、李勇、唐军、张军、都洪轩、姬香莲、苏科、卢立成、闫冲、侯成、董青为、徐文琦、张彦国、李尚德、尉可超、高玉荣、何敏、马君、马迎倩、巴树青、黄翠、温宏利、王春芳、葛洪朋、薛一汛、李娅、曲娟、刘明辉、于苗、朱斌、刘佳、王胜男、刘绍朋、苗润滋、雷军、付建森、盖春娥、孙瑞娟、商明晶、孙喆、孙婧、杜敏、季荣花、商晶、冯业辉、陈雨露、王梅菊、郭海燕、张栋、刘圣楠、王琳、王京姝、井冠阳、仲帅、宋其华、王若雨、张静雯、王晨、陈祥三、冯玉增、肖潇、于佳乐、田雨、李姝雅、张帆、张志远、王琛、时志远、张文丽、孟艳清、刘昆、王德政、孙启睿、张文正、张莹、王善韬、徐传玉、刘仁灏、王佳、朱锦莉、李君涵、高筠婷、王子豪等。

本书汇集了作者30多年的教学实践经验，并吸收了国际最新的研究成果，根据党的二十大报告的精神，对相关内容进行了分析。同时，在写作过程中，参阅了国内外大量的文献，我们表示诚挚的谢意！

本书可作为高等财经院校会计专业高年级本科生、会计学硕士、会计专业硕士（MPAcc）以及工商管理硕士（MBA）的教材，也可以作为企业财务总监培训教材或财务经理自学用书。

在本次修订过程中，作者虽然尽力完善相关内容，但是由于水平有限，加之有些内容学术界尚有争论，不当之处在所难免，希望广大读者批评指正！

编著者

2023年初夏于泉城燕子山

目　　录

上篇　高级管理会计理论

上篇　高级管理会计理论

第一章

传统管理会计基础理论

● 第一节　管理会计的产生与发展

随着经济的发展，财务会计的局限性日益显露出来。伴随着泰勒科学管理理论和“泰勒制”的发展，管理会计应运而生。这是马克思主义辩证发展观的一个体现，也与科学发展观相一致。管理会计的产生，进一步拓展了传统会计的职能。

一、管理会计的概念

目前，对于管理会计的概念还没有形成一个统一的规范，比较有代表性的观点主要有以下几种：

美国会计学会管理会计委员会于1958年对管理会计所下的定义是：“管理会计是指，为了协助经营管理人员拟订能达到合理经营目的的计划，并做出能达到上述目的的明智决策，在处理本企业历史和计划的经济资料时所运用的被认为是适当的技术和概念。”

英国成本与管理会计师协会于1982年发表了一个广义的管理会计定义，认为：“管理会计是为管理当局提供所需要信息的那一部分会计工作，使管理当局得以确认方针政策；对企业的各项经营活动进行计划和控制，保护财产的安全；向企业的外部人员反映财务状况；向职工反映财务状况；对各个行动的备选方案做出决策。为此，需要编制长期计划；确定短期经营计划；对实际业务进行记录；采取行动纠正偏差，将未来的实际业务纳入进来；获取并控制各种资金。”这种广义的管理会计定义及其解释，在当时得到了国际会计师联合会管理会计委员会的认可。

美国著名会计学家罗伯特·卡普兰教授在其代表作《高级管理会计》一书中指出："管理会计是一个对信息进行搜集、分类、汇总、分析和报告的系统。它帮助管理人员进行决策和控制活动。与财务会计不同的是：财务会计侧重于向企业的外部人士提供报告，而管理会计侧重于为企业内部提供计划，以及采取控制措施。"

20世纪80年代初，西方管理会计学的理论被介绍到中国。我国会计学者在解释管理会计定义时，提出了以下重要观点：

第一，管理会计是一个服务于企业内部经营管理的信息系统。

第二，管理会计是一种为管理部门提供信息服务的工具。

第三，从学科的性质看，管理会计是一门新兴的、以现代管理科学为基础的综合性交叉学科；从工作性质看，管理会计是信息系统的一个子系统，是决策支持系统的重要组成部分。

综合以上各种观点，可对管理会计做出如下定义：管理会计是把会计和管理结合起来的一门新兴的边缘性学科，它主要是通过运用一系列的专门方法，对财务会计及其他相关资料进行深加工，为企业内部进行预测、决策、规划、控制和业绩考核评价服务的一整套信息处理系统。这一定义不仅概括了管理会计的对象、职能和方法，而且指明了管理会计的学科性质和工作性质。

管理会计与财务会计是现代企业会计的两大分支，它们之间既有区别又有联系。二者的区别与联系将在本章第二节中具体阐述。

二、传统管理会计的发展历程

管理会计的雏形产生于20世纪20年代，20世纪50年代形成基本体系，20世纪70年代以后在世界范围内得以迅速发展和传播。

管理会计从传统的会计中分离出来，成为一门新兴的学科，是有它的客观原因的。管理会计是市场经济发展和科学技术发展的必然结果。管理会计的雏形，又称早期的执行性管理会计。

19世纪末20世纪初，产业革命加速了资本主义经济的发展，生产规模的社会化和激烈的自由竞争，使原来那种单凭经验和主观臆断进行管理的方法已不能适应企业管理的要求，于是泰勒的科学管理理论便应运而生。1911年，被西方誉为"科学管理之父"的泰勒在《会计月刊》上发表了著名的"科学管理原理"，从而开创了企业管理上的一个新纪元。"泰勒制"逐步被推广，并于20世纪20年代达到顶峰。"泰勒制"的核心是：通过动作与时间的研究，制定额定的工作量和工资标准，用来考核和评价工作成绩。泰勒于1881年在美国宾夕法尼亚州米德维尔钢铁厂任领班时，就开始了"动作与时间"的研究。他把每一种工作尽可能分解为许多基本动作，然后通过观察最熟练工人的操作，从中找出最快、最好的操作方法，再加上一些额外的时间（如必要的休息、不可避免的耽搁等）作为额定的时间，在此基础上定出一天的额定工作量，并根据工人完成的好坏，给予其高低不同的工资。"泰勒制"实践的效果是明显的，如搬运工搬运的生铁，由原来每人每天16吨提高到50吨；工人工资由每天1.15美元提高到1.88美元；每吨生铁的搬运费由7.2美分下降到3.8美分。动作和时间方面的高度标准化，可以大大降低人工成本并提高企业利润。列宁于1918年在《苏维埃政权的当前任务》一文中指出："资本主义在这方面的最新发明——泰勒制——也同资本主义其他一切进步的东西一样，有两个方面，一方面是资产阶级剥削的最巧妙的残酷手段，另一方面是一系列的最丰富的科学成就，即按科学来分析人在劳动中的机械动作，省去多余的笨拙的动作，制定最精确的工作方法，实行最完善的计算和监督制等等。"

作为配合推行泰勒的科学管理方法而进行的初步尝试，一些同泰勒的科学管理方法直接相联系的技术方法开始被引进到会计中来。在会计业务中增加了"标准人工成本"和"成本差异"，从而出现了标准人工成本法。后来，另一位管理学专家甘特把标准人工成本法引申到材料和制造费用的成本管理中，形成了"标准人工成本"、"标准材料成本"和"标准制造费用"的标准成本体系。1919年，美国成本会计师协会的成立，加快了标准成本的推广，并将它纳入会计系统，成为标准成本会计。与此同时，预算控制和差异分析等方法也相继出现。20世纪20年代，少数学者开始提出"管理会计"这一名词，并有相关著作问世。1922年，美国会计学家奎因斯坦出版了《管理会计：财务管理入门》；1924年，美国会计学家麦金西的《管理会计》专著面世；1924年，美国行为科学家艾得·布利斯出版了《通过会计进行经营管理》等著作。他们提出了利用会计加强企业内部管理，为企业内部管理服务的观点，但是由于没有形成相对独立的完善体系，当时并未引起人们的重视。据此，可以认为，以泰勒的科学管理理论为基础，以标准成本、预算控制和差异分析为主要内容的早期执行性管理会计，在20世纪20年代已经开始萌芽。

20世纪30—40年代，由于受到几乎波及整个西方资本主义世界范围的经济危机和第二次世界大战的双重影响，企业经营环境恶化，资金筹措不易，迫使企业想方设法加强自身的内部管理，挖掘自身的内部潜力。人们又提出了成本性态分析、本量利分析和变动成本法等管理会计的基础理论和方法，再加上原来的标准成本、预算控制和差异分析，管理会计的原始雏形基本形成。

现代管理会计的真正形成和迅速发展，是从20世纪50年代开始的。

20世纪50年代，世界经济进入了战后发展的新时期。其主要特点表现在：第一，现代科学技术突飞猛进并广泛应用于生产，使生产力获得迅速发展；第二，资本进一步集中，企业规模日趋扩大，跨国公司大量涌现，市场竞争更加激烈，企业经营环境更趋复杂。这些特点对企业管理也提出了相应的新要求：一方面要求企业内部管理更加合理化、科学化；另一方面要求企业具有灵活多变的反应能力和适应能力，以免在激烈竞争中被淘汰。战后经济的这些新的特点和要求，直接冲击了曾经风靡一时的泰勒科学管理理论。泰勒科学管理理论的根本缺陷逐渐显露出来，如它只重视对生产过程的个别环节的高度标准化和高效化而忽视企业管理的全局以及企业与外部的关系；不把人当作有主动性、创造性的劳动者而只作为机器的附属物来管理，势必会引起广大工人的强烈不满，因此难以持久地取得良好的效果。在这种背景下，现代管理科学理论应运而生。现代管理科学理论广泛吸收了自然科学和管理科学的研究成果，形成了以运筹学、行为科学为主要支柱，包括系统科学、电子计算机技术在内的一整套能较好地适应战后经济特点和要求的理论和方法，从而克服了泰勒学说的重要缺陷。

现代管理科学理论的发展及其在企业管理中的成功应用，为现代管理会计学奠定了理论和方法的基础，例如，借助运筹学中的有关理论和方法，建立了经营决策会计、投资决策会计和预测分析会计；借助行为科学理论，建立了责任会计的方法体系。这样，以预测决策会计为主，以规划控制会计和责任会计为辅的现代管理会计体系就正式形成了。管理会计的应用范围日益扩大，作用越来越明显，越来越受重视。

1952年，在伦敦举行的会计师国际代表大会上，正式通过了“管理会计”这一专门术语。原来传统的那一部分会计工作被称为财务会计，会计学被划分为财务会计和管理会计两大领域。

进入20世纪50年代以后，管理会计理论研究也呈现出良好的发展势头。美、英等发达国家陆续将管理会计学课程作为高等院校会计专业和其他财经管理专业的主干课程。西方的会计学者撰写了大量的管理会计教材、专著和论文，其内容广泛，涉及预测决策会计、规划控制会计和责任会计。起初，西方学者只注重管理会计的实用性，而不注重它的理论研究，把管理会计理解为各种专门技术的应用。从20世纪80年代至今，管理会计的研究从实用的角度转向了理论研究。美国会计学会所属的管理会计实务委员会自1980年以来系统地发布《管理会计公告》，作为解决管理会计问题的指导原则。截止到1988年2月，该管理会计实务委员会共发布了14个《管理会计公告》。这些公告是按管理会计体系的类别进行编号的，其主要内容包括：“目标”类公告5个，“术语”类公告1个，“实务与方法”类公告8个。

专业管理会计团体的成立，也是现代管理会计形成的标志之一。早在20世纪50年代，美国会计学会就设立了“管理会计委员会”。1972年，美国全国会计师联合会又成立了独立的“管理会计协会”，并举行了全美第一届执业管理会计师资格考试；几乎与此同时，英国也安排了类似的考试。从此，西方出现了“执业管理会计师（CMA）”职业，管理会计与财务会计的区分已形成制度化。1985年，美国“管理会计协会”更名为“执业管理会计师协会”。同年，英国也成立了“成本和管理会计师协会”。英美分别出版了专业性刊物《管理会计》月刊，并在全世界发行。后来，又有许多西方国家出版发行了管理会计专业杂志。

从20世纪60年代末开始，受统计决策理论和不确定条件下的经济学研究成果的影响，西方管理会计学者开始对以新古典经济学为基础的管理会计进行反思，并逐步放松了管理会计原有的基本设定，将不确定因素和信息成本概念引入管理会计，进而开始将信息统计学、代理人学说和行为科学等引入管理会计的研究，使管理会计的研究领域进一步拓宽。20世纪70年代管理会计逐步风靡全世界。

如果说20世纪70年代以前管理会计理论比较流行，那么20世纪80年代以后研究重点则是管理会计如何推广和应用的问题。1980年4月24日至26日，国际会计师联合会在法国巴黎召开了第一次欧洲会计专家会议。会议上，与会专家和学者发出呼吁："为了在当今复杂多变的世界上使企业能够生存下去并繁荣起来，一个战略性的问题就是推广和应用管理会计。"王丙乾在1980年全国会计工作会议上提出，要在中国逐步推广和应用管理会计，管理会计开始引进到中国。

20世纪80年代以后，伴随着全面质量管理、适时制造、时间竞争、弹性制造等管理理念的陆续产生以及在企业管理中的不断应用，企业面临着竞争更加激烈的全新的商业环境，管理会计发展到战略管理会计阶段。战略管理会计的主要内容包括价值链分析、战略定位分析、作业成本管理、以战略为导向的全面预算管理、以战略为导向的绩效评价等内容。

● 第二节　管理会计与财务会计的区别和联系

一、管理会计与财务会计的区别

（一）工作侧重点不同

财务会计工作的侧重点在于，通过一系列专门的会计核算方法，定期对外提供会计报告，满足企业外部债权人、投资者、财政税务部门、金融部门、上级主管部门及社会公众（包括潜在的投资者等）的需要，向上述与企业有利害关系的团体和个人报告企业的财务状况和经营成果。其具体目标主要是为企业外界服务，从这个意义上说，财务会计也可称为"对外报告会计"。

管理会计工作的侧重点在于加强企业内部管理，对企业的生产经营活动进行预测、决策、规划和控制，并对各个部门的工作业绩进行考核和评价，为企业内部各级管理人员提供有用的信息。其具体目标主要是为企业内部管理服务，从这个意义上来说，管理会计也可称为"对内报告会计"。

（二）作用时效不同

财务会计的作用时效主要在于反映过去，它只是根据客观性原则，对于已经发生的经济业务进行监督和核算，它强调客观性和可核实性，坚持历史成本原则，因为财务会计反映的都是过去实际已经发生的经济业务，所以它实质上属于算"死账"的"报账型会计"。

管理会计的作用时效不仅局限于分析过去，而且更主要地还在于它能动地利用有关资料控制现在，预测和规划未来。因此，管理会计实质上属于算"活账"的"经营型会计"。

（三）工作依据不同

为了取信于人，财务会计工作必须严格遵守一般公认的会计原则（GAAP）。在我国现阶段，财务会计工作还必须遵守会计法、企业会计准则和行业会计制度的规定。

管理会计主要是向企业内部各级管理人员提供加强内部管理所需要的信息，而且是面向未来，涉及的领域又比较广泛，因此，它在很多方面可以不受上述原则和制度的约束，如当进行短期经营决策时，可以不受历史成本的约束，充分考虑重置成本和机会成本等因素的影响；当进行长期投资决策时，可以不受币值稳定假定和权责发生制原则的约束，按照收付实现制原则确定各期的现金净流量，并充分考虑货币的时间价值对决策方案的影响。

（四）工作程序不同

财务会计必须执行固定的会计循环程序。经济业务发生后，首先要取得或填制原始凭证，再对原始凭证进行审核并据以填制记账凭证，然后要过入到有关的总账、明细账和日记账，进行试算平衡、成本计算，期末要进行账项调整，最后在财产清查保证账实相符的基础上编制各种会计报表。在通常情况下，不得随意变更其工作内容或颠倒会计循环程序，它本身具有一定的强制性。在会计实务中，尽管不同行业之间经济业务的类型差异较大，但是财务会计循环的程序基本是固定的。

管理会计的工作程序是不固定的。企业可以根据自己的实际情况和管理需要，自行设计管理会计工作流程。有些能够从财务会计中直接取得的成本和收入资料，管理会计就没有必要按照固定的程序重新计算。在会计实务中，不同企业间管理会计的工作程序具有较大的差异。

（五）计算方法不同

财务会计计算方法比较简单，只涉及初等数学的知识，而且运用范围也较少，在一般情况下，加减乘除四则运算就能大体上满足财务会计计算方面的需要。

管理会计在计算方法的运用方面要求更高，为了解决复杂的经济问题，越来越多的高等数学、统计学方法、资金运筹学方法等被应用到管理会计中来，例如，应用回归分析法进行成本性态分析；应用微积分法计算边际收入和边际成本，以确定产品最优价格；应用概率分析法进行各种预测和决策分析；应用线性规划法进行产品最佳组合的决策分析等。

（六）工作范围不同

财务会计主要以整个企业为核算对象，全面、系统、连续地核算和监督企业发生的全部经济业务，提供集中概括的财务会计信息，用来反映整个企业的财务状况和经营成果。其全面性要求凡属于该企业的经济业务都必须加以记录，不能有所遗漏。

管理会计主要针对企业局部的特定问题进行预测和决策，以企业内部的各个责任中心为单位进行业绩考核和评价。同时，管理会计也从整个企业的全局出发，认真考虑各项计划与决策之间的协调配合和综合平衡，把局部和全局有机地统一起来。

（七）会计报告方面不同

财务会计提供的会计报告需要对外公布，对准确性和真实性要求较高，并要承担一定的法律责任。为了便于有关部门进行汇总和比较分析，财务会计报表的格式比较固定，并要求定期对外报送。

管理会计提供的信息主要满足对内管理的需要，而且有许多是涉及未来的信息，不要求绝对精确，只要求具有及时性和相关性。由于它们一般不向社会发布，因此，法律效力不高，只有参考价值。管理会计报表属于企业内部报表，没有统一的格式，企业可以根据管理需要自行设计，而且会计报告的编制时间也是不固定的。

（八）人员素质要求不同

财务会计的主要任务是对外提供会计信息，主要强调信息的真实性、相关性、及时性和清晰性，对会计人员的专业素质要求较高，对会计人员的知识相对而言要求并不苛刻。财务会计工作一般需要由专业操作能力较强、工作细致的专门人才来承担。

管理会计的主要任务在于加强企业内部管理，为企业内部管理服务。由于管理会计的方法灵活多样，又没有固定的程序可以遵循，因此，其体系相对来说缺乏统一性和规范性，管理会计的工作水平在很大程度上取决于会计人员素质的高低。同时，由于管理会计工作需要考虑的因素较多，涉及的内容和方法比较复杂，因此，要求从事这项工作的人员必须具备较宽阔的知识面和较深厚的专业造诣，具有较强的分析问题、解决问题和果断应变的能力。再加上管理会计所涉及的问题大多关系重大，尤其是决策工作决不允许素质较低的人员瞎参谋、乱指挥。因此，管理会计工作对会计人员素质的要求起点比较高，需要由复合型高级会计人才来承担。

二、管理会计与财务会计的联系

管理会计作为从传统财务会计中分离出来的一门学科，与财务会计存在着一定的联系。管理会计与财务会计的联系主要体现在以下三个方面：

（一）基本信息同源

管理会计虽然可以通过不同的渠道取得多种形式的资料，但最基本、最重要的还是会计核算资料。它不必像财务会计那样填制和审核凭证、登记账簿、记录并汇总企业日常发生的经济业务。这方面的工作依日由财务会计完成，管理会计直接从财务会计中抽取有关的收入成本等信息即可。所以，管理会计和财务会计虽说是两个不同的会计信息系统，但它们的基本信息来源却是相同的，即都是直接反映企业生产经营活动的原始信息。财务会计负责取得会计凭证并据以登记账簿；而管理会计只是对财务会计提供的有关数据进行一系列特殊的加工、改造，使之成为企业管理者预测、决策、规划、控制和考核评价经营业绩的主要依据。因此，归根结底，二者基本信息的源头是一致的。

（二）服务对象交叉

前面讲到，管理会计可称为“对内报告会计”；财务会计可称为“对外报告会计”。这样比较，只是表明它们服务对象的侧重点不同，并不意味着二者在这个问题上完全割裂或对立。事实上，财务会计作为“对外报告会计”同时也为内部服务；管理会计作为“对内报告会计”同时也为外部服务。这是因为，财务会计提供的许多重要指标，如资金、成本、利润等，对企业管理者特别是高层决策者也同样重要，也是他们制定决策、编制计划和实施控制等活动所不可缺少的。很难想象，企业管理层在不了解企业财务状况和经营成果的条件下，能够对未来生产经营活动进行正确的规划，做出科学的预测和决策。同样，管理会计提供的许多重要经济信息，以及根据这些信息所确定的目标、方针、计划和现金流量等，企业外部的债权人、投资者等也需要有所了解，这是他们决定投资、放款和估量未来收益时需要考虑的。尤其是管理会计所进行的预测、决策、规划和控制等项工作，是围绕着企业生产经营的最佳运转而展开的，是为保持良好的财务状况和取得预期的经营成果服务的，同投资者、债权人的最终经济利益密切相关。20世纪70年代初，美国财务会计准则委员会要求把作为管理会计内部报表的财务状况变动表作为对外报送的资料。后来，国际会计准则委员会认可了这一决定，要求把财务状况变动表作为对外报送的三大报表之一。可见，管理会计与财务会计在为谁服务的问题上虽然有明确区别，但也存在某些共同之处，两者之间存在着服务对象交叉的现象。

（三）最终目标一致

管理会计和财务会计都处于现代经济条件下的现代企业环境之中；它们的工作对象总体来看基本相同，都是企业经营过程中的价值运动；两者统一服从于现代企业会计总体要求，共同为满足信息使用者的要求服务。因此，它们的最终奋斗目标是一致的，都是加强企业经营管理，提高企业的经济效益和生产效率。

第三节　传统管理会计的基本内容与职能

一、传统管理会计的基本内容

传统管理会计的基本内容是由完成管理会计职能和目标的具体理论及方法组成的，可分为预测分析、决策分析、全面预算、成本控制和责任会计五个方面。

（一）预测分析

预测分析主要是根据现在推断未来、根据已知推断未知的活动。在管理会计中预测分析的内容主要包括销售预测、成本预测、利润预测和资金需用量预测，它可以为决策分析提供必要的资料，为企业做出正确的决策服务。

（二）决策分析

决策分析是在预测分析的基础上进行的，其主要内容包括短期经营决策和长期投资决策。短期经营决策一般是指在一个经营年度或经营周期内能够实现其目标的决策，主要包括生产决策、定价决策和存货决策等内容。长期投资决策是指在较长时期内（超过一年）才能实现其目标的决策，它的主要特点是对若干期的收支产生影响，一般需要投入大量资金，回收时间长，项目风险高。

（三）全面预算

全面预算就是以货币为主要指标，展示在未来某一特定期间内企业全部经营活动目标及其资源配置的财务计划。它一般包括经营预算、财务预算和资本预算，其内容将在以后有关章节说明。

（四）成本控制

成本控制是对企业生产经营的各个方面、各个环节及各个阶段所有成本的控制。它不仅要控制产品生产阶段的成本，而且要控制产品设计试制阶段、销售阶段及售后服务阶段的成本；不仅要控制产品成本，而且要控制产品成本以外的其他成本，如质量成本和使用寿命周期成本；不仅要加强日常的反馈性成本控制，而且要做好事前的前馈性成本控制。它在时间上贯穿企业生产经营的全过程，在空间上渗透到企业的方方面面。

（五）责任会计

责任会计是现代分权管理模式的产物，它是通过在企业内部建立若干个责任中心，并对其分工负责的经济业务进行规划与控制，以实现业绩考核和评价的一种内部控制会计，是管理会计的一个子系统。

其中，预测分析和决策分析可以合称为预测决策会计；全面预算和成本控制可以合称为规划控制会计。这样，管理会计的基本内容也可以归纳为三大类，即预测决策会计、规划控制会计和责任会计。以上内容既相互独立，又相辅相成，共同构成了管理会计的基本内容。

二、传统管理会计的基本职能

会计的职能是指会计应具备的内在功能。财务会计的基本职能是核算和监督。

管理会计的职能是指管理会计实践本身客观存在的必然性所决定的内在功能。与传统管理会计基本内容相对应，传统管理会计的基本职能可以概括为以下五个方面：

（一）预测经营前景

预测是指采用科学的方法推测客观事物未来发展必然性或可能性的行为。可以根据现在推测判断将来，根据已知推测判断未知。管理会计发挥预测经营前景的职能，就是按照企业的现实情况和将来可能出现的各种因素，充分考虑经济规律的作用和经济条件的约束，选择合理的方法和模型，对企业的销售、成本、利润和资金的变动趋势和水平做出预计和推测，从而为企业经营决策提供有用的信息。

（二）参与经营决策

决策是指在充分考虑各种可能的前提下，以预测为基础，按照客观规律的要求，通过一定的程序和方法对未来实践的方向、目的、原则和方法做出决定的过程。当只有一个方案可供选择时，企业要对该方案的可行性做出决策；当存在几个方案可供选择时，企业要对各个备选方案的优劣进行比较、分析和排序，并从中选出最优方案。决策在企业经营管理中具有十分重要的地位，“管理的重心在经营，经营的关键在决策。”由于决策工作贯穿企业经营管理的各个方面和整个过程的始终，因此，决策的正确与否直接影响一个企业的兴衰成败。管理会计的决策职能主要体现在生产决策、定价决策、存货决策和长期投资决策等方面，有关内容及方法将在以后各章陆续阐述。

（三）规划经营目标

规划主要是对企业未来的生产经营活动做出计划。管理会计的规划职能是通过编制各种计划和预算实现的。它要求在最终决策方案的基础上，将事先确定的各项经营目标分解落实到各有关预算中去，从而合理有效地组织协调供、产、销及人、财、物之间的关系，并为控制和业绩考核创造条件。

（四）控制经营活动

管理会计的控制职能要求把对经营活动过程的事前控制和事中控制有机地结合起来，即事前制定科学可行的各项标准，并根据执行过程中的实际与计划发生的偏差进行原因分析，以便及时采取措施进行调整，改进管理工作，从而确保经营活动按照预定的目标顺序进行。

（五）考核评价经营业绩

在生产力的各个组成要素中，劳动者是一个十分重要的因素，如果能把劳动者的积极性和创造性调动起来，那么会极大地提高劳动生产率。现代管理会计十分重视充分调动人的积极性，通过建立责任会计制度，在企业内部各部门明确各自责任的前提下，逐级考核责任指标的执行情况，从中找出成绩和不足，科学地考核和评价经营业绩，从而为奖惩制度的实施和未来工作改进措施的制定提供必要的依据。

● 第四节　传统管理会计的基本假设与原则

一、传统管理会计的基本假设

会计假设是指面对变幻不定的社会经济环境，对会计领域存在的某些尚未确定或当时无法验证的事项，根据客观的、正常的情况或趋势做出的合乎情理的逻辑性推断或命题。

传统管理会计的基本假设，可根据管理会计的对象、职能、目标和工作环境的要求，分为以下六项：

（一）会计主体的假设

会计主体的假设是指管理会计人员要站在特定企业的立场上，为特定企业服务，它明确了管理会计的空间范围。管理会计只对特定企业的经营活动进行预测、决策、规划、控制和业绩考核评价服务，目的在于加强特定企业的内部管理，提高特定企业的经济效益和生产效率。

（二）持续经营的假设

持续经营的假设是指假设企业能按照目前的状况和企业的未来发展规划持续存在下去，在可以预见的将来不会破产清算。它明确了管理会计工作的时间范围。只有在持续经营的前提下，管理会计的预测、决策、规划、控制和业绩考核评价工作才具有实际意义。

（三）货币时间价值的假设

货币的时间价值是指作为资本使用的货币随着时间的推移所发生的增值。货币时间价值假设是指它承认货币具有时间价值，即不同时期的同量货币价值是不同的。它假定企业投资的报酬与投资时间长短成正比，时间越长，投资报酬就越多。这种说法也是一种假设，因为长期投资决策时所估算的报酬只能在实际投资之后才能确定和实现，而且这种报酬与利息率可能并不存在必然的联系。另外，由于投资环境的复杂性和风险性，投资报酬并不一定与时间长短成正比。

（四）成本性态和相关范围的假设

成本性态分析的假设是指企业按照成本性态，将全部成本区分为变动成本和固定成本两大类。相关范围的假设是指在特定时期和特定业务量范围内，假设固定成本总额不随业务量的增减变动而变动，变动成本总额随业务量变动成正比例变动。在此基础上，企业才能更方便地进行本量利分析、变动成本法的计算，并开展预测分析和短期经营决策分析。

（五）产销平衡和品种结构稳定的假设

产销平衡和品种结构稳定的假设是指当企业产销单一产品时，产量与销售量是一致的；而当企业同时产销多种产品时，假设各种产品销售收入在企业总收入中所占的比例是稳定的。只有在产销平衡和品种结构稳定假设的基础上，企业才能开展本量利分析等活动。而事实上，在企业实际经营过程中，产销未必一定平衡，品种结构也未必一直稳定不变。

（六）变动成本法的假设

变动成本法是指企业计算产品生产成本时　只包括生产产品所消耗的直接材料、直接人工和变动制造费用，而把固定制造费用作为期间成本处理的一种成本计算方法。变动成本法的假设是指假设企业在计算产品生产成本时所选用的成本计算方法为变动成本法，而不是传统意义上的完全成本法（或称制造费用法）。在变动成本计算法的前提下，管理会计可以比较方便地开展本量利分析，进行预测分析和短期经营决策分析，而且编制全面预算的工作量也大大减轻了。

二、传统管理会计的基本原则

管理会计原则是指处理管理会计业务、开展管理会计工作时所遵循的规范和标准。在美国，一般用“管理会计信息的质量特征”来表述。传统管理会计的基本原则包括以下六项：

（一）相关性原则

相关性原则是指管理会计所提供的信息应当有助于企业内部各级管理人员做出经济决策，应当对信息的使用者有用。所以，相关性原则也可称为有用性原则。

（二）及时性原则

及时性原则是指管理会计所加工出来的信息应当及时地提供给信息的使用者，以便于管理人员及时做出决策。如果信息提供不及时，就会降低其有用性，给企业造成损失。

（三）明晰性原则

明晰性原则是指管理会计所提供的信息应当清晰明了，便于信息使用者理解和利用。当提供管理会计信息时，提高信息的可理解性，增强信息的可读性，能扩大信息使用者的范围，提高信息的使用效益。明晰性是联结信息提供者和信息使用者之间的纽带，与决策者了解和使用信息密切相关。

（四）重要性原则

重要性原则要求对于重要的管理会计信息单独及时反映。重要性原则意味着，一些重要的管理会计信息可以随时不定期地单独提供给决策者，而且其计算应尽可能准确，表述应尽可能规范、严密。凡是细微的和不重要的会计信息，因为对决策的制定影响不大，可以采用最简捷、花费代价最小的方式加以计量和记录，有时也可以直接从财务会计有关信息中取得。它同时体现了成本效益原则，因为取得的信息越多，信息的精确程度越高，必然花费的成本也越大。另外，管理会计的预测和决策等活动是针对未来的，而未来本身就具有一定的不确定性，所以管理会计有时只要计算出近似值，就可以做出正确的决策。

（五）中立性原则

中立性原则是指管理会计提供的信息对不同的内部经济利益体的影响都是公平的，不能有意偏袒其中的任何一方。中立性之所以作为管理会计的一项基本原则，是因为管理会计信息通常作为各内部部门业绩考核评价或内部资源分配的重要依据。

（六）利润最大化原则

利润最大化原则是指企业在经营管理决策中，总是以目标利润最大的方案作为最优方案。在短期经营决策和长期投资决策中，如果同时有多个备选方案可供选择，则管理会计人员要以目标利润最大的方案作为中选方案，最终目的是能使企业总体目标利润实现最大化。

● 第五节　管理会计工作组织

管理会计工作组织是根据管理会计工作的特点，制定管理会计规章制度，设置管理会计机构，配置管理会计工作人员，以保证合理、有效地进行管理会计工作。

一、制定管理会计制度

（一）管理会计制度的概念

管理会计制度是根据各单位的具体情况和内部管理的需要，用来开展和规范管理会计工作的规章制度。制定合理的管理会计制度并有效执行，能保证管理会计工作高效有序地进行，可以使其提供的管理会计信息更具及时性和有用性，从而更好地满足企业加强内部管理的需要。

（二）制定管理会计制度的原则

企业制定管理会计制度时，应遵循以下原则：

1.要遵循市场经济规律和国家有关财经法规的要求。

2.应体现本单位的生产经营、业务管理的特点和要求。

3.应当科学、合理，便于操作和执行。

4.应当全面规范本单位的管理会计工作，保证管理会计工作的有序进行。

（三）管理会计制度的内容

管理会计制度主要包括以下内容：

1.建立管理会计工作体系

管理会计工作体系的主要内容包括：单位领导人、总会计师对管理会计工作的领导职责；管理会计部门及其负责人的职责和权限；管理会计部门与其他职能部门的关系等。

2. 建立管理会计人员岗位责任制度

管理会计人员岗位责任制度的主要内容包括：管理会计人员的工作岗位设置；各工作岗位的职责和标准；各工作岗位的人员和具体分工；工作岗位轮换办法；对各工作岗位的考核办法等。

3. 建立管理会计业务规章制度

管理会计业务规章制度的主要内容包括：成本性态分析的方法；成本计算方法的选择；预测分析方法的选择和使用；短期经营决策分析的方法；长期投资决策评价指标的选择和运用；全面预算的内容及其编制方法；标准成本控制系统的建立和执行；责任中心的划分、内部转移价格的确定及业绩考核评价的方法等。

二、设置管理会计机构

（一）西方企业的组织系统

任何企业都可以划分为各个不同的职能部门，使企业的经营活动更加易于管理。

西方制造型公司的组织大体上可分为生产部门和服务部门两大系统。凡是直接处理产品的生产和销售活动的，称为生产部门。至于其他部门，因为都是支持生产部门的工作或为生产部门服务的相关部门，所以称为服务部门。

其组织系统如图 1-1 所示。

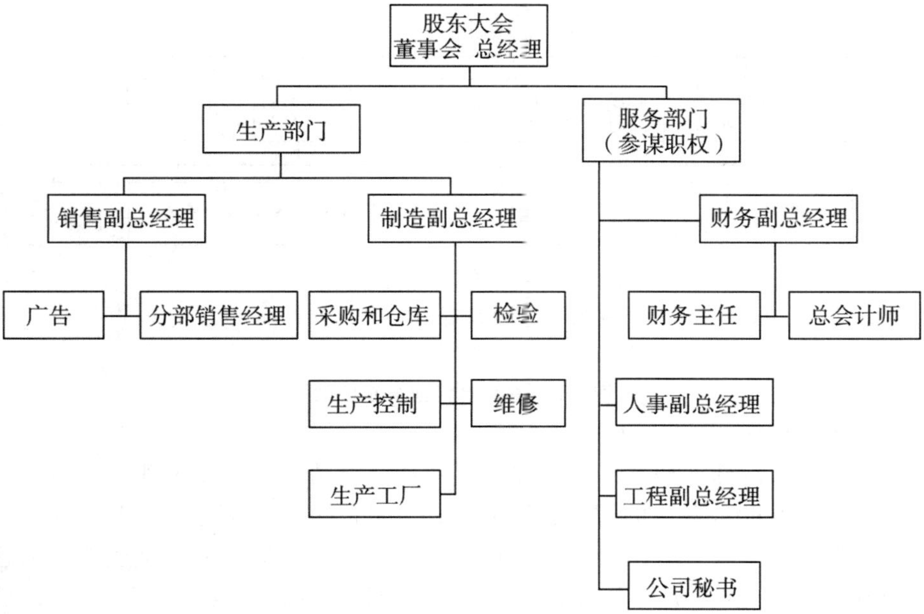

图1-1　西方企业组织系统图

图 1-1 表明，由财务副总经理领导下的会计部门和财务部门同属于服务部门。西方企业中的会计部门和财务部门一般是分开设置的。会计机构的负责人为“会计长”，由于其职责和工作性质相当于我国的总会计师，因此会计机构的负责人也可以称为“总会计师”。财务机构的领导为“财务主任”，其主要负责企业的财务问

题，而不是经营问题。

美国高级财务人员协会规定的总会计师与财务主任的职责划分见表1-1。

表1-1 美国高级财务人员协会规定的总会计师与财务主任的职责划分

总会计师	财务主任
（1）规划与控制	（1）提供资金
（2）编制报告并进行解释	（2）与投资人联系
（3）业绩评价与咨询	（3）短期理财
（4）税务管理	（4）与银行往来并委托银行保管货币资金
（5）向政府提出报告	（5）放账与收款
（6）保护财产安全	（6）投资
（7）经济评价	（7）保险

从表1-1可以看出，总会计师履行的前三项职责都属于管理会计的范畴。在总会计师之下，按照计划、控制、税务、会计与审计等专门领域，分别由管理会计师、成本会计师、财务会计师、税务专家、审计专家等负责管理。总会计师的业务系统如图1-2所示。

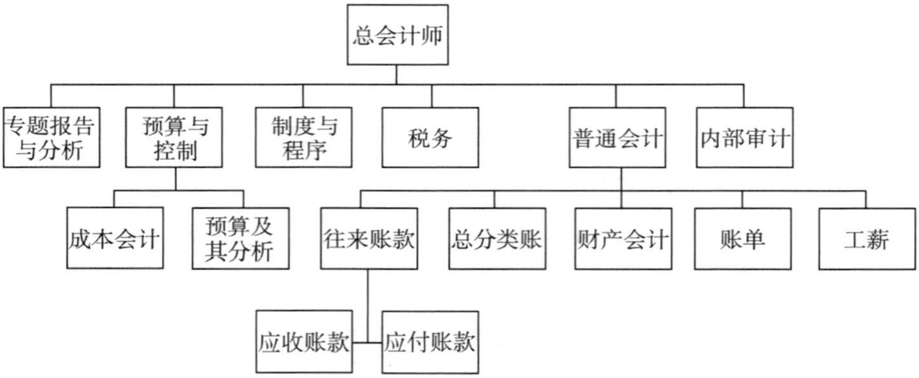

图1-2 总会计师业务系统图

（二）管理会计机构的设置

在会计机构内部，根据工作需要和企业的具体情况，可以单独设置独立的管理会计机构，并配备必要的管理会计人员；也可以由财务会计人员兼任管理会计职务。但是，为了保证管理会计工作的全面开展，在规模较大的企业里，把管理会计机构与财务会计机构分开设置，并分别配备专职的会计人员，是非常必要的。

在大中型企业中，管理会计机构可以分设以下几个小组，每个小组的职责和要求如下：

1.预测分析组

预测分析组负责成本按性态分类；进行本量利分析、销售预测、成本预测、利润预测，以及资金需用量的预测等。

2.决策分析组

决策分析组负责搜集决策所需的资料；制定生产决策，确定生产什么、生产多少、怎样生产等问题；制定定价决策，确定产品最优售价，判断分析调价方案的可行性；制定存货决策，确定经济订货量、再订货点和最优生产批量；制定长期投资决策，判断长期投资决策方案的可行性，比较投资方案的优劣，确定最优方案。

3.全面预算组

全面预算组负责全面预算中的各项经营预算、财务预算和资本支出预算表格的设计；确定具体预算的编制方法；预算的执行、调整和检查分析；预算差异的具体处理。

4.成本控制组

成本控制组负责标准成本的制定；日常标准成本的执行和控制；成本差异的计算分析和账务处理；质量成本控制；使用寿命周期成本控制等。

5.绩效评价组

绩效评价组负责责任中心的划分；责任中心的业绩考核与评价；责任转账；编制责任报告；确定内部转移价格等。

根据企业规模大小和管理要求的不同，以上几个小组也可以适当合并或细分，以适应企业加强内部管理的需要。

三、配备管理会计人员

（一）管理会计师资格的取得

管理会计在以英、美为代表的西方主要发达国家明显地具有职业化与专业化特征。在英国和美国，要想取得管理会计师资格并在企业从事管理会计工作，必须参加管理会计师资格考试。

美国于1972年成立了专门的管理会计协会——美国管理会计师协会（Institute of Management Accounting），负责组织管理会计师资格考试，考试合格者颁发“管理会计师资格证书”（Certificate in Management Accounting，CMA）。

英国的管理会计师资格考试是由特许管理会计师协会（The Chartered Institute of Management Accountants）负责组织和实施。该协会规定，申请参加资格考试的人员必须至少达到大学入学标准或相当学历。

2012年，总部位于伦敦的CIMA皇家特许管理会计师公会和总部位于纽约的美国注册会计师协会（AICPA）对外宣布，双方各自的理事会已经审议通过双方的合作计划——组建世界最大的会计师组织并推广一个新的全球性会计资格证书，该新证书命名为全球特许管理会计师（Chartered Global Management Accountant，CGMA），新证书将标志着持证人在管理会计、绩效管理和企业战略等方面的卓越能力。

CGMA的考试分为四个阶段，通过每个等级考试都有相应证书：

（1）基础级：通过基础级考试后可获得CIMA商业会计证书。考试科目为：

BA1 企业经济学基础

BA2 管理会计基础

BA3 财务会计基础

BA4 伦理、公司治理与商法基础

（2）运营级：通过运营级考试后可获得CIMA管理会计证书。考试科目为：

E1 组织管理

P1 管理会计

F1 财务报告与税务

OCS 运营级案例分析考试

（3）管理级：通过管理级考试后可获得CIMA高级管理会计证书。考试科目为：

E2 项目与关系管理

P2 高级管理会计

F2 高级财务报告

MCS 管理级案例分析考试

（4）战略级：通过考试，并有3年工作经验可获得特许管理会计师ACMA和全球注册管理会计师CGMA证书。考试科目为：

E3 战略管理

P3 风险管理

F3 财务战略

SCS 战略级案例分析考试

CGMA的基础级又称“基础阶段”，主要针对没有会计基础的学生或者非会计专业人士。“运营级+管理级+战略级”合称为“专业阶段”，是面向不同层级的会计专业人士提高自身专业能力的学习阶段。

CGMA考试的一大特点就是在专业阶段的三个级别，每个级别均以案例考试作为该级别的最后一门考试，测试学生综合运用该级别所学三个板块课程的知识解决实际问题的能力。

根据实际情况，我国可以参照英国的做法，成立注册管理会计师协会，组织注册管理会计师资格考试，选拔和任用管理会计人员。

（二）管理会计师的职业道德

管理会计师在工作中应遵守职业道德，管理会计师职业道德一般由国家会计师协会或管理会计协会颁布，如美国会计师协会于1982年颁布了《管理会计师职业道德标准》。管理会计师不得出现违反这些标准的行为，也不应听任其他人员违反这些规则。这些职业道德标准主要有以下内容：

1.胜任性（Competence）

管理会计人员有义务：

①通过不断提高自身的知识和技能，保持适当的专业技术水平；

②按照各有关法律、规章和技术标准，履行其职业任务；

③在对相关和可靠的信息进行适当分析的基础上，编制完善而清晰的报告，并提出建议。

2.保密性（Confidentiality）

管理会计人员有义务：

①除法律规定外，非经核准，不得泄露在工作过程中所获的机密信息；

②告诉下属要适当注意在工作过程中所获信息的机密性并监督其行为，以确保严守机密；

③禁止将在工作过程中所获的机密信息，经由个人或第三者用于获取非法利益。

3.正直性（Integrity）

管理会计师对下列各项有责任：

①避免介入实际或明显的利害冲突并向任何可能的利害冲突各方提出忠告；

②不得从事道德上有害于履行职责的活动；

③拒绝收受影响其行为的任何馈赠、赠品或宴请；

④了解并沟通不利于作为认真负责的判断或顺利完成工作的专业性限制条件或其他约束条件；

⑤沟通不利及有利的信息以及职业判断或意见；

⑥禁止从事或支持任何有害于职业团体的活动。

4.客观性（Objectivity）

管理会计师对下列各项有责任：

①公允而客观地沟通信息；

②充分反映信息，帮助使用者正确理解各项报告、评论和建议。

第二章

传统成本管理的内容与方法

勤俭节约是中华民族的传统美德。党的二十大报告中提出，在全社会弘扬劳动精神、奋斗精神、奉献精神、创造精神、勤俭节约精神，培育时代新风新貌。现代企业家也认为，钱不仅是赚出来的，而且也是省出来的。企业应节省每一个铜板，好钢用到刀刃上。通过学习成本管理的意义、原则、内容和方法，可以使企业充分利用现有资源，降本增效，为企业创造更好的经济效益。

第一节　成本管理的意义及原则

一、成本的概念

成本（Cost）作为一个价值范畴，无论是在会计学、投资学、工程学，还是在政治经济学中，都是一个重要的范畴。不同的学科，由于其研究的角度不同、目的不同，对成本的定义也不完全相同。下面仅从政治经济学和会计学的角度，对成本的概念作简要分析。

（一）政治经济学中成本的概念

马克思在《资本论》一书中指出，“按照资本主义方式生产的每一个商品W的价值，用公式来表示为W=c+v+m。如果从这个产品价值中减去剩余价值m，那么，在商品中剩下的，只是一个在生产要素上耗费掉的资本价值c+v的等价物或补偿价值。”（《马克思恩格斯全集》第25卷，第30页）“只是补偿商品使资本家自身耗费的东西，所以对资本家来说，这就是商品的成本价格。”（同上）马克思在这里称为商品的“成本价格”的那部分价值，指的就是商品成本。

社会主义市场经济与资本主义市场经济有着本质的区别。但二者都是商品经济，在社会主义市场经济中，企业作为自主经营、自负盈亏的商品生产者和经营者，其基本的经营目标就是向社会提供商品，满足社会的一定需要，同时要以产品的销售收入抵偿自己在商品的生产经营过程中所支付的各种劳动耗费，并取得盈利。只有这样，才能使企业以至整个社会得以发展。因此，商品价值、成本、利润等经济范畴，在社会主义市场经济中，仍然有其存在的客观必然性，只是它们所体现的社会经济关系与资本主义市场经济中的不同。在社会主义市场经济中，产品的价值仍然由三个部分组成：（1）已耗费的生产资料转移的价值（c）；（2）劳动者为自己劳动所创造的价值（v）；（3）劳动者为社会劳动所创造的价值（m）。从理论上讲，上述的前两部分即c+v，是商品价值中的补偿部分，它构成商品的理论成本。

综上所述，从政治经济学的角度可以对成本定义如下：在生产经营过程中所耗费的生产资料转移的价值和劳动者为自己劳动所创造的价值的货币表现，也就是企业在生产经营过程中所耗费的资金的总和。

（二）会计学中成本的概念

在生产经营过程中，企业为了制造产品或者购入商品以供销售，从而获取收入并最终保证利润的实现，必然会放弃或牺牲一些资源。在会计学中，成本是指为了实现一定的经济目的而付出的、可以用货币计量的代价（或价值牺牲）。

不同行业成本的内容不完全相同，本书主要以制造业为例，分析成本的构成和成本的计算方法。对于制造业而言，为了达到获取收益的目的，企业必须组织生产、制造产品，为此需要付出如下代价：耗费原材料、燃料及动力等，计提固定资产折旧，以及支付工资、福利费等。

应当指出的是，以上只是从理论上说明了成本的经济实质和它应包括的客观内容。在实际工作中，成本的开支范围是由国家通过有关法规制度来加以界定的。为了促使企业加强经济核算，减少生产损失，企业对于劳动者为社会劳动所创造的某些价值，如财产保险费等，以及一些不形成产品价值的损失性支出，如工业企业的废品损失、季节性和修理期间的停工损失等，也应计入成本。可见，实际工作中的成本开支范围与理论成本包括的内容是有一定差别的。就上述的废品损失、停工损失等损失性支出来说，从实质上看，并不形成产品价值，它不是产品的生产性耗费，而是纯粹的损耗，按其性质并不属于成本的范围。但是考虑到经济核算的要求，将其计入成本，使之得到必要的补偿。当然，对于成本实际开支范围与成本经济实质的背离，必须严格限制，否则，成本的计算就失去了理论依据。

思考：会计学与政治经济学中对成本所下的定义，其研究的角度和目的有何不同？

二、成本管理的意义

传统成本管理，从时间上说，既包括对生产过程中的成本的管理与控制，又包括产品设计及试制阶段、销售及售后服务阶段对成本的管理与控制，它贯穿企业生产经营的全过程；从内容上说，既包括产品生产成本的管理与控制，又包括产品设计及试制成本、资金筹集成本、材料采购成本、销售费用、管理费用、财务费用、质量成本、使用寿命周期成本的管理以及战略成本管理。加强成本管理，对于企业的发展具有重要的意义。

（一）成本管理是企业增加利润的根本途径

因为“利润=收入-成本”，所以降低成本是增加利润的重要手段之一。在收入不变的情况下，降低成本可使利润增加；在收入增加的情况下，降低成本可使利润增长得更快；在收入下降的情况下，降低成本可抑制利润下降的趋势。即使是国有公用事业部门，如果其成本很高并不断亏损，则其生存也会受到威胁，不仅难以在调控经济、扩大就业和改善公用事业等方面发挥作用，而且会影响政府财政，加重纳税人负担，对国计民生不利，从而失去其存在的价值。

思考：根据会计恒等式“收入-成本=利润”，从以下几组等式中，你可能会悟出什么？

10-9=1
10-8=2

10-5=5
10-4=6

10-2=8
10-1=9

10-9=1
12-10=2

（二）成本管理是企业抵御内外压力，求得生存的主要保障

企业在经营过程中，外有同业竞争、政府课税和经济环境逆转等不利因素，内有职工改善待遇和股东要求分红的压力。企业用以抵御内外压力的武器，主要是降低成本、提高产品质量、创新产品品种。其中，降低成本是最主要的。降低成本可以提高企业的价格竞争能力；可以提高安全边际率，使企业在经济萎缩时继续生存下去；提高售价会引发经销商和供应商相应的提价要求并增加流转税负担，而降低成本可以避免这类外部压力。成本降低了，企业才有能力提高质量、创新设计，或者提高职工待遇和增加股利。

（三）成本管理是企业发展的基础

把成本控制在同业的先进水平上，才有迅速发展的基础。成本降低了，可以降低售价以扩大销售，销售扩大后经营基础稳固了，才有能力提高产品质量，创新产品设计，寻求新的发展。许多企业陷入困境的重要原因之一，就是在成本失去控制的情况下盲目发展，一味在促销和开发新产品等方面冒险，一旦市场萎缩或决策失误，企业没有抵抗能力，很快就垮下去了。

三、成本管理的原则

实行全面成本管理，需要遵循以下原则：

（一）“成本-效益”原则

企业进行成本管理所带来的经济效益，要大于为了进行成本管理所付出的代价，才能增加企业自身的价值，这就是成本管理的“成本-效益”原则。

（二）具体问题具体分析的原则

《晏子春秋》曰：“橘生淮南则为橘，生于淮北则为枳，叶徒相似，其实味不同。所以然者何？水土异也。”企业进行成本管理，也需要遵循具体问题具体分析的原则。每一个企业的环境、文化不完全相同，成本管理系统必须个别设计，适合特定企业、部门、岗位和成本项目的实际情况，不能盲目照搬别人的成功经验。

（三）领导重视与全员参与的原则

企业进行成本管理，如果单位领导不够重视，且成本管理意识不强，那么一般员工也会受到影响，有力使不上；或者领导虽然强调成本管理，但是一般员工不配合，同样不能达到理想的成本管理效果。所以，企业进行成本管理，要做到领导重视，全员参与，从而充分发挥成本管理的积极作用。

● 第二节　传统管理会计的内容

传统成本管理的内容主要包括：资金筹集成本管理、产品设计成本管理、新产品试制成本管理、材料采购成本管理、产品生产成本管理、期间费用管理、质量成本管理、使用寿命周期成本管理等内容。

一、资金筹集成本管理

资金筹集成本是指企业筹集资金所付出的代价，一般用相对数表示。不同来源的资金，资金筹集成本是不相同的。

（一）债券或借款资金成本

债券或借款所发生的利息费用，不具备资本化条件的，可以作为利息支出在税前扣除，具有抵税作用。抵税后的债券或借款成本率的计算公式为：

$$\text{债券或借款资金成本}=\frac{\text{利息费用}\times(1-\text{所得税税率})}{\text{借款或债券发行收入}\times(1-\text{筹资费率})}$$

（二）优先股资金成本

优先股和普通股的现金股利是在税后支付的，因此，不具有抵税作用。

$$\text{优先股资金成本}=\frac{\text{优先股每年发放的股利}}{\text{优先股发行总收入}\times(1-\text{筹资费率})}$$

（三）普通股资金成本

$$\text{普通股资金成本}=\frac{\text{普通股预计发放的股利}}{\text{普通股发行总收入}\times(1-\text{筹资费率})}+\text{普通股预计股利增长率}$$

（四）企业留存收益资金成本

企业留存收益资金成本是一种机会成本，可以按照与投资项目有效期相同年限的存款利率来确定。股份制企业留存收益的资金成本可以用普通股的资金成本公式加以计算，只是不必考虑筹资费用。

（五）加权平均资金成本

加权平均资金成本=∑(某种来源的资金成本 × 该种来源的资金所占的比例)

需要说明的是，在西方企业中，一般借款或公司债券融资的资金成本较低；优先股股票融资的资金成本较高；普通股股票融资的资金成本最高。但是在我国，由于市场机制不健全，目前经济效益较差、很少发放或不发放现金红利的企业，普通股股票融资的资金成本并不高；相反，银行借款或债券融资却有固定的利息支付负担。

企业管理资金筹集成本时，并不能仅仅选择资金成本最低的某一种方式融资，而是要合理安排各种筹资方式的结构，从而使企业的加权平均资金成本最低。

二、产品设计成本的管理

对产品设计成本进行管理是整个成本管理工作的关键。在产品生产成本总额中，大约有70%~80%在产品设计阶段就基本确定了。在具体的生产环节中，要想大幅度地降低成本是不现实的，除非偷工减料，或者重新改进设计。

对产品开发与设计成本进行管理可以采用价值工程法。价值工程（Value Engineering，VE）是通过对产品功能的评价，正确处理产品功能和成本的关系，以达到最大限度降低成本的目的。用公式表示为：

价值（V）=功能（F）÷成本（C）

可见，价值与功能成正比，与成本成反比。从上面的公式也可以看出，提高产品价值的途径包括以下几个方面：

①在成本不变的情况下，提高产品的功能；

②在功能不变的情况下，降低产品的成本

③功能略有降低，成本大幅度降低；

④成本略有增加，功能大幅度提高；

⑤功能提高，成本降低。

在产品设计、研究、试制过程中，产品功能与目标成本发生矛盾时，就要运用价值工程法剔除过剩功能，以降低产品设计成本，从而达到技术为经济服务的目标。

新产品设计成本管理的方法是，在设计完成后，根据设计方案对产品的设计成本进行全面测算，确定其能否达到目标成本的要求，如有差距，应将原设计方案退回设计部门重新修改；若经过多次修改仍无法达到目标，则可将原制定的目标成本予以修正。

老产品设计成本的管理，一般无须对设计方案的全部成本进行全面测算，只要求针对那些做出改进的部分，计算它们的成本节约额。如果这些成本项目的节约额之和能满足计划规定的降低成本的要求，那么就基本实现了对老产品设计成本的事前控制。

三、新产品试制成本的管理

新产品的试制和鉴定阶段，是把理想变为现实，从而形成质的飞跃的阶段。新产品的试制一般还可分为样品试制和小批试制两个步骤。

对新产品试制成本的事前控制应以产品设计的目标成本为依据。当计算新产品试制成本时，企业要特别注意不要与老产品的成本混在一起。每试制一次，就计算一次，以便逐步测试新产品试制成本能否保证产品设计目标成本的实现。

四、材料采购成本的管理

材料采购成本的管理，主要是确定经济订货量、订货点，以及运用存货控制的ABC分类法等。

（一）经济订货量

采购批量是指每次订购材料、商品的数量，而经济订货量就是使企业全年存货相关成本总和最低的采购批量。

1.正常条件下经济订货量的确定

在正常条件下，经济订货量的确定是在如下假设条件下进行的：

（1）年需求量已知或能确定；

（2）集中到货，而非陆续入库；

（3）存货采购单价不变，不考虑现金折扣；

（4）不允许缺货，即没有缺货成本；

（5）企业现金充足，不会因现金短缺而影响进货；

（6）所需存货市场供应充足，不会因买不到需要的存货而影响生产。

在此假设条件下，采购批量决策的相关成本只有订货成本和储存成本两项，两者成本之和最低时的每次采购量，即为经济订货量。为此，经济订货量可以采用列表法、图解法和公式法三种方法确定，根据下面的材料，以实例说明三种方法的运用。

【例2-1】某企业的一种主要材料，全年需用量是1 200吨，每订购一次的费用为50元，单位存货储存一年的费用为0.75元。据此，确定经济订货量。

（1）列表法。它是根据全年需用量，按不同的采购次数和采购批量，分别测算全年的订购和存货保持费用及两者的总额，并汇列一表加以比较，以费用总额最低的采购批量为经济订货量的一种方法，见表2-1。

表2-1　**存货有关成本计算表**　金额单位：元

（1）每次订货量（吨）	600	400	200	150	100	50
（2）全年订货次数（次）	2	3	6	8	12	24
（3）全年平均存量（吨）	300	200	100	75	50	25
（4）全年订货费用	100	150	300	400	600	1 200
（5）全年储存费用	225	150	75	56.25	37.5	18.75
（6）全年费用总额	325	300	375	456.25	637.5	1 218.75

如表2-1所示，经济订货量应为400吨，此时，与存货有关的两项成本之和最低。该法的缺点是，其计算的经济订货量不够精确，而且计算过程比较复杂。

（2）图解法。它是在一张图表上绘制三条成本线，即订货费用线、储存费用线和费用总额线，以费用总额最低的订货量为经济订货量的一种方法，如图2-1所示。

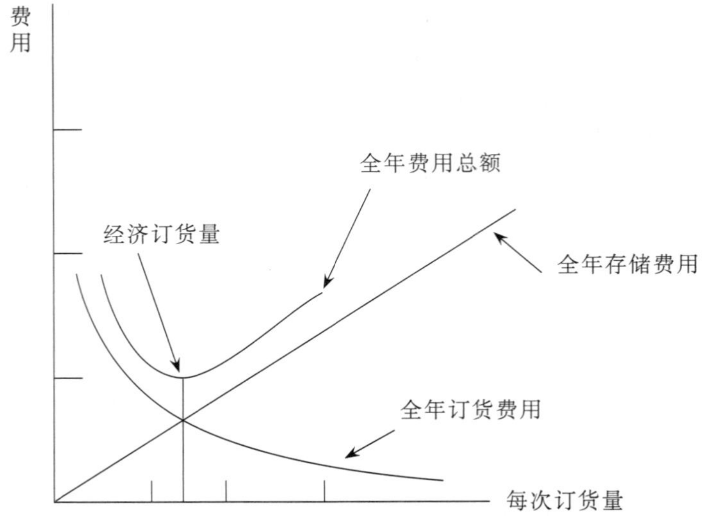

图2-1　经济订货量模型

从费用总额最低点作一线与横轴垂直，其相交之处，即为经济订货量。从图2-1可以看出，当全年订货费用和全年存储费用相等时，全年的费用总额最小。

图解法的优点是可以客观形象揭示全年订购费用、全年存储费用与全年费用总额三者在不同订货量条件下的关系，有助于非会计专业人员理解经济订货量的含义。缺点是测得的经济订货量不够准确，而要用此法为众多存货确定经济订货量，其业务也繁重。

（3）公式法。从列表法和图解法所确定的经济订货量虽都不够精确，但却为进一步合理解决这个问题提供了依据。上述两法表明，当订购费用和存储费用相等时，与存货有关的费用总额最低。按照这一关系，可以得出一个直接计算经济订货量的公式。

如以Q表示经济订货量，D表示存货的全年需用量，P表示每次采购费用，K表示每单位存货保持一年所需费用，则年采购数量为D/Q，平均存货量为Q/2，全年采购费用和存储费用的关系可用如下等式表示：

$$\frac{D}{Q}P=\frac{Q}{2}K \Rightarrow 2DP=Q^2K \Rightarrow Q^2=\frac{2DP}{K}$$

$$\therefore Q=\sqrt{\frac{2DP}{K}}$$

将有关资料代入公式，可直接求得经济订货量的数据如下：

$$Q=\sqrt{\frac{2\times 1\,200\times 50}{0.75}}=\sqrt{160\,000}=400\text{（单位）}$$

年订货次数=1 200/400=3（次）

2.存在商业折扣条件下经济订货量的确定

上述经济订货量的分析是以价格不随采购量的变动而变动的假设为基础的，因此经济订货量决策的相关成本只有订货成本和储存成本两项。但在存在商业折扣的情况下，除了订货成本和存储成本之外，采购成本也是采购批量决策中的相关成本。因而这三种成本的年成本合计最低的每次采购量，才是经济订货量。

【例 2-2】设某公司每年需用某种材料6 000件，每次订购成本为150元，每件材料的年储存成本为5元。该种材料的采购价格为每件20元，一次订购数量在2 000件以上时可获得2%的折扣，一次订购数量在3 000件以上时可获得5%的折扣。此时，经济订货量的决策分析如下：

根据上述三种情况分别计算三种成本的年成本合计。

（1）当没有数量折扣时：

经济订货量：$Q=\sqrt{\frac{2DP}{K}}=\sqrt{\frac{2\times 6\,000\times 150}{5}}=600$（件）

购货成本=6 000×20=120 000（元）

订货成本=$\frac{6000}{600}$×150=1 500（元）

存储成本=$\frac{600}{2}$×5=1 500（元）

年成本合计=120 000+1 500+1 500=123 000（元）

（2）当订货批量为2 000件时：

购货成本=6 000×20×（1-2%）=117 600（元）

订货成本=$\frac{6\,000}{2\,000}$×150=450（元）

储存成本=$\frac{2\,000}{2}$×5=5 000（元）

年成本合计=117 600+450+5 000=123 050（元）

（3）当订货批量为3 000件时：

购货成本=6 000×20×（1-5%）=114 000（元）

订购成本=$\frac{6\,000}{3\,000}$×150=300（元）

储存成本=$\frac{3\,000}{2}$×5=7 500（元）

年成本合计=114 000+300+7 500=121 800（元）

比较上述三种情况可见，当订购批量为3 000件时成本最低，故其经济订货量应为3 000件。

3.存货陆续入库条件下经济订货量的确定

如果采购批量相同，但每次入库不符合货物集中入库的假设，如企业自制的半成品或零部件大都一面生产，一面被消耗，则此时经济订货量（对于自制存货则称为经济生产批量）仍应为订货成本（自制存货为每次准备成本）和储存成本之和最低时的采购批量，但此时的平均存货应为$\frac{Q}{2}$（1-日耗用量/日生产量），设日耗用量为d，日生产量为p，则：

$$Q=\sqrt{\frac{2DP}{K(1-\frac{d}{p})}}$$

【例2-3】 某厂每年需要某零件6 480件，日平均耗用量18件。

外购：单价60元/件，每次订货成本50元，每件年储存成本0.5元；

自制：日生产量48件，每次生产准备成本300元，每件变动生产成本50元。

据此，确定所需零件外购或自制的方案分析如下：

外购：经济订货量$=\sqrt{\frac{2\times 6\,480\times 50}{0.5}}=1\,138$（件）

全年订购、存储成本$=\frac{6\,480}{1\,138}\times 50+\frac{1\,138}{2}\times 0.5=569$（元）

订货成本$=6\,480\times 60=388\,800$（元）

存货总成本$=569+388\,800=389\,369$（元）

自制：经济生产批量$=\sqrt{\frac{2\times 6\,480\times 300}{0.5\times(1-18/48)}}=3\,527$（件）

全年准备、储存成本$=\frac{6\,480}{3\,527}\times 300+\frac{3\,527}{2}\times\left(1-\frac{18}{48}\right)\times 0.5=1\,102$（元）

相关生产成本$=6\,480\times 50=324\,000$（元）

存货总成本$=1\,102+324\,000=325\,102$（元）

比较可知，自制总成本最低，因此零件以自制较好。

（二）订货点

在经济订货量确定之后，为使各项存货相关成本总和最低，还需进行订货点的决策分析。

订货点就是为确保生产和销售的顺利进行，一项存货在申请订购时所应保持的存量，又称再订货点。

订货点的高低主要取决于前置时间、存货的日正常需用量和安全存量三个要素。

前置时间，又称交货期、订货时间，是指在正常情况下从办理采购起到存货验收入库可以使用止的时间间隔。前置时间主要由如下四部分构成：（1）企业采购部门根据需要订购的品种、数量及其他相关要求，选择采购地点、供货单位和安排采购人员等所需的时间；（2）与供货单位进行洽商、议价和签订合同等业务所需的时间；（3）货物自供应单位运达本企业所需的时间；（4）对到达货物进行质量检查、数量点收以及整理、分装、配套、存货等所需的时间。

前置时间的长短，对订货点和存货水平的高低影响极大，一般来说，这个时间越短，对企业越有利。

存货的日正常需用量，是指在正常情况下存货的每天需用量。在前置时间既定的情况下，每天的需用量越大，订货点就越高；反之，订货点就越低。

安全存量是指在前两个因素不稳定的情况下，为保证不至于缺货而准备的安全储备量。它在正常情况下一般不需动用，但为了企业的生产、销售业务，即使在不均衡、不正常的情况下也不致受影响而照常进行，却是不可缺少的。因此，安全存量又称基本存量或最低存量。

安全存量必须保持多少，主要应考虑以下几方面的因素：（1）所购货物到货期的可能延误；（2）所购货物的质量可能不符合要求，数量可能短缺；（3）生产需用量或销售量可能突然增加而高于平均水平。安全存量越大，订货点就越高；反之，订货点越低。

订货点如以存货数量表示，则可按如下公式确定：

订货点=存货的日正常需用量×前置时间+安全存量

订货点的具体计算分三种情况介绍如下：

1.前置时间肯定，日需用量稳定

在此情况下，不会发生到货期延误的情形，生产和销售均衡，每天的需用量不会有较大波动，一般可不考虑设置安全存量。因此，订货点的计算公式为：

订货点=订货的日正常需用量×交货期

【例2-4】某企业所需主要材料交货期10天，平均每天需用量40单位。

订货点=40×10=400（单位）

2.前置时间肯定，日需用量不稳定

对于大多数企业来说，由于不可避免地受到市场需求变化和季节性因素的影响，其生产和销售业务不可能始终均衡，从而对存货量的需用量也会增减波动。为此，应设置一个安全存量以保证生产和销售得以不间断进行，但对经济订货量没有影响。在此情况下，安全存量的大小主要由估计前置时间内存货需用量可能超过平均水平这一点来决定，可按如下公式来计算：

安全存量=（估计每天最高用量-每天平均需用量）×前置时间

【例2-5】接【例2-4】，该项主要材料的每天需用量估计最高时可能达到50单位，其订货点为：

安全存量=（50-40）×10=100（单位）

订货点=400+100=500（单位）

3.前置时间和日需用量均不确定

在此情况下，需考虑实际前置期可能延长这一因素，从而设置相应的安全存量，适当提高订货点，以尽可能保证企业的生产和销售业务免受影响。安全存量应包括：由于前置期可能延误应增加的存货量和由于耗用量超过平均水平而应增加。据此，安全存量可按如下公式计算：

安全存量=每天平均用量×延误天数+（每天最高用量-每天平均需用量）×（前置时间+延误天数）

【例2-6】接【例2-5】，该项主要材料的订货到达期可能延误3天，每天耗用量可能高达50单位。其订货点应为：

安全存量=40×3+（50-40）×（10+3）=250（单位）

订货点=400+250=650（单位）

由以上诸例可见，设置存货的安全存量，对于保证生产和销售业务的不间断进行具有极其重要的意义。但是，过高的安全存量需要增加较多的成本，而较低的安全存量仍难免发生停工待料和产品脱销等情况而使企业遭受损失。因此，安全存量的确定应遵循如下原则：为提高存量而增加的成本应不超过可能因存货不足而引起的损失。

（三）存货控制的ABC分类法

ABC分析法，又称巴雷特分析法，是将“重点与例外管理”的原则运用于对存货控制的一种方法，即根据各项存货耗用额在总成本中所占的比例的高低，将存货划分为ABC三类，其中A类所占比例最高，应按经济订货量和订货点进行控制；B类所占比例较低；C类则更低，可以采用其他简单的方法进行控制，如定期检查库存的方法。

企业对存货进行划分，一般将耗用额占70%左右、耗用量占20%左右的存货划为A类；将耗用额占20%、耗用量占30%左右的存货划为B类；将耗用额占10%左右而耗用量占50%左右的存货划为C类。划为A类的存货耗用量并不很多但单位成本较高。划为C类的存货耗用量不少而单位成本很低。

【例2-7】某企业的各项原材料，其全年耗用量和成本分类见表2-2。

表2-2　**原材料全年耗用量和成本分类表**　金额单位：元

存货类别	全年需用量（件）	单位成本（元/件）	总成本	类别
1	10 000	18.00	180 000	A
2	12 000	2.75	33 000	B
3	24 000	1.80	43 200	B
4	18 000	1.25	22 500	C
5	30 000	0.60	18 000	C
6	30 000	0.45	13 500	C
7	12 000	2.50	30 000	B
8	6 000	3.50	21 000	B
9	10 000	13	130 000	A
10	6 000	3.80	22 800	B
11	18 000	11	198 000	A
12	20 000	0.50	10 000	C
合计	196 000	—	722 000	

上列存货经分类后，可显示其不同的重要性，见表2-3。

表2-3　　**ABC类材料重要性程度**　　金额单位：元

类别	按项目		按耗用量		按成本	
	项目数	比例	耗用量（件）	比例	金额	比例
A	3	25.00%	38 000	19.39%	508 000	70.36%
B	5	41.67%	60 000	30.61%	150 000	20.78%
C	4	33.33%	98 000	50%	64 000	8.86%
合计	12	100%	196 000	100%	722 000	100%

可见，ABC分析法的目的在于可以突出重点，对存货管理做到主次分明，抓住成本控制的主要矛盾。

适时制造系统追求的零存货的做法与传统生产系统寻求经济订货量的存货管理模式是绝对不同的，前者是消灭一切存货，而后者是被动接受存储成本以及订购成本，并认为它们能为存货决策所左右，认为存货是必须存在的，只是存货水平的高低不同而已。但两者并不矛盾，从理论上讲，当订货成本趋于零时，经济订货量下的存货水平即为零存货。在现代企业中，实施适时生产系统（Just-in-Time，JIT）的企业，一般不计算上述指标，它追求的目标是材料存货达到“零库存”。

五、产品生产成本的管理

（一）标准成本控制系统

标准成本是指按照成本项目反映的、在已经达到的生产技术水平和有效经营管理条件下，应当发生的单位产品成本目标。可见标准成本不同于预算成本，标准成本是一种单位概念，它与单位产品相联系；而预算成本则是一种总额概念，它与一定的业务量相联系。但两者都不是实际发生的成本，而是一种预定的成本目标。如果以一定的业务量为基础乘标准成本即预算总成本，因此两者在实际上是相同的，只是从各自不同的角度来判断或说明某项计划或成本的完成情况。

标准成本控制系统又称标准成本制度、标准成本法。20世纪20年代受泰勒制的生产过程标准化思想影响而被引入成本会计，经过六七十年的发展，成为理论上较为完善、实际中行之有效的成本控制系统之一。

标准成本控制系统是指围绕标准成本的相关指标而设计的，将成本的前馈控制、反馈控制及核算功能有机结合而形成的一种成本控制系统。它具有事前估算成本、事中及事后计算与分析成本并揭示矛盾的功能。

标准成本控制系统包括：标准成本的制定、成本差异的计算分析和标准成本差异的账务处理三方面的内容。其中，标准成本的制定与成本的前馈控制相联系；成本差异计算分析与成本的反馈控制相联系；成本差异账务处理则与成本的日常核算相联系。

（二）标准成本的制定

企业可以对直接材料、直接人工和制造费用分别制订标准成本。

1.直接材料标准成本的制定

直接材料标准成本需按两项标准确定：直接材料用量标准和直接材料价格标准。

直接材料用量标准是指单位产品必须耗用的各种直接材料的数额。直接材料用量标准通常应根据企业的产品设计、生产工艺状况，并结合企业的经营管理水平，考虑降低材料消耗的可能等条件制定，所以该标准的制定最好由产品设计部门及相关管理人员负责。

直接材料价格因受诸多因素的影响，其标准的确定相对较难。通常，直接材料价格标准应能反映目前市价及未来市场的变动情况，考虑最有利的采购条件，如经济采购批量、最经济的运输等，而且应当征询采购部门的意见后制定。

在此基础上，直接材料标准成本可确定如下：

某单位产品耗用某种材料的标准成本=直接材料用量标准×直接材料价格标准

某单位产品的直接材料标准成本=$\sum$某种产品所耗用的各种材料标准成本

假定某企业甲产品耗用A、B、C三种直接材料，其直接材料标准成本计算见表2-4。

表2-4　**甲产品直接材料标准成本的计算**　金额单位：元

标准	材料A	材料B	材料C
用量标准（1）	3千克	6千克	9千克
价格标准（2）	45	15	30
成本标准（3）=（1）×（2）	135	90	270
单位产品直接材料标准成本（4）=$\sum$（3）	495		

2.直接人工标准成本的制定

直接人工标准成本由两项标准制定：直接人工用量标准和直接人工价格标准。

直接人工用量标准即工时用量标准、工时标准或工时定额。工时既可以是直接人工生产工时，又可以是机器工时。工时标准的制定比较困难，通常应由相关工程、技术部门在研究的基础上，以努力工作为前提，适当考虑正常的工作间隙而制定的。

直接人工价格标准即工资率标准，通常可由劳动工资部门根据用工情况，在不同的工资制度下，工资率标准有不同的表现形式：当采用计件工资制度时，工资率标准就是标准计件工资单价。当采用计时工资制度时，工资率标准就是单位工时标准工资率，其计算公式为：

单位工时工资率标准=标准工资总额÷标准总工时

公式中的“标准总工时”是指企业在现有的生产技术和工艺水平的条件下，可能生产的最大产量，或是实现的最大生产能力，因此，其又称“产能标准”，通常用生产工人工作小时或机器台时数来表示。

在此基础上，直接人工标准成本可确定如下：

直接人工标准成本=工时标准×工资率标准

上例企业甲产品直接人工标准成本计算见表2-5。

表2-5　**甲产品直接人工标准成本计算**　金额单位：元

项目	标准
月标准总工时（1）	15 600小时
月标准总工资（2）	168 480
工资率标准（3）=（2）÷（1）	10.80元/小时
单位产品工时标准（4）	1.50时
直接人工标准成本（5）=（4）×（3）	16.20

3.制造费用标准成本的制定

制造费用标准成本由制造费用用量标准和制造费用价格标准两个因素决定。

制造费用用量标准即工时用量标准，其含义与直接人工用量标准相同。

制造费用价格标准即标准费用分配率。其计算公式如下：

标准费用分配率=标准制造费用总额÷标准总工时

在此基础上，制造费用标准成本可确定如下：

制造费用标准成本=工时标准×标准费用分配率

成本按其性态，分为变动成本和固定成本。前者随着产量变动而变动；后者相对固定，不随产量变动而变动。因此制造费用也可以分为变动制造费用和固定制造费用，其标准成本的制定也应在此基础上进行。

企业甲产品制造费用标准成本计算见表2-6。

表2-6　**甲产品制造费用标准成本计算表**　金额单位：元

项目	标准
月标准总工时（1）	15 600小时
标准变动制造费用总额（2）	56 160
标准变动制造费用分配表（3）=（2）÷（1）	3.60元/时
单位产品工时标准（4）	1.50时
变动制造费用标准成本（5）=（4）×（3）	5.40
标准固定制造费用总额（6）	187 200
标准固定制造费用分配率（7）=（6）÷（1）	12元/时
固定制造费用标准成本（8）=（4）×（7）	18
单位产品制造费用标准成本（9）=（5）+（8）	23.40

4.标准成本卡

为了便于计算和列示产品的标准成本，通常应为每一种产品设立一张标准成本卡，按成本项目、用量标准和价格标准，计算汇总每种产品的单位标准成本。

现根据前列各项有关资料，填列上例企业甲产品标准成本卡，见表2-7。

表2-7 **甲产品标准成本卡** 金额单位：元

成本项目		用量标准	价格标准	单位标准成本
直接成本	A	3千克	45	135
	B	6千克	15	90
	C	9千克	30	270
	小计			495
直接人工		1.5小时	10.80	16.20
变动制造费用		1.5小时	3.60	5.40
固定制造费用		1.5小时	12	18
甲产品单位标注成本				534.60

（三）成本差异的计算分析

在标准成本制度下，成本差异是指在一定时期生产一定数量的产品所发生的实际成本与相关的标准成本之间的差额。

成本差异按照不同的标准分为以下类型：用量差异与价格差异。

用量差异是反映由于直接材料、直接人工和变动制造费用等要素实际用量消耗与标准用量消耗不一致产生的成本差异。

其计算公式为：

$$\text{用量差异}=\text{标准价格}\times(\text{实际产量下的实际用量}-\text{实际产量下的标准用量})=\text{标准价格}\times\text{实际产量下的用量差}$$

式中的“标准用量”是总量概念，与标准成本制定过程中使用的“用量标准”（单位概念）不同；另外，“用量差”属于实物或工时的消耗差异，它与属于成本范畴的“用量差异”不同，不能混为一谈。

价格差异是反映由于直接材料、直接人工和变动制造费用等要素实际价格水平与标准价格不一致而产生的成本差异，其计算公式为：

价格差异=（实际价格-标准价格）×实际产量下的实际用量

=价格差×实际产量下的实际用量

公式中的“标准价格”与标准成本制定过程中使用的“价格标准”相同，都属于单位概念；但是“价格差”与“价格差异”则是两个不同的概念，前者是价格本身的差异，而后者是价格原因引起的成本差异。

现将常用的成本差异分类列示，如图2-2所示。

1.直接材料成本差异的计算和分析

直接材料成本差异是指直接材料实际成本与其标准成本的差异，它由直接材料用量差异和直接材料价格差异两部分组成。

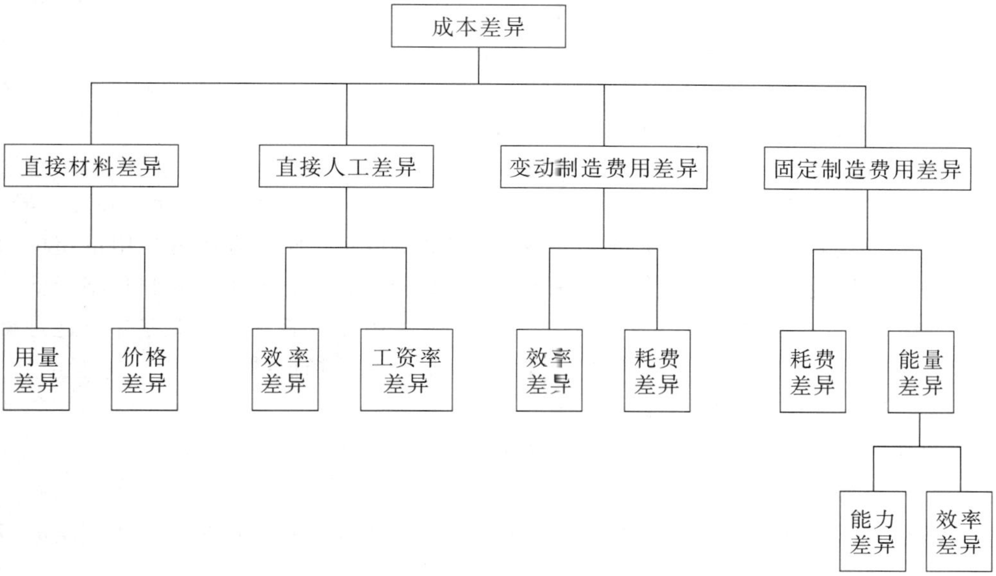

图2-2 成本差异分类列示图

（1）直接材料用量差异

直接材料用量差异是指由于直接材料实际用量与其标准用量的差异而导致的直接材料成本差异。其计算公式为：

直接材料用量差异=（材料实际用量-材料标准用量）×材料标准价格

直接材料用量差异形成的原因是多方面的，有生产部门的原因，也有非生产部门的原因。用料的责任心强弱、技术技艺状况、废品废料率的高低、设备工艺状况等，是材料用量差异的主要原因；材料质量状况、材料规格的适应程度等，也会导致材料用量差异。正因为如此，材料用量差异的责任需要通过具体分析方能明确，但其主要责任部门往往是生产部门。

（2）直接材料价格差异

直接材料价格差异是指由于直接材料实际价格与其标准价格的差异导致的直接材料成本差异。计算公式为：

直接材料价格差异=（材料实际价格-材料标准价格）×材料实际用量

材料价格差异是指在直接材料成本差异中不应由生产部门负责的成本差异。计算和分析材料价格差异，可以区分部门责任。

材料价格差异的形成原因较为复杂，有主观原因也有客观原因，如市场价格变动、供应厂商的变动、运输方式及其路线的变动、采购批量的变动等等，都可能导致材料的价格差异。但由于材料价格差异与采购部门的工作情况关系更密切，因此，其主要责任部门是采购部门。

假定前例企业本月投产甲产品8 000件，领用A材料32 000千克，其实际价格为每千克40元。根据该产品标准成本卡所列，该产品A材料的用量标准为3千克，标准价格为每千克45元。其直接材料成本差异计算如下：

直接材料实际成本=32 000×40=1 280 000（元）

直接材料标准成本=8 000×3×45=1 080 000（元）

直接材料成本差异=+200 000（元）

其中：材料用量差异=（32 000−8 000×3）×45=+360 000（元）

材料价格差异=（40−45）×32 000=−160 000（元）

通过上述计算，可以看出，甲产品本月耗用A材料发生200 000元的超支差异。由于生产部门耗用材料超过标准，导致超支360 000元，应该查明材料用量超标的具体原因，以便改进工作，节约材料耗费。从材料价格而言，由于材料价格降低节约了160 000元，因此抵消了一部分由于材料超标耗用而形成的超支差异。这是材料采购部门的工作业绩，也应查明原因，以便巩固和发扬成绩。

2.直接人工成本差异的计算和分析

直接人工成本差异包括直接人工效率差异和工资率差异。

（1）直接人工效率差异

直接人工效率差异即直接人工的用量差异，因为在既定的产量下人工用量的多少反映着效率的高低。其计算公式：

直接人工效率差异=（实际人工工时−标准人工工时）×标准工资率

直接人工效率差异的形成原因也是多方面的，工人技术状况、工作环境和设备条件的好坏等，都会影响效率的高低，但其主要责任部门还是生产部门。

（2）工资率差异

工资率差异即直接人工的价格差异。人工的价格表现为小时工资率。其计算公式为：

工资率差异=（实际工资率−标准工资率）×实际人工工时

工资率差异的形成原因亦较复杂，工资制度的变动、工人的升降级、加班或临时工的增减等等，都将导致工资率的差异。一般而言，这种差异的责任不在生产部门，劳动人事部门更应对其承担责任。

假定上例中的企业本月甲产品实际用工10 000小时，实际应付直接人工工资110 000元。根据甲产品标准成本卡所列，该产品工时标准为1.5小时，标准工资率为10.80元，工资标准为16.20元。其直接人工成本差异计算如下：

直接人工成本差异=110 000−8 000×16.20=−19 600（元）

其中：直接人工效率差异=（10 000−8 000×1.5）×10.80=−21 600（元）

直接人工工资率差异=（110 000÷10 000−10.80）×10 000=+2 000（元）

通过上述计算可以看出，该产品的直接人工成本总体上节约19 600元。其中人工效率差异节约21 600元，但工资率差异超支2 000元。工资率超出标准可能是为了提高产品质量，调用了一部分技术等级和工资级别较高的工人，使小时工资率增加了0.20元（即1 100÷100−10.80）。但也因此在提高产品质量的同时，提高了工作效率，使工时的耗用由标准的12 000小时降到了10 000小时，节约工时2 000小时，从而导致了最终的成本节约。可见生产部门在生产组织上的成绩是应该肯定的。

3.变动制造费用成本差异的计算和分析

变动制造费用成本差异由效率差异和耗费差异两部分组成。

（1）效率差异

变动制造费用效率差异即变动制造费用用量差异，它是因实际耗用工时脱离标准而导致的成本差异。其计算公式为：

变动制造费用效率差异=（实际工时-标准工时）×变动制造费用标准分配率

式中的工时可是人工工时，也可以是机器工时，这取决于变动制造费用的分配方法；式中的标准工时是指实际产量下的标准总工时。

变动制造费用效率差异的形成原因与直接人工的形成原因基本相同。

（2）耗费差异

变动制造费用耗费差异即变动制造费用的价格差异，它是因变动制造费用或工时的实际耗费脱离标准而导致的成本差异，又称变动制造费用分配率差异。其计算公式为：

变动制造费用耗费差异=（变动制造费用实际分配率-变动制造费用标准分配率）×实际工时

变动制造费用耗费差异是在变动制造费用开支额或工时耗费发生变动的情况下出现的成本差异，其责任往往在于发生费用的部门。

假定上例中企业本月甲产品实际发生变动制造费用40 000元。根据该产品标准成本卡所列，其工时标准为1.5小时，标准费用分配率为每小时3.60元。其变动制造费用成本差异计算如下：

变动制造费用成本差异=40 000-8 000×1.5×3.60=-3 200（元）

其中：变动制造费用效率差异=（10 000-8 000×1.5）×3.6=-7 200（元）

变动制造费用耗费差异=（40 000÷10 000-3.60）×10 000=+4 000（元）

通过以上计算可以看出，甲产品制造费用节约3 200元，都是由于提高工作效率，工时由12 000小时（即8 000×1.5）降为10 000小时的结果。由于费用分配率由3.60元变为4元（即40 000÷10 000），使得变动制造费用发生超支，从而抵消了一部分变动制造费用的节约额。应该查明费用分配率提高的具体原因。

4.固定制造费用成本差异的计算和分析

固定制造费用成本差异是实际固定制造费用与实际产量标准固定制造费用的差异。其计算公式为：

固定制造费用成本差异=实际固定制造费用-实际产量标准固定制造费用

=实际固定制造费用-实际产量×工时标准×标准费用分配率

=实际固定制造费用-实际产量标准工时×标准费用分配率

式中成本差异是在实际产量的基础上计算出来的。由于固定制造费用相对固定，一般不受产量的影响，因此，产量变动会对单位产品成本中的固定制造费用产生影响，当产量增加时，单位产品应负担的固定制造费用减少；当产量减少时，单位产品应负担的固定制造费用增加。这就是说，实际产量与设计生产能力规定的产量或计划产量的差异会对产品应负担的固定制造费用产生影响。也正因此，固定制造费用成本差异的分析方法与其他费用成本差异的分析方法有所不同，通常有两差异分析法和三差异分析法两种分析方法。

（1）两差异分析法

两差异分析法将固定制造费用成本差异分为耗用差异和能量差异两种成本差异。

固定制造费用耗费差异是指实际固定制造费用与计划（预算）固定制造费用的差异，又称预算差异。计划固定制造费用是按计划产量和工时标准、标准费用分配率事先确定的固定制造费用。这种成本差异的计算公式为：

固定制造费用耗费差异=实际固定制造费用-计划固定制造费用

=实际固定制造费用-计划产量×工时标准×标准费用分配率

=实际固定制造费用-计划产量标准工时×标准费用分配率

固定制造费用能量差异是指由于设计或计划的生产能力利用程度的差异而导致的成本差异，也就是实际产量标准工时脱离设计或计划产量标准工时而产生的成本差异。计算公式如下：

固定制造费用能量差异=（计划产量标准工时-实际产量标准工时）×标准费用分配率

假定上例企业本月甲产品计划产量为10 400件，实际固定制造费用为190 000元。根据前列该产品标准成本卡所列，工时标准为1.5小时，标准费用分配率为12元。固定制造费用成本差异计算如下：

固定制造费用成本差异=190 000-8 000×1.5×12=+46 000（元）

其中：固定制造费用耗费差异=190 000-10 400×1.5×12=+2 800（元）

固定制造费用能量差异=（10 400×1.5-8 000×1.5）×12=+43 200（元）

通过以上计算可以看出，该企业甲产品固定制造费用超支46 000元，主要是由于生产能力利用不足，实际产量小于计划产量所致。固定制造费用超支，不论是耗费差异，还是能力差异，一般均应由有关的管理部门负责。

两差异分析法比较简单。但从上述计算公式可以看出：两差异分析法没有反映和分析生产效率对固定制造费用成本差异的影响。当计算能量差异时，企业使用的都是标准工时，它说明是按照标准工时反映的生产能力利用情况。如果实际产量标准工时和计划产量标准工时一致，则能量差异为零。但是，实际产量实际工时可能与实际产量标准工时存在差异，而生产能力的实际利用情况更取决于实际工时并非标准工时。实际工时与标准工时之间的差异，属于效率高低的问题。因此，固定制造费用成本差异分析更多地采用将能量差异划分为能力差异和效率差异的三差异分析法。

（2）三差异分析法

三差异分析法将固定制造费用成本差异区分为耗费差异、能力差异和效率差异三种成本差异，其中，耗费差异与两差异分析法相同，其计算公式仍为：

固定制造费用耗费差异=实际固定制造费用-计划固定制造费用

能力差异是指由于实际产量实际工时脱离计划产量标准工时引起的生产能力利用程度差异而导致的成本差异。其计算公式如下：

固定制造费用能力差异=（计划产量标准工时-实际产量标准工时）×标准费用分配率

效率差异是指因生产效率导致的实际工时脱离标准成本差异。其计算公式如下：

固定制造费用效率差异=（实际产量实际工时-实际产量标准工时）×标准费用分配率

三差异分析法的上列各项计算公式可以归纳如图2-3所示。

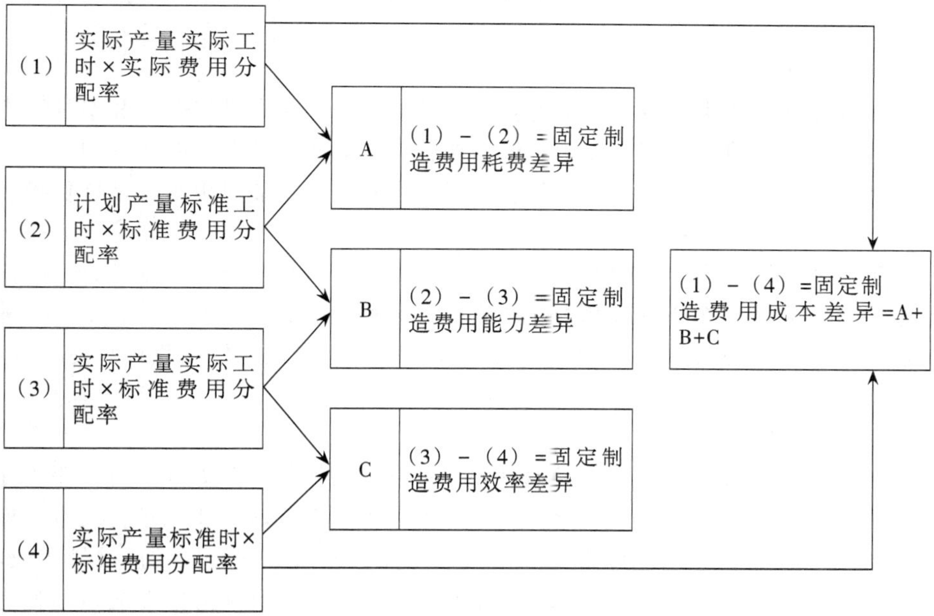

图2-3　三差异分析法计算公式归纳表

仍以上例中的企业本月甲产品有关数据，计算其固定制造费用成本差异如下：

固定制造费用成本差异=190 000-8 000×1.5×12=+46 000（元）

其中：固定制造费用耗费差异=190 000-10 400×1.5×12=+2 800（元）

固定制造费用能力差异=（10 400×1.5-10 000）×12=+67 200（元）

固定制造费用效率差异=（10 000-8 000×1.5）×12=-24 000（元）

三差异分析法的耗费分析等于两差异分析法的耗费差异。

三差异分析法的能力差异与效率差异之和等于两差异分析法的能量差异。采用三差异分析法，能够更好说明生产能力利用程度和生产效率高低所导致的成本差异情况，并且便于分清责任；能力差异的责任一般在于管理部门，而效率差异的责任往往在于生产部门。

（四）标准成本差异的账务处理

月末对本月发生的各种成本差异可以按直接处理法、摊销处理法、年末集中处理法或分项处理法进行处理。

1.直接处理法

直接处理法是将本月发生的各种差异全部转入销售成本、计入本月损益的一种差异处理方法。此法的根据在于：本月成本差异体现本月成本控制的业绩，应在本月利润中予以反映。

这种方法核算工作比较简单，并使本月经营成果与当月成本控制的业绩直接挂钩，因此，采用标准成本制度的企业大多采用这种方法。但是当成本标准过于陈旧或实际成本水平波动幅度过大时，就会因成本差异额过大而导致当月利润失实，同时会使在产品和产成品等存货成本失实。

2.摊销处理法

摊销处理法是指本月各种成本差异按标准成本的比例在月末存货和本月销货之间进行分摊，从而将存货成本和销货成本调整为实际成本的一种差异处理方法。

该法强调成本差异的产生与存货、销货都有联系，不能只由本月销货负担，应该有一部分差异随月末存货递延到下月。

这种方法可以确定产品的实际成本，但分配成本差异工作过于烦琐，一般只在总账中保留产成品和在产品（基本生产成本）应负担的成本差异总数，不在各种在产品和产成品之间分配成本差异。因此，就各种产品来说，依然只计算标准成本，不计算实际成本。

3.年末集中处理法

这种方法是各月只归集各种成本差异，不进行结转的账务处理，待到年末才集中结账处理。年末时，如果成本差异余额不大，可以全部转入年末销售成本；如果成本差异余额较大，原则上应将差异余额按分摊处理法分配转入“产品销售成本”“基本生产成本”和“产成品”账户，以便把它们的年末余额由标准成本调整为实际成本。

这种方法不仅可以简化各月结转成本差异的工作，而且各月差异正负相抵后，年末余额一般不大，可以避免各月利润因直接负担差异而波动。但是如果年内某种成本差异的累计数过大，则会在很大程度上歪曲各月财务成果。

4.分项处理法

分项处理法是指将各种成本差异按形成的原因分别处理：对用量差异按直接处理法处理，而对价格差异按分摊处理法处理。这种方法既能在一定程度上通过利润来反映本月成本控制业绩，又能将非主观努力可以控制的成本差异（例如大部分价格差异）合理地分配给有关对象，但缺点是处理工作复杂。

企业应针对成本差异发生的原因，查明责任者，具体情况具体分析，根据轻重缓急提出改进措施，并加以贯彻执行。

另外，当进行产品生产成本管理时，分批生产的企业，可以计算最优生产批量，以便使调整准备成本与储存成本之和达到最低。

如果实行的是适时制造系统（JIT)，它追求的目标是“零库存”，并且达到“零缺陷”，这时不需要计算最优生产批量。

六、期间费用的管理

对于销售费用、管理费用、财务费用等期间费用，一般采用预算管理的方法。事先制定预算，在日常的管理和控制中，要严格按照预算的规定，本着厉行节约的原则，在能够达到目标的前提下，精打细算，尽可能减少支出的绝对数额，或提高支出所带来的效益。

七、质量成本的管理

质量成本是指为了保证和提高产品质量而付出的代价，以及因为产品质量没有达到规定标准所造成的损失，包括预防成本、检验成本、内部损失成本、外部损失成本。其中，前两者可以合称为预防检验成本；后两者可以合称为质量损失成本。

当预防检验成本较高时，质量损失成本较低；反之，如果预防检验成本较低，则质量损失成本较高。质量成本控制的目的，就在于确定一个最优的合格率，在该状态下，质量成本总和达到最低。

最优合格率不一定是100%，因为，要想使产品合格率提高到100%，需要在预防检验环节投入大量的人力和物力，这样产品质量提高了，质量损失成本就会下降。但是，如果增加的预防检验成本大大高于降低的质量损失成本，企业的利润就会减少。所以，美国的质量学家对于产品的“瑕疵率”大多采取了非常宽容的态度。

但是，日本的企业家对产品的“瑕疵率”采取了非常苛刻的态度，例如，被称为“经营之神”的松下幸之助先生曾提出“1%=100%”的著名公式，即产品合格率达到99%，只有1%的不合格品，对企业而言应该是一个不错的成绩了；但是，假设某一个消费者正好买到不合格产品，那么这件产品对于这个特定的消费者而言，就是100%的不合格品！所以，他要求产品的质量尽可能要高。当然，这会减少企业当期的利润，但是对于企业形象和产品形象是有利的，它可以提高企业的持续竞争力。

八、使用寿命周期成本的管理

使用寿命周期成本是指客户为了取得所需要的产品，并使其发挥必要功能而付出的代价。它包括原始成本和使用维护成本两部分。

用户角度的使用寿命周期成本管理，就是在决定购买一种产品时，既要考虑它的原始成本，即购买价格等因素，又要考虑以后使用过程中的必要支出，使二者之和达到最低。

生产者角度的使用寿命周期成本管理，就是在生产产品时，尽可能降低产品的生产成本，以便降低销售价格，降低用户的购买成本；同时要提高产品质量，降低用户的使用维护成本。当然，使用寿命周期成本管理对于生产者而言并不是严格意义上的成本管理，有人更愿意把它看作一种促销的手段。

第三节 传统成本管理的方法

一、成本预测

成本预测是对成本项目的发展趋势及其可能达到的水平所做的推测判断。成本预测一般建立在销售预测的基础之上，可以采用高低点法、回归分析法、加权平均法等方法。其目的是为成本决策提供数据支持。

二、成本决策

成本决策是对有关成本项目所做的决定，它是建立在成本预测的基础之上的，可以为成本预算编制提供依据。

三、成本预算

成本预算是根据成本决策的结果，对未来有关成本项目所做的计划和安排，它建立在成本决策的基础上，又是成本控制的依据。

四、成本控制

成本控制是企业在日常工作中，根据成本计划或预算，严格管控各项成本费用，使之不致脱离企业预定的目标。

五、成本控制绩效评价

成本控制绩效评价是指根据各个部门、各个成本项目的预算和实际执行情况，对各个部门成本控制工作成绩的好坏做出评判，目的是总结经验教训，为以后期间的成本控制工作服务。

第三章

战略管理会计的产生及基本理论

按照马克思历史唯物主义的观点，事物总是在不断发展变化进步的。20世纪80年代前后，伴随着全面质量管理、适时制造、时间竞争、柔性制造等理论的提出，并且在实践中得以运用，传统管理会计的局限性不断显现，战略管理会计应运而生。

● 第一节　传统管理会计的局限性

随着现代市场经济全球化的迅速推进以及现代科学技术的迅猛发展，企业所处的竞争环境已发生诸多变化。在新的管理环境下，传统管理会计自身的缺陷显露无遗。从战略的观点看，传统管理会计存在着许多不足。

一、传统管理会计的指导思想落后于企业的发展

传统管理会计旨在为企业提供决策服务，使企业资源得到合理利用。管理会计的目标在于强化企业内部经营管理，认为利润的实现取决于企业对内部资源的利用效率，因此，并不注重企业的外部市场环境和持续发展，也没有关注企业内部竞争优势的培养，其指导思想是内向的、局部的和短期的，显然这一观点与现在的战略管理理论是不相符的。

企业战略管理要求企业必须掌握其所处的外部环境因素的状况及变化，特别是了解竞争企业的信息，包括对方产品的技术、成本、定价、市场占有率、内部财务和非财务资源以及对方的战略措施等，同时根据自身的资源和产品特性明确自己的战略定位和战略目标，以此制定相应的战略决策。企业战略管理的目标不仅在于短期的会计利润，更注重长期的竞争优势和企业价值的增长。因此，战略管理要求管理会计的指导思想必须面向外部、面向长期、面向未来。

由此可见，传统管理会计的指导思想已落后于企业的发展趋势，管理理论从经

营管理阶段发展到战略管理阶段，管理会计也将随之发展到战略管理阶段。

二、传统管理会计不能适应制造和竞争环境的变化

20世纪80年代兴起的高级制造技术（Advanced Manufacturing Technologies，AMT）和适时生产技术改变了许多企业的生产工艺。高级制造技术以高度的灵敏性及相应的制造系统为特征，能够对市场情况和客户需求做出迅速反应。在未来的市场竞争中，高级制造技术将成为企业核心竞争能力的主要体现。先进生产技术的特点是将各种高新技术成果不断地渗透到产品的设计、制造、生产、管理及市场营销的各个领域，以此提升企业的综合竞争力。比如精益生产技术就是以零库存、生产组织形式高柔性和产品质量无缺陷为目标；敏捷制造技术的目标则是迅速适应市场多元化和个性化的发展趋势，尽可能达到产品成本与产品数量无关，以提升企业在不断变化且无法预测的生存环境下的竞争能力。

高级制造技术与传统制造技术有很大不同，如在高级制造技术上的投资已转变为成本性态，企业大部分成本在短期内是固定的，在产品的总成本中直接材料和直接人工所占的比例正在降低，而固定费用所占的比例则越来越高，比如尖端生产设备的使用和生产管理服务的强化，都提高了产品总成本中制造费用的比例。在发达国家的制造业成本或投入资本中，管理和研发等与知识相关的软成本占制造业成本的60%～70%。这种制造技术的革命引发了许多问题，比如如何计算产品成本，如何评价对高级制造技术的投资，如何完善控制系统和业绩指标使之能够激励管理层实现企业的战略目标等。而现有的成本系统不仅没能帮助管理者适应这种变化，反而限制了企业对这种变化的适应。

三、传统管理会计“服从”于财务会计的痕迹十分明显

企业所有权和管理权的分离使企业所有者产生了监督其投资受托责任的需要，这种需要导致了企业财务会计部门的产生。财务会计部门为投资者和债权人提供财务报告，这些财务报告应符合会计准则的要求，存货计价要以历史成本为计量基础，非制造成本只能作为期间成本而不能分配到产品成本中。编制报表时需要区分已销商品的成本和存货的成本，于是人们采取“客观的、可验证的”程序将成本分配到产品中，在这一程序中，受重视的是“将成本分配到产品”，而不是精确地计量已消耗的资源。就单个产品消耗的资源来说，每种产品的成本可能是不精确的，但就报表的准确性而言，却是会计准则和公众可以接受的。但是保持财务会计和管理会计这两个各自独立的系统就需要付出很高的成本，于是企业管理者在进行内部管理时通常依据与外部财务报告来源相同的信息，从而使管理会计得以“服从”财务会计；此外，管理会计注重能以货币计量的劳动资本的管理控制，依赖于财务会计信息进行预测、决策、控制，忽视产品开发、产品质量、顾客满意度等不能用货币计量却与企业战略目标密切相关的非财务指标，因而缺乏独立性、准确性和及时性。

四、传统管理会计缺乏重视外部环境的战略观念

传统管理会计强调服务于企业的内部管理，对企业的外部环境则有所忽视，因

而其所提供的信息同企业的战略决策缺乏相关性。成功的企业管理战略就是要创造并保持持久的相对竞争优势，管理会计应该指出企业在市场竞争中所处的相对地位，提供有利于企业针对竞争进行战略调整的财务信息和非财务信息。但是，传统的管理会计却未能提供这些信息。如果在管理会计报告中包括市场占有率等非财务信息，那么无疑会提高管理会计的相关性。此外，超出会计主体范围本身，结合竞争者来分析企业的竞争优势，通过与外部竞争者的比较来研究本企业销售额、利润和现金流量的相对变化，对企业的战略目标的实现更有意义。但是，传统的管理会计却未能提供和解释这些有用的信息。

● 第二节　战略管理会计产生的背景

由于传统管理会计理论缺乏战略相关性，不能为企业战略管理提供强有力的决策信息支持，因此，企业战略管理的发展需要一种更合理的管理会计理论和方法的支持。这种管理会计理论和方法必须能够满足企业市场竞争的需求，为企业竞争提供信息系统和决策支撑，为增强企业竞争优势并保持企业持续发展服务。因此，自20世纪80年代，特别是自80年代末期以来，人们开始将战略的因素引入管理会计的理论与方法中，从而将其逐步推向战略管理会计的新阶段。

管理会计理论与方法的发展同管理决策理论与技术密不可分，把战略因素引入管理会计分析体系，发展战略管理会计是现行管理会计理论与方法的一项非常具有价值的扩展，同时又符合逻辑。因此，战略管理会计的出现是理论界和实务界的必然要求。

全面质量管理、适时制造、时间竞争、柔性制造等理论在企业管理实践中得到广泛应用，企业面临着全新的竞争环境。

一、全面质量管理

全面质量管理（Total Quality Management，TQM）是指通过要求组织中的每一个人努力理解、达到甚至超越顾客需求，来寻求持续改进的系统。

作为企业组织中的一员，每一个员工都需要明白：谁是我们的顾客；顾客的需求是什么；我们的产品或服务是否达到了顾客要求的标准；哪一个或几个流程对于满足顾客的需求是最关键的；如何通过恰当的绩效评价保证流程的高质量。通过对以上问题的分析，企业想方设法满足顾客的需求，留住老客户，不断吸引新客户。

二、适时制造

适时制造（Just-in-time Manufacturing）是一种通过削减存货水平，努力消除非增值作业的制造哲学，它是一套按照市场需求“拉动”产品通过制造流程的生产系统。该种生产理念最初产生于日本丰田汽车公司。

（一）实行JIT的前提条件

1.精选少数供应商，保持良好的合作伙伴关系。

传统方式下购买存货的做法是：与多家供应商保持联系，货比三家；按经济订货量（EOQ）组织订货；为取得商业折扣，尽可能多地购买存货。

JIT下购买存货的做法是：精选少数的供应商，保持良好的合作伙伴关系；一般不按经济订货量组织订货；以需用量确定购买量，而不多购买材料以避免造成库存积压。

精选少数供应商的原则包括：货源充足；提供的材料质量好；信誉高；距离近；服务周到。

精选少数供应商的优点有：货源能够得到保障；可以适时得到存货，消除库存；可以降低订货成本；可以获得累计数量折扣的优惠；避免材料涨价的风险；节约检验成本。

2.生产经营的每一个环节都要保证高质量，实现“零缺陷”。

3.培养多技能工人。

4.改进生产布局，合理安排各个“制造单元”。制造单元，是指一些相关机器设备的组合，如果某几台机器设备可以共同生产出一个零部件，则这几台机器设备就是一个制造单元。

5.对机器设备进行预防性维护。

6.采用弹性制造系统，能够迅速进行生产组织的调整。

（二）适时制造系统的优点

存货的减少，降低了储存成本、审计成本；较短的准备时间，有利于缩短生产周期时间；反应较快的工厂，通常能够获得销售量增加的竞争优势；精选少数供应商，可以降低采购成本、检验成本，取得更多累计数量折扣的优惠。

（三）适时制造系统的局限性

如果几家供应商同时出现了罢工等情况，企业保留JIT所需要的存货水平可能导致停工待料；通过减少存货实现的成本节约，有可能被增加的存货发送成本所抵销；JIT会增加生产批次以及机器设备调整准备次数，增加生产计划制订成本及调整准备成本。

三、时间竞争

时间竞争（Time-based Competition，TBC）强调缩减开发、制造和交付产品所需要的时间，从而形成企业的一种竞争能力。

四、柔性制造

柔性制造（Flexible Manufacturing，FM）是指企业从制造一种产品转而制造另一种产品时，不会导致显著的时间延迟或成本增加的能力，又称弹性制造。

在新的商业环境下，企业管理方式的战略性调整体现在：战略决策包括对企业的产品类型及分销方式等的决策；经营决策主要关注组织的日常活动，但它也与战略目标直接相关。管理会计是将会计与管理相结合的一门边缘学科，随着管理学理论的发展，管理会计又产生了一个新的研究领域——战略管理会计。

从实务情况来看，信息技术的进步为战略管理会计的发展提供了技术条件。战略管理会计提供的信息是多种多样的，既有历史、现在和未来的会计信息，又有会计主体及其竞争对手的内外会计信息，还有财务和非财务的会计信息。显然，传统的会计信息处理手段无法提供上述多样化的信息，而信息技术的发展使战略管理会计有可能以较低的成本及时提供战略管理所需要的上述信息。

但是，不能认为战略管理会计的兴起是对传统管理会计的否定或取代，而应把前者视为为适应社会经济环境条件的变化而对后者的丰富和发展。后者在与其相应的经济大环境中，以及在现代企业竞争战略已定条件下的内部管理方面，仍具有广泛的适用性。因此，不应把它们之间看作非此即彼、相互排斥的关系，而应视其为不同层次（战略、战术层次）的互补关系。

● 第三节　战略管理会计的基本理论

一、战略管理会计的目标

根据系统论可知，正确的目标是系统良性循环的前提条件。战略管理会计的目标是指战略管理会计工作预期将要达到的目的，对战略管理会计系统的运行具有重要意义。战略管理会计目标在战略管理会计认知方法体系中处于最高层次，它是决定战略管理会计的本质、对象、假设、原则、要素和方法的基础。因此，应首先明确战略管理会计的目标。战略管理会计的目标可以分为最终目标、直接目标和具体目标三个层次。

战略管理会计的最终目标应与企业的总目标一致。传统管理会计的最终目标是利润最大化。利润最大化的目标虽然能够促使企业加强核算和管理，但是，它不仅没有考虑企业的远景规划，而且忽略了市场经济条件下一个最重要的因素——风险。为了克服利润最大化目标的短期性和不顾风险的缺陷，战略管理会计的目标应立足于企业的长远发展，权衡风险与报酬之间的关系。自20世纪中期以来，多数企业把价值最大化作为自己的总目标，因为它克服了利润最大化的缺点，考虑了货币时间价值和风险因素，有利于社会财富的稳定增长。企业价值是企业现实与未来收益、有形资产与无形资产等的综合表现。因此，企业价值最大化也成为战略管理会计的最终目标。

战略管理会计的直接目标是为企业战略管理决策提供信息支持。这种信息不仅包括财务信息，如竞争对手的价格、成本等，而且包括了有助于实现企业战略目标的非财务信息，如顾客满意度、市场需求量、市场占有率、产品质量、销售和服务网络、学习与成长能力等。战略管理会计提供多样化的会计信息，既满足了企业战略管理及战略决策的需要，又改变了传统会计单一的计量模式。

战略管理会计的具体目标主要包括以下四个方面：协助管理当局确定战略目标；协助管理当局编制战略规划；协助管理当局组织实施战略规划；协助管理当局评价战略管理业绩。

二、战略管理会计的特征

（一）注重长远性和全局性

现代管理会计以单个企业为服务对象，着眼于有限的会计期间，在“利润最大化”目标的驱使下，追求企业当前的利益最大化。它所提供的信息对促进企业进行短期经营决策、改善经营管理起到了一定作用。

战略管理会计则着眼于企业长期发展和整体利益的最大化。当企业间的竞争已上升到高层次的全局性战略竞争时，抢占市场份额、扩大企业生存空间、追求长远的利益目标已成为企业家最为关注的问题。战略管理会计超越了单一期间的界限，注重从多期竞争地位的变化中把握企业未来的发展方向。它更注重企业持久竞争优势的取得和保持，甚至不惜牺牲短期利益。因此，作为构成竞争地位主要因素的市场份额就成了研究的重点。战略管理会计不仅要取得市场份额的有关信息，而且要密切关注其变化情况；不仅要关注本企业的市场份额，而且要关注竞争对手的市场份额，甚至要在报表中予以列示。它的信息分析完全基于整体利益，不在乎一城一地的得失，更不会用集团利益去交换某个成员企业的利益，有时甚至会为顾全大局而支持弃车保帅的决策。战略管理会计放眼长期经济利益，在会计主体和会计目标方面进行大胆开拓，将管理会计带入了一个新境界。

战略管理是制定、实施和评估跨部门决策的循环过程，要从整体上把握其过程，既要制定合理的战略目标，又要求企业管理的各个环节密切合作，以保证目标的实现。企业管理是由不同部门相互配合共同完成的，必须以企业管理的整体目标为最高目标，协调各部门运作，防止内部职能失调。相应地，战略管理会计应从整体上分析和评价企业的战略管理活动。

（二）体现了动态性、应变性和灵活性

任何战略决策都不是一成不变的，而是要根据企业内外部环境的变化及时进行相应的调整，以保持与环境相适应。为了适应这种需要，战略管理会计采用了较为灵活的方法体系，不仅联系竞争对手进行“相对成本动态分析”、“顾客盈利性动态分析”和“产品盈利性动态分析”，而且采取了一些新方法，如产品生命周期法、经验曲线和价值链分析等。

（三）外向型的信息系统

现代管理会计服务于企业的内部管理，是一种内向型的信息系统，当市场竞争不十分激烈时，企业只要努力降低成本，提高劳动生产率，就能在市场上立足。因此，现代管理会计致力于企业内部信息的收集、分析和各种指标的纵向比较。它不太关注外部环境和竞争对手的情况，它所提供的只是单个企业自身的数据，而不是企业在市场中的相对优势和劣势。战略管理会计则站在战略的高度，不局限于本企业这一个环节，而是研究在整个行业价值链中企业上家和下家的信息，努力改善企业的经济环境，强调企业发展与环境变化的协调一致，以求得行业的最优效益。

战略管理会计围绕本企业、顾客和竞争对手形成的“战略三角”，收集、整理、比较、分析竞争对手与战略相关的信息，向管理者提供关于本企业与对手间竞争实力的信息，以便保持并加强企业在市场上的相对竞争优势。战略管理会计同时也跳出了单一企业这一狭小的空间范围，将视角更多地投向了影响企业的外部环境中。它不再满足于企业内部的零敲碎打式的管理方式，而是密切关注整个市场和竞争对手的动向，通过同对手进行比较来发现自身的问题，并适当调整和改变自身的战略战术。因此，战略管理会计特别强调各类相对指标或比较指标的计算和分析，如相对价格、相对成本、相对现金流量，以及相对市场份额等。当应用其他管理会计方法（如量本利分析）时，战略管理会计也强调应结合竞争对手进行分析。战略管理会计强调比较优势，从相对成本到相对市场份额，向管理者提供的是比较竞争成本和比较竞争优势的信息。战略管理会计通过对企业内外部信息的比较分析，了解企业在市场中竞争地位的变动。因此，战略管理会计拓展了会计对象的范围，是一种外向型的信息系统。

（四）提供信息多元化

虽然传统管理会计也可以提供一些非货币性信息，但是从现有的作用看，人们并未给予足够的重视。所以，战略管理会计对一些非货币性信息，如质量、供应量、需求量、市场份额、市场需求的规模、产品合格率等给予了足够的重视和反映，以弥补管理会计的不足。因为非货币性信息在企业战略决策中有着重要的作用，例如，市场份额这个非货币性指标，是与成本和利润紧密联系的，它在一定程度上代表未来的现金流入量，可作为初步评价业绩的依据。市场份额的变化反映企业竞争地位的变化，相对的市场份额还可以用来揭示主要竞争对手的相对实力。又如，产品返修率直接反映企业产品的质量水平，这里的“质量”，在以市场为导向的经济模式下，不仅指最终产品的各项指标与原来的设计完全吻合，而且指该产品能充分满足顾客对该类产品的期望，因此，较高的返修率有可能意味着产品在最初的设计构想上存在缺陷。所有这些非货币性信息常常是决定企业战略管理至关重要的因素。战略管理会计提供的信息必须具有多样性、完整性，才能为企业成功进行战略管理提供信息支持和智力支持。

（五）采用战略性的业绩评价制度

现在企业竞争都是以知识和人才为核心的综合素质的竞争，并以智力投资和技术投资为基本投资方向。与此相适应，对企业效益的评价应以全面提高竞争能力、发展能力为基本出发点，而不应拘泥于一时的、短暂的得失。业绩评价尺度是微观效益与宏观效益、短期效益与长远效益、经济效益与社会效益的有机统一体。同时，随着智力投资的扩大和知识创新步伐的加快，物化劳动的转移价值所占的比例越来越低，而由高智力的员工拥有的专利等无形资产所创造的价值增值将大幅度提高，所占比例将越来越高。所以，不仅企业的业绩评价尺度改变，而且其评价业绩的重点也从计算利润转向计算价值增值，并通过编制专门的增值表加以系统反映。

三、战略管理会计的基本假设

战略管理会计的基本假设不仅是构成战略管理会计理论体系的重要组成要素，而且是实现战略管理会计目标的条件，其对管理会计实践具有指导作用。

传统会计是建立在会计主体、会计分期、持续经营、货币计量等基本假设之上的。相比而言，战略管理会计的基本假设在每一方面大多有着不同的含义。

（一）会计主体多元化假设

会计主体是对会计活动空间范围的界定。传统的财务会计和管理会计都把会计主体局限于一个企业或一个单位，仅仅提供一个会计主体的信息。在战略管理条件下，会计主体一元化假设已不适用于战略管理会计，必须加以修正。战略管理会计在会计主体上应具有更大的灵活性，它不再局限于单个企业或企业内各责任单位，还应包括整个企业集团或跨国企业以及企业的外部环境，如竞争对手等。它既可以是上述实体单位，又可以是诸如网络企业那样的虚拟单位，因此，战略管理会计的会计主体不再是单一主体，而是多重主体或虚拟主体。

（二）灵活分期假设

虽然战略管理会计在很多领域还涉及会计分期，但已不局限于月、季、年的传统分期，而是根据企业自身情况灵活进行分期，并且借助于信息技术的高速发展，将来完全有可能以事项会计为基础，实现报告的实时性。灵活分期假设即把企业持续不断的经营活动和分析、决策、评价活动划分为不同的期间，以便及时提供有用的信息。战略管理会计的分期根据企业战略管理的实际需要进行，具有很大的灵活性，可以短到1天、1周或1季，也可以长到10年、20年，而不受财务会计的月、季、年分期的限制。

（三）持续经营假设

虽然从目前及长远的发展情况来看，经济活动日趋复杂，金融创新工具不断涌现，企业风险不可避免，并且企业随时都有破产或被兼并的可能。但是，当进行战略管理会计理论研究时，仍有必要回避企业所面临的各种生存风险，为企业设定一个无限期的运行方式，以此作为战略管理会计运行的必要前提。持续经营假设指战略管理会计主体在可预见的未来不会被清算或终止，企业将无限期地延续下去，唯有如此，才能确保战略管理会计的一系列原则和专门方法稳定而有效地得到运用。战略管理会计致力于企业长期发展和长期竞争力的培养，尤其需要强调设立这一假设的特殊意义。

（四）货币与非货币计量假设

知识经济时代，大量非货币信息充斥于社会经济活动中，管理的重心将从有形资产转向无形资产，从财务资源转向知识资源。战略管理不仅要利用货币计量的信息，而且要利用非货币计量的信息，这就要求战略管理会计除提供必要的财务信息外，还要比传统管理会计提供更多的非财务信息，如产品质量、市场占有率、顾客满意度等。显然，传统的货币计量手段无法满足这一要求，因此，采用多种计量手段是战略管理会计科学而现实的选择。货币与非货币计量假设是指战略管理会计在进行预测、决策、控制、分析和业绩评价时，除使用大量的货币计量手段外，还要使用大量的非货币计量手段，如以实物量、时间量、相对数等为单位进行计量。同时，注重非货币计量也是财务会计发展的一个明显趋势。

四、战略管理会计的原则

战略管理会计的原则是指开展战略管理会计工作需要遵循的指导思想，包括以下几个方面：

（一）全局性原则

一是企业微观经济效益和国家宏观经济效益的统一，社会效益和经济效益的统一；二是每个责任中心的目标、决策、计划，既要实现本责任中心的效益，又要协调与相关责任中心有关指标的关系，更要与企业总体目标一致；三是把眼前利益和长远利益当作一个整体来考虑。

（二）外向性原则

不仅要考察企业自身的信息，而且要注重考察企业外部的相关信息，特别是竞争对手的有关信息。

（三）成本效益原则

应根据信息成本和信息收益的比较结果来确定是否要加工输出该信息。

（四）相关性原则

要注重提供与企业战略目标密切相关的非财务指标，以及超出本企业范围、竞争者对本企业的竞争优势产生影响的信息。

（五）及时性原则

应根据企业内外部环境的变化，及时加工和传输各种管理会计信息。

五、战略管理会计的基本内容

战略管理会计是现代管理会计体系中的一个新领域，即使在西方经济发达的国家，目前也仍处于初期发展阶段，尚未达到成熟化、定型化。但由于战略管理会计以本企业为基点，着重对顾客和竞争对手的相关信息进行对比分析，借此为企业的战略管理提供信息和智力支持，因此，其主要内容包括以下几个方面：

（一）战略目标的制定

战略管理会计首先要进行战略分析，而战略分析具体又包括企业外部环境分析（包括宏观、行业、竞争环境分析）和企业内部环境（资源条件）分析。通过各种信息的搜集、汇总和分析，协助管理层制定战略目标。企业的战略目标可以分为企业战略目标、竞争战略目标和职能战略目标三个层次。企业战略目标主要是确定经营方向和业务范围。竞争战略目标主要研究的是产品和服务在市场上竞争的目标问题，需要回答以下几个基本问题：企业应在哪些市场参与竞争？要与哪些产品进行竞争？如何形成可持续的竞争优势？其竞争目标是成本领先还是差异化？是保持较高的竞争地位还是可持续的竞争优势？职能战略目标所要明确的是，在实施竞争战略过程中，企业各个部门或各种职能应该发挥什么作用，完成什么目标。战略管理会计要从企业外部与内部搜集各种信息，提出各种可行的战略目标供高层管理者选择。

（二）价值链分析

价值链（Value Chain）的名称最早是由美国学者迈克尔·波特在《竞争优势》

（Competitive Advantage，1985）一书中提出的。价值可以看成资金的生成和增值活动，贯穿价值增值的各个环节。价值链是和企业作业联系在一起的，如在钢铁企业“炼铁-炼钢-轧钢”，可看作一条作业链，在这条作业链中贯穿着一条价值链，即“价值1-价值2-价值3”，因此作业链表现为价值链，作业链的形成过程也就是价值链的形成过程。

价值链的分析就是指通过考察价值活动本身及其相互之间的关系来确定企业的竞争优势的一种分析方法。

由于价值活动是构成竞争优势的基石，因此，对价值链的分析不仅要分析构成价值链的单个价值活动，更重要的是要从价值活动中分析各项活动对企业竞争优势的影响，从而明确各价值活动之间的联系，提高企业创造价值的效率，为企业取得成本优势和竞争优势提供条件。

（三）战略定位分析

企业可以采用的竞争战略主要有成本领先战略、差别化战略、聚焦化战略。每一个企业都需要根据自身情况，选择恰当的竞争战略；不同的竞争战略，需要不同的成本信息。

（四）成本动因分析与作业成本管理

战略成本管理产生于20世纪80年代的西方发达国家，它是以现代成本管理观念为基础，以企业总体战略和基本竞争战略为导向，在成本管理中导入战略管理思想，在提高企业竞争优势的同时进行的成本管理。其实质就是成本管理会计信息贯穿战略管理循环的各个过程，从战略高度对企业成本结构和成本动因进行全面了解，并且控制和改善成本发生的条件，以寻求长久竞争优势。战略成本管理强调把企业成本管理的问题放在整个市场的环境中予以全面考虑，将成本视为产品整个价值链上使用的全部资源的成本，包括研究与开发、制造、市场开拓、销售及售后服务等，涵盖产品完全成本的价值链及主价值链间的联系，它不仅包括整个行业的价值链，而且包括企业内部的价值链。

战略成本管理把成本管理的重点放在了发展企业可持续性竞争优势上，其目的是帮助企业确立竞争优势，并采取与企业竞争战略相配套的成本管理制度，使企业能在日益变化的市场和激烈的市场竞争中站稳脚跟，战胜对手。

成本动因（Cost Driver）是指隐藏在成本背后、驱动成本发生的因素。不同制造费用明细项目的成本动因不同，需要采用不同的分配标准。

作业成本管理是建立在成本动因分析和作业成本法基础之上的，它将企业的全部作业划分为增值作业和非增值作业，努力避免非增值作业，提高增值作业的效率。

（五）人力资源成本管理

知识经济时代，企业之间的竞争，归根结底是人才的竞争，是人才管理机制的竞争。加强对人力资源取得成本、开发成本、维持成本、保障成本和离职成本的管理，是每一个企业必须面对的现实问题。

（六）财务预警及风险管理

企业在日常生产经营过程中会面临着各种各样的财务风险。当这些风险即将发生时，会发出一些预警信号，企业应及时采取相应对策，避免损失的发生，或者将风险造成的损失降到最低。

（七）平衡计分卡理论

战略管理会计中的业绩评价被称为整体业绩评价，它在战略管理每一步应用的过程中都强调业绩评价必须满足管理信息的需求，以利于企业寻找战略优势。比如，在战略形成过程中，管理者需要获取多方面的信息，整个业绩评价通过对相关顾客需求状况的评价来帮助管理者决策。意大利的贝瑞特公司是一家军火制造商，20世纪80年代采用了全面质量管理，但是收效不大，当该公司的整体业绩评价转向评价顾客对质量的看法时，发现顾客重视的质量只是猎枪的防锈能力和随身武器百分之百的可靠性。这些直接的战略评价最终使该公司提高了利润率，并取得了美国军方的手枪订单。因此，战略管理会计认为，有效的评价并不在于使用财务指标还是非财务指标，而是在于它是否能够发现企业存在的问题。而从战略层面来讲，非财务指标往往比财务指标更能说明问题。

传统管理会计谈到计划和控制时，认为企业可以预知自身的目的地及目标财务状况，因此，控制意味着比较“目的地”和“现在所处的位置”。而战略管理会计认为，企业并不能确定未来的目标，只能知道现在要走的大体方向，下一步如何走要看企业最新取得的外部信息、内部信息和经验。因此，企业的计划和方向将随着信息、经验的增加而不断改变。所以，整体业绩评价是一个不断增加或减少评价指标的持续进步的动态系统，它把企业战略、具体行动和业绩评价不断地重新组合，即战略通过具体行动来实施，而业绩评价则指导战略的实施，并通过实施结果调整战略和计划。

传统业绩评价主要侧重于财务指标。企业利用平衡计分卡进行绩效评价，可以将财务指标与非财务指标相结合，将财务指标、顾客满意度、内部经营过程、学习与成长能力四个维度结合起来。因此，平衡计分卡是实现企业战略的一个重要工具。

近年来，在会计实务中，财务共享服务、业财融合等，也成为了实务工作者关注的内容。这些内容在学术界尚处于探讨的阶段。本书在最后两章，做一些简单的探讨，以期引起大家的重视。

六、战略管理会计的基本方法

（一）作业成本法

作业成本法是一种通过对作业进行动态的追踪反映，计量作业和成本对象的成本，评价作业业绩和资源利用的方法。它以作业为核心，核算范围是包括作业中心、产品和劳务、顾客、市场在内的多元化的成本核算对象。从成本对象和资源耗费的因果关系入手，以成本动因为媒介，以“资源—作业—成本对象”之间的资源流动为线索进行成本分配，利用作业动因将作业的成本分配到成本对象中。作业成本计算方法的运用，大大拓展了成本核算的范围，改进了成本分配方法，提供了比较准确的成本信息。

（二）价值链分析法

价值链分析是以各价值链链节和联结（一个价值链与其他价值链活动彼此间的关联）为对象，确立各单元价值链上的成本和效益，根据企业战略目标进行价值作业之间的权衡、取舍，调整各价值链之间的关系，通过企业内、外活动的协调，取得竞争优势。价值链分析首先要从战略上对行业价值链进行分析，以了解企业在行业价值链中所处的位置；其次要从企业内部分析以了解自身的价值链；最后要细致分析竞争对手的价值链，从而做到知己知彼。企业从战略层面进行价值链分析，不仅能了解企业内部成本支出和价值产生的过程，而且可以从行业价值链分析中了解自己与上、下游价值链之间的关系，并通过竞争对手价值链分析来了解自己与竞争对手的差异和相对的成本态势。通过价值链分析，最终优化价值链，改善企业竞争地位，提高竞争优势，从而为企业长期健康发展奠定牢固的基础。

（三）预警分析法

预警分析是一种预测外部环境变化的分析和报告系统，它通过纵向分析和横向对比，可以事先提醒管理当局注意可能影响企业财务状况的潜在机遇和问题，目的是给予管理当局足够的准备时间，以便其利用和把握机遇或防止潜在问题恶化，防患于未然。预警分析的基本任务是预测2~3年内可能出现的重要事件，以覆盖年度计划和5~10年战略计划之间的时间差。预警分析一般包括：选择关键性因素，选择合适的计量指标，选择预警分析的方法，分析企业所处的行业及该行业的变化趋势以及对预警分析方法定期进行评价等。

（四）其他分析方法

1.股东价值分析

股东价值分析是评价企业战略对增加股东经济价值所做贡献的一种方法。企业战略中的一些因素通过对企业盈利和产生现金能力的影响，最终对股东价值产生根本性的影响，从而评价企业拟采取的战略计划。

2.产品寿命周期成本分析

产品寿命周期成本分析是确认和分析产品在筹划、设计、生产准备、生产、销售、运输、售后服务、使用、维护养护和处置清理的整个寿命周期中的总成本的一种方法。它可以提供筹划、设计、生产准备、生产、服务等不同阶段的成本。产品寿命周期跨越会计期间反映产品的成本和收入，可更好地进行成本控制。

3.质量成本分析

质量成本分析即利用非货币性的质量指标，综合反映和分析企业在改进质量方面所付出的努力和取得的成就。产品质量成本可分为预防成本、评估成本、内部损失成本和外部损失成本。质量成本分析有利于企业完成质量成本计划，激励和评价各种改进质量的业绩，从新的角度进行全面质量管理。

4. 目标成本分析

目标成本分析是企业为实现财务业绩，制定以产品成本为主的目标成本，确定达到这一成本水平的途径的一种分析方法。制定目标成本涉及一般性的管理因素和特定的产品与环境因素。确定目标成本的方法有：扣减法，即根据竞争对手的价格和市场价格以及目标利润要求倒推出目标成本；累加法，即根据技术、生产水平、交货时间等内部因素的总和推测出目标成本；综合法，即在考虑市场因素和企业内部因素的基础上结合扣减法和累加法制定目标成本。

第四章

基于企业战略的全面预算管理

《礼记·中庸》里面提到，“凡事预则立，不预则废”。意思就是说，做任何事情，事先要有一个计划和安排，就容易取得成功；不然容易导致失败。中国传统文化里面也谈到，吃不穷，喝不穷，算计不到一辈子穷。小到一个家庭，大到一个企业或者一个省市、一个国家，都要有自己的计划和安排。

全面预算管理是企业实施管理和控制的重要手段，不仅能帮助企业提高经济效益、实现战略目标，而且有助于利用市场来优化资源配置。在传统的预算管理体系中，预算往往与企业战略脱节，过于重视财务目标而忽略了一些关键的非财务目标。因此，构建基于战略导向的全面预算管理体系就显得尤为重要。

本章着眼于企业的战略目标，在综合介绍了国内外相关研究成果之后，对全面预算管理体系的基础理论进行了具体介绍，主要包括全面预算管理、企业战略管理，以及将这两者衔接起来的重要工具——平衡计分卡。通过阐述我国全面预算管理的现状、存在的问题以及问题的成因，介绍了构建战略导向的全面预算管理体系的思路及具体步骤，包括预算目标的选择，预算的编制、执行与调整，从而形成了一套基于平衡计分卡的绩效考评体系，加强了企业全面预算管理的考评力度，在鼓励员工努力工作的同时，也有效地促进了企业战略目标的实现。

通过对战略导向的全面预算管理的研究，得出以下结论：首先，确定预算目标时要综合考虑内、外部环境，使目标具有环境适应性；其次，要根据企业自身情况选择适合的预算管理模式和编制方法；最后，要注重预算考评的激励作用。

● 第一节 以战略为导向的全面预算管理体系的基础理论

一、全面预算管理理论

（一）全面预算的概念

预算（Budget）就是以货币为主要单位表示的财务计划，必要时用其他非货币指标加以补充说明。

全面预算是将整个企业作为一个有机联系的整体而编制的预算，它包括财务预算、资本预算和经营预算。通过全面预算，企业可以按照预定的目标进行各项经营活动，从而保证企业战略目标的实施。

（二）全面预算的内容

全面预算主要内容包括：经营预算、资本性支出预算（或称资本预算）、财务预算。

1.经营预算

经营预算是与企业供、产、销等经营活动直接相联系的预算，主要包括销售、生产、直接材料、直接人工、制造费用、产品成本等预算，以及销售费用、管理费用等方面的预算，又称营业预算。

其中，销售预算是根据企业战略目标以及销售预测确定的销售量、预计价格水平而编制的预算。预计销售量乘以预计单价，可以计算出预计销售收入。按照以销定产的原则，企业通常将销售预算作为编制全面预算的起点。

生产预算是按“以销定产”的原则，在销售预算的基础上编制的。生产预算仅反映预算期各种产品需要达到的产量，它既不直接涉及现金收入，又不直接涉及现金支出。

直接材料预算的基础是生产预算，它是用来确定预算期预计直接材料成本的预算，它是以生产预算为基础编制的。

直接人工预算主要是用来确定预算期内直接人工工资，其主要内容包括预计的生产量、单位产品工时、总工时、每工时人工成本和人工总成本。它也是以生产预算为基础编制的。

制造费用预算是根据预算期的生产量、基期制造费用的实际开支水平、上级管理部门下达的成本降低率而编制的预算。

将直接人工、直接材料、制造费用预算相加，可以得出预计生产总成本，然后除以生产预算的预计产量，即可得出单位产品成本预算。编制单位产品成本预算，可以为预计资产负债表和预计利润表的编制提供依据。

销售费用预算是根据销售预算及企业在预算期的其他各项工作安排所编制的预算，主要反映企业在预算期销售人员工资、销售机构固定资产折旧费、广告费、展览费、包装费、销售运费等费用可能达到的水平。它是企业编制预计利润表的依据之一。

管理费用预算是根据生产预算和销售预算以及企业在预算期的其他各项工作安排所编制的预算，主要反映企业在预算期公司总部管理人员工资、固定资产折旧、办公用品费、业务招待费等费用可能达到的水平。它是企业编制预计利润表的依据之一。

2.资本性支出预算

资本性支出预算是为企业不常发生的长期投资或一次性专项业务所编制的预算，又称资本预算。资本性支出预算主要包括固定资产投资预算、无形资产投资预算、长期债权投资预算、长期股权投资预算。

3.财务预算

财务预算是反映企业预计经营成果、财务状况和现金流量等情况的预算，包括现金预算、预计利润表、预计资产负债表、预计现金流量表。

其中，现金预算是根据预计现金收入和支出情况而编制的预算；其主要内容包括四部分：现金收入、现金支出、现金结余（或短缺）、融资或投资。它是根据前面相关经营预算和资本预算的内容编制而成的。

预计利润表是确定企业经营活动是否盈利的主要依据，是反映预算期预计的全部经营活动的最终经营成果的预算。它是根据前面的销售预算、产品成本预算、各项费用预算等编制而成的，主要反映企业在预算期可能实现的利润或发生的亏损。

预计资产负债表是反映预计负债、所有者权益和资产情况的预算。它是根据前面的经营预算、资本预算、现金预算、预计利润表等编制的，主要反映企业的预计偿债能力。

预计现金流量表是为了反映企业在预算期内预计现金收入、现金支出、现金及现金等价物净增加额而编制的预算。它是根据前面的经营预算、资本预算、预计资产负债表、预计利润表而编制的预算，主要反映企业在预算期预计的现金支付能力。

（三）全面预算管理的概念

全面预算管理（Comprehensive Budget Management）是将企业的战略发展规划逐步分解下达至各职能部门，对各职能部门的经营活动进行管理控制，并对其业绩进行考核的管理控制系统。这体现了“权力共享前提下的分权”的哲学思想，通过“分散权责，集中监督”的方式来对企业资源进行有效配置，以期提高管理效果，实现企业战略目标。由此可见，全面预算管理是一种具有全员性、全过程性、全面性的管理战略工具。

（四）全面预算管理的内容

全面预算管理的内容包括预算总体指标确定、预算编制、预算审批、预算分解、预算执行、预算调整和预算考评。

1.预算总体指标确定

应结合企业的战略目标，采用五力分析法、SWOT分析法，分析企业在预算期可能面临的竞争环境，以及本企业的优势、劣势、机会和威胁，合理确定企业的预算管理总体指标，使之与企业的战略目标一致。在将预算总目标分解落实到各个部门时，管理人员需要利用博弈论，通过认真交流和沟通，合理确定各个部门的目标，充分调动员工完成预算的积极性。

2.预算编制

预算编制是在遵守国家有关法律法规的基础上，按照编制办法和程序进行，企业制定筹集和分配预算资金年度规划的预算活动。预算编制实际上是围绕企业的战略目标，各个部门的相关人员相互博弈的过程。因为未来具有一定的不确定性，所以在编制预算时，需要做出相关假设。其中资本预算因为投入资金数额巨大，风险较高，还应制订好相关的应急方案。

3.预算审批

预算草案编制完成以后，需要报送预算管理委员会审批。

4.预算分解

在将审批通过的预算总体指标分解落实到各个部门时，企业需要利用博弈论的理论，通过细致交流和沟通，合理确定各个部门的目标，从而充分调动员工完成预算的积极性。

5.预算执行

预算管理人员将编制好的预算下达到企业内部各个部门执行，并对预算执行进度与结果加以计量。各部门在预算执行过程中，要严格按照预算控制各项活动，没有特殊情况一般不允许突破费用预算。

6.预算调整

当确实需要调整预算时，应由相关部门提出书面申请，并报送预算管理委员会审批。批准调整后的预算下达给预算执行部门，预算执行部门要按照批准调整后的预算控制企业的日常经营活动，从而保证日常经营活动要结合企业战略目标进行。

7.预算考评

实行全面预算管理，需要制定和完善全面预算管理制度，并制定相应的全面预算奖惩细则。预算考评不能仅关注财务指标，还需要采用平衡计分卡，从而恰当评价各个部门的工作业绩。借鉴博弈论理论，预算奖惩一定要落到实处，保证预算管理的严肃性，避免预算管理流于形式。

（五）全面预算管理的职能

目前理论上全面预算管理的职能主要体现在两个方面：一是决策的管理；二是决策的控制。前者是通过在组织内部传递信息，从而做出资源配置决策；后者则是以预算指标为基准，对组织内部活动进行评价、监督，从而达到控制的目的。具体来说，全面预算管理的职能包括：

1.规划未来

通过全面预算，企业可以使员工了解企业预算期的各项经营目标，为企业未来经营活动指明方向。

2.合理配置资源

全面预算的编制能促使企业资本的配置和利用，选择最有利于达到企业价值最大化的方案并付诸实践。

3.协调各个部门的关系

编制预算需要将相关信息在部门之间，甚至员工之间进行交流沟通，它是企业内部各个部门相互交流沟通、相互博弈的过程，能够促使整个企业内部各个部门协调一致。

4.控制企业日常活动

预算分解以后，各个部门要严格按照预算控制日常经营活动。没有特殊情况发生，一般不允许突破费用预算。

5.考核评价各部门业绩

通过对各个部门预算执行情况的分析，企业可以考核各个部门预算执行情况的好坏，评价各个部门的工作业绩。特别是利用平衡计分卡进行预算业绩考核评价，能够使企业的经营管理不至于脱离企业的战略目标。

二、全面预算管理与企业战略

（一）企业战略

战略（Strategy）一词最早起源于希腊，是指将军带领部队作战的艺术，或者说是战争的谋略。后来引申到非军事领域，泛指在一定历史时期指导全局的方略，沿用至今被引申到政治、经济等领域，泛指统领全局的谋略。

企业战略是企业为了形成自己的核心竞争力，根据外部环境和自身状况设立的远景目标，并对实现该目标的步骤所进行的总体性规划，可以从以下几个方面来理解：从空间维度来说，战略是对企业整体的、全局的谋划；从时间维度来说，战略是对企业中长期的前瞻性谋划；从决策依据来说，战略是基于企业对内、外部环境的分析和判断而形成的。因此，战略具有长远性、全局性的特征。战略的本质在于持续满足利益相关者的不同需求，为企业谋得持续发展，其焦点在于为企业获得竞争优势。

（二）全面预算管理与企业战略的互动关系

全面预算管理与企业战略是一种互动的关系，企业战略决定全面预算管理，全面预算管理又支持和修正企业战略。

1.企业战略对全面预算管理的导向作用

企业战略从长远发展的角度为企业谋求发展；全面预算管理是对企业全部资源的分配过程，最终是为了促进企业战略目标的实现。从确定企业预算目标开始，一直到对预算执行过程的调整和考核，都要从企业战略的角度出发，为企业战略的实现提供保障，同时，还可以有效规避管理者的短期行为。因此，企业战略对全面预算具有决定性作用。

思路如下：

企业战略—中长期发展规划—年度计划—年度预算。

2.全面预算管理对企业战略的支持和修正作用

企业的战略规划系统本身就是一个动态的循环，在预算的编制过程中，企业要能对内部资源配置、外部市场及其他因素的反馈信息不断进行修正，并根据实际情况调整战略。因此，全面预算执行情况决定了企业战略能否最终达成。

思路如下：

年度预算—年度计划—中长期发展规划—企业战略。

三、全面预算管理与企业战略的对接

（一）平衡计分卡与全面预算的有效融合

一般企业的全面预算管理绩效考核评价只关注财务指标的完成情况，而不关注非财务指标，不能恰当地评价组织内部各个部门的全面预算管理绩效。卡普兰教授提出的平衡计分卡（Balanced Score Card，BSC）理论强调对组织内部进行绩效考核评价时，要将财务指标、顾客满意度、内部业务流程、学习与成长能力四大类指标结合起来，才能综合考核评价组织内部各个部门的业绩。BSC是企业绩效考核评价的工具之一，同样可以应用到全面预算管理绩效考核评价中来。

BSC将企业绩效管理上升到战略的高度，从财务、客户、内部业务流程、学习与成长这四个维度向企业内部各层级、各责任单位传递企业战略，以及每一个步骤里他们各自的目标和任务，最终完成企业目标，进而成为企业战略的实施工具。

BSC四个维度指标之间不是孤立的，而是有着内在联系的。实现财务目标是企业的终极追求；而要实现财务目标、提高经济效益就必须以客户为中心，根据客户需求设计出相关产品，提高客户满意度；要满足客户，必须提高企业内部的运营效率；同时，提高企业运营效率的前提是企业和员工的共同学习与创新。BSC的核心思想就是通过这四个指标间的因果关系，为企业战略转化为可操作的步骤提供一个框架，根据这个因果关系，对企业战略进行划分，成为可以指导个人行动的绩效指标。

BSC的四个维度既包含财务信息又包含非财务信息，因此，如果将其引入全面预算体系中，就可以兼顾财务目标和非财务目标，兼顾企业短期目标和长远战略规划。企业可以将战略目标从四个维度逐步分解成可以具体实施的绩效评价指标，对传统的预算进行调整，并对相关指标的执行情况进行跟踪分析评价，重点把握能使企业绩效发生变化的关键指标，为实现战略目标构建一个完善的绩效评价体系。换言之，引入BSC的全面预算管理体系能够在一定程度上弥补传统预算体系的不足，从而提升企业价值。

实践证明，BSC是一种很有效的沟通工具，它使得各经营环节以及各部门、各层级之间为了共同的目标而互相交流沟通，使所有的预算参与者都能了解到企业的战略目标以及各自应完成的目标，促进了企业战略目标的有效完成。

总之，BSC的加入既突破了传统预算信息不对称的局限，使各部门间更加协调、信息沟通更为密切；又使得预算被所有的员工接受，有利于调动员工的工作积极性，为实现预算目标奠定基础。关于BSC的更多内容，将在本书第八章进行详细阐述。

（二）全面预算和企业战略的对接方法

企业编制全面预算时要以自身战略为导向，而企业战略是一个比较抽象且宽泛的概念，所以不能直接从战略开始，否则会导致预算和战略脱节。BSC正是这样一种工具，为将全面预算和企业战略相联系提供了一种思路，这种联系过程可以分为以下四个步骤：

1.将企业根据使命、价值观和愿景规划所确定的长远战略发展目标转化成具体战略目标，从财务、顾客、内部业务流程、学习与成长这四个维度来体现。

2.为这四个维度的战略确定业绩驱动因素和影响范围，并建立这些因素之间的因果关系，形成战略关系图。

3.将战略关系图转化成平衡计分卡的指标。

4.以平衡计分卡所确定的指标作为全面预算的编制基础，并通过全面预算的相关流程来保证企业战略目标的实现。

整个过程如图4-1所示，其中，平衡计分卡起了转换器的作用。

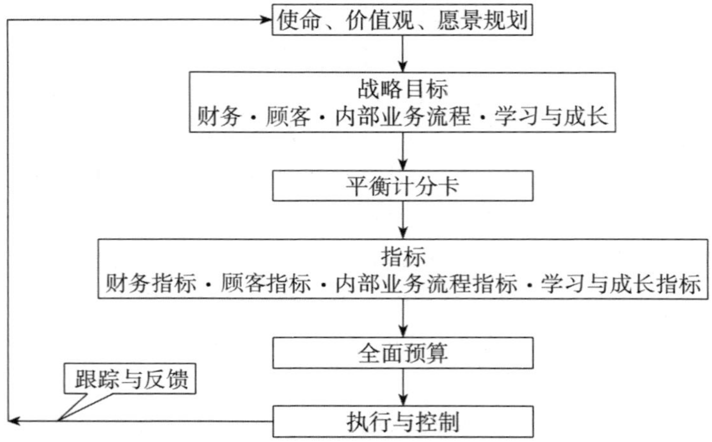

图4-1 全面预算和企业战略的对接流程图

第二节 全面预算管理在我国企业应用的现状及存在的问题

一、全面预算管理在我国企业应用的现状

（一）我国企业全面预算管理实践的现状

在由计划经济向市场经济转轨的过程中，全面预算管理的相关理论方法也受到越来越多的重视。我国企业开始借鉴西方全面预算管理的成功经验，探索符合我国基本国情的全面预算管理模式，山东乐化集团、杭钢集团、邯钢集团等都探索出了适合本企业的管理模式。这些企业的探索都是站在管理会计的角度，明显提升了企业的经济效益，提高了企业的管理水平，而且出现了成本导向、销售导向、现金流

量导向、利润导向等预算管理模式。

目前，国务院国有资产监督管理委员会要求，国有企业必须实行全面预算管理。另外，中国证券监督管理委员会也要求，上市公司必须实行全面预算管理。随着全面预算在我国企业中的推广，越来越多的非国有企业、非上市公司，也开始积极自觉地实施全面预算管理，并且不断加大其应用的广度和深度。

但是，由于方方面面的原因，全面预算管理应用的效果还有待进一步提高。

（二）我国企业全面预算管理理论研究的现状

随着我国企业改革的继续深入，我国经济开始逐渐融入国际竞争，全面预算管理也越来越受到我国学者的重视。20世纪90年代以来，越来越多的学者开始在管理类的期刊上发表全面预算管理方面的文章，然而，这些文章多数是根据西方国家关于全面预算管理的文献以及成功经验总结出来的一些建议和指导，对于全面预算管理如何指导我国企业改善经济效益并取得竞争优势并未涉及。由此可见，我国对于全面预算管理的理论研究在一定程度上滞后于实践的发展。

二、全面预算管理在我国企业应用中存在的主要问题

（一）预算管理与战略规划在组织和人员上相互分离

传统的管理控制理论认为，管理控制、战略计划和经营控制是企业内部管理三个界限相对分明的层次，分属于企业的高层、中层、低层，其中预算管理属于管理控制的内容，与战略相对独立。因此，在实践中原本是完整统一的包含长、中、短期的计划系统被人为的界限分离了。组织中的不同层级专注于各自相应的计划，高层管理者制定战略目标和计划，中层管理者和财务人员组织资源分配和预算方案，设定财务目标，而这些财务数据与战略成功的关键因素并没有太大联系。简单来说，企业忽略了一些关键问题。比如，如何将高层管理者确定的战略计划层层分解转化为可执行的短期预算，如何能使战略成功的关键因素影响预算中资源使用的先后顺序，长远收益与短期收益之间是否存在矛盾以及如何解决该矛盾等。

（二）传统预算过于关注财务指标，而忽略非财务指标，导致全面预算不够全面

在传统的全面预算管理中，企业通常倾向于利用盈利水平等财务指标来衡量企业的业绩水平，但却忽略了一些影响财务指标的非财务指标，比如新产品的开发能力和研发周期、核心员工的流失率、顾客满意度等。在实践中，企业过于重视财务指标，在战略还未确定的时候就开始编制全面预算，这样难免会忽视企业的长期经营目标，导致年度预算目标同长期战略目标冲突，不能很好地反映企业的实际情况，导致在战略目标的制定和实施过程中存在缺口，使得预算和战略脱节；而且，还有可能使预算变成上一年度各种数据的简单重复，容易忽略顾客以及内部业务流程的战略价值。

（三）静态预算变静止预算，预算更新不及时，难以适应环境的变化

我国企业目前普遍采用静态预算（固定预算）方法来编制预算，但必须意识到，静态预算不等于静止预算，有些企业在年度预算编制完成后就将其搁置。在变

幻莫测的经济环境中，预算并不是编制完成之后就一成不变的。尽管在制定预算时会预测未来的情况，但并不能够面面俱到，况且未来随时会发生变化，因此，一年前制定出的预算很可能偏离战略规划。所以，当市场环境和内部资源有较大的变化时，企业必须对预算进行必要的调整和修订，以期达到预算目标。

（四）预算与绩效考评脱节，业绩评价无法发挥激励作用

预算本身并不是最终目的，而更多的是充当一种联系企业战略与经营绩效的工具。尽管很多企业在意识到这一点后，在预算上投入了很多时间和精力，但他们的预算所设定的指标不够科学全面，难以调动员工的工作热情。这种预算只重视活动而不关注成果，事实上，过程与成果一样重要，绩效开始于以成果为基础的目标而不是以活动为基础的目标。此外，企业相关的激励考评机制不够完善，没能发挥应有的作用。

三、全面预算管理应用存在问题的原因分析

（一）企业生产经营受计划经济体制的影响，管理观念落伍

在我国的计划经济体制时期，企业普遍采用以生产作为预算重点的传统经营计划，企业预算并未形成单独完整的管理体系。特别是国有大中型企业，经常以封闭的管理观念为依据编制预算，没有充分意识到外部市场主宰企业未来发展这一现实，在实施预算的时候忽略了对市场的分析考察，从而导致整个预算体系被市场环境排斥、无法被市场接受。一般来说，经不起市场检验的预算制度很难在企业中被有效实施。

（二）法人治理结构不够完善

在我国，有很多企业并没有设立专门从事全面预算管理工作的部门，经调查，由总经理对预算做出最后决定的企业高达43.3%，由董事会作最后决定的企业占30%，由专门的预算部门作最终决定的企业只占16.7%，由财务部门确定预算指标的企业占10%。造成这种现象的原因是我国的法人治理结构不尽完善，因为健全的企业预算制度实际上是完善的法人治理结构的体现。在实际操作中，管理层通常采用“自上而下”的方式来编制预算，下面各层级没有机会参与；在预算考核时也带有很大的个人主观因素，这并不符合预算管理的本质。一个具有完善治理结构的企业，应当成立预算委员会从专业的角度来考虑问题，并且同下级预算编制单位商讨，最终确定预算草案的通过与否。

（三）企业的预算与实际经营活动脱节

许多企业把预算理解为简单的预测，所以在给预算指标赋值时多以历史活动和相关指标为基础，从而缺乏对未来市场情况的合理估计。如果一个企业中的各部门业务量水平较为平稳，则可以考虑使用这种基于历史指标的预算方式；而如果各部门的经营状况变化比较大而且比较频繁时，则这种方法确定的预算指标主观性较强，无法为员工绩效的考评提供依据，预算也未能发挥应有的作用。

（四）预算考评指标的科学性与系统性不强，考核流于形式

很多企业都过于重视财务指标，而财务指标大多重视经济效益的增加和成本的

降低，这就导致企业内部相关部门为了节约费用而少报开支或者为了增加效益虚报收入，这都不利于企业价值的增加。所以，企业编制预算时，要设置科学的预算指标，兼顾财务指标和非财务指标。

另外，由于企业的奖励制度和惩罚制度有欠缺，没能和工资薪酬挂钩，而且奖励容易惩罚难，使得预算考核形同虚设。

西方国家对全面预算管理的研究起步较早，因此，不论是理论还是方法都较为成熟，引入我国企业之后，由于我国的基本国情以及企业自身情况的限制，只能以企业为单位进行小范围的探索和研究，也取得了不错的成效。一些专家学者也开始发表一些理论性的文章，但是稍显滞后。本节着重介绍我国企业在应用全面预算管理时存在的问题，以及问题的成因分析，为接下来构建战略导向的全面预算管理体系提供了一个框架。

● 第三节　以战略为导向的全面预算管理体系的框架

一、战略导向全面预算管理体系框架

一个完整的全面预算管理体系应该是一个包含诸多内容的预算循环。第一步，企业根据外部市场环境和自身内部状况来确定中长期战略规划；第二步，确定预算目标，这是预算管理的起点；第三步，根据确定的预算目标来编制企业的经营预算、资本预算以及财务预算等，所编制预算的质量直接影响预算的执行效果；第四步，将编制好的预算上报审核，在审核通过之后由企业管理层或者专门的预算委员会下达给各预算执行单位；第五步，各单位在执行预算的时候，要严格按照要求进行，并且采取有效的预算控制方法以保证预算执行的质量，同时还要进行有效的追踪与分析，掌握预算与实际情况的差异，定期向上报告；第六步，任何预算都会存在一定的偏差，企业要严格界定预算的调整范围以及程序；第七步，将预算的执行情况与实际情况相对比，对好的进行鼓励，对不好的则进行经验教训总结，并分别给予一定的奖惩。同时，将预算执行结果反馈给预算执行机构，进而调整下一期的相关指标，以战略为导向的全面预算管理体系流程如图4-2所示。

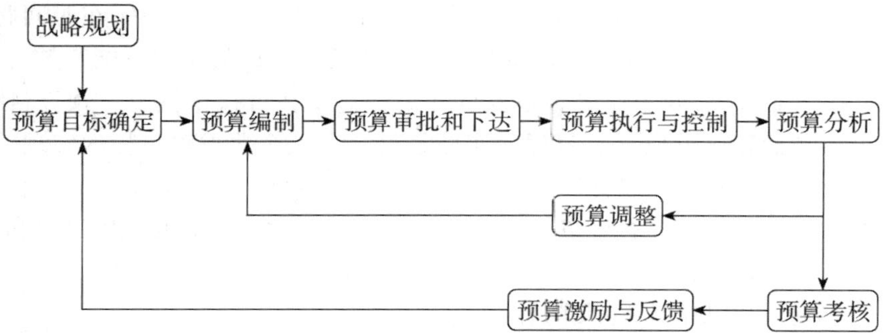

图4-2　以战略为导向的全面预算管理体系流程

二、确定企业的预算目标

（一）企业预算目标的确定原则

全面预算管理的起点是预算目标的准确制定，预算目标作为企业战略目标在特定时期的具体体现，应该从企业战略的角度出发来制定，必须综合考虑企业内部经营条件、外部市场环境以及对未来发展趋势的预测。企业的预算目标一经确定，就要在一定时期内保持稳定。在实际工作中，确定企业预算目标时应遵循以下原则：

1.股东期望“下限”原则

作为企业的所有者，股东拥有企业的经营管理权、剩余索取权以及部分剩余控制权。企业的生产经营最终是为了实现股东价值最大化，也就是说，股东投资回报率要超过同行业的平均资本报酬率，这是股东期望收益的底线，同时也构成了企业预算目标的底线。

2.先进性与可行性兼顾的原则

作为企业短期内生产经营活动的整体规划，在制定预算目标时要略高于当前利用企业资源所能达到的水平，保持先进性的原则，使得企业上下共同为实现目标而努力，从而提高了企业的经济效益。但在实际工作中，若只强调先进性原则，而忽略了企业的经营现状、设备与技术等因素，制定出来的目标就会缺乏可行性，打击员工的工作积极性，不利于企业效益的实现。所以，在确定预算目标时一定要在保持先进性的同时使其具备可行性。

3.财务预算目标与非财务预算目标兼顾的原则

预算目标应该全面涵盖企业的财务预算目标与非财务预算目标。从行业竞争的角度看，企业对自身无形资产的开发和利用，有时比投资管理有形资产的能力更为重要。新的产品生产线、雇员的操作熟练程度、信息系统的可操作性等，往往都是企业取得竞争成功的关键因素，但这些通常被排除在财务报表之外，难以准确计量。因此，在制定预算目标的时候必须考虑那些使企业能够获取竞争优势的关键因素，以确定合适的非财务目标。

4.整体规划与具体计划相结合的原则

全面预算与企业战略之间存在互动的关系，因此，在确定预算目标的时候要有全局意识，从企业战略的角度出发。但预算和战略还有不同点：①在时间跨度上，预算一般是一年以内企业所要实现的目标，强调近期，而战略则可能跨越若干年度（一般为3～5年），强调企业的长远发展和定位。②在可操作性上，预算目标较战略目标更容易操作，分段预算目标的实施最后会促成企业战略目标的实现，因此，为了便于企业对预算目标进行控制和考评，还要注意目标的可分解性，换言之，企业的预算目标应该是一个有机整体，在这个体系中包含了企业的整体目标和分解后具有可操作性的具体目标。

（二）企业预算目标的主要内容

企业的预算目标应该包括财务预算目标和非财务预算目标，在预算目标体系中，财务预算目标是核心，但同时也应该注重控制非财务预算目标。财务目标可以用货币来计量，如销售增长率、投资利润率等；非财务目标通常难以通过货币计量，如客户保持率、合格品率、雇员满意度等。

1.财务预算目标

一般来说，企业根据责任中心来确定相关的财务预算目标，以反映其应负担的责任和应拥有的权利。

（1）收入中心的财务预算目标

收入中心就是只负责销售收入的责任单位，主要任务是强化销售功能，加强对收入的管理，及时收回应收账款以控制坏账。因此，销售收入可以作为收入中心的预算目标，并且用销售增长率来表示，计算公式如下：

$$销售增长率=\frac{预算销售收入-上期实际销售收入}{上期实际销售收入}\times100\%$$

（2）成本中心的财务预算目标

成本中心是指对企业内部所发生的各项成本费用负责并且实施控制的责任单位。成本中心只负责可控成本，在一个成本中心里，各项可控成本的和就是其责任成本。因此我们可以把责任成本作为成本中心的预算目标，在实际考核中用成本降低率来表示，计算公式如下：

$$成本降低率=\frac{预算责任成本-上期实际责任成本}{上期实际责任成本}\times100\%$$

如果出现实际产量和预算产量不一样的情况，则该公式要用实际产量来调整相关成本项目，使实际责任成本和预算责任成本可比。

（3）利润中心的财务预算目标

利润中心是指对利润负责的责任单位，最好将利润最大化作为其预算目标。在各利润中心的共同成本难以合理分摊或者无须进行分摊的情况下，企业确定利润时可以只计算可控成本，而不分担不可控成本；在共同成本易于合理分摊或者不存在共同成本的情况下，企业确定利润时不仅应计算可控成本，而且应计算不可控成本。

为了方便考核利润中心负责人的业绩，可以将其中的固定成本划分成可控固定成本和不可控固定成本，由于广告费用、保险费用等成本费用的项目可以分摊至利润中心，但不受利润中心负责人的控制，因此，当确定可控收益时，必须去掉不可控固定成本，计算公式如下：

可控收益=某利润中心的贡献毛益总额-该利润中心的不可控固定成本

（4）投资中心的财务预算目标

投资中心是既对收入、成本和利润负责，又对投资效果负责的责任单位。所以，预算目标需体现出利润和投资额之间的关系，常用的指标主要有投资利润率、剩余收益和经济增加值。

①投资利润率，是利润总额和投资额的比率，反映了所投入资产的利用效率，计算公式如下：

$$投资利润率=\frac{利润总额}{投资额}\times100\%=销售利润率\times资产周转率$$

根据上述计算公式我们能够得出：投资利润率的大小同企业的收入、成本、投资额和周转能力有关，可以作为选择投资机会的依据。将其作为投资中心的预算目标，将各个投资中心的投入和产出进行比较，剔除了因投资额不同而产生利润差异等不可比因素，有利于各投资中心间的经营业绩横向比较，可以引导投资中心的管理行为。但是，这也容易使投资中心过分关注自身利益而忽略了整体利益，例如，总公司的平均投资利润率为13%，作为投资中心的某子公司平均投资利润率为17%。现有一方案的投资利润率为15%，从总公司的角度看该方案可行，但对子公司来说该方案则可能应放弃。所以，将投资利润率作为投资中心的具体指标，无法保证各投资中心的目标与整体目标一致。

②剩余收益，是投资中心所获得利润扣除按照预期最低收益率所计算的投资收益之后的余额，计算公式如下：

剩余收益=利润-投资额×预期最低投资利润率

预期最低投资利润率通常是指企业为保证其生产经营正常持续进行所要达到的最低报酬水平，一般可以用企业的平均利润率来代替。

当使用剩余收益作为投资中心的预算目标时，公式中的各项目的口径应保持一致，利润既可以是税前利润又可以是税后净利，对应的投资额（投资利润率）则可以是总资产（总资产利润率），还可以是净资产（净资产利润率），至于是使用税前利润还是税后净利润，则需要根据投资中心的具体情况来确定。此外，还需要保证投资利润率比预期最低投资利润率大，以防出现一些单纯追求投资利润而放弃其他有利可图的项目的情况，从而保证各投资中心的利润目标与企业总目标一致。

③经济增加值，等于企业的息税前利润减去所有的资金成本之后的数值。在不考虑所得税的情况下，计算公式如下：

EVA=息税前利润-投资额×加权平均资金成本

若考虑所得税，其计算公式如下：

EVA=税后利润-权益资本×加权平均权益资金成本

在财务报告里所列示的会计利润，是减去债务资金成本之后的利润，而我们计算出的EVA则是扣除掉债务资金成本和权益资金成本之后的利润。因此，EVA更符合经济利润的定义。

EVA指标灵活性较大，管理者可以针对风险不同的项目，设定不同的风险来调整资金成本，不仅企业内部各责任单位间的资金成本有可能不同，而且在同一单位内部不同风险水平的资金成本也有可能不一样，当计算EVA的时候要考虑这些实际存在的差异。

2.非财务预算目标

由于非财务目标无法用货币计量，因此，在企业的生产经营过程中就要考虑非财务预算目标的设计。企业的生产经营过程是一个融合了新产品或者生产线的设计开发、产销、售后等过程的价值链，企业内部价值链的一般模型如图4-3所示。

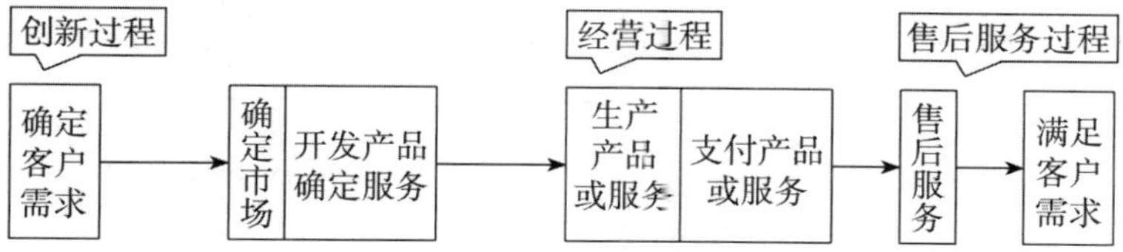

图4-3　企业内部价值链

从图4-3中所列示的企业内部价值链来看，创新过程就是在准确了解潜在市场和顾客的相关信息之后，在竞争对手之前研发出能适应市场和顾客需求的新产品或服务；经营过程则是在确定了潜在市场和目标顾客群之后，着手利用现有生产线来进行产品的生产或者服务的开发；售后服务过程是企业在将产品或服务出售之后，为顾客提供的有关产品或服务的相关服务。因此，我们确定非财务方面的预算目标时，应该从企业的内部业务流程出发，针对每一个过程来确立各自的相关目标。

（1）时间方面的目标

①保本时间，是指从新产品的研究开发开始，到最终新产品销售之后获得的利润与投入的研发成本相同时为止所经历的时间，综合考虑了时间、成本和利润三个方面的因素，以保本时间作为企业创新过程所要实现的目标，促使各部门，包括研发部门、生产部门、销售部门等共同为降低保本时间而努力。

②生产主导时间，是指从接到顾客的订单开始，到顾客收到所需产品为止所经历的时间，可以作为生产经营过程要实现的目标，企业一般采取接到订单后立即生产的方式来满足客户的需求。

③售后服务主导时间，是指从收到顾客的售后服务请求开始，到为顾客提供一个满意的答复为止所经历的时间，可以作为售后服务阶段要实现的目标。

（2）质量目标

①能够促使企业的采购部门尽量采购符合要求的原材料，促使生产部门减少生产过程中的失误，以期提高合格品率。

②提高售后服务一次成功的比率。

（3）顾客满意度目标

这是一个比较难以衡量的非财务指标，“满意”是一个相对概念，企业不能停留在自身对产品或服务质量等指标是否合格的主观判断上，而应该通过调查问卷或者电话回访的方式让顾客评分，来确定其满意程度。

三、全面预算的编制

从预算的内容和功能来看，一个完整的全面预算管理体系应该包括财务预算、经营预算和资本预算三大方面内容，它们之间具有清晰的逻辑关系，如图4-4所示。一般顺序是，先编制经营预算，再编制资本预算，最后编制财务预算。

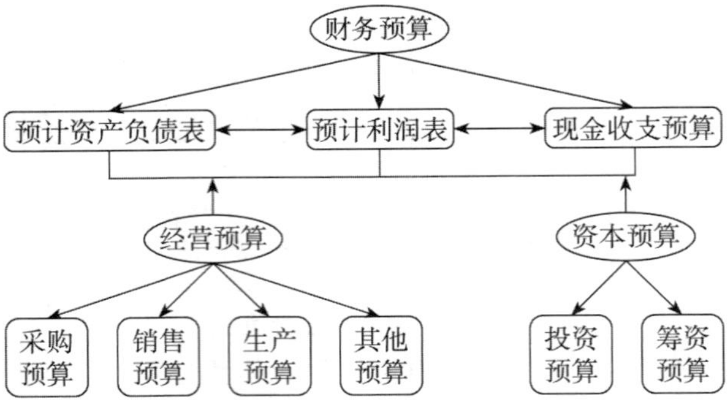

图4-4 全面预算体系的构成

（一）传统的全面预算编制方法

传统预算编制方法主要包括固定预算、增量预算和定期预算。

其中，固定预算是指根据预算期内预期可实现的单一水平业务量为基础进行预算编制的方法，又称静态预算。不论预算内容是否具备固定的特征，均以固定数值进行反映而编制预算，预算中只反映一个业务量水平下的预算值。固定预算编制工作量小；但是，当实际的业务量脱离预算业务量时，不便于恰当进行预算绩效考核评价。

增量预算，是指以过去的费用数额为基础，适当按比例调增或调减，从而确定下一期预算数的方法，主要适用于固定费用方面的预算。具体计算公式为：

某项费用预算=该项费用的基期实际数×（1+预计增减率）

增量预算的优点是编制比较简单，工作量小；缺点是容易把以前时期不合理的费用人为带到新的预算期。

定期预算又称阶段性预算，是指具有固定起止时间、预算期间与会计期间一致的预算。定期预算的优点是编制简便，缺点在于随着预算的执行，剩余的预算期越来越短，不便于企业对长远利益的考虑和规划。

（二）先进的预算编制方法

零基预算是以零为基础编制的预算，是指在编制预算时，不以过去会计期间的实际数据为基础，而是根据预算期的实际需要来确定每项费用的预算数额的预算编制方法。其优点是能够克服增量预算的局限性，但是编制的工作量相对较大。

滚动预算是指将预算期间与会计期间脱离开，总是保持一个固定的时间跨度，即每过一个会计期间就在原预算基础上自动延伸一个会计期间，预算期保持稳定的预算编制方法。它可以克服传统定期预算的缺点，但是编制比较麻烦。

弹性预算是指考虑预算期业务量可能出现的不同水平，据此分别确定相应的费用数额而编制的预算。它可以克服传统固定预算的缺点，但是编制工作量较大。

弹性预算的计算公式如下：

某种业务量水平下的费用预算=固定费用+单位变动费用×该种情况下的业务量

概率预算是一种修正的弹性预算，它将可能出现的各种业务量，按照其发生的概率作为权数加权平均，计算出业务量的数学期望值，并以此为依据来编制预算。

四、全面预算的审批与分解

（一）全面预算的审批

全面预算草案编制完成后，需要报送预算管理委员会审批。预算管理委员会召集会议投票表决是否通过预算。如果审批未通过，则需要指出原因并要求相关部门重新编制预算；如果审批通过，则总经理办公会委托预算管理中心将全面预算目标分解至各预算执行单位，各执行单位根据自身条件和执行特点，提出详细的本单位季度及月度工作计划，总经理办公会负责对工作计划进行审批并提出审批意见。

（二）全面预算的分解

全面预算审批通过以后，需要在每年12月底之前将预算总体指标分解到各个部门。全面预算指标的分解，实质上是企业内部各个不同利益阶层相互博弈的过程，需要应用到博弈论的理论。在企业集团中，对于各个子公司，企业集团需要根据其所处的生命周期以及所处的不同阶段的特点合理分配预算目标。各个子公司再将分来的预算指标层层分解落实到自身所属的各个部门。

而在一般非集团型企业中，企业需要将预算总指标分解落实到各个分公司、各个分厂、车间、班组及职能部门。

全面预算分解工作需要考虑博弈论理论，合理协调各个部门的利益关系。最迟要在每年12月底以前完成，以确保各个部门预先了解本部门下一年度的预算指标，从而有针对性地开展工作，进而确保整个企业战略目标的达成。

五、全面预算的执行与控制

全面预算的执行过程就是具体工作计划的落实过程，也是高层管理者通过预算对基层管理者进行控制的过程。

全面预算执行的具体步骤如下：

①预算目标分解，落实到各单位和个人；

②同其他先进企业的竞争力指标进行对比分析，设定标杆，学习其先进的经验技术，不断改善自身条件，以期提高自身竞争力；

③建立预算控制体系，应包含事前、事中、事后控制以及例外报告制度；

④制定相关措施来保证预算目标的实现。

预算控制有紧控制和松控制之分。紧控制的管理哲学基础是：当强调下级管理者必须全面实现具体的短期目标时，他们的工作更有效率，高层管理人员可以帮助基层责任中心解决一些日常问题，每个月将实际业绩与预算相比较，讨论并确认详细的偏差，若没实现预算目标，则考虑纠正措施；松控制则将预算作为联络和计划的工具，高层管理人员每年编制、复查预算，并根据基层责任单位的意见进行调整最后予以批准。随着经营环境的变化，预算以修改后的预测的形式被递交给高层管理者，其中包括与初始预算的比较和差异分析，预算目标没有达到不一定代表业绩不佳。对于这两种预算控制模式，企业应根据自身特点来选择松紧程度，将预算管理放置于紧控制和松控制间的结合点上，以便做到灵活性和统一性的结合。

六、全面预算的调整

预算调整，是指当企业内外经济环境或自然条件发生变化，原先制定的预算已不再适合企业时，企业所进行的预算修改。一般而言，在以下三种情形下需要对预算做出调整：

①外部市场发生变化。由于预算是以某一时点的市场条件为前提而做出的量化估计，当企业在预算年度实际经济活动的市场条件与事先假定的市场条件之间的偏差，超出了企业承受的范围或预先设计的偏差位移时，管理层就应当着手对预算进行调整。

②内部管理有更高的要求。企业管理是在不断地实践中探索和完善的，当企业在预算期间对现有管理体系和制度进行检查时，总能取得经验并弥补原有缺陷，由此产生的管理效益将促使企业调整原有预算指标，进而改善预算总目标。

③企业目标做出了调整。一般企业不会改变预算总目标，但当企业预算年度所面对的外部经营环境或内部生产环境发生变化时，为实现总目标，必须调整各类分目标，也就是人们常说的预算“微调”；当企业面临的生产经营环境或者资本预算发生重大变化时，会迫使企业调整总目标。企业调整总目标需要由预算批准机构，比如董事会做出决定。

七、全面预算的考评

（一）对全面预算进行考评的目的

预算考评是对企业内部各级责任中心预算执行结果的考核和评价。作为预算管理的一项重要职能，预算考评是对企业员工的预算执行情况及工作业绩进行考查和审核，并按其优劣给予奖惩的管理活动。预算考评的具体目的主要有：①沟通，一个规范的预算考评能够让上级了解到下属的工作能力以及对企业所做的贡献，改变以往仅凭档案和第一印象用人的习惯，使得人事管理更为科学有效。②激励，通过对预算执行结果的考评让被考评者看清差距，明确以后的目标，鼓励其更加努力工作。③控制，使得被考评者明确工作的改进方向，有利于促进企业总目标的实现。

对预算结果进行考评的目的并不纯粹是评估业绩，更是能有效推动各责任单位以及个人的工作积极性，引导企业上下各层共同为了完成整体预算目标而努力。因此，管理者在设计考评制度时，要把企业战略很好地融入全面预算管理体系。

（二）对全面预算进行考评应遵循的原则

预算考评的基本目标是实现预算的约束与激励作用。为此，预算考评工作要遵循以下基本原则：

1.总体优化原则

预算考评要着眼、支持企业目标的实现，避免出现为追求局部利益最大而损害全局利益的情况，使之符合总体优化原则。总体优化原则的要求是：①预算考评指标的设计要科学，例如，对利润中心用“部门投资报酬率”考评容易引发次优化，可用EVA指标评价体系中的“剩余收益”来进行考评。②考评指标要体系化，例如，对采购供应部门不仅要考评储备资金占用量，而且要考评供应是否及时等。

2. 分级考评原则

这个原则要求企业对各责任单位所拥有的权利和必须承担的责任进行考评，也就是说考评要结合预算目标的分解次序来进行，每一层次的责任单位可以考评其下级责任单位，而本级责任单位的考评工作则由其所属上级部门进行，这也是实现责权利相结合的基本要求。

3. 可控性原则

预算考评既是区分预算执行结果责任归属的过程，又是企业内部各单位之间利益分配的过程，所以，各责任单位的考评内容应该是各层级管理者所能控制的因素，这些可控因素带来的预算差异由对应的预算主体负责，利益分配也要以此为前提。但同时也要注意避免因过于强调可控因素而导致各责任单位之间互相推卸责任。

4. 公平、公开原则

考评必须公平，即相同的投入要得到相同的报酬，或者给每个人相同的报酬-投入比率。一个公平的考核体系，除了要有科学的考核标准和合理的奖惩制度之外，还要求考评主体严格按照所制定的标准和制度开展考评工作，避免掺杂个人情感。另外，考评工作要公开，预算考评标准公开是预算考评公正的前提，便于接受群众监督。

5. 例外考评原则

在企业的考评体系中，要识别并关注影响预算目标完成的关键因素。换言之，要仔细考评那些关键因素，如果企业外部不可控制的因素发生变化并且影响了预算的执行，那么企业必须按照实际情况来对预算进行一定调整，并且根据调整之后的规则来进行例外考评。

（三）全面预算绩效考评图

关键绩效指标（Key Performance Indicator，KPI）是建立在目标管理基础之上的一种考评办法，通过把企业总目标逐层分解到每个员工，然后对员工在实现这些目标过程中的关键绩效进行考评。在KPI中有一个重要的“二八原理”，即20%的骨干人员创造企业80%的价值；在每一位员工身上同样有这一原理，即80%的工作任务是由20%的关键行为完成的。所以，必须抓住20%的关键行为并对之进行分析和衡量，这样就能抓住业绩评价的重心。

在设计预算绩效指标的时候应遵循SMART原则：

1. 指标必须是具体的（Specific），以保证其明确的牵引性；

2. 指标必须是可衡量的（Measurable），是指绩效指标必须是数量化或者行为化的，验证这些绩效指标的数据信息是比较容易获得的；

3. 指标必须是可以达到的（Attainable），是指绩效指标在付出努力的情况下可以实现，不能因无法达成指标而使责任单位以及员工产生挫折感，但这也不否定绩效指标的设定要具有挑战性；

4. 绩效指标必须是相关的（Relevant），是指绩效指标是实实在在的可以证明和观察的，绩效指标是与企业战略目标、部门职责相关联的；

5.绩效指标必须是以时间为基础的（Time-bound），是指绩效指标必须在特定期限内完成。

确立KPI的要点在于流程性、计划性和系统性，利用平衡计分卡构建关键绩效指标体系时具体的操作流程如下：

1.根据企业的战略定位，明确战略目标。从平衡计分卡的财务维度、顾客维度、内部业务流程维度、学习和成长维度出发，找出保证企业战略得以实现的关键因素，为企业各层级设立具体的绩效指标和行动方案，使各部门和所有员工都能知道自己的工作与上一层次的目标是互相联系的。

2.利用平衡计分卡四个维度间的因果关系图，采用由果到因的倒推方法，即从财务目标开始，向下通过顾客、内部业务流程，最后到达员工的学习与成长目标，明确每个层面需要哪些指标，进而建立完整的指标体系。

3.确定每个维度的关键绩效指标，将这些关键指标分配到企业各层级，即对企业的各项资源进行分配，并确立各层级的考核方法和考核标准。

根据上述步骤构建的全面预算的关键绩效指标体系如图4-5所示。

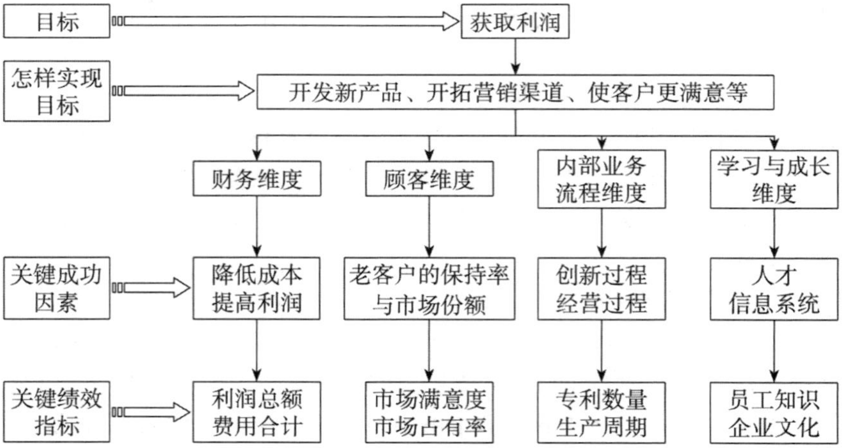

图4-5 全面预算的关键绩效指标体系

为了简化全面预算管理的工作量，企业可以使用软件系统，进行全面预算管理。目前市面上的全面预算软件系统主要包括：IBM-TM1、ORACLE-Hyperion、SAP-BPC、Targetik，以及用友、金蝶、浪潮、久其、F-One、元年、智达方通、丰贺、易磐等。后面有具体的全面预算管理软件系统的应用案例。

第五章

价值链分析

按照马克思主义哲学的观点，任何事物都不是孤立的，而是普遍联系的。在企业里，从产品设计、材料采购，到生产、销售、售后服务，各个环节也是相互联系的。因此，构建一种新的价值链模式，把管理的目标锁定在业务链和价值链每一个环节的价值增值上，是企业发展的必然要求。

第一节　价值链与价值链会计

一、价值链的概念

价值链的概念最早是由美国学者迈克尔·波特于1985年提出的。波特倡导运用价值链进行战略规划和管理，以帮助企业获取并维持竞争优势。波特在文中指出："每一个企业都是在设计、生产、销售、发送和辅助其产品的过程中进行种种活动的集合体。所有这些活动都可以用一个价值链来表明。"他将一个企业的经营活动分解为九项与战略相关的价值活动：内部后勤、生产经营、外部后勤、市场销售、服务、采购、技术开发、人力资源管理、企业基础设施。他认为每一个企业的价值链都是由以独特方式连接在一起的九项基本活动构成的。每一种价值活动都会对企业的价值链产生影响，这些相互联系的价值活动共同作用，为企业创造利润，从而形成企业的价值链系统。

波特的价值链通常被认为是传统意义上的价值链，较偏重于以单个企业的观点来分析企业的价值活动、企业与供应商和顾客之间可能的连接，以及企业从中获得的竞争优势。后来彼特·汉斯（Peter Hines）把波特的价值链重新定义为"集成物料价值的运输线"。这是另一种有关价值链的定义，与传统价值链相比，主要差别是汉斯的价值链与传统价值链作用的方向相反，汉斯所定义的价值链把顾客对产品的需求作为生产过程的终点，把利润作为满足这一目标的副产品，而波特所定义的价值链停留在把利润作为主要目标上。

约翰·山科（John Shank）和哥恩达拉加（V.Govindarajan）的研究扩大了价值链的范围，他们认为价值链不应局限于企业内部，而应放到整个行业的价值链中去审视，要考虑到最初的供应商、上游企业、下游企业及最终用户，甚至要对竞争者进行充分的分析，从而制定出能保证企业保持和增强竞争优势的合理战略。同时还将会计信息置于价值链分析中，计算出价值链每一个环节的报酬率与利润，从而确定竞争优势之所在。

约翰·斯威卡（John J.Sviokla）等学者于1995年提出了“虚拟价值链”和“有形价值链”的概念。他们认为任何一个企业都是在两个不同的世界中进行竞争的：一个是有形资源世界，称为“市场场所”（Market Place）；另一个则是由信息构成的虚拟世界，称为“市场空间”（Market Space）。它们通过不同的价值链开展价值创造活动。两条价值链的增值过程并不相同，有形价值链是由一系列线性作业构成的，而虚拟价值链则是非线性的，有潜在的输入输出点。企业可根据自己的组织、结构和战略观点对这两个过程进行管理，提出新的观点和技术上的改进方案。

1980年，阎达五教授和杨纪琬教授首次提出了会计管理的概念，视会计为一种管理活动。此后，阎达五教授又专门撰文指出“把会计管理的内容抽象为价值运动是可行的”，并再次与杨纪琬教授一起明确指出“会计工作是一种重要的价值管理工作”，而价值管理就是对价值运动的管理，“价值管理是人们讲求经济效益的主要实践形式，提高经济效益是进行价值管理的根本目的”。这也就是中国会计学界著名的“会计管理活动论”，这一会计本质论为价值链会计的出现奠定了基础。

2001年，张继焦博士在总结他多年从事管理咨询工作经验的基础上，结合我国的具体国情对价值链管理理论也提出了独特的见解。他认为，价值链管理理论将企业的业务过程描绘成一个价值链，就是说，怎样将企业的生产、营销、财务、人力资源等方方面面有机地整合起来，做好计划、协调、监督和控制等各个环节的工作，使它们形成相互关联的整体，真正按照“链”的特征实施企业的业务流程，使得各个环节既相互关联，又具有处理资金流、物流和信息流的自组织和自适应能力，使企业的供、产、销系统形成一条珍珠般的项链——价值链。

综上所述，可以将价值链定义如下：价值链是指从产品设计，到原材料采购，再到生产、销售、售后服务等一系列创造价值的作业活动形成的链条，它涵盖了企业内部和外部的多项作业活动。

20多年来，价值链管理理论得到了长足发展，已形成了以顾客为出发点、以价值增值为目标、以横向一体化为战略的一整套管理方式，在世界范围内也得到了不同程度的应用，从而取得了良好的效果。价值链管理可以帮助企业建立与市场竞争相适应的、数字化的新管理模式，以弥补企业在组织结构设计、业务流程和信息化管理等方面存在的不足，优化企业核心业务流程，降低组织和经营成本，提高业务管理水平和经营效率，提升市场竞争力，从而实现企业价值最大化的目标。目前，价值链已经在战略管理、企业会计、企业内部经营管理等领域得到了广泛的应用，并逐渐上升为管理方法体系。价值链管理理论的发展为价值链会计的产生奠定了理论基础。

二、价值链会计

会计对象是独立于会计系统之外的客观存在，会计学者对于会计对象有不同的观点，比较有代表性的是资金运动说，该观点认为会计的对象是资金运动，也就是说用货币计量的经济活动，其本质上是在生产经营过程中可以用货币表示的价值运动。

价值链会计作为会计理论和价值链管理理论相结合产生的一门会计学科，将会计的价值管理视作价值链管理必不可少的功能，通过会计管理职能强化企业的竞争优势。

价值链会计不仅关注企业内部的价值增值过程，而且把视角扩展到整个价值系统，乃至整个行业价值链，包括战略联盟中的价值链集合以及竞争对手价值链的所有活动，拓展了会计信息和会计管理的空间，对企业价值增值过程的认识更为深入。另外，价值链会计着重分析价值链上的增值活动与非增值活动，将触角延伸到企业的作业层，对作业实施直接分析、评价，目的是消除非增值作业。

在价值链中，价值活动是以资金流、物流和信息流为载体表现出来的。物流是实体物质发生物理状态变化的过程，是资金流和信息流运动的基础。资金流是伴随着物流形成的资金流动过程。信息流是与物流相伴的各种信息的运动过程，它使价值链各环节的业务活动得以协调配合，从而形成一个有机的整体。物流的运动过程，也就是实现价值增值的过程。价值链中资金的流向和流量则表明了价值的运动和转移情况，即资金流表现了价值运动。价值链中的物流和资金流共同表现为价值流，反映了价值链背后更深层次的经济关系。

价值链会计以整个战略联盟而不是单个企业为会计主体，因此价值链会计的对象是战略联盟中的价值链集合以及竞争对手价值链的所有价值活动，包括企业内部的、供应商的、销售商的、买方的以及竞争对手的信息流、作业流、资金流、实物流等，它的主要职能就是实施对企业价值链的整合和协作，对相关价值信息进行搜集处理，消除非增值作业。价值链会计着重分析价值链上的增值活动与非增值活动，关注价值链上的资金流和物流的动向。这里不再区分信息是财务信息还是非财务信息，凡是进入企业价值链的信息都在价值链会计的研究范围之内。

研究价值链分析在成本管理中的应用，既是战略成本管理领域内有意义的研究课题，又对战略管理领域的发展有积极贡献，更对我国企业管理的发展具有重要的现实意义。

● 第二节　价值链分析的内容及方法

价值链是指从原材料采购到生产、销售和售后服务一系列创造价值的作业形成的链条，它包含企业内部和外部的作业活动。我们可以从内部、纵向和横向三个角度展开分析。

一、价值链分析的意义

（一）有利于企业加强成本管理

现代企业成本管理突破了传统成本管理仅关注企业管理这一个层面的局限性，把重心提到企业战略的高层面上来。价值链管理会计通过以价值管理为中心，进入价值链条上的各作业环节，为企业提供它们的价值增值情况，为成本管理提供信息和数据支持。价值链会计以价值链和价值链联盟中的所有价值活动为分析对象，不仅要考察生产活动，而且要考察非生产活动；不仅要考察本企业内部的价值链，而且要考察企业外部甚至整个行业的价值链，以寻求广泛提高本企业经济效益的途径。这就使价值链会计管理涵盖了企业价值链的各个环节，包括产品研发、生产、销售、售后服务等活动，从而扩展了成本管理的领域。可见，对基于价值链分析的战略成本管理理论的研究有利于建立和完善现代成本管理体系。

（二）有利于增强企业的竞争优势

基于价值链分析的战略成本管理有助于企业探索竞争优势的真正来源。企业的战略目标是要在竞争中取得优势，企业的成本管理应该服从和服务于企业的整体战略目标。企业在确定自身的竞争优势，制定适当的竞争战略时，需要借助价值链分析方法。企业通过对内外部价值链进行分析，可以再造和优化自身的业务流程，确定企业的核心竞争力，并据此制定企业的成本战略，从而实现有效的成本管理。可见，基于价值链分析的战略成本管理对培育和发展企业的竞争优势具有重要意义。

（三）促进企业战略目标的实现

基于价值链分析的战略成本管理理论的研究及应用能够使企业管理者形成全局观、战略观，节约资源，提高效益。基于价值链分析的战略成本管理追求的是整个价值链效益的优化，这就要求成本管理要从系统的观点出发，正确地处理作业与作业之间、业务流程与业务流程之间、本企业价值链与供应商、销售渠道之间的关系，通过优化这些关系来提高整个价值链的效益；当制定企业战略时，价值链会计提供的有关价值活动的财务信息与非财务信息是最重要的数据源，有利于企业更好地实现发展和经营的战略目标。

二、价值链分析的内容

（一）内部价值链分析

内部价值链分析是企业进行价值链分析的起点。企业内部价值链可分解为许多单元价值链，商品在企业内部价值链上的流转过程完成了价值的逐步积累与转移。每个单元价值链上都要消耗成本并产生价值，而且它们有着广泛的联系，如生产作业和内部后勤的联系、质量控制与售后服务的联系、基本生产与维修活动的联系等。深入分析这些联系可减少非增值作业，并通过协调和最优化策略的融洽配合，提高运作效率、降低成本，同时也为纵向价值链分析和横向价值链分析奠定了基础。

（二）纵向价值链分析

纵向价值链反映了企业与供应商、销售商之间的相互依存关系，对其进行分析可以为企业增强竞争优势提供机会。企业通过分析上下游企业的产品或服务的特点及其与本企业价值链的其他连接点，往往可以十分显著地降低企业自身的成本，甚至可以使企业与其上下游企业共同降低成本，从而提高这些相关企业的整体竞争优势。

例如，施乐公司通过向其供应商提供生产进度表，使供应商能够将生产所需的元器件及时运过来，同时降低了双方的库存成本。在对各类联系进行分析的基础上，企业可求出各作业活动的成本、收入及资产报酬率等，从而看出哪一种作业活动的竞争力较高、哪一种作业活动的价值较低，由此再决定并购其上游企业或下游企业的策略或将自身价值链中的一些价值较低的作业活动进行出售或转为外包，逐步调整企业在行业价值链中的位置及其范围，从而实现价值链的重构，从根本上改变成本的地位，进而提高企业的竞争力。四川峨铁的重组便是一个典型案例。川投集团整体兼并峨铁厂、嘉阳电厂和嘉阳煤矿，重组后占峨铁生产成本60%的电价将大幅降低，每年可节约成本几千万元。通过调整，峨铁的产量可以上一个台阶，既可实现规模经济，又可降低单位固定成本。而对嘉阳电厂和嘉阳煤矿而言，则有了一个稳定的销售市场，其销售费用亦大幅降低。同时川投集团还并购了长钢股份，为峨铁打开了销路。这一重组并购挽救了3家处于劣势的国有企业。

如果从更广阔的视角进行纵向价值链分析，就是行业结构的分析，这对企业进入某一市场时如何选择切入口并占有哪些部分，以及在现有市场中外包、并购、整合等策略的制定都有极其重要的指导作用。

例如，在汽车行业价值链中，汽车制造业务已经成为“鸡肋”，虽然能为公司带来巨额的收入，但其利润正逐渐降低；而且竞争日趋激烈，谋求更大发展已经十分艰难。相反，与汽车相关的金融服务业蓬勃发展，虽然目前市场容量有限，但利润丰厚、前景广阔。

五十铃汽车公司在20世纪80年代初已经是世界知名的卡车制造经销商。为寻求更大的发展，该公司花了7年时间成功将品牌优势、技术优势、成本优势转移扩展到轿车生产方面，但是，由于轿车制造业不景气，该公司的轿车事业部连年产生巨额亏损，因此，最终不得不将轿车生产业务出售给日产汽车公司。

在同一时期，福特汽车公司及时将企业发展的重点转向汽车租赁、贷款购车、汽车保险等业务领域，1996年这三块业务的销售收入只占整体的1/5，但利润却占到50%。

五十铃汽车公司的失败在于没有把握住价值链增值的关键环节；在“利润会随销售收入增长”的这一逻辑指导下，最终将企业带入一种危险境地。福特公司的成功在于能够迅速识别成熟行业的新的利润增长点，借助雄厚的财力和卓越的市场声望，步步为营地推进，使其获得了巨大的先发优势。对手眼睁睁地看着原来不起眼的“边缘”业务成为福特公司的利润源泉。

（三）横向价值链分析

这是企业确定竞争对手成本的基本工具，也是企业进行战略定位的基础。比如通过对企业自身各经营环节的成本测算，不同成本水平的企业可采用不同的竞争方式，面对成本较高但实力雄厚的竞争对手，可采用低成本策略，扬长避短，争取成本优势，使得规模小、资金实力相对较弱的小企业在主干企业的压力下能够求得生存与发展；而面对成本较低的竞争对手，可运用差异性战略，注重提高质量，以优质服务吸引顾客，而非盲目地进行价格战，使自身在面临价格低廉的小企业的挑战时，仍能立于不败之地，保持自己的竞争优势。

家电产业的竞争激烈程度，在国内各个行业中可谓首屈一指，业内各大企业经过一番大浪淘沙仍然能够生存。八仙过海，各显神通，各大家电企业都有一套不同的分销体系，因此，分析这个产业的价值链，还需要对这些企业逐一进行分析。

1.美的模式

美的空调厂—美的分公司（省级）—批发商—大商场/零售商。

美的空调的批发商必须在淡季的时候给美的支付预付款，才能获得旺季的进货权和更多优惠。批发商不一定具有稳定的销售网络，但是可以利用大量资金争取到进货权和优惠政策，再利用这些优势招揽一批零售商组成销售网络。

2.海尔模式

海尔空调公司—海尔工贸公司—批发商—专卖店/大商场/零售商。

海尔更多地利用其几乎遍布全国各省（自治区、直辖市）的工贸公司，直接与零售商做生意以及建立专卖店，而批发商的地位已经是微乎其微了。

3.格力模式

格力空调公司—合资销售公司—合资分公司—零售商。

格力则选择各个地区空调销售大户组成股份制销售公司，这显然是制造商前向一体化战略的体现。

4.志高模式

志高空调公司—省级总代理公司—批发商—零售商。

志高空调相对于其他空调巨头没有品牌优势，因此，其选择“农村包围城市”的战略，于各中小城市、城乡接合部选择批发商、零售商，并许诺这些批发商和零售商销售志高空调可以获得比销售其他品牌空调更高的回报。

5.苏宁模式

飞歌空调公司—苏宁连锁公司。

苏宁电器集团原是南京市的一家空调经销商，后通过后向一体化控股飞歌空调，并利用苏宁电器集团的分销网络，销售飞歌空调为苏宁电器集团定牌生产的苏宁牌空调，从而形成前店后厂的经营模式。

以下是各品牌空调价格分析，选择各个品牌产品系列中处于同一地位的一个型号空调机进行比较。不同品牌空调成本、价格、利润分布情况见表5-1。

通过价格比较，在各个品牌的产业价值链中，生产商与销售商的利润分配存在着相当大的差异。最有品牌号召力的海尔，在其产业链中获取了近80%的利润份额。较有品牌优势的美的和格力，也在产业链中获得60%～70%的利润。而品牌较弱的志高，仅能获得34%的利润份额。同样没有品牌优势的苏宁，却通过其一体化战略，囊括了产业链全部的利润。各个企业采取不同的渠道策略获得各自的利润份额，完全是竞争以及各自在产业中所处地位不同使然。

表5-1 不同品牌空调成本、价格、利润分布情况表 单位：元

品牌	成本	出厂价（厂商利润）	批发价（批发商利润）	零售价（零售商利润）
海尔	1 700	3 200（1 500）	3 325（125）	3 610（285）
美的	1 700	2 240（540）	2 390（150）	2 530（140）
格力	1 750	2 250（500）	2 530（280）	2 616（86）
志高	1 450	1 700（250）	1 950（250）	2 180（230）
苏宁	1 450	1 600（150）	1 600（0）	2 000（400）

三、价值链分析的方法

当分析价值链时，企业首先找出自身的优势链条，加大人力和物力投入，将其做大做强，从而形成企业的核心竞争力；然后，找出自身的弱势链条，可以考虑通过招聘优秀专业技术人才，引进先进技术和设备，使其得到提高；如果不符合成本效益原则，可以考虑实行业务流程外包。

第六章

战略定位分析

“战略”一词，最早起源于希腊，是指将军带领部队作战的艺术，后来引申为战争的谋略。按照马克思主义辩证法的观点，矛盾分为主要矛盾和次要矛盾，凡事要先抓主要矛盾，“牵牛要牵牛鼻子”。“商场如战场”，企业也需要根据内外部环境和自身优劣势，通过PEST分析法、五力分析法、SWOT分析法，制定自己的竞争战略，如成本领先战略、差异化战略、集中化战略，以便在激烈的市场竞争中打败竞争对手，使自己立于不败之地。

● 第一节　企业战略管理理论的产生与发展

一、企业战略管理理论的产生

（一）企业战略概念的提出

美国企业经营史学家小艾尔弗雷德·D.钱德勒（Alfred D.Chandler）于1962年出版了《战略与结构：工业企业史的考证》一书，他认为企业战略经营是：“决定企业长期基本目标，选择企业达到这些目标所遵循的途径，并为实现这些目标与途径而对企业重要资源进行的管理。”

1965年，安索夫（H.Z.Ansoff）在《企业战略》一书中提出了自己的企业战略观。他认为：“企业战略是贯穿于企业经营与产品和市场之间的一条共同经营主线，决定着企业目前所从事的或者计划要从事的经营业务的基本性质。”

安德鲁斯是美国哈佛大学商学院的教授，他认为：“战略是一种决策模式，这种模式决定和揭示企业的目的和目标，以及达到这些目的的重大方针和计划，从而决定着企业正在从事的或者应该从事的经营业务，决定着企业所属的或者该属于的经营类型。”

（二）战略管理概念的提出

“战略管理”最早是由安索夫在1976年出版的《从战略规划到战略管理》一书中提出的。他将战略管理明确解释为企业高层管理者为保证企业的持续生存和发展，通过对企业外部环境与内部条件的分析，对企业全部经营活动所进行的根本性和长远性的规划和指导。他认为，战略管理与以往的经营管理的不同之处在于它面向未来，动态地、持续地完成从决策到实现的过程。

美国学者斯坦纳在1982年出版了《企业政策与战略》一书，他认为："战略管理是确立企业使命，根据企业外部环境和内部经营要素设定企业目标，保证企业目标的正确落实并使企业使命最终得以实现的一个动态过程。"

还有一些学者提出了不同的观点，这些观点主要有：

（1）战略管理是企业在处理自身与环境关系的过程中实现其宗旨的过程；

（2）战略管理是企业制定长期战略和贯彻这种战略的活动，以实现企业的宗旨和目标；

（3）战略管理是决定企业长期表现的一系列重大管理决策和行动，包括战略的制定、实施、控制和评价。

二、企业战略管理理论的发展

安索夫在《从战略规划到战略管理》一书中指出：企业的战略管理是指将企业的日常业务决策同长期计划决策相结合而形成的一系列经营管理业务。

事实上对企业战略的系统性研究从20世纪60年代初就开始了，美国著名管理学者小艾尔弗雷德·D.钱德勒的《战略与结构：工业企业史的考证》一书的出版，揭开了企业战略问题研究的序幕。在20世纪60年代，诸多学者对战略管理的研究基本上达成一致，认为战略应该适应环境的变化，战略计划应是面向未来和全局的，它的重点不在于规定企业发展的各种指标，而是要指明对企业生存与发展最有利的途径。战略管理的重点在于对环境进行预测、制订长期计划和资源的静态配置。

安索夫在他的《从战略规划到战略管理》一书中系统地提出了战略行为模式，他认为战略行为是一个组织对环境的交感过程，以及由此而引起的组织内部结构变化的过程。他对于战略管理理论提出了三个创新的观点，即战略追随结构、环境服务组织和运用系统的方法研究战略管理。他认为企业经营战略的核心是资源配置方式，他强调"组织-战略-环境"三者之间的相互适应和协调一致。

20世纪80年代以美国为代表的西方管理理论迅速发展，一些学者将"战略""制度""组织"等作为企业管理中的"硬性"因素，而把其他因素作为"软性"因素。他们认为传统的管理过分强调硬性因素，而忽视了软性因素的作用。他们主张发挥企业文化、作风等软性因素在企业管理中的作用。这一阶段对战略管理理论的研究冷却了下来。

1985年，行业结构理论的代表人物迈克尔·波特（Michael Porter）在《竞争优势》一书中指出："决定一个企业盈利能力的首要和根本的因素是行业的吸引力。"他认为："竞争战略必须从对决定行业吸引力的竞争规律的深刻理解中产生。"

1990年，核心能力理论的代表人物普拉哈拉德（C.K.Prahalad）与哈梅尔（G. Hamel）发表了《企业核心能力》，他们认为竞争优势的真正源泉在于"管理层将企业范围内的技术和生产技能合并为能使各业务迅速适应变化的机会的能力"。他们指出，核心能力是指“组织中的积累性学识，特别是关于如何协调不同的生产技能和有机结合多种技术流的学识”。

随着21世纪的到来，全球众多企业面临的竞争环境更加易于变化并难以预测。面对竞争环境的快速变化、行业全球化竞争的加剧、竞争者富于侵略性的竞争行为，以及竞争者对一系列竞争行为进行反应所带来的挑战，传统战略管理的理论方法已经无法满足现实商业生活中企业战略管理决策的需要。于是，近年来一些管理学者提出了新的战略管理理论，即“动态能力论”和“竞争动力学方法”。

（一）动态能力论

该理论的提出主要基于以下的认识：过去的战略管理理论是由从企业战略的层次上对企业如何保持竞争优势所进行的分析构成的，而对企业怎样和为什么要在快速变化的环境中建立竞争优势却论述得不多。动态能力论则主要是针对基于创新的竞争、价格或行为竞争、增加回报以及打破现有的竞争格局等领域。它强调了在过去的战略管理理论中未能受到重视的两个方面：第一，“动态”这一概念强调的是企业重塑竞争力以使其与变化的经营环境保持一致的能力，当市场的时间效应和速度成为关键、技术变化的速度加快、未来竞争和市场的实质难以确定时，就需要企业有特定的对创新的反应。第二，“能力”这一概念则强调的是战略管理适当地使用、整合和再造企业内、外部资源的能力，以满足环境变化需要。

（二）竞争动力学方法

竞争动力学方法是在竞争力模式理论、企业能力理论和企业资源理论的基础上，通过对企业内、外部影响经营绩效的主要因素，企业之间的相互作用，参与竞争的企业质量，企业的竞争速度和灵活性等进行分析，来回答在动态的竞争环境条件下，企业应怎样制定和实施战略管理决策，才能获得超过平均水平的收益并维持竞争优势。近年来，对竞争动力学的研究和分析在国外受到越来越多的关注，而且有关这方面的研究成果已经被普遍地应用于战略管理实践中。第一，它研究处于竞争状态的企业之间的竞争作用，这种竞争作用产生的原因，以及竞争作用发生的可能性；第二，它研究和分析影响企业竞争或对竞争进行反应的能力要素；第三，它对不同条件下的竞争结果进行了分析和对比。

动态竞争的主要特点表现在以下几个方面：

（1）动态竞争是高强度和高速度的竞争，每个竞争对手都在不断地建立自己的竞争优势并削弱对手的竞争优势，竞争对手之间的战略互动（Strategic Interactions）明显加快；

（2）任何一个抢先战略都有可能被竞争对手的反击行动所击败；

（3）任何竞争优势都是暂时的，而不是可以长期保持的；

（4）竞争战略的有效性不仅取决于时间领先，而且要及时建立新优势；

（5）在静态竞争条件下竞争战略的主要目的是建立、保持和发挥竞争优势，主要对成本与质量、时间和专有技术、建立进入障碍、规模优势等四个领域的竞争有直接贡献，但在动态竞争条件下，上述四个领域所建立起来的优势都是可以被打破的。

成熟的战略管理理论认为，战略管理是由环境分析、战略制定、战略实施、战略控制四个不同阶段组成的动态过程。这一过程是不断重复、不断更新的，理论上通常都是按上述的顺序对企业的战略管理进行分步研究。但是，在实际应用中，这几个步骤往往是同时发生的，或是按照不同于上述的顺序进行的。这就要求企业的管理者们必须创造性地设计、应用战略管理系统，并且这一系统应该有足够的弹性以适应企业所面临的时刻变化着的外部环境。这一动态过程理论上被称为战略管理过程。以战略管理过程理论为依据，进行动态的企业战略管理研究，在国内外开始的时间并不是很长，目前正处于发展阶段。

● 第二节 战略定位分析的概念及内容

一、战略定位分析的概念

企业战略管理的基本原则是企业的战略应当与竞争环境协调。企业的战略同时也应当与同行业中各竞争要素的特点相匹配，如果竞争环境发生了变化，企业应该及时做出反应，并采取恰当的战略行动。

战略定位分析就是运用多种方法对企业的内、外部环境进行分析，帮助企业选择适合自己所处行业的特征及自身特点的竞争战略。

具体来讲，企业首先需要对自己所处的内、外部环境进行调查分析，然后从行业分析中确定企业所进入的行业是否具有潜力，从市场维度确定企业所立足的市场中的优势与劣势，从产品维度确定企业应开发的产品及其市场前景，并最终确定以什么样的战略保证企业在既定的行业、市场、产品中立足，进而击败竞争对手，获取行业平均水平以上的利润。

二、战略定位分析的内容

战略定位分析主要包括行业战略定位分析、市场战略定位分析、产品战略定位分析。

（一）行业战略定位分析

企业进入行业的战略定位分析需要解决的问题是：企业所处行业的前景如何？企业在现有行业中的竞争力如何？企业继续在现有行业中是否能够保持以往的回报率？只有在对这些问题做出准确回答的基础上，才能进行市场维度和产品维度的分析。

一般来讲，当进行行业战略定位分析时，多采用波特的五力分析法，对影响行业潜在利润水平的五种力量进行评价，即行业内竞争者现在的竞争能力、潜在竞争者进入的能力、购买者的议价能力、供应商的议价能力、替代品的替代能力。

行业竞争的波特五力模型如图6-1所示，行业内现有企业间的竞争主要表现在价格、服务、质量等方面，通过分析可以获知竞争对手的基本情况、有哪些主要的竞争对手、竞争对手的优势与劣势、竞争对手的现行战略及未来目标是什么。影响

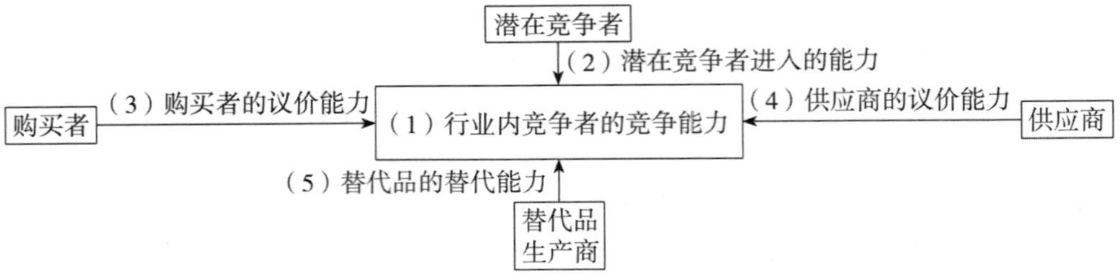

图6-1　行业竞争的波特五力模型

资料来源：波特．竞争战略［M］．陈小悦，译．北京：华夏出版社，1997.

企业间竞争状态的主要因素包括：竞争对手的数量及实力差异，固定成本、市场增长率及储存费用，行业内的专业成本、退出障碍等。

潜在竞争者是随时可以加入本行业从而成为竞争对手的企业。潜在竞争者进入市场的数量和速度主要取决于行业进入壁垒和现有企业的反应强度。如果进入壁垒较高，并且现有企业的反应较为强烈，则潜在竞争者进入的威胁就小一些；反之威胁就相对较大。影响潜在竞争者进入壁垒的主要因素有规模经济、产品差异性、资本需求、产品转移成本、政府政策等。

购买者的议价能力会直接影响企业的销售水平。购买者对企业产品的总需求决定了行业的市场潜力，从而影响企业是否能够继续扩大业务范围；不同购买者之间存在着激烈的竞争从而影响企业的盈利水平。影响购买者议价能力的主要因素有购买者是否大量或集中进行购买、购买者购买该产品的转移成本的大小、购买者是否采取“后向一体化”的策略。

供应商的议价能力也会对企业的盈利水平产生影响。供应商的供货速度与质量影响企业生产规模的大小与服务质量的优劣；供应商对要素价格的控制也会决定企业生产成本的高低。供应商议价能力的影响因素有供应商行业的集中度、供应商与企业在行业里的转换成本、供应商是否采取“前向一体化”的策略。

替代品与企业产品具有相似的功能或外观，且同样能够满足顾客的需求，进而对企业的利润产生影响。替代品对企业产品定价设定了上限。企业需要对替代品生产商进行以下分析：第一，判断哪些是替代品，找出主要替代品的生产商；第二，从价格与盈利水平方面对替代品可能对本企业造成的威胁进行相关的分析和评价。

五力分析法主要强调的是企业所处的外部环境，而企业防御这五种力量能力的强弱，决定着企业的竞争优势。

（二）市场战略定位分析

企业确定了准备立足的行业后，需要完成的下一个目标是市场维度的分析。市场战略分析要解决的问题是：企业产品现在的市场占有率是多少？与其他的竞争对手相比情况如何？市场增长的前景如何？对市场战略定位分析通常采用波士顿矩阵（BCG Matrix）。

波士顿矩阵认为，决定产品结构的基本因素有两个：市场引力与企业实力。

市场引力包括企业销售增长率、目标市场的容量、竞争对手的强弱及利润的高低等。其中最主要的是反映市场引力的综合指标——销售增长率，这是决定企业产品结构是否合理的外在因素。

企业实力包括市场占有率、技术、设备、资金利用效率等。其中，市场占有率是决定企业产品结构的内在因素，它能够直接显示出企业的竞争实力。销售增长率与市场占有率相互影响：市场引力大，市场占有率高，说明产品发展前景良好，企业的实力较强；如果仅市场引力大，而没有相应的高市场占有率，则说明企业还不具备足够的实力，该种产品无法顺利发展。相反，企业的实力强，而产品市场引力小，也预示了该产品的市场前景不佳。

以上两个因素相互作用，会形成四种不同性质的产品类型，分别具有不同的发展前景：销售增长率与相对市场占有率"双高"的产品群，即明星产品；销售增长率与相对市场占有率"双低"的产品群，即瘦狗产品；销售增长率高、相对市场占有率低的产品群，即问题产品；销售增长率低、相对市场占有率高的产品群，即现金牛产品。

波士顿矩阵图如图6-2所示。

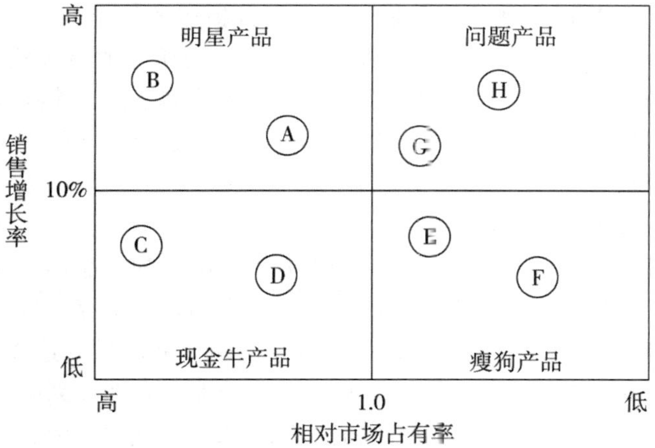

图6-2 波士顿矩阵图

横坐标表示企业的相对市场占有率，即本企业某产品的市场占有率与同行中最强竞争者的市场占有率之比。

如果企业某产品相对市场占有率为0.1，则表示该产品的市场占有率为同行中领袖企业的10%；若某产品相对市场占有率为10，则表示该项产品已成为行业领袖且其市场占有率为次强者的10倍。

相对市场占有率以1.0为界，分为高、低两个部分。

相对市场占有率决定了企业获取现金的能力和速度，相对市场占有率高，说明企业的竞争力强；反之则说明企业的竞争力弱。

纵坐标表示企业的销售增长率，即某产品市场销售收入总额与上期相比的增长率。销售增长率以10%为界，分为高、低两个部分。

高增长率的行业具有较大的潜力，属于朝阳行业；反之则属于夕阳行业。

波士顿矩阵对于企业处在四个象限中的不同产品有相应的战略对策。

1.明星产品（Stars）

明星产品是指处于高销售增长率、高相对市场占有率象限内的产品群，这类产品有可能成为企业的现金牛产品，企业需要加大投资以支持其迅速发展。应采用的发展战略是：积极扩大经济规模和市场机会，以长远利益为目标，提高相对市场占有率，从而加强企业的竞争地位。对明星产品的管理与组织形式最好采用事业部制，并由生产技术和销售两方面都有经验的经营者负责。

2.现金牛产品（Cash Cow）

现金牛产品是指处于低销售增长率、高相对市场占有率象限内的产品群，这类产品已经进入成熟期。该类产品的特点是销售量大、产品利润率高、负债比率低，可以为企业提供资金支持，并且由于产品的销售增长率低，无须加大投资，因此成为企业回收资金以支持对其他产品，尤其是明星产品投资的后盾。对于在这一象限内并且销售增长率仍有所增长的产品，应该进一步进行市场细分，以维持现有市场增长率或延缓其下降速度。对于现金牛产品，同样适合于采用事业部制的组织形式进行管理，其管理者最好是市场营销型的经营者。

图6-2所示的企业现金牛产品销售增长率低，说明它的财务状况是很脆弱的。因为，如果市场环境发生变化导致这项业务的市场份额下降，企业就不得不从其他业务单位中抽回现金来维持现金牛的领导地位，否则这个强壮的现金牛可能就会变弱，甚至成为瘦狗。

3.问题产品（Question Marks）

它是处于高销售增长率、低相对市场占有率象限内的产品群。前者说明该产品的市场机会大、前景好，而后者则说明该产品在市场营销上存在的问题。其特点是利润率较低，资金不足，负债比率较高。对于问题产品应采取选择性的投资战略。因此，对问题产品的改进与扶持方案一般应列入企业的长期计划中。对问题产品的管理组织，最好采用智囊团或项目组织的形式，选拔有规划能力、有才干的经营者负责。

4.瘦狗产品（Dogs）

瘦狗产品又称衰退类产品，是处在低销售增长率、低相对市场占有率象限内的产品群。其特点是利润率低、处于保本或亏损状态、负债比率较高，且无法为企业带来收益。对这类产品应该采用撤退战略：首先，应当减少批量，逐渐撤退，对于那些销售增长率和相对市场占有率均极低的产品应立即淘汰；其次，将剩余资源向其他产品进行转移；最后，整顿产品系列，最好将瘦狗产品与其他事业部合并，进行统一管理。

波士顿矩阵不但可以对现有市场内的竞争状态做出判断，而且可以提供关于竞争对手的认知。企业通过对竞争对手相关产品业务信息的提炼与整合，能够更加深刻地了解竞争对手在市场规划方面的策略，从而做到有的放矢。

宝洁公司（Procter & Gamble，P&G）始创于1837年，是一家美国消费日用品生产商，也是目前全球最大的日用品公司之一。宝洁公司在1988年进入中国，目前是中国最大的外资日用消费品公司，中国宝洁是宝洁全球业务增长速度最快的区域市场之一，宝洁大中华区年销售额超过20亿美元，已位居宝洁全球区域市场中的第二位。

该公司的洗发系列产品包括沙宣、潘婷、海飞丝、飘柔、伊卡璐。

沙宣处于迅速增长的市场，拥有很大的市场份额，市场占有率高。强势品牌特征明显，占绝对优势，属于明星产品。

飘柔、海飞丝、潘婷处于低销售增长率，相对市场占有率高，已进入成熟期。销售量大，利润率高，可以为企业提供资金，因而成为企业回收资金、支持其他产品尤其是明星产品投资的后盾，属于现金牛产品。

伊卡璐具有相对较低的市场占有率，但是购买此产品的消费者人数在增长，公司也对其很重视，认为其具有较大的市场机会与较好的前景，具有较高的市场增长率，属于问题产品，企业应通过恰当的营销策略以及增加其投入资金可以提高其占有率。

（三）产品战略定位分析

在对市场进行战略定位分析之后，企业需要针对自己产品的特点制定相应的产品战略，一般是通过成本领先战略、差异化战略、集中化战略三种方式来获取持久的竞争优势。具体内容将在本章第四节详细说明。

● 第三节　战略定位分析的方法

战略定位分析的方法主要有PEST分析法、五力分析法及SWOT分析法。企业进行战略定位分析时，一般是先利用PEST分析法对宏观环境进行分析；然后缩小到行业范围，使用五力分析法进行行业竞争环境分析；最后，从行业缩小到本企业，利用SWOT分析法，分析本企业相对于竞争对手所具有的内部优势及劣势，外部面临的机会和威胁。

一、PEST分析法

PEST分析法是指对宏观环境的分析，其中，P是政治（Politics），E是经济（Economy），S是社会（Social），T是技术（Technology）。分析一个企业集团所处的背景，通常是通过分析这四个因素来了解企业集团所面临的状况。

PEST分析法是外部战略环境分析的基本工具，它通过对政治、经济、社会和技术等要素进行分析，进而从总体上把握宏观环境，并评价这些因素对企业战略目标和战略制定的影响。

1.政治要素

政治要素是指对组织经营活动具有实际与潜在影响的政治力量和有关法律、法规等因素。当政治制度与体制、政府对组织经营业务的态度发生变化时，当政府发布了对企业经营具有约束力的法律、法规时，企业的经营战略必须随之做出调整。法律环境主要包括政府制定的对企业经营具有约束力的法律、法规，如反不正当竞争法、税法、环境保护法以及外贸法规等，政治、法律环境实际上是和经济环境密不可分的一组因素。处于竞争中的企业必须仔细研究政府和商业有关的政策和思路，如研究国家的税法、反垄断法以及取消某些管制的趋势，同时了解与企业相关的一些国际贸易规则、知识产权法规、劳动保护和社会保障法律法规等。这些相关的法律和政策能够影响各个行业的运作和利润。

2.经济要素

经济要素是指一个国家的经济制度、经济结构、行业布局、资源状况、经济发展水平以及未来的经济走势等。企业应关注的构成经济环境的关键要素包括GDP的变化发展趋势、利率水平、汇率水平、通货膨胀程度及趋势、失业率水平、居民可支配收入水平、市场机制的完善程度、市场需求状况等。由于企业是处于宏观环境中的微观个体，因此，经济环境决定和影响着企业自身战略的制定，经济全球化还使国家之间的经济相互依赖，企业在各种战略决策过程中还需要关注、监测和评估本国以外的其他国家的经济状况。

3.社会要素

社会要素是指企业所处社会中各成员的民族特征、文化传统、宗教信仰、价值观念、教育水平以及风俗习惯等因素。构成社会环境的要素包括人口规模、年龄结构、种族结构、收入分布、消费结构和水平、人口流动性等。其中，人口规模直接影响着一个国家或地区市场的容量，年龄结构则决定消费品的种类及推广方式。

每一个社会都有其价值观，它们常常具有高度的持续性，这些价值观和文化传统是历史的沉淀，通过家庭繁衍和社会教育传播延续，因此，其具有稳定性。而一些次价值观是比较容易改变的。每一种文化都是由许多亚文化组成的，它们由拥有共同语言、共同价值观念体系、共同生活经验或生活环境的群体所构成，不同的群体有不同的社会态度、爱好和行为，从而表现出不同的市场需求和不同的消费行为。

企业需要注意的社会文化要素有企业或行业的特殊利益集团对政府的信任程度、社会责任态度、对售后服务的态度、生活方式、收入差距、购买方式等。

4.技术要素

技术要素不仅包括那些引起革命性变化的发明，而且包括与企业生产有关的新技术、新工艺、新材料的出现和发展趋势及应用前景。在过去的半个世纪里，最迅速的变化就发生在技术领域，如微软、惠普、通用电气等高技术企业的崛起，改变了人类的生活方式。同样，技术领先的医院、大学等非营利性组织，也比没有采用先进技术的同类组织具有更强的竞争力。

二、五力分析法

五力分析法又称波特五力分析模型。该模型是由哈佛大学商学院的迈克尔·波特教授在1979年创立的、用于行业分析和商业战略研究的理论模型，这个模型对于企业战略的制定产生了全球性的影响。将波特五力分析模型用于竞争战略分析，可以有效地分析客户的竞争环境。五力分别是供应商的议价能力、购买者的议价能力、潜在竞争者的威胁、替代品的替代能力、行业内竞争者现在的竞争能力。

五力分析模型将大量的不同因素聚集在一个简便的模型中，以此来分析一个行业的基本竞争态势。五力分析模型确定了竞争的五种主要来源，即供应商和购买者的议价能力，潜在竞争者的威胁，替代品的威胁，以及来自目前处于同一行业的企业的竞争。一种具有可行性的战略的提出，首先应该包括确认并且评价这五种力量。对于不同的行业和企业而言，不同力量的特性和重要性可能会发生一些变化。

（一）五力分析模型内容

1.供应商的议价能力（Supplier's Bargaining Power）

供应商主要是通过提高其投入要素的价格与降低单位价值的质量，来影响行业中现有企业的盈利能力与产品的竞争力。供应商力量的强弱主要取决于他们提供给买方的是什么投入要素，如果供应商所提供的投入要素的价值占买方产品总成本的比例较高、对买方产品的生产过程非常重要或者是严重地影响买方产品的质量时，供应商对于买方的潜在议价能力就会大大提升。一般来讲，满足下列条件的供应商集团会具有比较强的议价能力：

（1）供应商所处的行业被一些具有比较稳固的市场地位，而不受市场的激烈竞争困扰的企业控制，其产品的买方很多，以至于每一个单个的买方都不可能成为供应商的主要客户。

（2）供应商的产品都具有一定的特色，以至于买方难以进行转换或者转换成本较高，又或者很难找到能够与供应商的产品相竞争的替代品。

（3）供应商能够方便地实行前向联合或一体化，而买方则很难进行后向联合或一体化。

2.购买者的议价能力（Buyers' Bargaining Power）

购买者主要是通过压价和要求提供较高质量的产品或服务，来影响行业中现有企业的盈利能力。通常来讲，满足如下条件的购买者可能具有较强的议价能力：

（1）购买者的总数量较少，而每个购买者的购买量都比较大，占卖方销售量的很高比例。

（2）卖方行业由大量的相对规模较小的企业组成。

（3）购买者所购买的基本是一种标准化的产品，同时向多个卖主购买产品在经济上也具有可行性。

（4）购买者有能力实现后向一体化，而卖方则不可能实现前向一体化。

3.潜在竞争者的威胁（Threat of Potential New Entrants）

新进入者能够给行业带来新的生产力和资源，但他们也希望能够在已被原有企业瓜分完毕的市场中占有一席之地，这就有可能会与原有企业发生原材料与市场份额的竞争，最终会导致行业中的原有企业的盈利水平降低，甚至会威胁到原有企业的生存。新进入者所带来威胁的严重程度主要取决于两个方面：一是新领域的进入壁垒的大小；二是预期原有企业对新进入者的反应强度。

进入壁垒主要包括规模经济、资本需要、产品差异、转换成本、销售渠道、政府行为与政策、自然资源、地理环境、不受规模支配的成本劣势等方面，其中有些障碍是很难通过仿造或复制突破的。预期原有企业对新进入者的反应强度，主要是指采取报复行动的可能性的大小，这种反应强度取决于新进入者的财力情况、固定资产的规模、行业增长速度、报复记录等。总之，新的企业进入一个行业的可能性大小，主要取决于其主观估计进入该行业所能带来的潜在利益、需要花费的代价以及需要承担的风险三者的相对大小。

4.替代品的替代能力（Threat of Substitute Product）

处于不同行业中的两个企业，可能会由于所生产的产品互为替代品，从而在他们之间产生相互竞争的行为，这种由于替代品产生的竞争会以各种形式影响行业中现有企业的竞争战略。第一，现有企业提高产品售价及获利能力的空间，可能会因为存在着被用户接受的替代品而受到限制；第二，替代品生产者的侵入，使得现有企业必须提高产品质量，或是通过降低成本来降低售价，或使其产品更具特色，否则，企业的销售与利润目标有可能难以实现；第三，替代品的威胁源自替代品生产者的竞争强度，并且受到产品买主转换成本高低的影响。总而言之，替代品的价格越低、质量越好、用户的转换成本越低，替代品所能产生的竞争压力就越大；这种来自于替代品生产者的竞争压力的强度可以通过考察替代品的销售增长率、替代品生产者的生产能力和盈利扩张情况来表示。

5.行业内竞争者现在的竞争能力（The Rivalry among Competing Sellers）

在大部分行业中，现有企业之间的利益都是紧密联系在一起的。企业的竞争战略目标在于获得相对于其他竞争对手的竞争优势，所以在战略实施的过程中必然会产生冲突与对抗的现象，这些冲突与对抗就构成了企业之间的竞争。现有企业之间的竞争往往表现在广告、价格、售后服务、产品介绍等方面，其竞争强度与许多因素有关。

一般而言，存在下列情况之一就意味着行业中现有企业之间的竞争正在加剧：①竞争者试图采用降价等促销手段；②行业进入的障碍比较低，势均力敌的竞争对手比较多，竞争参与者的范围十分广泛；③竞争者能够提供几乎相同的产品或服务，用户的转换成本很低；④市场逐渐趋于成熟，产品的需求增长缓慢；⑤一个战略行动如果取得成功，其收入相当可观；⑥行业外部实力强大的企业在并购了行业中实力薄弱的企业后发起进攻性的行动，结果使得刚被并购的企业成为市场的主要竞争者；⑦退出的障碍比较高，即退出竞争要比继续参加竞争付出的代价更高。这里的退出障碍主要受经济、社会政治关系、战略和情感等方面的影响，具体包括退出的固定费用、资产的专用性、政府与社会的限制、战略上的相互牵制、情绪上难以接受等方面。

行业中的每一个企业都或多或少地必须应对以上各种力量所构成的威胁，并且必须面对行业中每一个竞争者的竞争。除非认为正面的交锋有必要且有益处（如要求得到更大的市场份额)，否则企业可以通过设置进入壁垒（包括转换成本和差异化）来保护自己。当一个企业确定了其优势与劣势之后，首先必须进行定位，比如产品的生命周期、行业的增长速度等，以便因势利导，避免被预料之中的环境因素变化所损害；然后保护自己并做好充分的准备，以有效地对其他企业的行动做出反应。

根据以上对五种竞争力量的讨论，企业可以采取一些措施来应对这五种竞争力量，以提高市场地位、提升竞争实力。企业可以采取的措施有将自身的经营与竞争力量隔绝开来、努力从自身利益需求出发影响行业的竞争规则、先占领有利的市场地位再发起进攻性的竞争行动等。

五力分析模型与一般战略的关系见表6-1。

表6-1 **五力分析模型与一般战略的关系**

五种竞争力量	一般战略		
	成本领先战略	差异化战略	集中化战略
潜在竞争者的威胁	具备议价能力以防止潜在竞争者的进入	培育顾客忠诚度以打击潜在竞争者的信心	建立核心能力以阻止潜在竞争者的进入
购买者的议价能力	具备向大买方给出更低价格的能力	因为选择范围小而削弱了买方的谈判能力	因为没有选择范围而使买方丧失谈判能力
供应商的议价能力	更好地抑制大供方的议价能力	更好地将供方涨价的部分转移给顾客	进货量低，供方的议价能力就高
替代品的替代能力	能够利用低价格抵御替代品	顾客习惯了一种产品或服务从而降低了替代品的威胁	特殊产品和核心能力能够降低替代品的威胁
行业内竞争者现在的竞争能力	能更好地进行价格竞争	品牌忠诚度能使顾客不理睬竞争对手	竞争对手无法满足集中差异化的顾客

（二）五力分析模型的价值与不足

实际上，关于五力分析模型的实践运用一直存在许多争论。目前较为一致的观点是：该模型更多的是一种理论思考工具，而非可以实际操作的战略工具。

该模型的理论是建立在以下三个假设的基础之上的：

第一，制定战略者可以了解整个行业的信息，但这在现实中是难以做到的。

第二，同行业之间只有竞争关系，没有合作关系。但在现实中企业之间存在多种合作关系，不一定是你死我活的竞争关系。

第三，行业的规模是固定的，因此只有通过夺取对手的份额来占有更大的资源和市场。但在现实中企业之间往往不是通过吃掉对手，而是与对手共同做大行业的蛋糕来获取更大的资源和市场。同时，市场容量可以通过不断开发和创新来扩大。

因此，要将波特五力分析模型有效地应用于实践，上述在现实中并不存在的三个假设就会使操作者要么束手无策，要么头绪万千。

波特五力分析模型的意义在于，在五种竞争力量的抗争中蕴含着三类成功的战略思想，即大家熟知的：成本领先战略、差异化战略、集中化战略。

三、SWOT分析法

SWOT分析法是由旧金山大学学者在20世纪80年代初提出的，SWOT四个英文字母分别代表：优势（Strength）、劣势（Weakness）、机会（Opportunity）、威胁（Threat）。其中，S、W是内部因素，O、T是外部因素。竞争战略应该是一个企业“能够做的”（组织的强项与弱项）和“可能做的”（环境的机会与威胁）之间的有机组合。SWOT分析将企业的内部分析和行业竞争环境的外部分析结合起来，形成了独有的、结构化的平衡分析体系。

SWOT分析法自形成以来，就被广泛地应用到企业的战略研究与竞争分析当中，成为战略管理与竞争情况的重要分析工具。SWOT分析法的一个重要优点是分析直观、使用简单。即使没有精确的数据与专业化的分析工具作为支持，SWOT分析法也可以得出具有较强说服力的结论。但也正是这种简单直观的分析，导致SWOT分析法存在精确度不高的缺点。因此，企业使用SWOT分析法时，应该注意其局限性；当分析相关的事实时，应该尽可能保持真实、客观与精确，并尽可能提供一些数据作为支持，以弥补SWOT分析法的不足。

企业的总体战略是制定营销战略的出发点、依据与限制条件。企业在制定总体战略时需要预测、分析各种需求的变化趋势，辨别哪些变化有可能为企业的发展带来机遇，哪些变化有可能成为企业发展的不利因素（威胁），在这种具体分析的基础上，进一步做出趋利避害的决策。

通过以上分析，弄清竞争者的优势与劣势，并进一步将自己的产品或服务与竞争对手的产品或服务做出比较，明确自身优势，以及薄弱环节，然后有针对性地对自己的薄弱环节进行改进。在销售的过程中，企业应着重发挥自身优势，尽量弱化自身劣势，确立产品特点，以便逐步建立竞争优势。

（一）SWOT分析的主要内容

1.分析环境因素

对于环境因素的分析主要是指，企业通过运用各种调查研究的方法，逐步对企业所处的各项环境因素，包括内部环境因素与外部环境因素进行分析。内部环境因素包括优势因素和弱势因素，它们分别是企业在发展过程中自身存在的积极因素与消极因素。外部环境因素包括机会因素与威胁因素，它们分别是在外部环境中能够直接影响企业发展的有利因素与不利因素。当调查分析这些因素时，企业不仅要考虑自身的历史和现状，更关键的是要考虑未来的发展。

2.构造SWOT矩阵

企业根据已经调查得出的各种因素，将它们按影响程度来排序，构造SWOT矩阵。在这个过程中，要先排列对企业的发展直接的、大量的、重要的影响因素，然后再考虑间接的、少许的、次要的影响因素。

3.制订行动计划

在完成了上述两项工作后，企业便应该制订相应的行动计划了。制订行动计划的基本思路是：发挥优势因素，努力克服弱势因素，充分利用机会因素，尽量化解威胁因素，立足于当前的实际情况，着眼于未来的发展前景。

（二）SWOT分析的步骤

（1）确认当前的战略是什么。

（2）确认企业外部环境的变化（波特五力分析法或者PEST分析法）。

（3）根据企业的资源组合情况，确认企业的关键能力和关键限制。

（4）按照通用矩阵或类似的方式打分评价。

将识别出的所有优势分成两组，分的时候应遵循以下原则：它们是与行业中潜在的机会有关，还是与行业中潜在的威胁有关。用同样的办法把所有的劣势分成两组，一组与机会有关，另一组与威胁有关。

（5）将结果在SWOT分析图（如图6-3所示）上定位，或者用SWOT矩阵将识别出的优势、劣势、机会和威胁分别填入图中相应位置（如图6-4所示）。

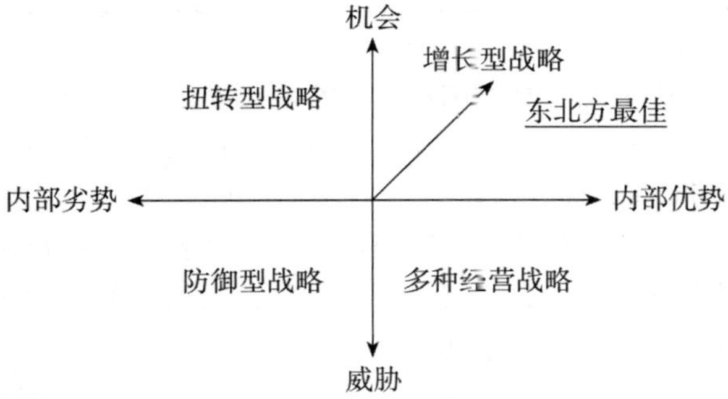

图6-3　SWOT分析图

内部因素

外部因素	优势	劣势	
	2 利用这些	3 改进这些	机会
	4 监视这些	1 消除这些	威胁

图6-4　SWOT矩阵

（6）战略分析。在完成环境因素分析和SWOT矩阵的构造后，企业便可以制订出相应的行动计划。运用系统分析方法，将排列与考虑的各种环境因素相互匹配起来并加以组合，得出一系列企业未来发展的可选择对策。

SWOT分析法的具体内容见表6-2。

表6-2　SWOT分析法的具体内容

潜在资源优势	潜在资源弱势	公司潜在机会	外部潜在威胁
•有力的战略 •有利的金融环境 •有利的品牌形象和美誉 •被广泛认可的市场领导地位 •专利技术 •成本优势 •强势广告 •产品创新技能 •优势客户服务 •优质产品质量 •战略联盟和并购	•没有明确的战略导向 •陈旧的设备 •超额负债与恐怖的资产负债表 •超过竞争对手的高额成本 •缺少关键技能资格能力 •利润的损失部分 •内在的运作困难 •落后的研发能力 •过分狭窄的产品组合 •市场规划能力的缺乏	•服务独特的客户群体 •新的地理区域的扩张 •产品组合的扩张 •核心技能向产品组合的转化 •垂直整合的战略形式 •分享竞争对手的市场资源 •竞争对手的支持 •战略联盟与并购带来的超额覆盖 •新技术开发通路 •品牌形象拓展的通路	•强势竞争者的进入 •替代品引起的销售下降 •市场增长的减缓 •交换率和贸易政策的不利转换 •由新规则引起的成本增加 •商业周期的影响 •客户和供应商的杠杆作用的加强 •消费者的购买需求下降 •人口与环境的文化

（三）SWOT分析的作用

第一，有助于企业了解自身面临的外在环境因素，具体包括：本企业擅长的方面；组织具有的新技术；与其他企业相比有哪些不同之处；能够做到的其他企业做不到的方面；最近获得成功的原因等。

第二，帮助企业了解本身的内在环境因素，具体包括：本企业缺少什么样的技术；有哪些方面还没有办法做到；其他企业做得比自己好的地方在哪里；不能满足的顾客有哪些；最近失败的原因是什么等。

第三，能够指出企业未来的发展方向。这主要是从企业面对的市场机会来看：市场上现在有哪些可以利用的机会；还可以提供什么样的新的技术服务；还可以开发哪些新的客户群体；通过什么样的方式才能够做到与众不同；未来5～10年的发展等。

第四，指出企业能够向何处发展。通过对企业面临的一些市场环境方面的不利因素进行分析，指出企业可能的发展方向，具体包括：企业所处市场的发展变化；竞争者目前的发展情况；本企业的发展能否满足客户需求的变化；外部政治环境的变化是否会影响企业的发展；市场上是否存在对企业生存不利的因素等。

第四节　竞争战略的类型及选择

一、竞争战略的类型

根据波特的观点，竞争战略基本分为两种：成本领先战略与差异化战略。由这两种基本竞争战略，还可以派生出第三种竞争战略——集中化战略。

（一）成本领先战略

1.成本领先战略的内涵

成本领先战略是指企业通过加强对内部成本的控制，在研究开发、生产、服务和营销等各个领域把成本降至最低，从而成为行业中成本领先者的竞争战略。按照波特的观点，成本领先战略应该体现为本企业的产品相对于竞争对手而言的低价格。但是，成本领先战略并不意味着仅仅获得短期成本优势或者是削减成本，它是一个“可持续成本领先”的概念，即成本优势的战略性价值取决于其持久性。如果企业成本优势的来源对于竞争对手来说是难以复制或模仿的，那么这种优势的持久性就会存在。企业可以通过控制成本动因和重构价值链两种方法来获取成本优势。

成本领先战略是在三种竞争战略中最明确的一种，其重点是如何让企业成本低于其竞争对手的成本。在激烈的市场竞争中，成本领先的企业对五种竞争力量的威胁具有强大的防御作用。

1962年，山姆·沃尔顿开设了第一家沃尔玛百货有限公司（以下简称“沃尔玛”）。如今沃尔玛已成为世界第一大百货商店，在世界零售业中排名第一。

沃尔玛取得成功的关键在于商品物美价廉，对顾客的服务优质上乘。沃尔玛始终保持自己的商品售价比其他商店便宜，是在压低进货价格和降低经营成本方面努力的结果。沃尔玛直接从生产厂家进货，并想尽一切办法把价格压低到极限成交。沃尔玛纪律严明，监督有力，禁止供应商送礼或请采购员吃饭，以免采购员损公肥私。沃尔玛也把货物的运费和保管费用降到最低，其在全美有16个配货中心，都设在距离沃尔玛商场不到一天路程的地点。商品从生产厂家购进后直接送到配货中心，再从配货中心由沃尔玛专有的集装箱车队运往各地的沃尔玛商场。沃尔玛建有最先进的配货系统和存货系统，公司总部的高性能电脑系统与16个配货中心和1 000多家商场的POS终端机联网，每家沃尔玛商场通过收款机激光扫描售出货物的条形码，将有关信息记载到计算机网络当中。当某一货品库存减少到最低限时，计算机就会向总部发出采购请求，要求总部安排进货。总部寻找到货源，便派离沃尔玛商场最近的配货中心负责安排运输路线和时间，一切安排有序，有条不紊。沃尔玛商场发出采购请求后36小时内，所需货品就会及时出现在货架上。就是这种高效的商品“进销存”管理，使公司迅速掌握商品的“进销存”情况和市场需求趋势，做到仓储既不积压存货，销售又不断货，从而加速了资金周转，降低了资金成本和仓储成本。

压缩广告费用是沃尔玛保持低成本竞争战略的另一种策略。沃尔玛每年只在媒体上做几次广告，大大低于一般的百货公司每年做50～100次广告的水平。沃尔玛认为，物美价廉的商品就是最好的广告，不希望顾客买1美元的东西，就需要承担20～30美分的宣传费用、广告费用，那样对顾客极不公平，顾客也不会对华而不实的商品感兴趣。

沃尔玛也重视对职工勤俭风气的培养。沃尔玛的企业文化有一条：“你关心你的同事，他们就会关心你。”员工从进公司的第一天起，就受到“爱公司，如爱家”的店训熏陶。从经理到雇员，都要关心公司的经营状况，勤俭节约，杜绝浪费，从细微处做起。沃尔玛的商品损耗率只有1%（而全美零售业平均损耗率为2%），这使得沃尔玛极大地降低了成本。

沃尔玛每周五上午召开经理人员会议，研究商品价格情况。如果有报告说某一种商品在其他商场的标价低于沃尔玛，那么经理人员会议可决定对该商品进行降价，以保证同种商品在沃尔玛的价格最低。沃尔玛成功运用低成本竞争战略，在激烈的市场竞争中取胜。

2.采用成本领先战略的利弊

企业采用成本领先战略，主要优势在于：

（1）形成进入壁垒

企业的生产经营成本低，便为行业潜在的进入者设置了较高的进入壁垒。令那些在生产技术上不熟练、经营上缺乏经验或缺乏规模经济的企业望而却步，从而很难进入该行业。

（2）提升议价能力

企业的生产经营成本低，可以提升自己对供应商的议价能力，降低投入因素变化所带来的负面影响。同时，也可以提高自己对购买者的议价能力，对抗强有力的购买者。

（3）降低替代品的威胁

企业的生产经营成本低，当与替代品进行竞争时，仍然可以凭借自身低成本的产品或服务吸引大量的顾客，降低或者缓解替代品威胁，使自己处于有利的竞争地位。

（4）保持领先的竞争地位

当企业与行业内的竞争对手进行价格战时，由于企业的生产经营成本低，因此，可以在使对手毫无利润的低价格水平上仍保持盈利，从而扩大市场份额，保持绝对的竞争优势。

采用成本领先战略可以使企业有效应对由行业中的五种竞争力量带来的威胁，并以其低成本的优势，获得高于行业平均水平的利润。

当然，成本领先战略也具有以下缺陷：

（1）技术的变化可能使过去用于降低成本的投资（如扩大规模、工艺革新等）与积累的经验变得毫无价值。

（2）行业中的竞争对手或新进入者可能通过模仿、吸取前人经验或者购买更先进的设备，使自己的成本降至更低水平，后来者居上。这时，组织的成本优势也就不复存在了。

（3）随着经济的发展和人们收入水平的提高，消费者从注重产品的价格开始转向更加注重产品的差异性，这就使得企业原有的优势变为劣势。

企业采用成本领先战略时，应关注这些风险，并及早采取防范措施。

（二）差异化战略

1.差异化战略的内涵

差异化战略是指通过产品研究开发，力求针对客户广泛重视的方面在行业内独树一帜，或在成本差距难以进一步扩大的情况下，生产比竞争对手功能更多、质量更优、服务更好的产品，以获得竞争优势的竞争战略。简言之，就是要标新立异、提供与众不同的产品或服务，满足顾客的特殊要求，并且这种特色可以给产品带来额外的加价。如果一个企业的产品或服务的溢出价格超过因其形成独特性所增加的成本，那么，拥有这种差异化的企业将获得竞争优势。

海底捞在继承川、渝餐饮文化原有的"麻、辣、鲜、香、嫩、脆"等特色的基础上，不断创新，以独特、纯正、鲜美的口味和营养健康的菜品，赢得了顾客的一致推崇，并在众多的消费者心目中留下了"好火锅自己会说话"的良好印象。

海底捞始终坚持"绿色，无公害，一次性"的选料原则，严把原料关、配料关，十几年来历经市场和顾客的检验，成功打造出信誉度高，融汇巴蜀餐饮文化、"蜀地，蜀风"浓郁的优质火锅品牌。

海底捞的火锅有10多种锅底，口味丰富。还有就是它的20多种自助式调料，除了一般的麻酱和油碟外还有海底捞自制的特色调料，顾客可以根据个人喜好选择。

在新菜品开发方面，海底捞打造了三大系列的菜品：健美食品系列（能预防肥胖以及胆固醇升高等城市病，保持人体生态平衡的食品系列）；绿色食品系列（安全无害、无污染，绝对新鲜的食品）；营养食品系列（补充人体所缺乏的各种微量元素，具有增强体力和开发智力功效的食品）。

海底捞火锅"西式化""时尚化"的环境成了品牌赖以制胜的关键。作为消费体验中的一部分，海底捞营造出了吸引大众的优雅环境。

海底捞始终秉承"服务至上、顾客至上"的理念，以创新为核心改变传统的标准化、单一化的服务，提倡个性化的特色服务，将用心服务作为基本经营理念，致力于为顾客提供"贴心、温心、舒心"的服务。海底捞的服务不仅体现在某一个细小的环节，而且形成了从顾客进门到顾客就餐结束离开的一套完整的服务体系。

海底捞的服务之所以让消费者印象深刻，就在于其解决了其他同类火锅店存在的普遍性问题，比如在就餐高峰的时候，海底捞为等候的客人提供一些让人感觉很温馨的服务：免费提供各式小吃、饮料，同时，顾客在等待的时候还可以免费上网，女士可以在等待的时候免费享受修理指甲的服务。

对于海底捞来说，让顾客放心是三级服务，让顾客满意是二级服务，让顾客感动才是一级服务。

对于顾客来说，他可以原谅一个人的技术水平差点，因为能力有高有低是正常现象，但是却不能容忍一个人的服务态度差，更不能容忍别人不尊重自己。而优质的服务恰恰体现了对客户的尊重。当一个人感觉自己受尊重的时候，往往也就忽略掉了很多别的东西。而海底捞的老板与员工正是抓住了顾客的这一心理特点，做足了文章，才将顾客的心牢牢地抓在了手里。

虽然有些服务会增加一点点海底捞的运营成本，但这种付出是值得的，与稳定的顾客源、不断扩大的忠实消费群及品牌的美誉度相比较，这种投入产出是十分合算的，这也正是海底捞的聪明之处。

2.采用差异化战略的利弊

企业采用差异化战略，可以很好地防御行业中的五种竞争力量，从而获得超过行业平均水平的利润。其优势主要包括以下几点：

（1）形成进入壁垒

由于产品存在独特性，因此，顾客对该产品或服务具有很高的认可度，从而使该产品或服务具有强有力的进入壁垒。潜在的进入者要与该企业竞争，则需要超越这种产品的独特性。

（2）降低顾客对价格的敏感程度

由于顾客对企业产品或服务有某种程度的忠诚度，当这种产品的价格发生变化时，顾客对价格的敏感程度也不会太高。生产该产品的企业便可以运用差异化战略，在行业竞争中形成一个隔离地带，避免竞争者进入。

（3）提高议价能力

差异化战略可以为企业创造较高的边际效益，降低企业总成本，提高企业应对供应商的议价能力。同时，由于购买者别无其他选择，对价格的敏感程度又低，因此，企业可以运用这一战略削弱购买者的议价能力。

（4）防止替代品的威胁

替代品能否替代老产品，主要取决于两种产品的“性能-价格比”的比较。差异化战略通过提高产品的性能来提高产品“性能-价格比”，可以有效抵御替代品的威胁。

差异化战略的不足主要体现在以下三个方面：

（1）企业形成产品差异化的成本过高

由于增加研发费用、采购高档原材料或做大量广告等原因，实施差异化战略的组织成本往往都比较高。如果因成本高而把价格定得很高，超出了购买者的承受能力，购买者不愿意为具有差异化的产品支付较高的价格，则会宁可放弃追求质量、性能、形象等方面的差异性，而去追求低价格。

（2）市场需求发生变化

市场需求发生变化，购买者需要的产品差异化程度下降，使企业失去竞争优势。这一风险在我国家电行业的竞争中表现得十分明显。

（3）竞争对手的模仿和进攻使已建立的差异缩小甚至转向

如果竞争对手也推行差异化战略，并且在质量、性能、形象等方面不断增强差异性，也会使得本企业的差异化优势大大降低。竞争对手的模仿和进攻使已建立的差异缩小甚至转向，这是随着行业的成熟而出现的一种普遍现象。

（三）集中化战略

1.集中化战略的内涵

集中化战略是指企业选择特定的细分市场，实施低成本战略或差异化战略，即向特定的地区或特定的购买者群体提供产品或服务，从而获取成本或差异化竞争优势的竞争战略。集中化战略有两种形式，即成本领先集中化战略与差异集中化战略，前者寻求在目标市场上的成本优势，而后者追求在目标市场上的差异优势。成本领先战略和差异化战略是面向全行业，在整个行业的范围内进行活动；而集中化战略是集中有限的资源以更高的效率、更好的效果为特定的顾客或市场区域服务，从而超过那些服务于更广阔范围的竞争对手。

联合利华集团（以下简称“联合利华”）是由荷兰Margarine Unie人造奶油公司和英国Lever Brothers香皂公司于1929年合并而成的。目前，联合利华是世界上生产快速消费品的主要企业之一。联合利华决定将其在中国的食品零售营销网络转包给第三方公司——尤尼森营销咨询（上海）有限公司。联合利华计划首先分别在北京和石家庄进行如下试点：主要由第三方公司负责零售促销计划的实施、样品陈列、现场销售、订单处理等，而自己将集中精力制订战略计划、管理主要客户及分销商。

集中化战略在联合利华得到了充分体现：

一是企业集中化。1999年，联合利华把14个独立的合资企业合并为4个由联合利华控股的公司，使经营成本下降了20%，外籍管理人员减少了3/4。

二是产品集中化。联合利华果断退出非主营业务，专攻家庭及个人护理用品、食品及饮料和冰淇淋三大优势系列，从而取得了重大成功。

三是品牌集中化。联合利华虽然拥有2 000多个品牌，但在中国推广的品牌不到20个，且均为一线品牌。

四是厂址集中化。联合利华通过调整、合并，减少了3个生产地址，节约了30%的运行费用。

联合利华将食品零售营销网络转包，可以说是营销环节集中化。实现营销环节集中化，把自己不特别擅长的零售营销转包出去，从而专心制订战略计划、管理主要客户及分销商，有利于迅速提高市场占有率和知名度，进而实现在华投资的战略目标。向第三方转包零售营销网络是集中化战略的又一重大创新。

2.采用集中化战略的利弊

采用集中化战略的优势在于：

由于采用集中化战略是企业在一个特定目标市场上实施成本领先战略或差异化战略，因此，二者抵御五种竞争力的优势也都能在集中化战略中体现出来。此外，由于集中化战略避开了在大范围内与竞争对手直接竞争，因此，对于一些还不足以与实力雄厚的大企业抗衡的中小企业来说，集中化战略的实施可以增强它们的相对竞争优势。即使对于大企业来说，采用集中化战略也能够避免与竞争对手正面冲突，使企业处于一个竞争的缓冲地带。

企业实施集中化战略时，可能会遇到以下问题：

（1）狭小的目标市场会带来风险

由于狭小的目标市场难以支撑必要的生产规模，因此，集中化战略可能带来高成本的风险，从而导致与在较宽范围内经营的竞争对手之间的成本差异日益扩大，抵销了企业在目标市场上的成本优势或差异化优势，使企业的集中化战略失败。

（2）购买者群体之间需求差异变小

由于技术进步、替代品出现、价值观念更新、消费偏好变化等多方面的原因，目标市场与总体市场之间在产品或服务的需求上差别变小，企业原来赖以实施集中化战略的基础也就消失了。

（3）竞争对手的进入与竞争

以较宽范围的市场为目标的竞争对手采用同样的集中化战略，或者竞争对手从本企业的目标市场中找到了可以再细分的市场，并以此为目标来实施集中化战略，从而使实施集中化战略的企业失去了优势。

上述三种竞争战略是相互联系的：成本领先战略保证了理论利润，体现了效率；差异化战略保证了市场份额，使企业在成本方面的高效率转化为高效益；集中化战略强化了低成本与差异化的优势。

二、竞争战略的选择

应用上述战略定位分析方法对所处的内外部环境进行分析后，企业就可根据实际情况，有针对性地去选择适合自己所处行业特征及自身特点的竞争战略。

（一）成本领先战略的选择

从理论层面讲，消费者对价格越敏感，就越倾向于低价格产品，成本领先战略就越有吸引力。具体来说，当具备下列环境条件时，企业可以选择成本领先战略：

1.企业外部环境条件

（1）企业所处行业中的各卖方之间的价格竞争非常激烈，谁能成为成本领先者，谁就会获得高收益或者扩大市场份额。

（2）当企业所处行业的产品基本上都是标准化或者同质化产品时，由于产品在性能、功能方面几乎没有差别，因此，影响消费者决策的主要因素就是价格。

（3）企业所处行业实现产品差异化的途径很少，也就是说不同品牌之间的差异化对消费者来说并不重要，从而使消费者对价格的差异非常敏感。

（4）消费者的转换成本很低，当消费者从一家企业转向另一家企业所要承担的成本较低时，就具有较大的灵活性，从而更容易转向低价格、同质量的企业。

（5）市场上存在着大量讨价还价的消费者，而且这些消费者具有较强的议价能力。

2.企业内部环境条件

企业实施成本领先战略，除具备上述外部环境条件外，企业本身还必须具备相关技能和资源：

（1）在规模经济显著的行业中，企业通过增加生产设备来实现规模经济。

（2）降低各种要素成本。企业成本的直接来源包括与各种投入相关的资金、劳动力、原材料和零部件等生产要素。要力求获得各种要素最优惠的供给价格。

（3）提高生产率。生产率即单位要素的产出，它与单位产出的成本互为倒数。因此，提高生产率与降低成本密切相关。采用最新的技术、流程或者工艺来降低成本，改进生产力，充分利用学习曲线等，都是提高生产率的有效手段。

（4）改进产品工艺设计。企业价值工程研究的一个重要内容是寻找物美价廉的替代品。采用简单的产品设计，减少产品的功能但同时又能充分满足消费者的需求，从而达到降低成本的目的。

（5）提高生产能力利用程度。生产能力利用程度决定分摊在单位产品上的固定成本的多少。在企业的成本结构中，如果固定成本占了很高比例，就应尽可能地扩大生产规模，以实现产品单位成本的降低。

（6）选择适宜的交易组织形式。在不同的情况下，选择内部生产或者从市场获取，这两种情况的成本会有很大的不同。

（7）重点集聚。企业集中力量针对某一经营领域，如某一顾客群体，某一特定市场，某一类型产品，某一特定技术等，可能会比广泛地用力获得更高的成本效率。

（二）差异化战略的选择

一般来说，当具备下列环境条件时，企业可以选择差异化战略：

1.企业外部环境条件

（1）企业能够通过多种途径创造出与竞争对手有差异的产品，而且对消费者来说这些差异是很有价值的，能被消费者认可。

（2）企业所处行业中采用类似差异化途径的竞争对手很少。

（3）消费者对产品的需求和使用要求是多种多样的，即消费者的需求是有差异的。

（4）企业所处行业的产品生产技术创新能力强，市场上的竞争主要集中在不断推出新的特色产品。

2.企业内部环境条件

（1）企业内部具有很强的研究开发能力和产品设计能力，研究人员具有创造性。

（2）企业在行业内以其优质的产品或领先的技术而具有声望。

（3）企业的市场营销能力很强，各种销售渠道的合作是强有力的，并且其产品研究开发与市场营销等职能部门能够保持很好的协调性。

（4）企业具有很好的物质设施，能够吸引高级研究人员、创造性人才和高技能职员，有能够激发员工创造性的激励体制、管理体制和良好的创造性企业文化。

（三）集中化战略的选择

企业实施集中化战略的关键是选好战略目标。基本原则是，企业要尽可能选择那些竞争对手最薄弱和最不易被替代产品冲击的目标。一般来说，当具备下列环境条件时，企业可以选择集中化战略：

（1）企业所处行业中的各细分市场部门在规模、成长率、获利能力等方面存在很大差异，致使某些细分市场部门具有很大的吸引力，从而使企业能够发挥自己的优势，在此细分市场上经营得更好。

（2）在相同的目标细分市场中，主要竞争对手取得成功的关键因素不是企业所选定的特殊顾客群或地区市场。因此，在此细分市场中没有其他竞争对手采取类似战略。

（3）市场上具有不同的消费者群体，而且各消费者群体间在需求上存在显著差异，或习惯于以不同的方式使用产品。

（4）企业的资源不允许其追求更广泛的市场，即企业具有相应的资源和能力，能够比竞争对手更好地满足目标市场。

● 第五节　不同竞争战略对成本信息的需求

一、战略定位对成本信息需求的考虑因素

在战略定位分析过程中，成本信息的地位十分突出。伴随企业环境的变化，成本管理的角色也会相应发生变化，新的生产信息技术、以顾客为本、全球市场的增长以及其他变化都需要企业建立战略信息系统，以便有效地保持自己在行业内的竞争优势，这就需要战略成本管理系统必须能够提供传统成本会计系统所不能提供的信息。为此，战略定位对成本信息的需求应考虑：

1.成本信息的准确性

准确性的程度取决于信息使用的目的，过于精确的信息其成本也很高。

2.成本信息的及时性

及时性是所有信息系统所必需的，战略成本管理要求适时快速地为决策者提供决策所需要的相关成本信息。

3.成本信息的提供形式

信息的提供形式取决于决策者以及决策的复杂程度，由于成本信息服务于企业的管理，应根据经营管理和决策控制的需要提供信息，不受一些外部的规章制度（如会计准则等）的限制，因此，信息提供的方法和程序具有很大的自由度，没有较为严格的约束，其宗旨在于满足管理的需要，以提高经济效益。

二、竞争战略对成本信息的需求

战略定位分析应考虑不同竞争战略的信息需要。企业可以采取两种基本的竞争方式——提供比竞争者更低成本（成本领先战略）或更高质量（差别化战略）的产品。不同类型会计信息的重要性程度取决于企业的竞争战略类型，具体表现在以下几点：

1.业绩评估的成本

成本领先战略对成本控制的要求较高，对于维持毛利最为重要；差异化战略对

成本控制的要求较低，主要侧重创新，而非成本控制。

2. 预算成本

成本领先战略认为预算是监控成本的主要手段，因此对预算的要求很高；差异化战略允许产品改良，预算设定得较宽松，因此对预算要求较低。

3. 产品或服务成本

成本领先战略中的定价决策对客户的购买决策至关重要，因此，对产品或服务成本要求高；差异化战略中的客户购买的是最高质量，而不是最低价格，因此，对产品或服务成本要求较低。

4. 营销成本

成本领先战略中的营销开支在产品差别很小的情况下不是很关键，因此，对营销成本要求低；差异化战略认为适当侧重营销是关键，因此，对营销成本要求高。

5. 竞争成本

成本领先战略为了达到或者击败竞争对手的价格并保持可接受的利润，要求了解竞争成本，因此，对竞争成本要求高；差异化战略对竞争成本要求低，因为，竞争并不是基于成本，更重要的是竞争者对产品或服务的改进。

第七章

作业成本管理

按照马克思主义辩证法的观点，否定之否定，可以使事物发展到更高阶段。在成本会计发展的历史过程中，变动成本法的产生，从理论上否定了完全成本法；作业成本法的产生，又从理论上否定了变动成本法。否定之否定，使成本会计进入了一个更高的阶段。作业成本法不是就成本论成本，而是放在了成本发生的前因和后果上，可以促使企业从战略的高度进行资源的合理配置。

第一节　现行完全成本法及其缺陷

在生产性企业中，产品成本是由直接材料、直接人工、制造费用三个部分组成的。直接材料、直接人工统称直接费用。除直接费用以外的所有生产成本，都称为制造费用，如机器折旧费、水电费、机物料消耗、间接人工等。现行成本计算对直接费用采取直接确认的方法，因为生产产品所消耗的直接材料和直接人工比较容易确认和计量；而对制造费用进行分配是通过下列三个步骤进行的：

（1）费用分摊（cost distribution）。按业务量标准将制造费用分摊到各个受益的部门，包括生产部门和服务部门。

（2）分配服务部门费用（service department cost allocation）。识别服务部门所发生的费用，并将其分配到受益的各生产部门。经由这一步，所有的制造费用均归集到生产部门。

（3）分配制造费用（manufacturing expenses allocation）。将各个生产部门的制造费用按单一的标准（直接人工或直接材料、机器小时等）分配到产品成本中去。通过各个生产部门所累积的费用就是产品的总制造费用。

从这些步骤可以看出，此种分配方法以部门作为成本库进行成本归集，然后再将成本分配到产品中去。

由此可见，现行成本分配方法假设各产品所消耗的制造费用与其所消耗的直接人工或直接材料、机器小时等的数量成正比例。而实际上，大多数制造费用并不与这些数量成比例，尤其是在生产技术含量不断提高、产品日趋多样化的条件下，直接人工在总成本中所占的比例不断下降，制造费用在产品成本中所占的比例不断提高，且其构成内容日益复杂，直接人工等数量的变动已不能如实反映产品所耗资源的消长情况。20世纪80年代美国七大制造业的成本构成见表7-1。

表7-1　　20世纪80年代美国七大制造业的成本构成

制造业别	直接材料	直接人工	制造费用
宇航	51.7%	19.3%	29.0%
计算机	69.9%	7.5%	22.6%
电子产品	48.6%	15.1%	36.3%
工农业设备	46.0%	12.8%	41.2%
金属产品	52.0%	15.7%	32.3%
汽车及其零部件	63.8%	7.8%	28.4%
科学仪器设备	52.3%	11.2%	36.5%
平均数	54.9%	12.8%	32.3%

因此，若再按照直接人工等单一的数量标准来分配制造费用，必将歪曲产品成本的真实面貌。也就是说，现行成本计算方法已无法准确计量和反映产品所耗用资源的真实成本，其后果是影响管理者据以做出正确的决策。为此，必须寻求一种新的成本计算方法。

● 第二节　作业成本法的产生与发展

一、作业成本法的产生

当人们发现现行成本计算法的局限性后，就有人开始探索一些新的成本计算方法。作业成本法（Acitvity-based costing，ABC）作为一种新的成本计算方法，是乔治·斯托布斯（George J.Staubus）教授提出来的。1971年，斯托布斯出版了具有重要影响的《作业成本计算与投入产出会计》一书，对“作业”“成本”“作业会计”“作业投入产出系统”等概念做了全面论述，指出：成本计算的对象应是作业，而不是完工的产品；作业是与各类组织决策相关的一系列活动；作业成本计算就是要建立一套累积耗用各种资源成本的“作业账户”，以此来计算作业成本。在斯托布斯之后，Shillinglaw也在1982年讨论过作业成本计算的基本概念。但由于20世纪80年代之前，西方大多数企业生产的产品不多，而且产品的技术含量不高，产品成本主要由直接材料和直接人工构成，制造费用只占少部分。因而，即使制造费用不与直接人工等成比例，将它按直接人工等分配到产品成本中去，对产品成本的扭曲程度也是微不足道的。因此，斯托布斯提出的作业成本计算这一新方法，在当时并没有引起理论界和实务界的足够重视。

但到了20世纪80年代，随着富裕社会引起的消费者需求多元化、市场竞争的日趋激烈，许多西方企业纷纷将高科技应用于生产，形成资本密集型和知识密集型的产品，从而在竞争中取胜。在这种情况下，直接人工在产品成本中所占的比例日益下降，一般只有10%左右，有的甚至为零；而制造费用所占比例则大幅度上升（见表7-1）。此时，若仍以日益减少或根本不存在的直接人工为基础来分配逐渐增加的制造费用，就不可避免地会造成产品成本信息的严重歪曲。

可见，高新制造技术的应用充分暴露了传统成本计算方法的缺陷，这就迫使理论界必须做出反应，创造一种比较准确地反映产品耗用资源真实状况的成本信息系统。此时，斯托布斯提出的"作业成本计算"就日益受到重视，人们似乎看到了"作业成本计算"的光芒所在。适应时代变化的需要，斯托布斯将自己的全部观点汇集成书——《服务于决策的作业成本计算——决策有用性框架中的成本会计》，并于1988年出版，当即引起了学术界的轰动。

二、作业成本法的发展

对作业成本计算做出杰出贡献的当推哈佛商学院的学者罗宾·库珀（Robin Cooper）和罗伯特·卡普兰（Robert S.Kaplan）。

1988年，库珀在《成本管理》夏季号上发表了《一论以作业为基础的成本计算的兴起：什么是以作业为基础的成本系统》一文，该文认为：成本计算的最基本对象是作业，产品成本就是制造和运送产品所需全部作业的成本的总和；ABC所赖以存在的基础是"产品耗用作业、作业耗用资源"。同年，库珀又在《成本管理》秋季号和冬季号上两次论述ABC，分别是：《二论以作业为基础的成本计算的兴起：何时需要以作业为基础的成本系统》《三论以作业为基础的成本计算的兴起：需要多少成本动因，如何选择成本动因》。同时，库珀又与卡普兰合作在《哈佛商业评论》九、十月号（1988）两期连续发表了《计量成本的正确性：制定正确的决策》。1989年春，库珀又发表了《四论以作业为基础的成本计算的兴起：作业成本系统看起来到底像什么》。

从1988年夏到1989年春，库珀通过讨论ABC兴起的四篇论文以及和卡普兰的合作，对ABC的现实需要、运行程序、成本动因的选择、成本库的建立等作了全方位的分析，从而使这些论文成为研究ABC必须参考的重要文献。此后，英、美的《管理会计》《成本管理会计》《哈佛商业评论》《会计评论》《会计地平线》等杂志发表了数百篇研究ABC的文章，ABC逐渐成为人们广泛接受的一个概念或术语，ABC理论也日臻完善。

库珀和卡普兰对ABC的贡献不仅表现在理论上的发展和完善，而且对于将ABC推向实务界也起了极大的作用。1992年，他们同《成本管理》杂志编辑劳伦斯·梅塞尔（Lawrence Maisel）、毕马威会计师事务所的艾琳·莫里西（Eileen Morrissey）和罗纳德·奥姆（Ronald Oehm）等人，在美国管理会计师协会（IMA）和毕马威会计师事务所（KPMG）的资助下，挑选了八大公司进行试点，通过对试点报告的加工、整理，写成了《推行以作业为基础的成本管理：从分析到行动》一书。该书回答了实务工作者很关心的问题，如：如何设计ABC系统、ABC能为组织带来多大利益、如何确保这些利益等。因此，该书对企业推行ABC具有很大的指导作用。在他们的努力下，ABC在北美等地逐渐推广开来。

第三节 作业成本计算的理论基础

一、成本动因的概念

库珀和卡普兰两位教授通过对作业成本的系统研究，指出传统区分固定成本与变动成本的方法并不能为成本系统设计提供足够的信息，主张对成本习性加以重新认识，以便弄清楚究竟是什么因素导致了制造费用的发生。

传统管理会计将成本按照与产量的依存关系划分为变动成本、固定成本、混合成本，而混合成本最终也要分解划归到变动成本或固定成本中去，这样做的目的是进行变动成本计算，为管理者提供对决策有用的信息。

而库珀和卡普兰两位教授认为：从多维的角度来看，企业的产品制造成本全是变动的，因此应将成本划分为短期变动成本和长期变动成本。短期变动成本即原来意义上的变动成本。它随产品的生产数量正比例变动，如直接材料和直接人工等。长期变动成本则是以作业（activity）为基础的，它随作业消耗量的变动而变动，如生产计划的制订成本，它的高低取决于有多少生产批次需要制订计划，而并非取决于有多少数量的产品被生产。这里，需要制订计划的生产批次就是成本变动的作业基础。需指出的是：长期变动成本的变动与作业量的变动并不是同步进行的，两者之间往往存在一个时间差，也就是说，本期作业量的增减，并不一定会立即引起本期的长期变动成本的相应变化，其影响可能要到下期或更长时间之后才能显现出来。这一点恰恰是长期变动成本与短期变动成本之间的区别所在。如果生产批次计划一旦制订下来，即便企业决定减少本期的生产批次，但已经发生的生产批次计划制订成本并不会马上减少，仍要分摊到各个产品批次中去。正是由于长期变动成本的这一特点，传统上常把这部分成本视为固定成本。在作业成本计算系统中，固定成本仅指那些在一个既定时期内不随任何作业量的变动而变动的成本。库珀教授的研究表明，这种固定成本在全部制造成本中只占较低的比例。

作业成本计算的思想是要以“作业”作为制造费用分配的基础，而不再是传统的直接人工、机器小时等的数量。那么，什么是作业？作业是怎样引起的？如何确认并计量作业？这是运用新成本计算方法必然会遇到的问题。

对此，库珀和卡普兰教授曾于1987年在《成本会计怎样系统地歪曲了产品成本》一文中提出了“成本动因”（cost driver）理论。该理论认为：作业是一个组织内消耗资源的某种活动或事项。作业是由产品引起的，而作业又引起了资源的耗用；成本是由隐藏其后的某种“推动力”（force）所引起的。这种隐藏在成本之后的推动力，就是“成本动因”，或者说，成本动因就是推动成本发生的因素。

成本行为（cost behavior）又称成本习性或成本性态，是由成本动因所支配的。

要把各种费用分配到不同的产品中去，首先要了解成本行为，以便识别出恰当的成本动因。按照这种观点，对短期变动成本应该利用“与数量相关的成本动因”(volume-related cost drivers)，如直接材料成本、直接人工工时或机器小时等，例如，对工资成本的产生，我们可以追溯到产品耗用的直接人工小时，因为是直接人工小时“驱动”了劳动力资源的消耗。只要各种产品所耗费的直接人工工时、机器小时及直接材料的比例各不相同，就应该使用至少一种成本动因。但是，对于长期变动成本中的绝大部分，采用与数量相关的成本动因是不合适的。因为，这些成本是由各种各样十分复杂的因素所驱动的，而并非是由数量因素所驱动的。

库珀和卡普兰为了证实这一点，曾举了一个例子：有两家生产规模完全相同的企业，甲企业生产100万件A产品；乙企业生产10万件A产品和90万件其他199种同类产品，其中B产品产量为800件。显然，甲企业的生产环境很简单，只需要有限的辅助生产设备。相应地，各种设备调试、存货收发、计划制订等活动也都可以限定在较小的范围内；而乙企业的生产环境却复杂得多，因为该企业有200种产品需制订计划，还要经常调试设备、频繁地收发存货以及检验产品等。相应地，它需要更庞大、更复杂的服务部门。这个例子可以证实：许多成本的变动并非是由产量变动引起的，而是由生产的品种范围决定的。如果仅是产量发生变动而生产的品种范围不变，则长期变动成本也不变；但若是产量不变，生产的品种范围发生变动，则服务部门的成本将随之变动。

这就说明：如果单纯用“与数量相关的成本动因”将服务部门的费用分配到各产品中去，势必会造成产品成本的歪曲。在上例中，乙企业生产了B产品800件，若按产量比例大约只分配到0.08%的制造费用，A产品则要负担10%的制造费用。这种分配结果是不合理的，因为产量低的B产品对某些服务部门的相关需求，比起该产品在总产量中所占的比例要高得多。因此，按“与数量相关的成本动因”分配制造费用将低于其实际耗费，而产量高的产品则相反。虽然B产品的产量较低，但应分摊的制造费用是由为各服务部门所提供的与产品数量不成比例的作业所驱动的。一般来说，那些具有专门用途的低产量产品，实际耗费的制造费用较高，在以数量为基础的分配体系下，却被分配到较少的制造费用，而将低于实际耗费的那部分差额转嫁给产量高的产品，从而造成成本信息的扭曲，会对管理决策产生不利的影响。

综上所述，作业成本计算的理论基础是“成本动因”理论，该理论的着眼点在于研究成本发生的原因。成本发生的原因有两类：一是与产品数量相关的成本动因，它们导致了短期变动成本的发生，因而也是分配短期变动成本的基础；二是与作业（或事项）相关的成本动因，它们导致了长期变动成本的发生，因而也是分配长期变动成本的基础。

二、成本动因的类型

根据库珀和卡普兰两位教授提出的“成本动因”理论，我们可以将作业成本计算的原理简要概括如下：作业成本计算根据“产品耗用作业、作业耗用资源”的指导思想，对成本的计算方法作了根本性的变革，即将着眼点放在作业上，以作业为核算对象。首先依据作业对资源的消耗情况将资源的成本分配到作业，再由作业依成本动因追踪到产品的形成和积累过程，由此得出最终产品的成本。

成本动因是指隐藏在成本背后、驱动成本产生的因素。成本动因分析包括战术层面的成本动因分析和战略层面的成本动因分析。

战略成本动因分析又包括结构性成本动因分析和执行性成本动因分析。

（一）结构性成本动因

结构性成本动因是指与企业组织基础、经济结构和影响战略成本整体局势相关的成本驱动因素。

结构性成本动因主要包括：

（1）规模

企业规模是一个重要的结构性成本动因，它主要通过规模经济效应来对成本产生影响。当规模较大时，可以提高作业效率，并使企业成本分摊至较大规模的业务量，从而降低单位成本。

（2）范围

企业为提高自己的竞争地位，可能会使自己所经营的业务范围更广泛、更直接，从本企业现在的业务领域出发，向行业价值链的两端延伸，直至原材料供应和直接面向消费者销售产品。对业务范围的整合可以为企业带来低成本，以及沟通、协调和控制的改善。

（3）学习与溢出

开展某项活动的成本可能会因为经验和学习的经济性而随时间下降。企业通过内部积累与外部学习可以提高企业自身的整体素质，但也可能通过供应商、购买者等使企业产生外溢效应，即企业的经验可能会流出企业。从战略方面分析，企业应将外溢限制在最低限度，以保持经验的专有程度。

（4）技术

从成本角度说，借助先进的技术手段对企业的产品设计、生产流程、管理方式等方面进行功能再造，可以有效地降低成本，并使得这种降低呈现出联动的态势。

（5）多样性

多样性的出现源于顾客的不同需求，企业为适应这些需求，必须不断优化自己的产品。当然，多样性会使企业借助新的技术来完成产品优化，企业的成本会随之增加。

（二）执行性成本动因

执行性成本动因是指决定企业作业程序的成本动因，是在结构性成本动因确定以后才建立的，这类成本动因多属非量化的成本动因，其对成本的影响因企业而异。这些动因若能执行成功，则能降低成本，反之则会使成本提高。

执行性成本动因主要有：

（1）员工参与

员工参与的程度及责任感的高低对企业成本管理的影响是很明显的，如果企业上下人人都具备节约成本的思想，并以降低成本为己任，那么企业的成本管理效果自然就会好。反之，企业的成本管理则会彻底地失去意义，变成无源之水。因此，在战略成本管理过程中强调全员参与，通过建立各种激励制度，培养员工以厂为家的归属感和荣辱感；此外，在建立企业文化的同时应培育企业的成本文化。

（2）全面质量管理

全面质量管理的宗旨是以最低的质量成本获得最优的产品质量，并且最低的质量成本可以在缺点为零时达到。因为对错误的纠正成本是递减的，所以总成本会保持下降的趋势，直至最后的差错被消除，因此，全面质量管理的改进总是能降低成本。这项成本动因要求企业大力推行全面质量管理，树立强烈的质量意识，从企业的整个范围，从设计、生产过程的各阶段着手来提高产品质量，降低产品成本，真正做到优质高效。

（3）生产能力利用率

在企业规模既定的前提下，生产能力的利用程度是影响企业成本的一个重要动因。生产能力利用主要通过固定成本影响企业的成本水平，由于固定成本在相关的范围内不随产量的变化而改变，当企业的生产能力利用率提高时，单位产品所分担的固定成本减少，从而引起企业单位成本的降低。因此，寻求建立能够使企业充分利用其生产能力的经营模式，将会给企业带来成本竞争优势。

（4）联系

这里的联系可分为两类：一类是企业内部联系，企业内部各种价值活动之间的联系遍布整个价值链，针对相互联系的活动，企业可以采取协调和最优化两种策略来提高效率或降低成本；另一类是企业与供应商、客户间的垂直联系，企业的所有价值活动都会互相产生影响，如果能够确保它们以一种协调合作的方式开展，将会为降低总成本创造机会。

第四节　作业成本法的运行程序

根据库珀和卡普兰的作业成本计算思想，人们一般将作业成本计算运行过程归纳为以下几个步骤：

第一步：计算生产产品所发生的直接材料和直接人工成本。

第二步：将制造费用汇集于若干个同质成本库（Homogenous cost pool）。

同质成本（Homogenous cost），是指可用一个共同的成本动因解释其成本变动的制造成本。当企业所生产的各种产品耗用某些制造费用的比例相同时，这些制造费用作业即为同质的，可划归为同一成本库。

第三步：将汇集于同质成本库的制造费用按成本库分配率分摊到各种产品，其计算公式为：

成本库分配率=某成本库制造费用总额÷成本动因数量

某产品应分配的制造费用=成本库分配率×该种产品所耗用成本动因的数量

第四步：计算单位产品的制造费用。

计算单位产品的制造费用即用该种产品从各个成本库所分摊的制造费用之和，除以该种产品的产量。

第五步：计算单位生产成本。

单位生产成本即单位产品的制造费用与单位产品的直接成本之和。

下面我们通过一个例子来说明作业成本法的具体计算程序。

燕山高新技术有限公司仅生产甲、乙两种产品，单价分别为42元/件、25元/件。2017年甲、乙两种产品的产量分别为50 000件和500 000件，其所耗用的直接材料分别为600 000元和4 200 000元，直接人工分别为10 000小时和50 000小时，小时工资率为10元/小时。甲、乙两种产品所耗用的制造费用及其作业量（假定作业被充分利用）见表7-2、表7-3。

表7-2　**甲、乙两种产品制造费用明细表**　单位：万元

项　目	金　额
原料处理费	30
维护费	90
电费	45
设备折旧费	135
检验费	40
调整与准备费用	60
物料成本	40
生产计划制订费	80
合计	520

表7-3　**甲、乙两种产品作业耗用量**　数量单位：件

作业类别	成本动因	甲产品耗用作业量		乙产品耗用作业量	
		数量	比例	数量	比例
原料处理	搬运次数	1 000	1/3	2 000	2/3
设备维护	维护次数	2 000	1/3	4 000	2/3
电力消耗	千瓦小时	100 000	1/3	200 000	2/3
设备折旧	机器小时	20 000	1/4	60 000	3/4
检验	检验小时	3 000	1/2	3 000	1/2
调整与准备	整备次数	1 000	1/2	1 000	1/2
物料消耗	物料成本	50 000	1/8	350 000	7/8
制订生产计划	生产批次	2 000	1/2	2 000	1/2

要求：按照作业成本法计算甲、乙两种产品的制造成本，判断产品的盈利状况。

通过表7-3中对作业耗用量的分析可以发现，某些制造费用被甲、乙两种产品消耗的比例是相同的，如检验、调整与准备、制订生产计划这三个制造费用明细项目被甲、乙两产品各消耗一半，因而可以视为同质成本，划归到同一成本库。同理，原料处理、设备维护、电力消耗三种制造费用也可划归到同一成本库，设备折旧、物料消耗均分别单独作为一个成本库。

根据前述步骤，成本计算如下：

甲、乙两种产品的直接成本见表7-4。

表7-4　**甲、乙两种产品直接成本计算表**　金额单位：元

成本项目	甲产品	乙产品
直接材料	600 000	4 200 000
直接人工	10 000×10=100 000	50 000×10=500 000
合计	700 000	4 700 000
产量（件）	50 000	500 000
单位直接成本（元/件）	14	9.4

由于同一成本库中的制造费用是同质的，因此我们只要选择成本库中的任一个成本动因作为分配制造费用的基础即可，如我们选择检验小时、千瓦小时、物料成本、机器小时这4个动因，分别作为4个同质成本库制造费用分配的基础，计算出每一个成本库的分配率，然后分别乘以甲、乙两种产品耗用的成本动因数量，就可以计算出每种产品所分配到的制造费用，具体计算过程见表7-5和表7-6。

表7-5　**成本库的划分及分配率**　金额单位：元

第一成本库		第二成本库		第三成本库		第四成本库	
检验费	400 000	原料处理费	300 000	物料成本	400 000	设备折旧费	1 350 000
调整与准备费用	600 000	维护费	900 000				
生产计划制订费	800 000	电费	450 000				
合计	1 800 000	合计	1 650 000	合计	400 000	合计	1 350 000
成本动因数量	6 000检验小时	成本动因数量	300 000千瓦小时	成本动因数量	400 000	成本动因数量	80 000机器小时
成本库分配率	300元/检验小时	成本库分摊率	5.5元/千瓦小时	成本库分摊率	1	成本库分摊率	16.875元/机器小时

表7-6　　各种产品分配的制造成本　　金额单位：元

项目	甲产品	乙产品
第一成本库	300×3 000=900 000	300×3 000=900 000
第二成本库	5.5×100 000=550 000	5.5×200 000=1 100 000
第三成本库	1×50 000=50 000	1×350 000=350 000
第四成本库	16.875×20 000=337 500	16.875×60 000=1 012 500
合计	1 837 500	3 362 500
产量（件）	50 000	500 000
单位制造费用（元/件）	36.75	6.73
单位直接成本（元/件）	14	9.40
单位生产成本（元/件）	50.75	16.13
单价（元/件）	42	25
单位毛利（元/件）	-8.75	8.87
毛利率	-20.83%	35.48%

需要说明的是，成本库的划分是为了简化成本的计算。因为，一个企业要制造若干种产品，会需要很多作业，而这些作业各自会消耗数量不等的资源，并且动因不一。因此，若按照各自的成本动因把制造费月分配到产品上去，需要计算很多次，如本例题中有8种制造费用，就需要计算8次，而且在企业实际成本计算中，远不止这8个制造费用明细项目。尽管消耗资源的成本动因不同，但总有一些是同质的。因此，可以将这些同质的成本划归在一起，并按其中的一个成本动因进行成本分配，这样可以简化成本计算，如在本例题中，将8个制造费用明细项目划归在4个同质成本库以后再进行分配。

运用作业成本法进行成本计算，能够将产品所消耗的资源按照各自的成本动因追踪到各种产品中去，计算结果比较准确可靠，可以为管理者制定正确的决策提供可靠的成本信息，如在本例中，乙产品的单位毛利为8.87元/件，毛利率达到35.48%，是为该企业带来收益的重要产品；而甲产品单位毛利为-8.75元/件，属于亏损产品，不能为企业带来收益，因此，应立即停止生产甲产品，并加大对乙产品的营销宣传力度，将更多的资源配置到乙产品的生产和销售中去。

如果采用传统的成本计算方法，如分别以直接人工小时、机器设备小时或直接材料成本为基础分配制造费用，则甲、乙产品单位生产成本及其盈亏情况计算如下：

（1）以工时为标准分配制造费用

制造费用分配率=5 200 000÷（10 000+50 000）=86.666667（元）

甲产品分配制造费用=86.666667×10 000=866 666.67（元）

乙产品分配制造费用=86.666667×50 000=4 333 333.35（元）

甲产品总成本=600 000+10 000×10+866 666.67=1 566 666.67（元）

乙产品总成本=4 200 000+50 000×10+4 333 333.33=9 033 333.33（元）

甲产品单位成本=1 566 666.67÷50 000=31.33（元/件）

乙产品单位成本=9 033 333.33÷500 000=18.07（元/件）

甲产品单位毛利=42−31.33=10.67（元/件）

乙产品单位毛利=25−18.07=6.93（元/件）

（2）以机器小时为标准分配制造费用

制造费用分配率=5 200 000÷（20 000+60 000）=65（元）

甲产品分配制造费用=65×20 000=1 300 000（元）

乙产品分配制造费用=65×60 000=3 900 000（元）

甲产品总成本=600 000+10 000×10+1 300 000=2 000 000（元）

乙产品总成本=4 200 000+50 000×10+3 900 000=8 600 000（元）

甲产品单位成本=2 000 000÷50 000=40（元/件）

乙产品单位成本=8 600 000÷500 000=17.20（元/件）

甲产品单位毛利=42−40=2（元/件）

乙产品单位毛利=25−17.20=7.80（元/件）

（3）以直接材料为标准分配制造费用

制造费用分配率=5 200 000÷（600 000+4 200 000）=1.0833333（元）

甲产品分配制造费用=1.0833333×600 000= 650 000（元）

乙产品分配制造费用=1.0833333×4 200 000=4 550 000（元）

甲产品总成本=600 000+10 000×10+650 000= 1 350 000（元）

乙产品总成本=4 200 000+50 000×10+4 550 000= 9 250 000（元）

甲产品单位成本=1 350 000÷50 000=27（元/件）

乙产品单位成本=9 250 000÷500 000=18.50（元/件）

甲产品单位毛利=42−27=15（元/件）

乙产品单位毛利=25−18.50=6.50（元/件）

具体计算结果见表7-7。

表7-7 **传统成本法下的产品成本计算** 金额单位：元

成本项目	甲产品	乙产品
直接材料	600 000	4 200 000
直接人工	100 000	500 000
合计	700 000	4 700 000
产量（件）	50 000	500 000
单位直接成本（元/件）	14	9.40

续表

单位制造费用（元/件）	按工时分配	按机器小时分配	按直接材料成本分配	按工时分配	按机器小时分配	按直接材料成本分配
	17.33	26	13	8.67	7.80	9.10
单位生产成本（元/件）	31.33	40	27	18.07	17.20	18.50
单价（元/件）	42	42	42	25	25	25
单位毛利（元/件）	10.67	2	15	6.93	7.80	6.50
毛利率	25.40%	4.76%	35.71%	27.72%	31.2%	26%

从表7-7可以看出，在传统的完全成本法下，按照单一标准分配制造费用，至少存在以下两个方面的问题：

第一，根据传统的成本计算方法，按照直接人工小时、机器设备小时或直接材料成本为基础分配制造费用，所得的甲产品的单位生产成本分别为31.33元/件、40元/件和27元/件。可见，不同企业同一时期或者同一企业不同时期选择的分配标准不同，计算出的单位成本就不相同，单位成本水平的高低在很大程度上是会计人员主观选择的结果，具有较强的主观性，同时也不具有可比性。

第二，本例中根据传统完全成本法计算出的甲产品单位成本均低于其单价（42元/件），因而，给企业管理者造成一种假象，以为甲产品也是盈利产品。特别是按照直接材料所占的比例分配制造费用时，甲产品单位毛利15元/件，毛利率为35.71%，会严重误导企业决策。

传统成本计算方法之所以扭曲产品的成本，是因为它没有根据各自的成本动因来分配制造费用，如在本例中，甲产品的产量是乙产品的1/10，所耗用的直接材料是乙产品的1/7，需要的直接人工是乙产品的1/5，但由于甲产品的结构比较复杂，生产批量又小，因此所需要的制造费用并不是只有甲产品的1/7或1/5，而是高于1/2。这样，如果再按照直接人工、直接材料等单一的标准来分配制造费用，就势必会造成产品成本信息的严重失真，从而最终误导企业的决策。

● 第五节 作业成本法的优缺点

一、作业成本法的优点

作业成本制度是在高新技术环境下，以作业为核心，以成本动因为依据，设立成本库，归集和分配在生产过程中所发生的费用，从而计算并控制产品成本的一种先进的成本制度。作业成本管理应用作业成本计算提供的信息，从成本的角度，合理安排产品或劳务的销售组合，寻找改变作业和生产流程，以及改善和提高生产率的机会。由于这种制度把重点放在作业上，使企业成本管理深入到作业中，帮助企业不断寻求降低成本的突破点，对成本发生的前因后果进行分析，对在最终产品形成过程中所发生的作业成本进行有效控制，因此，作业成本制度是一种先进的成本制度，比现行的完全成本法具有更多的优越性。具体表现在：

（一）可以提供更为准确的成本信息

由于作业成本法应用在制造费用核算上缩小了分配范围，由全厂统一分配改为按若干个作业中心的成本库分别进行分配；同时增加了分配标准，过去都按直接人工工时或机器小时分配，现在改为按成本动因多种标准分配；在作业成本法下，产品成本计算以作业为基础，而在现行成本计算方法下产品成本的计算是以产品或产品批次等作为成本计算对象，即先将产品的成本分成各种成本、费用项目（如直接材料等），再以各种成本项目为成本计算对象进行产品成本归集，然后再求出产品的生产成本。现行成本计算方法实质上说明了各种成本在产品生产中的作用，即指明每次成本、费用用于何种作业而不像作业成本制度下仅指明成本、费用的用途。因而，在作业成本法下，成本的归集更真实地反映了成本的去向，即用于何处。而在现行成本计算制度下，成本、费用的归集只说明了成本、费用的作用。所以，在作业成本法下，成本信息比现行成本计算方法下的成本信息更精确，或者说更接近实际，特别是对产量大、工艺技术程度复杂的产品而言，其成本信息更为真实。

（二）可以更有效地控制成本

作业成本制度最初是作为一种正确计算和分配制造费用的方法提出来的。由于各种作业消耗资源，而生产产品又需要消耗作业，这就使得企业必须对资源和作业进行规划和管理。企业要以各种作业为对象进行管理，并进一步加以控制，从而降低资源的无效耗费。对于在经营过程中耗费资源的作业，企业都要进行分析，以区分为增值作业和非增值作业、关键作业和一般作业。尽量采用增值作业，减少非增值作业，抓住关键作业，以达到优化企业资源配置和控制成本的目的。此外，为了加强成本控制，企业还可汇集各类作业中心，建立责任成本中心，把成本责任落实到作业中心去，通过作业管理，更好地控制成本。

（三）有助于企业改进经营决策

在现行成本制度下，产量高、工艺技术程度简单的产品成本往往被高估，使毛利率偏低，这就容易造成经营决策失误，甚至使成本和价格偏低的产品市场占有率上升，成本和价格偏高的产品市场占有率下降，最后使企业总体的获利水平下降。作业成本制度就可纠正这一缺点，提供正确的成本和利润信息，帮助经营管理者做出正确决策。

（四）有利于企业推进全面管理

随着高新技术的发展，管理理论的深入，作业成本制度已从开始时的一种成本计算制度发展成为一种企业管理制度，即作业管理制度。这种管理制度是以作业为核心，以作业成本计算为中心，以产品设计、适时制和全面质量管理等基本环节为重点，由作业成本分配过程和作业分析过程有机组合的全新的企业管理方法。它把现代企业看成“一个为最终满足顾客需要而设计的一系列作业的集合体”，把管理的重心深入到作业层次，以作业作为企业管理的核心，这就比现行的以产品为核心的管理制度深入了一大步，可以视为企业管理思维的创新。目前，一种新的现代企业管理思想——作业管理（Activity-based management，ABM），在今后企业管理的发展中将日益发挥作用。

（五）便于推行作业管理，不断降低成本

20世纪70年代以后，高新技术蓬勃发展，广泛应用于生产领域，企业由原来的大批量生产转向小批量生产的弹性制造系统，为了适应生产组织的变革，作业管理开始兴起。作业成本计算与作业管理相互依存，作业成本计算为作业管理提供有用的信息，作业管理运用这种信息，通过设计分析，不断改善作业方式，降低成本。现行的企业管理以“产品”为起点和核心，在成本管理方面，把重点放在标准成本上。与此相适应，采用标准成本、费用预算及差异分析，把重点放在实际与标准或预算差异的控制上。因此，现行成本管理只注重“通过数量进行管理”，而很少注意到成本发生的前因后果。这种成本管理方式，本末倒置，没有对成本降低的源泉进行溯本求源，并有针对性地采取措施，因而难以取得持续的成本节约。在某些情况下，由于员工抱怨工作紧张和工作负担日益加重，工作效率下降，成本不仅没有降低，反而上升了。现行成本管理尽管也重视产品设计和质量管理，但是，由于没有从根本上改变企业管理的观念，而是以“产品”为核心和起点，没有达到更深的层次，因此，这种成本管理的效果在广度和深度上都受到很大的限制。相反，作业管理以“作业”为核心和起点，在成本管理方面，把重点放在每一项作业的完成及其所耗费的资源上。通过作业分析，溯本求源，根据技术与经济相统一的原则，不断改变作业方式，重新配置有限资源，从而达到持续降低成本的目标。

作业成本法的理论在西方发达国家得到了广泛的推广与应用。作业成本法最初只是应用于生产型企业，后来，作业成本法分配间接费用的理念，被应用于物流企业、银行企业、保险企业、医院等单位间接费用的分配中去。

二、作业成本法的局限性

作业成本法的局限性，主要表现在以下几个方面：①开发和维护费用较高；②确定成本动因比较困难；③成本计算过程比较复杂。以上因素会影响一些企业应用作业成本法的积极性。

在我国，由于企业技术水平、会计人员的业务素质、现行企业会计准则和信息化程度的约束，作业成本法的应用范围还不够广泛。随着企业高层管理人员及财务人员对作业成本法认识的不断提高，作为一种先进的会计核算方法的作业成本法，必将在企业中得到更加广泛的应用。

第八章

人力资源成本管理

习近平总书记在党的二十大报告中强调，必须坚持科技是第一生产力、人才是第一资源、创新是第一动力。现代企业之间的竞争，归根到底是人才的竞争，是人才管理机制的竞争。企业人才的招聘、选拔、录用、使用、保障、离职等方面，都是有代价的，如何引进人才、培养人才、留住人才，是每一个企业都要面临的重要课题。

● 第一节　人力资源成本的内涵及构成内容

一、人力资源成本的内涵

人力资源成本是指为取得人力资源的有效使用权、提高人力资源的使用价值、保障人力资源暂时或长期丧失使用价值时的生存权所付出的总代价，既包含企业支付的实际成本又包含企业应承担的机会成本，例如，为了获得或重置人力资源，有时不得不放弃其他项目的收入的机会成本。一般我们讲的人力资源成本是从企业的角度出发，把人力资源成本的发生看作一个过程，即一个企业或者组织为了完成自己的既定目标，实现最优的经济和社会效益，而涉及的取得、开发、使用、保障必要的人力资源的支出和人力资源离职而导致的支出的总和。

二、人力资源成本内容

人力资源成本从会计核算角度分析大致包括员工工资总额、员工社会保险费用、员工福利费用、员工教育经费、员工劳动保护费用、员工住房费用和其他人力资源成本费用七项。但是由于这些费用的发生是由多种活动引起的，因此，按照这个分类来控制成本存在很大的难度，难以有效地评价各部门的绩效情况。而在现实情况下，我们往往按照人力资源成本费用产生的不同阶段来进行归集，从而更好地进行控制。所以，我们将人力资源成本根据其发生的先后顺序依次划分为人力资源取得成本、人力资源开发成本、人力资源使用成本、人力资源保障成本与人力资源离职成本，如图8-1所示。

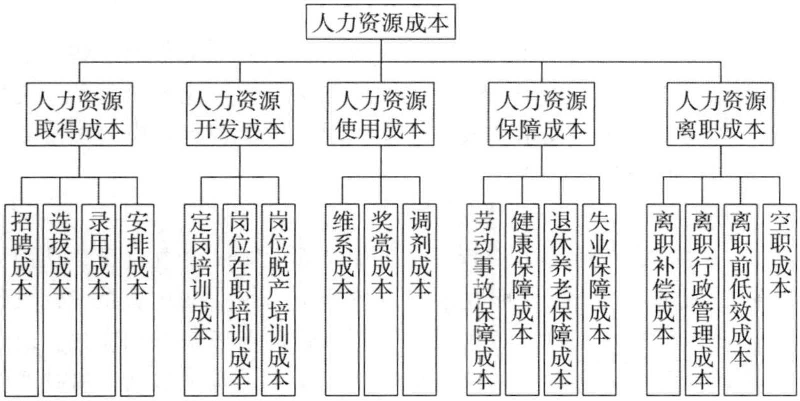

图8-1　人力资源成本构成图

（一）人力资源取得成本

人力资源取得成本是指企业为了取得有助于推动企业未来发展的员工所需要支付的各项成本费用支出，主要包括招聘成本、选拔成本、录用成本和安排成本。

1.招聘成本

招聘成本是指为确定企业所需的人力资源的水平及其来源，并据此发布相关的招聘信息，到最终合适的人力资源前来进行应聘所发生的所有成本费用支出。招聘成本具体包括：负责招聘的人员的工资、在招聘过程中发生的会议费、交通费、业务招待费、中间人的佣金、广告宣传及相关资料费，组织招聘活动所使用的场地费、管理费等。企业向大学生进行定向委培所发放的奖学金，也应当划入招收成本当中进行列示。

2.选拔成本

选拔成本是指企业为了找到适合自己未来发展所需要的人员而进行的筛选、考查、评估等活动所发生的成本费用支出，具体包括在各筛选过程中发生的一切费用（如初试的面谈和处理相关申请材料的费用、进行人员面试和心理测试等的费用、对申请人进行相关评价的费用、人员背景调查和体检的费用）以及最终决定是否录取而发生的相关费用。

3.录用成本

录用成本是指企业从众多的应聘者当中选拔出合格的人员开始，到最终将这部分人员录用为企业的正式员工而发生的所有成本费用支出，其中包括录用管理协调费、因员工从其他单位非正常辞职所需要缴纳的违约金等相关费用。

4.安排成本

安排成本是指企业将最终录入的所有员工按照其专业和能力等特征，安排到具体的工作岗位上所发生的各种成本费用支出，包括企业为安排人员所发生的相关管理费用、临时生活费用、报到交通差旅费用、对于高级人才所支付的一次性补贴费用以及组织安排工作的人员的薪酬与费用等。

（二）人力资源开发成本

人力资源开发成本是指企业为了让新入职的员工能够更快地了解企业，提高自身的能力和素质，以达到各自岗位所要求的业务水平和技能水平，从而更快地融入企业的环境当中所花费的相关培训成本费用支出，主要包括定岗培训成本、岗位在职培训成本和岗位脱产培训成本。

1.定岗培训成本

定岗培训成本是指企业为了使新员工更加全面地了解企业自身，从而更好地融入企业当中，对新员工进行的关于企业的发展历史、企业文化、企业优良传统、企业价值观、企业内部规章制度、相关岗位需要掌握的业务知识和岗位要求具备的业务技能等方面教育和培训所发生的所有成本费用支出，具体包括所有接受和被接受培训的人员的工资、在培训活动中所花费的培训教育费、在培训活动中所使用的相关书本资料费用和培训设备基本的折旧费等。

2.岗位在职培训成本

岗位在职培训成本是指企业在保证员工不脱离本职工作岗位的基础上，为使员工能够更好地适应岗位的新要求而对其进行培训教育所发生的费用，具体包括接受培训人员和组织培训人员的工资、在教育培训过程中消耗的各种材料费、接受培训的人员平时参加业余学习活动所花费的学费和图书资料费等。

3.岗位脱产培训成本

岗位脱产培训成本是指企业根据岗位和工作的需要，对员工进行短期或长期的脱产培训而发生的成本，这里的脱产培训可以根据实际情况，委托同行业先进单位组织培训、委托有关教育部门进行统一培训，或者是企业自己组织培训。企业外部的培训成本一般包括培训机构的专业培训费用、参与培训的员工工资、交通费、差旅费、书本费等。企业内部的培训成本一般包括组织培训与参与培训员工的工资，相关书本资料费等。

（三）人力资源使用成本

人力资源使用成本是指企业为了获得员工从事体力劳动、脑力劳动等活动所带来的成果而需要向员工支付的各种直接或间接费用，从根本上来说，它是人力资源交换价值的体现，属于收益性的费用支出，应在当期直接费用化。其一般来说包括维系成本、奖赏成本、调剂成本等。

1.维系成本

维系成本是指企业为了保障员工能够维系好充分的体力和脑力，以更好地为以后的生产和再生产做出贡献而需要付出的成本费用，包括员工付出相应的劳动所应当获得的基本工资（可以是计时工资，也可以是计件工资），应当享有的、因企业盈利而获得的利润分成，以及各种基本的福利费和劳动津贴。

2.奖赏成本

奖赏成本是指企业为了更好地调动员工的工作积极性、创造性，激励员工更好地为企业做出贡献而对那些超额完成任务或做出其他特别贡献的员工给予的资金形式的奖励支出，它是对员工能力超常发挥的一种奖励和补偿，包括各种超额工作成果奖励、科技发明创新奖励、管理控制建议奖励和其他因表彰员工而发生的支出。

3.调剂成本

调剂成本是指企业为了调节员工的工作和生活，使员工在精神上得到满足，消除员工疲劳，能够更加轻松地从事工作，同时有效地稳固原有的员工队伍，并积极吸引外部优秀的员工进入企业所支出的费用，包括员工接受疗养的费用、参加娱乐活动的费用、定期休假的费用、节假日开支费用、业余社团开支费用、改善企业工作环境的费用等。

（四）人力资源保障成本

人力资源保障成本是指保障员工在暂时或长期丧失使用价值时能够获得生存的权利而必须支付的费用。这些费用一般不以资金的形式出现，大多数是以企业的各种保险和基金的形式存在。这些成本的支出是无法获得相应的回报的，对企业来说相当于一种沉没成本。它一般包括劳动事故保障成本、健康保障成本、退休养老保障成本、失业保障成本等。

1.劳动事故保障成本

劳动事故保障成本是指应当由企业承担的，员工因工作意外或事故而发生的受伤或死亡所应当给予的经济和物质上的补偿费用，它包括这部分员工的基本工资、治病所花费的医药费、致残的补贴费、一次性补贴、致死的丧葬费、留给遗属的补贴等。

2.健康保障成本

健康保障成本是指应当由企业承担的，员工由于正常工作以外的因素（如疾病、生育、伤害、死亡等）而引起的健康状况不佳、没有能力再从事相应的工作而需要给予员工的经济和物质上的补偿费用，它包括员工所花的医药费、因特殊原因导致缺勤的缺勤工资、产假工资、补贴、丧葬费等。

3.退休养老保障成本

退休养老保障成本是指由社会、企业及员工共同承担的，为了使员工退休之后的基本生活能够得到保障，同时也为了报答员工在工作期间为组织和社会所做出的贡献，作为一种回馈和补偿而给予员工的退休金和其他保障成本费用，它包括医疗养老保险金、养老金、丧葬补贴、遗属补偿金等。

4.失业保障成本

失业保障成本是指企业对于本身具有工作能力但因个人或外部的客观因素而导致暂时没有合适的工作机会，因而无法得到有效的工作保障的员工所支付的补偿费用，它主要包括一定时期内因找不到合适的工作而获得的失业救济金，以保证员工在这段时间的生存需要。

（五）人力资源离职成本

人力资源离职成本是指由于员工离职而给企业带来的成本费用支出，这些费用往往是企业支付给员工的最后一笔费用，因此，基本上也不会产生任何的效益，具有沉没成本的特点，它主要包括离职补偿成本、离职行政管理成本、离职前低效成本、空职成本。

1.离职补偿成本

离职补偿成本是指员工出于未来发展的考虑主动提出辞职申请或者企业出于整体利益考虑而主动辞退员工，因为给员工带来损失，而由企业负担的成本费用支出。它包括从开始工作起到最终离职止应当支付给员工的所有工资薪酬、因员工主动或被迫离职而支付给员工的离职金、必要的离职人员的后续安排费用等支出。

2.离职行政管理成本

离职行政管理成本是指企业处理与员工的离职活动有关的事项而发生的管理费用。它包括离职前管理人员与离职人员进行谈话协商的费用、办理离职手续所花费的相关费用、由于岗位离职所发生的人员之间的交接费用等。

3.离职前低效成本

离职前低效成本是指员工因为将要离开企业而给企业正常工作带来的生产效率下降、工作积极性降低等影响而导致企业损失的费用支出，这一成本集中表现在员工进行离职工作交接时，由于交接之后的工作不再由自己处理，因此不会全身心地去对待。确切地说，这种成本并不是以成本费用的形式来体现的，而是通过降低员工的价值，进而减少企业的收益来体现的。

4.空职成本

空职成本是指由于员工离职而造成这些岗位无人接替和掌管，从而影响了企业正常的运转而给企业带来的一种隐性的成本费用损失。这种成本与离职前低效成本一样，都不是以实际的成本费用的形式存在，由其带来的损失是看不见的，属于隐性成本，但是它会直接影响企业正常收益的实现，实际上是一种导致企业业绩下降的因素。

第二节　我国人力资源成本控制的现状、问题及原因分析

一、我国人力资源成本控制的现状

（一）人力资源成本控制在我国不受重视

很长一段时间以来，我国成本控制的重点一直停留在物资等实物成本上，尽一切可能寻找机会提高资源利用率，减少资源的投放，但是一味在物耗上下功夫控制成本，会出现两个方面的问题：一方面随着资源利用率的不断提高，很难再找到比较好的成本控制方法；另一方面这种偏执地追求物耗的成本，可能会引起偷工减料等不法行为的出现。因此，近年来在物耗成本控制方面出现了瓶颈，从而使得越来越多的人开始寻找新的成本控制要点。与此同时，随着知识经济的到来和高新技术企业的崛起，人力资源的重要性越来越突出，于是人们开始将成本控制的重点转移到了人力资源成本控制上来，并积极寻找提高劳动生产率、降低人力资源成本的方法。由于我国人力资源成本控制的研究起步比较晚，缺乏经验，因此还未在增效降

成本这一问题上达成一致意见，但是不可否认的是，人力资源成本已经成了制约我国企业发展的重要因素。通过研究，我们发现在人力资源成本控制已经取得一定成果的国外企业，开始把人力资源成本划入资本投资项目，而不是直接把它作为企业的一项费用在当期直接进行摊销，即把人力资源成本看作企业的一项长期投资而不是短期费用。这一做法与我国有着明显的区别，我国处理人力资源成本时，往往把其作为一项期间费用直接进行摊销，而不把其作为一项长期投资来对待，也没有把其作为一个单独的科目来进行独立核算和管理。

（二）我国人力资源成本控制体系还没有完全形成

在我国，对于人力资源成本的控制缺乏计划性，没有做好预算，从而导致人力资源成本控制的混乱，盲目投资、随意挥霍的现象随处可见，其突出表现为以下几个误区：人才凑合误区，即对于一个人的工作成果，不作严格的要求，只要达到基本水平就可以，甚至是稍微差一些，只要能蒙混过关就无所谓，从而出现了一批工作效率低却手拿高薪的人，进而造成了人力资源成本的严重浪费。除此之外，还有人才高消费误区，即某些简单的工作本来找一些熟练的工人就可以完成得很好，但是，企业为了凸显自身对于人才的重视，往往会花费巨资聘请相关方面的高级人才，这种做法不仅造成企业自身人力资源成本的浪费，而且使得这批高级人才没有机会发挥他们应有的价值，从而造成了人才的浪费。

（三）我国的人力资源成本控制过分注重数值上的表现

我国在对于人力资源成本的控制工作中，依然把人当事物来对待，并没有摆脱原来以物耗作为重点的控制方法，只不过把人作为一种新的物资来对待，忽视了人本身所具有的能动性，以及组织群体、外部环境等客观因素给人带来的不同影响，从而使得人力资源成本的控制过于古板。而且，不光在我国是这样，放眼全世界也很难找到能把人力资源成本控制做到完善的国家或地区。因为，人作为高等生物，其发挥的价值很难用数值来进行衡量。当外部条件发生变化时，同一个人可能会发挥出不同的价值，这是难以量化的，但目前还没有一套合理的理论与方法来解决这一问题。

二、我国人力资源成本控制存在的问题

（一）人力资源成本控制实施存在很多障碍，难以顺利进行

伴随着经济的发展和竞争压力的不断增加，尤其是知识经济的到来，人才在现在的经济中所起的作用是以前任何时代都无法比拟的．于是人力资源成本的控制就显得格外重要。为此，企业必须建立一套专门的人力资源成本控制方法。但是，由于我国对于人力资源成本控制的研究比较晚，很多理论还不完善，因此，这也成为企业建立一套完整的人力资源成本控制方法的阻碍，例如，在我国，企业往往由一个单独的部门（人力资源部）组织相关的人力资源管理控制活动，几乎不允许其他部门来干预，但是人力资源部往往只负责把人招聘进来，至于以后如何进行成本方面的控制，他们就很难提出有效的方法，从而出现了这种“只招不控”的现象，使得企业的人力资源成本控制工作很难开展下去。

（二）人力资源成本控制方法过于死板，缺乏创新性

人力资源作为新时期企业最重要的资源，对于其成本控制的好坏直接决定着企业未来的发展。但是，由于我国长期受制于以物耗为本的传统成本控制方法，因此，企业进行人力资源成本控制时往往会使用与传统成本控制类似的方法，即把人看作一种静止的物资，仅仅从客观的账面数据上去判定一个人的成本或价值水平，没有考虑到员工所从事的职位是不是与其能力相适应，能不能有效地发挥员工的潜在能力，由此可能会出现给予具有同样价值的员工完全不同的薪酬待遇，从而会使员工产生一种不受重用、怀才不遇的感觉，甚至会出现心理上的严重不平衡，导致员工出现一些过激行为，最后给企业带来不可估量的损失。

（三）对于人力资源成本控制的认识存在偏颇，缺乏准确性

中华人民共和国成立以后我国长期处于计划经济的发展模式下，生产都是有计划地进行，生产多少，就能卖出多少，不存在任何风险。但是，自从改革开放以来，随着市场经济的不断发展，供求关系成为主导市场的最主要因素，通过投资生产出来的商品不再是没有任何风险的了，而由于人们在意识层面上仍然停留在以前的水平上，对于这种突如其来的变化往往会措手不及，因此，决策者就可能会对未来预测不准确，导致过度地投资，肆意地扩大规模，从而造成资源的浪费。然而，这还不是最致命的，一般资源的浪费往往能从数据中体现出来，但是对于人力资源的浪费却是隐性的，无法直接从数据中体现出来。因为，人们往往把人力资源的投入始终看作一种无风险的投资，甚至看作一种无成本的投资。当企业出现亏损时，管理者往往只考虑到资源投入的成本，而忘记人力资源的成本，使企业成本的核算无法精细到每一个方面，从而使人力资源成本难以被有效地控制。

（四）人力资源成本控制方面实践太少，缺乏经验

在我国，由于人力资源管理控制出现的时间比较晚，缺乏必要的、有效的实践经验，从而造成在实际的人力资源管理控制工作中出现了一些失误。加之我国的传统文化比较强调个人某一方面的能力，而往往会对其他方面的能力缺乏认识，从而使企业在进行人才招聘时，缺乏一套完整的综合评价体系，进而造成了人力资源成本的浪费。其中，第一种情况是企业在招聘时，往往片面追求高学历人才，认为只要学历高就有能力胜任相关工作，带领企业实现美好的未来。但事实上，这种认识是片面的，固然高学历的人具有比较高的理论水平，但能否把这种高水平理论转化为高水平成果就不一定了，必须把他安排在最合适的位置上，才能实现这一转化，从而提高工作效率，发挥其应有的价值；否则，就是一种人力资源成本的浪费。第二种情况是企业在培训时，往往只注重形式而忽略了内容，这种形式主义的培训方法不仅起不到任何作用，反而会造成严重的资源浪费，导致无谓的人力资源成本的增加。第三种情况是企业在最终定岗位时，对于一些关键岗位不够重视，使得管理控制上出现混乱，而对于那些可有可无的岗位反而重点去关注。最后一种情况是企业在最终的绩效评估时，往往只从总体上评价企业投入产出的情况，没有细分到各投入要素分别对投入产出的影响，尤其是人力资源这一要素的投入产出情况。因

此，会在一定程度上打击员工的工作积极性，使员工缺乏成就感，甚至会出现员工离职的可能，进而造成人力资源成本的增加。

三、我国人力资源成本控制存在问题的原因分析

（一）机构设置不合理，权责不明，部门之间缺乏沟通与联系

在我国，由于人力资源成本控制工作开展得较晚，因此，企业没有太多经验可借鉴，只能自我探索，这期间难免会走一些弯路，导致许多没有实际功能的部门存在，这些部门的存在不仅使得人力资源成本不断增加，而且还在一定程度上降低了企业人力资源成本控制的办事效率。虽然存在这样一些缺陷，但是由于这些部门是以前设置的，企业迫于历史沿革的压力，想再进行改革创新，甚至是撤销，难度非常大，因而导致机构设置重叠，人力资源成本居高不下。然而，机构重叠设置的危害还不止于此。由于机构的重叠，权责方面必然存在重复，一项决策的通过不但需要经过多个部门的允许，而且由于权责不明确，有些部门甚至会把责任推到其他相关部门身上，导致企业整体工作效率的下降，使得人力资源成本控制工作难以有所作为。另外，人力资源成本控制不是一项简单的工作，单单靠一个部门的努力是不够的，必须由人力资源部与财务部等相关部门进行整合管理，从根本上解决现阶段对人力资源“只招不管”的状况。

（二）缺乏对人的准确定位，职位用人不当

在现阶段，我国对于人力资源这一概念的认识还不够成熟，依旧把人力资源的成本控制当作以往的实物控制来对待，缺乏对于人深层次的了解，表现到工作当中，就是容易造成用人不当。这不仅是对人力资源的浪费，而且会导致企业整体工作效率的降低。当使用人力资源时，企业不能简单地从个人的数据资料上来判断，职位的合适与否，与小群体的人员能否和睦相处，在很大程度上严重影响着人力资源能否发挥其应有的价值；即便某个人本身具备着良好的知识与技能，如果无法与群体中的其他人员进行有效的合作，那么花费在他身上的成本再多也是没有效果的。因此，当进行岗位分配时，管理者必须要依据人力资源各自的特点，寻找与之适合的岗位，积极组建与其特点相适应的群体，使之能够在群体中相互合作，发挥该有的价值。只有这样，才会保证在人力资源上投入的成本能够得到回报，并且该成本能够被有效控制。

（三）薪酬制度刚性过强，缺乏弹性

由于我国长期处于计划经济的体制下，薪酬制度同样也一直保留着计划经济的特点。随着我国经济发展水平的不断推进，原有的薪酬制度已经不能适应日益细化的生产方式和分工机制。原有的薪酬制度，只是根据岗位上的每个员工的工作效率情况来决定其报酬情况，但是，与其他岗位人员的报酬情况无法进行有效的比较。随着分工的不断细化，人员各方面的潜力也得以发掘，同一个人在不同的岗位上可能会发挥不同的价值。可能在某一个岗位上，由于不是自己擅长的方面而只能拿到基本薪酬；但是在另一个岗位上可能正好发挥出其潜在的能力，做出突出贡献，从而拿到更丰厚的报酬。原有的薪酬制度很难有效地调节这一变化，从而会使员工产

生一种不平衡的心理，导致员工的工作积极性下降，工作效率不断降低，甚至会出现离职的可能，进而造成人力资源的严重浪费。

（四）人力资源控制的模式过于守旧，缺乏发展性

由于以物耗成本为重点的传统成本观念由来已久，且影响深远，我国大多数企业的成本控制研究改进的重点依然是想尽办法尽可能降低物耗的成本，没有把人力资源成本控制作为一项重要的成本控制工作进行研究和改进。于是，大多数企业在人力资源成本控制上依然沿用了以前定额、定量的人力资源成本控制方法。这种方法虽然具有稳定性，但却忽略了企业自身是始终处于不断发展的状态的，企业的规模也是在不断地扩大的。如果还因循这种旧制度，在招聘、培训、使用等方面维持其原有的标准和规模，不仅会阻碍企业未来的发展，而且会给社会传递一些不良信号。这些不良信号会影响人们对于企业未来的预期，从而导致大批人才离职，进而增加企业的人力资源成本。

● 第三节　加强人力资源成本管理的措施及建议

一、人力资源成本控制需要考虑的因素

人力资源成本控制是指企业为了更好地降低人力资源成本水平而对在人力资源的取得、开发、使用、保障、离职等过程中发生的成本，及日常为了协调人事关系而产生的行政管理成本等的发生金额和效用水平进行掌握、控制和调节的过程。广义的成本控制是指能够提高效益、降低支出的所有手段。目的是以最低的成本支出来获得最完美的成果。而要想做到这一点，不断完善人力资源成本控制活动，就必须要找到影响人力资源成本控制的关键因素，具体分为以下几类：

（一）取得成本因素

取得成本因素主要有招聘需求（包括招聘的人员规模和相应的职位，以及各种职位在当前的市场行情中所对应的市场价格）、招聘方式等。其中，招聘人员的确定、招聘信息的发布所花费的费用，以及采用专门的招聘方式所花的费用属于可控成本因素，企业可以根据自己的实际情况灵活确定；行业当中相关职位的市场价格等属于不可控成本因素，只能依据市场行情来被动地接受。

（二）开发成本因素

其中对于员工采取的培训方式、员工接受培训学到的内容等为可控成本因素，企业可以根据不同岗位的实际情况进行有差别的培训；而由于组织相关的培训活动导致的员工无法正常工作给企业带来的损失属于机会成本，是无法避免的，属于不可控成本因素。企业要想有效地减少这一损失就必须在保证培训质量不受影响的情况下，尽量缩短培训时间，以降低这一机会成本。

（三）使用成本因素

在使用成本因素当中，维持成本所占的比例最高。而在维持成本中，薪酬又是其最主要的组成部分，也是人力资源总成本中的最大组成部分。因此，控制好使用

成本的关键是控制好薪酬水平。由于薪酬具有刚性的特点，使得人力资源成本总体上只升不降。因此，必须认真分析薪酬的构成，将薪酬分为固定部分和浮动部分，后者受企业经营状况、员工及群体绩效等因素影响，属于可控成本因素。前者受年资、学历等因素影响，属于不可控成本因素。

（四）保障成本因素

保障成本从表面上看基本上都是不可控的，是企业的一种义务成本；但是，仔细分析某些成本要素，发现有些成本还是可控的。其中，劳动事故发生概率与人员流失的可能性是可以通过一定措施减少或消除的，属于可控成本因素，可以通过提高工作环境的安全性和稳定性等方法进行控制；人的健康、衰老是无法改变的，属于不可控成本因素。

（五）离职成本因素

在离职成本因素中，员工对于薪酬分配的不平衡心理、职位晋升受到的不合理阻碍等因素，属于可控成本因素，企业可以通过一定的改进措施降低离职成本；而员工自身年龄的增长、疾病的出现、身体的伤残、工作调动等因素，属于不可控成本因素，企业只能尽力减少这些意外情况的发生。

二、人力资源成本管理的具体措施

（一）人力资源取得成本的管理

从人力资源成本形成的整个过程来看，取得成本作为人力资源成本形成的起点，对于人力资源成本控制工作的成功与否起到了决定性的作用。只有首先控制好人力资源取得成本，才能更好地引导其他部分的成本控制有效地进行下去。人力资源成本控制，说到底就是对人的控制。因此，要想更好地对人进行成本控制，首先要保证招聘的这些人员是企业所了解的，并且是企业所需要的。但是，人作为一种情感动物，其特性是很难直观看到的，这就使得对其取得成本的控制增加了难度。如何使用有效的资金成本招聘企业需要的员工，是摆在人力资源成本控制工作中的关键问题。

1.合理确定招聘人员的数量和职位

作为取得成本控制的第一步，只有有效把握了企业现在缺乏什么样职位的人才、缺乏的数量是多少，才不会在进行招聘时因为招聘了不相关职位的人员，或者是招聘的人数多于实际需要，而造成人力资源成本的浪费。对于招聘数量的选择一般比较容易确定，但对于空缺的职位，要确定哪些人能够胜任就是一个非常困难的问题了。这就需要招聘人员运用组织行为学的理论，从待招聘人员的个性、能力、气质、价值观、劳动态度等方面进行有效的审查，看其是否适合这一职位，而要真正做到这一点也是非常难的。企业可以通过性格测试，来初步了解每位应聘者的个性气质等特点，待应聘者日后进入企业时，再进行详细的测试与审查，从而有效地避免企业由于选择不当应聘者而造成的人力资源取得成本的浪费。一般而言，各职位的人员应当具备的气质能力主要包括的内容见表8-1。

表8-1　　各职位的人员应当具备的气质能力

通用职位名称	应当具备的气质能力
高级管理人员	正直、有智慧、成熟、有激情、有决断力
中层管理人员	执行力强、忠诚、有亲和力、务实
财务人员	有亲和力、有耐心、细致、保守机密
行政管理人员	有亲和力、有服务意识、有耐心、正直
人力资源管理人员	细致、敏感、有亲和力、有耐心、有服务意识
销售推广人员	执着、分析能力强、敏感、有激情

2.选择有效的招聘方式组合

招聘方式的选择，对于花费在人力资源选择上的成本高低起着非常重要的作用，必须把空缺的职位、所需的人员数量及其能力情况等信息进行相应的统计，再编制预算，并根据预算的水平，选择合适的招聘方式组合，从而尽可能以最少的招聘成本来取得最适合的人员配置组合。

当前最为常用的招聘方式主要有网上招聘、校园招聘、大型招聘会招聘、主流媒体招聘、猎头招聘，其价格水平见表8-2。

表8-2　　20×7年不同招聘方式的价格水平

招聘方式	价格水平
网上招聘	每下载一份简历花费5～10元
校园招聘	每个学校每次5 000元
大型招聘会招聘	每次10 000元
主流媒体招聘	每次20 000元
猎头招聘	职位年薪的25%

网上招聘是最常用的一种招聘方式，这种方式不但成本水平比较低，而且信息发布相对比较及时，因此，比较适合于一般人才和一般职位的招聘；校园招聘是针对应届大学毕业生而实行的招聘方式，这种方式相比来说其范围虽然比较狭窄，花费也相对较高，但是人员的教育水平相对较高，非常适合那些当前处于高速发展阶段的企业；大型招聘会招聘一般是选用一些大型的公共场所，如展览馆、广场、剧场等，其招聘的费用一般较高，通过这种方式招聘主要是为了能够招收具有工作经验的人员，不用过多地培训就能够发挥作用；主流传媒招聘主要是在各大电视台或者报刊等媒体刊登广告来招聘员工的一种方式，这种招聘方式的成本很高，所涉及的范围也比较广阔，一般适用于招聘企业需要的中层以上的管理人员；猎头招聘主要是通过猎头公司来寻找优秀人才，其招聘成本水平是最高的，一般适用于招聘企

业高层管理人员、高级技术人才和关键岗位的人员。要想做到招聘方式的最优化，招聘人员需要运用组织行为学，对于待招聘人员的个体能力及个性等方面进行细致分析，并结合招聘职位的重要程度，选择合适的招聘方式组合，从而有效降低人力资源取得成本。

3.确定组织中合理的职位价格

企业职位价格这一影响人力资源成本的因素，不同于招聘方式和招聘数量等。企业选择何种招聘方式、招聘多少人是根据企业自身的实力情况，以及对于未来发展的需要等情况来综合进行考虑的，没有太多的限制和约束。但是，职位价格这一因素不是企业自身能够决定的，它往往是由整个行业甚至整个经济社会来决定的，其对于人力资源成本的影响是不可控的。但是我们可以通过一定的手段对其间接进行影响。当企业确定了所需求的职位，就要首先到各大人力资源市场中去询问相关职位在当前的大致价格水平，根据这一信息制定一个基础的价格水平；然后再聘请专业的人力资源机构去估计相关职位的大致价格水平，从而使这一价格定位能够更加专业；最后，如果有条件可以私下调查同一职位在同行业中甚至竞争对手当中的价格水平，从而能够更好地确定一个合理的价格来赢得关键人才。最好的一种情况，就是能够摸清楚同行业所有企业对于该职位的价格水平，然后结合自身在行业中具备的实力和所处的位置来确定一个最为合适的价格，既保证人才不会流失到竞争对手手中，又能有效地降低自己花费在这一职位上的成本。因此，招聘人员在组织招聘活动时，一定要提前做好这些准备工作，然后再组织有针对性的招聘活动，从而保证招聘工作的顺利完成。下面列举了20×7年我国市场当中某些职位的价格水平，见表8-3。

表8-3　**20×7年某行业相关职位的价格水平**　金额单位：元

职位	价格水平
总经理	年薪 1 000 000
副总经理	年薪 500 000
部门经理	年薪 300 000
部门副经理	年薪 150 000
部门中层职员	月工资 10 000
部门基层职员	月工资 7 000
部门后勤职员	月工资 5 000

如果价格水平定得过低，那么就很难招聘到真正有能力的人员，还可能引起相关人员的离职；如果价格水平定得过高，那么会造成人力资源取得成本过高，不利于人力资源成本的控制。

（二）人力资源开发成本的管理

开发成本对整个人力资源成本来说是一个不可或缺的部分。由于通过招聘等方式取得的人才对于企业比较陌生，从微观的方面来讲，对于自己所要从事的职位特点、需要的技能不是很了解；从宏观的方面来讲，对于企业内部相关群体的行为特征、应当遵守的群体规范以及整个企业的文化都很陌生，要想让他们达到预定的可使用状态，开发成本的支出是不可避免的。

1.让员工进行自我分析

员工首先需要了解自己所应聘的岗位，明白这一岗位对于员工个体的基本要求，包括个性、能力、气质、价值观等，找到自己与岗位需求在哪些方面具有一致性，在哪些方面还存在差距。从而在进行相关的开发培训过程中，在保证自己的优势环节不落后的情况下，着重培训自己存在差距的方面，准确定位自己应当改进的方面，从而使培训更加具有针对性，减少一些不必要的开发成本的支出。这样既能达到良好的培训效果，又能降低培训成本。不同员工的培训内容对比表见表8-4。

表8-4　**不同员工的培训内容对比表**

培训对象	培训职位	培训内容	培训部门
新入职员工	管理岗位	管理学知识与成功案例	办公室
新入职员工	财务岗位	财务会计法规与基本核算规范	财务部
新入职员工	行政岗位	行政管理手册与企业规章制度	人力资源部
新入职员工	技术岗位	机器基本操作规范与说明	技术部
新入职员工	销售岗位	产品详细信息与营销策略	销售部

2.对员工进行小群体分类开发

员工正式走上岗位以后，并不是单独的个体，必然要在一定的群体中进行工作，所以说，员工对于群体了解与否对于其能否有效地发挥应有的价值至关重要。因此，需要根据职位的特点将员工分为不同的小群体，就该群体应当具有的群体行为特征、应当共同遵守的群体规范等内容进行相关的培训，使整个小群体在工作时能够更有效地进行合作，减少摩擦的出现，从而有效地降低管理协调成本和开发成本。惠普公司为了更好地保证其下属群体的工作效率，在员工培训的时候，在不违背组织整体利益与规范的前提下，向各员工群体分别灌输其各自的规范要求，以避免员工群体因规范不一致导致的矛盾冲突，从而降低由于统一培训带来的不精确性。

3.加深员工对于企业组织文化的认识

组织文化作为企业内部一种无形的规范，是企业一种软实力的体现。它是组织中的成员在长期的活动中所形成的一种习惯，员工要想在组织中获得认可就必须要融入这种文化。要想使员工未来能够在组织中更好地工作，进行组织文化的培训就势在必行。通过组织文化的学习，员工能够尽快融入企业文化。这不仅能有效地降低开发成本，而且能为以后管理协调成本的降低提供更大的帮助。美国的强生公司作为世界上最大的保健、养护产品的生产商，之所以具有持久的竞争力是有很多原因的，企业文化的培养是其中很重要的一个因素。强生公司对于新进员工首先进行企业文化教育，使员工一进入企业就感受到强生产品“因爱而生”的理念，在以后的工作中凡事都以此为标准来约束自己，以更好地为企业和社会做贡献。

（三）人力资源使用成本的管理

使用成本作为人力资源成本当中最主要的组成部分，其成本水平能否得到有效的控制对于整个人力资源成本控制工作具有决定性的意义。而在使用成本当中，薪酬成本无疑是最大的组成部分，同时也是整个人力资源成本当中最为主要的部分。因此，如何在保证工作效率的情况下，尽可能地降低薪酬成本就显得尤为重要。

1.构建合理的员工个人职业生涯规划

员工之所以愿意在一个企业当中长期工作下去，较高的薪酬水平无疑是非常重要的一个因素，但也不是唯一的因素。员工是想能够在企业中有所作为，为了以后有更好的发展，即使损失眼前的一点利益也是可以接受的。因此，必须做好员工入职之后的职业规划，让员工能够看到未来发展的希望。在这一前提下，应积极引导员工形成与企业一致的价值观和劳动态度，积极为企业做贡献，并适时地给予员工一定的职位晋升等奖励，使员工尝到为企业做贡献的甜头。此时，即使是薪酬水平低于其原有的预期，但为了未来的发展，员工也甘愿接受；同时，企业也达到了有效控制使用成本水平的目的。IBM公司每新招聘一名员工，都由人力资源部经理和员工本人共同设计职业生涯规划，企业一份，员工一份。这样，员工一进入企业，就知道如果在这个企业工作，他的发展路径是怎样的，企业对他有何要求，他的长处是什么，短处是什么；通过工作实践和锻炼培训，用多长时间可以实现自己的发展目标等。

2.建立有机的群体绩效薪酬制度

企业要想员工充分发挥自身价值，尽可能地弥补在其身上所付出的成本，仅仅靠员工单独的工作是很难实现的，因为员工个人的能力毕竟有限，所以很难完全弥补企业花费在其身上的成本。因此，为了更好地弥补这一成本，企业必须尽可能地把员工所在群体的整体能量发挥到极致。一个有机整体的工作效率远远高于群体中员工个人能力的简单相加，而要达到这一目的就必须首先建立一个合理的群体结构，使群体当中拥有各方面的人才。同时，规定群体中的员工按照相同的群体规范来约束自己的行为，从而减少彼此之间的摩擦，将群体的任务按照各员工的能力进行合理分工，以提高工作效率。从整体上提高整个群体的绩效水平，使群体中的员工享受到群体绩效的提高所带来的成果，更能有效地弥补花费在员工身上的成本，从而降低整个人力资源使用成本的水平。个人薪酬水平与群体绩效水平的关系如图8-2所示。

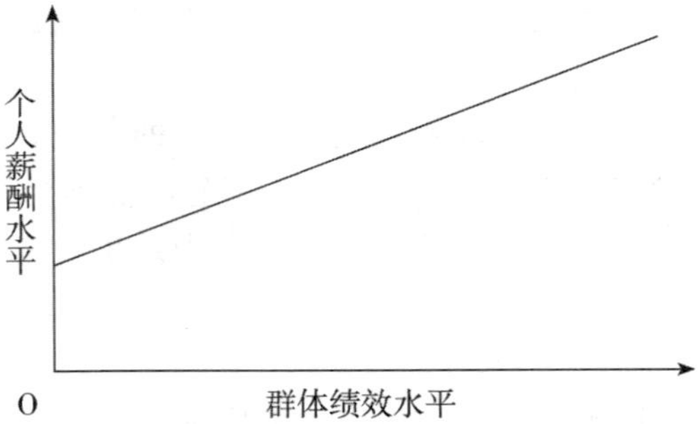

图8-2 个人薪酬水平与群体绩效水平的关系

3.设立合适的组织结构，适当分权

从企业整体来看，要想有效地降低整个组织人力资源使用成本的水平，单靠一些个人和群体方面的控制是不够的，必须从企业整体战略角度出发，通过设立适合的组织结构，适当地分权来有效地实现激励，从而调动员工的工作积极性，将员工的关注重点从薪酬水平上转移到获得权力上来。员工为了能够尽可能多地获得权力就会积极表现，而不去过多地在乎这些表现能不能为自己带来直接的薪酬收益，从而使员工在原有的成本水平上能够创造出更多的价值，而这些价值在一定程度上是不用去通过增加薪酬来获得的，是一些无成本超额的收益，这就从整体上降低了企业的人力资源使用成本水平。

（四）人力资源保障成本的管理

保障成本是员工在失去工作或使用价值的前提下，生存权得以保障所必须发生的支出。这部分成本在员工身体正常的情况下，可能并不需要直接支付，但是当员工出现失业、疾病等突发因素时，对于员工来说是非常关键的。因此，保障成本从表面上来看很难进行控制和降低，但事实上可以通过一系列非常规的手段进行间接的控制和降低。

1.培养员工良好的个人劳动态度

企业要想间接地降低保障成本的水平，保持员工个人身体的健康无疑是一个非常好的方法。这就需要员工具备一个良好的劳动态度，适时适量地组织工作，该工作时工作，该休息时休息，从而养成一个良好的工作习惯。同时，企业要积极开展相关的健康教育，杜绝员工一些不良嗜好的养成，这样就能很好地降低员工生病的概率，使其保持良好的身体状况。同时，定期对员工的身体进行健康检查，虽然短期看这会增加人力资源成本，但从长远看这样可以及早发现一些大病，从而做好准备，实际上，这样做能够有效降低员工花费在健康上面的保障成本。在雅虎，很多员工都能够养成良好的劳动态度，因为雅虎向员工及其家属提供免费医疗、健康设施，免费咖啡吧等，使员工在紧张的工作之余能够放松自己，做到劳逸结合。

2.改善群体工作环境，减少事故发生

劳动事故所带来的损失支出往往是企业保障成本的一项重要内容，要想尽可能减少这一部分保障成本的支出，改善群体的工作环境，提高员工工作环境的安全性与稳定性是非常有效的方法。尤其是对于那些群体工作环境比较恶劣的特殊行业，如矿业开采、化工制造等，这些行业的主营业务决定了其工作的危险性。如果要想尽可能降低这种高危行业发生事故的可能性，就必须提高员工作业环境的安全水平，增加安全设施的投入，加强对于安全隐患的监督与排查，从而尽可能降低事故发生的概率，进而从整体上降低企业的总成本。

3.加强组织发展，防止员工失业

员工因失业而导致的成本支出也是保障成本的一项重要组成部分。但是这项保障成本在一定程度上是可以有效地降低和控制的，只要企业组织能够正常有序地发展，效益不断提高，员工就会想尽办法让自己能够留在企业中，积极学习和参加企业组织的培训，从而对企业形成一种归属感。这样，员工失业的概率就能够大幅度地降低，从而减少企业花费在失业上的保障成本，有效地控制企业保障成本的水平。英特尔公司为了更好地降低员工的失业水平，对于离开本单位的员工进行再就业培训，使员工能够在离开现有单位之后很快找到一份适合的工作。这样不但降低了失业保障成本，而且使得企业在整个社会中的声誉提高，从而更好地吸引新的优秀人才来到企业。

（五）人力资源离职成本的管理

离职成本控制作为人力资源成本控制的最后一项内容，其关键之处就在于要保证员工能够继续留在企业当中，而不轻易离开企业，要想做到这一点就必须通过一些特殊的手段，来适时地激励员工，使员工能够在企业当中找到归属感，身心得到满足，从而降低员工的离职率，有效地降低离职成本。

1.加强员工个人激励，提高其工作积极性

企业要留住人才，单纯靠基本的薪酬待遇是很难办到的。员工努力工作有时并不是仅仅为了获得相应的薪酬待遇，更多的是为了个人以后的发展。因此，对于工作努力的员工必须进行个人激励，而这种激励正是弗洛姆强化理论中所说的"强化物"，只有强化物的不断出现，才能促使员工更有工作的动力。但是，对于不同的员工来说，能够起到强化作用的"强化物"是不同的。奖励不外乎两种：一种是物质上的奖励，另一种是精神上的奖励。因此，企业对员工进行激励，必须首先弄清楚员工的个性、能力水平以及价值观等因素，对于希望得到物质奖励的员工，给与相应的物质奖励；而对于希望得到非物质奖励的员工，给与相应的表彰奖励和职位晋升，从而使各类员工都能得到满足，降低员工离职的可能性，减少离职成本的支出。

2.改善群体环境，培养共同的群体行为特征

企业要想从根本上保持群体高效的工作能力，必须做好两方面的基础工作：一方面，必须积极改善员工的工作环境，使员工能够在一种舒适的环境中进行工作，这样不仅能够使员工个人的工作效率得以提高，更能使整个群体的工作效率大幅度提高；另一方面，积极培养群体内员工的共同行为特征，使员工在群体中能够和谐相处、快乐工作，减少摩擦和冲突，对群体产生一种依赖感，从而在很大程度上降

低员工离职的可能性，有效地降低离职成本。摩托罗拉公司作为世界知名的IT企业，之所以能够长期稳定发展，关键就是其能够重视企业内部各群体的活动，将群体内部潜在的行为特征进行规范化，形成群体共同的行为准则，从而有效地减少摩擦的产生。这样不仅使员工整体工作效率上升，而且增加了员工的归属感，防止员工离职。

3.加强组织文化建设，用情感留住人才

企业要想保持整体的稳定性，仅仅依靠对个人和小群体的控制是不够的，必须要让组织内的所有成员对企业产生一种家的感觉，使员工能够忠诚于企业，并自愿将自身发展与企业的兴衰成败紧密地结合起来，使员工从根本上把企业的发展放在首要位置，自身的发展放在次要位置。自身的发展必须要在不违背企业整体利益的前提下进行，使企业的所有成员产生理念上的共鸣。而只有员工与企业在理念与价值观上达到一致，才能使企业长期稳定地发展下去，从而降低离职率，减少离职成本。美国微软公司是世界上最成功的高新技术企业之一。微软的成功有多方面的原因，其中微软对员工进行的企业文化管理就是一个很重要的成功因素。微软本着民主化与人性化的组织文化理念专门建立了一个非常便捷的“内部电子邮件系统”，每个员工都可以通过该系统将自己的建议和意见直接发送给上至董事长比尔·盖茨，下至清洁工在内的每一个员工。这个系统使员工深深体验到一种真正的民主氛围，真正地将企业当作自己的家来对待。

三、加强人力资源成本管理的对策建议

（一）企业应加强对于个体的认识，合理使用员工

人力资源成本控制，说到底就是对于人的行为的控制，而人的行为往往是由个性、能力、气质、价值观、劳动态度等因素所决定的，因此，要想做好人力资源成本控制，就必须要重视这些因素对于人的行为的影响，例如，企业要给员工安排职位，就必须充分了解该员工的个性适合什么样的工作，如果安排的职位与其个性不符，不但员工很难发挥自身的价值，无法弥补企业花费在其身上的成本，也会使员工失去对工作的积极性，使其萌生去意，从而增加离职成本。又如，企业要对员工的薪酬进行控制，就必须了解员工的能力水平以及工作业绩是否适合这样的薪酬水平，如果薪酬水平高于其能力和业绩，则会导致其他员工产生不公平感，从而影响企业的稳定；如果薪酬水平低于其能力和业绩，则会使得员工感到自身不受重视，从而增加其离职风险。再如，企业在培训过程中必须积极引导员工形成正确的价值观和劳动态度，使员工在以后的工作中能够为企业做出贡献。如果没有正确的价值观和劳动态度，凡事就想偷懒，甚至为了自己的利益不惜去伤害企业整体的利益，这样不仅会使企业的利益受损，而且会使企业花费在他们身上的所有成本都付之东流，从而影响整个人力资源成本控制工作的有序进行。

（二）企业应加强对于群体的改造，完善员工队伍

群体作为连接个人与企业的纽带，在整个企业当中起到了非常重要的作用。正因为其特殊的地位，对于群体的成本控制就显得尤为重要。因此，必须认真研究群

体的行为特征。而群体的行为往往是由群体环境、群体结构、群体行为特征、群体规范、群体任务等要素决定的，所以，要想有效地控制群体的人力资源成本水平就必须重点控制这些要素，例如，企业进行人员调配时，必须合理地安排群体的结构，将某一个任务所需要的人员进行有效的配置，使群体在规模和人员构成上保持合理的结构，使群体内的成员都能够发挥各自的能力，在有效完成任务的情况下，能够合理地减少因为机构过于臃肿所带来的效率下降和成本的增加；如果规模过大，则会造成人力资源的浪费，导致成本增加；如果规模过小，则会导致人员紧缺，从而难以及时地完成任务。又如，企业进行人员培训时，必须积极地引导群体内的成员形成共同的群体行为特征和群体规范，使群体在以后的共同工作中，能够按照相同的规范来约束自己，减少相互之间的摩擦和冲突，从而有效地减少企业因协调关系、化解冲突而花费的管理成本。如果员工在群体当中不能形成这种共识，就会引起群体矛盾，使得员工难以正常工作，从而无法实现应有的效益；企业也会疲于协调关系，从而造成资源的浪费和成本的增加。再如，企业给员工定岗时，必须对其所在群体的环境进行详细的介绍，使员工能够快速融入这样一个新环境，从而更好地发挥自己的价值。如果员工对群体的环境不适应，势必会影响其能力的发挥，导致工作效率下降，无法达到企业的要求，从而造成人力资源的浪费。

（三）企业应加强对组织的创新，提高组织效率

人力资源成本控制工作虽然要以人为核心，以群体作为纽带，但是从整个控制过程来看，要想更好地控制人力资源成本必须要站在一个更高的位置上。那就是要从组织的角度去寻找降低整个企业人力资源成本水平的方法，而组织往往是由组织结构、组织文化、组织变革与发展等因素来决定的。因此，必须从这几个角度寻找有效降低组织整体人力资源成本水平的方法，例如，组织结构的合理与否对于员工能否有效地发挥自己的价值至关重要，只有组织的结构足够专门化和正规化，才能够将员工安排到合理的位置上，充分发挥其优势，从而提高效率，降低成本水平。如果员工在组织中找不到自己适合的位置，那么即使他有再大的能力也无法发挥出来，这不仅会造成人力资源的浪费，而且会增加组织无谓的人力资源成本。又如，组织文化建设的好与坏，直接关系到员工是否能对组织忠诚，加强组织文化建设，使员工积极地融入企业的组织文化，从而形成一种归属感和依赖感，将组织当作自己的家来对待，不但能够促使员工更好地为组织贡献额外的无成本的成果，而且能有效降低员工的离职可能，从而有效降低离职成本。再如，组织能否适时地进行变革和发展，对能否发掘出员工内在的潜力也是至关重要的。现阶段积极打造学习型组织就能够很好地发掘出员工平时表现不出来的能力，在支付原有成本的基础上能够得到额外的收获，从而从整体上能够有效地降低人力资源成本水平。

第九章

财务预警分析与财务风险管理

古谚云：天有不测风云，人有旦夕祸福。风险现象无处不在，是不以人的主观意志为转移的。每一个企业都会面临各种各样的风险，企业财务风险有哪些类型？成因是什么？如何进行财务风险预警？如何进行财务风险管理？是每一个企业必须认真思考和面对的问题。

第一节　财务风险的类型及成因

一、风险的概念

《新帕尔格雷夫经济学大词典》中并没有对风险给出明确的定义，只是笼统写道："风险现象，或者说不确定性和不完全信息的现象，在经济生活中无处不在。"

美国学者威廉姆斯和汉斯对风险所下的定义为："风险是在一定条件下，一定时期内可能产生结果的变动。预期结果与实际结果的变动，意味着预期与实际的偏离，偏离的程度反映了风险的大小。"

上海财经大学的许谨良教授认为，风险的基本含义是损失的不确定性。北京工商大学的汤谷良教授认为，风险是指人们对结果的期望值与客观实际结果发生差异的不确定性。

二、财务风险的概念

企业的所有经营风险都可以看作财务风险，财务风险是经营风险的货币表现形态。这种观点认为，企业各种经营风险产生的结果都表现为企业财务收支的变化，表现为经济利益的增加或减少。财务风险和经营风险一致，只是从不同的角度看待和分析问题。

财务风险是指企业在生产经营过程中的资金运动（包括投资、融资等活动）所面临的风险。

三、财务风险的类型

（一）筹资风险

筹资风险是指由于资金供需市场、宏观经济环境的变化，企业筹集资金给财务成果带来的不确定性。

筹资风险主要包括利率风险、再融资风险、财务杠杆效应、汇率风险、购买力风险等。利率风险是指由于金融市场上金融资产的波动而导致筹资成本的变动；再融资风险是指由于金融市场上金融工具品种、融资方式的变动，导致企业再次融资产生不确定性，或企业本身筹资结构的不合理导致再融资产生困难；财务杠杆效应是指由于企业使用杠杆融资给利益相关者的利益带来不确定性；汇率风险是指由于汇率变动引起的企业外汇业务成果的不确定性；购买力风险是指由于币值的变动给筹资带来的影响。

（二）投资风险

投资风险是指企业投入一定资金后，因市场需求变化而导致最终收益与预期收益偏离的风险。企业对外投资主要有直接投资和证券投资两种形式。

在我国，根据《中华人民共和国公司法》的规定，股东拥有企业25%以上的股权应该视为直接投资。证券投资主要有股票投资和债券投资两种形式。股票投资是共担风险、共享利益的投资形式；债券投资与被投资企业的财务活动没有直接关系，只是定期收取固定的利息，所面临的是被投资者无力偿还债务的风险。投资风险主要包括利率风险、再投资风险、汇率风险、通货膨胀风险、金融衍生工具风险、道德风险、违约风险等。

（三）经营风险

经营风险又称营业风险，是指在企业的生产经营过程中，由供、产、销各个环节不确定因素的影响导致企业资金运动的迟滞，最终引起企业价值的变动。

（四）存货管理风险

企业保持一定量的存货对于其进行正常的生产经营来说是至关重要的，但是，如何确定最优库存量是一个比较棘手的问题。存货太多会导致产品积压，占用企业资金，风险较高；存货太少又可能导致原料供应不及时，影响企业的正常生产，严重时可能造成对客户的违约，从而影响企业的信誉。

（五）流动性风险

流动性风险是指企业资产不能正常和确定性地转换成现金，或企业债务和付现责任不能正常履行的可能性。从这个意义上来说，可以对流动性风险从企业的变现能力和偿付能力两方面进行分析与评价。由于企业资产不能确定地转换为现金而发生的风险，称为变现能力风险；由于企业的支付能力和偿债能力发生的风险，称为偿付能力风险。

四、财务风险的成因

（一）外部原因

企业财务管理的宏观环境复杂多变，是企业产生财务风险的外部原因。财务管理的宏观环境包括经济环境、法律环境、市场环境、社会文化环境、资源环境等因素，这些因素存在于企业之外，但对企业的财务管理会产生重大的影响。宏观环境的变化对企业来说是难以准确预见和无法改变的，宏观环境的不利变化必然会给企业带来财务风险。财务管理的宏观环境具有复杂性和多变性，外部环境多样化可能为企业带来某种机会，也可能使企业面临某种威胁。

（二）内部原因

1.企业财务管理人员对财务风险的客观性认识不足

财务风险是客观存在的，只要有财务活动，就必然存在着财务风险。但是，许多企业的管理者和财务人员对市场变化的信息掌握不及时，同时也缺乏必备的财务风险意识，他们认为只要管理好企业的生产和备用资金，企业就处于一个稳定的、安全的发展环境之中，这种做法实际上却使企业置身于财务风险之中。

2.财务决策缺乏科学性导致决策失误

财务决策失误是产生财务风险的又一个主要原因。避免财务决策失误的前提是财务决策的科学化。目前，许多企业的财务决策都存在经验决策及主观决策的现象，家长制、一言堂的工作作风在企业的管理中仍然存在，由此导致决策失误的情况经常发生，从而给企业带来财务风险。

3.企业内部财务关系不明

企业内部财务关系不明是企业产生财务风险的又一个重要原因。企业内部各部门之间，以及本企业与上级企业之间，在资金管理及使用、利益分配等方面存在权责不明、管理不力的现象，从而造成资金使用效率低下，资金流失严重，资金的安全性、完整性无法得到保证等现象。这种现象主要存在于一些上市公司的财务关系中，很多集团公司的母公司与子公司之间的财务关系混乱，对资金的使用没有进行有效的监督与控制。

4.收益分配政策缺乏规范性

在企业经营和发展的不同时期或阶段，企业所采取的发展战略以及股利政策也是不同的，在分配方式的选择上也就会对投资者产生一定的影响，如影响他们对企业整体状况和企业声誉以及未来发展前途等的判断，进而会影响企业的融资以及后期的潜在投资者的投资决策。另外，企业在对利润的分配上，如果分配方法和制度缺乏一定的科学性和合理性，不遵循企业的实际经营状况，必将影响企业的财务结构，从而形成间接的财务风险。

5.企业内部审计技术水平较低

在现在的审计工作中，有种观点认为应该使审计成本与审计风险之间保持均衡状态。因此，审计程序被允许存在一定的风险，这就促使审计人员须做到在审计效率和审计效果之间的平衡。但是，在具体实践中，他们往往把审计的关注点放在各个重要组成项目上，并抽取部分业务进行审查，而抽取的样本与整体主观结论和客观事实之间可能存在一定偏离，从而会带来一定的审计风险，进而提升了企业的财务风险。

● 第二节　企业财务预警分析

一、财务预警的内涵

预警是预先告知一个人、一个组织甚至一个国家将要面临的危险情况，及应该注意哪些有可能发生的危机，并提早采取防范措施。

财务预警是通过对企业财务报表及相关经营资料的分析，利用及时的财务数据和相应的数据化管理方式，将企业未来要面临的危险情况预先告知企业的经营者和其他利益相关者，并分析企业发生财务危机的原因以及在财务运营体系中隐藏的问题，以便企业做好防范措施。

二、财务预警的功能

（一）监测功能

监测功能是指监测、跟踪企业的生产经营过程，将企业生产经营的实际情况同预定的目标、计划、标准进行比较、核算、考核，找出偏差，并从中发现产生偏差的原因或存在的问题。

（二）诊断功能

它是根据跟踪检测的结果，运用现代企业管理技术、诊断技术对企业营运状况的优劣做出判断，找出企业运行中的弊端及其病根之所在，即分析“警情”的程度，并使经营者知其然，更知其所以然，制定有效措施，防止财务状况进一步恶化，避免真正发生严重的财务危机。

（三）治疗功能

财务治疗功能是在监测、诊断的基础上，识别病根、对症下药，更正企业营运中的偏差或过失，使企业回到正常运转的轨道。准确来讲，治疗功能并非财务预警系统的本质功能。但是，一个有效的预警系统不仅应该能够找出企业的“症结”所在，而且应该能够提出改进方案和应对措施。

（四）保健功能

通过财务预警分析，财务预警系统不仅能够及时防范现存的财务危机，而且能够详细地记录其发生缘由、解决措施、处理结果，并及时提出改进意见，弥补企业现有财务管理及经营中的缺陷，完善财务预警系统，从而为未来类似的情况提供前车之鉴，更能从根本上消除隐患。

三、财务预警分析方法

（一）通过企业财务危机的预警信号进行分析

1.企业的应付账款非正常增加

应付账款非正常增加是企业陷入危机最明显的信号，应付账款付不了，说明企业的资金周转已出现了严重的问题，这种问题对企业经营的破坏作用首先会在原材料的采购上反映出来。由于付款不正常，因此，原有的供应商不会继续正常供货甚至中断供货。企业为了维持生产，不得不寻找新的供应商，甚至会采取欺诈的手段，结果是供应渠道一片混乱，这样必然会引起产品质量下降和成本核算失控，使企业陷入危机。

2.企业的经营活动现金流量持续出现红字

现金流量出现红字是指企业在一个财务计划期内，现金流出量大于现金流入量。若经营活动现金流量持续出现红字，则说明企业已经不能靠经营系统本身的资金周转来维持自身的运转了，需要靠不断举债以及其他渠道补充现金。一旦外部资金补充渠道受阻，企业即刻就会陷入危机。

3.企业经常被动降价销售

产品和服务价格随着产品和服务寿命周期的变化，有一个不断降价的过程。若在这个过程中，企业的价格策略总是比市场变化慢一拍，总是跟在竞争对手的后面被迫降价，则说明企业在竞争中已经丧失主动权。

4.企业流动资金周转速度放慢

流动资金的周转速度是企业经营状态的晴雨表，销售收入下降、产品价格下跌、应收账款增加、存货增加都可能造成流动资金周转缓慢。不管是哪一种原因，都说明企业的物流、资金流、信息流出现了问题，应该引起高度注意。

5.产品开发与市场开发脱节

有的企业把产品开发当作纯技术工作，组织一班人马，埋头苦干，闭门造车，至于这个产品将来卖给谁，怎样组织售后服务等市场开发问题往往被忽略了。结果产品开发出来，市场却没有准备好，新产品变成了样品、展品、礼品而不能大量销售，开发成果不能转化为生产力。

（二）通过企业财务危机预警指标进行分析

企业财务危机预警指标有两大类，即独立变量指标和综合变量指标，其具体内容如下：

1.独立变量指标

独立变量指标是指利用单个财务比率进行财务危机预警的指标。常用的独立变量指标包括：

（1）现金债务总额比，它等于经营现金净流量除以负债总额。这个比率越高，企业承担债务的能力越强。

（2）流动比率，它是流动资产与流动负债之比。一般认为流动比率应该在2以上，但最低不应低于1。影响流动比率的因素主要有营业周期、流动资产中的应收账款数额和存货的周转速度。

（3）资产净利率，它等于净利润除以资产总额。该指标越高，表明资产的利用效率越高；反之，则表明资产的利用效率越低。影响资产净利率的因素主要有产品的价格、单位成本、产品产量和销量、资金占用量等。

（4）资产负债率，它是负债总额与资产总额之比。通常，该比率应以低为好，但当企业经营前景较为乐观时，可适当提高资产负债率，以获取负债经营带来的收益；若企业前景不佳，则应降低资产负债率，从而降低财务风险。

2.综合变量指标

综合变量指标是指综合多个财务比率进行财务危机预警的指标。较早使用综合变量进行预测的是美国纽约大学的教授爱德华·阿特曼（Edward Altman），他是第一个使用辨别分析（Discriminant Analysis）研究企业财务危机预警的人。他分别选取了1946—1965年33家破产企业和33家正常经营的企业，使用了22个财务比率来分析企业潜在的失败危机。他利用逐步多元鉴别分析逐步取得5种最具共同预测能力的财务比率，建立起了一个类似回归方程式的鉴别函数——Z计分法模型。表达式如下：

$$Z=0.012X_1+0.014X_2+0.033X_3+0.006X_4+0.999X_5$$

其中：

Z为判别函数值；

X_1=（营运资金÷资产总额）×100；

X_2=（留存收益÷资产总额）×100；

X_3=（息税前利润÷资产总额）×100；

X_4=（普通股及优先股市场价值总额÷负债账面价值总额）×100；

X_5=销售收入÷资产总额。

一般地，Z值越低，企业越有可能破产。

爱德华·阿特曼还提出了判断企业破产的临界值：

若$Z\geqslant 2.675$，则表明企业的财务状况良好，发生破产的可能性较低；

若$Z\leqslant 1.81$，则表明企业存在很高的破产风险。

该模型实际上是通过五个变量（五种财务比率），将企业的偿债能力指标（X_1、X_4）、获利能力指标（X_2、X_3）和营运能力指标（X_5）有机地联系起来，综合分析预测企业财务失败或破产的可能性。在企业失败前一两年的预测准确率很高；预测期变长，准确率则有所降低，距失败前5年的预测准确率仅为36%。

除了以上介绍的Z计分法模型以外，综合变量模型还包括：日本开发银行的综合变量预测模型，陈肇荣的多元预测模型，以及周首华、杨济华的F分数模型等。但是，这几种模型在实际中的应用并不广泛。到目前为止，Z计分法模型仍然占据着主导地位。

独立变量指标以分析单个财务比率为基础，从不同角度预测企业破产、拖欠偿还账款、透支银行存款、无力支付固定费用等财务危机。但独立变量指标没有界定不同比率对企业整体风险影响的权重，不能很好地反映各比率交替变化的情况。而综合变量指标以分析多个财务比率为基础，强调盈利能力对企业的影响，同时，综合变量指标界定了各个财务比率对企业整体风险影响的权重，能从整体角度检查企业财务运作，从而有利于企业将不同时期的财务状况进行比较。

第三节　企业财务风险管理

一、财务风险管理的概念

财务风险管理是指经营主体对其在理财过程中存在的各种风险进行识别、测定和分析评价，并适时采取及时有效的方法进行防范和控制，以经济、合理、可行的方法进行处理，以保障理财活动安全正常地开展，从而保证其经济利益免受损失的管理过程。从其定义中可以归纳出以下几点：

（1）财务风险管理的对象包含各种资金运动风险；

（2）财务风险管理的目标是多重的；

（3）财务风险管理由风险的识别、估计、评价、控制、效果评价及反馈效果评价等环节组成；

（4）财务风险管理是一个动态的过程。

二、财务风险管理的目标

企业财务风险管理的总目标是为提升企业价值服务，以最低的成本获得企业理财活动的最大安全保障。

财务风险管理的基本目标由两个部分组成：损失发生前的风险管理目标和损失发生后的风险管理目标。前者的目标是避免或减少风险事故形成的机会，包括节约经营成本、减少忧虑心理等；后者的目标是努力使损失的标的恢复到损失前的状态，包括维持企业的继续生存、生产服务的持续、稳定的收入、生产的持续增长、社会责任等。二者有效结合，构成了完整而系统的风险管理目标。

三、财务风险管理的原则

财务风险管理对企业经济效益的高低与企业发展方向有着决定性的影响，因此，企业进行财务风险管理时，必须以一定的原则作为指导。

（一）均衡原则

均衡原则是指当投资者面临风险项目时，要在风险和收益之间做出权衡，当风险程度提高时，要使收益提高到足以使预期效用与原效用相等的均衡水平。均衡原则是管理者处理风险与收益的基本原则，是风险管理的总规则。

均衡原则是由财务风险的纯粹性与经济性这二重特性所决定的。纯粹性是指财务活动的未来不确定性结果会给人们带来不利影响，是风险的自然性态。经济性是指利用事件结果的不确定性特点，对其进行科学的管理即可获取收益，是风险的社会性态，是主观不确定性所带来的对未来收益期望的产物。纯粹性决定了财务风险是企业获取收益的内在障碍，经济性表明财务风险为企业获取超额收益创造了外部条件。风险与收益的关系问题，并不是完全舍弃某个要素的问题，而是对二者的程度进行选择的问题，也就是搭配问题。企业进行财务风险管理时，要遵循“在风险中谋取收益”的前提，使风险与收益加以协调、均衡，从而实现期望效用与原效用相等。

（二）稳健性原则

稳健性原则是会计核算所遵循的基本原则，对财务风险管理同样具有指导意义。财务风险管理的稳健性原则，是由财务管理环境的不确定性和财务决策科学性的内在要求所决定的。

从企业财务活动的内容来分，财务风险可分为筹资风险、投资风险、资金回收风险和收益分配风险。稳健性原则应贯穿各种风险管理的始终。

（1）筹资风险管理的稳健性是指管理者进行负债决策和资本结构决策时，要谨慎行事，充分估计未来各种不确定因素对企业的不利影响，从而克服筹资风险给企业带来的危害。

（2）投资风险管理的稳健性是指管理者要对未来的风险和损失有足够的认识和预期心理承受能力，充分认识影响投资收益和支出的各项因素，避免盲目乐观和冒险主义，从而尽可能避免或降低投资风险。

（3）资金回收风险管理的稳健性是指管理者进行有关资金回收风险决策时，应对客户制定严格的信用标准，充分估计赊销订单给企业资金回收带来的风险和损失，从而寻求赊销决策与资金回收风险决策的最佳点。

（4）收益分配风险管理的稳健性是指决策者要把握既符合投资者利益又符合企业长远利益的最佳分配比例，从而克服超利润分配等短期行为给企业带来的危害。

（三）独立性原则

独立性原则就是要有独立的机构、人员，对企业发展中存在的风险进行客观识别、度量和控制。独立性是财务风险管理权威性的根本保证，是财务风险管理制约的关键。

根据独立性原则，企业可设总经理（或副总经理）、风险管理委员会、督察部三级管理体系来进行财务风险管理。各级机构和人员应保持高度的独立性和权威性，负责对企业财务风险管理工作进行监察和稽核。总经理（或副总经理）负责制定企业的风险管理政策，对风险管理负完全的和最终的责任；风险管理委员会负责协助总经理（或副总经理）建立健全风险管理制度，保证企业风险管理制度适应企业发展的需要，制定企业的业务风险管理政策，主持重大业务的可行性论证，协助总经理（或副总经理）工作；督察部应能够独立行使督察权利，定期向风险管理委员会提交独立的风险管理监察、评估报告和风险管理建议。

（四）适时性原则

适时性原则是指企业财务风险管理应具有前瞻性，财务风险管理政策要随着企业内、外部环境的变化，及时进行相应的修改和完善。

四、财务风险管理的程序

财务风险管理的程序包括风险识别、风险度量、风险控制三个基本步骤。

（一）风险识别

风险识别是指在风险事故发生之前，对风险所做的定性判断。现实社会中的风险并不都是显露在外的，未加识别或错误识别的风险通常不仅是难以进行优化管理的风险，而且还会造成意料之外的损失。所以，在这一阶段，风险识别的手段，相关信息的收集、辨别，风险的汇总、分类，风险走势的监测都是必要的。风险识别是财务风险管理程序的基础。

（二）风险度量

风险度量是指在风险识别的基础上，运用各种方法对风险的大小进行计量的过程。在不同的时间、不同的发生地点，风险及发生损失的程度是有差别的。相应地，在是否要管理、如何管理等方面，准确地度量风险的大小，就成为提高风险管理效率及管理质量的关键性因素。

风险度量是风险管理程序最重要的环节，它直接决定了企业对风险的态度和决策结果。风险度量的方法有很多种。风险按其是否可计量，分为可计量风险和不可计量风险。可计量风险是指可以运用数学方法进行计算，并利用相关指标来判断其大小的风险。常用的计量方法有：数理统计法、杠杆分析法和资本资产定价模型。这三种方法在使用范围上各有不同，又有各自的优缺点，在理论界和实务界也存在颇多争议。数理统计法的优点是科学严密、逻辑性强；其缺点是对样本的选择和概率的估计要求太高，计算过程复杂烦琐。杠杆分析法直接利用财务报表数据，计算简单，容易理解和掌握，但杠杆系数与风险大小的逻辑关系不清，有时会出现相背离的现象。资本资产定价模型在具体对风险进行度量时，β系数的计算比较麻烦，需要较强的专业理论知识和经验判断，需要准确的数理统计数据。因此，此方法适用于统计基础好、统计数据较准确、信誉度较高的大规模企业集团。

（三）风险控制

在完成了以上步骤之后，就要对是否实施风险控制、如何实施风险控制进行决策。风险控制的方法分为两类：制度控制和技术控制。制度控制基本上属于管理的范畴，包括与风险事件相关的组织机构设置、人员配备、制度设计，无一不与风险控制有着千丝万缕的联系，都是风险控制的制度体现。技术控制的方法主要有分散法、转移法和回避法。

需要注意的是，风险管理的程序在理论上似乎是按顺序进行的。但在实际工作中，由于风险会随着环境和事件的进展不断发生变化，因此，风险识别、风险度量和风险控制也要不断调整，并不拘泥于固定的程序。

综上所述，风险管理贯穿企业管理的始终，可以说，企业管理的过程就是风险管理的过程。在新的形势下，正确地认识风险，把握风险的特征，洞悉风险与环境变化的辩证关系，掌握风险管理的方法，是事关企业生死存亡的大事，不可不察。

第十章

平衡计分卡理论

唯物辩证法认为，物质决定意识，意识对物质具有反作用。人是具有主观能动性的，如何挖掘员工的潜力，调动员工的积极性，是每一个企业领导者非常关注的问题。传统的绩效考核评价，主要侧重于考核财务指标。财务指标只是一个事后的结果，为什么会产生这种结果？能不能产生更好的结果？平衡计分卡强调要从财务、顾客、内部流程、学习与成长四个维度，同时对组织绩效进行评价，将财务与非财务、结果与动因、内部与外部、短期与长期指标结合起来，可以更加全面地考核评价组织绩效。这也是与科学发展观相一致的。

第一节 平衡计分卡理论的发展历程

一、平衡计分卡的萌芽（1987—1989年）

ADI是一家半导体生产公司，主要生产模拟、数字及数模混合信号处理装置，产品广泛应用于通信、计算机、工业自动化领域。1987年，ADI公司调整战略方案时，公司决策层意识到不仅要注重战略制定，而且要注意战略的实施，希望通过与公司员工的沟通，使员工充分理解并认同公司战略，并将战略落实到日常管理工作中。在制定战略的过程中，公司首先确定了重要利益相关者为股东、员工、客户、供应商和社区，然后在公司的使命、价值观与愿景下，根据上述利益相关者的“利益”分别设定了战略目标并明晰了3个战略重点。为确保战略目标的实现，ADI推行了“质量提高”（Quality Improvement Process，QIP）项目。在项目推进过程中，ADI公司将战略目标实现的关键要素转化为年度经营绩效计划，衍生出平衡计分卡的雏形。

二、平衡计分卡的理论研究时期（1990—1993年）

在为ADI公司服务的过程中，罗伯特·卡普兰（Robert Kaplan）发现了ADI的平衡计分卡，并认识到它的重要价值。罗伯特·卡普兰与戴维·诺顿（David Norton）开始了平衡计分卡的理论研究。

研究首先是从企业绩效考核开始的，参加此项研究的还有通用电气、杜邦、惠普等12家著名的公司。项目小组重点对ADI公司的计分卡进行了深入的研究，将其在企业绩效考核方面进行扩展、深化，并将研究出的成果命名为“平衡计分卡”。该小组的最终研究报告详细地阐述了平衡计分卡对企业绩效考核的重大贡献意义，并建立了平衡计分卡的四个考核维度：财务、顾客、内部业务流程、学习与成长。

平衡计分卡理论研究的第一个重要里程碑，是1992年年初卡普兰和诺顿在《哈佛商业评论》上发表了第一篇关于平衡计分卡的论文《平衡计分卡——驱动绩效指标》，并对研究成果进行了总结，详细地阐述了1990年参加最初研究项目采用平衡计分卡进行企业绩效考核所获得的益处。

平衡计分卡理论研究的第二个重要里程碑是1993年卡普兰和诺顿在《哈佛商业评论》上发表了第二篇关于平衡计分卡的重要论文《在实践中运用平衡计分卡》，将平衡计分卡延伸到企业的战略管理之中。他们认为，平衡计分卡不仅仅是企业绩效考核的工具，更为重要的还是企业战略管理的工具。文章中他们明确指出，企业应当根据自身战略实施的关键成功要素来选择绩效考核的指标。

三、平衡计分卡理论的深化发展时期（1994年至今）

平衡计分卡首先在美国的众多企业中得以实施，之后推广到全球很多国家。今天，实施过平衡计分卡项目的企业经理们在一起谈及战略与绩效管理时，都一致称赞平衡计分卡对其实践所做出的巨大贡献。从行业角度看，平衡计分卡几乎涉足各个行业，全球各个行业（甚至包括一些非营利性机构）对平衡计分卡的需求每年也以成倍的速度增长。

1996年，卡普兰和诺顿出版了第一本关于平衡计分卡的专著——《平衡计分卡：化战略为行动》，详尽地阐述了平衡计分卡作为战略管理工具对于企业战略实践的重要性；吸取管理大师彼得·德鲁克《目标管理》一书的精髓，解释了平衡计分卡作为战略与绩效管理工具的框架，该框架包括设定目标、编制行动计划、分配预算资金、绩效的指导与反馈及连接薪酬激励机制等内容。

2001年，卡普兰和诺顿在总结众多企业实践成功经验的基础上，出版了他们关于平衡计分卡的第二部专著——《战略中心型组织》。在著作中，卡普兰和诺顿指出，企业可以通过平衡计分卡，依据企业的战略来建立组织内部的管理模式，要让企业的核心流程聚焦于企业的战略实践。该著作的出版标志着平衡计分卡开始成为组织管理的重要工具。

2004年，卡普兰和诺顿推出了他们关于平衡计分卡的第三部专著——《战略地图：化无形资产为有形成果》，进一步深化并完善了平衡计分卡理论体系。

卡普兰和诺顿关于平衡计分卡的三部著作所关注的焦点各有不同，《平衡计分卡：化战略为行动》关注战略衡量，《战略中心型组织》关注战略管理，《战略地图：化无形资产为有形成果》关注战略描述。两位大师给出了这样的公式：

突破性业绩=战略地图+平衡计分卡+战略中心型组织

“你无法描述的，就无法衡量；你无法衡量的，就无法管理”，精准地阐述了平衡计分卡三部力作之间，以及平衡计分卡与企业战略之间的相互关系。

第二节 平衡计分卡的主要内容

平衡计分卡打破了传统的只注重财务指标的业绩管理方法，认为传统的财务指标只能衡量过去发生的事情（落后的结果因素），无法评估组织前瞻性的投资（领先的驱动因素）。在工业时代，只注重财务指标的管理方法还是有效的。随着经济社会的发展，组织必须通过对客户、供应商、员工、组织流程、技术革新等方面的投资，获得持续发展的动力。基于这样的认识，平衡计分卡基于企业的战略目标从四个层面审视企业的业绩：财务、顾客、内部业务流程、学习与成长。每个层面都有各自的核心内容和指标体系，并且相互之间体现了平衡计分卡的四项平衡关系和相应的因果关系，平衡计分卡的基本框架如图10-1所示。

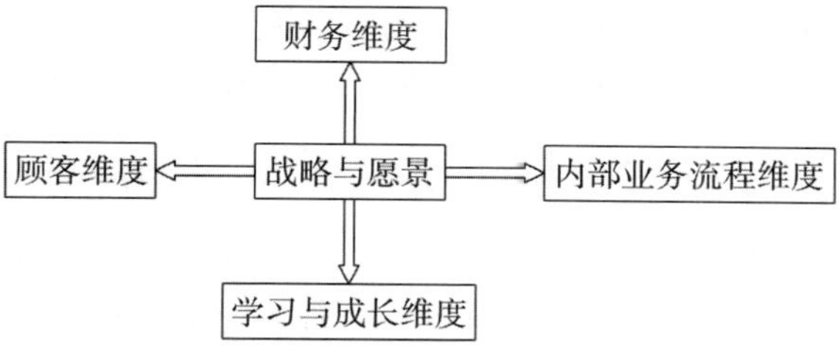

图10-1 平衡计分卡的基本框架

一、平衡计分卡的具体内容

（一）财务维度

以结果性财务指标构成的绩效评估体系，虽然具有局限性，但是它能够反映企业战略的制定、实施和执行是否正在为最终企业绩效的改善和提高做出贡献，并直接体现了股东权益，属于平衡计分卡的一类关键指标。常用的财务状况评估指标包括收入增长指标、成本降低指标、生产率提高指标和资产利用指标等。改善和提高质量、生产率和开发新产品等不是目的本身，而是实现目的的手段，这种改善只有提高企业的市场价值，才能实现企业的长远发展。而财务指标反映企业经营管理的努力是否对企业的经济收益产生了积极的作用，财务维度是其他三个维度的出发点和归宿。

财务维度一般包括以下指标：利润、营业额、投资回报率、净资产收益率、资产负债率、成本降低率、现金流量及其他一些指标。企业选取绩效评价考核指标时，要依据企业战略以及与财务维度相关的战略主题——是收入增长、降低成本还是提高生产率或提高资产利用率等。

（二）顾客维度

随着企业面临的市场由“卖方市场”向“买方市场”转变，“更好满足顾客需要”的观念已成为现代企业最基本、最重要的经营管理理念之一。管理者要根据内、外部环境因素，分析选择确定企业的市场战略定位，确定其业务单位将要竞争的特定细分市场和目标客户。

对顾客维度进行绩效评价的指标大致分为两类：核心结果指标和顾客价值主张指标。

核心结果指标是对企业在顾客、市场方面要获得的成果进行度量的指标，包括市场占有率、老顾客保有率、新顾客增加率、顾客满意度及顾客利润率五个指标。顾客价值主张指标代表企业透过产品和服务所提供给顾客的属性，是核心结果指标的驱动因素和领先指标，主要包括产品和服务的价格、时间、质量、功能、伙伴关系、品牌和形象等。

（三）内部业务流程维度

管理者要确认组织擅长的关键内部业务流程，这些流程帮助业务单位提供价值主张，以吸引和留住目标细分市场的客户，并满足股东对卓越财务回报的期望。企业提升财务业绩、实现股东价值，以及满足顾客的需求，都需要靠其内部良好的经营和流程来支撑。

企业的内部价值流程包括创新流程、营运流程、顾客管理流程以及法规与社会管理流程。具体的考核评价指标包括：①企业创新能力的指标，如新产品开发所用的时间、新产品销售额在总销售额中所占的比率等；②企业生产经营业绩的指标，如产品生产时间和经营周转时间、产品和服务的质量、产品和服务的成本等；③企业售后服务业绩的指标，如企业对产品故障的反应和处理时间、售后服务的一次成功率、顾客付款的时间等。

（四）学习与成长维度

平衡计分卡的第四个维度是学习与成长，是企业长期发展的基础，能够在这个维度取得成果将有助于其他三个维度的目标实现和业绩提高。企业的学习与成长维度包括三方面的重要资源：人力资本、信息资本和组织资本。

学习与成长维度主要体现在科教、创新和员工三个方面。反映员工学习和成长的指标主要有员工满意度、员工的稳定性、员工培训支出等；反映信息系统的指标可以通过及时准确地把关键顾客和内部经营的有关信息传递到决策者和工作在一线的雇员所用的时间来计量；反映组织资本的指标主要有员工所提建议的数量、所采纳建议的数量、个人和部门之间的协作程度等。运用这些指标，就能够对企业的长期发展能力或创造未来价值的能力进行系统的评估。

二、平衡计分卡的平衡关系

（一）财务指标与非财务指标的平衡

平衡计分卡对传统业绩评价体系的突破就在于它引进了非财务指标，克服了单纯依靠财务指标进行评价的局限性，不仅考核企业的财务指标，而且对非财务指标（顾客、内部业务流程、学习与成长）也进行考核。对非财务指标的考核，既有定性的说明，又有量化的考核，从而具有系统性和全面性。

（二）长期目标与短期目标的平衡

平衡计分卡以战略的眼光，把企业的长期战略目标落实到短期的现实指标（如利润）中，同时，主动促成企业根据当前指标的完成状况相应调整长期的战略目标，从而实现企业的可持续发展。

（三）结果性指标与动因性指标的平衡

平衡计分卡以有效完成战略为动因，以可衡量的指标为目标管理的结果，寻求结果性指标与动因性指标之间的平衡。

（四）企业组织内部群体与外部群体的平衡

在平衡计分卡中，股东与客户属于外部群体，员工和内部业务流程属于内部群体，平衡计分卡可以在有效执行战略的过程中，发挥平衡这些群体间利益的重要作用。

第三节　平衡计分卡在企业绩效评价中的应用

平衡计分卡最初是ADI公司加强企业战略管理和战略实施的工具，卡普兰和诺顿对其进行研究的时候，首先是作为绩效评价工具，在研究与实践的过程中，更好地将企业的战略制定、战略衡量（绩效评价）与战略管理等职能集于一身。可见，平衡计分卡必然是一种有效的、基于企业战略实施的绩效评价工具。

一、平衡计分卡用于企业绩效评价的理论构思

平衡计分卡用于企业绩效评价的理论构思为：首先，根据企业的使命和愿景以及企业的实际经营环境等，合理确定企业的战略目标；然后，据以绘制战略地图框架（如图10-2所示），合理确定企业的财务目标、客户价值主张、战略主题、无形资产战略准备度以及具体的行动方案等；再次，根据战略目标，分解确定各战略主题要实现的具体目标、指标和目标值；最后，编制平衡计分卡，对战略主题、战略目标的实施情况进行评价。

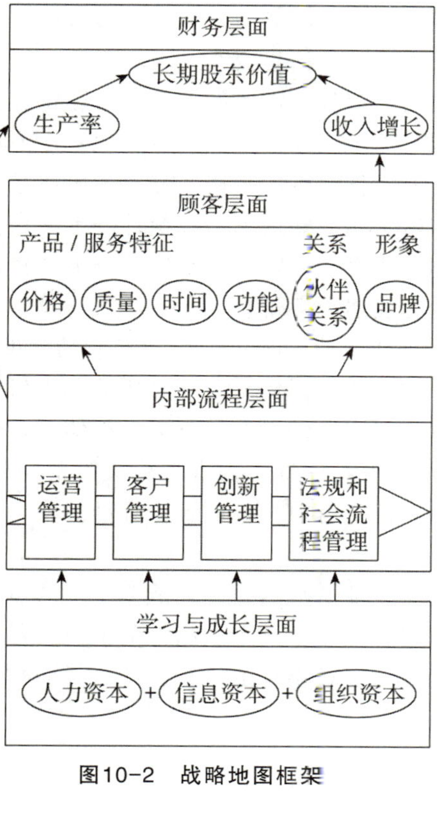

图10-2　战略地图框架

第一步，确定股东价值差距。（1）确定高层的财务目标和指标；（2）确定目标值和价值差距；（3）把价值差距分配到增长和生产率目标中。当企业在收入增长（长期）和生产率（短期）这对矛盾的力量之间进行权衡时，就会引发财务层面战略的连接问题，从而引发对其他层面的调整。

第二步，调整顾客价值主张（客户层面），以弥补股东价值差距。（1）阐明目标细分客户；（2）阐明顾客价值主张；（3）选择指标；（4）使顾客目标和财务增长目标协调。特殊的价值主张描述了企业将如何为目标顾客创造差异化、可持续的价值。战略应首先确定特殊的细分顾客，即能为企业带来增长和盈利的目标顾客，然后调整顾客价值主张。顾客价值主张主要有四种：总成本最低，产品创新和领导，全面顾客价值主张解决方案，系统锁定。

第三步，确定价值提升时间表（细节层）。针对战略规划的时间要求和股东价值差距的目标，要确定时间表，把价值差距分配到不同时间段。

第四步，确定战略主题（内部业务流程层面）。要找关键的流程，确定企业短期、中期、长期要做什么事。有四个关键内部流程：营运管理流程、客户管理流程、创新流程、法规和社会流程。内部流程在不同的时间段创造并传递价值，这也将确保股东价值得以持续增长。

第五步，提升战略准备度（学习和成长层面）。分析企业现有无形资产的战略准备度，是否具备支撑关键流程的能力，如果不具备，找出办法予以提升。企业无形资产分为三类，即人力资本、信息资本、组织资本。提高战略准备度的关键是创造协调一致，重视关键内部流程所需要的特殊能力和特征。

第六步，依据战略主题确定拟实现的战略目标、战略目标的考核指标和目标值，编制形成对战略主题考核评价的平衡计分卡考核体系。

某航空公司地面周转主题战略地图与平衡计分卡考核体系如图10-3所示。

第七步，汇总编制形成企业战略层的平衡计分卡考核体系。

二、基于平衡计分卡的企业绩效评价

为了科学、客观、公正、全面地反映企业经营绩效的高低，参照国内外学者、专家、机构对企业绩效评价的指标体系，在必要的调查研究与归纳的基础之上，根据企业的战略目标和各战略主题的平衡计分卡考核体系，科学构建企业绩效评价指标体系。构建平衡计分卡绩效评价体系有三个关键的问题需要解决：选取考核指标，设置考核指标权重，确定考核指标的评价标准。

（一）选取考核指标

考核指标主要来自于企业的战略地图，战略主题的目标以及与之相对应的平衡计分卡考核指标，通过对各战略主题考核指标的汇总，形成企业战略目标的考核指标。企业指标选取时要考虑考核指标的管理目的、导向作用、激励与控制作用，还要遵循SMART原则：

战略地图

流程：营运管理
主题：地面周转

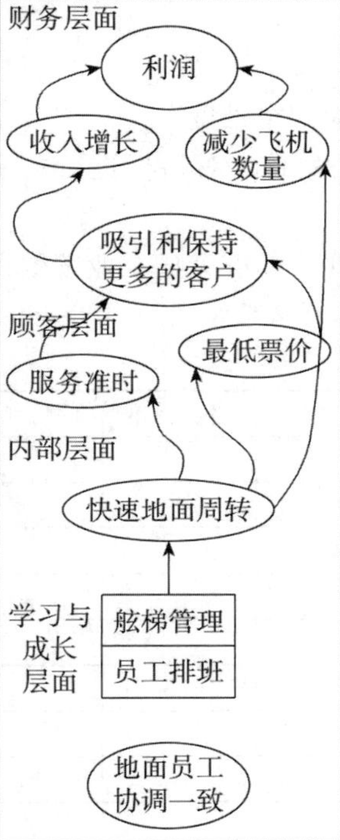

战略地图：目标	平衡计分卡：指标	目标值
盈利性	市场价值	30%CAGR
收入增长	座位收入	20%CAGR
减少飞机	飞机租赁成本	5%CAGR
吸引和保持更多的客户	回头客比例 客户数量	70% 每年提高 12%
航班准时	准时到达评比	#1
最低票价	客户评比	#1
快速地面周转	降落时间	30 分钟

图10-3　地面周转主题战略地图与平衡计分卡考核体系

Specific——目标必须尽可能详细，缩小范围；

Measurable——目标达到与否尽可能有衡量标准和尺度；

Attainable——设定的目标必须是通过努力可达到的；

Relevant——目标须显露其客观要求与其他使命的关联性；

Time able——计划目标的完成程度必须与时间相关联。

（二）设置考核指标权重

平衡计分卡考核指标的权重，主要是根据指标所属的战略主题相对于企业整体战略，以及考核指标本身的重要性进行分配，这种方法主要凭借主观经验。企业可以委托社会中介的企业管理专家对企业的战略管理过程进行研究分析后，汇总专家意见，从而合理确定各考核指标的权重。企业也可以依托内部的战略管理组织部门或者平衡计分卡项目小组，完成考核指标权重的分配事项。

（三）确定考核指标的评价标准

企业运用平衡计分卡对自身绩效进行考核评价时，确定考核体系中的各项考核指标评价标准是非常重要的，它是判断企业绩效高低的依据。在实施战略管理的企业中，绩效评价指标的评价标准主要来自于对战略目标进行分解时，所确定的战略主题目标的考核指标的目标值，同时参考企业整体战略目标的要求，由企业的战略管理部门或平衡计分卡项目小组协调确定。

（四）企业绩效评价指标体系的构建

构建步骤如下：

第一，依据企业战略目标设定企业绩效评价总体目标。

第二，根据平衡计分卡的理论结构将总体目标分解为四个维度。

第三，依据各维度指标的因果、隶属关系、顺序等关系，对指标进行关系划分、级别划分和类别划分，从而得到指标体系的层次结构。

第四，依据协调确定的考核指标权重和考核指标的评价标准完成企业绩效评价考核指标体系（见表10-1），对企业战略目标实施结果进行考核评价。

表10-1 **企业绩效评价考核指标体系**

总目标	维度	准则层	考核指标	指标权重	评价标准	评价结果
企业绩效	财务	利润增长				
		成本降低				
		生产率提高				
		资产利用				
	客户	客户素质/数量				
		客户满意度				
		客户收益				
	内部业务流程	创新流程				
		营运流程				
		客户管理				
		法规和社会				
	学习与成长	人力资本				
		信息资本				
		组织资本				
合计				100%		

第十一章

财务共享服务

马克思主义哲学认为，理论来源于实践，反过来又指导实践，从实践中来，到实践中去。目前财务共享服务在实务界已经有了一定程度的应用，理论界对财务共享服务的研究，虽然百花齐放，百家争鸣，很多学者都有自己的见解，但是，总体来说，理论研究还滞后于实践。本章对相关内容的研究和思考还不够成熟，仅希望能引起理论界和实务界的重视，起到抛砖引玉的作用。

第一节 财务共享服务的基础理论

一、财务共享服务的概念及特点

（一）财务共享服务的概念

财务共享服务是一种新型的财务管理模式，它将企业中易于标准化、相似的财务流程进行流程再造与标准化，将现有财务资源进行资源重组，将经过重新分配的财务资源集中于一个半自治的业务单元中，这个业务单元由集团总部直接管理，称为财务共享服务中心，它以顾客需求为导向，根据事先确定的服务水平协议为企业内部客户提供价格合适的收费服务，从而可以大幅度降低企业运营成本、提高财务工作效率、创造额外价值、提升企业核心竞争力并最终达到提高企业价值的目的。

财务共享服务中心，相对于其他服务而言的是一个独立机构，它具有将工作流程进行梳理，并统一于服务机构内部，进而实现成本结构优化、效率提高、管理完善的效果。财务共享中心为企业的集中管理提供了平台，可以将不同区域的财务业务集中到共享平台上进行记账和报告，通过对财务业务核算的流程进行标准化和集中化的管理，可以统一企业的财务业务处理流程，规范企业的会计报告，大大缩减企业在财务核算上的人力成本，提高企业的运营效率，并通过财务共享中心对数据信息进行收集、储存和分析为企业提供决策支持。

综上所述，可以将财务共享服务定义为：财务共享服务是依托信息技术以财务业务流程处理为基础，以优化组织结构、规范流程、提升流程效率、降低运营成本以及创造价值为目的，以市场视角为内外部客户提供专业化服务的管理模式。

财务共享服务旨在实现集团内的四大共享，即“人员共享、信息共享、运营共享、管理共享”。“人员共享”是指各分、子公司的财务流程性业务统一由财务共享服务中心进行操作和处理，即集团内各企业共享财务、会计人员；“信息共享”即集团内不同企业的业务通过网络化技术实现财务数据的共享；“运营共享”是指在统一的财务会计政策和融资框架下，财务共享服务中心可以通过统一运营，达到节约集团整体融资成本和提升运营效率的目的；“管理共享”即集团内各企业的会计记录和报告得以在统一的财务会计制度下达到口径的高度规范和一致，从而使得整个集团的管理更加公正、透明。

财务共享服务模式的建立通常依赖全集团财务组织内部的深度变革，需要将集团内各企业独立核算的财务组织进行剥离后划归到财务共享服务中心。这种创新的财务管理模式，充分利用了标准化管理原理，将各子公司、分公司中易于标准化的财务业务分割成可以重复操作、统一管理的模块，并进行流程再造标准化后，由财务共享服务中心承担全集团成员单位中简单的、重复的、共同的、标准化的业务，从而实现财务的集中核算和管理。

实施财务共享，就是要搭建“资源分配合理、核算及时准确、风险管控有效、评价考核科学”的财务管理体系，实现财务由分散化管理向集中管控的转变。财务共享，通过票据审核、资金支付和账务处理的集中，实现会计核算的标准化，提高财务工作效率和工作质量，提升财务管控水平，降低财务风险和经营风险，能有效促进“业务财务一体化”的实现，并助力财务部门实现由“会计信息处理和报告者”向“风险控制者和业务支持者”的转变，引领公司财务由“被动核算”深层次战略转型为“主动服务、主动管理”。

（二）财务共享服务的特点

共享财务服务模式与传统财务管理模式相比，具有以下特点：

第一，财务核算集中化。从传统财务管理模式来看，财务人员并不集中。因为财务人员理论知识与专业能力有所不同，造成工作效率不高，反应不及时，从而出现信息孤岛。运用财务共享服务中心之后，所有人员可以通过远程方式共同进行核算，每个案例经理按照分工进行案例管理，有具体的领域、类型和关系。他们的工作高效、快捷。企业引入统一的核算标准，规范处理流程，有利于提升工作效率。

第二，业务流程标准化。共享财务服务包括对所有的业务流程进行详细的分析，将流程划分为子流程，并确定最简捷有效的方法来管理风险，避免重复。在流程整合的过程中，同时制定各部分的工作程序，保证公司在处理各部分时规范行为的稳定性和会计质量。同时，引入财务交流服务，加快了财务管理和财务信息的规范化进程，包括财务制度规范化、会计事项规范化、会计核算校验和会计合并校验。

第三，技术手段信息化。在更大范围内，形成以信息化为基础的财务服务中心的共性模式。这样就可以在财务系统、财务管理服务系统和电子资源系统的基础上，建立一个共同的操作平台，更系统地组织账务传递和管理、单据管理和会计管理等流程，从而加快企业信息化的发展。共同提供财务服务的信息化措施是促进企业快速发展的基础。不断创新改革，加快优化信息化措施，推行联合办理财务工作，可以帮助企业改善经营，在瞬息万变的社会中为集团和员工提供更有价值的服务。

（三）财务共享服务的优势

财务共享服务虽是集权型财务管理模式的一种体现，但它又有别于集权模式。它的出现，给传统财务管理模式带来了不小的挑战和冲击。与传统的财务管理模式相比，它主要具有以下几方面的优势：

第一，降低财务及管理成本。财务共享服务通过对业务流程和规则的优化，建立统一的标准化运营平台，简化了冗余的业务步骤和流程，减少了庞杂重复的财务岗位人员。通过规模效应的实现，带来财务运作及管理成本的降低。

第二，提高财务工作效率和管理水平。财务共享服务模式下，对集团内所有公司采用基本相同的标准作业流程，使得财务人员只负责处理众多不同公司下的同类业务，同时使集团内各公司的会计核算口径高度一致，有利于工作效率的提高和服务质量的提升。

第三，提升集团财务的管控力度。财务共享服务能促成资金的集中管理，从而有力保证资金安全，减少资金沉淀，降低资金使用成本，实现资金使用的规模效益。同时，财务共享服务通过各种财务制度、工作流程、检查标准完全标准化，可以实现资源在统一调度下的风险的集中可控。

二、财务共享服务的产生和发展

（一）财务共享服务的产生

财务共享服务是财务管理模式发展中的一个特有的阶段，具体发展过程可以大致概括为财务分散、财务集中与财务共享。

当企业发展到一定规模，因为业务范围的扩大，分、子公司必不可少，为了对分支机构进行财务管理，企业为每一独立的分支机构配备相应的财务人员和财务资源，使每个分支机构的财务部门成为一个可以独立进行日常财务活动的会计核算主体，这就是财务分散。这些分散的财务部门具有完整的财务核算职能，并定期向企业总部发送各项财务报表。在扩张初期，这种财务管理模式可以保证集团总部对下属分支机构的绝对控制，但随着企业业务范围和规模的进一步扩大，这种分散式的管理模式会给企业带来许多问题，如核算口径的不同带来的会计信息的不可比性、财务部门的重复导致的组织机构臃肿和管理费用上升、信息不对称造成的决策失误问题等。此外，这些分散的财务组织由于分属不同的分支机构，因此，财务人员因惧其直属上司的权力而倾向于向集团报告有利于分支机构的财务信息，导致分支机构各自为政，形成信息孤岛，集团总部不能及时全面掌握分支机构的各项信息，从而不利于集团管控和各项决策在整个集团的推进。

为解决财务分散给企业带来的诸多问题，财务集中模式应运而生。为了适应由于企业规模进一步扩大的集团化发展趋势，管理层根据企业经营管理需要对企业内部的资源按不同的类型进行分类归集，然后将这些资源集中到集团中的某个组织部门进行管理。这种模式的出现和成功实施，在一定程度上也得益于现代信息技术的发展，许多企业利用统一的ERP系统进行财务管理，从而显著降低了因前期财务分散带来的成本高、管控难等问题。财务集中不仅显著降低了企业的管理成本，而且通过信息共享的功能，打破了财务分散带来的信息壁垒，强化了企业内部资源的信息共享，提升了企业管控能力，从而提升了企业资源利用效率。在财务集中模式下，企业是一个血脉相连的整体，不再是各自为政、互不干涉的独立部门之间的死板整合，从而有利于集团企业目标的有效实现。然而，在财务集中模式下，集团总部掌握着企业所有的财务信息，信息处理速度较慢，导致企业财务活动与业务活动分离，不能够灵活地应对各分支机构的业务需求。

财务共享服务作为一种创新性的财务管理模式，其具有的特点分别为：服务性、协议性、技术性、长期性、规模性、统一性、专业性与组织职能变革。财务共享服务具有财务集中模式所具有的降低运营成本等优势，同时又拥有财务集中所不能达到的许多优势。财务集中更多的是一种企业经营战略，强调资源集中、控制和降低成本，但并没有解决所有问题，并且由于其后期缺少流程优化、绩效评价等措施，导致其经济效益落后于财务共享服务。财务共享服务与财务集中的最大区别在于财务共享服务颠覆了传统财务的作业方式，借助流程再造、专业分工、信息技术等工具建立了“流水线”作业的“会计工厂”，从而极大地提升了财务工作效率。除此之外，服务性和协议性也是财务共享服务区别于财务集中的显著特征，财务共享服务以客户为导向，基于提前商议的服务水平协议，致力于向客户提供高质量的财务服务。同时，财务共享服务的实施，使企业部分财务人员从大量重复、低附加值的日常财务工作中脱身出来，专心解决企业决策层面的财务问题，从而有助于提升企业核心竞争力。

20世纪90年代，经济全球化和信息技术的高速发展使得大型集团企业不断地进行全球性的兼并和扩张。这些频繁的兼并和扩张促使企业规模不断扩大，同时各种外部环境瞬息万变，多种原因使得集团企业的财务管理变得越来越困难，表现为财务管理成本畸高、财务信息质量越来越差、财务效率逐渐降低等现象。针对当时经济环境下的许多集团企业患上的这种“大企业病”，福特等公司创新提出了“财务共享服务”这一新型财务管理模式。虽然共享服务中的“共享”这一概念来自于信息技术领域，但“共享服务”这一概念却被Bergeron在*Essentials of Shared Services*一书中定义为：共享服务将组织中的非核心业务集中到一个半自主业务单元，这个业务单元为企业内外客户提供支持性服务并收取一定的费用，目的是提高效率、创造价值、节约成本以及提高服务质量，这个半自主业务单元就是共享服务中心（Shared Services Center，缩写为SSC）。对于“共享服务”这一专业名词的来源，学术界普遍公认的是科尔尼（Kearney）咨询公司在1990年的一项研究报告中提出的。这份报告分析了许多著名企业的经营报告，如Johnson & Johnson，IBM，DuPont等企业，其在管理模式上的共通之处都在于企业内部的资源共享，即都在内部实施了财务共享服务。由于财务共享服务的成功经验，共享服务一经提出，就被许多企业应用于财务之外的许多支持性业务部门，如人力资源、销售、IT、营销等多个部门。

（二）财务共享服务的发展

财务共享服务大致经历了从第一代财务共享中心到第二代、第三代财务共享中心，最后到众包模式下的财务共享中心的演变。

第一代财务共享中心是从财务集中模式转变而来的，强调通过规模经济和消除冗余以降低成本，注重共享中心选址问题、由于专业分工而出现的最优工作量的标准的设定问题等。这一阶段属于财务共享服务的发展初期，具有流程标准化、组织灵活化、分工专业化和能力核心化四个特点。然而，因为过度强调成本节约的目标，这一阶段的财务共享中心忽视了服务质量问题，也忽视了成本节约的可持续性。

第二代财务共享中心强调的是在企业中形成完全服务传递模式，这一阶段针对第一代财务共享中心忽视服务质量等问题做出了改进。形成了以人员为核心的成长激励体系，包括授权型团队、组织学习与培训、激励与认同和关注成长等方面；以流程再造为核心的服务协议体系，包括绩效评价标准、服务协议、全球化结构和客户中心等方面；以技术为核心的线上支持系统，包括呼叫中心、ERP系统、商业智能和因特网局域网等方面。针对这三方面的改进使得财务共享中心在降低成本的同时，显著提升了中心服务质量，使共享中心在不断的后续流程优化中实现可持续发展。

第三代财务共享中心是基于互联网技术的高速发展而产生的，更强调集团内部信息的完全共享。在“大智移云”的背景下，此阶段共享中心更加强调财务数据的储存与共享，例如财务共享服务与云计算的结合形成财务云，帮助企业深入整合信息系统，促使财务共享中心成为企业的财务数据仓库，有利于内部客户随时随地查阅所需信息，使信息共享可以覆盖企业的每一个角落。

传统的财务共享服务是依据规模经济实现成本节约等优势的，但对于规模较小的企业或者季节性经营较强的企业来说，建立传统意义上的财务共享中心成本较高，难以实现规模经济，并会造成内部资源的浪费。众包模式下的财务共享中心就是为补充现有财务共享模式的规模限制而产生的一种独特的模式。众包模式下的财务共享服务中心，以互联网为平台，将简单基础的财务流程进行最大程度的专业细分，通过平台将细分之后的各流程分包给网络平台上的群体去完成，并根据各个分包对象完成的工作量支付相应的薪酬。这种模式可以解决由于任务量高峰期和低峰期的存在导致的人力资源的短缺或浪费问题，并且有助于将共享中心内部高素质员工从简单重复的工作中解放出来去完成高价值产出的工作。除此之外，网络上的分包群体只需要一台可以联网的设备就可以进行工作，并不需要固定的办公场所和员工福利，因此，可以降低企业的日常运营成本。

第二节　财务共享服务的实施流程

在财务共享服务实施阶段，需要明确如何完成财务共享中心框架设计。在设计过程中，我们主要将其分为组织架构与岗位设计、财务职责与范围设计、财务共享业务流程设计和财务共享运营模式设计四个部分，来确保财务共享中心能够良好运行并较原有流程能够提高效率。下面通过这四个部分来具体分析。

一、组织架构与岗位设计

财务共享服务中心的组织设计以公司经营战略和财务战略为组织变革和设计依据，根据对共享中心的定位明确未来设计方向。

首先需要明确财务共享服务中心关键的运营职责和管理职责，并明确汇报关系及与其他组织间的沟通机制，然后根据运营及管理职责进行内部职责的架构设置及内部职能划分。财务共享服务中心运营和管理职责设计有以下原则：强化财务管控原则、完善财务职能原则、规范财务工作原则、提升财务效率原则、稳定共享运营原则、监控共享质量原则。

在运营和管理职责确定后，需要明确中心的汇报关系；根据对中心的定位不同以及公司内部管理模式的不同，财务共享服务中心可分为向公司财务总监、财务部总经理、运营总监汇报的三种模式。

内部职能划分和架构设置以组织职能为基础，尽量满足业务流程的通畅性，同时考虑工作量和技能要求的统一性。从内外部两个角度，把财务共享服务中心分为业务运营和内部管理两部分。

业务运营部分按业务性质不同分为会计运营模块和财务管理支持模块。会计运营模块包括核算、资金支付等作业的执行，财务管理支持模块包括政策制度的研究制定、财务数据管理、财务报表提供等。

内部管理部分把质量监督作为重点分离出来，分为运营支持模块和质量提升模块。运营支持模块包括人员管理、行政管理、培训、客户服务等；质量提升模块包括绩效分析、内部稽核、质量管理、运营优化等。

根据以上职责划分，企业在详细设计阶段就可以进行岗位设置，同时参考工作量预测进行人员编制预算。

二、财务职责与范围设计

在职责与范围设计部分，需要基于以下原则将原来的财务业务进行拆分，上升到财务共享服务中心。

（1）规模化：业务量大且重复发生的业务。

（2）相对独立：客户面对面接触要求低。

（3）易获取：数据或服务可集中获取。

（4）自动化：自动化要求高，可以通过信息化建设实施跨区域作业。

（5）标准化：通过优化改造可实现标准化的业务流程。

（6）管控力：通过集中的操作，有助于管控风险，强化总部管控。

根据以上原则和公司行业特点，将公司的财务业务包括会计核算、资金管理、财务数据及报表、税务管理等方面的业务拆分后形成财务共享服务中心的财务业务职责范围。

三、财务共享业务流程设计

流程是财务共享服务中心运营中最重要的一部分，流程设计的顺畅与否决定着未来业务执行的效率与质量，并且信息化建设也依托于流程的建设，流程最初设计的完善与否决定着后期系统自动化投入的程度。

流程设计还涉及职责的明确、风险的管控、业务处理的时效，人员编制等一系列问题。财务流程的完善对前后端业务流程的改造也会造成重要影响，甚至在设计财务流程的过程中，如果同时考虑前后端的业务流程，在使财务业务流程更为顺畅的同时也会使公司整体的经营效率大大提高。

对于财务共享服务中心的业务流程设计而言，要遵循“全业务、全流程”覆盖的原则，并推动财务核心流程在集团各级机构的有机整合。全业务是指对于拆分至财务共享的各类业务，要考虑完整，不遗留任何问题点。全流程是指业务流程的设计要从业务发生的第一个事项开始，直到事项结束，要全流程考虑，做到不遗漏任何一个环节。同时，要特别注意各项财务流程的整合，财务事项的发生不是独立的，在流程设计过程中要特别注意各个事项处理流程的有机整合，才能做到整体考虑、全局视角。

四、财务共享运营模式设计

财务共享服务中心运营模式是中心内部的管理方式。财务共享服务中心也是一个组织实体，具有业务规模化、标准化的特点，同时为公司提供会计相关服务，是公司有效管控的手段之一。根据财务共享的特点，可总结出以下几点需要财务共享具备的运营管理职能：

（1）服务等级协议：服务范围描述、服务对象、服务衡量标准。

（2）运营管理及沟通：季度、月度会议以及沟通、日常运营、客户满意度调查。

（3）服务满意度调查：日常运营。

财务共享服务中心的建设，并不存在标准模板，而应根据不同企业的实际情况具体优化，探讨摸索适合自身模式和战略的最优方案。

● 第三节　财务共享服务与管理会计信息化

一、财务共享服务下进行管理会计信息化的意义

随着企业会计管理及信息化建设的普及，信息全球化也将逐步普及，为了迎合新形势下的企业科学管理，企业建立财务共享服务，重点推进企业信息化建设，使企业财务管理紧跟时代发展而不断更新，让新型财务共享服务体系在企业中发挥重要的作用，从而提高企业的财务管理水平。

（一）有利于企业更好地开展管理会计工作

财务共享服务的应用在提升了信息资源共享效率的同时，也推进了企业其他相关工作的开展，并且对企业内部财务部门的结构进行了调整，从而降低了原有的手动成本核算带来的人工成本，增加了企业效率和资源利用率。另外，财务共享服务也为管理层的决策制定、落实、经营管理工作的开展以及职能拓展奠定了比较坚实的基础，例如一些通信公司在发展过程中，可以通过财务共享服务中心的建立，利用信息化技术对财务部门进行结构优化，从而制定了一系列财务管理制度以及管理流程。财务共享服务中心建立以后，可以更好地促进企业业财融合，促进预测、决策、规划、控制和绩效评价等工作的有序开展。

（二）有利于推动企业信息化建设

企业财务共享服务的发展与企业信息化建设之间有着非常密切的关系，对财务系统的建设而言也是非常重要的。会计信息化建设主要是利用计算机技术和网络技术将会计信息融合进来，对时间、空间的限制都被打破了，为财务信息共享结果提供了更好的保证，提高了企业财务管理、核算业务的工作能力，最后将财务信息系统的构建进行了完善，例如，电子凭证采集、财务核算、业务财务一体化等等，因此也需要依靠财务共享服务来实现信息数据的交流，通过信息的实时共享以及传输，能够对整个流程进行简化，从而避免重复性问题的产生，对风险的把控程度有所提升，企业的财务风险也有所降低。

（三）有利于创新企业的财务管理

企业财务管理制度经过长期的优化和发展，目前所应用的财务会计软件随着企业的发展管理需要也日趋成熟，其中部分企业已经实现了会计信息化管理，财务管理信息系统与共享服务中心达到了数据整合形成无缝对接，使企业打破原有流程系统，迎合业务管理需要制定全新流程，新的模式将更加标准、便捷和专业，各个职能部门及分支机构利用此平台和信息化管理模式也实现了系统化和精准化管理，不断适应新时代背景下新型企业对高效率财务管理的要求。

二、财务共享服务下管理会计信息化的应用问题

（一）会计信息数据缺乏应有的安全性和保密性

针对财务共享服务模式而言，它使财会信息从传统的手工计算和纸质保存转变成了电子化的计算和保存，以确保电子信息技术融入进来，这样能够提升各项工作的效率并取得巨大的发展成果。但同时需要注意的是，在会计信息数据方面，往往在安全性、保密性方面面临巨大的挑战，存在一系列的问题。首先，会计信息面临着丢失的风险。因为会计工作特别严谨，针对每一份凭证或者报表都要进行严格审核并妥善保存，不能对其做出任何一点更改，更不能丢失。然而，会计信息化共享模式把所有数据都在固定几台处理器或者云服务器上进行存放，如果机器出现不同程度的问题或者云服务功能受到损害，那么极有可能导致会计信息数据面临丢失或者损坏的风险，从而对数据的安全性造成巨大危害。其次，会计信息数据很可能被

泄露。因为管理会计的财务信息在通常情况下是公司内部数据，是不对外进行披露的，有着严格的保密性，而通过财务共享服务模式，很多加密会计信息极有可能被第三方恶意窃取，由此导致企业的经营风险陡然提升，虽然财务共享模式使各项工作有了巨大的便利，但是潜在的信息安全、保密性受到巨大威胁，因此企业要引起高度重视，并且从根本上做好技术的优化和完善工作，以此确保企业会计信息的安全可靠。

（二）信息质量相对较差

在企业管理会计信息化共享服务建设中，信息化数据准确率及录入信息质量不够精准，存在的上述问题势必影响企业管理层的运营决策。财务共享服务推动管理会计信息化进程的发展，核算会计虽然减少了基础的核算工作，但是采用人工财务录入方式会存在数据偏差，使得财务信息无法与实际相符，采用经济行为和确认的条件不精准等这类源头数据差异，从长远来看，势必影响企业的长期稳定发展。

（三）机构调整过程中的过渡问题

在财务共享服务模式下，管理会计实现信息化的过程中，需要针对各个机构进行不断地调整和完善。从某种程度上来说，信息化的演进过程也是大换血、大调整的过程，通过财务信息化管理模式，搭建财务共享服务平台，需要充分应用计算机等相关智能处理设备。针对会计基础计算岗位，计算机有着巨大的优势，但是相关岗位的员工也面临着巨大的威胁，企业为了提升经济效益，必然用机器代替人工，由此导致大量基层会计人员失业，进而引发不同程度的社会问题。除此之外，财务共享服务模式对传统的财务工作运行模式进行了颠覆式的变革，原先的财务工作组织机构不能适应财务共享的需求，所以在企业的财务记录方面也要做出根本性的改变。某些企业甚至完全替代传统财务，采取财务工作中心的模式，替代财务运作模式，使在管理会计信息化的实现过程中由机构调整带来的问题在很大程度上影响了企业的整体工作效率，这期间很可能出现转型不够完善，各部门衔接不够得当等相关问题，这对于企业的良性发展会造成很大限制。因此，企业要高度关注机构调整的有效性和完善性，提高调整的效率，以此确保管理会计信息化过程实现合理的过渡，并呈现出更好的管理效果。

（四）人员转型问题

在财务共享服务模式的指导下，管理会计进一步转型升级，从而实现信息化的操作，这对于所有人员而言，都面临着巨大的考验。一方面来说，对传统的财务核算模式有颠覆式的变化，传统的手工计算编制报表、填写凭证等相关工作，都被信息化代替，财务软件得以不断优化，使各项工作都有了全新发展。因此，财务管理人员必须掌握相对应的财会信息化操作模式和操作技能，这样才能胜任相关工作。然而，从实际情况来看，很多人员并不具备应有的专业技能和信息化操作技巧，在实践的过程中往往无法胜任管理会计信息化操作要求。从另一个方面来看，财务会计进一步向着管理会计方向转变，且进一步向着信息化的方向发展，计算机软件代替了绝大多数的财务会计工作，同时也对现有的财务会计人员在控制、计划、预算等相关方面的技能也提出了更严格的要求，必须确保相关财会人员掌握更优质、更全面的技能，这样才能更有效地适应复杂的市场环境和工作需要，然而很多企业都缺乏应有的高质量的财会人员，管理会计并没有充分实现综合性、复合性的发展，由此导致在管理会计工作过程中存在很多问题，不能充分适应大环境的要求。管理会计还需要进一步强化信息计算方式的学习和充分应用，以此促进企业实现转型升级，有创新式的发展。

（五）维护成本偏高

信息技术的快速发展，给企业管理模式创新带来新的思路，可以根据当前市场形势对管理经营理念进行创新，并结合企业信息化发展情况，引入互联网管理模式与经验，使互联网技术与企业管理会计建设结合，把财务核算和成本管理作为企业财务管理的重要内容，合理设置财务管理考核指标。当前企业大部分信息管理系统科目设定过于单一，仅仅局限于服务某个单一部门，平行部门之间、上下级部门之间的数据信息不能共享，信息数据不能平行和全面考核。由于原有会计信息管理系统没有制定统一标准，因此，数据信息不能随时交换，企业领导在做管理决策时，很难统筹全局。而建立在财务共享服务背景下衍生出的管理会计信息化系统，是将下属各功能模块按照企业实际业务需求，科学整合在同一个信息体系中，搭造综合管理的平台系统，使企业信息平台能够做到跨部门、跨岗位交换与共享信息。共享信息化平台将根据企业需求，以及平台建立的方式方法直接决定平台的建设开发成本。简单的物理线路连接，虽然省去了部分开发所需要的投资，受到数据格式和单位无法一致的影响，从而使会计信息出现无法兼容的问题，导致企业系统所产生的共享信息使用效率降低，传递能力差，后期投入的运营成本更高。

三、财务共享服务下管理会计信息化的实施策略

（一）进一步有效强化会计信息数据的安全防护

针对企业的会计信息而言，对于企业的生存发展有着关键性的作用，是机密文件，因此要高度重视会计信息的数据安全，着重做好保密和防护工作，这样才能充分确保企业的核心利益不会被侵犯。企业要从自身会计信息数据的保护设置出发，在人员权限设置等方面着重加强，严格控制相关人员的具体权限。比如，针对财务总监而言，要赋予其财务共享中心的监督管理职能，具备特定的权限。针对其他人员而言，也要充分明确相关权限和职责等，会计总管可以针对财会核算系统进行系统完善的管理，并进一步着重做好单据的审核核销等。针对出纳等一般会计而言，要赋予其特定范围内的职能权限，以此确保会计信息数据得到充分防护，从而使网络环境更加安全。针对财务共享中心而言，要构建相对应的信息防护墙，从而有效规避未经许可的人员对于企业的财务数据进行更改或者窃取等行为。

（二）针对管理会计人员进行全面系统的培训

在当前的财务共享服务模式推进之下，管理会计信息化取得了巨大的发展，而这也是必然的发展趋势。因此，要针对当前的会计人员进行全面系统的培训，使其具备应有的专业技能和职业素养，在管理培训等方面要进行改进和创新，以此更有

效地确保会计人员能够转变职能，从而有更大的发展空间。第一，要确保财务管理人员在财务软件应用等相关方面具备应有的技能和素养，充分掌握相关操作技巧，确保员工能够在真正意义上有效应用并掌握财务管理软件，并且以此为基础，着重把握财务软件的相关操作要领和注意事项。针对各类数据要进行全面深入的分析，进而充分利用各类数据信息，以此提升管理会计的信息化操作水平。第二，企业要着重做好在职员工的培训和考核工作，通过考核和严格把关，使相关人员的积极性、主动性和创造性得到充分的激发和调动，通过相对应的激励机制，为表现突出的人员进行相对应的鼓励和支持，在物质奖励和精神奖励方面全面推进，为其个人价值的体现提供必要的舞台和机会。与此同时，以此为企业的战略发展提供必要的人力支持。第三，根据当前的市场状况和风险状况，制定出与之相对应的更科学可行的财务战略，提升财务管理力度和人员的监管效能，使相关人员能够实现转型升级，在创新意识，创新能力方面得到显著提升，从而应用相关技术更有效，掌握设备的操作技能，在专业技能以及综合素质等各个方面得到充分提升，以此确保企业的发展战略被有效执行。

（三）充分利用大数据、云计算等现代信息技术

企业在经营管理过程中，要进一步适应时代发展的趋势，针对大数据技术、云计算技术等多种类型的现代信息技术进行更深入的分析和有效研究，并结合企业的具体情况和财务管理现状，实现针对性的应用、落实相关技术要点、配备相关设备设施等，在优化处理的过程中，使技术优势和设备性能得到充分体现，以此着重做好管理会计的信息化管理工作，从而呈现出应有的管理质量和效率，使财务共享服务理念下的财务会计管理工作取得良好的效果。与此同时，要进一步结合具体情况，针对相应的技术和设备不断进行更新和完善，配备更为先进化、专业化的技术和设备，使其充分掌握相对应的技术要领，从而更有效地应用大数据信息平台等相关内容，充分体现其技术优势和效能，以此为企业财务共享服务中心提供必要的精准信息，进而科学合理地预测企业的各项经营管理活动。在应用大数据的过程中，要确保大数据技术和企业的财务共享中心实现深层次融合，以此在真正意义上促进管理会计实现信息化。云计算有着非常好的通用性和可扩展性，可以使工作运行效率进一步提升，成本得到显著降低，所以在管理会计信息化过程中要充分应用，体现其技术优势，以此促进企业的财务共享服务模式取得更大的发展，在财务管理质量等方面有显著提升。

（四）搭建信息平台

财务共享服务下的管理会计信息化发展，需要企业充分考虑自身的具体情况，并对各阶段目标进行充分了解，对已有的管理功能进行统计和分析，从成本最优化的角度来明确企业的建设方式。通过总结我国已有的成功案例，了解到需要充分利用企业的信息化发展成果，从而推动财务共享服务下的管理会计信息化建设，使其具备更高的成本效益。以过去的核算系统为基础，无须消耗过多的成本来进行管理模块的衔接，从而实现财务核算和成本管理这两方面内容的有效结合，建立一个集

成化的管理会计信息平台，实现财务数据和业务数据之间的交流，防止信息孤岛问题的发生。除此之外，也可以通过现有的较为成熟的办公系统来与财务管理功能进行衔接，从而更快地搭建系统平台，实现开发成本的节约，严格遵循成本效益这一基本原则。

（五）对现有的考核机制进行完善

财务共享服务下的管理会计信息化发展，需要多个部门之间的配合，单一部门的作用很难推动其发展，因此，企业需要积极改变工作机制，提升现有工作机制的有效性，让工作开展能够变得更加高效。工作机制的建立要以绩效考核和职能管理这两个方面内容为基础，并加强财务职能方面的引导。同时在业绩考核过程中要做好管理会计的信息化建设工作，从而将财务职能管理中的引导作用充分发挥出来，同时也加强了其他部门的参与效果，发挥出共同的助力，促进管理会计的信息化发展。具体来看，包括这样几个方面内容：首先企业要在明确实施目标后，以此目标为基础设置实施计划，并落实其中的各个环节，明确其中的各项任务及部门职责，从而做好时间进度的规划工作。在工作实际开展的过程中应该掌握好其中的重点内容，以此为基础来制定考核方法，从而更好地促进工作开展，对各个主体的责任进行落实，从而确保任务行动能够得到落实。在考核内容当中应该充分体现出权重比例和指标性内容，同时也要能够体现出评分方法和考核内容等，从而提升财务共享服务下管理会计信息化发展的质量。某些企业包含了多个层级，那么在管理会计的信息化发展中应该对各个相关部门垂直管理给予足够的关注和重视，并做到合理化应用，从而实现自上而下的考核，这样一来管理会计的信息化平台才能够得到更好的建设和发展。

第十二章

业财融合

理论来源于实践，服务于实践。目前关于业财融合的呼声比较高，但是由于相关实践活动不够丰富，来源于实践的理论体系也不够完善，因此在具体如何落地方面，也是仁者见仁，智者见智。与上一章一样，本章对业财融合相关内容仅做初步探讨。随着业财融合实践活动的进一步发展，拟在第四版中再进行相关理论完善。

第一节　业财融合的概念及发展历程

一、业财融合的概念

业财融合又称业财一体化，是指业务和财务的结合。业财融合要求企业在日常运营中，财务人员需要进行事前预测，将企业业务的经营情况和绩效反馈给管理者，同时也要把相关的财务信息及时告知业务部门，不能只依赖事中监督和事后处理，从而提高企业的运营和管理效率。

业财融合是业务和财务单位的有机结合，借助信息系统进行财务管理，并在企业业务活动的全过程中注入财务管理的思想。狭义的业财融合，更强调财务管理的主导性，财务部门深入了解企业的业务，在对业务部门进行管控的同时，提供指导性的服务。业财融合要求企业各部门之间相互学习和理解，全方位支持和协同，当涉及经济相关业务时，业务部门及时将信息反馈给财务部门，同样财务部门也要对业务部门的工作提供财务支持，从而做到企业全员参与。

二、业财融合的意义

（一）利于增强财务数据可靠性和及时性

传统财务管理中的财务数据分析是通过对企业过去的会计信息所反映的经济业务事项进行的数据汇总分析。业财融合管理下的财务数据结合了企业营业部门提供的财务信息，可以更可靠地反映企业当前的价值，使得企业的会计数据更可靠、更可信。同时，传统的财务核算属于事后对企业发生的经济业务事项进行数据处理，具有很大的滞后性，从而影响了企业经营决策的时效性，当业务数据和财务数据融合时，提供的会计信息将会更及时、更客观、更可靠。

（二）保证企业的经济效益

财务工作是企业经济活动有序运行的重要保障，业财融合不仅可以保障财务部门的利益，而且可以促进整个企业的健康发展。通过业财融合，可以让财务部门有效了解业务部门的实际工作情况，从而正确地调整企业未来财务工作的发展方向，也可以让业务部门准确了解企业的实际情况，为企业的发展提供保障。两个部门的联动检查，可以保证数据的准确性，降低企业的生产成本和财务支出，保障企业的经济效益。

（三）提升财务管理水平

传统的企业财务管理工作其实很简单，主要是反映企业的业务经营成果，更偏向于准确性和稳定性，对前瞻性的要求不高。所以传统财务工作并不能对企业的相关业务进行预测，这导致了未来财务数据的不确定性，故而企业的财务工作不能为企业决策制定发挥有效作用。但企业的财务工作和业务工作并不是孤立的，而是相互联系、相互影响的。业财融合可以有效解决这一问题，加强两个部门间的沟通和合作，使财务部门更加全面了解企业的业务情况，从而做出更为准确的判断，提高企业的财务水平，为企业决策提供帮助。

（四）提升企业风险防范水平

随着企业规模的增大，风险也会随之提升，这时候为了规避风险，企业往往会建立风险预警机制。而业财融合可以起到很好的风险预警作用，财务部门加强与其他部门的信息交流，可以获得更加全面的关于企业的财务信息，从而分析出各个部门信息中的可能存在的财务隐患，进而及时向管理层反馈，提前做好风险应对措施，提高企业的风险防范水平。

（五）有利于实现企业战略目标

企业经营的最终目的是通过组织企业有限的资源，为股东创造价值，实现企业的价值最大化。业财融合可以提高企业管理思路的整体性，从而实现企业财务目标与营业目标的统一，促进上下层部门行动协调一致。业财融合促进企业有形资源和无形资源的有效整合，让财务管理和经营管理同步进行，提高企业的分析决策效率，从而更好地掌握内部环境和外部环境的变化，把握市场及时决策，实现企业的战略目标。

三、业财融合的发展历程

（一）第一阶段：电算化为业财融合打下基础

1979年，财政部资助长春一汽对会计核算进行电算化试点改革，我国由此开始走上了财务电算化发展的道路。随着局域网、互联网等信息技术的不断发展和应用，我国开始大量应用微型计算机来处理财务信息。这一阶段依靠的主要是基于DOS平台的核算型单机软件，并以企业定制化的会计软件为主。在电算化背景下，企业在管理过程中可以更好地将财务工作融入相关业务管理，使得企业业务得到精确管理和有效控制，从而减少在财务管理过程中误报、谎报现象的发生，为业财融合在企业的落地打下坚实基础。

（二）第二阶段：财务信息化促进业财融合发展

1998年，基于互联网技术的ERP财务软件开始出现，会计核算软件逐步向管理型软件转型。企业运用强大的数据处理能力和网络传输能力，建设财务高度管控业务、财务高度服务业务的财务信息化系统，弥补了“单机”会计电算化下业务系统孤立性、片面性的缺点。互联网技术使得企业有机会把管理会计的理念和工具、方法融入业务信息化系统中去，从计划管理、执行管理、决策管理和业绩管理几个方面入手，实现业务板块和财务板块的高度融合。将企业财务管理和业务管理进行初步整合，在财务信息化的背景下实现了初步的业财融合。

（三）第三阶段：新技术帮助业财融合落地生根

近年来，随着大数据、区块链、人工智能等技术的逐渐成熟，企业开始应用财务云、RPA等产品，打造智能业财融合生态图，构建业财系统体系级能力，最终实现企业绩效结果可见、业务成长可预测和供应链可控的数字化转型升级，帮助企业管理层合理决策，实现企业数字化转型、数据赋能式运营和降本增效。在新技术支持下，财务人员可以利用人工智能审核业务票据，从而提高办事效率和准确性；可以利用大数据技术挖掘有用的业务信息并可视化呈现，从而提高企业的决策效率及准确性。

● 第二节　业财融合理论框架与基本内容

一、业财融合的理论框架

目前，对于业财融合的理论框架的总结与研究较少，比较系统的观点是著名财务学家汤谷良构建的业财融合的理论框架，具体内容如下：

（一）业财融合本质上属于管理会计领域

业财融合属于财会专业领域的问题，而财会专业大体可分为财务会计、管理会计、财务与审计四个门类与方向。因此，首先明确业财融合应属于具体哪一专业方向中，或应更偏向于哪一具体方向是至关重要的。

结合本章第一节业财融合的相关概念可以理解，业财融合的“财”主要指的是财务、会计类相关决策信息，而非特指财务学。从专业角度而言，企业财务的内容主要是融资决策与资本结构、资本预算与投资决策、股利分配、并购重组。管理会计的内容主要是成本习性、短期经营决策、长期投资决策分析、成本控制、责任中心与转移定价、业绩评价等。企业财务涉及外部资本市场，与外部沟通估值、定价、融资方式、资金成本、投资并购、尽职调查等。而管理会计主要是服从与服务于企业内部的经营决策与资源配置等，这些内容就是业财融合的主旨。因此，业财融合是一个标准的管理会计学科议题。

（二）业财融合是一个信息系统

业财融合属于管理会计领域的议题，而管理会计属于信息系统的一部分，是一个对信息进行搜集、分类、汇总、分析和报告的系统，也是决策支持系统的重要组成部分。与此相关，业财融合也是为企业内部的决策与评价提供信息支持。

业财融合本质是一项企业的后台管理业务，主要从事的是信息确认、计量、记录、汇总报告，它的目的是为企业内部各方面和各环节的管理者与员工提供据以做出决策的信息。这个信息系统应该服务于创造价值、主导战略、控制风险、管理供应链、绩效管理、成本管控等。

（三）业财融合是一个紧盯战略规划的管理控制系统

业财融合并非一个简单的管理会计工具，也不是一个单纯的管理信息系统。业财融合特别强调战略决策、商业模式与业务经营信息供给，紧扣企业价值链，不仅要覆盖价值链中的每个环节（尤其是增值活动），而且更重要的是必须展现不同活动之间的业务逻辑，以业务逻辑为精髓，谋求企业价值链中的各个环节的协同性。

（四）业财融合是一个闭环状态的管理信息系统

构建业财融合理论框架之前，首先要清楚，管理会计理论框架的建立应具备计量、评估、执行与沟通四个要素。除此之外，管理会计要着力PDCA循环全过程（PDCA循环是一个持续改进模型，包括计划、执行、检查、处理公司各循环步骤）、闭环管理与信息支持的要求，所以业财融合的理论设计必须是把管理会计思想、工具尤其是信息系统有机地嵌入到企业战略管理各要点、企业经营各方面和PDCA各项流程。

（五）业财融合必须能夯实管理权责、承载管理创新、促进企业文化变革

业财融合强调财会部门的主体责任，但是并不仅局限于财会部门，要明确企业各职能部门和各级管理人员的相关主体权责配置。业财融合的具体方式与工作重点应该因企业而异。管理会计工具必须保持具体实际方式的多样性与权变性，管理会计必须引领企业管理创新与学习变革。

基于业财融合的管理会计系统还需要始终确保企业内部各种信息的充分透明，尽量让更多的管理者或员工不仅成为管理、业务信息的使用者，而且成为信息的提供者。组织内部无边界、管理层级无上下是业财融合的要旨，实现此要旨的重点是企业文化的重构。这也是管理控制理论中降低预算、考评等正式控制的比例，加大导入共同的价值观、文化传递、沟通讨论、组织信任、关系融洽、精神激励等非正式控制的要求使然。

（六）业财融合须引入信息技术革新、大数据、云计算、商业智能等更新管理会计系统的内容与功效

信息技术日益发展革新，面对新的商业世界，业财融合能够使企业获得一个独特的分析工具，以描绘其经营战略推动力，使企业在日益激烈的商业竞争中，提升把握这些变化与机遇的敏捷性，使其商业模式实现升级完善，业务竞争策略日益精准。业财融合理论模型如图12-1所示。

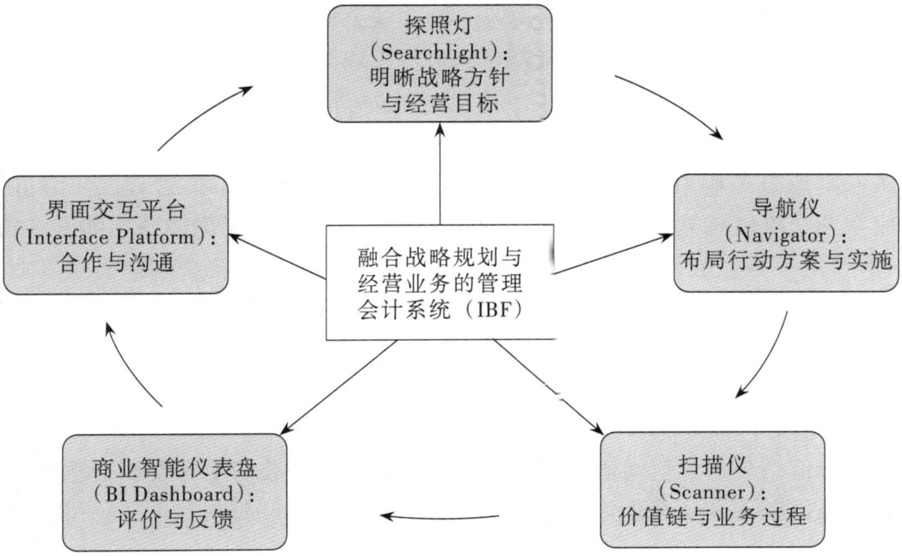

图12-1　业财融合理论模型

二、业财融合的特征与本质

（一）“业务—财务”是一枚硬币的两个方面

企业中的业务经营构成组织运营的总体框架，涉及组织战略、商业模式及经营计划，以及由此引领下的“市场调研—产品研发与设计—要素采购—生产制造—产品销售—售后服务”等价值链各运营环节。财务管理体系总是伴随业务经营而同步发挥作用的，包括财务战略、投融资安排、现金流计划与控制、信息提供与决策支持、风险管理等，因其具有资源配置的战略导向性、财务信息的决策有用性、管理活动的全面综合性等特点，所以通常被视为组织管理体系中的核心。

1.业财融合是组织的天然属性、必然要求

也就是说业务经营与财务管理相辅相成，相互依存，互相补充。业务经营作为一套运营体系，涉及组织战略的形成与执行、业务计划的制订、具体经营活动的开展等，类似组织这栋大楼的框架，而财务管理作为一套管理体系，直接与现金流、信息等核心要素相关，类似内置于这栋大楼的各种管网及相关设施。

2.业财融合的本质是“业务经营牵引财务发展，财务发展支撑业务经营”

组织运行中的业财融合是一个业务融入财务、财务融入业务的双向过程。在现代交易结构日益复杂、外部不确定性无处不在的今天，业务开展离不开系统化、精细化、逻辑化、职能化的财务管理。由此也可看出，业务经营及其发展是驱动财务发展的基本动力（即业务经营主导并带动了财务管理）；反过来，财务的发展也规范并有效支撑着业务经营。

3.权责体系与职能分工不应成为业财融合的障碍

过于强调职能分工而忽视业财融合基础、忽略职能间合作，会导致组织内部形成各种制度化铁笼子，它们异化了组织管理的初心，进而导致为管理而管理、过度管理、无效管理等弊端。因此，强调业财融合就是要回归管理本源：为业务发展而管理，为价值创造这一终极目标而管理，为打破职能壁垒，增加组织内外协调、协作和共生性而管理。

（二）业财融合、“公司等式”与价值创造

从业财融合原则看来，公司管理是在公司治理框架下，由管理层主导并以客户、股东两个维度构建并相互交融的业务经营体系、财务管理体系。如同“资产=负债+所有者权益”会计等式一样，公司在某种程度上是围绕“客户满意（业务经营体系，CEO主导）=股东满意（财务管理体系，CFO主导）”这一“等式”展开经营、管理的法律实体。借用会计等式概念，上述等式也可称为“公司等式”。具体来说：

1.价值创造目标统驭“公司等式”

客户价值是公司价值增值之源；同样，公司股东是公司生存发展最重要、最宝贵的资源提供者，是公司价值创造的原动力。满足客户、股东需求是公司管理者的基本任务。

2.平衡“客户—股东”利益关系是公司价值创造应遵循的基本原则

有些时候，客户、股东两者利益存在矛盾冲突，这种利益冲突可能既不是来自公司外部客户的要求，又不一定来自公司股东对公司管理者的业绩压力，而更可能是来自公司内部业务、财务这两条主线的管理者的角色差异与管理意识冲突。平衡客户—股东利益关系是公司业务经营者、财务管理者必须共同遵循的管理原则，它是业财融合原则在组织管理中的核心体现。

3.业财融合下CEO与CFO伙伴式的组织关系

从公司治理角度来看，这两个角色都是在公司治理框架下受聘于董事会并对公司价值增值负责的个体；从公司管理角度来看，CEO是公司高管团队的核心，却不是公司高管中的唯一存在，CEO与CFO之间是基于共同认知及基于分工的合作伙伴关系，是站在公司整体利益视角并在考虑问题时“替对方想想”的相互信任关系甚至某种情感联系，因此业财融合首先表现为高管团队内部的角色融合。

（三）业财融合并非仅针对管理会计

从广义的财务管理看，业财融合原则并不仅仅适用于管理会计。

业财融合是会计信息生成和应用的基础。从会计信息生成看，没有真实业务交易也就没有真实的业务核算，没有对交易结构的深入理解，也就无法对交易进行有效分类并提供有用的会计信息。从会计信息应用看，组织经营活动所产生的这些会计信息，如果不能被反馈、应用以优化未来经营活动，不能为公司股东及其他利益相关者提供决策支持，会计系统也就失去了其存在的正当性、合理性。

业财融合是财务管理特别是日常现金流管理的基础。公司日常财务活动总是围绕业务经营而展开，如为满足业务预期增长需要筹划资本来源及对外融资，为销售收款和采购付款等需要进行现金流规划与控制。除此之外，从财务战略与长期投融资决策看，任何投资决策都始于对未来市场及业务的判断，市场及业务增长拉动投资，而投资决策则牵引融资决策和资本优化配置（它以资本结构优化和财务风险可控为根本），总之都是围绕业务这一“实体”而开展管理活动的。因此，业财融合同样是财务管理的出发点、着力点，它既体现在财务支持、服务于业务的一面，又体现在财务规范、控制业务发展的另一面。

三、业财融合的基本模式

（一）制度化模式

业财融合中的制度化模式，是指业财融合被公司治理与管理规则、商业传统、文化观念等影响并予以其合法化的模式。具体解释如下：尽管初始意义上也存在业财融合意愿和内在需求，但制度化促成并强化、固化了这两者间的融合。其次，商业文化重视资本回报、股东利益，因此，财务体系及其CFO角色在公司管理中的重要地位，与商业文化直接关联。最后，信任是一种人文属性，放在组织中讨论，组织中业务、财务两条主线间的互信是基于业财融合的组织构建的文化基础。

（二）财务主动嵌入模式

该模式是指财务主动嵌入并服务于业务部门的融合模式。其特征是：(1) 以业务经营为服务对象，主动重构公司财务组织以满足业务发展需要。(2) 财务嵌入业务的动因，既来自于业务对财务管理需求的驱动，又来自于现代信息技术、财务共享等对财务组织转型升级的要求。(3) 业财融合既可看成是“业务融入财务”，更重要的是强调“财务主动融入业务”，即强调财务对业务发展的决策支持、资源保障、风险把控等方面。

（三）项目制模式

业财融合不仅体现在制度化、主动嵌入等组织模式上，而且经常体现在因业务经营需要而组建不同的跨职能团队、项目团队等项目制组织形式中。

跨职能团队是指在正式组织内部，由来自不同职能部门的人员共同组建的一种机动性横向组织，它通过团队成员合作以实现新产品开发、提高组织运营效率等团队目标。跨职能团队具有相互依存、灵活、持续学习等特性。作为增进部门间合作的一种新型组织形式，它有助于提高组织灵活性和应对外部环境变化的能力，通过拓宽部门视野（即从过去的“部门”拓宽到“组织整体”）来强化部门间信息沟通、知识分享以提高组织创新能力，激发组织变革。

项目团队是为实现组织内部设立的重大项目（如研发项目、投资项目等）目标，而将相关设计、工程、财务、采购、生产等人员组建起来的正式组织。在这里，“项目”即组织内部的一种“特殊业务”，在组织架构上，项目团队类似一个“小型公司”，有其明确的项目管理目标和管理责任，业财融合既是项目团队发起的动因，又是完善项目管理的组织保证。

由此可见，跨职能团队、项目团队等融合模式，是组织内部业财融合向深度、广度推进的重要形式。

第三节 业财融合的具体应用

一、业财融合的实施条件

（一）流程保障

会计流程设计将直接决定业财融合的效益。原有的会计流程之所以饱受诟病，主要原因在于传统的分工形成的会计流程所带来的弊端。这就需要先对原有的会计流程进行再造。会计流程再造的核心目的在于如何与业务相关的信息实现自动采集、共享、实时控制与输出，满足不同会计信息使用者的需求。企业会计流程的再造需要结合公司自身的特点，经过严密考察和效益评估，不断优化精进，从而实现财务组织内外部的协同共生。

业财融合的会计流程再造不仅是在内部打通会计与业务的流程来实现会计信息与业务信息的共享，而且需要重新对现有会计流程进行梳理，消除不增值的业务环节，从内部延伸到外部价值链条或者价值网来实现信息共享，以尽可能满足使用者的信息需求。

流程再造包括输入环节、加工环节、输出环节三个层面的再造。输入环节的流程再造目标是消除业务部门在业务发生时产生原始凭证的过程及会计凭证编制的过程。一方面实现无纸化传递，另一方面尽量实现从业务前端按照一定的数据规则统一获取信息，不采用人工提供或者从业务端再加工后提供的方式。这可能会带来核算的集中和业务前端的供应商（例如，差旅服务、原材料、日常办公设备及低值易耗品等）系统的集中和价值网中客户端的集成，来实现集中采购和与价值网中客户端的价值信息共享。这样，会计部门就可以实时获取并同时监控多种原始凭证的来源，以保证真实性和账实相符。同时，能够自动生成实时报告提供给需求者。在这一过程中，往往会采用信息技术的事件生成法来实现录入标准的统一，从而避免重复输入。加工环节的流程再造目标是要实现从会计凭证到账簿、报表的自动生成。利用智能化手段，可以大大提高业务处理效率，以节约会计人员的精力。更重要的是给业务处理的经济事项留下痕迹，使得对接业务流程具有可视性和还原性。输出环节的目标是运用各种可能的数据挖掘和展示技术，按照使用者的需求，分析生成数字化仪表盘等可视化的数据信息。这些信息不仅是会计信息，而且有更多的内部业务经营者信息，外部价值链的供应商信息、客户信息、竞争者信息。它能够帮助企业了解客户行为、预测销售趋势、确定某一组客户或者产品的收益率等。需要注意的是，输出环节必须考虑使用者的需求，并不断调整输入和加工环节的业务流程。这其实也起到了一种回馈作用，使得输出环节与前面的环节形成闭环。

（二）信息技术保障

流程再造为信息化提供了重要的基础。信息化是实现和固化这个流程的技术条件。信息技术有利于改变“信息资源孤岛”的问题，实现财务与业务信息的集成。集成有利于更好实现实时控制、信息共享与融合、跟踪和反馈。

这个技术条件主要包括两个方面：一个方面是内部的ERP实施，另一个方面是外部的XBRL接口的统一。

ERP最大的优点是采用统一标准化、规范化的信息代码实现集成。有利于将财务模块与生产、物流等模块紧密相连，业务部门按照标准录入生成的信息可以直接为会计部门所采用，这就大大节约了会计部门的工作量。

XBRL技术最大的优点是允许使用者根据需求定义标记，当数据双方就标记达到一致，数据便能无歧义地进行动态的共享和交换。推行XBRL技术的实施，这样信息使用者获得的会计信息才具备可比性。

（三）数据仓库保障

无论流程再造还是信息技术的使用，目的都是构建数据仓库，以供分析提取数据转为决策信息使用。数据仓库作为中央数据库，是为所有决策提供数据支持的底层数据库。它有定性与定量、财务与非财务、确定与不确定、内部与外部的数据信息。当然，这些信息在生成的初期，必须统一输入处理规则与代码，否则就会杂乱无章，无法提取、加工和分析。

（四）会计组织保障

高效的会计组织是业财融合实现的重要保障，而流程再造与信息技术的运用使得高效的会计组织成为可能。尤其是移动互联网、云计算、大数据、人工智能（AI）、虚拟现实（VR）等技术，使得会计组织面临完全想不到的改变。对于会计组织来说，高效的衡量标准，不是会计准则技术的认知与运用能力，而是将会计组织的核心竞争力从准则技术走向信息的采集、运用信息的分析能力和洞察力。

二、业财融合的实施路径

（一）业财融合始于财务共享服务中心建设

财务共享服务中心建设是业财融合的开始，也是财务人员从核算型财务转型到业务型财务的起点，其建设与完善有利于业财融合的实现。

首先，通过财务共享服务中心建设，有利于通过集中的会计、统一的标准、统一的流程、统一的信息系统，降低会计核算成本，提高会计核算服务效率。这样可以大大节约会计核算人员的数量，释放更多的高级会计人员去从事业务型财务工作，有利于财务部门开展业财融合，从而提高财务精细化程度。

其次，财务共享服务中心本身是一个集中的数据中心。来自于第一手的业务数据不仅保证了数据的真实性，集中的数据更为业财融合具体措施的实施搭建了重要的真实数据仓库基础，从而有利于下一步的财务分析。

最后，财务共享服务中心强大的流程再造能力和信息技术基础，有利于通过差旅服务、供应商集中采购、物流服务集中、人力资源集中、客户关系管理集中等措施，为实现财务介入到业务前端，实现对业务前端原始数据的管控能力和真实性提供了可能，这也有利于业财融合的流程再造实施。

（二）全面预算管理是业财融合实施的重要沟通工具

企业财务和业务之间的联系可以通过全面预算管理来实现。全面预算管理不是简单的事前编制和事后考核，其实施最大的意义在于事前、事中、事后对于资金的沟通与控制能力。无预算无资金，无预算不支付。

全面预算管理有利于提升财务和业务之间的融合能力，从而改变部门之间条块分割、各自为政的粗放式预算管理，例如，实行按成本作业标准和管理标准编制预算，可以提高预算的科学性和准确性，最终达到统筹公司资源，优化资源配置的目的。预算量化指标的细化和分解进一步反映了财务和业务之间必然的逻辑关系，从而有利于下一步多维度财务分析报告的形成。

预算一头连接着战略，另一头连接着业务活动。通过预算的动态滚动管理，跟踪动态业务项目，分析各种指标，发现和探索战略决策的数据，实现科学战略决策。实时控制目标的完成情况，反过来可以进一步促进业财融合。

此外，通过预算编制的反复沟通、反馈、纠正，有利于财务更好地了解业务全过程，这使得财务对业务的管控有的放矢，同时也有利于财务对于业务潜在的风险及时进行预警。

（三）成本管理是业财融合价值的直接体现

业务部门主动实现成本管理精细化比较困难，因为业务部门实现的是目标管理，容易强调结果而忽视过程，这就会带来成本管理的粗放。成本管理是连接财务和业务的又一路径。它有利于在目标成本管控的前提下，分解细化作业工序和作业流程，并将责任落实到部门和员工。财务部门深入业务流程，可以识别不增值的环节和流程，通过财务自身的精细化驱动业务流程的精细化，以实现成本效益分析和业绩评价的准确、精细，从而体现业财融合的价值。

（四）数据分析是业财融合的技术工具

业财融合的实现依赖数据的挖掘、分析和利用。财务数据已经不能满足业财融合的要求，还应拓展数据边界，从采购、生产、营销等业务领域获得数据。一体化的信息系统有利于打通财务数据和业务数据，有利于业财融合的实现。缺乏一体化的信息系统不可能实现数据在前端并及时获取，还可能造成信息孤岛。

（五）高素质的财务团队是业财融合实现的主体

业务部门与财务部门的不同分工，导致了业务与财务深度融合的困难。这就要求财务团队在理念上首先以统一的组织价值目标实现为理念，顾全大局，提升与业务融合的主动性。其次，财务团队所掌握的专业技能不再是对于财务知识的认知能力，而是对于数据信息的搜索能力、数据信息的加工能力和数据信息的洞察能力。财务团队应从对于会计准则知识的掌握，延伸到对于行业政策与趋势、各种商业模式、供应商与竞争者信息的关注。应该学会从浩瀚的经营数据、财务数据中搜索和洞察出具有商业价值的信息，并基于数据的分析和预测，将其转化为对于各种决策具有价值的建议。最后，业财融合需要财务团队具有很强的沟通能力。这种沟通能力是基于业务服务的思考，站在业务的角度，提高财务处理效率，从而客观地分析和评价结果。

三、业财融合的实施要点

业财融合的实操要点包括组织机构、工作模式、管控机制、数据信息与组织行为文化五个方面的内容。其中，组织机构和组织行为文化维度是业财融合体系中的硬件与软件，工作模式与管控机制维度是业财融合中的中央处理器，数据信息维度是业财融合体系的工作对象或内容，通过业财融合五个维度有条不紊地并行运作，全面展现业财融合的“探照灯、导航仪、扫描仪、仪表盘与交互平台”的功能目标，即企业业财部门全方位协同，推动价值与效益理念植根于运营环节，助力公司的可持续发展。

（一）内容重构

业财融合的内容重构要求扬弃会计要素，紧盯企业价值链各项内容。推进业财融合，首先要通过梳理企业价值链环节与主要经营活动，其中既有企业内外价值增加的基本活动（如企业生产、销售、进料、发货、售后服务），又有涉及人事、财务、计划、研究与开发、采购等内容的支持性活动，这些都是企业价值链上的主动脉。其次，要通过大数据、精益管理关注到每个主动脉上的毛细血管。

业财融合必须扬弃比较粗放的、让业务人员望而生畏的会计要素与报表科目，直接切入价值链环节，并结合每个企业具体的业务属性，从战略规划、采购供应、投资建设、质量管控、市场营销、客户服务和职能管理七个维度全面刻画、深度描述公司业务经营与运营管理的细节。

（二）工作方式与管控模式升级

业财融合的工作方式尤其是管理会计工具的导入，必须降低会计属性，力图推进管理会计与业务经营的无缝连接，主要包括全面预算管理和业绩评价两个方面。

全面预算管理是管理会计系统中最基本的机制，应该成为业财融合的“探照灯”与“导航仪”。但是现实中的预算管理受到了“计划赶不上变化”“鞭打快牛”的非议。这不是全面预算管理本身的问题，而是我们采用的预算方法与模式的问题。

在业财融合的框架下，强调预算模式的交互性、非财务性、实时性与分权等特征，其预算体系应该呈现出以下特点：首先，企业预算文件中的“语言”，要尽量减少会计科目与财务指标的表达，尽可能多从业务经营的角度，表达预算指标体系，比如有的企业预算体系的构建是产品线、渠道线、客户线、供应链、O2O等。其次，预算程序和信息要有企业总部及其高管的直接参与，预算编制过程则要求企业内部各层级管理人员频繁、有序地关注，而不能由财务部门“大包大揽”。再次，预算旨在规划未来，由于外部环境的不确定性，准确预算未来一年的市场走势与政策变化困难重重，因此，我们应该放松一年编一次这种固化的预算流程，压缩预算周期，提高预算编制频次。最后，为了促进业财融合，企业总部除制定统一的预算制度框架与数据分析模板外，还要引导各业务单元具体地、个性化地实施这些制度，尤其是根据具体的业务模式做好精细化的业务预算。

就业绩评价而言，业财融合的推进要大幅度放弃单纯以历史水平（如上年同期水平）进行业绩评估的做法，转换使用预算目标标准尤其是与外部同行业竞争者对标。业财融合就是要强调企业战略、业务运作、产品与服务在同行业的地位，要立足企业全部资源配置提供一个量化评价标准和目标，以标杆分优劣，以标杆配资源，以标杆促管理。前述业财融合理论框架中的五个方面都需要通过挖掘标杆数据背后的业务动因，从价值链全流程、商业模式全流程诊断管理薄弱点和效益洼地，甄别并摒弃高投入低效益的商业模式与产品经营，精准推动运营模式、管理服务等的优化。

（三）组织机构与管理体系匹配

业财融合的实质是企业市场经营线与行政综合线之间的协同与贯通。这要求企业着力打造组织扁平、跨部门作业、经营权力下沉、流程敏捷的职能管理体系。现存企业内部的科层组织、直线式管理、总部权力集中、各业务单元完全依令行事的管理体系是业财融合的组织桎梏。企业内部运营和外部价值链要实现一体化、无边界、数字化全覆盖，使市场、运营、生产决策与财务信息能够形成数据上移、平台管理、责任下沉、权力下放、独立核算、自主经营的高效组织体系。业财融合的实现在组织上必须模糊企业的运营前台与管理后台，打破各职能管理的条块，压缩上下级信息传递层级。

在管理会计理论中，按照管控的重点不同，管控类型可分为运营型管控、战略型管控和财务型管控。其中，运营型管控总部充当经营决策与经营管理的指挥中心，强调统一经营运营、资源集中配置和业务管控，重视过程控制；战略型管控总部充当投资决策中心，主要负责全公司的战略规划、投资决策、协同发展，下属单位属于利润中心，拥有较大的经营自主权；财务型管控总部充当财务投资中心，对各下属单元主要利用财报指标与业绩结果进行评价，不太关注具体的业务经营管理，下属单位在资源配置、战略规划、经营业务、财务收支等方面都具有较大的自主权。业财融合的导向下，每个企业在综合内外经营环境、企业战略类型、下属单元对总部战略重要性以及自身管理基础与规范性等因素之后，必须权变地抉择自身的管控模式，并在一定时间内保持相对稳定。管控体制不同，业财融合的工作机制、流程与重点都会有所差别。

无论采用何种管控模式，有一点应该成为业财融合下相同的组织取向，即在企业内部应该大力推进市场化和契约化结算的机制。也就是内部经营关系尽可能模拟市场运作，通过签订合作协议，建立契约关系，明确服务双方的合作内容、服务质量、响应速度等一系列权利和义务，促进内部分工与内部协同，既放大内部自主活力，又减少内部协调阻力。与此同时，以内部转移价格为测算标准和依据，通过内部结算衡量内部市场化范围内各主体的经济价值贡献和成本耗用，为企业进行绩效评价和资源配置提供重要的依据和支撑。

业财融合还要组建企业内部跨专业条线与职能分工的虚拟团队与运行机制，成立跨专业条线的业财联席会，由分管不同业务条线的公司领导挂帅，各相关部门或者相关人员与会，定期针对重大的业务项目进行联合会审、剖析问题、共同研究解决方案，从而保障涉及多专业的复杂业务得以有效解决。

（四）管理报告的重构

在大数据环境中，传统的管理会计系统也应转型升级为全面嵌入大数据的信息系统。一是从以财务信息、账表为主的资料，转向业务经营过程中各种数据化的资料，包括文字记录和音频、视频等载体提供的信息。多种形态的数据更能准确、清晰、直接地表达或传递企业的管理决策、业务经营的内在情况与状态。二是从粗放的、概括性强的信息，转换到精细的数据，将数据采集与分析延伸到企业经营的每个角落，价值链中的每个细枝末节。三是通过大数据把原来以为不相关的信息经过分析整合重新解读，发掘出新的价值。四是摒弃原来偏重事后数据分析的模式，转型到实时动态管理。

管理报告的重构，其具体要点应该包括以下几个方面：一是构建管理会计数据仓库。比如建立基于企业价值链的业务活动列表，根据5W1H思路（目的、内容、主体、区域、周期、模式）设计维度，形成不同业务活动与维度的组合，并从管理需求出发，归集组织、产品、客户、渠道、重点成本等维度的投入产出数据。二是构建运营异动扫描及预警系统。搭建公司主要运营指标监控体系，为指标的健康度设定异动阈值，全方位实时扫描各个指标的运行情况，并针对异动指标及时进行预警，及时发现公司运营的异动，及时分析并制定相关应对措施，以确保公司安全生产、高效运营。三是构建企业营运标杆数据库与“体检报告”。以价值与效率类标杆为核心，结构与增幅类标杆作为辅助和校验，从而形成业务标杆与财务标杆的联动分析，主要涉及行业地位、收入增长、成本水平、市场运营、供应链、资源配置等模块，通过份额指标来衡量公司在行业中所处的地位，通过收入指标来衡量公司收入能力的增长情况，通过成本利润率指标来衡量公司的盈利能力情况，通过客户运营、业务运营指标来衡量公司的市场运营情况，通过运营速度指标来衡量公司的供应链状态与潜力，通过资源结构来衡量公司的资源配置情况，从而全面覆盖业务增幅、结构、发展效率和效益。四是构建管理会计决策与分析的“界面交互”平台。从管理需求出发，归集组织、产品、客户、渠道、重点成本等维度的投入产出数据，搭建分析模型并编制管理报表，从而实现组织、产品、客户、渠道、重点成本等维度的投入产出评价。

（五）构建与业财融合匹配的企业文化

从组织行为心理来说，业财融合概念的提出与具体运作，首先需要CFO以及财会团队摒弃长期存在的思维范式，比如“财务管理”“集团管控”“内部控制”等。因为这些概念在很大程度上隐含着“管理者”与“被管理者”的不同主体身份，而且多认为财务是“管理”“控制”业务的。而当下业财融合的内涵对财务的定位更多是“服务、沟通、协同、咨询诊断、参谋顾问”，强调财务与业务的一体化，谋求相得益彰。这就要求CFO及其财务团队要以指导而非领导、以解说而非说教的工作姿态，为企业所有业务活动提供高质量的全流程财务管理服务。尤其要基于大数据与信息系统的业务经营计划模板，与各业务单元管理者协同工作，利用简单明了的分析工具扫描业务经营进程，诊断评估经营活动状态与经营计划目标的偏差，分享持续改进的具体对策。与业务团队协同工作，既谋求企业经营效率改进、效益提升的成果，又力求达成行动学习、信任尊重、跨部门合作的企业文化。

业财融合不仅是一种管理模式或者单纯的管理信息系统，更是一种企业管理文化或企业理念。这种文化凝结并展现了管理会计最主要的价值观，具体包括：(1) 数据说话，以数据实现管理的透明度与决策有依据；(2) 业绩至上，必须提升企业价值；(3) 目标与标杆引领经营方针与资源配置；(4) PDCA闭环管理；(5) 崇尚沟通、团队、信任、激励与行动学习。业财融合的有效推进必须以这些管理会计价值观为基础，转型升级管理会计文化已成为中国企业推进业财融合不可或缺的抓手。

下篇　高级管理会计应用案例

案例一

丰田商法[①]

1866年，丰田佐吉出生于日本爱知县的一个农民家庭。日本明治维新以后，社会呈现出前所未有的生机。年轻的丰田佐吉也积极地投身于这股社会发展的潮流之中，他的兴趣是研制纺织机。在不断的失败、不断的改进中，他发明了好几种纺织机。[①]

1894年，丰田佐吉研制出的自动回线纺织机，具有很好的效能。于是，他便筹措资金，开办工厂正式生产这种纺织机，并召两个弟弟丰田平吉、丰田佐助来给他当帮手。

1910年，丰田佐吉赴美国考察，对美国市场上正在兴起的汽车产生了浓厚的兴趣，认为今后是“汽车的时代”。回国后，他便将主要精力转移到研制汽车上来。当时，他的丰田自动纺织机制作所已经有了相当的规模，不仅在日本国内市场上享有盛誉，而且在我国上海开办有“丰田纺织厂”。

当时，日本的机械工业十分落后，丰田佐吉要研制汽车可不是一件容易的事。他的汽车研究刚刚有了一点眉目，1923年9月1日的关东大地震，又使他的研究工作耽搁了下来。

1924年，福特汽车在日本设立分公司；1927年，通用汽车公司也在日本开办公司，这给丰田佐吉以很大促进。20世纪20年代后期，他的研究工作终于有了突破。为了加快该项工作市场化的进程，他便让其长子——东京大学毕业生丰田喜一郎来主持这项工作。然而，未等丰田汽车投放市场，丰田佐吉便离开了人世。去世

① 王若雨、张静雯、王琛根据网络资料整理加工。

前，他对丰田喜一郎所说的最后一句话是："我造织布机为国尽了忠；你就以制造汽车为国尽忠吧。"丰田喜一郎始终牢记父亲的遗嘱。1931年，他完成小型汽车引擎的研制工作；1933年，丰田自动纺织机制作所成立了汽车部（分厂），1935年11月生产出第一辆丰田汽车——A1型小轿车，不久又研制出G1型卡车。

丰田喜一郎经营有方，丰田汽车不断发展。1937年8月，丰田喜一郎正式成立"丰田汽车工业公司"。经过几年的努力，丰田汽车月产量达到1 400辆。

第二次世界大战以后，日本经济崩溃，丰田汽车公司也债台高筑。1950年丰田喜一郎不得不引咎辞职，让非丰田家族的石田退三接任总经理。石田退三力挽狂澜，使丰田公司再度振兴。1967年，东京大学工学部的毕业生丰田英二接任总经理。在他的领导下，丰田公司飞跃发展。1978年全世界各大汽车公司都赔钱，而丰田公司却盈利5亿美元；1979年丰田公司的营业额高达140多亿美元，丰田汽车公司兼营的丰田自动纺织机制作所、丰田纺织公司、爱知钢铁公司、东和不动产公司、丰田通商、日本电装公司等，均生意兴隆、蒸蒸日上。1981年，丰田英二退任董事长，推举丰田章一郎（丰田喜一郎的儿子）继任总经理。在丰田章一郎的统领下，丰田公司继续发展，尤其是对美国出口节节攀升，令美国同行坐立不安。

因为丰田汽车公司的大部分工厂都集中在爱知县的三河地区，该公司领导层中的高级经理人员和员工都是三河本地人，他们自称是"三河忠诚集团"，故而将其经营战略称之为"三河商法"。

"三河商法"包括三点主要内容：第一，批量生产的效果；第二，"吝啬精神"；第三，无贷款经营。这三部分是一个整体，互为影响。

"批量生产的效果"具体体现为"丰田生产方式"。这种生产方式，就是"以杜绝浪费的思想为基础，追求制造汽车的合理性而产生出来的生产方式"。

"丰田生产方式"起源于丰田公司创始人丰田佐吉的"人旁思想"。佐吉将他设计生产的"自动化"纺织机改写成"自働化"，多了一个"人"旁，强调要发挥人的"自动"精神。丰田喜一郎继承了这一"人旁精神"。

丰田汽车公司的创始人丰田喜一郎"以杜绝浪费的思想为基础"，提倡"非常准时"的想法。第二次世界大战后，面对丰田工厂的一片废墟，丰田喜一郎斩钉截铁地说："要三年赶上美国！否则，日本的汽车工业就别想重建！"在丰田喜一郎的鼓动下，丰田公司上上下下充满着一股"干出个名堂来"的气势。接着，丰田喜一郎又规定了产品部件供应"及时赶上"的生产制度。后来副总经理大野耐一进一步完善了上述思想，从而形成了完整的丰田生产方式。

大野耐一把传统的"由上道工序把工件传递到下道工序"的方式，改变为"由下道工序向上道工序领取工件"的方式。这种新方式要求前道工序只生产后道工序所要领取的工件，并规定了"三必要"的制度（又称"准确思想"）：保证按必要的工作、必要的时间和必要的数量"准确"供应到位。他还明确了"后道工序是顾客"的思想，前道工序严格按后道工序要求提供质量合格的工件，严格实行不多不少地按需供应。当执行"三必要"制度时，大野耐一又采用了"流程卡"（又称

“传票卡”）形式。“流程卡”分为“领货指令”、“生产指令”和“运送指令”。“流程卡”由后向前传递，保证了前道工序所产出（或采购）的工件正好是后道工序所需要的工件，从而避免了库存，杜绝了积压与浪费。

丰田喜一郎的“非常准时”的思想又进一步从生产过程延伸到营销过程。本来，“由下道工序向上道工序领取工件”的方式和“三必要”的制度，是对生产过程而言的，是以“降低成本”和提高生产效率为目标提出来的。后来，丰田销售公司也以“非常准时”的思想为指导，实施“完全销售”的管理体制——“由下道工序向上道工序领取工件”的方式和“三必要”的制度，名副其实地实现了“订货生产”的状态。这样，整个丰田公司的经营管理，经过孜孜不倦地推进“准时化”的努力，获得了巨大的收益。

20世纪30—40年代，在丰田汽车工业的创始阶段，丰田喜一郎就有了这些可贵的想法。这真是个天才的想法。他是个同福特一样的天才，福特公司的流水作业方式，是“计划生产”的顶点；他把这种方式倒过来，改成“订货生产”的形式，既能达到“降低成本”的目的，又能取得“确保质量”的效果。

“吝啬精神”源于丰田喜一郎创业之初提出的“生产廉价车”的使命。根据这一使命，他强调：钱要用在刀刃上；机器一定要买第一流的，用一流的精神，一流的机器，生产一流的产品；要杜绝各种浪费。

在丰田公司，非生产性开支十分“吝啬”。一次，松下公司的领导到丰田汽车厂参观，服务人员恭敬地送上咖啡，礼节之周无可挑剔，但是盛咖啡的器皿却使客人大吃一惊——是普通的粗瓷碗！是的，丰田公司没有咖啡杯。无论是自己用，还是招待贵客，一律用普通的瓷碗。

丰田英二曾要求职工：“工作做完了可以随时回家，不必要的逗留就是浪费。”“当你工作的时候，就要认真地工作。”大野耐一强调：“丰田生产方式的目标，在于杜绝企业内部的各种浪费，以提高生产效率。”“杜绝浪费对企业来说，是至高无上的命令。”

而在生产上，丰田公司强调“合理化”，追求“高质量”。而且，就是在日本进入经济高速发展时期，在“只要生产出来就能卖得出去”的市场态势下，丰田公司仍然孜孜不倦地开展以“杜绝浪费”和“提高质量”为目标的“合理化”运动。

丰田公司的提高质量工作，是以1997年设置监察改良部为起点的；作为在全公司生产系统中形成一个有联系的质量管理制度与体系，是从第二次世界大战以后开始的。

现代质量管理的鼻祖是美国管理学家戴明。他曾于1950年应邀到日本作关于质量管理的讲学，强调“产品设计-制造-检查-销售-市场调查”，是围绕质量问题而开展的一个相互联系的管理过程；而最后的调查结果，又要应用到产品设计上来进一步提高产品质量。这在日本被称为“戴明环”。

在戴明质量管理思想的推动下，20世纪50年代，日本产业界开展了轰轰烈烈的质量管理运动。在这一运动中，丰田公司结合自己的“合理化”运动，同其他一些日本企业相互促进，形成了日本式的独特的全面质量管理（TQC）体制，从而引起了世界产业界的质量管理革命。

丰田公司的全面质量管理运动的一大特点，是着重抓好“质量保证”和“成本管理”两大主要环节。

“质量保证”，就全部产品来说，是各工序（车间）要对本工序的产品负责，对下一道工序“不送次品”。这样做，就能对下一道工序进行“质量保证”，直至依次传递到装配完成线，最后就能做到对用户的“质量保证”。唯有严格遵守“不向后一道工序送次品”的规则，才能确保丰田产品的质量。

为了确保“不向后一道工序送次品”，丰田公司在各车间设有质量管理小组，以此形成全员参与的体制；设立“工厂间比较委员会”，开展以“消灭次品”为主题的活动；开展“动脑筋创新”建议制度和提案制度，各部门（工厂）分别设立了建议委员会、事务局，各车间组成了“动脑筋创新”小组，车间到处都设有建议箱，对提出新技术发明线索的，给予重奖；在各个分公司、工厂及总公司的职能部门设置“成本会议”制度。

为了降低生产成本，丰田公司专门成立了由设计、制造、营销、采购几方参加的“原价改善委员会”，从各方面加强成本控制的措施，如：劳资方面，每年雇用2 000多位季节性工人，以节省开支；生产方面，严格“流程卡”制度，开展“零点库存”运动，实行“无库存”生产。

“无贷款经营”源于石田退三。他的“约法三章”就是实现“无贷款经营”的有效措施。

石田退三的前任丰田喜一郎就是因为丰田公司债台高筑而辞职的。石田退三上任后虽然到银行借到了钱，但条件是苛刻的。因此，石田退三在丰田家族的支持下，发奋要实现“无贷款经营”。石田退三提出了“自己的城池自己守”的口号，并和公司全体人员约法三章：第一，增加储备金，逐年使资金额上升；第二，实行全部的固定资产偿还制度；第三，设备投资一律不得使用贷款。这三条构成了“无贷款经营”的初步基础。在“丰田生产方式”和“吝啬精神”的配合下，丰田公司的“无贷款经营”很快收到显著效果。到1975年，丰田公司就有了较充裕的资金，从而得到了“丰田银行”的称号。1977年，“丰田银行”拥有金融资产8 700亿日元，当年金融活动收益为390亿日元，相当于60万辆汽车的销售总额。第二次世界大战前，丰田公司曾参与三井财团的运营。但20世纪70年代中期以来，“丰田银行”的金融收益却能和三井银行相媲美；就1977年销售一辆汽车支付给银行的贷款利息而言，日产汽车为2万日元，东洋汽车为5万日元……唯有丰田公司为“零”——这在日本被传为神话。

丰田公司“无贷款经营”的实现，与其产品销售工作的有效开展密切相关。在这一方面，该公司的做法也引人瞩目。他们把生产和销售分成各自独立的两大系统。生产系统以丰田汽车工业株式会社为核心、龙头，组成原材料—部件、零件—总装这样一条龙的生产体系。在流通和销售系统方面，以丰田汽车销售公司为龙头，在日本全国以及国外主要出口市场，组成强大的营销网络。许多专家都指出，丰田汽车与日产汽车最大的不同，或者说决定胜负的关键（日产与丰田几乎同时成立，而且有鲇川财阀作为靠山，但20世纪80年代以来日产的市场占有率及销售额只占丰田的五至六成）在于丰田汽车的品牌力量与营销网的强大。丰田工业和丰田销售两大龙头之间，实行一整套银行化的资金结算制度，从而保证生产出来的每一辆汽车都能卖得出去，卖出的钱又能及时回收到丰田汽车总部。而作为丰田汽车集团整体来讲，始终坚持一个铁的原则——“只生产能卖掉的汽车”。这一原则，充分体现了丰田喜一郎所提倡的“非常准时”的思想。

由于丰田公司有了充裕的资金，因此，丰田喜一郎的“生产廉价车”的使命——用一流的精神，一流的机器，生产一流的产品得以很好的完成。这就使得丰田车不仅称霸日本市场，而且势头强劲地称雄于国际市场。

1952年，日本政府提出了一系列促进出口的政策。以此为契机，丰田公司积极开展了出口活动。1957年10月，在美国设立的美国丰田汽车销售公司是第二次世界大战后丰田在海外设立的第一家子公司。1958年1月，该公司又在南美洲设立了巴西丰田汽车公司。20世纪70年代，丰田公司加快了海外扩张的步伐，从1971年设立哥斯达黎加丰田公司，到1979年6月设立澳大利亚丰田公司，这9年间总共在海外设立了21家子公司。由此，丰田公司确立了其征战国际市场的实力和地位。

“车到山前必有路，有路必有丰田车”这一句响亮的口号，在中国的许多地方几乎是家喻户晓。不止中国，就连汽车工业十分发达的欧洲和美国，也受到后来居上的丰田汽车的冲击，难以招架。作为日本经济的“领头羊”，丰田公司对于日本经济腾飞起到了巨大的推动作用。

20世纪80年代以来，丰田汽车在日本国内始终保持50%以上的市场占有率。随着日本国内市场的日益饱和，该公司进一步加快了征战国际市场的步伐，以更加强劲的势头向世界汽车“霸主”发起冲击。

根据本案例，回答以下问题：

1.丰田商法是在什么背景下提出来的？

2.丰田商法包括哪些内容？

3.如何客观评价丰田公司的“吝啬精神”？

4.如何辩证看待丰田公司的“无贷款经营”？

案例一参考答案

案例二

TZ公司基于战略的全面预算管理的实施①

一、TZ公司现状

（一）TZ公司简介

山东省TZ制药公司成立于2003年，一直从事药品的生产和销售，是山东省较大的药业集团，公司占地面积为20万平方米，现有职工560人，其中工程技术人员184人，具有中级职称和高级职称的人员共计125人，注册执业药师29人，公司总资产6 000万元，年销售收入1.5亿元。公司主要生产片剂、颗粒剂、口服液等三大剂型近60种产品并建有相应的生产车间。公司技术力量雄厚，生产设备先进，管理严格，检测手段完善，多项课题被列入省、市新产品的重点开发项目，公司始终坚持“以质量求生存，以科技求发展，更新观念，改革创新，做大做强”的质量方针，认真贯彻《中华人民共和国药品管理法》和《药品生产质量管理规范》等相关法律规范，严格按照GMP的要求管理，近年来获省、市质量管理技术创新先进单位等荣誉20多项，产品质量市场抽查合格率也达到100%。

2005年，公司生产的一种口服液以保健品的营销方式来推广，确立了其口服液市场的霸主地位，多年来一直畅销，公司的营业收入也因此稳居国内医药行业前列。2007年，经公司高层管理者研究，将研发部独立，专门从事新药的开发和研究。自该部独立以来，先后研制出两种药，由于这两种药品疗效好，价格适中，市场推广得力，因此销量很可观，利润贡献在公司所有的药品的中分列第二位和第三位。

公司从2008年开始实施全面预算管理，采取目标利润导向型的预算模式，以销售预算作为起点，按年编制预算，然后汇总。

---

① 杜敏、孙婧、季荣花根据对TZ公司的调研资料进行整理加工。

公司目前的组织结构图如图1所示。

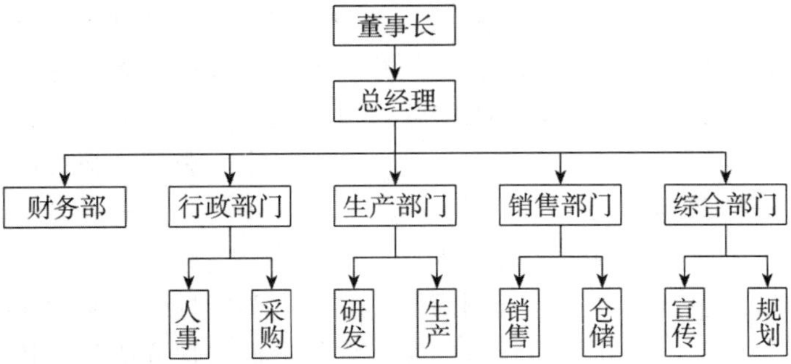

图1　TZ制药公司的组织结构图

(二) TZ公司预算管理存在的问题

自从研制上市的两种药获得巨大利润之后，研发部门计划再推出一种新药。市场调研结果显示，只要有足够的生产能力和营销支持，新药的推出将提升公司20%的年收入，利润增长可达30%。但事与愿违，新药上市半年了，财务数据显示新药带给公司的经济效益与当初的目标相去甚远，对公司的核心竞争力以及员工的士气都有较大影响。于是公司总经理召集各部门开会进行沟通和研究，发现公司的预算没有很好地与公司的战略相结合，缺乏关键绩效指标考评体系以及适当的激励机制。

发现的具体问题包括：

1.对全面预算管理的认识不到位，存在信息不对称

尽管公司近几年开始实施全面预算管理，强调其重要性，但从运行结果看，并未达到预期效果。从根本上来说还是对全面预算管理的认识不到位，各层级都认为预算应该是财务部门的工作，与自己无关，从而导致预算流于形式，比如：公司领导没有站在确保公司完成战略目标的高度来安排生产经营工作，使得管理者重视短期经济效益而忽略长期经营目标；一些职能部门年初在填报费用预算时故意高报，将本来可以节省下来的费用全部用完；有些管理人员为了获取业绩，虚报销售额，从而造成产值泡沫。

此外，公司的战略规划部每年负责向总经理提交战略发展建议以及重大投资项目的可行性研究报告，总经理和高层管理者就战略部提交的文件进行讨论，最后得出的战略报告被列为机密文件，一般员工无从知晓。有关战略的具体行动方案仅由总经理在适当的场合对适当的人讲，安排他们执行具体指令。所以，极少有人了解公司的具体计划、生产能力的扩充以及新产品的研发等问题，销售部、生产部、财务部都从传统预算的观点出发，加之互相缺乏信任和沟通交流，最终造成战略规划和预算编制的两张皮。

2.预算编制方法不够合理，反馈不及时

公司选择固定预算法来编制年度预算，并把年度预算平均分配到四个季度，形成季度预算，对预算执行的结果分析也是按季度进行。第一季度新产品处于产品生

命周期中的投入期，还没有形成批量销售，所以对预算执行情况的反馈跟制定的预算没有太大的偏差；但是从4月份开始，随着新产品销量的增加，5月份时产品的累计销量已经超过全年预算的50%，但是相关部门并没有注意到这一问题，仍然按照原先的预算计划到7月初提交第二季度的预算执行报告，与之一起提交的还有生产设备购置计划、新产品的生产扩充计划。这样一来，公司在损失收入的同时也丢失了潜在的市场和顾客。

3.战略规划和预算目标缺乏关联性

生产部门考核生产成本、设备利用率、废品率等指标，正是由于设备利用率指标的考核使得生产部门在新机器设备的购置计划上做出保守决策；销售部门考核收入增长率、销售费用率等指标，当新产品到达成熟期实现稳定增长时，就可以实现预算目标，而新产品的销售预算却定得有些高；财务部门要按季提交预算差异报告，却忽略了每月对预算的跟踪分析。

此外，当确定具体目标时，各部门各层级之间缺乏必要的沟通交流，没能严格执行预算的编制程序，擅自对产销量等数据进行调整。因此，该公司有必要实施自上而下分解战略目标、自下而上编制具体预算的方法，来保证战略的决策者和预算的编制者之间信息的交流。

4.缺乏相关的业绩考核指标

由于预算编制和战略规划间的信息不对称，因此，中低层管理者和员工没能参与预算编制的过程，导致他们不知道自己的工作和相关指标有关联，以及指标的完成情况，并且对自己完成指标能否获得奖励缺乏认识。

二、确定TZ公司的预算目标体系

预算目标是公司战略在本年度预算中要完成的具体任务，在确定预算目标的时候要能体现公司管理层的工作重心。公司的全面预算目标分为财务目标和非财务目标，财务指标一般可以量化，数据比较容易取得，在预算中占比较重要的地位，而市场环境的变幻莫测使得单纯使用财务指标作为预算目标越来越难以前行。为了传达公司战略目标的指示，引导公司的管理者正确做事，以保证个人目标和公司目标一致，有必要按照平衡计分卡的原理构建一套既包含财务指标又包含非财务指标的预算目标体系，以迎合全面预算管理的要求。因此，TZ公司在制定年度预算的时候必须考虑本公司的中长期战略目标，同时要综合考虑公司的市场地位、国家相关政策、竞争对手的情况等因素，以制药行业的先进水平为标杆。

通过分析，TZ公司明确了自身以及各责任单位的具体目标和任务，进而使各层级和个人知道自己该做与不该做的事情，从而消除盲目的现象。利用平衡计分卡，TZ公司从财务、客户、内部业务流程、学习与成长四个维度确定了各部分的具体指标以及负责部门，具体见表1。

表1　　　　**TZ公司的平衡计分卡指标体系以及具体度量指标**

分解维度	衡量标准	具体指标	主要负责部门
财务维度	盈利能力	销售利润率	财务部
		投资报酬率	
		净资产收益率	
	营运能力	存货周转率	仓储部、销售部
		固定资产利用率	财务部
		回款率	销售部
	偿债能力	资产负债率	财务部
		流动比率	
		速动比率	
	增长能力	主营业务收入增长率	
		净利润增长率	
客户维度	市场占有率	新产品市场占有率	销售部
		目标客户参与度	
	客户争取力	新客户比率	综合部
	客户满意度	客户投诉解决的满意率	
		客户满意度	
	及时性	缺货率	销售部
内部业务流程维度	运作过程	单位成本	生产部
		业务流程顺畅	
	售后服务过程	准时交货率	综合部
		上门服务的速度	
	创新过程	研发设计周期	研发部
		新产品销售收入百分比	
学习与成长维度	员工忠诚度	核心人才流失率	人事部
	员工满意度	内部员工提升比率	
		员工满意度	

通过表1中的平衡计分卡预算指标体系，公司各部门以及所有员工在明确理解公司战略目标的基础上，各自完成相应的工作职责，从而避免了相互之间推脱责任的情况，所有人员共同为了完成公司战略目标而努力。

● 三、TZ公司全面预算管理的编制

（一）全面预算的编制程序

财政部于2002年颁布了《关于企业实行财务预算管理的指导意见》（财企〔2002〕102号），这是目前国内由政府机关颁布的用于指导公司全面预算管理实践的最为权威的文件，该指导意见中归纳出了“上下结合、分级编制、逐级汇总”的预算编制方法。

TZ公司成立了专门的预算委员会，在预算编制过程中采用了这种编制程序，如图2所示。

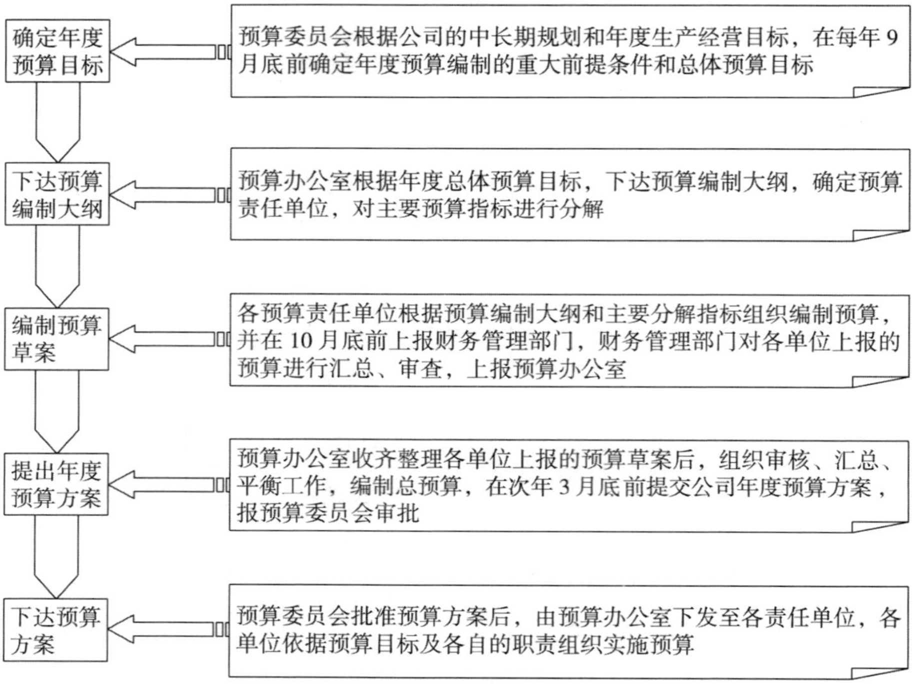

图2 TZ公司全面预算管理的编制程序

（二）资本预算的编制

鉴于TZ公司生产经营的现状，当务之急是解决新生产设备的购置和安装调试。由于新开发产品的市场反响较好，原有机器设备已不能满足供不应求的市场状况，因此，根据公司的目前发展状况提出购置新设备的建议，财务部通过对未来现金流量的预测进行投资分析，确定购置新设备这一建议确实可行，并报送预算委员会最终下达预算定案。固定资产购置、更新改造支出预算表格见表2。

表2　　固定资产购置、更新改造支出预算　　金额单位：元

项目＼使用年限	0	1	2	3	4
初始投资期					
设备成本					
安装检测成本					
垫支营运资本					
处置旧设备					
生产经营期					
收入					
付现成本					
折旧					
税前净利					
所得税					
税后净利					
经营现金净流量					
终结期					
营运资本收回					
投资处置					
对现金流量的净影响					

（三）经营预算的编制

经营预算包括销售预算、生产预算、产品成本预算、制造费用预算等。鉴于其他各项预算是在销售预算和生产预算的基础上进行编制的，这里我们结合TZ公司的现状来编制销售预算和生产预算。

销售预算是其他各项预算的起点，而编制销售预算之前，必须对公司的竞争战略和所处的市场环境有一个清醒的认识。一个准确的销售预算是建立在销售预测基础上的，而销售预测具有主观性，为了减少这种主观性，公司让下属各相关部门分别进行预测，这样销售预测中的销量就是各单位都认为最可能的那个数字。

销售预算是在公司战略的基础上，客观、详细地分析公司内部资源和外部市场的优势和劣势，从而确定新产品在新市场和总体市场中的份额目标值，研究竞争策略，确定下一年度的资源计划，同时参照各种产品的历史销量分析，结合市场预测，按照产品、地区、目标客户群等因素形成下一年度的销售预算。销售预算编制流程图如图3所示。

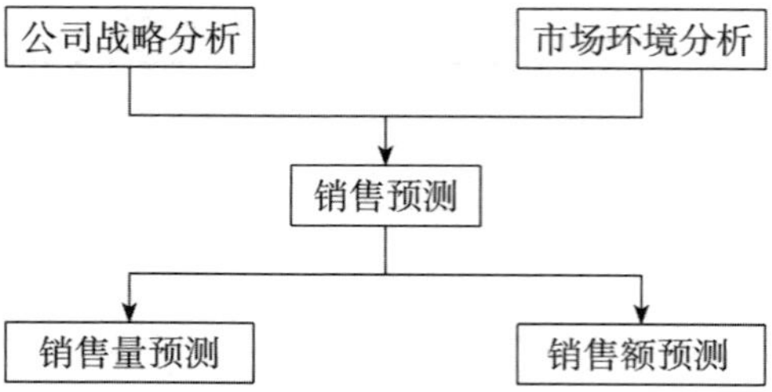

图3　销售预算流程图

销售预算应列示预期销售价格下的预期销售量、销售额以及由此导致的现金流入状况，并将相关预算责任落实到具体的责任人。TZ公司销售预算表格见表3。

表3　**TZ公司销售预算**

营销部　2022年　金额单位：元

品种	期间	销售数量	预计单价	销售收入	预计现金流入量					预算责任人
					一季度	二季度	三季度	四季度	合计	
A药品	一季度									
	二季度									
	三季度									
	四季度									
	小计									
B药品	一季度									
	二季度									
	三季度									
	四季度									
	小计									
合计	一季度									
	二季度									
	三季度									
	四季度									
	合计									

生产预算是在销售预算的基础上编制的，主要包括销售量、期初存货和期末存货以及预计生产量。在这种以销定产的模式下，销售预算中的预计销量限定了生产预算的编制。在预算期间，除了保证充足的产品供给外，还要考虑计划期初的存货

和计划期末的预计存货量，计划期末的预计存货数量通常按照下期销售量的一定百分比确定，期末存货确定后，就可以确定预计生产量。TZ公司生产预算表格见表4。

表4　TZ公司生产预算

生产部　2022年　单位：件

项目	一季度	二季度	三季度	四季度	合计
销售预算中的销售数量					
加：预计期末存货数量					
预计需要的产品量					
减：预计期初存货数量					
预算期间的产品生产量					

当编制生产预算时，企业要进行统一规划，注意保持产、销、存之间的比例关系，以避免存货过多造成积压浪费或者储备不足影响销售活动。

（四）财务预算的编制

财务预算是由财务部综合各部编制的经营预算和资本预算的相关资料来编制的，包括现金收支预算、预计资产负债表和预计利润表。

现金收支预算是对预算期内现金状况做出预测，进而制订资金计划。如果资金短缺，则要预先计划合适的资金筹集方式；如果现金多余，则要进行有效的利用。现金收支预算建立在上述各预算的基础之上，财务负责人要和其他部门负责人保持沟通联系。TZ公司现金收支预算表格见表5。

表5　TZ公司现金收支预算

财务部　2022年　金额单位：元

项目	一季度	二季度	三季度	四季度	合计
期初现金余额					
加：本期销售现金收入					
本期其他现金收入					
本期可使用的现金					
减：采购原材料现金支出					
购买固定资产现金支出					
采购低值易耗品现金支出					
管理费用现金支出					
制造费用现金支出					

续表

项目	一季度	二季度	三季度	四季度	合计
销售费用现金支出					
直接人工现金支出					
缴纳税费现金支出					
其他现金支出					
本期现金支出合计					
现金缺口或盈余					
加：向银行借款					
减：还银行贷款					
期末现金余额					

预计利润表是反映预算期末预算执行单位经营成果的预算报表。TZ公司预计利润表见表6。

表6 **TZ公司预计利润表**

财务部 2022年 金额单位：元

项目	一季度	二季度	三季度	四季度	合计
一、营业收入					
减：营业成本					
税金及附加					
销售费用					
管理费用					
财务费用					
加：投资收益（损失以“-”号填列）					
二、营业利润					
加：营业外收入					
减：营业外支出					
三、利润总额					
减：所得税费用					
四、净利润					

预计资产负债表的格式和内容与实际资产负债表基本一致，一般根据现金收支预算和预计利润表来编制，这里不再赘述。

● 四、TZ公司全面预算管理的执行与调整

在编制完预算之后，要进入全面预算的下一个环节，即预算的执行。各责任单位根据应承担的预算职责来组织本单位的经营活动，但资金的收支需要通过财务部来实现。公司财务部集中办理各职责部门的核算业务和结算业务，也可以下放给各职责部门一定的权力，但必须要保证财务部能获取公司全部的核算数据和结算数据，以达到集中监督的目的。财务部门取得的数据就是全面预算的执行结果，一方面作为反馈结果传递给公司管理者和各相关职责部门；另一方面可以传递给审计部门，审计部门按照一定的程序出具审计结果，并将结果报送给人力资源部和预算委员会，编制相应的奖惩方案，报送预算委员会等待批准。在编制奖惩方案之前，要兼顾各层级单位预算指标的完成情况。

此外，公司应当建立预算分析制度，由预算委员会定期召开预算执行分析会议，全面掌握预算的执行情况，解决在预算执行过程中存在的问题，纠正预算的执行偏差。针对出现的偏差，公司的预算管理部门和各预算执行单位应当充分客观地分析原因，提出解决措施，并提交预算委员会。

公司实行全面预算管理实质上是要主动掌控变化，适应未来市场经济环境的变化，将预算演变成“计划”。事实上，“变”是唯一不变的东西，关键不在于变化，而在于对变化的掌握，这实际上就是对风险和机遇的掌握。在实践中，很少有实际与预算完全相符的情况，预算在执行的过程中，如果实际情况超过了预算条件能承受的范围，那么预算调整就成为必然。TZ公司对预算调整的程序作了一个比较完善的处理，如图4所示。

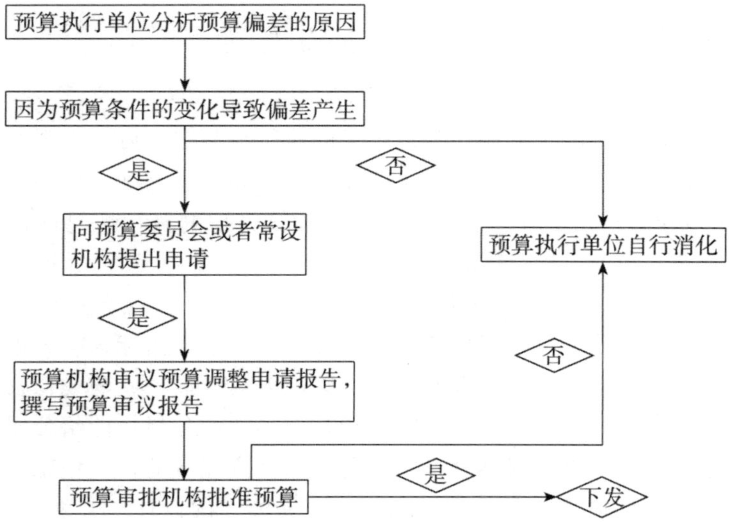

图4　TZ公司的预算调整程序

对预算进行调整一般按照以下程序执行：

1.对公司预算的执行情况进行分析

各职责部门在领到预算任务并加以执行的过程中，若发现预算与实际不一致，要及时对出现的差异进行分析，并且仔细分析所有可能导致偏差的因素。经分析，若由于市场环境、政策法规等客观条件的变化导致产生了偏差，相关部门应该向预算委员会提出申请，等待批准；若由于公司各职责部门没认真执行预算等主观原因导致产生了偏差，应该由预算的责任部门自行消化，不应进行调整。

2.向预算委员会提出调整的申请

若偏差是由于某些客观条件的变化所导致，应该及时向相关部门提出书面的预算调整申请，在申请中应该详细说明偏差出现的原因、为何要提出预算调整、对预算进行调整的草案、预算调整前后相关指标的对比，以及预算调整之后指标可能对公司总目标产生的影响等。

3.预算委员会对预算调整的申请进行审议

当进行预算调整的审议时，应按照下述步骤进行：第一步，根据责任部门提交的预算调整申请报告来确定要调整的具体预算内容、预算所涉及的组织部门，并确定预算审议负责人；第二步，审议负责人经过深入考察预算申请的调整事项后，编写审议意见报告并对该报告负全责；第三步，审议负责人将其编写的审议意见报告上报给预算委员会，由预算委员会负责对审议意见报告和责任部门的预算调整申请报告中的内容进行比较和分析，并与审议负责人及责任部门进行沟通讨论。其中，要特别注意拟调整的预算事项要和公司总目标一致。

4.将经过批准的预算调整事项下发给预算的责任部门

TZ公司应该根据当前的实际经营情况，及时对市场经营环境做出反应，并对预算做出一定程度的调整，以保证公司战略和预算目标的协调。

● 五、TZ公司全面预算管理的考评

对预算的执行情况进行考评，监督预算的执行与落实，可以加强并完善公司的内部控制，从而便于对各部门实施量化的业绩考评和奖惩制度，也为激励员工提供了科学可靠的基础。TZ公司为了方便对全面预算管理的执行情况进行考评，建立了基于平衡计分卡的考评指标体系。

TZ公司原有的全面预算考核侧重于财务指标，但随着社会环境的变化，这种单一的财务指标无法满足预算管理的要求。过于关注财务指标，一方面无法全面准确地评价公司的经营业绩，另一方面会迫使管理人员采取一些与公司长期发展相悖的短期行为。管理决策的实施离不开财务指标，虽然财务指标能给公司带来持久的竞争优势，但任何一项决策都不是只通过财务指标来完成的，其他难以计量的因素也应考虑在内。比如，高品质的产品和服务、新产品的设计与开发、设备利用率、富有创造性的员工、满意而忠诚的顾客等，有时候也会成为业绩评价的决定因素。TZ公司在保持原有财务指标的基础上，根据前文所介绍的构建方法以及预算指标

体系，构建了基于平衡计分卡的关键绩效指标考评体系和具体衡量标准，见表7。

表7　　TZ公司全面预算关键绩效指标考评体系

分解维度	KPI	权重	目标值	考核标准	得分
财务维度	经营指标完成率	20%	80%	完成80%以上为10～15分； 完成80%以下为1～10分	
	固定资产利用率	10%	93%	完成生产任务为5～10分； 没有完成生产任务为1～5分	
	回款率	10%	95%	完成95%以上为10～15分； 完成80%～95%为5～10分； 完成80%以下为1～5分	
客户维度	新产品市场占有率	10%	27%	完成27%以上为10～15分； 完成20%～27%为5～10分； 完成20%以下为1～5分	
	客户满意度	13%	100%	设计调查表：客户满意为10～15分； 基本满意为5～10分；不满意为1～5分	
	缺货率	5%	1%	出现缺货扣5分	
内部业务流程维度	新产品销售收入百分比	21%	40%	完成40%以上为15～20分； 完成30%～40%为10～15分； 完成30%以下为1～10分	
学习与成长维度	员工满意度	11%	95%	设计调查表：员工满意为5～10分；不满意为1～5分	
评价结果	A级——95分以上 B级——85～95分 C级——70～85分 D级——70分以下	总分			
		级别			

从表7中能清楚看到每一个关键因素所占的权重以及公司设计的目标值，从而引导公司所有员工为了完成目标而努力。

通过审批所确定的各种考评指标，是考核各责任部门工作业绩的标准，通过将各责任部门的实际经营成果和上级所设定的预算目标进行比较，来考察指标的完成情况，仔细分析实际成果与预算的偏离程度，查找偏差出现的原因，区分各责任部门评价各自的经营业绩，并且按照经济责任实施奖惩政策。

全面预算执行结果质量的高低取决于是否设定了一个可行并且有效的奖惩制度，以及有没有严格按照奖惩制度来实施。公司在设计奖惩制度体系时需要遵循以下几个原则：

（1）奖惩制度首先要体现出公平、公正、合理，要同各责任部门的目标相符；

（2）考评和奖惩制度要严格，考评结果的正确与否影响着奖惩制度的效力；

（3）要把过程考评同结果考评相结合，把实时考评同期间考评相结合。

这就要求在执行预算时，一方面要跟踪各责任单位预算目标的执行情况，并依照跟踪结果实行当场奖惩；另一方面要求在预算期间结束时，根据执行结果对各责任部门进行全方位的考核，并且实施一定的奖惩措施。设计奖惩方式要考虑奖惩对象以及奖金的分配方式。需要注意的是，公司建立奖惩制度的目的是将公司员工的利益与公司的目标联系起来。

总之，预算考评并不完全是对责任部门的业绩进行评估，更是为了有效推动责任部门和个人的工作积极性，引导全体员工共同为了实现公司整体目标而努力。因此，企业建立考评制度时，要结合公司战略和全面预算管理，将预算考评同绩效管理有机结合，这样才能保证个人目标与公司整体目标的一致。

● 六、TZ公司实施战略导向全面预算管理的效果

TZ公司通过引入平衡计分卡，对公司现有的全面预算做了如下调整：

严格制定预算的编制程序，细化数据来源，规范表格形式，将编制预算过程中的信息沟通纳入程序。

扩大参与战略规划的人员范围，让各职责部门和业务部门主动参与到战略规划和行动方案的制定过程中来，让他们对战略目标的可行性发表意见，这样做有利于企业编制预算时考虑到本年度的具体行动方案和资源需求。

调整各部门的预算考核指标，增加缺货登记率以便于能及时控制产量、提高解决顾客问题的效率，在最短的时间内给顾客满意的答复以便于维持老顾客等，并且调整了相关指标的权重，以保证在实现总体目标的基础上，各部门对新产品的生产、销售、推广等各有侧重。

静态预算与滚动预算相结合，以季度为单位滚动编制预算，财务部按月对预算的执行情况进行跟踪分析；同时编制新产品专项预算，每半个月进行预算执行分析，重大预算差异直接向总经理汇报。

经过上述一系列的调整之后，TZ公司战略导向的全面预算管理取得了较好的效果：

1.公司上下对全面预算管理的观念有所改变

将公司战略和全面预算相互协调之后，促进了公司各部门、各层级间的信息沟通与交流，打破了“预算是财务部的工作”的传统思维模式，也减少了部门之间的矛盾与冲突。同时，公司管理者了解到必须从战略的高度来考虑各部门、各工作环节间的关系，避免因为责任不清所导致的互相推脱，使得公司战略目标以及年度预算目标都得以实现。

此外，全面预算管理有助于促进公司规划工作的开展，使管理层得以提前制订计划，避免因盲目发展而带来的风险。实际上，预算的制定和实施过程就是公司同

环境相适应的过程。因此，公司定期开展一些培训工作是很有必要的，可以使得领导者和员工都认识到全面预算的作用。

2. 公司上下对预算的编制方法有所了解，不再单纯使用静态编制方法

在新产品的上市引起问题之前，公司一直采用固定预算法来编制预算，从而忽略了在预算期内经营活动发生变动的情况。新产品上市后，公司的实际经营结果同之前编制的年度预算相差甚远，可比性差，不利于各部门开展工作。而采取相关措施之后，公司采用静态预算与滚动预算相结合的方式，方便财务部门跟踪分析，也方便公司领导者掌控全局，从而提高了公司对市场环境的适应能力。

3. 公司构建的基于平衡计分卡的关键绩效指标考评体系提高了考核质量

编制预算只是全面预算的一个开始，为了能够更好地发挥预算的作用，公司就必须对预算的执行情况进行监控和考核。失去了考核的预算变得没有权威性；没有预算的考核则既没有说服力又没有效果。因此，预算考核是一个承上启下的环节。TZ公司利用平衡计分卡将预算指标按照其四个维度分解成若干具体指标，并指出能够给公司带来竞争优势的关键指标，构建了关键绩效指标考评体系，使得考核更为全面，强调了财务指标和非财务指标的平衡，提高了公司各部门以及员工的工作积极性。

4. 公司的管理水平、经济效益都有所提高

全面预算管理在预算编制上，一改过去单纯重视销售预算的形式，同时涵盖了生产预算、成本预测以及预算报表等内容，使得全面预算更加“全面”。实施全面预算后，预算控制贯穿了公司经营活动的各环节，使经营活动变得有章可循；同时，各项制度政策紧密配合相辅相成，从而提高了管理效率。

通过实施全面预算，TZ公司重新分配了各项资源，明确了各部门、各单位的工作职责，建立的关键绩效指标考评体系对公司所有人员起到很大的激励作用，鼓励所有人为了完成公司目标而努力。

根据本案例，回答以下问题：

1. 全面预算管理为什么要以企业战略为导向？

2. TZ公司原有的全面预算管理存在哪些问题？

3. TZ公司是如何改进的？

4. 本案例对其他企业实行全面预算管理有何借鉴意义？

案例二参考答案

案例三

价值链视角全面预算管理在SL公司的应用①

● 一、SL公司概况

SL公司是国内暖气片生产零售的领军企业，其主要产品为暖气片和相关配件。作为较早引进美国配套设备生产线和生产技术的企业，公司一直以改善顾客的生活家居品质为战略目标，公司的主要产品为工业用暖气片和民用暖气片。为了向顾客提供优质的暖气产品，公司一直致力于研发和创新产品，其产品种类丰富，能满足不同类型顾客的需要，采用的原材料有钢、铜、铝，产品设计灵巧，追求质量和艺术的双赢。公司在加大研发投入的基础上，推行科学全面的管理体系，所以，一直在广大消费者中拥有良好的口碑。自成立以来，公司一直致力于科研水平的提高，产品质量的控制，管理经验的积累，因此，公司在全球享有很好的声誉。

当前，公司的销售情况如下：工业用暖气片的销量稳定，有固定的客户来源，其销售一直稳居行业的前列。但由于存在大量的行业竞争者，公司一味通过压低价格招揽顾客，因此，公司的利润率大幅降低，甚至低于行业的平均水平。由于公司发展规模的扩大和新生产线的引入，公司在某市郊区新建了占地4 000平方米的厂房，与十几家原材料供应商和几家机器设备厂在某市成立了产业战略联盟。该联盟的成立为园区带来了大量慕名而来的顾客，为公司进一步腾飞插上了翅膀。

尽管公司取得了令人瞩目的成就，但近一年来，受到房地产行业和经济不景气的影响，民用暖气片销售情况大不如前。最近两年，受到金融危机的影响，工业用暖气片的销量也有所减少，而且公司存在许多问题：如公司的资源达不到合理的配置，缺乏战略的长远目标，使得公司的发展受到很大影响。公司的预算也存在不少

---

① 商晶、张志远、孙瑞娟，根据于富生、张敏的著作《价值链会计研究——基于时空维度的会计管理框架重构》（中国人民大学出版社，2008）、卢建胜的硕士论文《基于价值链的企业全面预算管理研究》（天津财经大学，2009），以及对SL公司的调研资料整理加工而成。

问题，如预算的效率偏低，预算的编制脱离实际等。为了改变自身现状，公司决定采用价值链视角的预算管理体系。

公司民用暖气片和工业用暖气片的生产流程相似，主要包括以下过程：翅片管切割、焊接封头、连接件冲压，保证连接处密封良好；组片焊接；冷片剪裁，使冷片的大小符合暖气片要求；面罩冲压、焊接，进行压力测试；组片修正；水压试验；内芯除锈和刷漆（防止暖气片老化）；初步形成成品；面罩外表处理；包装、检验。

公司暖气片生产的成本管理模式采用的是传统的分批法，产品的成本主要由直接材料、直接人工、制造费用组成，SL公司产品的销售成本见表1①。

表1　**SL公司产品的销售成本**　金额单位：元

项目	直接材料	直接人工	制造费用	成本总额	销售价格
民用暖气片					
工业用暖气片					

● 二、价值链视角SL公司全面预算编制

（一）价值链视角SL公司营业预算编制

1.销售预算编制

价值链视角预算管理的编制是以顾客为中心，时刻围绕顾客价值编制销售预算。销售成本与费用编制主要包括三个方面：销售固定成本、产品成本和销售费用。根据作业成本法分析销售费用，首先把销售活动划分为作业，接着依据作业划分到产品的成本中去。销售成本的编制与传统全面预算管理的编制方法一样，包括直接材料、直接人工、制造费用。SL公司销售预算的编制过程见表2。

表2　**SL公司销售预算的编制过程**　金额单位：元

项目	作业	作业动因	作业消耗资源标准	产品消耗作业标准	产品成本
销售部门	客户关系管理	客户数量			
	广告促销频率	广告促销次数			
	谈判	谈判次数			
	订单处理	订单处理份数			
	销售人员	销售人员数量			
	出货装运	装运次数			
	安装调试	安装调试工时			

① 本表及本案例以后各表的编制，参考了于富生、张敏于2008年由中国人民大学出版社出版的《价值链会计研究》一书，同时在原表的基础上进行了调整。

公司的销售活动主要分为客户关系管理、广告促销频率、谈判、订单处理、销售人员、出货装运和安装调试等作业，公司通过分析销售作业和资源分配，明确产品的最终成本。公司的生产预算根据销售预算、本期期末存货和本期期初存货的结存共同确定，实际上就是一个倒推的过程。

2.内部价值链分析的作业预算编制

基于自身的实际情况，企业具体从人力资源预算编制、技术研发预算编制和后勤部门预算编制三个方面来讨论内部价值链分析的作业预算编制。

①人力资源预算编制。人力资源管理是内部价值链分析的重要方面，人力资源管理部门是一个企业的重要辅助部门。传统全面预算对于人力资源的预算管理仅仅停留在后勤的层面，而价值链视角的全面预算已经把各项支出按照作业流程划分到作业层面。SL公司价值链预算管理的人力资源管理作业指标如图1所示。

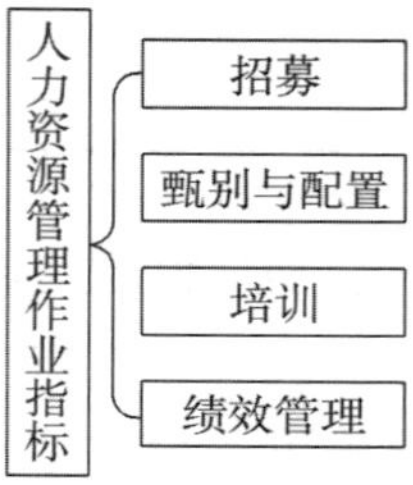

图1　SL公司价值链预算管理的人力资源管理作业指标

②技术研发预算编制。在价值链视角的全面预算管理中，技术研发应当作为一项不可或缺的内容。为了实现公司的战略目标，追求企业的长远发展，研发能力的高低直接影响产品创新性的高低，从而影响产品的销量。公司应核算技术研发部门的费用，根据作业的思想将有限的资源分配到产品中去，SL公司技术研发预算的编制见表3。

表3　SL公司技术研发预算的编制　金额单位：元

项目	作业	作业动因	作业消耗资源标准	产品消耗作业标准	产品成本
技术研发中心	款式设计	工时			
	专利研发	工时			
	产品改良	工时			

③后勤部门预算编制。后勤部门是保障企业生产经营顺利进行的辅助部门，对其进行分析也是非常有必要的。价值链视角的后勤部门分析从作业的角度进行，将后勤活动细化为作业活动，进而分配成本费用到相应产品。

外部后勤活动可细分为订单处理作业、生产进度安排作业、存货移动作业、产品存储量决策作业、装载运输作业等，通过作业分配资源，最终构成产品成本。SL公司外部后勤活动的作业计算见表4。

表4　**SL公司外部后勤活动的作业计算表**　金额单位：元

项目	作业	作业动因	作业消耗资源标准	产品消耗作业标准	产品成本
外部后勤	订单处理	次数			
	生产进度安排	工时			
	存货移动	次数			
	产品存储量决策	存储费用			
	装载运输	工时			

内部后勤活动可细分为验收作业、搬运作业、库存管理及控制作业、退货作业等。SL公司内部后勤活动的作业计算见表5。

表5　**SL公司内部后勤活动的作业计算表**　金额单位：元

项目	作业	作业动因	作业消耗资源标准	产品消耗作业标准	产品成本
内部后勤	验收	次数			
	搬运	工时			
	库存管理及控制	费用			
	退货	次数			

3.供应商价值链分析的采购预算编制

公司采购的原材料主要是钢铁，由于公司采用的是分批法，因此需要在采购数量与采购次数之间进行平衡。价值链视角采购活动主要考虑采购的成本和费用，采购成本主要是原材料的购买价格，费用则按照作业来划分。SL公司采购预算的编制见表6。

表6　**SL公司采购预算的编制**　金额单位：元

项目	作业	作业动因	作业消耗资源标准	产品消耗作业标准	产品成本
采购费用	采购信息处理	处理次数			
	供应商选择谈判	谈判次数			
	采购批次决策	采购批次			
	运输方式决策	运输方式			
	仓储管理	仓储管理费			
	市场调查	调查小时			
	入库验收	验收工时			

公司采购活动主要分为采购信息处理作业、供应商选择谈判作业、采购批次决策作业、运输方式决策作业、仓储管理作业、市场调查作业和入库验收作业等。公司通过分析采购作业和资源分配，明确产品的采购成本，价值链视角的采购预算，完成了从以产品为单位到以作业为单位的转变。

（二）价值链视角SL公司资本预算编制

价值链视角的资本预算主要的过程包括：寻求并发现投资机会、数据收集评估并做出投资决策、对已决策项目进行再评估和调整。从价值链的视角分析公司的资本预算，选择的项目更能符合企业价值最大化的目标。由于资本支出的金额大且持续时间长，因此，对企业本期和未来的损益都有较大影响，预算规划资本支出必不可少。对于资本支出预算，不仅要从财务角度验证其可行性，而且要从企业整体角度规划其可行性，从而实现该投资项目与企业总体价值的最大化。

（三）价值链视角SL公司财务预算编制

SL公司对其产品的生产是分批进行的，并将制造费用分为直接制造费用和间接制造费用。对间接制造费用按作业基础和各个产品的产量来进行预算和分配，并且没有辅助生产。因此，生产作业中心的预算主要就是间接制造费用的预算。

例如：在管理费用的编制上，传统预算的管理费用仅仅包括办公费、差旅费、保险费、咨询费和管理部门人员薪酬。这些指标不能完全反映企业战略角度下的管理费用，在价值链视角下，公司的管理费用指标还应当包括协商谈判费用、资料搜集分析费用、档案管理费用和评估费用等。

1.价值链视角现金预算编制

价值链视角的现金预算的编制主要考虑整个企业流程中的现金流入和现金流出的过程。公司的现金流入作业主要是销售作业，现金流出作业包括采购作业、销售作业、人力资源管理作业、技术开发作业、后勤作业、生产作业、直接人工支出和管理费用。期初现金加上本期的现金流入减去本期的现金流出，构成公司现金预算编制的过程。

2.价值链视角预计报表的编制

价值链视角SL公司的预算管理的编制前文已经说明，编制预计利润表、预计资产负债表和预计现金流量表时，应当以作业中心为基础进行，公司预计利润表的基本框架见表7。

（四）价值链视角SL公司预算管理的控制和考评

控制和考评环节是价值链视角全面预算管理的重要环节，其执行的好坏决定了企业预算管理的效果。SL公司是制造企业，所以要强化生产成本的控制和绩效的考评。当实施控制和考评时，企业需要注意以下三个问题：

（1）避免考核人员主观因素的影响。当实施预算考评时，企业要把执行部门与最终的评价部门分离开，这样就保证了考核效果的客观性。

表7　　公司预计利润表的基本框架　　金额单位：元

项目	具体作业
销售收入	销售
减去：各项作业成本	销售成本与费用
	后勤
销售毛利	
减去：保障平台费用	人力资源
	技术开发
	管理
	采购
税前利润	

（2）设置合理、全面的考核指标。企业进行预算管理的指标设计时，不仅要设计出符合企业实际情况的指标，而且要综合考虑基层部门或人员对于该考核指标的认同性。考核指标要有效地激发全体员工的工作热情，增强员工的企业认同感，因此考核指标体系设计要周密和完整。

（3）考核周期要灵活，企业可根据自身的特点设置子系统。预算管理的考核周期应当根据企业的特点设置，如果外部价值链发生变化，也可考虑调整周期，以求达到实现考核的目标；同时，当设置子系统时，企业可根据价值链分析的结果，发现需要着重考察的作业，并设置相应的子系统，从而做到全面控制与重点控制相结合。

根据本案例，回答以下问题：

1.什么是价值链？

2.SL公司是如何从价值链视角进行全面预算管理的？

3.通过本案例学习，对你有何启发？

案例三参考答案

案例四

SD农业银行的业务流程再造①

一、完善流程银行的总体思路

遵循业务流程再造（Business Process Reengineering，BPR）理论的基本规则和方法，依据构建"流程银行"的基本理念和要求，对自身的客户服务流程和后台服务流程按照"以客户为本"的理念进行全方位审视，以价值管理为理念，对信贷、会计、风险管理和营业网点业务流程进行创新性、革命性的流程再造，从而根本性地改变业务流程中环节过多、周期过长、不能为客户提供多样化和差别化服务、网点资源与服务功能不匹配、缺乏统一规范的服务销售流程，以及后台支持流程过多且彼此常有冲突等影响银行竞争力的重大弊端，打造SD农业银行的新形象。

由于银行业务流程再造是一个涉及企业全局的重大战略问题，SD农业银行作为一个二级分行，其在业务流程的众多方面必须依托总行的整体框架和整体部署来开展，而不能摆脱总行实施系统的、全方位的业务流程再造。当前，只能从自身的实际出发，在自身职能和权限范围内，有选择、有重点地对一些在分行经营管理、风险防控、效率提升等方面影响较大、自身能够做到而又不影响总分行衔接的关键流程实施再造。

在本案例中，SD农业银行选取信贷业务流程、会计业务流程、风险管理流程、网点服务功能等几个关键流程实施再造，以提升企业自身竞争力。

① 油顺涛、姚红奇、张帆、盖春娥、孙瑞娟，根据单伟强的硕士学位论文"中国农业银行泰安市分行流程再造项目研究"（江苏大学，2010）以及对SD农业银行的调研资料进行整理加工。

二、完善信贷业务流程的措施

信贷业务操作流程就是通过一个或一系列连续的、与信贷业务相关的操作，达到由客户利用银行的货币资金实现货币增值并归还银行本金和利息的最终目的。信贷业务是分行最重要的资产业务，改进和完善信贷业务操作流程，是通过银行流程再造把分行办成现代商业银行的现实选择。

银行设计业务流程时，应区分不同的客户群，遵循差异化原则，设计不同的流程版本，满足客户在质量与时间方面的多样化要求。因此，银行可在一定额度标准内，设计出低、中、高三个风险类别的流程。对低风险客户可交由低风险流程小组，以更为简化、迅速的办法处理；对于中风险的客户则提高业务受理层次，在减少纵向重复流程环节的基础上，按例行的标准化程序办理；对于高风险客户，则须由高风险流程小组采取特殊的处理机制来分析和研究。在具体环节上，加强对重复、分散的程序及环节的重组，实现信贷业务流程间逻辑关系的合理化。

银行设计业务流程的具体措施包括：

一是充分利用信息技术缩短各环节间的传递及等待时间。利用现有的信贷管理系统（CMS）实行无纸化操作，合理核定各岗位的操作时间，实行现时管理。

二是对信用等级很高或能够提供有效担保的、额度不大的贷款不实行集体审批，而是由信贷调查人、审查人、独立审批人对贷款进行三人签批，较低额度或低风险的贷款可由信贷调查人、审查人对贷款进行双人签批，从而缩短纵向流程，加强横向制约并明确各环节责任。

三是对低风险信贷业务可不评定信用等级而直接审批、办理贷款。

四是以授信取代授权，真正发挥授信的预审功能，在授信额度内，由基层行审批发放贷款，减少报批环节。

五是对中小企业开发独立的客户评级系统，以区别于大企业。

六是加强贷后监管，设定预警条件是风险控制的必要支撑，贷后管理及时到位才能及早发现风险，并及时退出，从而确保贷款安全。

（一）完善客户评级授信流程

客户的年度报表由支行成立的专业审计中心或指定的会计师事务所审计，经内部系统传送至银行客户部门和信贷管理部门。客户部门接到数据后转入CMS进行评级授信。

当客户部门接收到数据的同时，信贷管理部门也得到相应的数据，信贷管理部门对数据进行审查，并将数据转入系统中相应的信贷管理部门专用的评级授信程序，对客户进行评级授信，最终客户部门和信贷管理部门的评级授信结果经部门确认后，即时传送至审批人的系统区域，由审批人根据两部门的意见做出决策。

（二）完善权限内低风险业务流程

客户部门在受理客户申请后进行调查，如调查结果符合低风险业务要求，则将其确认为低风险业务，将业务资料输入内部系统传至审查部门，审查部门先对系统内移交资料的合法合规性进行审查，符合条件后按要求对风险点进行确认并与客户部门会签。

（三）完善中风险业务流程

对于中风险的业务进行流程再造的重点是将业务受理层次相应提高，如客户申请超过支行权限而在二级分行（或分行信贷经营部门）权限内的流动资金贷款，可直接向二级分行（或分行信贷经营部门）提交申请，缩短纵向流程，减少资料从经营行向二级分行（或分行信贷经营部门）移交的不增值环节，提高办理效率，而且以二级分行（或分行信贷经营部门）为主的调查过程减弱了以往经营行各环节的责任分摊，从而加重了二级分行（或分行信贷经营部门）的责任，使调查过程更加有效。

（四）完善高风险业务流程

在高风险业务流程再造中，重点是风险的有效控制，在控制风险的前提下提高效率。首先，高风险业务需要较高的风险识别技术和详尽精确的相关行业信息等，这些要求就目前支行现状来讲，是一般经营行的信贷技术力量所达不到的。因此，建议由一级分行成立客户经理组，对高风险业务进行专案分析。这样既保证了风险的控制，又能跨越基层行审批层次，从而有效提高办理效率。

（五）完善小企业授信业务流程

针对小企业规模小、财务管理不规范等客观现实，银行应开发专门的客户评级系统，并设定授信限额，从而提高信用支持（如抵押、质押等）。

以标准化的流程来应对多样化的信贷客户，往往无法满足他们在质量和时间方面的要求，信贷业务流程再造强调在业务处理上应该具有灵活性，通过细化客户群体，并针对业务风险程度分别设计流程，从而解决了标准化流程服务无法满足客户多样化需求的问题。

银行应通过提高业务受理层次，缩短了纵向业务流程，加强了平行制衡，改变了原业务流程中的纵向链条式运动方式，从而弥补了原业务流程中的重复审查环节过多、流程周期过长的缺陷。

银行应利用信息技术的支撑，在有效防范风险的条件下，降低了人为失误的风险，避免了决策信息层层递减分散的弊端，为提高业务办理效率进而提升客户满意度、增强市场竞争力打下了必要且坚实有力的基础。

银行应通过采用理论分析与实证研究相结合的方法，创新再造出更为合理的信贷业务流程，从而解决了现有业务流程不能切实满足不同客户的不同需要的实际问题，同时能够有效防范风险。

● 三、完善会计业务流程的措施

借鉴国外银行的业务处理模式，对会计业务流程进行再造，成立相应的后台业务处理中心是解决SD农业银行目前所面临问题的最有效方法。其基本思路是将业务受理与业务处理分离，前台网点负责业务受理，后台业务处理中心负责业务处理，业务审核和账务处理在后台业务处理中心集中进行。

会计业务流程再造的具体措施包括：

一是梳理现行会计业务流程，区分前台事务与后台事务。前台事务是指必须在营业网点完成的事项，主要有业务受理、凭证真伪鉴别、现金收付、挂失止付、汇票出票等；后台事务是指可以集中在后台完成的事项，主要有授权、记账、资金汇划、清算、信息审核和录入等。

二是成立后台业务处理中心，集中处理会计后台事务。

三是应用电子识别技术，以电子影像替代纸质凭证。通过电子影像传输传递业务信息，实现前台事务由营业网点处理，后台事务由业务处理中心集中处理。前台柜员受理业务时，需要立即对票据的真伪进行识别，并扫描票据影像及索引录入，系统自动进行鉴定识别，并将影像信息实时传输给后台业务处理中心。后台业务处理中心通过工作流管理，将任务分配给相关的后台柜员，后台柜员根据影像信息完成审核和账务处理等工作。

四是实行远程集中授权。通过系统对业务的分类，相关人员将网点授权模式转变为在业务处理中心利用图像和数据集中远程授权模式。同时，改造业务系统的柜员、网点级别、权限设置，从而实现柜员、网点的事权划分，分类管理。

五是实现事后监督中心向实时监督中心转变。通过远程监控等技术手段实时获取的业务影像和索引信息，对重要业务和重要会计事项处理进行监控，由事后监督向实时监督转变。引入实时监测系统，通过多笔交易统计、关联交易分析等模型分析，实现操作风险的实时预警，实现对重要网点、重要柜员、重点时间、重点业务、重点环节的有目的的监控和预警，实现监督重点的转移。将事后监督中心改造建设成为能够实时对会计业务进行监督的、集考核与风险防范于一体的多功能复合型监督管理机构，从而实现事后监督中心向实时监督中心的转化。

六是对所有业务档案统一进行电子化管理。在实现会计凭证电子化的基础上，充分利用扫描设备，将银行国际业务、银行信贷业务、银行卡业务等各类纸质档案统一管理，从而实现会计档案的电子化管理。

● 四、完善风险管理流程的措施

完善风险管理流程的基本思路是风险控制和管理的领域覆盖分行表内、表外各项业务，风险控制部门的工作流程覆盖各项业务的事前、事中和事后，即“全领域”和“全过程”。对风险管理流程新方案的设计主要包括以下三点：

一是构造覆盖支行全部业务领域风险的组织架构。为了确保分行表内业务、表外业务、中间业务的风险都能够得到有效的识别和控制，必须将这些领域的风险管理都纳入风险监控部门的职能范围。风险监控部门直接向风险官或分行风险管理委员会负责或报告工作，从而具有较强的独立性。

二是对风险控制工作流程进行重新设计。将原来的直线工作流程变为平行工作流程，让工作流程覆盖业务的全过程。以信贷风险控制为例，不是等信贷资产出问题了再移交风险监控部门，而是在贷前调查、贷中审查、贷后检查整个信贷流程中都有风险监控部门的参与，及早提示风险、充分揭示风险、适时识别风险、果断处置风险，力争将风险损失降到最低。

三是实施远程和实时监控。要改变过去单纯依靠人工现场检查的内部监控方式，充分利用计算机技术，借助中国人民银行贷款卡系统、个人征信系统、银监局客户信息系统、税务系统、中介研究机构等平台，开发与各个业务系统对接的远程和实时监控系统，针对不同的业务设置相应的实时风险监测和预警指标，有关的风险预警信号直接通过计算机信息系统传送到风险控制部门或人员的工作界面上。风险控制人员可以按权限在计算机信息系统上直接调取有关业务档案进行检查，以便进行远程和实时监控。比如，为了加强对贷款资产风险的监控，可设置信贷客户财务关键指标预警，当借款人财务指标出现超常变化时，计算机信息系统立即进行预警并向风控人员进行提示。

● 五、完善网点服务功能的措施

一是确保营业网点资源与服务功能相匹配。一般来说，营业网点应该具有固定性、视觉效应和人性化的特点。因此，分行要着眼于在营业大厅内通过视觉效应直接影响客户。在客户办理业务或者接受服务的过程中，银行通过周到的服务满足客户的常规服务要求，以提升客户在整个过程中的心理享受，使服务成为一种“身心体验”。银行要进一步加大营业网点的建设与改造力度，并就营业大厅的功能分区做出清晰界定，即分为高柜区（办理现金业务）、低柜区（办理非现金业务）、自助区（ATM、查询机等供客户自助服务），并设置客户排队叫号机、等候座椅、饮水机等服务辅助设施。

二是突出营销，方便顾客。营业大厅内部首先要突出营销、满足客户便利的需要，尽量把面积留给客户，要按照促进购买的原则设置出入口，便于控制客户的动向流。环境设计、物品摆放不能随意，通过吸引客户的注意力促销产品和服务。银行要通过运用艺术手段和设计技巧等形象化语言，把本行的产品和服务清晰地展现在客户面前，使客户产生兴趣、偏爱和信任，从而引起客户购买和重复使用的欲望。

三是主动服务，迎接顾客。银行针对客户的服务销售流程开始于客户进入营业大厅之际，对进入营业大厅的客户，无论是现实的还是潜在的，大堂经理须立即走上前了解他们的需要，并将银行的业务按照来客的要求给予介绍。要抓住时机与客人建立联系，取得客人的电话或其他联系方式，以便在营业后主动回访客人或在节假日问候客人。如果认为某个客人有发展业务的潜力，那么大堂经理应将有关信息传送给负责市场的客户经理。当客户对介绍的业务不感兴趣时，大堂经理应立即转向介绍其他业务，一旦时机成熟，主动协助客人办理相关业务。当营业大厅业务繁忙时，大堂经理应留意排队客人的需要，适时地疏导排队人群，并不失时机地宣传银行业务，从中识别和引导分流各类客户到不同的功能区域办理业务，缓解柜台压力，并在现场开发中高端客户。

对上述三个关键性的业务流程进行再造，必然相应引发SD农业银行有关组织架构和管理流程的再造。从长远看，业务流程再造要以“实现由部门银行向流程银行的转变”为根本性目标，做到三个必须：必须以客户为导向，构建增值型业务流程，重视通过网络以及数据库技术实现众多客户信息的资源共享；必须以金融服务创新为中心，区分不同的客户群以及不同的需求，从而设计不同的流程版本；必须提供银行与客户之间的单点接触，以确保客户在银行业务流程复杂分散的情况下，仍然能享受完整且迅速的服务。

六、流程银行建设项目实施保障

SD农业银行流程银行建设项目实施保障的主要内容为组织建设保障、实施进度安排、项目建设制度保障等。

（一）组织建设保障

业务流程再造离不开组织结构建设（组织结构再造），组织结构建设是实施业务流程再造的保障。现代管理理论认为，流程决定组织。业务流程再造必然带来组织结构的更新，企业组织必须从结构、机制、理念以及内涵上不断地优化、创新和发展。从组织结构建设的发展趋势看，一方面将更多地表现为供应链的延长、整合、一体化和集成化，另一方面则被赋予更多的灵活性、柔性及动态内涵，使之加速走向网络化和虚拟化。

组织结构建设是为了提高工作效率，从而更好地服务客户。SD农业银行必须引进和吸收先进的管理思想和方法，实施组织结构建设，改变机关式的人事干部体制和乏力的激励机制。

SD农业银行组织结构建设的总体思路为：打破传统官僚式的管理体制，建立扁平化的组织结构，压缩管理环节，缩短管理链条，减少上下级之间信息传递的失真现象。凡是与整合后的业务流程无关（即不能提高客户满意度）的组织结构均应该被尽可能地删减。着眼于大系统或大体系框架内整体的再造，使得有相同或相似功能的机构组织得以合并、改造、提升和精简。按照经济、合理、效率的原则，对现有的分支机构进行战略性重组，组织结构设置由按行政区域设置过渡为按经济区域设置，打破行政区域和政府序列格局，将分支机构向经济效益好的城市和地区转移，撤销或收缩经济欠发达地区的分支机构。

1.横向：借鉴“矩阵型”组织结构，重组职能部门

常见的银行内部组织结构有职能型、事业部型、矩阵型和网络型等，内外交错

的组织结构形成了完整的银行组织体系构架。20世纪90年代以来，许多跨国商业银行进行了银行组织结构的再造，组织结构普遍采用“矩阵型”。

花旗银行、汇丰银行内部结构设置都采用矩阵型结构（花旗银行、汇丰银行在《银行家》杂志2000年度排名中分列第1名和第3名，也是最早在我国设立分支机构的外资银行），即行政领导为一条线、业务管理为另一条线。花旗银行广州分行的业务部门按照行政领导关系向其分行行长汇报，同时还要向中国区相应的主管部门报告；广州分行开展业务，经办部门不需要其行长的批准，但是必须得到中国区相应主管部门的批准。部门设置充分体现客户导向原则。花旗银行、汇丰银行总行根据客户规模和特殊业务设立一系列的业务单元和地区管理总部，如中国业务管理部、集团客户管理部、资金管理部等，并建立由总行直接领导的业务处理中心，对全局性的职能部门实行集中式管理，实行“业务处理中心化”（电话银行中心、网上银行中心、信用卡处理中心等）。在全球各主要中心城市设立分支机构的基础上，分别按照自身客户所分布的主要经济行业，自下而上设立各个具体业务发展部门（关系经理）；同时按照银行业务经营的种类、在各个业务区域设立各种产品服务中心（产品经理），为客户提供各类银行服务。

对西方国家商业银行组织创新的比较分析，为我国商业银行组织创新提供了理论依据和实践经验。借鉴国内外商业银行的成功经验，根据“矩阵型”组织结构，按照市场化和客户化原则要求，重新整合SD农业银行横向职能部门，构建市场拓展、风险控制、保障支持三大系统。市场拓展系统，直接面对市场和客户，发掘和培养优质客户，并为客户提供优质高效的全方位金融服务，涵盖企业、机构、个人客户经营管理、理财、结算等业务；风险控制系统，防范和控制可能出现的金融风险，涵盖信贷、授信、资产、审计、法律等业务；保障支持系统，重点为市场拓展、风险控制以及全行经营管理提供保障支持，涵盖人力资源、科技、研发、财务等业务。

在构建三大系统的同时，需要进一步加强各个系统的建设，如审计体制推行改革，实行垂直管理；省分行成立清算中心，进一步提升资金的核算和营运水平。按照市场导向和风险控制原则，建立各类专业委员会。管理机构内部部门的设置应尽量与经营部门相对应，以避免多重管理、权责不明带来的成本增加、效率降低等不良后果；在业务部门设置上，改变现行按产品设置业务部门的现状，在细分客户种类和市场的基础上，以客户需求为依据安排内部部门间的分工，科学设置各级银行的业务部门。为降低沟通协调成本、提高有效管理幅度，银行需要对内设机构总量进行压缩，合理设定银行内设机构的干部职位和人员编制，对人员过少、职责单一、功能相近的处室进行整合。

2.纵向：推行组织结构扁平化管理

组织结构扁平化思想在西方金融服务业得到了广泛应用。伴随中国加入WTO，国有商业银行面对市场开放和竞争加剧的挑战，增强自身综合竞争力、加快内部改革的实质性步伐、推行组织结构扁平化的需求更加迫切。组织结构扁平化管理是现代商业银行的必由之路。随着计算机和信息网络技术的发展，标准化的操作程序和迅捷的通信方式使得企业内部信息的传递速度加快。信息网络技术的发展使企业中层职能部门管理人员上传下达的功能，在很大程度上可以被信息技术所替代。过去那些仅仅充当信息“中继站”的中间管理层逐渐失去了存在的意义。统治企业的管理幅度原则，正在被新的信息沟通幅度原则所取代。在垂直的层级组织中，大量中间层已经变得多余，银行可以通过逐渐删除、减少管理层，缩短企业内部上下级之间的距离，来达到实现组织结构扁平化的目的。

SD农业银行结构扁平化就是以关键业务流程为核心，进行合理的分权与授权，减少不必要的管理环节，压缩不必要的机构网点，以顾客满意度为主要考核标准，建立灵敏迅捷的信息传递机制，减少上下级之间信息传递的失真现象，降低从决策层到执行者之间的信息传导成本和解释成本，最终建立起“省分行—二级分行—网点”的层级组织结构模式，具体做法是：宏观上减少不必要的管理环节，缩短管理链条；微观上以关键业务流程为核心，建立灵活的信息传送机制。改多级管理一级经营为一级管理三级经营：省分行经营与管理并重，以管理为主；二级分行经营为主、管理为辅，并逐步成为基本核算单位；支行为纯经营性营业机构。进一步提升分支行的经营能力，逐步使分支行成为区域性营销中心，有条件地设立金融超市，延伸服务平台。县支行的管理职能和后台操作逐步集中到二级分行，支行及以下机构调整为二级分行的远程终端和营销窗口，只办理前台业务。借助信息技术，管理人员通过计算机和网络系统直接指导和监控一线员工的服务工作，一线的服务人员也可直接向管理人员请示汇报。营业机构柜员的签到、签退、跨中心汇兑、报单处理等状况，省分行可以直接监控并予以指导。改善制度资源的安排，重新组合组织构架，模糊组织边界，以客户为中心，引入战略业务体概念，成立区域金融共同体，例如，中国农业银行的珠三角区域金融共同体于2004年成立，对该区域的组织构架重新组合，使珠三角区域的人力资源得到了充分利用，促进了基础设施资源的共享。

通过以上方式，SD农业银行将垂直金字塔形的组织体系改造成扁平化的组织体系，将刚性组织变为柔性组织，使分工和等级制变为合作与协调，改变原来的职能部门各司其职、互不相干的状况，从而使SD农业银行形成对环境变化做出灵敏反应的管理机制与组织结构，更好地贴近客户，能够快速识别和捕捉市场需求，从而实现业务流程的高效运转。

（二）实施进度安排

该项目自2012年1月开始前期准备工作，2012年3月上旬着手旧业务流程的诊断，2012年6月初着手新业务流程的设计和实施，2012年12月进行项目后评价。

（三）项目建设制度保障

SD农业银行要顺利推进业务流程再造，就必须建立健全相应的配套机制。

1.合作与协调机制

银行内部良好的合作与协调机制是实施业务流程再造的重要保障。首先，SD农业银行在内部普遍树立全局观念和内部服务意识，并建立相应的利益驱动机制，使过去以人际关系为主要基础的合作行为规范化、制度化，从而降低内部协调成本。其次，SD农业银行大力推进业务流程的科学化、合理化设计，从程序上明晰权责，避免相互推诿现象的发生。最后，SD农业银行逐步建立面向市场、面向客户、注重服务质量的企业文化和价值体系，作为对组织或个人行为硬约束的必要补充，尽量做到公司治理与现行人事制度衔接，同时重视公司治理与国际惯例接轨，只有这样，才能打破多头对外的服务格局，减少机构、部门之间的服务差异，从而形成SD农业银行的整体竞争力，促进业务流程再造。

2.激励与监督机制

流程再造的综合性、持续性使得银行必须改变传统的“官本位”体制，建立体现专业多元化、反映人力资源市场价值与竞争压力的长效激励监督机制，从而保证整体发展目标能充分落实为每个部门及个人的努力目标，从根本上提高流程再造的主观能动性和应变能力。SD农业银行必须配套建立多层次、系统化、科学化的绩效评估指标体系和考核程序，采取以岗定薪、年薪制、期权激励等多种激励方式，有效引导、督促组织和个人自觉参与业务流程再造，特别是促使管理者有动力按照长期目标经营，积极推进业务流程再造的进程。同时，注意避免“棘轮效应”。当经营者预测到他的努力将提高标准时，他努力的积极性就会降低，这种标准随业绩上升的趋势就是“棘轮效应”（或称“鞭打快牛”），在激励和监督时要充分考虑“棘轮效应”问题，更有效地发挥激励与监督机制的作用。

按照责权利对等、激励与约束对称原则，积极探索高层次管理人员的分配模式。各级行长的工资水平及增长幅度，以各分行经营效益和行长工作业绩为主要依据，兼顾当地经营环境、业务规模、同业市场份额等因素。建立以预期收入为主要内容的长期激励机制，逐步使高层次管理人员的总体收入水平具有市场竞争力。进一步深化专业技术人员的收入分配改革，针对各类专业技术人员的不同特点，妥善处理各类人员间的工资关系。对做出突出贡献的特殊人员，实行特殊岗位津贴制度，为优秀专业技术人员建立奖励、休假、培训等优惠福利待遇。逐步建立多元化的分配激励模式。制定有关企业年金、补充医疗保险和住房补贴的管理办法，规范各项保险、福利的运作程序。按照福利透明化、货币化、工资化的方向，逐步提高员工福利水平。机构调整后，通过公开竞聘确定新的管理人员，并实行末位淘汰。同时，建立并完善非领导职务序列，为员工的职业生涯发展提供多条晋升渠道。

根据本案例，回答以下问题：

1.SD农业银行为什么要进行业务流程再造？

2.SD农业银行是如何再造流程银行的？

3.本案例对其他商业银行有何借鉴意义？

案例四参考答案

案例五

QL机电设备安装公司基于价值链分析的作业成本控制①

一、QL机电设备安装公司介绍

QL机电设备安装公司（以下简称“QL公司”或“公司”）创建于1968年，资质为机电设备安装工程专业一级资质，取费等级为甲级。公司现有固定资产4 170万元，流动资产5 860万元；各类机械设备1 800多台（件），总功率7 880千瓦，人均技术装备率6 160元。公司现有职工3 190人，其中，有职称的经济技术人员216人，具有中高级职称的工程技术人员102人。公司下设8个分公司，10个直属专业施工工区，施工设备先进，专业技术力量雄厚，从而形成了集化工石油设备安装、冶炼机电设备安装、建材设备安装、钢结构工程、通风与空调工程、装饰装修工程、送配电及电气仪表工程、锅炉安装工程、管道及储罐等大中型建设项目的制作与安装的专业化施工队伍。跨入2000年，公司制定了“强化管理、扩大规模、抢占市场”的发展方针，立足本省，积极开拓省外市场，先后开拓了北京、天津、河北、山西、陕西、内蒙古等10个省、自治区、直辖市的50多个地市区的安装市场，成为设备安装行业的一支劲旅，连续3年完成的建筑安装工作量均在2亿元以上。

面对激烈的市场竞争和严峻的形势，公司管理层确立以成本领先为基本竞争战略，并在此基础上追求产业链型多业发展的发展战略，以期凭借成本优势获得高额利润并提高市场占有率。公司现阶段拥有两大优势：一是多年的施工经验和商业信誉，有利于扩大施工规模；二是技术及装备水平高。但是公司在实际运行中整体资

① 马迎倩、田雨、孙喆，根据对QL机电设备公司调研的资料进行整理加工。

源的整合效率并不高。面对竞争，如何优化、配置公司自身有限的资源，引进现代管理思想、先进的企业管理手段、管理方法，降低并优化产品成本，充分贯彻成本领先战略，获取和提升公司自身的综合竞争力，在强手林立、竞争激烈的环境中获得发展，做大做强，已经成为公司管理者关注的焦点。波特教授曾经指出，实施成本领先战略的企业必须成为成本最低者，而不是成本最低的厂商之一。因此，对于以成本领先为基本竞争战略的QL公司来说，进行成本管理创新具有极其重要的现实意义。

● 二、QL机电设备安装公司成本管理存在的问题

（一）财务部门的成本管理职能不完善

公司财务部门对成本问题所承担的责任仅仅是“成本核算”而非“成本管理”，应该说公司财务部的职能是不完善的。

（二）成本管理水平不高

QL公司的成本信息基本只具有应用于对外财务报告这一基本功能，而没有运用到产品组合决策和战略设计决策上。公司在投标时基本上随行就市，无法体现明确的定价策略。由于公司内部并没有对成本信息进行细分，因此，公司管理层无法获得每一项工程的详细成本信息。对战术、战略层次的决策分析，现有的成本信息更是支撑不足。所以，现有的成本管理水平很难实现公司成本管理由核算型向管理型的转变。

（三）成本管理流于形式，制度约束不到位

QL公司管理层已明确提出将成本领先战略作为自己的基本竞争战略。但是，这一战略在具体实施上缺少必要的支撑体系。公司成本观念还停留在传统的成本观念（即财务会计成本观念）上，成本管理的重心依然停留在项目管理层，缺少全员成本意识；而且，企业一直从工程项目本身的角度来考虑降低成本，这种方式限制了成本的降低空间。此外，受公司整体管理水平及员工素质的影响，QL公司很难跨越公司内部而放眼整个行业价值链进行成本控制，这将成为该公司实施成本领先战略的瓶颈。

● 三、QL机电设备安装公司应用作业成本控制方法分析

通过对QL公司成本管理现状的分析，可以看出，公司成本核算和分析内容仍然停留在满足财务报表编制的阶段，产品成本的内容包括直接材料、直接人工和制造费用，且制造费用是按照各个项目价值进行分配的。这种狭隘的成本观念已经给公司带来了诸多问题，财务会计成本观念已经远远不能满足公司的现实发展以及成本领先战略实施的需要，必须确立全面的成本控制观念。通过作业成本控制方法分析，以系统的观点审视影响公司成本的所有因素，使公司从狭隘的财务会计成本观

念中挣脱出来。

公司内部存在着许多价值链，既有各业务单元之间的价值链，又有各业务单元内部的价值链。企业内部的各个生产经营单元，如研发部门、采购部门、生产部门，可以分解为较小的价值链，而每条价值链包含的作业通常多达几十种甚至上百种，对这些作业及作业中心进行分析并确定其是否增值及效率的高低是不可能的，只能对那些成本或价值占比较高、对顾客价值和企业价值有重要影响的作业进行分析。

在QL公司中，采购费用占工程成本的比例很高，材料成本占工程总价值的50%～60%，原材料和零部件的成本远超过了设备安装的增值成本。因此，对材料成本的控制便成为生产成本及总成本控制的关键，故我们以采购流程中的价值链为例来进行分析。

（一）QL机电设备安装公司作业成本动因分析

成本动因理论是作业成本法的理论基础，也是分析、制定以及实施成本控制各种方法的基础，成本动因解决的是为什么要执行某一项作业的问题。选择成本动因是作业成本控制中非常重要的一步，成本动因选择不当，就无法反映成本发生的原因以达到降低和控制成本的目的，也就体现不出作业成本控制相对于传统成本控制的优势。因此，识别企业价值链中的各个作业的成本动因，显得尤为重要。

QL公司根据公司自身的特点，确定了5个主要作业，并将5个主要作业进一步细分为17个子作业，再结合企业的实际情况确定了每一个子作业的成本动因（见表1）。

表1　**作业成本动因**

作业类别	成本动因
制订采购计划	
确定物料需求	采购原材料种类
提出采购申请	订单数量
审核请购单	订单数量
拟订具体的采购计划	采购原材料种类
选择供应商	
供应商信息搜集和调查	供应商数量
供应商评估与认证	供应商数量
供应商产品质量测试	供应商数量
询价议价	供应商数量
筛选供应商	供应商数量

续表

作业类别	成本动因
实施采购	
签订合同	订单数量
供应商和订单监控	供应商数量
物料接收	
核对货单	货单数量
货物质检	货单数量
装卸入库	货单数量
库存管理	库存数量
财务处理	
发票验收	发票数量
付款	发票数量

（二）内部价值链分析

1.作业识别

QL公司依据现状，通过对公司采购流程的深入分析，确定了制订采购计划、选择供应商、实施采购、物料接收、财务处理5个主要作业。

（1）制订采购计划。首先，分析客户的需求，分析什么样的产品配置能满足客户需求并符合目标成本预算。然后，按照存量管制基准、用料预算，并参考库存情况开立请购单，逐项注明材料名称、规格、数量、需求日期及注意事项，按规定逐级审核，最后拟订具体的采购计划。制订采购计划可进一步细分为确定物料需求、提出采购申请、审核请购单、拟订具体的采购计划4个子作业。

（2）选择供应商。在企业中，供应商的选择分为从企业内部数据库中搜寻和重新在外部搜寻两类。前者的搜寻工作相对比较简单，内部数据库中的供应商一般与企业已有过合作经历，品质、信誉、竞争能力、可靠性和承诺等方面都能够达到企业期望。后者的搜寻花费周期较长，对供应商的评估过程也比较复杂，搜寻成本相对较高。在选择供应商作业环节中，首先需要完成对供应商各方面信息的搜集，这些信息一般包括产品、质量、价格、生产规模、资质、生产能力和设备、交货期、送货条件、售后服务保证、环境保护以及财务等方面。然后，根据搜集的信息对供应商进行初步评估和认证。如有必要，也可以向供应商索要样品，看样品的尺寸、规格以及其他参数是否符合需求。在此基础之上，对企业初步评估的供应商进行询价议价，并最终筛选确定符合条件的供应商。选择供应商作业可进一步细分为供应商信息搜集和调查、供应商评估与认证、供应商产品质量测试、询价议价、筛选供应商5个子作业。

(3) 实施采购。在经过供应商评估和认证确定符合企业条件的供应商后，企业即可实施采购。实施采购作业可以细分为签订合同、供应商和订单监控2个子作业。其中，供应商和订单监控主要是对发出订单后的订单情况进行记录、跟踪和控制，反映订单执行情况，显示订单执行差异。

(4) 物料接收。物料接收作业主要完成对物料的接收和清点，核对货单、质量检验、装卸入库等。经检验员检验合格后的物料，会依据物料的固有特征按照一定的仓储方法，如直接堆放等方式以合理的布局存储到仓库中指定的库区库位，检验不合格的作退货处理，并通知供方退货。物料接收作业可进一步细分为核对货单、货物质检、装卸入库、库存管理4个子作业。

(5) 财务处理。采购部门将请购单连同物料检验报告与发票送至会计部门，会计部门确认无误后，办妥付款手续。财务处理作业可进一步细分为发票验收、付款2个子作业。

2.作业分析及作业改进

(1) 提高作业的效率。

对于实施订单作业，目前，QL公司对订单完成过程中的响应时间的监测与控制仍靠传真机和电话进行，难以对订单实施全过程进行跟踪管理，这样就难免会出现信息误差，而订单的差错可能会造成缺货，不利于企业王常经营活动的进行。因此，企业有必要与供应商建立一个共享的信息平台。通过信息平台将企业与供应商联系在一起，双方都能通过该信息平台即时清楚地掌握订单的执行、库存、生产等情况，使整个供应链的同步运作成为可能。信息平台的构建使企业能够及时得知订单的生产状态，准确掌握订单信息，避免信息失真，可以有效提高订单执行作业的效率，从而有利于企业实现供应与需求的有机衔接，提高反应能力，缩短市场响应时间，降低企业的经营风险。此外，通过构建信息平台还可以改善企业与供应商之间的关系，双方是建立在共赢基础上的、受欢迎的业务合作伙伴关系，相互的信任度大大加强。

(2) 消除非增值作业。

流程中的每项任务都应该是必要的，如果一项任务是多余的，它的存在就非但没增加价值，反而增加了成本，因此，多余的任务必须从流程中剔除。

①对于审核请购单作业。公司审核请购单采用的是手签的形式，而且从仓储部门提出申请并逐级进行审核，一般需要经过3～4个领导签字。有时领导外出或参加会议，签字就会被搁置，常常一个简单的申请要等3～4天才能完成审核。这样的作业实际上并没有对采购申请起到多大的监管控制作用，不但没有增加价值反而延长了等待时间。事实上，在公司运行了物料需求计划（Material Requirement Planning，MRP）并最终拟订了采购计划以后，这项多余的作业完全可以被省略掉。

②对于质检作业。虽然有些检验、检查、复核是有道理的，但过多的类似工作会增加不必要的成本。在公司中，采购物流和生产物流均有检验作业，原材料和部件在到达企业时要接受检验，而预制板件在安装工序和性能测试中还要接受检验，

如果企业在采购物流中可以确保检验正确率，就可以省去以后的检验作业，或是简化该作业。此外，公司一直在推行全面质量管理的理念，要求合作伙伴采纳“准时制生产方式”的运作理念，将质量的概念构筑到产品采购中，实现供应链的全局优化。公司还通过选择固定的、品质更好的供应商，从供应商的货物出厂前就开始防范质量问题，从而实现“零缺陷”，保证物料在运送到目的地前已达到100%的合格率。这样不仅可以消除物料运送到目的地时烦琐的质检环节，缩短采购周期，同时，还可以从更大范围节约因质量问题引起的整体费用。因此，在企业采取了相关措施后，该项作业可以省略掉。

③对于库存管理作业。为了避免缺货，QL公司通常都会储存大量的原材料，工厂也把大量的空间用于储存原材料，这就会产生大量无增值储存成本。大量的库存增加了物料运输、转移和移动的耗费，减少或消除库存作业是优化流程的必要之举。QL公司在任何一个物流流程中都有库存管理作业，而只要有存货存在，这些库存管理作业又是必要的。因此，为了使流程更精简优化，就必须减少库存，最好做到零库存。这就要求企业的订货流程、生产流程有很好的信息交流平台，以压缩企业库存。

因此，该公司采购活动中的审核采购申请、货物质检、库存管理都增加了流程中的等待时间和资源耗费，在客户眼里都属于不增加价值的非增值作业，故可以将这些非增值作业省略掉。

（三）行业价值链分析

采购作业是企业创造价值、控制成本的重要环节，降低采购成本是企业有效进行采购供应链管理的关键。目前，通过对QL公司所在行业的价值链分析，我们发现，该公司采购成本占产品成本的比重较高，是产品成本竞争力的决定性因素之一。QL公司在优化上游价值链方面可以从以下方面入手：

1.减少配套厂家数量，上游的原材料供应商过多、过于分散，既不便管理，加大了物流和管理成本，又降低了供应效率，而且供货质量难以得到保证。因此，应对供应商进行分析、筛选，择优选取，减少供应商数量，要求成套、系统供货，集中采购。这样可以节省大笔开支，同时，保证供货和配套产品质量的稳定性。

2.同上游企业建立战略联盟，通过协议契约结成优势互补、风险共担、利益共享、长期合作的稳定价值链联盟，有利于增强供应商的忠诚感和安全感，降低供应商的风险，使供应商愿意为长期良好的合作而努力。

3.严格控制原材料的准时到货率和供应质量，为保证产品质量，需要对原材料供应商进行考查和评价。

客户是企业宝贵的资源，长期稳定的客户关系，可以降低企业的市场开拓费用以及交易成本和管理成本。分析购买商价值链及其与本企业之间的联系，有助于形成稳定的销售渠道，从而扩大企业产品的市场份额，提升产品的市场竞争力。

QL公司通过分析购买商价值链及其与该公司之间的联系发现，公司对售后服务不够重视，售后服务方式都属于被动反应模式，缺乏一些主动的售后服务方式。因此，公司可以采取以下办法加以改善：注意品牌建设和维护，实施优质服务，实行标准化管理，使客户得到更为方便、快捷的售后服务；建立有效的信息反馈机制，建立完善的服务档案，定期进行电话回访或专人拜访，跟踪设备的使用情况，密切配合用户使设备达到最佳工作状态。

（四）竞争对手价值链分析

1.学习竞争对手价值链成本控制的关键点

在成本领先的战略定位下，企业要想在竞争中取得成功，必须将自己的成本与竞争对手的成本保持一致或比竞争对手低。对于QL公司来说，最直接的一个竞争对手就是B企业。B企业规模庞大，技术先进，是省内主要的设备安装厂家之一，该企业发展较成熟、管理体制完善。通过B企业的价值链分析发现，B企业的原材料供应商只有3家，而且和供应商之间长期合作，沟通良好，与公司建立了长期的战略同盟关系，这使B企业在原材料的采购方面具有很大的成本优势，而且原材料采购非常稳定。而QL公司的原材料供应商有10家之多并且经常发生变动，每次变动都需要对供应商重新进行评估。此外，由于QL公司拖欠供应商货款严重，引起了供应商的强烈不满，因此，供应商也不愿意与其建立过于亲密的关系，不愿意在价格方面做出更多让步，从而造成了QL公司原材料采购成本的劣势。通过这样的分析，QL公司找到了自己进一步降低成本的途径，就是可精选少数原材料供应商并与之建立密切的关系，以求准时获得质优价廉的材料。

2.建立横向价值链联盟

在当今激烈的市场竞争中，竞争与合作是密不可分的，与竞争对手的合作共赢成为企业发展的新态势。QL公司通过与竞争对手之间的资源共享、能力互补实现了联盟参与各方的共赢。通过分析发现，QL公司下游一些设备安装承包商可以为公司提供许多降低成本、增加利润的机会。公司可以将部分工程项目分包，与下游承包商合作，借此增加企业的工程项目从而提升企业利润并保持持续发展。公司可以与下游承包商共同开发市场，共担风险，共同管理，共同分享销售利润。而且，如果承包商能够在保证质量和进度的前提下完成部分工程，公司就可以减少资源的投入，从而节省大量用于人员、设备的费用支出；同时，该部分费用又可以投资于新的项目，从而提高资源使用效率，降低成本。因此，QL公司要考虑与竞争对手建立良好的合作关系。

根据本案例，回答以下问题：

1.QL机电设备公司成本管理存在的主要问题有哪些？

2.QL机电设备公司是如何通过内部价值链分析进行成本控制的？

3.QL机电设备公司是如何通过竞争对手价值链分析进行成本控制的？

案例五参考答案

案例六

H省A通信公司通信产品的波士顿矩阵分析①

H省A通信公司作为一家电信运营商，向广大的电信用户提供的通信服务产品可分为四大类，即宽带数据业务、移动2G业务、移动4G业务、固定电话业务，各项业务呈现如下特点：

（1）宽带数据业务。2017年12月底，H省宽带用户为468万户，2016年12月底为382万户。在现有的宽带数据市场中，H省A通信公司占有的市场份额为72%，其他两家竞争对手分别为10%和18%。受国际互联网业务快速发展的影响，宽带数据业务近几年呈现出较快的发展势头，宽带用户的发展受到传统固定电话业务的影响，H省A通信公司在传统固定电话业务领域具有相对优势，因而在宽带业务领域也具有相对优势。

（2）移动2G业务。移动2G业务是比较传统的业务，截至2017年12月底，H省移动2G用户为1 860万户，2016年12月底为1 780万户。在现有的移动2G业务市场中，H省A通信公司占有的市场份额为31%，其他两家竞争对手分别占有62%和7%的市场份额。从H省目前的移动2G业务来看，其用户增长已由城市转移到乡村和牧区，城市2G用户的增长已呈现出停滞状态。

（3）移动4G业务。移动4G业务为新型的移动业务，其主要的业务发展点在于移动业务和互联网业务的结合，从开始营运以来，呈现出较快的发展势头，截至2017年12月底，H省移动4G用户为516万户，2016年12月底为290万户。在现有的移动4G业务市场中，H省A通信公司占有的市场份额为31%，其他两家竞争对手分别为16%和53%。因此，从移动4G业务的相对市场份额来看，H省A通信公司不具有明显优势。

（4）固定电话业务。截至2017年12月底，H省固定电话用户为240万户，2016年12月底为260万户。在现有的固定电话业务市场中，H省A通信公司占有的

① 王晨、陈祥玉、李姝雅根据网络相关资料整理加工。

市场份额为82%，其他两家竞争对手的市场份额分别为6%和12%。固定电话业务是传统的基础电信业务，从目前来看用户数量呈下降趋势，主要原因是移动业务固有的移动性和方便性对其冲击较大，同时固定电话月租费的存在，也是部分用户拆机的原因之一。

根据本案例，回答以下问题：

根据以上分析，结合H省通信产品的市场增长率和H省A通信公司的相对市场份额，请将该公司的四类通信产品在波士顿矩阵中进行定位，并说明理由。

案例六参考答案

案例七

美国西南航空公司战略定位分析①

一、公司简要介绍

美国西南航空公司于1966年由赫伯·凯勒赫和罗林·金组建，1971年6月1日开始飞行。西南航空刚开通飞往得克萨斯3座城市的航线的时候，只有3架飞机，25个职员，航班分别由达拉斯的爱地机场和休斯敦的霍比机场发出。经过25年的发展，西南航空公司的航班飞往美国22个州的46个城市，航班次数上升到2 065次，公司拥有波音737飞机224架，已经逐渐发展成为美国五大航空公司之一。

西南航空公司的运营方向是：短程的（不超过500英里）点到点的航线；采用波音737的单一机型；多航次；低费用；不开设国际航班。西南航空公司的成功来自于它的集中化战略，那就是频繁的航次，登机口间快速转场，对市场、机场的谨慎选择，以避开地面和飞行控制的延时。

1996年1月，西南航空公司开通了新航线，进军佛罗里达和美国东南部市场，美国东北部成为西南航空公司尚未涉足的唯一地区。西南航空公司1996年的任务是进军佛罗里达并要有所盈利。

二、外部环境分析

（一）宏观环境分析

1.人口方面

美国客运量从1974年的2亿人次增长到1995年的5亿人次。客运量的增长超过了1.7%的航空业容量的增长速度。

① 王琳、刘圣楠根据http：//wenku.baidu.com/view/01d4a475f46527d3240ce03c.html网站资料整理加工。

2.经济方面

1979年的石油危机和1981年飞行控制员工的罢工使航空业陷入困境，20世纪80年代初席卷美国的大萧条更是令航空业雪上加霜，很多航空公司濒临破产，1995年和1996年间，行业总体的盈利状况发生了改变。

3.政治法律方面

1978年卡特总统签署了《航空公司排除法规案》，航空公司的费用大幅下降，很多新公司得以进入市场。

4.技术方面

电脑和网络技术在航空业的应用，使得航空公司开发出了新的软件，采用新的收益管理系统，从而获得更多的收益。

（二）行业环境分析

1.成本概况

航空公司大约有80%的成本是固定成本或半固定成本。真正可变的成本是客运代理的佣金、食品成本和票务费用。空中客运的成本取决于航线的长短，一旦飞机的航班结构确定下来，大部分的运营成本也就确定下来了。

2.五种竞争力量分析

（1）现有竞争者之间竞争激烈。

西南航空公司作为航空公司，收入主要来自上座率。航空公司为了得到更多的利益，就必须在每次飞行之前售出更多的座位。因此，航空公司之间的竞争非常激烈。

（2）潜在进入者威胁不大。

航空运输业属于高风险、高投入、应用高技术的产业，规模经济的门槛高，这就使潜在进入者的进入难度很大，因此，潜在进入者威胁不大。

（3）替代品的威胁较弱。

航空运输的主要替代品是洲际高速公路上的列车。西南航空公司具有航班次数多、价格低、服务准时、速度快等优点，这些都是高速列车无法到达的，因此，替代品的威胁较弱。

（4）购买者的议价能力一般。

西南航空公司的乘客主要有两种：要求舒适、及时的公务人员和对价格比较敏感的非公务人员。要求舒适、及时的公务人员需要的是便捷快速地穿梭于城市之间，西南航空的多航次可以满足他们的需要；对于对价格比较敏感的非公务人员，西南航空公司的低价格对他们的吸引力较大。

（5）供应商的议价能力较弱。

航空公司的供应商主要是油料公司、飞机制造公司和机上供应品制造商。油价占西南航空公司成本的13%，油料供应商较多，航空公司选择的余地较大；西南航空公司的所有飞机都是波音737，这样可以实施较大批量的采购，从而增强了西南航空公司在采购过程中的议价能力，可用较高的折扣率采购到所需要的飞机；业务量较大的西南航空公司在与机上供应品厂商的交往过程中，占据主动地位，因为厂商较多，自己又是大主顾，因此，供应商的议价能力较弱。

（三）竞争对手分析

西南航空公司的主要竞争对手及其优势、劣势见表1。

表1　**西南航空公司主要竞争对手的优势及劣势分析**

公司	优势	劣势
美国联合航空公司	母公司的实力及知名度； 较少的工会管理条例	单位座位里程成本高； 工作效率较低； 计算机控制的航空代理售票
美国西太平洋航空公司	成功的促销策略； 无票运营机制； 多样分散的劳动力队伍； 较低的单位可得座成本	是新进入者，品牌知名度低； 规模小

三、内部环境分析

对西南航空公司的SWOT分析如下：

（一）优势

（1）采用单一机型。西南航空公司只拥有一种机型，即波音737，这种做法能最大限度地提高飞机的利用率。因为每个飞行员都可以驾驶所有飞机，这样就简化了管理，降低了培训、维修、保养的成本，可以保持地勤人员少而精。

（2）转场时间短。西南航空公司是唯一不采用集中站点的大型航空公司，它的转场时间大概只要15分钟，而其他航空公司平均要45分钟，西南航空公司登机口工作人员的数量还不到其他航空公司的一半。

（3）西南航空公司的服务采用高效的“无花边”处理。不设座位预订，不提供餐点，极少为被耽搁的旅客提供住宿或长途电话，是全国首家通过网站售票的航空公司，也是首批使用无票登机服务的航空公司之一。

（4）“西南精神”其他公司难以模仿。在西南航空公司内，对旅客独特的服务方式受到提倡，公司看重内部的交流和友谊，鼓励员工在各个层面的创造活动，“关心”和“爱心”是西南文化的核心部分，公司强调建设合作性的劳务关系。

（5）西南航空公司挑战行业通行做法，设置竞争性壁垒。

（6）西南航空公司保持着行业最低的资产负债率。

（二）劣势

（1）飞机随着使用年限的增加，将需要支付更高的维护费用并最终被替换。

（2）剧增的客运量和拥堵的机场条件会导致飞行控制的延时，将给公司的盈利带来负面影响。

（三）机会

客运量的快速增长，公司于1996年1月向佛罗里达进军是其潜在的机会。

（四）威胁

新技术的运用将产生很多的替代品，新的航空公司也都证明自己有能力创新。

综上所述，西南航空公司仍应坚持自己最核心的竞争力，坚持低票价、点对点的航程战略。美国东北部是西南航空公司唯一未涉足的大市场，东北部是美国人口密度最高的地区，西南航空公司可以考虑进入该地区，但应把握好进入的时机，并根据那里的实际情况，采用创新的低成本管理。

● 四、竞争战略的选择

西南航空公司成功的关键因素是采用以成本控制为核心的低价竞争战略。

西南航空公司统一使用一种机型，使飞机的训练、维护和库存成本都很低。由于西南航空公司成功地缩短了地面周转时间，因此，提高了飞机的使用效率，从而增加了航空公司的收入。

在降低旅客服务成本方面，西南航空公司在机上只供应花生和饮料，没有主食；登机票是可以反复使用的塑料卡片；西南航空公司精简到没有集中服务，它甚至不负责为旅客提供运输工具搬运行李。西南航空公司根据“谁先来谁先坐”的原则安排座位，这样就节省了预订机票和安排座位的部分费用。

西南航空公司还尽量使用二流机场，以降低运营成本。

● 五、案例点评

通过本案例，我们可以得到以下启示：

（1）一个企业要想在激烈的市场竞争中生存下去并不断发展，必须进行正确的战略定位，制定出适合本企业的竞争战略。

（2）美国西南航空公司在制定本企业竞争战略时，根据企业面临的政治、经济、法律等外部宏观经济环境，以及竞争者之间竞争的激烈程度、供应商的议价能力、购买者的议价能力、潜在进入者威胁、替代品威胁等行业竞争环境（五力分析），分析了企业自身的优势、劣势、机会、威胁（SWOT分析），从而对本企业做出了恰当的战略定位，制定出了成本领先战略，为企业的生存和发展奠定了良好的基础。

（3）西南航空公司战略定位分析及其竞争战略的制定，具有良好的示范效应，值得其他企业学习和借鉴。

根据本案例，回答以下问题：

1.本案例对美国西南航空公司宏观环境分析采用的是什么分析方法?

2.本案例对美国西南航空公司行业环境分析采用的是什么分析方法?

3.本案例对美国西南航空公司内部环境分析采用的是什么分析方法?

4.通过以上分析，美国西南航空公司选择的竞争战略是什么?除此之外，还有哪些类型的竞争战略?分别说明其含义。

案例七参考答案

案例八

FRD公司作业成本法与完全成本法的对比分析①

FRD公司生产甲、乙两种产品，单价分别为50元/件和21.50元/件；产量分别为10 000件和100 000件；直接材料费用分别为100 000元和800 000元；直接人工小时数分别为20 000工时和80 000工时，工资率为10元/工时。所耗用的制造费用项目及金额见表1。

表1 **制造费用项目及金额**

项目	金额（元）
原材料处理费	60 000
维护费	120 000
电费	90 000
设备折旧	300 000
检验费	60 000
调整与准备费	90 000
物料成本	50 000
生产计划费	10 000
合计	780 000

甲、乙两种产品的作业消耗量资料见表2。

表2 **甲、乙两种产品的作业消耗量**

作业类别	成本动因	甲产品耗用量	乙产品耗用量
原料处理	搬运次数（次）	40	60
设备维护	维修时数（小时）	50	100
电力消耗	千瓦小时（度）	50 000	100 000
设备折旧	机器小时（机器小时）	30 000	70 000
检验费	检验小时（小时）	10	15
调整准备	调整准备次数（次）	40	40
物料消耗	物料成本（元）	20 000	30 000
制订生产计划	生产批次（批）	10	10

① 冯玉增、肖潇、于佳乐根据FRD公司的相关内容整理编写。

根据本案例，回答以下问题：

1.按照传统的完全成本法，根据各种产品消耗的工时比例分配制造费用，并计算甲、乙产品的单位成本及单位毛利。

2.按作业成本法计算甲、乙两种产品的单位成本及单位毛利。

3.针对该案例分析说明作业成本法的优点。

案例八参考答案

案例九

作业成本法在SK高新技术企业中的应用分析①

作业成本法在高新技术企业中的实施具有可行性及必要性，下面选取一家具体的高新技术企业进行案例分析，检验作业成本法是否如理论上探讨的一样，能为企业提供比传统成本法更为准确的成本信息。

一、SK公司基本情况简介

SK公司是一家生产销售工业、农业、环保、教育、医疗、科研、制药等领域超声波装备及相关科学仪器的国家高新技术企业，多次被评为“行业十大品牌”，承担了多项国家级高新技术项目。公司有相关领域的研究员、高级工程师数名，具有先进、完善的研发条件和生产流水线，已经通过ISO9001：2008国际质量管理体系认证、ISO13485：2003医疗器械质量管理体系认证，取得了多项CE认证、医疗器械生产许可证及医疗器械注册证。公司目前已拥有三十几项专利技术，其中包括多项发明专利，现已成为国家高新技术、基因枪工程（技术）中心。公司客户遍及北大、清华、中科院及国际医药研究院等各大院所，各省卫生厅所属的各大疾控中心，海军总医院、262医院、304医院、上海瑞金医院等；为制药、纳米、光学、汽配等行业提供仪器装备和流水线。

该公司提供的产品按照用途共分为三大类——生物类、医用类和工业类，每一类下面又有不同的具体应用设备，其中生物类共包括九个小类，如基因转导设备、超声波清洗机、灭菌器等；医用类的设备包括四个小类：超声波清洗设备、器具毁形设备、清洗消毒设备、恒温槽等；工业类则包括两个小类：超声波粉碎机和高压均质机。每一个小类别又可按照型号、购买方的要求进行更加详细的分类。

① 孙婧、黄翠、刘绍朋等根据对SK公司调研的资料整理加工。

二、SK公司实施作业成本法情况分析

下面以工业类的两种产品（A超声波粉碎机和B高压均质机）来进行作业成本法的实施试验。

首先，根据作业成本法核算流程的介绍，确认企业的资源并进行量化处理，总结相关原始凭证，可得出SK公司的生产费用表，见表1。

表1　**生产费用表**　金额单位：元

成本项目	A产品	B产品	合计
直接材料	882 000	594 000	1 476 000
直接人工	504 000	528 000	1 032 000
制造费用	—	—	2 157 464.50
产量（台）	240	210	—
生产工时（小时）	25 800	12 600	38 400

其次，根据SK公司的生产经营特点，对作业及作业中心进行划分，找出作业动因。因为该公司以设备的研发、生产为主要经营手段，所以划分作业时，以生产流程为参考依据，考虑到作业成本管理中对增值作业及非增值作业的筛选条件，同时满足以下3个条件的作业活动才被认为是增值作业：

（1）作业的实施将带来状态的改变；

（2）状态的改变不能由之前的作业来完成；

（3）该作业是使其他的作业得以执行的保证。

如果某项作业不能同时满足以上3个条件，则被认为是非增值作业，按照作业成本管理的要求，应降低或者避免此类作业的产生。因此，对SK公司进行作业划分时，不设置产品检验这一作业，作业中心及作业动因具体划分见表2。

表2　**作业中心及作业动因表**

作业中心	作业动因
研发设计	设计人员工时
注塑	生产工时
装配	生产工时
包装	包装次数
灭菌	生产工时
技术服务	服务次数

应用于SK公司当中，将资源按资源动因划分到作业中心，结合统计的作业量，进而得出单位作业成本，结果见表3。

表3　　　　　　　　　　**企业作业成本分配表**　　　　　　　　　　金额单位：元

作业中心	作业费用	作业动因	工作量	单位作业成本
研发设计	31 500	设计人员工时	750	42
注塑	317 700	生产工时	35 300	9
装配	935 000	生产工时	85 000	11
包装	114 487	包装次数	15 265	7.50
灭菌	627 072	生产工时	34 080	18.40
技术服务	131 705	服务次数	2 485	53

其中，单位作业成本=作业费用÷工作量。

然后，根据作业动因将作业归集到具体的产品中去，计算出各自的真实成本，详见表4。

表4　　　　　　　　　　**产品成本计算表**　　　　　　　　　　金额单位：元

成本项目	单位作业成本	A产品		B产品		合计
		工作量	费用	工作量	费用	
直接材料	—	—	882 000	—	594 000	1 476 000
直接人工	—	—	504 000	—	528 000	1 032 000
研发设计	42	470	19 740	280	11 760	31 500
注塑	9	21 180	190 620	14 120	127 080	317 700
装配	11	51 000	561 000	34 000	374 000	935 000
包装	7.50	6 390	47 925	8 875	66 562.50	114 487.50
灭菌	18.40	22 152	407 596.80	11 928	219 475.20	627 072
技术服务	53	1 491	79 023	994	52 682	131 705
合计	—	—	2 691 904.80	—	1 973 559.70	4 665 464.50

从表4中，根据“单位作业成本=费用总额÷产量”可以得出在作业成本法下A、B两种产品的单位成本分别是：

A产品单位成本=2 691 904.80÷240=11 216.27（元/台）

B产品单位成本=1 973 559.7÷210=9 397.90（元/台）

按照成本收益率为125%的原则，两种产品的定价应分别确为：

A产品单位定价=11 216.27×125%=14 020（元/台）

B产品单位定价=9 397.90×125%=11 747（元/台）

如果按照传统成本法计算两者的生产成本，根据表1的相关信息，可以得出制造费用依生产工时进行分配的分配率约为56.18元/小时（2 157 464.50÷38 400），根据“分摊的制造费用=各自的生产工时×费用分配率”可以得出两种产品应承担的制造费用为：

A产品应分担制造费用=25 800×56.18=1 449 444（元）

B产品应分担制造费用=2 157 464.50−1 449 444=708 020.50（元）

那么A、B两种产品的生产成本计算结果见表5。

表5　　传统成本法下产品成本计算表　　金额单位：元

成本项目	A产品	B产品
直接材料	882 000	594 000
直接人工	504 000	528 000
制造费用	1 449 444	708 020.50
合计	2 835 444	1 830 020.50
产量（台）	240	210
单位产品成本（元/台）	11 814.35	8 714.38

此时产品定价分别是：

A产品单位定价=11 814.35×125%=14 768（元）

B产品单位定价=8 714.38×125%=10 893（元）

对比两种方法下的计算结果，可以看出，传统成本法使得产量较大的A产品定价偏高，导致其在现有市场中缺乏价格竞争优势，销量下降，从而影响企业的经济效益；同时，使得产量较小的B产品定价偏低，成本分摊的偏差造成管理层对实际成本的误判，误导管理者的经营决策。而作业成本法将成本核算的范围向前扩大到产品的开发阶段，向后延伸到技术服务阶段，计算结果更贴近产品的真实消耗，从而帮助企业制定更加合理的产品价位，以提供更高的顾客价值，增强企业的竞争优势。

三、SK公司实施作业成本法的好处及可供借鉴之处

（一）SK公司实施作业成本法的好处

通过案例分析，我们可以看出，作业成本法的实施可以为企业带来以下五个方面的好处：

1.合理规划资源

作业成本管理要求消除非增值作业，也就说企业在整个生产经营中的各个环节都要适时运转，相互协调，提高合作准确性，从而提高企业的经营效益。通过对作业成本的分析，管理人员可以了解公司资源的运用情况以及作业耗费成本的情况，在创造相同顾客价值的前提下，尽量选择耗费资源少的作业来满足顾客的要求，以达到合理规划资源的目的。

2.提高存货估价的准确性

作业成本法与传统成本法相比，能更好地揭示资源耗用与作业发生的因果关系，从而提供更为准确的单位产品生产成本及储存成本，为资产评估及收益预算提供强有力的支持，为下周期的生产预算提供更为精准的保障。

3.增强价格决策的有效性

企业制定销售价格时，起关键作用的元素是产品的生产成本，它是制定产品销售价格的基础，因此，增强成本信息的准确性是提高销售价格有效性的前提。作业成本法的实施恰恰能够保证成本信息的质量。因此，实施作业成本法能够增强价格决策的有效性。

4.改进成本控制系统

作业成本法将核算范围扩展到企业运转的每个环节，要求对企业生产经营的过程进行全面的分析与研究，以确定成本核算对象——作业，并对作业进行确认与计量，以区分增值作业与非增值作业，来降低产品生产成本并提高企业在行业中的竞争力。作业成本法的实施使企业对费用的控制，由原来的差异分析转向成本动因分析，从而改进了成本控制系统。

5.提供新的业绩计量及考核方法

在评价指标方面，作业成本法在保留了原来有用的财务指标的基础之上，还提供了非财务指标，如市场占有率、管理能力指标等。当进行考核时，企业可依照资源占有与实际利用之间的一致性来进行，以达到提高资源利用率的目的。

（二）SK公司实施作业成本法的可借鉴之处

首先，本案例选取的SK公司是一家集科研、生产、销售、售后服务于一体的综合性高新技术企业，其生产经营流程与大部分高新企业有着相似之处，因此，对于作业的划分具有一定的参考意义。

其次，本案例中的SK公司对成本的核算完全按照作业成本法的步骤进行，对于对这种方法尚不熟悉的参阅者而言，作业成本法的计算过程简单易懂，能够为初始实施的企业提供参考依据。

最后，本案例中的SK公司将产品的开发作为一项作业来处理，而非按照传统成本法将研发费用记入“管理费用”这一期间科目，从而增强了研发与生产的关联性，提高了开发效率，有一定的管理意义。

● 四、SK公司实施作业成本法需要进一步完善之处

本案例在选取成本样本时只是摘取了与两种产品相关的费用，因此，SK公司采用作业成本法时，应进一步完善以下几个方面：

第一，资源的确认方面。应就整个企业的资源耗用进行归集与分类，并确认相应的资源动因。

第二，作业的划分方面。并不是所有的产品都有研发费用，产品不同，生产工

艺和流程也不尽相同，因此，应针对产品的具体情况，采用不同的作业划分模式。

第三，作业中心的归集方面。本案例只是就与这两种产品相关联的作业进行作业中心的划分，并不全面，因此，应确认好企业的所有作业，并分析作业动因，重新进行作业中心的归类。

第四，作业成本管理的应用问题。成本管理主要是针对整个企业的经营过程而言的，要结合企业的战略目标才能发挥其重要作用。在本案例中，只是借用以往应用分析得出的结论取消了部分作业的执行。因此，企业采用作业成本法进行成本核算，要结合自身的实际情况，分析作业，划分增值作业与非增值作业，以达到充分利用资源的目的。

第五，技术软件的应用问题。本案例因使用的数据较少，未涉及相关软件的使用问题。因此，企业应将作业成本法与会计电算化相结合，以提高信息的使用效率。

总之，通过SK公司的具体实施验证，作业成本法确实比传统成本法更能提供有效的、科学的成本信息，从而帮助企业管理者制定出更为准确的经济决策。因此，从长远角度看，建议高新技术企业采用作业成本法进行成本核算。若企业能结合作业成本管理，对作业进行有效的划分与管理，相信会取得更为理想的效果。但是，作业成本法对实施环境的要求较为苛刻，前期投入较大，运行周期较长。因此，企业在实施之前应做好充分的思想准备。总之，作业成本法为企业带来的好处远远大于其所带来的困扰与麻烦，建议高新技术企业分毫析厘、因地制宜地采用作业成本法，以充分利用其优势。

根据本案例，回答以下问题：

1.SK公司是如何进行作业中心划分和成本动因分析的？

2.SK公司实行作业成本分析取得的成效有哪些？

3.SK公司应该如何完善作业成本的计算与管理？

案例九参考答案

案例十

作业成本法在SD烟草商业企业物流成本控制中的应用[1]

SD烟草商业企业的物流系统是在近几年建立起来并得到发展的，担负着SD烟草商业企业物流的重任。但SD烟草商业企业的物流系统存在一系列亟待解决和完善的问题：烟草物流效益低下，物流成本居高不下，并且企业没有有效的成本控制方法和手段。随着国际国内物流产业的兴起，以及正在面对的、即将来临的和可能存在的威胁，SD烟草商业企业面临着前所未有的压力。基于目前的行业形势，本案例主要研究SD烟草商业企业的物流成本控制，寻找降低物流成本的有效途径，以期提高SD烟草商业企业的竞争力。

一、SD烟草商业企业的物流成本管理现状

SD烟草商业企业近几年在物流基本建设方面虽然取得了明显的进展，但在物流成本控制方面，由于长期沿用传统成本核算方法，物流成本控制粗放，存在明显的缺陷，从而导致出现高成本、低效益的问题。

（一）SD烟草商业企业物流成本费用的会计核算流程

1.基本核算规范

在物流费用核算人员的配备方面，财务部门派专人负责组织卷烟物流费用的会计核算，每月由专人按照传统会计核算方法，根据国家烟草局的要求并结合用友财务软件，自动生成国家烟草局及省公司要求填列的卷烟物流费用表的部分内容，然后由财务人员从各相关科目中选择与物流有关的费用分析填列相应表格，以反映公司每月发生的卷烟物流费用的状况。物流中心设置1名辅助二级核算管理人员，负

① 付建森、宋其华、陈玉峰根据对SD烟草商业BZ公司调研的资料整理加工。

责对卷烟物流费用的辅助二级核算和精细化进行分析管理。

在物流的具体核算方面，由于现行的企业会计准则或企业会计制度没有规定统一的一级和二级物流专用科目，因此，烟草企业只能在用友财务软件中根据现行制度规定，在各自的二级会计科目和部分三级会计科目中核算卷烟物流所发生的直接费用。由于现阶段烟草企业对其物流费用的核算还没有形成一整套完善的系统，只是在各个账户中分散核算，并且核算思路不清晰、制度不完善，因此，给烟草企业物流成本的控制带来了极大的困难。

为了改变上述状况，便于区分物流中心费用项目与其他部门费用项目，国家烟草局以《国家烟草专卖局关于印发〈烟草行业商业企业卷烟物流费用管理办法和核算规程〉的通知》（国烟财〔2006〕812号）对卷烟物流费用的核算进行了完善，将卷烟物流中心作为单独的利润中心进行成本的核算和归集，但仍然以传统的会计核算方法进行成本控制，并填列《烟草行业商业企业卷烟物流费用明细表》（格式见表1），通过将格式导入用友财务软件中，可对部分费用项目定义取数公式，提取部分所需要的数据；对不能通过定义取数公式而需要从用友财务软件的会计核算模块中读取所需数据的部分费用项目，通过手工辅助填列，以反映并方便控制物流成本费用。

表1 **烟草行业商业企业卷烟物流费用明细表**

编制单位：SD烟草商业企业 金额单位：元

项目	行次	本月数	累计数	上年同期数
物流费用合计	1	825 723.03	7 776 605.53	5 606 399.56
（一）仓储、分拣费用小计	2	204 583.39	2 060 495.23	1 132 916.79
1.仓储、分拣人员的人工费用	3	75 955.90	817 053.39	673 133.80
其中：仓储、分拣人员工资	4	73 475.90	462 165.30	551 450
2.保管费	5	0	0	3 000
3.包装费	6	34 615.38	280 203.62	417 261.99
4.商品损耗费	7	0	0	0
5.装卸费	8	55 515.45	208 350.72	19 655
6.其他仓储、分拣费用	9	38 496.66	754 887.50	19 866
（二）配送费用小计	10	345 940.22	3 932 164.22	1 429 823.34
1.配送人员的人工费用	11	176 669.90	1 858 613.89	800 699.20
其中：配送人员工资	12	166 119.90	1 119 580.70	621 612.30
2.运输费	13	0	60	0
3.燃油费	14	93 640	905 188.84	541 295.24

续表

项目	行次	本月数	累计数	上年同期数
4.车杂费	15	5 184	67 948	63 106.40
5.其他配送费用	16	70 446.32	1 100 353.49	24 722.50
（三）管理费用小计	17	275 199.42	1 783 946.08	3 043 659.43
1.管理人员的人工费用	18	209 692	1 527 689.48	1 087 464
其中：管理人员工资	19	161 471	924 723.10	797 010
2.折旧费	20	2 059.78	4 119.57	1 383 758.94
其中：车辆折旧	21	0	0	390 716.40
3.税费	22	0	1 140	0
4.无形资产摊销	23	11 112.23	18 498.75	56 000
5.水电费	24	8 582.31	50 069.61	30 110.60
6.通信费	25	0	4 290.32	2 700
7.差旅费	26	537.10	6 095.30	53 185
8.办公费	27	0	79 000	20 774.60
9.业务招待费	28	236	2 514	22 450
10.低值易耗品摊销	29	0	5 930	0
11.管理用车费用	30	0	0	45 637.10
其中：燃油费	31	0	0	0
过路过桥费	32	0	0	0
养路费	33	0	0	45 597.10
12.修理费	34	10 780	43 746.22	291 234.90
其中：车辆修理费	35	0	0	228 461
13.租赁费	36	0	0	0
14.财产保险费	37	0	0	43 864.29
其中：车辆保险费	38	0	0	43 864.29
15.劳动保护费	39	32 200	38 452.83	1 080
16.其他管理费用	40	0	2 400	5 400

2.卷烟物流费用的归集原则

根据《国家烟草专卖局关于印发〈烟草行业商业企业卷烟物流费用管理办法和核算规程〉的通知》（国烟财〔2006〕812号）规定的《烟草行业商业企业卷烟物流费用明细表》填列要求，应将卷烟物流中心视为单独核算单位，将发生在物流中心不同岗位所发生的物流费用，以“运输费”“装卸费”“保管费”“保险费”“人工费”“修理费”“折旧费”“办公费”等进行反映，通过分散在各自不同的二、三级核算科目，由计算机和人工进行归集。

3.按卷烟作业流程归集物流费用

对物流中心开支的日常性费用项目，如装卸费、运输费等，在报财务部门审核记账前须经物流中心费用核算人员审核登记，以确保物流中心费用的归集与财务记账保持同步。

对于不直接发生在物流部门而对卷烟物流有直接影响且有必要分摊的费用，可选择一定的标准进行分摊记账，如与房屋相关的折旧费、保险费，按面积进行分摊；办公费、水电费等按人数进行分摊。财务记账时填制“物流费用拆分单”，据此登记物流费用台账。

对于不需要经过物流中心审核的、与日常经营管理活动无直接关系的物流费用项目，如物流中心职工工资、住房公积金等人工费用，及修理费、办公费等需要其他部门参与分割的，由有关部门与物流部门填制“物流费用比例分摊表”“物流费用拆分单”，并据此登记物流费用台账。每月物流费用核算人员与财务人员对账，月末财务部门生成的物流费用项目明细表与物流中心的费用明细管理台账核对一致后，即可转入下一会计期间。

（二）卷烟物流成本费用管理与控制现状

为了应对激烈的竞争，必须加强对各过程费用的管理与控制，从而有效地降低物流成本，提高企业的管理水平，使卷烟物流“高效率、低成本”运行，这对SD烟草商业企业非常重要。目前，SD烟草商业企业对如何降低卷烟物流成本也非常重视，并采取了许多有力措施，强化过程控制，但都是从分散的、独立的角度来进行成本控制的。

在仓库保管环节，强调降低商品损耗，制定较为严格的标准并严格执行；同时，在仓库里面也增加了许多设备，以保证仓库的湿度和温度，保证卷烟不霉变；按件支付搬运费用。

在卷烟物流中心配送环节，重点控制车辆油耗，按不同的车种制定不同的油耗标准并进行考核，每月由车辆管理部门公布车辆油耗情况；同时，控制车辆维修保养费用，严格按有关车辆保养、小修、大修的程序进行车辆修理，并按月公布修理情况。以上考核结果与司机的绩效挂钩。

对卷烟物流中心管理环节发生的业务招待费、会议费、办公费等费用，严格按预算开支，不得超支。

（三）现行成本控制的缺陷

1.现行成本核算方法下的物流成本不具可比性

由于受现行会计制度缺失的影响，SD烟草商业企业对卷烟物流成本的核算没有统一的科目和核算办法，将发生的卷烟物流费用，按各自的理解分散在不同的二、三级科目中进行核算，不仅使各地市公司的物流成本不具有可比性，而且也不能满足物流一体化的要求。

2.现行物流成本分配和归集的不合理影响物流成本的准确性

SD烟草商业企业现行物流成本没有按照物流作业的作业基础划分和归集，而且在归集过程中对共同费用的分配不尽合理，尤其是间接费用的分配。这样，不仅会影响成本计算的准确性，同时，也不能给成本控制提供准确的数据，也就不可避免地会影响成本控制的科学性。

3.现行物流成本控制的内容不全面

SD烟草商业企业在现行的成本控制方法中，只制定了几个主要的成本控制点，即只对主要的成本提供了有据可查的控制程序和控制方法，而对大部分一次性发生且金额不大但经常发生的成本则没有严格列入成本控制的规范体系和范围。这样的成本控制是不全面的，因而，不可能给企业带来最佳的成本控制效果。而实际上，物流成本构成内容包括物流作业各个方面的花费，表中现行的许多物流成本项目没有纳入成本控制体系进行有效的成本控制，这使得成本控制难以达到应有的效果。

4.缺乏对物流成本进行分散与整体控制的有机结合

其主要表现在没有整体的系统成本控制措施。现行成本控制的缺陷最重要的一点体现在，现行成本控制是分散的几个控制步骤　没有进行系统的成本控制。这样的成本控制不是严格基于作业成本法的成本控制　看似严格科学的成本控制方法可能存在明显的漏洞，达不到较好的成本控制效果。由于烟草商业物流流程具有明显的作业特征，因此，各个作业环节发生的作业成本具有明显的“二律背反”性。各个部门和流程不成体系的成本控制手段，可能达不到成本控制整体的最优效果。因为，根据“二律背反”原理，一个部门的成本小幅度降低可能引起其他环节成本的大幅度上升，所以，必须建立综合的成本管理与控制框架，对烟草物流成本进行系统控制。由于烟草物流过程具有阶段性作业流程特征，因此，利用作业成本原理进行物流成本控制是一个比较好的选择。

5.现在的物流管理模式下资源难以进行有效整合

目前，SD烟草商业企业所在省——SD省各地市公司都纷纷建立了或正在兴建新的物流中心，但由于受行政区划的限制，各地市只能在辖区范围内进行单一的卷烟配送，难以有效整合资源，完善可增值物流作业，去除非增值的物流作业，更谈不上在集团内优化配送作业，从而不利于从整体上降低整个集团的物流成本。

二、作业成本法在SD烟草商业企业物流成本控制中的应用

物流作业是由一系列作业环节组成的，本案例根据SD烟草商业企业实际物流运作模式把烟草物流的基本作业环节划分为仓储、分拣、配送和综合管理四个方面。每一个作业环节都能实现整体物流的某一局部功能，为了实现这些物流功能而发生的成本支出就是物流功能成本，要对物流成本进行整体控制和规划，必须以对每项物流功能成本进行单项管理和控制为前提和基础。

（一）物流仓储成本控制方法

仓储连接需求与供给，维持各项物资的持续流动与配给。仓储过程本身并不能带来物流的直接增值，但仓储的效率直接影响整个物流体系功能的发挥和效率的提高，因此，仓储是物流的一个重要环节。物流仓储活动要花费仓储成本，物流总成本会随货物库存水平和仓储管理效率的变化而变化。因此，对仓储活动进行科学的管理，对库存水平进行有效预测和实时控制，在保证整体物流效率的前提下降低仓储成本，是物流综合成本控制的重要一环。

1.仓储成本的构成

仓储成本是指在物流仓储活动中所消耗的物化劳动和活劳动的货币表现。伴随着物流仓储活动而发生的各种费用，主要由以下四部分构成：

①随着物资的物理性活动而发生的费用，以及从事这些活动所必需的设备、设施带来的费用；

②物流信息的传送和处理活动发生的费用，以及从事这些活动所必需的设备、设施带来的费用；

③对上述活动进行综合管理的费用；

④机会成本，主要是指因物流货品占用资金而放弃的其他收益。机会成本不进入现行的会计核算体系，在会计体系中无据可查，因而对机会成本只能利用货物量和资金成本进行估算。

仓储成本是客观存在的。对于第三方物流的仓储管理来说，仓储成本主要是仓储持有成本。仓储持有成本可以分为固定成本和变动成本两部分。固定成本与一定限度内的仓储数量无关，如仓储设备折旧、仓储设备的维护费用、仓库职工工资等；变动成本与仓储数量相关，如仓储物品的毁损和变质损失、保险费用、搬运装卸费用、挑选整理费用等。变动成本主要包括以下四项：仓储维护成本、仓储运作成本、仓储风险成本和仓储管理费用。目前SD省17个地市都设有烟草物流仓储中心，仓储成本在烟草物流成本中的占比较高，控制仓储成本是降低SD烟草物流成本的重要途径。

（1）仓储维护成本

仓储维护成本主要包括与仓库有关的租赁、取暖、照明、设备折旧、保险费用和税费等。仓储维护成本根据第三方物流所接物料的不同而有所不同，有关库存成

本根据第三方物流仓库性质（自营仓库或租赁仓库）的不同也有所不同。另外，根据物料的价值和类型，如果物料丢失或损坏的风险高，则所需要的仓储保险费用也较高。

（2）仓储运作成本

仓储运作成本主要与第三方物流所接物料的出入库有关，即通常所说的搬运装卸成本。另外，对于有增值服务的物料来说，对物料的一些加工成本，如包装成本等，也涵盖在仓储运作成本之中。

（3）仓储风险成本

仓储风险成本反映了这样一种可能的风险成本，即由于第三方物流企业无法控制的原因，造成库存物料的贬值、损坏、丢失或变质等损失。

（4）仓储管理费用

仓储管理费用包括对物料库存的一些管理费用，以及所用管理信息系统及其维护的费用。

2. 仓储成本的控制方法

物流库存成本随着库存水平的变化而变化，库存水平过高将导致仓储费、管理成本和库存成本大幅上升，占用的资金成本增加，最终导致企业物流总成本的上升。仓储成本控制策略主要从降低订货成本、储存成本，以及供应与配送环节成本的节约入手。

（1）定量订货与动态订货方式相结合策略

库存补货系统首先需要解决何时补货以及每次补多少货的问题。正确的库存补货方式可以大大降低安全库存量，对整体库存水平的控制是非常重要的。通常，对不同的物料，可以通过以下两种方法去考虑何时补货的问题。

①定量补货法，顾名思义，就是当某种物料的库存量达到预先设定的水平时进行补货。这种方式操作比较简单，可以通过系统自动进行，适合于对交货要求不高、长期需求比较稳定、供应商的交货情况较好且产品的单价较低的物料。但是，它最大的缺点就是由于操作简单而对安全库存量的要求比较高。

②动态补货法。相对于定量补货法，动态补货法对管理者的要求比较高，它是根据现有库存量及未来一定时期内的需求预测数量，来决定当前是否要生成采购单补货。这种补货方式主要适合于需求不稳定的物料，只能依靠不定期的预测来提高需求数据的可靠性，并且物料的价格较高。它最大的缺点就是管理工作比较复杂，需要有一套完善的系统支持。

SD烟草商业企业，应该根据卷烟种类的不同灵活地选择订货方式。对于单位价值较高的卷烟品牌，一般需求量相对较低，订货成本和仓储成本都会较高，应该采用动态补货方式。这种订货方式下，对一些高价的卷烟品种做出比较精确的需求预测，采用动态补货可以降低成本。而对于价值较低的卷烟品种，需求量相对较大且比较稳定，而且库存成本相对较低，可以采用定量补货的订货方式。对于SD烟草商业企业一些常用的卷烟品种，具体卷烟订货方式的分类见表2。

表2 SD烟草商业企业一般卷烟消费品牌订货模式

定量补货法	动态补货法
哈德门（精品）	天子（软）
哈德门（软）	将军（天元）
将军（琥珀）	泰山（极顶）
将军（普通）	小熊猫（软珍品）
将军（特醇）	苏烟（软金砂）
哈德门（王府）	黄鹤楼（软1916）
红梅（软黄）	中华（硬）
大丰收（软）	中华（软）
大丰收（硬）	南京（九五之尊）

（2）供应商管理库存策略

供应商管理库存（Vendor Managed Inventory，VMI），是通过供应商和企业之间实施战略性合作，采用对双方来说都能实现成本最低化的方案，并在双方满意的目标框架下由供应商管理库存的方法。国外有学者认为："VMI是一种用户和供应商之间的合作性策略，以对双方来说都是最低的成本优化产品的可获得性，在一个双方同意的目标框架下由供应商管理库存，这样的目标框架被经常性地监督和修正，以产生一种连续改进的环境。"而且，一些研究者认为，VMI是未来供应链库存管理发展的趋势所在。

同传统的库存控制方法相比，这种模式具有以下几个特点：

①合作性。模式的成功实施，客观上需要供应链上的各企业在相互信任的基础上密切合作。其中，信任是基础，合作是保证。

②互动性。互动性要求供应链上的各企业在合作时采取积极响应的态度，以实现反应快速化，努力解决因信息不畅而引起的库存费用过高的问题。

③互利性。互利性追求双赢的实现，即主要考虑的是如何降低双方的库存成本，而不是考虑如何就双方的成本负担进行分配。

④协议性。协议性要求供应链上的各企业在观念上做到目标一致，并明确各自的责任和义务。具体的合作事项都通过框架协议明确规定，以提高操作的可行性。

SD烟草商业企业可以先与SD中烟有限责任公司合作，实施供应商物流管理战略，取得经验后再与全国其他大型卷烟企业集团展开合作。

（3）合理设计配送中心和物流中转仓库

配送中心的合理设计，不仅可以降低单位商品的运输成本，而且可以控制商品的库存成本。配送中心对商品的库存成本控制的实现，主要依靠配送中心对客户的近距离快速反应能力和对多家客户需求的均衡预测来实现。由于历史原因，SD烟草商业企业目前在全省17个地市都设有配送中心和物流中转仓库，但部分由烟叶仓库改造形成的配送中心和物流中转仓库设施陈旧、电器老化，部分配送中心和物流中转仓库位于城市繁华地段，交通运输极为不便，从而造成仓储成本过高。合理设计配送中心和物流中转仓库，意味着在偏远的山区由于区域内运输距离长，在某些合适的地方设立物流中转仓库是必要的；但在位置相距不远、交通发达的LZ地区，每个地区都设置物流仓储中心，从仓储成本节约的角度看是应该改进的，例如，ZB、TA和LW到JN的距离都在一个小时的车程范围内。如果只在中心地区JN设立一个大型配送中心，那么从时间和空间上看完全可以满足几个城市物流的需要，而烟草存货和物流成本却可以大大降低。

另外，影响物流仓储成本大小的因素还有很多，如仓库的选址、仓库的布局、搬运工作的自动化以及对每个客户库存的管理等，都对仓储成本的控制产生一定影响。对于物流企业的整体物流运作成本来说，仓储管理还必须与运输和配送结合起来，用系统化和优化控制理论对其进行协调，以实现整体利益最大化。

（二）物流分拣成本控制方法

分拣是在卷烟物流作业过程中技术含量最高且占用成本较高的一项作业。物流分拣成本主要有分拣设备的折旧费、维修成本、分拣人员的人工成本，以及分拣过程的辅料消耗，如包装材料成本、封口胶带、打印耗材等成本支出。其中，分拣设备的选择对分拣成本具有重大影响。因此，对分拣设备的选择也就成为物流中心建设的一项重要决策。完全自动分拣设备可以高速、准确地完成分拣，但是，完全采用自动化设备进行分拣作业需要企业投入很多资金，而且由于不同商品各自具有的物流特性存在差异，对某些商品实现完全的自动化分拣并不合理和经济，且缺乏灵活性。因此，必须结合企业的自身经济实力以及分拣商品的物流特性，合理确定分拣系统的自动化程度。决策时可以从效率和效益两方面入手，分析各项分拣方式的适用范围。可以分别采用全部订单的分拣完成时间和分拣系统的投入产出率两个指标，评价分拣系统的效率和效益。分拣成本可以分为固定成本和变动成本两部分。固定成本主要是分拣设备的投入，变动成本则是与分拣业务量相关的包装材料费、喷墨打印材料费、分拣人员工资等费用。

1.选用与本企业物流规模最相匹配的分拣设备

目前，烟草行业分拣模式可以分为人工分拣、机械分拣、半自动化分拣和自动化分拣等几种模式。其中，人工分拣的固定投入最少，但分拣效率最低，分拣变动成本最高，而自动化分拣正好相反。因此，烟草商业企业应该根据分拣业务量的大小，选择成本最低的分拣模式。

与分拣设备选取决策相关的成本主要包括分拣设备成本和人工成本两部分。对于完全的人工分拣系统或仅借助一些机械设备辅助的分拣系统，人工成本占分拣系统成本的比例较高。随着系统自动化程度的提高，完成同等分拣业务量需要的人工数减少，成本的大部分变为设备成本，一般来说，自动化程度较高的设备，其成本也相应较高。若选择完全自动分拣设备，虽然可以减少人工工作量，显著提升分拣效率，但同时也会增加投资。在我国现阶段的人力成本较低，而自动化分拣系统或其零部件在很大程度上还需从国外引进的情况下，企业应充分考虑投资自动化分拣系统的成本效益。

SD烟草商业企业可以运用分拣成本比较法决定对分拣模式的选取，选择年总分拣成本最低的分拣模式。

2.分拣包装费用的控制

包装费用在分拣作业中主要表现为包装材料的消耗。卷烟物流的包装材料比较单一，烟草分拣过程的包装费主要包括卷烟包装用热收缩膜、打印耗材、胶带等的费用。由于包装费在卷烟物流成本中占有一定的份额，因此，严格控制包装费用对于降低物流成本具有一定的意义。

（1）优化包装物资采购流程管理，降低包装材料采购成本

企业在采购包装材料之初，必须建立并优化采购业务流程，对诸如请购、审批、签约、采购、执行、检验、入库等环节建立完善的管理制度。为规范操作流程，业务经办人员对每一关键控制点均须严格按规范操作。

①规范日常请购行为，严格审批手续。材料包装采购申请应先由分拣作业的包装组提出，在填制好请购单并经部门负责人签字后报送仓储部门，应按照经济订货批量与最低库存量管理材料采购。

②充分考虑企业物资采购的价格和费用高低。选择价格和费用较低的供方，能使产品降低成本，提高利润。但价格和费用不是选择供方的唯一条件，因为若供货不及时或质量低劣，将会严重影响工厂的生产和经营活动，所以，市场采购应运用价值工程原理，既要考虑价格和费用，同时又要充分考虑物资的质量等因素。

③建立价格档案和价格管理体系。应收集、整理所需采购材料的市场行情，分析其价格走势，并掌握影响其成本变化的因素，从而对供应商所提供材料的成本构成做到心中有数，并对重要的材料建立价格档案和价格管理体系。

④采购形式的多样化。首先，需要对所有将要采购的材料进行基于货币价值的ABC分类，A、B、C三类材料实行不同的采购方式。对于货币价值高的材料，尤其是A类材料，要加强对历史采购价格和成本构成的分析，坚持实行招标采购。而对C类材料则主要实行“集中采购，集中管理”的方式，充分发挥批量采购的优势，统一进行物资采购，以达到规模经济。同时，以“货比三家”的原则来降低原材料的采购成本。另外，还可以选择网上采购的方式，通过网络直接从制造商处采购原材料，减少采购的中间环节，从而节约采购时间和人力成本。

（2）认真做好包装物资的库存管理

包装物资的存储成本是指其在库存过程中发生的费用。据统计，存储成本一般占每年库存货物价值的25%左右。包装物资的仓储、发放，是供应工作的最后关口。科学地进行包装物资的仓储管理，防止资金浪费，是降低供应成本的重要一环。

①要加强采购包装物资的入库检验。仓库管理员要对照采购合同约定的标准，严格检验入库材料的质量、数量，防止不合格材料或不符合合同约定的材料入库，防止数量短少。同时，要严格按照采购计划办理入库手续，防止由于无计划采购和超计划采购而造成的库存积压、资金浪费。

②要合理化存储。合理化存储的含义是用最经济的办法实现储存的功能。由于包装材料仓储物资较多，仓库管理应区别关键的少数和次要的多数，科学地控制和管理库存材料。ABC分类法是合理化存储的基础分析方法，它的应用可以压缩总库存量，从而减少资金占用，使库存结构合理化，节约管理成本。

③要实现良好的仓库管理，合理存放、妥善保管并建立健全的档案。做好仓库管理工作，严格材料发放手续，对于满足及时供应卷烟包装需要、合理储备、加速周转、节约存货使用、降低成本、提高企业经济效益都有重要作用。

（3）建立包装耗材使用的定额消耗管理和成本责任制度

要严格控制卷烟包装成本的增加，必须有效控制包装耗材的消耗，建立分拣车间包装耗材的责任成本制度。企业制定物资消耗定额，应在历史数据的基础上进一步提高其先进性和效益性。企业可以根据生产和管理工作的需要，制定适用于不同范围和类别的物资消耗定额，最重要的是细化定额，制定具体到某一项物资甚至某一规格型号物资的消耗定额。一般可以按照包装箱种类、封口胶、打印耗材等，建立与分拣包装卷烟数量相对应的定额成本制度。

由于卷烟包装是标准的条、箱包装，因此，可以按照卷烟分拣包装的数量确定包装耗材的单位消耗定额，从而建立成本责任制度。如果实际消耗超过定额标准，则说明分拣包装过程存在不合理或者浪费的现象。这样可以把材料消耗责任落实到每一条卷烟分拣包装线上，从而有效避免材料的滥用和浪费，起到节约成本的作用。

（三）物流配送成本控制方法

物流到达需求目的地必须通过有效的配送方式才能实现。配送是与市场经济相适应的一种先进的物流方式，是指物流企业按用户订单或配送协议进行配货，选择经济合理的运输路线与运输方式，在用户指定的时间内，将符合要求的货物送达指定地点的一种商品供应方式。配送成本在物流成本中一般占较高的比例，运输成本是配送过程必须重点控制的成本项目。

1.卷烟配送成本的特征及构成

从物流的角度来说，配送几乎包括了物流的所有功能要素，是大物流在小范围内的缩影。配送活动需要资本和劳动的投入，这些资本和劳动的投入就构成了配送的成本。本案例研究的烟草物流费用主要包括运输费、装卸费、整理费、运输损耗等固定和变动成本。具体成本项目包括以下费用支出：设备折旧费、利息费用、员工工资福利、自有车辆设备运行费、保险费或残损风险、工具及损耗材料费、装卸搬运费等。

以上各项成本可以分为固定成本和变动成本两大类。凡是开展烟草配送经营，就必须支出的，且不随配送量发生变化的成本就是固定成本。虽说固定成本与配送量没有直接关系，但是当配送量增大时，分配到每单位配送量的固定成本就降低了。随配送量的变化而发生变化的成本就是变动成本。当没有发生配送经营活动时，企业没有变动成本的支出。每增加一单位配送量所增加的成本，称为边际成本，因此，要分析配送成本，就必须弄清楚配送成本的影响因素，并提出相关措施，从而对一些不利因素进行控制。

2.影响卷烟配送成本的因素

配送成本的高低受多种因素的影响，有配送管理因素、配送货物自身的因素，也有市场因素等，具体如下：

（1）配送管理因素

配送满足率，是指配送中心的取货量占顾客所需要货物数量的比率。如果配送满足率高，则可以一次性、大批量地进行配送；如果配送满足率较低，则配送中心就会分批进行配送，对数量不足一批的货物还需要花费额外的时间和车辆进行配送，这些额外的工作同样也会增加配送成本。

①配送周期。配送持续时间的长短直接影响着配送成本的高低，如果配送效率低下，对配送中心的占用时间长，那么就会耗用更多的仓储固定成本。而这种成本往往表现为机会成本，使得配送中心不能提供其他配送服务而获得收入，或者需要在其他配送服务上另外增加成本。

②配送工具。不同的配送工具，其成本高低不同，运输能力大小也不同。运输工具的选择，一方面取决于所运货物的体积、重量及价值大小，另一方面取决于企业对所运货物的需求程度及工艺要求，因此，选择运输工具既要保证能够满足客户的需求，又要力求配送成本最低。对于卷烟配送，由于基本是以标准箱作为配送单位的，在卷烟的装载过程中一般不会存在车辆有效吨位浪费的现象，因此，只要选择与配送量相符的运载工具进行配送即可。

③配送的数量、重量。数量和重量的增加虽然会使配送作业量增大，但大批量的作业往往会提高配送效率。配送的数量和重量是配送企业获得折扣的理由。而单件、小批量的配送不仅不能体现配送的优势，而且由于单位固定成本较高，其配送成本相对也会较高。

（2）配送货物自身的因素

①配送货物的价值。配送货物价值的高低会直接影响配送成本的大小。随着所配送货物价值的增加，每一物流活动的成本都会增加。运费在一定程度上反映货物移动的风险，一般来说，配送货物的价值越大，对所需要的运输工具要求就越高，配装、运输、卸货和流通管理所花费的成本也会越大。

②配送货物的密度。配送货物的密度越大，相同运输单位所装的货物越多，运输成本就越低。同样，配送中心一定空间区域存放的货物越多，库存成本也会降低。

③易碎性。易碎性的货物，在配送时对运输、包装、储存等提出了更高的要

求，自然会增加成本。

④特殊要求的货物。有些货物在配送过程中有特殊要求，如加热、制冷等，这些都会增加配送成本。

（3）市场因素

①配送距离。运输成本是构成配送成本的主要内容，而距离则是影响运输成本的主要因素。距离越远，也就意味着运输成本越高；同时，运输设备需要增加，送货员工也需要增加。配送中心的分布设置对运输成本具有较大的影响。对于SD烟草商业企业的卷烟配送，配送成本必须与物流中心的选址、设计和规划相结合进行考虑。

②外部成本。配送经营时，有时还需要使用到配送企业以外的资源。而外部资源的使用成本是企业无法控制的，特别是一些垄断性的外部资源，配送企业在使用的过程中会增加额外的成本开支。

3.配送成本控制方法

（1）选择最佳的运输方式

运输的工具主要有火车、汽车、飞机、轮船、管道等，相应的运输方式也有铁路、公路、航空、水路和管道运输五种。运输工具的选择，直接关系到运输成本的大小，并且还要考虑各种运输条件的优劣，如运输距离、运输速度、运输能力等。因此，企业要根据运输货物的自身特点以及时间安排，通过比较分析，选择合理的运输工具。

对于一般的物流企业来说，运输方式可以在上述运输方式中进行选择。而对于SD烟草商业企业卷烟物流的运输工具选择，飞机、船舶、管道基本可以排除。卷烟配送绝大多数地方只能选用汽车运送。各地市烟草配送中心往县乡的配送由于配送量相对较小，运输路程短，因此，可以选择合适吨位的汽车进行运输。

（2）合理选择运输方案

SD烟草商业企业集团现有17个地市烟草配送中心，销售区域广泛，遍布全省。应该根据配送地点、烟草销售量大小和交通运输条件，在购销平衡的基础上，按就近的原则，合理选择发货的配送中心和运输方案，使运输距离最短，运输成本最低。它有利于加强供、运、销的计划性，消除过远、迂回、对流等不合理运输，节约运输成本和费用，从而降低物流成本。具体可以选择直达运输和配载运输等方式，必要时可以通过线性规划法求解最经济的运输方式。

直达运输，就是在组织货物运输的过程中，通过减少中转环节，提高运输速度，节省装卸费用，降低中转货损。其优势在客户一次性需求量达到一整车时，表现最为突出。此外，通过直达，能够建立稳定的产销关系和运输系统，可以考虑用最有效的技术来实现这种稳定运输，从而大大提高运输效率。对于一些价格相对较低，而销量又大的卷烟品种，如SD中烟有限责任公司生产的哈德门等，可以考虑采用直达运输配送至地市级公司甚至县级公司。

（3）优化配送中心的布局

当配送中心与客户距离较远，小型车辆的长距离运输成本将显著增加，这时就产生了配送中心的需要。目前SD烟草商业企业在每个行政地市都建立了一个烟草配送中心，这种按行政区域布局建立配送中心的经济性值得进一步研究。

目前，SD烟草商业企业卷烟配送的基本模式，是由各卷烟生产企业按计划送往地市分公司的仓储配送中心，再由区域配送中心送往辖内县级公司。由于其所在的SD省地域行政区划的特点，各地市行政区划大小不一，而且划分地域边界没有规则可言，这样就造成很多县乡到自己行政中心城市很远，而到其他相邻中心城市反而很近的情况。这样，如果按现行的行政区划配送卷烟，就造成了配送线路的人为增加，从而导致卷烟迂回运送，使得配送运输成本大大增加。当设立配送中心时，配送中心的位置与烟草消费群体的具体位置至关重要。根据实际情况，可以考虑按地域远近与交通便捷程度设置卷烟仓储配送中心。这时我们可以运用线性规划法、解析法和静态仿真法来解决配送中心的选址规划问题。

静态仿真法是配送中心选址的一种新方法。它是指设计一种真实系统模型的程序，并在一系列系统运行准则的约束下，对以了解系统行为或评价各种战略为目的的模型进行试验。静态仿真法先复制出产品流，及现存的或潜在的物流渠道网络的相关费用，这个网络包括了卷烟生产厂商、配送中心和客户群体的各种费用，主要的费用因素有制造厂到配送中心的固定和变动配送成本、客户运输费、配送中心到客户群的固定和变动配送成本以及库存成本。然后，运用试错法的计算程序对提供的潜在位置目录上不同的仓库组合进行评价和定量分析。在初始仿真中，典型的试探程序包括了所有的配送中心坐落位置，在保证最低总物流成本的前提下，将客户目的地分配到最佳的配送中心。给定设计目标，从潜在位置中一次删除一个成本最高仓库坐落位置，直到得到一个管理层指定的最小值，或直到系统中仅存一个位置。基于边际成本，典型的删除程序是从剩余的“系统内”仓库中，去除成本最高的仓库，这种定量化分析过程就这样重复进行下去，直到确认成本最低的配送中心网络布局。

（4）自营配送和配送外包相结合

尽管采用纯策略能使管理简化，提高核心竞争力，易形成一定的规模经济，但由于产品品种多变、规格不一、销量不均衡等情况，当采用纯策略的配送方式超出一定程度时，不仅不能取得规模效益，反而还会造成规模不经济。而采用混合策略，合理安排企业自营配送和配送外包的比例，能使配送更趋于合理化，从而有效地降低配送成本，例如，要配送一大车卷烟从JN到WH，如果利用企业自己的运输车队运送，往返需要燃油费1 200元，过桥过路费800元，员工补贴200元，仅变动成本就需要2 200元；而如果利用第三方物流企业进行外包配送，只要运输费1 000元，这样就可以节约配送直接成本。

（四）物流管理费用的控制方法

物流管理部门包括企业完成物流体系运作的整体管理和协调的组织体系。严格来说，物流管理并不是一个单独的物流作业流程 它是整个物流体系中的不可或缺的环节。物流管理部门和其他企业的管理部门一样，其运行需要产生管理费用，管理费用的高低直接影响着物流企业的成本水平。因此，有效控制物流管理费用，对降低物流成本，提高物流效益具有重要意义。

1.物流管理费用的分类

SD烟草商业企业物流中的管理费用包括管理人员工资、折旧费、税费、水电费、通信费、差旅费、办公费、业务招待费、低值易耗品摊销和管理用车费等。对于管理费用，严格来说很难将其划分为一个相对独立的作业流程，管理费用的发生是为整个企业的物流完成提供基础性服务的。但是，管理费用在烟草商业企业物流中占比较大，因此，加强对管理费用的控制，是降低烟草商业企业物流成本的一个重要环节。

根据公司管理费用金额大、明细项目繁多的特点，将烟草商业企业物流公司的所有管理费用划分成两部分：一部分为固定费用，这部分费用是为了保证公司在一定时期内正常经营卷烟配送的组织和管理，在一定限度和范围内允许发生的费用，包括工资、职工福利费、折旧费、修理费、职工培训费、劳动保险费、工会经费、社会统筹费、住房公积金、捐赠、管理用车费用等。另一部分为变动费用，这部分费用是为了保证公司正常经营的组织管理，在一定标准内允许发生并随着公司卷烟销售配送的变动成正比例增减的费用，包括电话费、奖金、差旅费、办公费、业务招待费、税费、其他费用等。管理费用的科学划分，可以为制定相应的控制制度、控制方法提供前提。

2.物流管理费用的控制措施

（1）预算控制

以各业务部门、作业中心为费用单位，相关人员先编制出公司全年“管理费用-固定费用预算控制表”和“管理费用-变动费用预算控制表”。两表编制的原则既充分参照公司的历史资料，又考虑到物价涨落的因素，以及公司今后一段时期物流业务的发展趋势。充分按照国家现行的有关制度规定，以及国家颁布实施的《企业财务通则》和《企业会计制度》等确定的费用计提比例及开支标准，确定有关费用预算。除此之外，还应该按公司卷烟业务的发展趋势，设置一定的调节比率，以适应因业务的快速超常增长而出现的管理费用超预算的情况，这样编制出的控制表才具有可操作性和适用性。

（2）制度控制

因为管理费用所包含的费用项目较杂，而支出方向又直接影响企业管理行为和职工的切身利益，以及费用预算能否得到贯彻执行等，所以，企业必须要有细致完整的财务管理去配合费用预算的执行。

例如，对于管理用车费用的控制，企业可以全面清理现存管理用车辆，采用单车核算的方法。对所有用车都按车千米计费，每辆车实行一揽子核算，每辆车每年都有一个收支指标，并包车到人，将司机的收入和每辆车的收支联系在一起，这样不仅减少了车辆不必要的维修费用，而且调动了司机的积极性。

实行一切办公费用包干，从公司总经理到每一个员工，业务所需使用的办公用品费、通信费、房租、水电费、业务招待费等按职务全面定额包干，按人员人头包干总额进行控制。

（3）建立严格的审批制度

有了前述预算与制度两道控制关，还必须有一道监督、审查执行关，这是管理费用控制的关键，直接影响前两项控制制度的执行效果和整个管理费用控制系统的运行。为此，应该授予各职能部门领导一定的审批权，重要的费用或超过一定标准的费用，由公司总经理二级审批。原则是：以全年度费用预算为上限，以企业制定的各项制度及标准为审批尺度。除此之外，财务部门还要把住审批控制的最后一道关，即对各职能部门领导的审批进行监督，对费用的合理性进行审查，对发票的真伪进行鉴定，并定期汇总比较费用预算的执行情况，找出问题，分析原因，适时反馈给公司领导层。

三、SD烟草商业企业物流作业成本控制体系的构建与实施

物流作业体系是一个有机的整体，作业环节只是为便于成本核算与控制而进行的人为划分，物流成本控制的目的是整体物流成本的最优化，而不是某个作业环节单项成本的最低。由于物流成本的系统性与效益之间的背反性特征，各项作业成本之间往往存在此消彼长的关系，对单项物流功能成本的独立控制并不能达到整体物流成本最优化的目的，因此，必须对物流成本进行系统的综合控制。正是基于此，我们对SD烟草商业企业物流作业成本控制体系进行构建，并重点结合该公司物流的实际情况对具体的实施方法进行了研究。综合控制体系是基于事前、事中和事后的过程控制和实时作业优化。而具体实施时，企业必须对各种相互影响的物流成本项目的控制进行统一决策，以使烟草物流成本达到最优水平。

（一）实施物流作业成本控制的必要性与可行性分析

作业成本法，其本质是一种成本计算方法，但这种新的成本计算方法能否和成本控制结合起来，达到在以物流服务作业流程为主要生产过程的物流企业中进行成本控制的目的，值得进一步深入研究。物流企业的生产服务与成本具有不同于传统制造企业的特点，通过深入剖析物流企业的成本特征，物流企业的服务流程特征刚好和作业成本法下的作业划分相契合，利用作业成本法的思路进行物流企业成本控制不仅是必要的，而且是可行的。

1.物流企业的生产服务与成本特征

物流企业的生产特点是整合各种物流服务功能环节于一体的物流服务链。物流服务与有形产品生产相比，有三大特性，即无形性、瞬时性、多样性。物流服务的无形性是指某项物流服务的客户在接受该项服务前无法直接感觉到该项服务的存在；瞬时性是指接受物流服务的客户只能即时享受该项服务，即该项服务不能储存

到未来使用；多样性是指由于货物的种类、运输的目的地、货物存放的时间、配送频率和数量等的不同，使得每个客户要求的物流服务会有所不同，因此，物流企业必须提供满足不同客户需求的个性化的服务产品。物流服务的三大特性决定了物流企业成本构成的特点，即物流企业的成本构成中无生产性存货成本。举例来说，在运输环节中，物流企业提供的产品是货物的实际位移，在这一过程中，没有实际产品产生，生产和销售过程同时进行，生产完成的同时销售也完成了。由于产销一致，因此不存在“在产品、产成品”等存货，也就不存在存货成本。此外，物流服务的无形性、瞬时性和多样性，决定了物流服务产品没有固定的生产工序，服务的受益期短，针对不同的客户提供不同的服务等特点。这些特点对物流成本构成产生的影响结果是，物流企业对其生产的物流服务产品进行定价比较困难。

物流企业成本构成的另一特点是运营间接费用所占比例很高，例如，SD烟草商业企业物流，从卷烟入库到配送至烟草零售商，整个过程没有制造业的生产经营，只有烟草作业流程的仓储、装卸、运输、分拣等环节。这个过程涉及的成本范围很广，但大多是基于作业的间接费用。它很难被合理归集到每种卷烟上，但可以通过对作业的科学划分来进行成本的归集。

2.实施物流作业成本方法的必要性

（1）传统物流成本核算与控制方法的缺陷，使作业成本法的应用成为必要

由于物流企业的间接费用在总成本中的比例较高，而传统成本核算以单一的工时或数量为基础分配共同成本或间接费用，从而扭曲了物流服务成本，使所提供的成本信息失真，导致决策失误。传统成本核算方法通常只是根据服务所涉及的环节记录和计算总体费用支出，而不是针对某一特定的物流服务产品，即物流服务合同单独记录和计算物流成本，这就使得物流企业很难准确把握某一物流服务产品的成本信息，物流成本的核算与控制主要集中于如储存费、运输费、采购费、装卸费、包装费等外部物流的费用，而对于搬运费、保管费、折旧费、管理费用、财务费用等内部物流费用没有给予足够的重视。传统核算方法以生产或流通部门为对象，没有考虑部门之间费用的关联，无法识别增值作业和非增值作业，进而使物流成本控制无法深入。

作业成本法能够弥补上述不足。物流成本管理需要一个控制点，而作业成本法正好提供了这一点——物流作业。作业成本法是以作业为中心的成本计算和成本管理方法，它以作业为间接归集对象，通过资源动因的确认、计量，将资源分配到作业上；再通过作业动因的确认、计量，将作业成本分配到产品上。作业成本法的基本原理可概括为：产品消耗作业，作业消耗资源。因而，作业成本法被普遍认为是确定和控制物流成本最有前途的方式。

（2）物流企业服务定价难的问题，使作业成本法成为必要

物流企业的服务产品存在无形性、瞬时性和多样性的特点，导致物流企业对其产品的定价比较困难，传统成本法对此无能为力，而作业成本法能有效地解决这一难题。作业成本法的一个最大特点就是它能够准确地计算出每个客户的服务成本及

客户间的成本差异。这样，企业就可以获得可靠的产品成本信息。而产品的价格是建立在产品成本的基础上的，因而，物流企业可以利用作业成本法合理制定出产品的价格，从而有效解决产品定价难的问题。另外，物流企业在对外提供服务的一系列作业链中，并非所有作业都能够创造价值，因而，物流企业非常有必要运用作业成本法对企业的“作业流程”进行改造，以减少不必要的非增值作业。

（3）物流企业个性化的生产要求，使作业成本法的应用成为必要

对于物流企业来说，它在对外提供物流服务时是以与客户签订的合同为基础进行的，而实际上几乎没有两份具有完全相同要求的合同，这就说明物流服务产品生产的个性化程度极高。

传统方法只采用单一的标准来分配成本费用，无法正确反映不同费用的发生给不同产品的生产所带来的影响。而作业成本法将直接费用和间接费用都视为产品消耗作业所付出的代价，将其同等对待。对成本费用的分配依据成本动因的不同，采用多样化的分配标准，从而使成本的可归属性大大提高，并且能够正确反映不同费用的发生给不同产品的生产所带来的影响。

3.物流作业成本控制的可行性分析

（1）物流企业生产经营的作业特征与作业成本法的运用环境相匹配

传统的成本核算和控制体系与制造业材料消耗大、生产制造过程连续的作业特征相对应，在这种生产经营模式下难以划分生产过程的作业步骤。即使勉强划分为若干作业过程，也可能与实际生产环节的作业特征不匹配。因而，导致作业成本的归集难度大，准确性不高。物流企业的完整物流活动链由一些主要的作业环节构成，卷烟物流一般包括运输、仓储、装卸搬运、包装、配送等环节。而且，物流活动中的每个环节还可以分解为单独的作业活动。这一物流活动过程一般没有太多的物质消耗，主要是一些特征明晰的作业过程，这恰好与作业成本法下作业特征的划分要求相匹配。把物流企业的生产服务过程划分为恰当的作业过程，进行成本分配和作业成本控制，较传统的成本控制体系更加契合作业成本的本质。

（2）作业成本管理的兴起提高了作业成本控制在物流企业中应用的可行性

从20世纪50年代作业成本法概念的提出，到20世纪80年代作业成本系统理论体系的建立，再到20世纪90年代作业成本法的实际应用，作业成本法已经形成了一套完整的内容框架、概念体系、动因体系、作业成本财务会计体系以及开发步骤和程序。同时，其在实践中的可行性也已基本得到了证实。

另外，作业成本法的产生必然引发作业成本管理的兴起。而作业成本管理的兴起，又使得未实施作业成本法的企业也能运用作业成本法的管理思想来降低成本、提高效益。这种相得益彰的关系，更提高了作业成本法在物流成本管理中有效应用的可行性。

（3）先进的计算机管理有利于作业成本控制在物流企业中的应用

由于物流企业的物流活动要形成完整的物流链过程，一般包括的环节主要有运输、仓储、装卸搬运、包装、配送、流通加工以及物流信息服务等，而在每一环

节，都会涉及若干不同的作业流程及大量的作业信息数据，使得作业成本法的实施成本很高。要对这些繁杂的信息数据进行加工处理和分析，单靠手工处理是远远不能完成的，因此，必须借助计算机软件来完成。这方面的软件工具在国外已经非常成熟，并且近年来被引入我国。这些软件能够帮助企业设计出符合自身经营特点的成本核算与控制体系，能够集成信息系统的数据，计算出准确的成本信息，并利用内置的分析工具进行各种分析。因此，随着计算机在物流企业中的不断应用和逐渐普及，作业成本法在物流企业中的应用必将越来越具有可行性。

（4）高素质的管理人才也促使物流企业实施作业成本法成为可能

从作业成本法的可行性角度出发，要对物流企业的成本运用作业成本法进行控制，需要有高素质的人员进行配合。目前，我国许多高校都已经开设物流专业。而物流企业在招聘新员工时，也会通过高等院校引入物流专业的毕业生来充实物流管理队伍。并且，对于企业原有的会计人员、仓储管理人员和相关领导也会进行物流成本管理知识的重点培训。因此，随着成本计算和控制人员素质的提高以及经验的不断积累，物流企业逐渐引入和普及作业成本法将更具可行性。

（二）SD烟草商业企业物流作业成本控制框架总体设计

根据物流成本隐含性、系统性、背反性以及发生的复杂性等特点，我们对SD烟草商业企业物流构建了包括事前、事中和事后全过程的综合控制框架。综合控制有别于对个别物流功能成本的局部控制，具有系统性、综合性、战略性的特点，有较高的成本控制效率。综合控制的目标是局部控制目标的集成，促使企业物流成本趋于最小化。在企业物流作业成本控制框架中，作业成本法的基本原理贯穿始终，在企业物流成本控制的任何环节，都要关注物流作业划分的合理性、资源动因和作业动因确定的科学性。

1.事前控制——物流作业成本预算制度

企业物流成本的事前控制，是在开展物流活动或提供物流作业前，对影响物流成本的经济活动进行事前的规划、审核，确定标准物流成本的控制。事前控制的任务是以作业成本法为基础，制定企业物流作业成本预算。

预算的编制过程与费用的分配和归集过程是互逆的，因此，以作业成本法为基础编制物流成本预算，其编制路径与作业成本计算的路径互逆。先确定预算年度预计产品或服务的销售量，并据此确定在生产过程中所涉及各物流作业的预计作业需求量；再根据资源动因率和其他相关条件确定单位作业费用率，又称单位作业标准成本；然后，根据前两项资料，计算汇总预算年度的物流资源需求量，并将该需求量与企业实际拥有的资源量进行比较，适当调整二者以实现平衡，从而完成费用的作业基础预算，使企业达到资源需求量与现有资源量相符的经营循环的平衡。

由于在作业成本法下，费用的分配是在作业划分的基础上进行的，而不再仅仅依据单一标准，因此，在物流作业成本预算中，费用预算可基于不同销售情况下的作业量的预测进行弹性预算，而不是在上年数据的基础上进行增量预算。

2.事中控制——物流作业成本监督和作业改进

企业物流成本的事中控制是在物流成本的形成过程中，对物流作业成本的监督和作业改进。通过随时将实际发生的物流成本与目标物流成本进行比较，及时发现差异并采取相应措施予以纠正，以保证物流成本目标的实现，事中控制是物流成本的过程控制。以作业成本法为基础的企业物流成本的事中控制不同于传统物流成本控制中的事中控制。传统的物流成本事中控制是按照部门的划分来进行监督和控制的，是对各个部门所花费物流费用的总体监督；而作业成本法下的物流成本事中控制是按照作业中心甚至是单项作业进行的，有利于分析差异，了解差异在哪个物流环节出现。对于作业成本超预算的情况，必须对企业价值链进行分析，并提出可能的改进和优化。

作业改进实质上是作业成本管理思想和工程技术手段的结合，严格进行作业改进是对企业作业链的动态优化，是对企业流程的改进。通过价值链分析，企业可以确认价值链有哪些，是否有待改进，以及在整个行业价值链中的位置，并将本企业价值活动的所耗成本与其对产品的贡献进行比较，确定其发生的合理性，进而决定对其是消除还是改进。可以通过对价值链进行融合和延伸来改进作业链。改进作业有以下几种方式：

①减少作业所需要的时间和资源，以提高增值作业的效率或者在短期内改进非增值作业，直至消除；

②消除非增值作业，包括非增值高效作业和非增值低效作业；

③当其他条件相同时，选择成本最低的作业；

④利用资源集成原理，尽量实现资源共享与作业共享；

⑤利用所提供的信息，编制资源使用计划，重新配置未使用的资源。

3.事后控制——物流作业成本考核与评价

企业物流成本事后控制是在物流成本形成后，对实际物流成本的核算、差异分析和绩效评价。采用作业成本法对物流成本的实际成本进行核算，通过实际成本和单位作业成本的比较确定企业物流成本的节约或浪费，并进行深入的分析，以查明其主客观原因，确定其责任归属，对物流成本责任单位进行相应的考核和奖惩。企业通过物流成本分析，为日后的物流成本控制体系提出积极的改进意见和措施，消除非增值作业和无效作业，对物流成本控制标准进一步修订，改进各项物流成本控制制度，以达到降低物流成本的目的。事后控制是对企业物流成本控制的综合分析，大量的物流成本控制工作有赖于物流成本事后控制来实现。从某种意义上讲，控制的事前和事后是相对而言的，本期的事后控制就是下期的事前控制。

以作业成本法为基础的企业物流成本综合控制系统，克服了传统企业物流成本控制系统的弊端，以作业为基础，根据资源、作业直接产生预算，增加了许多非财务成本动因，在进行差异分析时能够更清楚地分析出企业运作无效率、不平衡的原因，以及生产过程中的瓶颈因素。它有利于企业优化资源配置，降低成本费用，同时，也为企业价值链的优化提供了必要的信息。在作业成本法下，资源的分配过程很清晰，每项作业消耗的资源项目和数量都可以清晰地反映出来，有利于企业在对物流成本进行监督时找出具体的问题所在，并加以改善与调整。基于作业划分和作业中心的成本控制打破了传统成本控制在企业部门之间的分割，从而有利于从全局角度控制企业的物流成本。

（三）SD烟草商业企业物流作业成本事前控制

事前控制，是指在物流作业之前，对影响物流成本的各因素和条件进行事前规划，即通过成本预算，选择最佳降低成本的措施，以确定目标成本，为成本控制和业绩考核提供依据。

1.预算组织机构与职责

根据集中决策、分级管理的原则，建立以省公司和各地市烟草公司、县级分公司为对象的三级预算管理体系。各企业应设立预算管理委员会，下设预算管理办公室负责预算管理的日常工作。各级公司经理办公会议是本级及所属单位预算的决策机构，各级预算管理委员会是本级及所属单位预算管理的领导与组织机构，预算管理办公室是本级及所属单位预算管理日常事务的执行机构。

（1）省公司预算管理委员会人员构成及主要职责。省公司预算管理委员会实行主任负责制，委员会主任由相关公司领导担任，委员会成员由有关职能部门负责人及经济、技术方面专家组成。其主要职责如下：

①审议系统预算管理的有关制度、规定，以及预算编制的方针、程序、方法；

②根据省公司总经理办公会议确定的经营战略和规划，预测、制定并审议全省系统及各单位的预算控制目标；

③审议全省各单位的预算草案（省公司对各地市公司预算实行审核制），将全省汇总预算方案提交总经理办公会（党组会）审定，并上报国家烟草局审批；

④听取系统各单位的预算执行报告，审议各单位的调整和追加预算等事项：

⑤督导系统预算管理工作，听取预算安排的重大项目进展情况报告；

⑥在预算编制和执行过程中，对各单位发生的分歧、矛盾或问题进行协调；

⑦听取预算分析报告，并提出预算工作改进的意见与建议。

（2）市公司预算管理委员会主任由各预算单位的相关负责人担任，委员会成员由市公司领导、县分公司主要负责人、市公司相关部门负责人、下属单位职工代表组成。其主要职责如下：

①审议预算管理的规章制度、所属单位的预算报告；

②审核各职能部门的预算指标；

③将预算委员会审议后的预算（含调整预算）送总经理办公会（党委会）审议；

④协调、解决在预算编制和执行过程中存在的问题；

⑤审查预算调整方案并报上级主管单位；

⑥监督本单位的预算执行情况。

（3）县级分公司预算管理委员会由领导班子成员和职能部门负责人、烟站和专卖管理所代表组成。其主要职责如下：

①审查、批准预算管理的规章制度，确定预算编制执行的原则和要求；

②审议、通过预算建议草案；

③监督预算执行，审议、通过预算执行中的调整草案，检查年度预算执行效果。

2.物流作业成本预算的编制原则

编制物流作业成本预算应结合单位物流作业的现状和业绩，在各费用归口管理部门制定的本部门归口费用预算的基础上，综合平衡，做到费用合理化。费用预算编制中要体现以下原则：

（1）合理定额、规范标准

企业应将物流作业费用的各个项目区分为变动费用和固定费用进行编制。相关变动费用预算应结合物流业务实际需要合理制定定额标准，如仓储费、装卸费、包装费、检验费、运输费、劳务手续费、车辆维修费等，并根据标准编制相应预算，计算公式如下：

某项费用总额=每单位费用标准×总量（箱数/千米数/人数）

（2）弹性管理、绩效挂钩

实行总额控制的部分费用指标（如工资基金、业务招待费等）按比例由基本保底（不高于50%）与浮动挂钩部分（不低于50%）组成，浮动挂钩部分根据绩效完成情况按季度考核兑现，在年度内可滚动使用。对于烟草物流来说，与绩效挂钩的指标主要包括以下几项：卷烟销量、卷烟市场开发率、客户满意度（以省公司综合计划部门面向零售户的随机电话调查结果为主）、单箱物流费用等。

（3）总额控制、调剂使用

可控费用中的部分指标（如差旅费、办公费、会议费、培训费等）实行总额控制，费用开支与调控权力下放到各县级分公司。结合定额、定率的预算编制方式，该部分费用指标由各个县级分公司自主支配，由各县级分公司预算管理委员会全面把握，由市级公司进行宏观调控。

3.物流作业成本预算的编制

物流作业成本预算是以作业成本法为基础进行编制的，即产品或服务消耗作业，作业消耗资源。预算的编制过程正好与作业成本计算的路径互逆。首先，确定预算期预计服务的烟草物流销售量；其次，根据作业动因，按照作业动因率确定在运营过程中所涉及的各作业的预计需求量；最后，根据资源动因，按照资源消耗率确定预计资源需求量。

作业基础预算编制的具体步骤如下：

（1）确定预算目标。在确定预算目标时，首先企业应准确预测市场需求，然后考虑市场竞争与风险，包括产品市场、原材料市场、劳务市场和资本市场等；同时，全面分析公司内部条件，即自身的技术、管理水平和历史情况等因素，将外部市场与内部条件紧密联系起来，注意目标的先进性及现实的可行性。根据企业的长远发展规划，确定企业下一预算期将提供的物流业务量及销售利润率，并在此基础上确定物流目标成本。

目标利润=预计物流业务收入×物流业务销售利润率

物流目标成本=预计物流业务收入-目标利润

（2）作业分析与流程优化。作业分析是编制作业基础预算最基本的步骤。不同的业务种类具有不同的作业过程，考虑到物流作业的跨地域特征，可采取工作流程图分析法（Work Flow Analysis）对物流作业过程进行细分，例如，烟草分拣作业流程包含的作业有：配货员根据储配部生成的总领货单领货到备货区、配货员将卷烟按品种分类、整齐放入指定位置、配货员根据配送单分拣配货到每位客户、配货员对已分拣的卷烟进行封包、配货员将已封包的卷烟送至出货区的相应位置、送货员领取相应的配送单、送货员按照配送单与实物进行核对、送货员验收无误后签收配送单、送货员将验收无误的卷烟装车等。对客户的烟草配送流程由分拣、装载、运送、卸货等作业组成。工作流程图分析法可以把各作业过程及相互之间的关系描述得清晰明了、容易理解。

在识别作业的基础上，还需要进行价值链分析。分析作业活动的必要性与有效性，对最终形成的物流价值不大或无价值的活动应进行压缩和剔除，从而优化业务流程。以产品运输来说，装载与卸货都是价值不高的作业，应尽可能予以压缩，例如，可采取直达运输，从而减少中转造成的装载与卸货作业的增加。作业基础预算要求对现有的每一物流流程进行再三思考和改进，以提高作业的增值性和有效性。

（3）确定作业动因率与作业量。在作业分析与流程优化的基础上，根据成本发生与作业消耗之间的关联性，确定作业动因，并进一步确定作业动因率，即明确单位服务消耗作业的数量；然后，用作业动因率乘以服务的预计销售量，即可预测出下一经营期间所需的作业量。

（4）确定资源消耗率与资源需求量。任何一项作业都需消耗资源，包括人工、物流设施与设备、能源、资金等，一般可根据以往的经验及企业的经营目标，预算出单位作业消耗的资源种类和数量；再用资源动因率乘以预测出来的作业需求量，预测出下一经营期间可以满足作业消耗需求的资源量。

（5）测算资源需求成本与服务成本。用资源需求量乘以资源的预计单价，就可以预测出资源需求成本数据，并计算出物流服务总成本及各项物流服务成本。

SD烟草物流作业成本分为仓储、分拣、配送和综合管理四项作业流程。其中，前三项是物流流程中的重要作业环节。综合管理具有服务于整个物流业务的特征，其成本不便分配到各前述物流作业。因此，当具体编制作业预算时，企业对于仓储、分拣和配送成本可以采取以作业为基础的弹性预算，而对于综合管理成本采取零基预算比较合适。

下面以分拣作业为例，说明作业成本预算的编制。根据一般作业成本特点，假设物流作业成本与物流服务量具有线性关系，物流成本的高低随作业项的多少和作业量的大小而变化，可以利用弹性预算进行分拣成本的预算编制。弹性物流作业成本预算可以使企业在不能准确预测成本动因数量的情况下，保持预算同实际之间的可比性。分拣作业包括从根据订单要求领取卷烟出库，到分拣出符合客户所需种类及数量标准的卷烟批次的过程。该作业流程发生的成本依据成本性态，可以分为变动成本和固定成本。依据多水平法可以编制出分拣成本弹性预算（见表3）。其他作业流程和作业中心的成本预算可以利用类似方法进行编制。

表3　**201×年卷烟分拣成本弹性预算（多水平法）**　金额单位：万元

分拣作业量（万件）	4 000	4 500	5 000	5 500
占正常分拣作业量的百分比	80%	90%	100%	110%
变动分拣成本				
直接费用				
直接材料（0.2元/件）	800	900	1 000	1 100
直接人工（0.3元/件）	1 200	1 350	1 500	1 650
其他直接费用（0.10元/件）	400	450	500	550
间接费用				
电费（0.05元/件）	200	225	250	275
搬运费（0.04元/件）	160	180	200	220
清洁费（0.01元/件）	40	45	50	55
变动分拣成本合计	2 800	3 150	3 500	3 850
固定分拣成本				
折旧费	100	100	100	100
维修费	50	50	50	50
管理人员薪酬	300	300	300	300
固定分拣成本合计	450	450	450	450
分拣成本总计	3 250	3 600	3 950	4 300

4.规范物流费用的会计核算

为配合对卷烟物流成本控制而开展的预算管理，同时，也针对全省还没有建立统一物流成本核算体系的现状，SD省于2009年9月制定并下发了《中国烟草总公司SD省关于全省商业系统会计核算规范的若干规定（试行）》（下称核算规范），在集团内部统一了对卷烟物流费用的核算，从2010年1月1日开始实施，具体规定如下：

（1）鉴于现行会计制度在其一级科目和二级科目中没有制定统一的物流费用科

目，为了与制度保持一致，核算规范也不设具体的物流费用科目，但根据行业管理的需要，对经营费用（即销售费用）以辅助核算的方式进行归口管理，即对各费用科目设“成本中心”和“项目”进行辅助核算。

①辅助核算的“成本中心”是指费用的各个预算管理单位，如市局的各科室、县级分局的股室等。

②辅助核算的“项目”是指根据费用发生的直接性质核算到“卷烟、烟叶和综合”三个项目中，以便归集卷烟、烟叶的直接期间费用和其他行政管理部门的公共期间费用。

（2）设置归口环节，统一项目代码及各代码归集的具体的物流业务内容，从而使集团内的物流费用具有横向可比性。设置平行的四个环节，其中卷烟经营环节的代码为“03”，在此环节下再设卷烟营销环节（项目代码为0301）和物流环节（项目代码为0302），在物流环节下再分设仓储、分拣、配送和物流综合四个环节，其代码分别为“030201”“030202”“030203”“030204”。各环节代码具体归集四个物流作业的费用，归集后的卷烟物流费用项目核算内容见表4。

表4　卷烟物流费用项目核算内容表

项目编码	项目名称	说明
03	卷烟经营环节	用于归集在卷烟经营过程中发生的费用
0302	物流环节	用于归集在卷烟从入库到配送至经销户的过程中所发生的费用
030201	仓储环节	用于归集在卷烟仓储过程中所发生的费用，主要包括仓储人员的人工费用、保管费、包装费、商品损耗、装卸费、其他有关费用
030202	分拣环节	用于归集在卷烟分拣过程中所发生的费用，主要包括分拣人员的人工费用、包装费、商品损耗、搬运费和其他有关费用
030203	配送环节	用于归集在卷烟配送过程中所发生的费用，主要包括配送人员的人工费用、运输费、燃油费、过路过桥费、其他有关费用
030204	物流综合环节	用于归集在卷烟配送管理过程中所发生的费用，主要包括卷烟物流管理人员人工费用、折旧费、税费、无形资产摊销、水电费、通信费、差旅费、办公费、业务招待费、低值易耗品摊销、管理用车费用、修理费、租赁费、保险费、劳动保护费、其他有关费用

（四）SD烟草商业企业物流作业成本事中控制

作业基础预算的事前控制是面向未来的控制，主要体现预算编制的过程中，通过作业分析和流程优化，把握企业提供服务的过程需要哪些作业，各项作业需要哪些资源，然后据此分配企业资源，制定各项业绩与考核标准；而事中控制就是认真组织预算的执行，严格按照各项标准，对作业活动及其资源耗费进行监督和审核，把可能发生的浪费和损失消灭在萌芽状态并积极采取行动，消除作业在基础预算执行过程中的不利偏差，以达到流程与作业的持续改进。

事中控制是在物流作业的整个过程实时进行的。由于某个阶段或流程的作业还没有最终完成，因此，事中控制常采用局部控制的方式，即对某一个作业流程或作业流程内部的子作业，进行实时的作业成本跟踪判断与评价，是针对物流作业的一个或几个局部环节的支出所采取的策略和控制手段，以使总体达到预期的物流成本目标。SD烟草商业企业可以从以下几个方面着手进行物流经营过程的持续改进：

1.加强对内部物流作业的改进，推进商业“敏捷运作”

（1）完善物流组织形式，实现物流统一管理

组织形式的完善是实现商业“敏捷运作”的制度保障。SD现有烟草商业物流组织结构示意图如图1所示。这种组织形式的主要特点是在地市设立烟草商业管理职能部门，同时在地市设立配送中心，在县设立配送分部。这样的组织形式实质上是卷烟的多级配送，浪费了卷烟配送资源，延伸了卷烟配送的管理层级。这样会带来配送成本和管理成本不必要的增加，并且使得省和地市对物流业务的“统一管理”力度都有所欠缺，需要进一步完善。

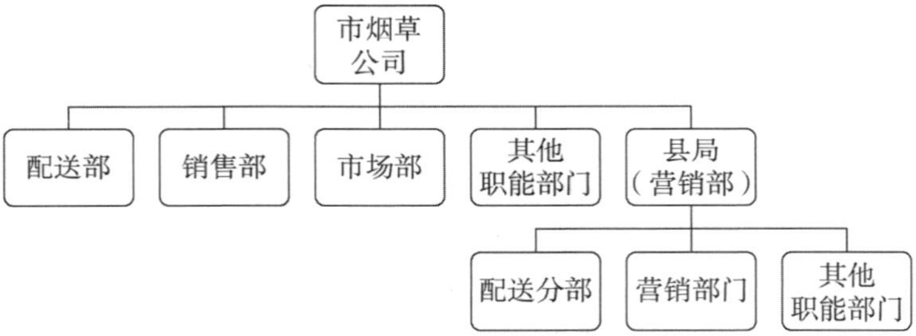

图1 SD省烟草商业物流组织结构示意图

卷烟物流组织模式改变的短期目标主要从改善卷烟的管理组织，减少配送中转的层级和环节入手，使地市公司的配送中心相对独立。具体做法是：将省公司物流工作领导小组改为与国家烟草局对口的“SD省烟草商业现代物流与电子商务工作领导小组”，领导小组办公室设销售处，配备专职物流工作人员，专门负责行业现代物流系统建设，提高对各地市公司物流工作分类指导的效率。各地市公司应按照商流、物流“分线管理”的原则，使地市公司配送中心相对独立，从事不具法人资格的行业内专业物流。配送中心对全地市卷烟物流资源（从业人员、运输车辆、仓储设施、分拣设备、送货路线等）进行统一管理，各县不再设置配送分部，具体组织结构如图2所示。配送中心要对物流资源进行整合，按照流向重新设置配送半径。凡能一级配送到户的地区，实行“一级配、一级送”的模式；不能一级配送到户的地区，设置中转站，实行“一级配、二级送”的模式。

卷烟物流组织模式的最终目标，是将各地市公司的物流中心完全独立出来，改制成省公司控股、各地市公司参股的专业物流公司，专门负责全省烟草商业系统的卷烟配送。认真整合资源，优化配送线路，在做好做精卷烟物流的前提下，从事其他第三方物流，以降低物流成本。

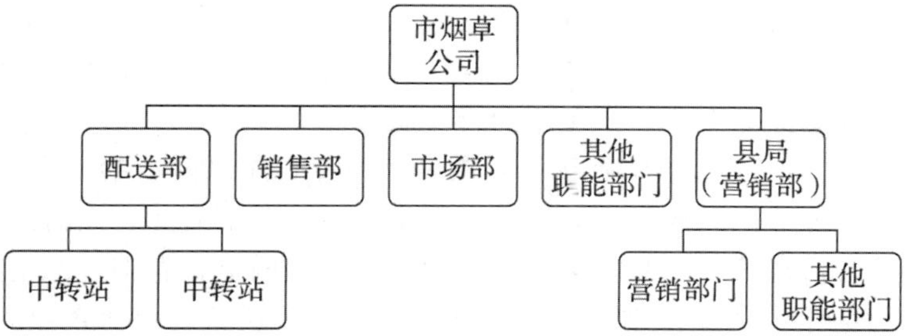

图2　实现“分线管理”后的SD省烟草商业物流组织结构示意图

（2）制定物流标准体系，规范物流内部管理

物流标准、规范的制定是实现商业“敏捷运作”的管理支撑，可以大大降低内部物流管理成本，从而提高物流运作效率。

目前，全省很多方面还没有统一的物流标准规范，致使全省在信息统计、考核评比、资源整合等各方面都存在很大的制约，因此，在一定程度上造成了很多工作的盲动和无序。

省公司物流工作领导小组已组织相关部门完成了配送中心建设，制定了成本核算、管理考评、业务流程、作业操作等各方面统一的标准，并出台了《SD省烟草商业系统卷烟物流中心建设设计手册》和《SD省烟草商业企业卷烟物流费用管理实施细则》，以指导全省物流建设，规范全省物流运行。各地市公司应积极贯彻执行，要遵循《SD省烟草商业系统卷烟物流中心建设设计手册》的要求，完成配送中心的建设工作；要根据国家烟草局《烟草商业企业卷烟物流费用管理办法及核算规程》及《中国烟草总公司SD省公司关于全省商业系统会计核算规范的若干规定（试行）》的规定，逐步实现对各地市烟草公司卷烟物流中心的内部单独核算，从而加强物流成本的核算管理。

2.实施供应商物流管理，建立仓储成本管理新模式

供应商管理库存（VMI）是一种以供应链整体最优和工商企业双赢为出发点，以工业企业和商业企业都获得最低成本为目标，由工、商企业双方共同建立VMI执行协议框架和运作规程，工业企业以此为准则管理商业企业库存，并在实践中不断修正和发展该协议框架，使库存管理得到持续改进的库存管理方法。这种模式一方面降低了供应链的信息不确定性和物流成本，提高了整个供应链的运作效率；另一方面在工、商企业之间只设一个仓库，从而降低了行业的整体库存水平。

改制后的专业卷烟物流公司与卷烟生产企业进行协商，协商成功后，推行“供应商管理库存”的库存管理新模式。在这种模式下，库存所有权（即仓库中卷烟的所有权）将发生转移，物流中心卷烟的所有权不再属于卷烟商业企业，而是属于卷烟生产企业；物流中心仓库具有卷烟生产企业异地仓库的性质，当卷烟进入物流中心仓库时，工、商企业之间不发生交易，但是卷烟商业企业拥有卷烟的使用权。当卷烟商业企业领用卷烟时（即卷烟出库时），交易发生，卷烟商业企业向卷烟生产企业支付货款。与此同时，卷烟生产企业将物流中心仓库的卷烟委托专业卷烟物流

公司进行保管，并支付仓储管理费。卷烟商业企业将卷烟分拣和配送业务委托给专业卷烟物流公司，并向专业卷烟物流公司支付流通加工费；专业卷烟物流公司向卷烟生产企业和卷烟商业企业提供优质的物流服务。

在这种模式下，卷烟的所有权关系决定了库存积压风险由卷烟生产企业承担。由于卷烟生产企业考虑到要最大限度地在数量上满足卷烟商业企业的需求，同时又要计算库存的物流成本和商品的资金占用额。基于此两点，卷烟生产企业会制定合理的安全库存数量，使库存维持在一个理想的水平。从卷烟商业企业的角度来看，由于专业卷烟物流公司保管的卷烟属于卷烟生产企业，则卷烟商业企业等于没有库存，在需要的时候从卷烟生产企业的库存中取得，从而在理论上实现了卷烟商业企业的零库存。这种模式无论是对卷烟生产企业、卷烟商业企业，还是对行业整体，都有十分重要的意义。

SD烟草商业集团具体应用“供应商管理库存”模式时，应先组建专业卷烟物流公司，在此基础上由其先和SD中烟有限公司之间商谈建立VMI模式，然后再向其他烟草生产企业或集团推广。可按以下步骤完成该工作：

（1）工、商双方共同制定合作协议框架

SD烟草商业企业和SD中烟有限公司商谈共同建立VMI执行协议框架和运作规程，建立起对双方都有利的库存控制系统，具体由下属的专业卷烟物流公司承办。在框架协议中要明确规定协议双方的责任、库存控制策略、风险共担、利益共享、绩效评估标准等问题。

（2）改进完善信息系统

VMI的有效实施在一定程度上依赖双方的大量信息高频率、准确地进行交换。为此，SD中烟有限公司和SD烟草商业企业双方需要共同做好两方面的基础性工作：一方面是构建批零互动信息平台，使得双方都能协同地实时掌握市场需求的变化，从而增强市场预测分析的准确性；另一方面是构建SD中烟有限公司和SD烟草商业企业协同信息平台，加快工、商双方各种信息传递和处理的速度。

（3）磨合与修正

VMI的实施过程是一个逐步磨合与修正的过程，双方需要不断调整各自的作业方式与流程，逐步适应对方，直至达成同步，使VMI趋于完善。在建立VMI的过程中，一般应设置一个过渡期。这个时期SD中烟有限公司所决定的订货量，仍会以修正订单的方式送达SD烟草商业企业及其专业卷烟物流公司，再次进行确认后才能发货。

（4）正式运作

当SD中烟有限公司和SD烟草商业企业所属的专业卷烟物流公司修改原始订单的频率下降到某一程度时，过渡期结束，可正式进入VMI阶段。此程度依据双方的信赖程度与约定情况而定。此外，双方也可决定部分类别或数量的产品先实行VMI模式，待效果明显和积累经验以后，逐步迈向完整的VMI运作。

3.合理布局物流圈，实现配送成本的优化

“打破行政区域划分、整合区域物流”，既符合现代物流的发展趋势，同时又能够带来显著的经济效益。因此，只有对卷烟物流系统进行统一规划，整合区域物流，才能避免因行政区划造成的卷烟迂回运输，形成及时响应市场需求的卷烟配送体系，从而进一步降低配送在过程产生的运输、仓储和其他管理成本，进而增强了卷烟商业企业的市场竞争力。但在现有情况下，整合尚难以进行。因此，应积极创造条件，组建前述具有独立法人资格的专业卷烟物流公司，根据国家烟草局的统一要求，建设具有强大竞争力、资源优化、规模效应、布局合理、高效的网络构架，真正打破行政区域划分，整合SD省各区内的物流资源，设置合理的物流圈，从而实现配送成本的最优化。

合理安排物流的设置，包括物流圈数量的确定、区域物流中心（RDC）的选址和区域物流中心辐射范围的划分。

跨区物流最大的意义就在于能够实现物流规模化效益，降低全省整体卷烟物流费用。因此，区域物流中心的选址问题，首先就要以物流成本最低作为基本原则。与此同时，运用层次分析法（AHP）对成本、配送时效性、管理便捷性、规模效益性等各类因素进行综合定性分析评价。我们可以运用运筹学选址模型，进行成本最低、配送时效性最高的定量计算，并依据城市物流重要度进行物流发展潜力的定性分析，最终确定SD省烟草商业企业物流布局，平均分散在全省地域范围。这样可以节省运输配送的整体空间距离和配送成本，从而达到控制物流成本的目的。

4.推进批零“敏捷配送”，实现物流管理费用的节约

（1）搭建批零互动信息平台，及时把握市场需求

批零互动信息平台是推进卷烟“敏捷配送”的信息支撑。全省要积极尝试采用终端销售监控设备，搭建批零互动信息平台。这样可以大大减少卷烟物流作业过程的管理费用，从而提高物流的运作效率。

连锁店、大型商场、超市等重点零售客户在安装终端销售监控设备后，可使用终端进行收货确认及卷烟销售操作。销售数据与终端自动计算出的实时库存信息将通过批零互动信息平台即时进入商业企业信息系统，从而实现商业企业对重点零售客户销售情况和社会库存水平的实时监控。同时，配合专卖稽查和消费者举报，实现对其进货渠道的监控与管理。重点零售客户还可以在每个订货周期使用终端接收商业企业发布的供货信息及政策，并进行网上下单订货。对销量较大的部分重点零售客户，商业企业可提供“网上配货”服务。在零售客户订货日，系统自动检测该零售客户各品牌规格卷烟的即时库存，选择所有即时库存低于安全值的品牌规格，自动生成订单并送入销售物流流程。针对暂不享受“网上配货”服务的零售客户，商业企业提供“补货提醒”服务，即在订货日向该客户终端发送信息，提醒客户即将断档的卷烟品牌规格。考虑到短期销售具有一定程度的不可预测性，因此，针对所有使用终端设备的客户，商业企业还提供“应急补货”服务，即在非订货日可受理零售客户的应急补货需求，并于当日或次日进行应急补货，可适当收取成本费

用。“网上配货”、“补货提醒”与“应急补货”三种服务，旨在保证库存合理的基础上最大限度避免缺货断档情况的发生，从而最大限度保证商业企业与零售客户的商业利润。

充分了解零售客户的日常销售和库存情况，有助于商业企业提高自身市场预测水平和品牌追踪能力，有助于其对市场进行合理规划并制订订单响应计划和重点品牌培育计划。

此项工作由省公司物流项目组负责统一组织实施，应先在“烟草连锁加盟店”等条件成熟的终端试点，成熟一批，应用一批，不宜搞“一刀切”。

（2）推行动态订单配送，提高管理运作效益

在未来的卷烟销售过程中，卷烟将与其他快速消费品在销售模式和物流模式方面日渐趋同。商业企业应未雨绸缪，按照市场经济的规则，适时推行“实时生成订单，动态配送卷烟”的新型卷烟销售物流模式。动态订单配送能加速订单接受到最终配送到客户的作业循环，降低整个环节的管理成本，从而节约资源消耗。

“批零互动信息平台”的成功搭建及顺利运行，使终端零售客户的实时下单和商业企业的动态配送成为可能。终端零售客户可随时使用终端销售监控设备下订单，订单数据通过“批零互动信息平台”进入商业企业的销售信息系统，并即时进入销售物流流程，即商业企业可根据接收的实时订单信息进行动态配送服务。针对有条件的重点零售客户，可适时探索“以网上订货为主，电话访销为辅”的销售模式，有望大幅度减轻电访压力，提高访销效率，缩短订单周期。

商业企业通过推行“实时生成订单，动态配送卷烟”的模式，可为终端零售客户提供更优质的服务，从而更好地满足不同零售客户的个性化、多样化需求，进而提高终端零售客户对商业企业服务的满意度与忠诚度。在未来竞争愈发激烈的市场环境下，客户满意度与忠诚度将是商业企业的核心竞争力，因此，推行“实时生成订单，动态配送卷烟”的新型卷烟物流销售模式符合商业企业的根本利益。

（五）SD烟草商业企业物流作业成本事后控制

物流作业成本的事后控制，是在物流成本预算的基础上，把实际物流作业成本与预算成本进行比较与分析，计算成本差异，分析成本差异形成的原因以及各作业中心的工作绩效。通过差异分析，进一步挖掘降低物流成本的潜力，通过作业改善和作业优化，为下一物流循环降低物流成本、提高企业经济效益做出贡献。

1.物流作业成本的考核流程

考核物流作业成本，必须在每个物流作业中心的可控成本范围内建立物流作业责任中心，在每个作业中心作业预算的基础上，将作业中心实际成本与预算成本进行比较分析，考核每个作业中心预算的完成情况，找出成本差异，分析成本差异形成的原因和差异的责任归属，在此基础上对差异和责任中心的业绩进行评价。对没有完成的作业预算，应分析原因，通过调整预算、优化作业对差异进行化解。同时，对责任中心和责任人员进行奖惩与激励，最终达到预期的成本控制目标。

2.物流作业成本考核与评价的实施步骤

（1）确定物流责任中心和物流成本中心

物流责任中心是一个责权利相结合的实体，它对一定的财务指标承担完成责任，同时，拥有与其责任范围和大小相对应的权利。并且，其所承担的责任和行使的权利都是可控的，每个物流责任中心只能对其责权范围内的可控成本、收入、利润和投资负责，当进行预算和考评时，只应包括各个物流责任中心能控制的项目。物流责任中心必须同时符合两个条件：一是它必须具有相对独立的经营活动和财务收支活动，如果没有独立的经营和财务活动，就无法划清经济责任；二是它必须便于单独核算，如果不能单独核算，就无法计量其业绩，而没有核算的准确信息，就无法为考核提供依据。

物流成本中心是指对物流成本和费用承担责任的物流责任中心，其应用范围最大。一般来说，在企业的物流活动过程中，凡有成本费用发生，需要对成本费用负责，并能实施成本费用控制的单位，都可以成为一个物流成本中心。物流成本中心的规模不一，可以是一个作业成本中心，也可以是一个物流职能部门，小的物流成本中心构成大的物流成本中心，在企业中形成一个逐级控制、层层负责的物流成本中心体系。SD烟草商业企业物流成本中心一般可以分为仓储、分拣、配送及综合管理等作业部门，每个部门下还可以细分不同的班组为物流成本中心。

（2）编制物流成本责任分析报告

物流成本责任分析报告，就是根据会计记录编制的反映物流责任预算的实际执行情况，揭示物流责任预算与实际执行差异的控制报告。根据物流成本责任分析报告，可以进一步对实际执行差异的原因和责任进行具体分析，以充分发挥其反馈作用，使上层物流责任中心和本中心对有关物流活动实行有效的控制和调节，促使物流成本控制目标的实现。物流成本责任分析报告的形式多种多样，但一般都要包括三项内容，即实际成本、预算成本和差异分析。

为了反映成本考核的结果，让管理人员了解考核体系的运行情况，让被考核对象知道他们的业绩已经被衡量、报告和考核，也为了便于纠正偏差、改进工作，应形成一个正式的报告制度。考核部门定期编制考核报告，报送领导层及有关部门。控制报告显示过去工作的状况，提供改进工作的线索，也是实施奖惩的依据。控制报告的内容应当包括如下几个方面：实际成本的资料反映；“完成了多少”控制目标的资料反映；“完成了多少”与“应该完成多少”两者之间的差异和原因，“完成得好不好是谁的责任”的资料反映。SD烟草商业企业配送作业责任中心201×年第一季度责任成本分析见表5。

（3）责任成本考核与评价

责任成本预算考核评价，是对企业内部各级作业责任中心的预算执行结果进行的考核与评价。考核为评价提供事实依据，只有基于客观考核基础上的评价才是公平合理的，考核结果也只有通过评价才能得以进一步运用。预算考评作为预算管理的一项重要职能，是对企业员工的预算执行情况及工作业绩进行考查和审核，并按其优劣给予奖惩的管理活动。

表5　　SD烟草商业企业配送作业责任中心

201×年第一季度责任成本分析表　　单位：元

责任成本中心	成本明细	实际成本	预算成本	成本差异
第一配送小组	配送人员工资	42 000	43 000	-1 000
	运输费	85 000	84 000	1 000
	燃油费	21 000	22 000	-1 000
	过路过桥费	5 600	5 500	100
	其他费用	2 300	2 100	200
第二配送小组	配送人员工资	35 000	35 000	0
	运输费	34 000	35 000	-1 000
	燃油费	19 000	18 000	1 000
	过路过桥费	3 400	3 500	-100
	其他费用	2 000	2 100	-100

预算考评包括两方面内容：考核评价制度与奖惩制度的建立与实施。预算考评是全面预算管理的重要环节，它通常是以预算的各项指标为依据，对预算的执行情况进行系统的记录和计量，并定期编制预算反馈报告，将实际完成情况与预算相比较，借以评价与考核各个责任中心的工作成果，并根据业绩考评结果进行经济和其他方式的奖惩，以促使各责任中心积极纠正行为偏差，完成自己所承担的预算责任。

SD烟草商业企业应成立作业中心责任成本考核小组，将各作业中心的作业成本预算执行情况定期报出。季度作业中心分析材料需要在下季首月的5日前上报公司考核小组，月度作业中心成本费用执行分析材料则需要在下月5日前上报。考核小组根据各个作业中心作业成本预算执行情况，确定中心人员的业绩评价和奖金分配。

本案例通过对SD烟草商业企业物流成本控制过程进行分析，构建了基于作业成本的SD烟草物流成本综合控制体系。这一控制体系将物流成本核算过程与成本控制相结合，把物流作业成本控制划分为事前控制、事中控制和事后控制三个前后相连又逻辑一致的控制环节。事前控制主要包括物流成本控制的目标设定和预算的编制，事中控制主要包括物流作业成本的实时监督和作业调整与优化，事后控制主要包括物流成本的差异分析和绩效评价。这三个控制环节构成了完整的物流成本控制实施过程。本案例结合实际情况分别探讨了卷烟物流各个步骤的具体实施方法，为SD烟草商业企业物流成本控制提供了借鉴。

四、可借鉴之处

烟草商业企业是典型的物流企业，但由于目前我国实行烟草专卖制度，因此，它又具有不同于一般物流企业的特征。本案例通过分析SD烟草集团物流企业作业流程的特点和成本消耗特征，提出了从作业成本的视角对SD烟草商业企业物流成本进行控制的观点，并建立了基于作业成本法下的SD烟草商业企业物流成本控制体系与控制方法。本案例结合SD烟草商业企业的具体物流作业流程，及其目前仓储管理、分拣状况、配送线路和物流中心设置的现状，提出了具体的成本控制实施方案。其中，研究结论主要有如下几个方面：

（1）分析了物流成本的隐含性、系统性、背反性等特征及其相关理论，并结合作业成本法理论与会计处理特征，论证了作业成本法是否适用于物流企业成本控制。企业通过把作业成本理论与物流成本控制相结合，分析了物流运作过程的作业特征，论证了运用作业成本法进行物流成本控制的优越性。

（2）对SD烟草商业企业物流作业流程进行深入分析，构建出SD烟草商业企业物流作业的综合流程。运用作业成本法理论，把烟草物流划分为仓储、分拣、配送和综合管理4项作业流程。为把烟草物流过程发生的全部成本费用按作业流程划分进行归集与分配，企业设计了烟草物流作业成本核算模型，分析了四种作业流程成本控制的具体措施与方法。

（3）构建了基于作业成本的SD烟草商业企业物流成本综合控制体系，把物流作业成本控制划分为事前控制、事中控制和事后控制3个前后相连又逻辑一致的完整物流成本控制实施过程。

（4）结合实际情况分别探讨了SD烟草商业企业物流控制各个步骤的具体实施方法，从内部物流作业改进、建立仓储成本管理新模式、重新整合物流圈、降低配送成本等方面提出了烟草商业物流作业成本控制的具体实施措施，可以为其他烟草商业企业的物流成本控制提供借鉴。

五、不足之处

SD烟草物流作业被划分为四项作业流程，虽然是在对现状进行了大量调查的基础之上，并结合理论做出的判断，以期能对控制SD烟草商业企业的物流成本有所帮助，但划分为四项流程是否合理，是否能够满足作业成本核算和成本控制的要求，尚需实践的检验。

对四项作业流程中成本控制方法的研究，虽然主观上期望尽可能与SD烟草商业企业的实际紧密结合，以有效降低物流成本，但由于掌握的资料比较有限，难免有不深入的地方，尤其是有些具体的成本项目没有纳入分析范畴。而且，只从对影响烟草物流成本的主要方面进行了成本控制具体实施方案的设计，还有待进一步深入和细化。

根据本案例，回答以下问题：

1. 简述SD烟草物流成本控制的主要措施。

2. 简述SD物流成本控制的可借鉴之处。

3. 通过本案例分析说明物流企业应用作业成本法的必要性和可行性。

案例十参考答案

案例十一

大连某工艺品有限公司作业成本法应用分析①

一、基本资料

连某工艺品有限公司是生产和销售工艺蜡烛的专业厂商，主要生产工艺蜡烛、玻璃饰品、金属烛台和家居及床上用品等100多个系列、上千种产品，公司拥有辽宁和吉林两省5个生产基地。产品的生产是按照订单分批进行的，各批产品的生产要求往往不一致，公司采用“多品种、多批次、小批量”的生产方式。

本案例以该公司5个生产基地为研究对象，为研究问题方便，对实际情况进行简化：已经将直接费用和制造费用进行汇总；另外，销售情况也按1年来计量；物流流程有30多个，已经合并为8个流程；只选择5个基地的同一种产品进行比较。

表1中列出了按传统计算方法统计的各生产基地销售及成本数据。

表1 按传统计算方法统计的各生产基地销售及成本数据

产品	基地1	基地2	基地3	基地4	基地5
销售量（箱/月）	780	1 520	1 200	900	600
单价（元/箱）	100	100	100	100	100
销售收入（元）	78 000	152 000	120 000	90 000	60 000
直接费用（元/箱）	36	36	36	36	36
制造费用（元/箱）	15	15	14	16	15
总物流费用（元）	69 516.25				

根据调查，包装是需要进行装箱的运输包装；每发一次货需要检验一次，检验的费用以检验的次数计算；配货与订货次数相同；开票次数与该产品所销售的顾客数量相同；销售次数和订货次数相同，而卸货和搬运次数与订货量相同。

① 曲娟、于苗根据对大连某工艺品有限公司调研的资料整理加工。

二、作业成本计算步骤

（一）分析和确认物流资源

该公司物流成本信息主要来源于总分类账，计算物流成本所需要的信息主要包括以下五个方面：

1.投资领域的信息（折旧成本），包括建筑物、土地、机器、仓储设备、运输车队、IT设备和软件等信息；

2.运行成本，包括水电费、燃料费、保险费、维修费、IT系统的客户备份费用等信息；

3.人力资本，包括以上投资领域的人力资本信息；

4.流动资产的成本信息；

5.物流数据，包括订单数量、购买数量、销售数量等信息。

（二）定义作业

本案例共包括7个相关作业：

1.采购；

2.运输；

3.仓库的内部物流，包括入库货品的接收、检验和堆架；

4.持有；

5.存储；

6.仓库的外部物流，包括分拣、包装和装运；

7.销售，只包括订单处理。

（三）确定成本动因系数，归集作业中心成本

表2中列出了该公司各生产基地物流作业成本动因率的计量，其中，成本动因率是经过实地测量得出的。

表2 **各生产基地物流作业成本动因率的计量**

作业中心	成本动因	成本动因量					成本动因率
		基地1	基地2	基地3	基地4	基地5	
订单	数量	36	90	80	43	25	14.60
包装	箱数	780	1 520	1 200	900	600	1.25
检验	次数	36	90	80	43	25	6.25
配货	次数	36	90	80	43	25	12.00
开票	数量	12	35	28	26	12	5.80
运输	吨千米	1 500	4 500	3 200	1 300	600	3.20
装卸	吨	117	349.60	300	171	162	8.13
搬运	次数	780	1 520	1 200	900	600	1.83

作业中心成本=$\sum$各作业成本动因量×资源成本动因率

（四）确认作业动因，将成本分配到成本对象

根据表2可计算出表3中各生产基地产品物流总成本和单位物流成本。

表3　**各生产基地产品物流总成本和单位物流成本**　金额单位：元

基地	基地1	基地2	基地3	基地4	基地5
物流总成本	9 405.81	25 083.35	19 165.40	9 885.58	5 975.91
单位物流成本=总成本÷箱数（元/箱）	12.06	16.50	15.97	10.98	9.96

将表1和表3的有关数据填入物流成本分析表中，可得到表4。

表4　**各生产基地的单位产品物流成本分析**　金额单位：元

基地	直接费用	制造费用	单位物流成本	单位总成本	销售单价	单位产品毛利	产品毛利润率（%）
基地1	36	15	12.06	63.06	100	36.94	36.94
基地2	36	15	16.50	67.50	100	32.50	32.50
基地3	36	14	15.97	65.97	100	34.03	34.03
基地4	36	16	10.98	62.98	100	37.02	37.02
基地5	36	15	9.96	60.96	100	39.04	39.04

● 三、案例点评

由以上分析得出，对于相同的单位产品，各生产基地物流成本也存在很大差别，基地2和基地3的物流成本很高，直接影响了产品的盈利，因此，必须加强对这两个基地的物流成本控制，借鉴基地5的经验，通过加大销售批量，减少订单（开票次数），缩短流通通路，减少运输吨千米数，从而降低物流成本，提高企业经济效益。

根据本案例，回答以下问题：

分析说明如何客观评价该公司的作业成本计算及管理。

案例十一参考答案

案例十二

WF 职业学院的人力资源成本管理分析①

我国的高职院校大部分是由普通本科院校设置的二级学院、传统的普通专科学校、省部级以上的普通中专学校或独立设置的成人专科学校合并组建而成的，除少数重点高职院校外，大多数高职院校在基本建设、教学设施、师资力量、办学规模、教学管理、教育经费等条件上都远远比不上普通本科院校。WF职业学院也不例外。因此，本书认为，以WF职业学院这样中等规模的高职院校为案例进行剖析，具有一定的代表性。虽然，前人对人力资源成本管理的研究不算少，但是实践中对人力资源成本进行管理的却太少。WF职业学院也在摸索中前进，因此，对该学院的人力资源成本管理没有经验总结，只是通过分析目前存在的问题，以求能够找到合理的思路解决实际问题。

一、WF职业学院的基本情况简介

WF职业学院是2001年7月经SD省人民政府批准成立的国办全日制普通高职院校。其前身为国家级的重点中等职业学校，合并了4所办学效益较差的成人中专、普通中专。自升格为高职院校以来，办学规模不断扩大，加快对专业的建设与开发，使专业数量逐年递增，从建校初的10个专业增加到现在的40个专业。学院总占地面积1 200亩，建筑面积20余万平方米，图书馆藏书80余万册；建有7个实验实训中心、4个市级工程技术中心、6个研究所、50个专业实验室，教学科研仪器设备总值达6 000余万元。学院现有教职工571人，其中，教授、副教授职称教师119人，研究生学历或硕士学位人员21人；设有农业工程、园林工程、信息工程、机电工程、汽车工程、化学工程、应用外语、商务与管理系及公共课教学部、继续教育部等10个系部，开设涵盖11个门类的高职专业40个；现有全日制在校生

① 王春芳、姜少伟根据对WF职业学院调研的资料整理加工。

12 000人。学校人力资源的情况如下：

（一）学生与教师数量及比例

学校现有全日制高职在校生12 000人，教师571人（其中，专职教师345人，非专职教师折算数130人），生师比约为21：1。30%的专职教师周课时小于12课时，70%的专职教师周课时在13～18课时之间。生师比高于国家规定的最低标准，教师平均课时量偏大。

（二）专职教师数量与结构

学校现有青年教师153人，其中具有研究生学历或硕士学位的青年教师19人，占青年教师总人数的12.4%。学校现有专职教师345人，其中副高以上职称78人，占专职教师总人数的22.6%。学校现有专业基础课和专业课教师272人，其中双师素质教师15人，占专业基础课和专业课教师总人数的5.5%。

（三）兼职教师数量与结构

学校现有兼职教师66人，占专业课与实践指导教师合计数（349人）的18.9%，其中，高级职称14人。兼职教师基本符合学校专业设置的要求，教学效果总体反映良好。

这所高职院校的历史相对悠久，先前的领导观念比较先进，在学院规模不断扩大的同时，加强了学校的财务工作、人力资源管理以及教育教学工作。但是，高职院校相对普通本科院校而言，其根基不牢，物质、文化基础较差，同时，受国家办学模式的行政干预又较多。因此，高职院校仍然存在着大量问题。

二、WF职业学院的人力资源结构分析

（一）学历结构欠妥

WF职业学院人力资源存在的不合理现象，首先表现在师资队伍学历结构不合理。我国许多高职院校是由中专合并后升格上来的，原来的老教师大多是大专学历，虽然为了学校升格考评，第二学历已经全部达标，但与国家重点高职院校相比仍有差距。青年教师基本上是从本科院校毕业后直接走上工作岗位的，第一学历为硕士的教师数量相对较少，更缺乏科研能力较强的博士。从教育的发展趋势来看，教师的学历水平必须要在此基础上有所提高，才能满足高职学生求知的需要。

（二）专业结构欠妥

该学院的前身为中专，基础学科教学比例较高，也就意味着基础学科的教师相对过剩，专业技术的师资缺口较大，特别是工科方面，缺少一大批理论知识丰富、实践技能强的中青年骨干教师，因此，该学院目前的专业结构不符合职业教育“工学结合”的要求。职业教育的特点决定了其师资必须是以专业性强的技能型教师为主，而现在的职业院校里，教理论知识的教师过多，而教技能、带实训的教师不足，这样的师资结构影响了高职教学的质量。

三、WF职业学院财务管理现状及问题

2007年，教育部要对高职院校进行办学水平评估，使得不达标的高职院校，不得不投入大量的资金用于各项建设。目前，该学院经费来源主要为学费收入及其他自筹资金。2006年办学经费总收入为5 005.25万元，2007年办学经费总收入为5 285.9万元，2008年办学经费总收入为4 325.6万元，基本满足日常办学需要。2006年、2007年、2008年教学经费分别为1 474.96万元、1 695.34万元、1 709.54万元，教学经费占办学经费总收入的比例分别为29.47%、32.07%、39.52%，三年平均比例为33.39%。该指标数据表明学校以教学为中心、向教学倾斜。该学院在生源扩张的同时，也出现了资金周转困难的问题。

经分析，该学院的财务管理主要存在以下问题：

（一）收入单一

高职院校的学费较低，学院相应的财政补贴收入有限，与新建校区的扩张规模不相匹配。大多数高职院校的办学条件近年来虽有较大改善，但其教学、科研设备仍然相当落后，许多高职院校的供电、供水、供暖、供气设施严重老化，基础实验室条件和通信设备陈旧。WF职业学院也存在这种情况，百废待兴，财政捉襟见肘。因此，该学院在对教师的绩效奖励方面并没有多少支出，基本与中专持平，甚至还经常发生拖欠教师绩效工资的情况。

（二）效益低下

该学院教育经费一方面严重短缺，另一方面也存在着使用效益不高的问题。在WF职业学院中，师生比例不尽合理，学校行政和后勤人员过多，造成学院人员经费支出比例普遍过高；此外，教学仪器、设备和图书资料利用率不高，低水平重复建设，追求“小而全”和外延发展的现象仍然存在；办学质量不够理想，这实际上是一种更大的浪费，无疑进一步加大了经费投入不足的矛盾。

（三）表面化管理

该学院实物资产管理混乱，未建立资产定期清查盘点制度。

主要问题表现在：固定资产的购置往往只列支出而不入资产账目，账实无法核对，家底不清或前清后乱；固定资产的报废、调拨和变卖未按规定的程序报批，资产处置的随意性较大，资产损失浪费严重；实物资产账目登记不完整，普遍存在有账无物或有物无账的现象。

（四）形式预算

该学院每年都要编制预算，但是与其他学校无异，只是流于形式。预算编制本身就不科学且缺乏执行力，因此，预算大多脱离实际，仅仅是为了满足主管部门或财政部门的需要，使预算流于形式、成为一纸空文；在预算执行过程中随意扩大开支范围、提高开支标准；决算与预算脱离，不能正确反映预算的执行情况，无法体现预算的计划控制作用。

四、WF职业学院人力资源管理存在的问题

对高职院校来说，人力资源是维系学校生存与发展的至关重要的因素。然而，WF职业学院建院只有9年，人力资源仍然靠行政体制管理，即专门的人事管理。因此，在人力资源管理方面还有许多亟待解决的问题。

（一）人力资源管理意识薄弱

WF职业学院是从原来的中专学校合并升格而成的，真正实行高等职业教育的历史还不长，现代人力资源管理理念还相对较弱，大都还停留在传统的人事管理层面上，人事部门的角色也还停留在监督、控制和操作性管理上。而传统的人事管理与现代的人力资源管理在管理的视角、类型、重点、层次、焦点、广度、深度、形态、方式与性质上都存在差异。

（二）人力资源引进机制不健全

1.盲目引进

WF职业学院在人才引进时，单从教学水平评估要求中的高学历与高职称人才数量上着眼，而不同程度地忽视了专业建设和师资队伍建设的实际需要，缺乏对引进的人才类型、专业、素质等方面的总体规划，从而表现出极大的盲目性。

2.渠道单一

原来单位进人靠行政指令关系，即老教师都是人事局分配来的，与学校对人才的需求存在脱节。现在教师招聘纳入事业单位招聘范畴，凡进必考，而且进人的数量是受限制的，根本满足不了处于发展中的学校的需要。学校的用人自主权，仅适用于兼职教师的聘任上。

3.用人不合理

WF职业学院近几年为了教学水平评估，大量引进中高职称或高学历人才，引进后却没有对这些人才进行合理安置，从而没能充分发挥他们的专业特长，高人低用，并且缺乏有效的激励制度。

（三）岗位设置不科学

岗位设置不科学，一是表现在领导岗位上，外行管内行、重政治而轻学术，行政上隶属教育局管理，严重打击了教师的工作积极性；二是表现在有的岗位因人而设，与教学需求不相符，从而造成人力资源成本支出庞大，这与现代人力资源管理理念是不相容的。

（四）人力资源结构不合理

WF职业学院的人员结构基本上是以原来的中专师资队伍为班底，职称相对较高，但是年龄多在45岁以上；青年教师较少，职称却偏低。因此，学历、职称、年龄、知识、技能等方面还存在着结构性矛盾。其中，“双师型”教师和专业带头人更是当前专业师资队伍建设的瓶颈。此外，行政队伍过于庞大，教学队伍相对薄弱，造成局部人才的相对过剩与相对匮乏并存的局面。

（五）绩效考核制度不完善

WF职业学院有自己的考核制度。经过分析发现，该学院对教师的考核，是由学校高层领导、系中层领导、教师本人、同级教师、学生六个方面组成的360度考核。这种考核制度从建立职业学院就开始使用，时过境迁，仍然没变，教师已经对这该制度疲于应对。归其原因就是没有重视岗位分析。

WF职业学院的专业由最初的10个扩展到现在的40个，需要大量教师。每一个岗位特别是教师岗位都必须进行岗位分析，对学历、职称与教学经验等任职资格，所要达到的教学效果等，都要有一个明确的要求。但由于高职院校的办学层次、知名度等原因，造成无法引进甚至聘请到有一定名望或在学术上卓有建树的教师，来担任一些紧缺的课程甚至是核心专业课程主讲老师的局面。教师的授课专业也可以随便更改，原来教政治课的老师可以转上会计课，而且工作量还很大。考而轻奖，缺乏激励。马斯洛的需求层次理论认为，人的需求分为生理需求、安全需求、社交需求、尊重需求和自我实现需求五类，由低层次向高层次依次递进。WF职业学院的人才激励主要是靠绩效工资，也就是说还停留在较低层次需求的满足上，而且，不同级别的绩效薪酬差距较小，用教师的话说“就是几十元钱的问题”，工作好坏薪酬相差不多。甚至在聘用制员工与在职在编员工的薪酬上也存在双重标准，聘任制员工只有课时费，没有绩效工资，这极大地打击了占相当比例的聘用制员工的积极性。而且，WF职业学院缺乏对教师的职业生涯规划。学院领导注重目前院校的发展状况，仅仅着眼于学校事业的发展，而忽视人的全面发展，对教师的成长投入精力不多，对未来的人力资源缺乏合理规划。

五、WF职业学院人力资源成本的特点与管理重点

高职院校往往既面临人力资源缺乏、人才层次不高，资金投入有限等问题；又面临人力资源管理成本逐步上升的趋势，WF职业学院也不例外。

如何解决人才缺乏、资金有限和成本上升的问题，也是WF职业学院所面临的难题。

（一）新形势下人力资源成本的特点

1.高职院校人力资源成本呈刚性与路径依赖

人力资源成本的刚性，是指人力资源成本在特定历史条件下维持在一定的水平，通常是只能上升，不能下降的状态。高职院校人力资源管理成本作为教职工收入的一部分，体现了高职院校人才的劳动力价格。从经济学角度看，劳动力价格缺乏弹性，是相对稳定的；从教职工角度看，收入上升是值得高兴的，但是，收入下降却往往会影响教职工队伍的稳定。教职工队伍作为高职院校的人力资源，是高职院校具有良好信誉并得以持续发展的关键。高职院校为了维持完整的教职工队伍，必须保证职工收入的稳定，也就是必须保证人力资源管理成本的稳定。

就WF职业学院而言，由于它是不同学校合并成立的，因此，分配制度具有一

定的路径依赖。从照顾职工情绪和维持教职工队伍稳定的角度出发，职工收入水平不能与原来存在太大的差距，因此，新建校区必然面临着较高的人力资源管理成本。

2.高职院校人力资源管理成本面临社会趋同与均衡的要求

人力资源作为生产要素的一部分，同样会追逐价值的最大化。人才将流向高工资、高福利的部门和单位。同类部门或单位为了保证拥有适当的人力资源，均须付出大致相等的人力资源管理成本，这时，人力资源管理成本就会实现社会趋同和均衡。

WF职业学院要想获得并保持优秀的职工队伍，必须付出与同类高职院校大致相同的人力资源管理成本，这是由人力资源管理成本的社会趋同和均衡性决定的。然而，WF职业学院即使付出与同类高职院校相同的人力资源管理成本，也未必能获得并保持优秀的教职工队伍，因为影响教职工队伍的不仅是价值因素。WF职业学院应根据人力资源管理成本的社会趋同和均衡性特点，结合自身的优势，制定具有竞争优势的人力资源成本管理的实施策略。

3.高职院校人力资源管理成本面临逐步上升的趋势

随着社会经济的不断发展，为了满足人们分享经济发展成果的需求，收入水平会不断提高。就高职院校而言，人力资源管理成本呈上升趋势。人力资源管理成本的上升是社会经济发展的必然结果。人力资源管理成本的刚性往往会造成人力资源管理成本只升不降。同时，由于科技进步，效率的提高，人才流动均衡不断被打破，在高效率、高报酬部门和单位的拉动下，人力资源管理成本会不断上升。

（二）绩效工资成为WF职业学院人力资源成本的管理重点

我国2010年全面实施事业单位绩效工资，实施绩效工资成为事业单位收入分配制度改革的重要内容。目前，WF职业学院的绩效工资改革即将启动。

1.高职院校人力资源成本与绩效工资的关系

本案例所指高职院校人力资源成本，是学校为了取得、维持和开发人力资源所发生的全部支出。它主要包括三个部分：取得成本、维护成本和开发成本。取得成本是指学校为了获取某一项人力资源所发生的各项支出，包括招聘、选拔支出等；维护成本是指学校在员工聘用期间所发生的经常性支出，包括工资、福利等；开发成本是指学校为提高员工素质而发生的支出，包括培养、培训支出等。

绩效工资又称为与绩效挂钩的工资或基于绩效的工资，是根据工作任务和工作实际业绩分配教师薪酬，将工作绩效及对工作绩效的评估与薪酬建立起制度性的关联。它旨在区分工作的平庸与卓越，激励教师追求卓越的工作成果。它实际是一种合约式薪酬体制，也是一种在美国等西方国家教育界比较典型的薪酬制度，其特点是薪酬的增长取决于工作绩效。由绩效决定加薪，不同于一般的分红或奖金，因此，一般是体现在薪级的增长上，不是暂时性的。绩效工资与职务晋升、终身教职一道，都与对工作绩效的评估联系在一起。绩效工资作为岗位绩效工资薪酬体系的组成部分，属于维护成本的范畴，其更注重于人力资源成本投入后的效果评估，即依据员工的实绩和贡献反馈，变更绩效工资，以实现对员工的奖励或惩罚。

2.绩效考核工资的实施是高职院校人力资源管理的重点

高职院校教师的收入主要由固定的基本工资、岗位津贴以及绩效考核工资三方面组成。基本工资通常由国家统一职级工资与各地方的补贴构成，各学校基本统一，其变动主要根据职称变化与国家统一的计划进行调整。岗位津贴主要是指学校内部规定的职务（职称、岗位）等级的津贴，在任期内相对固定。岗位津贴直接与职称（职务、岗位）等级联系，并直接影响教师的收入与激励效果。绩效考核工资主要由特殊津贴、教学工作量报酬、科研项目余款提成、科研成果奖金等组成。在这种薪酬体制结构中，基本工资一般不作调整，对教师而言可归为保障因素；而岗位津贴及绩效考核工资则随时间与工作绩效的不同而发生变化，对于教师的工作有较大的激励作用。

绩效薪酬的特点是教师薪酬水平随个人、团队绩效的变化而变化。在这种制度下，高职院校据以付酬的依据，是教师通过努力实现的、对学校有价值的产出，在工作过程中表现出的与学校相匹配的文化和价值观，以及有利于实现学校战略目标的行为。因此，绩效考核工资与岗位津贴有着不同的侧重点。相对而言，岗位津贴提供基本保障，而绩效薪酬则重在激励。当教师绩效能够得到公正评价并获得相应报酬时，教师对于公平感和成就感的心理需求就可以同时得到满足。

3.公平的薪酬体系是高职院校管理人力资源成本的基础

高职院校的最大资源是人力资源，人力资源成本是教育成本的主要方面。长期以来，高职院校人力资源被当作一种公共资源而被无偿使用，各高职院校在使用人力资源时并不考虑其使用成本，在局部利益最大化的条件下，这极易导致高职院校教职工人员数量的膨胀。

人力资源成本的控制应建立在公平的薪酬体系基础之上，使投入的成本与创造的效益成正比。不能狭隘地理解为人力资源成本越低越好，因为，一旦人力资源成本低至员工素质所应该得到的薪酬水平，尤其是绩效工资在薪酬中所占比例不再能起到激励约束作用时，将会打击员工的工作积极性，降低员工的工作效率，影响员工工作潜能的发挥，节约了成本反而严重影响了既得效益。唯有将科学合理的薪酬体系的建立与高职院校人力资源成本的核算相结合，才能更有效地激发教职工的积极性，从而提升高职院校的人力资源管理水平。

高职院校应该创建一个公平透明的薪酬体系，包括公开的规则、公平的机会和公平的分配。公开的规则，是指学校必须将所有的规定、制度公开化。公平的机会，是指学校提供的机会对于每个教师来说都应该是公平的。绩效考评、职位晋升等方面都应该体现出这种公平性。公平的分配，是指要让教师认为自己的投入与回报是合理的。教师将自己的投入回报与别人的投入回报相比，如果是公平的，教师才能有更多的动力进行下一步的工作。如果发现不公平，就会影响他们工作的积极性。另外，公平的环境可以营造出比较和谐的气氛，这样，有利于教师专注于科研和教学工作。

4.绩效考核工资在建立公平的薪酬体系中起着突出的激励作用

建立公平薪酬体系的基本思路是优化薪酬结构比例，突出激励功能，促使激励、保障和调节三大功能相互协调，建立起以基本工资、岗位津贴为基础，突出绩效考核工资的激励型岗位绩效工资体系。由于高职院校教职工中的专业技术人员多，工作自主性大，可开发性强，提高绩效考核工资的比例有利于激励教职工自主能动地工作。因此，应降低基本工资、岗位津贴在工资总额中的比例，突出薪酬的激励功能，实现薪酬由保障型向激励型转化，从而最大限度地发挥薪酬的综合效能。

要实现这一目标应在考核上做到以下两点：一是建立科学的考核体系，实施分类考核。高职院校教师的工作，即使在相同的岗位，也会因为专业的不同而产生一定差别。比如，在高职院校从事应用型专业教学的教师或科研人员，出成果相对容易，而从事基础学科教学的教师出成果就相对难一些。理工科专业的科研项目、科研经费相对较多，而文科类专业的科研项目、科研经费相对较少。分类考核的目的就是要充分考虑这些因素，对考核指标进行更细致的分类，以适应高职院校教师复杂的工作，从而提高考核的科学性。二是将考核结果作为确定教师绩效考核工资的重要依据。高职院校要充分发挥考核的作用，除了使教师从考核结果中找到自身进一步发展的方向之外，还应该把考核结果与教师的薪酬挂钩。

在高职院校中实施绩效考核薪酬，加强人力资源成本管理，既要考虑其在整个薪酬体系中所占的比例，又要与人力资源成本相结合进行整体设计。既要考虑教师个体的期望薪资，以便吸引人才、留住人才，又要考虑高职院校的经济承受能力、人力资源成本及效益。只有统筹兼顾，才能实现学校、教师双赢的局面。通过实施绩效考核薪酬，建立以公平与效率为核心、富有激励和约束作用、具有持续竞争优势的薪酬制度与体系，不仅符合社会主义市场经济的要求，而且可以保障我国高职院校建设又好又快地发展。

● 六、WF职业学院的人力资源成本管理思路

（一）转变思想观念，树立现代人力资源管理理念

传统人事管理是建立在把人假设为“经济人”的基础上的，更多的是看到人的自然属性。人力资源管理是建立在完整、丰富的人性假设的基础上的，不是只抓人性中的一个片段，而是对完整、丰富的人性予以全面的尊重。高职院校要牢固树立“以人为本”的理念，把充分调动教职工的积极性作为人事制度创新的出发点和立足点。按照人力资源整体开发思路全方位建设人力资源，转变价值观念，变工具价值观为主体价值观，让“以人为本”的管理理念深入人心。同时，努力创造一种宽松的、有利于人才自我发展的人文环境，让员工既能够感受温暖，又能看准方向、看到前途，这样有利于形成人才辈出的良好局面。

（二）健全人才引进机制，拓宽人才引进渠道，合理使用人才

高职院校应该科学设岗，有针对性地引进人才。要根据远期发展目标、近期发展目标和专业建设目标，制定出师资队伍建设规划，根据专业发展需要制订人才引进计划。要让引进的人才明白来到该校以后的具体岗位目标与任务，在完成岗位目标与任务的同时实现个人价值与追求，从而达到以事业留住人才的目的。要制定合理的人才引进措施或条例，有切合实际可吸引人的待遇，多渠道、多途径引进人才，并且在人才引进以后，为其安排合适的岗位，真正让人才体现并实现自己的价值。这样，才能够真正体现现代人力资源管理的用人理念。

（三）优化员工结构

按照社会学的“二八原理”，高职院校中的关键岗位的关键性人员一般只占教职工总数的20%，对于这部分教职工要尽可能保持稳定，其余80%的员工则可流动，要有进有出。首先是内部流动，要做到适才适用。其次是内外流动，要合理调整结构。另外，要认识到，流动是不可避免的；人员具有层次性，某些层次比例提高了，如果不流动就会导致人员结构失调。

（四）完善绩效考核体系

1.做好岗位分析

岗位分析是合理定岗定员的基础性工作，要明确每一个岗位的工作任务、工作目标、工作条件、上下级关系、对内对外的联系、任职资格等，建立岗位责任书。

2.确立合理的考评方法

绩效考评的方法直接影响考评标准和考评结果的正确与否。考评方法必须具有较高的信度和效度。信度是指考评结果必须相当可靠，即对同一员工进行多次测评的结果应具有较高的一致性；效度是指考评能达到期望目标的程度，即考评方法与考评目标之间要有较高的关联度。高职院校对于每一类人员都要有切实可行的考评方法，以做到准确完善。

3.建立公正合理的激励机制

高职院校在人力资源管理中适当引入激励机制，可对教职工产生巨大的内在驱动力和外在约束力。哈佛大学的一项研究显示：当人的潜力缺乏激励时，只能发挥20%~30%，而在良好的环境下，可发挥到80%~90%。因此，要在国家政策指导下，进一步加大搞活学校内部分配的力度，扩大学校的分配自主权，建立重实绩、重贡献、向高层次人才和重点岗位倾斜的分配激励机制。高职院校要积极探索适合本单位特点的多种分配形式和办法。根据“效率优先，兼顾公平”“生产要素参与分配”的原则，探索建立以岗定薪、按劳取酬、优劳优酬、以岗位工资为主要内容的校内分配办法。要将教职工的工资收入与岗位职责、工作业绩、实际贡献以及成果转化中产生的社会效益和经济效益等直接挂钩，向优秀人才和关键岗位倾斜，充分发挥工资的激励功能。在管理中引入竞争机制，对学科带头人、骨干教师要提高他们的待遇，在专业技术职务评聘中，鼓励破格。其目的是，让真正有才华的教师工作上舒心，生活上安心，事业上有成就感，从而形成教师队伍优胜劣汰的竞争机

制，建立一批造诣精深的学术梯队。学校只有使教职工拥有明确的奋斗目标，良好的事业发展，才能充分调动他们的积极性。要做到以情感留住人才，教师作为高知群体，其事业心与成就感都较强烈，对精神上的满足感和受尊重的要求比其他社会群体高。管理者要善于抓住这个特点，及时充分地满足教师的情感需要。

4.建立合理的晋升及分配机制

必须把学校的发展同以教师为主体的教职工队伍的发展紧密结合起来，规划教师的职业生涯。学校要为教师群体和个人的事业发展提供最广阔的工作平台。建立合理的晋升及分配机制，从精神到物质上都始终提供强大的支撑。只有这样，学校和教职工的发展价值取向和奋斗目标才会高度一致，学校才会具有强大的凝聚力和向心力。而且，师生员工在实现其自身价值的同时，也推动着学校事业的蓬勃发展。

七、采用作业成本法管理高职院校人力资源成本的思路

根据作业成本法的指导思想“产品消耗作业，作业消耗资源，生产导致作业发生，作业导致成本发生”，以作业为核心，结合高职院校的实际情况，构建以下基于作业成本法的高职院校人力资源成本管理模式。

（一）运用作业成本法管理高职院校人力资源成本的基本步骤

1.确定主要作业与作业中心

高职院校的生产过程不是流程式的纵向结构，而是一种职能式的平行结构。确定作业时，必须从组织机构职能分析入手，按照管理目的选择成本控制要点，同时考虑成本效益原则。高职院校作业可以分为主要作业和支持作业两大类，前者包括各教学院系的教学、科研、社会服务（如培训）、院系管理等作业；后者包括学校总部管理机构与辅助部门的作业，如房屋折旧、设施折旧、资产维护、日常管理、科研管理、学生管理、辅助资源、招生等。支持作业是为了维护主要作业的正常运转而存在的，所以，应该按照成本动因将支持作业的成本分配到主要作业中。

2.确定作业流程，归集各作业的成本

确定了各个作业之后，就需要将资源耗费归集到作业中，学校可以从财务账户中提取资源耗费。学校教育资源可分为以下几类：

①人员支出。它是指学校支付给在职职工和临时聘用人员的各类劳动报酬，包括基本工资、补助工资、津贴、奖金、其他工资、职工福利、社会保险等。

②日常公用支出。它反映学校购买商品（不包括按财务会计制度规定纳入固定资产管理范围的商品）和劳务的支出，包括专用材料购置费、行政办公费、专项业务费、水电费、通信费、交通费、劳务费、差旅费、租赁费、会议费、培训费等。这些费用一般按照各个行政单位来归集。

3.确定作业流程

高职院校的作业流程分为：

①学生管理作业流程，包括招生活动、教学活动、学生日常管理活动和学生就业管理活动；

②教工管理作业流程，包括教师科研活动和行政管理活动。

4.识别成本动因

成本动因是引发成本的驱动因素，是对导致成本发生及增加的、具有相同性质的某一类重要事项进行的度量，是对作业的量化。高职院校“作业”成本动因的识别，须结合具体的作业流程，如教师的教学作业可以分解为备课、授课、批改作业、辅导、命题、评卷。需要注意的是，成本动因是从高职院校的角度来说的，而从教师角度来说则是收入动因。因此，成本动因是对教师某些“作业”报酬的量化。

5.计算每个成本动因的单位成本

在作业成本法中，作业耗用“资源”，每个成本动因对应着“资源”的耗用量。那么，各个成本动因的单位成本，即作业成本动因率的计算公式如下：

作业成本动因率=作业成本÷作业成本动因数量

6.建立成本库，核算职工“作业”总量，计算职工“作业”总成本

通过建立成本库，把同一或同质成本动因导致的费用项目归集在一起，如高职院校可以归集备课的总成本、授课的总成本等。成本库的建立为高职院校制订分配方案，并在总收入的基础上调整作业成本动因率提供依据。

高职院校运营过程中的作业活动都是由教职工执行的，那么，一旦确定了作业流程和这些作业的岗位归属，结合教职员工的岗位职责就可以确定某一教职员工的作业量；与此同时，通过计算每个成本动因的单位成本，可以计算出学校支付给教职工的薪金。

（二）应用作业成本法管理高职院校人力资源成本时应注意的问题

1.要得到学校高层领导的大力支持

由于作业成本法作为一种全新的成本核算方法，要得到普通员工的支持，并非一件容易的事情，在调研、设计、初步实施作业成本法的过程中，需要得到每个员工的配合。当初步实施作业成本法时，既要维持原有的传统成本核算体系，又要根据作业成本法来计算人力资源成本，工作量之大，可以想象。因此，作业成本法的实施也必须得到学校高层领导的鼎力支持。

2.应用作业成本法的根本目的在于控制成本，优化业务流程

作业成本法并非只是简单意义上的成本会计核算，它的主要作用在于通过作业分析抓住关键作业，识别出非增值作业和浪费，使现行的管理措施能更有效地控制成本、优化业务流程。如果在高职院校人力资源成本核算中应用作业成本法，只对成本进行计算，没有对作业流程进行分析、重组，那么结果只会得不偿失。

3.遵循成本效益原则和重要性原则

作业成本法需要对大量的作业进行分析、确认、记录和计量，从而增加了成本动因的确定、作业成本库的选择和作业成本的分配等额外工作。因此，其实施成本

是比较高的。在高职院校中，作业常常多达几十种，甚至上百种、上千种，对这些作业一一进行分析是没有必要的。只需根据成本效益原则和重要性原则，对那些相对于高职院校发展比较重要的作业进行分析。

根据本案例，回答以下问题：

分析说明WF职业学院加强人力资源成本管理的必要性，及其可借鉴之处。

案例十二参考答案

案例十三

人力资源会计在SJ制药公司的应用①

一、案例背景资料

20世纪70年代以来，以信息技术、生物工程和新材料为核心的技术革命，极大地改变了我们的生产生活方式，推动着社会逐步过渡到知识经济时代。知识经济作为一种新型经济形态，以知识和信息的生产、存储、使用和消费为基础，是一种智力支撑型经济。会计所处的经济环境发生了变革，促进了会计理论的发展和会计实务的改进，从而带动了会计体系的更新与升级。在高新技术产业，高研发投入是其发展的直接动力，掌握知识、技能、经验、管理能力和客户关系的人力资源是最为重要的资源，是创造价值和维持竞争优势的核心竞争力。现在，很多企业都在创造新理念和开发员工潜能上投入巨资。拥有知识和能力的人力资源应和物质资源一样，尽快纳入会计体系中进行反映和报告。传统会计体系已不能满足内部管理者和外部利益相关者的信息需求，人们迫切希望获知企业所拥有的人力资产及其变动情况，以综合评价企业的整体实力，从而做出正确的经济决策。

在分析研究外部市场、综合评估自身实力的基础上，SJ制药公司致力于高科技含量和高服务水平的中药现代化、中医产业化、健康服务全程化建设，提出了建设国内一流植物药企业的战略目标。经过几年的快速发展，SJ制药公司在国内制药行业中已占据一席之地。公司以研发、生产和销售医药产品、医疗器械、日用化妆品为主，并提供相关的健康服务，具体产品包括抗生素及普药、免煎中药、OTC、中药处方药等，具体服务包括医疗服务、包装印刷等。

SJ制药公司以“科技是第一生产力”为指导思想，持续进行制度创新、技术创新和管理创新，施行“高科技、高质量、高效益”的方针，以生命健康产业为核

---

① 陈雨露根据对SJ制药公司调研资料整理。

心，上下一致向着建设国内一流植物药企业的目标迈进。公司重视科技、尊重知识，为了将公司建设成“知识型企业”，努力强化规范企业内的各项管理流程，2011年年底，SJ制药公司决定构建人力资源成本会计的核算框架，规范对人力资产的管理，强化“以人为本”的管理理念，为企业的信息化建设提供支持，为公司战略目标的实现提供人力资源管理上的保障。

SJ制药公司希望通过导入人力资源成本会计核算系统，实现以下目标：在人员流动的各个环节，做好人力资产成本的核算，全面反映企业的资产状况；严格执行人事部门的年度预算，有效控制企业的人力资源投资支出；提高人力资源投资的效益，实现企业价值最大化。人力资源部应协同会计部、其他行政管理部门，规划企业的组织结构与岗位体系，实现人员的合理配置，建立完善的招聘与选拔机制，科学地进行培训管理，建立健全薪酬激励和人员流动管理体系。

本案例站在企业战略管理的视角，着重研究该体系应该如何反映和控制企业的人力成本，加强人力资源管理，致力于实现企业的整体战略目标，同时为外部利益相关者正确地做出经济决策提供更加全面的信息。

● 二、SJ制药公司的人力资源成本核算

（一）人力资源购置成本核算

1.招募成本

2012年2月，SJ制药公司人力资源部根据经理层下达的意见，不再新设岗位，根据当年的人员离职情况，确定人员需求为10名普通技术人员，均要求为应届毕业生，且为硕士及以上学历。由于人力资源部的人数有限，故将初步招募工作委托给“中华英才网”进行预选，并支付代理机构费用5 000元。另分摊本部门行政管理费用300元。因此，招募成本总计为5 300元（5 000+300）。

SJ制药公司2012年2月确认人力资源招募成本的会计处理如下：

借：人力资源投资支出——购置成本——招募成本	5 300	
贷：银行存款		5 000
管理费用		300

2.选拔成本

2012年3月，“中华英才网”通过网申、笔试预选出30名（拟招聘人数的3倍）优秀的硕士应届毕业生，并将候选人交予SJ制药公司进行复选。复选采用面试、体检等方式。面试人员由3名部门主管组成，工资率为40元/小时，面试人数为30人，每人0.5个小时。面试的时间费用为1 800元（40×3×0.5×30），应冲减管理费用。

面试结束后，各部门主管会同人力资源部员工共同商讨，对各候选人进行评价和审查。人力资源部派出2名员工，工资率为20元/小时，评议时间为2小时，评议费用总计为320元（（20×2+40×3）×2），应冲减管理费用。

经过各部门主管商讨决定，最终合格人员有10人，通知进入体检环节，每人体检费用50元。体检总费用为500元（50×10），用银行存款支付。

2012年3月确认人力资源选拔成本的会计处理如下：

借：人力资源投资支出——购置成本——选拔成本　2 620
　贷：银行存款　500
　　　管理费用　2 120

3.安置成本

2012年5月，经过初选、复选、审核、体检，企业确定最终录用10名应届毕业生，根据需要分配到各自的岗位上，其间会发生一系列的支出。所必须发生的行政管理费用为1 000元，为新入职员工补贴的报到交通费为100元/人，为新员工安排办公场所需要支出200元/人。因此，安置成本总计为4 000元（1 000+100×10+200×10）。

2012年5月确认人力资源安置成本的会计处理如下：

借：人力资源投资支出——购置成本——安置成本　4 000
　贷：银行存款　1 000
　　　管理费用　3 000

4.结转购置成本

2012年5月底，待本批新员工安置妥当后，结转人力资源购置成本，记入“人力资产——新员工”，会计处理如下：

借：人力资产——新员工　11 920
　贷：人力资源投资支出——购置成本——招募成本　5 300
　　　　　　　　　　　　　　　　　——选拔成本　2 620
　　　　　　　　　　　　　　　　　——安置成本　4 000

（二）人力资源提升成本核算

1.上岗前培训成本

2012年6月1日，公司为本批新进员工安排了为期30天的入职前集中培训，包括职业技能培训、素质拓展训练、结业考核。公司高管十分重视本次招聘的高素质人员，为其安排了3名指导员，均为公司的骨干技术人员，他们每人10天轮流负责新员工的培训。培训期间，每位新员工的日薪为50元，每人的培训材料费为100元。每位指导员每天的工资为100元。

公司2012年6月人力资源上岗前培训成本的计算过程及会计处理如下：

上岗前培训成本=50×30×10+100×30+100×10=19 000（元）

借：人力资源投资支出——提升成本——上岗前培训（新员工）　19 000
　贷：管理费用　1 000
　　　应付职工薪酬——高级技术员　3 000
　　　　　　　　　——新员工　15 000

2.在职培训成本

经过一个月的岗前培训，2012年7月1日，这批新入职员工正式上岗，开始了他们的见习期。在见习期内，为了使新员工尽快融入工作环境、熟练使用机器设备、熟悉工作日常流程，尽快进入工作状态，公司特为他们安排了5名高级技术人员作为指导师傅，在1个月内每人负责2名新员工、完成日均2小时的帮扶工作。在见习期内，新员工的工资为50元/天，师傅的工资为100元/天，培训耗用材料费50元/人，相关管理费用共计1 000元。按照每月工作22天，每日工作8小时计算。

2012年7月人力资源在职培训成本的计算过程及会计处理如下：

在职培训成本=50×2÷8×22×10+100×2÷8×22×5+50×10+1 000=7 000（元）

借：人力资源投资支出——提升成本——在职培训（新员工）　　7 000
　贷：管理费用　　1 500
　　应付职工薪酬——新员工　　2 750
　　　　　　　　——高级技术人员　　2 750

3.脱产培训成本

2012年8月，由于经理层预测到未来生物制药市场新的发展趋势，而公司内部对这种技术了解的人员并不多，因此，决定选派一名业绩优异的C部门经理，到专门的培训单位参加一个月的培训。培训费5 000元；该部门经理的月薪为20 000元，脱产培训期间计发工资的25%，即5 000元；差旅费1 000元。

2012年8月人力资源脱产培训成本的计算过程及会计处理如下：

脱产培训成本=5 000+5 000+1 000=11 000（元）

借：人力资源投资支出——提升成本——脱产培训（C部门经理）　11 000
　贷：管理费用　　1 000
　　应付职工薪酬——C部门经理　　5 000
　　银行存款　　5 000

4.结转提升成本

在新员工的岗前和在职培训结束后，相关的培训支出分别需要转入人力资产成本中。会计处理如下：

借：人力资产——新员工　　26 000
　贷：人力资源投资支出——提升成本——上岗前培训（新员工）　　19 000
　　　　　　　　　　　　　　　　　——在职培训（新员工）　　7 000

对于部门经理的脱产培训，应当在培训结束时计入人力资产成本，提升它的价值。会计处理如下：

借：人力资产——C部门经理　　11 000
　贷：人力资源投资支出——提升成本——脱产培训（C部门经理）　　11 000

（三）人力资源维护成本核算

1.维持成本

SJ制药公司人员构成为：总经理1名，平均月薪50 000元；部门经理3名，平均月薪20 000元；高级技术员10名，平均月薪10 000元；普通技术员50名，平均月薪5 000元；新员工10名，入职第1年的月薪仅为普通技术员工资的60%，即3 000元。

2012年1—5月，每月末该公司对人力资源维护成本的会计处理如下：

借：人力资源投资支出——维护成本——总经理维持成本　50 000
　　　　　　　　　　　　　　　　——部门经理维持成本　60 000
　　　　　　　　　　　　　　　　——高级技术员维持成本　100 000
　　　　　　　　　　　　　　　　——普通技术员维持成本　250 000
　贷：应付职工薪酬　460 000

2012年6月，3名高级技术员被派去给新员工进行岗前培训，这部分工资3 000元已经计入提升成本，因此，2012年6月末应进行会计处理如下：

借：人力资源投资支出——维护成本——总经理维持成本　50 000
　　　　　　　　　　　　　　　　——部门经理维持成本　60 000
　　　　　　　　　　　　　　　　——高级技术员维持成本　97 000
　　　　　　　　　　　　　　　　——普通技术员维持成本　250 000
　贷：应付职工薪酬　457 000

2012年7月，因对新员工进行在职培训，作为指导员的高级技术员的工资中有2 750元也已经计入了提升成本。新员工的维持成本为8 250元（50×6÷8×22×10），因此，2012年7月末应进行会计处理如下：

借：人力资源投资支出——维护成本——总经理维持成本　50 000
　　　　　　　　　　　　　　　　——部门经理维持成本　60 000
　　　　　　　　　　　　　　　　——高级技术员维持成本　97 250
　　　　　　　　　　　　　　　　——普通技术员维持成本　250 000
　　　　　　　　　　　　　　　　——新员工维持成本　8 250
　贷：应付职工薪酬　465 500

2012年8月，一名部门经理被外派进行了1个月的脱产培训，期间，他的工资已经按正常工资的25%计入了提升成本。新员工完成见习期后，第一年的月薪为普通技术员工资的60%，为每人3 000元，因此，2012年8月末应进行会计处理如下：

借：人力资源投资支出——维护成本——总经理维持成本　50 000
　　　　　　　　　　　　　　　　——部门经理维持成本　40 000
　　　　　　　　　　　　　　　　——高级技术员维持成本　100 000
　　　　　　　　　　　　　　　　——普通技术员维持成本　250 000
　　　　　　　　　　　　　　　　——新员工维持成本　30 000
　贷：应付职工薪酬　470 000

2012年9—12月，正常记录人力资源维持成本。各月末会计处理如下：

借：人力资源投资支出——维护成本——总经理维持成本　50 000

借：人力资源投资支出——维护成本——部门经理维持成本　　60 000
　　　　　　　　　　　　　　　　——高级技术员维持成本　100 000
　　　　　　　　　　　　　　　　——普通技术员维持成本　250 000
　　　　　　　　　　　　　　　　——新员工维持成本　　　30 000

　贷：应付职工薪酬　　490 000

2.奖励成本

2012年年末，公司整体效益较好，超额完成预算，为奖励员工共发放年终奖460 000元。其中，总经理50 000元，部门经理每人20 000元，高级技术员每人10 000元，普通技术员每人5 000元，新入职员工没有年终奖。该公司2012年年末确认人力资源奖励成本的会计处理如下：

借：人力资源投资支出——维护成本——总经理奖励成本　　50 000
　　　　　　　　　　　　　　　　——部门经理奖励成本　　60 000
　　　　　　　　　　　　　　　　——高级技术员奖励成本　100 000
　　　　　　　　　　　　　　　　——普通技术员奖励成本　250 000

　贷：银行存款　　460 000

3.调剂成本

2012年应摊销的调剂成本为264 000元，包括文体活动费用34 000元，其中，老员工每人500元，新员工7月份正式入职后，每人200元。公司的定期休假制度还规定了每人每年15天（节假日除外）的带薪休假，休假工资支出共计230 000元(所有老员工月薪的一半)。由于调剂成本在一年中不定时地支出，因此，应由全年的12个月平均分摊。新员工正式上岗在7月份，因此，新员工应该从7月开始摊销第一年的调剂成本，共6个月。该公司2012年调剂成本计算如下：

2012年的调剂成本=（50 000+60 000+100 000+250 000）÷2+500×（1+3+10+50）+200×10
=264 000（元）

该公司根据人员类型计算的每月应计调剂成本如下：

总经理调剂成本=（50 000÷2+500）÷12=2 125（元）

部门经理调剂成本=（20 000×3÷2+500×3）÷12=2 625（元）

高级技术员调剂成本=（10 000×10÷2+500×10）÷12=4 583（元）

普通技术员调剂成本=（5 000×50÷2+500×50）÷12=12 500（元）

新员工调剂成本=200×10÷6=333（元）

则2012年1—6月应计调剂成本为21 833元（2 125+2 625+4 583+12 500），7—12月，每月应计调剂成本为22 166元（2 125+2 625+4 583+12 500+333）。7—12月会计处理如下：

借：人力资源投资支出——维护成本——总经理调剂成本　　2 125
　　　　　　　　　　　　　　　　——部门经理调剂成本　　2 625
　　　　　　　　　　　　　　　　——高级技术员调剂成本　4 583
　　　　　　　　　　　　　　　　——普通技术员调剂成本　12 500
　　　　　　　　　　　　　　　　——新员工调剂成本　　　333

贷：待摊费用　　22 166

4.保障成本

每月月末，公司为职工缴纳养老保险（平均月薪×15%）、医疗保险（平均月薪×9%）、失业保险（平均月薪×1%），总经理计提12 500元，部门经理每人计提5 000元，高级技术员每人计提2 500元，普通技术员每人计提1 250元，新员工每人计提750元。2012年7—12月，每月平均工资总额为490 000元，则每月一共计提保险基金为122 500元（12 500+5 000×3+2 500×10+1 250×50+750×10）。每月末进行会计处理如下：

借：人力资源投资支出——维护成本——总经理保障成本　　12 500
——部门经理保障成本　　15 000
——高级技术员保障成本　　25 000
——普通技术员保障成本　　62 500
——新员工保障成本　　7 500
贷：应付养老保险基金　　73 500
应付医疗保险基金　　44 100
应付失业保险基金　　4 900

5.结转人力资源维护成本

2012年1—5月，新员工安置好之前，将每月老员工的维持成本、平均分摊到每月的调剂成本和每月计提的保障成本，一并转入生产成本、管理费用。该公司1—5月结转人力资源维护成本的会计处理如下：

借：生产成本　　454 583
管理费用　　142 250
贷：人力资源投资支出——维护成本　　460 000
——调剂成本　　21 833
——保障成本　　115 000

2012年6月，新员工集中受训，这期间新员工的工资全部计入了提升成本，老员工有部分培训人员的工资也计入了提升成本。该公司2012年6月结转人力资源维护成本的会计处理如下：

借：生产成本　　451 583
管理费用　　142 250
贷：人力资源投资支出——维护成本　　457 000
——调剂成本　　21 833
——保障成本　　115 000

2012年7月，新员工上岗后进行在职培训，部分工资计入了提升成本，老员工也有部分工资计入了提升成本。该公司7月结转人力资源维护成本的会计处理如下：

借：生产成本　　467 916
　　管理费用　　142 250
　贷：人力资源投资支出——维护成本　　465 500
　　　　　　　　　　　——调剂成本　　22 166
　　　　　　　　　　　——保障成本　　122 500

2012年8月，外派一名部门经理脱产培训，工资计入了提升成本。新员工完成见习期后按照3 000元的月薪计入维持成本。该公司8月结转人力资源维护成本的会计处理如下：

借：生产成本　　492 416
　　管理费用　　122 250
　贷：人力资源投资支出——维护成本　　470 000
　　　　　　　　　　　——调剂成本　　22 166
　　　　　　　　　　　——保障成本　　122 500

2012年9—11月，该公司结转人力资源维护成本的会计处理如下：

借：生产成本　　492 416
　　管理费用　　142 250
　贷：人力资源投资支出——维护成本　　490 000
　　　　　　　　　　　——调剂成本　　22 166
　　　　　　　　　　　——保障成本　　122 500

2012年12月，由于SJ制药公司计发年终奖，因此，要结转奖励成本，会计处理如下：

借：生产成本　　842 416
　　管理费用　　252 250
　贷：人力资源投资支出——维护成本　　490 000
　　　　　　　　　　　——调剂成本　　22 166
　　　　　　　　　　　——保障成本　　122 500
　　　　　　　　　　　——奖励成本　　460 000

（四）人力资源离职成本核算

1.核算离职补偿成本、违约赔付款

在2012年1月发放工资日之前，陆续有5名普通技术员离职，其中，3名因不能胜任高强度的工作，由公司进行了逐个清退，按照合同公司支付每人离职补偿金5 000元；另外2名技术人员另谋职业，与公司提前解除劳动合同，因此，公司按照规定收取每人违约金5 000元。该公司1月确认离职补偿成本和违约赔付款的会计处理如下：

借：人力资源投资支出——离职成本——离职补偿成本　　15 000
　贷：银行存款　　15 000
借：银行存款　　10 000

贷：人力资源投资支出——离职成本——违约赔付款　　10 000

2.结转本月人力资源离职成本

借：人力资产损益　　5 000

　　人力资源投资支出——离职成本——违约赔付款　　10 000

　贷：人力资源投资支出——离职成本——离职补偿成本　　15 000

3.冲销本月退出的人力资产成本

假定离职的5人获得时的原始成本是75 000元，累计已摊销费用为18 750元，前期计提的减值准备金额为3 750元，则该公司1月冲销退出人力资产成本的会计处理如下：

借：人力资产清理——普通技术员　　52 500

　　人力资产摊销——普通技术员　　18 750

　　人力资产减值准备——普通技术员　　3 750

　贷：人力资产——普通技术员　　75 000

借：人力资产损益　　52 500

　贷：人力资产清理——普通技术员　　52 500

4.结转本月人力资产损益

该公司1月结转人力资产损益的会计处理如下：

借：本年利润　　52 500

　贷：人力资产损益　　52 500

（五）月末进行人力资产成本的摊销

根据部门人员类型，将人力资产摊销费用按直线法计入生产成本、期间费用。

比如，针对本期新招的员工，待购置支出和岗前培训支出、在职培训支出发生完毕，且新员工已经能够独立地给企业带来经济效益时，也就是2012年8月，开始计提人力资产摊销费用。新员工人力资产入账成本为37 920元，包括购置成本11 920元和提升成本26 000元。估计新员工能为公司带来经济效益的时间为20年，那么，在2012年8—12月期间，每月新员工应摊销的金额为158元（37 920÷20÷12）。该公司2012年8—12月摊销人力资产成本的会计处理如下：

借：生产成本　　158

　贷：人力资产摊销——新员工　　158

（六）计提人力资产减值准备

2012年12月，1名高级技术员因公外出时，由于司机疲劳驾驶导致交通事故，该员工因此受伤并住院疗养，恢复时间不定。假定此员工的人力资产原值是12 000元，已计提的摊销额为3 000元，已计提的减值准备为3 000元（之前由于技术革新，公司曾按照25%的比例为高级技术人员计提了减值准备）。因其原预期还可为公司提供经济效益的时间为15年，但发生事故后，从目前状况来看，保守估计的疗养恢复时间为3年，到能按原先能力为公司创造价值还需要调整2年的时间，因此，应该按5：15的比例确认减值金额。那么，该公司2012年12月计提及确认人力资产减值准备的会计处理如下：

减值金额=（12 000−3 000−3 000）÷3=2 000（元）

前期计提减值准备时，会计处理如下：

借：人力资产损益	3 000	
贷：人力资产减值准备——高级技术员		3 000

在实际发生减值的当期，会计处理如下：

借：人力资产减值准备——高级技术员	2 000	
贷：人力资产——高级技术员		2 000

三、应用效果分析

SJ制药公司在管理层的高度重视下，以人力资源部的日常管理与操作为主体，在各层级各部门员工的支持下，将人力资源成本核算的各个方面细化为可收集的会计信息，并及时地报送给会计部门进行汇总与分析，制作出财务报表与人力资产成本费用表，为管理层决策服务，也为企业的发展提供了强有力的信息支持。

公司员工齐心协力，在努力推进人力资源成本会计模式的构建中取得了较好的成果，初步实现了人力资产成本的确认、记录、核算与报告流程，使得管理层掌握了企业的“第一资产”——人力资产的规模、组成和变动情况，为成本控制提供了依据，也为制订有效的成本管理方案提供了数据支持，在企业管理的各个环节都发挥了较大的作用。

同时，全体员工广泛参与到自我价值的核算中来，增强了自我培训升值的意识，调动了工作积极性，唤醒了主人翁意识，增强了集体凝聚力和对企业的归属感。这些无形的能量都会在未来转化为实际的经济效益，给企业创造更多的财富，最终将在SJ制药公司迈向“知识型企业”的进程中起到巨大的推动作用。

四、SJ制药公司人力资源成本会计实施中的困难及对策研究

（一）实施中的困难

作为人力投资相关信息的实发方和收集方，各相关部门如果职能模糊、日常沟通不畅，将导致信息无法及时准确地报送至会计部门，继而因记录依据缺失而不能及时入账，导致人力资产的核算报告工作低效甚至停滞不前。

由于会计专业知识的欠缺，人力资源部等其他相关部门对人力投资支出的概念比较模糊，造成成本记录中的随意性和盲目性，人力资产成本的可靠性也就大打折扣。

把人力资产作为企业的一项重要资产进行核算后，人力资产作为核心资产反

映在报表中，使得企业的资产内涵更为丰富，资产总量增加，与现实更加契合。但这是一把双刃剑，由于人力投资的资本化，在人力资产获取后的长期存续使用期间，人力资产摊销以及人力资产损益的增加，使得企业利润与采取传统会计核算方法下的企业利润相比会有一定的减少，因而会降低企业对人力资产核算的积极性。

（二）对策研究

公司管理层应转变观念，提高人力资产成本核算的意识。对于核算人力资产成本可能给企业带来的影响，企业可以灵活应对。因人力资源成本会计体系不完善造成的财务报表的失实，企业应在实践中摸索，并逐步完善。另外，在实务操作中，企业可以把对人力资产的核算从传统会计体系中剥离出来，企业仍旧主要运行传统的会计核算体系，而把人力资产核算体系作为辅助手段。这样，决策者可以根据需要综合运用两种体系，对比差异，综合考量。当需要对实物资产的相关投融资做出决策时，可以主要参考传统财务报表；当需要对人力资产的相关投资做出决策时，则可以人力资产报表的信息为主。

公司应建立、维护、更新企业的人才信息数据库。通过对人员档案的审查筛选、记录分析，建立起企业人员构成的数据库，并传送到企业人力资源数据平台，与各行政部门、经理层、治理层实现信息共享。这不仅有利于人力资产的记录与核算，而且对企业整体的人力资源管理具有重要意义。人员构成数据库可以作为会计部门核算人力资产的辅助工具，便于对人力成本进行控制并对人力资源进行管理。人力资源数据平台的搭建实现了在企业内部各部门之间的信息传输与共享，是会计信息化建设的一部分。

公司应定期组织内部培训，鼓励员工自我培训升值，努力促成全员学习的良好氛围。培训内容应该包括会计基础知识、成本会计、管理会计、财务管理等多方面的知识，目的是帮助非会计专业人员在日常工作中明确基本概念和处理原则，提高成本计量的效率。作为员工个人来讲，应自主进行会计知识体系的构建，追求自我塑造，实现自我价值的提升。企业应注重为员工营造一个良性的，不断挑战目标、超越自我的工作环境和氛围，对员工的努力付出予以精神上的认可。

公司应改进人力资源管理工作。人力资源部的工作战略必须与企业整体战略目标协同一致，并能为之提供有力的支持。人力资源部应该对现有人力资源状况及未来升降职、流动、淘汰等情况进行记录，对发生在每个环节的人力资源投资支出进行实时跟踪，从而有效地提升人力资产核算的质量，具体工作包括：

（1）评估企业现有人员的能力，从人才市场上网罗信息，预测人员需求并制订招聘计划。估算招聘选拔所需的时间、成本和人员，分析内、外部信息，挑选和培训招聘人员，确定招聘的范围和渠道。有关人力资源招聘培养计划如图1所示。

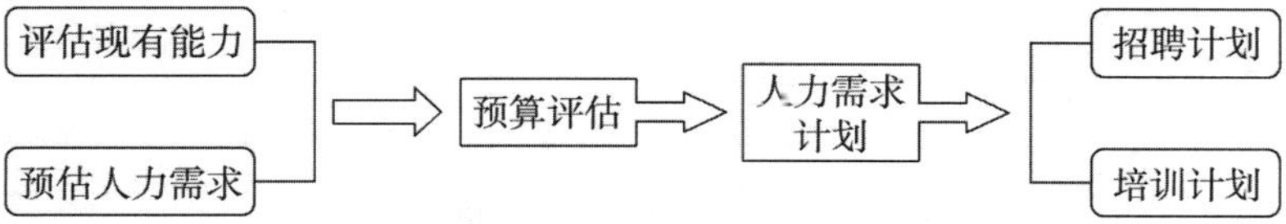

图1　人力资源招聘培养计划

（2）确保吸引并留住人才，把适当的员工分配到适当的工作岗位上，并通过内部协调、再分配确保员工的技能和知识与工作岗位相吻合，以实现员工价值最大化。

（3）通过培训、工作指导等方式提供相关技能培养，鼓励知识共享。制订培训计划，收集、汇总内部员工培训申请，制订公司年度培训的行动计划，并进行预算及成本效益分析。

（4）实时进行员工的绩效考核管理，使之直接与奖惩挂钩，以高效的绩效管理留住优秀的知识型人才。

（5）对于素质和能力不达标的员工或超龄的员工，及时开展解聘或离退休工作，以提高全员的工作积极性，并降低人力资源成本。

人力资源整体的发展流程如图2所示。

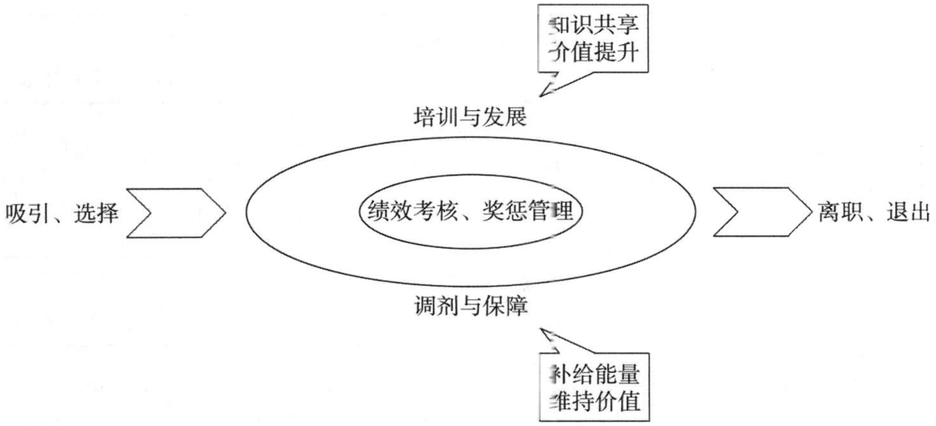

图2　人力资源整体的发展流程

人力资源部、后勤服务部门、工会、仓储管理部门，应协助会计部门做好人力资源成本的预算及实际支出情况的收集、反馈工作。各部门每年都应编制成本费用预算清单，如招聘预算、培训预算、薪资预算、福利预算和辞退预算清单。由于先天的优势，人力资源部等各行政部门手中握有人力资源投资的第一手信息，居于人力资源成本核算的第一线，在人力资源成本控制上应起到龙头作用，及时地为会计部门报送预算、支出、汇总资料，以减少会计人员的工作量，辅助会计部门共同把人力资源成本记录好、核算好、控制好。

在高新技术企业推行人力资源成本会计，应遵循积极稳妥、先行试点、总结经验、分步推进的原则，在政府部门的支持下，早日把人力资源成本会计写入准则、制度，并在一定的外部监督下，加快人力资源成本会计在现实中的全面推广。

附录A　总账

表1　　人力资源投资支出总账

账户名称：人力资源投资支出　　金额单位：元

年		凭证		摘要	借方					贷方	余额
月	日	字	号		购置成本	提升成本	维护成本	离职成本	合计		

表2　　人力资产总账

账户名称：人力资产　　金额单位：元

年		凭证		摘要	贷方			借方	余额
月	日	字	号		购置成本	提升成本	合计		

表3　　人力资产摊销总账

账户名称：人力资产摊销　　金额单位：元

年		凭证		摘要	贷方					借方	余额
月	日	字	号		总经理	部门经理	高级技术员	普通技术员	合计		

表4　　人力资产减值准备总账

账户名称：人力资产减值准备　　金额单位：元

年		凭证		摘要	贷方					借方	余额
月	日	字	号		总经理	部门经理	高级技术员	普通技术员	合计		

表5　　人力资产清理总账

账户名称：人力资产清理　　金额单位：元

年		凭证		摘要	借方					贷方					余额
月	日	字	号		总经理	部门经理	高级技术员	普通技术员	合计	总经理	部门经理	高级技术员	普通技术员	合计	

表6　　人力资产损益总账

账户名称：人力资产损益　　金额单位：元

年		凭证		摘要	借方					贷方					余额
月	日	字	号		总经理	部门经理	高级技术员	普通技术员	合计	总经理	部门经理	高级技术员	普通技术员	合计	

● 附录B　明细账

表7　　人力资产明细账

账户名称：总经理　　金额单位：元

年		凭证		摘要	借方			贷方	余额
月	日	字	号		购置成本	提升成本	合计		

表8　　人力资源投资支出明细账

账户名称：购置成本　　金额单位：元

员工类别	年		摘要	借方				贷方	余额
	月	日		招募成本	选拔成本	安置成本	合计		
总经理									
部门经理									
高级技术员									
普通技术员									
⋮									
合计									

表9　　人力资源投资支出明细账

账户名称：提升成本　　金额单位：元

员工类别	年		摘要	借方				贷方	余额
	月	日		上岗前培训成本	在职培训成本	脱产培训成本	合计		
总经理									
部门经理									
高级技术员									
普通技术员									
⋮									
合计									

表10　　人力资源投资支出明细账

账户名称：维护成本　　金额单位：元

员工类别	年		摘要	借方					贷方	余额
	月	日		维持成本	奖励成本	调剂成本	保障成本	合计		
总经理										
部门经理										
高级技术员										
普通技术员										
⋮										
合计										

表11　　人力资源投资支出明细账

账户名称：离职成本　　金额单位：元

员工类别	年		摘要	借方	贷方	余额
	月	日		离职补偿成本	违约赔付款	
总经理						
部门经理						
高级技术员						
普通技术员						
⋮						
合计						

● 附录C 人力资产成本费用表

表12 **人力资产总成本表**

编制单位： 年 月 日 金额单位：元

人力资产项目	行次	本月发生额	本年累计金额
人力资产期初余额	1		
加：本期增加额	2		
其中：人力资源投资支出——购置成本	3		
其中：招募成本	4		
选拔成本	5		
安置成本	6		
人力资源投资支出——提升成本	7		
其中：上岗前培训成本	8		
在职培训成本	9		
脱产培训成本	10		
减：本期离职员工人力资产成本	11		
其中：人力资产原值	12		
人力资产累计摊销额	13		
人力资产已计提减值准备额	14		
人力资产期末余额	15		
减：人力资产摊销金额	16		
其中：生产成本	17		
管理费用	18		
人力资产减值准备	19		
人力资产期末净值	20		

注：表中数字钩稽关系如下：

2 行=3行+7行；

15 行=1行+2行-11行；

20 行=15行-16行-19行。

表13 **人力资产分类成本表**

编制单位： 年 月 日 金额单位：元

行次	人力资产项目分类	本期人力资产增加额			人力资产期初余额	本期离职人力资产	人力资产期末余额	本期人力资产摊销额	人力资产减值准备额	人力资产成本净值
		购置成本	提升成本	合计						
1	总经理									
2	部门经理									
3	高级技术员									
4	普通技术员									
5	合计									

表14 **人力资源费用表**

编制单位： 年 月 日 金额单位：元

人力资源费用项目	行次	本月发生金额
总经理：人力资源投资支出——维护成本	1	
其中：维持成本	2	
奖励成本	3	
调剂成本	4	
保障成本	5	
人力资源投资支出——离职成本	6	
其中：离职补偿成本	7	
违约赔付款	8	
合计	9	
部门经理：…	10	
高级技术员：…	11	
普通技术员：…	12	
合计	13	

● 附录D　财务报表

表15　　资产负债表（部分）

编制单位：　　　　年　　月　　日　　　　金额单位：元

资产	期初数	期末数	负债及所有者权益	期初数	期末数
流动资产：			流动负债		
⋮			⋮		
⋮			⋮		
流动资产合计			流动负债合计		
非流动资产：			非流动负债：		
固定资产			⋮		
无形资产			⋮		
人力资产			⋮		
人力资产原价			⋮		
减：人力资产摊销			⋮		
人力资产减值准备			⋮		
人力资产净值			非流动负债合计		
人力资产清理			负债合计		
人力资产合计			所有者权益：		
递延税项			⋮		
其他非流动资产			⋮		
⋮			⋮		
非流动资产合计			所有者权益合计		
资产总计			负债及所有者权益总计		

表16　　**利润表（部分）**

编制单位：　　年度　　金额单位：元

项　目	第一季度	第二季度	第三季度	第四季度	全年合计
一、营业收入					
减：营业成本（含计入产品成本的人力资源投资支出中的维护成本，以及人力资产摊销费用）					
税金及附加					
销售费用（含对销售人员支出的维护成本，以及销售人员应负担的人力资产摊销费用）					
管理费用（含对管理人员支出的维护成本，以及管理人员应负担的人力资产摊销费用）					
财务费用					
资产减值损失					
⋮					
⋮					
二、营业利润（亏损以"–"填列）					
加：营业外收入					
减：营业外支出					
三、利润总额（亏损总额以"–"填列）					
减：所得税费用					
四、净利润（净亏损以"–"填列）					
五、每股收益					
⋮					
⋮					

● 附录E　财务报表附注

表17　　　　　　　　　　**人力资源的其他情况**

披露项目	项目含义
人员结构	职工在不同层级、不同部门的人数及比例分布
平均薪资福利水平	每个层级、各个部门的职工平均工资、福利水平
年龄分布	各年龄段的人员数量及比例分布
性别构成	企业全部职工的性别比例
受教育程度	职工的学历水平分布
专业技术水平	职工获得的技术等级水平
工作尽力程度	职工在工作过程中努力的程度
关系融洽指标	记名调查得分/不记名调查得分
管理者责任状态	评议合格的群众数/参与评议群众总数
员工对工作的满意度	调查问卷设计
员工的团队合作能力	调查问卷设计
员工参与企业经营决策情况	调查问卷设计
员工职业晋升通道	调查问卷设计
员工的职业生涯规划	调查问卷设计

表18　　　　　　　　　**员工获取的多种经济报酬**

人员类别	人力资产类型	经济报酬形式
经营管理者	经营管理型人力资产	工资性报酬、股票期权、利润分享
技术人员	技术型人力资产	工资性报酬、股票期权
普通员工	普通型人力资产	工资性报酬

根据本案例，回答以下问题：

1.人力资源成本的构成内容有哪几部分？

2.说明人力资源成本核算的方法。

3.你个人认为，人力资源会计应该属于财务会计还是管理会计的范畴？为什么？

案例十三参考答案

案例十四

巴林银行破产案①

1763年，弗朗西斯·巴林爵士在伦敦创建了巴林银行。它是世界首家商业银行，为客户提供资金和有关建议的同时，银行自身也做生意。当然巴林银行也得像其他商人一样承担买卖股票、土地或咖啡的风险。由于经营灵活、富于创新，巴林银行很快就在国际金融领域获得了巨大的成功。其业务范围相当广泛，无论是到刚果提炼铜矿，从澳大利亚贩运羊毛，还是开凿巴拿马运河，巴林银行都可以为之提供贷款。但巴林银行不开发普通客户存款业务，故其资金来源比较有限，只能靠自身的力量来谋求生存和发展。

1803年，刚刚诞生的美国从法国手中购买南部的路易斯安那州，所有资金就出自巴林银行。尽管当时巴林银行有一个强劲的竞争对手——犹太人开办的罗斯柴尔德银行，但巴林银行仍是各国政府、各大公司和许多客户的首选银行。1886年，巴林银行发行“吉尼士”证券，购买者手持申请表如潮水一样涌进银行，后来不得不动用警力来维持，很多人排上几个小时后，买下少量“吉尼士”证券，等到第二天抛出“吉尼士”证券时，其价格已涨了一倍。

20世纪初，巴林银行很荣幸地获得了一个特殊客户——英国皇室。由于巴林银行的卓越贡献，巴林家族先后获得了5个世袭的爵位。这可算得上一个世界纪录，从而奠定了巴林银行显赫地位的基础。

尼克·李森（以下简称“李森”）于1989年7月10日正式到巴林银行工作。这之前，他是摩根士丹利银行清算部的一名职员。进入巴林银行后，他很快争取到了去印度尼西亚分行工作的机会。由于他富有耐心和毅力，善于逻辑推理，能很快地解决以前未能解决的许多问题，因此，他被视为期货与期权结算方面的专家，伦敦总部对李森在印度尼西亚分行的工作表现相当满意，并承诺可以在海外给他安排一个合适的职位。1992年，巴林银行总部决定派李森到新加坡分行成立期货与期权交易部门，并出任部门经理。

无论做什么交易，错误都在所难免，但关键是怎样处理这些错误。在期货交易

① 仲帅、张栋、井冠阳根据尼克·李森《我如何弄垮巴林银行》（中国经济出版社，1996）及http://www.360doc.com/content/12/1014/18/202378_241443490.shtml网站资料整理。

中更是如此。有人会将买进手势误认为卖出手势；有人会在错误的价位购进合同；有人可能不够谨慎；有人可能本该购买六月份的期货却购进了三月份的期货等。一旦失误，就会给银行造成损失。在出现这些错误之后，银行必须迅速妥善处理。如果错误无法挽回，唯一可行的办法，就是将该项错误转入电脑中一个被称为“错误账户”的账户中，然后向银行总部报告。

李森于1992年在新加坡分行任职时，巴林银行原本有一个账号为“99905”的错误账号，专门处理在交易过程中因疏忽所造成的错误。这原本是一个金融体系运作过程中正常存在的错误账户。1992年夏天，伦敦总部全面负责清算工作的哥顿·鲍塞给李森打电话，要求李森另设立一个错误账户，用来记录较小的错误，并自行在新加坡处理，以免给伦敦的工作带来麻烦。于是李森马上找来了办公室负责清算的利塞尔，向她咨询是否可以另立一个档案。很快，利塞尔就在电脑里键入了一些命令，问他需要什么账号。在中国文化里，“8”是一个非常吉利的数字，因此，李森以此作为他的吉祥数字，由于账号必须是5位数，所以，账号为“88888”的错误账户便诞生了。

几周之后，伦敦总部又打来了电话，告知李森因伦敦总部配置了新的电脑，要求新加坡分行还是按老规矩行事，所有的错误记录仍由“99905”账户直接向伦敦报告。“88888”错误账户刚刚建立就被搁置不用了，但它却成为一个真正的“错误账户”存于电脑之中。而且伦敦总部这时已经注意到新加坡分行出现的错误很多，但李森都巧妙地搪塞过去了。“88888”这个被人忽略的账户，为李森日后制造假账提供了机会，如果当时注消了这一账户，那么巴林银行的历史可能会重写。

1992年7月17日，李森手下一名加入巴林银行仅一星期的交易员金·王犯了一个错误：当客户（富士银行）要求买进20口日经指数期货合约时，此交易员误认为卖出20口该合约。李森当天晚上进行清算工作时发现这个错误，欲纠正此项错误，须买回40口该合约，按当日的收盘价计算，其损失为2万英镑，并应报告伦敦总部。但在种种考虑下，李森决定利用错误账户“88888”，承接了40口日经指数期货空头合约，以掩盖这个失误。然而，如此一来，李森所进行的交易便使巴林银行在这个账户下，暴露在风险之中。数天之后，由于日经指数上升200点，此空头部位的损失便由2万英镑增为6万英镑（李森当时的年薪还不到5万英镑）。此时，李森更不敢将此失误向上呈报。

另一个与此如出一辙的错误，是李森的好友及委托执行人乔治犯的。乔治与妻子离婚，整日沉浸在痛苦之中，并开始自暴自弃。李森欣赏乔治，因为乔治是他最好的朋友，也是最棒的交易员之一。但很快，乔治便开始出错。李森示意他卖出的100份9月的期货全被他买进，价值高达800万英镑，而且，好几份交易的凭证根本没有填写。

如果乔治的错误被泄露出去，那么李森不得不告别他现在很如意的生活，而将乔治出现的几次错误记入“88888”账号对李森来说是举手之劳。但至少有3个问题困扰着他：一是如何弥补这些错误；二是将错误记入“88888”账号后如何躲过伦敦总部月底的内部审计；三是新加坡期货交易所每天都要他们追加保证金，他们会计算出新加坡分行每天赔进多少，而且“88888”账户也可以被显示在新加坡期货交易所的大屏幕上。

为了弥补手下员工的失误，李森将自己赚的佣金转入账户，但其前提当然是这些失误不能太大，所引起的损失金额也不是太大。然而，乔治造成的错误确实太大了。

为了赚够钱来弥补所有损失，李森将承担越来越大的风险。李森从事大量跨式交易，若当时日经指数稳定，他便可以从此交易中赚取期权权利金；若运气不好，日经指数变动剧烈，此交易将使巴林银行承受极大的损失。李森在一段时日内做得还极顺手，到1993年7月，他已将“88888”号账户亏损的600万英镑转为略有盈余。当时他的年薪为5万英镑，年终奖金则将近10万英镑。如果李森就此停手，那么，巴林银行的历史也会改写。

除了为交易员遮掩错误，李森还犯了另一个严重的失误，那就是争取日经市场上最大的客户波尼弗伊。在1993年下半年，接连几天，每天市场价格破纪录地飞涨1 000多点，用于清算记录的电脑屏幕频繁出现故障，无数笔的交易入账工作都积压起来。由于系统无法正常工作，因此交易记录都靠人工。等到发现各种错误时，李森在一天之内的损失便已高达170万美元。在无路可走的情况下，李森决定继续隐瞒这些失误。

1994年，李森对损失的金额已经麻木了，“88888”账户的损失金额由2 000万英镑上升到3 000万英镑，到7月时已高达5 000万英镑。事实上，李森当时所做的许多交易，都是在被市场走势牵着鼻子走，并非出于他对市场的预期。他当时所想所做的，就是哪一方向的市场变动会使他反败为胜，弥补“88888”账户中的亏损，便试着影响市场往哪个方向变动。

李森自传中描述：“我为自己变成这样一个骗子感到羞愧——开始是比较小的错误，但现已整个包围着我，像是癌症一样……我的母亲绝对不是要把我抚养成这个样子的。”

从制度上看，巴林银行最根本的问题在于交易角色与清算角色的混淆。李森在1992年调到新加坡分行后，其本职工作是代巴林银行的客户买卖衍生性商品，并替巴林银行从事套利活动，基本上没有太大的风险。因为代客操作，风险由客户自己承担，交易员只是赚取佣金，而套利行为亦只赚取市场间的差价，例如，李森利用新加坡及大阪市场极短时间内的不同价格，替巴林银行赚取利润。一般银行都对其交易员设定一定额度的风险部位的许可。但为防止交易员使其所属银行暴露在过多的风险中，这种许可额度通常定得相当有限。而通过清算部门每天的结算工作，银行对其交易员和风险部位的情况也可有效地了解并掌握。但不幸的是，李森却一人身兼交易员与清算部经理二职。

事实上，在李森抵达新加坡前的一个星期，巴林银行内部曾有一个内部通信，对此问题可能引起的大灾难提出关切。但此关切却被忽略，以至于李森到职后，同时兼任交易与清算部门的工作。如果李森只负责清算部门，如同他本来被赋予的职责一样，那么他便没有必要、也没有机会为其他交易员的失误瞒天过海，也就不会造成最后不可收拾的局面。

当损失达到5 000万英镑时，巴林银行总部曾派人调查李森的账目。事实上，每天都有一张资产负债表，上面都有明显的记录，可以看出李森的问题。即使是月底，李森为掩盖问题所制造的假账，如果巴林银行真有严格的审查制度，那么这些假账也极易被发现。李森伪造了花旗银行5 000万英镑的存单，但这5 000万英镑已被挪用以弥补“88888”账户中的损失。总部查了一个月的账，却没有人去查花旗银行的账目，以致没有人发现花旗银行账户中并没有5 000万英镑的存款。

关于资产负债表，巴林银行董事长彼得·巴林还曾经在1994年3月有过一段评语，认为资产负债表没有什么用，因为它的组成，在短期间内就可能发生重大的变化。因此，彼得·巴林说：“若以为揭露更多资产负债表的数据，就能增加对一个集团的了解，那真是幼稚无知！”对资产负债表并不重视的巴林银行董事长所付出的代价之高，也实在没有人可以想象得到！

另外，在1995年1月11日，新加坡期货交易所的审计与税务部发函巴林银行，提出他们对维持“88888”账户所需资金问题的一些疑虑。而且，此时李森每天要求伦敦总部汇入1 000多万英镑，以支付追加的保证金。事实上，从1993年到1994年，巴林银行在新加坡期货交易所及日本市场投入的资金已超过1.1亿英镑，超出了英格兰银行所规定的英国银行的海外资金不应超过总资产25%的限制。为此，巴林银行曾与英格兰银行进行多次会谈，在1994年5月，得到了英格兰银行主管商业银行高级监察官员的默许，但此默许并未留下任何证明文件，这种做法违反了英格兰银行的内部规定。

最令人难以置信的，便是巴林银行在1994年年底发现资产负债表上显示5 000万英镑的差额后，其银行内部仍然没有提高警惕。从发现问题到巴林银行倒闭的两个月时间里，有很多巴林银行的高级管理人员曾对此问题表示关切，更有巴林银行总部的审计部门正式加以调查。但是，这些调查都被李森以极轻易的方式蒙骗过去。李森对这段时期的描述为：“对于没有人来制止我的这件事，我觉得不可思议。伦敦总部的人应该知道我的数字都是假造的，这些人都应该知道我每天向伦敦总部要求的现金是不对的，但他们仍旧支付这些钱。”

从金融伦理角度而言，如果给以上所有参与“巴林事件”的金融从业人员评分，都应是不及格的分数。尤其是巴林银行的许多高层管理者，完全不去深究这些表象背后可能存在的深层次问题，而一味选择去相信李森，并期待他为巴林套利赚钱。更具有讽刺意味的是，在巴林银行破产的两个月前，即1994年12月，在纽约举行的一个巴林金融成果会议上，250名世界各地的巴林银行工作者，还将李森当成巴林银行的英雄，对其报以长时间热烈的掌声。

1995年1月18日，日本神户大地震，其后数日东京日经指数大幅度下跌。李森一方面遭受更大的损失，另一方面购买更庞大数量的日经指数期货合约，希望日经指数会上涨到理想的价格范围。1月30日，李森以每天1 000万英镑的速度从伦敦总部获得资金，这时，他已经买进了3万口日经指数期货合约，并卖空了日本政府债券。2月10日，李森以新加坡期货交易所交易史上创纪录的数量，握有5.5万口日经期货合约及2万口日本政府债券合约。交易数量越大，损失越大。

所有这些交易，均进入“88888”账户。并且，该账户上的交易，由李森兼任清查之职权予以隐瞒，但追加保证金所支出的资金却是无法隐藏的。李森便以各种借口继续转账。这种管理松散的程度，实在令人难以置信。2月中旬，巴林银行全部的股份资金只有47 000万英镑。

1995年2月23日，在巴林期货的最后一日，李森对影响市场走向的努力彻底失败。日经指数收盘降至17 885点，而李森的日经期货多头风险部位已达6万余口合约；其日本政府债券在价格一路上扬之际，其空头风险部位亦已达2.6万口合约。李森为巴林银行所带来的损失，当巴林银行的高级主管仍做着次日分红的美梦时，终于达到了86 000万英镑的顶点，从而导致了世界上最老牌的巴林银行命运的终结。

新加坡在1995年10月17日公布的有关巴林银行破产的报告中这样一段描述：“巴林集团如果在1995年2月之前能够及时采取行动，那么他们还有可能避免崩溃。截至1995年1月底，即使已发生重大损失，这些损失毕竟也只是最终损失的1/4。如果说巴林的管理阶层直到破产之前仍然对‘88888’账户的事一无所知，我们只能说他们一直在逃避现实。”

李森在《我如何弄垮巴林银行》一书中写道：“有一群人本来可以揭穿并阻止我的把戏，但他们没有这么做。我不知道他们在监督上的疏忽与罪犯级的疏忽之间的界限何在，也不清楚他们是否对我负有什么责任。但如果是在任何其他一家银行，我是不会有机会开始这项犯罪的。”

有着232年历史的世界上第一家商业银行——巴林银行，自李森1989年7月入职，到1995年2月破产，仅用了5年多的时间。从李森1992年被委任到新加坡分部任职至巴林银行破产，也不过仅仅2年多的时间。那么，巴林银行破产案，应该带给我们什么样的教训或启示呢？

根据本案例，回答以下问题：

1. 巴林银行破产的主要原因有哪些？

2. 从金融伦理角度而言，如果给以上所有参与“巴林事件”的金融从业人员评分，都应是不及格的分数。你认为这些人对巴林银行破产分别应该承担哪些责任？

3. 巴林银行破产案对其他企业有哪些警示作用？

案例十四参考答案

案例十五

雷曼兄弟破产案①

华尔街上赫赫有名的投资银行雷曼兄弟在经历了158年的风雨之后，在美国金融风暴愈演愈烈之时申请破产保护。这一事件对全球金融市场的影响是长远而深刻的。

我们在分析其风险的成因和申请破产保护的原因时，发现造成这一悲剧性事件的原因是多方面的，有整个市场基本层面的变化和不稳定而导致的系统性风险，也有雷曼兄弟自身的问题带来的特殊性风险。从大的方面看，主要原因是从2007年夏天开始的次贷危机，以及在雷曼兄弟破产前后市场所发生的信心信用恐慌等；从公司自身方面看，其主要原因是雷曼兄弟近年来发展得过快过热，自身的资本充足率不足而导致杠杆率太高，所持的问题资产太多，以及公司的管理层没有能够抓住机会很好地应对危机等。雷曼兄弟的问题，当然也与美国证券监管部门的监管失误有关，包括其监管理念、力度和具体监管要求等方面的失误。

作为华尔街上的巨无霸之一，被称为"债券之王"的雷曼兄弟，从无限风光走到破产的凄凉境地，不但给它的股东带来了巨大的损失，甚至引发了"金融海啸"。回顾雷曼兄弟在短期内由盛而衰的历程，我们可以找出其风险形成和业务失败的原因。

● 一、美国的次贷危机引发的金融风暴

雷曼兄弟的破产，是与2007年夏天开始的美国次贷危机分不开的。因此，要分析雷曼兄弟的问题，就不能不提美国的次贷危机，以及当时愈演愈烈的金融风暴。

① 杜敏根据网络资料整理。

二、雷曼兄弟自身的原因

（一）进入不熟悉的业务，且发展太快，业务过于集中

作为一家顶级的投资银行，雷曼兄弟在很长一段时间内注重于传统的投资银行业务（证券发行承销、兼并收购顾问等）。进入20世纪90年代后，随着固定收益产品、金融衍生品的流行和交易的飞速发展，雷曼兄弟也大力拓展了这些领域的业务，并取得了巨大的成功，被称为华尔街上的“债券之王”。

在2000年后，随着房地产和信贷这些非传统的业务蓬勃发展，雷曼兄弟和其他华尔街上的银行一样，开始涉足此类业务。这本无可厚非，但雷曼兄弟的扩张速度太快（美林、贝尔斯登、摩根士丹利等投资银行也存在相同的问题）。近年来，雷曼兄弟一直是住宅抵押债券和商业地产债券的顶级承销商和账簿管理人。即使是在房地产市场下滑的2007年，雷曼兄弟的商业地产债券业务仍然增长了13%，从而导致雷曼兄弟面临的系统性风险非常高。在市场情况好的年份，整个市场都在向上，市场流动性泛滥，投资者被乐观情绪所蒙蔽，巨大的系统性风险给雷曼兄弟带来了巨大的收益；可是当市场崩溃的时候，如此大的系统性风险必然带来巨大的负面影响。

另外，雷曼兄弟“债券之王”的称号固然是对它的褒奖，但同时也暗示了它的业务过于集中于固定收益部分。近几年，虽然雷曼兄弟也在其他业务领域（兼并收购、股票交易）方面有了进步，但缺乏其他竞争对手所具有的业务多元化。相比之下，同样处于困境的美林证券可以在短期内迅速将自身投资的彭博公司和黑岩公司的股权脱手而换得急需的现金，但雷曼兄弟就没有这样的应急手段。在这一点上，雷曼兄弟和此前被收购的贝尔斯登颇为类似。

（二）自身资本太少，杠杆率太高

以雷曼兄弟为代表的投资银行与综合性银行（如花旗、摩根大通、美洲银行等）不同。它们的自有资本太少，资本充足率太低。为了筹集资金来扩大业务，它们只好依赖债券市场和银行间拆借市场；在债券市场发债来满足中长期资金的需求，在银行间拆借市场通过抵押回购等方法来满足短期（隔夜、7天、一个月等）资金的需求，然后将这些资金用于业务和投资，赚取收益，扣除要偿付的融资代价后，就是公司运营的回报。就是说，公司用很少的自有资本，通过大量借贷的方法来维持运营的资金需求，这就是杠杆效应的基本原理。借贷越多，自有资本越少，杠杆率（总资产除以自有资本）就越大。杠杆效应的特点就是，当赚钱的时候，收益是随杠杆率放大的；但当亏损的时候，损失也是按杠杆率放大的。杠杆效应是一柄双刃剑。近年来由于业务的扩大发展，华尔街上的各投行已将杠杆率提高到了危险的程度。

（三）所持有的不良资产太多，遭受巨大损失

雷曼兄弟所持有的很大一部分房产抵押债券都属于第三级资产（Level 3 Assets)。雷曼兄弟作为华尔街上房产抵押债券的主要承销商和账簿管理人，将很大一部分难以出售的债券都留在了自己的资产账上（30%～40%）。这类债券的评级很高（多数是AAA评级，甚至被认为好于美国国债），所以利率很低，不受投资者的青睐，卖不出去。雷曼兄弟（包括其他投行）将它们自己持有，认为风险会很低。但问题是，这些债券并没有一个流通的市场去确定它们的合理价值。这同股票及其他易于流通的证券不同，没有办法按盯市（Mark to Market）价格来判断损益。在这样的情况下，持有者所能做的就是参考市场上最新交易的类似产品，或者是用自己特有的模型来计算损益（Mark to Model）。但计算的准确度除了模型自身的好坏以外，还取决于模型的输入变量（利率、波动性、相关性、信用基差等等）。因此，对于类似的产品，不同金融机构的估值可能会有很大的差别。另外，由于这些产品的复杂程度较高，大家往往依赖第三方（比如标准普尔公司等）提供的评级和模型去估值，而不做认真细致的分析。最后，业务部门的交易员和高层有将此类产品高估的动机。因为产品估价越高（其实谁也不知道它们究竟值多少钱），售出的产品越多，那么本部门的表现就越好，年底的时候分得的奖金就越多，因此，很多人往往只顾及眼前利益，而以后的事情以后再说，甚至认为出了问题也与自己没有什么关系。

市场情况好的时候，以上所述的问题都被暂时掩盖了起来。但是当危机来临的时候，所有的问题都积累在一起大爆发。所以业内人士把这样的资产称为“有毒”资产。雷曼兄弟在2008年第二季度末的时候还持有413亿美元的第三级资产（“有毒”资产），其中房产抵押债券和资产抵押债券共206亿美元（在减值22亿美元之后）。而雷曼兄弟总共持有的资产抵押则要（三级总共）高达725亿美元。在这些资产中，次贷部分有约2.8亿美元。住宅房产抵押占总资产的45%，商业房产抵押占总资产的55%。

这些情况和花旗银行及美林有所不同。美国的次贷危机最早是从住宅房产领域开始的，然后逐步扩散到商业房产领域。这也解释了为什么花旗银行和美林从2008年下半年的两个季度到2009年资产减值逐渐减少，而雷曼兄弟的资产减值逐步增多；在风暴发生的高峰，雷曼兄弟的资产减值也大幅增加。

实际上，如果雷曼兄弟不破产倒闭，如果市场的情况不能回暖，流动性不能改善，其持有的不良资产还会继续大幅减值从而带来进一步的亏损。雷曼兄弟的资产和负债之间有很大的错配：其资产中有大量的三级资产（413亿美元），而负债中几乎没有（3.4亿美元）；同时资产中的一级（最优）资产（456亿美元）要少于负债中的此类（1 049亿美元）的一半。不仅如此，随着市场的恶化，其所持二级资产和金融衍生品也会受到较大的影响。

这里，我们需要搞清楚为什么三级（甚至二级）资产在短期内贬值幅度会如此之大，为什么被称为“有毒”资产？这要从美国的房地产贷款特性说起。我们知道，三级和二级的抵押债券是由次级和次优先级房贷支撑的。美国有着世界上最发达的房贷市场，其房贷的种类也是五花八门、多种多样。各种房贷可以主要被归为固定利率房贷、浮动利率房贷或者二者的结合。固定利率房贷和我国的房贷类似，区别主要是年限和偿还本金的方式不同。幅度利率种类繁多，有普通偿还、负偿还、选择偿还、固定时段偿还、两步房贷、可转换房贷等。近年来又发展了一些创新品种，比如Streamlined-K、Bridge/Swing、反向房贷，住家延长房贷等。前几年，因为市场利率较低，浮动利率房贷比较流行，其比例在新发贷中大幅上升（2004年为33%，2007年回落到17%）。

可是浮动利率的特点是，如果利率上升，每月要偿还的利息会随之增加，甚至本金也会增加。这时很多买房者就交不起利息，只好断供让房子被银行收回。另外值得特别提出的是住家延长房贷（Home Equity Loan）。这种形式允许贷款购买第一套房产者，在房价上升的时候，把房产做抵押，从银行贷款购买第二套房产。举例：如果我首付20万美元，同时从银行借贷80万美元买第一套房产。现在房价普遍上涨，我的房子也不例外，涨到150万美元（这个涨幅在美国过去几年算是保守的了）。如果这时我的第一套房贷还剩70万美元，那么我的净资产就是80万美元（150-70）。我可以用这80万美元连同第一套房产做抵押，去贷得另外的60万美元去买第二套房产。也就是说，我实际是以20万美元的自有资产获得了130万美元的房贷，取得了高达6.5倍的杠杆率。住家延长房贷十分适合信用记录不良的购房者。当房价上升、利率低、经济形势好的时候，这种模式看不出问题来。但当房价大幅下降、利率升高、经济形势变差时，这种模式就很快地崩溃了。很多人不但无力偿付房贷，甚至连信用卡等的偿付都困难。可以说，金融市场的系统风险，很大一部分是由于美国民众过度借债造成的。而前文所述的房贷，都纷纷以房产抵押债券的形式卖给了华尔街上的投行。投行们要么继续卖给投资者，要么受利益的诱惑保留在自己的资产中，要么打包成担保债务凭证等出售，或者再用担保债务凭证生成其他的金融衍生品。

当房价大幅下降时，无力支付房贷的购房者大量增加，相关性增强，原来所依据的定价模型不再起作用的时候，房地产市场所支撑的金融产品必将经历一个痛苦而快速的贬值过程，而以雷曼兄弟为代表的投资银行不得不持续减值这样的“有毒”资产。最后，雷曼兄弟（包括其他投行）大量采用ABX指数进行对冲。但ABX指数对相关性有很强的依赖，成分固定，对冲风险时要承受基点误差风险（Basis Risk）。当市场剧烈波动，相关性提高时，雷曼兄弟的对冲失败，从而造成了资产和对冲双向受损。

总结：

在分析了雷曼兄弟自身的问题和其破产时的市场情况后，我们可以对雷曼兄弟风险的形成和破产的原因进行一个总结。雷曼兄弟的风险是伴随着2002—2007年间全球资本市场流动性过高，美国房地产市场的泡沫而形成的。在这个过程中，雷曼兄弟进入和发展房地产市场过快，发行房产抵押等债券失去控制，而又对巨大的系统性风险没有采取必要的措施。另外，雷曼兄弟净资本不足而导致杠杆率过高，所持不良资产太多，不良资产在短期内大幅贬值，并在关键时刻错失良机、没有能够采取有效的措施化解危机，如前文所分析的那样，雷曼兄弟破产的直接原因是市场对雷曼兄弟产生了恐慌的情绪，导致短期内客户将业务和资金大量转移，对手停止与雷曼兄弟的交易和业务，市场上的空头方大规模做空雷曼兄弟的股票导致其股价暴跌，进一步加剧了市场的恐慌情绪和雷曼兄弟业务的流失。同时，债权人调低雷曼兄弟的信用等级，导致其融资成本大幅上升，业务模式崩溃。这些因素不是独立的，也难言孰先孰后，而是交织在一起，相互影响、相互加剧，形成一个在市场处于极端情况下难以解决的死循环，直至雷曼无力支撑，在找不到买家的情况下，只得宣布破产。

这里要简单提一下美联储在这个过程中扮演的角色。美联储在提供290亿美元的资金帮助摩根大通收购贝尔斯登后，出人意料地没有为雷曼兄弟潜在的买家提供资金上的援助。美联储的考虑是，这一次雷曼兄弟的问题要由市场自己去解决和消化，美联储不愿再更多地耗费政府的资金来加剧市场的“道德危机”。在这里，我们还要回答一个问题：为什么雷曼兄弟没有通过美联储的贴现窗（Discount Window）来借款以渡过难关？我们知道，在贝尔斯登危机之后，美联储已经允许一级券商通过贴现窗借贷，并将贴现率降低到2.25%，将还贷期延长到了90天。雷曼是完全可以利用这个计划来增加其流动性的，可是它并没有这么做。其真实原因不得而知，但据我们分析，其原因可能有二：第一，如果通过贴现窗向美联储借贷，会给市场带来一个非常不好的信号，那就是借贷者出现严重的资金问题，由此会加深市场对它的担忧，进而导致其股票价格继续大幅下挫、未来的融资成本大幅上升。因此，美联储的贴现窗计划的象征意义高于实际意义。只要能找到其他的融资借贷手段，银行一般都不会求助于美联储的这个计划。第二，也是更重要的，如前文所述，雷曼兄弟的问题更是一个信心信用恐慌问题，而非流动性问题。就是说，它并不缺少增加流动性的手段，也不需要向美联储借贷。它的问题，是公司的运营模式坍塌，业务无法继续开展的问题，这是仅仅向政府短期借贷无法解决的。

根据本案例，回答以下问题：

1. 雷曼兄弟破产的外因有哪些？

2. 雷曼兄弟破产的内因有哪些？

3. 企业应该如何加强财务预警和风险管理？

案例十五参考答案

案例十六

LD大学教育绩效评价指标体系①

一、LD大学概况

LD大学是SD省省属普通高等学校，始建于20世纪50年代末，坐落在美丽的滨海城市YT市。50多年薪火相传，春华秋实，几代人艰苦创业，开拓进取，使学校发展成为一所水平较高、特色鲜明的教学型大学。

学校现设21个学院、3个教学部、53个本科专业，分属文、理、工、经、管、法、教、史、农等九大学科。其中，有3个省级特色专业，2个省级教育教学改革试点专业。拥有硕士学位授权学科34个。现有各类全日制在校学生22 525人，其中，本科生20 839人，专科生1 219人，硕士研究生396人，外国留学生71人。

学校的战略规划定位是，力争经过20年或更长一段时间的不懈努力，把学校建设成为在国外有一定知名度、国内有较大影响力、水平较高、特色鲜明的教学研究型大学。

二、教育绩效评价指标数据的采集

我们参照平衡计分卡理论研究的方法，当对该高校进行教育绩效评价时，组织了36名专家组成专家咨询组。

当评价绩效时，专家组成员在该高校内外，通过实地考察、查阅报表、召开座谈会、观摩听课、走访在校学生、毕业学生、用人单位等形式，收集了该校有关教育绩效的指标数据如下：

---

① 葛洪朋、薛一汛、李娅等根据对LD大学的调研资料整理。

（一）财务维度

学校的资产规模达11亿元，其中，固定资产近7.9亿元，教学仪器设施近1.5亿元，馆藏图书150多万册。年度总收入近2.7亿元，年度收入增长率保持在10%左右，年度教育事业支出约2.5亿元。负债总额约2.6亿元，资产负债率较低、流动比率较高，银行存款保持较高余额。偿债能力、发展潜力较高，生均成本低于全国平均水平，财务运行绩效较高。

（二）顾客维度

该校属于本科二批院校，招生范围比较广泛。近几年来，生源充足且素质较高。生源录取平均分高出省控制线20分左右，新生平均报到率在98%以上。

毕业学生对该校的管理水平、办学条件、学生综合素质的培养等方面的评价普遍较高。据调查显示，毕业生认为该校办学条件好的超过90%，认为教学设施好的超过95%，认为该校师资水平高的超过94%，认为该校教学水平高的超过95%，认为该校培养的学生整体素质高的超过85%。

学生的就业率较高。本科毕业生年底就业率在90%左右，一直保持在较高的水平。

用人单位对该校毕业生的表现满意度高，认为该校的毕业生爱岗敬业、甘于奉献、专业基础理论扎实。可以说，该校毕业生得到了高度认可。用人单位对该校毕业生质量调查统计表见表1。

表1　**用人单位对毕业生质量调查统计表**

项目	高	较高	一般	差
职业道德水平	82.3%	17%	0.7%	0
敬业精神	83.8%	14.8%	1.4%	0
专业基础理论水平	85.3%	10.8%	3.9%	0
创新能力	77.7%	14.3%	6.2%	1.8%
协作精神	79.7%	14.7%	5.6%	0

数据来源：根据对该校及用人单位的调研数据整理。

（三）内部业务流程维度

该校重视学科建设，现拥有省级重点学科和重点实验室9个，本科专业53个，其中，省级特色专业和教育教学改革试点专业5个。“十五”以来，承担各级各类科研项目912项，其中，“863”计划、“973”计划、国家自然科学基金、国家社会科学基金等国家级项目49项，省部级项目129项；发表学术论文6 976篇，其中，被SCI、EI、ISTP、SSCI收录284篇；出版学术专著129部；通过鉴定成果44项；获得奖励448项，其中，省部级以上43项。

该校生师比保持较好的水平，共有各类在校学生26 668人，折合在校生数23 297人；专职教师1 309人，外聘教师308人，折合教师数1 463人。折合后生师比为15.9∶1，低于全国平均水平。

（四）学习与成长维度

该校教师队伍的学历、职称结构保持较高水平。当前，教授162人、副教授343人，这两类约占师资队伍总数的40%，讲师439人，占约师资队伍总数的34%；硕士及硕士以上学历获得者817人，约占师资队伍总数的63%，其中，博士约占师资队伍总数的16%。

三、LD大学教育绩效评价的过程

专家组的各位专家在对该校实地考察后，根据收集来的有关数据，按照高校教育绩效评价指标体系设置的指标要求，对该校各有关指标给出了评语（分值）。对专家的评语进行汇总，形成教育绩效评价得分汇总表，见表2。

表2 **教育绩效评价得分汇总表**

指标层	得分与比例分布	评价得分				
		优秀	良好	中	差	很差
年度总收入	得分分布	4	15	11	4	2
	比例分布	0.11	0.42	0.31	0.11	0.05
年末资产总额	得分分布	3	15	13	5	0
	比例分布	0.08	0.42	0.36	0.14	0
经费自筹率	得分分布	2	14	12	8	0
	比例分布	0.06	0.39	0.33	0.22	0
生均成本	得分分布	4	16	12	4	0
	比例分布	0.11	0.44	0.33	0.12	0
现金净额增长率	得分分布	1	13	18	4	0
	比例分布	0.03	0.36	0.50	0.11	0
资产总额增长率	得分分布	2	13	15	6	0
	比例分布	0.06	0.36	0.42	0.16	0
流动比率	得分分布	9	11	14	2	0
	比例分布	0.25	0.31	0.39	0.05	0
资产负债率	得分分布	10	17	8	1	0
	比例分布	0.28	0.47	0.22	0.03	0
新生质量	得分分布	1	8	17	9	1.00
	比例分布	0.03	0.22	0.47	0.25	0.03

续表

指标层	得分与比例分布	评价得分				
		优秀	良好	中	差	很差
年度培训人次	得分分布	0	5	21	8	2
	比例分布	0	0.14	0.58	0.22	0.06
在校生满意度	得分分布	3	15	15	3	0
	比例分布	0.08	0.42	0.42	0.08	0
接受培训人员满意度	得分分布	2	11	18	5	0
	比例分布	0.06	0.31	0.50	0.13	0
毕业生满意度	得分分布	4	18	13	1	0
	比例分布	0.11	0.50	0.36	0.03	0
毕业生就业率	得分分布	3	10	13	7	3
	比例分布	0.08	0.28	0.36	0.19	0.09
社会评价	得分分布	4	10	17	4	1
	比例分布	0.11	0.28	0.47	0.11	0.03
国家级重点学科数	得分分布	0	0	4	12	20
	比例分布	0	0	0.11	0.33	0.56
省级重点学科数	得分分布	0	9	16	9	2
	比例分布	0	0.25	0.44	0.25	0.06
重点实验室	得分分布	1	7	18	8	2
	比例分布	0.03	0.19	0.50	0.22	0.06
生师比	得分分布	2	9	17	6	2
	比例分布	0.06	0.25	0.47	0.17	0.05
专职教师与后勤人员比例	得分分布	2	9	17	6	2
	比例分布	0.06	0.25	0.47	0.17	0.05
专职教师人均年课时	得分分布	2	9	13	9	3
	比例分布	0.06	0.25	0.36	0.25	0.08
专职教师人均教学获奖情况	得分分布	1	5	12	16	2
	比例分布	0.03	0.14	0.33	0.44	0.06
专职教师人均发表论文数	得分分布	2	8	17	7	2
	比例分布	0.06	0.22	0.47	0.19	0.06
专职教师人均出版教材专著数	得分分布	0	5	19	11	1
	比例分布	0	0.14	0.53	0.31	0.02

续表

指标层	得分与比例分布	评价得分				
		优秀	良好	中	差	很差
专职教师人均承担科研课题数	得分分布	0	3	13	17	3
	比例分布	0	0.08	0.36	0.47	0.09
专职教师人均科研获奖情况	得分分布	0	3	11	20	2
	比例分布	0	0.08	0.31	0.56	0.05
专职教师人均科研经费金额	得分分布	0	3	10	20	3
	比例分布	0	0.08	0.28	0.56	0.08
教学工作效率	得分分布	1	9	16	8	2
	比例分布	0.03	0.25	0.44	0.22	0.06
校园文化建设	得分分布	1	5	15	10	5
	比例分布	0.03	0.14	0.42	0.28	0.13
教师学历结构	得分分布	0	5	19	10	2
	比例分布	0	0.14	0.53	0.28	0.05
教师职称结构	得分分布	3	9	19	4	1
	比例分布	0.08	0.25	0.53	0.11	0.03
教师培训费用	得分分布	0	5	19	10	2
	比例分布	0	0.14	0.53	0.28	0.05
员工保持率	得分分布	2	10	20	4	0
	比例分布	0.06	0.28	0.56	0.10	0
员工满意度	得分分布	3	15	14	3	1
	比例分布	0.08	0.42	0.39	0.08	0.03
被采纳建议的数量	得分分布	0	5	20	8	3
	比例分布	0	0.14	0.56	0.22	0.08
信息传递速度	得分分布	1	8	20	5	2
	比例分布	0.03	0.22	0.56	0.14	0.05

数据来源：汇总统计。

为了便于统计评价该校的教育绩效，设：评价指标集为U，评价指标分值集为V。

评价指标集合U= $\{U_1, U_2, U_3, U_4\}$，其中，$U_1=\{U_{11}, U_{12}, U_{13}, U_{14}\}$ …；…；$U_{43}=\{U_{431}, U_{432}\}$。

评价指标分值集V= $\{V_1, V_2, V_3, V_4, V_5\}$，其中，$V_1$，$V_2$，$V_3$，$V_4$，$V_5$分别

对应优秀、良好、中等、差、很差5级评语，用于说明被评价学校某一指标的教育绩效情况。

（一）通过对专家评语进行整理汇总，建立指标层评语隶属度矩阵

年度总收入指标的评语隶属度矩阵为：

U_{111}=（0.11，0.42，0.31，0.11，0.05）

⋮

信息传递速度指标的评语隶属度矩阵为：

U_{432}=（0.03，0.22，0.56，0.14，0.05）

（二）计算准则层评语隶属度矩阵

综合财务实力指标的评语隶属度矩阵为：

$$U_{11}=W_{11}\cdot R_{11}=(0.75,\ 0.25)\times\begin{pmatrix}0.11 & 0.42 & 0.31 & 0.11 & 0.05\\ 0.08 & 0.42 & 0.36 & 0.14 & 0\end{pmatrix}$$

$$=(0.1025,\ 0.42,\ 0.3225,\ 0.1175,\ 0.0375)$$

财务运行绩效指标的评语隶属度矩阵为：

U_{12}=（0.0975，0.4275，0.33，0.1375，0）

财务发展潜力指标的评语隶属库矩阵为：

U_{13}=（0.045，0.36，0.46，0.14，0）

偿债能力指标的评语隶属库矩阵为：

U_{14}=（0.2725，0.43，0.2625，0.0375，0）

⋮

内部信息沟通指标的评语隶属库矩阵为：

U_{43}=（0.020001，0.193336，0.56，0.166664，0.066666）

（三）计算维度层指标的评语隶属库矩阵

财务维度指标的评语隶属库矩阵为：

$$U_1=W_1\cdot R_1=(0.52320\ \ 0.29933\ \ 0.12096\ \ 0.05651)\times\begin{pmatrix}0.1025 & 0.42 & 0.3225 & 0.1175 & 0.045\\ 0.0975 & 0.4275 & 0.33 & 0.1375 & 0\\ 0.045 & 0.36 & 0.46 & 0.14 & 0\\ 0.2725 & 0.43 & 0.2625 & 0.0375 & 0\end{pmatrix}$$

$$=(0.1036549,\ 0.41555245,\ 0.337986375,\ 0.1216874,\ 0.023544)$$

财务维度的评价得分为：

P_1=3.437818

同样道理，可以计算其他维度的评语隶属库矩阵和最后得分。

顾客维度指标的评语隶属库矩阵为：

U_2=（0.08390788，0.371798，0.411996，0.109763，0.018829）

顾客维度的评价得分为：

P_2=3.3622442

内部业务流程维度指标的评语隶属库矩阵为：

U_3=（0.0194088，0.144581，0.35944，0.361497，0.117032）

内部业务流程维度的评价得分为：

P_3=2.5937112

学习与成长维度指标的评语隶属库矩阵为：

U_4=（0.05731095，0.307775，0.479497，0.127349，0.03212）

学习与成长维度的评价得分为：

P_4=3.0834978

（四）计算该高校的教育绩效评价评语隶属库矩阵

$$U=W\cdot R=(0.12215\quad 0.22735\quad 0.42315\quad 0.22735)\times\begin{bmatrix}0.104 & 0.4156 & 0.338 & 0.1217 & 0.24\\0.084 & 0.3718 & 0.412 & 0.11 & 0.019\\0.019 & 0.1445 & 0.359 & 0.3615 & 0.117\\0.057 & 0.03078 & 0.4795 & 0.1273 & 0.0032\end{bmatrix}$$

=（0.052980，0.266440，0.396063，0.221739，0.063981）

该高校的教育绩效评价得分为：

P=3.02630894

四、绩效评价结果的分析

通过计算，该高校在全国高等院校教育绩效中的评价结果，P=3.02630894>3，P值在3～4之间，表明该校的教育绩效评价结果属于中等水平。

根据平衡计分卡的理论特点，对该高校教育绩效评价4个维度影响分析见表3，高校绩效评价维度影响分析图如图1所示。

表3　高校绩效评价维度影响分析表

维度	指标得分	归一化处理的权重系数
财务维度	3.437818	0.12215
顾客维度	3.3622442	0.22735
内部业务流程维度	2.5937112	0.42315
学习与成长维度	3.0834978	0.22735
高校整体绩效	3.02630894	

数据来源：根据调研资料整理计算。

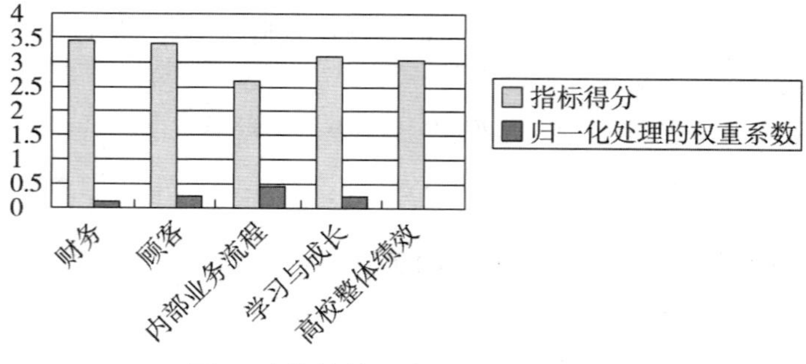

图1　高校绩效评价维度影响分析图

从图1中可以清晰地看出：该校的整体绩效评价得分，且四个维度中有三个维度的评价得分高于中等水平（P>3），分别是财务维度、顾客维度和学习与成长维度。这与该校的办学宗旨相吻合，该校在服务社会、教书育人等方面付出了努力，得到了广大群众的肯定，这一点在专家组对该校在校学生、毕业学生等进行走访，以及对周边地区社会各界的调研中得到证实；该校的财务状况中等偏上，财务运行绩效良好，发展潜力较高，从而有力地支持了学校的进一步发展；教师的满意度、职称结构、学历结构较好，说明该校教师的素质较高，能够适应我国高等教育事业的发展，从而实现了教书育人的社会效益。

在四个维度层中，偏弱的就是内部业务流程维度，而该维度恰恰是在高校教育绩效评价体系中，权重最大、对高校绩效贡献和影响最大的维度。

现对该维度各项目进一步分析，该维度有三个准则层指标：教学环节、科研环节以及教学管理环节。该校内部业务流程维度准则层各环节的得分构成见表4，内部业务流程维度准则层各环节影响分析图如图2所示。

表4　内部业务流程维度准则层各环节的得分构成

指标	指标得分	指标权重系数
教学环节	2.55991	0.4
科研环节	2.476868	0.4
教学管理环节	2.895	0.2

数据来源：根据调研资料整理计算。

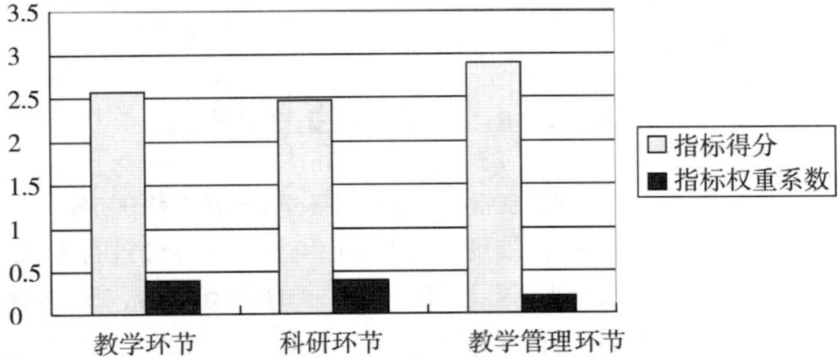

图2　内部业务流程维度准则层各环节影响分析图

如图2所示，该校的教学环节、科研环节以及教学管理环节的工作均处于中等偏下水平。在该高校教育绩效评价指标体系中对教学、科研给予了同样的权重系数——0.4，可见，在专家们的眼里，高等院校要实现办学的社会效益、经济效益，提高整体教育绩效，就必须做到教学与科研并重。该校的教学环节指标得分略高于科研环节，同样处于中等偏下水平。可见，该校在日常的教学管理工作中，做到了教学、科研并重，但力度尚不够。

该校内部业务流程维度指标层各指标得分及权重系数列表见表5，该校内部业务流程维度指标层各指标得分及权重系数分析图如图3所示。

表5　　内部业务流程维度指标层各指标得分及权重系数列表

指标	得分	权重系数
U_{311}	1.55	0.2426
U_{312}	2.88	0.0734
U_{313}	2.91	0.2009
U_{314}	3.11	0.0797
U_{315}	3.11	0.0918
U_{316}	2.96	0.0988
U_{317}	2.64	0.2129
U_{321}	3.03	0.0815
U_{322}	2.80	0.0815
U_{323}	2.42	0.1485
U_{324}	2.43	0.2499
U_{325}	2.36	0.4386
U_{331}	2.97	0.7500
U_{332}	2.67	0.2500

数据来源：根据调研资料整理计算。

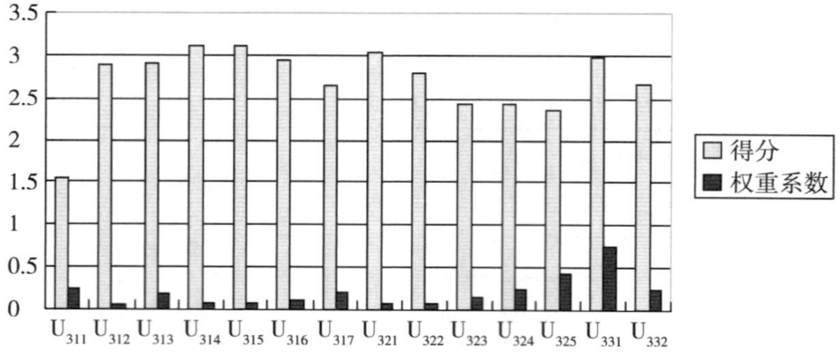

图3　内部业务流程维度指标层各指标得分及权重系数分析图

如图3所示，将内部业务流程维度指标层的14个指标得分进行对比分析，可以发现在这14个指标中得分达到中等水平（P>3）的共有3项，分别是U_{314}、U_{315}、U_{321}。可见，在该校的教职员工中的专职教师与后勤人员的结构比例、学生与教师的生师比、专职教师的论文数量都达到了中等水平。其余项目尚需不断改善提高，尤其是U_{311}、U_{323}、U_{324}、U_{325}这4项，需要加大发展力度，努力创建国家级重点学科、提高专职教师人均承担科研课题数、专职教师人均科研获奖情况、专职教师人均科研经费金额等指标，提升项目绩效水平，从而提升该校的整体教育绩效水平。

● 五、意见和建议

针对该校的绩效评价结果，提出如下意见和建议：

（一）明确学校发展战略

发展战略就是要解决“建设一个什么样的高校”和“怎样建设这样的高校”的问题。关键是找准自己的发展定位，发展定位对高校的发展方向、办学理念、建设方略都起着重要的指导作用，进而也会指导高校的发展建设、学科建设、人才培养、校园文化建设等诸多环节，从而影响学校的教育绩效。

要明确学校的发展战略，首先要冷静、客观地全面分析外部环境、内部环境和高等教育及科技的发展趋势，根据自身的优势凸显学校的办学个性、特色和比较优势，打造办学品牌，增强自我发展能力，提高核心竞争力。

同时，要进行“投入–产出”分析，对资源获取和资源消耗做到心中有数。通过科学配置师资、设备、经费，进行学科、专业的调整和取舍，提高教学资源和教育经费的使用效率和效益，以提高学校的整体教育绩效。

例如，××电子科技大学，在全国办综合性大学的热潮中，始终抓住电子信息学科不放，舍弃其他一些学科，将学校发展定位为“在电子信息领域具有世界先进水平的一流大学”，从而使学校获得了长足发展。××地质大学近几年来在发展定位中，始终牢牢抓住地学学科不放，集中力量发展地球科学学科，而且其他一些学科也要紧紧依托地球科学学科来发展，因而，学校发展迅速，取得了国家重点实验室、国家创新团队的称号，院士人数也在不断增加。

（二）建立健全教育绩效评价机制

借鉴企业绩效管理的成功经验，建立专门的、独立的绩效评价机构，配备专业的绩效评价人员，如成立专门的绩效评价委员会，对绩效目标的设定和绩效结果的评价实行定期审议机制，并公开审议结果。将绩效评价目标细化，落实到每一个院系、每一个部门、每一名教职工，让所有人、所有部门的目标与高校的总体目标、发展战略、远景规划相一致。应通过定期的绩效评价，发现发展过程中的缺陷或不足，及时调整组织结构，实现人员、物资、经费等的合理配置，以促进学校不断发展、不断完善，努力实现战略规划。

根据本案例，回答以下问题：

1.LD大学教育绩效评价是从哪些维度进行的？分别选择了哪些主要指标？

2.权重的确定可以采用哪些方法？

3.你认为政府部门是否可以利用平衡计分卡来进行绩效评价？如果可以，应该按照什么样的思路来进行评价？

案例十六参考答案

案例十七

ZX公司财务共享案例分析[①]

一、ZX公司简介

ZX有限公司成立于1985年，是近年全球增长最快和全球领先的通信解决方案提供商之一，目前集团在全国拥有28个分、子公司，在海外有15个研究所，96个代表处，为全球130多个国家的500多家运营商提供有线产品、无线产品、业务产品、终端产品等四大领域的产品与服务。

二、ZX公司发展过程中的财务管理问题

在ZX公司发展过程中，形成了基于公司外派的分散式财务管理模式，即在集团下面的大区、全球各地的分、子公司设立财务部门，独立核算，并定期将报表层层上报汇总合并。这种分散式的财务核算及管理模式在ZX公司发展初期发挥了重要的作用，但随着规模的扩大以及业务模式的不断创新，特别是国际化战略的推行，分散式的财务核算和管理模式面临巨大的挑战：

（1）组织效率低下、成本巨大。每个研发所、销售处、国际子公司，都需要配套外派的财务人员，在数量和素质上都有要求，而且各地人员之间不可共用，成本迅速增加。财务架构建立在法人实体和内部模拟核算实体的基础上，一个实体要配置一套财务人员，三级核算体系使得执行财务流程的核算机构高达几十个，配置人员上百人，耗费了财务体系的大量人力资源。

（2）独立的信息孤岛难以保证财务信息质量。众多的驻外机构和控股子公司都

① 本案例由冯建忠、姬香莲、苏科、许百强、冯兴登、刘波、王德政、刘昆、徐传玉根据张瑞君、陈虎和张永冀的论文《企业集团财务共享服务的流程再造关键因素研究——基于中兴通讯集团管理实践》（会计研究，2010）以及对ZX集团的调研资料整理加工而成。

有独立的财务核算体系和信息系统。对单一的实体而言，这样的核算体系和信息系统是方便的。但是分散的地域、独立的规则、完全个性化的信息系统，形成了事实上的一个个信息孤岛，使集团层面的财务核算工作遇到了前所未有的困境——结账周期冗长、错误千奇百怪、数据逻辑混乱，财务信息的及时性、准确性和相关性难以保证。

（3）管理需求被忽视，缺乏对业务的支持和战略推进能力。分散式的财务组织一方面必须面对低效和成本的压力，另一方面也严重制约了其本应发挥的业务支持和战略推进能力。这种能力的制约来源于无法摆脱的基础业务，会计基础业务处理和财务数据核对耗费了财务团队大量的精力，深入业务并进行业务支持和协助公司进行战略推动变成一句空话。

随着通信国际化进程的加速，ZX公司为了解决上述问题，实施财务共享服务，建立了一个全球化的财务共享服务中心，支持财务从事务处理型向价值创造型转变，继而支持公司的全球化战略，成了ZX公司的必然选择。

三、ZX公司财务共享服务的构建过程

ZX公司实施财务共享服务从2001年开始经历了三个阶段。

阶段一：财务统一阶段。由于集团存在多个分、子公司，其编码的架构、容量、弹性、对组织变动和管理的支持度都不同，因此，为向上实现公司级的数据集成和收敛，需要对基础的会计编码规范进行统一。同时对各子公司的基础数据录入、业务处理流程、数据的集中度和报告的要求进行了统一的梳理和完善，针对性质一致的业务，从会计报告层面进行规范，提出自上而下设计高端流程，然后再由高到低，设计子流程和操作指导书，清晰划分各流程之间的接口关系。通过实现四统一，即统一会计编码、统一会计数据、统一财务制度、统一财务流程，为下一步财务集中和流程再造打下了坚实的基础。

阶段二：财务集中阶段。在这个阶段，通过构建集中式网络化的新型财务系统，建立起了一个具有快速反馈功能，能实时支持企业集团不同地域成员单位的财务集中核算和管控的财务信息系统，实现了财务核算的电子化和资金管理的数字化，并通过数字化网页为各级决策动态提供有价值的财务信息；实现了财务系统与ERP的无缝连接，实现财务业务一体化和协同化管理。经过整合的财务信息化网络平台，包括以ERP为核心的基础信息系统、与财务接口的业务系统（例如商务系统、供应链系统）、决策支持系统等，覆盖了集团所有单位从业务计划—业务处理—领导审批—财务审核—账务处理—出具报表—财务分析的整个流程，统一的信息化网络平台将财务与财务、财务与业务紧密结合在一起，提高了财务信息的效率和质量。系统的整合为财务人员的集中和共享服务提供了可能。2005年8—11月，财务共享服务首先在南京研究所展开试点，将南京研究所的财务核算人员剥离出来，在深圳建立核算组，并将部门财务人员安排到深圳集中处理南京业务，财务共

享服务的实施迈出了第一步。2006年2月，国内各地分、子公司的财务核算人员全部被剥离，集中到深圳，并在深圳为全国几万名员工的日常费用处理和几十个分支机构的财务业务提供共享服务，ZX共享服务中心正式建立。

阶段三：财务共享阶段。简单的集中只是让人在异地处理原驻地的业务，仍然无法实现人员和信息的充分共享。自2007年开始，借助先进的信息系统工具，例如影像系统、条码系统等，经过流程再造，共享服务中心将财务核算打造成一条流水线：按照有效的方式重新划分岗位，合并所有驻外机构和子公司的同质业务，成立了各专业费用组、账务组、资金组等，每个财务人员只需完成整个账务处理中的一个或某几个环节。财务核算工作变得更简单、更标准、分工更为细化，在保证了业务效率和信息质量可靠的同时，大量节省成本。为了激励财务共享服务中心财务人员的工作热情和服务质量，ZX集团建立了关键绩效评价指标体系。2008年ZX集团对财务共享服务的人员成本和服务效率进行了调查统计，结果显示：第一，业务处理成本显著下降，成立财务共享服务中心后，国内财务基础业务处理人员由87人减少到43人，总成本也由原来的619万元减少到296万元，共节约323万元，每个单据所耗用的成本由15.35元降为4.34元。第二，财务运作效率大大提高。业务处理时效从原来需要6.2天提高到现在仅需要3天即可完成付款到账，效率提高了50%，标准化程度的提高，也使得基础业务处理能力从以前每天的1 300单，提高到每天2 000单的水平，工作效率显著提升。

● 四、案例研究与分析

上述案例按照时间顺序描述了ZX集团财务共享服务构建的历程，由此我们可以提炼出ZX集团财务共享的实施的主要特点。

1.财务组织的变革

随着ZX集团的快速发展，财务管理难度增加，组织变革成为推动财务共享服务的关键因素。这不仅是财务业务职能的重新划分，而且是将财务管理作为核心管理的一种战略性调整。其特征和内涵都具有其特殊性。

（1）构建财务共享服务中心（FSSC）：财务组织的最大变革是取消集团下属成员单位的财务61部，将成员单位的日常财务报销、审核、会计核算、报表编制等职能剥离出来，集中到财务共享服务中心，同时分、子公司的相应财务岗位被取消。财务共享服务中心首先设立在深圳，通过集成的网络信息平台跨越时空为全集团的成员单位提供基本的财务服务，从而实现了财务组织为整体集团成员单位提供服务的共享服务理念，这对保证整个集团财务信息的一致性、准确性、有效性提供支持。

（2）重新设计了财务组织结构。为了实现财务职能的分离和战略财务管理职能的强化，ZX集团从总部财务管理需求出发，增加了与财务共享服务中心并行的两个部门：业务财务部、战略财务部。业务财务部：支持集团成员单位的业务价值评价。业务财务部的财务人员担任业务单位合作伙伴的角色，深入一线业务单元提供培训、咨询、决策支持等服务，协助其提升经营管理能力，促进公司战略目标和经营计划的达成。战略财务部：服务于公司战略规划，行使参谋中枢的职能，其财务人员在集团总部层面参与公司经营管理并提供战略决策支持，策划战略的推进和落实。

2.建立集成网络财务系统

原单位的财务仅仅服务当地分子公司，财务人员的客户就是本地公司的人员；现在财务共享服务中心的财务人员的客户发生了很大的变化，客户从本地本公司人员变成了服务于全国分子公司的人员。服务对象分布在全国各地，财务共享服务中心需要考虑如何提供高效、完善的服务。

IT技术是使BPR成为现实的最重要的角色。远在深圳的财务共享服务中心同样需要强大的信息系统来支持。它最重要的作用在于它建立了一个集成网络财务系统，将财务共享服务中心制定的财务制度和财务流程都固化在统一的数据库中，各个成员单位的报销等核算信息通过这个IT平台实现跨越时空的网上报销等。合理运用新的IT技术和逐步改善的特征在系统构建中充分体现，如票据影像模块、过程绩效测评模块等应共享服务的需求变化而逐步增加。

3.优化核心业务流程

在财务共享服务的过程中存在实物流、信息流、资金流。如何利用信息技术保证三流有机融合成为构建财务共享服务模式需要解决的关键问题。

实物流——各地分子公司发生的大量业务票据需要经过各地的归集、邮寄、接收、分发、归档等传递到财务共享服务中心。信息流——各地分子公司人员每天都要通过网络平台填写大量电子单据（如出差申请单、报销单等），从全国各地传递到财务共享服务中心。资金流，物流、信息流流动的过程伴随着资金流在成员单位和财务共享服务中心之间的流动。如果电子单据的信息流、实物票据的实物流、资金结算的资金流在成员单位和财务共享服务中心之间不能同步进行，那么将会大大地影响业务处理效率，同时实物的频繁流转极易造成票据丢失，使得服务质量无法保证，从而对财务共享服务中心形成很大的压力。

当设计流程时，企业增加了条形码识别和控制、财务审核控制、归档信息的协同控制，最大限度保证三流同步：业务单据通过影像扫描系统扫描生成，一张张影像单据携带条形码形成新的实物流，实物流通过网络跨越时空实时传递到审核人岗位；共享服务中心的基础财务人员根据网络中的电子单据和影像系统的实物单据进行双屏审核；一旦审核通过，资金结算和归档同步完成。这样，业务领导在审批时便可随时调阅票据实物影像，从而提高了审批的速度，财务人员根据审批结果进行资金动态结算和核算。

4.规划财务共享服务中心的考评体系

财务共享服务中心成立之初，由于没有科学的评价体系，财务共享服务中心为客户服务的效率低下，服务质量无法考核，共享服务模式的价值无法体现，因此，财务共享服务模式构建需要解决的另一个关键问题就是如何建立考评体系，让每个财务共享服务中心的每个员工都有创造价值的积极性。在新的模式下，为了提高员工的积极性，财务共享服务中心需要一套适合当下业务特点的绩效考评体系。因此财务共享服务中心以卡普兰的平衡计分卡理论为基础，根据财务共享服务中心的服务特点，建立起一套KPI激励机制，其核心为“每个审核会计标准单为70单，超过标准单量享受浮动工资，上不封顶”。该机制成功调动了员工的积极性，减少了单据积压。

根据本案例，回答以下问题：

1.ZX集团为什么要实施财务共享？

2.ZX集团是如何实施财务共享的？

3.本案例对其他企业有何借鉴意义？

案例十七参考答案

案例十八

财务共享服务中心模式下VAL集团员工差旅费和应收账款的构建[①]

一、员工部分差旅费用报销流程构建

由于VAL集团是一家跨国公司，本身员工数量庞大，集团组织结构又复杂，这就对员工费用报销的及时性与准确性有了更高的要求。南京财务共享服务中心成立后，在收集、整理和分析了全中国子、分公司传统员工差旅费用报销的流程和政策后，将集团的报销流程进行了整合，统一了审批签字流程，实现了将纸质报销审核流程与ERP系统相结合，从而提高了审批与付款效率。

（一）报销流程

员工出差之前必须先在ERP系统中填写申请表进行审批，系统会根据出差的地点以及性质首先进行预算费用的自动控制。当实际出差发生后，员工再根据发票内容将明细费用填写至SAP报销系统中。因为前期已经在系统中为每位员工相应的生成了唯一的“Personal Number”，所以财务共享服务中心员工可以迅速查询到相应员工的所有报销明细以及报销单流程过度。当员工在SAP系统提交报销申请之后，系统会自动生成一个唯一的“Trip Number”。当报销付款申请在ERP系统中完成签字审批，并且经当地的财务人员确认后，财务共享服务中心员工会在SAP系统中确认金额无误后令系统自动生成相应的财务凭证并由资金组付款。整个付款流程将纸质报销审核与ERP系统相结合，财务人员不接触现金，全部通过系统进行付款操作，这种操作方式不仅降低了人为出错的可能，也节约了人工成本。

---

① 本案例由李勇、李德柱、于晓兵、钊静、卢立成、闫冲、孙启睿、张文正、张莹、王善韬调研加工整理。

（二）ERP信息技术改革

每位员工都有唯一的“Personal Number”，在SAP系统中员工可以实时查询自己的报销处理状态，当报销审批结束并完成付款后，ERP系统会自动发送电子邮件通知到员工本人。与传统报销流程相比，通过信息技术的改革，员工不必亲自到财务部查询报销付款进度，而财务人员也有更多的时间关心企业的经营状况，从而更加高效地处理工作问题。每个季度，财务共享服务中心的报销人员都会对各个地区的财务进行电话会议的培训，指导其在审核报销单时应该注意的关键事项，统一整个集团的审核标准并对财务人员在日常审核中出现的一些问题提供规范性的解决方法。

（三）批准审核流程

由于VAL集团内部组织结构复杂，人员庞大，集团内部不同等级的人员差旅费用额度也不一样，因此，目前集团实行区别于其他集团员工报销的流程，让当地报销审核财务人员对报销单原始凭证的有效性和真实性负责，审核无误后，财务共享服务中心的相关员工再进行付款，而相关的报销单等原始凭证则由当地的财务进行留存。这样操作的优势就是当地的财务可以及时与填写不符合要求的员工进行沟通，以最快的速度将报销单退回给员工并让其修改后重新提交。

● 二、应收账款流程构建

（一）业务流程

当销售人员与客户达成合作意向后通知物流部门发货，SAP系统会根据签订的销售合同在物流部门发货后确认收入，并自动生成发货凭证和相应的应收账款凭证。当客户收到货物后，会通知当地的财务开票，随后财务共享服务中心的应收财务人员在“IMS”上查询到所开具的发票信息后会在SAP上进行账务处理。等客户发出付款通知后，财务共享服务中心的资金部会对付款记录进行查验，确认收款后，会通知AR进行账务处理，AR会在SAP中录入收款信息并按所收款项的时间顺序核销发票，以便及时更新收款明细表中的内容。对于收到的汇票，财务共享服务中心可以根据集团实际运转的资金需求选择性进行贴现或背书。对于应收账款的差错更正，和应付账款一样，需要由当地的财务填写手工凭证并且和财务共享服务中心的AR进行调账说明，若原因合理，AR则会进行调账并将凭证留存备查。

（二）对账与账龄分析

对账流程方面，Overdue人员选择一个季度进行一次，直接在ERP系统中进行对账单的制作并且采用电子对账的形式与客户交流，这样操作可以降低出现差错的概率。接收到客户的对账单后，若存在差异，则汇总后和当地的财务与销售一起分析处理并查明原因，后续的处理结果也会和当地的财务总监进行汇报。若无差异，则将对账单寄送给客户，等收到盖章确认的对账单后再进行留存。

账龄分析方面，每月月末，Overdue小组的成员会对账上超过规定时间但未收到的应收款项进行分析，并与相应的销售人员进行沟通处理，核实应收账款情况。每月月初，各方通过电话会议就未收回款项的原因进行分析，并督促销售人员尽快回款。若未收到的应收账款超过账龄分析表中的限定范围，则Overdue的人员会通知当地的财务人员与销售人员，要求其停止发货，等收到款项后再进行后续合作。

（三）合同与客户创建流程

如果集团销售人员和新客户达成业务关系，那么销售人员将在商务系统模块中登记销售合同从而形成电子文档以备留存，并在ERP系统中提交客户代码创建申请。与采购提交新的供应商申请类似，销售人员需要在申请中附上销售合同、营业执照、银行账号等关键信息，经过相关部门领导审批并由集团中国区总部创建customer code后，再由财务共享服务中心数据维护专员确认并在SAP系统中进行维护。"销售-应收账款"流程在经过构建与再造后，企业整体运行效率有了极大的提高。由于应收账款是企业经营运作的核心，因此，为了更快收回款项，应收账款流程构建与再造后缩短了物流部门发货和当地财务开票并邮寄的过程，使得物流发货后根据合同就可以在SAP系统中确认应收账款和主营业务收入，从而保障了收入确认的及时性和准确性。

根据本案例，回答以下问题：

简要说明财务共享服务中心模式对企业集团的积极意义。

案例十八参考答案

主要参考文献

［1］JOHNSON，KAPLAN. Relevance Lost：the Rise and Fall of Management Accounting［M］. Harvard Business School Press，1987.

［2］INGRAM R W，THOMAS L，ALBRIGHT. Management Accounting［M］. 大连：东北财经大学出版社，1998.

［3］ALAN B，STEVE R，Bill N. Linking the Balanced Scorecard to Strategy［J］. Long Range Plonning，1997（2）.

［4］ATKINSON，BANKER，KAPLAN et al. Management Accounting［M］. 北京：清华大学出版社，2001.

［5］GEORGE J. Activity Costing and Input-output Accounting［M］. Homewood，Illinois：Richard D.lvrin，1971.

［6］COOPER，KAPLAN. Measure Cost Right Make the Right Decisions［J］. Harvard Business Review，1988（9）.

［7］PETER B. The ABC Performance Breakthrough［J］. Cost Technology，1991（51）.

［8］JOSHI P. The International Diffusion of New Management Accounting Practices：the Case of India［J］. Journal of International Accounting，Auditing & Taxation，2001，10（1）.

［9］TOM K，JOHN A. The Impact of ABC Techniques on Firm Performance［J］. Journal of Management Acccounting Research，2001（13）.

［10］ITTNER，LANCN，LARCKER. The Association between ABC and Manufacturing Performance［J］. Journal of Accounting Management Research，2002（3）.

［11］TAYLOR. The Principles of Scientific Management［M］. Biblio Bazaar，LLC，1911.

［12］MCKINSEY. Budgetary Control［M］. The Ronald Press Company，1922.

［13］LEWIS. Toward a Theory of Budgeting［J］. Public Administration Review，1952，12（1）.

［14］TYER，JENNIFER. Public Budgeting in America：A Twentieth Century Retrospective［J］. Public Budgeting，Accounting & Financial Management，1997，9（2）.

[15] COOPER, KAPLAN. Profit Priorities from Activity-Based Costing [J]. Harvard Business Review, 1991.

[16] KAPLAN, NORTON. The Balanced Scorecard-Measures that Drive Performance [J]. Harvard Business Review, 1992.

[17] JENSEN. Corporate Budgeting Is Broken: Let's Fix It [J]. Harvard Business Review, 2001 (11).

[18] HOPE J, FRASER R. Beyond Budgeting: How Managers Can Break Free from the Annual Performance Trap [M]. Boston: Harvard Business School Press, 2002.

[19] GOON, PIKE, TJOSVOLD. Budget Participation Goal Interdependence And Controversy [J]. Management Accounting Research, 2001 (12).

[20] EMSLEY. Longman Modular Texts in Business and Economics [J]. Management Accounting Research, 2001.

[21] ATKINSON, BANKER, KAPLAN. Management Accounting [M]. Upper Saddle River NJ, 2004.

[22] GEORGE J. Activity Costing and Input-output Accounting [M]. Richard D. Irwin, 1971.

[23] BROMWICH, BIMINIS. Cost Management for Today's Advanced Manufacturing [M]. Boston: Harvard Business School Press, 1988.

[24] MALMI. Activity-Based Costing Diffusion Across Organizations: An Exploratory Empirical Analysis of Finnish Firms [J]. PERGAMON, 1999.

[25] JOHN, MITCHELL. A Survey of Activity-Based Costing in the UK's Largest Companies [J]. Management Accounting Research, 1995 (6).

[26] GROOT T. Activity-Based Costing in US and Dutch Food Companies in Epstein [J]. Advances in Management Accounting, 1999.

[27] JOSHI P. The International Diffusion of New Management Accounting Practices: The Case of India Journal of International Accounting [J]. Auditing & Taxation, 2001.

[28] CAGWIN, BOUWMAN. ABC and Organizational Change: An Institution Perspective [J]. Management Accounting Research, 2002 (2).

[29] TOM K, JOHN A. The Impact of ABC Techniques on Firm Performance [J]. Advances in Management Accounting, 2001.

[30] SHANNON W, JAMES W, MARK Y. Factors Influencing The Performance of Activity Based Costing Teams: A Field Study of ABC Model Development Time in the Automobile Industry [J]. PERGAMON, 2002.

[31] KAPLAN R, NORTON D. The balanced scorecard: measures that drive performance [J]. Harvard Business Review, 1992.

［32］ KAPLAN K， NORTON D. Putting the Balanced Scorecard to Work ［J］. Harvard Business Review， 1993.

［33］ KAPLAN K， NORTON D. Using the Balanced Scorecard as a Strategic Management System ［J］. Harvard Business Review， 1996.

［34］ KAPLAN B， NORTON D. Transforming the Balanced Scorecard from Performance Measurement to Strategic Management： Part One ［J］. Accounting Horizons， 2001 （5）.

［35］ DAHLIN K B， WEINGART L R， HINDS P J. Team Diversity and Information Use ［J］. Academy of Management Journal， 2005 （48）： 1107-1123.

［36］ MEER-KOOISTRA J， SCAPENS R W. The Governance of Lateral Relations between and within Organizations ［J］. Management Accounting Research， 2008 （19）： 365-384.

［37］ ABERNETHY M A， LILLLIS A M. The Impact of Manufacturing Flexibility on Management Control System Design ［J］. Accounting， Organizations and Society， 1995 （20）： 241-258.

［38］ 王锋，杨公遂，苗润滋. 博弈论视角下的企业绩效考核评价指标体系初探 ［J］. 山东经济，2009 （5）.

［39］ 余绪缨，蔡淑娥. 管理会计 ［M］. 北京：中国财政经济出版社，1999.

［40］ 希尔顿. 管理会计 ［M］. 耿建新，等译. 北京：机械工业出版社，2000.

［41］ 波特. 竞争战略 ［M］. 陈小悦，译. 北京：华夏出版社，1997.

［42］ 于增彪. 管理会计研究 ［M］. 北京：中国金融出版社，2007.

［43］ 温素彬. 管理会计：理论、模型、案例 ［M］. 北京：机械工业出版社，2008.

［44］ 杨公遂，林丰岩，叶飞. 管理会计学 ［M］. 济南：山东人民出版社，2014.

［45］ 易中胜，马贤明，陈良. 管理会计：挑战、对策与设想 ［J］. 会计研究，1988 （6）.

［46］ 余绪缨. 以 ABM 为核心的新管理体系的基本框架 ［J］. 当代财经，1994 （4）.

［47］ 余绪缨. 简论当代管理会计的新发展 ［J］. 会计研究，1995 （7）.

［48］ 王光远. 对 ABC 相关研究的回顾及其动因分析 ［J］. 当代财经，1994 （6）.

［49］ 胡玉明. 作业管理的基本特点及其在管理上的重大开拓性 ［J］. 当代财经，1994 （8）.

［50］ 段晓燕. 平衡记分卡发明者自省失败运用六大类型 ［N］. 21世纪经济报道，2000-03-13 （27）.

[51] 王光远. 作业会计的基本概念 [J]. 会计研究, 1995 (7).

[52] 陈胜群. 经营战术意义上成本元的理论分析 [J]. 当代财经, 1997 (2).

[53] 赵立三, 王丹. 关于成本动因问题的理论探讨 [J]. 会计研究, 1998 (6).

[54] 欧佩玉, 王平心. 作业分析法及其在我国先进制造企业的应用 [J]. 会计研究, 2000 (2).

[55] 王平心. 作业成本计算理论与应用 [M]. 大连: 东北财经大学出版社, 2001.

[56] 杨公遂. 成本管理与控制——为企业创造价值 [M]. 北京: 军事谊文出版社, 2003.

[57] 穆林娟. 作业成本管理——实务与发展 [M]. 北京: 中国广播电视出版社, 2003.

[58] 杨公遂. 新商业环境下的成本控制 [J]. 齐鲁珠坛, 2006 (1).

[59] 杨公遂. 全面成本管理提升企业价值 [J]. 首席财务官, 2006 (10).

[60] 杨公遂. 管理会计理论研究的现状与前瞻 [J]. 山东社会科学, 2010 (11).

[61] 王文清, 甘永生. 管理会计 [M] 北京: 清华大学出版社, 2007.

[62] 王静刚. 管理会计 [M]. 北京: 科学出版社, 2004.

[63] 余绪缨. 管理会计学 [M]. 北京: 中国人民大学出版社, 2005.

[64] 余海宗. 战略管理会计论 [M]. 成都: 西南财经大学出版社, 2003.

[65] 潘学模. 管理会计学 [M]. 成都: 西南财经大学出版社, 2003.

[66] 陆宇建, 李冠众. 管理会计学 [M]. 大连: 东北财经大学出版社, 2009.

[67] 丁元霖. 管理会计 [M]. 上海: 立信会计出版社, 2005.

[68] 盛明泉. 管理会计 [M]. 上海: 格致出版社, 上海人民出版社, 2008.

[69] 孙茂竹, 文光伟, 杨万贵. 管理会计学 [M]. 北京: 中国人民大学出版社, 2006.

[70] 邓厚平. 论战备管理会计基本假设与一般原则 [J]. 黑龙江财政高等专科学校学报, 2001 (6).

[71] 苏寿堂. 利润预算管理是个好办法 [J]. 中外管理, 1999 (2).

[72] 财政部企业司. 企业全面预算管理的理论与案例 [M]. 北京: 经济科学出版社, 2004.

[73] 王斌. 企业预算管理及其模式 [J]. 会计研究, 1999 (11).

[74] 于增彪, 梁文涛. 现代公司预算编制起点问题的探讨——兼论公司财务报告的改进 [J]. 会计研究, 2002 (3)

[75] 董伟, 张朝宓. 集团型预算管理的模式——江苏省电力公司预算管理的实地研究报告 [J]. 财务与会计, 2001 (10).

[76] 苗振亚. 从战略管理会计角度谈企业集团预算模式 [J]. 重庆商学院学报, 2001 (2).

［77］潘爱香，景东丽．如何解读全面预算管理［J］．财务与会计，2002（8）．
［78］汤谷良．全面预算管理——一种新的“游戏规则”［J］．新理财，2003（3）．
［79］高晨．以战略为导向的预算改进［J］．商业会计，2004（9）．
［80］颜昌军．构建以战略为导向的全面预算管理［J］．商业时代，2006（5）．
［81］王斌，高晨．论管理会计工具整合系统［J］．会计研究，2004（4）．
［82］汤谷良，杜菲．基于公司战略的预算目标体系模型的构建［J］．财会通讯，2004（3）．
［83］李春瑜，刘玉琳．战略绩效管理工具及其整合［J］．会计之友，2005（7）．
［84］陈晓芳，方蕾．基于战略导向的全面预算管理框架探讨［J］．财会通讯，2006（6）．
［85］魏春奇．构建以战略为导向的全面预算管理制度［J］．会计之友，2007（10）．
［86］张友棠．财务预算与绩效管理制度设计［M］．北京：中国财政经济出版社，2008．
［87］朱朝晖，宋洁．基于平衡计分卡的战略导向全面预算流程构建［J］．财会通讯，2009（7）．
［88］许蔚君．基于战略导向的企业全面预算管理体系构建——来自广东省电信公司的实例检验［J］．财会通讯，2010（9）．
［89］王菊玲．基于平衡计分卡的全面预算体系构建［J］．产业与科技论坛，2010（8）．
［90］吴忠东．构建以战略为导向的全面预算管理［J］．新会计，2011（3）．
［91］卢建胜．基于价值链的企业全面预算管理研究［D］．天津：天津财经大学，2009．
［92］侯龙文，侯岩，何瑛．现代全面预算管理［M］．北京：经济管理出版社，2005．
［93］史习民．全面预算管理［M］．上海：立信会计出版社，2003．
［94］南京大学会计学系课题组．中国企业预算管理现状的判断及其评价［J］．会计研究，2001（4）．
［95］王颖．战略导向的全面预算管理研究［D］．保定：河北工业大学，2010．
［96］曾维林，谢爱萍．战略导向下企业预算管理体系的构建及其应用［J］．中国管理信息化，2008（11）．
［97］李兆杰．现代企业全面预算管理理论与实务［D］．郑州：郑州大学，2007．
［98］陈汉文．管理会计［M］．北京：中央广播电视大学出版社，2010．
［99］王化成，佟岩，李勇．全面预算管理［M］．北京：中国人民大学出版社，2004．

[100] 迟晓英. 价值链价值流分析方法对成本控制的启示 [J]. 上海会计, 2000 (8).

[101] 陈一君, 郭耀煌. 企业战略联盟的价值链分析 [J]. 商业研究, 2002 (12).

[102] 陈轲. 企业战略成本管理研究 [M]. 北京：中国财政经济出版社, 2001.

[103] 陈伟. 基于竞争战略的企业价值链管理模式研究 [D]. 哈尔滨：哈尔滨工程大学, 2003.

[104] 杨公遂. 实施虚拟经营策略提升企业的核心竞争力 [J]. 建材财会, 2005 (4).

[105] 杨公遂. 关于业务流程外包（BPO）的构成要素及动机的探讨 [J]. 山东经济, 2005 (5).

[106] 蔡希贤. 现代企业战略管理 [M]. 武汉：华中理工大学出版社, 1998.

[107] 蔡树堂. 企业战略管理 [M]. 北京：石油工业出版社, 2001.

[108] 谭忠富, 候建朝, 王成文, 等. 企业战略管理——理论与案例 [M]. 北京：经济管理出版社, 2008.

[109] 中国注册会计师协会. 公司战略与风险管理 [M]. 北京：经济科学出版社, 2013.

[110] 英格拉姆, 奥尔布赖特, 希尔. 管理会计：预算管理与内部控制 [M]. 陈晋平, 等译. 北京：中信出版社, 2005.

[111] 葛家澍, 余绪缨. 管理会计 [M]. 沈阳：辽宁人民出版社, 2006.

[112] 田虹, 杨絮飞. 战略管理 [M]. 北京：机械工业出版社, 2011.

[113] 胡元木. 成本与管理会计研究 [M]. 北京：经济科学出版社, 2010.

[114] 李春梅. 战略定位分析与竞争战略的选择 [J]. 会计之友, 2007 (2).

[115] 陈全成. 企业战略定位分析的方法探究 [J]. 会计师, 2009 (9).

[116] 任海云, 师萍. 作业成本法研究现状综述 [J]. 中国管理信息化, 2009 (2).

[117] 王平心, 韩新民. 新制造环境下成本管理的新思维——推进企业采用作业成本方法（上）[J]. 机械工业发展战略与科技管理, 1997 (9).

[118] 王平心, 韩新民. 新制造环境下成本管理的新思维——推进企业采用作业成本方法（下）[J]. 机械工业发展战略与科技管理, 1997 (11).

[119] 朱云, 陈工孟. 作业成本法在香港应用的调查分析 [J]. 会计研究, 2000 (8).

[120]《管理会计应用与发展的典型案例研究》课题组. 作业成本法在我国铁路运输企业应用的案例研究 [J]. 会计研究, 2001 (2).

[121] 李兴文, 王晓强. 浅探作业成本法与ERP系统的整合 [J]. 财会月刊, 2003 (7).

[122] 韩庆兰，朱晓莉. 作业成本法在物流成本管理中的应用 [J]. 财会月刊，2004 (9).

[123] 李定安，尤本胜. ABC在港口企业中应用的探讨 [J]. 财会月刊，2005 (8).

[124] 张蕊，饶斌，吴炜. 作业成本法在卷烟制造业成本核算中的应用研究 [J]. 会计研究，2006 (7).

[125] 张国华，李强，韩波. 基于作业成本的高校教育成本核算及管理体系构建 [J]. 会计之友，2007 (5).

[126] 裴正兵，梁建平. 作业成本法 (ABC) 在酒店业的应用性研究 [J]. 旅游学刊，2008 (10).

[127] 王建礼，杨荣本. 谈作业成本法在我国的应用障碍 [J]. 财会月刊，2008 (9).

[128] 黄晓珍. 作业成本法在我国的应用现状及对策 [J]. 企业研究，2010 (18).

[129] 张旗，林万祥. 战略作业成本法——基于作业成本法与战略成本管理的整合视角 [J]. 会计之友，2008 (3).

[130] 王翠，王棣华. 作业成本法在高新技术企业中的应用 [J]. 云南科技管理，2008 (1).

[131] 陈文涓，周智学. 作业成本法在高新技术企业中的应用分析 [J]. 会计之友，2010 (4).

[132] 韩俊华. 高新技术企业成本管理研究 [J]. 郑州航空工业管理学院学报，2011，29 (5).

[133] 刘雅荣. 作业成本法在我国企业应用的探讨 [D]. 太原：山西财经大学，2006.

[134] 李东兵. 作业成本核算在第三方物流企业应用的研究 [D]. 大连：大连海事大学，2005.

[135] 王慎行. 作业成本法在物流企业中的应用现状初探 [J]. 科技信息 (学术研究)，2007 (14).

[136] 王志红. 成本会计学 [M]. 北京：清华大学出版社，2010.

[137] 孟凡利，王翠春，王健，等. 管理会计应用：问题、现状及应有的改进——关于管理会计应用情况的一份问卷调查及其启示 [J]. 会计研究，1997 (4).

[138] 杨公遂. 作业成本法的应用研究 [J]. 山东经济，2005 (8).

[139] 于增彪，王竞达，聂惠贤，等. 从传统成本系统向作业成本系统的迈进——洛铜集团机台作业成本案例研究 [J]. 财务与会计，2005 (12).

[140] 胡元木，杨公遂，曹庆华. 成本会计学 [M]. 天津：南开大学出版社，2003.

［141］周文霞. 新经济时代人力资源工作手册［M］. 北京：中国大地出版社，2001.

［142］朱传华. 论加强企业人力资源成本控制的必要性［J］. 技术经济，2002（4）.

［143］王丽. 论人力资源的成本会计［J］. 农业经济，2002（8）.

［144］徐方. 人力资源成本的全面描述［J］. 农村金融经济，2003（6）.

［145］胡艳辉. 企业人力资源成本管理研究［D］. 保定：河北大学，2004.

［146］吴振顺. 企业人力资源成本控制探析［J］. 技术经济，2004（12）. 吴振顺. 企业人力资源成本控制探析［J］. 技术经济，2004（12）.

［147］齐梅. 浅析企业人力资源成本的控制［J］. 辽宁广播电视大学学报，2005（1）.

［148］倪敏玲. 试论战略人力资源管理的本质与特征［J］. 苏州大学学报（工科版），2005（2）.

［149］杨瑾. 人力资源会计在我国的应用［J］. 金融会计，2005（1）.

［150］马新建. 人力资源管理与开发［M］. 北京：石油工业出版社，2005.

［151］黄凌，熊敏鹏. 加强人力资源成本控制［J］. 中国电力企业管理，2006（2）.

［152］颜克权. 大型国有企业人力资源成本控制方法研究［D］. 武汉：华中科技大学，2006.

［153］张咏梅，仇相波，陈芳清. 高新技术企业人力资源成本控制［J］. 财会通讯，2007（4）.

［154］陈军. 浅谈中小企业核心人力资源成本控制方法［J］. 价格月刊，2007（5）.

［155］雷国瑜. 企业人力资源成本控制［J］. 上海企业，2007（8）.

［156］徐爱萍，程明娥. 人力资源会计［M］. 武汉：武汉理工大学出版社，2007（9）.

［157］宋峥. 企业人力资源成本管理与控制［D］. 成都：西南交通大学，2007.

［158］张宁. 国有企业人力资源成本控制研究［D］. 洛阳：洛阳工业大学，2007.

［159］尤登弘. 调动员工减成本［M］. 北京：北京大学出版社，2008.

［160］吕波. 战略视角下的人力资源成本管理［J］. 中国人力资源开发，2008（11）.

［161］何刚. 人力资本投资资本［M］. 合肥：合肥工业大学出版社，2008.

［162］刘汉周，陈富永. 人力资源成本控制研究［J］. 财会通讯，2008（6）.

［163］李丹丹. 我国企业人力资源成本控制研究［J］. 昆明理工大学学报，2008（8）.

[164] 吴潇蔚. 浅谈人力资源成本控制与成本管理 [J]. 科技情报开发与经济，2008 (6).

[165] 江潇. 企业人力资源成本控制问题研究 [J]. 中国商界，2009 (9).

[166] 伍成栋. 康园公司的人力资源成本控制研究 [D]. 杭州：浙江工业大学，2009.

[167] 孙毅. 高新技术企业的人力资源成本控制 [D]. 北京：北京交通大学，2009.

[168] 保娟娟. 企业人力资源成本控制策略分析 [J]. 中国商界，2009 (12).

[169] 陈云涛. 浅谈企业人力资源成本管理控制措施 [J]. 中国西部科技，2010 (9).

[170] 王巍. 辽宁省邮电工程局人力资源成本控制体系研究 [D]. 吉林：吉林大学，2010.

[171] 柴永卓. 企业人力资源成本控制研究 [D]. 长春：长春理工大学，2011.

[172] 李辉. 浅谈人力资源成本管理与控制 [J]. 东方企业文化，2011 (12).

[173] 陈晓铖. 我国金融企业人力资源成本管理研究——以上市银行为例 [D]. 苏州：苏州大学，2011.

[174] 刘铭. 水利勘测项目人力资源成本控制 [D]. 济南：山东大学，2011.

[175] 张磊只. 浅议企业人力资源成本控制 [J]. 企业导报，2011 (12).

[176] 孟俊. CS股份有限公司人力资源成本控制研究 [D]. 吉林：吉林大学，2011.

[177] 陶燕. 关于企业人力资源成本控制的思考 [J]. 中国商贸，2012 (3).

[178] 杨公遂. 美国人力资源管理及对我国的启示 [N]. 山东经济学院报，2005-06-09.

[179] 钟海波. 浅议企业财务预警 [J]. 商场现代化，2009 (2).

[180] 刘胜强，卢凯，程惠峰. 雷曼兄弟破产：对企业财务管理目标选择的启示 [J]. 财务与会计，2009 (23).

[181] 潘颖. 企业财务预警系统构建研究 [J]. 商业研究，2009 (8).

[182] 王化成. 高级财务管理学 [M]. 北京：中国人民大学出版社，2003.

[183] 张友棠. 财务预警系统管理研究 [M]. 北京：中国人民大学出版社，2004.

[184] 陈工孟，芮萌，许庆胜. 现代企业财务困境预测 [M]. 上海：上海财经大学出版社，2006.

[185] 杨航空. 基于平衡计分卡的A省收费管理局绩效评价体系研究 [D]. 西安：西北工业大学，2007.

[186] 毕意文，孙永玲. 平衡记分卡中国战略实践 [M]. 北京：机械工业出版社，2003.

［187］成梁，周志刚．平衡记分卡在我国高校绩效管理中应用的探讨［J］．内蒙古师范大学学报，2006（7）．

［188］刘凌艳．平衡记分卡在高校绩效评价中的应用［J］．管理科学文摘，2006（3）．

［189］杨诚．平衡记分卡案例研究［J］．财会通讯，2007（5）．

［190］肖陆军．论平衡记分卡在高校绩效管理中的应用［J］．哈尔滨学院学报，2006（10）．

［191］李进军．平衡记分卡在企业绩效管理中的应用［J］．西南交通大学学报，2005（3）．

［192］赵胜岩，陈书智，汪滢滢，等．当前加强高等教育绩效评价的必要性分析［J］．中国冶金教育，2007（3）．

［193］孟凡红．高校财务绩效评价研究［D］．合肥：合肥工业大学，2006．

［194］刘国永．高等教育财政支出绩效评价指标设计原理、方法及运用［J］．教育与经济，2007（3）．

［195］杨公遂，葛洪朋．基于平衡计分卡的高校教育绩效评价指标体系研究［J］．亚洲教育研究，2008（7）．

［196］林惠琼．财务共享服务背景下管理会计信息化实施策略探讨［J］．中国市场，2022（2）：193-194．

［197］刘楠楠．财务共享服务下的管理会计信息化策略探讨［J］．纳税，2021（24）：131-132．

［198］祝丽娟．财务共享服务下管理会计信息化策略［J］．合作经济与科技，2021（9）：158-159．

［199］孙甲．TCL集团财务共享服务模式的案例研究［D］．桂林：广西师范大学，2016．

［200］刘睿．基于财务共享模式的流程构建与再造研究——以VAL公司为例［D］．昆明：云南财经大学，2020．

［201］张瑞君，陈虎，张永冀．企业集团财务共享服务的流程再造关键因素研究——基于中兴通讯集团管理实践［J］．会计研究，2010（7）．

［202］王斌．论业财融合［J］．财务研究，2018（3）．

［203］汤谷良，夏怡斐．企业“业财融合”的理论框架与实操要领［J］．财务研究，2018（2）．

［204］张庆龙．业财融合实现的条件与路径分析［J］．中国注册会计师，2018（1）．

序　　言

数字经济时代已经到来，以大数据、人工智能、移动互联网、云计算、区块链等为代表的信息技术正颠覆性地改变着会计学科的发展方向。移动互联网技术和人工智能技术下的移动支付、移动办公、云会计和财务共享中心可以使证、账、表自动生成；大数据的环境更易于实现业务与财务之间的对接，使得会计能更加实时、精准而全程地服务于业务；区块链技术的去中心化、分布式记账使得业务数据在各个节点自动相互验证，任何记录都无法被篡改。这些新技术的广泛使用，正在引领会计核算对象、成本核算方法、会计管理方式、会计报告要求、会计考核评价等发生颠覆性的变化。新技术在给会计实务带来冲击的同时，也深刻地影响了会计理论和会计实践教学，引发了会计教学内容和会计教材的创新。

如何应对信息技术的挑战，是我们每一位会计教育工作者必须交出的答卷。通过十多年的不懈努力，中南财经政法大学会计学院“财务会计学”课程组提出了“业财合一、流程管控”的会计教学改革新方法。该教学方法的特点主要体现在以下两个方面：

（1）业财合一

“业财合一”的核心思想就是“懂业务，懂资金运动，就自然懂会计。业务即会计，会计即业务”。在该思想的指导下，会计学习的重心发生了根本性的变革，即从对传统会计处理的学习全面转向对企业的经济业务及其所引发的资金运动的把控。

传统的会计教学主要围绕着“凭证—账簿—报表”展开，它关注的是会计本身的技术处理，关注的是会计自身的“一亩三分地”。这看起来好像无可非议，但问题是在这个“大智移云”的时代，会计这“一亩三分地”中的技术处理部分完全可以由人工智能完成。

在这种新的形势下，会计教与学的重心就转变为：企业发生了什么样的经济业务，这些经济业务会引发什么样的资金运动，资金为什么会发生这样的运动。换言之，新的教学方法将会计关注的重心引向业务，引向企业的资金运动。虽然传统的会计技术处理依然要学习，但它不是会计学习的重点，它只是一个水到渠成的顺带所得，是一个“营业外收入”而已。会计自始至终都在分析企业的经济业务及其所引发的资金运动。

如何实现业财合一，使会计学习的重心转向企业的经济业务？首先，我们提出了“会计沙盘模型”，并通过该模型来全程、实体地模拟企业经济业务所引发的资金运动。该模型的提出，使课程教学中抽象的企业资金运动全部变成有形的实体运动，使会计对象、会计要素全部变成看得见、摸得着的有形实体。其次，我们在可视化的资金运动与会计信息处理之间建立起一一对应的逻辑关系。该逻辑关系就是“资金运动，终点记借，起点记贷”的记账规则。这样，新的教学方法的逻辑思路就是：经济业务—资金运动—会计处理。由于这种逻辑关系的存在，只要弄清楚了企业发生的经济业务，只要弄清楚了该业务所引发的资金运动，我们自然而然就知道该如何进行会计处理了。因此，会计教学的重心就从传统的关注会计本身的技术处理转向关注对企业的经济业务及其所引发的资金运动的把控。这样，懂业务，懂资金运动，自然就懂会计，“业”“财”因此“合一”。

（2）流程管控

“流程管控”的核心思想就是按照业务流程来分析企业的资金运动，并进行相应的会计处理，而传统的会计核算都是按照会计报表项目展开的，尤其是教学体系和教材体系。

这种新的教学方法将企业经济活动过程引入对业务、对资金运动、对会计处理的分析之中。一般而言，企业的经济活动按流程可以分为筹资、供应、生产、销售和投资等五大环节。流程管控就是按这五大环节重构企业的业务流程，并在此基础上分析各环节的基本资金运动，从而形成企业整体基本资金流程框架，最终在此框架的基础上构建新的基于资金运动视角的会计核算理论体系、教学体系和教材体系。

按五大环节构建的基本资金运动流程为分析企业经济业务提供了一个基本的逻辑分析框架，企业所有的经济业务及其所引起的资金运动都可以在这个框架之下进行分析与推演。企业经济业务及其资金运动的分析过程实际上就是沙盘的推演过程。在这个分析过程中，我们将各种财务管理与控制思想、各种会计原则和会计假设等融入资金运动的分析与推演之中。通过这种分析与推演，读者不仅知道经济业务引发的资金是怎样运动的，还知道资金为什么要这样运动，从而能更好地提升自身的综合素质和对企业进行全面把控，提高分析问题和解决问题的能力。

正因为如此，本系列教材内容除了包括传统的会计技术处理外，还可以看到大量的资金运动流程及其分析。我们认为，在这个“大智移云”的时代，对这些资金运动流程的把握远比对会计的技术处理要重要得多。愿本系列教材能够助力广大师生在会计教学改革之路上奋力开拓，砥砺前行！

施先旺

中南财经政法大学

第二版前言

在原来第一版的基础上，第二版主要做了如下修订：

（1）对原第一版第二章的部分内容进行了更新与充实。其更新与充实内容主要是“第十节　特殊交易在合并财务报表中的会计处理”的部分内容。在第一版中，该部分的有些内容讲解得较为简单；在第二版中，对这部分内容进行了补充，使其更加详细、更加清楚。

（2）全面体现了课程思政理念。在结构安排上，每一章都设置了“思政园地”栏目，供老师和同学们学习与探讨。

（3）提供全书免费视频讲解。视频讲解以二维码的形式放在教材相应位置，扫码就可免费观看。

（4）为使读者更便捷地了解“业财合一·流程管控”新的教学方法，本书以“附录　业财合一系列教材基础知识准备”的方式进行了简要介绍。

为了推广“业财合一·流程管控”的会计改革新方法，中南财经政法大学会计学院“财务会计学”课程组联合国内部分高校会计专业教师一起出版了这套“业财合一·流程管控”系列教材。本书由施先旺（中南财经政法大学）和马荣贵（河南财政金融学院）任主编，由余珍（武汉学院）和毛洪安（中南财经政法大学）任副主编。本书共十一章，编写分工如下：万仁新（安徽财经大学）编写第一章；施先旺编写第二章；毛洪安编写第三章；郝继伟（洛阳师范学院）编写第四章；余珍编写第五章；王慧琳（重庆交通大学）编写第六章；王云莉（太原理工大学）编写第七章；马荣贵编写第八章；包晓岚（华中农业大学）编写第九章；蒋晶晶（武汉学院）编写第十章；章金霞（贵州财经大学）编写第十一章。

本书是中南财经政法大学2018年中央高校教育教学改革项目“基于综合素质培养的会计课程体系建设与会计教育方法研究”（2020年持续资助）的重要成果，是2015年湖北省高等学校省级教学研究项目“基于职业判断能力培养的会计课程体系建设与会计教育方法研究”（项目编号2015160）的重要成果。

本书所使用的“会计沙盘模型”名称及其模型本身已申请专利保护，未经施会计团队授权，不得用于盈利性活动。

本书配备了“高级财务会计”课程线上教学平台，欢迎大家访问和使用该线上教学平台。

本书在编写的过程中得到很多专家、学者的帮助，在此一并表示感谢。同时还要感谢东北财经大学出版社的李栋编辑。

由于编写者水平有限，本书的疏漏之处在所难免，期待广大读者批评指正，以助其不断完善。请将您的宝贵意见与建议告知课程组联系人（其微信号为：shixw2000）。

欢迎观注“施教授会计大讲堂”微信公众号：

施教授会计大讲堂

欢迎观注“财大的施会计”个人空间：

财大的施会计

编　者

2022年12月

目　　录

立德育人对照表

育人目标	育人维度	育人元素	育人案例标题	对应内容	对应育人元素
立德育人	情感	家国情怀	吉利收购沃尔沃	第一章	民族自信；开拓创新；全球视野
		民族自信	2021年国内并购交易量创新高	第二章	全球视野；辩证思维；开拓创新
		人民至上	人民币国际化取得积极进展	第三章	民族自信；全球视野；家国情怀
	素质	社会责任	变味的资产减值：广州浪奇资产减值超60亿，存货离奇消失惹疑	第四章	职业道德；诚信守正；法治意识
		团结精神	会计政策选择应遵循的原则	第五章	职业道德；法治意识
		职业道德	神雾环保信息披露违法违规案	第六章	职业道德；诚实守信；社会责任
	意识	法治意识	科创板股权激励方案将加大适应性	第七章	开拓创新；全球视野；民族自信；契约精神
		契约意识	平安租赁创新小微租赁模式 打造小微租赁生态圈	第八章	开拓创新；社会责任；共同发展（人民至上）
		诚信守正	助力实现碳达峰、碳中和目标 专家热议碳金融产品和服务创新	第九章	社会责任；全球视野；家国情怀；开拓创新
	思维	开拓创新	阿里执行副主席蔡崇信详解合伙人机制：避免关键人风险	第十章	开拓创新；契约意识；诚实守信；职业道德；团结精神
		辩证思维	广西柳州正菱集团有限公司及53家关联企业重整案	第十一章	契约精神；法治意识；社会责任；开拓创新；人民至上（共同发展）；司法公平、公正

第一章　企业合并

学习目标

本章主要讲解企业合并业务的会计处理。通过本章的学习，读者应掌握企业合并的界定；熟悉企业合并的方式；掌握同一控制下和非同一控制下企业合并日合并单个主体投资业务所引起的资金运动及其会计处理；掌握同一控制下和非同一控制下企业合并日合并业务所引起的资金运动及其会计处理；掌握反向并购业务所引起的资金运动及其会计处理。

对企业合并的界定

第一节　企业合并概述

一、企业合并的界定

企业合并是将两家或两家以上单独的企业（主体）合并形成一个报告主体的交易或事项。从会计的角度看，交易是否构成企业合并，进而是否能够按照企业合并准则进行会计处理，主要应关注两个方面：

（一）被购买方是否构成业务

企业合并本质上是一种购买行为，但与单项资产购买不同的是，企业合并是一组有内在联系、为了某一既定的生产经营目的而存在的多项资产组合或是多项资产负债构成的对净资产的购买。企业合并的结果通常是一家企业取得了对一个或多个业务的控制权。即：要形成会计意义上的"企业合并"，前提是被购买的资产或资产负债组合要形成"业务"。如果一家企业取得了对另一家或多家企业的控制权，而被购买方（或被合并方）并不构成业务，则该交易或事项不形成企业合并。

业务是指企业内部某些生产经营活动或资产负债的组合，该组合具有投入、加工处理过程和产出能力，能够独立计算其成本费用或所产生的收入。要构成业务不需要有关资产、负债的组合一定构成一家企业，或是具有某一具体法律形式。实务中，虽然也有企业只经营单一业务，但一般情况下企业的分公司、独立的生产车间、不具有独立法人资格的分部等也会构成业务。值得注意的是，有关的资产组合或资产负债组合是否构成业务，不是看其在出售方手中如何经营，也不是看购买方在购入该部分资产或资产负债组合后准备如何使用。为保持业务判断的客观性，对一组资产或资产负债组合是否构成业务，要看在正常的市场条件下，从一定的商业常识和行业惯例等出发，有关的资产或资产负债组合能否被作为一项具有内在关联度的生产经营目的的项目整合起来使用。

区分业务的购买——构成企业合并的交易与不构成企业合并的资产或资产负债组合的购买，意义在于其会计处理方式存在实质上的差异：

（1）企业取得了不形成业务的一组资产或资产、负债的组合时，应识别并确认所取得的单独可辨认资产（包括符合《企业会计准则第6号——无形资产》中无形资产定义和确认标准的资产）及承担的负债，并将购买成本基于购买日所取得的各项可辨认资产、负债的相对公允价值，在各单独可辨认资产和负债间进行分配，不按照企业合并准则进行处理。分配的结果是取得的有关资产、负债的初始入账价值有可能不同于购买时点的公允价值，资产或资产、负债打包购买中多付或少付的部分均需要分解到取得的资产、负债项目中，而不会产生商誉或购买利得。

在被购买资产构成业务，需要作为企业合并处理时，购买日（合并日）的确定、合并中取得资产、负债的计量、合并差额的处理等均需要按照企业合并准则的有关规定进行处理。如在构成非同一控制下企业合并的情况下，合并中自被购买方取得的各项可辨认资产、负债应当按照其在购买日的公允价值计量，合并成本与取得的可辨认净资产公允价值份额的差额应当确认为单独的一项资产——商誉或是在企业合并成本小于合并中取得可辨认净资产公允价值份额的情况下，该差额确认计入当期损益。

（2）交易费用在购买资产交易中通常作为转让对价的一部分，从而资本化为所购买的资产成本的一部分。而在企业合并中，交易费用应被费用化，计入当期损益。

（3）企业会计准则禁止对以下交易所记录的资产和负债初始确认时产生的暂时性差异确认递延所得税：①非业务合并；②既不影响会计利润也不影响应纳税所得额或可抵扣亏损。相应地，资产购买中因账面价值与税务基础不同而形成的暂时性差异不应该确认递延所得税资产或负债，然而业务合并中购买资产和承担的债务因账面价值与计税基础不同形成的暂时性差异应确认递延所得税的影响。

（二）交易发生前后是否涉及对标的业务控制权的转移

从企业合并的定义看，是否形成企业合并，除要看取得的资产或资产负债组合是否构成业务之外，还要看有关交易或事项发生后，是否引起报告主体的变化。报告主体的变化产生于控制权的变化。在交易事项发生以后，投资方拥有对被投资方的权力，通过参与被投资方的相关活动享有可变回报[①]，并且有能力运用对被投资方的权力影响其回报金额的，投资方对被投资方具有控制权，从而形成母子公司关系，则涉及控制权的转移。该交易或事项发生以后，子公司需要纳入母公司合并财务报表的范围中，从合并财务报告的角度来看，报告主体发生了变化；交易事项发生以后，一方能够控制另一方的全部净资产，被合并的企业在合并后失去其法人资格，也涉及控制权及报告主体的变化，形成企业合并。

假定在合并前甲、乙两家企业为各自独立的法律主体，且均构成业务，企业合并准则中所界定的企业合并，包括但不限于以下情形：

（1）甲企业通过增发自身的普通股自乙企业原股东处取得乙企业的全部股权，该交易

① 可变回报，是不固定且可能随着被投资方业绩变化而变化的回报，可以仅是正回报，仅是负回报，或者同时包括正回报和负回报。

事项发生后，乙企业仍持续经营。

（2）甲企业支付对价取得乙企业的全部净资产，该交易事项发生后，乙企业的法人资格被撤销。

（3）甲企业以自身持有的资产作为出资投入乙企业，取得对乙企业的控制权，该交易事项发生后，乙企业仍维持其独立法人资格继续经营。

二、企业合并的方式

按合并方式划分，企业合并包括控股合并、吸收合并和新设合并。

（一）控股合并

合并方（或购买方，下同）通过企业合并交易或事项取得对被合并方（或被购买方，下同）的控制权，企业合并后能够通过所取得的股权等主导被合并方的生产经营决策并自被合并方的生产经营活动中获益，被合并方在企业合并后仍维持其独立法人资格继续经营的，为控股合并。

该类企业合并中，因合并方通过企业合并交易或事项取得了对被合并方的控制权，被合并方成为其子公司。在企业合并发生后，被合并方应当纳入合并方合并财务报表的编制范围，从合并财务报表的角度来看，报告主体发生了变化。

（二）吸收合并

合并方在企业合并中取得被合并方的全部净资产，并将有关资产、负债并入合并方自身生产经营活动中。企业合并完成后，注销被合并方的法人资格，由合并方持有合并中取得的被合并方的资产、负债，并在新的基础上继续经营，该类合并为吸收合并。

吸收合并中，因被合并方（或被购买方）在合并发生后被注销，从合并方（或购买方）的角度需要解决的问题是，其在合并日（或购买日）取得的被合并方有关资产、负债入账价值的确定，以及为了进行企业合并支付的对价与所取得被合并方资产、负债的入账价值之间差额的处理。

企业合并后，合并方应将合并中取得的资产、负债作为本企业的资产、负债核算。

（三）新设合并

参与合并的各方在企业合并后法人资格均被注销，重新注册成立一家新的企业，由新注册成立的企业持有参与合并各企业的资产、负债，并在新的基础上经营，称为新设合并。新设合并中，各参与合并企业投入到新设企业的资产、负债价值以及相关构成新设企业的资本等，一般应按照有关法律法规及各参与合并方的合同、协议执行。

三、企业合并类型的划分

企业合并的方式与类型

我国在企业合并准则中将企业合并按照一定的标准划分为两大基本类型——同一控制下的企业合并与非同一控制下的企业合并。企业合并的类型划分不同，其所遵循的会计处理原则也不同。

（一）同一控制下的企业合并

同一控制下的企业合并，是指参与合并的企业在合并前后均受同一方或相同的多方最终控制且该控制并非暂时性的控制。具体而言，该定义主要包括三层含义：

（1）能够对参与合并各方在合并前后均实施最终控制的一方通常指企业集团的母公司。同一控制下的企业合并一般发生于企业集团内部，如集团内母子公司之间、子公司与子公司之间等。因为该类合并从本质上讲是集团内部企业之间的资产或权益的转移，不涉及自集团外购入子公司或者向集团外其他企业出售子公司的情况。

（2）能够对参与合并的企业在合并前后均实施最终控制的相同多方，是指根据合同或协议的约定，拥有最终决定参与合并企业的财务和经营政策，并从中获取利益的投资者群体。

（3）实施控制的时间性要求，是指参与合并的各方在合并前后较长时间内为最终控制方所控制。具体而言，时间性要求是指在企业合并之前（即合并日之前），参与合并各方在最终控制方的控制时间一般在1年以上（含1年），企业合并后所形成的报告主体在最终控制方的控制时间也应达到1年以上（含1年）。

企业之间的合并是否属于同一控制下的企业合并，应综合构成企业合并交易的各方面情况，按照实质重于形式的原则进行判断。通常情况下，同一控制下的企业合并是指发生在同一企业集团内部企业之间的合并。同受国家控制的企业之间发生的合并，不应仅仅因为参与合并各方在合并前后均受国家控制而将其作为同一控制下的企业合并。

（二）非同一控制下的企业合并

非同一控制下的企业合并，是指参与合并各方在合并前后不受同一方或相同的多方最终控制的合并交易，即除属于同一控制下企业合并以外的其他企业合并。

【例1-1】甲公司为某省人民政府国有资产监督管理委员会（简称“某省国资委”）管辖的国有企业，20×8年10月，出于整合同类业务的需要，由甲公司通过定向发行普通股给控股股东的方式，取得对乙公司的控制权。该项交易前，该省国资委下属的丙投资公司持有乙公司的股权并控股，甲公司与丙公司双方签订协议约定：

（1）以20×8年9月30日为评估基准日，根据独立的评估机构评估确定的乙公司全部股权的公允价值4.02亿元为基础确定甲公司应支付的对价。

（2）甲公司普通股作价5元／股，该项交易中甲公司向丙投资公司发行3 700万股本公司普通股，取得乙公司46%的股权。

（3）甲公司在本次交易中向丙投资公司定向发行3 700万股后，即有权力调整和更换乙公司董事会成员，该事项不受本次交易中股东名册变更及乙公司有关工商注册变更的影响。

20×8年12月10日，甲公司向丙投资公司定向发行了3 700万股，并于当日对乙公司董事会进行改选。

问题：甲公司对乙公司的合并应当属于哪种类型？

分析：本案例中合并方甲公司与被合并方乙公司在合并前为独立的市场主体，其特殊性在于甲公司在合并前直接被当地国资委控制，乙公司是当地国资委通过下属投资公司间接控制。判断本项交易的合并类型关键在于找到是否存在于合并交易发生前后对参与合并各方均能够实施控制的一个最终控制方，本案例中，这个最终控制方是某省国资委。虽然该项交易是因整合同类业务的需要由国资委安排的，但交易的作价是完全按照市场价格确定的，同时企业合并相关准则中明确规定，同受国家控制的两家企业进行合并，不能仅因为其为国有企业即作为同一控制下企业合并，该项合并应当作为非同一控制下企业合并处理。

【例 1-2】甲公司20×7年2月通过公开市场购入乙公司600万股股票，占乙公司公开发行在外股份的2%，该部分股份取得以后，甲公司将其作为以公允价值计量且其变动计入当期损益的金融资产核算。20×8年，甲公司与乙公司签订以下协议：

（1）甲公司以其占100%股权的三家公司股权对乙公司投资，在双方确定的评估基准日——20×8年6月30日，三家公司股权的评估价值为65 000万元；

（2）双方应于20×8年7月31日前办妥上述三家公司股权过户手续；

（3）乙公司应于20×8年8月31日前通过股东大会决议，以发行本公司普通股16 250万股（每股4元）作为接受投资的对价。

20×8年8月10日，乙公司股东大会通过决议，以发行本公司普通股16 250万股作为接受投资的对价。

该股份发行后，甲公司向乙公司董事会派出4名成员（乙公司董事会由7人组成），日常财务和生产经营决策由董事会决定；甲公司持有乙公司发行在外股份的36.43%，除甲公司所持股份外，乙公司其他股东持有其股份的情况为：A股东持股10%，B股东持股8%，C股东持股7%，D股东持股6%，E股东持股5%，F股东持股4.5%，其他社会公众（持股比较分散）最高持股不到1%。

问题：甲公司合并乙公司的行为属于哪种企业合并类型？

分析：20×7年甲公司自公开市场取得乙公司2%的股份，因未以任何方式参与乙公司生产经营决策，不能施加重大影响，故该项股权投资应作为交易性金融资产核算。

20×8年，甲公司通过将其所持有的三家公司100%的股份对乙公司投资，乙公司以发行本公司普通股作为对价。该次发行完成后，甲公司持有乙公司36.43%的股份。通过分析乙公司股权结构、甲公司对乙公司董事会的影响可知，该项股份发行后，甲公司能够控制乙公司，从而构成企业合并。

在本次交易发生前，甲公司虽然持有乙公司2%的股份，但不构成控制；交易完成后，甲公司控制乙公司，乙公司持有甲公司原三家子公司100%的股权，并能够对这三家公司实施控制。该项交易前后，找不到一个最终控制方能够控制参与合并企业（乙公司、甲公司及甲公司原持有的三家全资子公司）。因此，该交易不属于同一控制下的企业合并，应当按照非同一控制下企业合并处理。

第二节　合并日合并方单个主体投资业务会计处理

企业合并，是从合并方出发，确定合并方在合并日对于企业合并事项应进行的会计处理，其主要包括两个内容：合并日的确定和合并日业务的处理。合并日业务主要包括两部分：一部分是合并方对被合并方进行投资，由此产生的合并方单个主体的投资业务会计处理；另一部分是由于投资引发合并，导致合并方与被合并方形成母子公司关系，产生基于母子公司关系的新的集团主体，合并方需要基于母子公司关系这一新的会计主体编制合并财务报表。

一、合并日合并方单个主体投资业务处理的基本原则

（一）合并日的确定

合并日单个主体投资业务处理原则

合并日是购买方获得对被购买方控制权的日期，即企业合并交易进行过程中，发生控制权转移的日期。

1.合并日的确定原则

确定合并日的基本原则是控制权转移的时点。企业在实务操作中，应当结合合并合同或协议的约定及其他有关的影响因素，按照实质重于形式的原则进行判断。同时满足以下条件时，一般可认为实现了控制权的转移，形成合并日。有关的条件包括：

（1）企业合并合同或协议已获股东大会等内部权力机构通过。企业合并一般涉及的交易规模较大，无论是合并当期还是合并以后期间，均会对企业的生产经营产生重大影响。在能够对企业合并进行确认，形成实质性的交易前，该交易或事项应经过企业的内部权力机构批准。

（2）按照规定，合并事项需要经过国家有关主管部门审批的，已获得相关部门的批准。按照国家有关规定，企业合并需要经过国家有关部门批准的，取得相关批准文件是对企业合并交易或事项进行会计处理的前提之一。

（3）参与合并各方已经办理了必要的财产权交接手续。作为购买方，通过合并无论是取得被购买方的股权还是取得被购买方的全部净资产，能够形成与取得股权或净资产相关的风险和报酬的转移，一般需办理相关的财产权交接手续，从法律意义上保障有关风险和报酬的转移。

（4）购买方已支付了购买价款的大部分（一般应超过50%），并且有能力支付剩余款项。购买方要取得与被购买方净资产相关的风险和报酬，其前提是必须支付一定的对价，一般在形成合并日之前，购买方应当已经支付了购买价款的大部分，并且从其目前财务状况判断，有能力支付剩余款项。

（5）购买方实际上已经控制了被购买方的财务和经营政策，并享有相应的收益和风险。

2.分次实现的企业合并，合并日的确定

企业合并涉及一次以上交换交易的，例如通过分阶段取得股份最终实现合并，企业应于每一交易日确认对被投资企业的各单项投资。“交易日”是指合并方或购买方在自身的账簿和报表中确认对被投资单位投资的日期。分步实现的企业合并中，合并日是指按照有关标准判断购买方最终取得对被购买企业控制权的日期，分步实现的企业合并的具体判断原则和参考依据与通过单项交易实现的企业合并相同。

例如，甲公司于20×8年10月20日取得乙公司30%的股权（假定能够对被投资单位施加重大影响），在与取得股权相关的风险和报酬发生转移的情况下，甲公司应确认对乙公司的长期股权投资，与所取得股权相关的风险和报酬转移的日期即为交易日。在已经拥有乙公司30%股权的基础上，甲公司又于20×9年12月8日取得乙公司30%的股权，在其持股比例达到60%的情况下，假定于当日开始能够对乙公司实施控制，则20×9年12月8日

为第二次购买股权的交易日。因自当日起，甲公司能够对乙公司实施控制，形成企业合并的合并日。

（二）合并日合并方单个主体的投资业务会计处理原则——以控股合并为例

合并日合并方单个主体投资业务的处理主要包括两个内容：长期股权投资的取得和相关交易费用的发生。在同一控制和非同一控制的不同情况下，其会计处理原则可能有差异。两者的具体处理原则见表1-1。

表1-1　　合并日合并方单个投资主体的投资业务处理原则比较

项目	同一控制下的企业合并	非同一控制下的企业合并
（1）投资定位	非公平交易	公平交易
（2）付出的对价是否需要考虑公允价值	不考虑	考虑
	考虑账面价值： ①考虑所支付的对价的账面价值； ②考虑所获得的对方份额的账面价值	考虑公允价值： 考虑所支付的对价的公允价值
（3）投资初始成本的确定	获得对方份额的账面价值（且该账面价值应为在最终控制方合并财务报表中的金额，即会计政策的一致性）	付出对价的公允价值
（4）合并价差的处理	付出对价的账面价值与获得对方份额的账面价值之间的差异，调整所有者权益部分。该差额先调整资本公积；资本公积不足的，再调整留存收益	付出的对价的公允价值与其本身的账面价值之间的差额，要予以确认。若对价是资产类的，则确认资产转让损益，通过营业收入和营业成本、资产处置收益、投资收益等项目反映；如果对价是自身权益工具的，则通过资本公积反映
（5）合并费用的处理	①各项间接费用（即无论投资是否实施，都会发生的），如审计费、评估费用、法律费等，发生时通过管理费用计入当期损益 ②各种直接费用合并构成业务的全部计入管理费用，未构成业务的，计入长期股权投资成本	
（6）投资的后续处理	成本法核算	

二、同一控制下合并日合并方投资业务资金运动分析与会计处理

（一）控股合并下合并日合并方单个主体业务的处理

【例1-3】甲公司和乙公司是同属于丙公司的子公司。甲公司以一项固定资产作为对价获得乙公司60%的股份。该固定资产账面价值为5 000万元（其中原值为6 000万元，未减值），公允价值为8 000万元，增值税税率为13%。乙公司所有者权益的账面价值为6 800万元（其在丙公司合并财务报表中的净资产账面价值为7 000万元），其公允价值为10 000万元。甲公司发生合并费用50万元（该费用为合并过程中的间接费用），已经以银

行存款支付。

（1）将固定资产转入清理（如图1-1中A段运动所示）：

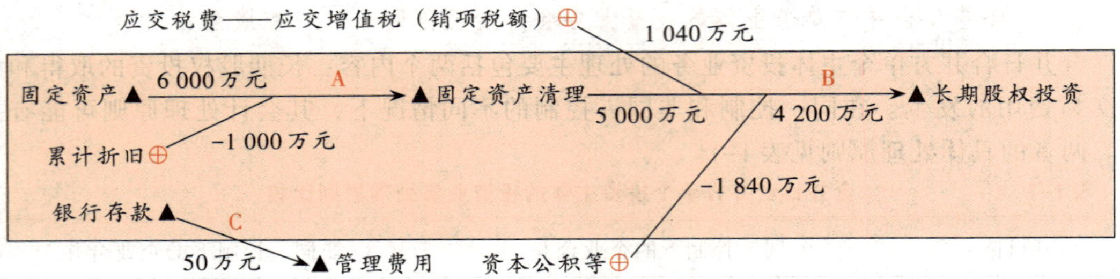

图1-1　同一控制下合并方单个主体投资业务资金运动分析图

同一控制下控股合并投资业务处理

借：固定资产清理　　50 000 000

　　累计折旧　　10 000 000

　贷：固定资产　　60 000 000

（2）取得长期股权投资。

该投资初始成本=7 000×60%=4 200（万元）

该投资所付出的对价的账面价值=5 000（账面价值）+1 040（增值税）

=6 040（万元）

应调减的资本公积等=6 040-4 200=1 840（万元）（如图1-1中B段运动所示）：

借：长期股权投资——乙　　42 000 000

　　资本公积——资本溢价等　　18 400 000

　贷：固定资产清理　　50 000 000

　　　应交税费——应交增值税（销项税额）　　10 400 000

（3）支付合并费用50万元（如图1-1中C段运动所示）。

借：管理费用　　500 000

　贷：银行存款　　500 000

【例1-4】20×8年6月30日，丙公司向丁公司的股东定向增发1 000万股普通股（每股面值为1元，市价为11元）对丁公司进行控股合并，丙公司占丁公司60%的股份，并于当日完成合并控股工作。假设：丙、丁公司同属M公司控制，两公司的会计政策一致，丁公司的资产、负债账面价值都不需要调整。丙公司发生相关合并费用（间接费用）50万元，该费用已用银行存款支付。不考虑相关税费及其他因素。丙公司、丁公司资产、负债情况见表1-2。

（1）20×8年6月30日，丙公司取得长期股权投资（如图1-2中A段运动所示）：

借：长期股权投资　　33 000 000

　贷：股本　　10 000 000

　　　资本公积　　23 000 000

（2）支付合并费用50万元（如图1-2中B段运动所示）：

借：管理费用　　500 000

　贷：银行存款　　500 000

表 1-2　　　　　　**资产负债表（简表）**

20×8 年 6 月 30 日　　　　　　单位：万元

项目	丙公司（合并前）	丁公司	
		账面价值	公允价值
资产：			
货币资金	4 312.5	450	450
应收账款	3 000	2 000	2 000
存货	6 200	250	450
长期股权投资	1 700	2 150	3 800
固定资产	7 000	3 000	5 500
无形资产	4 500	500	1 500
商誉	0	0	0
资产总计	26 712.5	8 350	13 700
负债和所有者权益：			
短期借款	2 500	2 250	2 250
应付账款	3 750	300	300
其他负债	375	300	300
负债合计	6 625	2 850	2 850
实收资本（股本）	6 500	2 500	—
资本公积	2 700	1 500	—
盈余公积	5 000	500	—
未分配利润	5 887.5	1 000	—
所有者权益合计	20 087.5	5 500	10 850
负债和所有者权益总计	26 712.5	8 350	13 700

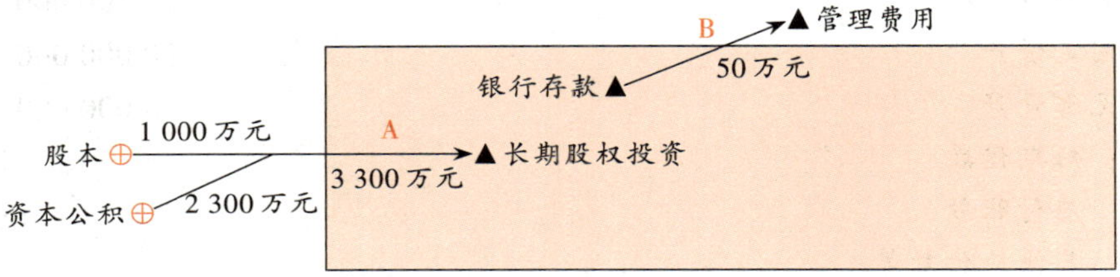

图 1-2　丙公司单个主体投资业务资金运动分析图——控股合并

（二）吸收合并下合并日合并方单个主体业务资金运动分析与会计处理

吸收合并下合并日合并方单个主体业务的会计处理原则与控股合并的会计处理原则基本一致。其主要区别是，在吸收合并的情况下，被合并方在合并后失去法人资格，从而成为合并方的一个分部。在这种情况下，被合并方所有的资产和负债按原来的账面价值全部纳入合并方的账簿与报表之中，而不像控股合并的情况下是以长期股权投资的形式存在。其所引起的资金运动如图 1-3 所示。

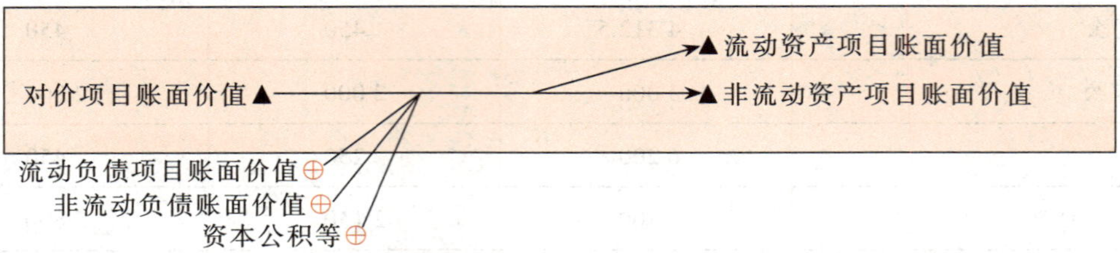

图 1-3　吸收合并下合并日合并方业务资金运动分析图——同一控制下

【例 1-5】沿用【例 1-4】资料，假设丙公司对丁公司进行吸收合并，并于当日取得丁公司的净资产。

同一控制下吸收合并业务处理

（1）丙公司吸收合并丁公司的净资产：

丁公司的净资产账面价值=5 500 万元

丙公司付出的对价（本公司的股票）的账面价值=1 000 万元

丙公司应调增资本公积金额=5 500−1 000=4 500（万元）（如图 1-4 中 A 段运动所示）

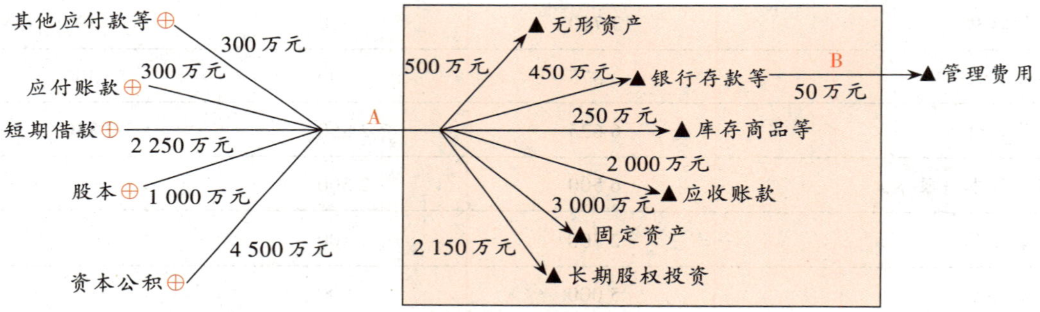

图 1-4　丙公司吸收合并丁公司资金运动分析图——同一控制下

借：银行存款等	4 500 000	
库存商品等	2 500 000	
应收账款	20 000 000	
长期股权投资	21 500 000	
固定资产	30 000 000	
无形资产	5 000 000	
贷：短期借款		22 500 000
应付账款		3 000 000
其他应付款等		3 000 000
股本		10 000 000

　　贷：资本公积　　45 000 000

（2）支付合并费用50万元（如图1-4中B段运动所示）：

借：管理费用　　500 000

　　贷：银行存款等　　500 000

在吸收合并下，由于企业失去了法人资格，被合并方成为合并方的一个分部，因此在合并日及合并日之后，合并方都不需要编制合并财务报表。

三、非同一控制下合并当日合并方单个主体投资业务资金运动分析与会计处理

（一）控股合并下合并方单个主体投资业务资金运动分析与会计处理

【例1-6】甲公司和乙公司属于非关联方公司。甲公司以一项固定资产作为对价获得乙公司60%的股份。该固定资产账面价值为5 000万元（其中原值为6 000万元，未发生减值），公允价值为8 000万元，增值税税率为13%。乙公司所有者权益的账面价值为7 000万元，其公允价值为10 000万元。甲公司发生合并费用50万元（该费用为合并过程中的间接费用），已经以银行存款支付。

非同一控制下控股合并投资处理

（1）将固定资产转入清理（如图1-5中A段运动所示）：

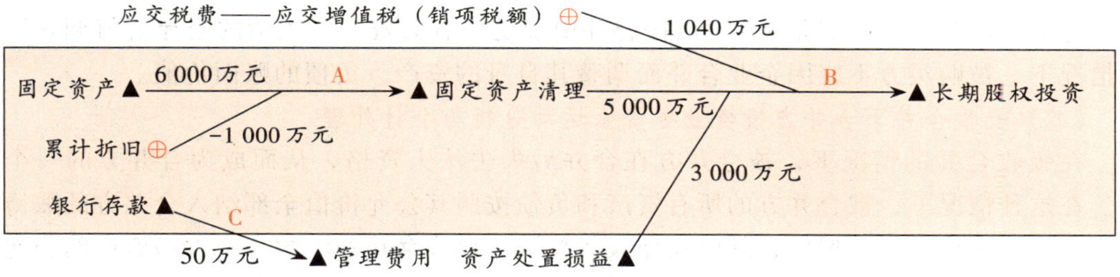

图1-5　非同一控制下合并方单个主体投资业务资金运动分析图

借：固定资产清理　　50 000 000

　　累计折旧　　10 000 000

　　贷：固定资产　　60 000 000

（2）取得长期股权投资。

该投资初始成本=8 000+8 000×13%=9 040（万元）

该投资所付出的对价的账面价值=5 000万元

应确认资产处置收益=8 000−5 000=3 000（万元）（如图1-5中B段运动所示）

借：长期股权投资——乙　　90 400 000

　　贷：固定资产清理　　50 000 000

　　　　资产处置损益　　30 000 000

　　　　应交税费——应交增值税（销项税额）　　10 400 000

（3）支付合并费用50万元（如图1-5中C段运动所示）：

借：管理费用　　500 000

　　贷：银行存款　　500 000

【例1-7】沿用【例1-4】相关资料，假设丙公司与丁公司之间不存在关联方关系。

（1）20×8年6月30日，丙公司取得长期股权投资（如图1-6中A段运动所示）：

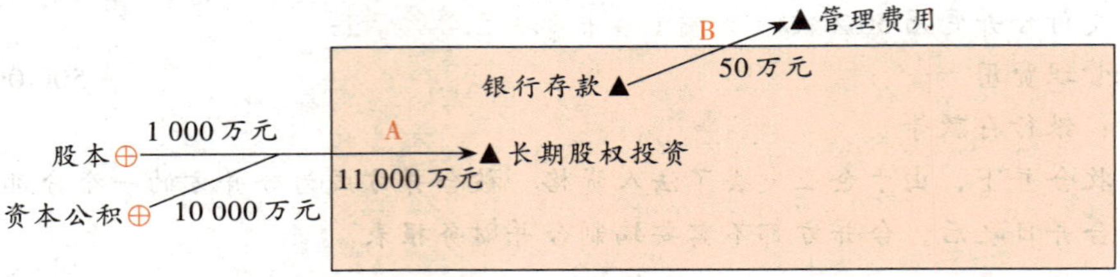

图1-6　丙公司单个主体投资业务资金运动分析图——控股合并

丙公司初始投资成本为1 000万股股票的公允价值，即11 000万元。

借：长期股权投资　　110 000 000

　贷：股本　　10 000 000

　　资本公积　　100 000 000

（2）支付合并费用50万元（如图1-6中B段运动所示）：

借：管理费用　　500 000

　贷：银行存款　　500 000

非同一控制下的企业合并中，被购买方在企业合并后仍持续经营的，如购买方取得被购买方100%股权，则被购买方可以按合并中确定的有关资产、负债的公允价值调账；其他情况下，被购买方不应因企业合并而调整其自身的资产、负债的账面价值。

（二）吸收合并下合并方投资业务资金运动分析与会计处理

在吸收合并的情况下，被合并方在合并后失去法人资格，从而成为合并方的一个分部。在这种情况下，被合并方的所有资产和负债按照其公允价值全部纳入合并方的账簿与报表，而不像控股合并那样，是以长期股权投资的形式存在的。被合并方净资产的公允价值与付出的对价的公允价值的差额作为商誉处理或计入当期损益。

非同一控制下吸收合并业务处理

【例1-8】沿用【例1-4】相关资料，假设：（1）丙公司与丁公司之间不存在任何关联方关系；（2）丙公司对丁公司进行吸收合并。

（1）丙公司吸收合并丁公司的净资产：

丁公司的净资产公允价值=10 850万元

丙公司付出的对价（本公司的股票）的公允价值=11 000万元

丙公司应确认商誉金额=11 000−10 850 =150（万元）（如图1-7中A段运动所示）：

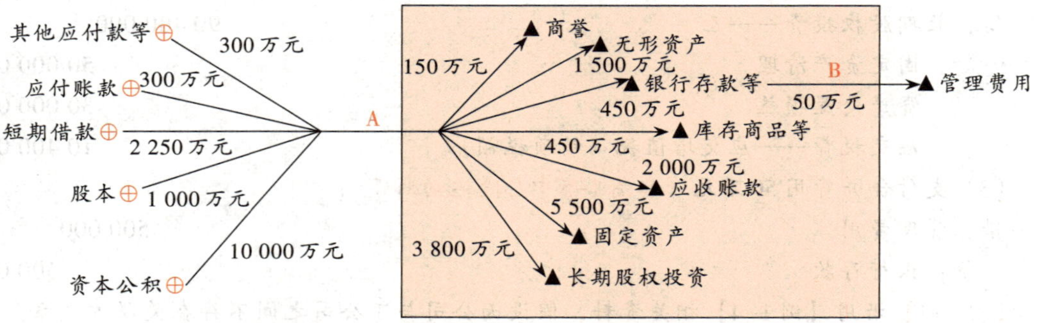

图1-7　丙公司吸收合并丁公司资金运动分析图——非同一控制

借：银行存款等	4 500 000	
库存商品等	4 500 000	
应收账款	20 000 000	
长期股权投资	38 000 000	
固定资产	55 000 000	
无形资产	15 000 000	
商誉	1 500 000	
贷：短期借款		22 500 000
应付账款		3 000 000
其他应付款等		3 000 000
股本		10 000 000
资本公积		100 000 000

（2）支付合并费用50万元（如图1-7中B段运动所示）：

借：管理费用	500 000	
贷：银行存款等		500 000

在吸收合并的情况下，企业失去了法人资格，成为合并方的一个分部，因此在合并日及合并日之后，合并方都不需要编制合并财务报表。

应予说明的是，企业合并发生的当期期末，因合并中取得的各项可辨认资产、负债及或有负债的公允价值或企业合并成本只能暂时确定的，购买方应该以所确定的暂时价值为基础对企业合并进行确认与计量。购买日后12个月内对确认的暂时性价值进行调整的，视为在购买日确认和计量。

四、企业合并涉及的或有对价

同一控制下企业合并形成的控股合并，在确认长期股权投资初始投资成本时，应按照《企业会计准则第13号——或有事项》的规定，判断是否应就或有对价确认预计负债或者确认资产，以及确认的金额；确认预计负债或资产的，该预计负债或资产金额与后续或有对价结算金额的差额不影响当期损益，应当调整资本公积（资本溢价或股本溢价），资本公积（资本溢价或股本溢价）不足冲减的，调整留存收益。

在非同一控制下，有时企业合并各方可能在合并协议中约定，根据未来一项或多项或有事项的发生，购买方通过发行额外证券、支付额外现金或其他资产等方式追加合并对价，或者要求返还之前已经支付的对价，这将导致产生企业合并的或有对价问题。按照合并准则的规定，购买方应当将合并协议约定的或有对价作为企业合并转移对价的一部分，按照其在购买日的公允价值计入企业合并成本。或有对价符合权益工具和金融负债定义的，购买方应当将支付或有对价的义务确认为一项权益或负债；符合资产定义并满足资产确认条件的，购买方应当将符合合并协议约定条件的、可收回的部分已支付合并对价的权利确认为一项资产。同时规定，购买日后12个月内出现对购买日已存在情况的新的或进一步证据需要调整或有对价的，应当予以确认并对原计入合并商誉的金额进行调整；其他情况下发生的或有对价变化或调整，应当区分情况进行会计处理：或有对价为权益性质的，不进行会计处理；或有对价为资产或负债性质的，如果属于会计准则规定的金融工具，那么应当按照以公允价值计量且其变动计入当期损益的标准进行会计处理，不得指定为以公允价值计量且其变动计入其他综合收益的金融资产。

上述关于或有对价的规定，主要侧重于两个方面：（1）在购买日应当合理估计或有对价并将其计入企业合并成本，购买日后12个月内取得新的或有进一步证据表明购买日已存在状况，从而需要对企业合并成本进行调整的，可以据以调整企业合并成本。（2）无论是购买日后12个月内还是其他时点，如果是由于出现新的情况导致对原估计或有对价进行调整的，不能再对企业合并成本进行调整；相关或有对价属于金融工具的，应以公允价值计量，公允价值变动计入当期损益。上述会计处理的出发点在于，对企业合并交易原则上确认和计量时点应限定为合并日，合并日以后视新的情况对原购买成本进行调整的，不能视为与合并日有关，因此也就不能据以对企业合并成本进行调整。

【例1-9】甲公司20×6年1月2日以现金3亿元自非关联方乙公司购买其持有的丙公司100%股权，对其实行控制合并，并于当日向丙公司董事会派出成员，主导其财务和生产经营决策。股权转让协议约定，乙公司就丙公司在收购完成后的经营业绩向甲公司作出承诺：丙公司20×6年、20×7年、20×8年度经审计扣除非经常性损益后归属于母公司股东的净利润分别不低于2 000万元、3 000万元和4 000万元。如果丙公司未达到承诺业绩，乙公司将在丙公司每一相应年度的审计报告出具后30日内，按丙公司实际实现的净利润与承诺利润的差额，以现金方式对公司进行补偿。

购买日，甲公司根据丙公司所处的市场状况及行业竞争力等情况判断，预计丙公司能够完成承诺期利润。

20×6年，丙公司实现净利润2 200万元。20×7年，由于整体宏观经济形势变化，丙公司实现净利润2 400万元，且预计20×8年该趋势将持续，预计能够实现净利润约2 600万元。

合并中投资业务或有对价业务处理

分析：

本案例中，甲公司与乙公司在交易前不存在关联方关系，该项企业合并应为非同一控制下的企业合并。

该项交易的购买日为20×6年1月2日，当日甲公司支付了有关价款3亿元，同时估计丙公司能够实现承诺利润，或有对价估计为0。甲公司应当确认对丙公司的长期股权投资成本为3亿元。其所引起的资金运动如图1-8所示。

图1-8　甲公司资金运动分析图1

借：长期股权投资　　300 000 000

　　贷：银行存款　　300 000 000

20×6年丙公司实现了预期利润，甲公司无须进行会计处理。

20×7年丙公司未实现预期利润，且预计20×8年也无法实现，则甲上市公司需要估计该或有对价的公允价值并予以确认。该预期利润未实现的情况是在购买日后新发生的，在购买日后超过12个月且不属于对购买日已存在状况的进一步证据，应于发生时计入当期损益。乙公司对有关利润差额的补偿将以现金支付，该或有对价属于金融工具。20×7年末甲公司估计该或有对价的公允价值为2 000万元并加以确认，其所引起的资金运动如图1-9所示。

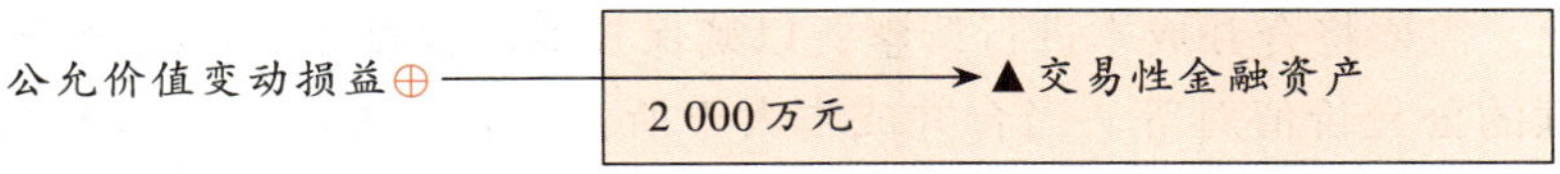

图1-9　甲公司资金运动分析图2

借：交易性金融资产　　20 000 000

　贷：公允价值变动损益　　20 000 000

本例中有关或有对价的公允价值调整在个别财务报表中不作为对长期股权投资成本的调整，在合并财务报表中，亦不能调整购买日原已确认的商誉金额。但是，由于丙公司未实现预期利润，可能表明购买日原已确认的商誉已发生减值，甲公司应当对商誉及相关长期资产进行减值测试。

第三节　合并日合并方合并财务报表编制资金运动分析与会计处理

在合并日，由于合并方合并了被合并方，从而形成母子公司关系，产生了新的基于母子公司关系的集团会计主体。为了反映基于母子公司关系形成的集团会计主体的财务状况及其运行情况，合并方需要在合并日编制合并财务报表。由于企业合并分为同一控制下的企业合并和非同一控制下的企业合并，相应地，合并方合并财务报表编制的会计处理也存在一定的差异。另外，由于吸收合并后，被合并方失去了法人资格，变为合并方的一个分部、一个分厂、一个车间，因此也就不存在编制合并财务报表的问题。所以说，合并财务报表的编制主要就是基于控股合并这一方式进行的。

一、合并日合并方编制合并财务报表的基本原则

合并日合并方合并财务报表编制的基本原则涉及被合并方财务报表合并的计量、合并成本是否需要调整以及如何调整、需要合并抵销哪些业务、应该编制哪些合并财务报表。

（一）被合并财务报表合并的计量基础

同一控制下企业合并，被合并方的净资产应按照其原有的账面价值合并到合并方的财务报表之中，从而形成新的合并财务报表。

非同一控制下企业合并，被合并方的净资产应按照公允价值合并到合并方的财务报表之中。因此，需要将被合并方的以账面价值为基础的财务报表调整为以公允价值计量的财务报表；然后才能在此基础上编制合并财务报表。在调整的过程中，净资产的账面价值与公允价值之间存在的差额，应调整资本公积。涉及账面价值与计税基础不一致的，应调整递延所得税资产或递延所得税负债。

合并日合并财务报表编制基本原则

（二）合并成本调整的问题

同一控制下企业合并，合并方的合并成本（即长期股权投资项目的成本）与所占被合

并方净资产的账面价值是完全对等的，不需要调整。

非同一控制下企业合并，合并方的合并成本（即长期股权投资项目的成本）是合并方本身所付出的对价的公允价值。该价值与所占被合并方净资产份额的公允价值之间可能存在差异，因此，需要将合并成本进行调整，以确保长期股权投资项目的价值与所占被合并方净资产份额的公允价值对等。当合并成本大于所占被合并方净资产份额的公允价值时，该差额应作为合并商誉反映；当合并成本小于所占被合并方净资产份额的公允价值时，该差额应作为合并营业外收入反映（由于非同一控制下合并日不能编制合并利润表，该差额应作为留存收益计入资产负债表）。

（三）合并日合并财务报表编制所涉及的合并业务处理

在控股合并的情况下，站在母子公司关系所形成的集团主体的角度来看，合并方和被合并方是“一家人”，内部所发生的交易都需要抵销。

在同一控制下，由于合并方长期股权投资与被合并方对应份额的账面价值是相等的，所以直接将两者冲销即可；被合并方剩下的部分权益确认为“少数股东权益”。此外，同一控制下企业合并的基本原则是视同合并后形成的报告主体在合并日及以前期间就一直存在，在合并资产负债表中，对于被合并方在企业合并前实现的留存收益（盈余公积与未分配利润之和）归属于合并方的部分，应自合并方的资本公积转入留存收益；合并方的资本公积不够结转的，以合并方资本公积总额为限按比例结转。因合并方的资本公积（资本溢价或股本溢价）余额不足，被合并方在合并前实现的留存收益在合并资产负债表中未予以全额恢复的，合并方应当在财务报表中对这一情况进行说明。

在非同一控制下，编制合并财务报表的合并业务主要有三项：(1) 将被合并方按账面价值编制的财务报表调整为按公允价值编制，以确保纳入合并资产负债表的被合并方净资产都是按公允价值计量的，净资产公允价值与账面价值之间的差额调整合并主体的资本公积。(2) 调整合并成本，确保长期股权投资项目的金额与所占对方净资产份额的公允价值是对等的，该差额要确认为合并主体的商誉或营业外收入。由于在非同一控制下，合并日当天合并主体不需要编制合并利润表，因此该差异不能直接调整合并利润表的营业外收入，而只能调整合并资产负债表的留存收益。(3) 冲销合并主体内部的投资与其对应的权益，差额确认为“少数股东权益”。

（四）合并日合并财务报表编制的种类

在同一控制下，合并日合并方应编制的财务报表主要包括合并资产负债表、合并利润表和合并现金流量表。合并方和被合并方在合并日及以前期间发生的交易，应作为内部交易进行抵销。合并方的合并财务报表比较数据追溯调整的日期应不早于双方处于最终控制方的控制之下的最晚日期。被合并方留存收益中应归属于合并方的部分应在合并资产负债表中反映，因此合并方在编制合并日的合并利润表时，应该包括合并方和被合并方自合并当期期初至合并日实现的净利润，双方当期发生的交易，应该按照合并财务报表的原则予以抵销。为了更好地帮助会计信息使用者了解合并利润表中净利润的构成，合并方应该在合并利润表中的“净利润”项目下单列“其中，被合并方在合并前实现的净利润”项目。合并现金流量表的编制与合并利润表的编制在基本原则上是一致的。

在非同一控制下，由于母子公司关系所形成的集团主体产生的时点就是合并日，合并方在合并日只需要编制合并资产负债表，而不需要编制合并利润表和合并现金流量表。

合并业务中技术处理规范说明

合并日合并主体编制合并财务报表的基本原则见表1-3。

表1-3　同一控制和非同一控制下合并方合并财务报表编制原则比较表

项目	同一控制	非同一控制
（1）被合并方报表合并的计量基础	将被合并方净资产的账面价值纳入合并财务报表	将被合并方净资产的公允价值纳入合并财务报表
（2）被合并方报表要不要调整	不需要	需要
	因为该报表就是按账面价值编制的	因为该报表是按账面价值编制的，需要调整为按公允价值编制的报表。 按其公允价值与账面价值之间的差额调整被合并方的资本公积，涉及账面价值与计税基础不一致的，应调整递延所得税资产或递延所得税负债
（3）合并成本要不要调整	不需要	需要
	因为合并方的长期股权投资与被合并方的所有者权益部分完全一致	因为合并方的长期股权投资与被合并方的所有者权益部分可能不一致，该差异要确认为商誉或营业外收入（合并日不编合并利润表，该差异要调整资产负债表中的留存收益）
（4）与编制合并报表相关的合并业务处理	（1）冲销长期股权投资与对方权益； （2）恢复被合并方留存收益（在同一控制下，两者的合并关系视同期初就存在）	（1）将被合并方净资产的账面价值调整为公允价值； （2）调整合并成本，确保长期股权投资与被合并方权益部分对等，其差异被确认为商誉或留存收益； （3）冲销长期股权投资与对方权益
（5）编制合并财务报表的种类	合并资产负债表、合并利润表、合并现金流量表（同一控制下，两者的合并关系视同期初就存在）	合并资产负债表 （因为在非同一控制下，合并日即为合并关系的开始。因此只能编制合并资产负债表）

二、同一控制下合并日合并主体合并财务报表编制资金运动分析与会计处理

【例1-10】沿用【例1-4】相关资料，20×8年6月30日，丙公司向丁公司的股东定向增发1 000万股普通股（每股面值为1元，市价为11元）对丁公司进行控股合并，占丁公司60%的股份，并于当日完成合并控股工作。假设：丙公司、丁公司同属于M公司控制，两公司的会计政策一致，丁公司的资产、负债账面价值都不需要调整。丙公司发生相关合并费用（间接费用）50万元，该费用已用银行存款支付。不考虑相关税费及其他因素。

（1）合并日，丙公司单个主体合并业务的处理（略）（如图1-10中A、B段运动所示）；

（2）将合并方的股权投资与被合并方权益进行抵销（如图1-10中C段运动所示）：

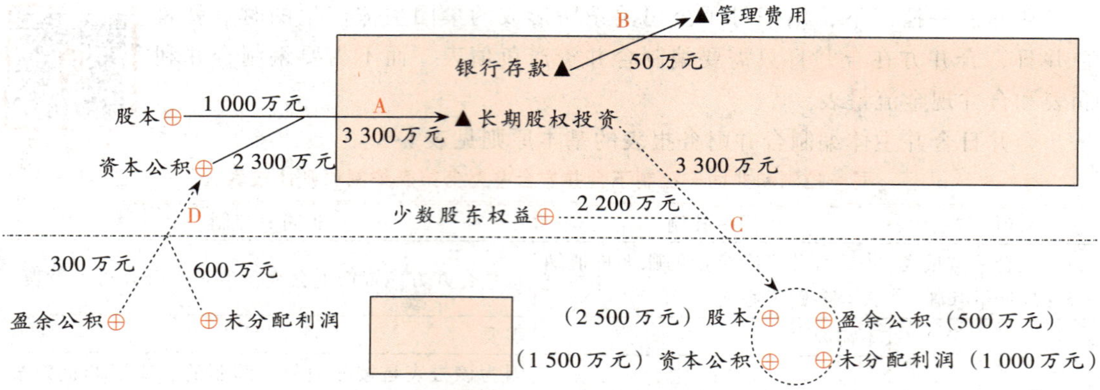

图1-10 同一控制下合并日合并主体合并业务资金运动分析图

*图例说明：中间一根线“-----”称为分界线，线上部分反映母公司（即合并方）业务，线下部分反映子公司（被合并方）业务；用虚线（有箭头和没有箭头的）“------”“--->”反映由于合并报表编制过程中的合并业务（包括调整业务和抵销业务）所引发的虚拟资金运动。图中的实线运动反映单个主体本身的真实业务所引发的资金运动。站在集团会计主体的角度来看，当合并业务处理完毕后，再将上图中母子公司之间的分界线取消，就得出合并主体的整个资金运动过程和结果。

同一控制下合并日合并财务报表编制

借：股本　　25 000 000①
　　资本公积　　15 000 000
　　盈余公积　　5 000 000
　　未分配利润　　10 000 000
　贷：长期股权投资　　33 000 000
　　　少数股东权益　　22 000 000

（3）恢复被合并方在合并前实现的留存收益中归属于合并方的部分（如图1-10中D段运动所示）：

被合并方丁公司合并前实现的留存收益共计1 500万元，其中盈余公积500万元、未分配利润1 000万元。合并方丙公司占丁公司股权的60%，所以应恢复丁公司900万元的留存收益，其中盈余公积应恢复300万元，未分配利润应恢复600万元。

借：资本公积　　9 000 000②
　贷：盈余公积　　3 000 000
　　　未分配利润　　6 000 000

假设合并方丙公司资本公积的总额只有600万元，而丁公司要恢复的留存收益依然是900万元（300万元的盈余公积和600万元的未分配利润），这样就会导致丁公司需要恢复的留存收益不能全额恢复。在这种情况下，丁公司需要恢复的留存收益金额只能以600万元为限，按比例分别恢复盈余公积和未分配利润。其具体分配情况如下：

盈余公积恢复的金额=300×（600÷900）=200（万元）

未分配利润恢复的金额=600×（600÷900）=400（万元）

则其会计处理为：

借：资本公积　　6 000 000

　　贷：盈余公积　　2 000 000

　　　　未分配利润　　4 000 000

（4）编制合并财务报表工作底稿（简表），见表1-4。

表1-4　　合并资产负债表底稿（简表）

20×8年6月30日　　单位：万元

项目	丙公司（合并后）	丁公司（账面价值）	抵销分录		合并金额
			借方	贷方	
资产：					
货币资金	4 312.5	450			4 762.5
应收账款	3 000	2 000			5 000
存货	6 200	250			6 450
长期股权投资	5 000	2 150		3 300①	3 850
固定资产	7 000	3 000			10 000
无形资产	4 500	500			5 000
商誉	0	0			0
资产总计	30 012.5	8 350			35 062.5
负债和股东权益：					
短期借款	2 500	2 250			4 750
应付账款	3 750	300			4 050
其他负债	375	300			675
负债合计	6 625	2 850			9 475
股本	7 500	2 500	2 500①		7 500
资本公积	5 000	1 500	1 500① 900②		4 100
盈余公积	5 000	500	500①	300②	5 300
未分配利润	5 887.5	1 000	1 000①	600②	6 487.5
少数股东权益				2 200①	2 200
股东权益合计	23 387.5	5 500			25 587.5
负债和股东权益总计	30 012.5	8 350			35 062.5

根据合并工作底稿“合并金额”栏，可编制合并日合并资产负债表，本处略。

三、非同一控制下合并日合并主体合并财务报表编制资金运动分析与会计处理

非同一控制下的企业合并，主要涉及购买方及合并日的确定、企业合并成本的确定、合并中取得各项可辨认资产、负债的确认与计量、合并价差的处理等。

非同一控制下对合并成本的说明

非同一控制下，合并日企业编制合并财务报表的流程主要包括：

（1）确定购买方。购买方是指在企业合并中取得对另一方或多方控制权的一方。合并中一方取得另一方半数以上有表决权股份的，除非有明确的证据表明该股份

不能形成控制，一般认为取得控制权的一方为购买方。在某些情况下，即使一方没有取得另一方半数以上的表决权股份，也可以认为其获得了对另一方的控制权。关于控制权的进一步分析参见第二章关于合并财务报表编制的相关章节。

（2）确定合并日。合并日是指购买方获得对被购买方控制权的日期，即企业合并交易发生的过程中，发生控制权转移的日期。

（3）确定企业合并成本。企业合并成本包括购买方为进行企业合并支付的现金或非现金资产、发行或承担的债务、发行的权益性证券等在购买日的公允价值。

企业合并过程中发生的会计审计费用、法律服务费用、咨询费用等，直接计入当期管理费用。发生的直接与证券相关的手续费冲减溢价收入或计入相关债务的成本。

通过多次交换、分步取得股权最终形成企业合并的，在购买方的个别财务报表中，应当以购买日之前所持有被购买方的股权投资的账面价值与购买日新增投资成本之和，作为该项投资的初始投资成本；在合并财务报表中，以购买日之前所持被购买方股权于购买日的公允价值与购买日支付对价的公允价值之和，作为合并成本。

（4）企业合并成本在取得的可辨认资产和负债之间的分配。其具体内容包括：①将购买方在企业合并中取得的被合并方各项可辨认资产和负债，作为本合并主体的资产、负债加以确认；②对于被购买方所拥有的但尚未在财务报表中予以确认的无形资产，在满足资产确认条件的情况下予以确认；③对于需要代被购买方承担的或有负债，在满足负债确认条件且其公允价值能够可靠计量的情况下加以确认；④企业合并中取得的资产、负债在满足确认条件后，应以公允价值计量。涉及账面价值与计税基础不一致的，应调整递延所得税资产或递延所得税负债。

（5）企业合并成本与合并中取得的被购买方可辨认净资产公允价值的差额的处理。企业合并成本大于合并中取得的被购买方可辨认净资产公允价值的差额，应确认为商誉；企业合并成本小于合并中取得的被购买方可辨认净资产公允价值的差额，应计入当期损益（但在合并日，该差额应计入合并资产负债表的留存收益之中）。

（6）企业合并成本中或合并中取得的可辨认资产、负债公允价值暂时确定的情况。因各种因素影响无法合理确定企业合并成本或合并中取得的有关可辨认资产、负债的公允价值的，在合并当期期末，购买方应该以暂时确定的价值为基础对企业合并交易或事项进行核算。日后再根据不同情况分别处理：自购买日算起12个月内取得进一步的信息表明需要对原暂时确定的企业合并成本或所取得的资产、负债的暂时性价值进行调整的，应视同购买日发生，即应进行追溯调整；对超过规定期限后的价值量调整，应视为会计差错更正处理。

【例 1-11】沿用【例 1-4】相关资料，20×8年6月30日，丙公司向丁公司的股东定向增发1 000万股普通股（每股面值为1元，市价为11元）对丁公司进行控股合并，占丁公司60%的股份，并于当日完成合并控股工作。假设丙、丁公司之间没有任何关联方关系，并且两公司的会计政策一致。丙公司发生相关合并费用（间接费用）50万元，该费用已用银行存款支付。假定不考虑相关税费及其他因素。

（1）合并日，丙公司单个主体合并业务的处理（略）（如图1-11中A、B段运动所示）；

（2）将被合并方净资产的账面价值调整为公允价值：

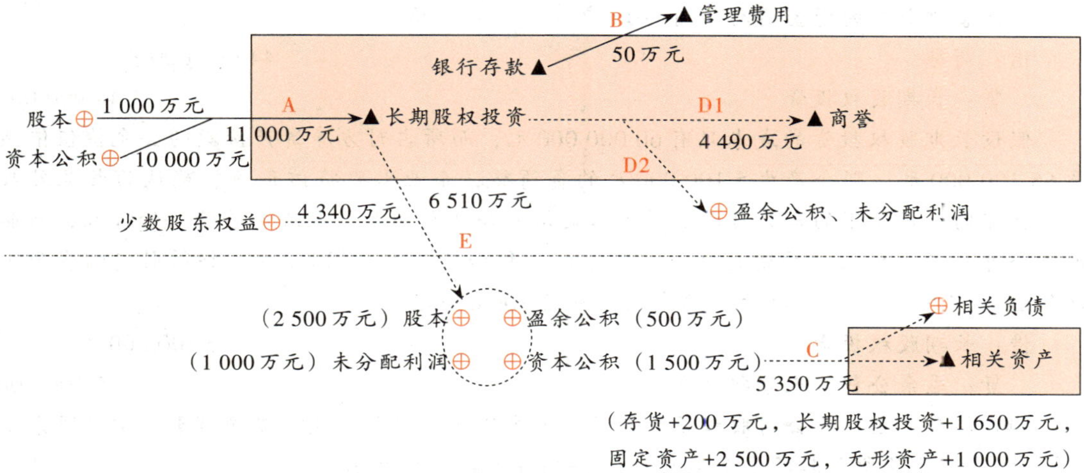

图1-11　非同一控制下合并日合并主体合并业务资金运动分析图

从表1-2可知，被合并方丁公司净资产按公允价值进行调整后，其公允价值比账面价值高5 350万元，其具体构成为：存货增加200万元，长期股权投资增加1 650万元，固定资产增加2 500万元，无形资产增加1 000万元。该调整所引起的资金运动如图1-11中C段运动所示。

借：存货　　2 000 000①

　　长期股权投资　　16 500 000

　　固定资产　　25 000 000

　　无形资产　　10 000 000

　贷：资本公积　　53 500 000

非同一控制下合并日合并报表编制1

本题上述内容没有考虑所得税的影响，如果考虑所得税的影响，假设被合并方丁公司在合并日资产和负债的账面价值与计税基础一致，那就只存在资产和负债的公允价值与计税基础是否一致的问题。以本题为例，丁公司有四个资产项目公允价值都高于其计税基础（即账面价值），总计为5 350万元。这一结果将导致递延所得税负债增加1 337.5万元（5 350×25%），资本公积增加4 012.5万元。该调整业务将引起资金运动，相关会计处理如下：

借：存货　　2 000 000

　　长期股权投资　　16 500 000

　　固定资产　　25 000 000

　　无形资产　　10 000 000

　贷：递延所得税负债　　13 375 000

　　　资本公积　　40 125 000

（3）调整合并方丙公司的投资成本，确保其金额与所占被合并方丁公司净资产份额的公允价值相等。

非同一控制下合并日合并报表编制2

长期股权投资金额=110 000 000元

所占对方净资产份额的公允价值=（55 000 000+53 500 000）×60%

=65 100 000（元）

应确认商誉金额=110 000 000−65 100 000=44 900 000（元）

该调整所引起的资金运动如图1-11中D1段运动所示。

借：商誉　　　　　　　　　　　　　　　　　　　　44 900 000②

　贷：长期股权投资　　　　　　　　　　　　　　　　　　44 900 000

假设长期股权投资的成本只有60 000 000元，而所占对方净资产份额的公允价值依然是65 100 000元，则会产生5 100 000元的负商誉，企业需要将该负商誉确认为营业外收入。在非同一控制下的合并日丙公司不需要编制合并利润表，无法调整营业外收入，只能调整合并资产负债表中的留存收益（即盈余公积和未分配利润）。该调整所引起的资金运动如图1-11中D2段运动所示，但其流量为-5 100 000元。

借：长期股权投资　　　　　　　　　　　　　　　　　5 100 000

　贷：盈余公积、未分配利润　　　　　　　　　　　　　　5 100 000

（4）将合并企业丙公司股权投资与被合并方丁公司权益冲销，差额调整“少数股东权益”。该冲销业务所引起的资金运动如图1-11中E段运动所示。

借：股本　　　　　　　　　　　　　　　　　　　　25 000 000③

　　资本公积　　　　　　　　　　　　　　　　　　68 500 000

　　盈余公积　　　　　　　　　　　　　　　　　　 5 000 000

　　未分配利润　　　　　　　　　　　　　　　　　10 000 000

　贷：长期股权投资　　　　　　　　　　　　　　　　　　65 100 000

　　　少数股东权益　　　　　　　　　　　　　　　　　　43 400 000

（5）合并财务报表编制底稿（简表）见表1-5。

表1-5　合并资产负债表底稿（简表）

20×8年6月30日　　　　单位：万元

项目	丙公司（合并后）	丁公司（账面价值）	抵销分录		合并金额
			借方	贷方	
资产：					
货币资金	4 312.5	450			4 762.5
应收账款	3 000	2 000			5 000
存货	6 200	250	200①		6 650
长期股权投资	12 700	2 150	1 650①	4 490② 6 510③	5 500
固定资产	7 000	3 000	2 500①		12 500
无形资产	4 500	500	1 000①		6 000
商誉	0	0	4 490②		4 490
资产总计	37 712.5	8 350			44 902.5
负债和股东权益：					
短期借款	2 500	2 250			4 750
应付账款	3 750	300			4 050

续表

项目	丙公司（合并后）	丁公司（账面价值）	抵销分录		合并金额
			借方	贷方	
其他负债	375	300			675
负债合计	6 625	2 850			9 475
股本	7 500	2 500	2 500③		7 500
资本公积	12 700	1 500	6 850③	5 350①	12 700
盈余公积	5 000	500	500③		5 000
未分配利润	5 887.5	1 000	1 000③		5 887.5
少数股东权益				4 340③	4 340
股东权益合计	31 087.5	5 500			35 427.5
负债和股东权益总计	37 712.5	8 350			44 902.5

根据合并工作底稿的“合并金额”栏，就可以编制合并日合并资产负债表，本处略。

第四节　反向购买资金运动分析与会计处理

一、反向购买的含义

在非同一控制下的企业合并中，以发行权益性证券交换股权的方式进行的，通常发行权益性证券的一方为购买方。但是，在某些情况下，发行权益性证券一方因其生产经营决策在合并后被参与合并的另一方所控制，其虽然为法律意义上的母公司，但其为会计上的被购买方，该类企业合并通常称为“反向购买”。例如，甲公司为一家规模较小的上市公司，乙公司为一家规模较大的公司。乙公司拟通过收购甲公司的方式达到上市目的，但该交易是通过甲公司向乙公司原股东发行普通股用以交换乙公司原股东持有的对乙公司股权的方式实现的。该项交易后，乙公司原控股股东持有甲公司50%以上股权，甲公司持有乙公司50%以上股权，甲公司为法律意义上的母公司，乙公司为法律意义上的子公司。但是，从会计的角度来看，甲公司为被购买方，乙公司为购买方。

二、反向购买的处理原则

（一）企业合并成本

反向购买中，法律意义上的子公司（购买方）的企业合并成本是指如果以发行权益性证券的方式获取合并后报告主体的股权比例，则子公司应向法律意义上的母公司（被购买方）的股东发行的权益性证券的公允价值。购买方的权益性证券在购买日存在公开报价的，通常应以公开报价作为其公允价值；购买方的权益性证券在购买日不存在可靠公开报价的，应参照购买方的公允价值和被购买方的公允价值两者之中有更为明显证据支持的一个作为基础，确定购买方假定应发行权益性证券的公允价值。

反向购买的含义与处理原理

（二）合并财务报表的编制

反向购买后，法律意义上的母公司应当遵从以下原则编制合并财务报表：

（1）合并财务报表中，法律意义上的子公司的资产、负债应以其在合并前的账面价值进行确认和计量。

（2）合并财务报表中的留存收益和其他权益余额应当反映的是法律意义上的子公司在合并前的留存收益和其他权益余额。

（3）合并财务报表中的权益性工具的金额应当反映法律意义上的子公司在合并前发行在外的股份面值以及假定在确定该项企业合并成本过程中新发行的权益性工具的金额。但是，在合并财务报表中的权益结构应当反映法律意义上的母公司的权益结构，即法律意义上的母公司发行在外的权益性证券的数量和种类。股本的金额以事实上的母公司股本金额为准，股份的结构以事实上的子公司的股份结构为准（因为该股份已按《中华人民共和国公司法》（简称《公司法》）登记注册）。

（4）法律意义上，母公司的有关可辨认资产、负债在并入合并财务报表时，应以其在购买日确定的公允价值进行合并，企业合并成本大于合并中取得的法律意义上的母公司（被购买方）可辨认净资产公允价值的份额体现为商誉，小于合并中取得的法律意义上的母公司（被购买方）可辨认净资产公允价值的份额确认为合并当期损益。

（5）合并财务报表的比较信息应当是法律意义上的子公司的比较信息（即法律意义上的子公司的前期合并财务报表）。

（6）法律意义上的子公司的有关股东在合并过程中未将其持有的股份转换为法律意义上的母公司股份的，该部分股东享有的权益份额在合并财务报表中应作为少数股东权益列示。因法律意义上的子公司的部分股东未将其持有的股份转换为母公司的股权，其享有的权益份额仍仅限于对子公司的部分，该部分少数股东权益反映的是少数股东按持股比例计算享有子公司合并前净资产账面价值的份额。另外，对于法律意义上的母公司的所有股东，虽然该项合并中其被认定为被购买方，但其享有合并形成报告主体的净资产及损益，不应作为少数股东权益列示。

上述反向购买的会计处理原则仅适用于合并财务报表的编制。法律意义上的母公司在该项合并中形成的对子公司长期股权投资成本的确定，应当遵从《企业会计准则第2号——长期股权投资》的相关规定。

（三）每股收益的计算

发生反向购买的当期，用于计算每股收益的发行在外普通股加权平均数为：

（1）自当期期初至购买日，发行在外的普通股数量应假定为在该项合并中法律意义上的母公司向子公司股东发行的普通股数量。

（2）自购买日至期末发行在外的普通股数量为法律意义上的母公司实际发行在外的普通股股数。

反向购买后对外提供比较合并财务报表的，其比较前期合并财务报表中的基本每股收益，应以法律意义上的子公司在每一比较报表期间归属于普通股股东的净损益除以在反向购买中法律意义上的母公司向子公司股东发行的普通股股数计算确定。

一般情况下，法律意义上的子公司发行的普通股股数在比较期间内和反向购买发生期间内不会发生变化。如果法律意义上的子公司发行的普通股股数在上述两个期间发生了变化，那么计算每股收益时应适当考虑其影响进行调整。

三、反向购买资金运动分析与会计处理举例

【例 1-12】甲上市公司于20×7年9月30日通过定向增发本企业普通股对乙公司进行合并，取得乙公司100%的股权。假定不考虑所得税的影响。甲公司及乙公司在合并前的简化资产负债表见表1-6。

表 1-6　　甲公司及乙公司企业合并前资产负债表　　单位：万元

项目	甲公司	乙公司
流动资产	3 000	4 500
非流动资产	21 000	60 000
资产总额	24 000	64 500
流动负债	1 200	1 500
非流动负债	300	3 000
负债总额	1 500	4 500
所有者权益：		
股本	1 500	900
资本公积		
盈余公积	6 000	17 100
未分配利润	15 000	42 000
所有者权益总额	22 500	60 000

其他资料：

（1）20×7年9月30日，甲公司通过定向增发本企业普通股的方式，以2股换1股的比例自乙企业原股东处取得了乙公司的全部股权。甲公司共发行了1 800万股普通股以取得乙公司全部的900万股普通股股票。

（2）甲公司每股普通股在20×7年9月30日的公允价值为20元，乙公司每股普通股当日的公允价值为40元。甲公司、乙企业每股普通股的面值均为1元。

（3）20×7年9月30日，甲公司除非流动资产公允价值较账面价值高4 500万元以外，其他资产、负债项目的公允价值与其账面价值均相同。

（4）假定甲公司与乙公司在合并前不存在任何关联方关系。

对于该项企业合并，虽然在合并中发行权益性证券的一方为甲公司，但因其生产经营决策的控制权在合并后由乙公司原股东控制，乙公司应为实际的购买方，甲公司为实际的被购买方。

1. 20×7年9月30日，甲公司取得股权投资（如图1-12中A段运动所示）。

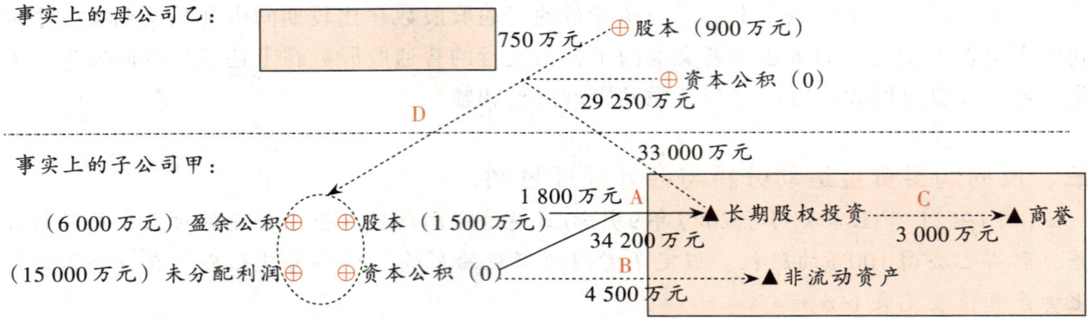

图1-12　反向收购合并日合并主体合并业务资金运动分析图

借：长期股权投资　　360 000 000

　贷：股本　　18 000 000

　　资本公积——股本溢价　　342 000 000

2. 确定该项合并中乙公司的合并成本。

甲公司在该项合并中向乙公司原股东增发了1 800万股普通股，合并后乙公司原股东持有甲公司的股权比例为54.55%（1 800÷3 300×100%），假定乙公司发行本企业普通股在合并后主体享有同样的股权比例，那么乙公司应当发行的普通股股数为750万股（900÷54.55%-900），其公允价值为30 000万元。因此，乙公司的合并成本为30 000万元。

3. 在可辨认资产、负债中分配企业合并成本。

企业合并成本　　30 000万元

甲公司在可辨认资产、负债中分配企业合并成本如下：

流动资产	3 000万元
非流动资产	25 500万元
流动负债	（1 200）①万元
非流动负债	（300）万元
商誉	3 000万元

4. 将甲公司（事实上的子公司）净资产的账面价值调整为公允价值（如图1-12中B段运动所示）。

借：非流动资产等　　45 000 000①

　贷：资本公积　　45 000 000

5. 调整长期股权投资账面价值，确保其与所在甲公司净资产份额的公允价值对等（如图1-12中C段运动所示）。

借：商誉　　30 000 000②

　贷：长期股权投资　　30 000 000

6. 将甲公司（事实上的子公司）的权益与乙公司相应的对价进行冲销（如图1-12中D段运动所示）。

① 此处括号代表负数，下同。

借：股本　　　　　　　　　　　　　33 000 000③
　　资本公积　　　　　　　　　　　387 000 000
　　盈余公积　　　　　　　　　　　60 000 000
　　未分配利润　　　　　　　　　　150 000 000
　贷：股本　　　　　　　　　　　　　　　　7 500 000
　　　资本公积——股本溢价　　　　　　　　292 500 000
　　　长期股权投资　　　　　　　　　　　330 000 000

反向购买业务

7.反向收购后，合并主体合并业务工作底稿见表1-7。

表1-7　合并主体合并业务工作底稿　单位：万元

项目	甲公司	乙公司	合并业务		合并后
	账面价值	账面价值	借方	贷方	
流动资产	3 000	4 500			7 500
非流动资产	57 000	60 000	4 500① 3 000②	3 000② 33 000③	88 500
资产总额	60 000	64 500	7 500	36 000	96 000
流动负债	1 200	1 500			2 700
非流动负债	300	3 000			3 300
负债总额	1 500	4 500			6 000
所有者权益：					
股本	3 300	900	3 300③	750③	1 650 （3 300万普通股）
资本公积	34 200		38 700③	4 500① 29 250③	29 250
盈余公积	6 000	17 100	6 000③		17 100
未分配利润	15 000	42 000	15 000③		42 000
所有者权益总额	58 500	60 000			90 000

在该合并工作底稿的基础上，就可以编制合并日合并资产负债表了，本处略。

8.每股收益

本例中假定乙公司20×6年实现合并净利润1 800万元，20×7年甲公司与乙公司形成的主体实现合并净利润3 450万元，自20×6年1月1日至20×7年9月30日，乙公司发行在外的普通股股数未发生变化。

甲公司合并主体20×7年基本每股收益计算分析如图1-13所示。

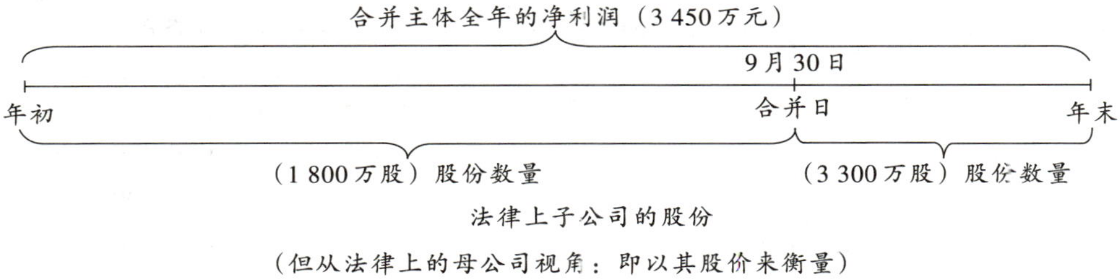

图1-13　每股收益计算分析图

3 450÷（1 800×9÷12+3 300×3÷12）=1.59（元）

在提供比较报表的情况下，比较报表中的每股收益应进行调整，甲公司合并主体20×6年的基本每股收益=1 800÷1 800=1（元）。

9.本例中，假定股东中只有90%以原持有的对乙公司的股权换取了甲公司增发的普通股。

（1）甲公司应发行的普通股股数为1 620万股（900×90%×2）。

（2）企业合并后，乙公司的股东拥有合并后报告主体的股权比例为51.92%（1 620÷3 120×100%）。

（3）假定乙公司向甲公司发行本企业普通股在合并后主体享有同样的股权比例，在计算乙公司须发行的普通股数量时，考虑少数股权的因素，故乙公司应当发行的普通股股数为750万股（900×90%÷51.92%−900×90%）。

（4）乙公司在该项合并中的企业合并成本为30 000万元（（1 560−810）×40），乙公司未参与股权交换的股东拥有乙企业10%的股份，享有乙企业价值6 000万元的合并前净资产，在合并财务报表中应作为少数股东权益列示。

由此可见，合并成本依然是30 000万元。这也就是说，在反向收购中，无论法律意义上的子公司愿意换股的股东比例是多少，其合并成本都是一致的，只要是反向收购，法律意义上的母公司就会被全额收购。只要不愿意换股的股东比例不影响形成反向收购，则法律意义上的母公司就一定是被全额收购，为此所支付的对价的公允价值就不会改变，即合并成本是固定不变的。这个合并成本不会因并购方愿意换股股东的比例变动而受到影响。该合并成本与被合并方可辨认净资产的公允价值的差额应确认合并商誉或计入当期合并损益。

在只有90%的股东愿意换股的情况下，相关会计处理与上述内容基本一致，区别是在合并处理时，需要将乙公司原股东中未换股的10%的股东的权益确认为少数股东权益，即将乙公司合并前的股东权益的账面价值冲减10%，其所引起的资金运动如图1-14中E段运动所示。

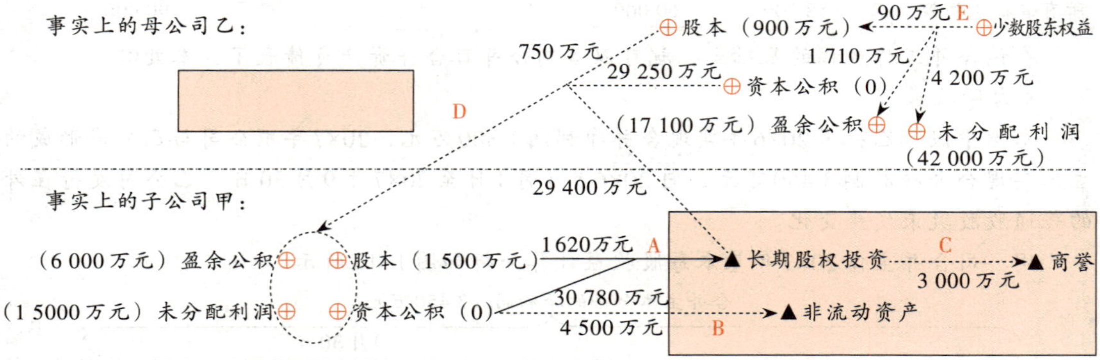

图1-14 反向收购合并日合并主体合并业务资金运动分析图

借：股本	900 000④	
盈余公积	17 100 000	
利润分配——未分配利润	42 000 000	
贷：少数股东权益		60 000 000

该合并业务导致合并工作底稿中产生了一个“少数股东权益”，其金额为6 000万元。在合并工作底稿的基础上，就可以编制合并日合并资产负债表了，本处略。

四、非上市公司购买上市公司股权以实现间接上市的会计处理

非上市公司以所持有的对子公司投资等资产为对价取得上市公司的控制权，构成反向购买的，上市公司编制合并财务报表时应当区别以下情况处理：

（1）交易发生时，上市公司未持有任何资产、负债或仅持有现金、交易性金融资产等不构成业务的资产或负债的，上市公司在编制合并财务报表时，购买企业应按照权益性交易的原则进行处理，不得确认商誉或计入当期损益。

（2）交易发生时，上市公司保留的资产、负债构成业务的，对于形成非同一控制下企业合并的，企业合并成本与取得的上市公司可辨认净资产公允价值份额的差额应当确认为商誉或计入当期损益。

业务是指企业内部某些生产经营活动或资产负债的组合，该组合具备投入、加工处理过程和产出等要素，能够独立计算其成本费用或所产生的收入等，目的在于为投资者提供股利、降低成本或带来其他经济利益。有关资产或资产、负债的组合具备了投入和加工处理过程两个要素即可认为构成一项业务。对于取得的资产负债组合是否构成业务，应当以企业综合实际情况进行判断。

非上市公司取得上市公司的控制权，构成反向购买的，上市公司在其个别财务报表中应当按照长期股权投资准则确定取得资产的入账价值。上市公司的前期比较个别报表应为其自身个别财务报表。

思考题

1.如何界定企业合并？如何界定合并过程中被合并方构成业务？

2.企业合并主要有哪几种方式？各有什么特点？

3.同一控制下企业合并和非同一控制下企业合并中，合并主体的投资业务处理有什么差异？

4.同一控制下企业合并和非同一控制下企业合并中，合并主体的合并业务处理有什么差异？

5.在反向并购中，如何确定合并方与被合并方？

立德育人

吉利收购沃尔沃[①]

2010年3月20日，吉利汽车以18亿美元收购了沃尔沃100%的股权，该收购上演了震惊整个汽车圈的“蛇吞象”。此次的海外收购事件，在中国汽车工业发展史上留下了浓重的一笔。

完成收购后，吉利注资沃尔沃并助力其研发了Drive E系列发动机，该发动机成为沃

① 资料来源：佚名．比亚迪收购沃尔沃了吗？沃尔沃是比亚迪旗下的吗［EB/OL］．［2022-07-08］．https：//www.modiauto.com.cn/bk/51817.html.

尔沃旗下车型的主流发动机，同时也广泛应用于吉利旗下的多个车型。

除了发动机技术以外，沃尔沃的安全性技术也一直是业内顶尖水准，而吉利也使用了这一方面的技术，不管是目前在售的吉利星越、星瑞，还是领克和极氪的车型，都采用了沃尔沃的安全性技术，使车辆拥有极高的安全性。

在吉利收购沃尔沃后的这近12年时间内，双方实现了共赢。

沃尔沃在中国市场的年销量，从2010年的3万辆，增长到了2021年的17万辆。在全球市场中，沃尔沃汽车的海外销量是12年前的2倍以上。

收购沃尔沃给吉利汽车带来了蜕变。在收购沃尔沃之前，吉利汽车的技术较为落后，品牌和口碑都不是太好；在收购了沃尔沃之后，由于有了沃尔沃提供的技术支持，吉利汽车的技术开始飞速发展，产品、品牌和口碑都有了明显的提升。

要求：请从民族自信、开拓创新、全球视野三个角度中任选其一，谈一谈你的想法和感受。

第二章　合并财务报表

学习目标

本章主要讲授企业合并财务报表的编制。通过本章的学习，读者应熟悉合并财务报表编制的合并理论；掌握合并财务报表合并范围的确定；掌握合并财务报表编制的原则；熟悉合并财务报表编制的前期准备工作和编制程序；掌握同一控制下，合并企业在合并日、合并当年末和以后年度的合并财务报表编制过程中合并业务所引起的资金运动及其会计处理；掌握非同一控制下，合并企业在合并日、合并当年末和以后年度的合并财务报表编制过程中合并业务所引起的资金运动及其会计处理；掌握在合并财务报表编制过程中特殊业务所引起的资金运动及其会计处理。

第一节　合并财务报表的合并理论

合并财务报表是以企业集团为会计主体编制的财务报表。编制合并财务报表首先就涉及如何界定企业集团范围的问题，确定哪些被投资企业需要纳入其投资企业的合并范围，确定编制合并财务报表时所采用的合并方法。企业集团的界定、合并范围的确定以及合并方法的选择，直接关系到合并财务报表提供什么样的信息、为谁提供信息等一系列问题，对合并财务报表的编制具有重要的意义。这些问题的解决，在很大程度上取决于编制合并财务报表所采用的合并理论。依据不同的合并理论，其确定的合并范围和选择的合并方法也各不相同。

合并财务报表
的合并理论

编制合并财务报表的合并理论，目前主要有母公司理论、实体理论以及所有权理论等。

一、母公司理论

母公司理论，是将合并财务报表视为母公司本身的财务报表的延伸来看待，从母公司的角度来考虑合并财务报表的合并范围、选择合并处理方法。母公司理论认为，合并财务报表主要是为母公司的股东和债权人服务的，为母公司现实的和潜在的投资者服务的，强调的是母公司投资者的利益。

在采用母公司理论的情况下，确定合并范围时，通常是以法定控制为基础，以持有多数股权或表决权作为是否将某一被投资企业纳入合并范围的依据，或者通过一家公司处于另一家公司法定支配下的控制协议来确定合并财务报表的合并范围。在以母公司理论编制合并财务报表的情况下，所采用的合并处理方法都是从母公司本身的股东利益来考虑的，如对于子公司少数股东的权益，在合并资产负债表中通常被视为一项负债来处理；对于企业集团内部销售收入的抵销，需要考虑销售的顺销（母公司将商品销售给子公司）和逆销（子公司将商品销售给母公司）两种情况，对于顺销，编制合并财务报表时只抵销子公司中母公司持有股权相对的份额，即多数股东股权的份额，而对于少数股东股权相对应的份额，则视为实现销售处理，不需要进行抵销处理。这一理论忽视了母公司股东以外的少数股东的利益和信息需要。

二、实体理论

实体理论认为合并财务报表是企业集团各成员企业构成的经济联合体的财务报表，编制合并财务报表是为整个经济联合体服务的，它强调的是企业集团中所有成员企业所构成的经济实体，它对构成企业集团的持有多数股权的股东和拥有少数股权的股东一视同仁，认为只要是企业集团成员股东，无论是拥有多数股权，还是拥有少数股权，都是共同组成经济实体的股东。

在运用实体理论的情况下，少数股东权益通常被视为股东权益的一部分，在合并资产负债表中的股东权益相关部分列示和反映。由于对构成企业集团的成员企业的所有股东均视为企业集团的股东，对于企业集团内部各成员企业相互之间发生的销售行为，其内部销售商品或提供劳务过程中所实现的销售损益（尚未销售到集团之外），均属于未实现内部销售损益，应当予以抵销。无论是顺销还是逆销，其实现的内部销售损益（尚未销售到集团之外），对于由成员企业全体股东构成的企业集团来说都是未实现内部销售损益，均属于抵销范围。

采用实体理论编制合并财务报表，有利于企业集团内部管理人员从整体上把握企业集团经营活动的情况，相对来说更能够满足企业集团内部管理人员对财务信息的需要。因此，目前国际财务报告准则及我国企业会计准则主要采用的就是实体理论。

三、所有权理论

所有权理论运用于合并财务报表编制时，既不强调企业集团中存在的法定控制关系，也不强调企业集团各成员企业所构成的经济实体，而是强调编制合并财务报表的企业对另一企业的经济活动和财务决策具有重大影响的所有权。所有权理论认为，母公司理论和实体理论都不能解决隶属于两个或两个以上企业集团的合并财务报表编制问题。如某一企业的全部股权由两个投资企业投资形成，各拥有其50%的股权，即共同控制企业，在这种情况下，其中任何一家投资企业都不能对该投资实施控制，根据母公司理论和实体理论都很难确定该企业的财务报表由哪一投资企业合并。因为在这种情况下，既没有单一的母公司，也没有少数股权的股东；既不存在法定支配权，也不存在单一的经济主体。为了弥补母公司理论和实体理论的不足，有的国家在编制合并财务报表时，就提出了所有权理论，以期解决共同控制下的合并财务报表的编制问题。

在采用所有权理论的情况下，对于其拥有所有权的企业的资产、负债和当期实现的净损益，均按照一定的比例合并计入合并财务报表。这也是一些国家合并财务报表相关准则规定采取比例合并法的理论基础。

第二节　合并范围的确定

一、以“控制”为基础，确定合并范围

合并财务报表的合并范围应当以控制为基础予以确定。控制，是指投资方拥有对被投资方的权力，通过参与被投资方的相关活动而享有可变回报，并且有能力运用对被投资方的权力影响其回报金额。当投资方因参与被投资方的相关活动而享有可变回报，且有能力运用对被投资方的权力来影响上述回报时，投资方即控制被投资方。

控制的定义包含三项基本要素：(1) 投资方拥有对被投资方的权力；(2) 因参与被投资方的相关活动而享有可变回报；(3) 有能力运用对被投资方的权力影响其回报金额。投资方只能在同时具备上述三个要素时，才能控制被投资方。

实际工作中，投资方在判断其能否控制被投资方时，应综合考虑所有相关事实和情况，以判断是否同时满足控制的三个基本要素。相关事实和情况主要包括：(1) 被投资方的设立目的和设计；(2) 被投资方的相关活动以及如何对相关活动作出决策；(3) 投资方享有的权力是否使其目前有能力主导被投资方的相关活动；(4) 投资方是否通过参与被投资方的相关活动而享有可变回报；(5) 投资方是否有能力运用对被投资方的权力影响其回报金额；(6) 投资方与其他方的关系。其中，对被投资方的设立目的和设计的分析贯穿于判断控制的始终，也是分析上述其他事实和情况的基础。如果事实和情况表明上述控制要素中的一个或多个发生变化，那么投资方应当重新判断其还能否控制被投资方。

投资方在判断能否控制被投资方时，具体判断如下：

(一) 被投资方的设立目的和设计

当判断对被投资方的控制时，投资方应考虑被投资方的设立目的及设计，以明确哪些是相关活动，相关活动的决策机制，谁拥有现时能力主导这些活动，以及谁从这些活动中获得可变回报。

合并范围的确认

了解被投资方的设立目的和设计有助于了解每个投资方的目的，即：投资方为何参与被投资方的相关活动，参与了哪些活动。因此，在识别哪个投资方控制被投资方时，了解被投资方的设立目的和设计非常关键。被投资方的设立目的和设计在控制判断的很多环节都需要考虑。具体来说，了解被投资方的设立目的和设计有助于确定以下方面：(1) 被投资方存在哪些风险，投资方参与被投资方相关活动可能产生哪些风险？(2) 相关活动是指哪些活动？(3) 被投资方相关活动的决策机制是怎样的？(4) 哪个投资方有能力主导被投资方的相关活动？(5) 哪些投资方能够通过参与被投资方相关活动而享有其可变回报？(6) 被投资方相关活动如何影响投资方的回报？(7) 如果投资方拥有对被投资方的权力、享有其可变回报，那么它是否有能力运用其对被投资方的权力影响其回报金额？

如果对被投资方的控制是通过持有被投资方权益工具而获得一定比例表决权或是潜在表决权的方式来实现，那么在不存在其他改变决策机制的安排时，对于控制的判断着重于判断哪一方能够通过行使表决权来决定被投资方的财务和经营政策。例如，最简单的情况下，在不存在其他因素时，通常持有半数以上表决权的投资方控制被投资方，但是如果公

司章程或者其他协议有某些特殊约定，例如，被投资方相关活动的决策需要2/3以上股权表决通过，在这种情况下，拥有半数以上表决权并不意味着必然能够对被投资方实施控制。

如果在被投资方的设计中，表决权不是判断能否控制被投资方的决定性因素，其仅与被投资方的日常行政管理活动有关，而被投资方的相关活动可能是由其他合同安排规定的，那么在这种情况下，投资方在考虑被投资方的设立目的和设计时，还应考虑被投资方的设立带来了哪些风险和收益；被投资方将哪些风险和收益转移给了参与其活动的各方，投资方是否面临这些风险和收益，所考虑的风险不仅包括下行风险，也包括可能的上行收益。

【例2-1】甲企业为有限合伙企业，经营期限为3年。甲企业将其资金全部用于对非关联方乙公司的一家全资子公司——丙公司增资，增资完成后，甲企业持有丙公司60%的股权及表决权，乙公司持有丙公司40%的股权及表决权。根据协议，乙公司将在3年后以固定价格回购甲企业持有的丙公司股权。丙公司是专门建造大型资产并用于租赁的项目公司，其资产建造期为5年，甲企业增资的时候，丙公司的资产已经建造了2年。

本例中，被投资方的业务活动是用5年的时间建造一项大型资产，之后以收取租金的方式取得回报。甲企业增资的时候，丙公司的资产建造已经开始，很可能有许多与建造事项有关的重要事项的决策已完成，当甲企业的经营期限结束并将持有的丙公司股份以固定价格出售给乙公司时，丙公司刚刚完成建造活动，项目尚未开始产生回报。在这种情况下，甲企业并不能主导丙公司的相关活动，而且甲企业无法通过参与丙公司活动取得可变回报，甲企业是通过乙公司回购股权来收回其投资成本并取得收益的。因此，即使甲企业拥有半数以上的表决权，也不能控制被投资方丙公司。

（二）判断通过参与被投资方的活动享有的是否为可变回报

1.可变回报的定义

享有控制权的投资方，通过参与被投资方相关活动，享有的是可变回报。可变回报是不固定且可能随着被投资方业绩的变化而变化的回报，可以仅是正回报，仅是负回报，或者同时包括正回报和负回报。

2.可变回报的形式

投资方在评价其享有被投资方的回报是否可变以及可变的程度时，需基于合同安排的实质，而不是法律形式。例如，投资方持有固定利息的债券投资时，由于债券存在违约风险，投资方需承担被投资方不履约而产生的信用风险，因此投资方享有的固定利息回报也可能是一种可变回报。又如，投资方管理被投资方资产而获得的固定管理费也是一种变动回报，因为投资方是否能获得此回报依赖于被投资方能否获得足够的收益以支付该固定管理费。

可变回报的形式主要包括：

（1）股利、被投资方经济利益的其他分配（如被投资方发行的债务工具产生的利息）、投资方对被投资方投资的价值变动。从被投资方获取股利是投资方的可变回报的通常表现形式。但是在某些情况下，受限于法律法规的相关规定，投资方无法通过分配被投资方利润或结余的形式获得回报。例如，当被投资方的法律形式为信托机构时，其盈利可能不是以股利的形式分配给投资者。这种情况下，人们需要根据具体情况，以投资方的投资目的为出发点，综合分析投资方是否获得除股利以外的其他可变回报，即被投资方不能进行利润分配并不必然代表投资方不能获取可变回报。

（2）因向被投资方的资产或负债提供服务而得到的报酬、因提供信用支持或流动性支持收取的费用或承担的损失、被投资方清算时在其剩余净资产中所享有的权益、税务利益、因参与被投资方而获得的未来流动性。

（3）其他利益持有方无法得到的回报。例如，投资方将自身资产与被投资方的资产整合以实现规模经济，达到节约成本的目的；投资方通过涉入被投资方来保证稀缺资源的供应、获得专有技术或者限制被投资方某些运营，从而达到提高投资方其他资产价值的目的。

此外，尽管只有一个投资方能够控制被投资方，但可能存在多个投资方分享被投资方回报的情形。例如，少数股东权益的持有者可以分享被投资方的利润。

（三）判断投资方是否对被投资方拥有权力，并能够运用此权力影响回报金额

1.权力的定义

控制的第一个要素是权力。投资方能够主导被投资方的相关活动时，称投资方对被投资方享有“权力”。在判断投资方是否对被投资方拥有权力时，应注意以下几点：（1）权力只表明投资方主导被投资方相关活动的现时能力，并不要求投资方实际行使其权力。即，如果投资方拥有主导被投资方相关活动的现时能力，即使这种能力尚未被实际行使，也视为该投资方拥有对被投资方的权力。（2）权力是一种实质性权利，而不是保护性权利。（3）权力是投资方为自己行使的，而不是代其他方行使。（4）权力通常表现为表决权，但有时也可能表现为其他合同安排。

2.相关活动

（1）识别相关活动。要判断投资方是否拥有对被投资方的权力，首先需要识别被投资方的相关活动。相关活动是指对被投资方的回报产生重大影响的活动。可见，判断相关活动时，应关注的是那些对被投资方的回报具有重大影响的活动，而不是对被投资方回报影响甚微或没有影响的行政活动。

对于许多企业而言，经营和财务活动通常对其回报产生重大影响。但是，不同企业的相关活动可能是不同的，应当根据企业的行业特征、业务特点、发展阶段、市场环境等具体情况来进行判断，这些活动可能包括但不限于商品或劳务的销售和购买、金融资产的管理、资产的购买和处置、研究与开发活动、确定资本结构和获取融资等。同一企业在不同环境和情况下，相关活动也可能有所不同。

【例2-2】甲资产管理公司设立了一家投资公司乙，甲公司占乙公司30%的股权，剩余70%的股权由与甲公司无关联方关系的公众投资者持有，这些投资者的持股比例十分分散。此外，乙公司还向其他公众投资者发行一项债务。乙公司使用其所筹集的资金进行金融资产组合投资（均投资于债务工具），乙公司可能面临与该金融资产组合投资相关的因债务人不履约而导致投资本金和利息不能收回的信用风险。在所持金融资产组合投资出现违约事项时，首先由乙公司的权益工具持有人承担因违约事项带来的损失，如果违约事项带来的损失超过权益工具的金额，则剩余损失由债务工具持有人承担。在违约事项带来

的损失超过权益工具金额之前，甲公司管理乙公司的投资组合；当违约事项带来的损失超过权益工具金额之后，由债务工具持有人指定的其他方开始管理乙公司的投资资产。

本例说明，企业在不同环境和情况下的相关活动可能不同。在未发生违约事项或违约事项带来的损失小于权益工具金额时，乙公司的相关活动是管理金融资产投资组合，而在违约事项带来的损失超过权益工具的金额后，乙公司的相关活动转变为管理存在违约事项的资产及剩余金融资产投资。

（2）分析相关活动的决策机制。在大多数情况下，当投资方通过持有表决权或类似权力主导被投资方时，其权力往往是通过统御被投资方的战略性经营和财务政策而获得的，但对于并非由表决权或类似权利主导的被投资方，以及当多个利益方对被投资方的不同活动同时拥有决策权的时候，识别相关活动尤其重要。判断被投资方的相关活动后，了解谁拥有对被投资方的权力的下一个重要步骤是分析此类活动的决策机制。就相关活动作出的决策包括但不限于：①对被投资方的经营、融资等活动作出决策，包括编制预算；②任命被投资方的关键管理人员或服务提供商，并决定其报酬，以及终止该关键管理人员的劳务关系或终止与服务提供商的业务关系。投资方在分析相关活动的决策机制时，应当重点关注被投资方设立的目的和设计以及如何作出有关下列活动的决策，例如，变更战略方向，包括收购和处置子公司，购买或处置主要资本性资产，委任董事及其他关键管理人员并确定其酬劳，批准年度计划、预算和股利政策等。

另外，清楚地了解被投资方的治理结构对识别相关活动的决策方式至关重要。在实务中，相关的监管要求和股东间的协议不同，企业的治理结构也可能各不相同。在某些情况下，相关活动一般由企业章程及协议中约定的权力机构（例如股东会、董事会）来决策，特殊情况下，相关活动的决策也可能基于合同协议约定等原因由其他机构来主导，如专门设置的管理委员会等。有限合伙企业的相关活动可能由合伙人大会决策，也可能由普通合伙人或者投资管理公司等机构或人员决策。

（3）两个或两个以上投资方能够单方面主导被投资方的不同相关活动时，如何判断哪方拥有权力。被投资方的相关活动通常有多个，并且可能不是同时进行的。当两个或两个以上投资方能够单方面主导被投资方的不同相关活动时，能够主导对被投资方回报产生最重大影响活动的一方拥有对被投资方的权力。在具体判断哪个投资方对被投资方拥有权力时，投资方通常需要考虑的因素包括：①被投资方的设立目的；②影响被投资方利润率、收入和企业价值的决定因素；③各投资方拥有的与上述决定因素相关的决策职权的范围，以及这些职权分别对被投资方回报的影响程度；④投资方对于可变回报的风险敞口的大小。

【例 2-3】甲公司和乙公司共同投资丙公司，丙公司的主营业务活动为药品研发和销售。根据丙公司章程和合资协议的约定，在所研发药品获得相关监管部门的生产批准前，甲公司可以单方面主导丙公司的药品研发活动，而在获得相关监管部门的生产批准后，则由乙公司单方面主导该药品的生产和营销决策。

在本例中，丙公司的研发、生产和营销活动均是会对丙公司的回报产生重大影响的活动。投资方除结合上述四点进行综合分析以外，还需要考虑以下具体因素：获得监管部门批准的不确定性和难易程度、考虑投资方成功开发药品并获取生产批准的历史记录、产品定位、目前药品所处的开发阶段、预测所需开发时间、同类药品开发的难易程度、取得同类药品营销渠道的难易程度、开发完成后哪一方投资者可实际控制该药品相关的经营活动（如取得同类药品营销渠道和实现销售业绩的难易程度）等。

当药品研发属于最相关活动时，能够主导研发的投资方甲公司拥有对被投资方的权力；当药品生产和销售属于最相关活动时，能够主导产品生产和销售的投资方乙公司拥有对被投资方的权力。

3."权力"是一种实质性权利

权力源于权利。但是，这并不意味着在判断权力时需要考虑投资方及其他方对被投资方的所有权利。在判断投资方是否拥有对被投资方的权力时，应区分投资方及其他方享有的权利是实质性权利还是保护性权利，仅实质性权利才应当被加以考虑。

（1）实质性权利。实质性权利，是指持有人在对相关活动进行决策时，有实际能力行使的可执行权利。"有实际能力行使"，意味着对于投资方拥有的实质性权利，即使投资方并未实际行使，也应在判断投资方是否对被投资方拥有权力时予以考虑。为了使一项权利成为实质性权利，在作出可主导被投资方相关活动的决策时，该项权利应当是可行使的。通常情况下，实质性权利应当是当前可执行的权利，但某些情况下，目前不可行使的权利也可能是实质性权利，如某些潜在表决权。

【例2-4】投资方持有一份将于25天后结算的远期股权购买合同。该合同结算后，投资方能够持多数表决权股份；30天后（才能召开的特别股东大会）是能够对相关活动进行决策的最早决策日；除此之外，其他投资方不能对被投资方相关活动的现行政策作出任何改变。

在本例中，虽然投资方持有的25天后才能结算的远期股权购买合同不是当前可执行的权利，但是由于最早可能召开的股东大会必须在30天之后，晚于此远期合同的可行权日（25天后），在投资方执行远期合同之前的时间段内，也没有其他任何一方可以改变与被投资方相关活动有关的决策，所以该权利虽然当前不可执行，但仍然为一项实质性权利，使该投资方当前有能力主导被投资方的相关活动。

判断一项权利是否为实质性权利，应当综合考虑所有相关因素。相关因素包括但不限于以下各项：

①权利持有人行使权利是否存在经济或其他方面的障碍。例如，财务处罚或奖励阻止权利持有人行使该权利，行权价或转换价格产生了财务障碍导致权利持有人不行使权利；合同条款或条件的限定导致该等权利不太可能被行使（例如，对于权利行使的时间有严格限制条件）；在设立被投资方的文件或相关法律法规中缺乏明确合理的机制让权利持有人行使其权利；权利持有人不能获得可以行使权利的必要信息；运营方面的障碍或诱因阻止权利持有人行使权利（例如，没有其他管理者愿意或能够取代现有的管理者向被投资方提供专业服务，或提供专业服务并承担现有管理者持有的权益）；法律法规的限制导致权利持有人无法行使权利（例如，外国投资者被禁止行使其权利）。

②当权利由多方持有或者行权需要多方同意时，是否存在实际可行的机制使得这些权利持有人在其愿意的情况下能够一致行使权利，缺乏这种机制可能表明权利是非实质性的。需要一致行使权利的投资方越多，权利是实质性权利的可能性就越小。然而，独立于

决策者的董事会可以作为一个众多投资方一致行使权利的机制。因此，相较于众多投资方单独持有的罢免权，独立的董事会持有的同样的罢免权更有可能是实质性权利。

③权利持有人能否从行使权利中获利。例如，潜在表决权持有人应考虑行权价格或转换价格。当投资方能在行权或转换中因价格或其他原因获利时（例如，实现投资方和被投资方的协同效应），潜在表决权的条款和条件就更有可能是实质性的。

有时候，被投资方的其他投资方也可能拥有实质性权利，从而使投资方不能控制被投资方。其他方拥有的实质性权利不一定是待决策事项的提议权，可能仅是一些批准或否定议案的权利，如果这些权利不仅仅是保护性权利，那么其他方拥有的这些实质性权利可能会使得投资方不能控制被投资方。

（2）保护性权利。保护性权利旨在保护持有这些权利的当事方的权益，而不赋予当事方对这些权利所涉及的主体的权力。仅持有保护性权利的投资方不能对被投资方实施控制，也不能阻止其他方对被投资方实施控制。例如，①贷款方限制借款方进行会对借款方信用风险产生不利影响从而损害贷款方利益的活动的权利；②少数股东批准超过正常经营范围的资本性支出或发行权益工具、债务工具的权利；③贷款方在借款方发生违约行为时扣押其资产的权利。

保护性权利通常仅适用于被投资方的活动发生根本性改变或某些特殊例外的情况，但并非所有在例外情况下行使的权利或在不确定事项发生时才行使的权利都是保护性权利。例如，当被投资方的活动和回报已被预先设定，只有在发生某些特定事项时才需要进行决策，且这些决策对被投资方的回报产生重大影响，则该等事项引发的活动属于相关活动，对这些相关活动行使的权利就不是保护性权利。对于有权主导这些相关活动的投资者，在判断其对被投资方是否拥有权力时，不需要考虑这些特定事项是否已经发生。

被投资方为被特许人时，特许经营协议经常给予特许人保护特许品牌的权利，也通常会赋予特许人某些与被特许人经营相关的决策权。在对被投资方进行分析时，需要区分两种权利：一是目前有能力作出对被特许人回报产生重大影响的决策的权利，二是有能力作出保护特许品牌的决策的权利，两种权利并不完全相同。一般而言，通过签订特许经营协议，被特许人依据特许经营协议的条款能够自行决定其业务的运营；特许人的权利并不限制其他方有能力作出对被特许人回报有重大影响的决策，也不必然导致特许人目前有能力主导对被特许人的相关活动。被特许人的法律形式和资本结构等基本决策可能由特许人之外的其他方来决定，并且这些决策可能会对被特许人的回报产生重大影响。当其他方享有现时权利使其目前有能力主导被特许人的相关活动时，特许人不拥有对被特许人的权力。特许人提供的财务支持越少，特许人面临的被特许人的回报的变动性越小，特许人就越有可能只拥有保护性权利。

4.权力的持有人应为主要责任人

权力是能够“主导”被投资方相关活动的现时能力。可见，权力是为自己行使的（行使人为主要责任人），而不是代其他方行使权力（行使人为代理人）。

代理人代表其他方（主要责任人）行动并服务于该其他方的利益。主要责任人可能将其对被投资方的某些或全部决策权授予代理人，但代理人代表主要责任人行使此类权力时，代理人并不对被投资方拥有控制权。在评估控制时，代理人的决策权应被视为由主要责任人直接持有，权力属于主要责任人，而非代理人。

当存在多个主要责任人时，每个主要责任人都需评估其是否拥有对被投资方的权力。决策者不会仅仅因为其他方能从其决策中获益而成为代理人。决策者在确定其是否为代理人时，应总体考虑自身、被投资方以及其他方之间的关系，尤其需考虑以下四项因素。除非某一方拥有罢免该决策者的实质性权利，且能够实现无理由罢免，否则应当全面分析和评价以下四项因素的影响。根据具体情况，以下四项因素的相对重要性程度可能存在差异。

（1）决策者对被投资方的决策权范围。在评估决策权范围时，应考虑相关协议或法规允许决策者决策的活动，以及决策者对这些活动进行决策时的自主程度。与该评估相关的因素包括但不限于：被投资方的设立目的与设计、被投资方所面临的风险及转移到其他投资方的风险、决策者在设计被投资方过程中的参与程度。例如，如果决策者在被投资方设计过程中的参与度较深（包括确定决策权范围），则可能表明决策者有机会及动机获得权利使其有能力主导相关活动，但该情况本身并不足以认定决策者必然能够主导相关活动。主导相关活动的决策权范围越广，越能表明决策者（如资产管理人）拥有权力，但并不意味着该决策者一定是主要责任人。

（2）其他方享有的实质性权利。其他方享有的实质性权利可能会影响决策者主导被投资方相关活动的能力。其他方持有实质性罢免权或其他权利可能显示决策者是代理人。

当存在单独一方拥有实质性罢免权并能无理由地罢免决策者时，单凭这一点就足以表明决策者是代理人。如果存在多于一方拥有这样的权利（且不存在单独一方能不经其他方同意即可罢免决策者的情况），那么这些权利本身不足以得出决策者是主要代表其他方且为了其他方利益进行决策的结论。在罢免决策者时需要联合一致行使罢免权的各方的数量越多，决策者的其他经济利益（即薪酬和其他利益）的量级和可变动性就越大，则其他方所持有的权利在评价决策者是否为代理人时的权重就越小。

在判断决策者是否为代理人时，应考虑其他方所拥有的限制决策者自由决策的实质性权利，这与考虑罢免权的方法相似。例如，如果决策者在进行决策时仅需要取得数量较少的其他方许可，则基本上可以判断该决策者是代理人。

在考虑其他方持有的权利时，应评估被投资方董事会（或其他权力机构）可行使的权利及其对决策权的影响。

（3）决策者的薪酬水平。相对于被投资方活动的预期回报，决策者享有的薪酬的量级和可变动性越大，决策者是主要责任人的可能性就越大。就薪酬而言，在确定决策者是主要责任人还是代理人时，应考虑是否存在以下情况：

①决策者的薪酬与其所提供的服务相称；

②薪酬协议仅包括在公平交易基础上针对类似服务和技能水平商定的安排中常见的条款、条件或金额。

如不同时满足上述条件，则决策者必然不是代理人，但仅满足上述这些条件并不足以表明决策者是代理人，还需结合决策者的决策权范围、其他方享有的实质性权利、决策者因持有其他权益而承担的可变回报风险等因素进行进一步分析。

（4）决策者因持有被投资方的其他权益而承担可变回报的风险。对于在被投资方持有其他权益（如对被投资方进行投资或提供被投资方业绩担保）的决策者，在评估其是否为代理人时，应考虑决策者因该权益所面临的可变回报的风险。持有被投资方其他权益表明该决策者可能是主要责任人。在评估由于在被投资方的其他利益而面临的可变回报风险时，决策者应考虑以下因素：

①决策者享有的经济利益的量级和可变动性。将决策者的薪酬和其他利益结合在一起的总体经济利益的量级和可变动性越大，该决策者越有可能是主要责任人。

②决策者面临的可变回报风险是否与其他投资方不同。如果不同，这些不同是否会影响其行为。例如，决策者持有次级权益，或向被投资方提供其他形式的信用增级。

决策者应评估其所承担的可变回报风险相对于被投资方总体回报变动风险的程度。该评价应主要基于预期从被投资方的活动中得到的回报，但也应考虑决策者通过持有其他利益而承担的被投资方可变回报的最大风险。

上述四项因素中的前两项因素涉及决策者对被投资方拥有的权力范围以及对这些权力设定的限制的程度，后两项因素与可变回报有关，要求考虑决策者从被投资方中获得的、相对于被投资方活动所产生总报酬的部分（预期值和最大值）的量级和可变动性。

【例 2-5】某主体甲作为资产管理人发起设立一项投资计划，为多个投资者提供投资机会。主体甲在投资授权设定的范围内，以全体投资者的利益最大化为前提作出决策，其拥有广泛的决策权以主导投资计划的相关活动，包括具体资产配置，买入、卖出时点以及投资资产出现风险时（如信用违约等）的后续管理等。主体甲按照计划资产净值的1%加上达到特定盈利水平后投资计划利润的20%收取管理费，该管理费符合市场和行业惯例，与主体甲提供的服务相称。以上事实适用于下列情况1至情况4（各示例之间相互独立）。

情况1，参与该计划的投资者人数众多，单个投资者的投资比例均小于0.5%且投资者之间不存在关联方关系。没有单一的投资者可以无理由罢免主体甲的资产管理人资格。该计划设有年度投资者大会，经占2/3以上份额的投资者一致通过，可以罢免主体甲的资产管理人资格。主体甲自身持有该投资计划2%的份额，主体甲没有为该计划的其他投资者提供保证收回初始投资及最低收益率的承诺，主体甲对超过其所拥有的2%投资以外的损失不承担任何义务。

在情况1中，由于没有任何一方可以无条件罢免主体甲的资产管理人资格，因此，主体甲在确定其是投资计划的主要责任人还是代理人时需要结合其他因素进一步分析。

主体甲对于投资计划享有广泛的决策权利，可以主导投资计划的相关活动。虽然投资计划设立了年度投资者大会，但由于投资者人数众多，且单个投资者之间不存在关联方关系，众多非关联投资者集合在一起进行表决并否决主体甲的可能性较小。因此，结合主体甲的决策权范围和其他方持有的权利，可以认为主体甲拥有对该投资计划广泛的实质性权利。

主体甲收取的管理费与其服务相称，该因素表明主体甲可能作为代理人行使权力。然而，仅凭此证据还不足以判断其必然是代理人。

除收取管理费外，主体甲还持有该投资计划2%的份额，该投资加大了主体甲面临的可变回报风险，但该风险尚未重大到表明主体甲是主要责任人。

综合考虑后，主体甲应被认定为该投资计划的代理人。

情况2，在主体甲违反合同的情况下，投资者有权罢免主体甲。主体甲自身持有该投资计划20%的份额，主体甲没有为该计划的其他投资者提供保证收回初始投资及最低收益率的承诺，因此主体甲没有对超过该20%的投资承担任何额外损失的义务。

在情况2中，投资者有权在主体甲违约时罢免主体甲。由于该权利只有在主体甲违约时才能行使，该权利属于保护性权利，主体甲拥有对该投资计划广泛的实质性权利。主体甲通过与其服务相称的管理费以及20%的直接投资承担并有权获取投资计划的可变回报，且该回报的量级和可变动性均较大，表明主体甲通过对投资计划行使权力而影响其回报的金额和程度较大，主体甲为该投资计划的主要责任人。然而，在不同事实和情况下（例如，资产管理人的薪酬或其他因素不同），形成控制所要求的投资比例可能会不同。

情况3，投资计划设有董事会，所有董事都独立于主体甲，并由其他投资者任命。董事会每年任命资产管理人。如果董事会决定不继任主体甲，主体甲提供的服务可以由同行业的其他主体接替。主体甲自身持有该投资计划20%的份额，主体甲没有为该计划的其他投资者提供保证收回初始投资及最低收益率的承诺，因此主体甲没有对超过该20%的投资承担任何额外损失的义务。

在情况3中，主体甲收取的管理费以及持有的20%投资使得主体甲承担并有权获取投资计划的可变回报，并且该回报的量级和可变动性可能表明其是主要责任人，但由独立于主体甲的投资者组成的董事会提供了其他投资者罢免主体甲的机制，使得其他投资者有可能据此获得罢免主体甲的实质性权利。因此，需要综合考虑董事会的构成、决策机制等情况评估该罢免权是否为实质性权利，如果该罢免权属于实质性权利，则在分析主体甲是否为代理人时，应给予该项实质性罢免权以更大的权重。因此本例中，尽管主体甲拥有广泛的决策权，并面临重大的可变回报风险，如果综合相关因素判断其他投资者享有实质性罢免权，则表明主体甲是代理人。

情况4，在主体甲违反合同的情况下，投资者有权罢免主体甲。主体甲自身持有该投资计划5%的份额，主体甲为该投资计划的其他投资者提供了保证收回初始投资的承诺。

在情况4中，主体甲拥有对该投资计划的广泛实质性权利，其他投资方拥有的罢免权为保护性权利。尽管主体甲通过管理费以及5%的投资面临的可变回报风险不足以表明主体甲是主要责任人，但主体甲还为计划的其他投资者提供了保证本金的担保，这一安排加大了主体甲承担的可变回报风险，同时使主体甲所面临的可变回报风险与其他投资者不同。这种情况下，应结合投资计划可能的业绩情况，主要基于投资计划的预期业绩评估主体甲承担的可变回报风险，同时考虑主体甲承担的可变回报的最大风险，对于主体甲承担的可变回报风险作出评估（包括考虑该项可变回报风险的差异是否会影响主体甲的行为），从而得出主体甲是主要责任人还是代理人的结论。

5.权力的一般来源——表决权

投资方对被投资方的权力可能源自各种权利，例如，表决权、委派或罢免有能力主导被投资方相关活动的该被投资方关键管理人员或其他主体的权利、决定被投资方进行某项交易或否决某项交易的权利、由管理合同授予的决策权利。这些权利单独或者结合在一起，可能赋予对被投资方的权力。

通常情况下，当被投资方具有一系列对回报产生重要影响的经营及财务活动，且需要就这些活动连续地进行实质性决策时，表决权或类似权利（本身或结合其他安排），将赋予投资者权力。

表决权是对被投资方经营计划、投资方案、年度财务预算方案和决算方案、利润分配方案和弥补亏损方案、内部管理机构的设置、聘任或解聘公司经理及确定其报酬、公司的基本管理制度等事项进行表决而享有的权利。表决权比例通常与其出资比例或持股比例是一致的，但公司章程另有规定的除外。

（1）通过直接或间接拥有半数以上表决权而拥有权力。当被投资方的相关活动由持有半数以上表决权的投资方表决决定，或者主导相关活动的权力机构的多数成员由持有半数以上表决权的投资方指派，而且权力机构的决策由多数成员主导时，持有半数以上表决权的投资方拥有对被投资方的权力。

【例 2-6】情况 1，甲企业和乙企业分别持有丙企业 60% 和 40% 的普通股，丙企业的相关活动通过股东会议上多数表决权主导，在股东会议上，每股普通股享有一票投票权。假设不存在其他因素，丙企业的相关活动由持有丙企业大多数投票权的一方主导。因此，如果不存在其他相关因素，甲企业拥有对丙企业的权力，因为它是丙企业大多数投票权的持有者。

情况 2，甲企业和乙企业分别持有丙企业 60% 和 40% 的普通股，丙企业的相关活动以董事会会议上多数表决权主导，甲企业和乙企业根据其享有丙企业所有者权益的比例，各自有权任命 6 名和 4 名董事。因此，如果不存在其他相关因素，甲企业拥有对丙企业的权力，因为其有权任命主导丙企业相关活动的董事会的大多数成员。

值得注意的是，在进行控制分析时，投资方不仅需要考虑直接表决权，还需要考虑其持有的潜在表决权以及其他方持有的潜在表决权的影响，进行综合考量，以确定其对被投资方是否拥有权力。

潜在表决权是获得被投资方表决权的权利，例如可转换工具、认股权证、远期股权购买合同或期权所产生的权利。确定潜在表决权是否给予其持有者权力时，需要考虑的因素包括：①在分析控制时，仅考虑满足实质性权利要求的潜在表决权；②投资方是否持有其他表决权或其他与被投资方相关的决策权，这些权利与投资方持有的潜在表决权结合后是否赋予投资方拥有对被投资方的权力；③潜在表决权工具的设立目的和设计，以及投资方参与被投资方的其他方式的目的和设计，包括分析相关工具和安排的条款和条件，还有投资方接受这些条款和条件的可能性、动机和原因。

【例 2-7】情况 1，甲公司与乙公司分别持有被投资方 70% 和 30% 的表决权。除此之外，根据甲公司与乙公司签订的期权合同，乙公司可以在目前及未来两年内以固定价格购买甲公司持有的被投资方 50% 的表决权。根据该价格，上述期权在目前及预计未来两年内都是深度价外期权（即依据期权合约的条款设计，使得买方乙公司到期行权的可能性极小）。历史上，甲公司一直通过表决权主导被投资方的相关活动。

这种情况下，乙公司目前拥有购买甲公司表决权的可行使期权，一旦行使期权将使乙公司拥有被投资方 80% 的表决权。但是，由于这些期权在目前及预计未来两年内都为深度价外期权，乙公司无法从该期权的行使中获利，因此这些期权并不构成实质性权利，在评估乙公司对被投资方是否拥有权力时不应予以考虑。

情况 2，甲公司与其他两个投资方各自持有被投资方 1/3 的表决权。除了权益工具外，甲公司同时持有被投资方发行的可转换债券，这些可转换债券可以在目前及未来两年内的任何时间以固定价格转换为被投资方的普通股。按照该价格，目前该期权为价外（但非深度价外）期权。被投资方的经营活动与甲公司密切相关。如果可转换债券转换为普通股，甲公司将持有被投资方60%的表决权，可以据此主导被投资方的相关活动，从而实现协同效应并从中获益（例如，降低甲公司的运营成本、确保稀缺产品的供应等）。在这种情况下，甲公司持有的潜在表决权为实质性权利。甲公司持有的表决权与实质性潜在表决权相结合，使得甲公司拥有了对被投资方的权力。

（2）持有被投资方半数以上表决权但并无权力。确定持有半数以上表决权的投资方是否拥有权力，关键在于该投资方是否拥有主导被投资方相关活动的现时能力。在被投资方相关活动被政府、法院、管理人、接管人、清算人或监管人等其他方主导时，投资方无法凭借其拥有的表决权主导被投资方的相关活动。因此，投资方此时即使持有被投资方过半数的表决权，也不拥有对被投资方的权力。

当投资方虽然持有被投资方半数以上表决权，但这些表决权并不是实质性权利时，以下情况成立：①当其他方拥有实质性权利使其可以主导被投资方的相关活动，且该其他方不是投资方的代理人时，投资方不拥有对被投资方的权力；②当投资方所拥有的表决权并非实质性权利时，即使持有多数表决权，投资方也不拥有对被投资方的权力。例如，由于无法获得必要的信息或法律法规方面的障碍，投资方虽持有半数以上表决权但无法行使，则该投资方不拥有对被投资方的权力。

半数以上表决权通过，只是作出决策的通常做法。有些情况下，根据相关章程、协议或其他法律文件，主导相关活动的决策所要求的表决权比例高于持有半数以上表决权的一方持有的表决权比例。例如，被投资方的公司章程规定，与相关活动有关的决策必须由出席会议且持2/3以上表决权的投资方通过。这种情况下，持有半数以上但不足2/3表决权的投资方，虽然表决权比例超过半数，但该表决权本身不足以赋予投资方权力，应结合其他因素进行进一步的分析与判断。

（3）直接或间接结合，也只拥有半数或半数以下表决权，但仍然可以通过表决权判断投资方拥有权力。持有半数或半数以下表决权的投资方（或者虽持有半数以上表决权，但仅凭自身表决权比例仍不足以主导被投资方相关活动的投资方），应综合考虑下列事实和情况，以判断其持有的表决权与相关事实和情况相结合是否可以赋予投资方对被投资方的权力：

①考虑投资方持有的表决权相对于其他投资方持有的表决权份额的大小，以及其他投资方拥有表决权的分散程度。与其他方持有的表决权比例相比，投资方持有的表决权比例越高，有现时能力主导被投资方相关活动的可能性就越大。为否决投资方而需要联合一致的行动方越多，投资方有现时能力主导被投资方相关活动的可能性就越大。

【例2-8】情况1，甲投资者持有被投资者48%的投票权，剩余投票权由数千位股东持有，但除甲之外，没有任何股东持有超过1%的投票权，没有任何股东与其他股东达成协议或能够作出共同决策。当以其他股权的相对规模为基础判断所获得的投票权的比例时，甲投资者确定48%的权益将足以使其拥有控制权。在这种情况下，甲投资者无须考虑权力的任何其他证据，即可以其持有股权的绝对规模和其他股东持有股权的相对规模为基础，确定其拥有充分决定性的投票权以满足权力的标准。

情况2，甲投资者持有被投资者40%的投票权，其他12位投资者各持有被投资者5%的投票权，股东协议授予甲投资者任免负责相关活动的管理人员及确定其薪酬的权力，若要改变协议，须获得2/3的多数股东表决权同意。在这种情况下，单凭投资者持有的投票权的绝对规模和与其他股东持有的投票权的相对规模，无法对投资者是否拥有权力作出结论。但是，股东协议条款赋予甲投资者任免管理人员及确定其薪酬的权力，足以说明甲投资者拥有对被投资者的权力。

情况3，甲投资者持有被投资者45%的投票权，其他两位投资者各持有被投资者26%的投票权，剩余投票权由其他三位股东持有，各占1%，不存在影响决策的其他安排。在这种情况下，只要其他两位投资者联合起来，就能够阻止甲投资者主导被投资者的相关活动，甲投资者投票权的规模及与其他股东持有的投票权的相对规模，足以得出甲投资者不拥有权力的结论。

情况4，甲投资者持有被投资者45%的投票权，其他11位投资者各持有被投资者5%的投票权，股东之间不存在合同安排以互相协商或作出共同决策。在这种情况下，单凭投资者持有的投票权的绝对规模和与其他股东持有的投票权的相对规模，无法对甲投资者是否拥有权力作出结论。应考虑其他可能为甲投资者是否拥有权力提供证据的额外事实和情况。

情况5，甲投资者持有被投资者35%的投票权，其他3位股东各持有被投资者5%的投票权，剩余投票权由众多股东持有（没有任何一位股东持有超过1%的投票权），股东之间不存在合同安排以互相协商或作出共同决策，涉及被投资者相关活动的决策须获得股东会议上拥有大多数投票权的股东的批准（在近期的股东会议上被投资者75%的投票权投了票）。在这种情况下，其他股东在近期股东会议上积极参与的事实表明甲投资者不具有单方面主导相关活动的实际能力，无论投资者是否因足够数量的其他股东与其作出相同表决而主导了相关活动。

②考虑与其他表决权持有人的协议。投资方自己拥有的表决权不足，但通过与其他表决权持有人的协议使其可以控制足以主导被投资方相关活动的表决权，从而拥有被投资方的权力。该类协议需确保投资方能够主导其他表决权持有人的表决，即其他表决权持有人按照投资方的意愿进行表决，而不是与其他表决权持有人协商根据双方协商一致的结果进行表决。

【例2-9】情况1，甲企业拥有4名股东，分别为A企业、B企业、C企业和D企业，A企业持有甲企业40%的普通股，其他三位股东各持有20%的普通股。甲企业的相关活动由其董事会主导，董事会由6名董事组成，其中3名董事由A企业任命，剩余3名分别由B企业、C企业和D企业任命。A企业和B企业单独签订合同安排，规定B企业任命的董事必须与A企业任命的董事以相同方式进行表决。若不存在其他因素，该合同安排赋予A企业在董事会会议上获得涉及相关活动的大多数投票权，从而使得A企业拥有对甲企业的权力，即使A企业并未持有甲企业的大多数投票权。

情况2，假定为避免董事审议陷入僵局，股东们签订协议赋予A企业任命的其中1名董事作为董事会主席，并且在董事会会议上享有额外的一票。除此以外，其他事实与情况

1一致。在这种情况下，股东协议有效地赋予A企业在董事会会议上获得相关活动的大多数投票权，如果不存在其他因素，这将使A企业拥有对甲企业的权力，即使A企业并未持有甲企业的大多数投票权。

投资方还应当考虑其与其他各方之间关系的性质以及其他各方是否代表投资方行动，即识别投资方的“实质代理人”。当投资方或有能力主导投资方活动的一方有能力主导其他方代表投资方行动时，其为投资方的实质代理人。在这种情况下，投资方在评估对被投资方是否存在控制时，应将自身和实质代理人的决策权及其通过实质代理人而间接承担或者享有的可变回报的风险或权利与其自身的实质性权利一并考虑。根据各方关系的性质判断，表明一方可能是投资方的实质代理人的情况包括但不限于：A.投资方的关联方，因投资方出资或提供贷款而取得其在被投资方中权益的一方；B.未经投资方同意，不得出售、转让或抵押其持有的被投资方权益的一方（但不包括此项限制系投资者和其他非关联方之间在自愿基础上协商一致而实现的情形）；C.没有投资方的财务支持，就不能获得资金来支持经营的一方；D.另一方系与投资方的权力机构的多数成员或关键管理人员相同的被投资方；E.与投资方具有紧密业务联系（如专业服务的提供者与其一家重要客户的关系）的一方。

③考虑其他合同安排产生的权利。投资方可能通过拥有的表决权和其他决策权相结合的方式使其目前有能力主导被投资方的相关活动。例如，合同安排赋予投资方在被投资方的权力机构中指派若干成员的权利，而这些成员足以主导权力机构对相关活动的决策。又如，投资方可能通过表决权和合同安排给予的其他权利，使其目前有能力主导被投资方的生产活动，或主导被投资方的其他经营和财务活动，从而对被投资方的回报产生重大影响。但是，在不存在其他权利时，仅仅是被投资方对投资方的经济依赖（如供应商和其主要客户的关系）不会导致投资方对被投资方拥有权力。

④如果结合表决权和上述第①至③项所列因素，仍不足以判断投资者能否控制被投资方，则还需要考虑是否存在其他事实或情况，能够证明投资方拥有主导被投资方相关活动的现时能力。例如：A.投资方能够任命或批准被投资方的关键管理人员，这些关键管理人员能够主导被投资方的相关活动；B.投资方能够出于自身利益通过或者否决被投资方的重大交易，投资方能够控制被投资方董事会等类似权力机构中成员的任命程序，或者从其他表决权持有人手中获得代理投票权；C.投资方与被投资方的关键管理人员或董事会等类似权力机构中的多数成员存在关联方关系；D.投资方与被投资方之间存在特殊关系，如被投资方的关键管理人员是投资方的现任或前任职工，被投资方的经营活动依赖于投资方，被投资方活动的重大部分有投资方参与其中或者是以投资方的名义进行，投资方自被投资方承担可变回报的风险或享有可变回报的收益的程度远超过其持有的表决权或其他类似权利的比例等。

投资方所持有的被投资方表决权比例越低，否决投资方所提关于相关活动的议案所需一致行动的其他投资者数量越少，投资者为了证明其拥有主导被投资方权力的权利，就需要在更大程度上证明存在这些“其他事实或情况”。

对于被投资方的相关活动通过表决权进行决策，而投资方持有的表决权比例不超过半数的情况，如果投资方在综合考虑了所有相关情况和事实后仍不能确定投资方是否拥有被投资方的权力，则投资方不控制被投资方。

【例2-10】情况1，甲公司为乙公司的第一大股东，其对乙公司的持股比例为40%，乙公司剩余股东的持股比例高度分散。除甲公司外，乙公司的其他前十大股东的各家持股比例均小于3%，合计不超过10%；剩余股东持股比例均小于0.1%。乙公司的各股东之间不存在关联方关系，乙公司的各股东均未持有潜在表决权。

乙公司董事会由9名董事组成，其中3名为独立董事。甲公司有权向乙公司提名4名非独立董事，其中一名任乙公司董事长，另一名任乙公司副董事长。乙公司董事长兼任甲公司的董事长，乙公司的一名董事兼任甲公司的总经理。乙公司最高权力机构为股东大会，与乙公司相关活动有关的重大决议应由出席股东大会的股东所持表决权的1/2以上表决通过。乙公司董事会在股东大会授权范围内，负责拟定与乙公司相关活动有关的议案并报股东大会批准，执行股东大会的决议。在历年来的股东大会中，出席股东大会的股东所持的表决权总数未超过47%。

在情况1中，乙公司的相关活动通过股东大会半数以上的表决权所主导，然而甲公司所持表决权仅为40%，未超过半数。因此，甲公司在确定其是否有主导乙公司相关活动的权力时，应综合考虑如下因素：

一是各方持有的潜在表决权。在本例中，乙公司的各股东均未持有潜在表决权。

二是投资方持有的表决权比例与其他方持有的表决权比例和分散程度的比较。甲公司持股比例虽然不足半数，但是其他前十大股东的各家持股比例均小于3%，合计小于10%。剩余股东持股比例均小于0.1%。因此，甲公司的持股比例相对其他股东而言较大，并且其他股东持股比例的分散程度较高。

三是来源于其他合同安排的权利。本例中，除公司章程规定外，乙公司的各股东均未持有其他合同安排的权利。

四是其他事实或情况。乙公司的9名董事当中有4名非独立董事由甲公司提名，且一名董事任乙公司董事长，另一名任副董事长。由此可见，甲公司除直接持有表决权外，还可以通过任命对甲公司相关活动有重大影响力的关键人员来获取权利。此外，乙公司董事长还兼任甲公司的董事长，乙公司的一名董事还兼任甲公司的总经理。由此可见，乙、甲公司之间除股权关系外，还存在核心管理层交叉的情况。另外，与乙公司相关活动有关的重大决议应由1/2以上出席股东大会的有表决权的股东表决通过。乙公司历年来的股东大会中，出席股东大会的股东所持的表决权总数未超过47%。甲公司所持40%的表决权已经超过了出席股东大会的股东所持表决权的半数。

综上考虑，甲公司认定其具有对乙公司的权力。

情况2，乙公司的第二、第三及第四大股东的持股比例分别为12%、10%及8%，其他股东持股比例均小于1%。在历年来的股东大会中，出席股东大会的股东所持的表决权总数约88%。除此以外，其他事实与情况1一致。

在情况2下，甲公司对乙公司的持股比例相对其他股东而言，并不显著高于其他股东。甲公司虽然为第一大股东，但第二、第三及第四大股东持股比例合计达到30%，已经接近第一大股东40%的持股比例。此外，乙公司历年来的股东大会中，出席股东大会的股东所持的表决权总数约为88%。甲公司所持40%的表决权也未能超过出席股东大会的股东所持过半数的表决权。

综合考虑，甲公司并不具有对乙公司的权力。

6.权力来自表决权以外的其他权利——来自合同安排

在某些情况下，某些主体的投资方对其的权力并非源自表决权（例如，表决权可能仅与日常行政活动工作有关），被投资方的相关活动由一项或多项合同安排决定，例如证券化产品、资产支持融资工具、部分投资基金等结构化主体。

结构化主体，是指在确定其控制方时没有将表决权或类似权利作为决定因素而设计的主体。通常情况下，结构化主体在合同约定的范围内开展业务活动，表决权或类似权利仅与行政性管理事务相关。

结构化主体通常具有下列特征中的多项或全部：

（1）业务活动范围受限。通常情况下，结构化主体在合同约定的范围内开展业务活动，业务活动范围受到了限制。例如，从事信贷资产证券化业务的结构化主体，在发行资产支持证券募集资金和购买信贷资产后，根据相关合同，其业务活动是将来源于信贷资产的现金向资产支持证券投资者分配收益。

（2）有具体明确的目的，而且目的比较单一。结构化主体通常是为了特殊目的而设立的主体。例如，有的企业发起结构化主体是为了将企业的资产转让给结构化主体以迅速回收资金，并改变资产结构来满足资产负债管理的需要；有的企业发起结构化主体是为了满足客户特定的投资需求，吸引到更多的客户；有的企业发起结构化主体是为了专门从事研究开发活动，或开展租赁业务等。

（3）股本（如有）不足以支撑其业务活动，必须依靠其他次级财务支持。次级财务支持是指承受结构化主体部分或全部预计损失的可变收益，其中的“次级”代表受偿顺序在后。股本本身就是一种次级财务支持，其他次级财务支持包括次级债权、对承担损失作出的承诺或担保义务等。通常情况下，结构化主体的股本占资产规模的份额较小，甚至没有股本。当股本很少或没有股本，不足以支撑结构化主体的业务活动时，通常需要依靠其他次级财务支持来为结构化主体注入资金，支撑结构化主体的业务活动。

（4）通过向投资者发行不同等级的证券（如分级产品）等金融工具进行融资。不同等级的证券，信用风险及其他风险的集中程度也不同。例如，以发行分级产品的方式融资是对各级产品的受益权进行了分层配置。购买优先级产品的投资者享有优先受益权，购买次级产品的投资者享有次级受益权。投资期满后，投资收益在逐级保证受益人本金、预期收益及相关费用后的余额归购买次级产品的投资者，如果出现投资损失，先由购买次级产品的投资者承担。由于不同等级的证券具有不同的信用风险、利率风险或流动性风险，发行分级产品可以满足不同风险偏好投资者的投资需求。

由于结构化主体的权力并非源自表决权或类似权利，并且通常还具备上述典型的常见特征，这无形中加大了投资方分析此类主体的相关活动和是否对该类主体具有权力的判断难度。投资方在判断能否控制结构化主体时，还需要结合下列四项因素进行进一步的分析：

①在设立被投资方时所作出的决策及投资方对其设立活动的参与度。投资方需考虑其是否参与被投资方的设立，考虑被投资方初始设立时作出的决策，以评估该参与以及交易

的相关安排是否为投资方提供了足够权利使其拥有对被投资方的权力。参与被投资方的初始设立，其本身虽不足以表明参与方控制被投资方，但该参与可能使投资方有机会获得对被投资方的权力。通过评价被投资方初始设立时所作的决策，有助于确定交易条款是否为某参与者提供了足以构成权力的权利。另外，此类主体在设立后的运作过程中，其法律意义上的权力机构所表决的事项往往仅仅与行政事务相关，表决权对其投资方的回报往往不具备直接和重大的关联。在这种情况下，投资方在分析其目的和设计时，应考虑其被专门设计来承担何种可变性，投资方通过参与其相关活动是否承担了部分或全部的可变性，可变性既包括下行风险也包括上行风险。

②考虑其他相关合同安排。投资方需考虑此类主体在初始设立时的合同安排是否赋予投资方掌控与被投资方密切相关的活动的权利。例如，看涨期权、看跌期权、清算权及其他可能为投资方提供权力的合同安排。当这些合同安排所涉及的活动与此类主体密切相关时，即使该类活动并未在此类主体的法律框架内发生，而是在其他主体中发生，该类活动也应被视为形成此类主体的相关活动的有机组成部分。因此，投资方在与该类活动相关的合同安排中，均需要对投资方明确或者没有明确享有的决策权进行详细评估。

③考虑仅在特定情况或事项发生时开展的活动。对于某些此类主体而言，其仅在某些特定情况或者事项发生时才发生相关活动。这些主体的设计使其明确按照既定的流程和安排开展某些固定的活动且其相应的回报也是可确定的，除非发生某些特定情况或事项。在这种情况下，只有在发生这些特定情况或事项时，此类主体所开展的对其回报具有重大影响的活动才是其相关活动。相应地，对相关活动具有决策权的投资方才享有权力。投资方享有权力并不依赖于这些特定情况或事项已经发生的事实。决策权依赖于特定情况或特定事件发生这一事实本身也并不表示该权利为保护性权利。

④投资方对被投资方作出的承诺。为确保此类主体持续按照原定设计和计划开展活动，投资方可能会作出明示或暗示的承诺。上述承诺可能会放大投资方可变回报的风险敞口，因而促使投资方更有动机获取足够多的权利，使其获得主导被投资方的权力。因此，投资方作出确保此类主体遵守原定设计经营的承诺可能是投资方拥有控制权力的迹象，但是其本身并不足以证明权力必然存在或阻止其他方拥有权力。

【例2-11】甲公司为一家小额贷款公司，其发起设立主体乙，甲公司向主体乙转让一个资产池，其中包含众多笔甲公司向不同的第三方发放的期限在12个月内的小额贷款。主体乙向众多第三方投资者发行一项资产管理计划，计划存续期为3年，存续期内分期发行，每期期限为1年。计划的基础资产为主体乙向甲公司购买的资产池。第三方投资者共认购该计划75%的份额（每个单一投资者认购的比例都小于0.5%），甲公司认购剩余25%的份额。

根据主体乙初始设立时订立的章程和协议安排，主体乙唯一的经营活动是按照既定的还款计划向贷款人收取本金和利息，并在收到款项后，在既定时间内扣除按与市场水平相当的费率计算的固定比例手续费后，将款项按份额比例支付给各个投资方。主体乙日常活动的事务，例如人事、财务、行政等管理事务等均由与甲公司和主体乙不存在关联方关系的第三方资产管理公司丙负责管理并按市价收取管理费。计划存续期间的所有相关资金流均由独立于各方的第三方银行丁托管并按市价收取资金托管费。

如果在既定还款时间收取既定的款项，则主体乙应按照投资者的投资比例将收取的款项分配给投资者。如果未能在既定的还款时间内收取既定的款项，则主体乙应先将已收取的款项按等比例分配后支付给除甲公司以外的投资者，剩余部分再支付给甲公司。当应收款出现违约时，甲公司有权根据违约时间、抵押品情况、违约方信用等级来调整主体乙下一步的收款计划。当已收取的款项无法向除甲公司以外的投资方进行足额支付时，主体乙将会按照某个事先约定的价格将应收款项全部出售给甲公司，由甲公司开展进一步的收款或者债务重组安排。

本例中，第一，应先识别出被投资方为主体乙，甲公司参与了主体乙的初始设立。主体乙设立的目的是管理和回收甲公司发放的小额贷款。甲公司在创设主体乙时的安排，例如认购资产管理计划的相对较大部分的份额（25%）、承担劣后偿付的风险（如果未能在既定的还款时间内收取既定的款项，主体乙先将已收取的款项按等比例分配后支付给除甲公司以外的投资者，剩余部分再支付给甲公司）以及甲公司向主体乙签出以固定价格行权的看跌期权统统显示出甲公司承担了重大的可变性，其有足够的动机要获取对主体乙的权力。

第二，主体乙的相关活动是对违约应收款的管理活动，理由一是主体乙在应收款违约之前的活动仅仅是按照固定的还款计划向贷款人收取预先确定的款项并转交给投资方，收取固定比例的手续费，在款项违约前，主体乙的回报不存在重大不确定性；二是在应收款出现违约时，如何根据实际情况管理违约应收款并调整收款计划，以及按照固定价格将应收款出售给甲公司会对主体乙的回报产生重大影响。因此，主体乙的相关活动是对违约应收款的管理活动，应收款出售给甲公司后，进一步管理违约资产的活动由甲公司开展而并非在主体乙的法律框架下开展。

第三，识别出主体乙的相关活动后，在评估投资方对主体乙的权力时，只应考虑与管理违约应收款相关的权力，尽管该权力只会在应收款发生违约的特定情况下才会被运用。很明显，本例中，当应收款出现违约时，甲公司有权根据违约时间、抵押品情况、违约方信用等级来调整主体乙下一步的收款计划或者债务重组安排，因此，甲公司享有对主体乙的权力。

第四，由于甲公司认购了主体乙发行资产计划25%的份额，由此承担了由于主体乙应收款无法收回时损失本金和利息的重大风险。此外，甲公司认购的份额还属于劣后偿付级别且向主体乙签出按照固定价格回购应收款的看跌期权，与其他的投资方相比，甲公司承担了更加重大的可变性。

第五，甲公司承担的可变回报与其对主体乙所拥有的权力密切相关。本例中，甲公司通过行使其对主体乙所拥有的权力主导主体乙的相关活动（主要是对违约应收款的管理活动），这一权力的实际行使情况将直接影响到甲公司从主体乙可获得的可变回报。

综上所述，甲公司享有对主体乙的控制权，应将主体乙纳入合并范围。

7.权力与回报之间的联系

投资方必须拥有对被投资方的权力并能获得可变回报，而且要有能力使用权力来影响因涉入被投资方而获得的投资方回报金额。只有当投资方不仅拥有对被投资方的权力并能通过参与被投资方的相关活动而享有可变回报，而且有能力运用对被投资方的权力来影响其回报的金额时，投资方才真正控制了被投资方。

二、纳入合并范围的特殊情况——对被投资方可分割部分的控制

投资方通常应当对是否控制被投资方进行整体判断，但在特殊情况下，如果有确凿证据表明同时满足下列条件并且符合相关法律法规规定，那么投资方应当将被投资方的一部分视为被投资方可分割的部分，进而判断是否控制该可分割部分：

（1）该部分的资产是偿付该部分负债或该部分其他利益方的唯一来源，不能用于偿还该部分以外的被投资方的其他负债；

（2）除与该部分相关的各方外，其他方不享有与该部分资产相关的权利，也不享有与该部分资产剩余现金流量相关的权利。

实质上该部分的所有资产、负债及其他相关权益均与被投资方的剩余部分相隔离，即：该部分的资产产生的回报不能由该部分以外的被投资方其他部分享有，该部分的负债也不能用该部分以外的被投资方资产偿还。

如果被投资方的一部分资产和负债及其他相关权益满足上述条件，构成可分割部分，则投资方应当基于控制的判断标准确定其是否能控制该可分割部分，考虑该可分割部分的相关活动及其决策机制，投资方是否目前有能力主导可分割部分的相关活动并据以从中取得可变回报。如果投资方控制可分割部分，则应将其进行合并。在此情况下，其他方在考虑是否合并被投资方时，应仅对被投资方的剩余部分进行控制及合并的评估，而将可分割部分排除在外。

【例 2-12】甲公司为有限责任公司，其主要经营活动为在乙地块上开发住宅和商业地产项目。乙地块的开发分三期执行，各期地块的开发成本和销售收入分设三个独立子账套进行单独核算管理，但与各期开发相关的开发支出均由甲公司作为同一法人主体进行清偿，各期项目相关的增值税、土地增值税及所得税等相关税收也均由甲公司作为同一纳税主体进行统一申报和清算。各地块的相关经营决策互相独立，其经营损益分别归属于不同的权利人。

在本例中，虽然各期开发项目区分了三个账套并进行独立核算管理，然而，这并不足以说明其中一期开发项目的有关资产、负债和权益均与其余各期的剩余部分相隔离。各期开发支出和相应税负仍以甲公司作为单一主体进行清偿就表明某期资产并非仅承担与该期资产相关的负债，某期资产也并非与该期开发相关的负债的唯一支付来源。因此，本例中的各期开发项目并非可分割的部分，不应被认定为可分割部分。

合并范围的特殊处理

三、合并范围的豁免——投资性主体

1.豁免规定

母公司应当将其全部子公司（包括母公司所控制的被投资方可分割部分、结构化主体）纳入合并范围。但是，如果母公司是投资性主体，则只应将那些为投资性主体的投资活动提供相关服务的子公司纳入合并范围，其他子公司不应予以合并，母公司对其他子公司的投资应当按照公允价值计量且其变动应计入当期损益。

如果一个投资性主体的母公司本身不是投资性主体，则应当将其控制的全部主体，包括投资性主体以及通过投资性主体间接控制的主体，都纳入合并财务报表范围。

2.投资性主体的定义

当母公司同时满足以下三个条件时，该母公司属于投资性主体：

（1）该公司以向投资方提供投资管理服务为目的，从一个或多个投资者获取资金，这是投资性主体与其他主体的显著区别。

（2）该公司的唯一经营目的，是通过资本增值、投资收益或两者兼而有之而让投资者获得回报。投资性主体的经营目的一般可能通过其设立目的、投资管理方式、投资期限、投资退出战略等体现出来，这些信息可以通过募集说明书、公司章程或合伙协议以及所发布的其他公开信息来获取。例如，一个基金在募集说明书中说明其投资的目的是实现资本增值、一般情况下的投资期限较长、制定了比较清晰的投资退出战略等，则这些描述与投资性主体的经营目的是一致的；反之，如果该基金的经营目的是与被投资方合作开发、生产或者销售某种产品，则其不是投资性主体。

（3）该公司按照公允价值对几乎所有投资的业绩进行计量和评价。对于投资性主体而言，相对于合并子公司财务报表或者按照权益法核算对联营企业或合营企业的投资，公允价值计量所提供的信息更具有相关性。公允价值计量体现在：①在企业会计准则允许的情况下，在向投资方报告其财务状况和经营成果时应当以公允价值计量其投资；②向其关键管理人员提供公允价值信息，以供他们据此评估投资业绩或作出投资决策。

3.投资性主体的特征

投资性主体通常应当符合下列四个特征：

（1）拥有一项以上投资。投资性主体通常会同时持有多项投资，以分散风险，但通过直接或间接投资于另一持有多项投资的投资性主体的，也可能是投资性主体。另外，当投资性主体刚设立、尚未寻找到多个符合要求的投资项目，或者刚处置了部分投资、尚未进行新的投资，或者正处于清算过程中时，也有可能仅持有一项投资。

（2）拥有一个以上投资者。典型的投资性主体通常拥有多个投资者，多个投资者通过投资性主体集中资金，以获取单个投资者可能无法单独获取的投资管理服务和投资机会。拥有多个投资者使投资性主体或其集团成员获取除资本增值、投资收益以外的收益的可能性减小。一个投资性主体在过渡期也可能只有一个投资者，例如：①当投资性主体刚刚设立、正在积极识别合格投资者。②原持有的权益已经赎回、正在寻找新的投资者。③投资性主体处于清算过程中。④投资性主体为了代表或支持一个较大的投资者集合的利益而设立的（如某企业设立的年金基金）。

（3）投资者不是该主体的关联方。投资性主体通常拥有若干投资者，这些投资者既不是其关联方，也不是该投资主体所在集团的成员，这一情况使投资性主体或其集团成员获取除资本增值和投资收益以外的收益的可能性减小；反之，一个主体的投资方中包括了与该主体存在关联方关系的投资方，则该主体或者关联投资方更有可能存在除了获取资本增值或者投资收益之外的其他投资目的，在这种情况下，需要更为谨慎的判断和确凿的证据来证明其经营目的是取得资本增值或投资收益，或者两者兼得。但是，关联投资者的存在并非表明该主体一定不是投资性主体。例如，某基金的投资方之一可能是该基金的关键管理人员出资设立的企业，其目的是更好地激励基金的关键管理人员，这一安排并不影响该基金符合投资性主体的定义。

（4）该主体的所有者权益以股权或类似权益存在。一个投资性主体并不一定必须是单独的法律实体，但无论其采取什么样的法律形式，其所有者权益都应该采取股份、合伙权益或者类似权益份额的形式，而且净资产按照所有者权益比例份额享有。然而，拥有不同类型的投资者，并且其中一些投资者可能仅对某类或某组特定投资拥有权利，或者不同类型的投资者对净资产享有不同比例的分配权的情况，并不说明该主体不是一个投资性主体。

可见，上述特征仅仅是投资性主体的常见特征，当主体不完全具备上述四个特征时，需要审慎评估，判断是否有确凿证据证明虽然缺少其中一个或几个特征，但该主体仍然符合投资性主体的定义。

【例2-13】甲技术公司设立乙高新技术基金，该基金专门投资于高新技术创业公司从而获取资本增值。甲技术公司持有乙高新技术基金80%的权益并且控制该基金，该基金其余20%的权益由其他10个不相关投资者持有。甲技术公司同时持有以公允价值购买乙基金所持有投资的选择权，如果行使该选择权，甲技术公司会从乙基金所持被投资方开发的技术中受益。乙基金没有明确的退出投资的计划，且乙基金由该基金投资者代理人作为投资顾问管理。

本例中，即使乙基金的经营目的是为资本增值而进行投资，并向其投资者提供投资管理服务，乙基金也不是投资性主体，主要原因如下：（1）甲公司持有购买乙基金持有投资的选择权，乙基金被投资方开发的资产将使甲技术公司受益，除资本增值外，乙基金还提供了其他利益。（2）乙基金的投资计划不包括作为权益投资的投资退出战略，甲技术公司持有的选择权并非由乙基金控制，也不构成退出战略。

4.因投资性主体转换引起的合并范围的变化

当母公司由非投资性主体转变为投资性主体时，除仅将为其投资活动提供相关服务的子公司纳入合并财务报表范围编制合并财务报表外，企业自转变日起对其他子公司不应予以合并，其会计处理参照部分处置子公司股权但不丧失控制权的处理原则：终止确认与其他子公司相关资产（包括商誉）及负债的账面价值，以及其他子公司相关少数股东权益（包括属于少数股东的其他综合收益）的账面价值，并按照对该子公司的投资在转变日的公允价值确认为一项以公允价值计量且其变动计入当期损益的金融资产，同时将对该子公司的投资在转变日的公允价值作为处置价款，其与当日合并财务报表中该子公司净资产（资产、负债及相关商誉之和，扣除少数股东权益）的账面价值之间的差额，调整资本公积（资本溢价或股本溢价），资本公积不足冲减的，调整留存收益。

当母公司由投资性主体转变为非投资性主体时，应将原未纳入合并财务报表范围的子公司于转变日纳入合并财务报表范围，将转变日视为购买日，原未纳入合并财务报表范围的子公司于转变日的公允价值视为购买的交易对价，按照非同一控制下企业合并的会计处理方法进行会计处理。

四、控制的持续评估

人们对于控制的评估是持续的。当环境或情况发生变化时，投资方需要评估控制的三个基本要素中的一个或多个是否发生了变化。如果有任何事实或情况表明控制的三个基本要素中的一个或多个发生了变化，投资方应重新评估对被投资方是否具有控制权。

如果对被投资方的权力的行使方式发生了变化，那么该变化必须反映在投资方对被投资方权力的评估中。例如，决策机制的变化可能意味着投资方不再通过表决权主导相关活动，而是由其他方通过协议或者合同赋予的其他权力来主导相关活动。

某些事件即使不涉及投资方，也可能导致该投资方获得或丧失对被投资方的权力。例如，其他方以前拥有的能阻止投资方控制被投资方的决策权到期失效，则可能使投资方因此而获得权力。

投资方应考虑因其参与被投资方相关活动而承担的可变回报的风险敞口的变化带来的影响。例如，如果拥有权力的投资方不再享有可变回报（如与业绩相关的管理费合同到期），则该投资方会因此而丧失对被投资方的控制。再如，某资产管理计划的管理人原持有该资产管理计划5%的份额，并按照该计划的利润的一定比例收取管理费，其获得的可变回报的规模表明该管理人只是一个代理人；之后，由于该资产管理计划的几个重要投资者退出，管理人的股权持有份额上升，加上管理费之后可变回报的相对比例大幅上升，体现出了主要责任人的特点，因此该管理人需要持续评估自己是否控制该资产管理计划。

投资方还应考虑其作为代理人或主要责任人的评估是否发生了变化。投资方与其他方之间整体关系的变化可能意味着原为代理人的投资方不再是代理人，反之亦然。例如，投资方或其他方的权利发生了变化，投资方应重新评估其代理人或主要责任人的身份。

投资方初始评估控制的结果，不会简单地因为市场情况的变化（如因市场情况的变化导致被投资方的回报发生变化）而变化，除非市场情况的变化导致了控制三个要素中的一个或多个发生了改变，或导致主要责任人与代理人之间的整体关系的改变。

第三节　合并财务报表编制原则、前期准备事项及程序

一、合并财务报表的编制原则

合并财务报表作为财务报表，必须符合财务报表编制的一般原则和基本要求。这些基本要求包括真实可靠、内容完整。与个别财务报表相比，合并财务报表具有下列特点：(1) 反映的对象是由母公司和其全部子公司组成的会计主体；(2) 编制者是母公司，但所对应的会计主体是由母公司及其控制的所有子公司所构成的企业集团；(3) 合并财务报表是站在合并财务报表主体的立场上，以纳入合并范围的企业个别财务报表为基础，根据其他有关资料，抵销母公司与子公司、子公司相互之间发生的内部交易，考虑了特殊交易事项对合并财务报表的影响后编制的，旨在反映合并财务报表主体作为一个整体的财务状况、经营成果和现金流量。因此，合并财务报表的编制除应遵循财务报表编制的一般原则和要求外，还应当遵循以下原则和要求：

1.以个别财务报表为基础编制

合并财务报表并不是直接根据母公司和子公司的账簿编制，而是利用母公司和子公司编制的反映各自财务状况和经营成果的财务报表提供的数据，通过合并财务报表的特有方

法进行编制。合并财务报表以纳入合并范围的个别财务报表为基础，可以说是客观性原则的具体体现。

2.一体性原则

合并财务报表反映的是企业集团的财务状况和经营成果，反映的是由多个法人企业组成的一个会计主体的财务情况，在编制合并财务报表时应当将母公司和所有子公司作为整体来看待，视为一个会计主体，母公司和子公司发生的经营活动都应当从企业集团这一整体的角度进行考虑。因此，在编制合并财务报表时，对于母公司与子公司、子公司相互之间发生的经济业务，应当视同同一会计主体内部业务处理，视同同一会计主体之下的不同核算单位的内部业务。

3.重要性原则

与个别财务报表相比，合并财务报表涉及多个法人主体，涉及的经营活动的范围很广，母公司与子公司经营活动往往跨越不同行业界限，有时母公司与子公司经营活动相差很大。因此，合并财务报表要综合反映这样的会计主体的财务情况，必然要涉及对重要性的判断问题，特别是在拥有众多子公司的情况下，更是如此。编制合并财务报表特别强调对重要性原则的运用，如一些项目对企业集团中的某一企业很重要，但对于整个企业集团则不一定具有重要性，在这种情况下根据重要性的要求对财务报表项目进行取舍，则具有重要的意义。此外，母公司与子公司、子公司相互之间发生的经济业务，对整个企业集团财务状况和经营成果影响不大时，为简化合并手续也应根据重要性原则进行取舍，可以不编制抵销分录而直接编制合并财务报表。

合并报表编制原则、准备与程序

二、合并财务报表的构成

合并财务报表至少包括合并资产负债表、合并利润表、合并所有者权益变动表（或合并股东权益变动表）、合并现金流量表和附注。它们分别从不同的方面反映企业集团财务状况、经营成果及现金流量情况，构成一个完整的合并财务报表体系。

（1）合并资产负债表。合并资产负债表是反映母公司和子公司所形成的企业集团某一特定日期财务状况的报表。

（2）合并利润表。合并利润表是反映母公司和子公司所形成的企业集团整体在一定期间内经营成果的报表。

（3）合并所有者权益变动表（或合并股东权益变动表）。合并所有者权益变动表（或合并股东权益变动表）是反映母公司在一定期间内，包括经营成果分配在内的所有者（或股东）权益增减变动情况的报表。它是从母公司的角度，站在母公司所有者的立场反映企业所有者（或股东）在母公司中的权益增减变动情况的报表。

（4）合并现金流量表。合并现金流量表是反映母公司和子公司所形成的企业集团在一定期间现金流入、流出量以及现金净增减变动情况的报表。

（5）附注。附注是对在合并资产负债表、合并利润表、合并现金流量表和合并所有者权益变动表（或合并股东权益变动表）等报表中列示项目的文字描述或明细资料，以及对未能在这些报表中列示项目的说明等。

三、合并财务报表编制的前期准备事项

合并财务报表的编制涉及多个子公司，有的合并财务报表的合并范围甚至包括数百个子公司。为了使编制的合并财务报表准确、全面地反映企业集团的真实情况，必须做好一系列的前期准备事项，这些前期准备事项主要有：

1.统一母子公司的会计政策

会计政策是指企业进行会计核算和编制财务报表时所采用的会计原则、会计程序和会计处理方法，是编制财务报表的基础，统一母公司和子公司的会计政策是保证母子公司财务报表各项目反映内容一致的基础。为此，在编制财务报表前，应当尽可能统一母公司和子公司的会计政策，统一要求子公司所采用的会计政策与母公司保持一致。对一些境外子公司，由于所在国或地区法律、会计准则等方面的原因，确实无法使其采用的会计政策与母公司所采用的会计政策保持一致，则应当要求其按照母公司所采用的会计政策重新编报财务报表，也可以由母公司根据自身所采用的会计政策对境外子公司报送的财务报表进行调整，以重编或调整编制的境外子公司财务报表，作为编制合并财务报表的基础。

2.统一母子公司的资产负债表日及会计期间

财务报表是反映一定日期的财务状况和一定会计期间经营成果的，母公司和子公司的个别财务报表只有在反映财务状况的日期和反映经营成果的会计期间一致的情况下，才能进行合并。为了编制合并财务报表，必须统一企业集团内所有子公司的资产负债表日和会计期间，使子公司的资产负债表日和会计期间与母公司的资产负债表日和会计期间保持一致，以便子公司提供相同资产负债表日和会计期间的财务报表。

对于境外子公司，由于当地法律限制确实不能与母公司财务报表决算日和会计期间一致的，母公司应当按照自身的资产负债表日和会计期间对子公司的财务报表进行调整，以调整后的子公司财务报表为基础编制合并财务报表，也可以要求子公司按照母公司的资产负债表日和会计期间另行编制报送其个别财务报表。

3.对子公司以外币表示的财务报表进行折算

对母公司和子公司的财务报表进行合并，其前提必须是母子公司个别财务报表所采用的货币计量单位一致。我国允许外币业务比较多的企业采用某一外币作为记账本位币，境外企业一般也是采用其所在国或地区的货币作为其记账本位币。在将这些企业的财务报表纳入合并时，则必须将其折算为母公司所采用的记账本位币表示的财务报表。我国外币财务报表基本上采用的是现行汇率法。有关外币财务报表的具体折算方法参见外币业务处理，在此不再重复。

4.收集编制合并财务报表的相关资料

合并财务报表以母公司和其子公司的财务报表以及其他有关资料为依据，由母公司合并有关项目的数额编制。为编制合并财务报表，母公司应当要求子公司及时提供下列有关资料：（1）子公司相应期间的财务报表；（2）与母公司及与其他子公司之间发生的内部购销交易、债权债务、投资及其产生的现金流量和未实现内部销售损益的期初、期末余额及变动情况等资料；（3）子公司所有者权益变动和利润分配的有关资料；（4）编制合并财务报表所需要的其他资料，如非同一控制下企业合并购买日的公允价值资料等。

四、合并财务报表的编制程序

合并财务报表的编制是一项复杂的工作，不仅涉及本企业会计业务和财务报表，而且涉及纳入合并范围的子公司的会计业务和财务报表。为了使合并财务报表的编制工作能够有条不紊地进行，合并财务报表编制程序大致如下：

（1）设置合并工作底稿。合并工作底稿的作用是为合并财务报表的编制提供基础。在合并工作底稿中，对母公司和纳入合并范围的子公司的个别财务报表各项目的数额进行汇总和抵销处理，最终计算得出合并财务报表各项目的合并数。合并工作底稿的基本格式见表2-1。

（2）将母公司、纳入合并范围的子公司个别资产负债表、利润表及所有者权益变动表各项目的数据转入合并工作底稿，并在合并工作底稿中对母公司和子公司个别财务报表各项目的数据进行加总，计算得出个别资产负债表、个别利润表及个别所有者权益变动表各项目合计数额。

（3）编制调整分录与抵销分录，将母公司与子公司、子公司相互之间发生的经济业务对个别财务报表有关项目的影响进行调整抵销处理。编制调整分录与抵销分录，进行调整抵销处理是合并财务报表编制的关键，其目的在于将因会计政策及计量基础的差异而对个别财务报表的影响进行调整，以及将个别财务报表各项目的加总数据中重复的因素等予以抵销。

（4）计算合并财务报表各项目的合并数额。在母公司和纳入合并范围的子公司个别财务报表各项目加总数额的基础上，分别计算财务报表中的资产项目、负债项目、所有者权益项目、收入项目和费用项目的合并数，其计算方法如下：

①资产类项目，其合并数根据该项目加总的数额，加上该项目调整分录与抵销分录的借方发生额，减去该项目调整分录与抵销分录的贷方发生额计算确定。

②负债类项目和所有者权益类项目，其合并数根据该项目加总的数额，减去该项目调整分录与抵销分录的借方发生额，加上该项目调整分录与抵销分录的贷方发生额计算确定。

③有关收益类项目，其合并数根据该项目加总的数额，减去该项目调整分录与抵销分录的借方发生额，加上该项目调整分录与抵销分录的贷方发生额计算确定。

④有关成本费用类项目和有关利润分配的项目，其合并数根据该项目加总的数额，加上该项目调整分录与抵销分录的借方发生额，减去该项目调整分录与抵销分录的贷方发生额计算确定。

（5）编制合并财务报表。根据合并工作底稿中计算出的资产、负债、所有者权益、收入、成本费用类各项目的合并数，编制正式的合并财务报表。

五、编制合并财务报表需要调整抵销的项目

（一）编制合并资产负债表需要调整抵销的项目

合并资产负债表是以母公司和纳入合并范围的子公司的个别资产负债表为基础编制的。个别资产负债表则是以单个企业为会计主体进行会计核算的结果，它从母公司的角度

或从子公司的角度对自身的财务状况进行反映。对于企业集团内部发生的经济业务，从发生内部经济业务的企业来看，发生经济业务的两方都在其个别资产负债表中进行了反映。例如，集团内部母公司与子公司之间发生的赊购、赊销业务，对于赊销企业来说，一方面，确认营业收入、结转营业成本、计算营业利润，并在其个别资产负债表中反映为应收账款；而对于赊购企业来说，在内部购入的存货未实现对外销售的情况下，则在其个别资产负债表中反映为存货和应付账款。在这种情况下，资产、负债和所有者权益类各项目的加总数额中，必然包含重复计算的因素。作为反映企业集团整体财务状况的合并资产负债表，必须将这些重复计算的因素予以扣除，对这些重复计算的因素进行抵销处理。这些需要扣除的重复因素，就是合并财务报表编制时需要进行抵销处理的项目。

编制合并资产负债表时需要进行抵销处理的项目主要有：(1) 母公司对子公司的股权投资项目与子公司所有者权益（或股东权益）项目；(2) 母公司与子公司、子公司相互之间未结算的内部债权债务项目；(3) 存货项目，即内部购进存货价值中包含的未实现内部销售损益；(4) 固定资产项目（包括固定资产原价和累计折旧项目），即内部购进固定资产价值中包含的未实现内部销售损益；(5) 无形资产项目，即内部购进无形资产包含的未实现内部销售损益等。

（二）编制合并利润表和合并所有者权益变动表需要调整抵销的项目

合并利润表和合并所有者权益变动表是以母公司和纳入合并范围的子公司的个别利润表和个别所有者权益变动表为基础编制的。利润表和所有者权益变动表作为以单个企业为会计主体进行会计核算的结果，从母公司本身或从子公司本身反映一定会计期间经营成果的形成及其分配情况和所有者权益变动情况。在以企业个别利润表及个别所有者权益变动表为基础计算的收益和费用等项目的加总数额中，也必然包含重复计算的因素。在编制合并利润表和合并所有者权益变动表时，企业也需要将这些重复的因素予以扣除。

编制合并利润表和合并所有者权益变动表时需要进行抵销处理的项目主要有：(1) 内部销售收入和内部销售成本项目；(2) 内部投资收益项目，包括内部利息收入与利息支出项目、内部股权投资收益项目；(3) 资产减值损失、信用减值损失项目，即与内部交易相关的内部应收账款、存货、固定资产、无形资产等项目的资产减值损失；(4) 纳入合并范围的子公司利润分配项目。

（三）编制合并现金流量表需要调整抵销的项目

合并现金流量表是综合反映母公司及其子公司组成的企业集团在一定会计期间现金流入、现金流出数量以及增减变动情况的财务报表。合并现金流量表以母公司和子公司的现金流量表为基础，在抵销母公司与子公司、子公司相互之间发生内部交易对合并现金流量表的影响后，由母公司编制。

在以母公司和子公司个别现金流量表为基础编制合并现金流量表时，需要进行冲销的主要有：(1) 母公司与子公司、子公司相互之间当期以现金投资支付的流量与筹资收到的现金流量；(2) 母公司与子公司、子公司相互之间当期取得投资收益收到的现金与分配股利、利润或偿付利息支付的现金；(3) 母公司与子公司、子公司相互之间以现金结算债权与债务所产生的现金流量；(4) 母公司与子公司、子公司相互之间当期销售商品所产生的现金流量；(5) 母公司与子公司、子公司相互之间处置固定资产、无形资产和其他长期资产收回的现金净额与购建固定资产、无形资产和其他长期资产支付的现金；(6) 母公司与子公司、子公司相互之间当期发生的其他内部交易所产生的现金流量。

六、合并财务报表的格式

合并财务报表通常会在个别财务报表的基础上增加一些项目：

(1) 合并资产负债表。合并资产负债表应增加的项目包括：①在所有者权益项目下增加“归属于母公司所有者权益合计”项目，用于反映企业集团的所有者权益中归属于母公司所有者权益的部分，包括实收资本（或股本）、其他权益工具、资本公积、库存股、其他综合收益、专项储备、盈余公积、一般风险准备、未分配利润、其他等项目的金额；②在所有者权益项目下，增加“少数股东权益”项目，用于反映非全资子公司的所有者权益中不属于母公司的份额。

(2) 合并利润表。合并利润表应增加的项目主要包括：①在“净利润”项目下增加“归属于母公司所有者的净利润”和“少数股东损益”两个项目，分别反映净利润中由母公司所有者享有的份额和非全资子公司当期实现的净利润中归属于少数股东的份额。同一控制下企业合并增加子公司的，当期合并利润表中还应在“净利润”项目下增加“其中被合并方在合并前实现的净利润”项目，用于反映同一控制下企业合并中取得的被合并方在合并日前实现的净利润。②在“综合收益总额”项目下增加“归属于母公司所有者的综合收益总额”和“归属于少数股东的综合收益总额”两个项目，分别反映综合收益总额中由母公司所有者享有的份额和非全资子公司当期综合收益总额中归属于少数股东的份额。

(3) 合并现金流量表。合并现金流量表的格式与《企业会计准则第31号——现金流量表》相关应用指南中现金流量表的格式基本相同。

(4) 合并所有者权益变动表。合并所有者权益变动表中应增加“少数股东权益”栏目，反映少数股东权益变动的情况。另外，参照合并资产负债表中的“专项储备”“一般风险准备”“资本公积”“其他权益工具”“其他综合收益”等项目的列示，合并所有者权益变动表中应单列上述各栏目反映。

对于纳入合并财务报表的子公司既有一般工商企业，又有金融企业及其他企业的，如果母公司在企业集团经营中权重较大，以母公司主业属一般企业还是金融企业确定其报表类别，根据集团其他业务，适当增加其他报表类别的相关项目；如果母公司在企业集团经营中权重不大，以企业集团的主业确定其报表类别，根据集团其他业务适当增加其他报表类别的相关项目；对于不符合上述情况的，合并财务报表采用一般企业报表格式，根据集团其他业务适当增加其他报表类别的相关项目。

在合并业务的处理过程中，下列有关合并报表项目的使用是等同的含义，可以混合使用：(1) 主营业务收入、其他业务收入与营业收入；(2) 主营业务成本、其他业务成本与营业成本；(3) 固定资产原价、累计折旧、固定资产减值准备与固定资产；(4) 无形资产原价、累计摊销、无形资产净值与无形资产；(5) 原材料、库存商品、存货跌价准备与存货；(6) 应收账款、坏账准备与应收账款等。之所以可以混合使用，是因为这些项目从合并财务报表的角度来看，是没有区别的。

第四节　长期股权投资与所有者权益的合并处理（同一控制下企业合并）

在一般情况下，企业取得子公司的途径主要有两条：一是对外进行直接投资组建新的被投资企业使其成为子公司，这里包括单独投资组建全资子公司、与其他企业合资组建非全资子公司等情况；二是通过企业合并，对现有的企业的股权进行并购，使其成为子公司，这里包括购买同一控制下的企业的股权使其成为子公司、购买非同一控制下的企业的股权使其成为子公司两种情况。

一、同一控制下取得子公司合并日合并财务报表编制资金运动分析与会计处理

在同一控制下，母公司在合并日可以编制合并日的合并资产负债表、合并利润表、合并现金流量表等合并财务报表。母公司在将购买取得的子公司股权登记入账后，在编制合并日合并资产负债表时，只需将对子公司长期股权投资与子公司所有者权益中母公司所拥有的份额相抵销。

在合并日，编制主体的投资业务与合并业务所引起的资金运动如图2-1所示。在图2-1中，A、B段运动反映合并主体的个别经济业务，其中A段运动反映合并主体投资业务所引起的资金运动；B段运动反映合并过程中发生的应计入当期损益的合并费用。C段运动和D段运动反映的是合并业务，其中C段运动反映合并业务中合并方的投资与被合并方的权益的抵销；D段运动反映被合并方留存收益中归属于合并方的部分的恢复。

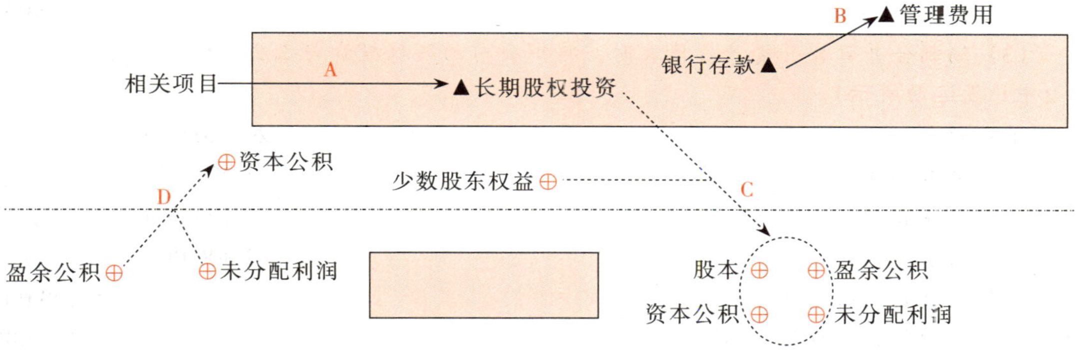

图2-1　同一控制下合并日投资与合并业务资金运动分析图

【例2-14】甲公司20×2年1月1日以2 860万元的价格取得乙公司80%的股权。乙公司净资产的公允价值为3 500万元。甲公司在购买乙公司过程中发生审计、法律服务等相关费用12万元，上述价款均以银行存款支付。甲公司与乙公司同为丙公司的子公司。乙公司采用的会计政策与甲公司一致。乙公司20×2年1月1日的资产负债表见表2-1中乙公司的数据。

(1) 甲公司长期股权投资的处理，即确定合并成本。

由于乙公司与甲公司均为同一控制下的企业，按同一控制下企业合并的规定进行处理。根据乙公司资产负债表，乙公司股东的权益总额为3 200万元。合并后，甲公司在乙公司股东权益中所拥有的份额为2 560万元（3 200×80%）。甲公司对乙公司长期股权投资

的初始投资成本为2 560万元，其差额300万元要调减资本公积（如图2-2中A段运动所示）。

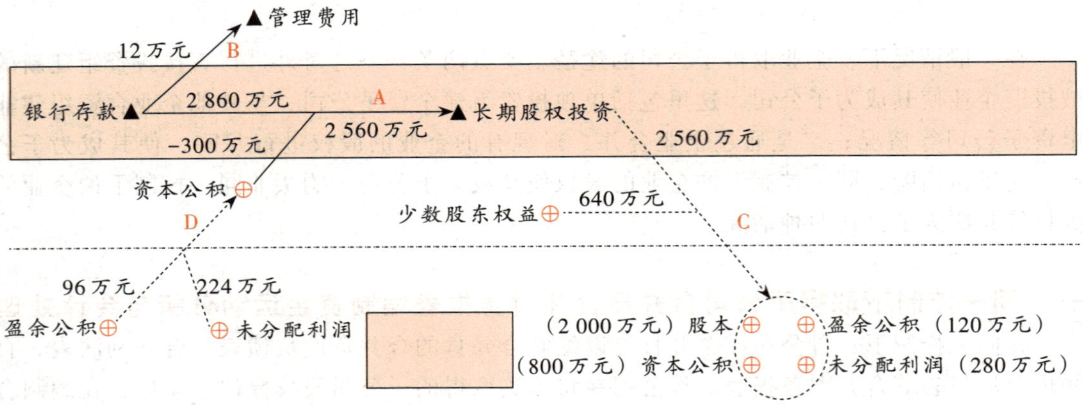

图2-2 合并日甲公司投资及合并业务资金运动分析图

借：长期股权投资　　25 600 000

　　资本公积　　3 000 000

　贷：银行存款　　28 600 000

（2）发生的审计、评估等间接费用直接计入当期管理费用（如图2-2中B段运动所示）。

借：管理费用　　120 000

　贷：银行存款　　120 000

（3）编制合并日合并资产负债表时，将甲公司的股权投资与乙公司的权益对冲（如图2-2中C段运动所示）。

借：股本　　20 000 000①

　　资本公积　　8 000 000

　　盈余公积　　1 200 000

　　未分配利润　　2 800 000

　贷：长期股权投资　　25 600 000

　　　少数股东权益　　6 400 000

（4）恢复被合并方乙公司留存收益中归属于甲公司的部分（如图2-2中D段运动所示）。

借：资本公积　　3 200 000②

　贷：盈余公积　　960 000

　　　未分配利润　　2 240 000

根据上述抵销分录，编制合并工作底稿见表2-1。

同一控制下合并日合并财务报表编制

表 2-1　　合并工作底稿　　单位：万元

项目	甲公司	乙公司	合计数	抵销分录		少数股东权益	合并数
				借方	贷方		
流动资产：							
货币资金	900	420	1 320				1 320
交易性金融资产	400	180	580				580
衍生金融工具	—	—	—				—
应收票据	470	300	770				770
应收账款	580	392	972				972
应收款项融资	—	—	—				—
预付款项	200	88	288				288
其他应收款	420	0	420				420
存货	3 100	2 000	5 100				5 100
合同资产	—	—	—				—
持有待售资产	—	—	—				—
一年内到期的非流动资产	—	—	—				—
其他流动资产	130	120	250				250
流动资产合计	6 200	3 500	9 700				9 700
非流动资产：							
债权投资	1 140	0	1 140				1 140
其他债权投资	1 000	0	1 000				1 000
长期应收款	—	—	—				—
长期股权投资	2 560	0	2 560		2 560①		0
其他权益工具投资	—	—	—				—
其他非流动金融资产	—	—	—				—
投资性房地产	—	—	—				—
固定资产	2 100	1 800	3 900				3 900
在建工程	2 000	340	2 340				2 340
生产性生物资产	—	—	—				—
油气资产	—	—	—				—
使用权资产	—	—	—				—
无形资产	400	160	560				560
开发支出	—	—	—				—
商誉	200	0	200				200

续表

项目	甲公司	乙公司	合计数	抵销分录		少数股东权益	合并数
				借方	贷方		
长期待摊费用	—	—	—				—
递延所得税资产	—	—	—				—
其他非流动资产	—	—	—				—
非流动资产合计	9 400	2 300	11 700		2 560		9 140
资产总计	15 600	5 800	21 400		2 560		18 840
流动负债：							
短期借款	1 200	500	1 700				1 700
交易性金融负债	380	0	380				380
衍生金融负债	—	—	—				
应付票据	1 000	300	1 300				1 300
应付账款	1 800	420	2 220				2 220
预收款项	300	130	430				430
合同负债	—	—	—				—
应付职工薪酬	600	160	760				760
应交税费	200	120	320				320
其他应付款	400	400	800				800
持有待售负债	—	—	—				—
一年内到期的非流动负债	—	—	—				—
其他流动负债	120	70	190				190
流动负债合计	6 000	2 100	8 100				8 100
非流动负债：							
长期借款	400	300	700				700
应付债券	2 000	200	2 200				2 200
其中：优先股							
永续债							
租赁负债							
长期应付款	200	0	200				200
预计负债							
递延收益							
递延所得税负债							
其他非流动负债							

续表

项目	甲公司	乙公司	合计数	抵销分录		少数股东权益	合并数
				借方	贷方		
非流动负债合计	2 600	500	3 100				3 100
负债合计	8 600	2 600	11 200				11 200
股东权益：							
股本	4 000	2 000	6 000	2 000①			4 000
其他权益工具	—	—	—				
其中：优先股	—	—	—				—
永续债	—	—	—				—
资本公积	1 000	800	1 800	800① 320②			680
减：库存股	—	—	—				—
其他综合收益	—	—	—				
专项储备	—	—					—
盈余公积	1 100	120	1 220	120①	96②		1 196
未分配利润	900	280	1 180	280①	224②		1 124
股东权益合计	7 000	3 200	10 200	3 520	320		7 000
少数股东权益						640①	640
负债和股东权益总计	15 600	5 800	21 400	3 520	320	640	18 840

在编制完工作底稿后，将“合并数”栏进行整理，就可以得出合并资产负债表，本处略。

二、同一控制下取得子公司合并日后合并财务报表编制资金运动分析与会计处理

编制合并日后合并财务报表时，首先，将母公司对子公司长期股权投资由成本法核算的结果调整为权益法核算的结果，使母公司对子公司的长期股权投资项目反映其在子公司所有者权益中所拥有权益的变动情况。其次，将母公司对子公司长期股权投资项目与子公司所有者权益项目等内部交易相关的项目进行抵销处理，将内部交易对合并财务报表的影响予以抵销。最后，编制合并财务报表。

（一）合并当年年末合并业务及其资金运动分析

1.将长期股权投资按成本法核算的结果调整为按权益法核算的结果。

（1）按权益法确认投资收益。应当自取得对子公司长期股权投资当年年末，按照子公司当年实现的净利润中属于母公司享有的份额，调整对子公司长期股权投资的金额，并调整当年投资收益。其所引起的资金运动如图2-3中C1段运动所示。

（2）按权益法调整已确认的现金股利或利润。对于子公司当期分派的现金股利或利润，冲减长期股权投资的账面价值，同时调减原投资收益。之所以要按子公司分派或宣告

分派的现金股利调减投资收益，是因为在成本法核算的情况下，母公司在当期的财务报表中已按子公司分派或宣告分派的现金股利确认投资收益，其所引起的资金运动如图2-3中C2段运动所示。

（3）按权益法确认其他权益变动和其他综合收益。应当根据子公司本期除损益以外因所有者权益的其他变动而计入资本公积或其他综合收益中享有的金额，对长期股权投资的金额进行调整，其所引起的资金运动如图2-3中C3段运动所示。

同一控制下合并财务报表编制理论分析

2.将母公司对子公司的长期股权投资与子公司所有者权益中所拥有的份额予以抵销。

该抵销业务所引起的资金运动如图2-3中D段运动所示。

3.将被合并方留存收益中归属于母公司的部分予以恢复。

该调整业务所引起的资金运动如图2-3中E段运动所示。

4.将母公司对子公司的投资收益与子公司当年的利润分配相抵销。

将母公司对子公司的投资收益与子公司当年的利润分配相抵销，使合并财务报表反映母公司股东权益变动的情况。从单一企业的角度来讲，当年实现的净利润加上年初未分配利润是企业利润分配的来源，企业对其进行分配，提取盈余公积、向股东分配股利以及留待以后年度的未分配利润等，则是利润分配的去向。子公司当年实现的净利润，可以分为两部分：一部分属于母公司，即母公司的投资收益；另一部分则属于少数股东，即少数股东本期收益。为了使合并财务报表反映母公司股东权益的变动情况及财务状况，必须将母公司投资收益、少数股东收益和年初未分配利润与子公司当年利润分配以及未分配利润的金额相抵销，其所引起的资金运动如图2-3中F段运动所示。

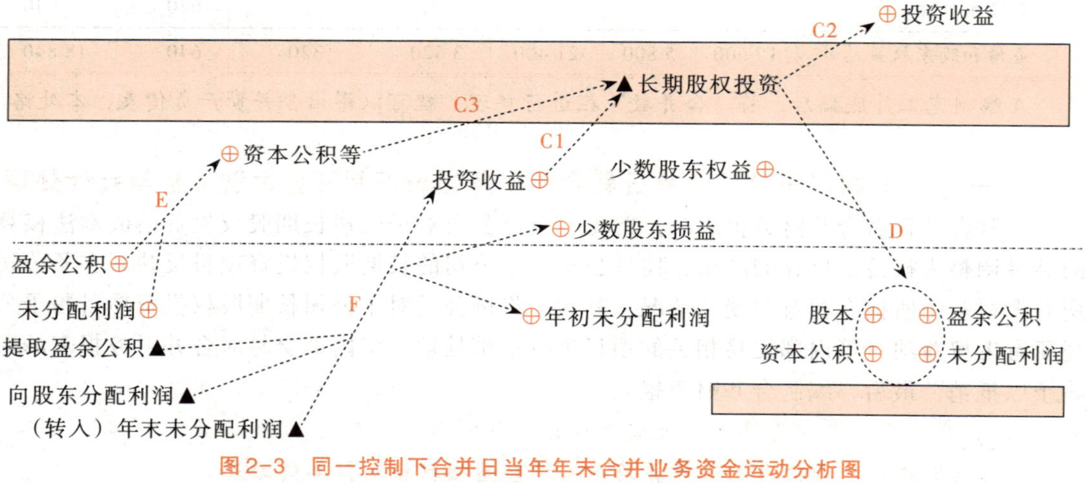

图2-3　同一控制下合并日当年年末合并业务资金运动分析图

（二）合并第二年及以后年度合并业务及其资金运动分析

1.将以前期间所有的调整业务对本期的影响在合并工作底稿上予以重新确认与计量

虽然以前期间编制合并财务报表时，这些调整业务都在当时的合并工作底稿上进行过调整，但这些调整都只是在工作底稿上进行，而不是在母子公司的账簿上进行，从而导致这些调整业务不会影响母子公司本期和以后期间的个别财务报表。后续的合并财务报表的编制都是以其对应期间的母子公司的个别财务报表为基础的，这就导致后续的每一次合并财务报表的编制都是从头开始的，即需要对以前期间发生的调整业务的累计数在合并工作底稿上予以重新确认与计量。

只有在合并工作底稿上对以前期间所有的调整业务进行了重新确认与计量，才能确保在编制合并财务报表的当期期初母公司的长期股权投资与所占子公司净资产份额部分的价值完全一致，在此基础上，相关人员才能对本期的合并业务进行处理。

需要注意的是，在对以前期间的调整业务在合并工作底稿上予以重新确认与计量时，涉及损益类项目时，需要将相关项目用“年初未分配利润”项目替代。需要在合并工作底稿上予以重新确认与计量的业务主要包括：

（1）确认与计量截至本期合并财务报表编制期初按权益法应确认的投资收益，其所引起的资金运动如图 2–4 中 C1 段运动所示。

（2）将截至本期合并财务报表编制期初按成本法确认的投资收益予以冲销（即调整以前期间按成本法进行的现金股利处理），其所引起的资金运动如图 2–4 中 C2 段运动所示。

（3）确认与计量截至本期合并财务报表编制期初按权益法应确认的、除净损益之外的其他影响所有者权益变动的业务（即计入资本公积或其他综合收益项目），其所引起的资金运动如图 2–4 中 C3 段运动所示。

（4）将合并日被合并方留存收益中归属于合并方的部分予以恢复，其所引起的资金运动如图 2–4 中 E 段运动所示。

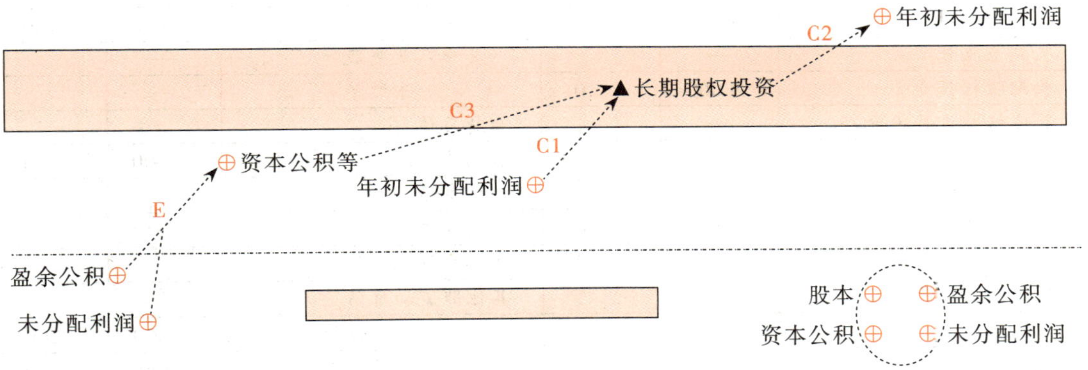

图 2–4 同一控制下第二年及以后年度恢复前期调整业务资金运动分析图

2. 合并财务报表编制当期合并业务及其资金运动分析

合并财务报表当期合并业务及其资金运动与合并当年合并业务处理基本一致，其主要包括三类业务：

（1）将本期长期股权投资核算由成本法调整为权益法，其所引起的资金运动如图 2–3 中 C1、C2、C3 段运动所示。

（2）将经调整后的股权投资与被合并方权益进行对冲，其所引起的资金运动如图 2–3 中 D 段运动所示。

（3）将母公司对子公司的投资收益与子公司当年利润分配相抵销，其所引起的资金运动如图 2–3 中 F 段运动所示。

【例 2–15】沿用【例 2–14】相关资料。甲公司于 20×2 年 1 月 1 日，以 2 860 万元的价格取得乙公司 80% 的股权。甲公司和乙公司 20×2 年度个别财务报表见表 2–2 和表 2–3。

表 2-2　　　　资产负债表　　　　会企01表

编制单位：　　　　20×2年12月31日　　　　单位：万元

资产	甲公司	乙公司	负债和股东权益	甲公司	乙公司
流动资产：			流动负债：		
货币资金	570	650	短期借款	1 000	480
交易性金融资产	300	500	交易性金融负债	400	240
衍生金融资产	—		衍生金融负债	—	
应收票据	720	360	应付票据	1 300	360
应收账款	850	510	应付账款	1 800	520
应收款项融资			预收款项	—	
预付款项	150	250	合同负债	400	390
其他应收款	530	130	应付职工薪酬	500	160
存货	3 700	1 800	应交税费	270	140
合同资产	—		其他应付款	530	520
持有待售资产	—		持有待售负债	—	
一年内到期的非流动资产	—		一年内到期的非流动负债		
其他流动资产	180	100	其他流动负债	200	90
流动资产合计	7 000	4 300	流动负债合计	6 400	2 900
非流动资产：			非流动负债：		
债权投资	800	0	长期借款	400	500
其他债权投资	1 300	400	应付债券	2 000	700
长期应收款	—		其中：优先股	—	
长期股权投资	4 000	0	永续债	—	
其他权益工具投资	—		租赁负债		
其他非流动金融资产	—		长期应付款	600	0
投资性房地产	—		预计负债		
固定资产	2 800	2 600	递延收益	—	
在建工程	1 300	420	递延所得税负债		
生产性生物资产			其他非流动负债	—	
油气资产			非流动负债合计	3 000	1 200
使用权资产			负债合计	9 400	4 100
无形资产	600	180	股东权益：		
开发支出			股本	4 000	2 000
商誉	200	0	其他权益工具	—	
长期待摊费用			其中：优先股	—	
递延所得税资产			永续债	—	
其他非流动资产			资本公积	1 000	800
非流动资产合计	11 000	3 600	减：库存股	—	
			其他综合收益	—	
			专项储备		
			盈余公积	1 800	320
			未分配利润	1 800	680
			股东权益合计	8 600	3 800
资产总计	18 000	7 900	负债和股东权益总计	18 000	7 900

表 2-3　　**利润表**　　会企02表

编制单位：　　20×2年度　　单位：万元

项目	甲公司	乙公司
一、营业收入	15 000	9 480
减：营业成本	9 600	7 300
税金及附加	180	100
销售费用	520	340
管理费用	600	390
研发费用		
财务费用	120	80
加：其他收益		
投资收益（损失以“-”号填列）	980	20
其中：对联营企业和合营企业的投资收益		
以摊余成本计量的金融资产终止确认收益（损失以“-”号填列）		
净敞口套期收益（损失以“-”号填列）		
公允价值变动收益（损失以“-”号填列）		
信用减值损失（损失以“-”号填列）		
资产减值损失（损失以“-”号填列）	-60	-30
资产处置收益（损失以“-”号填列）		
二、营业利润（亏损以“-”号填列）	4 900	1 260
加：营业外收入	160	240
减：营业外支出	260	100
三、利润总额（损失总额以“-”号填列）	4 800	1 400
减：所得税费用	1 200	350
四、净利润（净亏损以“-”号填列）	3 600	1 050
（一）持续经营净利润（净亏损以“-”号填列）		
（二）终止经营净利润（净亏损以“-”号填列）		
五、其他综合收益的税后净额		
（一）不能重分类进损益的其他综合收益		
1.重新计量设定受益计划变动额		
2.权益法下不能转损益的其他综合收益		
3.其他权益工具投资公允价值变动		
4.企业自身信用风险公允价值变动		
5.其他		
（二）将重分类进损益的其他综合收益		
1.权益法下可转损益的其他综合收益		
2.其他债权投资公允价值变动		
3.金融资产重分类计入其他综合收益的金额		
4.其他债权投资信用减值准备		
5.现金流量套期储备		
6.外币财务报表折算差额		
7.其他		
六、综合收益总额	3 600	1 050
七、每股收益		
（一）基本每股收益		
（二）稀释每股收益		

乙公司20×2年1月1日股东权益总额为3 200万元，其中，股本为2 000万元，资本公积为800万元，盈余公积为120万元，未分配利润为280万元；20×2年12月31日，股东权益总额为3 800万元，其中，股本为2 000万元，资本公积为800万元，盈余公积为320万元，未分配利润为680万元。

本例中，乙公司当年实现净利润1 050万元，经公司董事会提议并经股东会批准，20×2年乙公司提取盈余公积200万元，向股东宣告分派现金股利450万元。甲公司对乙公司长期股权投资取得时的账面价值为2 560万元，20×2年12月31日仍为2 560万元，甲公司当年确认投资收益360万元。

根据上述资料，编制合并当年年末的合并财务报表。

（1）将成本法核算的结果调整为权益法核算的结果，相关的调整分录如下：

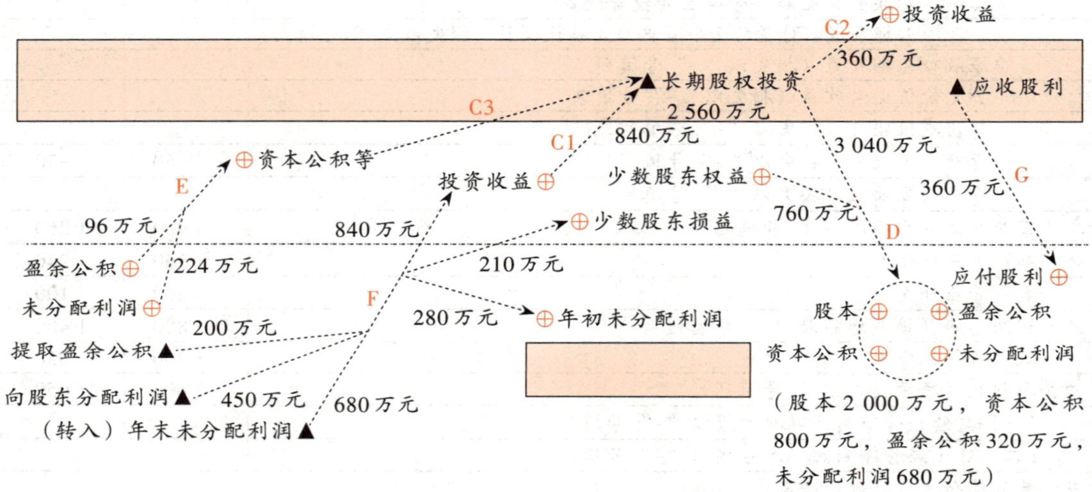

图2-5　合并当年年末甲公司合并业务资金运动分析图

①按权益法确认投资收益，调整长期股权投资成本（见图2-5，C1段）：

借：长期股权投资——乙公司　　8 400 000①

　贷：投资收益　　8 400 000

②按权益法调整现金股利分配，调整长期股权投资成本（见图2-5，C2段）：

借：投资收益　　3 600 000②

　贷：长期股权投资——乙公司　　3 600 000

经过上述调整分录后，甲公司对乙公司长期股权投资的账面价值为3 040万元（2 560+840−360）。甲公司对乙公司长期股权投资的账面价值3 040万元正好与甲公司在乙公司股东权益中所拥有的份额相等。

同一控制下合并财务报表编制举例

（2）将甲公司的长期股权投资与乙公司权益相互抵销（见图2-5，D段）：

借：股本　　20 000 000③

　　资本公积　　8 000 000

　　盈余公积　　3 200 000

　　利润分配——未分配利润　　6 800 000

贷：长期股权投资　　30 400 000

　　少数股东权益　　7 600 000

（3）恢复乙公司在企业合并前实现的留存收益中归属于甲公司的部分（见图2-5，E段）：

借：资本公积　　3 200 000④

　贷：盈余公积　　960 000

　　利润分配——未分配利润　　2 240 000

（4）将甲公司对乙公司的投资收益与乙公司当年利润分配相抵销（见图2-5，F段）：

借：投资收益　　8 400 000⑤

　少数股东损益　　2 100 000

　利润分配——未分配利润（年初）　　2 800 000

　贷：盈余公积　　2 000 000

　　利润分配——向股东分配利润　　4 500 000

　　利润分配——未分配利润（年末）　　6 800 000

（5）乙公司本年宣告分派现金股利450万元，股利款项尚未支付，乙公司将其列为应付股利450万元。甲公司根据乙公司宣告的分派现金股利的公告，按照其所享有的金额，已确认应收股利，并在其资产负债表中列为应收股利360万元。这属于母公司与子公司之间的债权债务，在编制合并财务报表时必须将其抵销：（见图2-5，G段）

借：应付股利　　3 600 000⑥

　贷：应收股利　　3 600 000

根据上述调整分录①、②、④和抵销分录③、⑤、⑥，编制合并工作底稿见表2-4。

表2-4　合并工作底稿

20×2年度

单位：万元

项目	甲公司	乙公司	合计数	调整、抵销分录		少数股东权益	合并数
				借方	贷方		
流动资产：							
货币资金	570	650	1 220				1 220
交易性金融资产	300	500	800				800
衍生金融资产							
应收票据	720	360	1 080				1 080
应收账款	850	510	1 360				1 360
应收款项融资							
预付款项	150	250	400				400
其他应收款	530	130	660		360⑥		300
存货	3 700	1 800	5 500				5 500
合同资产	—	—	—				—
持有待售资产	—	—	—				—
一年内到期的非流动资产	—	—	—				—

续表

项目	甲公司	乙公司	合计数	调整、抵销分录		少数股东权益	合并数
				借方	贷方		
其他流动资产	180	100	280				280
流动资产合计	7 000	4 300	11 300		360		10 940
非流动资产：							
债权投资	800	0	800				800
其他债权投资	1 300	400	1 700				1 700
长期应收款	—	—	—				—
长期股权投资	4 000	0	4 000	840①	360② 3 040③		1 440
其他权益工具投资	—	—	—				—
其他非流动金融资产	—	—	—				—
投资性房地产	—	—	—				—
固定资产	2 800	2 600	5 400				5 400
在建工程	1 300	420	1 720				1 720
生产性生物资产							
油气资产							
使用权资产							
无形资产	600	180	780				780
开发支出	—	—	—				—
商誉	200	0	200				200
长期待摊费用							
递延所得税资产							
其他非流动资产							
非流动资产合计	11 000	3 600	14 600	840	3 400		12 040
资产总计	18 000	7 900	25 900	840	3 760		22 980
流动负债：							
短期借款	1 000	480	1 480				1 480
交易性金融负债	400	240	640				640
衍生金融负债	—	—	—				
应付票据	1 300	360	1 660				1 660
应付账款	1 800	520	2 320				2 320
预收款项	400	390	790				790
合同负债	—	—	—				—
应付职工薪酬	500	160	660				660

续表

项目	甲公司	乙公司	合计数	调整、抵销分录		少数股东权益	合并数
				借方	贷方		
应交税费	270	140	410				410
其他应付款	530	520	1 050	360⑥			690
持有待售负债	—	—	—				—
一年内到期的非流动负债	—	—	—				—
其他流动负债	200	90	290				290
流动负债合计	6 400	2 900	9 300	360			8 940
非流动负债：							
长期借款	400	500	900				900
应付债券	2 000	700	2 700				2 700
其中：优先股							
永续债							
租赁负债							
长期应付款	600	0	600				600
预计负债	—	—	—				—
递延收益	—	—	—				—
递延所得税负债	—	—	—				—
其他非流动负债	—	—	—				—
非流动负债合计	3 000	1 200	4 200				4 200
负债合计	9 400	4 100	13 500	360			13 140
股东权益：							
股本	4 000	2 000	6 000	2 000③			4 000
其他权益工具	—	—	—				
其中：优先股	—	—	—				—
永续债	—	—	—				—
资本公积	1 000	800	1 800	800③ 320④			680
减：库存股	—	—	—				—
其他综合收益	—	—	—				
专项储备	—	—	—				—
盈余公积	1 800	320	2 120	320③	96④		1 896
未分配利润	1 800	680	2 480	360② 680③	840① 224④		2 504
股东权益合计	8 600	3 800	12 400	4 480	1 160		9 080
少数股东权益						760③	760
负债和股东权益总计	18 000	7 900	25 900	4 840	1 160	760	22 980

续表

利润表相关项目	甲公司	乙公司	合计数	调整、抵销分录		少数股东权益	合并数
				借方	贷方		
一、营业收入	15 000	9 480	24 480				24 480
减：营业成本	9 600	7 300	16 900				16 900
税金及附加	180	100	280				280
销售费用	520	340	860				860
管理费用	600	390	990				990
研发费用							
财务费用	120	80	200				200
其中：利息费用							
利息收入							
加：其他收益							
投资收益	980	20	1 000	360② 840⑤	840①		640
其中：对联营企业和合营企业的投资收益							
以摊余成本计量的金融资产终止确认收益							
净敞口套期收益							
公允价值变动收益							
信用减值损失							
资产减值损失	-60	-30	-90				-90
资产处置收益							
二、营业利润	4 900	1 260	6 160	360 840	840		5 800
加：营业外收入	160	240	400				400
减：营业外支出	260	100	360				360
三、利润总额	4 800	1 400	6 200	360 840	840		5 840
减：所得税费用	1 200	350	1 550				1 550
四、净利润	3 600	1 050	4 650	360 840	840		4 290

续表

利润表相关项目	甲公司	乙公司	合计数	调整、抵销分录		少数股东权益	合并数
				借方	贷方		
（一）按经营持续性分类							
1.持续经营净利润							4 290
2.终止经营净利润							
（二）按所有权归属分类							
1.归属于母公司股东的净利润							4 080
2.少数股东损益						210⑤	210
五、其他综合收益的税后净额							
（一）不能重分类进损益的其他综合收益							
⋮							
（二）将重分类进损益的其他综合收益							
⋮							
六、综合收益总额	3 600	1 050	4 650	360 840	840		4 290
1.归属于母公司所有者的综合收益总额							4 080
2.归属于少数股东的综合收益总额						210⑤	210
股东权益变动表相关项目							
一、年初未分配利润	900	280	1 180	280⑤			900
二、本年增减变动金额							
（一）综合收益总额	3 600	1 050	4 650	360+840	840	210	4 080
⋮							
（三）利润分配							
1.提取盈余公积	700	200	900		200⑤		700
2.对股东的分配	2 000	450	2 450		450⑤		2 000
⋮							
三、年末未分配利润	1 800	680	2 480	1 480 680③	1 490 680⑤	210⑤	2 280

根据上述合并工作底稿，可以编制甲公司20×2年12月31日的合并资产负债表、20×2年度合并利润表和合并股东权益变动表，见表2-5、表2-6和表2-7。

表 2-5　　**合并资产负债表（简表）**　　会企01表

编制单位：甲公司　　20×2年12月31日　　单位：万元

资产	期末余额	期初余额	负债和股东权益	期末余额	期初余额
流动资产：			流动负债：		
货币资金	1 220		短期借款	1 480	
交易性金融资产	800		交易性金融负债	640	
衍生金融资产	—		衍生金融负债	—	
应收票据	1 080		应付票据	1 660	
应收账款	1 360		应付账款	2 320	
应收款项融资			预收款项		
预付款项	400		合同负债	790	
其他应收款	300		应付职工薪酬	660	
存货	5 500		应交税费	410	
合同资产	—		其他应付款	690	
持有待售资产	—		持有待售负债	—	
一年内到期的非流动资产	—		一年内到期的非流动负债		
其他流动资产	280		其他流动负债	290	
流动资产合计	10 940		流动负债合计	8 940	
非流动资产：			非流动负债：		
债权投资	800		长期借款	900	
其他债权投资	1 700		应付债券	2 700	
长期应收款	—		其中：优先股	—	
长期股权投资	1 440		永续债	—	
其他权益工具投资	—		租赁负债		
其他非流动金融资产	—		长期应付款	600	
投资性房地产	—		预计负债		
固定资产	5 400		递延收益	—	
在建工程	1 720		递延所得税负债		
生产性生物资产			其他非流动负债	—	
油气资产			非流动负债合计	4 200	
使用权资产			负债合计	13 140	
无形资产	780		股东权益：		
开发支出			股本	4 000	
商誉	200		其他权益工具	—	
长期待摊费用			其中：优先股	—	
递延所得税资产			永续债	—	
其他非流动资产			资本公积	680	
非流动资产合计	12 040		减：库存股	—	
			其他综合收益	—	
			专项储备		
			盈余公积	1 896	
			未分配利润	2 504	
			归属于母公司股东权益合计	9 080	
			少数股东权益	760	
资产总计	22 980		负债和股东权益总计	22 980	

表 2-6

合并利润表（简表）

会企 02 表

编制单位：甲公司　　　　20×2 年度　　　　单位：万元

项　目	本年金额	上年金额
一、营业总收入	24 480	
其中：营业收入	24 480	
二、营业总成本	19 230	
其中：营业成本	16 900	
税金及附加	280	
销售费用	860	
管理费用	990	
研发费用		
财务费用	200	
其中：利息费用		
利息收入		
信用减值损失		
资产减值损失	90	
加：其他收益		
投资收益（损失以“-”号填列）	640	
其中：对联营企业和合营企业的投资收益		
以摊余成本计量的金融资产终止确认收益		
净敞口套期收益（损失以“-”号填列）		
公允价值变动收益（损失以“-”号填列）		
资产处置收益（损失以“-”号填列）		
三、营业利润（亏损以“-”号填列）	5 800	
加：营业外收入	400	
减：营业外支出	360	
四、利润总额（损失总额以“-”号填列）	5 840	
减：所得税费用	1 550	
五、净利润（净亏损以“-”号填列）	4 290	

续表

项　目	本年金额	上年金额
（一）按经营持续性分类		
1.持续经营净利润	4 290	
2.终止经营净利润		
（二）按所有权归属分类		
1.归属于母公司股东的净利润	4 080	
2.少数股东损益	210	
六、其他综合收益的税后净额		
（一）归属于母公司所有者的其他综合收益的税后净额		
1.不能重分类进损益的其他综合收益		
（1）重新计量设定受益计划变动额		
（2）权益法下不能转损益的其他综合收益		
（3）其他权益工具投资公允价值变动		
（4）企业自身信用风险公允价值变动		
⋮		
2.将重分类进损益的其他综合收益		
（1）权益法下可转损益的其他综合收益		
（2）其他债权投资公允价值变动		
（3）金融资产重分类计入其他综合收益的金额		
（4）其他债权投资信用减值准备		
（5）现金流量套期储备		
（6）外币财务报表折算差额		
⋮		
（二）归属于少数所有者的其他综合收益的税后净额		
七、综合收益总额	4 290	
（一）归属于母公司所有者权益的综合收益总额	4 080	
（二）归属于少数股东的综合收益总额	210	
八、每股收益		
（一）基本每股收益		
（二）稀释每股收益		

【例2-16】沿用【例2-14】相关资料，甲公司于20×2年1月1日，以2 860万元的价格取得乙公司80%的股权，甲公司和乙公司20×2年度个别财务报表见表2-2、表2-3。甲公司和乙公司20×3年度个别财务报表略。

要求：编制甲公司20×3年度合并资产负债表（部分编制）。

（1）将以前期间所有的调整业务对本期的影响在合并工作底稿上予以重新确认与计量。

①确认与计量截至本期合并财务报表编制期初按权益法应确认的投资收益，其所引起的资金运动如图2-6中C1段运动所示。

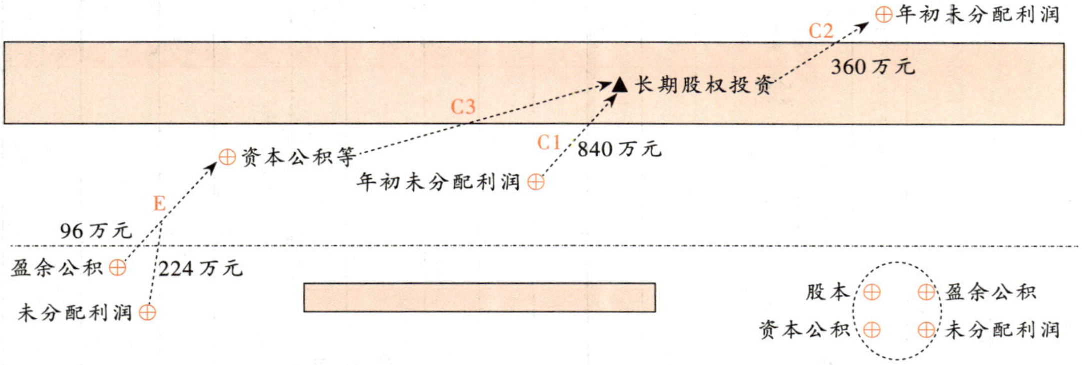

图2-6　甲公司合并第二年年末恢复前期调整业务资金运动分析图

借：长期股权投资	8 400 000	
贷：年初未分配利润		8 400 000

②将截至本期合并财务报表编制期初按成本法确认的投资收益予以冲销，其所引起的资金运动如图2-6中C2段运动所示。

借：年初未分配利润	3 600 000	
贷：长期股权投资		3 600 000

③将合并日乙公司留存收益中归属于甲公司的部分予以恢复，其所引起的资金运动如图2-6中E段运动所示。

借：资本公积	3 200 000	
贷：盈余公积		960 000
未分配利润		2 240 000

（2）合并财务报表当期合并业务及其资金运动分析。

合并财务报表当期合并业务及其资金运动与合并当年合并业务处理基本一致，其所引起的资金运动分析图与图2-5基本一致，本处略。

表 2-7

合并股东权益变动表

会企 04 表

编制单位：甲公司　　20×2 年度　　单位：万元

项目	本年金额·归属于母公司的所有者权益·股本	本年金额·其他权益工具·优先股	本年金额·其他权益工具·永续债	本年金额·其他权益工具·其他	本年金额·资本公积	本年金额·减：库存股	本年金额·其他综合收益	本年金额·盈余公积	本年金额·未分配利润	本年金额·小计	本年金额·少数股东权益	本年金额·股东权益合计	上年金额·归属于母公司的所有者权益·股本	上年金额·其他权益工具·优先股	上年金额·其他权益工具·永续债	上年金额·其他权益工具·其他	上年金额·资本公积	上年金额·减：库存股	上年金额·其他综合收益	上年金额·盈余公积	上年金额·未分配利润	上年金额·小计	上年金额·少数股东权益	上年金额·股东权益合计
一、上年年末余额	4 000				1 000			1 100	900			7 000												
加：会计政策变更																								
前期差错更正																								
其他											640	640												
二、本年年初余额	4 000				1 000			1 100	900		640	7 640												
三、本年增减变动金额（减少以“-”号填列）								200	1 380		120	2 200												
（一）综合收益总额									4 080		210	4 290												
（二）所有者投入和减少资本																								
1.所有者投入普通股																								
2.其他权益工具持有者投入资本																								
3.股份支付计入所有者权益的金额																								

续表

项目	本年金额												上年金额											
	归属于母公司的所有者权益										少数股东权益	股东权益合计	归属于母公司的所有者权益										少数股东权益	股东权益合计
	股本	其他权益工具			资本公积	减：库存股	其他综合收益	盈余公积	未分配利润	小计			股本	其他权益工具			资本公积	减：库存股	其他综合收益	盈余公积	未分配利润	小计		
		优先股	永续债	其他										优先股	永续债	其他								
4. 其他																								
（三）利润分配								700	-2 700		-90	-2 090												
1. 提取盈余公积								700	-700															
2. 对股东的分配									-2 000		-90	-2 090												
3. 其他																								
（四）所有者权益内部结转																								
1. 资本公积转增股本																								
2. 盈余公积转增股本																								
3. 盈余公积弥补亏损																								
4.设定受益计划变动额结转留存收益																								
5.其他综合收益结转留存收益																								
6. 其他																								
四、本年年末余额	4 000				1 000			1 800	2 280		760	9 840												

值得注意的是，子公司发行累积优先股等其他权益工具的，无论当期是否宣告发放股利，在计算列报公司合并利润表中的“归属于母公司股东的净利润”时，应扣除当期归属于除母公司之外的其他权益工具持有者的可累积分配股利，扣除金额应在“少数股东损益”项目中列示；子公司发行不可累积优先股等其他权益工具的，在计算列报母公司合并利润表中的“归属于母公司股东的净利润”时，应扣除当期宣告发放的归属于除母公司之外的其他权益工具持有者的不可累积分配的股利，扣除金额应在“少数股东损益”项目中列示。子公司发行的累积或不可累积优先股等其他权益工具的，其资产负债表和股东权益变动表的列报原则与利润表相同。

第五节　长期股权投资与所有者权益的合并处理（非同一控制下企业合并）

一、非同一控制下取得子公司购买日合并财务报表编制资金运动分析与会计处理

非同一控制下合并财务报表编制理论举例1

在非同一控制下，购买日购买方编制合并财务报表所引起的资金运动如图2-7所示。在图2-7中，A、B段运动反映购买方单个主体的投资业务及合并费用引发的资金运动，其中A段运动反映长期股权投资的取得，B段运动反映合并费用的发生。在图2-7中C、D、E三段反映因合并财务报表编制而发生的合并业务，其中C段运动反映将被购买方净资产的账面价值调整为公允价值；D段运动反映调整长期股权投资账面价值，使其与所占被购买方净资产份额的公允价值对等，其差额调整商誉或者留存收益；E段运动反映将购买方的股权投资与被购买方的权益冲销，其差额调整少数股东权益。

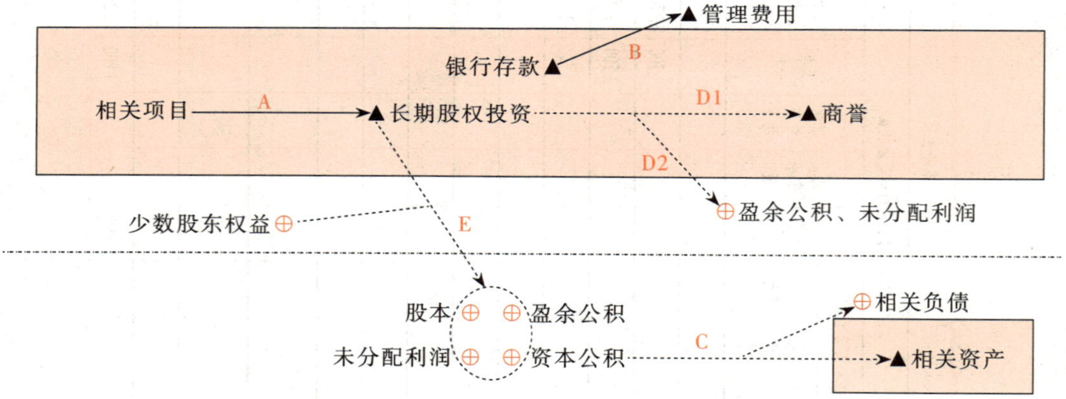

图2-7　非同一控制下购买日合并主体合并业务资金运动分析图

【例2-17】甲公司20×1年1月1日以定向增发本公司普通股股票的方式，购买乙公司70%的股权。甲公司定向增发普通股股票1 000万股（每股面值为1元），其市场价格每股为2.95元。甲公司并购乙公司属于非同一控制下的企业合并，假定不考虑所得税、甲公司增发该普通股股票所发生的审计以及发行等相关费用。甲公司当日资产负债表（不含定向增发股份）和乙公司当日资产负债表及估值确认的资产负债数据见表2-8。

表 2-8

资产负债表

会企 01 表

编制单位：　　20×1 年 1 月 1 日　　单位：万元

资　产	甲公司	乙公司		负债和股东权益	甲公司	乙公司	
		账面价值	公允价值			账面价值	公允价值
流动资产：				流动负债：			
货币资金	900	420	420	短期借款	1 200	500	500
交易性金融资产	400	180	180	交易性金融负债	380		
衍生金融资产				衍生金融负债			
应收票据	470	300	300	应付票据	1 000	300	300
应收账款	580	392	382	应付账款	1 800	420	420
应收款项融资				预收款项			
预付款项	200	88	88	合同负债	300	130	130
其他应收款	420	0	0	应付职工薪酬	600	160	160
存货	3 100	2 000	2 110	应交税费	200	120	120
合同资产				其他应付款	400	400	400
持有待售资产				持有待售负债			
一年内到期的非流动资产				一年内到期的非流动负债			
其他流动资产	130	120	120	其他流动负债	120	70	70
流动资产合计	6 200	3 500	3 600	流动负债合计	6 000	2 100	2 100
非流动资产：				非流动负债：			
债权投资	600			长期借款	400	300	300
其他债权投资	1 100			应付债券	2 000	200	200
长期应收款				其中：优先股			
长期股权投资	3 200			永续债			
其他权益工具投资				租赁负债			
其他非流动金融资产				长期应付款	200		
投资性房地产				预计负债			
固定资产	2 100	1 800	2 100	递延收益			
在建工程	2 000	340	340	递延所得税负债			
生产性生物资产				其他非流动负债			
油气资产				非流动负债合计	2 600	500	500
使用权资产				负债合计	8 600	2 600	2 600
无形资产	400	160	160	股东权益：			
开发支出				股本	4 000	2 000	
商誉				其他权益工具			
长期待摊费用				其中：优先股			
递延所得税资产				永续债			
其他非流动资产				资本公积	1 000	800	
非流动资产合计	9 400	2 300	2 600	减：库存股			
				其他综合收益			
				专项储备			
				盈余公积	1 100	120	
				未分配利润	900	280	
				股东权益合计	7 000	3 200	
资产总计	15 600	5 800	6 200	负债和股东权益总计	15 600	5 800	6 200

要求：对20×1年1月1日甲公司投资相关业务进行处理并编制购买日的合并财务报表。

（1）20×1年1月1日甲公司取得乙公司70%的股权：（如图2-8中A段运动所示）

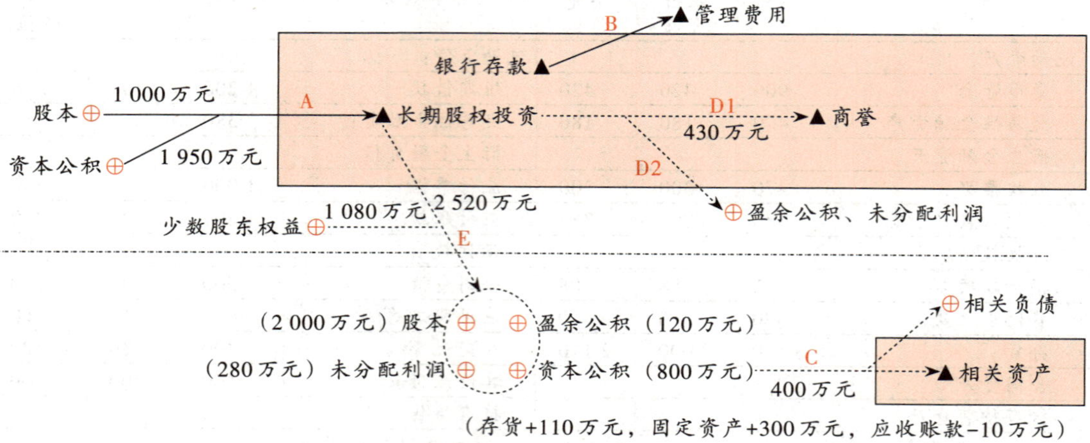

图2-8 购买日甲公司投资业务及合并业务资金运动分析图

借：长期股权投资——乙公司 29 500 000

　贷：股本 10 000 000

　　资本公积 19 500 000

（2）将被购买方乙公司净资产的账面价值调整为公允价值（如图2-8中C段运动所示）：

借：存货 1 100 000①

　固定资产 3 000 000

　贷：应收账款 100 000

　　资本公积 4 000 000

（3）调整甲公司长期股权投资账面价值（如图2-8中D1段运动所示）：

基于资产和负债的公允价值对乙公司财务报表调整后，有关计算如下：

乙公司调整后的股东权益总额=3 200+400=3 600（万元）

甲公司合并商誉=2 950-3 600×70%=430（万元）

借：商誉 4 300 000②

　贷：长期股权投资——乙公司 4 300 000

（4）将母公司长期股权投资与子公司所有者权益抵销（如图2-8中E段运动所示）：

乙公司调整后的股东权益总额=3 200+400=3 600（万元）

少数股东权益=3 600×30%=1 080（万元）

在非全资子公司的情况下，不属于母公司所拥有的份额在抵销处理时结转为“少数股东权益”。在抵销处理时，应当注意的是，母公司在子公司所有者权益中所拥有的份额是以资产和负债的公允价值为基础计算的，因而也应按公允价值进行抵销，少数股东权益也是以资产和负债的公允价值为基础计算调整后的金额确定的。

借：股本　　20 000 000③
　　资本公积　　12 000 000
　　盈余公积　　1 200 000
　　未分配利润　　2 800 000
　贷：长期股权投资——乙公司　　25 200 000
　　　少数股东权益　　10 800 000

根据上述调整分录和抵销分录，甲公司编制购买日合并工作底稿见表2-9。

表2-9　　合并工作底稿

20×1年1月1日　　单位：万元

项目	甲公司	乙公司	合计数	调整分录		抵销分录		少数股东权益	合并数
				借方	贷方	借方	贷方		
流动资产：									
货币资金	900	420	1 320						1 320
交易性金融资产	400	180	580						580
衍生金融资产									
应收票据	470	300	770						770
应收账款	580	392	972		10①				962
应收款项融资									
预付款项	200	88	288						288
其他应收款	420	0	420						420
存货	3 100	2 000	5 100	110①					5 210
合同资产									
持有待售资产									
一年内到期的非流动资产									
其他流动资产	130	120	250						250
流动资产合计	6 200	3 500	9 700	110	10				9 800
非流动资产：									
债权投资	600		600						600
其他债权投资	1 100		1 100						1 100
长期应收款									
长期股权投资	6 150		6 150		430②		2 520③		3 200
其他权益工具投资									
其他非流动金融资产									

续表

项目	甲公司	乙公司	合计数	调整分录		抵销分录		少数股东权益	合并数
				借方	贷方	借方	贷方		
投资性房地产									
固定资产	2 100	1 800	3 900	3 00①					4 200
在建工程	2 000	340	2 340						2 340
生产性生物资产									
油气资产									
使用权资产									
无形资产	400	160	560						560
开发支出									
商誉				430②					430
长期待摊费用									
递延所得税资产									
其他非流动资产									
非流动资产合计	12 350	2 300	14 650	730	430		2 520		12 430
资产总计	18 550	5 800	24 350	840	440		2 520		22 230
流动负债：									
短期借款	1 200	500	1 700						1 700
交易性金融负债	380	0	380						380
衍生金融负债									
应付票据	1 000	300	1 300						1 300
应付账款	1 800	420	2 220						2 220
预收款项									
合同负债	300	130	430						430
应付职工薪酬	600	160	760						760
应交税费	200	120	320						320
其他应付款	400	400	800						800
持有待售负债									
一年内到期的非流动负债									
其他流动负债	120	70	190						190
流动负债合计	6 000	2 100	8 100						8 100

续表

项目	甲公司	乙公司	合计数	调整分录		抵销分录		少数股东权益	合并数
				借方	贷方	借方	贷方		
非流动负债：									
长期借款	400	300	700						700
应付债券	2 000	200	2 200						2 200
其中：优先股									
永续债									
租赁负债									
长期应付款	200	0	200						200
预计负债									
递延收益									
递延所得税负债									
其他非流动负债									
非流动负债合计	2 600	500	3 100						3 100
负债合计	8 600	2 600	11 200						11 200
股东权益：									
股本	5 000	2 000	7 000			2 000③			5 000
其他权益工具									
其中：优先股									
永续债									
资本公积	2 950	800	3 750		400①	1 200③			2 950
减：库存股									
其他综合收益									
专项储备									
盈余公积	1 100	120	1 220			120③			1 100
未分配利润	900	280	1 180			280③			900
股东权益合计	9 950	3 200	13 150		400	3 600			9 950
少数股东权益								1 080③	1 080
负债和股东权益总计	18 550	5 800	24 350		400	3 600		1 080	22 230

根据上述合并工作底稿计算得出的合并资产负债表各项目的合并数可以编制购买日的合并资产负债表。本例编制的合并资产负债表略。

二、非同一控制下取得子公司购买日后合并财务报表编制资金运动分析与会计处理

母公司在非同一控制下取得子公司后，在未来持有该子公司的情况下，每一会计期末都需要将其纳入合并范围，编制合并财务报表。

（一）合并当年年末合并业务及其资金运动分析

1.按公允价值调整被购买方的账面价值，并同步调整其对损益的影响

将被购买方净资产的账面价值调整为公允价值，并以此公允价值作为纳入合并财务报表的计价基础，该差额要调整资本公积。其所引起的资金运动如图2-9中C1段运动所示。

同时，根据公允价值与账面价值之间的差额，相应调整被购买方本期的净收益，将原基于账面价值计算的净收益调整为基于公允价值计算的净收益。其所引起的资金运动如图2-9中C2段运动所示。

2.调整购买方长期股权投资的账面价值

根据所占被购买方净资产公允价值的份额，调整长期股权投资的账面价值，以使其账面价值与被购买方净资产公允价值对应份额的金额相等。长期股权投资账面价值大于所占被购买方净资产公允价值份额的部分，要确认为商誉，其所引起的资金运动如图2-9中D1段运动所示；长期股权投资账面价值小于所占被购买方净资产公允价值份额的部分，要确认为营业外收入，其所引起的资金运动如图2-9中D2段运动所示。

3.将长期股权投资成本法核算的结果调整为权益法核算的结果

（1）调整投资收益的确认与计量。应当自取得对子公司长期股权投资当年的年末，按照子公司当年实现的净利润中属于母公司享有的份额，调整对子公司长期股权投资的金额，并调整当年投资收益。其所引起的资金运动如图2-9中E1段运动所示。

（2）调整现金股利的确认与计量。对于子公司当期分派的现金股利或宣告分派的股利中母公司享有的份额，则调整冲减长期股权投资的账面价值，同时调整减少原投资收益。其所引起的资金运动如图2-9中E2段运动所示。

（3）调整除净损益之外的其他权益变动。子公司除净损益以外所有者权益的其他变动，在按照权益法对成本法核算的结果进行调整时，应当根据子公司本期除损益以外的所有者权益的其他变动而计入资本公积或其他综合收益的金额中所享有的金额，对长期股权投资的金额进行调整。其所引起的资金运动如图2-9中E3段运动所示。

4.将母公司对子公司长期股权投资与在子公司所有者权益中所拥有的份额相抵销

该抵销业务所引起的资金运动如图2-9中F段运动所示。

5.将母公司对子公司的投资收益与子公司当年利润分配相抵销

该抵销业务所引起的资金运动如图2-9中G段运动所示。

非同一控制下合并财务报表编制理论分析

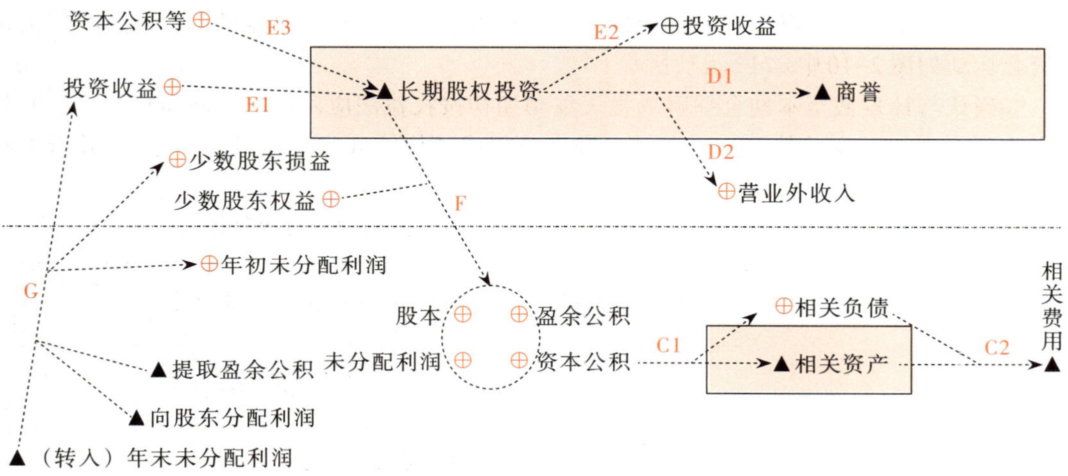

图2-9　非同一控制下合并当年合并主体合并业务资金运动分析图

（二）合并第二年及以后年度合并业务及其资金运动分析

1.将以前期间所有的调整业务对本期的影响在合并工作底稿上予以重新确认与计量

虽然以前期间编制合并财务报表时，这些调整业务都在当时的合并工作底稿上进行过调整，但这些调整都只是在合并工作底稿上进行，而不是在母子公司的账簿上进行，从而导致这些调整业务不会影响母子公司本期和以后期间的个别财务报表。而后续的合并财务报表的编制都是以其对应期间的母子公司的个别财务报表为基础的，这就导致后续的每一次合并财务报表的编制都是从头开始的，即需要对以前期间发生的调整业务的累计数在合并工作底稿上予以重新确认与计量。

只有对以前期间的调整业务在合并工作底稿上进行重新确认与计量，才能确保在编制合并财务报表的当期期初母公司的长期股权投资与所占子公司净资产份额部分的价值完全一致。在此基础上，才能对本期的合并业务进行处理。

需要注意的是，在对以前期间的调整业务在合并工作底稿上予以重新确认与计量时，涉及损益类项目时，需要将该项目用“年初未分配利润”项目替代。需要在合并工作底稿上予以重新确认与计量的业务主要包括：

（1）购买日被购买方净资产账面价值的调整，以及该调整对损益的累计影响

①将购买日被购买方净资产的账面价值调整为公允价值，其所引起的资金运动如图2-10中C1段运动所示。

②确认与计量截至本期合并财务报表编制期初，购买日被购买方净资产公允价值与账面价值的差额对净损益的累计影响，其所引起的资金运动如图2-10中C2段运动所示。

（2）购买日合并成本与所占被购买方净资产公允价值的份额的差额调整

按所占被购买方净资产公允价值的份额，调整购买日长期股权投资账面价值，其所引起的资金运动如图2-10中D1段或者D2段运动所示。

（3）将前期长期股权投资成本法核算调整为权益法核算

①确认与计量截至本期合并财务报表编制期初，按权益法应确认的投资收益，其所引起的资金运动如图2-10中E1段运动所示。

②将截至本期合并财务报表编制期初，按成本法确认的投资收益予以冲销，其所引起的资金运动如图2-10中E2段运动所示。

③确认与计量截至本期合并财务报表编制期初按权益法应确认的、除净损益之外的其他影响所有者权益变动的业务（即计入资本公积或其他综合收益项目的业务），其所引起的资金运动如图2-10中E3段运动所示。

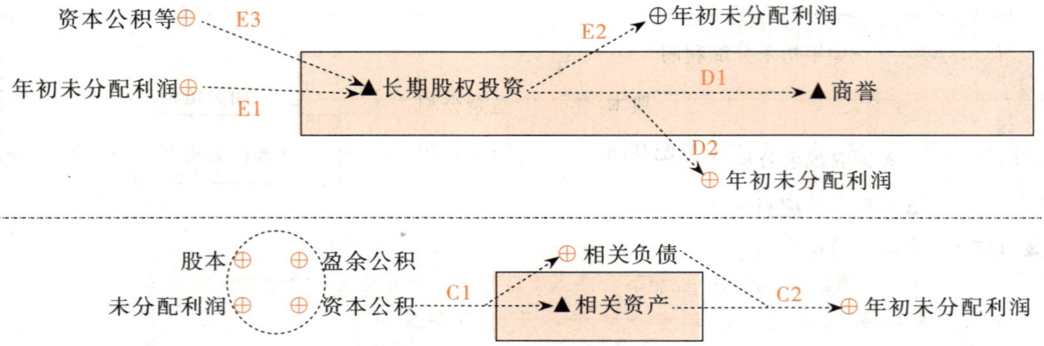

图2-10　非同一控制下合并第二年及以后年度调整业务资金运动分析图

2.合并财务报表当期合并业务及其资金运动分析

合并财务报表当期合并业务及其资金运动同合并当年合并业务处理基本一致。其主要包括以下业务：

（1）确认与计量购买日被购买方净资产公允价值与账面价值的差额对本期净收益的影响，其所引起的资金运动如图2-9中C2段运动所示。

（2）将本期长期股权投资核算由成本法调整为权益法。其所引起的资金运动如图2-9中E1、E2、E3段运动所示。

（3）将母公司对子公司长期股权投资与在子公司所有者权益中所拥有的份额相抵销。其所引起的资金运动如图2-9中F段运动所示。

（4）将母公司对子公司的投资收益与子公司当年利润分配相抵销。其所引起的资金运动如图2-9中G段运动所示。

【例2-18】沿用【例2-17】相关资料，甲公司20×1年1月1日以定向增发普通股股票的方式，购买乙公司70%的股权。甲公司对乙公司长期股权投资的金额为2 950万元，甲公司购买日编制的合并资产负债表中确认合并商誉为430万元。

甲公司和乙公司20×1年12月31日的个别资产负债表和利润表见表2-10和表2-11。

乙公司在购买日股东权益总额为3 200万元，其中，股本为2 000万元、资本公积为800万元、盈余公积为120万元、未分配利润为280万元。乙公司购买日应收账款账面价值为392万元、公允价值为382万元；存货账面价值为2 000万元、公允价值为2 110万元，固定资产账面价值为1 800万元、公允价值为2 100万元。

乙公司20×1年12月31日股东权益总额为3 800万元，其中，股本为2 000万元、资本公积为800万元、盈余公积为320万元、未分配利润为680万元。乙公司20×1年全年实现净利润1 050万元，乙公司当年提取盈余公积200万元、向股东分配现金股利450万元（未支付）。截至20×1年12月31日，应收账款按购买日确认的金额382万元收回，确认的坏账已核销；

表 2-10 **资产负债表** 会企01表

编制单位： 20×1年12月31日 单位：万元

资产	甲公司	乙公司	负债和股东权益	甲公司	乙公司
流动资产：			流动负债：		
货币资金	570	650	短期借款	1 000	480
交易性金融资产	300	500	交易性金融负债	400	240
衍生金融资产	—		衍生金融负债	—	
应收票据	720	360	应付票据	1 300	360
应收账款	850	510	应付账款	1 800	520
应收款项融资			预收款项	—	
预付款项	150	250	合同负债	400	390
其他应收款	530	130	应付职工薪酬	500	160
存货	3 700	1 800	应交税费	270	140
合同资产	—		其他应付款	530	520
持有待售资产	—		持有待售负债	—	
一年内到期的非流动资产	—		一年内到期的非流动负债		
其他流动资产	180	100	其他流动负债	200	90
流动资产合计	7 000	4 300	流动负债合计	6 400	2 900
非流动资产：			非流动负债：		
债权投资	900	0	长期借款	400	500
其他债权投资	1 400	400	应付债券	2 000	700
长期应收款	—		其中：优先股	—	
长期股权投资	6 950	0	永续债	—	
其他权益工具投资	—		租赁负债		
其他非流动金融资产	—		长期应付款	600	0
投资性房地产	—		预计负债		
固定资产	2 800	2 600	递延收益	—	
在建工程	1 300	420	递延所得税负债		
生产性生物资产			其他非流动负债	—	
油气资产			非流动负债合计	3 000	1 200
使用权资产			负债合计	9 400	4 100
无形资产	600	180	股东权益：		
开发支出			股本	5 000	2 000
商誉			其他权益工具	—	
长期待摊费用			其中：优先股	—	
递延所得税资产			永续债	—	
其他非流动资产			资本公积	2 950	800
非流动资产合计	13 950	3 600	减：库存股	—	
			其他综合收益	—	
			专项储备		
			盈余公积	1 800	320
			未分配利润	1 800	680
			股东权益合计	11 550	3 800
资产总计	20 950	7 900	负债和股东权益总计	20 950	7 900

表 2-11　　利润表　　会企02表

编制单位：　　20×1年度　　单位：万元

项目	甲公司	乙公司
一、营业收入	15 000	9 480
减：营业成本	9 600	7 300
税金及附加	180	100
销售费用	520	340
管理费用	600	390
研发费用		
财务费用	120	80
其中：利息费用		
利息收入		
加：其他收益		
投资收益（损失以“－”号填列）	980	20
其中：对联营企业和合营企业的投资收益	980	20
以摊余成本计量的金融资产终止确认收益（损失以“－”号填列）		
净敞口套期收益（损失以“－”号填列）		
公允价值变动收益（损失以“－”号填列）		
信用减值损失（损失以“－”号填列）	−60	−30
资产减值损失（损失以“－”号填列）		
资产处置收益（损失以“－”号填列）		
二、营业利润（亏损以“－”号填列）	4 900	1 260
加：营业外收入	160	240
减：营业外支出	260	100
三、利润总额（亏损总额以“－”号填列）	4 800	1 400
减：所得税费用	1 200	350
四、净利润（净亏损以“－”号填列）	3 600	1 050
（一）持续经营净利润（净亏损以“－”号填列）	3 600	1 050
（二）终止经营净利润（净亏损以“－”号填列）		
五、其他综合收益的税后净额		
（一）不能重分类进损益的其他综合收益		
1.重新计量设定受益计划变动额		
2.权益法下不能转损益的其他综合收益		
3.其他权益工具投资公允价值变动		
4.企业自身信用风险公允价值变动		
5.其他		
（二）将重分类进损益的其他综合收益		
1.权益法下可转损益的其他综合收益		
2.其他债权投资公允价值变动		
3.金融资产重分类计入其他综合收益的金额		
4.其他债权投资信用减值准备		
5.现金流量套期储备		
6.外币财务报表折算差额		
7.其他		
六、综合收益总额	3 600	1 050
七、每股收益		
（一）基本每股收益		
（二）稀释每股收益		

购买日存货公允价值增值部分，当年已全部实现对外销售；购买日固定资产原价公允价值增加系公司用办公楼增值，该办公楼采用的折旧方法为年限平均法，该办公楼剩余折旧年限为20年，假定该办公楼增加的公允价值在未来20年内平均摊销。

要求：编制20×1年12月31日甲公司合并财务报表。

（1）将被购买方净资产的账面价值调整为公允价值，并同步调整其对当期损益的影响。

①调整乙公司净资产的账面价值，使其按公允价值计量。从资料可知，乙公司净资产公允价值与账面价值就只有三个项目有差异：固定资产调增300万元，存货调增110万元，应收账款调减10万元。其所引起的资金运动如图2-11中C1段运动所示。

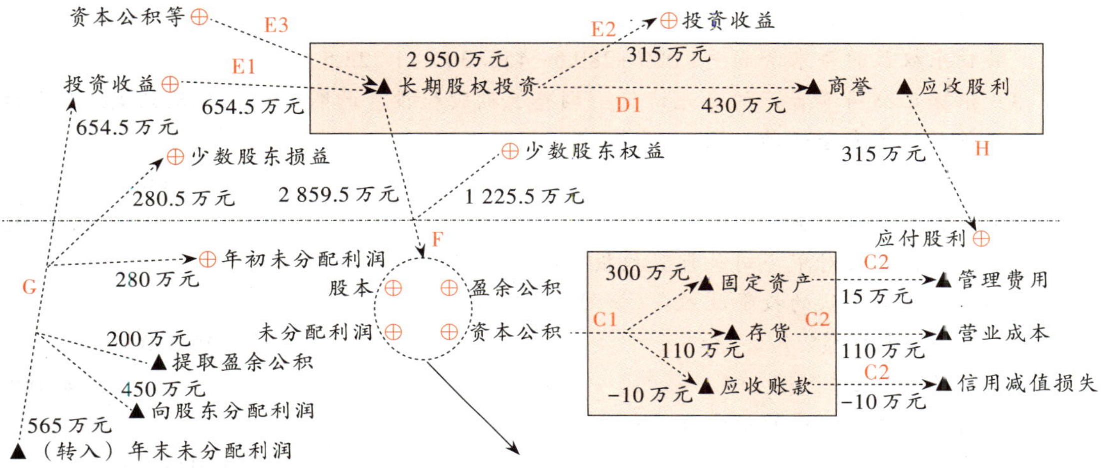

（股本0.2亿元，资本公积0.12亿元，盈余公积0.032亿元，未分配利润0.0565亿元）

图2-11　非同一控制下合并当年合并主体合并业务资金运动分析图

借：存货　　1 100 000①

　　固定资产　　3 000 000

　贷：应收账款　　100 000

　　　资本公积　　4 000 000

②根据该公允价值与账面价值的差额，调整其对乙公司本期净收益的影响。从资料可知，截至20×1年12月31日，应收账款按购买日确认的金额收回，确认的坏账已核销；购买日存货公允价值增值部分，当年已全部实现对外销售；购买日固定资产原价公允价值增加系公司用办公楼增值，该办公楼采用的折旧方法为年限平均法，该办公楼剩余折旧年限为20年，假定该办公楼增加的公允价值在未来20年内平均摊销，每年导致管理费用增加15万元。其所引起的资金运动如图2-11中C2段运动所示。

借：营业成本　　1 100 000②

　　管理费用　　150 000

　　应收账款　　100 000

　贷：存货　　1 100 000

　　　固定资产　　150 000

　　　信用减值损失　　100 000

非同一控制下合并财务报表编制举例2

（2）根据乙公司按公允价值调整之后的净收益，甲公司20×1年年末编制合并财务报表时相关项目计算如下：

乙公司调整后本年净利润＝1 050＋（10−110−15）=935（万元）

乙公司调整后本年年末未分配利润＝280（年初）+935−200（提取盈余公积）−450（分派股利）=565（万元）

权益法下甲公司对乙公司投资的投资收益＝935×70%=654.5（万元）

权益法下甲公司对乙公司长期股权投资本年年末余额＝2 950+654.5−450（分派股利）×70% =3 289.5（万元）

少数股东损益＝935×30%=280.5（万元）

少数股东权益的年末余额＝1 080 +280.5− 450×30%=1 225.5（万元）

（3）根据乙公司净资产的公允价值，调整长期股权投资的账面价值，确认430万元的商誉。其所引起的资金运动如图2−11中D1段运动所示。

借：商誉	4 300 000③	
贷：长期股权投资		4 300 000

（4）按照权益法对甲公司长期股权投资项目进行调整。

①按权益法所确认的投资收益：（如图2−11中E1段运动所示）

借：长期股权投资	6 545 000④	
贷：投资收益		6 545 000

②冲销成本法所确认的投资收益：（如图2−11中E2段运动所示）

借：投资收益	3 150 000⑤	
贷：长期股权投资		3 150 000

（5）将甲公司的长期股权投资与乙公司的权益抵销：（如图2−11中F段运动所示）

借：股本	20 000 000⑥	
资本公积	12 000 000	
盈余公积	3 200 000	
未分配利润	5 650 000	
贷：长期股权投资		28 595 000
少数股东权益		12 255 000

（6）将甲公司投资收益等与子公司利润分配等项目抵销：（如图2−11中G段运动所示）

借：投资收益	6 545 000⑦	
少数股东损益	2 805 000	
年初未分配利润	2 800 000	
贷：提取盈余公积		2 000 000
向股东分配利润		4 500 000
年末未分配利润		5 650 000

（7）将甲公司的应收股利与乙公司的应付股利抵销：（如图2−11中H段运动所示）

借：应付股利	3 150 000⑧	

贷：应收股利　　3 150 000

根据上述调整分录和抵销分录，甲公司可以编制合并工作底稿见表2-12。

表 2-12　　合并工作底稿

20×1 年度　　单位：万元

项目	甲公司	乙公司	合计数	调整分录		抵销分录		少数股东权益	合并数
				借方	贷方	借方	贷方		
流动资产：									
货币资金	570	650	1 220						1 220
交易性金融资产	300	500	800						800
衍生金融资产									
应收票据	720	360	1 080						1 080
应收账款	850	510	1 360	10②	10①				1 360
应收款项融资									
预付款项	150	250	400						400
其他应收款	530	130	660				315⑧		345
存货	3 700	1 800	5 500	110①	110②				5 500
合同资产									
持有待售资产									
一年内到期的非流动资产									
其他流动资产	180	100	280						280
流动资产合计	7 000	4 300	11 300	120	120		315		10 985
非流动资产：									
债权投资	900	0	900						900
其他债权投资	1 400	400	1 800						1 800
长期应收款									
长期股权投资	6 950	0	6 950		430③		2 859.5⑥		4 000
其中：乙公司	2 950			654.5④	315⑤				
其他权益工具投资									
其他非流动金融资产									
投资性房地产									
固定资产	2 800	2 600	5 400	300①	15②				5 685
在建工程	1 300	420	1 720						1 720
生产性生物资产									
油气资产									
使用权资产									

续表

项目	甲公司	乙公司	合计数	调整分录		抵销分录		少数股东权益	合并数
				借方	贷方	借方	贷方		
无形资产	600	180	780						780
开发支出									
商誉				430③					430
长期待摊费用									
递延所得税资产									
其他非流动资产									
非流动资产合计	13 950	3 600	17 550	1 384.5	760		2 859.5		15 315
资产总计	20 950	7 900	28 850	1 504.5	880		3 174.5		26 300
流动负债：									
短期借款	1 000	480	1 480						1 480
交易性金融负债	400	240	640						640
衍生金融负债									
应付票据	1 300	360	1 660						1 660
应付账款	1 800	520	2 320						2 320
预收款项									
合同负债	400	390	790						790
应付职工薪酬	500	160	660						660
应交税费	270	140	410						410
其他应付款	530	520	1 050			315⑧			735
持有待售负债									
一年内到期的非流动负债									
其他流动负债	200	90	290						290
流动负债合计	6 400	2 900	9 300			315			8 985
非流动负债：									
长期借款	400	500	900						900
应付债券	2 000	700	2 700						2 700
其中：优先股									
永续债									
租赁负债									
长期应付款	600	0	600						600
预计负债									
递延收益									

续表

项目	甲公司	乙公司	合计数	调整分录		抵销分录		少数股东权益	合并数
				借方	贷方	借方	贷方		
递延所得税负债									
其他非流动负债									
非流动负债合计	3 000	1 200	4 200						4 200
负债合计	9 400	4 100	13 500			315			13 185
股东权益：									
股本	5 000	2 000	7 000			2 000⑥			5 000
其他权益工具									
其中：优先股									
永续债									
资本公积	2 950	800	3 750		400①	1 200⑥			2 950
减：库存股									
其他综合收益									
专项储备									
盈余公积	1 800	320	2 120			320⑥			1 800
未分配利润	1 800	680	2 480	440	664.5	1 499.5	1 215	−280.5	2 139.5
股东权益合计	11 550	3 800	15 350	440	1 064.5	5 019.5	1 215	−280.5	11 889.5
少数股东权益								1 225.5⑥	1 225.5
负债和股东权益总计	20 950	7 900	28 850	440	1 064.5	5 334.5	1 215	945	26 300
利润表项目	甲公司	乙公司	合计数	调整分录		抵销分录		少数股东权益	合并数
				借方	贷方	借方	贷方		
一、营业收入	15 000	9 480	24 480						24 480
减：营业成本	9 600	7 300	16 900	110②					17 010
税金及附加	180	100	280						280
销售费用	520	340	860						860
管理费用	600	390	990	15②					1 005
研发费用									
财务费用	120	80	200						200
其中：利息费用									
利息收入									
加：其他收益									
投资收益 其中：乙公司	980 315	20	1 000	315⑤	654.5④	654.5⑦			685
净敞口套期收益									

续表

利润表项目	甲公司	乙公司	合计数	调整分录		抵销分录		少数股东权益	合并数
				借方	贷方	借方	贷方		
公允价值变动收益									
信用减值损失	-60	-30	-90		10②				-80
资产减值损失									
资产处置收益									
二、营业利润	4 900	1 260	6 160	440	664.5	654.5			5 730
加：营业外收入	160	240	400						400
减：营业外支出	260	100	360						360
三、利润总额	4 800	1 400	6 200	440	664.5	654.5			5 770
减：所得税费用	1 200	350	1 550						1 550
四、净利润	3 600	1 050	4 650	440	664.5	654.5			4 220
(一) 按经营持续性分类									
1.持续经营净利润									
2.终止经营净利润									
(二) 按所有权归属分类									
1.归属于母公司股东权益									3 939.5
2.少数股东权益								280.5⑦	280.5
五、其他综合收益的税后净额									
(一) 不能重分类进损益的其他综合收益									
⋮									
(二) 将重分类进损益的其他综合收益									
⋮									
六、综合收益总额	3 600	1 050	4 650	440	664.5	654.5			4 220
1.归属于母公司股东的综合收益总额									3 939.5
2.归属于少数股东的综合收益总额								280.5	280.5
股东权益变动表项目									
一、年初未分配利润	900	280	1 180			280⑦			900
二、本年增减变动金额									
(一) 综合收益总额	3 600	1 050	4 650	440	664.5	654.5		280.5	3 939.5
⋮									
(三) 利润分配									
1.提取盈余公积	700	200	900				200⑦		700
2.对股东的分配	2 000	450	2 450				450⑦		2 000
三、年末未分配利润	1 800	680	2 480	440	664.5	565⑥ 934.5	565⑦ 650	280.5	2 139.5

甲公司在编制上述合并工作底稿，计算各项目合并数后，根据合并数编制合并资产负债表、合并利润表以及合并股东权益变动表（略）。

【例 2-19】沿用【例 2-18】相关资料，甲公司和乙公司 20×2 年 12 月 31 日个别资产负债表和利润表见表 2-13 和表 2-14。

表 2-13　　资产负债表　　会企 01 表

编制单位：　　20×2 年 12 月 31 日　　单位：万元

资产	甲公司	乙公司	负债和股东权益	甲公司	乙公司
流动资产：			流动负债：		
货币资金	890	940	短期借款	800	580
交易性金融资产	480	780	交易性金融负债	400	210
衍生金融资产	—		衍生金融负债	—	
应收票据	710	390	应付票据	1 500	560
应收账款	900	530	应付账款	1 480	530
应收款项融资			预收款项	—	
预付款项	260	290	合同负债	400	330
其他应收款	920	160	应付职工薪酬	580	180
存货	3 790	2 300	应交税费	220	170
合同资产	—		其他应付款	1 000	750
持有待售资产	—		持有待售负债	—	
一年内到期的非流动资产	—		一年内到期的非流动负债		
其他流动资产	150	110	其他流动负债	120	90
流动资产合计	8 100	5 500	流动负债合计	6 500	3 400
非流动资产：			非流动负债：		
债权投资	800	0	长期借款	300	400
其他债权投资	1 400	420	应付债券	2 000	700
长期应收款	—		其中：优先股	—	
长期股权投资	6 950	0	永续债	—	
其他权益工具投资	—		租赁负债		
其他非流动金融资产	—		长期应付款	400	0
投资性房地产	—		预计负债		

续表

资产	甲公司	乙公司	负债和股东权益	甲公司	乙公司
固定资产	3 300	2 500	递延收益	—	
在建工程	700	320	递延所得税负债		
生产性生物资产			其他非流动负债	—	
油气资产			非流动负债合计	2 700	1 100
使用权资产			负债合计	9 200	4 500
无形资产	500	160	股东权益：		
开发支出			股本	5 000	2 000
商誉			其他权益工具	—	
长期待摊费用			其中：优先股	—	
递延所得税资产			永续债	—	
其他非流动资产			资本公积	2 950	800
非流动资产合计	13 650	3 400	减：库存股	—	
			其他综合收益	—	
			专项储备		
			盈余公积	2 400	560
			未分配利润	2 200	1 040
			股东权益合计	12 550	4 400
资产总计	21 750	8 900	负债和股东权益总计	21 750	8 900

表 2-14 **利润表** 会企 02 表

编制单位： 20×2 年度 单位：万元

项目	甲公司	乙公司
一、营业收入	18 000	11 700
减：营业成本	13 500	8 930
税金及附加	280	190
销售费用	580	470
管理费用	690	440
研发费用		

续表

项目	甲公司	乙公司
财务费用	200	120
其中：利息费用		
利息收入		
加：其他收益		
投资收益（损失以“－”号填列）	1 100	130
其中：对联营企业和合营企业的投资收益		
以摊余成本计量的金融资产终止确认收益（损失以“－”号填列）		
净敞口套期收益（损失以“－”号填列）		
公允价值变动收益（损失以“－”号填列）		
信用减值损失（损失以“－”号填列）		
资产减值损失（损失以“－”号填列）	-100	-10
资产处置收益（损失以“－”号填列）		
二、营业利润（亏损以“－”号填列）	3 750	1 670
加：营业外收入	370	110
减：营业外支出	120	180
三、利润总额（亏损总额以“－”号填列）	4 000	1 600
减：所得税费用	1 000	400
四、净利润（净亏损以“－”号填列）	3 000	1 200
（一）持续经营净利润（净亏损以“－”号填列）		
（二）终止经营净利润（净亏损以“－”号填列）		
五、其他综合收益的税后净额		
六、综合收益总额	3 000	1 200
七、每股收益		
（一）基本每股收益		
（二）稀释每股收益		

乙公司在购买日（20×1年1月1日）相关资产和负债等资料同上，即购买日乙公司股东权益总额为3 200万元，其中，股本为2 000万元、资本公积为800万元、盈余公积为120万元、未分配利润为280万元。乙公司购买日应收账款账面价值为392万元、公允价

值为382万元；存货的账面价值为2 000万元、公允价值为2 110万元；固定资产账面价值为1 800万元、公允价值为2 100万元。截至20×2年12月31日，应收账款按购买日公允价值的金额收回；购买日的存货，当年已全部实现对外销售；购买日固定资产公允价值增加系公司管理用办公楼，该办公楼采用的折旧方法为年限平均法，该办公楼购买后剩余折旧年限为20年，假定该办公楼增加的公允价值在未来20年内平均摊销。

乙公司20×2年12月31日股东权益总额为4 400万元，其中，股本为2 000元、资本公积为800万元、盈余公积为560万元、未分配利润为1 040万元。乙公司20×2年全年实现净利润1 200万元，乙公司当年提取盈余公积240万元、向股东分配现金股利600万元。

要求：编制20×2年12月31日甲公司合并财务报表。

1.将第一年（或前期）的调整业务在合并工作底稿上予以恢复

（1）按公允价值对购买日乙公司净资产账面价值进行调整，并相应调整对损益的累计影响

①将购买日被购买方净资产的账面价值调整为公允价值，其所引起的资金运动如图2-12中C1段运动所示。

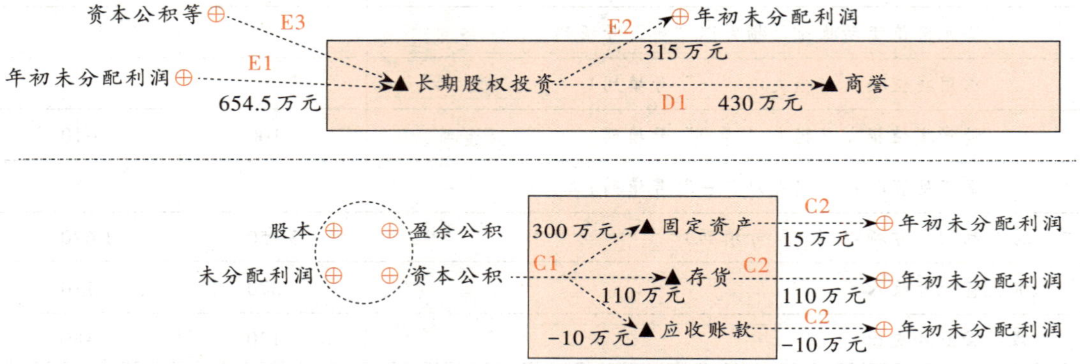

图2-12 甲公司合并第二年及以后年度恢复调整业务资金运动分析图

借：固定资产　　3 000 000①
　　存货　　1 100 000
　贷：应收账款　　100 000
　　资本公积　　4 000 000

②确认与计量截至本期合并财务报表编制期初，购买日乙公司净资产公允价值与账面价值的差额对净损益的累计影响，其所引起的资金运动如图2-12中C2段运动所示。

非同一控制下合并财务报表编制举例3

借：年初未分配利润　　150 000①
　　年初未分配利润　　1 100 000
　　应收账款　　100 000
　贷：固定资产　　150 000
　　存货　　1 100 000
　　年初未分配利润　　100 000

上述调整分录可以简化为：

借：年初未分配利润　　1 150 000
　　应收账款　　100 000

贷：固定资产　　　　　　　　　　　　　　　　　　　　　　　150 000

　　存货　　　　　　　　　　　　　　　　　　　　　　　　1 100 000

也可以将上述两笔业务合并在一起，即：

借：固定资产　　　　　　　　　　　　　　　　　2 850 000

　　年初未分配利润　　　　　　　　　　　　　　1 150 000

　贷：资本公积　　　　　　　　　　　　　　　　　　　　4 000 000

（2）购买日合并成本与所占乙公司净资产公允价值的份额的差额调整

按所占乙公司净资产公允价值的份额，调整购买日长期股权投资账面价值，其所引起的资金运动如图2-12中D1段运动所示。

借：商誉　　　　　　　　　　　　　　　　　　　4 300 000②

　贷：长期股权投资　　　　　　　　　　　　　　　　　　4 300 000

（3）将前期长期股权投资成本法核算调整为权益法核算

①确认与计量截至本期合并财务报表编制期初，按权益法应确认的投资收益，其所引起的资金运动如图2-12中E1段运动所示。

借：长期股权投资　　　　　　　　　　　　　　　6 545 000③

　贷：年初未分配利润　　　　　　　　　　　　　　　　　6 545 000

②将截至本期合并财务报表编制期初，按成本法确认的投资收益予以冲销，其所引起的资金运动如图2-12中E2段运动所示。

借：年初未分配利润　　　　　　　　　　　　　　3 150 000③

　贷：长期股权投资　　　　　　　　　　　　　　　　　　3 150 000

2.甲公司本期需要在合并工作底稿上发生的合并业务及其资金运动分析

（1）根据乙公司净资产公允价值与账面价值的差额，调整其对本期被合并方净收益的影响。从资料可知，第二年（或以后）两者之间只存在一个固定资产的差异，其对每期净损益的影响为15万元。其所引起的资金运动如图2-13中C2段运动所示。

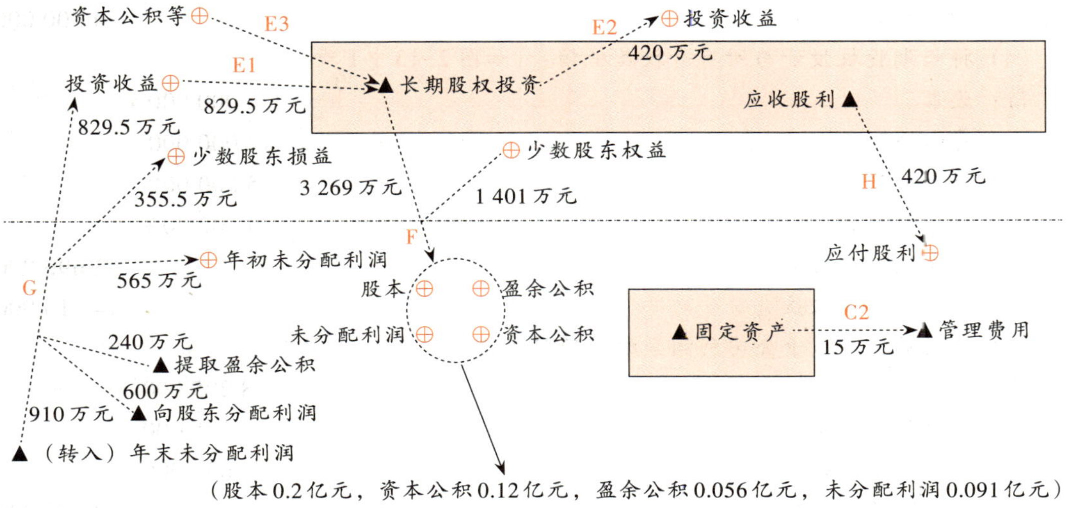

图2-13　非同一控制下合并第二年及以后年度合并主体合并业务资金运动分析图

借：管理费用　　150 000④

　贷：固定资产　　150 000

（2）根据乙公司按公允价值调整之后的净收益，甲公司20×2年年末编制合并财务报表时相关项目计算如下：

乙公司调整后本年净利润=1 200−15=1 185（万元）

乙公司调整后本年年初未分配利润=680+10（上年实现的购买日应收账款公允价值减值）−110（上年实现的购买日存货公允价值增值）−15（固定资产公允价值增值计算的折旧）

=565（万元）

乙公司调整后本年年末未分配利润=565+1 185−240（提取盈余公积）−600（分派股利）=910（万元）

权益法下甲公司对乙公司投资的投资收益=1 185×70% = 829.5（万元）

权益法下甲公司对乙公司长期股权投资本年年末余额=3 289.5（上年末长期股权投资余额）+829.5−600（分派股利）×70%

=3 699（万元）

少数股东损益=1 185×30%=355.5（万元）

少数股东权益的年末余额=1 225.5 +355.5−600×30%=1 401（万元）

（3）按照权益法对甲公司财务报表项目进行调整。

①按权益法所确认的投资收益：（如图2−13中E1段运动所示）

借：长期股权投资　　8 295 000⑤

　贷：投资收益　　8 295 000

②冲销成本法所确认的投资收益：（如图2−13中E2段运动所示）

借：投资收益　　4 200 000⑥

　贷：长期股权投资　　4 200 000

（4）将长期股权投资与所有者权益抵销：（如图2−13中F段运动所示）

借：股本　　20 000 000⑦

　　资本公积　　12 000 000

　　盈余公积　　5 600 000

　　未分配利润　　9 100 000

　贷：长期股权投资　　32 690 000

　　　少数股东权益　　14 010 000

（5）将投资收益与子公司利润分配等项目抵销：（如图2−13中G段运动所示）

借：投资收益　　8 295 000⑧

　　少数股东损益　　3 555 000

　　年初未分配利润　　5 650 000

　贷：提取盈余公积　　2 400 000

　　　向股东分配利润　　6 000 000

贷：年末未分配利润　　　　　　　　　　　　　　　　　　9 100 000

（6）将甲公司应收股利与乙公司应付股利抵销：（如图 2-13 中 H 段运动所示）

借：应付股利　　　　　　　　　　　　　　　　　4 200 000⑨

贷：应收股利　　　　　　　　　　　　　　　　　　4 200 000

根据上述调整分录和抵销分录，甲公司可以编制合并工作底稿见表 2-15。

表 2-15

合并工作底稿

20×2 年度　　　　单位：万元

项目	甲公司	乙公司	合计数	调整分录		抵销分录		少数股东权益	合并数
				借方	贷方	借方	贷方		
流动资产：									
货币资金	890	940	1 830						1 830
交易性金融资产	480	780	1 260						1 260
衍生金融资产									
应收票据	710	390	1 100						1 100
应收账款	900	530	1 430						1 430
应收款项融资									
预付款项	260	290	550						550
其他应收款	920	160	1 080				420⑨		660
存货	3 790	2 300	6 090						6 090
合同资产									
持有待售资产									
一年内到期的非流动资产									
其他流动资产	150	110	260						260
流动资产合计	8 100	5 500	13 600				420		13 180
非流动资产：									
债权投资	800	0	800						800
其他债权投资	1 400	420	1 820						1 820
长期应收款									
长期股权投资 其中：乙公司	6 950 2 950	0	6 950	654.5③ 829.5⑤	430② 315③ 420⑥		3 269⑦		4 000
其他权益工具投资									
其他非流动金融资产									
投资性房地产									
固定资产	3 300	2 500	5 800	300①	15① 15④				6 070

续表

项目	甲公司	乙公司	合计数	调整分录		抵销分录		少数股东权益	合并数
				借方	贷方	借方	贷方		
在建工程	700	320	1 020						1 020
生产性生物资产									
油气资产									
使用权资产									
无形资产	500	160	660						660
开发支出									
商誉				430②					430
长期待摊费用									
递延所得税资产									
其他非流动资产									
非流动资产合计	13 650	3 400	17 050	2 214	1 195		3 269		14 800
资产总计	21 750	8 900	30 650	2 214	1 195		3 689		27 980
流动负债：									
短期借款	800	580	1 380						1 380
交易性金融负债	400	210	610						610
衍生金融负债									
应付票据	1 500	560	2 060						2 060
应付账款	1 480	530	2 010						2 010
预收款项									
合同负债	400	330	730						730
应付职工薪酬	580	180	760						760
应交税费	220	170	390						390
其他应付款	1 000	750	1 750			420⑨			1 330
持有待售负债									
一年内到期的非流动负债									
其他流动负债	120	90	210						210
流动负债合计	6 500	3 400	9 900			420			9 480
非流动负债：									
长期借款	300	400	700						700

续表

项目	甲公司	乙公司	合计数	调整分录		抵销分录		少数股东权益	合并数
				借方	贷方	借方	贷方		
应付债券	2 000	700	2 700						2 700
其中：优先股									
永续债									
租赁负债									
长期应付款	400	0	400						400
预计负债									
递延收益									
递延所得税负债									
其他非流动负债									
非流动负债合计	2 700	1 100	3 800						3 800
负债合计	9 200	4 500	13 700			420			13 280
股东权益：									
股本	5 000	2 000	7 000			2 000⑦			5 000
其他权益工具									
其中：优先股									
永续债									
资本公积	2 950	800	3 750		400①	1 200⑦			2 950
减：库存股									
其他综合收益									
专项储备									
盈余公积	2 400	560	2 960			560⑦			2 400
未分配利润	2 200	1 040	3 240	865	1 484	2 304.5	1 750	355.5	2 949
股东权益合计	12 550	4 400	16 950	865	1 884	6 064.5	1 750	355.5	13 299
少数股东权益								1 401⑦	1 401
负债和股东权益总计	21 750	8 900	30 650	865	1 884	6 484.5	1 750	1 045.5	27 980
利润表项目									
一、营业收入	18 000	11 700	29 700						29 700
减：营业成本	13 500	8 930	22 430						22 430
税金及附加	280	190	470						470

续表

项目	甲公司	乙公司	合计数	调整分录		抵销分录		少数股东权益	合并数
				借方	贷方	借方	贷方		
销售费用	580	470	1 050						1 050
管理费用	690	440	1 130	15④					1 145
研发费用									
财务费用	200	120	320						320
加：其他收益									
投资收益	1 100	130	1 230	420⑥	829.5⑤	829.5⑧			810
净敞口套期收益									
公允价值变动收益									
信用减值损失									
资产减值损失	-100	-10	-110						-110
资产处置收益									
二、营业利润	3 750	1 670	5 420	435	829.5	829.5			4 985
加：营业外收入	370	110	480						480
减：营业外支出	120	180	300						300
三、利润总额	4 000	1 600	5 600	435	829.5	829.5			5 165
减：所得税费用	1 000	400	1 400						1 400
四、净利润	3 000	1 200	4 200	435	829.5	829.5			3 765
（一）按经营持续性分类									
1.持续经营净利润									3 765
2.终止经营净利润									
（二）按所有权归属分类									
1.归属于母公司股东权益									3 409.5
2.少数股东权益								355.5⑧	355.5
五、其他综合收益的税后净额									
（一）不能重分类进损益的其他综合收益									

续表

项目	甲公司	乙公司	合计数	调整分录		抵销分录		少数股东权益	合并数
				借方	贷方	借方	贷方		
⋮									
(二) 将重分类进损益的其他综合收益									
⋮									
六、综合收益总额	3 000	1 200	4 200	435	829.5	829.5			3 765
1.归属于母公司股东的综合收益总额									3 409.5
2.归属于少数股东的综合收益总额								355.5	355.5
股东权益变动表项目									
一、年初未分配利润	1 800	680	2 480	115① 315③	654.5③	565⑧			2 139.5
二、本年增减变动金额									
(一) 综合收益总额	3 000	1 200	4 200	435	829.5	829.5		355.5	3 409.5
⋮									
(三) 利润分配									
1.提取盈余公积	600	240	840				240⑧		600
2.对股东的分配	2 000	600	2 600				600⑧		2 000
三、年末未分配利润	2 200	1 040	3 240	865	1 484	910⑦ 1 394.5	910⑧ 840	355.5	2 949

甲公司在编制上述合并工作底稿后，根据其中的合并数，编制合并资产负债表、合并利润表以及合并股东权益变动表。甲公司编制的合并资产负债表、合并利润表以及合并股东权益变动表略。

【例2-17】、【例2-18】和【例2-19】都没有考虑所得税的影响，即没有考虑合并资产负债表中资产和负债的账面价值与计税基础之间可能存在的差异，以及由此所需要确认的递延所得税资产和递延所得税负债。在考虑所得税影响的情况下，对上述的相关例题的简要分析如下：(假设所得税税率为25%)

在图2-8的C1段运动中，被合并方三个项目需要按公允价值进行调整。固定资产调增300万元，存货调增110万元，这两项调整导致产生410万元的应纳税暂时性差异，因此应确认递延所得税负债102.5万元；应收账款调减10万元，该项调整导致产生10万元的可抵扣暂时性差异，因此应确认递延所得税资产2.5万元。这些项目的调整与确认导致C1段运动中资本公积调增300万元，进而导致被合并方可辨认净资产公允价值为3 500万元，最终导致图2-8中D1段运动中合并商誉为500万元。

所得税还会影响未来年度企业的合并损益，即影响图2-11中C2段运动、影响图2-13中C2段运动。在图2-11中，由于C2段导致递延所得税资产减少2.5万元（即应收账款公允价值减少的10万元已在本期冲销），导致递延所得税负债减少31.25万元（即存货公允价值增加的110万元和固定资产公允价值增加的15万元已在本期冲销）。两个项目合计导致本期合并所得税费用减少28.75万元，从而导致本期被合并方合并利润增加28.75万元。

在图2-13中，由于C2段运动导致递延所得税负债减少3.75万元（即固定资产公允价值增加的15万元已在本期冲销），从而导致本期合并所得税费用减少3.75万元，最终导致被合并方合并利润增加3.75万元。

第六节　内部商品交易合并业务资金运动分析与会计处理

一、内部销售收入与内部销售成本合并业务资金运动分析与会计处理

内部销售收入是指企业集团内部母公司与子公司、子公司相互之间（以下称成员企业）发生的购销活动所产生的销售收入。内部销售成本是指企业集团内部母公司与子公司、子公司相互之间发生的内部销售商品的销售成本。

（一）购买企业内部购进的商品当期全部实现销售时的抵销处理

在这种情况下，对于销售企业来说，将商品销售给其他成员企业与销售给集团外部企业的会计处理相同，即在本期确认销售收入、结转销售成本、计算损益，并在其个别利润表中反映。对于购买企业来说，一方面要确认销售收入，另一方面要结转销售内部购进商品的成本，并在其个别利润表中分别作为营业收入和营业成本反映，并确认损益。这也就是说，对于同一购销业务，销售企业和购买企业的个别利润表都作了反映。但是从企业集团整体来看，这一购销业务只是实现了一次销售，其销售收入只是购买企业销售该产品的销售收入，其销售成本只是销售企业销售该商品的成本。销售企业销售该商品的收入属于内部销售收入，相应的购买企业销售该商品的销售成本则属于内部销售成本。因此，在编制合并财务报表时，就必须将重复反映的内部销售收入与内部销售成本予以抵销。该抵销处理所引起的资金运动如图2-14中A段运动所示。

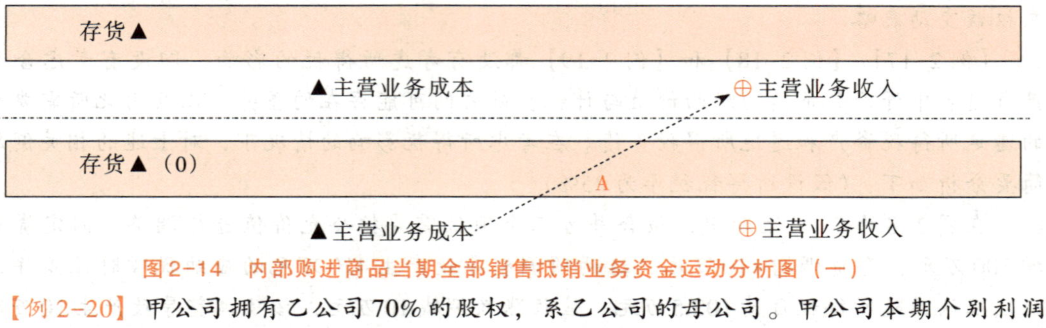

图2-14　内部购进商品当期全部销售抵销业务资金运动分析图（一）

【例2-20】甲公司拥有乙公司70%的股权，系乙公司的母公司。甲公司本期个别利润表的营业收入中有300万元，系向乙公司销售产品取得的销售收入，该产品销售成本为210万元。乙公司在本期将该产品全部售出，其销售收入为375万元，销售成本为300万元，并分别在其个别利润表中列示，其具体情况如图2-15所示。对此，编制合并财务报

表应将内部销售收入和内部销售成本予以抵销，其所引起的资金运动如图2-15A段运动所示。

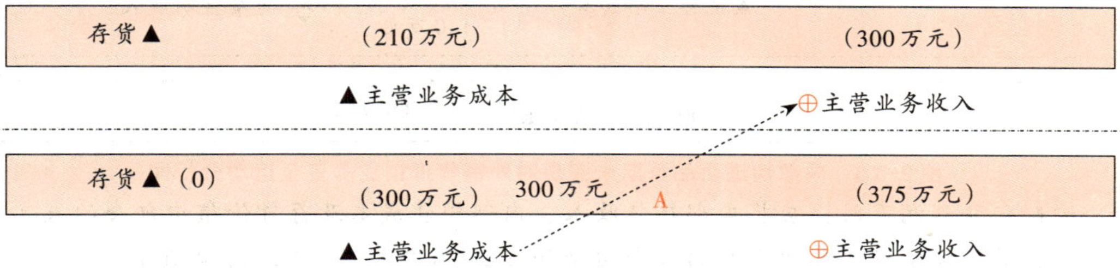

图2-15　内部购进商品当期全部销售抵销业务资金运动分析图（二）

借：营业收入　　3 000 000

　贷：营业成本　　3 000 000

（二）购买企业内部购进的商品未实现对外销售时的抵销处理

在内部购进的商品未实现对外销售的情况下，对于销售企业来说，同样是按照一般的销售业务确认销售收入，结转销售成本，计算销售利润，并在其个别利润表中列示。这一业务从整个企业集团来看，实际上只是商品存放地点发生变动，并没有真正实现企业集团对外销售，不应确认销售收入、结转销售成本以及计算损益。因此，对于该内部购销业务，在编制合并财务报表时，应当将销售企业由此确认的内部销售收入和内部销售成本予以抵销。对于这一经济业务，就购买企业来说，则以支付的购货价款作为存货成本入账，并在其个别资产负债表中作为资产列示。这样，购买企业的个别资产负债表中存货的价值中就包含销售企业实现的销售毛利。销售企业由于内部购销业务实现的销售毛利，属于未实现内部销售损益。

存货价值中包含的未实现内部销售损益是由于企业集团内部商品购销活动所引起的。在内部购销活动中，销售企业将集团内部销售作为收入确认并计算销售利润。而购买企业则是以支付购货的价款作为其成本入账；在本期内未实现对外销售而形成期末存货时，其存货价值中也相应地包括两部分内容：一部分为真正的存货成本（即销售企业销售该商品的成本），另一部分为销售企业的销售毛利（即销售企业销售收入减去销售成本的差额）。对于期末存货价值中包括的这部分销售毛利，从企业集团整体来看，并不是真正实现的利润。因为从企业整体来看，集团内部企业之间的商品购销活动实际上相当于一家企业内部物资调拨活动，既不会实现利润，也不会增加商品的价值。正是从这一意义上来说，将购买企业期末存货价值中包括的销售企业作为利润确认的部分，称为未实现内部销售损益。如果合并财务报表将母公司与子公司财务报表中的存货简单相加，则虚增存货成本。因此，在编制合并资产负债表时，应当将存货价值中包含的未实现内部销售损益予以抵销。

【例2-21】甲公司系乙公司的母公司。甲公司本期个别利润表的营业收入中有200万元，系向乙公司销售商品实现的收入，其商品成本为140万元，销售毛利率为30%。乙公司本期从甲公司购入的商品在本期均未实现销售，期末存货中包含200万元从甲公司购进的商品，该存货中包含的未实现内部销售损益为60万元。其具体情况如图2-16所示。

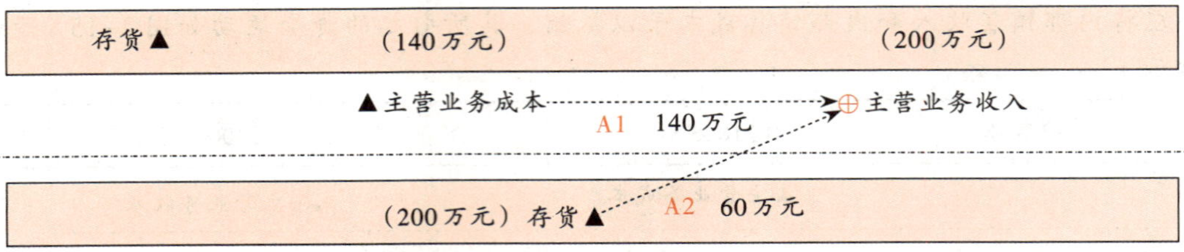

图2-16 内部购进商品当期未实现对外销售抵销业务资金运动分析图

编制合并利润表时，应将内部销售收入、内部销售成本及存货价值中包含的未实现内部销售损益予以抵销，其所引起的资金运动如图2-16中A1和A2段运动所示。

借：营业收入　　　　2 000 000

　贷：营业成本　　　　1 400 000

　　存货　　　　600 000

对于第二种情况，即内部购进的商品部分实现对外销售、部分形成期末存货的情况，可以将内部购买的商品分解为两部分来理解：一部分为当期购进并全部实现对外销售的；另一部分为当期购进但未实现对外销售而形成期末存货的。【例2-20】介绍的就是前一部分的抵销处理，【例2-21】介绍的则是后一部分的抵销处理。将【例2-20】和【例2-21】的抵销处理合并在一起，就是第二种情况下的抵销处理。

【例2-22】甲公司本期个别利润表的营业收入中有500万元，系向乙公司销售产品取得的销售收入，该产品销售成本为350万元，销售毛利率为30%。乙公司在本期将该批内部购进商品的60%实现销售，其销售收入为375万元，销售成本为300万元，销售毛利率为20%，并列示于其个别利润表中；该批商品的另外40%则形成乙公司期末存货，即期末存货为200万元，列示于乙公司的个别资产负债表之中。其具体情况如图2-17所示。

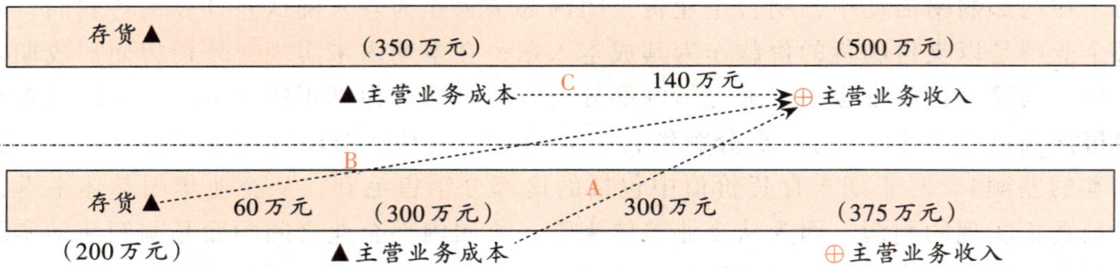

图2-17 内部购进商品当期部分实现对外销售抵销业务资金运动分析图

在编制合并财务报表时，其抵销处理所引起的资金运动如图2-17所示。在图2-17中，A段运动反映将内部销售成本300万元冲销；B段运动反映将存货因内部转移而产生的未实现销售损益60万元冲销；C段运动反映将未对外销售存货的成本140万元从销售成本中转出，从而得出对外销售的真实销售成本为210万元。

借：营业收入（3 000 000+2 000 000）　　　　5 000 000

　贷：营业成本（3 000 000+3 500 000×40%）　　　　4 400 000

　　存货（1 500 000×40%）　　　　600 000

根据上述抵销分录，其合并工作底稿（局部）见表2-16。

内部商品交易的抵销处理1

表 2-16　合并工作底稿（局部）　单位：万元

项目	甲公司	乙公司	合计数	调整分录		抵销分录		少数股东权益	合并数
				借方	贷方	借方	贷方		
资产负债表项目									
⋮									
存货		200	200				60		140
⋮									
利润表项目									
营业收入	500	375	875			500			375
营业成本	350	300	650				440		210
⋮									
营业利润	150	75	225			500	440		165
⋮									
净利润	150	75	225			500	440		165
⋮									
股东权益变动表项目									
年初未分配利润	0	0	0						0
⋮									
年末未分配利润	150	75	225			500	440		165

对于内部销售收入的抵销，也可以这样理解：

（1）以【例 2-22】为例，内部销售方所取得的营业收入500万元是一定要抵销的，假设购买方已将该内部购买的存货全部对外销售，则直接以购买方的营业成本500万元抵销销售方的营业收入500万元即可，其所引起的资金运动如图 2-18 中 A 段运动所示。

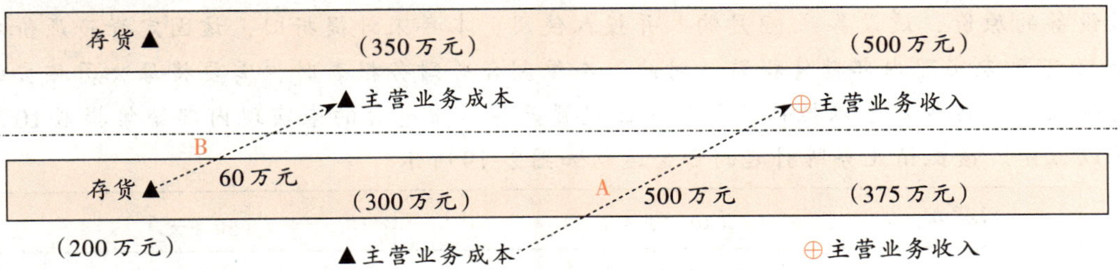

图 2-18　内部购进商品当期未全部对外销售抵销业务资金运动分析图

借：营业收入　5 000 000

　贷：营业成本　5 000 000

（2）如果内部交易的存货并没有全部对外销售。从合并主体的角度来看，只需要处理好两个问题：一是需要将购买方存货计价中所包含的未实现损益60万元从存货成本中扣除，从而将其还原为最初在销售方的历史成本；二是需要将销售方"以为全部销售而多计的净收益"60万元予以扣除，这里通过增加"营业成本"来抵减净收益。其所引起的资金运动如图 2-18 中 B 段运动所示。

借：营业成本　　600 000

　贷：存货　　600 000

需要注意的是，从合并主体的角度看，图2-18中"线上"的"主营业务成本"350万元和"线下"的"主营业务成本"300万元没有差别，在数量上可以合并在一起。也正因为如此，A段流出量500万元也是可以理解的，即是针对主营业务成本的合计数而言的。

将上述两笔业务合并在一起，即：

借：营业收入　　5 000 000

　贷：营业成本　　4 400 000

　　　存货　　600 000

这种简化处理可能更好理解。后续的业务合并处理如涉及未实现的销售损益时，都将采用这种处理方式。其所引起的资金运动如图2-18中A、B段运动所示。

（三）购买企业内部购进的商品作为固定资产使用时的抵销处理

在集团内成员企业将自身的产品销售给其他成员企业作为固定资产使用的情况下，对于销售企业来说是作为普通商品销售并进行会计处理的，即在销售时确认收入、结转成本和计算损益，并以此在其个别财务报表中列示；对于购买企业来说，则以购买价格（在此不考虑安装及运输费用）作为该固定资产原值入账，该固定资产入账价值中既包含销售企业生产该产品的成本，也包含销售企业由于该产品销售所实现的销售利润。购买企业虽然以支付给销售企业的购买价格作为固定资产原价入账，但从整个企业集团来看，只能以销售企业生产该产品的成本作为固定资产原价在合并财务报表中反映。因此，编制合并利润表时应将销售企业由于该商品交易所实现的销售收入、结转的销售成本予以抵销；并将内部交易形成的固定资产原价中包含的未实现内部销售损益予以抵销。

【例2-23】母公司个别利润表的营业收入中有50万元，系向子公司销售其生产的设备所取得的收入，该设备生产成本为40万元。子公司个别资产负债表固定资产原价中包含该设备的原价，该设备系12月购入并投入使用，本年未计提折旧，该固定资产原价中包含10万元未实现内部销售损益。对此，在编制合并财务报表时，需要将母公司相应的销售收入和销售成本予以抵销，并将该固定资产原价中包含的未实现内部销售损益10万元予以抵销。该抵销业务所引起的资金运动如图2-19所示。

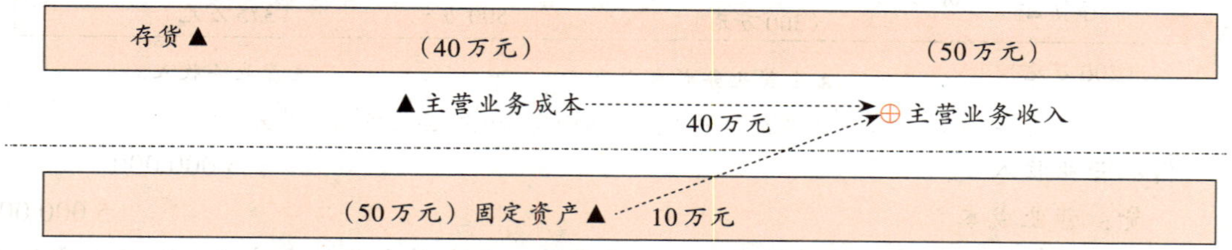

图2-19　内部购进的商品作为固定资产使用时的抵销处理

借：营业收入　　500 000

　贷：营业成本　　400 000

　　　固定资产　　100 000

二、连续编制合并财务报表时内部销售商品合并业务资金运动分析与会计处理

在连续编制合并财务报表的情况下，首先必须将上期抵销的存货价值中包含的未实现内部销售损益对本期年初未分配利润的影响予以抵销，调整本期年初未分配利润的数额；然后再对本期内部购进存货进行合并处理。其具体合并处理程序和方法如下：

（一）调整本期年初未分配利润

将上期抵销的存货价值中包含的未实现内部销售损益对本期年初未分配利润的影响进行抵销。从个别报表主体的角度看，上期所有交易带来的收益，都已经在上期实现，并计入上期的个别报表。但是从合并财务报表的主体角度来看，上期内部交易未实现的收益，不是在上期实现的，而是在本期才实现的，因此需要将这部分上期未实现的收益从上期转移到本期。即上期内部购进中包含的未实现内部销售损益视同因在本期销售而实现，其转移过程就是通过同时冲减年初未分配利润和本期的营业成本来进行的（至于是否由本期实现，后续再调整本期的营业成本即可）。其引起的资金运动如图2-20中A段运动所示。

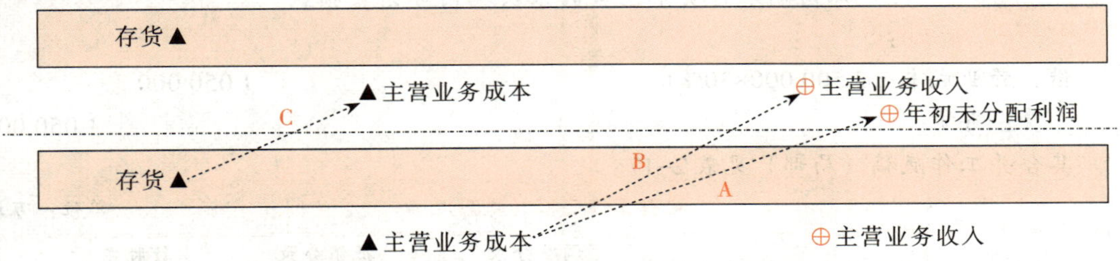

图2-20　连续编制合并财务报表时内部销售业务合并处理资金运动分析图（一）

内部购进的期初存货在本期销售时，不需要再考虑抵销的问题。因为在本年度内出售方没有确认与此相关的销售收入和销售成本（上期已确认），只有购买方确认了与此相关的销售收入与销售成本，因此不存在合并主体在本年度内重复确认销售收入和销售成本的问题，自然也就不存在内部销售需要抵销的问题。

（二）本期内部销售业务的抵销

对于本期内部销售业务的抵销处理，其引起的资金运动如图2-20中B、C段运动所示。

【例2-24】上期甲公司与乙公司内部购销资料、内部销售的抵销处理见【例2-22】。本期甲公司个别财务报表中向乙公司销售商品取得销售收入600万元，销售成本为420万元，甲公司本期销售毛利率与上期相同，为30%。乙公司个别财务报表中从甲公司购进商品本期实现对外销售收入为562.5万元，销售成本为450万元，销售毛利率为20%。其中，上期从甲公司购进的商品本期全部销售，取得销售收入250万元，发生销售成本200万元；本期从甲公司购入商品已部分销售，取得销售收入312.5万元，发生销售成本250万元。期末内部购进形成的存货为350万元，存货价值中包含的未实现内部销售损益为105万元。

此时，编制合并财务报表时应进行如下合并处理：

（1）调整年初未分配利润的数额，即上期未实现销售损益为60万元（200×30%）（如

图2-21中A段运动所示）：

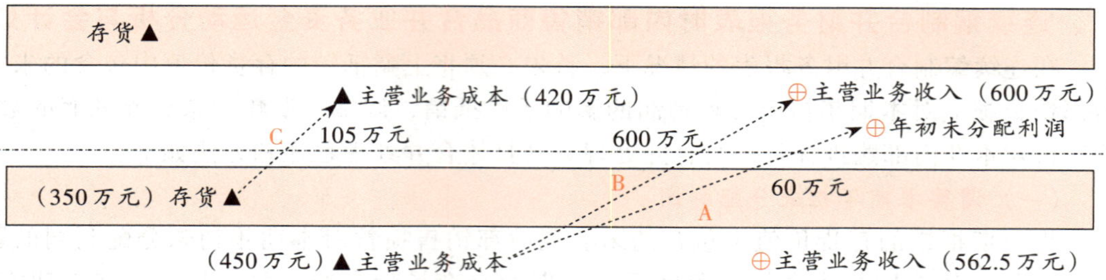

图2-21　连续编制合并财务报表时内部销售业务合并处理资金运动分析图（二）

借：年初未分配利润　　600 000①

　贷：营业成本　　600 000

内部商品交易的抵销处理2

（2）抵销本期内部销售收入（如图2-21中B段运动所示）：

借：营业收入　　6 000 000②

　贷：营业成本　　6 000 000

（3）抵销期末存货中包含的未实现内部销售损益（如图2-21中C段运动所示）：

借：营业成本（3 500 000×30%）　　1 050 000③

　贷：存货　　1 050 000

其合并工作底稿（局部）见表2-17。

表2-17　合并工作底稿（局部）　单位：万元

项目	甲公司	乙公司	合计数	调整分录		抵销分录		少数股东权益	合并数
				借方	贷方	借方	贷方		
资产负债表项目									
⋮									
存货		350	350				105③		245
⋮									
利润表项目									
营业收入	600	562.5	1 162.5			600②			562.5
营业成本	420	450	870			105③	60① 600②		315
⋮									
营业利润	180	112.5	292.5			705	660		247.5
⋮									
净利润	180	112.5	292.5			705	660		247.5
⋮									
股东权益变动表项目									
年初未分配利润	150	75	225			60①			165
⋮									
年末未分配利润	330	187.5	517.5			765	660		412.5

三、存货跌价准备合并业务资金运动分析与会计处理

（一）初次编制合并财务报表时存货跌价准备的合并处理

企业需要定期或者至少于年度终了时，对存货进行全面清查，采用成本与可变现净值孰低法进行期末计价，按单个存货项目计提存货跌价准备。存货清查的范围既包括从企业集团外部购进形成的存货，也包括从企业集团内部购进形成的存货；采用成本与可变现净值孰低法进行期末计价的范围，也包括从企业集团内部购进形成的存货。当企业本期计提的存货跌价准备中包括对内部购进形成的存货计提的跌价准备时，则涉及如何对内部购进的存货计提的跌价准备进行抵销的问题。

某一商品因毁损、陈旧过时导致其可变现净值下跌，从而计提跌价准备时，从整个企业集团来说，对这一毁损、陈旧的商品同样必须计提跌价准备。也就是说，某一商品在企业集团内某一成员企业计提跌价准备，对于企业集团来说也同样必须计提跌价准备。某一商品计提跌价准备的金额，从单一企业来说，为该商品可变现净值低于取得成本的差额，而从企业集团来说，则是该商品可变现净值与企业集团范围内取得该商品成本的差额。

从商品的可变现净值来说，某一商品的可变现净值，无论对于企业集团还是持有该商品的企业来说，基本上都是一致的。从商品的取得成本来说，对于持有内部购进商品的企业而言，该商品的取得成本包括销售企业所实现的利润；而对于企业集团整体来说，则是指从外部购买该商品的成本或生产这一产品的生产成本。编制合并财务报表时，计提存货跌价准备应当是将该商品的可变现净值与企业集团的取得成本进行比较确定计提金额。

对内部购进形成的存货计提跌价准备的合并处理，从购买企业来看有两种情况：（1）购买企业本期期末内部购进形成的存货的可变现净值低于其取得成本，但高于销售企业销售成本。（2）购买企业本期期末内部购进形成的存货的可变现净值既低于该存货的取得成本，也低于销售企业的该存货取得成本。

在（1）情况下，从购买企业个别财务报表来说，购买企业按该存货的可变现净值低于其取得成本的金额，一方面，确认存货跌价准备并在其个别资产负债表中通过抵销存货项目的金额列示；另一方面，在利润表中作为资产减值损失列示。但从合并财务报表来说，随着内部购进形成的存货包括的未实现内部销售损益的抵销，该存货在合并财务报表中列示的成本为抵销未实现内部销售损益后的成本。当该存货的可变现净值低于购买企业的取得成本，但高于该存货在合并财务报表中的成本时，则不需要计提存货跌价准备。个别财务报表中计列的相应存货跌价准备应予以抵销。

【例 2-25】甲公司系乙公司的母公司，甲公司本期向乙公司销售商品200万元，其销售成本为140万元，乙公司购进的该商品当期全部未实现对外销售而形成期末存货。乙公司期末对存货进行检查时，发现该商品已经部分陈旧，其可变现净值已降至184万元。为此，乙公司期末对该存货计提存货跌价准备16万元，并在其个别财务报表中列示。

在本例中，该存货的可变现净值降至184万元，高于抵销未实现内部销售损益后的金额（140万元）。此时，在编制本期合并财务报表时，应进行如下合并处理：

（1）将内部销售收入与内部销售成本抵销（如图2-22中A段运动所示）：

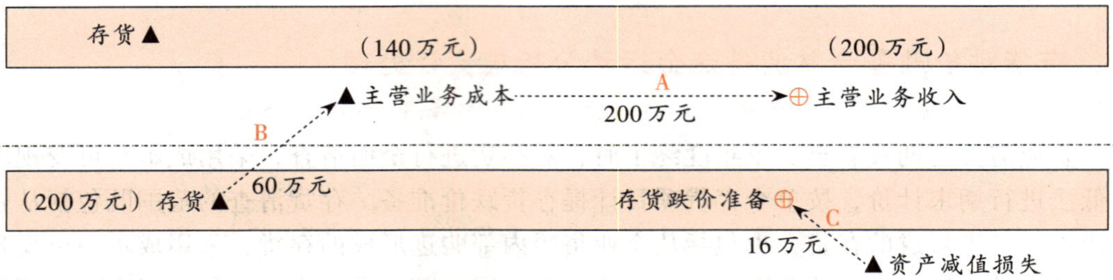

图2-22　甲公司内部销售及存货跌价准备业务合并处理资金运动分析图（一）

借：营业收入　　　　2 000 000①

　贷：营业成本　　　　2 000 000

（2）将内部销售形成的存货价值中包含的未实现内部销售损益抵销（如图2-22中B段运动所示）：

借：营业成本　　　　600 000②

　贷：存货　　　　600 000

内部商品交易的抵销处理3

（3）将乙公司本期计提的存货跌价准备抵销（如图2-22中C段运动所示）：

借：存货　　　　160 000③

　贷：资产减值损失　　　　160 000

其合并工作底稿（局部）见表2-18。

表2-18　**合并工作底稿（局部）**　单位：万元

项目	甲公司	乙公司	合计数	调整分录		抵销分录		少数股东权益	合并数
				借方	贷方	借方	贷方		
资产负债表项目									
⋮									
存货	0	184	184			16③	60②		140
⋮									
利润表项目									
营业收入	200	0	200			200①			0
营业成本	140	0	140			60②	200①		0
⋮									
资产减值损失	0	16	16				16③		0
⋮									
营业利润	60	−16	44			260	216		0
⋮									
净利润	60	−16	44			260	216		0
⋮									
股东权益变动表项目									
年初未分配利润	0	0	0						0
⋮									
年末未分配利润	60	−16	44			260	216		0

在（2）项所述的情况下，从购买企业个别财务报表来说，购买企业按该存货的可变现净值低于其取得成本的金额确认存货跌价准备。确认的存货跌价准备金额，一方面，在其个别资产负债表中通过抵销存货项目列示；另一方面，在利润表中作为资产减值损失列示。购买企业在个别财务报表中确认的存货跌价准备金额，既包括购买企业该商品取得成本高于销售企业销售成本（即取得成本）的差额（即抵销的未实现内部销售损益），也包括销售企业销售成本高于该商品可变现净值的差额。但从合并财务报表来说，随着内部购进存货价值中包含的未实现内部销售损益的抵销，在合并财务报表中列示的该存货的成本为抵销未实现内部销售损益后的成本。相对于购买企业该存货的取得成本高于销售企业销售该存货成本的差额部分计提的跌价准备金额，已经因未实现内部销售损益的抵销而抵销，故在编制合并财务报表时，也须将这部分金额予以抵销；而相对于销售企业销售该存货成本高于该存货可变现净值的部分而计提的跌价准备金额，无论从购买企业来说，还是对于整个企业集团来说，都是必须计提的存货跌价准备，必须在合并财务报表中予以反映。因此，应当按购买企业本期计提的存货跌价准备中内部购进商品取得成本高于销售企业取得成本的数额，予以抵销。

【例2-26】甲公司为乙公司的母公司。甲公司本期向乙公司销售商品200万元，其销售成本为140万元，并以此在其个别利润表中列示。乙公司购进的该商品当期全部未实现对外销售而形成期末存货；期末对存货进行检查时，发现该存货已经部分陈旧，其可变现净值降至132万元。为此，乙公司期末对该存货计提存货跌价准备68万元。

在本例中，该存货的可变现净值降至132万元，低于抵销未实现内部销售损益后的金额（140万元）。在乙公司本期计提的存货跌价准备68万元中，其中的60万元是相对于乙公司取得成本（200万元）高于甲公司销售该商品的销售成本（140万元）部分计提的，另外8万元则是相对于甲公司销售该商品的销售成本（140万元）高于其可变现净值（132万元）的部分计提的。此时，乙公司对计提存货跌价准备中相当于抵销的未实现内部销售损益的数额60万元部分，从整个企业集团来说，该商品的取得成本为140万元，在可变现净值高于这一金额的情况下，不需要计提存货跌价准备，故必须将其予以抵销；而对于另外8万元的存货跌价准备，从整个企业集团来说，则是必须计提的存货跌价准备，不需要进行抵销处理。

（1）将内部销售收入与内部销售成本抵销（如图2-23中A段运动所示）：

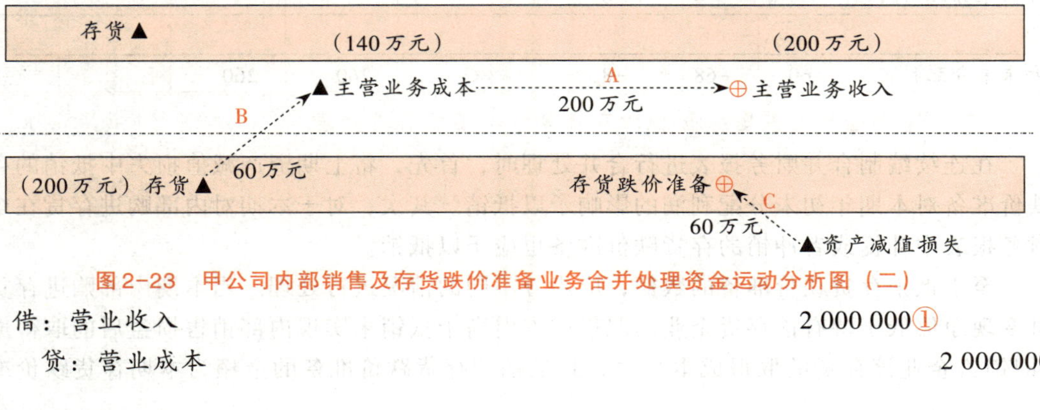

图2-23　甲公司内部销售及存货跌价准备业务合并处理资金运动分析图（二）

借：营业收入　　　　2 000 000①

　贷：营业成本　　　　2 000 000

(2) 将内部销售形成的存货价值中包含的未实现内部销售损益抵销(如图2-23中B段运动所示):

借:营业成本　　600 000②

　贷:存货　　600 000

(3) 将乙公司本期计提的存货跌价准备中相当于未实现内部销售损益的部分抵销(如图2-23中C段运动所示):

借:存货　　600 000③

　贷:资产减值损失　　600 000

其合并工作底稿(局部)见表2-19。

表2-19　　合并工作底稿(局部)　　单位:万元

项目	甲公司	乙公司	合计数	调整分录		抵销分录		少数股东权益	合并数
				借方	贷方	借方	贷方		
资产负债表项目									
⋮									
存货	0	132	132			60③	60②		132
⋮									
利润表项目									
营业收入	200	0	200			200①			0
营业成本	140	0	140			60②	200①		0
⋮									
资产减值损失		68	68				60③		8
⋮	0								
营业利润	60	-68	-8			260	260		-8
⋮									
净利润	60	-68	-8			260	260		-8
⋮									
股东权益变动表项目									
年初未分配利润	0	0	0						0
⋮									
年末未分配利润	60	-68	-8			260	260		-8

(二) 连续编制合并财务报表时存货跌价准备的合并处理

在连续编制合并财务报表进行合并处理时,首先,将上期资产减值损失中抵销的存货跌价准备对本期年初未分配利润的影响予以抵销。其次,对于本期对内部购进存货在个别财务报表中补提或者冲销的存货跌价准备也应予以抵销。

至于抵销存货跌价准备的数额,应当分不同的情况进行处理。当本期内部购进存货的可变现净值低于持有该存货企业的取得成本但高于抵销未实现内部销售损益后的取得成本(即销售企业该存货的取得成本)时,其抵销的存货跌价准备的金额为本期存货跌价准备的增加额。当本期内部购进存货的可变现净值低于抵销未实现内部销售损益后的取得成本（即销售企业的取得成本）时，其抵销的存货跌价准备的金额为相对于购买企业该存货的取得成本高于销售企业销售成本的差额部分计提的跌价准备的数额扣除期初内部购进存货计提的存货跌价准备的金额后的余额，即本期期末存货中包括的未实现内部销售损益的金额减去期初内部购进存货计提的存货跌价准备的金额后的余额。

【例2-27】沿用【例2-25】相关资料，甲公司与乙公司之间内部销售情况、内部销售及存货跌价准备的抵销处理见【例2-25】。乙公司与甲公司之间本期未发生内部销售。本例期末存货系上期内部销售结存的存货。乙公司本期期末对存货清查时，该内部购进存货的可变现净值为120万元，其取得成本为200万元，乙公司期末存货跌价准备余额为80万元。

本例中，该内部购进存货的可变现净值由上期期末的184万元降至120万元，既低于乙公司从甲公司购买时的取得成本（200万元），也低于抵销未实现内部销售损益后的金额（即甲公司销售该商品的成本140万元）。乙公司本期期末存货跌价准备余额80万元，从计提时间来看，包括上期期末计提结存的存货跌价准备16万元、本期期末计提的存货跌价准备64万元。

（1）冲销去年提取的跌价准备16万元（如图2-24中A段运动所示）：

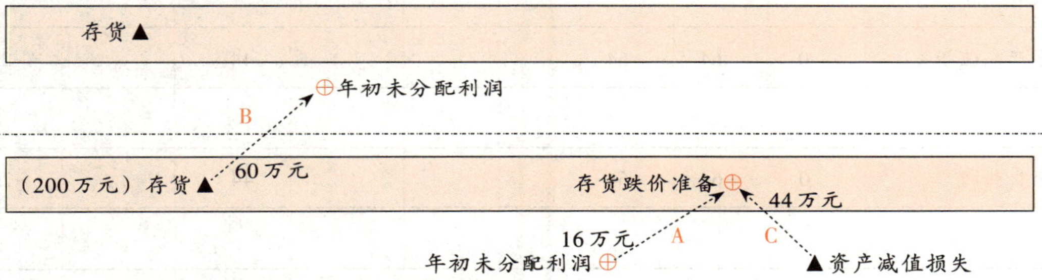

图2-24　连续编制合并财务报表时存货跌价准备合并处理资金运动分析图（一）

借：存货　160 000①

　贷：年初未分配利润　160 000

（2）冲销去年未实现的销售损益（如图2-24中B段运动所示）：

借：年初未分配利润　600 000②

　贷：存货　600 000

注：由于本题已告知上期存货未销售，所以直接调减本期的存货成本。

内部商品交易的抵销处理4

（3）冲销本期多提的减值准备：

对于本期计提的64万元存货跌价准备，其中44万元是相对于上期计提存货跌价准备后存货净额与甲公司该内部销售商品的销售成本之间的差额计提的，而另外20万元则是相对于甲公司该内部销售商品的销售成本与其可变现净值之间的差额计提的。从整个企业集团来说，前者应当予以抵销；后者则是属于应当计提的（如图2-24中C段运动所示）。

借：存货　440 000③

　贷：资产减值损失　440 000

其合并工作底稿（局部）见表2-20。

表2-20　　**合并工作底稿（局部）**　　单位：万元

项目	甲公司	乙公司	合计数	调整分录		抵销分录		少数股东权益	合并数
				借方	贷方	借方	贷方		
资产负债表项目									
⋮									
存货		120	120			16① 44③	60②		120
⋮									
利润表项目									
营业收入	0	0	0						0
营业成本	0	0	0						0
⋮									
资产减值损失	0	64	64				44③		20
⋮									
营业利润	0	-64	-64				44		-20
⋮									
净利润	0	-64	-64				44		-20
⋮									
股东权益变动表项目									
年初未分配利润	60	-16	44			60②	16①		0
⋮									
年末未分配利润	60	-80	-20			60	60		-20

【例2-28】沿用【例2-25】，甲公司上期向乙公司销售商品200万元，其销售成本为140万元，乙公司购进的该商品当期末实现对外销售，全部形成期末存货。乙公司期末对存货进行检查时，发现该存货已经部分陈旧，其可变现净值降至184万元，乙公司期末对该存货计提存货跌价准备16万元。在编制上期合并财务报表时，已将该存货跌价准备予以抵销，其抵销处理等见【例2-25】。甲公司本期向乙公司销售商品300万元，甲

公司销售该商品的销售成本为210万元。乙公司本期对外销售内部购进商品实现的销售收入为400万元，销售成本为320万元，其中上期从甲公司购进商品本期全部售出，销售收入为250万元，销售成本为200万元，本期从甲公司购进商品销售40%，销售收入为150万元，销售成本为120万元。另60%形成期末存货，其取得成本为180万元，期末其可变现净值为162万元，乙公司本期期末对该内部购进形成的存货补提存货跌价准备2万元。

(1) 抵销上期跌价准备的提取对本期的影响：

该笔业务所引起的资金运动如图2-25中A段运动所示。资金运动A段的起点是去年的资产减值损失，所以需要用“年初未分配利润”替代；其终点应该是存货跌价准备，但由于该存货已在本期出售，不会影响期末的存货跌价准备，只能影响本期的营业成本，所以其终点用“主营业务成本”替代。

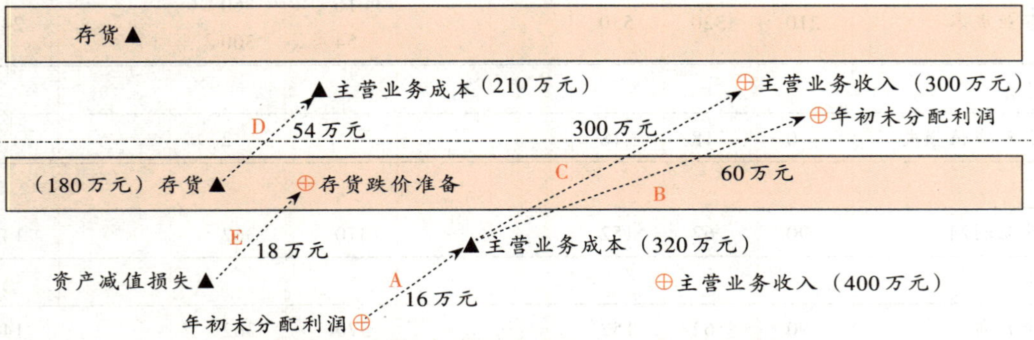

图2-25　连续编制合并财务报表时存货跌价准备合并处理资金运动分析图（二）

借：营业成本　　160 000①

　贷：年初未分配利润　　160 000

(2) 抵销上期未实现损益对本期的影响（如图2-25中B段运动所示）：

借：年初未分配利润　　600 000②

　贷：营业成本　　600 000

(3) 抵销本期内部购销所确认的收入与费用（如图2-25中C段运动所示）：

借：营业收入　　3 000 000③

　贷：营业成本　　3 000 000

(4) 抵销本期期末存货中未实现的销售损益，期末存货为180万元，甲公司的毛利率为30%，所以未实现的内部销售损益为54万元（如图2-25中D段运动所示）。

借：营业成本　　540 000④

　贷：存货　　540 000

(5) 抵销本期计提的跌价准备（如图2-25中E段运动所示）：

借：存货　　20 000⑤

　贷：资产减值损失　　20 000

其合并工作底稿（局部）见表2-21。

内部商品交易的抵销处理5

表 2-21　合并工作底稿（局部）　单位：万元

项目	甲公司	乙公司	合计数	调整分录		抵销分录		少数股东权益	合并数
				借方	贷方	借方	贷方		
资产负债表项目									
⋮									
存货		162	162			2⑤	54④		110
⋮									
利润表项目									
营业收入	300	400	700			300③			400
营业成本	210	320	530			16① 54④	60② 300③		240
⋮									
资产减值损失	0	18	18				2⑤		2
⋮									
营业利润	90	62	152			370	362		144
⋮									
净利润	90	62	152			370	362		144
⋮									
股东权益变动表项目									
年初未分配利润	60	-16	44			60②	16①		0
⋮									
年末未分配利润	150	46	196			430	378		144

第七节　内部债权债务合并业务资金运动分析与会计处理

一、内部债权债务抵销概述

母公司与子公司、子公司相互之间的债权和债务项目，是指母公司与子公司、子公司相互之间的应收账款与应付账款、预付账款和预收账款、应付债券与债权投资等项目。对于发生在母公司与子公司、子公司之间的这些项目，从债权方企业来说，在资产负债表中表现为一项债权资产；而从债务方来说，一方面形成一项负债，另一方面同时形成一项资产。发生的这种内部债权债务，从母子集团角度来看，它只是集团内部资金运动，既不增加集团的资产，也不增加负债。为此，在编制合并财务报表时也应当将内部债权债务项目予以抵销。

在编制合并资产负债表时需要进行合并处理的内部债权债务项目主要包括：（1）应收账款与应付账款；（2）应收票据与应付票据；（3）预付账款与预收账款；（4）债权投资与应付债券；（5）应收股利与应付股利；（6）其他应收款与其他应付款。

【例2-29】甲公司系乙公司的母公司。甲公司个别资产负债表应收账款中有60万元为应收乙公司账款；应收票据中有40万元为应收乙公司票据；债权投资中有乙公司发行的应付债券250万元。

甲公司在编制合并财务报表时，应当将这些内部债权债务予以抵销。其所引起的资金运动如图2-26所示。

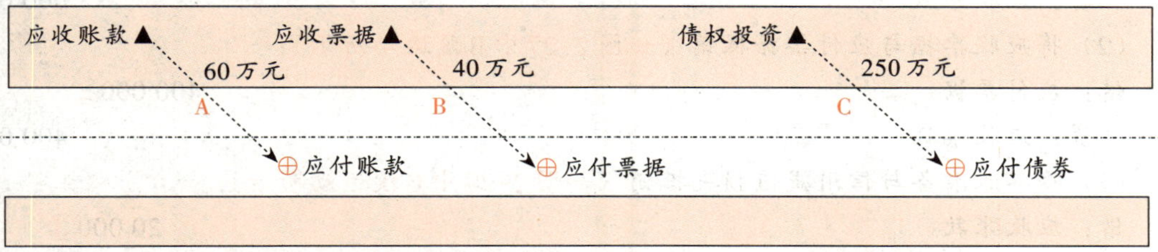

图2-26　甲公司内部债权债务抵销合并处理资金运动分析图

（1）将内部应收账款与应付账款抵销（如图2-26中A段运动所示）：

借：应付账款　　600 000

　贷：应收账款　　600 000

（2）将内部应收票据与应付票据抵销（如图2-26中B段运动所示）：

借：应付票据　　400 000

　贷：应收票据　　400 000

（3）将债权投资与应付债券抵销（如图2-26中C段运动所示）：

借：应付债券　　2 500 000

　贷：债权投资　　2 500 000

内部债权与债务的抵销

二、内部应收应付款项及坏账准备合并业务资金运动分析与会计处理

企业对于包括应收账款、应收票据、预付款项以及其他应收款在内的所有应收类款项，应当根据其预计可收回金额的变动情况，确认信用减值损失，计提减值准备。在对子公司的应收款项计提坏账准备的情况下在编制合并财务报表时，随着内部应收款项的抵销，与此相关的减值准备也应予以抵销。

【例2-30】甲公司为乙公司的母公司。甲公司本期个别资产负债表应收账款中有58万元为应收乙公司账款，该应收账款账面余额为60万元，甲公司当年计提坏账准备2万元；应收票据中有39万元为应收乙公司票据，该应收票据账面余额为40万元，甲公司当年计提坏账准备1万元。乙公司本期个别资产负债表中应付账款和应付票据中列示有应付甲公司账款60万元和应付甲公司票据40万元。

在编制合并财务报表时，甲公司应当将内部应收款项与应付款项抵销；同时，还应将内部应收款项计提的坏账准备予以抵销。其所引起的资金运动如图2-27所示。

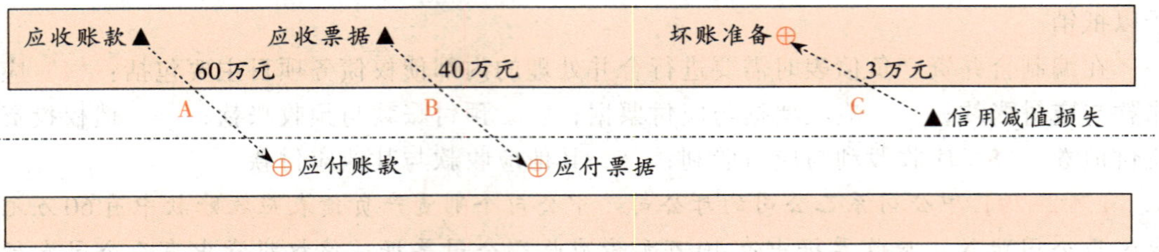

图2-27 甲公司内部应收应付款项及坏账准备合并处理资金运动分析图

（1）将应收账款与应付账款抵销（如图2-27中A段运动所示）：

借：应付账款　　600 000①

　贷：应收账款　　600 000

（2）将应收票据与应付票据抵销（如图2-27中B段运动所示）：

借：应付票据　　400 000②

　贷：应收票据　　400 000

（3）将坏账准备与信用减值损失抵销（如图2-27中C段运动所示）：

借：应收账款　　20 000③

　　应收票据　　10 000

　贷：信用减值损失　　30 000

需要注意的是，在合并处理过程中，需要将坏账准备按其明细拆分，并分别用应收账款、应收票据来替代坏账准备。

其合并工作底稿（局部）见表2-22。

表2-22 合并工作底稿（局部） 单位：万元

项目	甲公司	乙公司	合计数	调整分录		抵销分录		少数股东权益	合并数
				借方	贷方	借方	贷方		
资产负债表项目									
⋮									
应收票据	39	0	39			1③	40②		0
应收账款	58	0	58			2③	60①		0
⋮									
应付票据	0	40	40			40②			0
应付账款	0	60	60			60①			0
⋮									
利润表项目									
⋮									
信用减值损失	3	0	3				3③		0
⋮									
营业利润	-3	0	-3				3		0
⋮									
净利润	-3	0	-3				3		0
⋮									
股东权益变动表项目									
年初未分配利润	0	0	0				0		0
⋮									
年末未分配利润	-3	0	-3				3		0

三、连续编制合并财务报表时内部应收应付款项及坏账准备合并业务资金运动分析与会计处理

在连续编制合并财务报表时，首先，将内部应收款项与应付款项予以抵销，其所引起的资金运动如图2-28中A段运动所示。其次，应将上期信用减值损失中抵销的各内部应收款项计提的相应坏账准备对本期年初未分配利润的影响予以抵销，其所引起的资金运动如图2-28中B段运动所示。最后，对于本期各内部应收款项在个别财务报表中补提或者冲销的相应坏账准备的数额也应予以抵销，其所引起的资金运动如图2-28中C段运动所示。

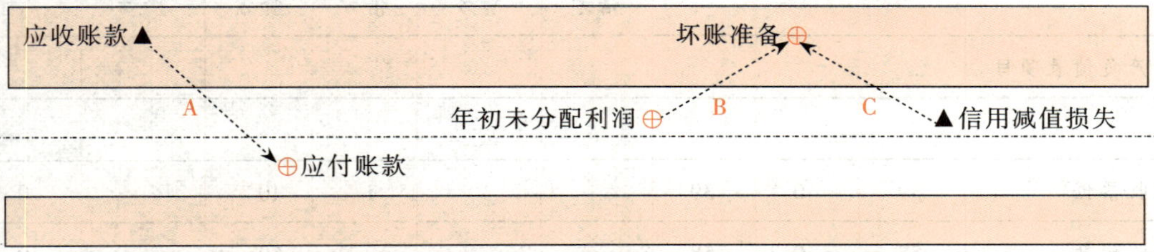

图2-28　连续编制合并财务报表时内部应收应付款项及坏账准备合并处理资金运动分析图

（一）内部应收款项坏账准备本期余额与上期余额相等时的合并处理

【例2-31】沿用【例2-30】，甲公司为乙公司的母公司。甲公司和乙公司上期内部应收款项、坏账准备情况及内部债权债务的抵销见【例2-30】。甲公司本期个别资产负债表应收账款中有应收乙公司账款58万元，该应收账款系上期发生的，账面余额为60万元，甲公司上期对其计提坏账准备2万元，该坏账准备结转到本期；应收乙公司票据39万元，该应收票据系上期发生的，账面余额为40万元，甲公司上期对其计提坏账准备1万元，该坏账准备结转到本期。本期对上述内部应收账款和应收票据未计提坏账准备。

（1）将上期内部应收款项计提的坏账准备抵销（如图2-29中A段运动所示）：

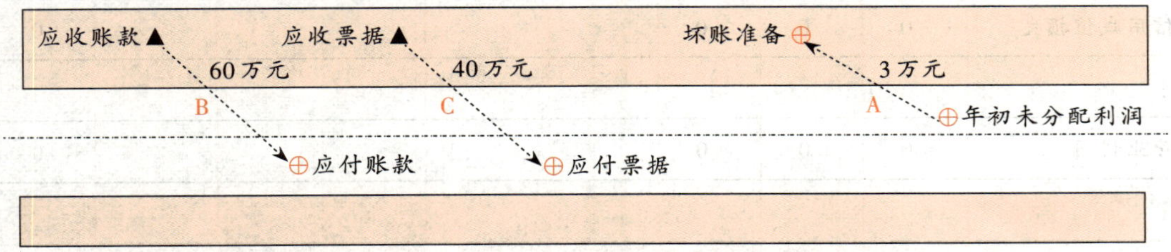

图2-29　内部应收款项坏账准备本期余额与上期余额相等时合并处理资金运动分析图

在这种情况下，母公司个别资产负债表中坏账准备余额可以理解为上期结转而来的余额，因此只需将上期内部应收款项计提的坏账准备予以抵销，同时调整年初未分配利润的数额。

借：应收账款	20 000①	
应收票据	10 000	
贷：年初未分配利润		30 000

（2）内部应收账款、应收票据与应付账款、应付票据抵销（如图2-29中B、C段运动所示）：

借：应付账款　　600 000②

　贷：应收账款　　600 000

借：应付票据　　400 000③

　贷：应收票据　　400 000

其合并工作底稿（局部）见表2-23。

表2-23　合并工作底稿（局部）　单位：万元

项目	甲公司	乙公司	合计数	调整分录		抵销分录		少数股东权益	合并数
				借方	贷方	借方	贷方		
资产负债表项目									
⋮									
应收票据	39	0	39			1①	40③		0
应收账款	58	0	58			2①	60②		0
⋮									
应付票据	0	40	40			40③			0
应付账款	0	60	60			60②			0
⋮									
利润表项目									
⋮									
信用减值损失	0	0	0						0
⋮									
营业利润	0	0	0						0
⋮									
净利润	0	0	0						0
⋮									
股东权益变动表项目									
年初未分配利润	-3	0	-3				3①		0
⋮									
年末未分配利润	-3	0	-3				3		0

（二）内部应收款项坏账准备本期余额大于上期余额时的合并处理

【例2-32】沿用【例2-30】，甲公司为乙公司的母公司。甲公司和乙公司上期内部应收款项、坏账准备情况及内部债权债务的抵销见【例2-30】。甲公司本期个别资产负债表应收账款中有应收乙公司账款73.5万元，该应收账款账面余额为80万元，甲公司对该应收账款累计计提坏账准备6.5万元，其中2万元系上期结转至本期的，本期对其补提坏账准备4.5万元；应收乙公司票据87.5万元，该应收票据账面余额为90万元，甲公司对该应收票据累计计提坏账准备2.5万元，其中1万元系上期结转至本期的，本期对其补提坏账准备1.5万元。

甲公司在合并工作底稿中应进行如下抵销处理：

（1）抵销上期内部应收款项计提的坏账准备，并调整年初未分配利润的数额（如图2-30中A段运动所示）：

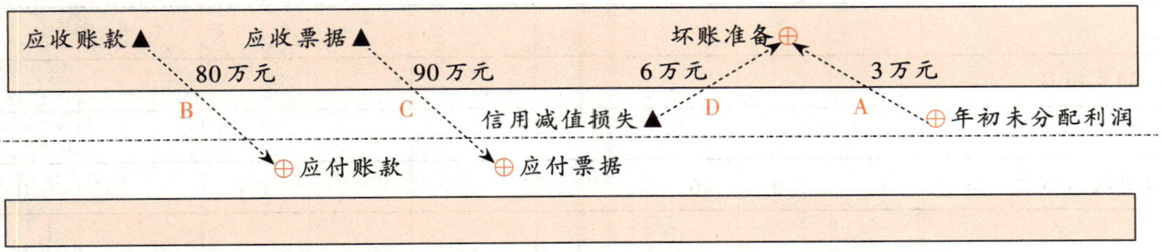

图2-30 内部应收款项坏账准备本期余额大于上期余额时合并处理资金运动分析图

借：应收账款 20 000①

　　应收票据 10 000

　贷：年初未分配利润 30 000

（2）抵销应收账款、应收票据与应付账款、应付票据（如图2-30中B、C段运动所示）：

借：应付账款 800 000②

　贷：应收账款 800 000

借：应付票据 900 000③

　贷：应收票据 900 000

（3）抵销本期内部应收款项计提的坏账准备与信用减值损失（如图2-30中D段运动所示）：

借：应收账款 45 000④

　　应收票据 15 000

　贷：信用减值损失 60 000

其合并工作底稿（局部）见表2-24。

表2-24 合并工作底稿（局部） 单位：万元

项目	甲公司	乙公司	合计数	调整分录		抵销分录		少数股东权益	合并数
				借方	贷方	借方	贷方		
资产负债表项目									
⋮									

续表

项目	甲公司	乙公司	合计数	调整分录		抵销分录		少数股东权益	合并数
				借方	贷方	借方	贷方		
应收票据	87.5	0	87.5			1① 1.5④	90③		0
应收账款	73.5	0	73.5			2① 4.5④	80②		0
⋮									
应付票据	0	90	90			90③			0
应付账款	0	80	80			80②			0
⋮									
利润表项目									
⋮									
信用减值损失	6	0	6				6④		0
⋮									
营业利润	-6	0	-6				6		0
⋮									
净利润	-6	0	-6				6		0
⋮									
股东权益变动表项目									
年初未分配利润	-3	0	-3				3①		0
⋮									
年末未分配利润	-9	0	-9				9		0

（三）内部应收款项坏账准备本期余额小于上期余额时的合并处理

【例2-33】沿用【例2-30】，甲公司为乙公司的母公司。甲公司和乙公司上期内部应收款项、坏账准备情况及内部债权债务的抵销见【例2-30】。甲公司本期个别资产负债表应收账款中有应收乙公司账款53.8万元，该应收账款账面余额为55万元，甲公司对该应收账款累计计提坏账准备1.2万元，其中上期结转至本期的坏账准备为2万元，本期冲减坏账准备0.8万元；应收乙公司票据37.4万元，该应收票据账面余额为38万元，甲公司对其累计计提坏账准备0.6万元，其中上期结转至本期的坏账准备为1万元，本期冲减坏账准备0.4万元。

甲公司在合并工作底稿中应进行如下抵销处理：

（1）抵销上期内部应收款项计提的坏账准备，并调整年初未分配利润的数额（如图2-31中A段运动所示）：

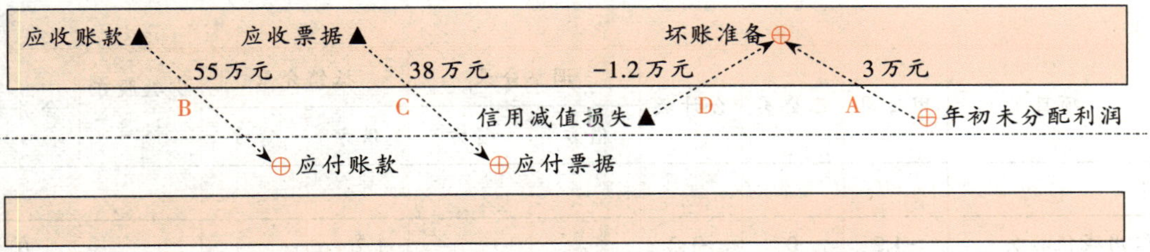

图2-31　内部应收款项坏账准备本期余额小于上期余额时合并处理资金运动分析图

借：应收账款　　20 000①

　　应收票据　　10 000

　贷：年初未分配利润　　30 000

（2）抵销应收账款、应收票据与应付账款、应付票据（如图2-31中B、C段运动所示）：

借：应付账款　　550 000②

　贷：应收账款　　550 000

借：应付票据　　380 000③

　贷：应收票据　　380 000

（3）将本期内部应收款项计提的坏账准备与信用减值损失抵销：（如图2-31中D段运动所示）

借：信用减值损失　　12 000④

　贷：应收账款　　8 000

　　　应收票据　　4 000

其合并工作底稿（局部）见表2-25。

表2-25　合并工作底稿（局部）　单位：万元

项目	甲公司	乙公司	合计数	调整分录		抵销分录		少数股东权益	合并数
				借方	贷方	借方	贷方		
资产负债表项目									
⋮									
应收票据	37.4	0	37.4			1①	38③ 0.4④		0
应收账款	53.8	0	53.8			2①	55② 0.8④		0
⋮									
应付票据	0	38	38			38③			0
应付账款	0	55	55			55②			0
⋮									
利润表项目									

续表

项目	甲公司	乙公司	合计数	调整分录		抵销分录		少数股东权益	合并数
				借方	贷方	借方	贷方		
⋮									
信用减值损失	-1.2	0	-1.2			1.2④			0
⋮									
营业利润	1.2	0	1.2			1.2			0
⋮									
净利润	1.2	0	1.2			1.2			0
⋮									
股东权益变动表项目									
年初未分配利润	-3	0	-3				3①		0
⋮									
年末未分配利润	-1.8	0	-1.8			1.2	3		0

在第三期编制合并财务报表的情况下，必须先将第二期各内部应收款项期末余额相应的坏账准备抵销；再将内部应收款项与应付款项等内部债权债务抵销；最后将第三期内部应收款项的坏账准备与第二期内部应收款项的坏账准备进行比较，计算确定本期内部应收款项坏账准备的增加或减少数额，并将其抵销。

第八节　内部固定资产交易合并业务资金运动分析与会计处理

一、内部固定资产交易概述

内部固定资产交易的抵销1

内部固定资产交易，是指企业集团内部发生的与固定资产有关的购销业务。根据销售企业销售的是产品还是固定资产，可以将企业集团内部固定资产交易划分为两种类型：(1) 企业集团内部企业将自身使用的固定资产变卖给企业集团内的其他企业作为固定资产使用；(2) 企业集团内部企业将自身生产的产品销售给企业集团内的其他企业作为固定资产使用。此外，还有另一类型的内部固定资产交易，即企业集团内部企业将自身使用的固定资产变卖给企业集团内的其他企业作为普通商品销售；这种类型的固定资产交易，属于固定资产的内部处置，在企业集团内部发生的情况极少，一般情况下发生的数量也不大。

严格说来，内部固定资产交易属于内部商品交易，其在编制合并财务报表时的抵销处理与一般内部商品交易的抵销处理有相同之处。但由于固定资产取得并投入使用后，往往要跨越若干会计期间，并且在使用过程中通过计提折旧将其价值转移到产品生产成本或各会计期间费用之中去，因而抵销处理也有其特殊性。固定资产使用跨越若干会计期间，因而涉及使用该固定资产期间编制合并财务报表的年初未分配利润的调整问题；固定资产需要计提折旧，则涉及每一次计提折旧中包含的未实现内部销售损益的抵销问题，也涉及每期累计折旧中包含的未实现内部销售损益的抵销问题。相对来说，内部固定资产交易的抵销处理，要比一般的内部商品交易的抵销处理复杂得多。

为了便于理解，本节将财务报表中的“固定资产”项目细化为“固定资产原价”项目、“固定资产减值准备”项目、“累计折旧”项目以及“固定资产净值”项目，来介绍内部交易固定资产相关的合并抵销处理。

二、内部固定资产交易当期合并业务资金运动分析与会计处理

（一）内部固定资产交易但当期未计提折旧的合并处理

1.企业集团内部固定资产变卖交易的合并处理

在编制合并财务报表时，需要将该内部交易固定资产的转让价格与其原账面价值之间的差额予以抵销。该抵销主要通过“资产处置收益”项目来进行。在这里，报表项目“资产处置收益”与账户“资产处置损益”可以相互替代，等同使用。

【例2-34】甲公司和乙公司为丙公司控制下的两家子公司。甲公司将其净值为128万元的某厂房，以150万元的价格变卖给乙公司作为固定资产使用。甲公司因该内部固定资产交易实现收益22万元，并列示在其个别利润表之中。乙公司以150万元的金额将该厂房作为固定资产的原价入账，并列示在其个别资产负债表之中。

编制合并财务报表时，甲公司必须将因该固定资产交易实现的资产处置收益22万元与固定资产原价中包含的未实现内部销售损益的数额抵销。其所引起的资金运动如图2-32所示。

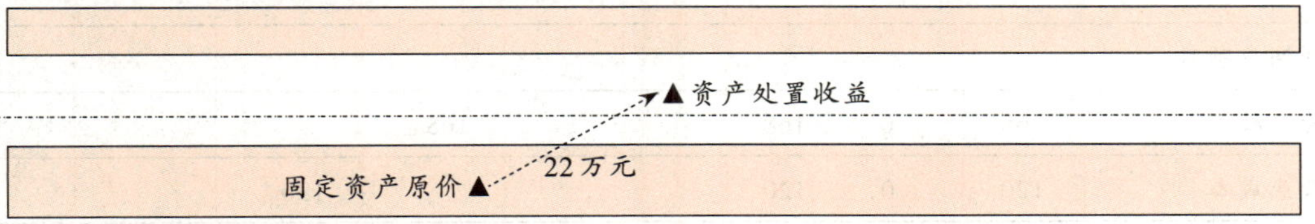

图2-32　内部固定资产交易但当期未计提折旧合并处理资金运动分析图

借：资产处置收益　　220 000

　贷：固定资产原价　　220 000

经过上述抵销处理，该内部固定资产交易所实现的损益抵销，该厂房的原价通过抵销处理调整为原来的128万元。

2.企业集团内部产品销售给其他企业作为固定资产使用交易的合并处理

在编制合并财务报表时，不仅需要将内部交易产生的营业收入与营业成本冲销，而且还要调整购买方所取得的固定资产的成本，冲销该成本中包含的未实现内部销售损益。

【例2-35】甲公司和乙公司为丙公司控制的两家子公司。甲公司于20×1年12月，将自己生产的产品销售给乙公司作为固定资产使用，甲公司销售该产品的销售收入为168万元，销售成本为120万元。乙公司以168万元的价格作为该固定资产的原价入账。

该内部交易抵销所引起的资金运动如图2-33中A、B段运动所示。

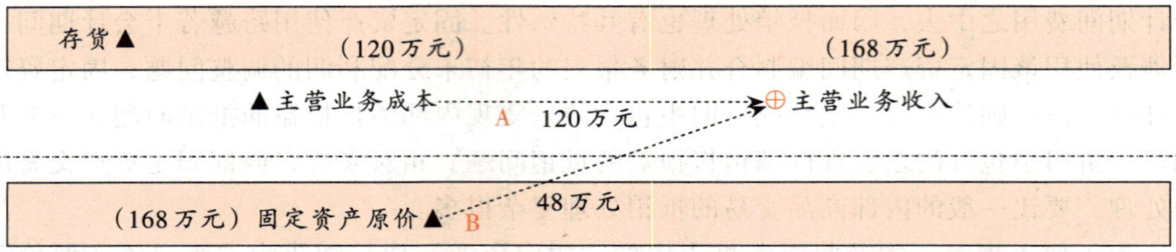

图2-33 内部产品销售给其他企业作为固定资产使用交易合并处理资金运动分析图

借：营业收入　　　　　　　　　　　　　　　　　　　　　　1 680 000①

　贷：营业成本　　　　　　　　　　　　　　　　　　　　　　1 200 000

　　　固定资产原价　　　　　　　　　　　　　　　　　　　　　480 000

其合并工作底稿（局部）见表2-26。

表2-26　　　　　　　　合并工作底稿（局部）　　　　　　　　单位：万元

项目	甲公司	乙公司	合计数	调整分录		抵销分录		少数股东权益	合并数
				借方	贷方	借方	贷方		
资产负债表项目									
⋮									
固定资产原价	0	168	168				48①		120
累计折旧	0	0	0						0
固定资产净值	0	168	168				48		120
⋮									
利润表项目									
营业收入	168	0	168			168①			0
营业成本	120	0	120				120①		0
⋮									
营业利润	48	0	48			168	120		0
⋮									
净利润	48	0	48			168	120		0
⋮									
股东权益变动表项目									
年初未分配利润	0	0	0						0
⋮									
年末未分配利润	48	0	48			168	120		0

（二）内部固定资产交易且当期计提折旧的合并处理

在发生内部固定资产交易当期编制合并财务报表时，首先，必须将该内部固定资产交易相关销售收入、销售成本以及形成的固定资产原价中包括的未实现内部销售损益予以抵销。其次，购买企业使用该内部交易固定资产并计提折旧，其折旧费用计入当期损益，由于购买企业是以该固定资产的取得成本作为其原价计提折旧的，在取得成本中包含销售企业由于该内部固定资产交易所实现的损益（即未实现内部销售损益），相应地在该内部交易固定资产使用过程中其各期计提的折旧额中，也包含未实现内部销售损益摊销的金额。因此还必须将当期该内部交易固定资产计提的折旧额中相当于未实现内部销售损益的摊销金额，即多计提折旧的数额，从该内部交易固定资产当期计提的折旧费用和该固定资产累计折旧中予以抵销。

该合并处理业务及其所引起的资金运动主要包括：

（1）将内部交易固定资产相关的销售收入、销售成本以及其原价中包含的未实现内部销售损益予以抵销。其所引起的资金运动如图2-34中A、B段运动所示。

（2）将内部交易固定资产当期因未实现内部销售损益而多计提的折旧费用和累计折旧予以抵销。其所引起的资金运动如图2-34中C段运动所示（为便于理解，本节有关内部交易固定资产均假定为管理用固定资产，其各期多计提的折旧费用均通过“管理费用”项目进行抵销处理）。

【例2-36】甲公司和乙公司为丙公司控制的两家子公司。甲公司于20×1年1月1日，将自己生产的产品销售给乙公司作为固定资产使用，甲公司销售该产品的销售收入为168万元，销售成本为120万元。乙公司以168万元的价格作为该固定资产的原价入账。乙公司购买的该固定资产用于公司的行政管理，该固定资产属于不需要安装的固定资产，当月投入使用，其折旧年限为4年，预计净残值为零。为简化合并处理，假定该内部交易固定资产在交易当年按12个月计提折旧。

甲公司在编制合并财务报表时，应当进行如下抵销处理：

（1）将该内部交易固定资产相关销售收入与销售成本及原价中包含的未实现内部销售损益抵销（如图2-34中A、B段运动所示）：

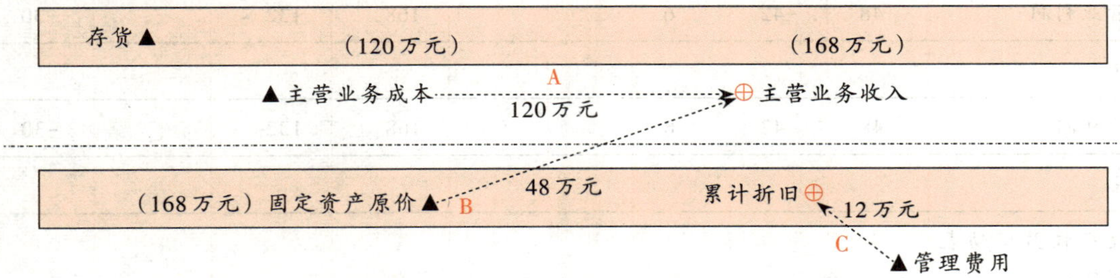

图2-34　内部固定资产交易且当期计提折旧合并处理资金运动分析图

借：营业收入　　　　1 680 000①

　贷：营业成本　　　　1 200 000

　　　固定资产原价　　　　480 000

（2）将当年计提的折旧和累计折旧中包含的未实现内部销售损益抵销。

内部固定资产交易的抵销2

该固定资产在乙公司按4年的折旧年限计提折旧，每年计提折旧42万元，其中每年计提的折旧和累计折旧中均包含未实现内部销售损益的摊销额12万元（48÷4）。（如图2-34中C段运动所示）

借：累计折旧　　　　　　　　　　　　　　　　　　　　120 000②

　贷：管理费用　　　　　　　　　　　　　　　　　　　　　　120 000

其合并工作成稿（局部）见表2-27。

表2-27　　　　　　　　　　合并工作底稿（局部）　　　　　　　　　　单位：万元

项目	甲公司	乙公司	合计数	调整分录		抵销分录		少数股东权益	合并数
				借方	贷方	借方	贷方		
资产负债表项目									
⋮									
固定资产原价	0	168	168				48①		120
累计折旧	0	42	42			12②			30
固定资产净值	0	126	126			12	48		90
⋮									
利润表项目									
营业收入	168	0	168			168①			0
营业成本	120	0	120				120①		0
⋮									
管理费用	0	42	42				12②		30
⋮									
营业利润	48	-42	6			168	132		-30
⋮									
净利润	48	-42	6			168	132		-30
⋮									
股东权益变动表项目									
年初未分配利润	0	0	0						0
⋮									
年末未分配利润	48	-42	6			168	132		-30

通过上述抵销分录，在合并工作底稿中累计折旧额减少12万元，其合并数为30万元；管理费用减少12万元，其合并数为30万元。

三、内部固定资产交易取得后至处置前合并业务资金运动分析与会计处理

在以后的会计期间，具体抵销程序如下：

（1）将内部交易固定资产原价中包含的未实现内部销售损益抵销，并调整年初未分配利润。其所引起的资金运动原本同图2-34中A、B段运动一样，但由于是以后年度，图2-34中A、B段运动中的所有损益类项目都需要用“年初未分配利润”替代，因此，其所引起的资金运动如图2-35中A段运动所示。

（2）将以前会计期间内部交易固定资产多计提的累计折旧抵销，并调整年初未分配利润。其所引起的资金运动如图2-35中B段运动所示。

（3）将当期由于该内部交易固定资产包含未实现内部销售损益而多计提的折旧费用抵销，并调整本期计提的累计折旧额，其所引起的资金运动如图2-35中C段运动所示。

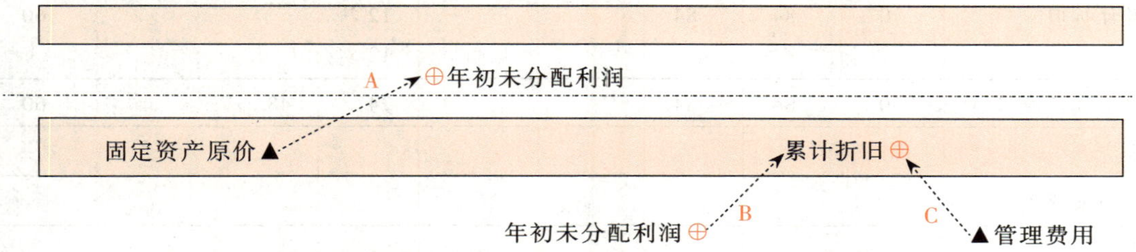

图2-35 内部固定资产交易取得后至处置前合并处理资金运动分析图

【例2-37】沿用【例2-36】相关资料，乙公司20×2年个别资产负债表中，该内部交易固定资产原价为168万元，累计折旧为84万元，该固定资产净值为84万元。该内部交易固定资产20×2年计提折旧为42万元。

甲公司编制20×2年度合并财务报表时，应当进行如下抵销处理：

（1）将内部交易固定资产原价中包含的未实现内部销售损益抵销（如图2-36中A段运动所示）：

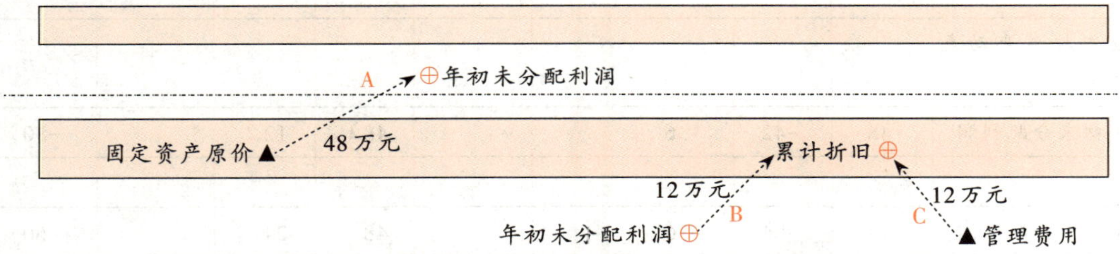

图2-36 甲公司内部固定资产交易取得后至处置前合并处理资金运动分析图（一）

借：年初未分配利润 480 000①

　贷：固定资产原价 480 000

（2）将以前会计期间内部交易固定资产多计提的累计折旧抵销（如图2-36中B段运动所示）：

借：累计折旧 120 000②

贷：年初未分配利润　　120 000

（3）将当期因包含未实现内部销售损益而多计提的折旧费用抵销（如图2-36中C段运动所示）：

借：累计折旧　　120 000③

贷：管理费用　　120 000

其合并工作底稿（局部）见表2-28。

表2-28　　合并工作底稿（局部）　　单位：万元

项目	甲公司	乙公司	合计数	调整分录		抵销分录		少数股东权益	合并数
				借方	贷方	借方	贷方		
资产负债表项目									
⋮									
固定资产原价	0	168	168				48①		120
累计折旧	0	84	84			12② 12③			60
固定资产净值	0	84	84			24	48		60
⋮									
利润表项目									
⋮									
管理费用	0	42	42				12③		30
⋮									
营业利润	0	-42	-42				12		-30
⋮									
净利润	0	-42	-42				12		-30
⋮									
股东权益变动表项目									
年初未分配利润	48	-42	6			48①	12②		-30
⋮									
年末未分配利润	48	-84	-36			48	24		-60

【例2-38】沿用【2-37】相关资料，乙公司20×3年个别资产负债表中，该内部交易固定资产原价为168万元，累计折旧为126万元，该固定资产净值为42万元。该内部交易固定资产20×3年计提折旧为42万元。

甲公司编制20×3年度合并财务报表时，应当进行如下抵销处理：

（1）将内部交易固定资产原价中包含的未实现内部销售损益抵销（如图2-37中A段运动所示）：

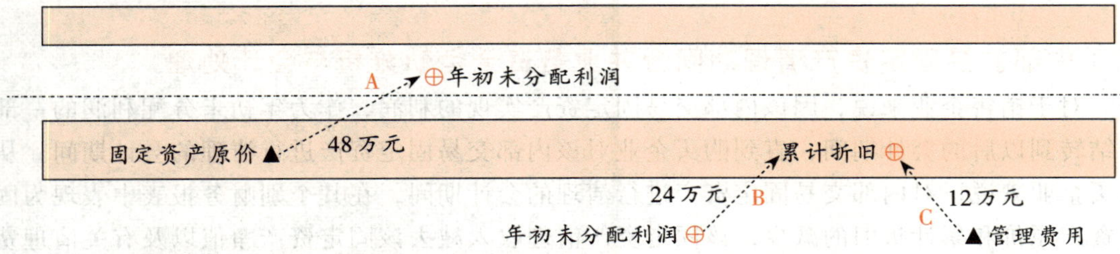

图2-37　甲公司内部固定资产交易取得后至处置前合并处理资金运动分析图（二）

借：年初未分配利润　　480 000①

　贷：固定资产原价　　480 000

（2）将以前会计期间内部交易固定资产多计提的累计折旧抵销（如图2-37中B段运动所示）：

借：累计折旧　　240 000②

　贷：年初未分配利润　　240 000

（3）将当期因包含未实现内部销售损益而多计提的折旧费用抵销（如图2-37中C段运动所示）：

借：累计折旧　　120 000③

　贷：管理费用　　120 000

根据上述抵销分录，编制其合并工作底稿（局部）见表2-29。

表2-29　合并工作底稿（局部）　单位：万元

项目	甲公司	乙公司	合计数	调整分录		抵销分录		少数股东权益	合并数
				借方	贷方	借方	贷方		
资产负债表项目									
⋮									
固定资产原价	0	168	168				48①		120
累计折旧	0	126	126			24② 12③			90
固定资产净值	0	42	42			36	48		30
⋮									
利润表项目									
⋮									
管理费用	0	42	42				12③		30
⋮									
营业利润	0	-42	-42				12		-30
⋮									
净利润	0	-42	-42				12		-30
⋮									
股东权益变动表项目									
年初未分配利润	48	-84	-36			48①	24②		-60
⋮									
年末未分配利润	48	-126	-78			48	36		-90

四、内部交易固定资产清理期间合并业务资金运动分析与会计处理

对于销售企业来说，因该内部交易固定资产实现的利润，作为年初未分配利润的一部分结转到以后的会计期间，直到购买企业对该内部交易固定资产进行清理的会计期间。从购买企业来说，对内部交易固定资产进行清理的会计期间，在其个别财务报表中表现为固定资产原价和累计折旧的减少，该固定资产清理收入减去该固定资产净值以及有关清理费用后的余额，则在其个别利润表中以"资产处置收益"项目列示。固定资产清理时可能出现三种情况：(1) 期满清理；(2) 超期清理；(3) 提前清理。编制合并财务报表时，应当根据具体情况进行合并处理。

(一) 内部交易固定资产使用期限届满进行清理期间的合并处理

在内部交易固定资产使用期限届满进行清理的会计期间期末，购买企业内部固定资产实体已不复存在，因此不存在未实现内部销售损益抵销问题，包括未实现内部销售损益在内的该内部交易固定资产的价值全部转移到各会计期间实现的损益之中。从整个集团来说，随着该内部交易固定资产的使用期满，其包含的未实现内部销售损益也转化为已实现利润。站在集团角度，因该内部销售实现的利润，作为年初未分配利润的一部分已结转到购买企业对该内部交易固定资产使用期满进行清理的会计期间。为此，编制合并财务报表时首先必须调整年初未分配利润。其次，在固定资产进行清理的会计期间，未进行清理前仍处于使用之中的，仍须计提折旧，本期计提折旧中仍然包含因内部未实现销售损益而多计提的折旧金额，因此也需要将当期多计提的折旧额抵销。

该业务所引起的资金运动与图2-37基本相同，其不同之处在于由于固定资产已全部转入清理，所有与固定资产相关的项目（固定资产原价、累计折旧、固定资产减值准备等）都已经全部转入清理，其清理结果最终转入资产处置损益之中。因此在图2-37中所有与固定资产有关的项目全部都需要通过"资产处置收益"项目替代、过渡。

【例2-39】沿用【例2-38】相关资料，20×4年12月该内部交易固定资产使用期满，乙公司于20×4年12月对其进行清理。乙公司对该固定资产清理时实现固定资产清理净收益1.4万元，在20×4年度个别利润表中以"资产处置收益"项目列示。随着对该固定资产的清理，该固定资产的原价和累计折旧转销，在20×4年12月31日个别资产负债表固定资产中已无该固定资产。

甲公司编制合并财务报表时，应当进行如下抵销处理：

(1) 按照内部交易固定资产原价中包含的未实现内部销售损益，调整年初未分配利润（如图2-38中A段运动所示）：

内部固定资产交易的抵销3

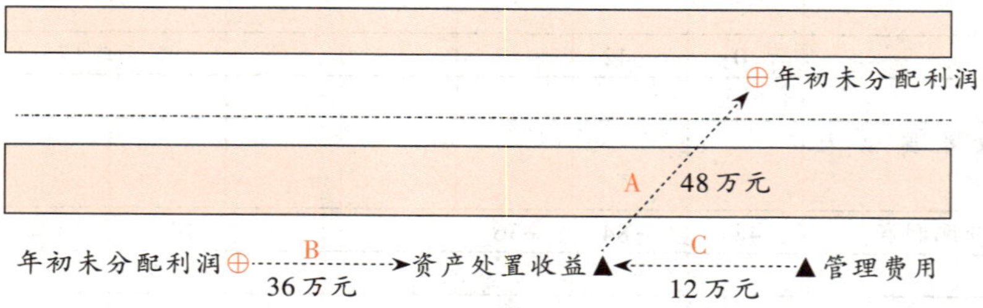

图2-38 内部交易固定资产使用期限届满进行清理期间的合并处理资金运动分析图

借：年初未分配利润　　480 000①

　贷：资产处置收益　　480 000

(2) 按以前会计期间因固定资产原价中包含未实现内部销售损益而多计提累计折旧的数额，调整年初未分配利润（如图2-38中B段运动所示）：

借：资产处置收益　　360 000②

　贷：年初未分配利润　　360 000

(3) 将本期因固定资产原价中包含未实现内部销售损益而多计提的折旧额抵销（如图2-38中C段运动所示）：

借：资产处置收益　　120 000③

　贷：管理费用　　120 000

随着内部交易固定资产的清理，该固定资产的原价、累计折旧和净值在乙公司个别资产负债表中均无列示，故涉及调整年初未分配利润项目的抵销处理，均通过“资产处置收益”项目进行。

以上三笔抵销分录，可以合并为以下抵销分录：

借：年初未分配利润　　120 000

　贷：管理费用　　120 000

其合并工作底稿（局部）见表2-30。

表2-30　合并工作底稿（局部）　单位：万元

项目	甲公司	乙公司	合计数	调整分录		抵销分录		少数股东权益	合并数
				借方	贷方	借方	贷方		
资产负债表项目									
⋮									
固定资产原价	0	0	0						0
累计折旧	0	0	0						0
固定资产净值	0	0	0						0
⋮									
利润表项目									
⋮									
管理费用	0	42	42				12③		30
⋮									
资产处置收益		1.4	1.4			36② 12③	48①		1.4
⋮									
营业利润	0	-40.6	-40.6			48	60		-28.6
⋮									
净利润	0	-40.6	-40.6			48	60		-28.6
⋮									
股东权益变动表项目									
年初未分配利润	48	-126	-78			48①	36②		-90
⋮									
年末未分配利润	48	-166.6	-118.6			96	96		-118.6

（二）内部交易固定资产超期使用进行清理期间的合并处理

内部交易固定资产超期使用进行清理时，在内部交易固定资产清理前的会计期间，该固定资产仍然按包含未实现内部销售损益的原价及计提的累计折旧，在购买企业的个别资产负债表中列示，销售企业因该内部交易固定资产实现的利润，作为年初未分配利润的一部分结转到购买企业对该内部交易固定资产进行清理的会计期间。因此，首先需要将该固定资产原价中包括的未实现内部销售损益抵销，并调整年初未分配利润。其次，要将以前会计期间因内部交易固定资产原价中包含的未实现内部销售损益而多计提的累计折旧抵销。最后，由于在该固定资产使用期满的会计期间仍然需要计提折旧，本期计提折旧中仍然包含多计提的折旧，因此需要将多计提的折旧费用抵销，并调整计提的累计折旧。

【例 2-40】沿用【例 2-38】相关资料，20×4 年 12 月 31 日该内部交易固定资产使用期满，但该固定资产仍处于使用之中，乙公司未对其进行清理报废。乙公司 20×4 年度个别资产负债表固定资产仍列示该固定资产的原价 168 万元，累计折旧 168 万元；在其个别利润表列示该固定资产当年计提的折旧 42 万元。

此时，甲公司在编制 20×4 年度合并财务报表时，应当进行如下抵销处理：

(1) 将内部交易固定资产原价中包含的未实现内部销售损益抵销，并调整年初未分配利润（如图 2-39 中 A 段运动所示）：

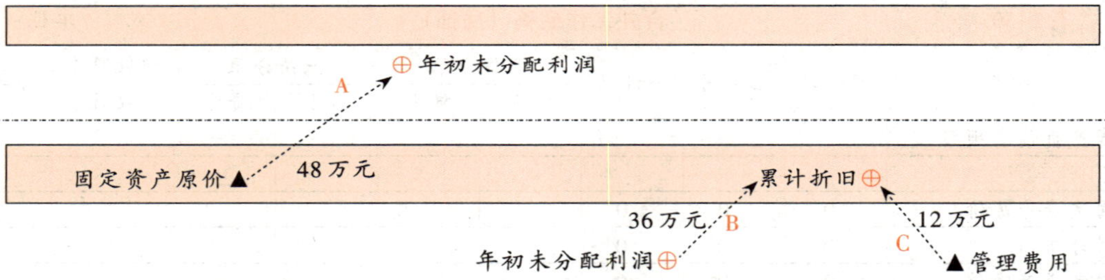

图 2-39　内部交易固定资产超期使用进行清理期间的合并处理资金运动分析图（一）

借：年初未分配利润　　480 000①

　贷：固定资产原价　　480 000

(2) 将因固定资产原价中包含未实现内部销售损益而多计提的累计折旧抵销，并调整年初未分配利润（如图 2-39 中 B 段运动所示）：

借：累计折旧　　360 000②

　贷：年初未分配利润　　360 000

(3) 将本期因固定资产原价中包含未实现内部销售损益而多计提的折旧额抵销（如图 2-39 中 C 段运动所示）：

借：累计折旧　　120 000③

　贷：管理费用　　120 000

其合并工作底稿（局部）见表 2-31。

表2-31　合并工作底稿（局部）　单位：万元

项目	甲公司	乙公司	合计数	调整分录		抵销分录		少数股东权益	合并数
				借方	贷方	借方	贷方		
资产负债表项目									
⋮									
固定资产原价	0	168	168				48①		120
累计折旧	0	168	168			36② 12③			120
固定资产净值	0	0	0			48	48		0
⋮									
利润表项目									
⋮									
管理费用	0	42	42				12③		30
⋮									
营业利润	0	-42	-42				12		-30
⋮									
净利润	0	-42	-42				12		-30
⋮									
股东权益变动表项目									
年初未分配利润	48	-126	-78			48①	36②		-90
⋮									
年末未分配利润	48	-168	-120			48	48		-120

在内部交易固定资产超期使用未进行清理前，由于该内部交易的固定资产仍处于使用之中，并在购买企业资产负债表中列示，因此，首先必须将该固定资产原价中包含的未实现内部销售损益抵销。其次，由于该固定资产的累计折旧仍然是按包含未实现内部销售损益的原价计提折旧的，为此也必须将其计提的累计折旧抵销。但由于固定资产超期使用不计提折旧，所以不存在抵销本期多计提折旧问题。

【例2-41】沿用【例2-40】，该内部交易固定资产20×5年仍处于使用之中。乙公司个别资产负债表中内部交易固定资产为168万元，累计折旧为168万元；由于固定资产超期使用不计提折旧，乙公司个别利润表中无该固定资产计提的折旧费用。

甲公司编制合并财务报表时，应进行如下抵销处理：

(1) 将固定资产原价中包含的未实现内部销售损益抵销，调整年初未分配利润（如图2-40中A段运动所示）：

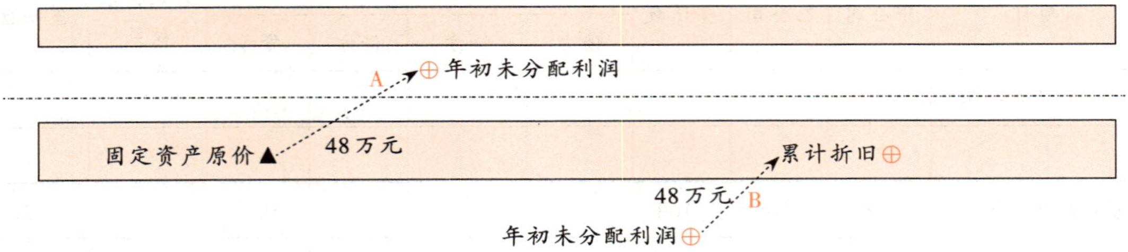

图2-40 内部交易固定资产超期使用进行清理期间的合并处理资金运动分析图（二）

借：年初未分配利润 480 000①

贷：固定资产原价 480 000

(2) 将累计折旧包含的未实现内部销售损益抵销，调整年初未分配利润（如图2-40中B段运动所示）：

借：累计折旧 480 000②

贷：年初未分配利润 480 000

其合并工作底稿（局部）见表2-32。

表2-32 合并工作底稿（局部） 单位：万元

项目	甲公司	乙公司	合计数	调整分录		抵销分录		少数股东权益	合并数
				借方	贷方	借方	贷方		
资产负债表项目									
⋮									
固定资产原价	0	168	168				48①		120
累计折旧	0	168	168			48②			120
固定资产净值	0	0	0			48	48		0
⋮									
利润表项目									
⋮									
管理费用									
⋮									
营业利润									
⋮									
净利润									
⋮									
股东权益变动表项目									
年初未分配利润	48	-168	-120			48①	48②		-120
⋮									
年末未分配利润	48	-168	-120			48	48		-120

对于超期使用后再进行清理的内部交易固定资产，由于清理当期其实物已不存在，不存在固定资产原价中包含未实现内部销售损益的抵销问题；同时，该固定资产累计折旧也随着固定资产清理而转销，也不存在固定资产使用多计提折旧的抵销问题。也可以这样理解，即在内部交易固定资产超期使用进行清理的情况下，随着折旧计提完毕，其包含的未实现内部销售损益已实现。因此，在编制对该内部交易固定资产进行清理的会计期间的合并财务报表时，不需要进行合并处理。

（三）内部交易固定资产使用期限未满提前进行清理期间的合并处理

在这种情况下，购买企业内部交易固定资产实体已不复存在，因此不存在未实现内部销售损益抵销问题，但由于固定资产提前报废，固定资产原价中包含的未实现内部销售损益随着清理而成为实现的损益。对于销售企业来说，因该内部交易固定资产所实现的利润，作为年初未分配利润的一部分结转到购买企业对该内部交易固定资产进行清理的会计期间。为此，首先必须调整年初未分配利润；其次在固定资产进行清理前仍需计提折旧，本期计提折旧中仍然包含多计提的折旧，需要将多计提的折旧抵销。

【例2-42】沿用【例2-38】相关资料，乙公司于20×3年12月对该内部交易固定资产进行清理处置，在对其清理过程中取得清理净收益2.5万元，在其个别利润表作为资产处置收益列示。

本例中，该内部交易固定资产至20×3年12月，已经使用3年，乙公司对该固定资产累计计提折旧126万元。

编制合并财务报表时，应编制如下抵销分录：

（1）按照内部交易固定资产原价中包含的未实现内部销售损益，调整年初未分配利润（如图2-41中A段运动所示）：

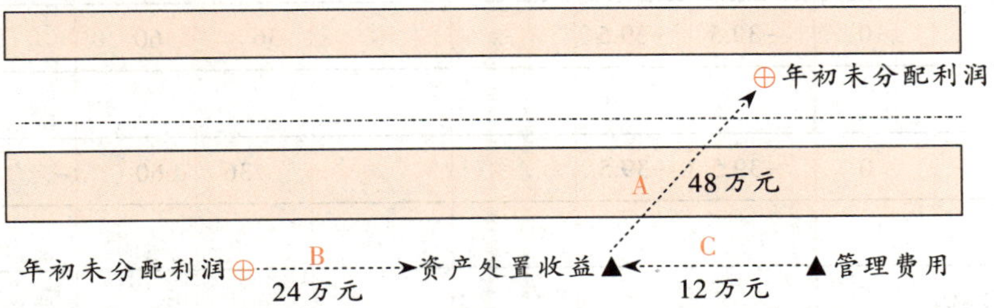

图2-41　内部交易固定资产使用期限未满提前进行清理期间的合并处理资金运动分析图

借：年初未分配利润　　480 000①

　贷：资产处置收益　　480 000

（2）按以前会计期间因固定资产原价中包含未实现内部销售损益而多计提累计折旧的数额，调整年初未分配利润（如图2-41中B段运动所示）：

借：资产处置收益　　240 000②

　贷：年初未分配利润　　240 000

（3）将本期因固定资产原价中包含未实现内部销售损益而多计提的折旧额抵销（如图2-41中C段运动所示）：

借：资产处置收益　　120 000③

　贷：管理费用　　120 000

其合并工作底稿（局部）见表2-33。

表2-33　合并工作底稿（局部）　单位：万元

项目	甲公司	乙公司	合计数	调整分录		抵销分录		少数股东权益	合并数
				借方	贷方	借方	贷方		
资产负债表项目									
⋮									
固定资产原价		0	0						0
累计折旧		0	0						0
固定资产净值		0	0						0
⋮									
利润表项目									
⋮									
管理费用		42	42				12③		30
⋮									
资产处置收益		2.5	2.5			24② 12③	48①		14.5
⋮									
营业利润	0	-39.5	-39.5			36	60		-15.5
⋮									
净利润	0	-39.5	-39.5			36	60		-15.5
⋮									
股东权益变动表项目									
年初未分配利润	48	-84	-36			48①	24②		-60
⋮									
年末未分配利润	48	-123.5	-75.5			84	84		-75.5

第九节　内部无形资产交易合并业务资金运动分析与会计处理

内部无形资产交易是指企业集团内部发生交易的一方涉及无形资产的交易，如企业集团内部某一成员企业将自身拥有的专利权、专有技术等出售给其他成员企业作为无形资产继续使用。对于内部无形资产交易，在编制合并财务报表时，首先必须将由于出售无形资产所产生的收入、成本及购入企业无形资产入账价值中包含的未实现内部销售损益抵销；其次，随着无形资产价值的摊销，无形资产价值中包含的未实现内部销售损益也随之计入当期费用，为此必须对内部交易无形资产摊销计入相关费用项目进行抵销处理。

为了便于理解，本节将财务报表中的“无形资产”项目细化为“无形资产原价”项目、“累计摊销”项目、“无形资产减值准备”项目、“无形资产净额”项目，来介绍内部交易无形资产相关的合并抵销处理。

一、内部无形资产交易当期合并业务资金运动分析与会计处理

进行合并处理时，按照内部交易时该无形资产账面价值中包含的未实现内部销售损益的数额，将其从无形资产原价中予以扣除，其所引起的资金运动如图2-42中A段运动所示；同时按本期该内部交易无形资产摊销额中包含的未实现内部销售损益的数额（即该无形资产价值中包含的未实现内部销售损益除以该无形资产的摊销年限得出的金额），冲销多计提的摊销额，其所引起的资金运动如图2-42中B段运动所示。在这里，报表项目“资产处置收益”与账户“资产处置损益”可以相互替代，等同使用。

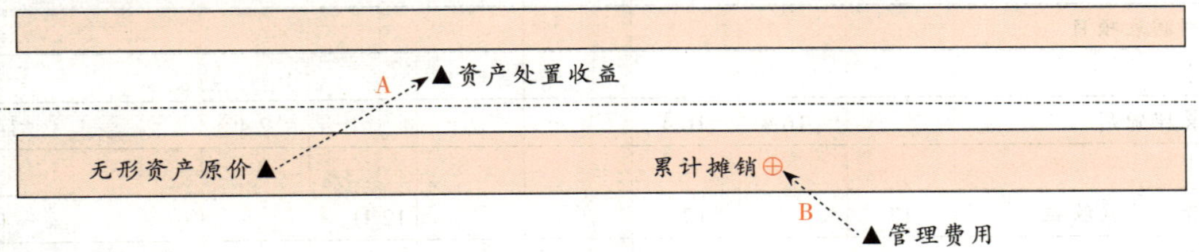

图2-42 内部无形资产交易当期的合并处理资金运动分析图

【例2-43】甲公司系乙公司的母公司，20×1年1月8日向乙公司转让无形资产一项，转让价格为82万元，其账面成本为70万元。乙公司购入该无形资产后即投入使用，确定使用年限为5年。乙公司20×1年12月31日资产负债表中无形资产项目的金额为65.6万元，利润表管理费用项目中记有当年摊销的该无形资产价值为16.4万元。此时，乙公司该无形资产入账价值为82万元，其中包含的未实现内部销售损益为12万元；按5年的期限，本期摊销的金额为16.4万元，其中包含的未实现内部销售损益的摊销额为2.4万元。

甲公司在编制20×1年度合并财务报表时，应当对该内部无形资产交易进行如下抵销处理：

（1）将乙公司取得该内部交易无形资产时其价值中包含的未实现内部销售损益抵销：（如图2-43中A段运动所示）

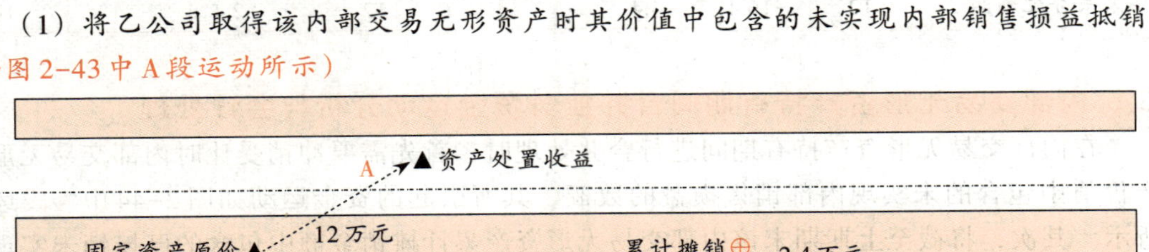

图2-43 内部无形资产交易且当期计提摊销抵销业务资金运动分析图

借：资产处置收益　　120 000①

贷：无形资产原价　　120 000

(2) 将乙公司本期该内部交易无形资产价值摊销额中包含的未实现内部销售损益抵销：（如图2-43中B段运动所示）

内部无形资产交易的抵销1

借：累计摊销　　24 000②

　　贷：管理费用　　24 000

其合并工作底稿（局部）见表2-34。

表2-34　　**合并工作底稿（局部）**　　单位：万元

项目	甲公司	乙公司	合计数	调整分录		抵销分录		少数股东权益	合并数
				借方	贷方	借方	贷方		
资产负债表项目									
⋮									
无形资产原价	0	82	82				12①		70
累计摊销		16.4	16.4			2.4②			14
无形资产净值		65.6	65.6			2.4	12		56
⋮									
利润表项目									
⋮									
管理费用		16.4	16.4				2.4②		14
⋮									
资产处置收益	12		12			12①			0
⋮									
营业利润	12	−16.4	−4.4			12	2.4		−14
⋮									
净利润	12	−16.4	−4.4			12	2.4		−14
⋮									
股东权益变动表项目									
年初未分配利润	0	0	0						0
⋮									
年末未分配利润	12	−16.4	−4.4			12	2.4		−14

二、内部交易无形资产持有期间合并业务资金运动分析与会计处理

在内部交易无形资产持有期间进行合并处理时，首先需要冲销受让时内部交易无形资产价值中包含的未实现内部销售损益的数额，其所引起的资金运动如图2-44中A段运动所示。其次，将截至上期期末该内部交易无形资产累计摊销金额中包含的已摊销未实现内部销售损益的数额予以冲销，其所引起的资金运动如图2-44中B段运动所示。最后，将本期因该内部交易无形资产价值中包含未实现内部销售损益而多计提的摊销金额抵销，其所引起的资金运动如图2-44中C段运动所示。

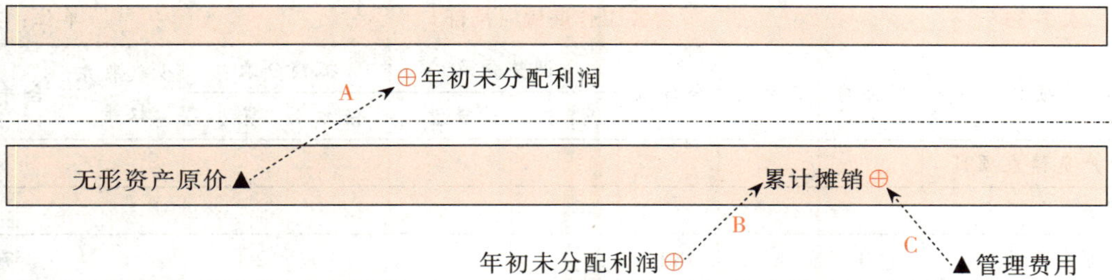

图2-44 内部无形资产交易持有期间合并抵销业务资金运动分析图（一）

【例2-44】沿用【例2-43】，20×2年12月31日乙公司个别资产负债表无形资产项目的金额为49.2万元，利润表管理费用项目中当年摊销的该无形资产价值为16.4万元。

本例中，乙公司该无形资产取得时入账价值为82万元，其中包含的未实现内部销售损益为12万元；该无形资产按5年的使用期限摊销，每期摊销金额为16.4万元，到20×2年12月31日乙公司该内部交易无形资产累计摊销额为32.8万元，包括上年结转的累计摊销额和本期发生的无形资产摊销额各16.4万元，上年结转的累计摊销额中包括20×1年因内部交易无形资产价值中包含未实现内部销售损益而多计提的摊销额2.4万元；本期因该内部交易无形资产使用而计提的摊销额为16.4万元，其中也包括因该无形资产价值中包含未实现内部销售损益而多计提的摊销额2.4万元。

甲公司在编制20×2年度合并财务报表时，应当对该内部无形资产交易进行如下抵销处理：

（1）将乙公司取得该无形资产时其价值中包含的未实现内部销售损益抵销：（如图2-45中A段运动所示）

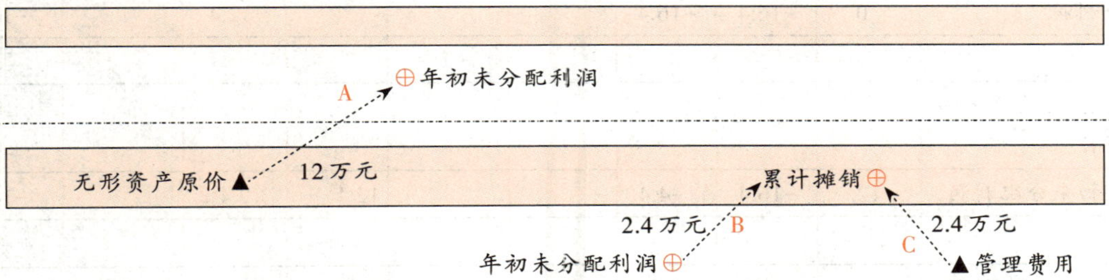

图2-45 内部无形资产交易持有期间合并抵销业务资金运动分析图（二）

借：年初未分配利润 120 000①

贷：无形资产原价 120 000

（2）将乙公司上期期末该无形资产价值摊销额中包含的未实现内部销售损益抵销：（如图2-45中B段运动所示）

借：累计摊销 24 000②

贷：年初未分配利润 24 000

（3）将乙公司本期摊销的该无形资产价值中包含的未实现内部销售损益抵销：（如图2-45中C段运动所示）

借：累计摊销 24 000③

贷：管理费用 24 000

内部无形资产交易的抵销2

其合并工作底稿（局部）见表2-35。

表 2-35　　合并工作底稿（局部）　　单位：万元

项目	甲公司	乙公司	合计数	调整分录		抵销分录		少数股东权益	合并数
				借方	贷方	借方	贷方		
资产负债表项目									
⋮									
无形资产原价	0	82	82				12①		70
累计摊销		32.8	32.8			2.4② 2.4③			28
无形资产净值		49.2	49.2			4.8	12		42
⋮									
利润表项目									
⋮									
管理费用		16.4	16.4				2.4③		14
⋮									
资产处置收益	0								0
⋮									
营业利润	0	-16.4	-16.4				2.4		-14
⋮									
净利润	0	-16.4	-16.4				2.4		-14
⋮									
股东权益变动表项目									
年初未分配利润	12	-16.4	-4.4			12①	2.4②		-14
⋮									
年末未分配利润	12	-32.8	-20.8			12	4.8		-28

甲公司在编制20×3年度合并财务报表时，该内部无形资产交易相关的抵销处理如下：

（1）将乙公司取得该无形资产时其价值中包含的未实现内部销售损益抵销：（如图2-46中A段运动所示）

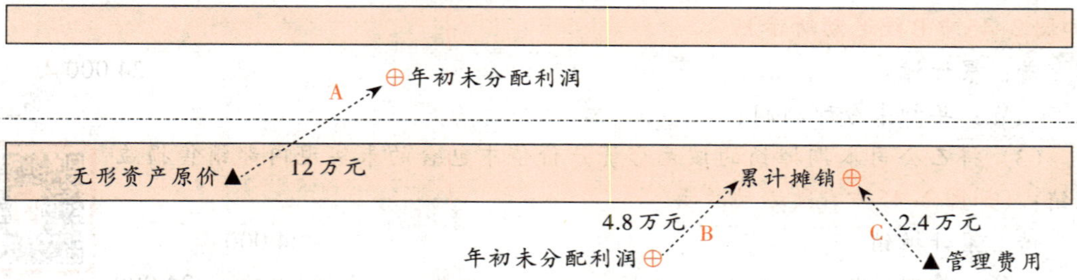

图2-46　内部无形资产交易持有期间合并抵销业务资金运动分析图（三）

借：年初未分配利润　　120 000①

　贷：无形资产原价　　120 000

（2）将乙公司上期期末该无形资产价值摊销额中包含的未实现内部销售损益抵销：（如图2-46中B段运动所示）

借：累计摊销　　48 000②

　贷：年初未分配利润　　48 000

（3）将乙公司本期摊销的该无形资产价值中包含的未实现内部销售损益抵销：（如图2-46中C段运动所示）

借：累计摊销　　24 000③

　贷：管理费用　　24 000

其合并工作底稿（局部）见表2-36。

表2-36　合并工作底稿（局部）　单位：万元

项目	甲公司	乙公司	合计数	调整分录		抵销分录		少数股东权益	合并数
				借方	贷方	借方	贷方		
资产负债表项目									
⋮									
无形资产原价	0	82	82				12①		70
累计摊销		49.2	49.2			4.8② 2.4③			42
无形资产净值		32.8	32.8			7.2	12		28
⋮									
利润表项目									
⋮									
管理费用		16.4	16.4				2.4③		14
⋮									
资产处置收益	0								0
⋮									
营业利润	0	-16.4	-16.4				2.4		-14
⋮									
净利润	0	-16.4	-16.4				2.4		-14
⋮									
股东权益变动表项目									
年初未分配利润	12	-32.8	-20.8			12①	4.8②		-28
⋮									
年末未分配利润	12	-49.2	-37.2			12	7.2		-42

甲公司在编制20×4年度合并财务报表时，该内部无形资产交易相关的抵销处理如下：

（1）将乙公司取得该无形资产时其价值中包含的未实现内部销售损益抵销：（如图2-47中A段运动所示）

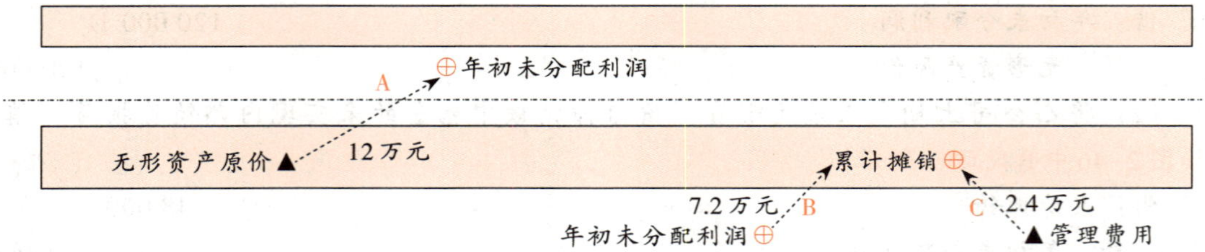

图2-47 内部无形资产交易持有期间合并抵销业务资金运动分析图（四）

借：年初未分配利润　　　　120 000①

　贷：无形资产原价　　　　120 000

（2）将乙公司上期期末该无形资产价值摊销额中包含的未实现内部销售损益抵销：（如图2-47中B段运动所示）

借：累计摊销　　　　72 000②

　贷：年初未分配利润　　　　72 000

（3）将乙公司本期摊销的该无形资产价值中包含的未实现内部销售损益抵销：（如图2-47中C段运动所示）

借：累计摊销　　　　24 000③

　贷：管理费用　　　　24 000

其合并工作底稿（局部）见表2-37。

表2-37　　合并工作底稿（局部）　　单位：万元

项目	甲公司	乙公司	合计数	调整分录		抵销分录		少数股东权益	合并数
				借方	贷方	借方	贷方		
资产负债表项目									
⋮									
无形资产原价	0	82	82				12①		70
累计摊销		65.6	65.6			7.2② 2.4③			56
无形资产净值		16.4	16.4			9.6	12		14
⋮									
利润表项目									
⋮									
管理费用		16.4	16.4				2.4③		14
⋮									
资产处置收益	0								0
⋮									
营业利润	0	-16.4	-16.4				2.4		-14
⋮									
净利润	0	-16.4	-16.4				2.4		-14
⋮									
股东权益变动表项目									
年初未分配利润	12	-49.2	-37.2			12①	7.2②		-42
⋮									
年末未分配利润	12	-65.6	-53.6			12	9.6		-56

三、内部无形资产交易摊销完毕期间合并业务资金运动分析与会计处理

对于购买企业来说，该内部交易无形资产到期时，其账面价值已摊销完毕，包含于其中的未实现内部销售损益的数额也摊销完毕，无形资产账面价值经摊销后为零。对于转让企业来说，因该内部交易无形资产实现的收益，作为年初未分配利润的一部分结转到以后的会计期间，直到购买企业该内部交易无形资产到期的会计期间。对于整个集团来说，随着该内部交易无形资产使用期满，其包含的未实现内部销售损益也转化为已实现损益。由于销售企业因该内部交易无形资产所实现的收益，作为年初未分配利润的一部分结转到购买企业该内部交易无形资产到期的会计期间，为此首先必须调整年初未分配利润。另外，在该无形资产到期的会计期间，本期无形资产摊销额中仍然包括无形资产价值中包含的未实现内部销售损益的摊销额，这一数额仍须进行抵销处理。

与固定资产折旧完之后的处置不同，无形资产摊销完之后的处置一般不需要经过资产处置过程，因而不需要通过资产处置损益项目来反映其处置过程，而是直接将无形资产项目与累计摊销项目对冲即可。

【例2-45】沿用【例2-44】，20×5年12月，乙公司该内部交易无形资产使用期满，在其个别资产负债表中已无该无形资产摊余价值，在其个别利润表管理费用中仍包含本期使用该无形资产的摊销额16.4万元。

甲公司在编制20×5年度合并财务报表时，该内部无形资产交易相关的抵销处理如下：

（1）将乙公司取得该无形资产时其价值中包含的未实现内部销售损益抵销：（如图2-48中A段运动所示）

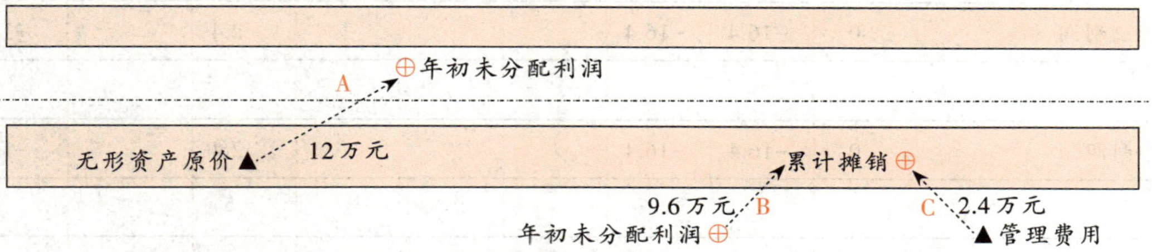

图2-48　内部无形资产交易持有期间合并抵销业务资金运动分析图（五）

借：年初未分配利润　　120 000①

　贷：无形资产原价　　120 000

（2）将乙公司上期期末该无形资产价值摊销额中包含的未实现内部销售损益抵销：（如图2-48中B段运动所示）

借：累计摊销　　96 000②

　贷：年初未分配利润　　96 000

（3）将乙公司本期摊销的该无形资产价值中包含的未实现内部销售损益抵销：（如图2-48中C段运动所示）

借：累计摊销　　24 000③

　贷：管理费用　　24 000

其合并工作底稿（局部）见表2-38。

表 2-38　　　　合并工作底稿（局部）　　　　单位：万元

项目	甲公司	乙公司	合计数	调整分录		抵销分录		少数股东权益	合并数
				借方	贷方	借方	贷方		
资产负债表项目									
⋮									
无形资产原价	0	0	0				12①		-12
累计摊销		0	0			9.6② 2.4③			12
无形资产净值		0	0			12	12		0
⋮									
利润表项目									
⋮									
管理费用		16.4	16.4				2.4③		14
⋮									
资产处置收益	0								0
⋮									
营业利润	0	-16.4	-16.4				2.4		-14
⋮									
净利润	0	-16.4	-16.4				2.4		-14
⋮									
股东权益变动表项目									
年初未分配利润	12	-65.6	-53.6			12①	9.6②		-56
⋮									
年末未分配利润	12	-82	-70			12	12		-70

第十节　合并财务报表编制特殊交易资金运动分析与会计处理

一、追加投资资金运动分析与会计处理

（一）母公司购买子公司少数股东股权

母公司购买子公司少数股东拥有的子公司股权，在母公司个别财务报表中，其从子公

司少数股东处新取得的长期股权投资应当按照《企业会计准则第2号——长期股权投资》的规定确定其入账价值；在合并财务报表中，子公司的资产、负债应以购买日或合并日所确定的净资产价值开始持续计算的金额反映，因购买少数股权新取得的长期股权投资成本与按照新增持股比例计算应享有子公司自购买日或合并日开始持续计算的净资产份额之间的差额，应当调整母公司个别报表中的资本公积（资本溢价或股本溢价），资本公积不足冲减的，调整留存收益。

【例2-46】20×2年12月26日，甲公司以700万元取得乙公司60%的股权，能够对乙公司实施控制，形成非同一控制下的企业合并。20×3年12月23日，甲公司又以公允价值为200万元、账面价值为160万元的固定资产作为对价，自乙公司的少数股东处取得乙公司15%的股权。本例中甲公司与乙公司的少数股东在交易前不存在任何关联方关系（不考虑所得税、增值税等影响）。

20×2年12月26日，甲公司在取得乙公司60%股权时，乙公司可辨认净资产公允价值为900万元。

20×3年12月23日，乙公司自购买日开始持续计算的净资产账面价值为1 000万元。

甲公司作为独立主体的投资业务处理：

（1）20×2年12月26日，甲公司第一次购买60%的股权：（如图2-49中A段运动所示）

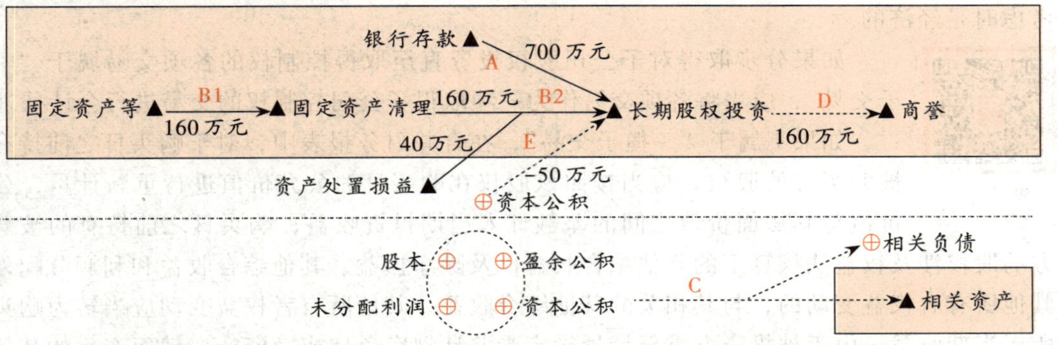

图2-49　母公司购买子公司少数股东股权及合并业务资金运动分析图

借：长期股权投资　　7 000 000

　贷：银行存款　　7 000 000

（2）20×3年12月23日，甲公司第二次购买15%的股权：

①将固定资产转入清理：（如图2-49中B1段运动所示）

借：固定资产清理　　1 600 000

　贷：固定资产、累计折旧等　　1 600 000

②取得长期股权投资：（如图2-49中B2段运动所示）

借：长期股权投资　　2 000 000

　贷：固定资产清理　　1 600 000

　　　资产处置损益　　400 000

追加投资合并业务处理1

甲公司编制合并财务报表合并业务的处理：

分配合并成本，确定商誉（其他合并业务略）：（如图2-49中D段运动所示）

第一次购买所产生的商誉=700－900×60%=160（万元）

借：商誉　　1 600 000

　贷：长期股权投资　　1 600 000

再次购买，支付对价与获得对方份额的差额调整：（如图2-49中E段运动所示）

应调整的金额=200－1 000×15%=50（万元）

借：资本公积　　500 000

　贷：长期股权投资　　500 000

（二）企业因追加投资等原因能够对非同一控制下的被投资方实施控制

企业因追加投资等原因，通过多次交易分步实现非同一控制下企业合并的，在合并财务报表上，首先，应结合分步交易的各个步骤的协议条款，以及各个步骤中分别取得的股权比例、取得对象、取得方式、取得时点及取得对价等信息来判断分步交易是否属于“一揽子交易”。

各项交易的条款、条件以及经济影响符合以下一种或多种情况的，通常应将多次交易事项作为“一揽子交易”进行会计处理：（1）这些交易是同时或者在考虑了彼此影响的情况下订立的；（2）这些交易作为整体才能达成一项完整的商业结果；（3）一项交易的发生取决于至少一项其他交易的发生；（4）一项交易单独看是不经济的，但是和其他交易一并考虑时是经济的。

追加投资合并业务处理2

如果分步取得对子公司股权投资直至取得控制权的各项交易属于“一揽子交易”，应当将各项交易作为一项取得子公司控制权的交易进行会计处理。

如果不属于“一揽子交易”，在合并财务报表中，对于购买日之前持有的被购买方的股权，应当按照该股权在购买日的公允价值进行重新计量，公允价值与其账面价值之间的差额计入当期投资收益；购买日之前持有的被购买方的股权涉及权益法核算下的其他综合收益以及除净损益、其他综合收益和利润分配外的其他所有者权益变动的，与其相关的其他综合收益、其他所有者权益变动应当转为购买日所属当期收益，由于被投资方重新计量设定受益计划净负债或净资产变动而产生的其他综合收益除外。购买方应当在附注中披露其在购买日之前持有的被购买方的股权在购买日的公允价值、按照公允价值重新计量产生的相关利得或损失的金额。

【例2-47】20×1年1月1日，甲公司以每股3元的价格购入乙上市公司股票50万股，并由此持有乙公司5%股权。投资前甲公司与乙公司不存在关联方关系。甲公司将对乙公司的该项投资分类为以公允价值计量且其变动计入其他综合收益的投资。20×3年1月1日，甲公司以现金0.22亿元为对价，向乙公司大股东收购乙公司55%的股权，从而取得对乙公司的控制权，乙公司当日股价为每股4元，乙公司可辨认净资产的公允价值为0.3亿元。甲公司购买乙公司5%股权和后续购买55%的股权不构成“一揽子交易”（不考虑所得税等影响）。

甲公司个别主体投资相关业务处理如图2-50中A、B、C、D段运动所示，其中A段代表最初取得金融工具，B段代表期末金融工具按公允价值计量，C段代表第二次投资（导致金融工具转为长期股权投资），D段反映对其他综合收益的处理。

甲公司在编制合并财务报表时，首先，应考虑对原持有股权按公允价值进行重新计量。因为甲公司将原持有乙公司5%的股权作为其他权益工具投资，所以20×3年1月1日，该股权的公允价值与其账面价值相等，为200万元，不存在差额。其次，按照企业合并准则有关非同一控制下企业合并的相关规定，甲公司购买乙公司股权并取得控制权的合并对价为0.24亿元（原持有股权在购买日的公允价值200万元＋购买日应支付的对价2 200万元）。由于甲公司享有乙公司于购买日的可辨认净资产公允价值的份额为0.18亿元（0.3亿元×60%），因此，购买日形成的商誉为0.06亿元（0.24亿元−0.18亿元），其所引起的资金运动如图2−50中F段运动所示。其他合并处理略。

追加投资合并业务处理3

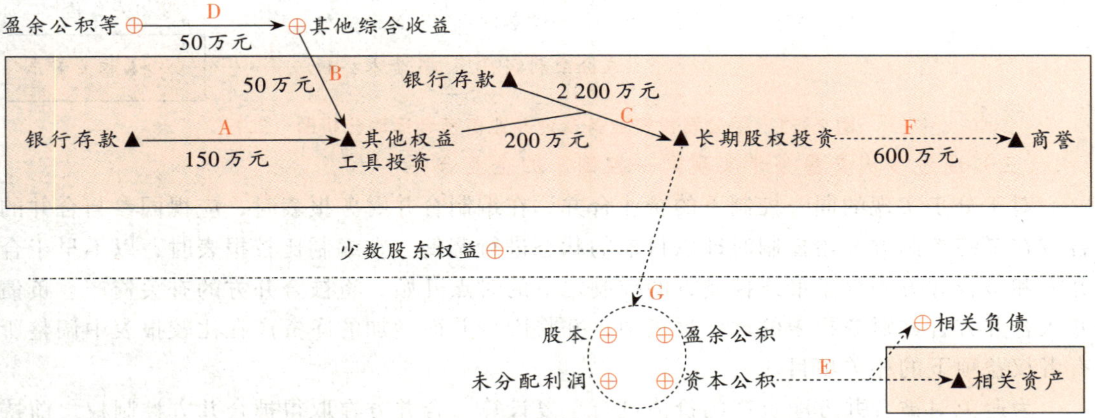

图2−50　甲公司投资业务及合并业务资金运动分析图（一）

【例2−48】20×1年1月1日，甲公司以现金400万元取得乙公司20%股权并具有重大影响，按权益法进行核算。当日，乙公司可辨认净资产公允价值为0.18亿元。20×3年1月1日，甲公司另支付现金900万元取得乙公司35%股权，并取得对乙公司的控制权。20×3年1月1日，甲公司原持有的对乙公司20%股权的公允价值为500万元，账面价值为460万元（其中，与乙公司权益法核算相关的累计净损益为15万元、累计其他综合收益为45万元）；乙公司可辨认净资产公允价值为0.22亿元（不考虑所得税等影响）。

甲公司个别主体投资相关业务处理如图2−51中A、B、C段运动所示，其中A段代表最初取得的股权投资，B段代表期末按权益法确认投资收益及其他综合收益，C段代表第二次投资（导致其核算方法由权益法转为成本法）。

甲公司在编制合并财务报表时，首先应对原持有股权按照公允价值进行重新计量。在购买日（20×3年1月1日），该项股权投资的公允价值为500万元，与其账面价值（460万元）之间的差额（40万元）应计入合并当期投资收益，其所引起的资金运动如图2−51中D段运动所示。其次，按照企业合并准则有关非同一控制下企业合并的相关规定，甲公司购买乙公司股权并取得控制权的合并对价应为0.14亿元（原持有股权于购买日的公允价值500万元+购买日新支付的对价900万元）。由于甲公司享有乙公司在购买日的可辨认净资产公允价值的份额为0.121亿元（0.22亿元×55%），因此，购买日形成的商誉为0.019亿元（0.14亿元−0.121亿元）。其所引起的资金运动如图2−51中F段运动所示。其他合并业务处理略。

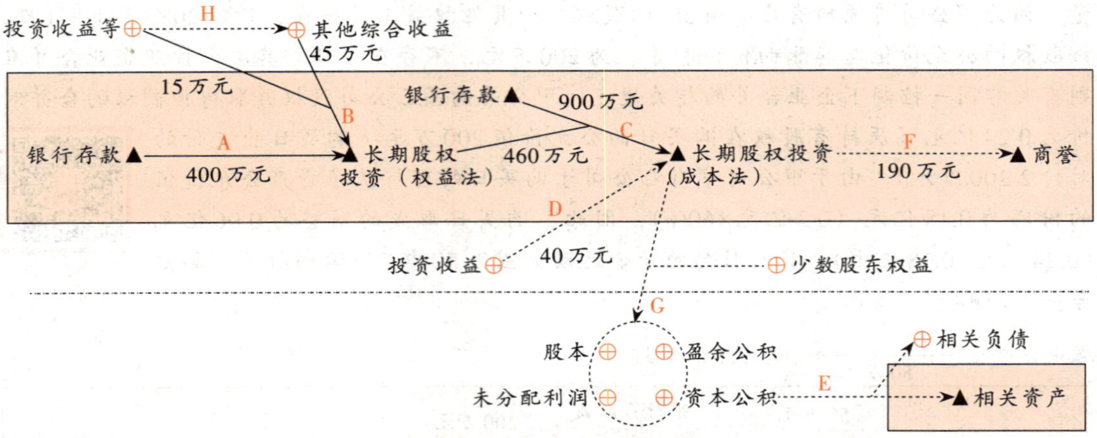

图2-51　甲公司投资业务及合并业务资金运动分析图（二）

（三）通过多次交易分步实现同一控制下的企业合并

对于分步实现的同一控制下的企业合并，在编制合并财务报表时，应视同参与合并的各方在最终控制方开始控制时即以目前的状态进行调整。在编制比较报表时，以不早于合并方和被合并方同处于最终控制方的控制之下的时点开始，将被合并方的有关资产、负债并入合并方合并财务报表的比较报表中，并将因合并而增加的净资产在比较报表中调整所有者权益项下的相关项目。

为避免对被合并方净资产的价值进行重复计算，合并方在取得被合并方控制权之前持有的股权投资，在取得原股权之日与合并方和被合并方同处于同一方最终控制之日孰晚日起至合并日之间已确认有关损益、其他综合收益以及其他净资产变动，应分别冲减比较报表期间的期初留存收益或当期损益。即从重溯日开始就视同成本法核算，将其按成本法进行调整。

【例2-49】甲公司为丁公司的全资子公司。20×1年1月1日，甲公司与非关联方丙公司各出资600万元及1 400万元设立乙公司，分别持有乙公司30%及70%的股权。20×2年1月1日，丁公司向丙公司收购其持有乙公司70%的股权，乙公司成为丁公司的全资子公司，当日乙公司净资产的账面价值与其公允价值相等。

20×3年3月1日，甲公司向丁公司购买其持有乙公司70%的股权，乙公司成为甲公司的全资子公司。

甲公司与丙公司不存在关联关系，甲公司购买乙公司70%股权的交易和原取得乙公司30%股权的交易不属于“一揽子交易”，甲公司在可预见的未来打算一直持有乙公司股权。

乙公司自20×1年1月1日至20×2年1月1日实现净利润800万元，自20×2年1月1日至20×3年1月1日实现净利润600万元，自20×3年1月1日至20×3年3月1日实现净利润100万元（不考虑所得税等影响）。

（1）甲公司合并日和合并财务报表重溯日确定

20×3年3月1日，甲公司从丁公司手中购买乙公司70%股权的交易属于同一控制下企业合并。并且甲公司自20×2年1月1日起与乙公司同受丁公司最终控制，甲公司合并财务报表应自取得原股权之日（20×1年1月1日）和双方同处于同一方最终控制之日（20×2年1月1日）孰晚日（20×2年1月1日）起，将乙公司纳入合并范围。即合并日为20×3年1月1日，重溯日为20×2年1月1日。

合并日与重溯日及其相关情况如图2-52所示。

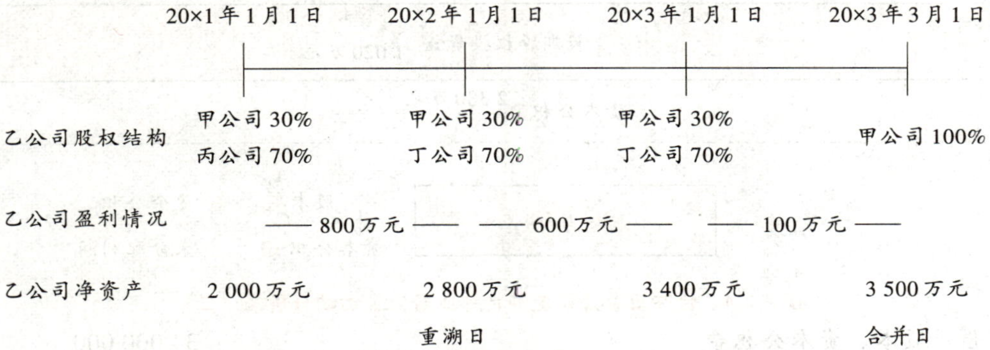

图2-52　甲公司合并日与重溯日的确定

由此可见，甲公司需要以重溯日20×2年1月1日为节点，视同20×2年1月1日起，甲公司即持有乙公司100%股权，重溯编制20×2年1月1日和20×3年1月1日的合并财务报表。

（2）20×3年3月1日，甲公司重溯20×2年1月1日合并财务报表合并业务处理

20×2年1月1日，乙公司净资产的账面价值为2 800万元（2 000万元+800万元）。此时，甲公司持有对乙公司的长期股权投资的账面价值为840万元（600万元+800万元×30%）。因此，甲公司在编制合并财务报表时，并入乙公司20×2年（比较期间）年初各项资产、负债后，因合并而增加净资产2 800万元，冲减长期股权投资账面价值840万元，两者之间的差额调增资本公积1 960万元（2 800万元-840万元）。其所引起的资金运动如图2-53中A段运动所示。

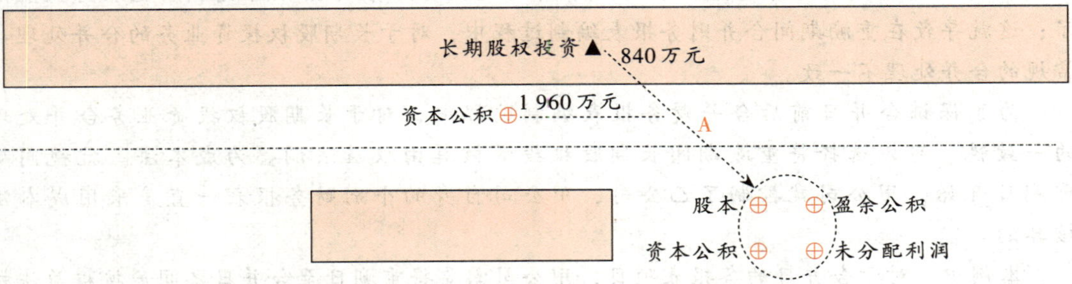

图2-53　合并日甲公司重溯合并业务资金运动分析图（一）

借：股本、资本公积等	28 000 000	
贷：长期股权投资		8 400 000
资本公积		19 600 000

追加投资合并业务处理4

（3）20×3年3月1日，甲公司重溯20×3年1月1日合并财务报表合并业务处理

20×3年1月1日，乙公司净资产的账面价值为3 400万元（2 800万元+600万元）。此时，甲公司持有对乙公司的长期股权投资的账面价值为1 020万元（600万

元+1 400万元×30%）。因此，甲公司在编制合并财务报表时，并入乙公司20×3年（比较期间）年初各项资产、负债后，因合并而增加净资产3 400万元，冲减长期股权投资账面价值1 020万元，两者之间的差额调增资本公积2 380万元（3 400万元-1 020万元）。其所引起的资金运动如图2-54中A段运动所示。

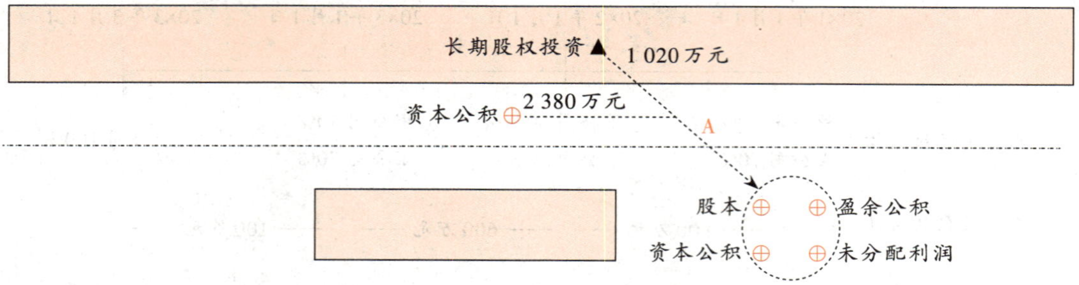

图2-54　合并日甲公司重溯合并业务资金运动分析图（二）

借：股本、资本公积等　　34 000 000

　贷：长期股权投资　　10 200 000

　　　资本公积　　23 800 000

（4）20×3年3月1日，甲公司合并日合并财务报表合并业务处理

①以重溯日（20×2年1月1日）为准，将甲公司原来的权益法核算还原为成本法核算。

需要注意的是，在合并日及之后，乙公司变为甲公司的子公司，甲公司对于该笔投资业务在其个别财务报表上采用成本法核算；也正因为如此，后续进行合并处理时需要将该笔投资业务的核算由成本法还原为权益法。但在重溯日至合并日之间，甲公司对乙公司的投资还没有导致两者形成母子关系，因此，在甲公司的个别财务报表中很可能对这笔投资业务采用的是权益法核算；由于甲公司在其个别财务报表中已经是采用权益法核算，因此，在重溯期间编制合并财务报表时就不对这笔投资业务的核算由成本法还原为权益法了；这就导致在重溯期间合并财务报表编制过程中，对于长期股权投资业务的合并处理与常规的合并处理不一致。

为了保证合并日前后合并财务报表编制过程中，对于长期股权投资业务合并处理的一致性，可以选择将重溯期间长期股权投资核算由权益法调整为成本法。就视同从重溯日开始，甲公司就控制了乙公司，甲公司自身的个别财务报表一直是采用成本法核算的。

本例中，对于合并日的各报表项目，甲公司需要将重溯日至合并日之间原按权益法核算确认的净损益、其他综合收益和其他权益变动全部冲销。本例中应冲减20×2年1月1日至20×3年1月1日对乙公司30%的长期股权投资的权益法核算结果，即冲减期初留存收益180万元（600万元×30%）；冲减乙公司20×3年1月1日至20×3年3月1日实现的净利润中按照权益法核算归属于甲公司的份额，即冲减投资收益30万元（100万元×30%）。其所引起的资金运动如图2-55中A段运动所示。

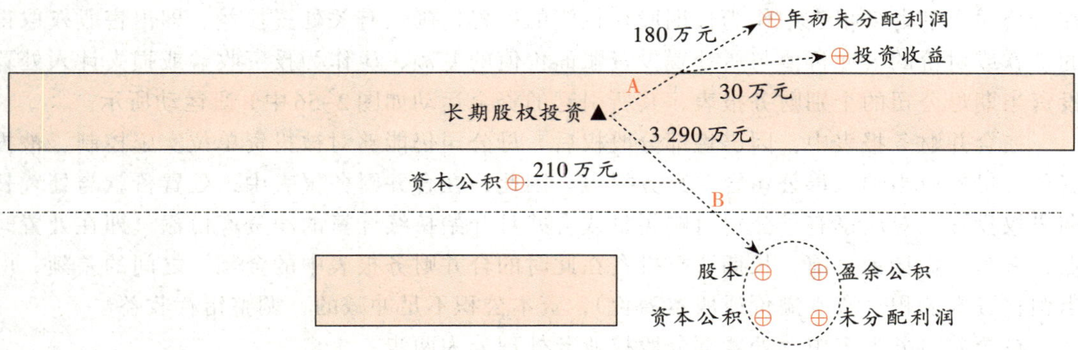

图2-55　合并日甲公司合并业务资金运动分析图

借：年初未分配利润　　1 800 000
　　投资收益　　300 000
　贷：长期股权投资　　2 100 000

将股权投资与对方的权益对冲，其所引起的资金运动如图2-55中B段运动所示。

借：股本等　　35 000 000
　贷：长期股权投资　　32 900 000
　　　资本公积　　2 100 000

②其他的合并业务处理与常规的合并业务处理一样，本处略。

(四) 本期增加子公司时合并财务报表的编制

编制合并资产负债表时，以本期取得的子公司在合并资产负债表日的资产负债表为基础编制。对于本期投资或追加投资取得的子公司，不需要调整合并资产负债表的期初数。但为了提高会计信息的对比性，应当在财务报表附注中披露本期取得的子公司对合并财务报表的财务状况的影响，即披露本期取得的子公司在购买日的资产和负债金额，包括流动资产、长期股权投资、固定资产、无形资产及其他资产和流动负债、长期负债等的金额。

编制合并利润表时，应当以本期取得的子公司自取得控制权日起至本期期末为会计期间的财务报表为基础编制，将本期取得的子公司自取得控制权日起至本期期末的收入、费用和利润通过合并，纳入合并财务报表之中。同时，为了提高会计信息的可比性，应在财务报表附注中披露本期取得的子公司对合并财务报表的经营成果的影响，以及对前期相关金额的影响，即披露本期取得的子公司自取得控制权日起至本期期末止的经营成果，包括营业收入、营业利润、利润总额、所得税费用和净利润等。

编制合并现金流量表时，应当将本期取得的子公司自取得控制权日起至本期期末止的现金流量信息纳入合并现金流量表，并将取得子公司所支付的现金扣除子公司于购买日持有的现金及现金等价物后的净额，在有关投资活动类的“取得子公司及其他营业单位所支付的现金”项目中反映。

二、处置对子公司投资的会计处理

(一) 在不丧失控制权的情况下部分处置对子公司长期股权投资

母公司在不丧失控制权的情况下部分处置对子公司的长期股权投资的，

处置子公司投资业务分析

在母公司个别财务报表中作为长期股权投资的处置，确认有关处置损益。即出售股权取得的价款或对价的公允价值与所处置投资账面价值的差额，应作为投资收益或损失计入处置投资当期母公司的个别财务报表，其所引起的资金运动如图2-56中B段运动所示。

在合并财务报表中，因出售部分股权后，母公司仍能够对被投资单位实施控制，被投资单位仍然应当纳入母公司合并财务报表。因此，在合并财务报表中，处置价款与处置长期股权投资相对应享有子公司自购买日或合并日开始持续计算的净资产份额（即在处置时点，未与权益抵销之前，长期股权投资在此时的合并财务报表中的金额）之间的差额，应当调整资本公积（资本溢价或股本溢价），资本公积不足冲减的，调整留存收益。

在合并财务报表中，处置部分股权业务处理分为两步：

首先，计算并确认自购买日或合并日开始持续计算的净资产份额，即处置时刻，未与权益抵销之前，长期股权投资项目在合并财务报表中的金额。该金额的计量需要以母公司单个主体的长期股权投资为基础，然后基于合并视角对其进行调整。该合并调整业务主要包括四部分：第一部分是初始取得控制权时，如果是通过分步实施取得控制权的，对原股权投资按公允价值计量所进行的调整，其所引起的资金运动如图2-56中E1段运动所示；第二部分是需要对合并成本包含正商誉或负商誉的情况所进行的调整，其所引起的资金运动如图2-56中D段运动所示；第三部分是按权益法核算对原成本法核算的投资收益和现金股利所进行的调整，其所引起的资金运动如图2-56中E1、E2段运动所示；第四部分是按权益法核算对与子公司相关的其他综合收益和资本公积所进行的调整，其所引起的资金运动如图2-56中E3段运动所示。

然后，根据计算并确认的基于合并视角的长期股权投资成本，再结合处置价款，得出两者之间的差额，并将该差额确认为合并资本公积；并以该合并资本公积金额冲减原母公司单个主体处置所确认的投资收益，两者之间的差额通过合并长期股权投资成本进行调整。其所引起的资金运动如图2-56中F段运动所示。

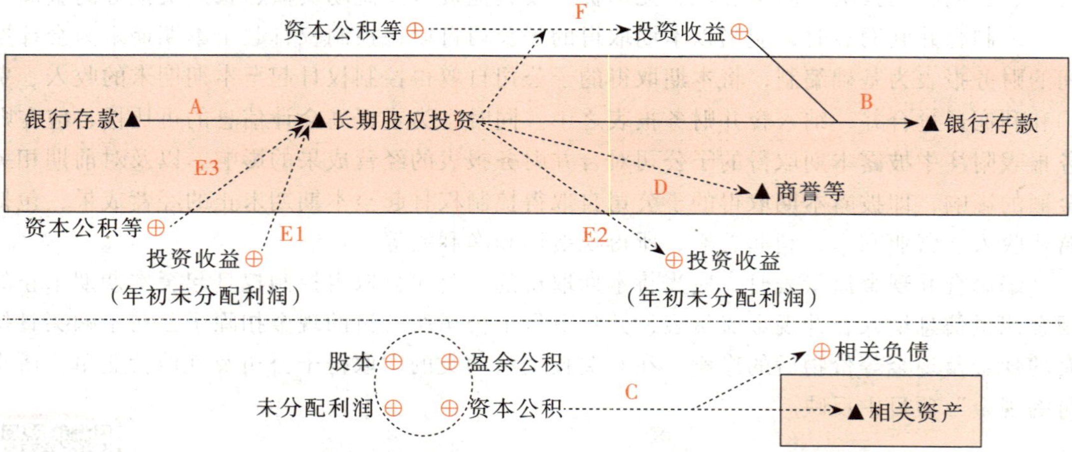

图2-56 在不丧失控制权的情况下部分处置对子公司投资业务资金运动分析图

【例2-50】甲公司于20×7年2月20日取得乙公司80%的股权，成本为8 600万元，购买日乙公司可辨认净资产公允价值总额为9 800万元。假定该项合并属于非同一控制。20×9年1月2日，甲公司将其持有的对乙公司长期股权投资中的25%对外出售，取得价款

2 600万元；处置后，其持股比例为60%。出售当日，乙公司自甲公司取得其80%股权之日持续计算的应当纳入甲公司合并财务报表的可辨认净资产总额为12 000万元。该交易后，甲公司仍能够控制乙公司的财务和生产经营决策。

甲公司个别财务报表的业务处理：(会计分录略)

(1) 20×7年2月20日，取得乙公司80%的股权：(如图2-57中A段运动所示)

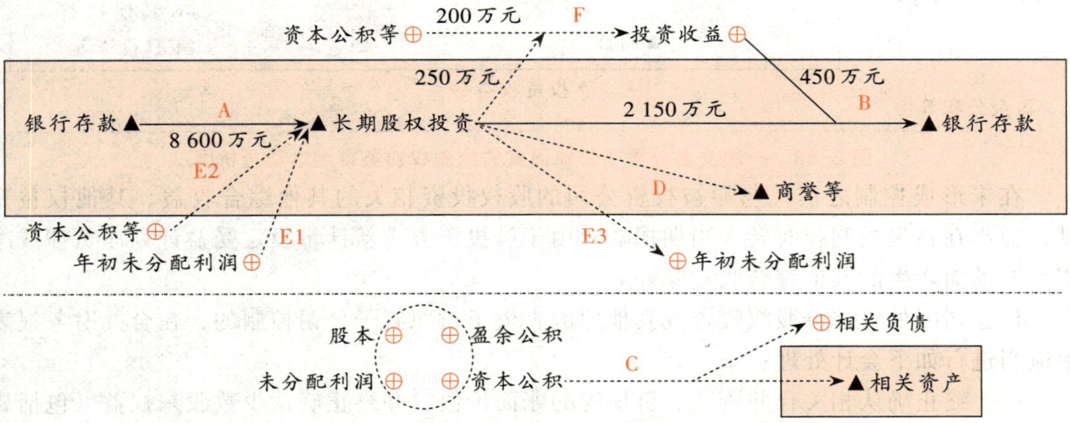

图2-57　甲公司部分处置对子公司投资业务资金运动分析图

(2) 20×9年1月2日，甲公司出售部分股份：(如图2-57中B段运动所示)

处置收益=2 600-8 600×25%=450 (万元)

甲公司合并财务报表合并业务处理：(会计分录略)

(1) 计量与确认自合并日开始持续计算的乙公司可辨认净资产的账面价值份额，即计算并确认在处置这一时刻，未与权益抵销之前的，合并资产负债表中长期股权投资的金额。虽然题目已经告知了该金额为9 600万元 (12 000×80%)。但如何将长期股权投资的成本由甲公司单个主体的8 600万元调整为合并主体视角的9 600万元，必须弄清楚。这个调整过程所引起的资金运动如图2-57中D、E1、E2、E3段运动所示。

(2) 确认合并资本公积。售价2 600万元与处置日合并财务报表中长期股权投资9 600万元的25% (即2 400万元) 之间的差额200万元，增加合并资本公积，同时冲减甲公司单个主体所确认的全部投资收益，两者之间的差额调整合并长期股权投资成本。其所引起的资金运动如图2-57中F段运动所示。

(二) 母公司因处置对子公司长期股权投资而丧失控制权

1.一次交易处置子公司

母公司因处置部分股权投资或其他原因丧失了对原有子公司控制的，在合并财务报表中，应当进行如下会计处理：

(1) 处置部分股权。其所引起的资金运动如图2-58中A段运动所示。

(2) 剩余股权处理。其所引起的资金运动如图2-58中B段运动所示。

按照丧失控制权日的公允价值重新计量剩余股权，按剩余股权对被投资方的影响程度，将剩余股权作为长期股权投资或金融工具进行核算。

(3) 相关的其他综合收益和其他权益变动累计金额的转销。其所引起的资金运动如图2-58中C段运动所示。

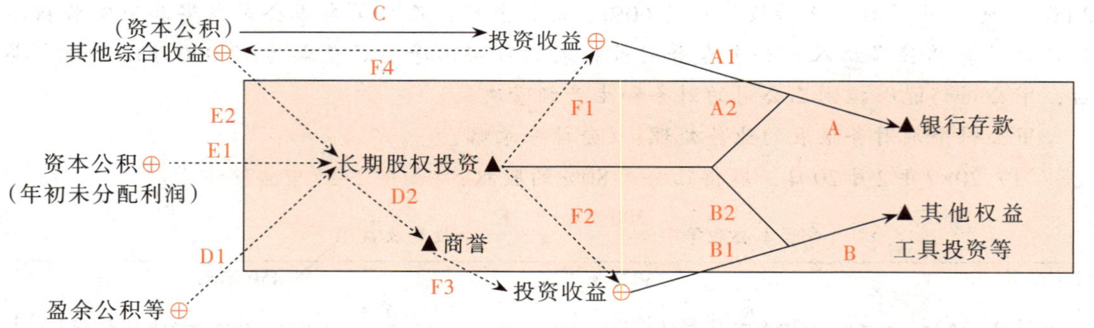

图2-58　一次交易处置子公司而丧失控制权业务资金运动分析图

在未形成控制之前，与原被投资公司的股权投资相关的其他综合收益、其他权益变动，应当在丧失控制权时转入当期损益，由于被投资方重新计量设定受益计划净负债或净资产变动而产生的其他综合收益除外。

母公司因处置部分股权投资或其他原因丧失了对原有子公司控制的，在合并财务报表中应当进行如下会计处理：

（1）终止确认相关合并资产、负债等的账面价值，并终止确认少数股东权益（包括属于少数股东的其他综合收益）的账面价值。终止确认后的合并资产负债表中已经不包含原子公司的所有信息，剩余股权以长期股权投资或其他权益工具投资等项目列示在合并资产负债表之中。此时的合并资产负债表，从形式上看，就像是一个母公司的个别资产负债表；但从实质内容上看，它依然是基于母公司合并视角的合并资产负债表（因为它的有些项目的计量还是基于合并财务报表的视角来进行的，如留存收益的金额就包含了处置时刻所产生的合并投资收益的影响）。

（2）计算确认丧失控制权当期的合并投资收益。

处置股权取得的对价与剩余股权的公允价值之和，减去按原持股比例计算应享有原有子公司自购买日开始持续计算的净资产账面价值份额与商誉之和，形成的差额计入丧失控制权当期的合并投资收益。其具体的计算公式为：

$$\begin{array}{c}\text{合并报表当期的}\\\text{处置投资收益}\end{array}=\left[\left(\begin{array}{c}\text{处置股权}\\\text{取得的对价}\end{array}+\begin{array}{c}\text{剩余股权的}\\\text{公允价值}\end{array}\right)-\begin{array}{c}\text{原有子公司自购买日开始}\\\text{持续计算的可辨认净资产}\end{array}\times\begin{array}{c}\text{原持}\\\text{股比例}\end{array}\right]-\text{商誉}+\begin{array}{c}\text{母公司合并业务中按权益法核算所确认的可重新}\\\text{分类进损益的其他综合收益及其他所有者权益变动}\end{array}$$

处置子公司分析：一次性丧失控制权

其具体处理包括四个步骤：

①根据自购买日或合并日开始持续计算的被合并方净资产的价值，确定长期股权投资成本。通俗地讲，该成本就是在处置时刻，未与权益抵销前的合并财务报表中长期股权投资的金额。因此，母公司需要根据合并日取得控制权之后的所有合并业务，调整长期股权投资成本，从而最终确定该金额。

母公司自合并日取得控制权之后所有的合并业务主要包括两类：第一类是初始取得时长期股权投资成本的调整（其调整包括两部分，一部分是合并日合并成本因正商誉或负商誉的存在而进行的调整，另一部分是如果通过多次交易实施控制的，在合并日对原股权投资按公允价值进行的调整)；第二类是取得之后按权益法核算对原成本法核算进行的调整。

如果通过多次交易分步实现控制的，在合并日对原股权投资按公允价值进行调整，其所引起的资金运动如图2-58中E1段运动所示。

初始取得时，当合并日合并成本小于所取得的被合并净资产公允价值份额时，小于的部分调增长期股权投资，同时调增营业外收入或留存收益等，其所引起的资金运动如图2-58中D1段运动所示；当合并日合并成本大于所取得的被合并净资产公允价值份额时，大于的部分应调减长期股权投资，同时调增商誉，其所引起的资金运动如图2-58中D2段运动所示。

合并后，按照权益法核算调整原按成本法核算的长期股权投资，其所引起的资金运动如图2-58中E1、E2段运动所示。

②根据①中所确定的、处置时刻未与权益抵销前的、合并资产负债表中长期股权投资的金额，调整合并投资收益，其所引起的资金运动如图2-58中F1、F2段运动所示。

③如果在合并当日，合并成本中包含了正商誉，从而确认了合并商誉的，应将合并商誉冲减合并投资收益(因为在存在正商誉的情况下，合并长期股权投资成本中并不包含合并商誉，而合并投资总成本由合并长期股权投资及合并商誉两部分构成，所以要冲减合并商誉)。其所引起的资金运动如图2-58中F3段运动所示。

④与原有子公司的股权投资相关的其他综合收益、其他权益变动，应当在丧失控制权时转入当期合并损益，由于被投资方重新计量设定受益计划净负债或净资产变动而产生的其他综合收益除外。其所引起的资金运动如图2-58中F4段运动所示。

同时，还需要将母公司个别报表中所确认的C段资金运动予以冲销。因为该业务已经作为合并日的合并业务进行了处理。其所引起的资金运动如图2-58中F4段运动所示。

在图2-58中，[(A1段流量+B1段流量)-(F1段流量+F2段流量)]-F3段(商誉)+母公司合并业务中按权益法核算所确认的可重新分类进损益的其他综合收益及其他所有者权益变动(F4段的部分流量，不包括对母公司个别报表业务C段的冲销金额)，即为处置股权丧失控制权业务在合并财务报表中应确认的合并投资收益金额。

需要注意的是，在合并业务中，需要对母公司个别报表中的C段资金运动予以冲销，即图2-58中F4段运动(因为该业务应作为合并日的合并业务处理，计入合并日的合并投资收益)；但在上述计算处置时刻合并投资收益的公式中，由于该公式的计算只是以A1段和A2段流量为基础进行调整，本身就没有包括C段资金运动流量，自然就不需要考虑对C段资金运动的合并处理。

【例2-51】20×7年1月1日，甲公司以银行存款260万元，取得乙公司25%的股权。乙公司可辨认净资产的公允价值为1 000万元，其账面价值为900万元；产生差额的原因是一项固定资产价值增值了100万元，该固定资产采用直线法计提折旧，预计可使用5年，预计净残值为0，不考虑所得税的影响。乙公司20×7年度实现净利润200万元，乙公司还有一项资产使得其他综合收益增加了40万元。

20×8年1月1日，甲公司再次取得乙公司55%的股权，支付价款770万元，当日乙公司可辨认净资产公允价值为1 300万元。原25%股权的公允价值为330万元。当年乙公司按照购买日净资产公允价值为基础计算的净利润为300万元，当年乙公司自有房产转为公允价值模式的投资性房地产需要确认的其他综合收益为80万元。

20×9年1月1日甲公司出售了乙公司60%的股权，出售价款为1 200万元，剩余20%的股权的公允价值为400万元。

要求：对甲公司处置日相关业务进行会计处理，并计算处置日的合并投资收益。

（1）甲公司单个主体处置股权前长期股权投资业务资金运动分析

在处置前，甲公司长期股权投资业务所引起的资金运动如图2-59所示。其中，A段运动反映初始投资业务；B段运动反映年末按权益法确认投资收益45万元［（200—20）×25%］；C段运动反映按权益法确认其他综合收益10万元（40×25%）；D段运动反映追加投资770万元，以及长期股权投资核算方法由权益法核算调整为成本法核算。

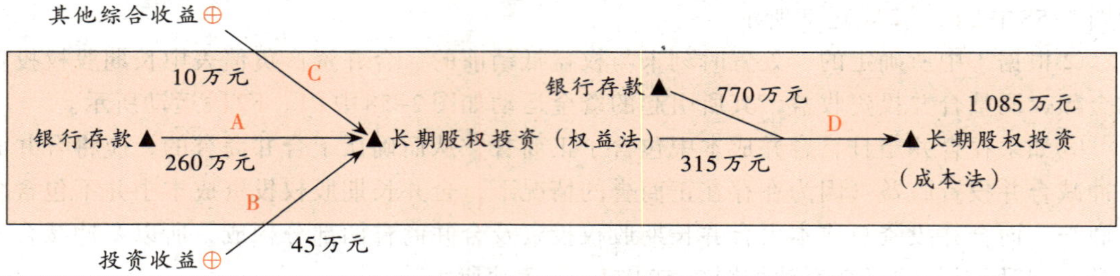

图2-59 甲公司长期股权投资业务资金运动分析图——处置前

（2）甲公司单个主体长期股权投资处置业务资金运动分析

甲公司个别主体相关投资业务主要包括处置乙公司60%的股权、剩余20%股权的处理、对未形成控制之前的与乙公司股权投资相关的其他综合收益、其他权益变动的结转，其所引起的资金运动分别如图2-60中E段、F段和G段运动所示。

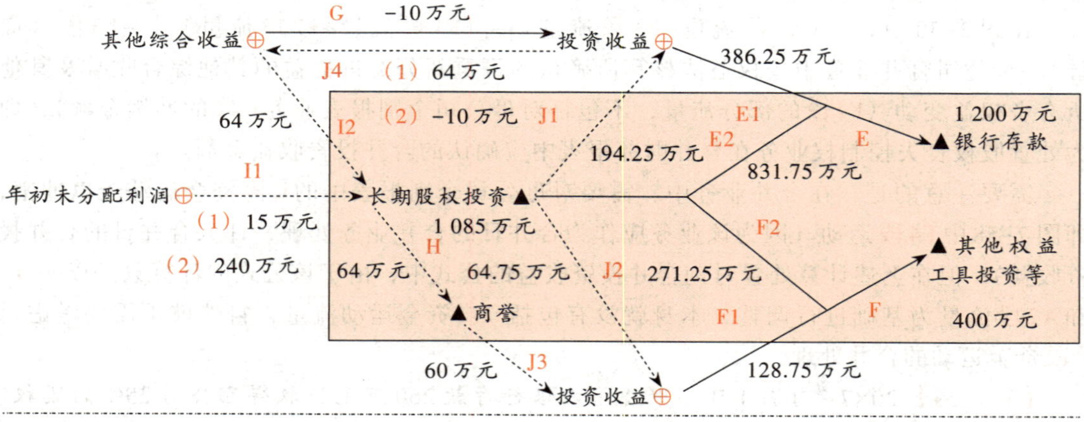

图2-60 甲公司一次交易处置子公司而丧失控制权业务资金运动分析图

（3）甲公司合并主体合并业务资金运动分析

①从合并业务角度来看，将甲公司个别主体的长期股权投资金额1 085万元调整为合并视角的金额。

合并日因原股权公允价值上涨而调增合并成本（即长期股权投资成本）15万元。其所引起的资金运动如图2-60中I1段运动（1）所示。

调整合并成本，确认合并商誉60万元（1 100−1 300×80%）。其所引起的资金运动如图2−60中H段运动所示。

按权益法核算对原成本法核算进行调整，确认20×8年投资收益240万元（300×80%），其所引起的资金运动如图2−60中I1段运动（2）所示。按权益法核算对原成本法核算进行调整，确认其他综合收益64万元（80×80%），其所引起的资金运动如图2−60中I2段运动所示。

最终得出，在处置时刻基于合并视角的长期股权投资成本为1 344万元（1 085+15+240+64−60）。

②根据合并视角长期股权投资成本1 344万元，调减处置股权投资收益194.25万元（1 344×75%−813.75），其所引起的资金运动如图2−60中J1段运动所示。同时，调减剩余股权重新计量所确认的投资收益64.75万元（1 344×25%−271.25），其所引起的资金运动如图2−60中J2段运动所示。

处置子公司举例：一次性丧失控制权

③冲销合并商誉60万元。其所引起的资金运动如图2−60中J3段运动所示。

④将权益法确认的其他综合收益累计金额转入合并投资收益。其所引起的资金运动如图2−60中J4段运动（1）所示。

将甲公司个别报表中确认的G段运动对投资收益的影响从合并投资收益中冲销（因此，该业务应作为合并日的合并处理），其所引起的资金运动如图2−60中J4段运动中（2）所示。

从图2−60可知，合并财务报表当期的处置投资收益=［（E1段的流量+F1段的流量）−（J1段的流量+J2段的流量）］−J3段的流量−J4段中（1）的流量（如果流量为负数，导致合并收益增加，应加回；如果流量为正数，导致合并收益减少，应减去）=［（386.25+128.75）−（194.25+64.75）］−60−（−64）=260（万元）。

用计算公式也可以得出相同的结果：

合并报表当期的处置投资收益=［（处置股权取得的对价+剩余股权的公允价值）−原有子公司自购买日开始持续计算的可辨认净资产×原持股比例］−商誉+母公司合并业务中按权益法核算所确认的可重新分类进损益的其他综合收益及其他所有者权益变动=［（1 200+400）−（1 300+300+80）×80%］−60+64=260（万元）。

2. 多次交易分步处置子公司

企业通过多次交易分步处置对子公司股权投资直至丧失控制权，在合并财务报表中，首先应判断分步交易是否属于“一揽子交易”。

如果分步交易不属于“一揽子交易”，则在丧失对子公司控制权以前的各项交易，应当按照本节“（一）在不丧失控制权的情况下部分处置对子公司长期股权投资”的规定进行会计处理。

如果分步交易属于“一揽子交易”，则应将各项交易作为一项处置原有子公司并丧失控制权的交易进行会计处理。其中，对于丧失控制权之前的每一次交易，处置价款与处置投资对应的享有该子公司自购买日开始持续计算的净资产账面价值的份额之间的差额，在合并财务报表中应当计入其他综合收益，在丧失控制权时一并转入丧失控制权当期的损益。

对于丧失控制权之前的每一次交易，首先，母公司单个主体处置部分股权，其所引起的资金运动如图2-61中A段运动所示；其次，母公司需要计算并确认处置这一时刻，基于合并视角的长期股权投资成本，即确认与计量自购买日开始持续计算的净资产账面价值的份额，其所引起的资金运动如图2-61中B1或B2、C1、C2段运动所示；最后，将处置价款与处置投资对应的享有该子公司自购买日开始持续计算的净资产账面价值的份额之间的差额，确认为合并其他综合收益，其所引起的资金运动如图2-61中D段运动所示。

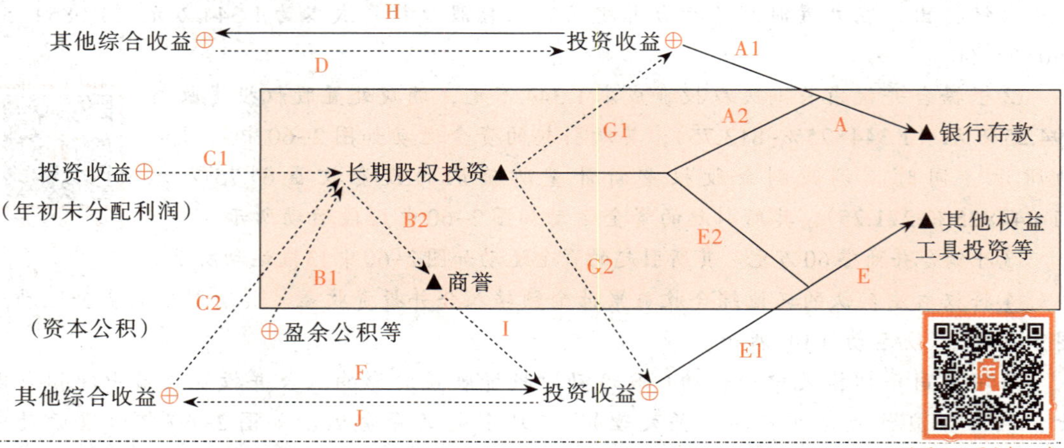

图2-61 多次交易分步处置子公司而丧失控制权业务资金运动分析图

处置子公司分析：多次交易丧失控制权带字幕

对于丧失控制权的最后一次交易，母公司单个主体的会计处理主要包括三笔业务：第一笔业务是处置股权投资业务，其所引起的资金运动如图2-61中A段运动所示；第二笔是如果有剩余股权的话，剩余股权的处理，其所引起的资金运动如图2-61中E段运动所示；第三笔业务是将原取得控制权之前的、与被投资方相关的其他综合收益和资本公积转入处置的当期的投资收益，其所引起的资金运动如图2-61中F段运动所示。

对于丧失控制权的最后一次交易，母公司合并主体的会计处理主要包括三部分：第一部分是仅就本次处理的合并投资收益的确定，与此相关的资金运动如图2-61中B1或B2、C1、C2、G1、G2段运动所示；第二部分是将丧失控制权之前原已计入到其他综合收益的合并处置差额转入丧失控制权当期的合并投资收益，其所引起的资金运动如图2-61中H段运动所示；第三部分是丧失控制权后的合并商誉的冲销、合并后按权益法确认的其他综合收益和资本公积的结转以及对母公司单个主体发生的F段运动所产生的投资收益予以冲销，其所引起的资金运动分别如图2-61中I段、J段运动（后两笔业务引起的资金运动都是J段）所示。

【例2-52】为集中力量发展优势业务，甲公司计划剥离辅业，处置全资子公司丙公司。20×1年11月20日，甲公司与乙公司签订不可撤销的转让协议，约定甲公司向乙公司转让其持有的丙公司100%股权，对价总额为700万元。考虑到股权平稳过渡，双方协议约定，乙公司应在20×1年12月31日之前支付300万元，以先取得丙公司30%股权；乙公司应在20×2年12月31日之前支付400万元，以取得丙公司剩余70%股权。20×1年12月31日至乙公司支付剩余价款的期间，丙公司仍由甲公司控制，若丙公司在此期间向股东进行利润分配，则后续70%股权的购买对价按甲公司已分得的金额进行相应调整。

20×1年12月31日，乙公司按照协议约定向甲公司支付300万元，甲公司将丙公司30%股权转让给乙公司，股权变更手续已于当日完成；当日，丙公司自购买日持续计算的净资产账面价值为500万元。

20×2年9月30日，乙公司向甲公司支付400万元，甲公司将丙公司剩余70%股权转让给乙公司并办理完毕股权变更手续，自此乙公司取得丙公司的控制权；当日，丙公司自购买日持续计算的净资产账面价值为600万元。

20×2年1月1日至20×2年9月30日，丙公司实现净利润100万元，无其他净资产变动事项（不考虑所得税等影响）。

本例中，甲公司通过两次交易分步处置其持有的丙公司100%股权：第一次交易处置丙公司30%股权，仍保留对丙公司的控制权；第二次交易处置剩余70%股权，并丧失对丙公司的控制权。

首先，需要分析上述两次交易是否属于“一揽子交易”：（1）甲公司处置丙公司股权是出于集中力量发展优势业务，剥离辅业的考虑，甲公司的目的是全部处置其持有的丙公司股权，两次处置交易结合起来才能达到其商业目的。（2）两次交易在同一转让协议中同时约定。（3）在第一次交易中，30%股权的对价为300万元，相对于100%股权的对价总额700万元而言，第一次交易单独来看对乙公司而言并不经济，和第二次交易一并考虑才反映真正的经济影响；此外，如果在两次交易期间丙公司进行了利润分配，也将据此调整对价，说明两次交易是在考虑了彼此影响的情况下订立的。综上所述，在合并财务报表中，两次交易应作为“一揽子交易”，按照分步处置子公司股权至丧失控制权并构成“一揽子交易”的相关规定进行会计处理。

其次，20×1年12月31日，甲公司转让丙公司30%股权，在丙公司中所占股权比例下降至70%，甲公司仍控制丙公司。甲公司处置该股份其个别主体处理所引起的资金运动如图2-62中A段运动所示。其他业务略。

处置子公司举例：多次交易丧失控制权

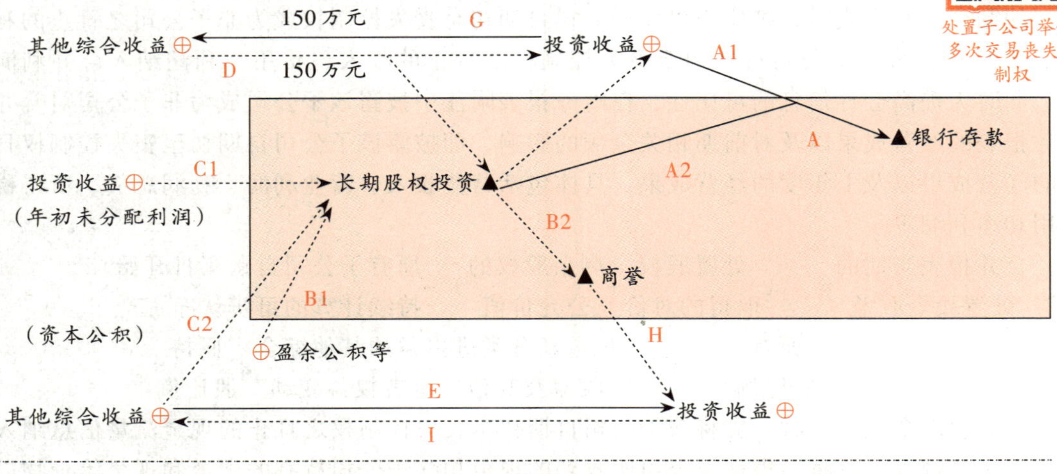

图2-62 甲公司多次交易分步处置子公司而丧失控制权业务资金运动分析图

甲公司合并财务报表合并业务处理：

（1）计量与确认自合并日开始持续计算的乙公司可辨认净资产的账面价值份额，即计算并确认在处置这一时刻，未与权益抵销之前的，合并资产负债表中长期股权投资的金额。虽然题目已经告知了该金额为500万元（500×100%）。但如何将长期股权投资的成本由甲公司单个主体的金额（题目未告知）调整为合并主体视角的500万元，必须弄清楚。这个调整过程所引起的资金运动如图2-62中B1或B2、C1、C2段运动所示。

（2）确认合并其他综合收益。售价300万元与处置日合并财务报表中长期股权投资500万元的30%（即150万元）之间的差额150万元，增加合并资本公积，同时冲减甲公司单个主体所确认的全部投资收益，两者之间的差额调整合并长期股权投资成本。其所引起的资金运动如图2-62中D段运动所示。其他相关合并业务处理略。

最后，20×2年9月30日，甲公司转让丙公司剩余70%股权，丧失对丙公司的控制权，不再将丙公司纳入合并范围。

（1）该处置甲公司个别主体所引起的资金运动如图2-62中A段、E段运动所示。

（2）仅就这70%股权处置合并业务引起的资金运动如图2-62中B1或B2、C1、C2、F段运动所示。

（3）在处置当年编制合并财务报表时，需要将第一次交易计入其他综合收益的150万元转入处置当期合并损益，其所引起的资金运动如图2-62中G段运动所示。其他相关合并业务处理略。

（三）本期减少子公司时合并财务报表的编制

在本期转让子公司部分股份或全部股份，丧失对该子公司的控制权而使其成为非子公司的情况下，应当将其排除在合并财务报表的合并范围之外。

在编制合并资产负债表时，不需要对该转让股份而成为非子公司的资产负债表进行合并。但为了提高会计信息的可比性，应当在财务报表附注中披露该子公司成为非子公司对合并财务报表财务状况以及对前期相关金额的影响，即披露该子公司在丧失控制权日以及该子公司在上年年末的资产和负债金额，具体包括流动资产、长期股权投资、固定资产、无形资产及其他资产和流动负债、长期负债等。

编制合并利润表时，则应当以该子公司自期初至丧失控制权成为非子公司之日止的利润表为基础，将该子公司自期初至丧失控制权之日止的收入、费用、利润纳入合并利润表。同时为提高会计信息的可比性，在财务报表附注中披露该子公司成为非子公司对合并财务报表的经营成果以及对前期相关金额的影响，即披露该子公司自期初至丧失控制权日止的经营成果以及上年度的经营成果，具体包括营业收入、营业利润、利润总额、所得税费用和净利润等。

$$\begin{array}{c}\text{合并报表当期的}\\\text{处置投资收益}\end{array}=\left[\left(\begin{array}{c}\text{处置股权}\\\text{取得的对价}\end{array}+\begin{array}{c}\text{剩余股权的}\\\text{公允价值}\end{array}\right)-\begin{array}{c}\text{原有子公司自购买日开始}\\\text{持续计算的可辨认净资产}\end{array}\times\begin{array}{c}\text{原持}\\\text{股比例}\end{array}\right]-\text{商誉}+\begin{array}{c}\text{可重新分类进损益的其他综合}\\\text{收益及其他所有者权益变动}\end{array}\times\begin{array}{c}\text{原持}\\\text{股比例}\end{array}$$

在编制现金流量表时，应将该子公司自期初至丧失控制权之日止的现金流量信息纳入合并现金流量表，并将出售该子公司所收到的现金扣除子公司持有的现金和现金等价物以及相关处置费用后的净额，在有关投资活动类的“处置子公司及其他营业单位所收到的现金”项目反映。

股权稀释与交叉持股

三、因子公司少数股东增资导致母公司股权稀释

如果由于子公司的少数股东对子公司增资，导致母公司股权稀释，母公司应当按照增资前的股权比例计算其在增资前子公司账面净资产中的份额，该份额与增资后按母公司持股比例计算的在增资后子公司账面净资产份额之间的差额计入资本公积，资本公积不足冲减的，调整留存收益。

【例2-53】20×2年1月1日，甲公司和乙公司分别出资80万元和20万元设立丙公司，甲公司、乙公司的持股比例分别为80%和20%。丙公司为甲公司的子公司。20×3年1月1日，乙公司对丙公司增资40万元，增资后占丙公司股权比例为30%。增资完成后，甲公司仍控制丙公司。丙公司自成立日至增资前实现净利润100万元，除此以外，不存在其他影响丙公司净资产变动的事项（不考虑所得税等影响）。

本例中，甲公司持股比例原为80%，由于少数股东乙公司增资而变为70%。增资前，甲公司按照80%的持股比例享有的丙公司净资产账面价值为160万元（200万元×80%）；增资后，甲公司按照70%持股比例享有的净资产账面价值为168万元（240万元×70%），两者之间的差额8万元，甲公司在其个别报表中应增加资本公积8万元，从而也会导致在甲公司合并资产负债表中资本公积增加8万元。

四、交叉持股的合并处理

交叉持股是指在由母公司和子公司组成的企业集团中，母公司持有子公司一定比例股份，能够对其实施控制，同时子公司也持有母公司一定比例股份，即相互持有对方的股份。

母子公司有交互持股情形的，在编制合并财务报表时，对于母公司持有的子公司股权，与通常情况下母公司长期股权投资与子公司所有者权益的合并抵销处理相同。对于子公司持有的母公司股权，应当按照子公司取得母公司股权日所确认的长期股权投资的初始投资成本，将其转为合并财务报表中的库存股，作为所有者权益的减项，在合并资产负债表中所有者权益项目下以“减：库存股”项目列示，对于子公司持有母公司股权所确认的投资收益（如利润分配或现金股利），应当进行抵销处理。子公司将所持有的母公司股权分类为以公允价值计量且其变动计入其他综合收益的金融资产（即其他权益工具投资），按照公允价值计量，同时冲销子公司累计确认的公允价值变动。

子公司相互之间持有的长期股权投资，应当比照母公司对子公司的股权投资的抵销方法，将长期股权投资与其对应的子公司所有者权益中所享有的份额相互抵销。

五、逆流交易合并业务资金运动分析与会计处理

如果母子公司之间发生逆流交易，即子公司向母公司出售资产，则所发生的未实现内部销售损益，应当按照母公司对该子公司的持股比例在“归属于母公司所有者的净利润”和“少数股东损益”之间分配抵销。

【例2-54】甲公司是乙公司的母公司，持有乙公司80%的股份。20×3年5月1日，乙公司向甲公司销售商品100万元，商品销售成本为70万元，甲公司以银行存款支付全款，

将购进的该批商品作为存货核算。截至20×3年12月31日，该批商品仍有20%未实现对外销售。20×3年年末，甲公司对剩余存货进行检查，发现未发生存货跌价损失。除此之外，甲公司与乙公司20×3年未发生其他交易（不考虑所得税等影响）。

（1）20×3年存货中包含的未实现内部销售损益为6万元。在20×3年合并财务报表工作底稿中的抵销业务所引起的资金运动如图2-63中A段运动所示。

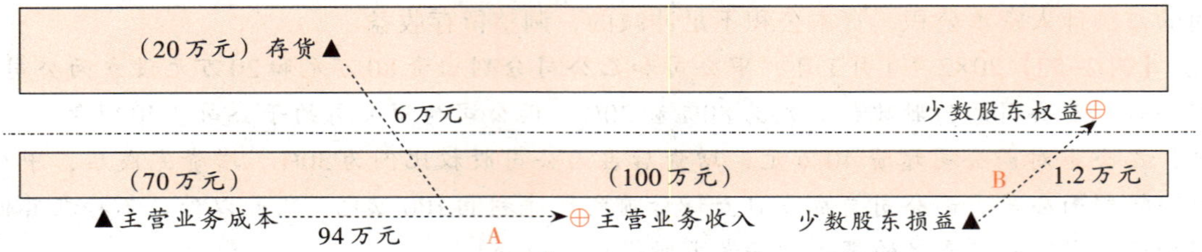

图2-63　逆流交易的合并业务处理

逆向交易合并业务及其他

（2）由于该交易为逆流交易，应将内部销售形成的存货中包含的未实现内部销售损益在甲公司和乙公司少数股东之间进行分摊。在存货中包含的未实现内部销售损益中，归属于少数股东的未实现内部销售损益分摊金额为1.2万元（6万元×20%）。在20×3年合并财务报表工作底稿中的抵销业务所引起的资金运动如图2-63中B段运动所示。

子公司之间出售资产所发生的未实现内部销售损益，应当按照母公司对出售方子公司的持股比例在"归属于母公司所有者的净利润"和"少数股东损益"之间分配抵销。

六、其他特殊交易

对于站在企业集团合并财务报表角度的确认和计量结果与其所属的母公司或子公司的个别财务报表层面的确认和计量结果不一致的，在编制合并财务报表时，应站在企业集团角度对该特殊交易事项予以调整。例如，母公司将借款作为实收资本投入子公司用于长期资产的建造，母公司应在合并财务报表层面反映借款利息的资本化金额。再如，子公司作为投资性房地产计量的大厦，出租给集团内其他企业使用，母公司应在合并财务报表层面作为固定资产反映。

第十一节　所得税会计合并业务资金运动分析与会计处理

一、所得税会计概述

在编制合并财务报表时，由于需要对企业集团内部交易进行合并抵销处理，由此可能导致在合并财务报表中反映企业集团的资产、负债账面价值与其计税基础不一致，存在差异。为了使合并财务报表全面反映企业集团所得税相关的影响，特别是当期负担的所得税费用的情况，应当进行所得税会计核算，在计算确定资产、负债的账面价值与计税基础之间差异的基础上，确认相应的递延所得税资产或递延所得税负债。

二、内部应收款项合并业务资金运动分析与会计处理

在编制合并财务报表时，随着内部债权债务的抵销，也必须将内部应收款项计提的坏账准备予以抵销。通过对其进行合并抵销处理，合并财务报表中该内部应收款项已不存在，由内部应收款项账面价值与计税基础之间的差异所形成的暂时性差异也不能存在。在编制合并财务报表时，对持有该集团内部应收款项的企业因该暂时性差异确认的递延所得税资产则需要进行抵销处理。

【例2-55】甲公司为乙公司的母公司。甲公司本期个别资产负债表应收账款中有170万元为应收乙公司账款，该应收账款账面余额为180万元，甲公司当年对其计提坏账准备10万元。乙公司本期个别资产负债表中列示应付甲公司账款180万元。甲公司和乙公司适用的所得税税率均为25%。

甲公司在编制合并财务报表时，其合并处理如下：

（1）将内部应收账款与应付账款相互抵销：（如图2-64中A段运动所示）

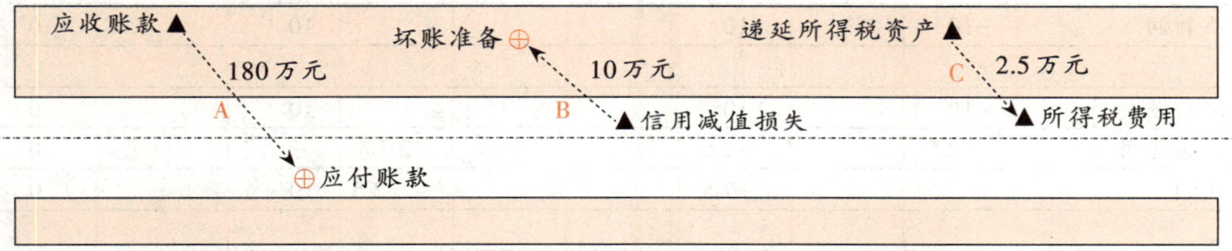

图2-64　内部应收款项相关所得税合并处理资金运动分析图

借：应付账款　　1 800 000①

　贷：应收账款　　1 800 000

（2）将内部应收账款计提的坏账准备抵销：（如图2-64中B段运动所示）

借：应收账款　　100 000②

　贷：信用减值损失　　100 000

（3）将甲公司对内部应收账款计提坏账准备导致暂时性差异确认的递延所得税资产予以抵销。本例中，甲公司在其个别财务报表中，对应收乙公司账款计提坏账准备10万元，由此导致应收乙公司账款的账面价值调整为170万元，而该应收账款的计税基础仍为180万元，应收乙公司账款的账面价值170万元与其计税基础180万元之间的差额10万元，则形成暂时性差异。对此，甲公司应当确认递延所得税资产2.5万元（10万元×25%）。甲公司在其个别财务报表中确认了2.5万元的递延所得税资产。在编制合并财务报表时随着内部应收账款及计提的坏账准备的抵销，在合并财务报表中该应收账款已不存在，甲公司在其个别财务报表中因应收乙公司账款账面价值与其计税基础之间形成的暂时性差异也不存在，对该暂时性差异确认的递延所得税资产则需要抵销。（如图2-64中C段运动所示）

借：所得税费用　　25 000③

　贷：递延所得税资产　　25 000

根据上述抵销分录，编制合并工作底稿（局部）见表2-39。

合并报表中
所得税会计处理

表 2-39　　合并工作底稿（局部）　　单位：万元

项目	甲公司	乙公司	合计数	调整分录		抵销分录		少数股东权益	合并数
				借方	贷方	借方	贷方		
资产负债表项目									
⋮									
应收账款	170		170			10②	180①		0
⋮									
递延所得税资产	2.5		2.5				2.5③		0
⋮									
应付账款		180	180			180①			0
⋮									
利润表项目									
⋮									
信用减值损失	10		10				10②		0
⋮									
营业利润	−10		−10				10		0
⋮									
利润总额	−10		−10				10		0
所得税费用	−2.5		−2.5			2.5③			0
净利润	−7.5		−7.5			2.5	10		0
⋮									
股东权益变动表项目									
年初未分配利润	0		0				0		0
⋮									
年末未分配利润	−7.5		−7.5			2.5	10		0

三、内部存货交易所得税合并业务资金运动分析与会计处理

企业在编制合并财务报表时，应当将纳入合并范围的母公司与子公司以及子公司相互之间发生的内部交易对个别财务报表的影响抵销，其中包括内部商品交易所形成的存货价值中包含的未实现内部销售损益的金额。对于内部商品交易所形成的存货，对于持有该存货的企业来说，假定不考虑计提资产减值损失，其取得成本就是该资产的账面价值，其中包括销售企业因该销售所实现的损益，这一取得成本也就是计税基础。由于所得税是以独立的法人实体为对象计征的，这一计税基础也是合并财务报表中该存货的计税基础。此时，账面价值与其计税基础是一致的，不存在暂时性差异，也不涉及确认递延所得税资产或递延所得税负债的问题。但在编制合并财务报表过程中，随着内部商品交易所形成的存货价值包含的未实现内部销售损益的抵销，合并资产负债表所反映的存货价值是以原来内部销售企业该商品的销售成本列示的，不包含未实现内部销售损益。由此导致在合并资产负债表列示的存货价值与持有该存货的企业计税基础不一致，存在着暂时性差异。这一暂时性差异的金额就是编制合并财务报表时抵销的未实现内部销售损益的数额。从合并财务报表编制来说，对于这一暂时性差异，必须确认递延所得税资产或递延所得税负债。

【例 2-56】甲公司持有乙公司 80% 的股权，是乙公司的母公司。甲公司 20×1 年利润

表列示的营业收入中有500万元是当年向乙公司销售产品取得的销售收入，该产品销售成本为350万元。乙公司在20×1年将该批内部购进商品的60%对外销售，其销售收入为375万元，销售成本为300万元，并列示于其利润表中，该批商品的另外40%则形成乙公司期末存货，即期末存货为200万元，列示于乙公司20×1年的资产负债表中。甲公司和乙公司适用的企业所得税税率均为25%。

甲公司在编制合并财务报表时，其合并抵销处理如下：

（1）将内部销售收入与内部销售成本及存货价值中包含的未实现内部销售损益抵销：（如图2-65中A段运动所示）

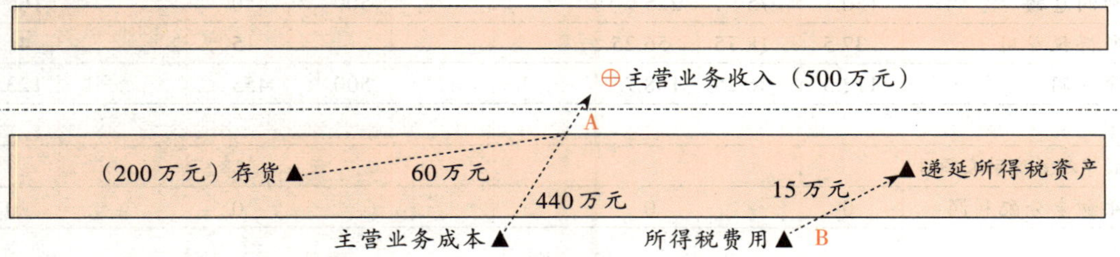

图2-65　内部交易存货相关所得税合并业务资金运动分析图

借：营业收入　　5 000 000①

　贷：营业成本　　4 400 000

　　存货　　600 000

（2）将合并财务报表中因内部存货交易确认的递延所得税资产予以冲销。本例中，对于乙公司来说，其持有该存货账面价值与计税基础均为200万元。从集团公司角度来说，通过上述合并抵销处理，合并资产负债表中该存货的价值为140万元；而从集团公司来看，合并财务报表中该存货的计税基础应该以乙公司确认的计税基础200万元为准。这样就导致产生60万元的暂时性差异，即合并财务报表应抵销的未实现内部销售损益的金额。为此，编制合并财务报表时还应当对该暂时性差异确认递延所得税资产15万元（60万元×25%）予以抵销。（如图2-65中B段运动所示）

借：递延所得税资产　　150 000②

　贷：所得税费用　　150 000

根据上述抵销分录，其合并工作底稿（局部）见表2-40。

表2-40　　合并工作底稿（局部）　　单位：万元

项目	甲公司	乙公司	合计数	调整分录		抵销分录		少数股东权益	合并数
				借方	贷方	借方	贷方		
资产负债表项目									
⋮									
存货		200	200				60①		140
⋮									
递延所得税资产	0	0	0			15②			15
⋮									
利润表项目									

续表

项目	甲公司	乙公司	合计数	调整分录		抵销分录		少数股东权益	合并数
				借方	贷方	借方	贷方		
营业收入	500	375	875			500①			375
营业成本	350	300	650				440①		210
⋮									
营业利润	150	75	225			500	440		165
⋮									
利润总额	150	75	225			500	440		165
所得税费用	37.5	18.75	56.25				15②		41.25
净利润	112.5	56.25	168.75			500	455		123.75
⋮									
股东权益变动表项目									
年初未分配利润	0		0				0		0
⋮									
年末未分配利润	112.5	56.25	168.75			500	455		123.75

四、内部固定资产交易等所得税合并业务资金运动分析与会计处理

对于内部交易形成的固定资产，编制合并财务报表时应当将该内部交易对个别财务报表的影响予以抵销，其中包括将内部交易形成的固定资产价值中包含的未实现内部销售损益予以抵销。对于内部交易形成的固定资产，对于持有该固定资产的企业来说，假定不考虑计提资产减值损失，其取得成本就是该固定资产的账面价值，其中包括销售企业因该销售所实现的损益，这一账面价值与其计税基础是一致的，不存在暂时性差异，也不涉及确认递延所得税资产或递延所得税负债的问题。但在编制合并财务报表时，随着内部交易形成的固定资产价值所包含的未实现内部销售损益的抵销，合并资产负债表中反映的该固定资产价值不包含这一未实现内部销售损益，也就是说是以原销售企业该商品的销售成本列示的，因而导致在合并资产负债表列示的固定资产价值与持有该固定资产的企业计税基础不一致，存在暂时性差异。这一暂时性差异的金额就是编制合并财务报表时抵销的未实现内部销售损益的数额。从合并财务报表来说，对于这一暂时性差异，在编制合并财务报表时必须确认相应的递延所得税资产或递延所得税负债。

【例2-57】甲公司和乙公司均为丙公司控制的子公司。甲公司于20×1年1月1日，将自己生产的产品销售给乙公司作为固定资产使用，甲公司销售该产品的销售收入为168万元，销售成本为120万元。甲公司在20×1年度利润表中列示该项交易销售收入168万元，销售成本120万元。乙公司以168万元的价格作为固定资产的原价入账。乙公司购买的固定资产用于公司的销售业务，该固定资产属于不需要安装的固定资产，当月投入使用，其折旧年限为4年，预计净残值为零。乙公司对该固定资产确定的折旧年限和预计净残值与税法规定一致。为简化合并处理，假定该内部交易固定资产在交易当年按12个月计提折旧。乙公司在20×1年12月31日的资产负债表中列示该固定资产，其原价为168万元、累计折旧为42万元、固定资产净值为126万元。甲公司、乙公司和丙公司适用的所得税税率均为25%。

丙公司在编制合并财务报表时，应当进行如下抵销处理：

（1）将该内部交易固定资产相关销售收入与销售成本及原价中包含的未实现内部销售损益抵销：（如图2-66中A、B段运动所示）

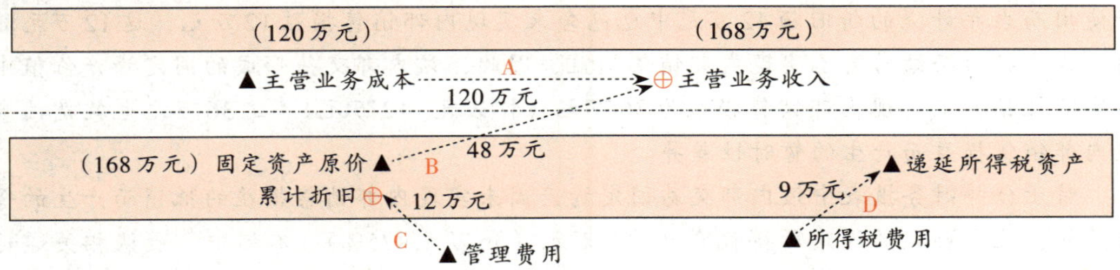

图2-66　内部交易固定资产等相关所得税合并业务资金运动分析图

借：营业收入　　1 680 000①

　贷：营业成本　　1 200 000

　　固定资产原价　　480 000

（2）将当年计提的折旧和累计折旧中包含的未实现内部销售损益抵销：（如图2-66中C段运动所示）

借：累计折旧　　120 000②

　贷：销售费用　　120 000

（3）确认因编制合并财务报表导致的内部交易固定资产账面价值与其计税基础之间的暂时性差异相关递延所得税资产。

乙公司该固定资产的账面价值 =168（固定资产原价）-42（当年计提的折旧额）=126（万元）

乙公司该固定资产的计税基础 =168（固定资产原价）-42（当年计提的折旧额）=126（万元）

根据上述计算，从乙公司角度来看，因该内部交易形成的固定资产账面价值与其计税基础相同，不产生暂时性差异，在乙公司个别财务报表中不涉及确认递延所得税资产或递延所得税负债的问题。

合并财务报表中该固定资产的账面价值 =120（企业集团取得该资产的成本）-30（按取得资产成本计算确定的折旧额）=90（万元）

合并财务报表中该固定资产的计税基础＝乙公司该固定资产的计税基础=126（万元）

合并财务报表中该固定资产相关的暂时性差异 =90（账面价值）-126（计税基础）=-36（万元）

关于计税基础，企业所得税是以单个企业的纳税所得为对象计算征收的。某一资产的计税基础是从使用该资产的企业来考虑的。对于某一企业来说，资产的取得成本就是其计税基础。由于该内部交易固定资产属于乙公司拥有并使用，乙公司该固定资产的计税基础也就是整个企业集团的计税基础，个别财务报表确定该固定资产的计税基础与合并财务报表确定的该固定资产的计税基础是相同的。

关于合并财务报表中该固定资产的账面价值，是以抵销未实现内部销售损益后的固定资产原价（即销售企业的销售成本）120万元（固定资产原价168万元-未实现内部销售损益48

万元)，以及按抵销未实现内部销售损益后的固定资产原价计算的折旧额为基础计算的。

合并财务报表中该固定资产相关的暂时性差异，就是因抵销未实现内部销售损益而产生的。本例中该固定资产原价抵销的未实现内部销售损益为48万元，同时由于该固定资产使用而当年计提的折旧额42万元中也包含未实现内部销售损益12万元，这12万元随着固定资产折旧而结转为已实现内部销售损益，因此，该内部交易形成的固定资产价值中当年实际抵销的未实现内部销售损益为36万元（48万元−12万元）。这36万元也就是因未实现内部销售损益而产生的暂时性差异。

对于合并财务报表中该内部交易固定资产因未实现内部销售损益的抵销而产生的暂时性差异，应当确认的递延所得税资产为9万元（36万元×25%）。本例中，确认相关递延所得税资产：（如图2-66中D段运动所示）

借：递延所得税资产　　　　90 000③

　贷：所得税费用　　　　90 000

根据上述抵销分录，编制合并工作底稿（局部）见表2-41。

表2-41　**合并工作底稿（局部）**　单位：万元

项目	甲公司	乙公司	合计数	调整分录		抵销分录		少数股东权益	合并数
				借方	贷方	借方	贷方		
资产负债表项目									
⋮									
固定资产原价		168	168				48①		120
累计折旧		42	42			12②			30
固定资产净值		126	126						90
⋮									
递延所得税资产						9③			9
⋮									
利润表项目									
营业收入	168		168			168①			0
营业成本	120		120				120①		0
⋮									
销售费用		42	42				12②		30
⋮									
营业利润	48	−42	6			168	132		−30
⋮									
利润总额	48	−42	6			168	132		−30
所得税费用	12	−10.5	1.5				9③		−7.5
净利润	36	−31.5	4.5			168	141		−22.5
⋮									
股东权益变动表项目									
年初未分配利润	0		0				0		0
⋮									
年末未分配利润	36	−31.5	4.5			168	141		−22.5

第十二节　合并现金流量表的编制

一、合并现金流量表概述

现金流量表要求按照收付实现制反映企业经济业务所引起的现金流入和流出，其编制方法有直接法和间接法两种。我国已经明确规定企业对外报送的现金流量表采用直接法编制。所谓直接法，是将按照权责发生制确认的营业收入调整与营业活动有关的流动资产和流动负债的增减变动，列示营业收入和其他收入的收现数，将按照配比原则确认的营业成本和营业费用调整为付现数。在采用直接法的情况下，以合并利润表有关项目的数据为基础，调整得出本期的现金流入和现金流出数量；分别经营活动产生的现金流量、投资活动产生的现金流量、筹资活动产生的现金流量等三大类，反映企业一定会计期间的现金流量情况。

二、编制合并现金流量表需要抵销的项目

在以母公司和子公司个别现金流量表为基础编制合并现金流量表时，需要抵销的内容主要有：

合并现金流量表及其他

（1）母公司与子公司、子公司之间当期以现金投资或收购股权增加的投资所产生的现金流量应当抵销。

当母公司从子公司购买其持有的其他企业的股票时，由此所产生的现金流量，在购买股权方的母公司个别现金流量表中，表现为“投资活动产生的现金流量”中的“投资支付的现金”的增加，而在出售股权方的子公司个别现金流量表中则表现为“投资活动产生的现金流量”中的“收回投资收到的现金”的增加。在母公司对子公司投资的情况下，其所产生的现金流量在母公司个别现金流量表中表现为“投资活动产生的现金流量”中的“投资支付的现金”的增加，而在接受投资的子公司个别现金流量表中则表现为“筹资活动产生的现金流量”中的“吸收投资收到的现金”的增加。因此，编制合并现金流量表时应将其抵销。

（2）母公司与子公司、子公司之间当期取得投资收益收到的现金，应当与分配股利、利润或偿付利息支付的现金抵销。

母公司对子公司投资以及子公司之间进行投资分配现金股利或利润，由此所产生的现金流量，在股利或利润支付方的个别现金流量表中表现为“筹资活动产生的现金流量”中的“分配股利、利润或偿付利息支付的现金”的增加，而在收到股利或利润方的个别现金流量表中则表现为“投资活动产生的现金流量”中的“取得投资收益收到的现金”的增加，为此，在编制合并现金流量表时必须将其抵销。

（3）母公司与子公司、子公司之间以现金结算债权与债务所产生的现金流量应当抵销。

以现金结算内部债权债务，对于债权方来说表现为现金流入，而对于债务方来说则表现为现金流出。在现金结算的债权与债务属于母公司与子公司、子公司之间内部销售商品

和提供劳务所产生的情况下，从其个别现金流量表来说，在债权方的个别现金流量表中表现为“销售商品、提供劳务收到的现金”的增加；而在债务方的个别现金流量表中则表现为“购买商品、接受劳务支付的现金”的增加。在编制合并现金流量表时必须将由此所产生的现金流量抵销。在现金结算的债权与债务属于内部往来所产生的情况下，在债权方的个别现金流量表中表现为“收到的其他与经营活动有关的现金”的增加，在债务方的个别现金流量表中表现为“支付的其他与经营活动有关的现金”的增加，在编制合并现金流量表时由此产生的现金流量也必须抵销。

(4) 母公司与子公司、子公司之间当期销售商品所产生的现金流量应当抵销。

母公司与子公司、子公司之间当期销售商品没有形成固定资产、在建工程、无形资产等资产的情况下，该内部销售商品所产生的现金流量，在销售方的个别现金流量表中表现为“销售商品、提供劳务收到的现金”的增加，而在购买方的个别现金流量表中则表现为“购买商品、接受劳务支付的现金”的增加。而在母公司与子公司、子公司之间当期销售商品形成固定资产、在建工程、无形资产等资产的情况下，该内部销售商品所产生的现金流量，在购买方的个别现金流量表中表现为“购建固定资产、无形资产和其他长期资产所支付的现金”的增加。为此，在编制合并现金流量表时必须将由此产生的现金流量抵销。

(5) 母公司与子公司、子公司之间处置固定资产、无形资产和其他长期资产收回的现金净额，应当与购建固定资产、无形资产和其他长期资产支付的现金抵销。

内部处置固定资产时，由于处置固定资产等所产生的现金流量，对于处置方个别现金流量表来说，表现为“处置固定资产、无形资产和其他长期资产收回的现金净额”的增加；对于购置该资产的接受方来说，在其个别现金流量表中表现为“购置固定资产、无形资产和其他长期资产支付的现金”的增加。故在编制合并现金流量表时必须将由此产生的现金流量抵销。

(6) 母公司与子公司、子公司之间当期发生的其他内部交易所产生的现金流量应当抵销。

思考题

1. 企业合并财务报表的合并理论有哪些？这些合并理论各有什么特点？
2. 如何以控制为基础，确定合并范围？
3. 什么是投资性主体？它有什么特点？
4. 编制合并资产负债表需要调整、抵销哪些项目？
5. 编制合并利润表和合并所有者权益变动表需要调整、抵销哪些项目？
6. 编制合并现金流量表需要调整、抵销哪些项目？

立德育人

2021年国内并购交易量创新高[①]

2022年2月24日，普华永道发布的报告《2021年中国企业并购市场回顾与2022年前

① 侯润芳. 普华永道：去年国内并购交易量创新高 今年或将继续保持较高水平［EB/OL］.［2022-02-24］. https://baijiahao.baidu.com/s?id=1725630345033774139&wfr=spider&for=pc.

瞻》显示，2021年中国国内并购交易数量创下历史新高，其中，私募股权基金交易金额首次超过交易总额的一半。报告还预测，2022年中国企业并购交易可能将继续保持较高水平。

报告显示，2021年中国国内并购交易数量达到12 790宗，较2020年增长了21%。但由于2020年曾经出现过不少由政府和国有企业支持的超大型交易，2021年的并购交易金额回落到正常水平，较2020年的历史最高值下降了19%至6 374亿美元。

值得关注的是，私募股权基金交易首次成为金额最大的交易类别，私募股权基金交易金额首次超过交易总额的一半。“2021年对于私募股权投资而言是炙手可热的一年，私募股权首次占中国并购交易总额的一半以上。高科技、工业品和消费品领域的交易金额保持在非常高的水平，私募股权越来越多地参与电商、物流和由传统能源向新能源转型等投资主题相关的超大型交易。从交易数量上看，私募股权也活跃于高科技、医疗健康、工业品和消费品领域，这一趋势也体现了政府在这些领域的各种举措。”普华永道中国并购咨询服务合伙人杨辉表示。

从超大型交易看，报告显示，2021年发生了97宗超大型并购交易（单宗交易价值10亿美元以上），其中许多交易与境内关键经济主题相一致，如产业升级（23宗工业品交易价值560亿美元），双循环（17宗消费品交易价值310亿美元）以及低碳环保（9宗电力能源交易价值260亿美元）。由私募股权基金主导的超大型交易数量在2020年猛增的基础上，继续维持在40多宗的高位。

此外，报告还显示，由于疫情和地缘政治的影响，海外并购活动持续低迷，但呈现小幅反弹。随着中国私募股权基金寻找具有“中国视角”的海外投资项目，财务投资者首次成为海外并购的最大参与者，国有企业仍然专注于国内市场。消费品行业吸引了中国投资者的大部分资金，且高科技行业持续受到追捧。从交易数量看，活动水平较2020年略有上升，科技、医疗健康和工业品是2021年最受欢迎的海外投资领域。

要求：请从全球视野、辩证思维、开拓创新三个角度中任选其一，谈一谈你的想法和感受。

第三章 外币折算

学习目标

本章主要讲授外币业务处理和外币报表编制过程中的外币折算业务。通过本章的学习，读者应掌握记账本位币的确定，掌握外币交易所引起的资金运动及会计处理；掌握外币报表折算业务所引起的资金运动及会计处理。

第一节 记账本位币

一、记账本位币及其确定

记账本位币是指企业经营所处的主要经济环境中的货币。主要经济环境，通常是指企业主要产生和支出货币资金的环境，使用该环境中的货币最能反映企业主要交易的经济结果。例如，我国大多数企业主要产生和支出货币资金的环境一般都在国内，因此，一般以人民币作为本企业的记账本位币。

我国《会计法》规定，业务收支以人民币以外的货币为主的单位，可以选定其中一种货币作为记账本位币，但是编报的财务会计报告应当折算为人民币。企业在选定记账本位币时，应当考虑下列因素：

（1）从日常活动收入的角度看，所选择的货币应该能够对企业商品和劳务销售价格起主要作用，通常以该货币进行商品和劳务销售价格的计价和结算。

（2）从日常活动支出的角度看，所选择的货币应该能够对商品和劳务所需人工、材料和其他费用产生主要影响，通常以该货币进行这些费用的计价和结算。

（3）融资活动获得的资金以及保存从经营活动中收取款项时所使用的货币，视融资活动获得的资金在其生产经营活动中的重要性，或者企业通常留存销售收入的货币而定。

【例 3-1】国内甲企业超过85%的营业收入来自向各国的出口，其商品销售价格一般以美元结算，主要受美元的影响。因此，从影响商品和劳务销售价格的角度看，甲企业应选择美元作为记账本位币。

如果甲企业除厂房设施、20%的人工成本在国内以人民币采购外，生产所需原材料、机器设备及80%的人工成本都需要以美元在国际市场采购，则可进一步确定甲企业的记账本位币是美元。

如果甲企业的人工成本、原材料及厂房设施、机器设备等90%以上在国内采购并以人民币计价，则难以确定甲企业的记账本位币，需要考虑第三项因素。如果甲企业取得的美元营业收入在汇回国内时可随时换成人民币存款，且甲企业对所有以美元结算的资金往来的外币风险都进行了套期保值，则甲企业应当选定人民币为其记账本位币。

在确定企业的记账本位币时，上述因素的重要程度因企业具体情况不同而不同，需要企业管理层根据实际情况进行判断。一般情况下，综合考虑前两项即可确定企业的记账本位币，第三项为参考因素，视其对企业收支现金的影响程度而定。在综合考虑前两项因素仍不能确定企业记账本位币的情况下，第三项因素对企业记账本位币的确定起重要作用。

记账本位币的确定

企业管理层根据实际情况确定的记账本位币只有一种，该货币一经确定，不得随意改变，除非与确定记账本位币相关的企业经营所处的主要经济环境发生重大变化。

二、境外经营记账本位币及其确定

（一）境外经营的含义

境外经营通常是指企业在境外的子公司、合营企业、联营企业、分支机构等。当企业在境内的子公司、合营企业、联营企业或者分支机构等选定的记账本位币不同于企业的记账本位币时，也应当视同境外经营。

区分某实体是否为该企业的境外经营的关键因素有两项：（1）该实体与企业的关系，是否为企业的子公司、合营企业、联营企业、分支机构等；（2）该实体的记账本位币是否与企业的记账本位币相同，而不是以该实体是否在企业所在地的境外作为标准。

（二）境外经营记账本位币的确定

由于境外经营是企业的子公司、合营企业、联营企业或者分支机构等，因此，境外经营记账本位币的选择还应当考虑该境外经营与企业的关系：

（1）境外经营对其所从事的活动是否拥有很强的自主性。如果境外经营所从事的活动视同企业经营活动的延伸，则该境外经营应当选择与企业记账本位币相同的货币作为记账本位币；如果境外经营所从事的活动拥有极大的自主性，则应根据所处的主要经济环境选择记账本位币。

（2）境外经营活动中与企业的交易是否在境外经营活动中占有较大比重。如果境外经营与企业的交易在境外经营活动中所占的比重较高，则境外经营应当选择与企业记账本位币相同的货币作为记账本位币；反之，则应根据所处的主要经济环境选择记账本位币。

（3）境外经营活动产生的现金流量是否直接影响企业的现金流量、是否可以随时汇回。如果境外经营活动产生的现金流量直接影响企业的现金流量，并可随时汇回，则境外经营应当选择与企业记账本位币相同的货币作为记账本位币；反之，则应根据所处的主要经济环境选择记账本位币。

（4）境外经营活动产生的现金流量是否足以偿还其现有债务和可预期的债务。如果境外经营活动产生的现金流量在企业不提供资金的情况下，难以偿还其现有债务和正常情况下可预期的债务，则境外经营应当选择与企业记账本位币相同的货币作为记账本位币；反之，则应根据所处的主要经济环境选择记账本位币。

三、记账本位币变更的会计处理

企业因经营所处的主要经济环境发生重大变化，确需变更记账本位币的，应当采用变更当日的即期汇率将所有项目折算为变更后的记账本位币，折算后的金额作为新的记账本位币的历史成本。由于采用同一即期汇率进行折算，因此，不会产生汇兑差额。当然，企业需要提供确凿的证据证明企业经营所处的主要经济环境确实发生了重大变化，并应当在附注中披露记账本位币变更的理由。

企业记账本位币发生变更的，其比较财务报表应当以可比当日的即期汇率折算所有资产负债表和利润表项目。

第二节　外币交易资金运动分析与会计处理

外币交易由于交易日与款项结算日的不同，折算所用的汇率可能不同，从而导致相同金额的外币折算为记账货币的金额可能不同。对于外币交易的处理主要有两种观点：（1）一项交易观；（2）两项交易观。

“一项交易观”认为，交易的发生与以后相应款项的结算应当被视为一项交易的两个阶段，从交易日至款项结算日汇率变动的影响应作为对原已入账的销售收入或购货成本的调整。这样，企业的销售收入或购货成本在交易日不能确定，须待款项结算时由当日的汇率确定。这与国际上所公认的销售收入应在销售成立时确认的原则相违背，且所提供的会计信息不能及时反映外币风险的程度。

“两项交易观”认为，交易的发生与相应款项的结算是两项独立的关联交易，交易产生的销售收入或购货成本在交易日由当日的汇率确定，以后不再因汇率的变动而予以调整，汇率变动的风险由因交易而产生的应收或应付款承担。因交易日与款项结算日汇率可能不同而产生的应收或应付款差额称为汇兑差额。当外币交易已经全部完成，债权债务已结清，由此所产生的汇兑差额为“已实现汇兑差额”；当外币交易已完成，但债权未收回或债务未偿付，由此产生的汇兑差额为“未实现汇兑差额”。对于“未实现汇兑差额”的处理有两种方法：（1）当期不确认未实现汇兑差额，需递延至外币交易结算的当期确认；（2）未实现汇兑差额与已实现汇兑差额均在当期确认。我国和大多数国家或地区均采用第二种处理方法。

一、汇率

外币交易的相关概念

汇率是指两种货币相兑换的比率，是一种货币单位用另一种货币单位所表示的价格。我们通常在银行见到的汇率有三种表示方式：买入价、卖出价和中间价。买入价指银行买入其他货币的价格，卖出价指银行出售其他货币的价格，中间价是银行买入价与卖出价的平均价。银行的卖出价一般高于买入价，以获取其中的差价。

（一）即期汇率的选择

即期汇率是相对于远期汇率而言的。远期汇率是在未来某一日交付时的结算价格，而即期汇率是指当前立即交付的结算价格。无论买入价，还是卖出价，均是立即交付的结算价格，都是即期汇率。为方便核算，企业用于记账的即期汇率一般指当日中国人民银行公布的人民币汇率的中间价。但是，在企业发生单纯的货币兑换交易或涉及货币兑换的交易时，仅用中间价不能反映货币买卖的损益，需要使用买入价或卖出价折算。

企业发生的外币交易只涉及人民币与美元、欧元、日元、港元等之间折算的，可直接采用中国人民银行每日公布的人民币汇率的中间价作为即期汇率进行折算；企业发生的外币交易涉及人民币与其他货币之间折算的，应按照国家外汇管理局公布的各种货币对美元折算率采用套算的方法进行折算，发生的外币交易涉及人民币以外的货币之间折算的，可直接采用国家外汇管理局公布的各种货币对美元折算率来进行折算。

（二）即期汇率的近似汇率

当汇率变动不大时，为简化核算，企业在外币交易日或对外币报表的某些项目进行折算时，可以选择即期汇率的近似汇率折算。即期汇率的近似汇率是“按照系统合理的方法确定的、与交易发生日即期汇率近似的汇率”。即期汇率的近似汇率通常是指当期平均汇率或加权平均汇率等。加权平均汇率需要采用外币交易的外币金额作为权重进行计算。

确定即期汇率的近似汇率的方法应在前后各期保持一致。如果汇率波动使得采用即期汇率的近似汇率折算不适当，应当采用交易发生日的即期汇率折算。如何判断即期汇率的近似汇率是否适当，企业需要根据汇率变动情况及计算近似汇率等方法进行综合考量。

二、外币交易的记账方法

外币交易的记账方法有外币统账制和外币分账制两种。

外币统账制是指企业在发生外币交易时，将外币折算为记账本位币入账。

外币分账制是指企业在日常核算时按不同币种分别记账。在资产负债表日，企业需要分别对货币性项目和非货币性项目进行调整：货币性项目按资产负债表日即期汇率折算；非货币性项目按交易日即期汇率折算；产生的汇兑差额计入当期损益。

外币交易的记账方法

我国绝大多数企业一般都采用外币统账制记账方法进行日常核算。只有银行等少数金融企业，由于外币交易频繁，涉及外币币种较多，其日常核算主要采用外币分账制记账方法。无论是采用分账制记账方法，还是采用统账制记账方法，只是账务处理的程序不同而已，其产生的结果应当相同，即计算出的汇兑差额相同；其相应的会计处理也相同，即均计入当期损益。

三、外币交易的会计处理

外币是企业记账本位币以外的货币。外币交易是指企业发生的以外币计价或者结算的交易。外币交易主要包括：（1）买入或者卖出以外币计价的商品或者劳务，例如，以人民币为记账本位币的国内甲公司向国外乙公司销售商品，货款以美元结算；甲公司购买乙公司发行的H股股票，甲公司从境外以美元购买固定资产或生产用原材料等。（2）借入或者借出外币资金，例如，以人民币为记账本位币的甲公司从中国银行借入欧元，经批准向海外发行美元债券等。（3）其他以外币计价或者结算的交易。其他交易是指除上述外，以记账本位币以外的货币计价或结算的其他交易，例如，接受外币现金捐赠等。

（一）初始确认

企业发生外币交易的，应在初始确认时采用交易日的即期汇率或即期汇率的近似汇率将外币金额折算为记账本位币金额。这里的即期汇率可以是外汇牌价的买入价或卖出价，也可以是中间价；在不进行货币兑换的情况下，一般以中间价作为即期汇率。

【例3-2】甲公司的记账本位币为人民币，对外币交易采用交易日的即期汇率折算。20×5年3月3日，甲公司从境外乙公司购入不需要安装的设备一台，设备价款为400 000美元，购入该设备当日的即期汇率为1美元=6.5元人民币，适用的增值税税率为13%，款项尚未支付，但相关的增值税已以银行存款支付。外币资金运动如图3-1所示。

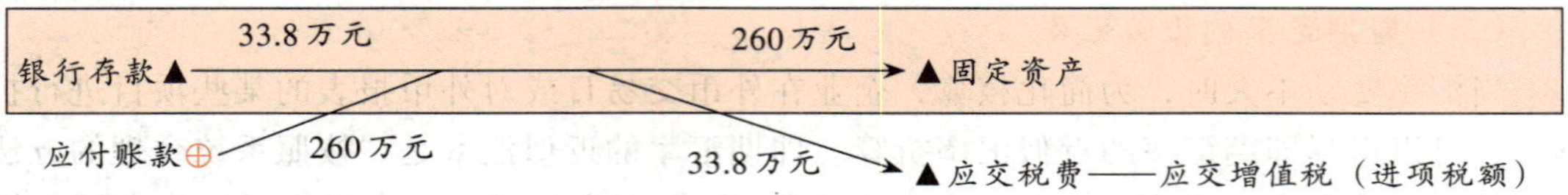

图3-1 企业发生外币交易

借：固定资产——机器设备（400 000×6.5）　2 600 000
　　应交税费——应交增值税（进项税额）　338 000
　　贷：应付账款——乙公司（美元）　2 600 000
　　　　银行存款　338 000

外币交易初始业务处理

企业收到投资者以外币投入的资本，无论是否有合同约定汇率，均不采用合同约定汇率和即期汇率的近似汇率折算，而是采用交易日的即期汇率折算。这样，外币投入资本与相应项目的记账本位币金额相等，不产生外币资本折算差额。

【例3-3】甲公司以人民币为记账本位币。20×5年6月1日，甲公司与美国乙公司签订投资合同，乙公司将向甲公司出资220万美元，占甲公司注册资本的20%，乙公司的出资款将在合同签订后一年内分两次汇到甲公司账上；合同约定汇率为1美元=6.5元人民币。当日的即期汇率为1美元=6.45元人民币。

（1）20×5年9月10日，甲公司收到乙公司汇来的第一期出资款100万美元，当日的即期汇率为1美元=6.35元人民币。（如图3-2A段运动中（1）所示）

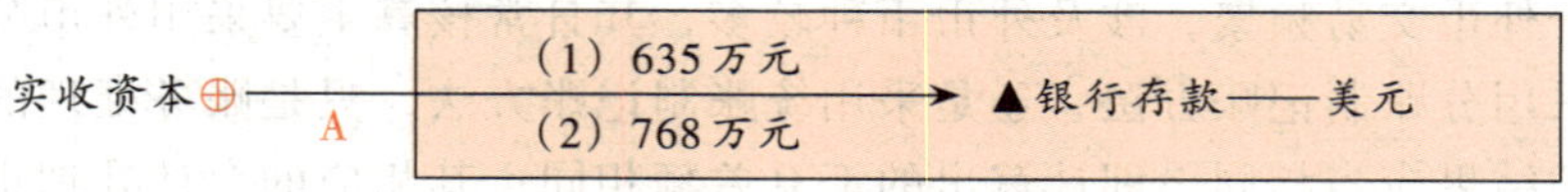

图3-2 收到投资者以外币投入的资本

借：银行存款——美元（1 000 000×6.35）　6 350 000
　　贷：实收资本　6 350 000

（2）20×6年5月25日，甲公司收到乙公司汇来的第二期出资款120万美元，当日的即期汇率为1美元=6.4元人民币。（如图3-2A段运动中（2）所示）

借：银行存款——美元（1 200 000×6.4）　7 680 000
　　贷：实收资本　7 680 000

【例3-4】甲公司以人民币为记账本位币，对外币交易采用交易日的即期汇率折算。20×5年6月1日，甲公司到银行将500 000美元兑换为人民币，银行当日的美元买入价为1

美元=6.55元人民币，中间价为1美元=6.60元人民币。

企业与银行发生货币兑换，兑换所用汇率为银行的买入价，而通常记账所用的即期汇率为中间价，由此而产生的汇兑差额计入当期财务费用（如图3-3所示）。

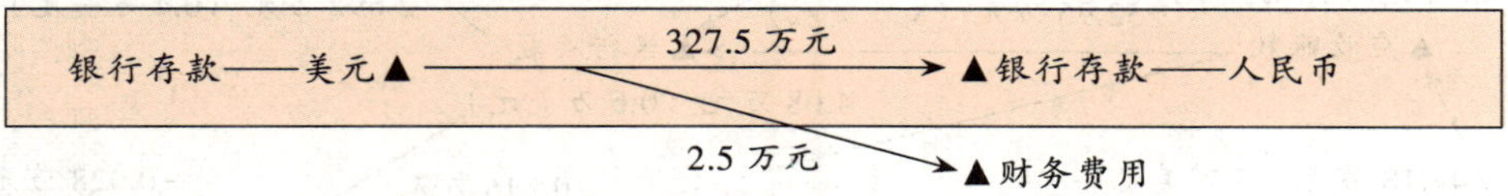

图3-3　企业与银行发生货币兑换产生的汇兑损益

借：银行存款——人民币（500 000×6.55）　3 275 000

　　财务费用——汇兑差额　25 000

　贷：银行存款——美元（500 000×6.60）　3 300 000

（二）期末调整或中途结算

期末调整或中途结算时，企业应当按照外币货币性项目和外币非货币性项目分别进行处理。

1.外币货币性项目

货币性项目是企业持有的货币和将以固定或可确定金额的货币收取的资产或者偿付的负债。货币性项目分为货币性资产和货币性负债，货币性资产包括库存现金、银行存款、应收账款、其他应收款、长期应收款等，货币性负债包括应付账款、其他应付款、短期借款、应付债券、长期借款、长期应付款等。期末调整或中途结算外币货币性项目时，应以当日即期汇率折算，该项目因当日即期汇率不同于该项目初始入账时或前一期期末的即期汇率而产生的汇兑差额计入当期损益。

其所引起的资金运动如图3-4所示。

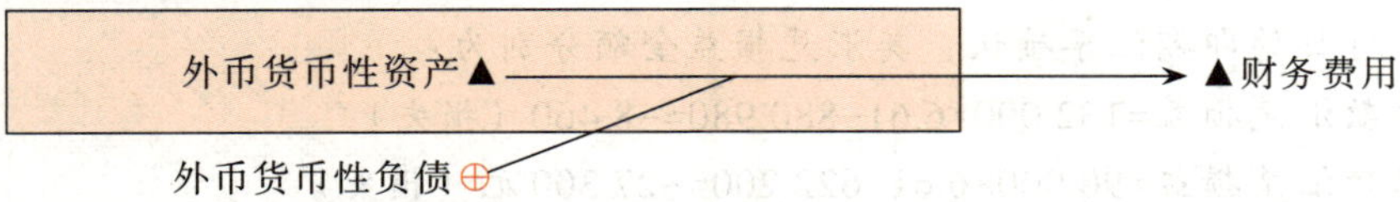

图3-4　外币货币性项目期末调整与中途结算汇兑差额业务资金运动分析图

【例3-5】丙公司外币业务按发生时的即期汇率折算，按月计算汇兑损益，20×1年7月31日的即期汇率为1美元=6.8元人民币。20×1年7月31日外币账户余额如下：银行存款40 800元人民币（6 000美元）；应收账款680 000元人民币（100 000美元）；短期借款27 200元人民币（4 000美元）。

外币货币性项目期末调整与结算1

该公司20×1年8月份发生外币业务如下：

（1）8月8日收到投资5万美元，美元与人民币的即期汇率为1：6.75，已存入银行。（如图3-5中A段运动所示）

借：银行存款——美元（50 000×6.75）　337 500

　贷：实收资本　337 500

（2）8月13日出口商品一批，货款为70 000美元，美元与人民币的即期汇率为1：6.74，款项尚未收到，免征增值税。（如图3-5中B段运动所示）

借：应收账款——美元（70 000×6.74）　471 800

　贷：主营业务收入　471 800

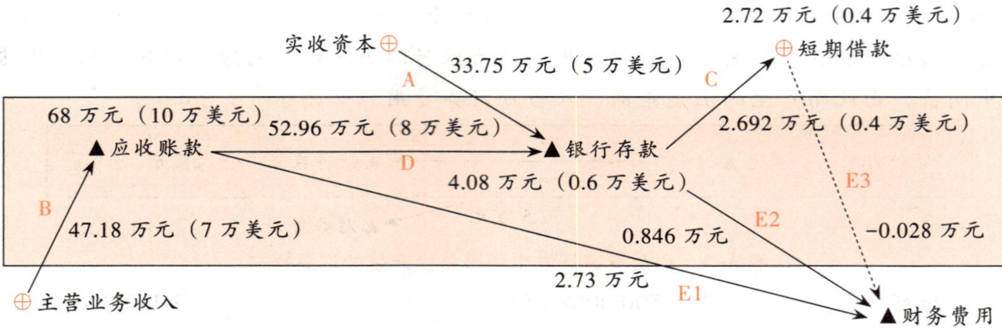

图 3-5　丙公司外币货币性项目业务资金运动分析图

（3）8 月 22 日，以 4 000 美元偿还短期借款，美元与人民币的即期汇率为 1：6.73。（如图 3-5 中 C 段运动所示）

借：短期借款——美元（4 000×6.73）　　26 920

　贷：银行存款——美元（4 000×6.73）　　26 920

（4）8 月 28 日，收到应收账款 8 万美元，美元与人民币的即期汇率为 1：6.62。（如图 3-5 中 D 段运动所示）

借：银行存款——美元（80 000×6.62）　　529 600

　贷：应收账款——美元（80 000×6.62）　　529 600

（5）8 月 31 日，美元与人民币的即期汇率为 1：6.61，按该汇率对货币性项目期末金额进行调整。

期末调整前，各项目的余额情况如下：银行存款 880 980 元（132 000 美元）；应收账款 622 200 元（90 000 美元）；短期借款 280 元（0 美元）。

按 8 月 31 日的即期汇率确认，其汇兑损益金额分别为：

银行存款汇兑损益=132 000×6.61−880 980=−8 460（损失）

应收账款汇兑损益=90 000×6.61−622 200=−27 300 元（损失）

短期借款汇兑损益=0−280=−280 元（收益）

对该汇兑损益金额进行调整。（如图 3-5 中 E1、E2、E3 段运动所示）

借：财务费用——汇兑差额　　35 480

　　短期借款　　280

　贷：银行存款　　8 460

　　　应收账款　　27 300

企业为购建或生产符合资本化条件的资产而借入的专门借款为外币借款时，在借款费用资本化期间内，由于外币借款在取得日、使用日及结算日的汇率不同而产生的汇兑差额，以及外币借款利息确认与支付资金产生的汇兑差额应当予以资本化，计入固定资产等项目成本。

【例 3-6】国内甲公司的记账本位币为人民币。20×7 年 1 月 1 日，甲公司为建造某固定资产专门借入长期借款 1 000 000 美元，期限为 2 年，年利率为 5%，下年 1 月 1 日支付利息，到期还本。该固定资产建设期间为 3 年，该外币借款期间全部属于资本化期间。该外币借款期间的相关即期汇率见表 3-1。外币资产运动如图 3-6 所示。

表 3-1　　外币借款期间即期汇率表

时点	即期汇率
20×7 年 1 月 1 日	1 美元=6.45 元人民币
20×7 年 12 月 31 日	1 美元=6.65 元人民币
20×8 年 1 月 1 日	1 美元=6.67 元人民币
20×8 年 12 月 31 日	1 美元=6.77 元人民币
20×9 年 1 月 1 日	1 美元=6.80 元人民币

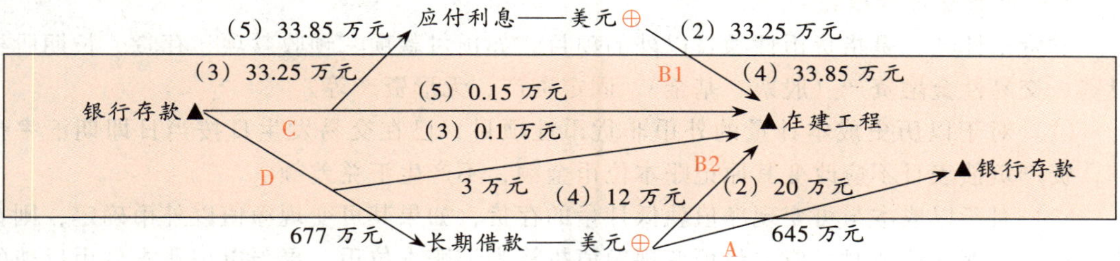

图 3-6　甲公司外币专门借款业务资金运动分析图

（1）20×7 年 1 月 1 日，甲公司取得该笔外币借款：（如图 3-6 中 A 段运动所示）

借：银行存款——美元（1 000 000×6.45）　　6 450 000

　贷：长期借款——美元　　6 450 000

（2）20×7 年 12 月 31 日，计提当年借款利息：（如图 3-6 中 B1 段运动（2）所示）

借：在建工程（1 000 000×5%×6.65）　　332 500

　贷：应付利息——美元　　332 500

确认美元借款本金由于汇率变动产生的汇兑差额处理：（如图 3-6 中 B2 段运动（2）所示）

借：在建工程　　200 000

　贷：长期借款——美元（1 000 000×（6.65−6.45））　　200 000

外币货币性项目期末调整与结算 2

（3）20×8 年 1 月 1 日，该公司支付 20×7 年利息，该利息由于汇率变动产生的汇兑差额应当予以资本化，计入在建工程成本。（如图 3-6 中 C 段运动（3）所示）

借：应付利息——美元　　332 500

　　在建工程（50 000×（6.67−6.65））　　1 000

　贷：银行存款　　333 500

（4）20×8 年 12 月 31 日，计提当年借款利息：（如图 3-6 中 B1 段运动（4）所示）

借：在建工程（1 000 000×5%×6.77）　　338 500

　贷：应付利息——美元　　338 500

确认美元借款本金由于汇率变动产生的汇兑差额处理：（如图 3-6 中 B2 段运动（4）所示）

借：在建工程　　120 000

　贷：长期借款——美元（1 000 000×（6.77−6.65））　　120 000

（5）20×9 年 1 月 1 日，该公司支付 20×8 年利息，该利息由于汇率变动产生的汇兑差额应当予以资本化，计入在建工程成本。（如图 3-6 中 C 段运动（5）所示）

借：应付利息——美元　　338 500

　　在建工程（50 000×（6.80−6.77））　　1 500

　贷：银行存款　　340 000

同时，甲企业偿还外币借款本金100万美元。（如图3-6中D段运动所示）

借：长期借款——美元　　6 770 000

　　在建工程（1 000 000×（6.80−6.77））　　30 000

　贷：银行存款　　6 800 000

2.外币非货币性项目

非货币性项目是指货币性项目以外的项目，如预付款项、预收款项、存货、长期股权投资、交易性金融资产（股票、基金）、固定资产、无形资产等。

（1）对于以历史成本计量的外币非货币性项目，已在交易发生日按当日即期汇率折算，资产负债表日不应改变其原记账本位币金额，不产生汇兑差额。

（2）对于以成本与可变现净值孰低计量的存货，如果其可变现净值以外币确定，则在确定存货的期末价值时，应先将可变现净值折算为记账本位币，再与以记账本位币反映的存货成本进行比较。

【例3-7】甲公司以人民币为记账本位币。20×8年11月2日，甲公司从英国乙公司采购国内市场尚无的某商品10 000件，每件价格为1 000英镑，当日即期汇率为1英镑=8元人民币。20×8年12月31日，尚有1 000件该商品未销售出去，国内市场仍无该商品供应，该商品在国际市场的价格降至900英镑。12月31日的即期汇率是1英镑=8.1元人民币。假定不考虑相关税费。

由于存货在资产负债表日采用成本与可变现净值孰低计量，因此，在以外币购入存货并且该存货在资产负债表日确定的可变现净值以外币反映时，计提存货跌价准备应当考虑汇率变动的影响。相关资金运动如图3-7所示。因此，该公司应作会计分录如下：

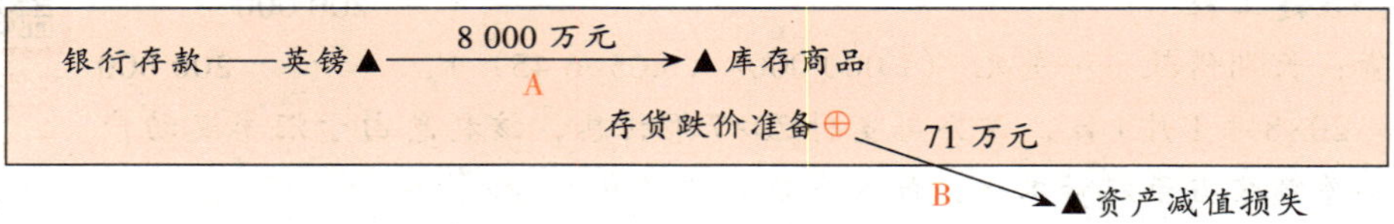

图3-7　甲公司存货购买与减值业务资金运动分析图

外币非货币性项目期末调整与结算1

①20×8年11月2日，购入某商品：（如图3-7中A段运动所示）

借：库存商品（10 000×1 000×8）　　80 000 000

　贷：银行存款——英镑　　80 000 000

②20×8年12月31日，计提存货跌价准备：（如图3-7中B段运动所示）

1 000×1 000×8 −1 000×900×8.1=710 000（元人民币）

借：资产减值损失　　710 000

　贷：存货跌价准备　　710 000

（3）对于以公允价值计量的股票、基金等非货币性项目，如果期末的公允价值以外币反映，则应当先将该外币按照公允价值确定当日的即期汇率折算为记账本位币金额，再与原记账本位币金额进行比较，其差额作为公允价值变动损益，计入当期损益。处置时，将按外币计价的售价金额折算为记账本位币，再将其与原记账本位币的金额进行比较，差额计入投资收益。

【例3-8】国内甲公司的记账本位币为人民币。20×8年12月10日，甲公司以每股5美元的价格购入乙公司B股100 000股作为交易性金融资产，当日即期汇率为1美元=6.60元人民币，款项已付。20×8年12月31日，由于市价变动，购入的乙公司B股股票的市价变为每股5.60美元，当日即期汇率为1美元=6.75元人民币。20×9年1月10日，甲公司将所购乙公司B股股票按当日市价每股5.80美元全部售出，当日即期汇率为1美元=6.80元人民币。假定不考虑相关税费的影响。

①20×8年12月10日，甲公司购买该金融资产：（如图3-8中A段运动所示）

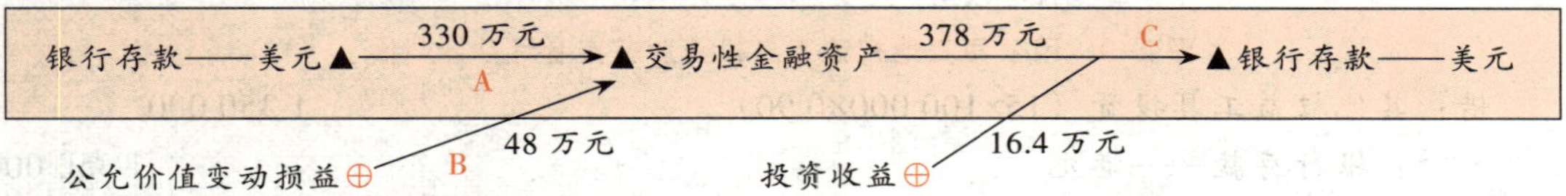

图3-8 甲公司交易性金融资产业务资金运动分析图

借：交易性金融资产（5×100 000×6.60）　　3 300 000

　贷：银行存款——美元　　3 300 000

②20×8年12月31日，交易性金融资产以公允价值进行计量。由于该项交易性金融资产是以外币计价的，在资产负债表日，不仅应考虑股票市价的变动，还应一并考虑美元与人民币之间汇率变动的影响，上述交易性金融资产在资产负债表日的人民币金额为378万元（5.60×10×6.75），与原账面价值330万元的差额为48万元，计入公允价值变动损益。（如图3-8中B段运动所示）

外币非货币性项目期末调整与结算2

借：交易性金融资产　　480 000

　贷：公允价值变动损益　　480 000

48万元既包含甲公司所购乙公司B股股票公允价值变动的影响，又包含人民币与美元之间汇率变动的影响。

③20×9年1月10日，甲公司将所购乙公司B股股票按当日市价每股5.80美元全部售出，所得价款为58万美元，按当日即期汇率1美元=6.80元人民币折算的人民币金额为394.4万元，与其原账面价值人民币金额378万元的差额为16.4万元，对于汇率的变动和股票市价的变动不进行区分，均作为投资收益进行处理。（如图3-8中C段运动所示）

借：银行存款——美元（5.80×100 000×6.80）　　3 944 000

　贷：交易性金融资产　　3 780 000

　　投资收益　　164 000

（4）以公允价值计量且其变动计入其他综合收益的外币货币性金融资产形成的汇兑差额，应当计入当期损益；外币非货币性金融资产（如其他权益工具投资）形成的汇兑差额，与其公允价值变动一并计入其他综合收益。但是，采用实际利率法计算的金融资产的外币利息产生的汇兑差额，应当计入当期损益，非交易性权益工具投资的外币现金股利产生的汇兑差额，应当计入当期损益。

【例 3-9】国内甲公司的记账本位币为人民币。20×8年2月10日，甲公司以每股15港元的价格购入乙公司H股100 000股作为以公允价值计量且其变动计入其他综合收益的金融资产，当日即期汇率为1港元=0.90元人民币，款项已付。20×8年12月31日，由于市价变动，购入的乙公司H股股票的市价变为每股18港元，当日即期汇率为1港元=0.85元人民币。假定不考虑相关税费的影响。

①20×8年2月10日，甲公司购入该金融资产：（如图3-9中A段运动所示）

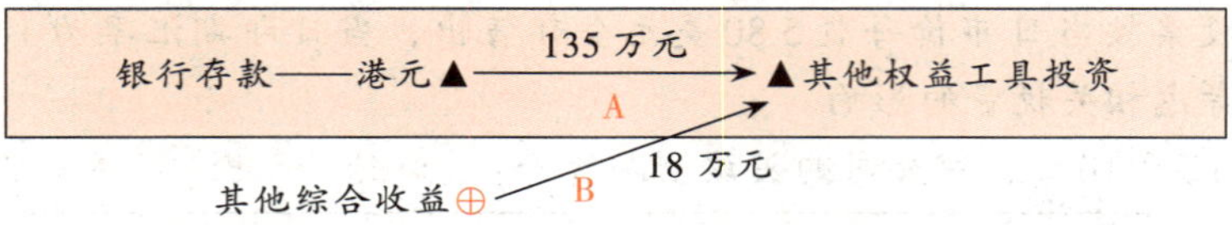

图 3-9　甲公司其他权益工具投资业务资金运动分析图

借：其他权益工具投资（15×100 000×0.90）　　1 350 000

　贷：银行存款——港元　　1 350 000

外币非货币性项目期末调整与结算3

②20×8年12月31日，对该金额资产进行期末计价：

由于该项金融资产是以外币计价的，在资产负债表日，不仅应考虑股票市价的变动，还应一并考虑港元与人民币之间汇率变动的影响，上述金融资产在资产负债表日的人民币金额为153万元（18×10 × 0.85），与原账面价值135万元的差额为18万元人民币，计入其他综合收益。（如图3-9中B段运动所示）

借：其他权益工具投资　　180 000

　贷：其他综合收益　　180 000

18万元人民币既包含甲公司所购乙公司H股股票公允价值变动的影响，又包含人民币与港元之间汇率变动的影响。

第三节　外币财务报表折算

外币财务报表折算方法

在将企业的境外经营通过合并、权益法核算等纳入到企业的财务报表中时，需要将企业境外经营的财务报表折算为以企业记账本位币反映的财务报表，这一过程就是外币财务报表折算。可见，境外经营及记账本位币的确定是进行财务报表折算的关键。

一、境外经营财务报表的折算

（一）对外币报表的折算

对外币报表的折算，常见的方法一般有四种：流动和非流动法、货币性与非货币性法、时态法和现时汇率法。

1.流动和非流动法

流动和非流动法是指境外经营的资产负债表中的流动资产和流动负债项目按资产负债表日的现时汇率折算，非流动资产和非流动负债及实收资本等项目按取得时的历史汇率折算，留存收益项目依据资产负债表的平衡原理轧差计算而得。利润表上折旧与摊销费用按相应资产取得时的历史汇率折算，其他收入和费用项目按报告期的平均汇率折算，销货成本根据“期初存货+本期购货-期末存货”的关系确定。形成的折算损失，计入报告企业的合并损益中；形成的折算收益，已实现部分予以确认，未实现部分须予以递延，以抵销以后期间形成的损失。本方法的优点在于能够反映境外经营的营运资金的报告货币等值，不改变境外经营的流动性。本方法的缺点：（1）流动性与非流动性的划分与汇率的变动无关；（2）对折算结果的处理，掩盖了汇率变动对合并净收益的影响，平滑了各期收益，与实际情况不符。

2.货币性与非货币性法

货币性与非货币性法是指货币性资产和负债按期末现时汇率折算，非货币性资产和负债按历史汇率折算。本方法的优点在于货币性与非货币性的分类恰当地考虑了汇率变动对资产和负债的影响，修正了流动和非流动法的缺点。本方法的缺点在于用分类来解决外币报表的折算，而没有考虑会计计量问题，结果使得有些项目分类未必与所选的汇率相关，如存货项目，根据本方法，对于非货币性项目，应采用历史汇率折算，但当存货采用成本与市价孰低计量时，对以市价计量的存货用历史汇率折算显然不合适。

3.时态法

时态法是指资产负债表各项目以过去价值计量的，采用历史汇率折算；以现在价值计量的，采用现时汇率折算；产生的折算损益计入当年的合并净损益。利润表各项目的折算与流动和非流动法下利润表的折算相同。本方法不仅考虑了会计计量基础，而且修正了上述货币性与非货币性方法的缺点。但是，该方法是从报告企业的角度考虑问题的，境外的子公司、分支机构等均被认为是报告企业经营活动在境外的延伸，与报告企业本身的外币交易原则相一致（有人将这一观点称为母公司货币观），这样，实际上忽视了境外经营作为相对独立的实体（即境外实体）的情况。另外，按此方法对外币报表进行折算，由于各项目使用的折算汇率不同，因而产生的折算结果不可能保持外币报表在折算前的原有比率关系。

4.现时汇率法

现时汇率法是指资产和负债项目均按现时汇率折算，实收资本按历史汇率折算，利润表各项目按当期（年）平均汇率折算，产生的折算损益作为所有者权益的一个单独项目予以列示。这一折算方法考虑了境外经营作为相对独立的实体的情况（有人将这一观点称为子公司货币观），着重于汇率变动对报告企业在境外经营的投资净额的影响，折算的结果使境外经营的财务报表中原有的财务关系不因折算而改变，所改变的仅是其表现方式。该方法修正了时态法的缺点。但却产生了另外的问题，对所有的资产和负债均以现时汇率折算，如对以历史成本计价的固定资产等按现时汇率折算将显得不伦不类。

（二）我国会计准则采用的折算方法

为与我国《企业会计准则第33号——合并财务报表》所采用的实体理论保持一致，我国外币折算准则基本采用现时汇率法。

在对企业境外经营财务报表进行折算前，应当调整境外经营的会计期间和会计政策，使之与企业会计期间和会计政策相一致，根据调整后会计政策及会计期间编制相应货币

（记账本位币以外的货币）的财务报表，再按照以下方法对境外经营财务报表进行折算。

（1）资产负债表中的资产和负债项目，采用资产负债表日的即期汇率折算，所有者权益项目除“未分配利润”项目外，均采用发生时的即期汇率折算。

（2）利润表中的收入和费用项目，采用交易发生日的即期汇率或即期汇率的近似汇率折算。

（3）产生的外币财务报表折算差额，在编制合并财务报表时，应在合并资产负债表中“其他综合收益”项目列示。

比较财务报表的折算比照上述规定处理。

【例 3-10】国内甲公司的记账本位币为人民币，该公司在境外有一家子公司乙公司，乙公司确定的记账本位币为美元。根据合同的约定，甲公司拥有乙公司70%的股权，并能够控制乙公司。甲公司采用当期平均汇率折算乙公司利润表项目。乙公司的有关资料如下：

外币报表折算举例

20×8年12月31日的汇率为1美元=6.80元人民币，20×8年的平均汇率为1美元=6.60元人民币，实收资本、资本公积发生日的即期汇率为1美元=7元人民币，20×8年12月31日的股本为500万美元，折算为人民币为3 500万元；累计盈余公积为50万美元，折算为人民币为345万元，累计未分配利润为120万美元，折算为人民币为835万元，甲、乙公司均在年末提取盈余公积，乙公司当年提取的盈余公积为70万美元。

报表折算见表3-2、表3-3和表3-4。

表 3-2　　利润表（简表）

20×8年度　　金额单位：万元

项目	期末数（美元）	折算汇率	折算为人民币金额
一、营业收入	2 000	6.60	13 200
减：营业成本	1 500	6.60	9 900
税金及附加	40	6.60	264
管理费用	100	6.60	660
财务费用	10	6.60	66
加：投资收益	30	6.60	198
二、营业利润	380	—	2 508
加：营业外收入	40	6.60	264
减：营业外支出	20	6.60	132
三、利润总额	400	—	2 640
减：所得税费用	120	6.60	792
四、净利润	280	—	1 848
五、其他综合收益的税后净额			
六、综合收益总额			
七、每股收益			

表 3-3　　所有者权益变动表（简表）

20×8 年度　　金额单位：万元

项目	实收资本			盈余公积			未分配利润		其他综合收益	所有者权益合计
	美元	折算汇率	人民币	美元	折算汇率	人民币	美元	人民币		人民币
一、本年年初余额	500	7	3 500	50		345	120	835		4 680
二、本年增减变动金额										
（一）净利润							280	1 848		1 848
（二）其他综合收益									−68	−68
其中：外币报表折算									−68	−68
（三）利润分配										
提取盈余公积				70	6.60	462	−70	−462		0
三、本年年末余额	500	7	3 500	120		807	330	2 221	−68	6 460

表 3-4　　资产负债表（简表）

20×8 年 12 月 31 日　　金额单位：万元

资产	期末数（美元）	折算汇率	折算为人民币	负债和所有者权益（或股东权益）	期末数（美元）	折算汇率	折算为人民币
流动资产：				流动负债：			
货币资金	190	6.80	1 292	短期借款	45	6.80	306
应收账款	190	6.80	1 292	应付账款	285	6.80	1 938
存货	240	6.80	1 632	其他流动负债	110	6.80	748
其他流动资产	200	6.80	1 360	流动负债合计	440	—	2 992
流动资产合计	820	—	5 576	非流动负债：			
非流动资产：				长期借款	140	6.80	952
长期应收款	120	6.80	816	应付债券	80	6.80	544
固定资产	550	6.80	3 740	其他非流动负债	90	6.80	612
在建工程	80	6.80	544	非流动负债合计	310	—	2 108
无形资产	100	6.80	680	负债合计	750		5 100
其他非流动资产	30	6.80	204	所有者权益（或股东权益）：			
非流动资产合计	880	—	5 984	实收资本（或股本）	500	7	3 500
				盈余公积	120		807
				未分配利润	330		2 221
				外币报表折算差额			−68
				所有者权益（或股东权益）合计	950		6 460
资产总计	1 700		11 560	负债和所有者权益（或股东权益）总计	1 700		11 560

外币报表折算差额为以记账本位币反映的净资产减去以记账本位币反映的实收资本、资本公积、累计盈余公积及累计未分配利润后的余额。

（三）特殊项目的处理

1.少数股东应分担的外币报表折算差额

在企业境外经营为其子公司的情况下，企业在编制合并财务报表时，应按少数股东在境外经营所有者权益中所享有的份额计算少数股东应分担的外币报表折算差额，并入少数股东权益列示于合并资产负债表中。

2.实质上构成对境外经营净投资的外币货币性项目产生的汇兑差额的处理

母公司含有实质上构成对子公司（境外经营）净投资的外币货币性项目的情况下，在编制合并财务报表时，应分别以下两种情况进行抵销处理：

（1）实质上构成对子公司净投资的外币货币性项目以母公司或子公司的记账本位币反映，则应在抵销长期应收应付项目的同时，将其产生的汇兑差额转入“其他综合收益”项目。

（2）实质上构成对子公司净投资的外币货币性项目以母、子公司的记账本位币以外的货币反映，则应将母、子公司此项外币货币性项目产生的汇兑差额相互抵销，差额转入“其他综合收益”项目。

如果合并财务报表中各子公司之间也存在实质上构成对另一子公司（境外经营）净投资的外币货币性项目，在编制合并财务报表时应比照上述进行相应的抵销处理。

二、境外经营的处置

企业可能通过出售、清算、返还股本或放弃全部或部分权益等方式处置其在境外经营中的利益。在境外经营为子公司的情况下，企业处置境外经营应当按照合并财务报表处置子公司的原则进行相应的会计处理。在包含境外经营的财务报表中，将已列入其他综合收益的外币报表折算差额中与该境外经营相关的部分，自所有者权益项目转入处置当期损益；如果是部分处置境外经营，应当按处置的比例计算处置部分的外币报表折算差额，转入处置当期损益；处置的境外经营为子公司的，将已列入其他综合收益的外币报表折算差额中归属于少数股东的部分，视全部处置或部分处置分别予以终止确认或转入少数股东权益。

思考题

1.什么是记账本位币？如何确定记账本位币？

2.什么是外币折算的一项交易观和两项交易观？

3.什么是即期汇率？什么是即期汇率的近似汇率？

4.外币报表折算常见的方法有哪些？

立德育人

人民币国际化取得积极进展[①]

2021年9月18日，中国人民银行发布2021年人民币国际化报告。报告显示，人民币

① 佚名．央行发布2021年人民币国际化报告：人民币国际化取得积极进展［EB/OL］．［2021-09-18］．https://baijiahao.baidu.com/s?id=1711232398182608845&wfr=spider&for=pc.

的支付货币功能进一步增强，投融资货币功能深化，储备货币功能上升，计价货币功能有新的突破，人民币国际化取得积极进展。

数据显示，2020年，人民币跨境收付金额增长较快，银行代客人民币跨境收付金额合计为28.39万亿元，同比增长44.3%，收付金额创历史新高。

人民币跨境收支总体平衡，全年累计净流出1 857.86亿元。2021年上半年，银行代客人民币跨境收付金额合计为17.57万亿元，同比增长38.7%。

据环球银行金融电信协会（SWIFT）发布的数据显示，2021年6月，在主要国际支付货币中人民币排在第五位，人民币支付金额占所有货币支付金额的2.5%，较2020年同期上升0.7个百分点。

2021年一季度，在国际货币基金组织（IMF）官方外汇储备货币构成（COFER）中人民币排在第五位，人民币在全球外汇储备中的占比为2.5%，较2016年人民币刚加入特别提款权（SDR）篮子时上升1.4个百分点。

经常项目和直接投资等与实体经济相关的跨境人民币结算量增长较快，大宗商品等重要领域及东盟等地区人民币支付金额进一步增加。人民币汇率弹性增强，双向波动成为常态。为规避汇率风险，更多市场主体倾向在跨境贸易投资中选择使用人民币。

我国经济基本面良好，货币政策保持在正常区间，人民币相对于主要可兑换货币有较高利差，人民币资产对全球投资者的吸引力较强。截至2021年6月末，境外主体持有境内人民币股票、债券、贷款及存款等金融资产金额合计为10.26万亿元，同比增长42.8%。

要求：请从民族自信、全球视野、家国情怀三个角度中任选其一，谈一谈你的想法和感受。

第四章　资产减值

学习目标

本章主要讲授资产减值业务处理。通过本章的学习，读者应熟悉资产减值迹象的判断；掌握资产可收回金额的计量；掌握资产组的认定和减值业务所引起的资金运动及其会计处理；掌握商誉的减值测试和减值业务所引起的资金运动及其会计处理。

第一节　资产减值概述

资产减值概述

资产最重要的特征就是它必须能够为企业带来经济利益的流入。如果资产不能够为企业带来经济利益或者带来的经济利益低于其账面价值，那么该资产就不能再予确认，或者不能再以原账面价值予以确认；否则在理论上有违资产的定义，在实务中因无法反映资产的实际价值而导致企业资产虚增和利润虚增。因此，当资产的可收回金额低于其账面价值时，即表明资产发生了减值，企业应当确认资产减值损失，并把资产的账面价值减记至可收回金额。

一、资产减值的范围

资产减值应该包括所有资产的减值。但是，由于资产特性不同，其减值会计处理也有所差别，因而所适用的具体准则也不尽相同。例如，存货、消耗性生物资产的减值分别适用《企业会计准则第1号——存货》和《企业会计准则第5号——生物资产》；递延所得税资产、融资租赁中出租人未担保余值等资产的减值，分别适用《企业会计准则第18号——所得税》和《企业会计准则第21号——租赁》；采用公允价值后续计量的投资性房地产和金融资产的减值，一般分别适用《企业会计准则第3号——投资性房地产》和《企业会计准则第22号——金融工具确认和计量》。本章不涉及这些资产减值的会计处理。

本章涉及的主要是除上述资产以外的资产，这些资产通常属于企业的非流动资产。这些资产主要包括：(1) 对子公司、联营企业和合营企业的长期股权投资；(2) 采用成本模式进行后续计量的投资性房地产；(3) 固定资产；(4) 生产性生物资产；(5) 无形资产；(6) 商誉；(7) 探明石油天然气矿区权益和井及相关设施。

二、资产减值的迹象与测试

（一）资产减值迹象的判断

在资产负债表日，企业应当判断资产是否存在可能发生减值的迹象。资产减值的迹象可以从外部信息来源和内部信息来源两方面加以判断。

从企业外部信息来源来看，资产减值迹象主要有：（1）如果出现了资产的市价在当期大幅度下跌，其跌幅明显高于因时间的推移或者正常使用而预计的下跌；（2）企业经营所处的经济、技术或者法律等环境以及资产所处的市场在当期或者将在近期发生重大变化，从而对企业产生不利影响；（3）市场利率或者其他市场投资报酬率在当期已经提高，从而影响企业计算资产预计未来现金流量现值的折现率，导致资产可收回金额大幅度降低；（4）企业所有者权益（净资产）的账面价值远高于其市值等。

从企业内部信息来源来看，资产减值迹象主要有：（1）如果有证据表明资产已经陈旧过时或者其实体已经损坏，资产已经或者将被闲置、终止使用或者计划提前处置；（2）企业内部报告的证据表明资产的经济绩效已经低于或者将低于预期，如资产所创造的净现金流量或者实现的营业利润远远低于原来的预算或者预计金额、资产发生的营业损失远远高于原来的预算或者预计金额、资产在建造或者收购时所需的现金支出远远高于最初的预算、资产在经营或者维护中所需的现金支出远远高于最初的预算等。

上述列举的资产减值迹象并不能穷尽所有的减值迹象，企业应当根据实际情况来认定资产可能发生减值的迹象。如出现这些减值迹象，企业需要据此估计资产的可收回金额，决定是否需要确认减值损失。

（二）资产减值的测试

如果有确凿证据表明资产存在减值迹象，应当进行减值测试，估计资产的可收回金额。资产存在减值迹象是资产是否需要进行减值测试的必要前提。但因企业合并形成的商誉和使用寿命不确定的无形资产，无论其是否存在减值迹象，都应当至少于每年年度终了进行减值测试。其原因在于，因企业合并所形成的商誉和使用寿命不确定的无形资产在后续计量中不再进行摊销，但是考虑到这些资产的价值和产生的未来经济利益有较大的不确定性，为了避免资产价值被高估，及时确认商誉和使用寿命不确定的无形资产的减值损失，如实反映企业财务状况和经营成果，对于这些资产，企业至少应当于每年年度终了进行减值测试。另外，对于尚未达到可使用状态的无形资产，由于其价值具有较大的不确定性，也应当每年进行减值测试。

企业在判断资产减值迹象以决定是否需要估计资产的可收回金额时，应当遵循重要性原则。根据这一原则，企业资产存在下列情况的，可以不估计其可收回金额：

（1）以前报告期间的计算结果表明，资产可收回金额高于其账面价值，之后又没有发生消除这一差异的交易或者事项的，企业在资产负债表日可以不需重新估计该资产的可收回金额。

（2）以前报告期间的计算与分析表明，资产可收回金额对于一种或者多种减值迹象反应不敏感，在本报告期间又发生了这些减值迹象的，在资产负债表日企业可以不需因为上述减值迹象的出现而重新估计该资产的可收回金额。比如在当期市场利率或者其他市场投资报酬率提高的情况下，如果企业计算资产未来现金流量现值时所采用的折现率不大可能受到该市场利率或者其他市场投资报酬率提高的影响，或者即使会受到影响，但以前期间的可收回金额敏感性分析表明，该资产预计未来现金流量也很可能相应增加，因而不大可能导致资产的可收回金额大幅度下降的，企业可以不必对资产可收回金额进行重新估计。

第二节　资产可收回金额的计量

一、估计资产可收回金额的基本方法

资产存在减值迹象的，企业应当估计其可收回金额，然后将所估计的资产可收回金额与其账面价值相比较，以确定资产是否发生了减值，以及是否需要计提资产减值准备并确认相应的减值损失。在估计资产可收回金额时，原则上应当以单项资产为基础，如果企业难以对单项资产的可收回金额进行估计，应当以该资产所属的资产组为基础确定资产组的可收回金额。本章中的资产除特别指明外，既包括单项资产，也包括资产组。有关资产组的认定将在本章第四节阐述。

对资产可收回金额的估计，应当根据其公允价值减去处置费用后的净额与资产预计未来现金流量的现值两者之间较高者确定。因此，要估计资产的可收回金额，通常需要同时估计该资产的公允价值减去处置费用后的净额和资产预计未来现金流量的现值。但是，在下列情况下，可以有例外考虑：

（1）资产的公允价值减去处置费用后的净额与资产预计未来现金流量的现值，只要有一项超过了资产的账面价值，就表明资产没有发生减值，不需要再估计另一项金额。

资产可收回金额的计量1

（2）没有确凿证据或者理由表明，资产预计未来现金流量现值显著高于其公允价值减去处置费用后的净额的，可以将资产的公允价值减去处置费用后的净额视为资产的可收回金额。企业持有待售的资产往往属于这种情况，即该资产在持有期间（处置之前）所产生的现金流量可能很少，其最终取得的未来现金流量往往就是资产的处置净收入，因此，在这种情况下，以资产公允价值减去处置费用后的净额作为其可收回金额是恰当的，因为资产的未来现金流量现值不大会显著高于其公允价值减去处置费用后的净额。

（3）资产的公允价值减去处置费用后的净额如果无法可靠估计，应当以该资产预计未来现金流量的现值作为其可收回金额。

二、对资产的公允价值减去处置费用后的净额的估计

资产的公允价值减去处置费用后的净额，通常反映的是资产如果被出售或者处置时可以收回的净现金收入。其中，资产的公允价值是指市场参与者在计量日发生的有序交易中，出售一项资产所能收到或者转移一项负债所需支付的价格；处置费用是指可以直接归属于资产处置的增量成本，包括与资产处置有关的法律费用、相关税费、搬运费以及为使资产达到可销售状态所发生的直接费用等，但是，财务费用和所得税费用等不包括在内。

企业在估计资产的公允价值减去处置费用后的净额时，应当按照下列顺序进行：

首先，应当根据公平交易中资产的销售协议价格减去可直接归属于该资产处置费用的金额确定资产的公允价值减去处置费用后的净额。这是估计资产的公允价值减去处置费用后的净额的最佳方法，企业应当优先采用这一方法。但是，在实务中，企业的资产往往都是内部持续使用的，取得资产的销售协议价格并不容易，为此，需要采用其他方法估计资产的公允价值减去处置费用后的净额。

其次，在资产不存在销售协议但存在活跃市场的情况下，应当根据该资产的市场价格减去处置费用后的金额确定。资产的市场价格通常应当按照资产的买方出价确定。但是，如果难以获得资产在估计日的买方出价，企业可以以资产最近的交易价格作为其公允价值减去处置费用后的净额的估计基础，其前提是资产的交易日和估计日之间，有关经济、市场环境等没有发生重大变化。

最后，在既不存在资产销售协议又不存在资产活跃市场的情况下，企业应当以可获取的最佳信息为基础，即根据在资产负债表日如果处置资产，熟悉情况的交易双方自愿进行公平交易愿意提供的交易价格减去资产处置费用后的金额，估计资产的公允价值减去处置费用后的净额。在实务中，该金额可以参考同行业类似资产的最近交易价格或者结果进行估计。

如果企业按照上述要求仍然无法可靠估计资产的公允价值减去处置费用后的净额，应当以该资产预计未来现金流量的现值作为其可收回金额。

三、对资产预计未来现金流量的现值的估计

资产预计未来现金流量的现值，应当按照资产在持续使用过程中和最终处置时所产生的预计未来现金流量，选择恰当的折现率对其进行折现后的金额加以确定。因此，预计资产未来现金流量的现值，主要应当综合考虑以下因素：（1）资产的预计未来现金流量；（2）资产的使用寿命；（3）折现率。其中，资产使用寿命的预计在相关资产准则中已有规定。以下重点阐述资产未来现金流量和折现率的预计方法。

（一）对资产未来现金流量的预计

1.预计资产未来现金流量的基础

为了估计资产未来现金流量的现值，需要首先预计资产的未来现金流量。为此，企业管理层应当在合理和有依据的基础上对资产剩余使用寿命内整个经济状况进行最佳估计，并将资产未来现金流量的预计建立在经企业管理层批准的最近财务预算或者预测数据之上。但是，出于数据可靠性和操作便利性等方面的考虑，建立在该预算或者预测基础上的预计现金流量最多涵盖5年，企业管理层如能证明更长的期间是合理的，可以涵盖更长的期间。其原因是，在通常情况下，要对期限超过5年的未来现金流量进行较为可靠的预测比较困难，即使企业管理层可以以超过5年的财务预算或者预测为基础对未来现金流量进行预计，企业管理层也应当确保这些预计的可靠性，并提供相应的证明，比如根据过去的经验和实践，企业有能力而且能够对超过5年的期间作出较为准确的预测。

如果对资产未来现金流量的预计还包括最近财务预算或者预测期之后的现金流量，企业应当以该预算或者预测期之后年份稳定的或者递减的增长率为基础进行估计。但是，企

业管理层如能证明递增的增长率是合理的，可以递增的增长率为基础进行估计。同时，所使用的增长率除了企业能够证明更高的增长率是合理的之外，不应当超过企业经营的产品、市场、所处的行业或者所在国家或地区的长期平均增长率，或者该资产所处市场的长期平均增长率。在恰当、合理的情况下，该增长率可以是零或者负数。

资产可收回金额的计量2

由于经济环境随时都在变化，资产的实际现金流量往往会与预计数有出入，而且预计资产未来现金流量时的假设也有可能发生变化，因此，企业管理层在每次预计资产未来现金流量时，应当首先分析以前期间现金流量预计数与现金流量实际数出现差异的情况，以评判当期现金流量预计所依据的假设的合理性。通常情况下，企业管理层应当确保当期现金流量预计所依据的假设与前期实际结果相一致。

2.预计的资产未来现金流量应当包括的内容

预计的资产未来现金流量应当包括下列各项：

（1）资产持续使用过程中预计产生的现金流入。

（2）为实现资产持续使用过程中产生的现金流入所必需的预计现金流出（包括为使资产达到预定可使用状态所发生的现金流出）。该现金流出应当是可直接归属于或者可通过合理和一致的基础分配到资产中的现金流出，后者通常是指那些与资产直接相关的间接费用。对于在建工程、开发过程中的无形资产等，企业在预计其未来现金流量时，就应当包括预期为使该类资产达到预定可使用（或者可销售状态）而发生的全部现金流出数。

（3）资产使用寿命结束时，处置资产所收到或者支付的净现金流量。该现金流量应当是在公平交易中，熟悉情况的交易双方自愿进行交易时，企业预期可从资产的处置中获取或者支付的减去预计处置费用后的金额。

3.预计资产未来现金流量应当考虑的因素

企业为了预计资产未来现金流量，应当综合考虑下列因素：

（1）以资产的当前状况为基础预计资产未来现金流量。

企业资产在使用过程中有时会因为修理、改良、重组等原因而发生变化。因此，在预计资产未来现金流量时，企业应当以资产的当前状况为基础，不应当包括与将来可能会发生的、尚未作出承诺的重组事项或者与资产改良有关的预计未来现金流量。

①重组通常会对资产的未来现金流量产生影响，有时还会产生较大影响，因此，对于重组的界定就显得十分重要。这里所指的重组，专指企业制定和控制的，将显著改变企业组织方式、经营范围或者经营方式的计划实施行为。

②企业已经承诺重组的，在确定资产的未来现金流量的现值时，预计的未来现金流入和流出数，应当反映重组所能节约的费用和因重组所带来的其他利益，以及因重组所导致的估计未来现金流出数。其中，重组所能节约的费用和重组所带来的其他利益，通常应当根据企业管理层批准的最近财务预算或者预测数据估计；因重组导致的估计未来现金流出数应当根据或有事项准则所确认的因重组所发生的预计负债金额进行估计。

③企业在发生与资产改良（包括提高资产的营运绩效）有关的现金流出之前，预计的资产未来现金流量仍然应当以资产的当前状况为基础，不应当包括因与该现金流出相关的

未来经济利益增加而导致的预计未来现金流入金额。

④企业未来发生的现金流出如果是为了维持资产正常运转或者资产正常产出水平而必要的支出或者属于资产维护支出，应当在预计资产未来现金流量时将其考虑在内。

（2）预计资产未来现金流量不应当包括筹资活动和所得税收付产生的现金流量。

企业预计的资产未来现金流量，不应当包括筹资活动产生的现金流入或者流出以及与所得税收付有关的现金流量。其原因：一是所筹集资金的货币时间价值已经通过折现因素予以考虑；二是折现率要求是以税前基础计算确定的，因此，现金流量的预计也必须建立在税前基础之上，这样可以有效避免在资产未来现金流量现值的计算过程中可能出现的重复计算等问题，以保证现值计算的正确性。

（3）对通货膨胀因素的考虑应当和折现率相一致。

企业在预计资产未来现金流量和折现率时，考虑因一般通货膨胀而导致物价上涨的因素，应当采用一致的基础。如果折现率考虑了因一般通货膨胀而导致的物价上涨影响因素，资产预计未来现金流量也应予以考虑；反之，如果折现率没有考虑因一般通货膨胀而导致的物价上涨影响因素，资产预计未来现金流量也应当剔除这一影响因素。总之，在考虑通货膨胀因素的问题上，资产未来现金流量的预计和折现率的预计，应当保持一致。

（4）内部转移价格应当予以调整。

在一些企业集团里，出于集团整体战略发展的考虑，某些资产生产的产品或者其他产出可能是供其集团内部其他企业使用或者对外销售的，所确定的交易价格或者结算价格基于内部转移价格，而内部转移价格很可能与市场交易价格不同，在这种情况下，为了如实测算企业资产的价值，就不应当简单地以内部转移价格为基础预计资产未来现金流量，而应当采用在公平交易中企业管理层能够达成的最佳的未来价格估计数进行预计。

4.预计资产未来现金流量的方法

企业要预计资产未来现金流量的现值，就需要预计资产未来现金流量。预计资产未来现金流量，通常可以根据资产未来每期最有可能产生的现金流量进行预测。这种方法通常被称为传统法，它使用单一的未来每期预计现金流量和单一的折现率计算资产未来现金流量的现值。

【例4-1】甲企业某固定资产剩余使用年限为3年，企业预计在正常的情况下，未来3年里该资产每年可为企业产生的净现金流量分别为100万元、70万元、30万元。

该现金流量通常即为最有可能产生的现金流量，企业应以该现金流量的预计数为基础计算资产的现值。

但在实务中，有时影响资产未来现金流量的因素较多，情况较为复杂，带有很大的不确定性，为此，使用单一的现金流量可能并不会如实反映资产创造现金流量的实际情况。这样，企业应当采用期望现金流量法预计资产未来现金流量。

【例4-2】乙企业某固定资产剩余使用年限为3年。企业利用该固定资产生产的产品受市场行情波动影响大，企业预计未来3年每年的现金流量情况见表4-1。

表 4-1　　各年现金流量概率分布及发生情况　　单位：万元

年份	产品行情好（30%的可能性）	产品行情一般（60%的可能性）	产品行情差（10%的可能性）
第 1 年	200	150	100
第 2 年	150	90	60
第 3 年	120	70	40

在这种情况下，采用期望现金流量法比传统法更为合理。在期望现金流量法下，资产未来现金流量应当根据每期现金流量期望值进行预计，每期现金流量期望值按照各种可能情况下的现金流量与其发生概率加权计算。按照表 4-1 提供的情况，企业应当计算资产每年的预计未来现金流量：

第 1 年的预计现金流量（期望现金流量）：

200×30%+150×60%+100×10%=160（万元）

第 2 年的预计现金流量（期望现金流量）：

150×30%+90×60%+60×10% =105（万元）

第 3 年的预计现金流量（期望现金流量）：

120×30%+70×60%+40×10%=82（万元）

应当注意的是，如果资产未来现金流量的发生时间是不确定的，企业应当根据资产在每一种可能情况下的现值及发生概率直接加权计算资产未来现金流量的现值。

（二）对折现率的预计

为了资产减值测试的目的，计算资产未来现金流量现值时所使用的折现率应当是反映当前市场货币时间价值和资产特定风险的税前利率。该折现率是企业在购置或者投资资产时所要求的必要报酬率。需要说明的是，如果在预计资产的未来现金流量时已经对资产特定风险的影响作了调整，折现率的估计就不需要考虑这些特定风险。如果用于估计折现率的基础是税后的，应当将其调整为税前的折现率，以便于与资产未来现金流量的估计基础相一致。

在实务中，折现率的确定，应当首先以该资产的市场利率为依据。如果该资产的利率无法从市场获得，可以使用替代利率估计。在估计替代利率时，企业应当充分考虑资产剩余寿命期间的货币时间价值和其他相关因素，比如资产未来现金流量金额及时间的预计离异程度、资产内在不确定性的定价等，如果资产预计未来现金流量已经对这些因素作了有关调整，应当予以剔除。

在估计替代利率时，可以根据企业加权平均资金成本、增量借款利率或者其他相关市场借款利率进行适当调整后确定。调整时，应当考虑与资产预计现金流量有关的特定风险以及其他有关政治风险、货币风险和价格风险等。

估计资产未来现金流量现值，通常应当使用单一的折现率。但是，如果资产未来现金流量的现值对未来不同期间的风险差异或者利率的期间结构反应敏感，企业应当在未来各不同期间采用不同的折现率。

（三）对资产未来现金流量现值的预计

在预计了资产的未来现金流量和折现率后，只需将该资产的预计未来现金流量按照预计的折现率在预计的资产使用寿命里加以折现即可确定资产未来现金流量的现值。其一般计算公式如下：

资产未来现金流量的现值=未来各年现金流量的现值之和

【例4-3】甲航运公司于20×1年年末对一艘远洋运输船舶进行减值测试。该船舶账面价值为1.6亿元，预计尚可使用年限为8年。

该船舶的公允价值减去处置费用后的净额难以确定。因此，企业需要通过计算其未来现金流量的现值确定资产的可收回金额。假定公司当初购置该船舶用的资金是银行长期借款资金，借款年利率为10%，公司认为10%是该资产的最低必要报酬率，已考虑了与该资产有关的货币时间价值和特定风险。因此，在计算其未来现金流量现值时，使用10%作为其折现率（税前）。

资产可收回金额的计量3

公司管理层批准的财务预算显示：公司将于20×6年更新船舶的发动机系统，预计为此发生资本性支出1 500万元，这项支出将降低船舶运输油耗、提高使用效率等，因此，将提高资产的运营绩效。

为了计算船舶在20×1年年末未来现金流量的现值，公司首先必须预计其未来现金流量。假定公司管理层批准的20×1年年末的该船舶预计未来现金流量见表4-2。

表4-2　甲航运公司未来现金流量预计表　单位：万元

年份	预计未来现金流量（不包括改良的影响金额）	预计未来现金流量（包括改良的影响金额）
20×2年	2 500	
20×3年	2 460	
20×4年	2 380	
20×5年	2 360	
20×6年	2 390	
20×7年	2 470	3 290
20×8年	2 500	3 280
20×9年	2 510	3 300

在20×1年年末预计资产未来现金流量时，应当以资产当时的状况为基础，不应考虑与该资产改良有关的预计未来现金流量。因此，尽管20×6年船舶的发动机系统将进行更新以改良资产绩效，提高资产未来现金流量，但是在20×1年年末对其进行减值测试时，则不应将其包括在内。其现金流量的现值计算见表4-3。

表4-3　现值的计算　单位：万元

年份	预计未来现金流量（不包括改良的影响金额）	折现率为10%的折现系数	预计未来现金流量的现值（保留整数）
20×2年	2 500	0.9091	2 273
20×3年	2 460	0.8264	2 033
20×4年	2 380	0.7513	1 788
20×5年	2 360	0.6830	1 612
20×6年	2 390	0.6209	1 484
20×7年	2 470	0.5645	1 394
20×8年	2 500	0.5132	1 283
20×9年	2 510	0.4665	1 171
合计			13 038

由于在20×1年年末，船舶的账面价值（尚未确认减值损失）为16 000万元，而其可收回金额为13 038万元，账面价值高于其可收回金额，因此，应当确认减值损失，并计提相应的资产减值准备，应确认的减值损失为2 962万元（16 000−13 038）。

假定在20×2—20×5年间该船舶没有发生进一步减值的迹象，因此，不必再进行减值测试，无须计算其可收回金额。20×6年发生了1 500万元的资本性支出，改良了资产绩效，导致其未来现金流量增加，但由于我国资产减值准则不允许将以前期间已经确认的资产减值损失予以转回，因此，在这种情况下，也不必计算其可收回金额。

（四）对外币未来现金流量及其现值的预计

在企业使用资产所收到的未来现金流量为外币的情况下，企业应当按照以下顺序确定资产未来现金流量的现值：

首先，应当以该资产所产生的未来现金流量的结算货币为基础预计其未来现金流量，并按照该货币适用的折现率计算资产的现值。

其次，将该外币现值按照计算资产未来现金流量现值当日的即期汇率进行折算，从而折算成按照记账本位币表示的资产未来现金流量的现值。

最后，在该现值的基础上，比较资产公允价值减去处置费用后的净额以及资产的账面价值，以确定是否需要确认减值损失以及确认多少减值损失。

第三节　资产减值损失的确认与计量

一、资产减值损失确认与计量的一般原则

企业在对资产进行减值测试后，如果可收回金额的计量结果表明，资产的可收回金额低于其账面价值，应当将资产的账面价值减记至可收回金额，减记的金额确认为资产减值损失，计入当期损益，同时，计提相应的资产减值准备。这样，企业当期确认的减值损失反映在其利润表中，而计提的资产减值准备作为相关资产的备抵项目，反映于资产负债表中，从而夯实企业资产价值，避免利润虚增，如实反映企业的财务状况和经营成果。

资产减值损失的确认改变了该资产的账面价值，因而该资产的折旧或者摊销费用应当在未来期间进行相应的调整，以使该资产在剩余使用寿命内，系统地分摊调整后的资产账面价值（扣除预计净残值）。比如，固定资产计提了减值准备后，固定资产账面价值将根据计提的减值准备相应抵减，因此，固定资产在未来计提折旧时，应当以新的固定资产账面价值为基础计提每期折旧。

资产减值损失的确认与计量

考虑到固定资产、无形资产、商誉等资产发生减值后，一方面价值恢复的可能性比较小，通常属于永久性减值；另一方面从会计信息稳健性要求考虑，为了避免确认资产重估增值和操纵利润，资产减值损失一经确认，在以后会计期间不得转回。以前期间计提的资产减值准备，需要等到资产处置时才可转回。

二、资产减值损失业务资金运动分析与会计处理

为了正确核算企业确认的资产减值损失和计提的资产减值准备，企业应当设置“资产减值损失”科目，按照资产类别进行明细核算，反映各类资产在当期确认的资产减值损失金额；同时，应当根据不同的资产类别，分别设置“固定资产减值准备”“在建工程减值准备”“投资性房地产减值准备”“无形资产减值准备”“商誉减值准备”“长期股权投资减值准备”“生产性生物资产减值准备”等科目，以抵减相关资产的账面价值。

当企业确定资产发生了减值时，应当根据所确认的资产减值金额，确定本期应计提的资产减值准备，其所引起的资金运动如图4-1中A段运动所示。期末，企业应当将“资产减值损失”科目余额转入“本年利润”科目，结转后该科目应当没有余额，其所引起的资金运动如图4-1中B段运动所示。各资产减值准备科目累计每期计提的资产减值准备，直至相关资产被处置时才予以转销。

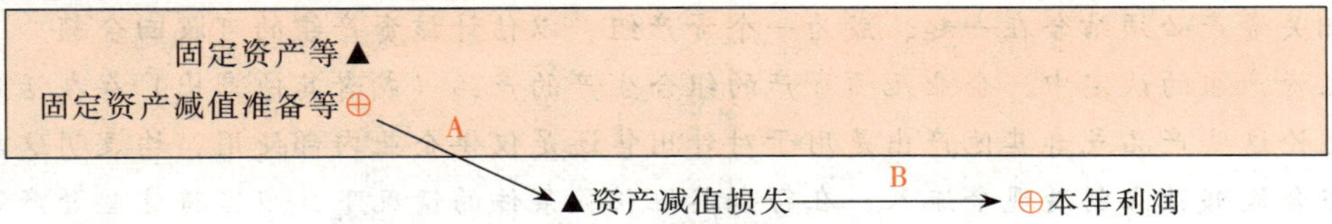

图4-1 资产减值资金运动分析图

【例4-4】沿用【例4-3】的资料，根据测试和计算结果，甲航运公司应确认的船舶减值损失为2 962万元。其所引起的资金运动如图4-2中A段所示。

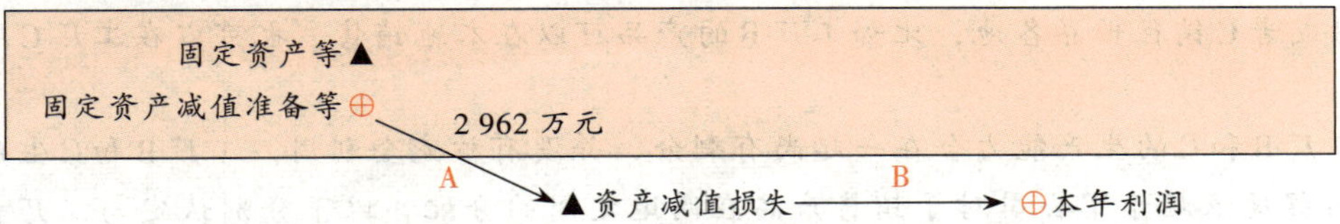

图4-2 甲航运公司固定资产减值资金运动分析图

借：资产减值损失——固定资产减值损失　　29 620 000

　贷：固定资产减值准备　　29 620 000

计提资产减值准备后，船舶的账面价值就变为13 038万元。在该船舶剩余使用寿命内，公司应当以此金额为基础计提折旧。如果发生进一步减值迹象，再作进一步的减值测试。

第四节 资产组认定与减值处理

一、资产组的认定

如果有迹象表明一项资产可能发生减值，企业应当以单项资产为基础估计其可收回金额。但是，在企业难以对单项资产的可收回金额进行估计的情况下，应当以该资产所属的资产组为基础确定资产组的可收回金额。因此，资产组的认定就显得十分重要。

（一）资产组的定义

资产组是企业可以认定的最小资产组合，其产生的现金流入应当基本上独立于其他资

产或者资产组。资产组应当由创造现金流入的相关资产组成。

（二）认定资产组应当考虑的因素

资产组的认定应考虑以下因素：

（1）资产组的认定，应当以资产组产生的主要现金流入是否独立于其他资产或者资产组的现金流入为依据。因此，资产组能否独立产生现金流入是认定资产组的最关键因素。比如，企业的某一生产线、营业网点、业务部门等，如果能够独立于其他部门或者单位等创造收入、产生现金流，或者其创造的收入和现金流入绝大部分独立于其他部门或者单位，并且属于其认定的最小的资产组合，通常应将该生产线、营业网点、业务部门等认定为一个资产组。

【例4-5】甲公司拥有一个煤矿。为与煤矿的生产和运输相配套，甲公司建有一条专用铁路。该铁路除非报废出售，其在持续使用中，难以脱离煤矿相关的其他资产而产生独立的现金流入，因此，企业难以对专用铁路的可收回金额进行单独估计，专用铁路和煤矿其他相关资产必须结合在一起，成为一个资产组，以估计该资产组的可收回金额。

在资产组的认定中，企业几项资产的组合生产的产品（或者其他产出）存在活跃市场的，无论这些产品或者其他产出是用于对外出售还是仅供企业内部使用，均表明这几项资产的组合能够独立创造现金流入，在符合其他相关条件的情况下，应当将这些资产的组合认定为资产组。

【例4-6】甲公司生产某单一产品，并且只拥有A、B、C三家工厂。三家工厂分别位于三个不同洲的不同国家。工厂A生产一种组件，由工厂B或者C进行组装，最终产品由工厂B或者C销往世界各地，比如工厂B的产品可以在本地销售，也可以在工厂C所在洲销售。

工厂B和C的生产能力合在一起尚有剩余，并没有被完全利用。工厂B和C生产能力的利用程度依赖于甲公司对于销售产品在两地之间的分配。以下分别认定与工厂A、B、C有关的资产组。

假定工厂A生产的产品（即组件）存在活跃市场，则工厂A很可能被认定为一个单独的资产组，原因是它生产的产品尽管主要用于工厂B或者C，但是，由于该产品存在活跃市场，可以带来独立的现金流量，因此，通常应当将其认定为一个单独的资产组。在确定其未来现金流量的现值时，公司应当调整其财务预算或预测，将未来现金流量的预计建立在公平交易的前提下工厂A所生产产品的未来价格最佳估计数，而不是其内部转移价格。

对于工厂B和C而言，即使工厂B和C组装的产品存在活跃市场，由于工厂B和C的现金流入依赖于产品在两地之间的分配，工厂B和C的未来现金流入不可能单独地确定。因此，工厂B和C组合在一起是可以认定的、可产生基本上独立于其他资产或者资产组的现金流入的最小的资产组组合。工厂B和C应当认定为一个资产组。在确定该资产组未来现金流量的现值时，公司也应当调整其财务预算或预测，将未来现金流量的预计建立在公平交易的前提下从工厂A所购入产品的未来价格的最佳估计数，而不是其内部转移价格。

【例4-7】沿用【例4-6】的资料，假定工厂A生产的产品不存在活跃市场。

在这种情况下，由于工厂A生产的产品不存在活跃市场，它的现金流入依赖于工厂B或者C生产的最终产品的销售，因此，工厂A很可能难以单独产生现金流入，其可收回金额很可能难以单独估计。

而对于工厂B和C而言，其生产的产品虽然存在活跃市场，但是，工厂B和C的现金流入依赖于产品在两个工厂之间的分配，工厂B和C在产能和销售上的管理是统一的，因此，工厂B和C也难以单独产生现金流量，因而也难以单独估计其可收回金额。

因此，只有A、B、C三个工厂组合在一起（即将甲企业作为一个整体）才很可能是一个可以认定的、能够基本上独立产生现金流入的最小的资产组组合，从而将工厂A、B、C的组合认定为一个资产组。

（2）资产组的认定，应当考虑企业管理层对生产经营活动的管理或者监控方式（如是按照生产线、业务种类还是按照地区或者区域等管理或监控）和对资产的持续使用或者处置的决策方式等。比如企业各种生产线都是独立生产、管理和监控的，那么各生产线很可能应当被认定为单独的资产组；如果某些机器设备是相互关联、互相依存的，其使用和处置是一体化决策的，那么，这些机器设备很可能被认定为一个资产组。

【例4-8】甲公司拥有童装、西装、衬衫三个工厂，每个工厂在生产、销售、核算、考核和管理等方面都相对独立，在这种情况下，每个工厂通常应当被认定为一个资产组。

【例4-9】乙公司有A和B两个生产车间，A车间专门生产家具部件，生产完后由B车间负责组装并对外销售，该公司对A车间和B车间资产的使用和处置等决策是一体的，在这种情况下，A车间和B车间通常应当被认定为一个资产组。

（三）资产组认定后不得随意变更

资产组一经确定后，在各个会计期间应当保持一致，不得随意变更，即资产组的各项资产构成通常不能随意变更。比如，甲设备在20×8年归属于A资产组，在无特殊情况下，该设备在20×9年仍然应当归属于A资产组，而不能随意将其变更至其他资产组。

资产组的认定与减值分析

但是，如果由于企业重组、变更资产用途等原因，导致资产组构成确需变更的，企业可以进行变更，但企业管理层应当证明该变更是合理的，并应当在报表附注中作相应说明。

二、资产组减值资金运动分析与会计处理

资产组减值测试的原理与单项资产是一致的，即企业需要预计资产组的可收回金额和计算资产组的账面价值，并将两者进行比较，如果资产组的可收回金额低于其账面价值，表明资产组发生了减值损失，应当予以确认。

（一）资产组账面价值和可收回金额的确定基础

资产组账面价值的确定基础应当与其可收回金额的确定基础相一致。

在确定资产组的可收回金额时，应当按照该资产组的公允价值减去处置费用后的净额与其预计未来现金流量的现值两者之间较高者确定。

资产组的账面价值则应当包括可直接归属于资产组与可以合理和一致地分摊至资产组的资产账面价值，通常不应当包括已确认负债的账面价值，但如不考虑该负债金额就无法确定资产组可收回金额的除外。这是因为在预计资产组的可收回金额时，既不包括与该资产组的资产无关的现金流量，也不包括与已在财务报表中确认的负债有关的现金流量。因

此，为了与资产组可收回金额的确定基础相一致，资产组的账面价值也不应当包括这些项目。

资产组在处置时如要求购买者承担一项负债（如环境恢复负债等）、该负债金额已经确认并计入相关资产账面价值，而且企业只能取得包括上述资产和负债在内的单一公允价值减去处置费用后的净额的，为了比较资产组的账面价值和可收回金额，在确定资产组的账面价值及其预计未来现金流量的现值时，应当将已确认的负债金额从中扣除。

【例 4-10】丁公司在某山区经营一座有色金属矿山，根据规定，公司在矿山完成开采后应当将该地区恢复原貌。恢复费用主要为山体表层复原费用（比如恢复植被等），因为山体表层必须在矿山开发前挖走。因此，企业在山体表层挖走后，就应当确认一项金额为800万元的预计负债，并计入矿山成本。

20×8年12月31日，公司发现矿山中的有色金属储量远低于预期，因此，公司对该矿山进行了减值测试。考虑到矿山的现金流量状况，整座矿山被认定为一个资产组。该资产组在20×8年年末的账面价值为1 300万元（包括确认的恢复山体原貌的预计负债）。

矿山（资产组）如于20×8年12月31日对外出售，买方愿意出价1 620万元（包括恢复山体原貌成本800万元），预计处置费用为20万元。因此，在扣除恢复山体原貌的预计负债800万元后，该矿山的公允价值减去处置费用后的净额为800万元。矿山的预计未来现金流量的现值为1 500万元，不包括恢复费用。

根据上述资料，为了比较资产组的账面价值和可收回金额，在确定资产组的账面价值及其预计未来现金流量的现值时，应当将已确认的负债金额从中扣除。

在本例中，资产组的公允价值减去处置费用后的净额为800万元，该金额已经考虑了恢复费用。该资产组预计未来现金流量的现值在考虑了恢复费用后为700万元（1 500-800）。因此，该资产组的可收回金额为800万元。资产组的账面价值在扣除了已确认的恢复原貌预计负债后的金额为500万元（1 300-800）。这样，资产组的可收回金额大于其账面价值，所以，资产组没有发生减值，不必确认减值损失。

（二）资产组减值的会计处理

根据减值测试的结果，资产组（包括资产组组合，在后述有关总部资产或者商誉的减值测试时涉及）的可收回金额如低于其账面价值，应当确认相应的减值损失。减值损失金额应当按照以下顺序进行分摊：（1）抵减分摊至资产组中商誉的账面价值；（2）根据资产组中除商誉之外的其他各项资产的账面价值所占比重，按比例抵减其他各项资产的账面价值。

以上资产账面价值的抵减，应当作为各单项资产（包括商誉）的减值损失处理，计入当期损益。抵减后的各资产的账面价值不得低于以下三者之中最高者：该资产的公允价值减去处置费用后的净额（如可确定）、该资产预计未来现金流量的现值（如可确定）和零。因此而导致的未能分摊完的减值损失金额，应当按照相关资产组中其他各项资产的账面价值所占比重进行分摊。

【例 4-11】甲公司有一条生产线，该生产线由A、B、C三部机器构成，成本分别为4 000 000元、6 000 000元、10 000 000元，使用年限为10年，净残值为零，以年限平均法计提折旧。各机器均无法单独产生现金流量，但整条生产线构成完整的产销单位，属于一个资产组。20×8年甲公司该生产线所生产的产品有替代产品上市，到年底，导致甲公司产品的销量锐减40%，因此，甲公司对该生产线进行减值测试。

20×8年12月31日，A、B、C三部机器的账面价值分别为2 000 000元、3 000 000元、5 000 000元。估计A机器的公允价值减去处置费用后的净额为1 500 000元，B、C机器都无法合理估计其公允价值减去处置费用后的净额以及未来现金流量的现值。

整条生产线预计尚可使用5年。经估计其未来5年的现金流量及恰当的折现率后，得到该生产线预计未来现金流量的现值为6 000 000元。由于无法合理估计该生产线的公允价值减去处置费用后的净额，甲公司以该生产线预计未来现金流量的现值为其可收回金额。

鉴于在20×8年12月31日该生产线的账面价值为10 000 000元，而其可收回金额为6 000 000元，生产线的账面价值高于其可收回金额，因此，该生产线已经发生了减值，甲公司应当确认减值损失4 000 000元，并将该减值损失分摊到构成生产线的三部机器中。由于A机器的公允价值减去处置费用后的净额为1 500 000元，因此，A机器分摊了减值损失后的账面价值不应低于1 500 000元。具体分摊过程见表4-4。

表4-4　资产减值损失分摊表　金额单位：元

项目	机器A	机器B	机器C	整条生产线（资产组）
账面价值	2 000 000	3 000 000	5 000 000	10 000 000
可收回金额				6 000 000
减值损失				4 000 000
减值损失分摊比例	20%	30%	50%	
分摊减值损失	500 000*	1 200 000	2 000 000	3 700 000
分摊后的账面价值	1 500 000	1 800 000	3 000 000	
尚未分摊完的减值损失				300 000
二次分摊比例（按最初的账面价值计算）		37.50%	62.50%	
二次分摊的减值损失		112 500	187 500	
二次分摊后应确认的减值损失总额	500 000	1 312 500	2 187 500	4 000 000
二次分摊后的账面价值	1 500 000	1 687 500	2 812 500	6 000 000

*按照分摊比例，机器A应当分摊减值损失800 000元（4 000 000×20%），但由于机器A的公允价值减去处置费用后的净额为1 500 000元。因此，机器A最多只能确认减值损失500 000元（2 000 000-1 500 000），未能分摊的减值损失300 000元，应当在机器B和机器C之间进行再分摊。

根据上述计算和分摊结果，构成该生产线的机器A、机器B和机器C应当分别确认减值损失500 000元、1 312 500元和2 187 500元，其所引起的资金运动如图4-3中A段所示。

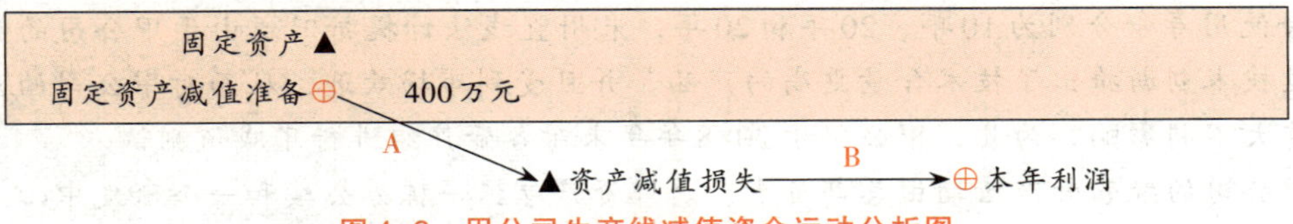

图4-3　甲公司生产线减值资金运动分析图

借：资产减值损失——机器A	500 000	
——机器B	1 312 500	
——机器C	2 187 500	
贷：固定资产减值准备——机器A		500 000
——机器B		1 312 500
——机器C		2 187 500

资产组的认定与减值举例

三、总部资产减值资金运动分析与会计处理

企业总部资产包括企业集团或其事业部的办公楼、电子数据处理设备、研发中心等资产。总部资产的显著特征是难以脱离其他资产或者资产组产生独立的现金流入，而且其账面价值难以完全归属于某一资产组。因此，总部资产通常难以单独进行减值测试，需要结合其他相关资产组或者资产组组合进行。资产组组合，是指由若干个资产组组成的最小资产组组合，包括资产组或者资产组组合，以及按合理方法分摊的总部资产部分。

在资产负债表日，如果有迹象表明某项总部资产可能发生减值，企业应当计算确定该总部资产所归属的资产组或者资产组组合的可收回金额，然后将其与相应的账面价值进行比较，据以判断是否需要确认减值损失。

基于此，企业在对某一资产组进行减值测试时，应当先认定所有与该资产组相关的总部资产，而根据相关总部资产能否按照合理和一致的基础分摊至该资产组分别下列情况处理：

（1）对于相关总部资产能够按照合理和一致的基础分摊至该资产组的部分，应当将该部分总部资产的账面价值分摊至各资产组，并据以比较各资产组的账面价值（包括已分摊的总部资产的账面价值部分）和可收回金额，并按照前述有关资产组减值测试的顺序和方法处理。

（2）对于相关总部资产中有部分资产难以按照合理和一致的基础分摊至该资产组的，应当按照下列步骤处理：

首先，在不考虑相关总部资产的情况下，估计和比较资产组的账面价值和可收回金额，并按照前述有关资产组减值测试的顺序和方法处理。

其次，认定由若干个资产组组成的最小的资产组组合，该资产组组合应当包括所测试的资产组与可以按照合理和一致的基础将该部分总部资产的账面价值分摊其上的部分。

最后，比较所认定的资产组组合的账面价值（包括已分摊的总部资产的账面价值部分）和可收回金额，并按照前述有关资产组减值测试的顺序和方法处理。

【例4-12】甲公司拥有A、B和C三个资产组，在20×8年年末，这三个资产组的账面价值分别为200万元、300万元和400万元，没有商誉。这三个资产组为三条生产线，预计剩余使用寿命分别为10年、20年和20年，采用直线法计提折旧。由于甲公司的竞争对手通过技术创新推出了技术含量更高的产品，并且受到市场欢迎，从而对甲公司的产品产生了重大不利影响，为此，甲公司于20×8年年末对各资产组进行了减值测试。

甲公司的经营管理活动由总部负责，总部资产包括一栋办公楼和一个研发中心。其中办公楼的账面价值为300万元，研发中心的账面价值为100万元。办公楼的账面价值可以

在合理和一致的基础上分摊至各资产组，但是研发中心的账面价值难以在合理和一致的基础上分摊至各相关资产组。

假定各资产组和资产组组合的公允价值减去处置费用后的净额难以确定，企业根据它们的预计未来现金流量的现值来计算其可收回金额。在折现率为10%时，A（含办公楼）、B（含办公楼）、C（含办公楼）三个资产组的未来现金流量的现值分别为398万元、328万元和542万元，资产组组合（整个企业）的未来现金流量的现值之和为1 440万元，其未来现金流量及其计算过程略。

总部资产的减值业务

(1) 将总部资产中的办公楼在A、B、C三个资产组之间进行分配：

对于总部资产中办公楼的账面价值，企业根据各资产组的账面价值和剩余使用寿命加权平均计算的账面价值分摊比例进行分摊，其具体摊销情况见表4-5。

表4-5　各资产组账面价值　金额单位：万元

项目	资产组A	资产组B	资产组C	合计
各资产组的账面价值	200	300	400	900
各资产组剩余使用年限（年）	10	20	20	
按使用年限计算的权重	1	2	2	
加权计算后的账面价值	200	600	800	1 600
办公楼分摊比例（各资产组加权计算后的账面价值÷各资产组加权平均计算后的账面价值合计×100%）	12.5%	37.5%	50%	100%
办公楼账面价值分摊到各资产组的金额	37.5	112.5	150	300
包括分摊的办公楼账面价值部分的各资产组账面价值	237.5	412.5	550	1 200

(2) 资产组A（含办公楼）、B（含办公楼）、C（含办公楼）减值测试及其减值分摊：

根据上述资料，资产组A（含办公楼）、B（含办公楼）、C（含办公楼）的可收回金额分别为398万元、328万元和542万元，而相应的账面价值（含办公楼账面价值）分别为237.5万元、412.5万元和550万元，由此可见资产组A（含办公楼）没有减值，资产组B（含办公楼）和C（含办公楼）的可收回金额均低于其账面价值，应当分别确认84.5万元和8万元减值损失，并将该减值损失在办公楼和资产组之间进行分摊。

资产组B（含办公楼）发生减值损失84.5万元，其中办公楼应分摊减值损失23.05万元（84.5×112.5÷412.5），资产组B本身应分摊减值61.45万元（84.5 × 300÷412.5）。

资产组C（含办公楼）发生减值损失8万元，其中办公楼应分摊减值损失2.18万元（8×150÷550），资产组C本身应分摊减值5.82万元（8×400÷550）。

(3) 资产组组合（整个企业）减值测试：

经过上述减值测试后，资产组A、B、C和办公楼的账面价值分别为200万元、238.55万元、394.18万元和274.77万元，研发中心的账面价值仍为100万元。由此包括研发中心在内的最小资产组组合（即甲公司）的账面价值总额为1 207.50万元，但其可收回金额为1 440万元，高于其账面价值，因此，企业不必再进一步确认减值损失（包括研发中心的减值损失）。

甲公司提取减值准备所引起的资金运动如图4-4中A段运动所示。

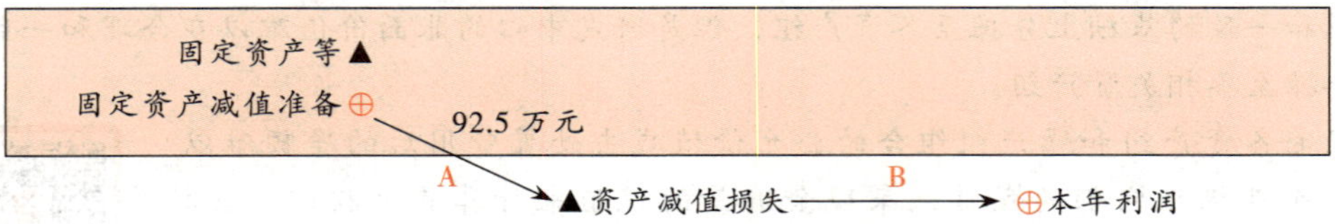

图 4-4　甲公司固定资产减值资金运动分析图

借：资产减值损失——资产组 B　　614 500
　　　　　　　——资产组 C　　58 200
　　　　　　　——办公楼　　252 300
　贷：固定资产减值准备——资产组 B　　614 500
　　　　　　　　　　——资产组 C　　58 200
　　　　　　　　　　——办公楼　　252 300

第五节　商誉减值测试与处理

一、商誉减值测试的基本要求

商誉的减值测试与处理

企业合并所形成的商誉，至少应当在每年年度终了进行减值测试。由于商誉难以独立产生现金流量，因此，商誉应当与其相关的资产组或者资产组组合结合进行减值测试。为了资产减值测试的目的，对于因企业合并形成的商誉的账面价值，应当自购买日起按照合理的方法分摊至相关的资产组；难以分摊至相关的资产组的，应当将其分摊至相关的资产组组合。

二、商誉减值资金运动分析与会计处理

如与商誉相关的资产组或者资产组组合存在减值迹象，应遵循以下规则进行减值处理：

（1）首先，对不包含商誉的资产组或者资产组组合进行减值测试，计算可收回金额，并与相关账面价值相比较，确认相应的减值损失。

（2）其次，对包含商誉的资产组或者资产组组合进行减值测试，比较这些相关资产组或者资产组组合的账面价值（包括所分摊的商誉的账面价值部分）与其可收回金额，如相关资产组或者资产组组合的可收回金额低于其账面价值，应当就其差额确认减值损失，减值损失金额应当首先抵减分摊至资产组或者资产组组合中商誉的账面价值。

（3）最后，未抵销完的减值损失应根据资产组或者资产组组合中除商誉之外的其他各项资产的账面价值所占比例，按比例抵减其他各项资产的账面价值。

与资产减值测试的处理一样，以上资产账面价值的抵减，也都应当作为各单项资产（包括商誉）的减值损失处理，计入当期损益。抵减后的各资产的账面价值不得低于以下三者之中最高者：该资产的公允价值减去处置费用后的净额（如可确定）、该资产预计未来现金流量的现值（如可确定）和零。因此而导致的未能分摊完的减值损失金额，应当按照相关资产组或者资产组组合中其他各项资产的账面价值所占比例进行分摊。

因企业合并形成的商誉是母公司根据其在子公司所拥有的权益而确认的商誉，子公司中归属于少数股东的商誉并没有在合并财务报表中予以确认。因此，在对与商誉相关的资产组或者资产组组合进行减值测试时，由于其可收回金额的预计包括归属于少数股东的商誉价值部分，为了使减值测试建立在一致的基础上，企业应当调整资产组的账面价值，将归属于少数股东权益的商誉包括在内；然后，根据调整后的资产组账面价值与其可收回金额进行比较，以确定资产组（包括商誉）是否发生了减值。

上述资产组如发生减值，应当首先抵减商誉的账面价值，但由于根据上述方法计算的商誉减值损失包括了应由少数股东权益承担的部分，而少数股东权益拥有的商誉价值及其减值损失都不在合并财务报表中反映，合并财务报表只反映归属于母公司的商誉减值损失，因此，应当将商誉减值损失在可归属于母公司和少数股东权益之间按比例进行分摊，以确认归属于母公司的商誉减值损失。

【例4-13】甲企业在20×8年1月1日以2 200万元的价格收购了乙企业80%的股权。在收购日，乙企业可辨认净资产的公允价值为2 500万元。因此，甲企业在其合并财务报表中确认商誉200万元（2 200−2 500×80%）、乙企业可辨认净资产2 500万元和少数股东权益500万元（2 500×20%）。

假定乙企业的所有资产被认定为一个资产组。由于该资产组包括商誉，因此，它至少应当于每年年度终了进行减值测试。20×8年年末，甲企业确定该资产组的可收回金额为1 850万元，可辨认净资产的账面价值为2 000万元。由于乙企业作为一个单独的资产组的可收回金额1 850万元中，包括归属于少数股东权益在商誉价值中享有的部分，因此，出于减值测试的目的，在与资产组的可收回金额进行比较之前，必须对资产组的账面价值进行调整，使其包括归属于少数股东权益的商誉价值50万元［（2 200÷80%−2 500）×20%］。然后，据以比较该资产组的账面价值和可收回金额，确定是否发生了减值损失。其测试过程见表4-6。

表4-6　　商誉减值测试过程表　　单位：万元

20×8年年末	商誉	可辨认净资产	合计
账面价值	200	2 000	2 200
未确认归属于少数股东权益的商誉价值	50		50
调整后的账面价值	250	2 000	2 250
可收回金额			1 850
减值损失			400

以上计算出的减值损失400万元应当首先冲减商誉的账面价值，然后，将剩余部分分摊至资产组中的其他资产。在本例中，400万元减值损失中有250万元应当属于商誉减值损失，其中，由于确认的商誉仅限于甲企业持有的乙企业80%股权部分，因此，甲企业只需要在合并财务报表中确认归属于甲企业的商誉减值损失，即250万元商誉减值损失的80%，即200万元。剩余的150万元减值损失应当冲减乙企业可辨认净资产的账面价值，作为乙企业可辨认净资产的减值损失。减值损失的分摊过程见表4-7。

表4-7　商誉减值分摊表　单位：万元

20×8年年末	商誉	可辨认净资产	合计
账面价值	200	2 000	2 200
确认的减值损失	(200)	(150)	(350)
确认减值损失后的账面价值	—	1 850	1 850

该减值所引起的资金运动如图4-5中A段所示。

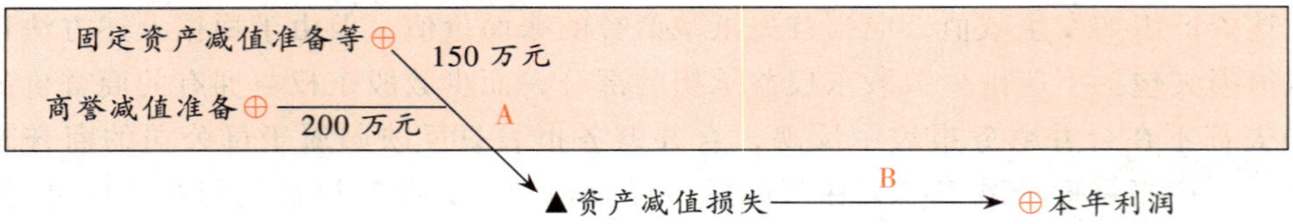

图4-5　甲公司商誉减值资金运动分析图

思考题

1. 什么是资产可收回金额？资产可收回金额如何计量？
2. 折现率如何进行预计？
3. 什么是资产组？认定资产组应考虑哪些因素？
4. 什么是总部资产？总部资产的减值有什么特点？
5. 商誉减值处理有什么特点？

立德育人

变味的资产减值：广州浪奇资产减值超60亿元，存货离奇消失惹疑[1]

2021年2月1日，广州浪奇发布了2020年度业绩预告，公司2020年度归属于上市公司股东的净利润预计将亏损24.60亿元至35.60亿元，同比下滑4 109%~5 902%，若扣除非经常性损益影响，净利润预计亏损金额将高达41.05亿元至52.05亿元。公告一经发布，市场一片哗然，股价也连续3日跌停。

从公告内容看，本次巨亏除了疫情的影响外，资产减值计提是最主要原因。在2020年，广州浪奇及其子公司共计提取信用减值损失高达50亿元，此外还计提了11.6亿元的资产减值准备，仅这两项减值就计提了共计61.6亿元。

就广州浪奇计提的11.6亿元资产减值准备进行分析，可发现这背后的剧情可谓是曲折离奇。相关公开资料显示，广州浪奇分别与江苏鸿燊物流有限公司（以下简称“鸿燊公司”）和江苏辉丰石化有限公司（以下简称“辉丰公司”）签订了仓储合同，将其价值4.53亿元和1.19亿元的存货分别存储在两家公司的瑞丽仓和辉丰仓中，其中库方负责货物入库验收及保管，广州浪奇则定期支付仓储费用。

2019年11月及2020年1月，公司相关人员及审计机构在年度审计工作中，并未发现账实存在重大差异，或存货存在明显异常的情况。然而到了2020年5月，公司相关人员前往江苏贸易仓库（瑞丽仓、辉丰仓）开展盘点工作时，鸿燊公司却以储罐无取样口，且园

① 王宗耀. 变味的资产减值：广州浪奇资产减值超60亿，存货离奇消失惹疑［EB/OL］.［2021-03-23］. https://baijiahao.baidu.com/s?id=1694983732935729242&wfr=spider&for=pc.

区安全管理要求为由，没有配合取样；在辉丰公司，因未能与相关人员联系落实好盘点工作，连仓库都没能进去。

2020年8月，公司再次安排相关人员前往盘点，但有意思的是，此次盘点结果与上次完全相同：一家公司没有配合取样，另一家公司依然拒绝相关人员进入仓库。

2020年9月，公司分别向鸿燊公司、辉丰公司发函要求其配合盘点及抽样检测，可令人意外的是，辉丰公司却表示，其从未与广州浪奇签订过相关仓储合同，也没有存储过其货物。相关盘点表上的印章与辉丰公司印章也不一致。类似情况还发生在鸿燊公司，其也否认保管过广州浪奇的货物。就这样，广州浪奇数亿元的存货便离奇“消失”了。

对此问题，广州浪奇在年报业绩预告中表示，“根据公司目前掌握的证据，相关存货账实不符的情况或与相关内外部人员涉嫌刑事犯罪有关，后续贸易业务相关存货由责任人赔偿的可能性暂无法预估，因此，基于谨慎性原则，公司对相关第三方仓库相关存货转入待处理财产损溢，并计提减值准备8.98亿元”。此外，其参股公司涉及多起诉讼计提大量减值准备、政府收储土地支付数亿元平整费用、经销合同纠纷发生营业外支出等使得其当年共计计提11.6亿元的资产减值准备。

进一步分析可发现，广州浪奇的巨额存货离奇“失踪”背后有着很多疑点。首先，为何公司相关人员及审计机构在当年的年度审计工作中未能发现存货的异常呢？其到底有没有到仓库去盘点，如果真的不存在相关存货，他们的盘点记录又是如何完成的呢？其次，在2020年5月盘点中，一家仓库未能取样，另一家仓库甚至未能进入，其中的风险已经呼之欲出，出现如此情况，理应引起公司重视，派人持续跟进盘点工作，然而直到数月后的8月份，广州浪奇才派人过去再次盘点。再次，根据广州浪奇的披露，这两家仓库存储其存货的合计金额为5.72亿元，可公司却计提减值准备高达8.98亿元，超规模的减值计提的合理性在哪里？

除了存货方面疑点，广州浪奇在本次资产减值中还计提了50亿元的信用减值损失。广州浪奇表示，“报告期内，公司部分主要贸易业务客户陆续出现未按合同约定支付货款，不按合同数额标准的零星支付、拖延支付、商票无法兑付，预付货款未能交货等问题；9月份以来，公司陆续发现较多贸易业务存在真实性存疑的风险，监察机关、公安机关目前已对相关内外部人员涉嫌刑事犯罪开展侦查、调查工作”。于是，公司对存在业务风险的大宗贸易业务应收账款计提坏账准备约32亿元，对存在业务风险的大宗贸易业务预付货款计提坏账准备约18亿元。

广州浪奇一次性计提巨额信用减值的疑点在于，如果公司不是为了给财务“洗大澡”，一次性亏个够的话，其做法很可能是为了掩盖财务“窟窿”。

根据业绩预告，广州浪奇预计2020年全年营业收入为48.8亿元至51.8亿元，相比2019年的123.98亿元已经出现“腰斩”，然而让人很难理解的是，在其之前发布的2020年三季报中，其当年前三季度还实现营业收入53.42亿元，可到了年度业绩预告时，年度营业收入竟然还不如三季报披露的数据高。如此怪异现象是否说明，公司此前存在提前确认收入或虚增营业收入的行为？

此外，广州浪奇2020年业绩预告中的营业收入比其三季报披露的金额还低，意味着公司期末的应收账款和预付货款金额变化应该不会太大。根据三季报数据，公司当期的应收账款余额为34.82亿元，加上其前三季度已计提的2.62亿元应收账款，共计37.44亿元，然而其年度内共计提坏账准备金额高达32亿元，占到三季度应收账款金额的85.47%，如此情况说明公司有8成以上的应收账款预计收不回来了。问题在于，公司2019年期末的应收账款金额为34.45亿元，与2020年第三季度末的金额相差不大，这意味着其回款虽然慢，但至少2020年前三季度内，回款金额应该是与当期营业收入相当的，既然如此，其一次性将八成多的应收账款计提坏账准备，又真的合理吗？

再说预付货款，广州浪奇2020年三季度末的预付款项一共有18.28亿元，然而预计2020年度一次性就要计提坏账准备18亿元，占到公司三季度末预付款项金额的98%，几乎将预付款项计提殆尽，难道说其预付的货款几乎都"打了水漂"？对于如此巨额的资金，公司就没有一点风控措施？

其实，广州浪奇的财务风险此前早有暴露，但是其并未提前采取有效措施。比如近10年以来，其经营活动产生的现金流量净额有9年为净流出，只有2013年有1亿多元的净流入，其他时间流出金额合计超过34亿元。反观其业绩，除了2020年外，公司每年均有盈利，这意味着其大量的资金可能沉淀在应收账款或存货之中，回款应该很难。

对此，广州浪奇在2020年5月公告的问询函答复内容也能证实：2017年，其经营性应收项目的增加导致经营活动产生的现金流量净额减少9.71亿元；2018年，其存货和经营性应收项目的增加导致经营活动产生的现金流量净额减少23.71亿元；2019年经营性应收项目的增加和经营性应付项目的减少导致经营活动产生的现金流量净额减少7.6亿元。

既然资金压力已经巨大，为何广州浪奇仍不加强应收账款回收与存货管理，不尽量减少供应商对资金的占用，减少预付款项支出呢？此外，既然对公司现金流影响如此之大，在风险已经很明确的情况下，为何公司还一直不愿意计提坏账，直到2020年才一次性大幅度计提呢？诸多的疑点让人迷惑，需要公司作出合理解释。

要求：请从职业道德、诚信守正、法治意识三个角度中任选其一，谈一谈你的想法和感受。

第五章 会计政策、会计估计及其变更和差错更正

学习目标

本章主要讲授会计政策、会计估计及其变更和差错更正业务处理。通过本章的学习，读者应掌握会计政策、会计估计的认定和种类；掌握会计政策变更和会计估计变更业务所引起的资金运动及其会计处理；掌握差错更正业务所引起的资金运动及其会计处理。

会计政策及其变更概述

第一节 会计政策及其变更概述

一、会计政策概述

会计政策，是指企业在会计确认、计量和报告中所采用的原则、基础和会计处理方法。其中，会计原则是指按照企业会计准则规定的、适合企业会计核算的具体会计原则；会计基础是指为了将会计原则应用于交易或者事项而采用的基础，如计量基础（即计量属性），包括历史成本、重置成本、可变现净值、现值和公允价值等；会计处理方法是指企业在会计核算中按照法律、行政法规或者国家统一的会计制度等规定采用或者选择的、适合本企业的具体会计处理方法。

会计政策具有以下特点：

第一，会计政策的选择性。会计政策是在允许的会计原则、计量基础和会计处理方法中作出指定或具体选择。由于企业经济业务的复杂性和多样化，某些经济业务在符合会计原则和计量基础的要求下，可以有多种会计处理方法，即存在不止一种可供选择的会计政策。例如，确定发出存货的实际成本时可以在先进先出法、加权平均法或者个别计价法中进行选择。

第二，会计政策应当在会计准则规定的范围内选择。在我国，会计准则和会计制度属于行政法规，会计政策所包括的具体会计原则、计量基础和具体会计处理方法由会计准则或会计制度规定，具有一定的强制性。企业必须在法规所允许的范围内选择适合本企业实际情况的会计政策，即企业在发生某项经济业务时，必须从允许的会计原则、计量基础和会计处理方法中选择适合本企业特点的会计政策。

第三，会计政策的层次性。会计政策包括会计原则、计量基础和会计处理方法三个层

次。例如，或有事项准则中规定的“以该义务是企业承担的现时义务、履行该义务很可能导致经济利益流出企业、该义务的金额能够可靠地计量作为预计负债的确认条件”就是确认预计负债要遵循的会计原则；会计基础是为将会计原则体现在会计核算中而采用的计量基础。例如，资产减值准则中涉及的公允价值就是计量基础；收入准则中规定的履约进度按投入法或者产出法确认收入就是会计处理方法。会计原则、计量基础和会计处理方法三者是一个具有逻辑性的、密不可分的整体，通过这个整体，会计政策才能得以应用和落实。

企业应当披露所采用的重要会计政策，不具有重要性的会计政策可以不予披露。判断会计政策是否重要，应当考虑与会计政策相关的项目的性质和金额。

企业应当披露的重要会计政策主要包括：

（1）发出存货成本的计量。它是指企业确定发出存货成本所采用的会计处理方法。例如，企业发出存货成本的计量是采用先进先出法，还是采用其他计量方法。

（2）长期股权投资的后续计量。它是指企业取得长期股权投资后的会计处理方法。例如，企业对被投资单位的长期股权投资是采用成本法，还是采用权益法核算。

（3）投资性房地产的后续计量。它是指企业在资产负债表日对投资性房地产进行后续计量所采用的计量方法。例如，企业对投资性房地产的后续计量是采用成本模式，还是采用公允价值模式。

（4）固定资产的初始计量。它是指对取得的固定资产初始成本的计量。例如，企业取得的固定资产初始成本是以购买价款，还是以购买价款的现值为基础进行计量。

（5）生物资产的初始计量。它是指对取得的生物资产初始成本的计量。例如，企业为取得生物资产而产生的借款费用，是予以资本化，还是计入当期损益。

（6）无形资产的确认。它是指对研发项目的支出是否确认为无形资产。例如，企业内部研究开发项目开发阶段的支出是确认为无形资产，还是在发生时计入当期损益。

（7）非货币性资产交换的计量。它是指非货币性资产交换事项中对换入资产成本的计量。例如，非货币性资产交换是以换出资产的公允价值作为确定换入资产成本的基础，还是以换出资产的账面价值作为确定换入资产成本的基础。

（8）借款费用的处理。它是指借款费用的会计处理方法，即采用资本化，还是采用费用化。

（9）合并政策。它是指编制合并财务报表所采用的原则。例如，母公司与子公司的会计年度不一致的处理原则、合并范围的确定原则等。

二、会计政策变更概述

会计政策变更，是指企业对相同的交易或者事项由原来采用的会计政策改用另一会计政策的行为。为保证会计信息的可比性，使财务报表使用者在比较企业一个以上期间的财务报表时，能够正确判断企业的财务状况、经营成果和现金流量的趋势，一般情况下，企业采用的会计政策，应该在每一会计期间前后各期保持一致，不得随意变更。否则，势必削弱会计信息的可比性。但是，在下述两种情形下，企业可以变更会计政策：

第一，法律、行政法规或者国家统一的会计制度等要求变更。这种情况是指，按照法律、行政法规以及国家统一的会计制度的规定，要求企业采用新的会计政策，则企业应当按照法律、行政法规以及国家统一的会计制度的规定改变原会计政策，按照新的会计政策执行。例如，《企业会计准则第1号——存货》对发出存货实际成本的计价排除了后进先出法，这就要求执行企业会计准则的企业按照新规定，将原来以后进先出法核算发出存货成本改为准则规定可以采用的其他发出存货成本计价方法。

第二，会计政策变更能够提供更可靠、更相关的会计信息。由于经济环境、客观情况的改变，使企业原采用的会计政策所提供的会计信息，已不能恰当地反映企业的财务状况、经营成果和现金流量等信息。在这种情况下，应改变原有会计政策，按变更后新的会计政策进行会计处理，以便对外提供更可靠、更相关的会计信息。例如，企业一直采用成本模式对投资性房地产进行后续计量，如果企业能够从房地产交易市场上持续地取得同类或类似房地产的市场价格及其他相关信息，从而能够对投资性房地产的公允价值作出合理的估计，此时，企业可以将投资性房地产的后续计量方法由成本模式变更为公允价值模式。

对会计政策变更的认定，直接影响会计处理方法的选择。因此，在会计实务中，企业应当正确认定属于会计政策变更的情形。下列两种情况不属于会计政策变更：

第一，本期发生的交易或者事项与以前相比具有本质差别而采用新的会计政策。这是因为，会计政策是针对特定类型的交易或事项的，如果发生的交易或事项与其他交易或事项有本质区别，那么，企业实际上是为新的交易或事项选择适当的会计政策，并没有改变原有的会计政策。例如，将自用的办公楼改为出租，不属于会计政策变更，而是对新的交易或事项采用新的会计政策。

第二，对初次发生的或不重要的交易或者事项采用新的会计政策。对初次发生的某类交易或事项采用适当的会计政策，并未改变原有的会计政策。例如，企业过去在生产经营过程中使用少量的低值易耗品，并且价值较低，故企业在领用低值易耗品时一次性计入费用；该企业于近期投产新产品，所需低值易耗品比较多，且价值较大，企业对领用的低值易耗品处理方法改为五五摊销法。该企业低值易耗品在企业生产经营中所占的费用比例并不大，改变低值易耗品处理方法后，对损益的影响也不大，属于不重要的事项，会计政策在这种情况下的改变不属于会计政策变更。

第二节 会计估计及其变更概述

一、会计估计概述

会计估计，是指企业对结果不确定的交易或者事项以最近可利用的信息为基础所作的判断。

会计估计具有以下特点：

(1) 会计估计的存在是由于经济活动中内在的不确定性因素的影响。在会计核算中，企业总是力求保持会计核算的准确性，但有些经济业务本身具有不确定性。例如，坏账、固定资产折旧年限、固定资产残余价值、无形资产摊销年限等，因而需要根据经验作出估计。

（2）进行会计估计时，往往以最近可利用的信息或资料为基础。企业在会计核算中，由于经营活动中内在的不确定性，不得不经常进行估计。一些估计的主要目的是确定资产或负债的账面价值，例如，坏账准备、担保责任引起的负债；另一些估计的主要目的是确定将在某一期间记录的收益或费用的金额，如某一期间的折旧、摊销的金额。企业在进行会计估计时，通常应根据当时的情况和经验，以一定的信息或资料为基础进行。但是，随着时间的推移、环境的变化，进行会计估计的基础可能会发生变化，因此，进行会计估计所依据的信息或者资料不得不经常发生变化。由于最新的信息是最接近目标的信息，以其为基础所作的估计最接近实际，所以进行会计估计时，应以最近可利用的信息或资料为基础。

（3）进行会计估计并不会削弱会计确认和计量的可靠性。企业为了定期、及时地提供有用的会计信息，将延续不断的经营活动人为划分为一定的期间，并在权责发生制的基础上对企业的财务状况和经营成果进行定期确认和计量。例如，在会计分期的情况下，许多企业的交易跨越若干会计年度，以至于需要在一定程度上作出决定：某一年度发生的开支，其受益期是否在未来，从而全部或部分向后递延；哪些受益期在本期，从而确认为本期费用。由于会计分期假设和货币计量假设，在确认和计量过程中，不得不对许多尚在延续中、其结果尚未确定的交易或事项予以估计入账。

会计估计及其变更概述

企业应当披露重要的会计估计，不具有重要性的会计估计可以不披露。判断会计估计是否重要，应当考虑与会计估计相关的项目的性质和金额。

企业应当披露的重要会计估计包括：

（1）存货可变现净值的确定。

（2）采用公允价值模式下的投资性房地产公允价值的确定。

（3）固定资产的预计使用寿命与净残值，固定资产的折旧方法。

（4）生产性生物资产的预计使用寿命与净残值，各类生产性生物资产的折旧方法。

（5）使用寿命有限的无形资产的预计使用寿命与净残值。

（6）可收回金额按照资产组的公允价值减去处置费用后的净额确定的，确定公允价值减去处置费用后的净额的方法。

可收回金额按照资产组预计未来现金流量的现值确定的，预计未来现金流量的确定。

（7）合同履约进度的确定。

（8）权益工具公允价值的确定。

（9）债务人债务重组中转让的非现金资产的公允价值、由债务转成的股份的公允价值和修改其他债务条件后债务的公允价值的确定。

债权人债务重组中受让的非现金资产的公允价值、由债权转成的股权的公允价值和修改其他债务条件后债权的公允价值的确定。

（10）预计负债初始计量的最佳估计数的确定。

（11）金融资产公允价值的确定。

（12）承租人对未确认融资费用的分摊，出租人对未实现融资收益的分配。

（13）探明矿区权益、井及相关设施的折耗方法；与油气开采活动相关的辅助设备及设施的折旧方法。

(14) 非同一控制下企业合并成本的公允价值的确定。

(15) 其他重要会计估计。

二、会计估计变更概述

会计估计变更，是指由于资产和负债的当前状况及预期经济利益和义务发生了变化，从而对资产或负债的账面价值或者资产的定期消耗金额进行调整。

由于企业经营活动中内在的不确定性因素，许多财务报表项目不能准确地计量，只能进行估计，估计过程涉及以最近可以得到的信息为基础所作的判断。但是，估计毕竟是就现有资料对未来所作的判断，随着时间的推移，如果赖以进行估计的基础发生变化，或者由于取得了新的信息、积累了更多的经验、发展偏离预期，可能不得不对原有的估计进行修正，但会计估计变更的依据应当真实、可靠。

会计估计变更的情形包括：

(1) 赖以进行估计的基础发生了变化。企业进行会计估计，总是依赖于一定的基础。如果其所依赖的基础发生了变化，则会计估计也应相应变化。例如，企业的某项无形资产摊销年限原定为10年，以后发生的情况表明，该资产的受益年限已不足10年，应相应调减摊销年限。

(2) 取得了新的信息、积累了更多的经验。企业进行会计估计是就现有资料对未来所作的判断。随着时间的推移，企业有可能取得新的信息、积累更多的经验，在这种情况下，企业可能不得不对原有的会计估计进行修订，即发生会计估计变更。例如，企业原根据当时能够得到的信息，对应收账款每年按其余额的5%计提坏账准备，现在掌握了新的信息，判定不能收回的应收账款比例已达9%，企业改按9%的比例计提坏账准备。

会计估计变更，并不意味着以前期间会计估计是错误的，只是由于情况发生变化，或者掌握了新的信息，积累了更多的经验，使得变更会计估计能够更好地反映企业的财务状况和经营成果。如果以前期间的会计估计是错误的，则属于前期差错，按前期差错更正的会计处理办法进行处理。

第三节　会计政策与会计估计及其变更的划分

企业应当在符合我国现行会计准则和其他相关法律法规要求的前提下，以一贯性、适用性和成本效益原则为基础，正确选择和确定本企业采用的会计政策与会计估计，并正确划分会计政策变更与会计估计变更，按照不同的方法进行相关会计处理。

企业应当以变更事项的会计确认、计量基础和列报项目是否发生变更作为判断该变更是会计政策变更还是会计估计变更的划分基础。

(1) 以会计确认是否发生变更作为判断基础。《企业会计准则——基本准则》规定了资产、负债、所有者权益、收入、费用和利润6项会计要素的确认标准，该确认标准是会计处理的首要环节。一般地，对会计确认的指定或选择是会计政策，其相应的变更是会计政策变更。会计确认的变更一般会引起列报项目的变更。例如，企业在前期将某项内部研究开发项目开发阶段的支出计入当期损益，而当期按照新准则的规定，该项支出符合无形资产的确认条件，应当确认为无形资产。该事项的会计确认发生变更，即前期确认为一项费用，而当期确认为一项资产。该事项的确认发生了变化，该变更是会计政策变更。

（2）以计量基础是否发生变更作为判断基础。《企业会计准则——基本准则》规定了历史成本、重置成本、可变现净值、现值和公允价值5项会计计量属性，该5项计量属性属于会计处理的计量基础。一般地，对计量基础的指定或选择是会计政策，其相应的变更是会计政策变更。例如，企业在前期对购入的价款超过正常信用条件延期支付的固定资产初始计量采用历史成本，而当期按照新准则的规定，该类固定资产的初始成本应以购买价款的现值为基础确定。该事项的计量基础发生了变化，所以该变更是会计政策变更。

（3）以列报项目是否发生变更作为判断基础。《企业会计准则第30号——财务报表列报》规定了财务报表项目应采用的列报原则。一般地，对列报项目的指定或选择是会计政策，其相应的变更是会计政策变更。例如，某商品流通企业在前期按原会计准则的规定将商品采购费用列入销售费用，当期根据新准则的规定，将采购费用列入存货成本。因为列报项目发生了变化，所以该变更是会计政策变更。

（4）根据会计确认、计量基础和列报项目所选择的、为取得与资产负债表项目有关的金额或数值（如预计使用寿命、净残值等）所采用的处理方法，不是会计政策，而是会计估计，其相应的变更是会计估计变更。例如，企业需要对某项资产采用公允价值进行计量，而公允价值的确定需要根据市场情况选择不同的处理方法。相应地，当企业面对的市场情况发生变化时，其采用的确定公允价值的方法变更是会计估计变更，不是会计政策变更。

会计政策、会计估计及变更的划分

企业可以采用以下具体方法划分会计政策变更与会计估计变更：分析并判断该事项是否涉及会计确认、计量基础选择或列报项目的变更，当至少涉及上述一项划分基础变更时，该事项是会计政策变更；不涉及上述划分基础变更时，该事项可以判断为会计估计变更。例如，企业在前期按原会计准则的规定将购建固定资产相关的一般借款利息计入当期损益，当期根据新准则的规定，将其资本化，企业因此将对该事项进行变更。该事项的计量基础未发生变更，即都是以历史成本作为计量基础的；该事项的会计确认发生变更，即前期将借款费用确认为一项费用，而当期将其确认为一项资产；同时，会计确认的变更导致该事项在资产负债表和利润表中相关项目的列报也发生变更。该事项涉及会计确认和列报的变更，所以属于会计政策变更。又如，企业原采用双倍余额递减法计提固定资产折旧，根据固定资产使用的实际情况，企业决定改用直线法计提固定资产折旧。该事项前后采用的两种计提折旧的方法都是以历史成本作为计量基础的，对该事项的会计确认和列报项目也未发生变更，只是固定资产折旧、固定资产净值等相关金额发生了变化。因此，该事项属于会计估计变更。

第四节　会计政策和会计估计变更资金运动分析与会计处理

一、会计政策变更的会计处理

发生会计政策变更时，有两种会计处理方法，即追溯调整法和未来适用法，两种方法适用于不同情形。

（一）追溯调整法

追溯调整法，是指对某项交易或事项变更会计政策，视同该项交易或事项初次发生时即采用变更后的会计政策，并以此对财务报表相关项目进行调整的方法。采用追溯调整法时，对于比较财务报表期间的会计政策变更，应调整各期间净损益各项目和财务报表其他相关项目，视同该会计政策在比较财务报表期间一直采用。对于比较财务报表可比期间以前的会计政策变更的累积影响数，应调整比较财务报表最早期间的期初留存收益，财务报表其他相关项目的数字也应一并调整。

追溯调整法通常由以下步骤构成：

第一步，计算会计政策变更的累积影响数；

第二步，编制相关项目的调整分录；

第三步，调整列报前期财务报表相关项目及其金额；

第四步，附注说明。

其中，会计政策变更累积影响数，是指按照变更后的会计政策对以前各期追溯计算的列报前期最早期初留存收益应有金额与现有金额之间的差额。上述留存收益金额，包括盈余公积和未分配利润等项目，不考虑由于损益的变化而应当调整的现金股利分配。例如，由于会计政策变化，增加了以前期间可供分配的利润，该企业通常按净利润的20%分派股利。但在计算调整会计政策变更当期期初的留存收益时，不应当考虑由于以前期间净利润的变化而需要分派的股利。

会计政策变更——追溯调整法1

累积影响数通常可以通过以下步骤计算获得：

第一步，根据新会计政策重新计算受影响的前期交易或事项；

第二步，计算两种会计政策下的差异；

第三步，计算差异的所得税影响金额；

第四步，确定前期中的每一期的税后差异；

第五步，计算会计政策变更的累积影响数。

需要注意的是，对以前年度损益进行追溯调整或对财务报表追溯重述的，应当重新计算各列报期间的每股收益。

【例5-1】甲公司20×5年、20×6年分别以45 000 000元和11 000 000元的价格从股票市场购入A、B两只以交易为目的的股票（假设不考虑购入股票发生的交易费用），市价一直高于购入成本。公司采用成本与市价孰低法对购入股票进行计量。公司从20×7年起对其以交易为目的购入的股票由成本与市价孰低法改为公允价值计量，公司保存的会计资料比较齐备，可以通过会计资料追溯计算。假设所得税税率为25%，公司按净利润的10%提取法定盈余公积，按净利润的5%提取任意盈余公积。公司发行普通股4 500万股，未发行任何稀释性潜在普通股。两种方法计量的交易性金融资产账面价值见表5-1。

表5-1　　两种方法计量的交易性金融资产账面价值　　单位：元

会计政策 / 股票	成本与市价孰低法	20×5年年末公允价值	20×6年年末公允价值
A股票	45 000 000	51 000 000	51 000 000
B股票	11 000 000	—	13 000 000

根据上述资料，甲公司的会计处理如下：

1.计算改变交易性金融资产计量方法后的累积影响数（见表5-2）

表5-2　　改变交易性金融资产计量方法后的累积影响数　　单位：元

时间	股票	公允价值	成本与市价孰低法	税前差异	所得税影响	税后差异
20×5年年末	A股票	51 000 000	45 000 000	6 000 000	1 500 000	4 500 000
20×6年年末	A股票	51 000 000	45 000 000	6 000 000	1 500 000	4 500 000
	B股票	13 000 000	11 000 000	2 000 000	500 000	1 500 000
	合计	64 000 000	56 000 000	8 000 000	2 000 000	6 000 000

甲公司20×7年12月31日的比较财务报表列报前期最早期初为20×6年1月1日。

甲公司在20×5年年末按公允价值计量的交易性金融资产的账面价值为51 000 000元，按成本与市价孰低法计量的账面价值为45 000 000元，两者的所得税影响合计为1 500 000元，两者差异的税后净影响额为4 500 000元，即为该公司20×6年期初由成本与市价孰低法计量改为公允价值计量的累积影响数。

甲公司在20×6年年末按公允价值计量的交易性金融资产的账面价值为64 000 000元，按成本与市价孰低法计量的账面价值为56 000 000元，两者的所得税影响合计为2 000 000元，两者差异的税后净影响额为6 000 000元，其中，4 500 000元是调整20×6年累积影响数，1 500 000元是调整20×6年当期金额。

2.有关项目调整资金运动分析及其会计处理

（1）对20×5年有关事项的调整处理：（如图5-1所示）

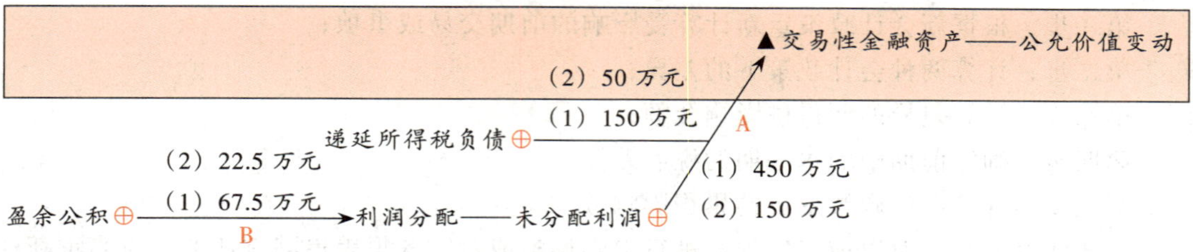

图5-1　甲公司会计政策变更引起的资金运动分析

①调整会计政策变更累积影响数：（如图5-1A段运动中（1）所示）

借：交易性金融资产——公允价值变动　　6 000 000

　　贷：利润分配——未分配利润　　4 500 000

　　　　递延所得税负债　　1 500 000

会计政策变更——追溯调整法2

②调整利润分配：（如图5-1B段运动中（1）所示）

按照净利润的10%提取法定盈余公积，按照净利润的5%提取任意盈余公积，共计提取盈余公积675 000元（4 500 000×15%）。

借：利润分配——未分配利润　　675 000

　贷：盈余公积　　675 000

（2）对20×6年有关事项的调整处理：

①调整交易性金融资产：（如图5-1A段运动中（2）所示）

借：交易性金融资产——公允价值变动　　2 000 000

　贷：利润分配——未分配利润　　1 500 000

　　　递延所得税负债　　500 000

②调整利润分配：（如图5-1B段运动中（2）所示）

按照净利润的10%提取法定盈余公积，按照净利润的5%提取任意盈余公积，共计提取盈余公积225 000元（1 500 000×15%）。

借：利润分配——未分配利润　　225 000

　贷：盈余公积　　225 000

3.财务报表调整和重述（财务报表略）

甲公司在列报20×7年财务报表时，应调整20×7年资产负债表有关项目的年初余额、利润表有关项目的上年金额及所有者权益变动表有关项目的上年金额和本年金额。

（1）资产负债表项目的调整：

调增交易性金融资产年初余额8 000 000元；调增递延所得税负债年初余额2 000 000元，调增盈余公积年初余额900 000元；调增未分配利润年初余额5 100 000元。

（2）利润表项目的调整：

调增公允价值变动收益上年金额2 000 000元；调增所得税费用上年金额500 000元；调增净利润上年金额1 500 000元；调增基本每股收益上年金额0.033元/股。

（3）所有者权益变动表项目的调整：

调增盈余公积上年年初金额675 000元，未分配利润上年年初金额3 825 000元，所有者权益合计上年年初金额4 500 000元。

调增盈余公积上年金额225 000元，未分配利润上年金额1 275 000元，所有者权益合计上年金额1 500 000元。

调增盈余公积本年年初金额900 000元，未分配利润本年年初金额5 100 000元，所有者权益合计本年年初金额6 000 000元。

（二）未来适用法

未来适用法，是指将变更后的会计政策应用于变更日及以后发生的交易或者事项，或者在会计估计变更当期和未来期间确认会计估计变更影响数的方法。

在未来适用法下，不需要计算会计政策变更产生的累积影响数，也无须重编以前年度的财务报表。企业会计账簿记录及财务报表上反映的金额，变更之日仍保留原有的金额，不因会计政策变更而改变以前年度的既定结果，并在现有金额的基础上再按新的会计政策进行核算。

会计政策变更——未来适用法

【例 5-2】乙公司原对发出存货采用后进先出法。由于采用新准则，按其规定，公司从20×7年1月1日起改用先进先出法。20×7年1月1日存货的价值为250 000元，公司当年购入存货的实际成本为1 800 000元，20×7年12月31日按先进先出法计算确定的存货价值为450 000元，当年销售额为2 500 000元。假设该年度其他费用为120 000元，所得税税率为25%。20×7年12月31日按后进先出法计算的存货价值为220 000元。

乙公司由于法律环境变化而改变会计政策，假定其采用未来适用法进行处理，即对存货采用先进先出法从20×7年及以后才适用，不需要计算20×7年1月1日以前按先进先出法计算存货应有的余额以及对留存收益的影响金额。

计算确定会计政策变更对当期净利润的影响数见表5-3。

表5-3　当期会计政策变更对净利润的影响数计算表　单位：元

项目	先进先出法	后进先出法
营业收入	2 500 000	2 500 000
减：营业成本	1 600 000	1 830 000
减：其他费用	120 000	120 000
利润总额	780 000	550 000
减：所得税费用	195 000	137 500
净利润	585 000	412 500
差额	172 500	

公司由于会计政策变更使当期净利润增加了172 500元。其中，采用先进先出法的销售成本=期初存货+购入存货实际成本−期末存货=250 000+1 800 000−450 000=1 600 000（元）；采用后进先出法的销售成本=期初存货+购入存货实际成本−期末存货=250 000+1 800 000−220 000=1 830 000（元）。

（三）会计政策变更会计处理方法的选择

对于会计政策变更，企业应当根据具体情况，分别采用不同的会计处理方法：

（1）在法律、行政法规或者国家统一的会计制度等要求变更的情况下，企业应当分别以下情况进行处理：①国家发布相关的会计处理办法，则按国家发布的相关会计处理规定进行处理。②国家没有发布相关的会计处理办法，则采用追溯调整法进行会计处理。

（2）在会计政策变更能够提供更可靠、更相关的会计信息的情况下，企业应当采用追溯调整法进行会计处理，将会计政策变更累积影响数调整列报前期最早期初留存收益，其他相关项目的期初余额和列报前期披露的其他比较数据也应当一并调整。

（3）确定会计政策变更对列报前期影响数不切实可行的，应当从可追溯调整的最早期间期初开始应用变更后的会计政策；在当期期初确定会计政策变更对以前各期累积影响数不切实可行的，应当采用未来适用法处理。

不切实可行，是指企业在采取所有合理的方法后，仍然不能获得采用某项规定所必需的相关信息，而导致无法采用该项规定，则该项规定在此时是不切实可行的。

出现下列情况时，表明对某项会计政策变更应用追溯调整法是不切实可行的：

（1）应用追溯调整法的累积影响数不能确定。

（2）应用追溯调整法要求对管理层在该期当时的意图作出假定。

（3）应用追溯调整法要求对有关金额进行重大估计，并且不可能将提供有关交易发生时存在状况的证据和该期间财务报表批准报出时能够取得的信息与其他信息客观地加以区分。

在某些情况下，调整一个或者多个前期比较信息以获得与当期会计信息的可比性是不切实可行的。例如，企业因账簿、凭证超过法定保存期限而销毁，或因不可抗力而毁坏、遗失，如火灾、水灾等，或因人为因素，如盗窃、故意毁坏等，可能使当期期初确定会计政策变更对以前各期的累积影响数无法计算，即不切实可行，此时，会计政策变更应当采用未来适用法进行处理。

（四）会计政策变更的披露

企业应当在附注中披露与会计政策变更有关的下列信息：

（1）会计政策变更的性质、内容和原因。其具体包括：对会计政策变更的简要阐述、变更的日期、变更前采用的会计政策和变更后所采用的新会计政策及会计政策变更的原因。

会计政策变更方法选择与披露

（2）当期和各个列报前期财务报表中受影响的项目名称和调整金额。其具体包括：采用追溯调整法时，计算出的会计政策变更的累积影响数；当期和各个列报前期财务报表中需要调整的净损益及其影响金额，以及其他需要调整的项目名称和调整金额。

（3）无法进行追溯调整的，说明该事实和原因以及开始应用变更后的会计政策的时点、具体应用情况。其具体包括：无法进行追溯调整的事实，确定会计政策变更对列报前期累积影响数不切实可行的原因；在当期期初确定会计政策变更对以前各期累积影响数不切实可行的原因；开始应用新会计政策的时点和具体应用情况。

需要注意的是，在以后期间的财务报表中，不需要重复披露在以前期间的附注中已披露的会计政策变更的信息。

二、会计估计变更资金运动分析与会计处理

企业对会计估计变更应当采用未来适用法处理，即在会计估计变更当期及以后期间，采用新的会计估计，不改变以前期间的会计估计，也不调整以前期间的报告结果。

第一，会计估计变更仅影响变更当期的，其影响数应当在变更当期予以确认。例如，企业原按应收账款余额的5%提取坏账准备，由于企业不能收回应收账款的比例已达8%，则企业改按应收账款余额的8%提取坏账准备。这类会计估计的变更，只影响变更当期。因此，应于变更当期确认。

第二，既影响变更当期又影响未来期间的，其影响数应当在变更当期和未来期间予以确认。例如，企业的某项可计提折旧的固定资产，其有效使用年限或预计净残值的估计发生的变更，常常影响变更当期及资产以后使用年限内各个期间的折旧费用，这类会计估计的变更，应于变更当期及以后各期确认。

会计估计变更的影响数应计入变更当期与前期相同的项目中。为了保证不同期间的财

务报表具有可比性，如果以前期间的会计估计变更的影响数计入企业日常经营活动损益，则以后期间也应计入日常经营活动损益；如果以前期间的会计估计变更的影响数计入特殊项目，则以后期间也应计入特殊项目。

会计估计变更

第三，企业应当正确划分会计政策变更和会计估计变更，并按不同的方法进行相关会计处理。企业通过判断会计政策变更和会计估计变更划分基础仍然难以对某项变更进行区分的，应当将其作为会计估计变更处理。

企业应当在附注中披露与会计估计变更有关的下列信息：

（1）会计估计变更的内容和原因。其具体包括：变更的内容、变更日期以及变更的原因。

（2）会计估计变更对当期和未来期间的影响数。其具体包括：会计估计变更对当期和未来期间损益的影响金额，以及对其他各项目的影响金额。

（3）会计估计变更的影响数不能确定的，披露这一事实和原因。

第五节　前期差错及其更正

一、前期差错概述

前期差错，是指由于没有运用或错误运用下列两种信息，而对前期财务报表造成省略或错报：①编报前期财务报表时预期能够取得并加以考虑的可靠信息。②前期财务报告批准报出时能够取得的可靠信息。前期差错通常包括计算错误、应用会计政策错误、疏忽或曲解事实以及舞弊产生的影响等。没有运用或错误运用上述两种信息而形成前期差错的情形主要有：

（1）计算以及账户分类错误。例如，企业购入的五年期国债，意图长期持有，但在记账时记入了“交易性金融资产”账户，导致账户分类上的错误，并导致在资产负债表上流动资产和非流动资产的分类也有误。

（2）采用法律、行政法规或者国家统一的会计制度等不允许的会计政策。例如，按照《企业会计准则第17号——借款费用》的规定，为购建固定资产的专门借款而发生的借款费用，满足一定条件的，在固定资产达到预定可使用状态前发生的，应予以资本化，计入所购建固定资产的成本；在固定资产达到预定可使用状态后发生的，计入当期损益。如果企业固定资产已达到预定可使用状态后发生的借款费用，也计入该项固定资产的价值，予以资本化，则属于采用法律或会计准则等行政法规、规章所不允许的会计政策。

（3）对事实的疏忽或曲解，以及舞弊。

需要注意的是，就会计估计的性质来说，它是个近似值，随着更多信息的获得，估计可能需要进行修正，但是会计估计变更不属于前期差错更正。

二、前期差错更正资金运动分析与会计处理

如果财务报表项目的遗漏或错误表述可能影响财务报表使用者根据财务报表所作出的经济决策，则该项目的遗漏或错误是重要的。重要的前期差错，是指足以影响财务报表使

用者对企业财务状况、经营成果和现金流量作出正确判断的前期差错。不重要的前期差错，是指不足以影响财务报表使用者对企业财务状况、经营成果和现金流量作出正确判断的会计差错。

前期差错的重要性取决于在相关环境下对遗漏或错误表述的规模和性质的判断。前期差错所影响的财务报表项目的金额或性质，是判断该前期差错是否具有重要性的决定性因素。一般来说，前期差错所影响的财务报表项目的金额越大、性质越严重，其重要性水平越高。

企业应当采用追溯重述法更正重要的前期差错，但确定前期差错累积影响数不切实可行的除外。追溯重述法，是指在发现前期差错时，视同该项前期差错从未发生过，从而对财务报表相关项目进行更正的方法。

前期差错更正分析

（一）不重要的前期差错的会计处理

对于不重要的前期差错，企业不需调整财务报表相关项目的期初数，但应调整发现当期与前期相同的相关项目。属于影响损益的，应直接计入本期与上期相同的净损益项目；属于不影响损益的，应调整本期与前期相同的相关项目。

（二）重要的前期差错的会计处理

对于重要的前期差错，企业应当在其发现当期的财务报表中，调整前期比较数据。具体地说，企业应当在重要的前期差错发现当期的财务报表中，通过下述处理对其进行追溯更正：

（1）追溯重述差错发生期间列报的前期比较金额。

（2）如果前期差错发生在列报的最早前期之前，则追溯重述列报的最早前期的资产、负债和所有者权益相关项目的期初余额。

对于发生的重要的前期差错，如影响损益，应将其对损益的影响数调整发现当期的期初留存收益，财务报表其他相关项目的期初数也应一并调整；如不影响损益，应调整财务报表相关项目的期初数。

在编制比较财务报表时，对于比较财务报表期间的重要的前期差错，应调整各该期间的净损益和其他相关项目，视同该差错在产生的当期已经更正；对于比较财务报表期间以前的重要的前期差错，应调整比较财务报表最早期间的期初留存收益，财务报表其他相关项目的数字也应一并调整。

确定前期差错影响数不切实可行的，可以从可追溯重述的最早期间开始调整留存收益的期初余额，财务报表其他相关项目的期初余额也应当一并调整，也可以采用未来适用法。当企业确定前期差错对列报的一个或者多个前期比较信息的特定期间的累积影响数不切实可行时，应当追溯重述切实可行的最早期间的资产、负债和所有者权益相关项目的期初余额（可能是当期）；当企业在当期期初确定前期差错对所有前期的累积影响数不切实可行时，应当从确定前期差错影响数切实可行的最早日期开始采用未来适用法追溯重述比较信息。

需要注意的是，为了保证经营活动的正常进行，企业应当建立健全内部稽核制度，保证会计资料的真实、完整。对于年度资产负债表日至财务报告批准报出日之间发现的报告年度的会计差错及报告年度前不重要的前期差错，应按照《企业会计准则第29号——资产负债表日后事项》的规定进行处理。

【例5-3】甲公司在20×6年10月发现，20×5年公司漏记一项生产用固定资产的折旧费用150 000元（该设备所生产的产品已经在20×5年全部销售），所得税纳税申报表中未扣除该项费用。假设20×5年适用的所得税税率为25%，无其他纳税调整事项。该公司按净利润的10%、5%分别提取法定盈余公积和任意盈余公积。公司发行的股票份额为1 800 000股。假定税法允许调整应交所得税。

1.分析前期差错的影响数

20×5年少计折旧费用150 000元；多计所得税费用37 500元（150 000×25%），多计净利润112 500元；多计应交税费37 500元（150 000×25%）；分别多提法定盈余公积和任意盈余公积11 250元（112 500×10%）、5 625元（112 500×5%）。

2.有关项目调整资金运动分析及会计处理（如图5-2所示）

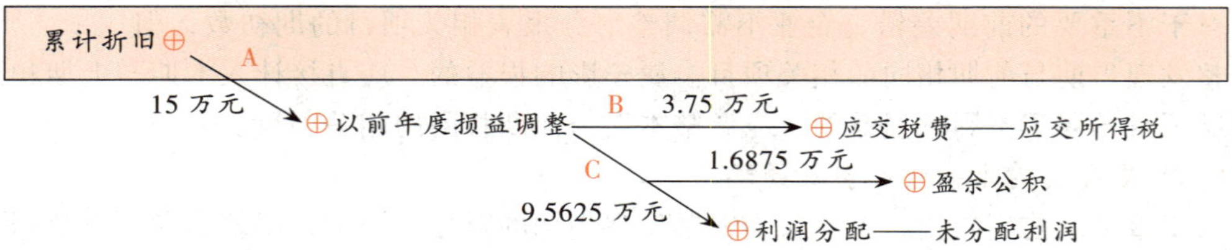

图5-2　甲公司差错更正引起的资金运动分析图

（1）补提折旧：（如图5-2中A段运动所示）

借：以前年度损益调整　　150 000

　贷：累计折旧　　150 000

前期差错更正举例1

（2）调整应交所得税：（如图5-2中B段运动所示）

借：应交税费——应交所得税　　37 500

　贷：以前年度损益调整　　37 500

（3）调整留存收益：（如图5-2中C段运动所示）

借：利润分配——未分配利润　　95 625

　　盈余公积　　16 875

　贷：以前年度损益调整　　112 500

3.财务报表调整和重述（财务报表略）

甲公司在列报20×6年财务报表时，应调整20×6年资产负债表有关项目的年初余额，利润表有关项目及所有者权益变动表的上年金额也应进行调整。

（1）资产负债表项目的调整：

调减固定资产150 000元；调减应交税费37 500元；调减盈余公积16 875元，调减未分配利润95 625元。

（2）利润表项目的调整：

调增营业成本上年金额150 000元；调减所得税费用上年金额37 500元；调减净利润上年金额112 500元；调减基本每股收益上年金额0.0625元/股。

（3）所有者权益变动表项目的调整：

调减前期差错更正项目中盈余公积上年金额16 875元，调减未分配利润上年金额

95 625元，调减所有者权益合计上年金额112 500元。

前期差错更正举例2

前期差错更正举例3

三、前期差错更正的披露

企业应当在附注中披露与前期差错更正有关的下列信息：

（1）前期差错的性质。

（2）各个列报前期财务报表中受影响的项目名称和更正金额。

（3）无法进行追溯重述的，说明该事实和原因以及对前期差错开始进行更正的时点、具体更正情况。

在以后期间的财务报表中，不需要重复披露在以前期间的附注中已披露的前期差错更正的信息。

思考题

1. 什么是会计政策？如何认定？
2. 企业的会计政策主要有哪些？
3. 什么是会计估计？如何认定会计估计？怎么区分会计政策与会计估计？
4. 企业的会计估计主要有哪些？
5. 前期差错主要有哪些？如何对前期差错进行更正？

立德育人

会计政策选择应遵循的原则[①]

企业会计政策的选择不是一个单纯的会计问题，它是与企业相关的各利益集团处理经济关系、协调经济矛盾、分配经济利益的一项重要措施。企业恰当选择会计政策，对于保证会计信息的质量、促进企业健康发展，有着非常重要的意义。因此，企业在选择会计政策时，不能只考虑自身利益的最大化，而必须兼顾方方面面。所以，企业在进行会计政策选择时应同时遵循以下原则：

（一）合法性和相对独立性相结合

企业会计政策的选择应当是在准则、制度规定的可供选择的会计原则、具体处理方法内的取舍，这样才能保证所提供的会计信息具有可比性和真实可靠性，否则是违法行为，应当承担法律责任。但是，对于拟选用的会计政策与国家的税收法规不一致的，会计政策应当保持自身的相对独立性和稳定性，遵循会计核算本身固有的规律，而不必拘泥于国家税收法规、政策的规定及变化或调整。

（二）一贯性原则

企业选用的会计政策前后各期应当保持一致和连贯，不得随意变更。当然，在理解和执行一贯性原则时，不能机械地理解为不能变更会计政策。如果已经选用的会计政策使其提供的会计信息不再具有相关性和可靠性，企业就不宜以该会计政策处理相关的经济业务事项，而应从经济环境和经营情况出发，重新选择最能恰当反映企业财务状况和经营成果

① 佚名．会计政策选择应遵循的原则［EB/OL］．［2022-03-23］．https://baike.baidu.com/item/%E4%BC%9A%E8%AE%A1%E6%94%BF%E7%AD%96/9800001.

的会计政策，企业应正确处理好保持稳定和适时调整的关系。当然，企业对于会计政策的重新选择，应当按照会计准则、制度要求进行相应的账务处理，并在财务报表附注中加以说明，以使会计信息使用者能把握企业管理当局选择会计政策的出发点和具体影响，以正确理解会计信息的内涵。

（三）适用性原则

企业选择会计政策时，理所当然地应与本企业的生产经营特点和理财环境相结合，即企业在选择会计政策时应考虑行业特点、企业生产经营规模、内部管理、企业经营业绩、现金流量、偿债能力等多种因素。会计政策的适用性是确保会计政策得到很好发挥的重要保证。会计政策的适用性还意味着随着企业生产经营状况以及理财环境的变化，会计政策本身要重新作出选择，以确保在新环境下的新的适用性。对于这一点的理解，与一贯性原则有着相同的辩证关系。

（四）成本与效益相结合的原则

企业在选择会计政策时应权衡提供会计信息的成本效益。在基本的会计信息质量得到保证的基础上，企业应选择便于理解和实施的会计政策，并尽可能地降低操作成本。在操作成本大致相等时，企业应优先选择能使提供的会计信息更相关和可靠的会计政策。

（五）遵守职业道德原则

遵守职业道德是会计人员上岗执业的必备条件。一些上市公司由于利益驱动，通过滥用会计政策进行会计操纵。由于在会计信息的生成过程中，会计政策处于至关重要的地位，因此，会计政策领域的道德建设十分重要。

要求：请从职业道德、法治意识两个角度中任选其一，谈一谈你的想法和感受。

第六章 资产负债表日后事项

学习目标

本章主要讲授资产负债表日后事项的处理。通过本章学习，读者应掌握资产负债表日后事项的界定与分类；掌握资产负债表日后事项中调整事项所引起的资金运动及其会计处理；掌握资产负债表日后事项中非调整事项的业务处理。

第一节 资产负债表日后事项概述

日后事项的界定与涵盖期间

企业财务报告是反映企业某一特定日期（资产负债表日）财务状况和某一会计期间经营成果、现金流量等方面会计信息的文件。在实际工作中，有些交易或事项是在资产负债表日后、财务报告批准报出日之前发生的，这些交易或事项可能会对企业的财务状况、经营成果和现金流量产生重要影响，为使企业提供的会计信息更加准确、全面与相关，便于报告使用者作出经济决策，需要对这些事项或交易进行认真分析，以确定是否需要调整报告期财务报表，或仅在附注中说明。

一、资产负债表日后事项的定义

资产负债表日后事项，是指资产负债表日至财务报告批准报出日之间发生的有利或不利事项。

（一）资产负债表日

资产负债表日是指会计年度末和会计中期期末。中期是指短于一个完整的会计年度的报告期间，包括半年度、季度和月度。按照《会计法》的规定，我国会计年度采用公历年度，即1月1日至12月31日。因此，年度资产负债表日是指每年的12月31日，中期资产负债表日是指各会计中期期末。例如，在提供第一季度财务报告时，资产负债表日是该年度的3月31日；在提供半年度财务报告时，资产负债表日是该年度的6月30日。

如果母公司或者子公司在国外，无论母公司或子公司如何确定会计年度和会计中期，其向国内提供的财务报告都应根据我国《会计法》和会计准则的要求确定资产负债表日。

（二）财务报告批准报出日

财务报告批准报出日是指经董事会或类似机构批准财务报告报出的日期，通常是指对财务报告的内容负有法律责任的单位或个人批准财务报告对外公布的日期。

财务报告的批准者包括所有者、所有者中的多数、董事会或类似的管理单位、部门和个人。根据《公司法》的规定，董事会有权制订公司的年度财务预算方案、决算方案、利润分配方案和弥补亏损方案。因此，对于设置董事会的公司制企业，财务报告批准报出日是指董事会批准财务报告报出的日期。对于其他企业，财务报告批准报出日一般是指经理（厂长）会议或类似机构批准财务报告报出的日期。

（三）有利事项和不利事项

资产负债表日后事项包括有利事项和不利事项。“有利或不利事项”是指，资产负债表日后对企业财务状况、经营成果等具有一定影响的事项。如果某些事项的发生对企业并无任何影响，那么，这些事项既不是有利事项，也不是不利事项，也就不属于这里所界定的资产负债表日后事项。

二、资产负债表日后事项涵盖的期间

资产负债表日后事项涵盖的期间是自资产负债表日次日起至财务报告批准报出日止的一段时间。一般而言，这一期间涉及以下几个日期：完成财务报告编制日、注册会计师出具审计报告日、董事会批准财务报告可以对外公布日、实际对外公布日等。

具体而言，资产负债表日后事项涵盖的期间应当包括：

（1）报告期间下一期间的第一天至董事会或类似机构批准财务报告对外公布的日期。

（2）财务报告批准报出之后、实际报出之前又发生与资产负债表日后事项有关的事项，并由此影响财务报告对外公布日期的，应以董事会或类似机构再次批准财务报告对外公布的日期为截止日期。

【例 6-1】某公司20×8年的年度财务报告于20×9年2月20日编制完成，注册会计师完成年度财务报表审计工作并签署审计报告的日期为20×9年4月17日，董事会批准财务报告对外公布的日期为20×9年4月19日，财务报告实际对外公布的日期为20×9年4月23日，股东大会召开日期为20×9年5月20日。

根据资产负债表日后事项涵盖期间的规定，本例中，该公司20×8年年报资产负债表日后事项涵盖的期间为20×9年1月1日至20×9年4月19日。如果在4月19日至23日之间发生了重大事项，需要调整财务报表相关项目的数字或需要在财务报表附注中披露，经调整或说明后的财务报告再经董事会批准报出的日期为20×9年4月25日，实际报出的日期为20×9年4月26日，则资产负债表日后事项涵盖的期间为20×9年1月1日至20×9年4月25日。

三、资产负债表日后事项的内容

资产负债表日后事项包括资产负债表日后调整事项（以下简称调整事项）和资产负债表日后非调整事项（以下简称非调整事项）。

（一）调整事项

资产负债表日后调整事项，是指对资产负债表日已经存在的情况提供了新的或进一步证据的事项。

如果资产负债表日及所属会计期间已经存在某种情况，但当时并不知道其存在或者不能知道其确切结果，资产负债表日后发生的事项能够证实该情况的存在或者其确切结果，则该事项属于资产负债表日后事项中的调整事项。如果资产负债表日后事项对资产负债表日的情况提供了进一步的证据，证据表明的情况与原来的估计和判断不完全一致，则需要对原来的会计处理进行调整。

企业发生的调整事项，通常包括下列各项：(1) 资产负债表日后诉讼案件结案，法院判决证实了企业在资产负债表日已经存在现时义务，需要调整原先确认的与该诉讼案件相关的预计负债，或确认一项新负债。(2) 资产负债表日后取得确凿证据，表明某项资产在资产负债表日发生了减值或者需要调整该项资产原先确认的减值金额。(3) 资产负债表日后进一步确定了资产负债表日前购入资产的成本或售出资产的收入。(4) 资产负债表日后发现了财务报表舞弊或差错。

调整事项的界定、特点与内容

【例6-2】甲公司因专利侵权被起诉。20×8年12月31日法院尚未判决，参考公司律师对此案件诉讼结果可能性的评估和判断，甲公司确认了800万元的预计负债。20×9年2月20日，在甲公司20×8年度财务报告批准报出之前，法院作出判决，要求甲公司支付赔偿款900万元。

本例中，甲公司在20×8年12月31日已经知道对方胜诉的可能性较大，但不能知道法院判决的确切结果，因此，确认了800万元的预计负债。20×9年2月20日法院判决结果为甲公司该事项的存在提供了进一步的证据。此时，按照20×8年12月31日存在状况编制的财务报表所提供的信息已不能真实反映企业的实际情况，应据此对财务报表相关项目的数字进行调整，即不仅要冲销预计负债800万元，还需要重新确认一笔价值900万元的其他应付款。

(二) 非调整事项

非调整事项，是指表明资产负债表日后发生的情况的事项。非调整事项的发生不影响资产负债表日企业的财务报表数字，只是说明资产负债表日后发生了某些情况。对于财务报告使用者而言，非调整事项说明的情况有的重要，有的不重要。其中重要的非调整事项虽然不影响资产负债表日的财务报表数字，但可能影响资产负债表日以后的财务状况和经营成果，不加以说明将会影响财务报告使用者作出正确估计和决策。因此，需要适当披露。企业发生的非调整事项，通常包括资产负债表日后发生的重大诉讼、仲裁、承诺，资产负债表日后资产价格、税收政策、外汇汇率发生的重大变化等。

(三) 调整事项与非调整事项的区别

资产负债表日后发生的某一事项究竟是调整事项还是非调整事项，取决于该事项表明的情况在资产负债表日或资产负债表日以前是否已经存在。若该情况在资产负债表日或之前已经存在，则属于调整事项；反之，则属于非调整事项。这是因为，在会计期间假设下，调整事项虽然发生在资产负债表日的下一会计期间，但其指向的情况在资产负债表日已经存在，资产负债表日后所获得的证据只为资产负债表日已存在状况提供了进一步的证据，为便于真实、公允反映企业财务状况和经营成果，需要对资产负债表日的财务报表进行调整。

【例6-3】甲公司20×8年10月向乙公司出售一批原材料，价款为200万元，根据销售合同，乙公司应在收到原材料后3个月内付款。至20×8年12月31日，乙公司尚未付款。假定甲公司在编制20×8年度财务报告时有两种情况：（1）20×8年12月31日甲公司根据掌握的资料判断，乙公司有可能破产清算，估计该应收账款将有30%无法收回，故按30%的比例计提坏账准备；20×9年1月25日，甲公司收到通知，乙公司已被宣告破产清算，甲公司估计有65%的债权无法收回。（2）20×8年12月31日乙公司的财务状况良好，甲公司预计应收账款可按时收回；20×9年1月25日，乙公司发生重大火灾，导致甲公司60%的应收账款无法收回。20×9年3月10日，甲公司的财务报告经批准对外公布。

非调整事项的界定、特点与内容

本例中，情况（1）导致甲公司应收账款无法收回的事实是乙公司财务状况恶化，该事实在资产负债表日已经存在，乙公司被宣告破产只是证实了资产负债表日乙公司财务状况恶化的情况。因此，乙公司破产导致甲公司应收款项无法收回的事项属于调整事项。情况（2）导致甲公司应收账款损失的因素是火灾，火灾是不可预计的，应收账款发生损失这一事实在资产负债表日以后才发生。因此，乙公司发生火灾导致甲公司应收款项发生坏账的事项属于非调整事项。

第二节　调整事项业务资金运动分析与会计处理

一、调整事项的处理原则

调整事项业务处理原则

企业发生调整事项的，应当调整资产负债表日的财务报表。对于年度财务报告而言，由于资产负债表日后事项发生在报告年度的次年，报告年度的有关账目已经结转，特别是损益类项目在结账后已无余额。因此，年度资产负债表日后发生的调整事项，应具体分别以下情况进行处理：

（1）涉及损益的调整事项，通过“以前年度损益调整”项目核算。

涉及损益的调整事项，如果发生在该企业资产负债表日所属年度（即报告年度）所得税汇算清缴前，应调整报告年度应纳税所得额、应纳所得税额，即调整“应交税费——应交所得税”项目；发生在该企业报告年度所得税汇算清缴后的，应调整本年度（即报告年度的次年）应纳所得税额，因此，在报告年度的报表上应调整“递延所得税资产”或“递延所得税负债”项目。

调整完成后，将“以前年度损益调整”项目的余额，转入“利润分配——未分配利润”项目。

（2）涉及利润分配的调整事项，直接在“利润分配——未分配利润”项目核算。

（3）不涉及损益及利润分配的调整事项，调整相关项目。

（4）通过上述账务处理后，还应同时调整财务报表相关项目的数字，包括：①资产负债表日编制的财务报表相关项目的期末数或本年发生数。②当期编制的财务报表相关项目的期初数或上年数。③经过上述调整后，如果涉及报表附注内容，还应当进行相应调整。

二、资产负债表日后调整事项业务资金运动分析与会计处理

（一）资产负债表日后诉讼案件结案，法院判决证实了企业在资产负债表日已经存在现时义务，需要调整原先确认的与该诉讼案件相关的预计负债，或确认一项新负债

这一事项是指导致诉讼的事项在资产负债表日已经发生，但尚不具备确认负债的条件而未确认，资产负债表日后至财务报告批准报出日之间获得了新的或进一步的证据（法院判决结果），表明符合负债的确认条件；或者是原先已确认为预计负债，但现已证实，应确认为一项其他应付款。因此，应在财务报告中确认为一项新负债；或者在资产负债表日虽已确认，但需要根据判决结果调整已确认负债的金额。

调整事项1——诉讼案件分析

【例6-4】甲公司与乙公司签订一项销售合同，合同中订明甲公司应在20×8年10月25日销售给乙公司一批物资。由于甲公司未能按照合同发货，致使乙公司发生重大经济损失。20×8年12月，乙公司将甲公司告上法庭，要求甲公司赔偿650万元。20×8年12月31日法院尚未判决，甲公司按或有事项准则对该诉讼事项确认预计负债500万元。20×9年3月15日，经法院判决甲公司应赔偿乙公司600万元，甲、乙双方均服从判决。20×9年3月18日，甲公司向乙公司支付赔偿款600万元。甲、乙两公司20×8年所得税汇算清缴工作在20×9年3月20日完成（假定该项预计负债产生的损失不允许税前抵扣，只有在损失实际发生时才允许税前抵扣）。甲、乙两公司财务报告批准报出日都是20×9年4月30日，所得税税率为25%，分别按净利润的10%提取法定盈余公积和任意盈余公积。

本例中，20×9年3月15日的判决证实了甲、乙两公司在资产负债表日（即20×8年12月31日）分别存在现时赔偿义务和获赔权利。因此，两公司都应将“法院判决”这一事项作为调整事项进行处理。甲公司和乙公司20×8年所得税汇算清缴工作均在20×9年3月20日完成。因此，应根据法院判决结果调整报告年度应纳税所得额和应纳所得税额。

1. 甲公司的账务处理如下

（1）20×9年3月15日，调增100万元赔款，并相应调整其他相关项目：

①确认应增加的100万元赔款：（如图6-1中A段运动所示）

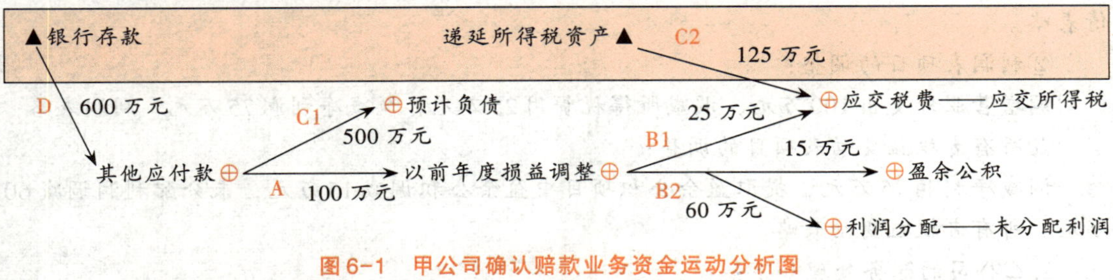

图6-1　甲公司确认赔款业务资金运动分析图

借：以前年度损益调整　　1 000 000

　贷：其他应付款　　1 000 000

调整事项1——诉讼案件举例

②调减本期应缴纳的所得税：（如图6-1中B1段运动所示）

借：应交税费——应交所得税　　250 000

　贷：以前年度损益调整（1 000 000×25%）　　250 000

如这笔业务发生在甲公司所得税汇算清缴之后，则B1段资金运动的终点应该改为“递延所得税资产”项目。

③按20%的比例调减盈余公积，并同步调减未分配利润：（如图6-1中B2段运动所示）

借：盈余公积　　150 000

　　利润分配——未分配利润　　600 000

　贷：以前年度损益调整　　750 000

（2）20×9年3月15日，调整以前所确认的预计负债与递延所得税资产项目：

①将原确认的预计负债重新确认为其他应付款：（如图6-1中C1段运动所示）

借：预计负债　　5 000 000

　贷：其他应付款　　5 000 000

②将原确认为递延所得税资产的项目重新确认为应交税费：（如图6-1中C2段运动所示）

借：应交税费——应交所得税　　1 250 000

　贷：递延所得税资产　　1 250 000

如这笔业务发生在甲公司所得税汇算清缴之后，则递延所得税资产项目就不需要调整，即不需要C2段资金运动。

（3）20×9年3月18日，支付赔款：（如图6-1中D段运动所示）

借：其他应付款　　6 000 000

　贷：银行存款　　6 000 000

需要注意的是：本笔业务应作为20×9年度的业务处理，不调整20×8年12月31日的资产负债表。

（4）调整报告年度财务报表：

①资产负债表项目的年末数调整：

调减递延所得税资产125万元；调增其他应付款600万元，调减应交税费150万元，调减预计负债500万元；调减盈余公积15万元，调减未分配利润60万元。资产负债表略。

②利润表项目的调整：

调增营业外支出100万元，调减所得税费用25万元，调减净利润75万元。利润表略。

③所有者权益变动表项目的调整：

调减净利润75万元，提取盈余公积项目中盈余公积调减15万元，未分配利润调减60万元。所有者权益变动表略。

2. 乙公司的账务处理如下：

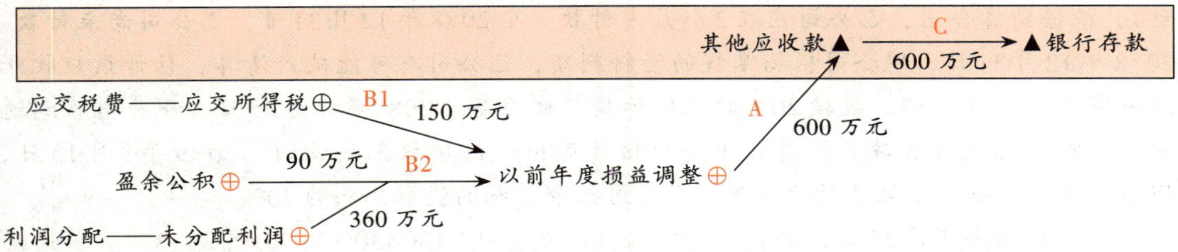

图 6-2 乙公司确认赔款业务资金运动分析图

（1）20×9 年 3 月 15 日，确认应收到的赔款：（如图 6-2 中 A 段运动所示）

借：其他应收款　　6 000 000

　贷：以前年度损益调整　　6 000 000

（2）20×9 年 3 月 15 日，确认应交税费：（如图 6-2 中 B1 段运动所示）

借：以前年度损益调整　　1 500 000

　贷：应交税费——应交所得税　　1 500 000

（3）20×9 年 3 月 15 日，确认留存收益：（如图 6-2 中 B2 段运动所示）

借：以前年度损益调整　　4 500 000

　贷：盈余公积　　900 000

　　　利润分配——未分配利润　　3 600 000

（4）20×9 年 3 月 18 日，确认应收到的赔款：（如图 6-2 中 C 段运动所示）

借：银行存款　　6 000 000

　贷：其他应收款　　6 000 000

需要注意的是：本笔业务应作为 20×9 年度的业务处理，不调整 20×8 年 12 月 31 日的资产负债表。

（5）调整报告年度财务报表相关项目的数字（财务报表略）：

①资产负债表项目的年末数调整：

调增其他应收款 600 万元，调增应交税费 150 万元，调增盈余公积 90 万元，调增未分配利润 360 万元。

②利润表项目的调整：

调增营业外收入 600 万元，调增所得税费用 150 万元，调增净利润 450 万元。

③所有者权益变动表项目的调整：

调增净利润 450 万元，提取盈余公积项目中盈余公积调增 90 万元，未分配利润调增 360 万元。

（二）资产负债表日后取得确凿证据，表明某项资产在资产负债表日发生了减值或者需要调整该项资产原先确认的减值金额

调整事项 2——减值业务分析

这一事项是指在资产负债表日，根据当时的资料判断某项资产可能发生了减值，因而按照当时的最佳估计金额反映在财务报表中。但在资产负债表日至财务报告批准报出日之间，所取得的确凿证据表明，需要对资产负债表日所作的估计予以修正。

【例 6-5】甲公司 20×8 年 9 月 10 日向乙公司出售一批产品，价款为 1 130 万元（含增值

税），根据销售合同，乙公司应在2个月内付款。至20×8年12月31日，乙公司尚未付款。20×8年12月31日，甲公司根据掌握的资料判断，乙公司有可能破产清算，估计该应收账款将有20%无法收回，故按20%的比例计提坏账准备。20×9年1月25日，甲公司收到通知，乙公司已被宣告破产清算，甲公司估计有50%的债权无法收回。20×9年3月15日，甲公司的财务报告经批准对外公布。甲公司盈余公积的提取比例为20%。

（1）20×9年1月25日，补提坏账准备339万元（1 130×30%）：（如图6-3中A段运动所示）

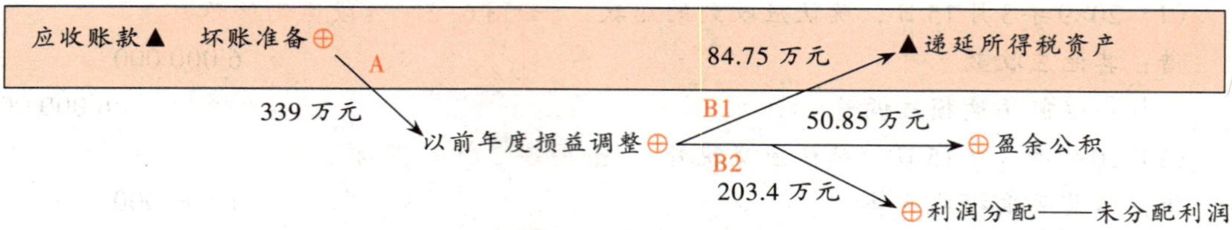

图6-3 甲公司调整坏账损失业务资金运动分析图

借：以前年度损益调整　　3 390 000

　贷：坏账准备　　3 390 000

调整事项2——减值业务举例

（2）根据补提的坏账准备，调增递延所得税资产84.75万元（339×25%）：（如图6-3中B1段运动所示）

借：递延所得税资产　　847 500

　贷：以前年度损益调整　　847 500

（3）根据补提的坏账准备，调减留存收益，其中盈余公积调减50.85万元（（339−84.75）×20%），未分配利润调减203.40万元：（如图6-3中B2段运动所示）

借：盈余公积　　508 500

　　利润分配——未分配利润　　2 034 000

　贷：以前年度损益调整　　2 542 500

（三）资产负债表日后进一步确定了资产负债表日前购入资产的成本或售出资产的收入

调整事项3——销售退回分析

这类调整事项包括两方面的内容：

（1）若资产负债表日前购入的资产已经按暂估金额等入账，资产负债表日后获得证据，可以进一步确定该资产的成本，则应对已入账的资产成本进行调整。

（2）企业在资产负债表日已根据收入确认条件确认销售收入，但资产负债表日后获得关于收入的进一步证据，如发生销售退回等，此时也应调整财务报表相关项目的金额。需要说明的是，资产负债表日后发生的销售退回，既包括报告年度销售的商品在资产负债表日后发生的销售退回，也包括以前期间销售的商品在资产负债表日后发生的销售退回。

资产负债表所属期间或以前期间所售商品在资产负债表日后退回的，应作为资产负债表日后调整事项处理。发生于资产负债表日后至财务报告批准报出日之间的销售退回事项，可能发生于该企业年度所得税汇算清缴之前，也可能发生于该企业年度所得税汇算清缴之后。

【例6-6】甲公司20×8年11月8日销售一批商品给乙公司，取得收入100万元（不含税，增值税税率为13%）。甲公司发出商品后，按照正常情况已确认收入，并结转成本80万元。截至20×8年12月31日，该笔货款尚未收到，甲公司未对应收账款计提坏账准备。20×9年2月10日，由于产品质量问题，本批货物被退回。20×9年2月13日，甲公司以银行存款113万元退还原销货款及相关增值税。甲公司于20×9年2月20日完成20×8年所得税汇算清缴。20×9年3月10日，甲公司的财务报告经批准对外公布。企业所得税税率为25%，公司按20%提取盈余公积。

本例中，销售退回业务发生在资产负债表日后事项涵盖期间内，属于资产负债表日后调整事项。由于销售退回发生在甲公司报告年度所得税汇算清缴之前，因此，在所得税汇算清缴时，应扣除该部分销售退回所实现的应纳税所得额。

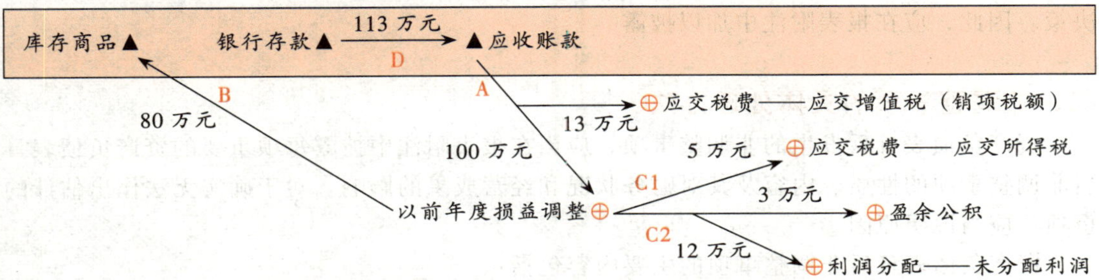

图6-4　甲公司销售退回业务资金运动分析图

（1）20×9年2月10日，冲减原确认的销售收入及增值税：（如图6-4中A段运动所示）

借：以前年度损益调整　　1 000 000

　　应交税费——应交增值税（销项税额）　　130 000

　贷：应收账款　　1 130 000

（2）冲减原确认的销售成本：（如图6-4中B段运动所示）

借：库存商品　　800 000

　贷：以前年度损益调整　　800 000

调整事项3——销售退回举例

（3）调整应缴纳的所得税：（如图6-4中C1段运动所示）

借：应交税费——应交所得税　　50 000

　贷：以前年度损益调整　　50 000

（4）调整留存收益：（如图6-4中C2段运动所示）

借：盈余公积　　30 000

　　利润分配——未分配利润　　120 000

　贷：以前年度损益调整　　150 000

（5）退还销售款及相关的增值税款项：（如图6-4中D段运动所示）

借：应收账款　　1 130 000

　贷：银行存款　　1 130 000

需要注意的是：本笔业务应作为20×9年度的业务处理，不调整20×8年12月31日的资产负债表。

（6）调整相关财务报表（略）。

如该销售退回事项发生在该企业报告年度所得税汇算清缴之后，则应调整“递延所得税资产”项目，即图6-4中C1段资金运动的终点应改为“递延所得税资产”项目。

第三节　非调整事项的会计处理

一、非调整事项的处理原则

资产负债表日后发生的非调整事项，是表明资产负债表日后发生的情况的事项，与资产负债表日存在的状况无关，不应当调整资产负债表日的财务报表。但有的非调整事项对财务报告使用者具有重大影响，如不加以说明，将不利于财务报告使用者作出正确估计和决策。因此，应在报表附注中加以披露。

二、非调整事项的具体处理办法

资产负债表日后发生的非调整事项，应当在报表附注中披露每项重要的资产负债表日后非调整事项的性质、内容及其对财务状况和经营成果的影响。对于确实无法作出估计的事项，应当说明原因。

资产负债表日后非调整事项的主要内容包括：

（1）资产负债表日后发生重大诉讼、仲裁和承诺。

资产负债表日后发生的重大诉讼等事项，对企业影响较大，为防止误导投资者及其他财务报告使用者，应当在报表附注中披露。

（2）资产负债表日后资产价格、税收政策、外汇汇率发生重大变化。

资产负债表日后发生的资产价格、税收政策和外汇汇率的重大变化，虽然不会影响资产负债表日财务报表相关项目的数据，但对企业资产负债表日后期间的财务状况和经营成果有重大影响，应当在报表附注中予以披露。如发电企业资产负债表日后发生的上网电价的调整。

（3）资产负债表日后因自然灾害导致资产发生重大损失。

（4）资产负债表日后发行股票和债券以及其他巨额举债。

企业发行股票、债券以及向银行或非银行金融机构举借巨额债务都是比较重大的事项，虽然这一事项与企业资产负债表日存在的状况无关，但这一事项的披露能使财务报告使用者了解与此有关的情况及可能带来的影响。因此，该事项应当在报表附注中进行披露。

【例6-7】甲公司20×8年度财务报告附注中对资产负债表日后发行债券的说明：20×8年10月25日，经中国证券监督管理委员会核准，甲公司获准向合格投资者公开发行面值不超过10亿元（含10亿元）的公司债券；本次公司债券采用分期发行方式，首期发行债券的面值不少于总发行面值的60%，自核准发行之日起6个月内完成；其余各期债券发行，自核准发行之日起24个月内完成。20×9年1月25日，甲公司公开发行公司债券（第一期）面值6亿元，期限为5年，票面年利率为6.60%。甲公司于20×9年1月25日实际收到公司债券募集资金59 430万元（已扣除承销费570万元）。

（5）资产负债表日后以资本公积转增资本。

企业以资本公积转增资本将会改变企业的资本（或股本）结构，影响较大，应当在报表附注中进行披露。

非调整事项业务处理

（6）资产负债表日后发生巨额亏损。

企业资产负债表日后发生巨额亏损将会对企业报告期以后的财务状况和经营成果产生重大影响，应当在报表附注中及时披露该事项，以便为投资者或其他财务报告使用者作出正确决策提供信息。

（7）资产负债表日后发生企业合并或处置子公司。

企业合并或者处置子公司的行为可以影响股权结构、经营范围等方面，对企业未来的生产经营活动能产生重大影响，应当在报表附注中进行披露。

（8）资产负债表日后，企业利润分配方案中拟分配的以及经审议批准宣告发放的现金股利或利润。

资产负债表日后，企业制订利润分配方案，拟分配或经审议批准宣告发放现金股利或利润的行为，并不会导致企业在资产负债表日形成现时义务，虽然该事项的发生可导致企业负有支付股利或利润的义务，但支付义务在资产负债表日尚不存在，不应该调整资产负债表日的财务报告。因此，该事项为非调整事项。但为便于财务报告使用者更充分地了解相关信息，企业需要在财务报告中适当披露该信息。

【例6-8】甲公司20×8年度财务报告附注中对资产负债表日后利润分配情况的说明如下：根据20×9年3月25日董事会决议，本公司拟以20×8年12月31日的股份为基准向全体股东每10股分配现金股利5元（含税），共计分配现金股利10亿元。该股利分配预案尚待本公司股东大会批准。

思考题

1.如何界定资产负债表日后事项？

2.资产负债表日后事项中调整事项与非调整事项如何进行区分？

3.企业资产负债表日后事项中的调整事项有什么特点？企业资产负债表日后事项中的调整事项主要有哪些？

4.企业资产负债表日后事项中的非调整事项主要有哪些？

立德育人

神雾环保信息披露违法违规案[①]

依据2005年修订的《中华人民共和国证券法》的有关规定，中国证监会对神雾环保信息披露违法违规行为进行了立案调查、审理，并依法向当事人告知了作出行政处罚的事实、理由、依据及当事人依法享有的权利。本案现已调查、审理终结。

经查明，神雾环保存在以下违法事实：

① 中国证监会．中国证监会行政处罚决定书（神雾环保、吴道洪等6名责任主体）[EB/OL]．[2022-03-18]．http://www.csrc.gov.cn/csrc/c101928/c2563183/content.shtml.

一、未按规定披露为关联方提供担保事项

2015年6月，神雾环保未经公司正常审批程序为神雾集团的子公司北京华福工程有限公司与丰汇租赁有限公司之间一笔40 000万元借款提供担保。2017年9月至2018年1月期间，神雾环保未经公司正常审批程序为神雾集团向苏某兰、黄某颖、慧远金盛资产管理股份有限公司、李某涛、北京天襄投资有限公司、新疆展博创业投资有限公司和霍尔果斯永博企业管理咨询有限公司的8笔借款共计61 000万元提供担保。2015年末神雾环保对外担保金额40 000万元，占最近一期经审计净资产的26.13%，2017年末神雾环保对外担保金额累计89 000万元，占最近一期经审计净资产的34.49%，2018年末神雾环保对外担保总额累计101 000万元，占最近一期经审计净资产的36.33%。

经查，神雾环保前述为关联方提供担保事项未经公司董事会或股东大会审议，也未及时披露。

二、未按规定披露重大诉讼、仲裁

2018年，神雾环保因上述重大担保陆续被债权人提起诉讼或仲裁，被要求承担相应担保责任。截至2018年9月28日，神雾环保未披露新疆展博创业投资有限公司案、霍尔果斯永博企业管理咨询有限公司案、李某涛案、黄某颖案和丰汇租赁有限公司案等重大诉讼、仲裁事项，涉及金额共计59 036万元，占神雾环保2017年末经审计净资产比例为21.24%。神雾环保应依法及时披露上述诉讼、仲裁事项，但其直至2019年1月26日才首次公告披露且披露不全面；同时，神雾环保未在相关定期报告中披露上述诉讼、仲裁事项，导致公司相关定期报告存在重大遗漏。

三、未按规定披露关联方非经营性占用资金及关联交易情况（略）

2022年3月18日，根据当事人违法行为的事实、性质、情节与社会危害程度，依据2005年《中华人民共和国证券法》第一百九十三条第一款及第三款之规定，证监会对神雾环保技术有限公司和相关责任人进行了处罚。

要求：请从职业道德、诚实守信、社会责任三个角度中任选其一，谈一谈你的想法和感受。

第七章　股份支付

学习目标

本章主要讲授企业股份支付业务处理。通过本章的学习，读者应掌握股份支付的概念及特征；熟悉股份支付的主要环节；掌握股份支付工具的主要类型；掌握企业股份支付工具不同类型业务所引起的资金运动及其会计处理。

第一节　股份支付概述

股份支付，是“以股份为基础的支付”的简称，是指企业为获取职工或其他方提供服务而授予权益工具或者承担以权益工具为基础确定的负债的交易。

股份支付具有以下特征：

（1）股份支付是企业与职工或其他方之间发生的交易。以股份为基础的支付可能发生在企业与股东之间、合并交易中的合并方与被合并方之间或者企业与其职工之间；只有发生在企业与其职工或向企业提供服务的其他方之间的交易，才可能符合股份支付的定义。

（2）股份支付是以获取职工或其他方服务为目的的交易。企业在股份支付交易中旨在获取其职工或其他方提供的服务或取得这些服务的权利。企业获取这些服务或权利的目的是用于其正常生产经营，不是转手获利等。

（3）股份支付交易的对价或其定价与企业自身权益工具未来的价值密切相关。在股份支付中，企业要么向职工支付其自身权益工具，要么向职工支付一笔货币资金，而其金额高低取决于结算时企业自身权益工具的公允价值。对价的特殊性可以说是股份支付定义中最突出的特征。企业自身权益工具包括会计主体本身、母公司和同一集团内的其他会计主体的权益工具。

股份支付概念与环节

一、股份支付的四个主要环节

以薪酬性股票期权为例，典型的股份支付通常涉及四个主要环节：授予、可行权、行权和出售。四个环节及其相关关系如图7-1所示。

（一）授予

授予日是指股份支付协议获得批准的日期。其中“获得批准”，是指企业与职工或其他方就股份支付的协议条款和条件已达成一致，该协议获得了股东大会或类似机构的批准。这里的“达成一致”是指，在双方对该计划或协议内容充分形成一致理解的基础上，均接受其条款和条件。如果按照相关法规的规定，在提交股东大会或类似机构之前存在必要程序或要求，则应履行该程序或满足该要求。

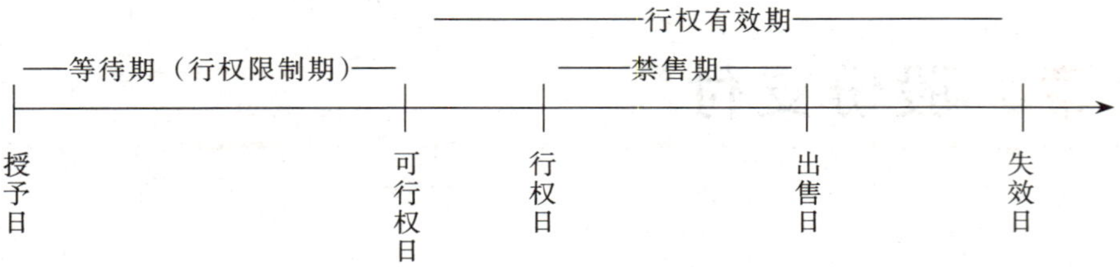

图 7-1　典型的股份支付交易环节示意图

（二）可行权

可行权日是指可行权条件得到满足，职工或其他方具有从企业取得权益工具或货币资金权利的日期。有的股份支付协议是一次性可行权，有的则是分批可行权。只有已经可行权的股票期权，才是职工真正拥有的“财产”，才能择机行权。从授予日到可行权日的时段，是可行权条件得到满足的期间，因此称为“等待期”或“行权限制期”。

（三）行权

行权日是指职工或其他方行使权利、获取货币资金或权益工具的日期。例如，持有股票期权的职工行使了以特定价格购买一定数量本公司股票的权利，该日期即为行权日。行权是按期权的约定价格实际购买股票，一般是在可行权日之后至期权到期日之前的可选择时段内行权。

（四）出售

出售日是指股票的持有人将行使期权所取得的期权股票出售的日期。按照我国法规的规定，用于期权激励的股份支付协议，应在行权日与出售日之间设立禁售期，如国有控股上市公司的禁售期一般不得低于两年。

二、股份支付工具的主要类型

按照股份支付的方式和工具类型，主要可划分为两大类、四小类：

（一）以权益结算的股份支付

股份支付的主要工具

以权益结算的股份支付，是指企业为获取服务而以股份或其他权益工具作为对价进行结算的交易。以权益结算的股份支付最常用的工具有两类：限制性股票和股票期权。

限制性股票是指职工或其他方按照股份支付协议规定的条款和条件，从企业获得一定数量的本企业股票。企业授予职工一定数量的股票，在一个确定的等待期内或在满足特定业绩指标之前，职工出售股票要受到持续服务期限条款或业绩条件的限制。

股票期权是指企业授予职工或其他方在未来一定期限内以预先确定的价格和条件购买本企业一定数量股票的权利。

（二）以现金结算的股份支付

以现金结算的股份支付，是指企业为获取服务而承诺的以股份或其他权益工具为基础计算的交付货币资金或其他资产的义务的交易。以现金结算的股份支付最常用的工具有两类：现金股票增值权和模拟股票。

现金股票增值权和模拟股票，是用现金支付模拟的股权激励机制，即与股票挂钩，但用货币资金支付。除不需实际行权和持有股票之外，现金股票增值权的运作原理与股票期权是一样的，都是一种增值权形式的与股票价值挂钩的薪酬工具。除不需实际授予股票和持有股票之外，模拟股票的运作原理与限制性股票是一样的。

第二节　股份支付的确认和计量

一、股份支付的确认和计量原则

（一）以权益结算的股份支付的确认和计量原则

1.换取职工服务的股份支付的确认和计量原则

对于换取职工服务的股份支付，企业应当以股份支付所授予的权益工具在授予日的公允价值计量。企业应在等待期内的每个资产负债表日，以对可行权权益工具数量的最佳估计为基础，按照权益工具在授予日的公允价值，将当期取得的服务计入相关资产成本或当期费用，同时计入资本公积中的其他资本公积。

对于授予后立即可行权的换取职工提供服务的以权益结算的股份支付（例如授予限制性股票的股份支付），应在授予日按照权益工具的公允价值，将取得的服务计入相关资产成本或当期费用，同时计入股本、资本公积——股本溢价之中。

权益结算的股份支付确认与计量

2.换取其他方服务的股份支付的确认和计量原则

对于换取其他方服务的股份支付，企业应当以股份支付所换取的服务的公允价值计量。企业应当按照其他方服务在取得日的公允价值，将取得的服务计入相关资产成本或费用。如果其他方服务的公允价值不能可靠计量，但权益工具的公允价值能够可靠计量，企业应当按照权益工具在服务取得日的公允价值，将取得的服务计入相关资产成本或费用。

3.权益工具公允价值无法可靠确定时的处理

如授予权益工具的公允价值无法可靠计量，企业应在获取服务的时点、后续的每个资产负债表日和结算日，以内在价值计量该权益工具，内在价值的变动应计入当期损益。同时，企业应以最终可行权或实际行权的权益工具数量为基础，确认取得服务的金额。内在价值是指交易对方有权认购或取得的股份的公允价值，与其按照股份支付协议应当支付的价格间的差额。

企业对上述以内在价值计量的已授予权益工具进行结算，应当遵循以下要求：

（1）结算发生在等待期内的，企业应当将结算作为加速可行权处理，即立即确认本应于剩余等待期内确认的服务金额。

（2）结算时支付的款项应当作为回购该权益工具处理，即减少所有者权益。结算支付的款项高于该权益工具在回购日内在价值的部分，计入当期损益。

（二）以现金结算的股份支付的确认和计量原则

企业应当在等待期内的每个资产负债表日，以对可行权情况的最佳估计为基础，按照企业承担负债的公允价值，将当期取得的服务计入相关资产成本或当期费用，同时计入负债；并在结算前的每个资产负债表日和结算日对负债的公允价值重新计量，将其变动计入损益。

对于授予后立即可行权的以现金结算的股份支付（例如授予虚拟股票或业绩股票的股份支付），企业应当在授予日按照企业承担负债的公允价值计入相关资产成本或费用，同时计入负债，并在结算前的每个资产负债表日和结算日对负债的公允价值重新计量，将其变动计入损益。

现金结算的股份支付确认与计量

二、可行权条件的种类、处理和修改

股份支付中通常涉及可行权条件。可行权条件是指能够确定企业是否得到职工或其他方提供的服务，且该服务使职工或其他方具有获取股份支付协议规定的权益工具或货币资金等权利的条件。反之，该条件为非可行权条件。可行权条件包括服务期限条件和业绩条件。在满足这些条件之前，职工或其他方无法获得股份或相应的货币资金。

（一）市场条件和非市场条件及处理

业绩条件是指职工或其他方完成规定服务期限且企业已达到特定业绩目标才可行权的条件，具体包括市场条件和非市场条件。

市场条件是指行权价格、可行权条件以及行权可能性及与权益工具的市场价格相关的业绩条件，如股份支付协议中关于股价上升至何种水平职工或其他方可相应取得多少股份的规定。企业在确定权益工具在授予日的公允价值时，应考虑股份支付协议中规定的市场条件和非可行权条件的影响；市场条件和非可行权条件是否得到满足，不影响企业对预计可行权情况的估计。

非市场条件是指除市场条件之外的其他业绩条件，如股份支付协议中关于达到最低盈利目标或销售目标才可行权的规定。对于可行权条件为业绩条件的股份支付，在确定权益工具的公允价值时，应考虑市场条件的影响，只要职工满足了其他所有非市场条件，企业就应当确认已取得的服务。

【例 7-1】20×7 年 1 月，为奖励并激励高管，甲公司与其管理层成员签署股份支付协议，规定如果管理层成员在其后 3 年中都在公司中任职服务，并且公司股价每年均提高 10% 以上，管理层成员即可以低于市价的价格购买一定数量的本公司股票。

同时作为协议的补充，公司把全体管理层成员的年薪提高了 50 000 元，但公司将这部分年薪按月存入公司专门建立的内部基金，3 年后，管理层成员可用属于其个人的部分抵减未来行权时支付的购买股票款项。如果管理层成员决定退出这项基金，可随时全额提取。甲公司以期权定价模型估计授予的此项期权在授予日的公允价值为 6 000 000 元。

在授予日，甲公司估计 3 年内管理层离职的比例为每年 10%；第二年年末，甲公司调整其估计离职率为 5%；第三年年末，公司实际离职率为 6%。

在第一年中，公司股价提高了 10.5%，第二年提高了 11%，第三年提高了 6%。公司在第一年、第二年年末均预计下年能实现当年股价增长 10% 以上的目标。

甲公司应如何处理？

分析：如果不同时满足服务3年和公司股价年增长10%以上的要求，管理层成员就无权行使其股票期权，因此两者都属于可行权条件，其中服务满3年是服务期限条件，10%的股价增长率要求是市场条件。虽然公司要求管理层成员将部分薪金存入统一账户保管，但不影响其可行权性，因此统一账户条款是非可行权条件。

可行权条件的种类

甲公司每年年末确认的费用和资本公积计算见表7-1。其所引起的资金运动如图7-2所示。

表7-1　费用和资本公积计算表　单位：万元

年末	计算	当期费用	累计费用
20×7年	600×1/3×90%	180	180
20×8年	600×2/3×95%-180	200	380
20×9年	600×94%-380	184	564

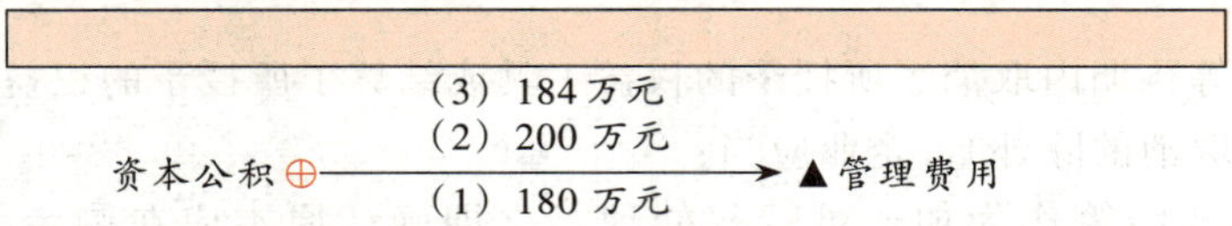

图7-2　甲公司3年每年年末确认费用和资本公积资金运动分析图

最后，94%的管理层成员满足了市场条件之外的全部可行权条件。尽管股价年增长10%以上的市场条件未得到满足，甲公司在3年每年年末也均确认了收到的管理层提供的服务，并相应确认了费用。

（二）可行权条件的修改

通常情况下，股份支付协议生效后，不应对其条款和条件随意修改。但在某些情况下，可能需要修改授予权益工具的股份支付协议中的条款和条件。例如，由于股票除权、除息或其他原因需要调整行权价格或股票期权数量。此外，为取得更佳的激励效果，有关法规也允许企业依据股份支付协议的规定，调整行权价格或股票期权数量，但应当由董事会作出决议并经股东大会审议批准，或者由股东大会授权董事会决定。

在会计核算上，无论已授予的权益工具的条款和条件如何修改，甚至取消权益工具的授予或结算该权益工具，企业都应至少确认按照所授予的权益工具在授予日的公允价值来计量获取的相应服务，除非因不能满足权益工具的可行权条件（除市场条件外）而无法行权。

可行权条件的修改

1.条款和条件的有利修改

企业应当分别以下情况，确认导致股份支付公允价值总额升高以及其他对职工有利的修改的影响：

（1）如果修改增加了所授予的权益工具的公允价值，企业应按照权益工具公允价值的增加相应地确认取得服务的增加。权益工具公允价值的增加，是指条件和条款修改前后的权益工具在修改日的公允价值之间的差额。

（2）如果修改增加了所授予的权益工具的数量，企业应将增加的权益工具的公允价值相应地确认为取得服务的增加。

（3）如果企业按照有利于职工的方式修改可行权条件，如缩短等待期、变更或取消业绩条件（非市场条件），企业在处理可行权条件时，应当考虑修改后的可行权条件。

2.条款和条件的不利修改

如果企业以减少股份支付公允价值总额的方式或其他不利于职工的方式修改条款和条件，企业仍应继续对取得的服务进行会计处理，如同该变更从未发生，除非企业取消了部分或全部已授予的权益工具。具体包括如下几种情况：

（1）如果修改减少了授予的权益工具的公允价值，企业应当继续以权益工具在授予日的公允价值为基础，确认取得服务的金额，而不应考虑权益工具公允价值的减少。

（2）如果修改减少了授予的权益工具的数量，企业应当将减少部分作为已授予的权益工具的取消来进行处理。

（3）如果企业以不利于职工的方式修改了可行权条件，如延长等待期、增加或变更业绩条件（非市场条件），企业在处理可行权条件时，不应考虑修改后的可行权条件。

3.取消或结算

如果企业在等待期内取消了所授予的权益工具或结算了所授予的权益工具（因未满足可行权条件而被取消的除外），企业应当：

（1）将取消或结算作为加速可行权处理，立即确认原本应在剩余等待期内确认的金额。

（2）在取消或结算时支付给职工的所有款项，均应作为权益的回购处理，回购支付的金额高于该权益工具在回购日公允价值的部分，计入当期费用。

（3）如果向职工授予新的权益工具，并在新权益工具授予日认定所授予的新权益工具是用于替代被取消的权益工具的，企业应以与处理原权益工具条款和条件修改相同的方式，对所授予的替代权益工具进行处理。权益工具公允价值的增加，是指在替代权益工具的授予日，替代权益工具公允价值与被取消的权益工具净公允价值之间的差额。被取消的权益工具的净公允价值，是指其在取消前立即计量的公允价值减去因取消原权益工具而作为权益回购支付给职工的款项。如果企业未将新授予的权益工具认定为替代权益工具，则应将其作为一项新授予的股份支付进行处理。

企业如果回购其职工已可行权的权益工具，应当冲减所有者权益，回购支付的金额高于该权益工具在回购日公允价值的部分，计入当期费用。

三、权益工具公允价值的确定

权益工具公允价值的确定

股份支付中权益工具公允价值的确定，应当以市场价格为基础。一些股份和股票期权并没有活跃的交易市场，在这种情况下，应当考虑估值技术。在通常情况下，企业应当按照《企业会计准则第22号——金融工具确认和计量》的有关规定确定权益工具的公允价值，并根据股份支付协议的条款和条件进行调整。

（一）股份

对于授予职工的股份，企业应按照其股份的市场价格计量。如果其股份未公开交易，则应考虑其条款和条件，估计其市场价格。例如，如果股份支付协议规定了期权股票的禁售期，则会对可行权日后市场参与者愿意为该股票支付的价格产生影响，并进而影响该股票期权的公允价值。

（二）股票期权

对于授予职工的股票期权，因其通常受到一些不同于交易期权的条款和条件的限制，因而在许多情况下难以获得其市场价格。如果不存在条款和条件相似的交易期权，就应通过期权定价模型来估计所授予的股票期权的公允价值。

在选择适用的期权定价模型时，企业应考虑熟悉情况和自愿的市场参与者将会考虑的因素。这些因素至少应包括以下内容：（1）期权的行权价格；（2）期权期限；（3）基础股份的现行价格；（4）股价的预计波动率；（5）股份的预计股利；（6）期权期限内的无风险利率。

1.期权定价模型输入变量的估计

在估计基础股份的预计波动率和股利时，目标是尽可能地接近当前市场或协议交换价格所反映的价格预期。在通常情况下，对于未来波动率、股利和行权行为的预期存在一个合理的区间。这时应将区间内的每项可能数额乘以其发生概率，加权计算上述输入变量的期望值。

2.预计提早行权

由于各种原因，职工经常在期权失效日之前提早行使股票期权。考虑预计提早行权对期权公允价值的影响的具体方法，取决于所采用的期权定价模型的类型。但无论采用何种方法，预计提早行权时都要考虑以下因素：（1）等待期的长度；（2）以往发行在外的类似期权的平均存续时间；（3）基础股份的价格（有时根据历史经验，职工在股价超过行权价格达到特定水平时倾向于行使期权）；（4）职工在企业中所处的层级（有时根据历史经验，高层职工倾向于较晚行权）；（5）基础股份的预计波动率（一般而言，职工倾向于更早地行使高波动率的股份的期权）。

3.预计波动率

预计波动率是对预期股份价格在一个期间内可能发生的波动金额的度量。期权定价模型中所用的波动率，是一段时间内股份的连续复利回报率的年度标准差。波动率通常以年度表示，而不管计算时使用的是何种时间跨度基础上的价格，如每日、每周或每月的价格。一个期间股份的回报率（可能是正值也可能是负值）衡量了股东从股份的股利和价格涨跌中受益的多少。股份的预计年波动率是指一个范围（置信区间），连续复利年回报率预期处在这个范围内的概率大约为2/3（置信水平）。估计预计波动率要考虑以下因素：

（1）如果企业有股票期权或其他包含期权特征的交易工具（如可转换公司债券）的买卖，则应考虑这些交易工具所内含的企业股价波动率。

（2）在与期权的预计期限（考虑期权剩余期限和预计提早行权的影响）大体相当的最近一个期间内企业股价的历史波动率。

（3）企业股份公开交易的时间。与上市时间更久的类似企业相比，新上市企业的历史波动率可能更大。

（4）波动率向其均值（即其长期平均水平）回归的趋势，以及表明预计未来波动率可能不同于以往波动率的其他因素。有时，企业股价在某一特定期间因为特定原因剧烈波动，如收购要约或重大重组失败，则在计算历史平均年度波动率时，可剔除这个特殊期间。

（5）获取价格要有恰当且规则的间隔。价格的获取在各期应保持一贯性。例如，企业可用每周收盘价或每周最高价，但不应在某些周用收盘价、某些周用最高价。再如，获取价格时应使用与行权价格相同的货币来表示。

除了上述考虑因素外，如果企业因新近上市而没有关于历史波动率的充分信息，应按可获得交易活动数据的最长期间计算其历史波动率，也可考虑类似企业在类似阶段可比期间的历史波动率。如果企业是非上市企业，在估计预计波动率时没有历史信息可循的，可考虑以下替代因素：

（1）在某些情况下，定期向其职工（或其他方）发行期权或股份的非上市企业，可能已为其股份设立了一个内部"市场"。估计预计波动率时可以考虑这些"股价"的波动率。

（2）如果上述方法不适用，而企业以类似上市企业股价为基础估计其自身股份的价值，应考虑类似上市企业股价的历史或内含波动率。

（3）如果企业未以类似上市企业股价为基础估计其自身股份价值，而是采用了其他估价方法对自身股份进行估价，则企业可推导出一个与该估价方法基础一致的预计波动率估计数。

4.预计股利

计量所授予的股份或期权的公允价值时是否应当考虑预计股利，取决于被授予方是否有权取得股利或股利等价物。

如果职工被授予期权，并有权在授予日和行权日之间取得基础股份的股利或股利等价物（可现金支付，也可抵减行权价格），所授予的期权应当像不支付基础股份的股利那样进行估价，即预计股利的输入变量应为零。相反，如果职工对等待期内或行权前的股利或股利等价物没有要求权，对股份或期权在授予日公允价值的估计就应考虑预计股利因素。一般来说，预计股利应以公开可获得的信息为基础。不支付股利且没有支付股利计划的企业应假设预计股利收益率为零。如果无股利支付历史的新企业被预期在其职工股票期权期限内开始支付股利，可使用其历史股利收益率（零）与大致可比的同类企业的股利收益率均值的平均数。

5.无风险利率

无风险利率一般是指期权行权价格以该货币表示的、剩余期限等于被估价期权的预计期限（基于期权的剩余合同期限，并考虑预计提早行权的影响）的零息国债当前可获得的内含收益率。如果没有此类国债，或环境表明零息国债的内含收益率不能代表无风险利率，应使用适当的替代利率。

6.资本结构的影响

在通常情况下，交易期权是由第三方而不是企业签出的。当这些股票期权行权时，签出人将股份交付给期权持有者。这些股份是从现有股东手中取得的。因此，交易期权的行权不会有稀释效应。

如果股票期权是从企业签出的，在行权时需要增加已发行在外的股份数量（要么正式增发，要么使用先前回购的库存股）。假定股份将按行权价格而不是行权日的市场价格发行，这种现实或潜在的稀释效应可能会降低股价，因此期权持有者在行权时，无法获得像行使其他方面类似但不稀释股价的交易期权一样多的利益。这一问题能否对企业授予股票期权的价值产生显著影响，取决于各种因素，包括行权时增加的股份数量（相对于已发行在外股份数量）。如果市场已预期企业将会授予期权，则可能已将潜在稀释效应体现在授予日的股价中。企业应考虑所授予的股票期权未来行权的潜在稀释效应，是否可能对股票期权在授予日的公允价值构成影响。企业可修改期权定价模型，以将潜在稀释效应纳入考虑范围。

四、股份支付资金运动分析与会计处理

股份支付的会计处理必须以完整、有效的股份支付协议为基础。

权益结算股份支付的资金运动分析

（一）授予日

除了立即可行权的股份支付外，无论是以权益结算的股份支付还是以现金结算的股份支付，企业在授予日均不做会计处理。

（二）等待期内每个资产负债表日

企业应当在等待期内的每个资产负债表日，将取得职工或其他方提供的服务计入成本费用，同时确认所有者权益或负债。对于附有市场条件的股份支付，只要职工满足了其他所有非市场条件，企业就应当确认已取得的服务（而不需要考虑未来对方是否真实行权）。

现金结算股份支付的资金运动分析

在等待期内，业绩条件为非市场条件的，如果后续信息表明需要调整对可行权情况的估计，应对前期估计进行修改。

在等待期内每个资产负债表日，企业应将取得的职工提供的服务计入成本费用，计入成本费用的金额应当按照权益工具的公允价值计量。

对于以权益结算的涉及职工的股份支付，应当按照授予日权益工具的公允价值计入成本费用和资本公积（其他资本公积），不确认其后续公允价值变动；其所引起的资金运动如图7-3中A段运动所示。对于以现金结算的涉及职工的股份支付，应当按照每个资产负债表日权益工具的公允价值重新计量，确定成本费用和应付职工薪酬；其所引起的资金运动如图7-4中A段运动所示。

对于授予的存在活跃市场的期权等权益工具，应当按照活跃市场中的报价确定其公允价值。对于授予的不存在活跃市场的期权等权益工具，应当采用期权定价模型等估值技术确定其公允价值。

股份支付两种结算方式的比较

在等待期内每个资产负债表日，企业应当根据最新取得的可行权职工人数变动等后续信息作出最佳估计，修正预计可行权的权益工具数量。在可行权日，最终预计可行权权益工具的数量应当与实际可行权工具的数量一致。

根据上述权益工具的公允价值和预计可行权的权益工具数量，计算截至当期累计应确认的成本费用金额，再减去前期累计已确认金额，作为当期应确认的成本费用金额。

（三）可行权日之后

（1）对于以权益结算的股份支付，在可行权日之后不再对已确认的成本费用和所有者权益总额进行调整。企业应在行权日根据行权情况，确认股本和股本溢价，同时

结转等待期内确认的资本公积（其他资本公积）。其所引起的资金运动如图7-3中B段运动所示。

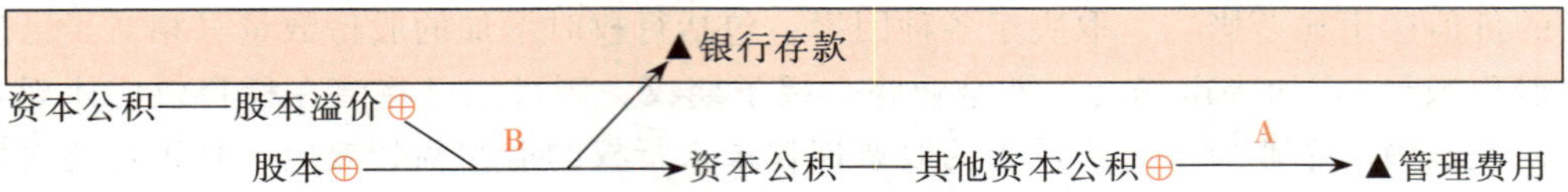

图7-3　以权益结算的股份支付业务资金运动分析图

回购股份进行职工股权激励

（2）对于以现金结算的股份支付，其在行权日行权所引起的资金运动如图7-4中B段运动所示。企业在可行权日之后不再确认成本费用，但负债（应付职工薪酬）需要继续按公允价值计量，该公允价值的变动应当计入当期损益（即记入“公允价值变动损益”科目），其所引起的资金运动如图7-4中C段运动所示。

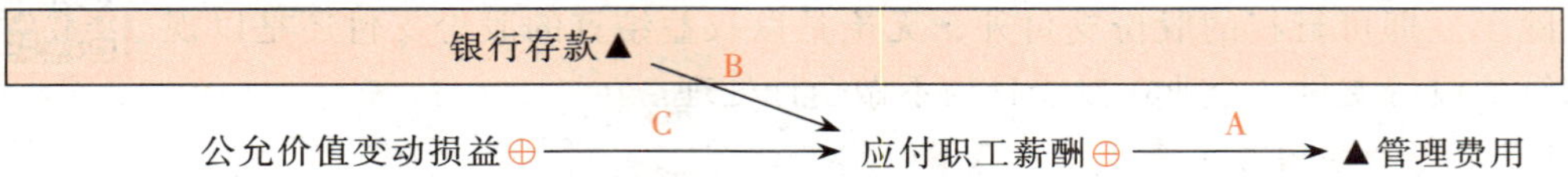

图7-4　以现金结算的股份支付业务资金运动分析图

（四）回购股份进行职工股权激励

企业以回购股份的形式奖励本企业职工的，属于权益结算的股份支付。企业应当在等待期内每个资产负债表日按照权益工具在授予日的公允价值，将取得的职工服务计入成本费用，同时增加资本公积（其他资本公积），其所引起的资金运动如图7-5中A段运动所示。企业回购股份时，应按回购股份的全部支出作为库存股处理，同时进行备查登记，其所引起的资金运动如图7-5中B段运动所示。在职工行权购买本企业股份时，企业应转销交付职工的库存股成本和等待期内资本公积（其他资本公积）累计金额，同时，按照其差额调整资本公积（股本溢价），其所引起的资金运动如图7-5中C段运动所示。

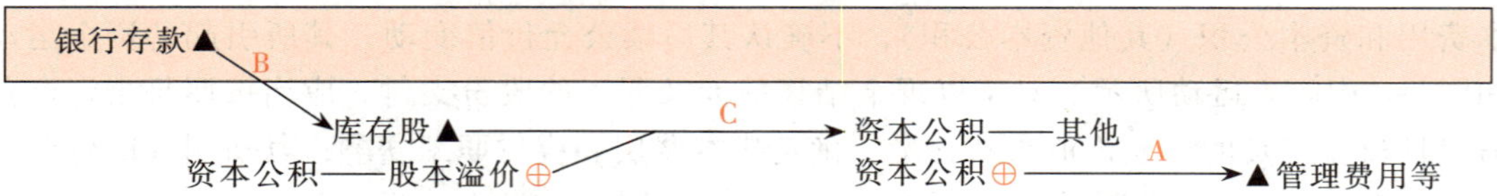

图7-5　回购股份进行职工股权激励资金运动分析图

（五）采用非公开发行股份进行股权激励

在实务中，上述实施限制性股票的股权激励安排中，常见做法是上市公司以非公开发行的方式向激励对象授予一定数量的公司股票，并规定锁定期和解锁期，在锁定期和解锁期内，不得上市流通及转让。达到解锁条件，可以解锁；如果全部或部分股票未被解锁而失效或作废，通常由上市公司按照事先约定的价格立即进行回购。

对于此类授予限制性股票的股权激励计划，向职工发行的限制性股票按有关规定履行了注册登记等增资手续的，上市公司应当根据收到职工缴纳的认股款确认股本和资本公积（股本溢价），其所引起的资金运动如图7-6中A段运动所示；同时，就回购义务确认负债——“其他应付款——限制性股票回购义务”（作收购库存股处理），其所引起的资金运动如图7-6中B段运动所示。

上市公司达到限制性股票解锁条件而无须回购的股票，冲销解锁股票相对应的负债的账面价值，如有差额，则调整“资本公积——股本溢价”项目，其所引起的资金运动如图7-6中C段运动所示。上市公司未达到限制性股票解锁条件而需回购的股票，其所引起的资金运动如图7-6中D1段运动所示；同时，注销限制性股票数量相对应的股本金额，按其差额，调整“资本公积——股本溢价”项目，其所引起的资金运动如图7-6中D2段运动所示。

非公开发行股份的股权激励

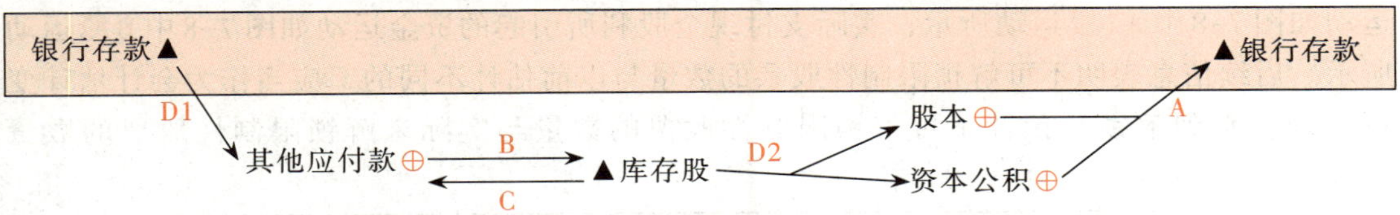

图7-6　以非公开发行股票期权激励业务资金运动分析图

（六）在限制性股票下，等待期内发放现金股利的会计处理

上市公司在等待期内发放现金股利的会计处理，应视其发放的现金股利是否可撤回采取不同的方法：

（1）现金股利可撤回，即一旦未达到解锁条件，被回购限制性股票的持有者将无法获得（或需要退回）其在等待期内应收（或已收）的现金股利。

在等待期内，上市公司在核算应分配给限制性股票持有者的现金股利时，应合理估计未来解锁条件的满足情况，该估计与进行股份支付会计处理时在等待期内每个资产负债表日对可行权权益工具数量进行的估计应当保持一致。对于预计未来可解锁限制性股票持有者，上市公司应分配给限制性股票持有者的现金股利应当作为利润分配进行会计处理，其所引起的资金运动如图7-7中A1段运动所示；同时，按分配的现金股利金额，冲减限制性股票的回购义务，其所引起的资金运动如图7-7中A2段运动所示；实际支付股利所引起的资金运动如图7-7中B段运动。对于预计未来不可解锁限制性股票持有者，上市公司应分配给限制性股票持有者的现金股利不作为利润分配处理，而是直接冲减限制性股票的回购义务，其所引起的资金运动如图7-7中C段运动所示；实际支付股利所引起的资金运动如图7-7中B段运动所示。后续信息表明不可解锁限制性股票的数量与以前估计不同的，应当作为会计估计变更处理，直到解锁日预计不可解锁限制性股票的数量与实际未解锁限制性股票的数量一致。

限定性股票等待期内现金股利的处理

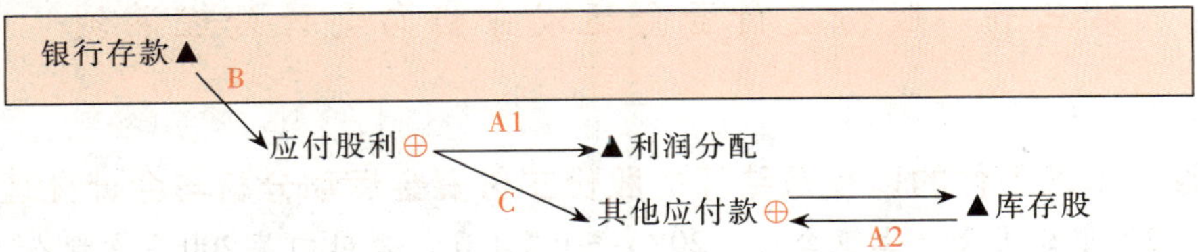

图7-7　限制性股票中现金股利可撤回业务资金运动分析图

（2）现金股利不可撤回，即不论是否达到解锁条件，限制性股票持有者仍有权获得（或不得被要求退回）其在等待期内应收（或已收）的现金股利。

在等待期内，上市公司在核算应分配给限制性股票持有者的现金股利时，应合理估计未来解锁条件的满足情况，该估计与进行股份支付会计处理时在等待期内每个资产负债表日对可行权权益工具数量进行的估计应当保持一致。对于预计未来可解锁限制性股票持有者，上市公司应分配给限制性股票持有者的现金股利应当作为利润分配进行处理，其所引起的资金运动如图7-8中A1段运动所示；实际支付现金股利所引起的资金运动如图7-8中B段运动所示。对于预计未来不可解锁限制性股票持有者，上市公司应分配给限制性股票持有者的现金股利不作为利润分配处理，而是应当计入当期成本费用，其所引起的资金运动如图7-8中A2段运动所示；实际支付现金股利所引起的资金运动如图7-8中B段运动所示。后续信息表明不可解锁限制性股票的数量与以前估计不同的，应当作为会计估计变更处理，直到解锁日预计不可解锁限制性股票的数量与实际未解锁限制性股票的数量一致。

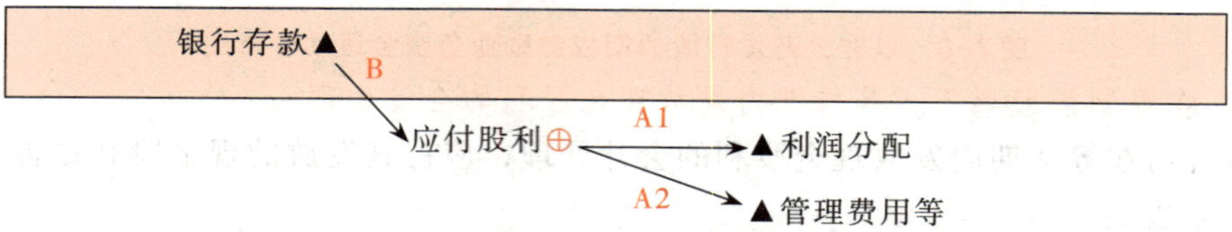

图7-8　限制性股票中现金股利不可撤回业务资金运动分析图

五、集团股份支付资金运动分析与会计处理

集团股份支付的处理

企业集团（由母公司和其全部子公司构成）内发生的股份支付交易，应当按照以下规定进行会计处理：

（1）结算企业以其本身权益工具结算的，应当将该股份支付交易作为以权益结算的股份支付处理；除此之外，应当作为以现金结算的股份支付处理。

结算企业是接受服务企业的投资者的，应当按照授予日权益工具的公允价值或应承担负债的公允价值确认为对接受服务企业的长期股权投资，同时确认资本公积（其他资本公积）或负债。

（2）接受服务企业没有结算义务或授予本企业职工的是其本身权益工具的，应当将该股份支付交易作为以权益结算的股份支付处理；接受服务企业具有结算义务但授予本企业职工的是企业集团内其他企业权益工具的，应当将该股份支付交易作为以现金结算的股份支付处理。

第三节　股份支付资金运动分析与会计处理举例

一、附服务年限条件的以权益结算的股份支付资金运动分析与会计处理

【例7-2】甲公司是一上市公司。20×6年1月1日，公司向其200名管理人员每人授予10 000份股票期权，这些职员从20×6年1月1日起在该公司连续服务3年，即可以5元/股的价格购买10 000股甲公司股票，从而获益。公司估计该期权在授予日的公允价值为18元。

第1年有20名职员离开甲公司，甲公司估计3年中离开的职员的比例会达到20%；第2年又有10名职员离开公司，公司将估计的职员离开比例修正为15%；第3年又有15名职员离开。

（1）费用和资本公积计算结果见表7-2。

表7-2　**费用和资本公积计算表**　单位：万元

年末	计算	当期费用	累计费用
20×6年	200×1×（1-20%）×18×1/3	960	960
20×7年	200×1×（1-15%）×18×2/3-960	1 080	2 040
20×8年	155×1×18-2 040	750	2 790

（2）20×6年1月1日，授予日不进行账务处理。

（3）20×6年12月31日，确认本期费用和资本公积：（如图7-9中A段运动（1）所示）

借：管理费用　9 600 000

　贷：资本公积——其他资本公积　9 600 000

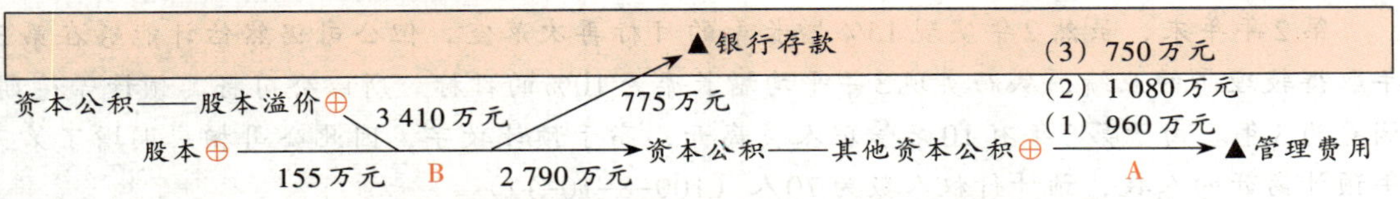

图7-9　甲公司以权益结算的股份支付业务资金运动分析图（附服务年限条件）

（4）20×7年12月31日，确认本期费用和资本公积：（如图7-9中A段运动（2）所示）

借：管理费用　10 800 000

　贷：资本公积——其他资本公积　10 800 000

权益结算股份支付举例1

（5）20×8年12月31日，确认本期费用和资本公积：（如图7-9中A段运动（3）所示）

借：管理费用　7 500 000

　贷：资本公积——其他资本公积　7 500 000

（6）假设155名职员全部在20×9年12月31日行权，甲公司股份面值为1元：（如图7-9中B段运动所示）

借：银行存款　7 750 000

　　资本公积——其他资本公积　27 900 000

　贷：股本　1 550 000

　　　资本公积——股本溢价　34 100 000

二、附非市场业绩条件的以权益结算的股份支付资金运动分析与会计处理

【例7-3】20×6年1月1日，甲公司为其100名管理人员每人授予1 000份股票期权：第1年年末的可行权条件为公司净利润增长率达到20%；第2年年末的可行权条件为公司净利润2年平均增长率为15%；第3年年末的可行权条件为公司净利润3年平均增长率为10%。每份期权在20×6年1月1日的公允价值为24元，行权价为每股4元。

20×6年12月31日，甲公司净利润增长了18%，同时有8名管理人员离开，公司预计20×7年以同样的速度增长，因此预计于20×7年12月31日可行权。另外，公司预计20×7年12月31日又会有8名管理人员离开。

20×7年12月31日，甲公司净利润仅增长了10%，因此无法达到可行权状态。另外，实际有10名管理人员离开，预计第3年会有12名管理人员离开。

20×8年12月31日，甲公司净利润增长了8%，3年平均增长率为12%，因此达到可行权状态。当年有8名管理人员离开。

（1）分析行权状态。

按照股份支付会计准则，本例中的可行权条件是一项非市场业绩条件。

第1年年末，虽然没能实现净利润增长20%的要求，但公司预计下年会以同样的速度增长，因此能实现2年平均增长率为15%的要求。所以公司将其预计等待期调整为2年。由于预计有8名管理人员离开，公司同时调整了2年期满后预计可行权期权的数量，即84人（100−8−8）。

第2年年末，虽然2年实现15%增长率的目标再次落空，但公司仍然估计能够在第3年取得较理想的业绩，从而实现3年平均增长率为10%的目标。所以公司将其预计等待期调整为3年。由于第2年有10名管理人员离开，高于预计数字，因此公司相应调增了第3年预计离开的人数，预计行权人数为70人（100−8−10−12）。

第3年年末，目标实现，实际离开人数为8人。

（2）公司费用和资本公积计算过程见表7-3。

表7-3　　费用和资本公积计算表　　单位：万元

年末	计算	当期费用	累计费用
20×6年	（100−8−8）×0.1×24×1/2	100.8	100.8
20×7年	（100−8−10−12）×0.1×24×2/3−100.8	11.2	112
20×8年	（100−8−10−8）×0.1×24−112	65.6	177.6

（3）20×6年1月1日，授予日不进行账务处理。

（4）20×6年12月31日，确认本期费用和资本公积：（如图7-10中A段运动（1）所示）

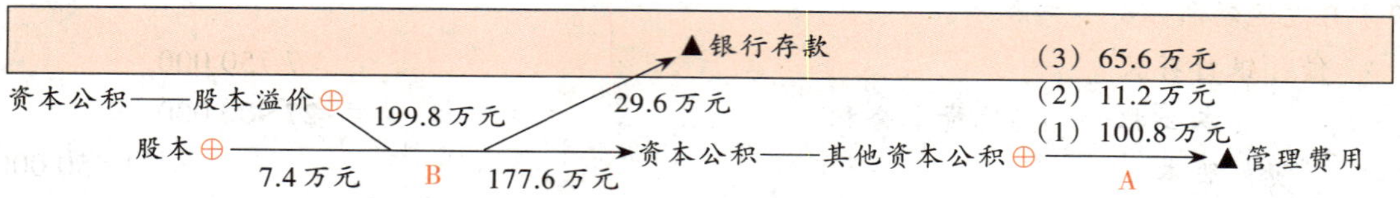

图7-10　甲公司以权益结算的股份支付业务资金运动分析图（附非市场业绩条件）

权益结算股份支付举例2

借：管理费用　　1 008 000

　贷：资本公积——其他资本公积　　1 008 000

（5）20×7年12月31日，确认本期费用和资本公积：（如图7-10中A段运动（2）所示）

借：管理费用　　112 000

　贷：资本公积——其他资本公积　　112 000

（6）20×8年12月31日，确认本期费用和资本公积：（如图7-10中A段运动（3）所示）

借：管理费用　　656 000

　贷：资本公积——其他资本公积　　656 000

（7）假设74名管理人员全部都在20×9年12月31日行权，甲公司股份面值为1元：（如图7-10中B段运动所示）

借：银行存款　　296 000

　资本公积——其他资本公积　　1 776 000

　贷：股本　　74 000

　　资本公积——股本溢价　　1 998 000

三、以现金结算的股份支付资金运动分析与会计处理

【例7-4】20×5年年初，甲公司为其200名中层以上职员每人授予10 000份现金股票增值权，这些职员从20×5年1月1日起在该公司连续服务3年，即可按照当时股价的增长幅度获得现金，该增值权应在20×9年12月31日之前行使。甲公司估计，该增值权在负债结算之前的每一资产负债表日以及结算日的公允价值和可行权后的每份增值权现金支出额见表7-4。

表7-4　每一资产负债表日和结算日每份增值权的公允价值与现金支出表　单位：元

年末	公允价值	支付现金
20×5	14	
20×6	15	
20×7	18	16
20×8	21	20
20×9		25

第1年有20名职员离开甲公司，甲公司估计3年中还会有15名职员离开；第2年又有10名职员离开公司，公司估计还会有10名职员离开；第3年又有15名职员离开。第3年年末，有70人行使股票增值权取得了现金。第4年年末，有50人行使了股票增值权。第5年年末，剩余35人也行使了股票增值权。

（1）费用和负债计算过程见表7-5。

表7-5　费用和负债计算表　单位：万元

年末	负债计算	负债	应支付现金计算	支付现金	当期费用
20×5	（200−35）×1×14×1/3	770	0	0	770
20×6	（200−40）×1×15×2/3	1 600	0	0	830
20×7	（200−45−70）×1×18	1 530	70×1×16	1 120	1 050
20×8	（200−45−70−50）×1×21	735	50×1×20	1 000	205
20×9	0	0	35×1×25	875	140
总额				2 995	2 995

现金结算股份支付举例

（2）20×5年1月1日，授予日不进行账务处理。

（3）20×5年12月31日，确认本期费用和负债：（如图7-11中A段运动（1）所示）

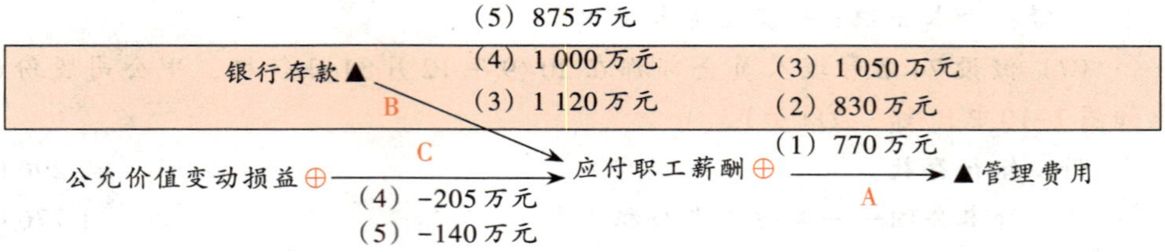

图7-11　甲公司以现金结算的股份支付业务资金运动分析图

借：管理费用　7 700 000

　贷：应付职工薪酬——股份支付　7 700 000

（4）20×6年12月31日，确认本期费用和负债：（如图7-11中A段运动（2）所示）

借：管理费用　8 300 000

　贷：应付职工薪酬——股份支付　8 300 000

（5）20×7年12月31日，确认本期费用和负债：（如图7-11中A段运动（3）所示）

借：管理费用　10 500 000

　贷：应付职工薪酬——股份支付　10 500 000

以银行存款支付70人的股票增值权1 120万元：（如图7-11中B段运动（3）所示）

借：应付职工薪酬——股份支付　11 200 000

　贷：银行存款　11 200 000

（6）20×8年12月31日，调整应付职工薪酬价值：（如图7-11中C段运动（4）所示）

借：公允价值变动损益　2 050 000

　贷：应付职工薪酬——股份支付　2 050 000

以银行存款支付50人的股票增值权1 000万元：（如图7-11中B段运动（4）所示）

借：应付职工薪酬——股份支付　10 000 000

　贷：银行存款　10 000 000

（7）20×9年12月31日，调整应付职工薪酬价值：（如图7-11中C段运动（5）所示）

借：公允价值变动损益　1 400 000

　贷：应付职工薪酬——股份支付　1 400 000

以银行存款支付35人的股票增值权875万元：（如图7-11中B段运动（5）所示）

借：应付职工薪酬——股份支付　8 750 000

　贷：银行存款　8 750 000

思考题

1.什么是股份支付？股份支付有什么特点？

2.股份支付的主要环节有哪些？

3.股份支付工具的主要类型有哪些？各有什么特点？

4. 可行权条件的种类有哪些？

5. 股份支付中权益工具的公允价值如何确定？

立德育人

科创板股权激励方案将加大适应性①

2020年6月9日，上海证券交易所表示，将加大股权激励制度的适应性，大幅提升科创公司对人才的吸引力。从目前施行的股权激励机制来看，科创板更为灵活、更为包容的股权激励制度受到科创企业普遍欢迎。科创板股权激励制度拓宽了激励对象范围、提高了激励额度、放开了限制性股票价格限制、新增了限制性股票激励形式，大幅增加了科创公司对人才的吸引力。

主导了11家科创板上市公司股权激励方案的上海荣正投资咨询股份有限公司董事长郑培敏，对澎湃新闻记者点评称："从制度设计来讲，科创板目前的股权激励已经非常好了。"

科创板设置了更加灵活、包容的股权激励制度。自开市以来，科创公司积极践行，反响良好，据澎湃新闻记者的不完全统计，截至目前共有22家科创板公司发布了23份股权激励方案。

值得一提的是，作为25家科创板首批上市公司之一，乐鑫科技发布了2份股权激励方案。2019年9月，乐鑫科技上市仅2个月便发布了科创板首份股权激励方案，涉及21名激励对象，涵盖几乎全部核心技术人员，其中多人为外籍人员。2020年3月，伴随2019年年报出炉，乐鑫科技又成为科创板首家发布二期股权激励计划的公司。与前次方案相比，本次方案涉及145名激励对象，激励价格也根据公司业绩增长情况由前次的65元提高至95元。作为企业吸引人才、留住人才、激励人才的一项核心制度，股权激励制度正成为越来越多科创公司的一项长效激励机制。

"打折"力度大，是体现科创板股权激励制度灵活性的特点之一。根据《科创板股票上市规则》规定，上市公司授予激励对象限制性股票的价格，低于股权激励计划草案公布前1个交易日、20个交易日、60个交易日或者120个交易日公司股票交易均价50%的，应当说明定价依据及定价方式。这意味着，科创板上市公司所授予激励对象的股票，价格可以低于参考价格的"五折"，这在其他板块中是不被允许的。

从已经公布的方案来看，有超过七成方案的授予价格低于定价基准日交易均价的50%。从股东大会表决结果看，无论是全部股东的统计口径，还是持股5%以上股东的统计口径，投同意票的比例都超过99%。

在科创板上市公司中，有不少外籍人士出任董高监的情况，科创板股权激励制度将激励对象范围放开至外籍人士，也是制度革新的另一个方面。

2020年6月8日，中微公司披露的2020年限制性股票激励计划（草案修订稿）显示，本激励计划首次授予部分涉及的激励对象共计700人，占公司全部职工人数的91.86%。其中，3名核心技术人员均为美国籍人士。中微公司在计划方案中特别提到，公司将外籍员

① 佚名. 科创板深改怎么改 股权激励方案将加大适应性：两个改进空间［EB/OL］.［2020-06-09］. https://stock.eastmoney.com/a2/20200609151554627８.html.

工纳入本激励计划的原因在于，公司实行国际化战略，在日本、北美、韩国等地设有子公司，境外业务将是公司未来持续发展中的重要一环；外籍激励对象在公司的技术研发、业务拓展等方面起到了不可忽视的重要作用；股权激励是境外公司常用的激励手段，通过本次激励计划将进一步促进公司核心人才队伍的建设和稳定，从而有助于公司的长远发展。

要求：请从开拓创新、全球视野、民族自信、契约精神四个角度中任选其一，谈一谈你的想法和感受。

第八章　租赁会计

学习目标

本章主要讲授租赁业务会计处理。通过本章的学习，读者应掌握租赁的识别、分拆与合并；掌握租赁期的确定；掌握承租人租赁业务所引起的资金运动及其会计处理；掌握出租人租赁业务所引起的资金运动及其会计处理；掌握账务特殊租赁业务所引起的资金运动及其会计处理。

第一节　租赁概述

一、租赁的识别

（一）租赁的定义

在合同开始日，企业应当评估合同是否为租赁或者包含租赁。租赁，是指在一定期间内，出租人将资产的使用权让与承租人以获取对价的合同。如果合同一方让渡了在一定期间内控制一项或多项已识别资产使用的权利以换取对价，则该合同为租赁或者包含租赁。

一项合同要被分类为租赁，必须要满足三个要素：（1）存在一定期间；（2）存在已识别资产；（3）资产供应方向客户转移对已识别资产使用权的控制。

在租赁合同中，“一定期间”也可以表述为已识别资产的使用量，例如，某项设备的产出量。如果客户有权在部分合同期内控制已识别资产的使用，则合同包含一项在该部分合同期间的租赁。

企业应当就合同进行评估，判断其是否为租赁或包含租赁。同时符合下列条件的，使用已识别资产的权利构成一项单独租赁：（1）承租人可从单独使用该资产或将其与易于获得的其他资源一起使用中获利；（2）该资产与合同中的其他资产不存在高度依赖或高度关联关系。

租赁的识别

另外，接受商品或服务的合同可能由合营安排或合营安排的代表签订。在这种情况下，企业评估合同是否包含一项租赁时，应将整个合营安排视为该合同中的客户，评估该合营安排是否在使用期间有权控制已识别资产的使用。

除非合同条款或条件发生变化，企业无须重新评估合同是否为租赁或者是否包含租赁。

（二）已识别资产

1.已识别资产的指定

已识别资产通常由合同明确指定，也可以在资产可供客户使用时隐性指定。

【例 8-1】甲公司（客户）与乙公司（供应方）签订了使用乙公司一节火车车厢的5年期合同。该车厢专为用于运输甲公司生产过程中使用的特殊材料而设计，未经重大改造不适合其他客户使用。合同中没有明确指定轨道车辆，但是乙公司仅拥有一节适合客户甲使用的火车车厢。如果车厢不能正常工作，合同要求乙公司修理或更换车厢。

分析：合同中虽未明确指定具体哪节火车车厢，但是被隐含指定，因为乙公司仅拥有一节适合客户甲使用的火车车厢，必须使用其来履行合同，乙公司无法自由替换该车厢。因此，火车车厢是一项已识别资产。

2.已识别资产在物理上可区分

如果资产的部分产能在物理上可区分，则该部分产能属于已识别资产。如果资产的某部分产能与其他部分在物理上不可区分，则该部分不属于已识别资产，除非其实质上代表该资产的全部产能，从而使客户获得因使用该资产所产生的几乎全部经济利益的权利。

【例 8-2】情形1：甲公司（客户）与乙公司（公用设施公司）签订了一份为期15年的合同，以取得连接A、B城市光缆中3条指定的物理上可区分的光纤使用权。若光纤损坏，乙公司应负责修理和维护。乙公司拥有额外的光纤，但仅可因修理、维护或故障等原因替换指定给甲公司使用的光纤。

情形2：甲公司与乙公司签订了一份为期15年的合同，以取得连接A、B城市光缆中约定带宽的光纤使用权。甲公司约定的带宽相当于使用光缆中3条光纤的全部传输容量（乙公司光缆包含15条传输容量相近的光纤）。

分析：在“情形1”下，合同明确指定了3条光纤，并且这些光纤与光缆中的其他光纤在物理上可区分，乙公司不可因修理、维护或故障以外的原因替换光纤，因此，“情形1”中存在3条已识别光纤。

在“情形2”下，甲公司仅使用光缆的部分传输容量，提供给甲公司使用的光纤与其余光纤在物理上不可区分，且不代表光缆的几乎全部传输容量，因此，“情形2”中不存在已识别资产。

3.实质性替换权

即使合同已对资产进行指定，如果资产供应方在整个使用期间拥有对该资产的实质性替换权，则该资产不属于已识别资产。其原因在于，如果资产供应方在整个使用期间均能自由替换合同资产，那么实际上，合同只规定了满足客户需求的一类资产，而不是被唯一识别出的一项或几项资产。也就是说，在这种情况下，合同资产并未和资产供应方的同类其他资产明确区分开来，并未被识别出来。

同时符合下列条件时，表明资产供应方拥有资产的实质性替换权：(1) 资产供应方拥有在整个使用期间替换资产的实际能力。例如，客户无法阻止供应方替换资产，且用于替换的资产对于资产供应方而言易于获得或者可以在合理期间内取得。(2) 资产供应方通过行使替换资产的权利将获得经济利益，即替换资产的预期经济利益将超过替换资产所需成本。

需要注意的是，如果合同仅赋予资产供应方在特定日期、特定事件发生日或之后拥有替换资产的权利或义务，考虑到资产供应方没有在整个使用期间具有替换资产的实际能力，资产供应方的替换权不具有实质性。

企业在评估资产供应方的替换权是否为实质性权利时，应基于合同开始日的事实和情况，而不应考虑在合同开始日企业认为不可能发生的未来事件。例如：①未来某个客户为使用该资产同意支付高于市价的价格；②引入了在合同开始日尚未实质开发的新技术；③客户对资产的实际使用或资产实际性能与在合同开始日认为可能的使用或性能存在重大差异；④使用期间资产市价与合同开始日认为可能的市价存在重大差异。

与资产位于资产供应方所在地相比，如果资产位于客户所在地或其他位置，替换资产所需要的成本更有可能超过其所能获取的利益。资产供应方在资产运行结果不佳或者进行技术升级的情况下，因修理和维护而替换资产的权利或义务不属于实质性替换权。

企业难以确定资产供应方是否拥有实质性替换权的，应视为资产供应方没有对该资产的实质性替换权。

【例8-3】甲公司（客户）与乙公司（供应方）签订合同，合同要求乙公司在5年内按照约定的时间表使用指定型号的火车车厢为甲公司运输约定数量的货物。合同中约定的时间表和货物数量相当于甲公司在5年内有权使用10节指定型号火车车厢。合同规定了所运输货物的性质。乙公司有大量类似的车厢可以满足合同要求。车厢不用于运输货物时存放在乙公司处。

分析：（1）乙公司在整个使用期间有替换每节车厢的实际能力。用于替换的车厢是乙公司易于获得的，且无须甲公司批准即可替换。（2）乙公司可通过替换车厢获得经济利益。车厢存放在乙公司处，乙公司拥有大量类似的车厢，替换每节车厢的成本极小，乙公司可以通过替换车厢获益，例如，使用已位于任务所在地的车厢执行任务，或利用某客户未使用而闲置的车厢。因此，乙公司拥有车厢的实质性替换权，合同中用于运输甲公司货物的车厢不属于已识别资产。

【例8-4】甲公司是一家便利店运营企业，与某机场运营商乙公司签订了使用机场内某处商业区域销售商品的3年期合同。合同规定了商业区域的面积，商业区域可以位于机场内的任一登机区域，乙公司有权在整个使用期间随时调整分配给甲公司的商业区域位置。甲公司使用易于移动的自有售货亭销售商品。机场有很多符合合同规定的区域可供甲公司使用。

分析：（1）乙公司在整个使用期间有变更甲公司使用的商业区域的实际能力。机场内有许多区域符合合同规定的商业区域，乙公司有权随时将甲公司使用的商业区域的位置变更至其他区域而无须甲公司批准。（2）乙公司通过替换商业区域将获得经济利益。因为售货亭易于移动，所以乙公司变更甲公司所使用商业区域的成本极小。乙公司能够根据情况变化最有效地利用机场登机区域，因此，乙公司能够通过替换机场内的商业区域获益。甲公司控制的是自有的售货亭，而合同约定的是机场内的商业区域，乙公司可随意变更该商业区域，因此，乙公司有替换甲公司所使用商业区域的实质性权利。

因此，尽管合同具体规定了甲公司使用的商业区域的面积，但合同中不存在已识别资产。

【例8-5】甲公司（客户）与乙公司（供应方）签订了使用一架指定飞机的2年期合同，合同详细规定了飞机的内、外部规格。合同规定，乙公司在2年合同期内可以随时替换飞机，在飞机出现故障时则必须替换飞机；无论哪种情况下，所替换的飞机必须符合合同中规定的内、外部规格。在乙公司的机队中配备符合甲公司要求规格的飞机所需成本高昂。

分析：本例中，合同明确指定了飞机，尽管合同允许乙公司替换飞机，但配备另一架符合合同要求规格的飞机会发生高昂的成本，乙公司不会因替换飞机而获益，因此，乙公司的替换权不具有实质性。本例中存在已识别资产。

（三）客户是否控制已识别资产使用权的判断

为确定合同是否让渡了在一定期间内控制已识别资产使用的权利，企业应当评估合同中的客户是否有权获得在使用期间因使用已识别资产所产生的几乎全部经济利益，并有权在该使用期间主导已识别资产的使用。

1.客户是否有权获得因使用已识别资产所产生的几乎全部经济利益

在评估客户是否有权获得因使用已识别资产所产生的几乎全部经济利益时，企业应当在约定的客户权利范围内考虑其所产生的经济利益。

为了控制已识别资产的使用，客户应当有权获得整个使用期间使用该资产所产生的几乎全部经济利益。客户可以通过多种方式直接或间接获得使用资产所产生的经济利益，例如，通过使用、持有或转租资产。使用资产所产生的经济利益包括资产的主要产出和副产品（包括来源于这些项目的潜在现金流量）以及通过与第三方之间的商业交易实现的其他经济利益。

如果合同规定客户应向资产供应方或另一方支付因使用资产所产生的部分现金流量作为对价，该现金流量仍应视为客户因使用资产而获得的经济利益的一部分。例如，如果客户因使用零售区域需向供应方支付零售收入的一定比例作为对价，该条款本身并不妨碍客户拥有获得使用零售区域所产生的几乎全部经济利益的权利。因为零售收入所产生的现金流量是客户使用零售区域而获得的经济利益，而客户支付给零售区域供应方的部分现金流量是使用零售区域的权利的对价。

2.客户是否有权主导资产的使用

存在下列情形之一的，可视为客户有权主导对已识别资产在整个使用期间的使用：

（1）客户有权在整个使用期间主导已识别资产的使用目的和使用方式；

（2）已识别资产的使用目的和使用方式在使用期间前已预先确定，并且客户有权在整个使用期间自行或主导他人按照其确定的方式运营该资产，或者客户设计了已识别资产（或资产的特定方面）并在设计时已预先确定了该资产在整个使用期间的使用目的和使用方式。

对于上述第一种情况，如果客户有权在整个使用期间在合同界定的使用权范围内改变资产的使用目的和使用方式，则视为客户有权在该使用期间主导资产的使用目的和使用方式。在判断客户是否有权在整个使用期间主导已识别资产的使用目的和使用方式时，企业应当考虑在该使用期间与改变资产的使用目的和使用方式最为相关的决策权。相关决策权是指对使用资产所产生的经济利益产生影响的决策权。最为相关的决策权可能因资产性质、合同条款和条件的不同而不同。此类例子包括：①变更资产产出类型的权利。例如，决定将集装箱用于运输商品还是储存商品，或者决定在零售区域销售的产品组合。②变更资产的产出时间的权利。例如，决定机器或发电厂的运行时间。③变更资产的产出地点的权利。例如，决定卡车或船舶的目的地，或者决定设备的使用地点。④变更资产是否产出以及产出数量的权利。例如，决定是否使用发电厂发电以及发电量的多少。

某些决策权并未授予客户改变资产的使用目的和使用方式的权利，例如，在资产的使用目的和使用方式未预先确定的情况下，客户仅拥有运行或维护资产的权利。这些决策权对于资产的高效使用通常是必要的，但它们往往取决于有关资产的使用目的和使用方式，而并非主导资产的使用目的和使用方式的权利。

对于上述第二种情况，与资产使用目的和使用方式相关的决策可以通过很多方式预先确定，例如，通过设计资产或在合同中对资产的使用作出限制来预先确定相关决策。

【例8-6】甲公司（客户）与乙公司（供应方）就使用一辆卡车在一周时间将货物从A地运至B地签订了合同。根据合同，乙公司只提供卡车、发运及到货的时间和站点，甲公司负责派人驾车自A地到B地。合同中明确指定了卡车，并规定在合同期内该卡车只允许用于运输合同中指定的货物，乙公司没有替换权。合同规定了卡车可行驶的最大里程。甲公司可在合同规定的范围内选择具体的行驶速度、路线、停车休息地点等。甲公司在指定路程完成后无权继续使用这辆卡车。

分析：本例中，合同明确指定了一辆卡车，且乙公司无权替换，因此，合同存在已识别资产。合同预先确定了卡车的使用目的和使用方式，即在规定时间内将指定货物从A地运至B地。甲公司有权在整个使用期间操作卡车（例如，决定行驶速度、路线、停车休息地点），因此，甲公司主导了卡车的使用，甲公司通过控制卡车的操作在整个使用期间全权决定卡车的使用。

【例8-7】甲公司（客户）与乙公司（供应方）签订了购买某一新太阳能电厂20年生产的全部电力的合同。合同明确指定了太阳能电厂，且乙公司没有替换权。太阳能电厂的产权归乙公司所有，乙公司不能通过其他电厂向甲公司供电。太阳能电厂在建造之前由甲公司设计，甲公司聘请了太阳能专家协助其确定太阳能电厂的选址和设备工程。乙公司负责按照甲公司的设计建造太阳能电厂，并负责电厂的运行和维护。关于是否发电、发电时间和发电量无须再进行决策，该项资产在设计时已经预先确定了这些决策。

分析：本例中，合同明确指定了太阳能电厂，且乙公司无权替换，因此，合同存在已识别资产。由于太阳能电厂使用目的、使用方式等相关决策在太阳能电厂设计时已预先确定，因此，尽管太阳能电厂的运营由乙公司负责，但是该电厂由甲公司设计这一事实赋予了甲公司主导电厂使用的权利，甲公司在整个20年使用期有权主导太阳能电厂的使用。

在评估客户是否有权主导资产的使用时，除非资产（或资产的特定方面）由客户设计，企业应当仅考虑在使用期间对资产使用作出决策的权利。例如，如果客户仅能在使用期间之前指定资产的产出而没有与资产使用相关的任何其他决策权，则该客户享有的权利与任何购买该项商品或服务的其他客户享有的权利并无不同。

【例8-8】沿用【例8-7】，但电厂由乙公司在合同签订前自行设计。

分析：本例中，合同明确指定了电厂，且乙公司无权替换，因此，合同存在已识别资产。电厂的使用目的和使用方式，即是否发电、发电时间和发电量，在合同中已预先确定。甲公司在使用期间无权改变电厂的使用目的和使用方式，没有关于电厂使用的其他决策权（例如，甲公司不运营电厂），也未参与电厂的设计，因此，甲公司在使用期间无权主导电厂的使用。

【例8-9】甲公司（客户）与乙公司（供应方）签订合同，使用指定的乙公司船只将货物从A地运至B地。合同明确规定了船只、运输的货物以及装卸日期。乙公司没有替换船只的权利。运输的货物将占据该船只几乎全部的运力。乙公司负责船只的操作和维护，并负责船上货物的安全。合同期间，甲公司不得雇用其他人员操作船只或自行操作船只。

分析：本例中，合同明确指定了船只，且乙公司无权替换，因此，合同存在已识别资产。合同预先确定了船只的使用目的和使用方式，即在规定的装卸日期将指定货物从A地运至B地。甲公司在使用期间无权改变船只的使用目的和使用方式，也没有关于船只使用的其他决策权（例如，甲公司无权操作船只），也未参与该船只的设计，因此甲公司在使用期间无权主导船只的使用。

【例8-10】甲公司（客户）与电信公司乙公司（供应方）签订了2年期的网络服务合同，合同要求乙公司提供约定传输速度和质量的网络服务。为提供这项服务，乙公司在甲公司处安装并配置了服务器；在保证约定的甲公司在网络上使用服务器传输数据的速度和质量的前提下，乙公司有权决定使用服务器传输数据的方式（包括服务器接入的网络）、是否重新配置服务器以及是否将服务器用于其他用途。甲公司并不操作服务器或对其使用作出任何重大决定。

分析：乙公司是使用期间唯一可就服务器的使用作出相关决策的一方。尽管甲公司可以在使用期开始前决定网络的服务水平（网络服务的传输速度和质量），但其不能直接影响网络服务的配置，也不能决定服务器的使用方式和使用目的，因此，甲公司在使用期间不能主导服务器的使用。

合同可能包含一些旨在保护资产供应方在已识别资产或其他资产中的权益、保护资产供应方的工作人员或者确保资产供应方不因客户使用租赁资产而违反法律法规的条款和条件。例如，合同可能规定资产使用的最大工作量，限制客户使用资产的地点或时间，要求客户遵守特定的操作惯例，或者要求客户在变更资产使用方式时通知资产供应方。这些权利虽然对客户使用资产权利的范围作出了限定，但是其本身不足以否定客户拥有主导资产使用的权利。

【例8-11】甲公司（客户）与乙公司（供应方）签订了使用指定船只的5年期合同。合同明确规定了船只，且乙公司没有替换权。甲公司在整个5年使用期决定运输的货物、船只是否航行以及航行的时间和目的港，但需遵守合同规定的限制条件。这些限制条件是为了防止甲公司将船只驶入遭遇海盗风险较高的水域或装载危险品。乙公司负责船只的操作与维护，并负责船上货物的安全。合同期间，甲公司不得雇用其他人员操作船只或自行操作船只。

分析：本例中，合同明确指定了船只，且乙公司无权替换，因此，存在已识别资产。合同中关于船只可航行水域和可运输货物的限制限定了甲公司使用船只的权利范围，但目的仅是保护乙公司船只和人员安全。因为甲公司在使用权范围内可以决定船只是否航行、航行的时间和地点以及所运输的货物，所以甲公司在整个5年使用期可以决定船只的使用目的和使用方式，并有权改变这些决定。尽管船只的操作和维护对于船只的有效使用必不可少，但乙公司在这些方面的决策并未赋予其主导船只使用目的和使用方式的权利。相反，乙公司的决策取决于甲公司关于船只使用目的和使用方式的决定。

因此，甲公司在整个5年使用期有权主导该船只的使用。

（四）评估流程

综上，合同开始日，企业评估合同是否为租赁或是否包含租赁可参考图8-1。

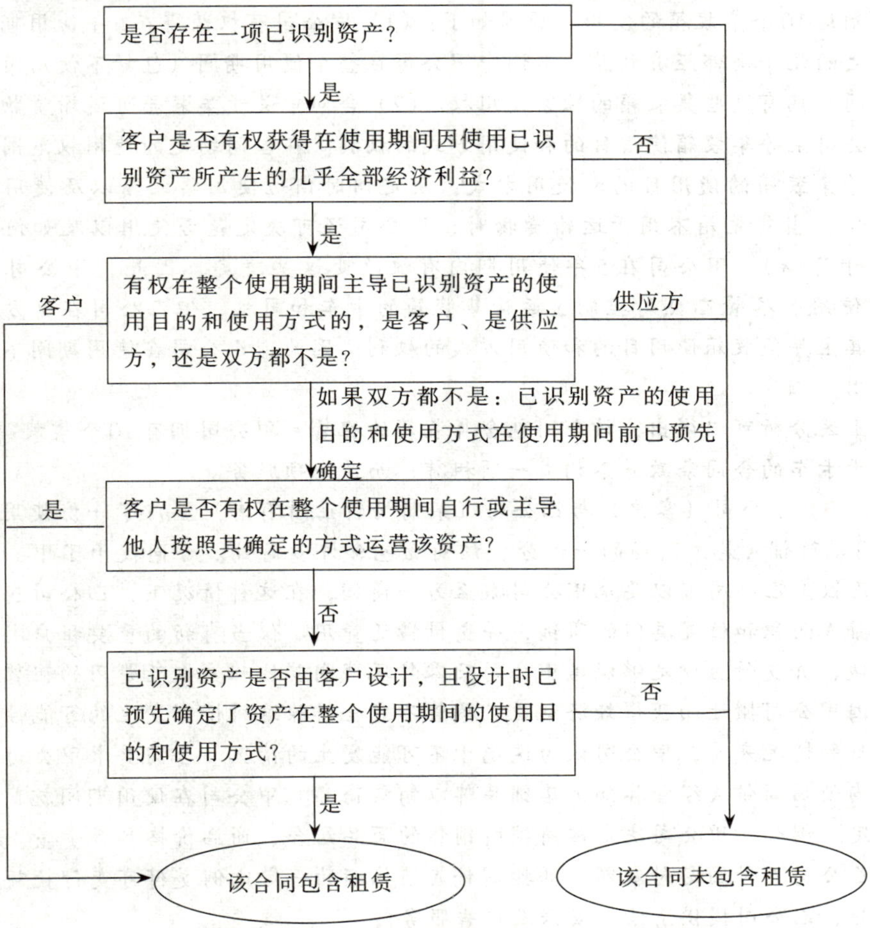

图8-1　评估合同是否为租赁或是否包含租赁

【例8-12】甲公司（客户）与乙公司（货运商）签订了一份使用10个指定型号集装箱的5年期合同。合同指定了具体的集装箱，集装箱归乙公司所有。甲公司有权决定何时何地使用这些集装箱以及用其运输什么货物。不用时，集装箱存放在甲公司处。甲公司可将集装箱用于其他目的（如用于存储）。但合同明确规定甲公司不能运输特定类型的货物（如爆炸物）。若某个集装箱需要保养或维修，乙公司应以同类型的集装箱替换。除非甲公司违约，乙公司在这合同期内不得收回集装箱。除集装箱外，合同还约定乙公司应按照甲公司的要求提供运输集装箱的卡车和司机。卡车存放在乙公司处，乙公司向司机发出指示详细说明甲公司的货物运输要求。乙公司可使用任一卡车满足甲公司的需求，卡车既可以用于运输甲公司的货物，也可以运输其他客户的货物，即如果其他客户要求运输货物的目的地与甲公司要求的目的地距离不远且时间接近，乙公司可以用同一卡车运送甲公司使用的集装箱及其他客户的货物。

分析：本例中，合同明确指定了10个集装箱，乙公司一旦交付集装箱给甲公司，仅在集装箱需要保养或维修时方可替换，因此，这10个集装箱是已识别资产。合同既未明确也未隐性指定卡车，因此，运输集装箱的卡车不属于已识别资产。甲公司在整个5年使用期内控制这10个集装箱的使用，原因如下：（1）甲公司有权获得在5年使用期间使用集装箱所产生的几乎全部经济利益。本例中甲公司在整个使用期间（包括不使用集装箱运输货物的期间）拥有这些集装箱的独家使用权。（2）合同中关于集装箱可运输货物的限制并未赋予乙公司主导集装箱使用目的和使用方式的权利。在合同约定的使用权范围内，甲公司可以主导集装箱的使用目的和使用方式，决定何时何地使用集装箱以及使用集装箱运输什么货物。当集装箱不用于运输货物时，甲公司还可决定是否使用以及如何使用集装箱（如用于存储）。甲公司在5年使用期内有权改变这些决定，因此，甲公司有权主导集装箱的使用。尽管乙公司控制了运输集装箱的卡车和司机，但乙公司在这方面的决策并未赋予其主导集装箱使用目的和使用方式的权利。因此，乙公司在使用期间不能主导集装箱的使用。

基于上述分析可以得出，该合同包含集装箱的租赁，甲公司拥有10个集装箱的5年使用权。关于卡车的合同条款并不构成一项租赁，而是一项服务。

【例8-13】甲公司（客户）与乙公司（某商场物业所有者）签订了一份使用商铺A的5年期合同。商铺A是某商场的一部分，该商场包含许多商铺。合同授予了甲公司拥有商铺A的使用权。乙公司可以要求甲公司搬至另一商铺，在这种情况下，乙公司应向甲公司提供与商铺A面积和位置类似的商铺，并支付搬迁费用。仅当有新的重要租户决定租用较大零售区域，并支付至少足够涵盖甲公司及零售区域内其他租户搬迁费用的租赁费时，乙公司才能因甲公司搬迁而获得经济利益。尽管不完全排除这种情形发生的可能性，但根据合同开始日的情况来看，甲公司认为这属于不可能发生的情况。合同要求甲公司在商场的营业时间内使用商铺A经营其知名店铺品牌以销售商品。甲公司在使用期间就商铺A的使用作出决定。例如，甲公司决定该商铺所销售的商品组合、商品价格和存货量。合同要求甲公司向乙公司支付固定付款额，并按商铺A销售额的一定比例支付可变付款额。作为合同的一部分，乙公司提供清洁、安保及广告服务。

分析：本例中商铺A在合同中明确指定乙公司有替换商铺的实际能力，但仅在特定情况下才能获益，根据合同开始日的情形分析不太可能出现这种情况，因此，乙公司的替换权不具有实质性，商铺A属于已识别资产。甲公司在整个5年使用期控制商铺A的使用，原因如下：（1）甲公司有权获得在5年使用期限内使用商铺A所产生的几乎全部经济利益。本例中，甲公司在整个使用期间拥有商铺A的独家使用权。尽管商铺A销售所产生的部分现金流量将从甲公司流向乙公司，但这仅代表甲公司为使用商铺A而支付给乙公司的对价，并不妨碍甲公司拥有获得使用商铺A所产生的几乎全部经济利益的权利。（2）合同关于商铺A销售的商品以及营业时间的限制限定了甲公司使用商铺A的权利的范围。在合同界定的使用权范围内，甲公司可以决定商铺A的使用目的和使用方式，例如，甲公司能够决定在商铺A销售的商品组合以及商品售价。甲公司在5年使用期有权改变这些决定。因此，甲公司有权主导商铺A的使用。尽管清洁、安保和广告服务对于商铺A的有效使用必不可少，但乙公司在这些方面的决定并未赋予其主导商铺A使用目的和使用方式的权利。

基于上述分析可以得出，该合同包含商铺A的租赁，甲公司拥有该商铺5年的使用权。

【例8-14】甲公司（客户）与乙公司（制造商）签订了3年期合同，购买一定数量特定材质、版型和尺码的西装。乙公司仅有一家符合甲公司需求的工厂，且乙公司无法用另一家工厂生产的西装供货或从第三方公司购买西装供货。乙公司工厂的产能超过与甲公司签订的合同中的数量（即甲公司未就工厂的几乎全部产能签订合同）。乙公司全权决定该工厂的运营，包括工厂的产出水平以及将不用于满足该合同的产出用以履行哪些客户合同。

分析：本例中，乙公司仅可通过使用一家工厂履行合同，工厂是隐性指定的，因此，是已识别资产。但是，甲公司无权获得使用该工厂所产生的几乎全部经济利益，因为乙公司在使用期间可以使用该工厂履行其他客户合同。另外，甲公司在3年使用期内也无权主导工厂的使用目的和使用方式，因为乙公司有权决定工厂的产出水平以及将生产的产品用于履行哪些客户合同，所以乙公司有权主导工厂的使用。甲公司的权利仅限于合同中规定的特定产出。甲公司对工厂的使用享有与从工厂购买西装的其他客户同样的权利。

单凭甲公司无权获得使用工厂所产生的几乎全部经济利益这一事实，或单凭甲公司无权主导工厂的使用这一事实，均足以判断甲公司在使用期间不能控制工厂的使用权。

【例8-15】甲公司（客户）与乙公司（信息技术公司）签订了使用一台指定服务器的3年期合同。乙公司根据甲公司的指示在甲公司处交付和安装服务器，并在整个使用期间根据需要提供服务器的维修和保养服务。乙公司仅在服务器发生故障时替换服务器。甲公司决定在服务器中存储哪些数据以及如何将服务器与其运营整合，并在整个使用期间有权改变这些决定。

分析：本例中，合同明确指定了服务器，乙公司仅在服务器发生故障时方可替换，合同存在已识别资产。甲公司在整个3年使用期控制服务器的使用，原因如下：(1) 甲公司有权获得在3年使用期间使用服务器所产生的几乎全部经济利益。因此，甲公司在整个使用期间拥有服务器的独家使用权。(2) 甲公司有权决定使用该服务器支持其运营的哪些方面以及存储哪些数据，甲公司可就服务器的使用目的和使用方式作出相关决定，且甲公司是使用期间唯一可对服务器的使用作出决定的一方，因此，甲公司有权主导服务器的使用。

基于上述分析可以得出，该合同包含服务器的租赁，甲公司拥有服务器3年的使用权。

二、租赁的分拆与合并

（一）租赁的分拆

合同中同时包含多项单独租赁的，承租人和出租人应当将合同予以分拆，并分别按各项单独租赁进行会计处理。合同中同时包含租赁和非租赁部分的，承租人和出租人应当将租赁和非租赁部分进行分拆，另有规定的除外。分拆时，各租赁部分应当分别按照租赁准则进行会计处理，非租赁部分应当按照其他适用的会计准则进行会计处理。

租赁分拆与合并

同时符合下列条件，使用已识别资产的权利构成合同中的一项单独租赁：

（1）承租人可从单独使用该资产或将其与易于获得的其他资源一起使用中获利。易于获得的资源是指出租人或其他供应方单独销售或出租的商品或服务，或者承租人已从出租人或其他交易中获得的资源。

（2）该资产与合同中的其他资产不存在高度依赖或高度关联关系。例如，若承租人租入资产的决定不会对承租人使用合同中的其他资产的权利产生重大影响，则表明该项资产与合同中的其他资产不存在高度依赖或高度关联关系。

出租人可能要求承租人承担某些款项，却并未向承租人转移商品或服务。例如，出租人可能将管理费或与租赁相关的其他成本计入应付金额，而并未向承租人转移商品或服务。此类应付金额不构成合同中单独的组成部分，而应视为将总对价的一部分分摊至单独识别的合同组成部分。

1.承租人的处理

在分拆合同包含租赁和非租赁部分时，承租人应当按照各项租赁部分的单独价格及非租赁部分的单独价格之和的相对比例分摊合同对价。租赁和非租赁部分的相对单独价格，应当根据出租人或类似资产供应方就该部分或类似部分向企业单独收取的价格确定。如果可观察的单独价格不易于获得，承租人应当最大限度地利用可观察的信息估计单独价格。

为简化处理，承租人可以按照租赁资产的类别选择是否分拆合同包含的租赁和非租赁部分。承租人选择不分拆的，应当将各租赁部分及与其相关的非租赁部分分别合并为租赁，按租赁准则进行会计处理。但是，对于按照《企业会计准则第22号——金融工具确认和计量》(2017）应分拆的嵌入衍生工具，承租人不应将其与租赁部分合并进行会计处理。

【例8-16】甲公司从乙公司处租赁1台推土机、1辆卡车和1台长臂挖掘机用于采矿业务，租赁期为4年。乙公司同意在整个租赁期内维护各项设备。合同固定对价为3 000 000元，按年分期支付，每年支付750 000元。合同对价包含了各项设备的维护费用。

分析：甲公司未采用简化处理，而是对非租赁部分（维护服务）与租入的各项设备分别进行会计处理。甲公司认为租入的推土机、卡车和长臂挖掘机分别属于单独租赁，原因如下：（1）甲公司可从单独使用这三项设备中的每一项，或将其与易于获得的其他资源一起使用中获利（例如，甲公司易于租入或购买其他卡车或挖掘机用于其采矿业务）；（2）尽管甲公司租入这三项设备只有一个目的（即从事采矿业务），但这些设备不存在高度依赖或高度关联关系。因此，甲公司得出结论，合同中存在三个租赁部分和对应的三个非租赁部分（维护服务）。甲公司将合同对价分摊至三个租赁部分和非租赁部分。

市场上有多家供应方提供类似推土机和卡车的维护服务，因此，这两项租入设备的维护服务存在可观察的单独价格。假设其他供应方的支付条款与甲、乙公司签订的合同条款相似，甲公司能够确定推土机和卡车维护服务的可观察单独价格分别为160 000元和80 000元。长臂挖掘机是高度专业化机械，其他供应方不出租类似挖掘机或为其提供维护服务。乙公司对从本公司购买相似长臂挖掘机的客户提供4年的维护服务，可观察对价为固定金额280 000元，分4年支付。因此，甲公司估计长臂挖掘机维护服务的单独价格为280 000元。甲公司观察到乙公司在市场上单独出租租赁期为4年的推土机、卡车和长臂挖掘机的价格分别为900 000元、580 000元和1 200 000元。

甲公司将合同固定对价3 000 000元分摊至租赁和非租赁部分的情况，见表8-1。

表8-1　甲公司租赁合同价款在租赁与非租赁之间的分解　金额单位：元

项目	设备	推土机	卡车	长臂挖掘机	合计
项目	租赁部分	900 000	580 000	1 200 000	2 680 000
可观察的单独价格	非租赁部分	160 000	80 000	280 000	520 000
可观察的单独价格	合计				3 200 000
固定对价总额					3 000 000
分摊率（%）*					93.75

注：*承租人按照推土机、卡车、长臂挖掘机这三个租赁部分的单独价格900 000元、580 000元、1 200 000元，来分摊合同固定对价。分拆后，推土机、卡车和长臂挖掘机的租赁付款额（折现前）分别为843 750元、543 750元和1 125 000元。

2. 出租人的处理

出租人应当分拆租赁部分和非租赁部分，根据收入准则关于交易价格分摊的规定分摊合同对价。

（二）租赁的合并

企业与同一交易方或其关联方在同一时间或相近时间订立的两份或多份包含租赁的合同，在满足下列条件之一时，应当合并为一份合同进行会计处理：

（1）该两份或多份合同基于总体商业目的而订立并构成一揽子交易，若不作为整体考虑则无法理解其总体商业目的。

（2）该两份或多份合同中的某份合同的对价金额取决于其他合同的定价或履行情况。

（3）该两份或多份合同让渡的资产使用权合起来构成一项单独租赁。

两份或多份合同合并为一份合同进行会计处理的，仍然需要区分该一份合同中的租赁部分和非租赁部分。

三、租赁期

租赁期是指承租人有权使用租赁资产且不可撤销的期间。承租人有续租选择权，即有权选择续租该资产，且合理确定将行使该选择权的，租赁期还应当包含续租选择权涵盖的期间；承租人有终止租赁选择权，即有权选择终止租赁该资产，但合理确定将不会行使该选择权的，租赁期应当包含终止租赁选择权涵盖的期间。

租赁期

（一）租赁期开始日

租赁期自租赁期开始日起计算。租赁期开始日，是指出租人提供租赁资产使其可供承租人使用的起始日期。如果承租人在租赁协议约定的起租日或租金起付日之前，已获得对租赁资产使用权的控制，则表明租赁期已经开始。租赁协议中对起租日或租金支付时间的约定，并不影响租赁期开始日的判断。

【例8-17】在某商铺的租赁安排中，出租人于20×8年1月1日将房屋钥匙交付承租人，承租人在收到钥匙后，就可以自主安排对商铺的装修布置，并安排搬迁。合同约定有3个月的免租期，起租日为20×8年4月1日，承租人自起租日开始支付租金。

分析：此交易中，由于承租人自20×8年1月1日起就已拥有对商铺使用权的控制，因此，租赁期开始日为20×8年1月1日，即租赁期包含出租人给予承租人的免租期。

（二）不可撤销期间

在确定租赁期和评估不可撤销租赁期间时，企业应根据租赁条款约定确定可强制执行合同的期间。

如果承租人和出租人双方均有权在未经另一方许可的情况下终止租赁，且罚款金额不重大，则该租赁不可再强制执行。如果只有承租人有权终止租赁，则在确定租赁期时，企业应将该项权利视为承租人可行使的终止租赁选择权予以考虑。如果只有出租人有权终止租赁，则不可撤销的租赁期包括终止租赁选择权所涵盖的期间。

【例8-18】承租人与出租人签订了一份租赁合同，约定自租赁期开始日1年内不可撤销，如果撤销，双方将支付罚金；1年期满后，经双方同意可再延长1年，如有一方不同意，将不再续期，且没有罚款。假设承租人对于租赁资产并不具有重大依赖。

分析：在此情况下，自租赁期开始日起的第1年有强制的权利和义务，是不可撤销期间。而此后1年的延长期并非不可撤销期间，因为承租人或出租人均可单方面选择不续约而无须支付任何罚款。

（三）续租选择权和终止租赁选择权

在租赁期开始日，企业应当评估承租人是否合理确定将行使续租或购买标的资产的选择权，或者将不行使终止租赁选择权。在评估时，企业应当考虑对承租人行使续租选择权或不行使终止租赁选择权带来经济利益的所有相关事实和情况，包括自租赁期开始日至选择权行使日之间的事实和情况的预期变化。

需考虑的因素包括但不限于以下方面。

（1）与市价相比，选择权期间的合同条款和条件。例如：选择权期间内为使用租赁资产而需支付的租金；可变租赁付款额或其他或有款项，如因终止租赁罚款和余值担保导致的应付款项；初始选择权期间后可行使的其他选择权的条款和条件，如续租期结束时可按低于市价的价格行使购买选择权。

（2）在合同期内，承租人进行或预期进行重大租赁资产改良的，在可行使续租选择权、终止租赁选择权或者购买租赁资产选择权时，预期能为承租人带来的重大经济利益。

（3）与终止租赁相关的成本。例如，谈判成本、搬迁成本、寻找与选择适合承租人需求的替代资产所发生的成本、将新资产融入运营所发生的整合成本、终止租赁的罚款、将租赁资产恢复至租赁条款约定状态的成本、将租赁资产归还至租赁条款约定地点的成本等。

（4）租赁资产对承租人运营的重要程度。例如，租赁资产是否为一项专门资产，租赁资产位于何地以及是否可获得合适的替换资产等。

（5）与行使选择权相关的条件及满足相关条件的可能性。例如，租赁条款约定仅在满足一项或多项条件时方可行使选择权，此时还应考虑相关条件及满足相关条件的可能性。

租赁的不可撤销期间的长短会影响对承租人是否合理确定将行使或不行使选择权的评估。通常，租赁的不可撤销期间越短，承租人行使续租选择权或不行使终止租赁选择权的可能性就越大，原因在于不可撤销期间越短，获取替代资产的相对成本就越高。此外，评估承租人是否合理确定将行使或不行使选择权时，如果承租人以往曾经使用过特定类型的租赁资产或自有资产，则可以参考承租人使用该类资产的通常期限及原因。例如，承租人通常在特定时期内使用某类资产，或承租人时常对某类租赁资产行使选择权，则承租人应考虑以往这些做法的原因，以评估是否合理确定将对此类租赁资产行使选择权。

续租选择权或终止租赁选择权可能与租赁的其他条款相结合。例如，无论承租人是否行使选择权，均保证向出租人支付基本相等的最低或固定现金，在此情形下，应假定承租人合理确定将行使续租选择权或不行使终止租赁选择权。又如，同时存在原租赁和转租赁时，转租赁期限超过原租赁期限，如原租赁包含5年的不可撤销期间和2年的续租选择权，而转租赁的不可撤销期限为7年，此时应考虑转租赁期限及相关租赁条款对续租选择权评估的可能影响。

购买选择权的评估方式应与续租选择权或终止租赁选择权的评估方式相同，购买选择权在经济上与将租赁期延长至租赁资产全部剩余经济寿命的续租选择权类似。

【例8-19】承租人签订了一份设备租赁合同，包括4年不可撤销期间和2年期固定价格续租选择权，续租选择权期间的合同条款和条件与市价接近，没有终止罚款或其他因素表明承租人合理确定将行使续租选择权。因此，在租赁期开始日，确定租赁期为4年。

【例8-20】承租人签订了一份建筑租赁合同，包括4年不可撤销期间和2年按照市价行使的续租选择权。在搬入该建筑之前，承租人花费了大量资金对租赁建筑进行了改良，预计在4年结束时租赁资产改良仍将具有重大价值，且该价值仅可通过继续使用租赁资产实现。

分析：在此情况下，承租人合理确定将行使续租选择权，因为如果在4年结束时放弃该租赁资产改良，将蒙受重大经济损失。因此，在租赁开始时，承租人确定租赁期为6年。

（四）对租赁期和购买选择权的重新评估

发生承租人可控范围内的重大事件或变化，且影响承租人是否合理确定将行使相应选择权的，承租人应当对其是否合理确定将行使续租选择权、购买选择权或不行使终止租赁选择权进行重新评估，并根据重新评估结果修改租赁期。承租人可控范围内的重大事件或变化包括但不限于下列情形：

（1）在租赁期开始日未预计到的重大租赁资产改良，在可行使续租选择权、终止租赁选择权或购买选择权时，预期将为承租人带来重大经济利益。

（2）在租赁期开始日未预计到的租赁资产的重大改动或定制化调整。

（3）承租人作出的与行使或不行使选择权直接相关的经营决策。例如，决定续租互补性资产、处置可替代的资产或处置包含相关使用权资产的业务。

如果不可撤销的租赁期间发生变化，企业应当修改租赁期。例如，在下述情况下，不可撤销的租赁期将发生变化：①承租人实际行使了选择权，但该选择权在之前企业确定租赁期时未涵盖；②承租人未实际行使选择权，但该选择权在之前企业确定租赁期时已涵盖；③某些事件的发生，导致根据合同规定承租人有义务行使选择权，但该选择权在之前企业确定租赁期时未涵盖；④某些事件的发生，导致根据合同规定禁止承租人行使选择权，但该选择权在之前企业确定租赁期时已涵盖。

第二节 承租人租赁业务资金运动分析与会计处理

在租赁期开始日，承租人应当对租赁业务确认使用权资产和租赁负债，但短期租赁和低价值资产租赁简化处理的除外。

一、租赁负债和使用权资产初始确认与计量及其资金运动分析与会计处理

（一）租赁负债的初始确认与计量

租赁负债初始确认与计量分析

租赁负债应当按照租赁期开始日尚未支付的租赁付款额的现值进行初始计量。识别应纳入租赁负债的相关付款项目是计量租赁负债的关键。

1.租赁付款额

租赁付款额，是指承租人向出租人支付的与在租赁期内使用租赁资产的权利相关的款项。

租赁付款额主要包括以下内容。

（1）固定付款额及实质固定付款额，存在租赁激励的，扣除租赁激励相关金额。

实质固定付款额是指在形式上可能包含变量但实质上无法避免的付款额。例如：

①付款额设定为可变租赁付款额，但该可变条款几乎不可能发生，没有真正的经济实质。例如，付款额仅需在租赁资产经证实能够在租赁期间正常运行时支付，或者仅需在不可能不发生的事件发生时支付。又如，付款额初始设定为与租赁资产使用情况相关的可变付款额，但其潜在可变性将于租赁期开始日之后的某个时点消除，在可变性消除时，该类付款额成为实质固定付款额。

②承租人有多套付款额方案，但其中仅有一套是可行的。在此情况下，承租人应采用该可行的付款额方案作为租赁付款额。

承租人有多套可行的付款额方案，但必须选择其中一套。在此情况下，承租人应采用总折现金额最低的一套作为租赁付款额。

【例 8-21】甲公司是一家知名零售商，从乙公司处租入已成熟开发的零售场所开设一家商店。根据租赁合同，甲公司在正常工作时间内必须经营该商店，且甲公司不得将商店闲置或进行分租。合同中关于租赁付款额的条款为：如果甲公司开设的这家商店没有发生销售，则甲公司应付的年租金为100元；如果这家商店发生了任何销售，则甲公司应付的年租金为1 000 000元。

分析：本例中，该租赁包含每年1 000 000元的实质固定付款额。该金额不是取决于销售额的可变付款额。因为甲公司是一家知名零售商，根据租赁合同，甲公司应在正常工作时间内经营该商店，所以甲公司开设的这家商店不可能不发生销售。

【例 8-22】承租人甲公司签订了一份为期5年的卡车租赁合同。合同中关于租赁付款额的条款为：如果该卡车在某月份的行驶里程不超过1万公里，则该月应付的租金为10 000元；如果该卡车在某月份的行驶里程超过1万公里但不超过2万公里，则该月应付的租金为16 000元；该卡车1个月内的行驶里程最高不能超过2万公里，否则承租人需支

付巨额罚款。

分析：本例中，租赁付款额中包含基于使用情况的可变性，且在某些月份里确实可避免支付较高租金，然而，月付款额10 000元是不可避免的。因此，月付款额10 000元属于实质固定付款额，应被纳入租赁负债的初始计量中。

【例8-23】承租人甲公司租入一台预计使用寿命为5年的机器。不可撤销的租赁期为3年。在第3年年末，甲公司必须以20 000元购买该机器，或者必须将租赁期延长2年，如延长，则在续租期内每年末支付10 500元。

分析：甲公司在租赁期开始时评估认为，不能合理确定在第3年年末将购买该机器，还是将租赁期延长2年。如果甲公司单独考虑购买选择权或续租选择权，那么在租赁期开始时，购买选择权的行权价格与续租期内的应付租金都不会纳入到租赁负债中。然而，该安排在第3年年末包含一项实质固定付款额。这是因为，甲公司必须行使上述两种选择权中的其中一个，且不论在哪种选择权下，甲公司都必须进行付款。因而在该安排中，实质固定付款额的金额是下述两项金额中的较低者：购买选择权的行权价格（20 000元）的现值与续租期内付款额（每年年末支付10 500元）的现值。

租赁激励，是指出租人为达成租赁向承租人提供的优惠，包括出租人向承租人支付的与租赁有关的款项、出租人为承租人偿付或承担的成本等。存在租赁激励的，承租人在确定租赁付款额时，应扣除租赁激励相关金额。

（2）取决于指数或比率的可变租赁付款额。

可变租赁付款额，是指承租人为取得在租赁期内使用租赁资产的权利，而向出租人支付的因租赁期开始日后的事实或情况发生变化（而非时间推移）而变动的款项。可变租赁付款额可能与下列各项指标或情况挂钩：

①由于市场比率或指数数值变动导致的价格变动。例如，基准利率或消费者价格指数变动可能导致租赁付款额调整。

②承租人源自租赁资产的绩效。例如，零售业不动产租赁可能会要求基于使用该不动产取得的销售收入的一定比例确定租赁付款额。

③租赁资产的使用。例如，车辆租赁可能要求承租人在超过特定里程数时支付额外的租赁付款额。

需要注意的是，可变租赁付款额，仅取决于指数或比率的可变租赁付款额纳入租赁负债的初始计量中，包括与消费者价格指数挂钩的款项、与基准利率挂钩的款项和为反映市场租金费率变化而变动的款项等。此类可变租赁付款额应当根据租赁期开始日的指数或比率确定。除了取决于指数或比率的可变租赁付款额之外，其他可变租赁付款额均不纳入租赁负债的初始计量中。

【例8-24】承租人甲公司签订了一项为期10年的不动产租赁合同，每年的租赁付款额为50 000元，于每年年初支付。合同规定，租赁付款额在租赁期开始日后每2年基于过去24个月消费者价格指数的上涨进行上调。租赁期开始日的消费者价格指数为125。

分析：甲公司在初始计量租赁负债时，应基于租赁期开始日的消费者物价指数确定租赁付款额，无须对后续年度因消费者物价指数变化而导致的租金变动作出估计。因此，在租赁期开始日，甲公司应以每年50 000元的租赁付款额为基础计量租赁负债。

（3）购买选择权的行权价格，前提是承租人合理确定将行使该选择权。

在租赁期开始日，承租人应评估是否合理确定将行使购买标的资产的选择权。在评估时，承租人应考虑对其行使或不行使购买选择权产生经济激励的所有相关事实和情况。如果承租人合理确定将行使购买标的资产的选择权，则租赁付款额中应包含购买选择权的行权价格。

【例8-25】承租人甲公司与出租人乙公司签订了一份不可撤销的5年期设备租赁合同。合同规定，甲公司可以选择在租赁期结束时以5 000元购买这台设备。已知该设备应用于不断更新、迅速变化的科技领域，租赁期结束时其公允价值可能出现大幅波动，估计在4 000元至9 000元之间，在5年租赁期内可能会有更好的替代产品出现。

分析：在租赁期开始日，甲公司对于其是否将行使购买选择权的经济动机作出全面评估，并最终认为不能合理确定是否行使购买选择权。该评估包括：租赁期结束时该设备公允价值的重大波动性，以及在租赁期间内出现更好替代产品的可能性等。评估甲公司是否合理确定将行使购买选择权可能涉及重大判断。假设甲公司租赁设备时，约定更短的租赁期限（例如，1年或2年）或设备所处环境不同（例如，租赁设备并非应用于不断更新的科技领域，而是应用于相对稳定的行业，并且其未来的公允价值能够可靠预测和估计），则甲公司对是否行使购买选择权的判断可能不同。

（4）行使终止租赁选择权需支付的款项，前提是租赁期反映出承租人将行使终止租赁选择权。

在租赁期开始日，承租人应评估是否合理确定将行使终止租赁的选择权。在评估时，承租人应考虑对其行使或不行使终止租赁选择权产生经济激励的所有相关事实和情况。如果承租人合理确定将行使终止租赁选择权，则租赁付款额中应包含行使终止租赁选择权需支付的款项，并且租赁期不应包含终止租赁选择权涵盖的期间。

【例8-26】承租人甲公司租入某办公楼的一层楼，为期10年。甲公司有权选择在第5年后提前终止租赁，并以相当于6个月的租金作为罚金。每年的租赁付款额为固定金额120 000元。该办公楼是全新的，并且在周边商业园区的办公楼中处于技术领先水平。上述租赁付款额与市场租金水平相符。

分析：在租赁期开始日，甲公司评估后认为，6个月的租金对于甲公司而言金额重大，同等条件下，也难以按更优惠的价格租入其他办公楼，可以合理确定不会选择提前终止租赁，因此，其租赁负债不应包括提前终止租赁时需支付的罚金，租赁期确定为10年。

（5）根据承租人提供的担保余值预计应支付的款项。

担保余值，是指与出租人无关的一方向出租人提供担保，保证在租赁结束时租赁资产的价值至少为某指定的金额。如果承租人提供了对余值的担保，则租赁付款额应包含该担保下预计应支付的款项，它反映了承租人预计将支付的金额，而不是承租人担保余值下的最大敞口。

【例8-27】承租人甲公司与出租人乙公司签订了汽车租赁合同，租赁期为5年。合同中就担保余值的规定为：如果标的汽车在租赁期结束时的公允价值低于40 000元，则甲公司需向乙公司支付40 000元与汽车公允价值之间的差额，因此，甲公司在该担保余值下的最大敞口为40 000元。

分析：在租赁期开始日，甲公司预计标的汽车在租赁期结束时的公允价值为40 000元，即甲公司预计在担保余值下将支付的金额为零。因此，甲公司在计算租赁负债时，与担保余值相关的付款额为零。

如在租赁期开始日，甲公司预计标的汽车在租赁期结束时的公允价值为30 000元，即甲公司预计在担保余值下将支付的金额为10 000元。因此，甲公司在计算租赁负债时，与担保余值相关的付款额为10 000元。

2.折现率

租赁负债应当按照租赁期开始日尚未支付的租赁付款额的现值进行初始计量。在计算租赁付款额的现值时，承租人应当采用租赁内含利率作为折现率；无法确定租赁内含利率的，应当采用承租人增量借款利率作为折现率。

租赁内含利率，是指使出租人的租赁收款额的现值与未担保余值的现值之和等于租赁资产公允价值与出租人的初始直接费用之和的利率。

其中，未担保余值，是指租赁资产余值中，出租人无法保证能够实现或仅由与出租人有关的一方予以担保的部分。

初始直接费用，是指为达成租赁所发生的增量成本。增量成本是指若企业不达成该租赁，则不会发生的成本，如佣金、印花税等。无论是否实际达成租赁都会发生的支出，不属于初始直接费用，例如，为评估是否签订租赁合同而发生的差旅费、法律费用等，此类费用应当在发生时计入当期损益。

【例8-28】承租人甲公司与出租人乙公司签订了一份车辆租赁合同，租赁期为5年。在租赁期开始日，该车辆的公允价值为100 000元，乙公司预计在租赁结束时其公允价值（即未担保余值）将为10 000元。租赁付款额为每年23 000元，于年末支付。乙公司发生的初始直接费用为5 000元。乙公司计算租赁内含利率r依据的等式如下：

23 000×（P/A，r，5）+10 000×（P/F，r，5）=100 000+5 000

计算得出的租赁内含利率r为5.79%。

承租人增量借款利率，是指承租人在类似经济环境下为获得与使用权资产价值接近的资产，在类似期间以类似抵押条件借入资金须支付的利率。该利率与下列事项相关：（1）承租人自身情况，即承租人的偿债能力和信用状况；（2）“借款”的期限，即租赁期；（3）“借入”资金的金额，即租赁负债的金额；（4）“抵押条件”，即租赁资产的性质和质量；（5）经济环境，包括承租人所处的司法管辖区、计价货币、合同签订时间等。

在具体操作时，承租人可以先根据所处经济环境，以可观察的利率作为确定增量借款利率的参考基础，然后根据承租人自身情况、标的资产情况、租赁期和租赁负债金额等租赁业务具体情况对参考基础进行调整，得出适用的承租人增量借款利率。企业应当对确定承租人增量借款利率的依据和过程做好记录。

实务中，承租人增量借款利率常见的参考基础包括承租人同期银行贷款利率、相关租赁合同利率、承租人最近一期类似资产抵押贷款利率、与承租人信用状况相似的企业发行的同期债券利率等，但承租人还需根据上述事项在参考基础上相应进行调整。

【例8-29】20×2年1月1日，承租人甲公司签订了一份为期10年的不动产租赁协议，并拥有5年的续租选择权。每年的租赁付款额固定为人民币900 000元，于每年年末支付。

在租赁期开始日，甲公司评估后认为，不能合理确定将行使续租选择权，因此，将租赁期确定为10年。甲公司无法确定租赁内含利率，需采用增量借款利率作为折现率来计算租赁付款额的现值。

甲公司现有的借款包括：

①公司现有6个月的短期借款，金额为500 000元，借款起始日为20×1年10月1日，到期日为20×2年3月31日，利率为4%，每季末支付利息，到期时一次性偿还本金，无任何抵押；

②季末支付15年的债券，金额为50 000 000元，发行日为20×0年1月1日，票面利率为9.0%，每年年末支付利息，到期时一次性偿还本金，无任何抵押。

分析：为确定该租赁的增量借款利率，甲公司需要找到类似期限（即租赁期10年）、类似抵押条件（即以租赁资产作为抵押）、类似经济环境下（例如，借入时点是租赁期开始日，偿付方式是每年等额偿付900 000元，10年后拥有与续租权类似的借款选择权），借入与使用权资产价值接近的资金（即人民币9 000 000元）须支付的固定利率。由于无法直接获取满足上述全部条件的利率，甲公司以其现有的借款利率以及市场可参考信息（如相同期限的国债利率等）作为基础，估计该租赁的增量借款利率。

以可观察的借款利率作为参考基础确定增量借款利率时，通常需要考虑的调整事项包括但不限于：

本息偿付方式不同，例如，作为参考基础的借款是每年付息且到期一次性偿还本金，而不是每年等额偿付本息；

借款金额不同，例如，作为参考基础的借款金额远高于租赁负债；

借款期限不同，例如，作为参考基础的借款短于或长于租赁期；

抵押、担保情况不同，例如，作为参考基础的借款为无抵押借款；

资金借入时间的不同，例如，作为参考基础的债券是2年前发行的，而市场利率水平在2年内发生了较大变化；

提前偿付或其他选择权的影响；

借款币种不同，例如，作为参考基础的借款为人民币借款，但租赁付款额的币种为美元。

情形一：甲公司发行的债券有公开市场。

当甲公司发行的债券有公开市场时，通常需考虑该债券的市场价格及市场利率，因为其反映了甲公司的现有信用状况以及债权投资者所要求的现时回报率。甲公司结合其自身情况判断后认为，以自己发行的15年期债券利率作为估计增量借款利率的起点最为恰当。

甲公司在15年期债券利率的基础上，执行了如下步骤，以确定该租赁的增量借款利率：

第一步，确定15年期债券的市场利率。甲公司根据该债券的市场价格和剩余13年的还款情况（即每年末根据票面利率支付利息、到期一次性偿还本金），计算该债券的市场利率。该市场利率反映了甲公司的现有信用状况以及债权投资者所要求的现时回报率，甲公司无须因该债券的发行时间（即2年前）而进行额外调整。

第二步，调整借款金额的不同。15年期债券的金额为50 000 000元，租赁付款总额为9 000 000元。甲公司根据估计日市场情况考虑上述借款金额的不同是否影响借款利率并相应进行调整。

第三步，调整本息偿付方式的不同。该租赁是每年支付固定的租赁付款额，而15年期债券是每年年末付息并到期一次性偿还本金。甲公司应考虑该事项对借款利率的影响并作相应调整。

第四步，调整借款期间的不同。该租赁的租赁期为10年，而15年期债券的剩余期间为13年。甲公司应考虑该事项对借款利率的影响并作相应调整。

第五步，调整抵押情况的不同。在确定增量借款利率时，租赁合同视为以租赁资产作为抵押而获得借款，而15年期债券无任何抵押。甲公司应考虑该事项对借款利率的影响并作相应调整。

情形二：甲公司发行的债券没有公开市场。

当甲公司发行的债券没有公开市场，但甲公司存在可观察的信用评级时，可考虑以与甲公司信用评级相同的企业所发行的公开交易的债券利率为基础，确定上述第一步的参考利率。

当甲公司发行的债券没有公开市场，且甲公司没有可观察的信用评级时，在市场利率水平和甲公司信用状况在债券发行日至增量借款利率估计日期间没有发生重大变化的情况下，可考虑以该15年期债券发行时的实际利率为基础，作为估计增量借款利率的起点。

确定参考利率后，将其调整为增量借款利率的步骤与“情形一”基本相同。

情形三：甲公司没有任何借款。

当甲公司没有任何借款时，可考虑通过银行询价的方式获取同期借款利率，并进行适当调整后确定其增量借款利率；或者，可考虑聘用第三方评级机构获取其信用评级，参考“情形一”下的方法确定其增量借款利率。

（二）使用权资产的初始确认与计量

使用权资产，是指承租人可在租赁期内使用租赁资产的权利。在租赁期开始日，承租人应当按照成本对使用权资产进行初始计量。该成本包括下列4项：

（1）租赁负债的初始计量金额。

（2）在租赁期开始日或之前支付的租赁付款额；存在租赁激励的，应扣除已享受的租赁激励相关金额。

（3）承租人发生的初始直接费用。

（4）承租人为拆卸及移除租赁资产、复原租赁资产所在场地或将租赁资产恢复至租赁条款约定状态预计将发生的成本。

关于上述第4项成本，承租人有可能在租赁期开始日就承担了上述成本的支付义务，也可能在特定期间内因使用标的资产而承担了相关义务。承租人应在其有义务承担上述成本时，将这些成本确认为使用权资产成本的一部分。但是，承租人由于在特定期间内将使用权资产用于生产存货而发生的上述成本，应按照存货准则进行会计处理。承租人应当按照或有事项准则对上述成本的支付义务进行确认和计量。

在某些情况下，承租人可能在租赁期开始前就发生了与标的资产相关的经济业务或事项。例如：租赁合同双方经协商在租赁合同中约定，标的资产需经建造或重新设计后方可供承租人使用；根据合同条款与条件，承租人需支付与资产建造或设计相关的成本。承租人如发生与标的资产建造或设计相关的成本，应适用其他相关准则进行会计处理。同时，需要注意的是与标的资产建造或设计相关的成本不包括承租人为获取标的资产使用权而支付的款项，此类款项无论在何时支付，均属于租赁付款额。

（三）租赁负债和使用权资产初始确认与计量资金运动分析

一般来说，使用权资产的初始计量需要以租赁负债的初始计量金额为基础。其所引起的资金运动如图8-2中A段运动所示，A段流量反映租赁付款额的折现值，其中A1段运动流量反映租赁付款额，A2段运动流量反映租赁付款额与其现值之间的差额（其流量为负数）。如承租人发生初始直接费用，其所引起的资金运动如图8-2中B段运动所示。如存在租赁激励的，应从使用权资产中扣除已享有的租赁激励相关金额，其所引起的资金运动如图8-2中B段运动所示，其流量为负数。如承租人预计将要为拆卸及移除租赁资产、复原租赁资产所在场所或将租赁资产恢复至租赁条款约定状态发生成本的，应将其现值计入使用权资产成本之中，其所引起的资金运动如图8-2中C段运动所示。

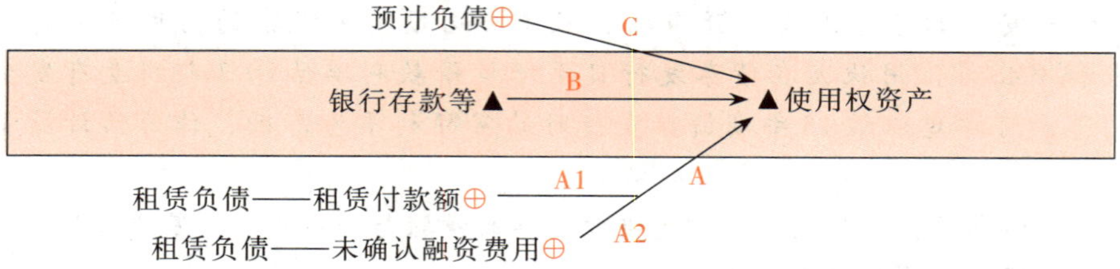

图8-2 租赁负债和使用权资产初始确认与计量资金运动分析图

承租人租赁初始业务资金运动分析

【例8-30】承租人甲公司就某栋建筑物的某一层楼与出租人乙公司签订了为期10年的租赁协议，并拥有5年的续租选择权。有关资料如下：(1) 初始租赁期内的不含税租金为每年50 000元，续租期间为每年55 000元，所有款项应于每年年初支付；(2) 为获得该项租赁，甲公司发生的初始直接费用为20 000元，其中，15 000元为向该楼层前任租户支付的款项，5 000元为向促成此租赁交易的房地产中介支付的佣金；(3) 作为对甲公司的激励，乙公司同意补偿甲公司5 000元的佣金；(4) 在租赁期开始日，甲公司评估后认为，不能合理确定将行使续租选择权，因此，将租赁期确定为10年；(5) 甲公司无法确定租赁内含利率，其增量借款利率为每年5%，该利率反映的是甲公司以类似抵押条件借入期限为10年、与使用权资产等值的相同币种的借款而必须支付的利率。

为简化处理，假设不考虑相关税费影响。

分析：

(1) 计算租赁期开始日租赁付款额的现值，并确认租赁负债和使用权资产。

在租赁期开始日，甲公司支付第1年的租金50 000元，并以剩余9年租金（每年50 000元）按5%的年利率折现后的现值计量租赁负债。

剩余9期租赁付款额=50 000×9=450 000（元）

租赁负债=剩余9期租赁付款额的现值=50 000×（P/A，5%，9）=355 391（元）

未确认融资费用=剩余9期租赁付款额-剩余9期租赁付款额的现值

=450 000−355 391=94 609（元）

如图 8−3 中 A 段、B 段运动所示。

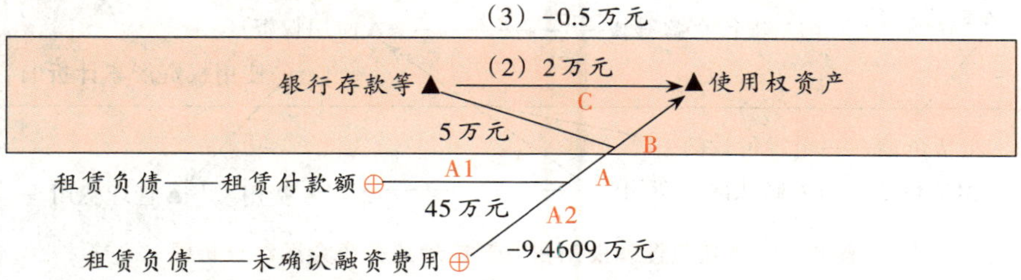

图 8−3　甲公司租赁负债和使用权资产初始取得资金运动分析图

借：使用权资产　405 391

　租赁负债——未确认融资费用　94 609

　贷：租赁负债——租赁付款额　450 000

　　银行存款　50 000

租赁负债和使用权资产初始确认与计量举例

（2）将初始直接费用计入使用权资产的初始成本。（如图 8−3 中 C 段运动中的（2）所示）

借：使用权资产　20 000

　贷：银行存款　20 000

（3）将已收的租赁激励相关金额从使用权资产入账价值中扣除。（如图 8−3 中 C 段运动中的（3）所示）

借：银行存款　5 000

　贷：使用权资产　5 000

综上，甲公司使用权资产初始成本为：405 391+20 000−5 000=420 391（元）。

二、租赁负债和使用权资产后续常规业务资金运动分析与会计处理

（一）租赁负债的后续常规确认与计量

租赁负债后续常规业务主要包括两个方面：

（1）在租赁期内分摊摊销未确认的融资费用，即将“租赁负债——未确认融资费用”在租赁期内分期分量进行摊销，直至为 0。其所引起的资金运动如图 8−4 中 C1 段运动所示。

承租人应当按照固定的周期性利率计算租赁负债在租赁期内各期间的利息费用，并计入当期损益或相关资产成本。

所谓周期性利率，是指承租人对租赁负债进行初始计量时所采用的折现率，或者因租赁付款额发生变动或因租赁变更而需按照修订后的折现率对租赁负债进行重新计量时，承租人所采用的修订后的折现率。

（2）在租赁合同约定的时间支付租金及相应的增值税。其所引起的资金运动如图 8−4 中 C2、C3 段运动所示。

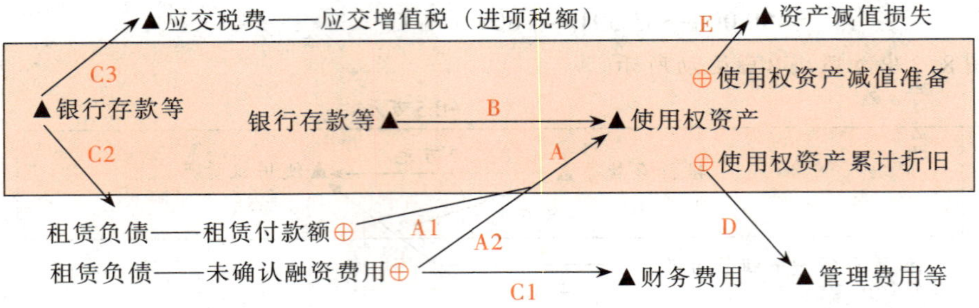

图8-4 租赁负债和使用权资产常规业务资金运动分析图

租赁负债和使用权资产后续常规业务资金运动分析

（二）使用权资产的后续常规确认与计量

1.计量基础

在租赁期开始日后，承租人应当采用成本模式对使用权资产进行后续计量，即以成本减累计折旧及累计减值准备计量使用权资产。

2.使用权资产的折旧

承租人应当参照固定资产准则有关折旧的规定，自租赁期开始日起对使用权资产计提折旧。使用权资产通常应自租赁期开始的当月计提折旧，当月计提确有困难的，为便于实务操作，企业也可以选择自租赁期开始的下月计提折旧，但应对同类使用权资产采取相同的折旧政策。计提的折旧金额应根据使用权资产的用途，计入相关资产的成本或者当期损益。

承租人在确定使用权资产的折旧方法时，应当根据与使用权资产有关的经济利益的预期实现方式作出决定。通常，承租人按直线法对使用权资产计提折旧，其他折旧方法更能反映使用权资产有关经济利益预期实现方式的，应采用其他折旧方法。

承租人在确定使用权资产的折旧年限时，应遵循以下原则：承租人能够合理确定租赁期届满时取得租赁资产所有权的，应当在租赁资产剩余使用寿命内计提折旧；承租人无法合理确定租赁期届满时能够取得租赁资产所有权的，应当在租赁期与租赁资产剩余使用寿命两者孰短的期间内计提折旧。如果使用权资产的剩余使用寿命短于前两者，则应在使用权资产的剩余使用寿命内计提折旧。

承租人使用权资产折旧提取所引起的资金运动如图8-4中D段运动所示。

3.使用权资产的减值

在租赁期开始日后，承租人应当按照资产减值准则的规定，确定使用权资产是否发生减值，并对已识别的减值损失进行会计处理。使用权资产发生减值的，其所引起的资金运动如图8-4中E段运动所示。使用权资产减值准备一旦计提，不得转回。承租人应当按照扣除减值损失之后的使用权资产的账面价值，进行后续折旧提取。

需要注意的是，《企业会计准则第13号——或有事项》有关亏损合同的规定仅适用于采用短期租赁和低价值资产租赁简化处理方法的租赁合同以及在租赁开始日前已是亏损合同的租赁合同，不再适用于其他租赁合同。

【例8-31】承租人甲公司与出租人乙公司签订了一份为期5年的设备租赁合同。甲公司计划开发自有设备以替代租赁资产，自有设备计划在5年内投入使用。甲公司拥有在租赁期结束时以5 000元购买该设备的选择权。每年的租赁付款额固定为10 000元（不含增值税），于每年年末支付。甲公司无法确定租赁内含利率，其增量借款利率为5%。在租赁期开始日，甲公司对行使购买选择权的可能性进行评估后认为，不能合理确定将行使购买选择权。这是因为，甲公司计划开发自有设备，继而在租赁期结束时替代租赁资产。承租人在支出租赁款时同步支付增值税，其增值税税率为13%。甲公司对使用权资产按年限平均法计提折旧。

分析：

（1）在租赁期开始日，确认租赁负债和使用权资产。

应确认的租赁负债为43 300元，即43 300=10 000×（P/A，5%，5）。该金额也就是使用权资产的初始计量金额。

租赁负债和使用权资产后续常规业务举例

其中，应确认“租赁负债——租赁付款额”为50 000元（10 000×5），应确认“租赁负债——未确认融资费用”为6 700元。（如图8-5中A段运动所示）

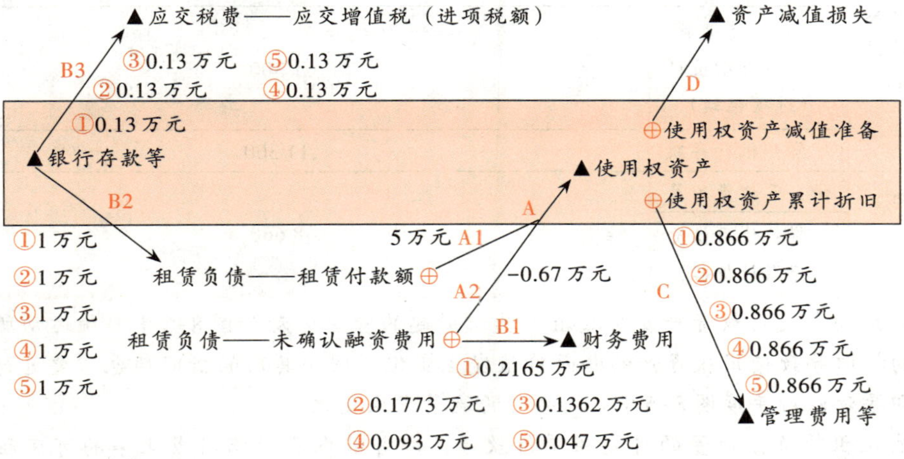

图8-5　甲公司租赁业务资金运动分析图

借：使用权资产　　43 300
　　租赁负债——未确认融资费用　　6 700
　贷：租赁负债——租赁付款额　　50 000

（2）分期摊销租赁负债中未确认融资费用，见表8-2。

表8-2　未确认融资费用分期摊销表　　单位：元

年度	租赁负债年初金额	本期利息费用	未确认融资费用	现金总流出	租赁负债本期付现	租赁负债年末余额
	①	②=①×5%	③=③-②	④	⑤=④-②	⑥=①-⑤
承租日	43 300	—	6 700	—	—	—
1	43 300	2 165	4 535	10 000	7 835	35 465
2	35 465	1 773	2 762	10 000	8 227	27 238
3	27 238	1 362	1 400	10 000	8 638	18 600
4	18 600	930	470	10 000	9 070	9 530
5	9 530	470*	0	10 000	9 530	0
合计	—	6 700	—	50 000	43 300	—

注：*第5年的利息费用470=10 000-9 530。为避免小数点误差，倒算出来。

（3）各年度末业务处理如下：分摊本期应承担的未确认融资费用（如图8-5中B1段运动所示）、支付租赁款项及增值税（如图8-5中B2、B3段运动所示）和提取本期使用权资产累计折旧（如图8-5中C段运动所示）。其具体会计分录见表8-3。

表8-3　各年度年末业务处理表　单位：元

<table>
<tr><th>年末业务</th><th>会计分录</th><th>①第1年</th><th>②第2年</th><th>③第3年</th><th>④第4年</th><th>⑤第5年</th></tr>
<tr><td rowspan="2">分摊未确认的融资费用（B1）</td><td>借：财务费用</td><td rowspan="2">2 165</td><td rowspan="2">1 773</td><td rowspan="2">1 362</td><td rowspan="2">930</td><td rowspan="2">470</td></tr>
<tr><td>贷：租赁负债——未确认融资费用</td></tr>
<tr><td rowspan="3">支付租赁款项和增值税（B2、B3）</td><td>借：租赁负债——租赁付款额</td><td colspan="5">10 000</td></tr>
<tr><td>借：应交税费——应交增值税（进项税额）</td><td colspan="5">1 300</td></tr>
<tr><td>贷：银行存款</td><td colspan="5">11 300</td></tr>
<tr><td rowspan="2">提取折旧费（C）</td><td>借：管理费用等</td><td colspan="5" rowspan="2">8 660</td></tr>
<tr><td>贷：使用权资产累计折旧</td></tr>
</table>

如本期期末使用权资产发生减值，其所引起的资金运动如图8-5中D段运动所示。由于减值的提取导致使用权资产的账面价值发生变化，因而其后的折旧额也需要进行相应的调整，即导致以后年度图8-5中C段运动的流量发生变化。

未纳入租赁负债计量的可变租赁付款额，即并非取决于指数或比率的可变租赁付款额，应当在实际发生时计入当期损益或相关资产成本。

【例8-32】沿用【例8-31】，假设租赁的是商铺，而不是设备。除固定付款额外，合同还规定租赁期间甲公司商铺当年销售额超过1 000 000元的，当年应再支付按销售额的2%计算的租金（不含增值税，增值税税率13%），于当年年末以银行存款支付。

分析：由于该可变租赁付款额与未来的销售额挂钩，而并非取决于指数或比率，因此，不应被纳入租赁负债的初始计量中。假设在租赁的第3年，该商铺的销售额为1 500 000元。甲公司第3年年末应支付的可变租赁付款额为30 000元，在实际发生时计入当期损益。其所引起的资金运动如图8-6所示。

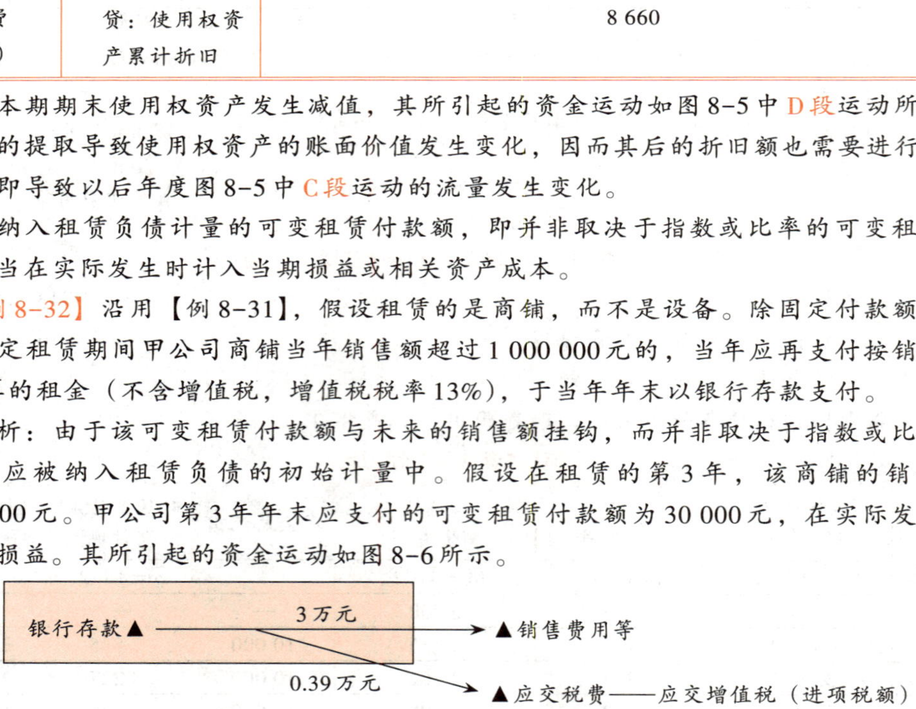

图8-6　甲公司支付可变租赁付款额资金运动分析图

借：销售费用等　30 000
　　应交税费——应交增值税（进项税额）　3 900
　贷：银行存款　33 900

三、租赁负债和使用权资产后续重新计量及其资金运动分析与会计处理

因重估或租赁变更等原因导致租赁付款额发生变动时，承租人需要重新计量租赁负债的账面价值，并据此相应地调整使用权资产的账面价值。

在租赁期开始日后，当发生下列4种情形时，承租人应当按照变动后的租赁付款额的现值重新计量租赁负债，并相应调整使用权资产的账面价值。使用权资产的账面价值已调减至零，但租赁负债仍需进一步调减的，承租人应当将剩余金额计入当期损益。

1.实质固定付款额发生变动

如果租赁付款额最初是可变的，但在租赁期开始日后的某一时点转为固定，那么，在潜在可变性消除时，该付款额就成为了实质固定付款额，该付款额就应纳入租赁负债的计量之中。承租人应当按照变动后租赁付款额的现值重新计量租赁负债。在该情形下，承租人采用的折现率不变，即采用租赁期开始日确定的折现率。

【例8-33】承租人甲公司签订了一份为期10年的机器租赁合同。租金于每年年末支付，并按以下方式确定：第1年，租金是可变的，根据该机器在第1年下半年的实际产能确定；第2至10年，每年的租金依据该机器在第1年下半年的实际产能确定，即租金将在第1年年末转变为固定付款额。在租赁期开始日，甲公司无法确定租赁内含利率，其增量借款利率为5%。假设在第1年年末，根据该机器在第1年下半年的实际产能所确定的租赁付款额为每年20 000元。该租金不含增值税，增值税税率13%。

租赁负债和使用权资产重新计量——实质固定付款额变化

分析：

（1）在租赁期开始时，由于未来的租金尚不确定，因此，甲公司的租赁负债为零。

（2）年末支付第1年租金20 000元及增值税2 600元。（如图8-7中A段运动所示）

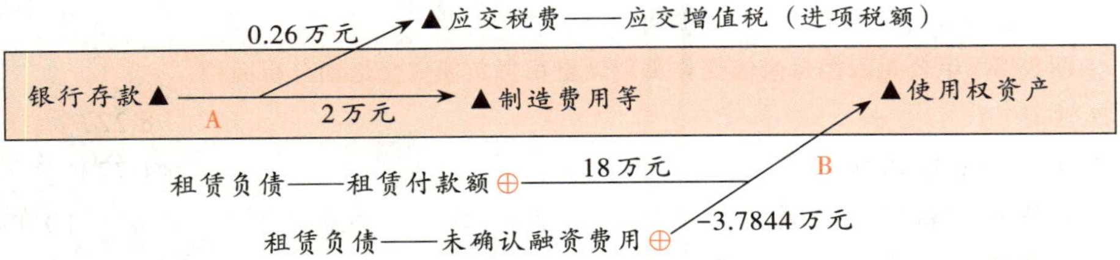

图8-7　甲公司租赁负债和使用权资产初始取得资金运动分析图

借：制造费用等	20 000	
应交税费——应交增值税（进项税额）	2 600	
贷：银行存款		22 600

在第1年年末，租金的潜在可变性消除，成为实质固定付款额（即每年20 000元），因此，甲公司应基于变动后的租赁付款额重新计量租赁负债，并采用不变的折现率（即5%）进行折现。

年末确认使用权资产和租赁负债。甲公司后续年度需支付的租赁付款额为180 000元（20 000×9），租赁付款额在第1年年末的现值为142 156元（20 000×（P/A，5%，9）），

未确认融资费用为37 844元（180 000−142 156）。（如图8−7中B段运动所示）

借：使用权资产　　142 156

　　租赁负债——未确认融资费用　　37 844

　贷：租赁负债——租赁付款额　　180 000

2.担保余值预计的应付金额发生变动

在租赁期开始日后，承租人应对其在担保余值下预计支付的金额进行估计。该金额发生变动的，承租人应当按照变动后租赁付款额的现值重新计量租赁负债。在该情形下，承租人采用的折现率不变。

【例8−34】沿用【例8−27】，承租人甲公司与出租人乙公司签订了汽车租赁合同，租赁期为5年，甲公司增量资本借入利率为5%。合同中就担保余值的规定为：如果标的汽车在租赁期结束时的公允价值低于40 000元，则甲公司需向乙公司支付40 000元与汽车公允价值之间的差额。在租赁期开始日，甲公司预计标的汽车在租赁期结束时的公允价值为40 000元，即甲公司预计在担保余值下将支付的金额为零。因此，甲公司在计算租赁负债时，与担保余值相关的付款额为零。

分析：在租赁期开始日后，承租人甲公司对该汽车在租赁期结束时的公允价值进行监测。假设在第1年年末，甲公司预计该汽车在租赁期结束时的公允价值为30 000元。

租赁负债和使用权资产重新计量——担保余值变化

甲公司应将该担保余值下预计应付的金额10 000元纳入租赁付款额，并使用不变的折现率5%来重新计量租赁负债。应付担保余值10 000元的现值为8 227元（10 000×（P/F，5%，4）），未确认融资费用为1 773元。据此调整租赁负债与使用权资产账面价值。其所引起的资金运动如图8−8所示。

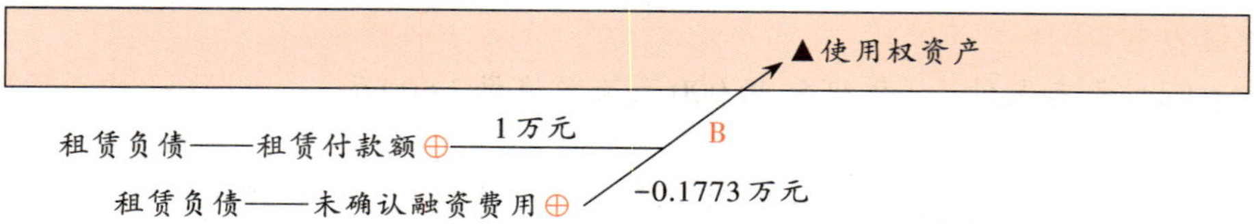

图8−8　甲公司因担保余值变化重新计量租赁负债资金运动分析图

借：使用权资产　　8 227

　　租赁负债——未确认融资费用　　1 773

　贷：租赁负债——租赁付款额　　10 000

3.用于确定租赁付款额的指数或比率发生变动

在租赁期开始日后，因浮动利率的变动而导致未来租赁付款额发生变动的，承租人应当按照变动后租赁付款额的现值重新计量租赁负债。在该情形下，承租人应采用反映利率变动的修订后的折现率进行折现。

在租赁期开始日后，因用于确定租赁付款额的指数或比率（浮动利率除外）的变动而导致未来租赁付款额发生变动的，承租人应当按照变动后租赁付款额的现值重新计量租赁负债。在该情形下，承租人采用的折现率不变。

需要注意的是，仅当现金流量发生变动时，即租赁付款额的变动生效时，承租人才应重新计量租赁负债，以反映变动后的租赁付款额。承租人应基于变动后的合同付款额，确定剩余租赁期内的租赁付款额。

【例8-35】沿用【例8-24】，假设在租赁第3年年初的消费者价格指数为135，甲公司在租赁期开始日采用的折现率为5%。在第3年年初，在对因消费者价格指数变化而导致未来租赁付款额的变动进行会计处理以及支付第3年的租赁付款额之前，租赁负债为339 320元（50 000+50 000×（P/A，5%，7））。经消费者价格指数调整后的第3年租赁付款额为54 000元（50 000×135÷125）。

分析：因用于确定租赁付款额的消费者价格指数的变动，导致未来租赁付款额发生变动，甲公司应当于第3年年初重新计量租赁负债，以反映变动后的租赁付款额，即租赁负债应当以每年54 000元的租赁付款额（剩余8笔）为基础重新进行计量。在第3年年初，甲公司按以下金额重新计量租赁负债：每年54 000元的租赁付款额按不变的折现率（即5%）进行折现，为366 466元（54 000+54 000×（P/A，5%，7））。因此，甲公司的租赁负债将增加27 146元，即重新计量后的租赁负债（366 466元）与重新计量前的租赁负债（339 320元）之间的差额。其具体构成为：“租赁负债——租赁付款额”为32 000元（4 000×8），“租赁负债——未确认融资费用”为4 854元（32 000−27 146）。其所引起的资金运动如图8-9所示。

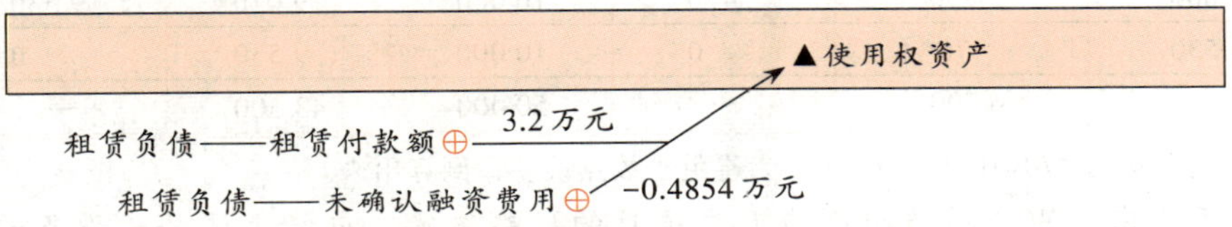

图8-9 甲公司因指数或比率变化重新计量租赁负债资金运动分析

租赁负债和使用权资产重新计量——指数或比率变化

借：使用权资产　　27 146

　　租赁负债——未确认融资费用　　4 854

　贷：租赁负债——租赁付款额　　32 000

4.购买选择权、续租选择权或终止租赁选择权的评估结果或实际行使情况发生变化

租赁期开始日后，发生下列情形的，承租人应采用修订后的折现率对变动后的租赁付款额进行折现，以重新计量租赁负债：

①发生承租人可控范围内的重大事件或变化，且影响承租人是否合理确定将行使续租选择权或终止租赁选择权的，承租人应当对其是否合理确定将行使相应选择权进行重新评估。上述选择权的评估结果发生变化的，承租人应当根据新的评估结果重新确定租赁期和租赁付款额。前述选择权的实际行使情况与原评估结果不一致等导致租赁期变化的，也应当根据新的租赁期重新确定租赁付款额。

②发生承租人可控范围内的重大事件或变化，且影响承租人是否合理确定将行使购买选择权的，承租人应当对其是否合理确定将行使购买选择权进行重新评估。评估结果发生变化的，承租人应根据新的评估结果重新确定租赁付款额。

上述两种情形下，承租人在计算变动后租赁付款额的现值时，应当采用剩余租赁期间的租赁内含利率作为折现率；无法确定剩余租赁期间的租赁内含利率的，应当采用重估日的承租人增量借款利率作为折现率。

【例8-36】接【例8-31】，承租人甲公司与出租人乙公司签订了一份为期5年的设备租赁合同。甲公司计划开发自有设备以替代租赁资产，自有设备计划在5年内投入使用。甲公司拥有在租赁期结束时以5 000元购买该设备的选择权。每年的租赁付款额固定为10 000元（不含增值税），于每年年末支付。甲公司无法确定租赁内含利率，其增量借款利率为5%。在租赁期开始日，甲公司对行使购买选择权的可能性进行评估后认为，不能合理确定将行使购买选择权。这是因为，甲公司计划开发自有设备，继而在租赁期结束时替代租赁资产。承租人在支出租赁款时同步支付增值税，其增值税税率为13%。

甲承租人租赁负债中未确认融资费用的分期摊销见表8-4。

表8-4　未确认融资费用分期摊销表　单位：元

年度	租赁负债年初金额	本期利息费用	未确认融资费用	现金总流出	租赁负债本期付现	租赁负债年末余额
①	②=①×5%	③=上年③-②	④	⑤=④-②	⑥=①-⑤	
承租日	43 300	—	6 700	—	—	—
1	43 300	2 165	4 535	10 000	7 835	35 465
2	35 465	1 773	2 762	10 000	8 227	27 238
3	27 238	1 362	1 400	10 000	8 638	18 600
4	18 600	930	470	10 000	9 070	9 530
5	9 530	470*	0	10 000	9 530	0
合计	—	6 700	—	50 000	43 300	—

注：*第5年的利息费用470=10 000-9 530。为避免小数点误差，倒算出来。

假设在第3年年末，甲公司作出削减开发项目的战略决定，包括上述替代设备的开发。该决定在甲公司的可控范围内，并影响其是否合理确定将行使购买选择权。此外，甲公司预计该设备在租赁期结束时的公允价值为20 000元。

分析：甲公司重新评估其行使购买选择权的可能性后认为，其合理确定将行使该购买选择权。其原因是，在租赁期结束时不大可能有可用的替代设备，并且该设备在租赁期结束时的预期市场价值（20 000元）远高于行权价格（5 000元）。因此，甲公司应在第3年年末将购买选择权的行权价格纳入租赁付款额中。假设甲公司无法确定剩余租赁期间的租赁内含利率，其第3年年末的增量借款利率为5.5%。

在第3年年末，甲公司重新计量租赁负债以涵盖购买选择权的行权价格，并采用修订后的折现率5.5%进行折现。重新计量后的租赁负债（支付前3年的付款额后）为22 960元（10 000×（P/F，5.5%，1）+（10 000+5 000）×（P/F，5.5%，2））。

重新计量之前，租赁负债的金额为18 600元（见表8-4中第4年年初金额）。因此，应调增租赁负债4 360元，其中“租赁负债——租赁付款额”调增5 000元，“租赁负债——未确认融资费用”应调增640元。重新计量租赁负债所引起的资金运动如图8-10所示。

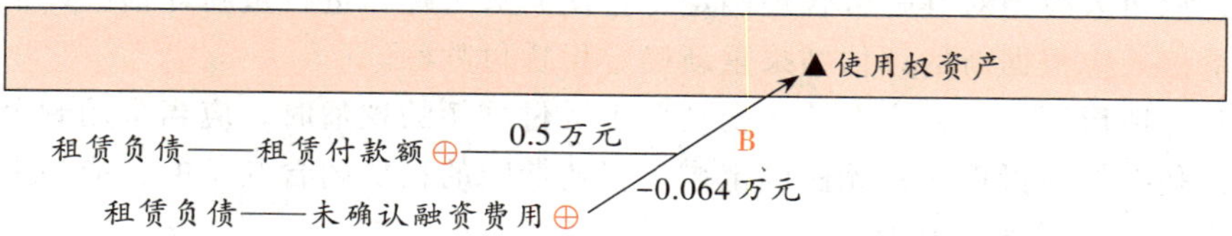

图8-10　甲公司因选择权变化重新计量租赁负债资金运动分析

借：使用权资产　　4 360

　　租赁负债——未确认融资费用　　640

　贷：租赁负债——租赁付款额　　5 000

甲承租人因选择权改变后的未确认融资费用的分期摊销见表8-5。

租赁负债和使用权资产重新计量——选择权变化1

表8-5　**未确认融资费用分期摊销表**　单位：元

年度	租赁负债年初金额	本期利息费用	未确认融资费用	现金总流出	租赁负债本期付现	租赁负债年末余额
	①	②=①×5.5%	③=③-②	④	⑤=④-②	⑥=①-⑤
变更日	22 960	—	2 040	—	—	—
4	22 960	1 263	777	10 000	8 737	14 223
5	14 223	777*	0	15 000	14 223	0

注：*第5年的利息费用777=15 000-14 223。为避免小数点误差，倒算出来的。

【例8-37】承租人甲公司租入一层办公楼，为期10年，并拥有可续租5年的选择权。初始租赁期间（即10年）的租赁付款额为每年50 000元，可选续租期间（即5年）的租赁付款额为每年55 000元，均在每年年初支付。在租赁期开始日，甲公司评估后认为，不能合理确定将会行使续租选择权，因此，确定租赁期为10年。甲公司无法确定租赁内含利率，其增量借款利率为5%。在租赁期开始日，甲公司支付第1年的租赁付款额50 000元，并确认租赁负债355 390元（50 000×（P/A，5%，9））。在第5至6年，甲公司的业务显著增长，日益壮大的人员规模意味着需要扩租办公楼。为了最大限度降低成本，甲公司额外签订了一份为期8年、在同一办公楼内其他楼层的租赁合同，在第7年年初起租。甲公司第6年年末的增量借款利率为4.5%。

分析：将扩张的人员安置到在同一办公楼内其他楼层的决定，在甲公司的可控范围内，并影响其是否合理确定将行使现有租赁合同下的续租选择权。如果在其他办公楼中租入一个类似的楼层，甲公司可能会产生额外的费用，因为其人员将处于两栋不同的办公楼中，而将全部人员搬迁到其他办公楼的费用可能会更高。在第6年年末，甲公司重新评估后认为，其合理确定将行使现有租赁合同下的续租选择权，因此，该租赁的租赁期由10年变为15年。在对租赁期的变化进行会计处理前，即基于10年租赁期时，甲公司在第6年年末的租赁负债（支付前6年的付款额后）为186 160元（50 000+50 000×（P/A，5%，3））。

在第6年年末，甲公司重新评估后的租赁期为15年，因此，应将剩余租赁期（第7至15年）内的租赁付款额（共9笔）纳入租赁负债，并采用修订后的折现率进行折现。假设甲公司无法确定剩余租赁期间的租赁内含利率，其第6年末的增量借款利率为4.5%。

甲公司重新计量后的租赁负债为399 030元（50 000+50 000×（P/A，4.5%，3）+55 000×（P/A，4.5%，5）×（P/F，4.5%，3））。

需要调增租赁负债212 870元（399 030-186 160），其中应调增“租赁负债——租赁付款额”275 000元（即5年，每年55 000元），“租赁负债——未确认融资费用”应调增62 130元。重新计量所引起的资金运动如图8-11所示。

租赁负债和使用权资产重新计量——选择权变化2

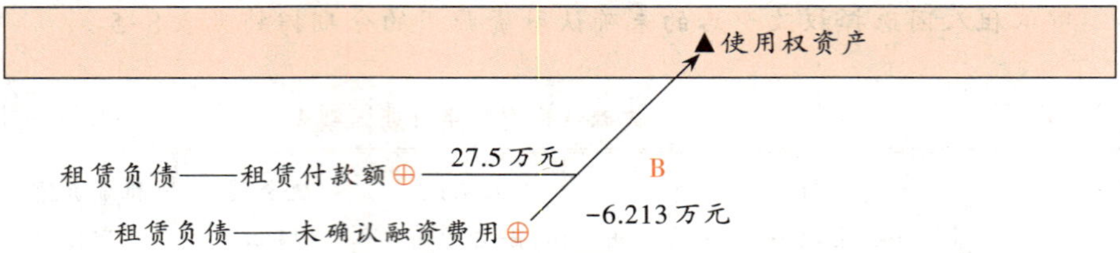

图8-11　甲公司因选择权变化重新计量租赁负债资金运动分析

借：使用权资产　　212 870

　　租赁负债——未确认融资费用　　62 130

　贷：租赁负债——租赁付款额　　275 000

【例8-38】承租人甲公司与出租人乙公司签订为期5年的库房租赁合同，每年年末支付固定租金10 000元。甲公司拥有在租赁期结束时以300 000元购买该库房的选择权。在租赁期开始日，甲公司评估后认为，不能合理确定将行使该购买选择权。

第3年年末，该库房所在地房价显著上涨，甲公司预计租赁期结束时该库房的市价为600 000元，甲公司重新评估后认为，能够合理确定将行使该购买选择权。

分析：该库房所在地区的房价上涨属于市场情况发生的变化，不在甲公司的可控范围内。因此，虽然该事项导致购买选择权的评估结果发生变化，但甲公司不应在第3年年末重新计量租赁负债。

然而，如果甲公司在第3年年末不可撤销地通知乙公司，其将在第5年年末行使购买选择权，则属于购买选择权实际行使情况发生了变化，甲公司需要在第3年年末按修订后的折现率对变动后的租赁付款额进行折现，重新计量租赁负债。

【例8-39】承租人甲公司与出租人乙公司签订了一份办公楼租赁合同，每年的租赁付款额为50 000元，于每年年末支付。甲公司无法确定租赁内含利率，其增量借款利率为5%。其不可撤销租赁期为5年，并且合同约定在第5年年末，甲公司有权选择以每年50 000元续租5年，也有权选择以1 000 000元购买该房产。甲公司在租赁期开始时评估认为，可以合理确定将行使续租选择权，而不会行使购买选择权，因此，将租赁期确定为10年。以上租金不含增值税，增值税税率为9%。购买房产的增值税税率为13%。甲公司对使用权资产按年限平均法计提折旧。

分析：

（1）确认租赁负债和使用权资产。

在租赁期开始日，甲公司确认的租赁负债和使用权资产为386 000元（50 000×（P/A，5%，10））。

其中，“租赁负债——租赁付款额”为500 000元（50 000×10），“租赁负债——未确认融资费用”为114 000元。（如图8-12中A段运动所示）

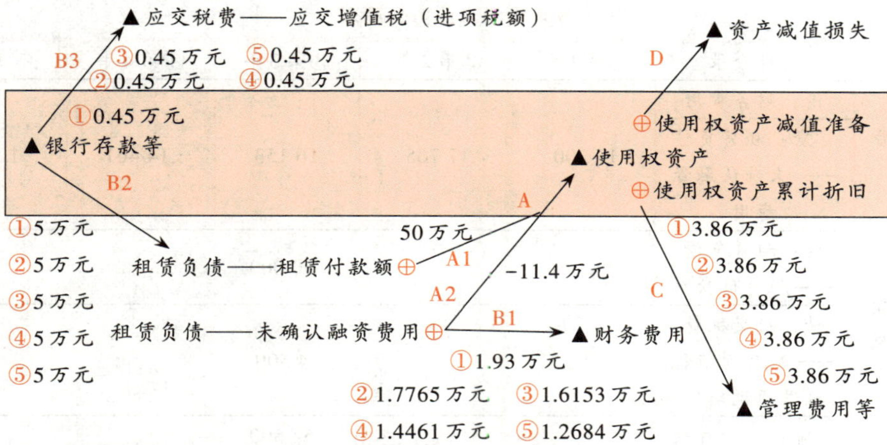

图8-12 甲公司租赁业务资金运动分析图

借：使用权资产 386 000

租赁负债——未确认融资费用 114 000

贷：租赁负债——租赁付款额 500 000

租赁负债和使用权资产重新计量——选择权变化3

（2）租赁负债中未确认融资费用的分期摊销，见表8-6。

表8-6 未确认融资费用分期摊销表 单位：元

年度	租赁负债年初金额	本期利息费用	未确认融资费用	现金总流出	租赁负债本期付现	租赁负债年末余额
	①	②=①×5%	③=③-②	④	⑤=④-②	⑥=①-⑤
承租日	386 000	—	114 000	—	—	—
1	386 000	19 300	94 700	50 000	30 700	355 300
2	355 300	17 765	76 935	50 000	32 235	323 065
3	323 065	16 153	60 782	50 000	33 847	289 218
4	289 218	14 461	46 321	50 000	35 539	253 679
5	253 679	12 684	33 637	50 000	37 316	216 363
6	216 363	10 818	22 819	50 000	39 182	177 181
7	177 181	8 859	13 960	50 000	41 141	136 040
8	136 040	6 802	7 158	50 000	43 198	92 842
9	92 842	4 642	2 516	50 000	45 358	47 484
10	47 484	2 516*	0	50 000	47 484	0
合计	—	114 000	—	500 000	386 000	—

注：*第10年的利息费用2 516=50 000-47 484。它是为避免小数点误差，倒算出来的。

（3）前5年年度末业务处理：分摊本期未确认的融资费用（如图8-12中B1段运动所示）、支付租赁款项及增值税（如图8-12中B2、B3段运动所示）和提取本期使用权资产累计折旧（如图8-12中C段运动所示）。其具体会计分录见表8-7。

表 8-7　各年度年末业务处理表　单位：元

年末业务	会计分录	①第 1 年	②第 2 年	③第 3 年	④第 4 年	⑤第 5 年
分摊融资费用（B1）	借：财务费用 贷：租赁负债——未确认融资费用	19 300	17 765	16 153	14 461	12 684
支付租赁款项和增值税（B2、B3）	借：租赁负债——租赁付款额	50 000				
	借：应交税费——应交增值税（进项税额）	4 500				
	贷：银行存款	54 500				
提取折旧费（C）	借：管理费用等 贷：使用权资产累计折旧	38 600				

（4）在第 4 年，该房产所在地房价显著上涨，甲公司预计租赁期结束时该房产的市价为 2 000 000 元，甲公司在第 4 年年末重新评估后认为，能够合理确定将行使上述购买选择权，而不会行使上述续租选择权。该房产所在地区的房价上涨属于市场情况发生的变化，不在甲公司的可控范围内。因此，虽然该事项导致购买选择权及续租选择权的评估结果发生变化，但甲公司不需重新计量租赁负债。

（5）在第 5 年年末，甲公司实际行使了购买选择权，支付款项 1 000 000 元及增值税 130 000 元。截至该时点，使用权资产的原值为 386 000 元，累计折旧为 193 000 元（386 000×5÷10）；支付了第 5 年租赁付款额之后，租赁负债的账面价值为 216 363 元（见表 8-6 中第 5 年年末金额），其中，租赁付款额为 250 000 元，未确认融资费用为 33 637 元（250 000−216 363）。甲公司行使购买选择权所引起的资金运动如图 8-13 所示。

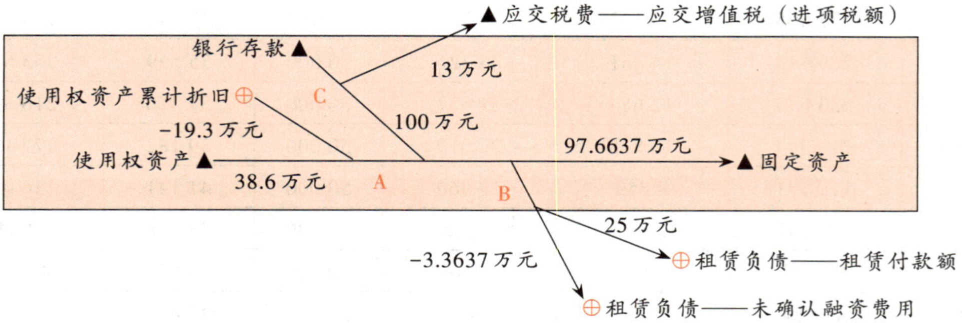

图 8-13　甲公司行使购买选择权业务资金运动分析图

借：固定资产——库房	976 637
使用权资产累计折旧	193 000
租赁负债——租赁付款额	250 000
应交税费——应交增值税（进项税额）	130 000

贷：使用权资产	386 000
租赁负债——未确认融资费用	33 637
银行存款	1 130 000

四、租赁变更资金运动分析与会计处理

租赁变更，是指原合同条款之外的租赁范围、租赁对价、租赁期限的变更，包括增加或终止一项或多项租赁资产的使用权，延长或缩短合同规定的租赁期等。租赁变更生效日，是指双方就租赁变更达成一致的日期。

1.租赁变更作为一项单独租赁处理

租赁发生变更且同时符合下列条件的，承租人应当将该租赁变更作为一项单独租赁进行会计处理：

租赁变更的会计处理1

（1）该租赁变更通过增加一项或多项租赁资产的使用权而扩大了租赁范围或延长了租赁期限；

（2）增加的对价与租赁范围扩大部分或租赁期限延长部分的单独价格按该合同情况调整后的金额相当。

【例 8-40】承租人甲公司与出租人乙公司就2 000平方米的办公场所签订了一项为期10年的租赁合同。在第6年年初，甲公司和乙公司同意对原租赁合同进行变更，以扩租同一办公楼内3 000平方米的办公场所。扩租的场所于第6年第2季度末可供甲公司使用。增加的租赁对价与新增3 000平方米办公场所的当前市价（根据甲公司获取的扩租折扣进行调整后的金额）相当。扩租折扣反映了乙公司节约的成本，即若将相同场所租赁给新租户，乙公司将会发生的额外成本（如营销成本）。

分析：在本例中，甲公司应当将该变更作为一项单独的租赁，与原来的10年期租赁分别进行会计处理。原因在于，该租赁变更通过增加3 000平方米办公场所的使用权而扩大了租赁范围，并且增加的租赁对价与新增使用权的单独价格按该合同情况调整后的金额相当。据此，在新租赁的租赁期开始日（即第6年第2季度末），甲公司确认与新增3 000平方米办公场所租赁相关的使用权资产和租赁负债。甲公司对原有2 000平方米办公场所租赁的会计处理不会因为该租赁变更而进行任何调整。

2.租赁变更未作为一项单独租赁处理

租赁变更未作为一项单独租赁进行会计处理的，在租赁变更生效日，承租人应当按照有关租赁分拆的规定对变更后合同的对价进行分摊；按照有关租赁期的规定确定变更后的租赁期；并采用变更后的折现率对变更后的租赁付款额进行折现，以重新计量租赁负债。在计算变更后租赁付款额的现值时，承租人应当采用剩余租赁期间的租赁内含利率作为折现率；无法确定剩余租赁期间的租赁内含利率的，应当采用租赁变更生效日的承租人增量借款利率作为折现率。

就上述租赁负债调整的影响，承租人应区分以下情形进行会计处理：

（1）租赁变更导致租赁范围缩小或租赁期缩短的，承租人应当调减使用权资产的账面价值，以反映租赁的部分终止或完全终止。承租人应将部分终止或完全终止租赁的相关利得或损失计入当期损益。

（2）其他租赁变更，承租人应当相应调整使用权资产的账面价值。

【例8-41】承租人甲公司与出租人乙公司就5 000平方米的办公场所签订了10年期的租赁合同。年租赁付款额为100 000元，在每年年末支付。甲公司无法确定租赁内含利率。在租赁期开始日，甲公司的增量借款利率为6%，相应的租赁负债和使用权资产的初始确认金额均为736 000元（100 000×（P/A，6%，10））。在第6年年初，甲公司和乙公司同意对原租赁合同进行变更，即自第6年年初起，将原租赁场所缩减至2 500平方米。每年的租赁付款额（自第6至10年）调整为60 000元。承租人在第6年年初的增量借款利率为5%。甲公司对使用权资产按照年限平均法计提折旧。

分析：

（1）按比例终止原使用权和原租赁负债的账面价值。

甲公司应基于原使用权资产部分终止的比例（即缩减的2 500平方米占原使用权资产的50%），来确定使用权资产账面价值的调减金额。

在租赁变更之前，原使用权资产的账面价值为368 000元（即736 000元的原值，已折旧一半），50%的账面价值为184 000元（其中，使用权资产为368 000元，使用权资产累计折旧为184 000元）；原租赁负债的账面价值为421 240元（100 000×（P/A，6%，5）），即变更日租赁负债的账面价值，50%的账面价值为210 620元。

因此，在租赁变更生效日（第6年年初），甲公司终止确认50%的原使用权资产和原租赁负债，并将租赁负债减少额与使用权资产减少额之间的差额26 620元（210 620-184 000），作为利得计入当期损益。在租赁负债的减少额（210 620元）中，“租赁负债——租赁付款额”减少250 000元（100 000×50%×5），“租赁负债——未确认融资费用”减少39 380元（250 000-210 620）。甲公司终止确认50%的原使用权资产和原租赁负债所引起的资金运动如图8-14所示。

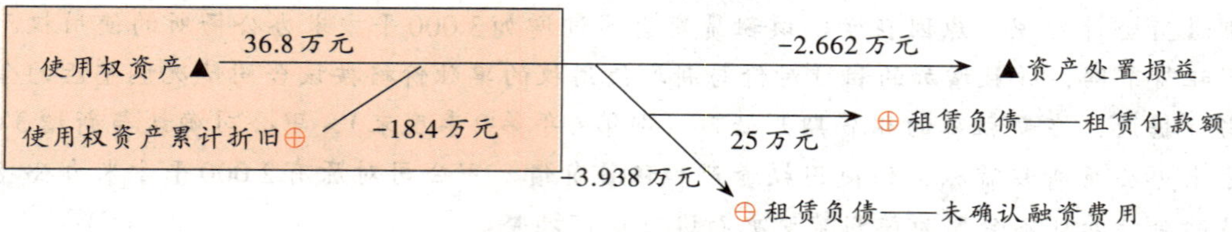

图8-14　甲公司终止部分合同业务资金运动分析图

租赁变更的会计处理2

借：租赁负债——租赁付款额	250 000	
使用权资产累计折旧	184 000	
贷：租赁负债——未确认融资费用		39 380
使用权资产		368 000
资产处置损益		26 620

（2）租赁变更日重新计量租赁负债。

在租赁变更生效日（即第6年年初），甲公司基于以下情况对租赁负债进行重新计量。①剩余租赁期为5年；②年付款额为60 000元；③采用修订后的折现率5%进行折现。

据此，计算得出租赁变更后的租赁负债为259 770元（60 000×（P/A，5%，5））。

（3）根据重新计量的租赁负债，调整租赁负债和使用权资产的账面价值。

甲公司将剩余租赁负债（210 620元）与变更后重新计量的租赁负债（259 770元）之间的差额49 150元，确认为使用权资产的账面价值。其中，租赁负债的增加额（49 150元）包括两部分：租赁付款额的增加额50 000元（（60 000−100 000×50%）×5），以及未确认融资费用的增加额850元（50 000−49 150）。甲公司调整使用权资产价值所引起的资金运动如图8-15所示。

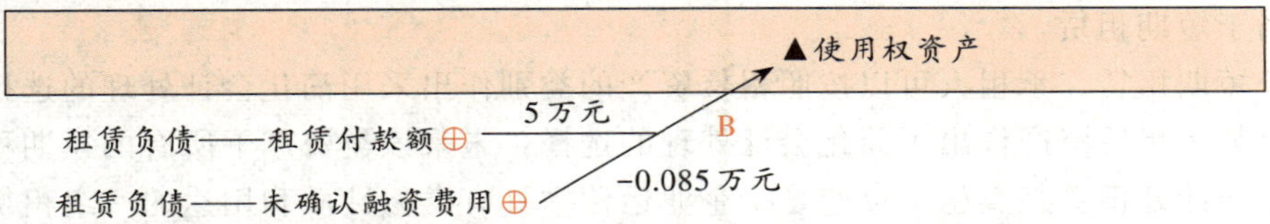

图8-15　甲公司根据新的租赁合同调整租赁负债资金运动分析图（一）

借：使用权资产　　49 150

　　租赁负债——未确认融资费用　　850

　贷：租赁负债——租赁付款额　　50 000

注：100 000×（P/A，6%，10）=736 010（元），为便于计算，本题中作尾数调整，取736 000元。

【例8-42】承租人甲公司与出租人乙公司就5 000平方米的办公场所签订了一项为期10年的租赁合同。年租赁付款额为100 000元，在每年年末支付。甲公司无法确定租赁内含利率。甲公司在租赁期开始日的增量借款利率为6%。在第7年年初，甲公司和乙公司同意对原租赁合同进行变更，即将租赁期延长4年。每年的租赁付款额不变（即在第7至14年的每年年末支付100 000元）。甲公司在第7年年初的增量借款利率为7%。

分析：在租赁变更生效日（即第7年年初），甲公司基于下列情况对租赁负债进行重新计量：①剩余租赁期为8年；②年付款额为100 000元；③采用修订后的折现率7%进行折现。据此，计算得出租赁变更后的租赁负债为597 130元（100 000×（P/A，7%，8））。租赁变更前的租赁负债为346 510元（100 000×（P/A，6%，4））。因此，甲需要调增租赁负债的账面价值250 620元（597 130−346 510），由于“租赁负债——租赁付款额”为400 0000元（延长4年，每年100 000元），因此，倒推出“租赁负债——未确认融资费用”应调增149 380元。企业应相应调整使用权资产的账面价值。其所引起的资金运动如图8-16所示。

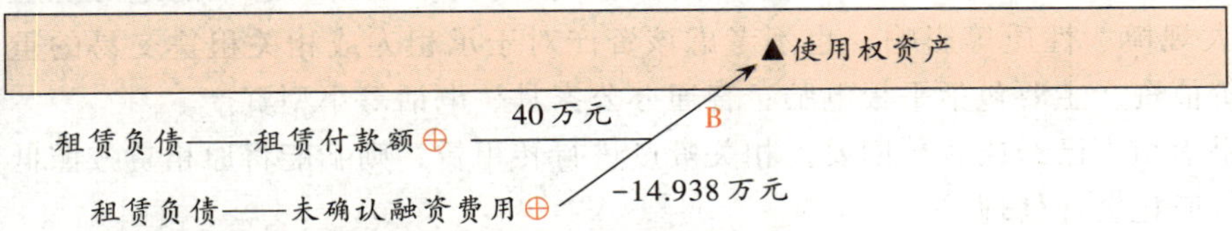

图8-16　甲公司根据新的租赁合同调整租赁负债资金运动分析图（二）

租赁变更的会计处理3

借：使用权资产　　250 620

　　租赁负债——未确认融资费用　　149 380

　贷：租赁负债——租赁付款额　　400 000

五、短期租赁和低价值资产租赁

对于短期租赁和低价值资产租赁，承租人可以选择不确认使用权资产和租赁负债。作出该选择的，承租人应当将短期租赁和低价值资产租赁的租赁付款额，在租赁期内各个期间按照直线法或其他系统合理的方法计入相关资产成本或当期损益。其他系统合理的方法能够更好地反映承租人的受益模式的，承租人应当采用该方法。

（一）短期租赁

短期租赁，是指在租赁期开始日，租赁期不超过12个月的租赁。包含购买选择权的租赁不属于短期租赁。

对于短期租赁，承租人可以按照租赁资产的类别作出采用简化会计处理的选择。如果承租人对某类租赁资产作出了简化会计处理的选择，未来该类资产下所有的短期租赁都应采用简化会计处理。某类租赁资产是指企业运营中具有类似性质和用途的一组租赁资产。

按照简化会计处理的短期租赁发生租赁变更或者其他原因导致租赁期发生变化的，承租人应当将其视为一项新租赁，重新按照上述原则判断该项新租赁是否可以选择简化会计处理。即不确认租赁负债和使用权资产，而是将租赁付款额在租赁期内分期摊销。

短期租赁与低价值租赁

【例8-43】承租人与出租人签订了一份租赁合同，约定不可撤销期间为9个月，且承租人拥有4个月的续租选择权。在租赁期开始日，承租人判断可以合理确定将行使续租选择权，因为续租期的月租赁付款额明显低于市场价格。在此情况下，承租人确定租赁期为13个月，不属于短期租赁，承租人不能选择上述简化会计处理。即不确认租赁负债和使用权资产，而是将租赁付款额在租赁期内分期摊销。

（二）低价值资产租赁

低价值资产租赁，是指单项租赁资产为全新资产时价值较低的租赁。

承租人在判断是否是低价值资产租赁时，应基于租赁资产的全新状态下的价值进行评估，不应考虑资产已被使用的年限。

对于低价值资产租赁，承租人可根据每项租赁的具体情况作出简化会计处理选择。低价值资产同时还应满足：只有承租人能够从单独使用该低价值资产或将其与承租人易于获得的其他资源一起使用中获利，且该项资产与其他租赁资产没有高度依赖或高度关联关系时，才能对该资产租赁选择进行简化会计处理。

低价值资产租赁的标准应该是一个绝对金额，即仅与资产全新状态下的绝对价值有关，不受承租人规模、性质等影响，也不考虑该资产对于承租人或相关租赁交易的重要性。常见的低价值资产主要包括平板电脑、普通办公家具、电话等小型资产。

但是，如果承租人已经或者预期要把相关资产进行转租赁，则不能将原租赁按照低价值资产租赁进行简化会计处理。

值得注意的是，符合低价值资产租赁的，也并不代表承租人若采取购入方式取得该资产时该资产不符合固定资产确认条件。

【例8-44】承租人与出租人签订了一份租赁合同，约定的租赁资产包括：（1）IT设备，包括供员工个人使用的笔记本电脑、台式电脑、平板电脑、桌面打印机和手机等；（2）服务器，其中包括增加服务器容量的单独组件，这些组件根据承租人需要陆续添加到大型服务器以增加服务器存储容量；（3）办公家具，如桌椅和办公隔断等；（4）饮水机。

通常，办公笔记本电脑全新时的单独价格不超过人民币10 000元，台式电脑、平板电脑、桌面打印机和手机全新时的单独价格不超过人民币5 000元，普通办公家具的单独价格不超过人民币10 000元，饮水机的单独价格不超过人民币1 000元，服务器单个组件的单独价格不超过人民币10 000元。

分析：上述租赁资产中，各种IT设备、办公家具、饮水机都能够单独使承租人获益，且与其他租赁资产没有高度依赖或高度关联关系。通常情况下，符合低价值资产租赁的资产全新状态下的绝对价值应低于人民币40 000元。本例中，承租人将IT设备、办公家具、饮水机作为低价值租赁资产，选择按照简化方法进行会计处理，即不确认租赁负债和使用权资产。

对于服务器中的组件，尽管单个组件的单独价格较低，但由于每个组件都与服务器中的其他部分高度相关，承租人若不租赁服务器就不会租赁这些组件，不构成单独的租赁部分，因此，不能作为低价值租赁资产进行会计处理，而应该用为租赁变更，重新计量租赁负债和使用权资产。

第三节　出租人租赁业务资金运动分析与会计处理

一、出租人的租赁分类

（一）融资租赁和经营租赁

出租人应当在租赁开始日将租赁分为融资租赁和经营租赁。租赁开始日，是指租赁合同签署日与租赁各方就主要租赁条款作出承诺日中的较早者。租赁开始日可能早于租赁期开始日，也可能与租赁期开始日重合。

一项租赁属于融资租赁还是经营租赁取决于交易的实质，而不是合同的形式。如果一项租赁实质上转移了与租赁资产所有权有关的几乎全部风险和报酬，出租人就应当将该项租赁分类为融资租赁。出租人应当将除融资租赁以外的其他租赁分类为经营租赁。

出租人的租赁分类是以转移与租赁资产所有权相关的风险和报酬的程度为依据的。该风险包括由于生产能力的闲置或技术陈旧可能造成的损失，以及由于经济状况的改变可能造成的回报变动。报酬可以表现为在租赁资产的预期经济寿命期间经营的盈利以及因增值或残值变现可能产生的利得。

租赁开始日后，除非发生租赁变更，出租人无须对租赁的分类进行重新评估。租赁资产预计使用寿命、预计余值等会计估计变更或发生承租人违约等情况变化的，出租人不对租赁进行重分类。

租赁合同可能包括因租赁开始日与租赁期开始日之间发生的特定变化而需对租赁付款额进行调整的条款与条件（例如，出租人标的资产的成本发生变动，或出租人对该租赁的融资成本发生变动）。在此情况下，出于租赁分类目的，此类变动的影响均视为在租赁开始日已发生。

出租人的租赁分类

（二）融资租赁的分类标准

一项租赁存在下列一种或多种情形的，通常分类为融资租赁：

（1）在租赁期届满时，租赁资产的所有权转移给承租人。如果在租赁协议中已经约定，或者根据其他条件，在租赁开始日就可以合理地判断，租赁期届满时出租人会将资产的所有权转移给承租人，那该项租赁通常分类为融资租赁。

（2）承租人有购买租赁资产的选择权，所订立的购买价款预计将远低于行使选择权时租赁资产的公允价值，因而在租赁开始日就可以合理确定承租人将行使该选择权。

（3）资产的所有权虽然不转移，但租赁期占租赁资产使用寿命的大部分。实务中，这里的“大部分”一般指租赁期占租赁开始日租赁资产使用寿命的75%以上（含75%）。需要说明的是，这里的量化标准只是指导性标准，企业在具体运用时，必须以相关条件进行综合判断。这条标准强调的是租赁期占租赁资产使用寿命的比例，而非租赁期占该项资产全部可使用年限的比例。如果租赁资产是旧资产，在租赁前已使用年限超过资产自全新时起算可使用年限的75%时，则这条判断标准不适用，不能使用这条标准确定租赁的分类。

（4）在租赁开始日，租赁收款额的现值几乎相当于租赁资产的公允价值。实务中，这里的“几乎相当于”，通常是指在90%以上。需要说明的是，这里的量化标准只是指导性标准，企业在具体运用时，必须根据相关条件进行综合判断。

（5）租赁资产性质特殊，如果不作较大改造，只有承租人才能使用。租赁资产一般是由出租人根据承租人对资产型号、规格等方面的特殊要求专门购买或建造的，具有专购、专用性质。这些租赁资产如果不作较大的重新改制，其他企业通常难以使用。在这种情况下，通常也分类为融资租赁。

一项租赁存在下列一项或多项迹象的，也可能分类为融资租赁：

（1）若承租人撤销租赁，撤销租赁对出租人造成的损失由承租人承担。

（2）资产余值的公允价值波动所产生的利得或损失归属于承租人。

例如，租赁结束时，出租人以相当于资产销售收益的绝大部分金额作为对租金的退还，说明承租人承担了租赁资产余值的几乎所有风险和报酬。

（3）承租人有能力以远低于市场水平的租金继续租赁至下一期间。

此经济激励政策与购买选择权类似，如果续租选择权行权价远低于市场水平，可以合理确定承租人将继续租赁至下一期间。

值得注意的是，出租人判断租赁类型时，上述情形和迹象并非总是决定性的，而是应综合考虑经济激励的有利方面和不利方面。若有其他特征充分表明，租赁实质上没有转移与租赁资产所有权相关的几乎全部风险和报酬，则该租赁应分类为经营租赁。例如，若租赁资产的所有权在租赁期结束时是以相当于届时其公允价值的可变付款额转让至承租人，或者因存在可变租赁付款额导致出租人实质上没有转移几乎全部风险和报酬，就可能出现这种情况。

二、出租人融资租赁资金运动分析与会计处理

（一）初始计量

在租赁期开始日，出租人应当对融资租赁确认应收融资租赁款，并终止确认融资租赁资产。出租人对应收融资租赁款进行初始计量时，应当以租赁投资净额作为应收融资租赁款的入账价值。

租赁投资净额为未担保余值和租赁期开始日尚未收到的租赁收款额按照租赁内含利率

折现的现值之和。租赁内含利率，是指使出租人的租赁收款额的现值与未担保余值的现值之和（即租赁投资净额）等于租赁资产公允价值与出租人的初始直接费用之和的利率。因此，出租人发生的初始直接费用包括在租赁投资净额中，即包括在应收融资租赁款的初始入账价值中。

租赁收款额，是指出租人因让渡在租赁期内使用租赁资产的权利而应向承租人收取的款项，包括：

（1）承租人需支付的固定付款额及实质固定付款额。存在租赁激励的，应当扣除租赁激励相关金额。

（2）取决于指数或比率的可变租赁付款额。该款项在初始计量时根据租赁期开始日的指数或比率确定。

（3）购买选择权的行权价格，前提是合理确定承租人将行使该选择权。

（4）承租人行使终止租赁选择权需支付的款项，前提是租赁期反映出承租人将行使终止租赁选择权。

（5）由承租人、与承租人有关的一方以及有经济能力履行担保义务的独立第三方向出租人提供的担保余值。

出租人融资租赁业务分析

（二）融资租赁的后续计量

出租人应按照固定的周期性利率计算并确认租赁期内各个期间的利息收入。

纳入出租人租赁投资净额的可变租赁收款额只包含取决于指数或比率的可变租赁付款额。在初始计量时，应当采用租赁期开始日的指数或比率进行初始计量。出租人应定期复核计算租赁投资总额时所使用的未担保余值。若预计未担保余值降低，出租人应修改租赁期内的收益分配，并立即确认预计的减少额。

出租人取得的未纳入租赁投资净额计量的可变租赁付款额，如与资产的未来绩效或使用情况挂钩的可变租赁付款额，应当在实际发生时计入当期损益。

（三）出租人融资租赁业务资金运动分析与会计处理

在初始计量时，出租人所付出的融资租赁资产的公允价值和付出的初始费用之和将构成其应收融资租赁款，其所引起的资金运动如图8-17中A段运动所示。具体而言，A1段流量反映融资租赁资产的公允价值，A2段流量反映所付出的初始费用，A3段和A4段流量之和反映应收融资租赁款的现值，A3段流量反映未考虑货币时间价值的应收取的融资租赁款，通过A段流量与A3段流量之差反推A4段流量，即“应收融资租赁款——未实现融资收益”的金额。

出租人后续业务主要包括两部分：（1）每期期末确认未实现的融资收益，将其确认为租赁收入（融资收益的实现是通过租赁收入项目来反映的），其所引起的资金运动如图8-17中B1运动段所示；（2）每期收取租金及相应的增值税，其所引起的资金运动如图8-17中B2段运动所示。

如合同中涉及与资产的未来绩效或使用情况挂钩的可变租赁收款额，出租人应当在实际发生时计入当期损益。其所引起的资金运动如图8-17中C段运动所示。

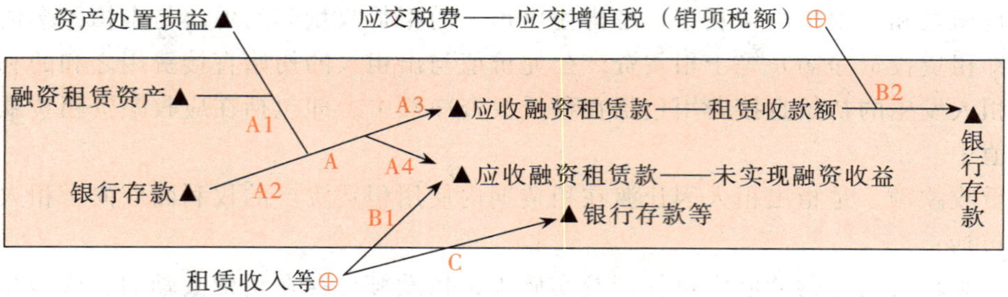

图 8-17　出租人融资租赁业务资金运动分析图

若某融资租赁合同必须以收到租赁保证金为生效条件，出租人收到承租人交来的租赁保证金时，其所引起的资金运动如图 8-18 中 A 段运动所示。退还保证金时，其所引起的资金运动如图 8-18 中 B 段运动所示。承租人到期不交租金，以保证金抵作租金时，其所引起的资金运动如图 8-18 中 C 段运动所示。承租人违约，按租赁合同或协议规定没收保证金时，其所引起的资金运动如图 8-18 中 D 段运动所示。

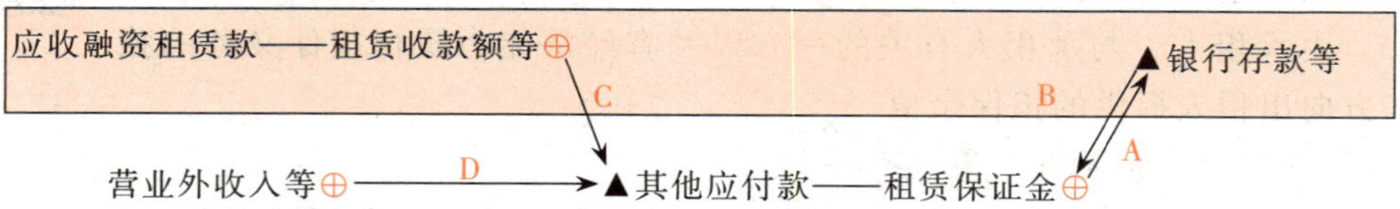

图 8-18　出租人收取保证金业务资金运动分析图

【例 8-45】20×2 年 12 月 1 日，乙公司与甲公司签订了一份租赁合同，将一台塑钢机出租给甲公司。租赁合同主要条款如下：

（1）租赁资产：全新塑钢机。

（2）租赁期开始日：20×3 年 1 月 1 日。

（3）租赁期：20×3 年 1 月 1 日—20×8 年 12 月 31 日，共 72 个月。

（4）固定租金支付：自 20×3 年 1 月 1 日起，每年年末支付租金 160 000 元。如果甲公司能够在每年年末的最后一天及时付款，则给予减少租金 10 000 元的奖励。以上租金不含增值税，增值税税率为 13%。

（5）取决于指数或比率的可变租赁付款额：租赁期限内，如遇中国人民银行贷款基准利率调整，出租人将对租赁利率作出同方向、同幅度的调整。基准利率调整日之前各期和调整日当期租金不变，从下一期租金开始按调整后的租金金额收取。

（6）租赁开始日租赁资产的公允价值：该机器在 20×2 年 12 月 31 日的公允价值为 700 000 元，账面价值为 600 000 元。

（7）初始直接费用：签订租赁合同过程中乙公司发生可归属于租赁项目的手续费、佣金 10 000 元。

（8）承租人的购买选择权：租赁期届满时，甲公司享有优惠购买该机器的选择权，购买价为 20 000 元，估计该日租赁资产的公允价值为 80 000 元。

（9）取决于租赁资产绩效的可变租赁付款额：20×3 年和 20×4 年 2 年，甲公司每年按该机器所生产的产品——塑钢窗户的年销售收入的 5% 向乙公司支付。

（10）承租人的终止租赁选择权：甲公司享有终止租赁选择权。在租赁期间，如果甲公司终止租赁，需支付的款项为剩余租赁期间的固定租金支付金额。

（11）担保余值和未担保余值均为0。

（12）全新塑钢机的使用寿命为7年。

分析：出租人乙公司的会计处理如下。

第一步，判断租赁类型。

本例存在优惠购买选择权，优惠购买价20 000元远低于行使选择权日租赁资产的公允价值80 000元，因此，在20×2年12月31日就可合理确定甲公司将会行使这种选择权。另外，租赁期6年，占租赁开始日租赁资产使用寿命的86%（占租赁资产使用寿命的大部分）。同时，乙公司综合考虑其他各种情形和迹象，认为该租赁实质上转移了与该项设备所有权有关的几乎全部风险和报酬，因此，将这项租赁认定为融资租赁。

第二步，确定租赁收款额。

（1）承租人的固定付款额为考虑扣除租赁激励后的金额。

（160 000−10 000）×6=900 000（元）

（2）取决于指数或比率的可变租赁付款额。

该款项在初始计量时根据租赁期开始日的指数或比率确定，因此，在租赁期开始日不做考虑。

（3）承租人购买选择权的行权价格。

租赁期届满时，甲公司享有优惠购买该机器的选择权，购买价为20 000元（不含增值税），估计该日租赁资产的公允价值为80 000元。优惠购买价20 000元远低于行使选择权日租赁资产的公允价值，因此，在20×2年12月31日就可合理确定甲公司将会行使这种选择权。

结论：租赁付款额中应包括承租人购买选择权的行权价格20 000元。

（4）终止租赁的罚款。

虽然甲公司享有终止租赁选择权，但若终止租赁，甲公司需支付的款项为剩余租赁期间的固定租金支付金额。

结论：根据上述条款，可以合理确定甲公司不会行使终止租赁选择权。

（5）由承租人向出租人提供的担保余值：甲公司向乙公司提供的担保余值为0。

出租人融资租赁业务举例

综上所述，租赁收款额为：

900 000+20 000=920 000（元）

第三步，确认租赁投资总额。

租赁投资总额=在融资租赁下出租人应收的租赁收款额+未担保余值

租赁投资总额=920 000+0=920 000（元）

第四步，确认租赁投资净额的金额和未实现融资收益。

租赁投资净额在金额上等于租赁资产在租赁期开始日公允价值（700 000元）加上出租人发生的租赁初始直接费用（10 000元），为710 000元。

未实现融资收益=租赁投资总额−租赁投资净额=920 000−710 000=210 000（元）

第五步，计算租赁内含利率。

租赁内含利率是使租赁投资总额的现值（即租赁投资净额）等于租赁资产在租赁开始日的公允价值与出租人的初始直接费用之和的利率。

150 000×（P/A，r，6）+20 000×（P/F，r，6）=710 000（元）

计算得到租赁的内含利率为7.82%。

第六步，20×3年1月1日，乙公司出租租赁资产初始业务所引起的资金运动如图8-19所示。

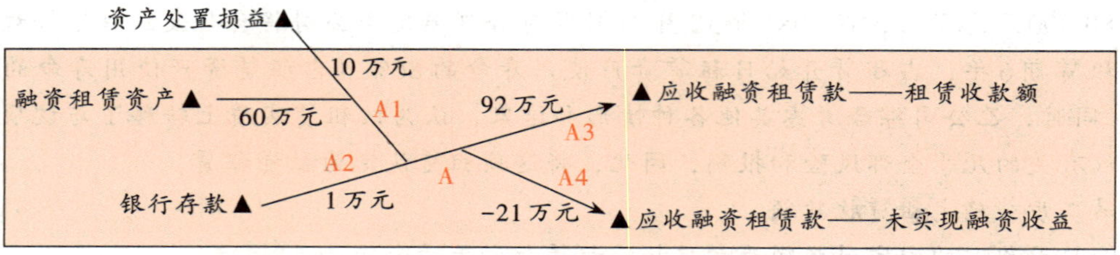

图8-19　乙出租人融资租赁初始确认发生资金运动分析图

借：应收融资租赁款——租赁收款额　920 000

　贷：银行存款　10 000

　　融资租赁资产　600 000

　　资产处置损益　100 000

　　应收融资租赁款——未实现融资收益　210 000

【例8-46】沿用【例8-45】，乙出租人在出租期内确认与计量租赁期内各期间的利息收入，并收到各期的租赁费。

分析：

（1）计算租赁期内各期的租赁收入（见表8-8）。

表8-8　未实现融资收益分期确认表　单位：元

年度	应收融资租赁款年初金额	融资收益（租赁收入）	未实现融资收益	现金总流入	应收融资租赁款本期收现	应收融资租赁款年末余额
项目	①	②=①×7.82%	③=③-②	④	⑤=④-②	⑥=①-⑤
出租日	710 000	—	210 000	—	—	—
1	710 000	55 522	154 478	150 000	94 478	615 522
2	615 522	48 134	106 344	150 000	101 866	513 656
3	513 656	40 168	66 176	150 000	109 832	403 824
4	403 824	31 579	34 597	150 000	118 421	285 403
5	285 403	22 319	12 278	150 000	127 681	157 722
6	157 722	12 278*	0	150 000	137 722	20 000
合计	—	210 000	—	900 000	690 000	20 000

注：*为避免小数点误差，第6年的租赁收入是倒算出来的，即未实现融资收益余额。

（2）每年末业务处理。分期确认本期租赁收入（如图8-20中B1段运动所示）、收到租赁款项及增值税（如图8-20中B2段运动所示）。

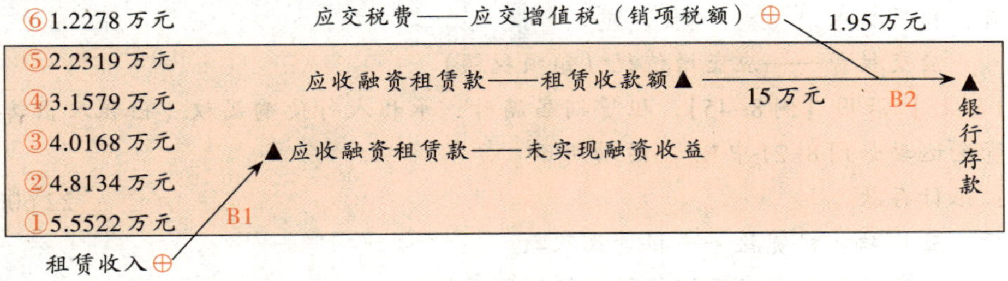

图8-20 乙出租人每期确认租赁收入和收取租金资金运动分析图

其具体会计分录见表8-9。

表8-9 各年度年末业务处理表 单位：元

年末业务	会计分录	①第1年	②第2年	③第3年	④第4年	⑤第5年	⑥第6年
确认租赁收入（B1）	借：应收融资租赁款——未实现融资收益 贷：租赁收入	55 522	48 134	40 168	31 579	22 319	12 278
收到租赁款项和增值税（B2）	借：银行存款	169 500					
	贷：应交税费——应交增值税（销项税额）	19 500					
	贷：应收融资租赁款——租赁收款额	150 000					

【例8-47】沿用【例8-45】，假设20×3年和20×4年，甲公司分别实现塑钢窗户年销售收入1 000 000元和1 500 000元。根据租赁合同，乙公司20×3年和20×4年应向甲公司收取的与销售收入挂钩的租金分别为50 000元和75 000元。以上款项均不含增值税，增值税税率为13%。

（1）20×3年年末，乙出租人确认可变租赁收入。（如图8-21中C段运动①所示）

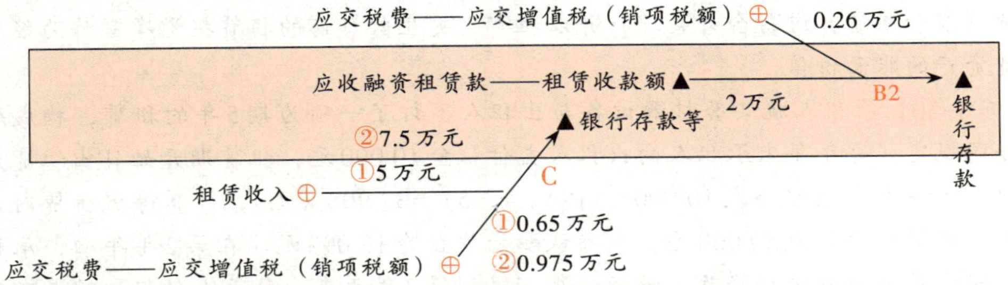

图8-21 乙出租人可变租赁收入确认和处置租赁资金运动分析图

借：银行存款等 56 500

　贷：租赁收入 50 000

　　应交税费——应交增值税（销项税额） 6 500

（2）20×4年年末，乙出租人确认可变租赁收入。（如图8-21中C段运动②所示）

借：银行存款等　　84 750

　贷：租赁收入　　75 000

　　　应交税费——应交增值税（销项税额）　　9 750

【例8-48】沿用【例8-45】，租赁期届满时，承租人行使购买权。出租人出售资产所引起的资金运动如图8-21中B2段运动所示。

借：银行存款　　22 600

　贷：应收融资租赁款——租赁收款额　　20 000

　　　应交税费——应交增值税（销项税额）　　2 600

（四）融资租赁变更资金运动分析与会计处理

融资租赁发生变更且同时符合下列条件的，出租人应当将该变更作为一项单独租赁进行会计处理：

（1）该变更通过增加一项或多项租赁资产的使用权而扩大了租赁范围或延长了租赁期限；

（2）增加的对价与租赁范围扩大部分或租赁期限延长部分的单独价格按该合同情况调整后的金额相当。

【例8-49】承租人就某套机器设备与出租人签订了一项为期5年的租赁，构成融资租赁。在第2年年初，承租人和出租人同意对原租赁进行修改，再增加1套机器设备用于租赁，租赁期也为5年。扩租的设备从第2年第二季度末起可供承租人使用。租赁总对价的增加额与新增的该套机器设备的当前出租市价扣减相关折扣后的金额相当。其中，折扣反映了出租人节约的成本，即若将同样设备租赁给新租户出租人会发生的成本，如营销成本等。

分析：此情况下，该变更通过增加一项或多项租赁资产的使用权而扩大了租赁范围，增加的对价与租赁范围扩大部分的单独价格按该合同情况调整后的金额相当，应将该变更作为一项新的租赁进行处理。

如果融资租赁的变更未作为一项单独租赁进行会计处理，且满足假如变更在租赁开始日生效，该租赁会被分类为经营租赁的，出租人应当自租赁变更生效日开始将其作为一项新租赁（经营租赁）进行会计处理，并以租赁变更生效日前的租赁投资净额作为经营租赁下租赁资产的账面价值。

【例8-50】承租人就某套机器设备与出租人签订了一项为期5年的租赁，构成融资租赁。合同规定，每年年末承租人向出租人支付租金10 000元，租赁期开始日出租资产公允价值为37 908元。按照公式10 000×（P/A，r，5）=37 908（元），计算得出租赁内含利率为10%，租赁收款额为50 000元，未确认融资收益为12 092元。在第2年年初，承租人和出租人同意对原租赁进行修改，缩短租赁期限到第3年年末，每年支付租金时点不变，年租金从10 000元变更为11 500元。假设本例不涉及未担保余值、担保余值、终止租赁罚款等。该变更导致租赁类型由融资租赁改为经营租赁。

分析：在租赁变更日，租赁被重新确认为经营租赁。

变更之前的业务如下：（1）出租日，确认应收融资租赁款（如图8-22的A段运动所示）。（2）第1年年末收取租金及相关增值税（如图8-22的B段运动所示）。（3）第1年年末确认融资收益3 791元（37 908×10%）（如图8-22的C段运动所示）。

在变更当日，应将应收融资租赁款的账面价值转为固定资产（如图8-22的D段运动所示）。

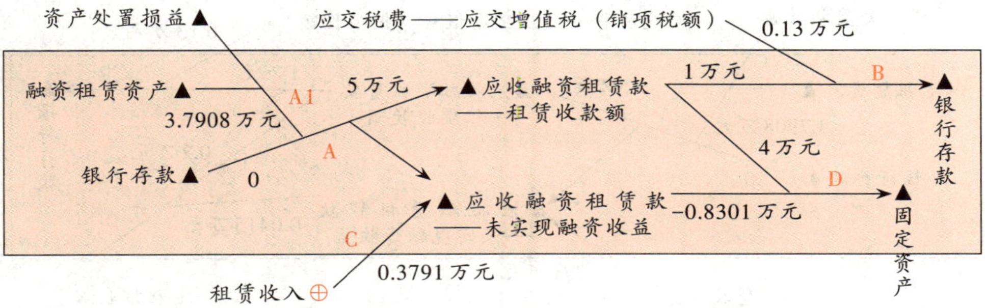

图8-22 出租人将融资租赁变更为经营租赁业务资金运动分析图

借：固定资产　31 699

　　应收融资租赁款——未实现融资收益　8 301

　贷：应收融资租赁款——租赁收款额　40 000

如果融资租赁的变更未作为一项单独租赁进行会计处理，且满足假如变更在租赁开始日生效，该租赁会被分类为融资租赁的，出租人应当按照《企业会计准则第22号——金融工具确认和计量》（2017）第四十二条关于修改或重新议定合同的规定进行会计处理。即修改或重新议定租赁合同，未导致应收融资租赁款终止确认，但导致未来现金流量发生变化的，应当重新计算该应收融资租赁款的账面余额，并将相关利得或损失计入当期损益。重新计算应收融资租赁款账面余额时，应当根据重新议定或修改的租赁合同现金流量按照应收融资租赁款的原折现率或按照《企业会计准则第24号——套期会计》（2017）第二十三条规定重新计算的折现率折现的现值确定。对于修改或重新议定租赁合同所产生的所有成本和费用，企业应当调整修改后的应收融资租赁款的账面价值，并在修改后的应收融资租赁款的剩余期限内进行摊销。

出租人融资租赁变更业务

【例8-51】承租人就某套机器设备与出租人签订了一项为期5年的租赁，构成融资租赁。合同规定，每年年末承租人向出租人支付租金10 000元，租赁期开始日租赁资产公允价值为37 908元，如【例8-50】，租赁内含利率为10%。在第2年年初，承租人和出租人因为设备适用性等原因同意对原租赁进行修改，从第2年开始，每年支付租金额变为9 500元，租金总额从40 000元变更到38 000元。

分析：在租赁变更日，租赁仍然被分类为融资租赁。

变更之前的业务如下：（1）出租日，确认应收融资租赁款（如图8-23的A段运动所示）。（2）第1年年末收取租金及相关增值税（如图8-23的B段运动所示）。（3）第1年年末确认融资收益3 791元（37 908×10%）（如图8-23的C段运动所示）。

在租赁变更生效日（第2年年初）：（1）新租赁投资净额为30 114元（9 500×（P/A，10%，4））。（2）原租赁投资净额账面余额为31 699元（37 908-（10 000-

37 908×10%））。（3）应收融资租赁款应调减1 585元（31 699-30 114），其中“应收融资租赁款——租赁收款额”减少2 000元，“应收融资租赁款——未实现融资收益”减少415元，应将该差额通过调整租赁收入的方式计入当期损益。该变更业务所引起的资金运动如图8-23所示。

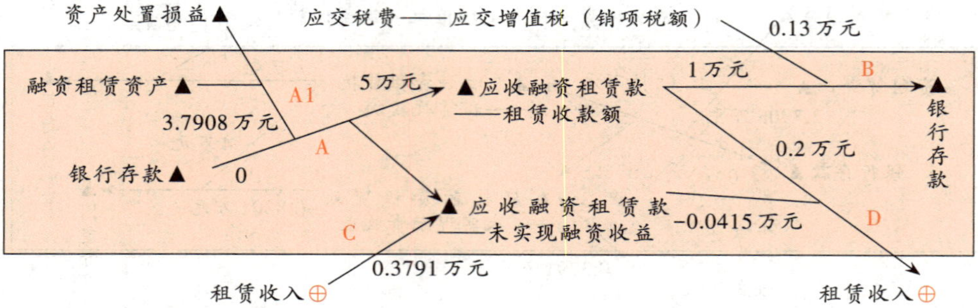

图8-23　出租人融资租赁变更业务资金运动分析图

借：租赁收入	1 585	
应收融资租赁款——未实现融资收益	415	
贷：应收融资租赁款——租赁收款额		2 000

三、出租人经营租赁资金运动分析与会计处理

（一）租金的处理

出租人经营租赁业务

在租赁期内的各个期间，出租人应采用直线法或者其他系统合理的方法将经营租赁的租赁收款额确认为租金收入。如果其他系统合理的方法能够更好地反映因使用租赁资产所产生经济利益的消耗模式，则出租人应采用该方法。

（二）出租人对经营租赁提供激励措施

出租人提供免租期的，出租人应将租金总额在不扣除免租期的整个租赁期内，按直线法或其他合理的方法进行分配，免租期内应当确认租金收入。出租人承担了承租人某些费用的，出租人应将该费用自租金收入总额中扣除，按扣除后的租金收入余额在租赁期内进行分配。

（三）初始直接费用

出租人发生的与经营租赁有关的初始直接费用应当资本化至租赁标的资产的成本，在租赁期内按照与租金收入相同的确认基础分期计入当期损益。

（四）折旧和减值

对于经营租赁资产中的固定资产，出租人应当采用类似资产的折旧政策计提折旧；对于其他经营租赁资产，应当根据该资产适用的企业会计准则，采用系统合理的方法进行摊销。

出租人应当按照《企业会计准则第8号——资产减值》的规定，确定经营租赁资产是否发生减值，并对已识别的减值损失进行会计处理。

（五）可变租赁收款额

出租人取得的与经营租赁有关的可变租赁收款额，如果是与指数或比率挂钩的，应在租赁期开始日计入租赁收款额；除此之外的，应当在实际发生时计入当期损益。

（六）经营租赁的变更

经营租赁发生变更的，出租人应自变更生效日开始，将其作为一项新的租赁进行会计处理，与变更前租赁有关的预收或应收租赁收款额视为新租赁的收款额。

第四节　特殊租赁业务资金运动分析与会计处理

一、转租赁业务资金运动分析与会计处理

转租情况下，原租赁合同和转租赁合同通常都是单独协商的，交易对手也是不同的企业，这就要求转租出租人对原租赁合同和转租赁合同分别根据承租人和出租人会计处理要求，进行会计处理。

承租人在对转租赁进行分类时，转租出租人应基于原租赁中产生的使用权资产，而不是租赁资产（如作为租赁对象的不动产或设备）进行分类。原租赁资产不归转租出租人所有，原租赁资产也未记入其资产负债表。因此，转租出租人应基于其控制的使用权资产进行会计处理。

原租赁为短期租赁，且转租出租人作为承租人已采用简化会计处理方法的，应将转租赁分类为经营租赁。

【例 8-52】甲企业（原租赁承租人）与乙企业（原租赁出租人）就 5 000 平方米办公场所签订了一项为期 5 年的租赁（原租赁）。在第 3 年年初，甲企业将该 5 000 平方米办公场所转租给丙企业，期限为原租赁的剩余 3 年时间（转租赁）。假设不考虑初始直接费用。

转租赁业务

分析：甲企业应基于原租赁形成的使用权资产对转租赁进行分类。本例中，转租赁的期限覆盖了原租赁的所有剩余期限，综合考虑其他因素，甲企业判断其实质上转移了与该项使用权资产有关的几乎全部风险和报酬，甲企业将该项转租赁分类为融资租赁。

甲企业的会计处理：（1）终止确认与原租赁相关且转给丙企业（转租承租人）的使用权资产，并确认转租赁投资净额。使用权资产与转租赁投资净额之间的差额应被确认为当期损益。其所引起的资金运动如图 8-24 所示。

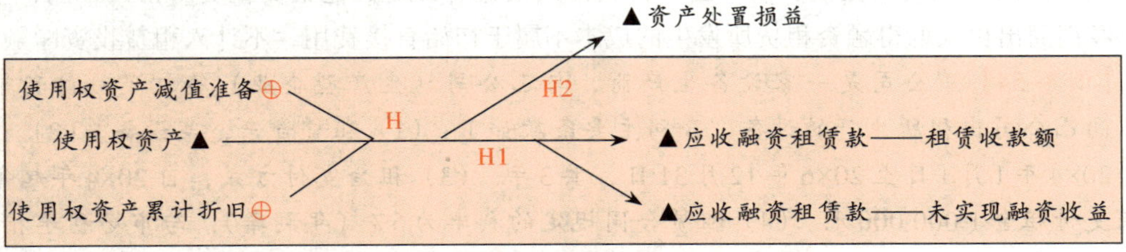

图 8-24　甲企业转租赁业务资金运动分析图 1

（2）在资产负债表中保留原租赁的租赁负债，该负债代表应付原租赁出租人的租赁付款额。在转租期间，中间出租人既要确认转租赁的融资收益，又要确认原租赁的利息费用。其所引起的资金运动如图 8-25 所示。

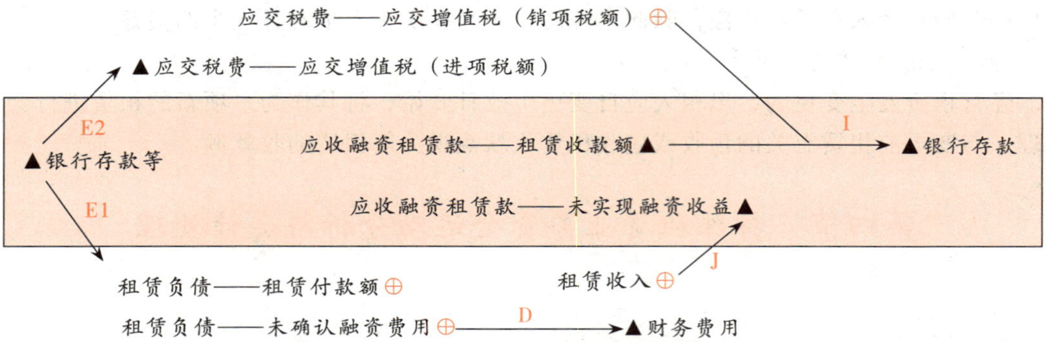

图8-25　甲企业转租赁业务资金运动分析图2

【例8-53】甲企业（原租赁承租人）与乙企业（原租赁出租人）就5 000平方米办公场所签订了一项为期5年的租赁（原租赁）。在原租赁的租赁期开始日，甲企业将该5 000平方米办公场所转租给丙企业，期限为2年（转租赁）。

分析：甲企业基于原租赁形成的使用权资产对转租赁进行分类，考虑各种因素后，将其分类为经营租赁。签订转租赁合同时，中间出租人在其资产负债表中继续保留与原租赁相关的租赁负债和使用权资产。

在转租期间，甲企业的业务处理为：(1) 确认使用权资产的折旧费用和租赁负债的利息费用；(2) 确认转租赁的租赁收入。

二、生产商或经销商出租人融资租赁资金运动分析与会计处理

生产商或经销商出租人的融资租赁分析

生产商或经销商通常为客户提供购买或租赁其产品或商品的选择。如果生产商或经销商出租其产品或商品构成融资租赁，则该交易产生的损益应相当于按照考虑适用的交易量或商业折扣后的正常售价直接销售标的资产所产生的损益。构成融资租赁的，生产商或经销商出租人在租赁期开始日应当按照租赁资产公允价值与租赁收款额按市场利率折现的现值两者孰低确认收入，并按照租赁资产账面价值扣除未担保余值的现值后的余额结转销售成本，收入和销售成本的差额作为销售损益。

由于取得融资租赁所发生的成本主要与生产商或经销商赚取的销售利得相关，因此生产商或经销商出租人应当在租赁期开始日将其计入损益。即与其他融资租赁出租人不同，生产商或经销商出租人取得融资租赁所发生的成本不属于初始直接费用，不计入租赁投资净额。

【例8-54】甲公司是一家设备生产商，与乙公司（生产型企业）签订了一份租赁合同，向乙公司出租所生产的设备，合同主要条款如下：(1) 租赁资产，某设备。(2) 租赁期，20×4年1月1日至20×6年12月31日，共3年。(3) 租金支付方式，自20×4年起每年年末支付租金1 000 000元。(4) 租赁合同规定的利率为5%（年利率），与市场利率相同。(5) 该设备20×4年1月1日的公允价值为2 700 000元，账面价值为2 000 000元。(6) 甲公司取得该租赁发生的相关成本为5 000元。(7) 该设备于20×4年1月1日交付乙公司，预计使用寿命为8年，无残值；租赁期届满时，乙公司可以100元购买该设备，预计租赁到期日该设备的公允价值不低于1 500 000元，乙公司对此金额提供担保；租赁期内该设备的保

险、维修等费用均由乙公司自行承担。以上款项均不包含增值税，增值税税率为13%。

分析：

（1）出租人出租日发生租赁业务的处理。

第一步，判断租赁类型。本例中，租赁期满乙公司可以远低于租赁到期日租赁资产公允价值的金额购买租赁资产，甲公司认为其可以合理确定乙公司将行使购买选择权，综合考虑其他因素，与该项资产所有权有关的几乎所有风险和报酬已实质转移给乙公司，因此，甲公司将该租赁认定为融资租赁。

第二步，根据孰低原则确认收入金额。

租赁收款额=租金×期数+购买价格=1 000 000×3+100=3 000 100（元）

租赁收款额现值=1 000 000×（P/A，5%，3）+100×（P/F，5%，3）=2 723 286（元）

按照租赁资产公允价值2 700 000元与租赁收款额按市场利率折现的现值2 723 286元两者孰低的原则，确认收入为2 700 000元。

第三步，计算租赁资产账面价值扣除未担保余值的现值后的余额，确定销售成本金额。

销售成本=账面价值-未担保余值的现值=2 000 000-0=2 000 000（元）

出租人出租日发生租赁业务所引起的资金运动如图8-26中A段运动所示。其中A1段运动反映收入的确认，A2段运动反映销售成本的结转。

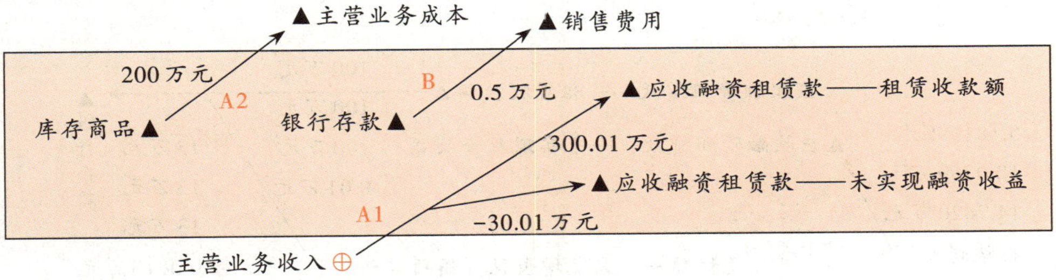

图8-26　甲出租人融资租赁初始发生资金运动分析图

借：应收融资租赁款——租赁收款额　　3 000 100

　贷：主营业务收入　　2 700 000

　　应收融资租赁款——未实现融资收益　　300 100

借：主营业务成本　　2 000 000

　贷：库存商品　　2 000 000

生产商或经销商出租人的融资租赁业务举例1

企业发生了5 000元相关支出，该支出类似于营销费用。其所引起的资金运动如图8-26中B段运动所示。

借：销售费用　　5 000

　贷：银行存款　　5 000

（2）计算租赁期内各期的租赁收入。

由于甲公司在确定营业收入和租赁投资净额（即应收融资租赁款）时，是基于租赁资产的公允价值，因此，甲公司需要根据租赁收款额、未担保余值和租赁资产公允价值重新计算租赁内含利率。

1 000 000×（P/A，r，3）+100×（P/F，r，3）=2 700 000（元）

r=5.46%

计算租赁期内各期应确认的融资收益见表 8-10。

表 8-10　未实现融资收益分期确认表　单位：元

年度	应收融资租赁款年初余额	本期租赁收入	未实现融资收益	现金总流入	应收融资租赁款本期收现	应收融资租赁款年末余额
项目	①	②=①×5.46%	③=期初③-②	④	⑤=④-②	⑥=①-⑤
出租日	2 700 000	—	300 100	—	—	—
1	2 700 000	147 420	152 680	1 000 000	852 580	1 847 420
2	1 847 420	100 869	51 811	1 000 000	899 131	948 289
3	948 289	51 811*	0	1 000 000	948 189	100
	—	—	—	100	100（销售收入）	0
合计	—	300 100	—	3 000 100	2 700 000	—

注：*为避免小数点误差，第 3 年的租赁收入是倒算出来的，即未实现融资收益余额。

（3）每年年末业务处理：分期确认本期租赁收入（如图 8-27 中 C1 段运动所示）、收到租赁款项及增值税（如图 8-27 中 C2 段运动所示）以及最后承租人行使购买选择权（如图 8-27 中 C2 段运动④所示）。

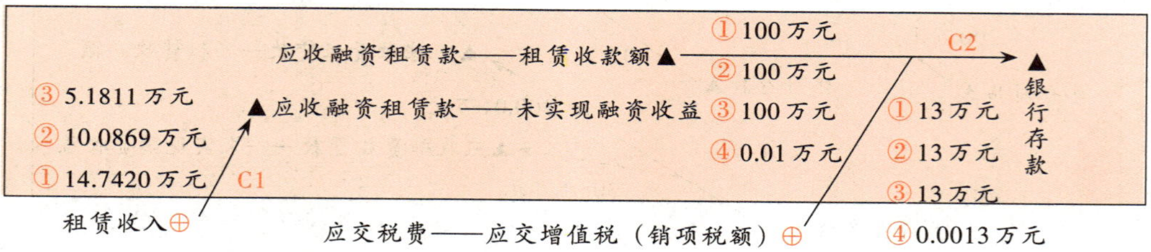

图 8-27　甲出租人每期确认租赁收入和收取租金资金运动分析图

其具体会计分录见表 8-11。

表 8-11　各年度年末业务处理表　单位：元

年末	会计分录	①第 1 年	②第 2 年	③第 3 年	④第 3 年
确认租赁收入（C1）	借：应收融资租赁款——未实现融资收益	147 420	100 869	51 811	—
	贷：租赁收入				
收到租赁款项和增值税（C2）	借：银行存款	1 130 000			
	贷：应交税费——应交增值税（销项税额）	130 000			
	贷：应收融资租赁款——租赁收款额	1 000 000			
租赁到期出售（C2）	借：银行存款				113
	贷：应交税费——应交增值税（销项税额）				13
	贷：应收融资租赁款——租赁收款额				100

【例 8-55】甲公司是一家设备生产商，与乙公司（生产型企业）签订了一份租赁合同，向乙公司出租所生产的设备，合同主要条款如下：(1) 租赁资产，某设备。(2) 租赁期，20×2 年 1 月 1 日至 20×8 年 12 月 31 日，共 7 年。(3) 租金支付方式，自 20×2 年起每年年末支付租金 475 000 元。(4) 租赁合同规定的利率为 6%（年利率），与市场利率相同。(5) 该设备 20×2 年 1 月 1 日的公允价值为 2 700 000 元，账面价值为 2 000 000 元，甲公司认为租赁到期时该设备余值为 72 800 元，乙公司及其关联方未对余值提供担保。(6) 甲公司取得该租赁发生的相关成本为 5 000 元。(7) 该设备于 20×2 年 1 月 1 日交付乙公司，预计使用寿命为 7 年；租赁期内该设备的保险、维修等费用均由乙公司自行承担。以上款项不含增值税，增值税税率为 13%。

分析：

(1) 出租人出租日发生租赁业务的处理。

第一步，判断租赁类型。本例中，租赁期与租赁资产预计使用寿命一致，另外，租赁收款额的现值为 2 651 450 元（计算过程在后文叙述），约为租赁资产公允价值的 98%，综合考虑其他因素，甲公司认为与该项资产所有权有关的几乎所有风险和报酬已实质转移给乙公司，所以将该租赁认定为融资租赁。

第二步，计算租赁期开始日租赁收款额按市场利率折现的现值，确定收入金额。

租赁收款额=租金×期数=475 000×7=3 325 000（元）

租赁收款额现值=475 000×（P/A，6%，7）=475 000×5.582=2 651 450（元）

按照租赁资产公允价值（2 700 000 元）与租赁收款额按市场利率折现的现值（2 651 450 元）两者孰低的原则，确认收入为 2 651 450 元。

第三步，计算租赁资产账面价值扣除未担保余值的现值后的余额，确定销售成本金额。

未担保余值的现值=72 800×（P/F，6%，7）=72 800×0.6651=48 419（元）

销售成本=账面价值-未担保余值的现值=2 000 000-48 419=1 951 581（元）

出租人出租日发生租赁业务所引起的资金运动如图 8-28 中 A 段运动所示。其中 A1 段运动反映收入的确认，A2 段运动反映销售成本的结转。

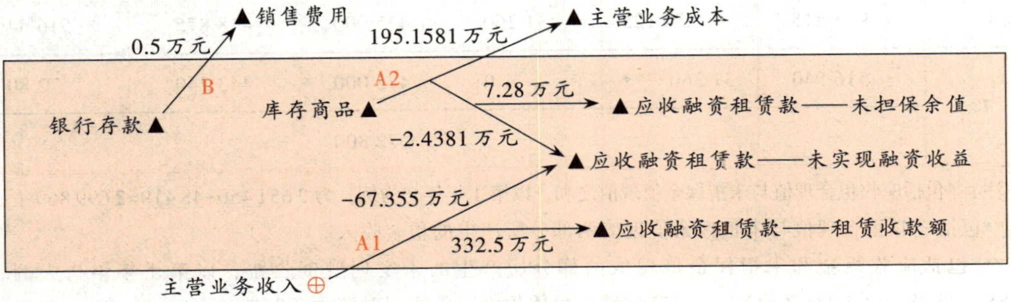

图 8-28　甲出租人融资租赁初始发生资金运动分析图

借：应收融资租赁款——租赁收款额　　3 325 000

　贷：主营业务收入　　2 651 450

　　　应收融资租赁款——未实现融资收益　　673 550

借：主营业务成本　　1 951 581

　　应收融资租赁款——未担保余值　　72 800

　贷：库存商品　　2 000 000

　　　应收融资租赁款——未实现融资收益　　24 381

企业发生了5 000元相关支出，该支出类似于营销费用。其所引起的资金运动如图8-28中B段运动所示。

生产商或经销商出租人的融资租赁业务举例2

借：销售费用　　5 000

　贷：银行存款　　5 000

(2) 计算租赁期内各期的租赁收入。

由于甲公司在确定营业收入和租赁投资净额（即应收融资租赁款）时，是基于租赁收款额按市场利率折现的现值，因此，甲公司无须重新计算租赁内含利率。甲公司按上述折现率6%计算租赁期内各期分摊的融资收益见表8-12。

表8-12　**未实现融资收益分期摊销表（保留整数）**　单位：元

年度	应收融资租赁款年初余额*	本期租赁收入**	未实现融资收益***	现金总流入	应收融资租赁款本期收现	应收融资租赁款年末余额
项目	①	②=①×6%	③=期初③-②	④	⑤=④-②	⑥=①-⑤
出租日	2 699 869	—	697 931	—	—	—
1	2 699 869	161 992	535 939	475 000	313 008	2 386 861
2	2 386 861	143 212	392 727	475 000	331 788	2 055 073
3	2 055 073	123 304	269 423	475 000	351 696	1 703 377
4	1 703 377	102 203	167 220	475 000	372 797	1 330 580
5	1 330 580	79 835	87 385	475 000	395 165	935 415
6	935 415	56 125	31 260	475 000	418 875	516 540
7	516 540	31 260****	0	475 000	443 740	72 800
	—	—	—	72 800		0

注：*包括应收租金现值与未担保余值现值之和，以第1年年初为例，为2 651 450+48 419=2 699 869（元）。

**包括应收租金现值与未担保余值现值两部分所产生的租金收入。

***包括应收租金和未担保余值现值两部分所产生的未实现融资收益，以第1年年初为例，为673 550+24 381=697 931（元），即“应收融资租赁款——未实现融资收益”期初余额。

****为避免小数点误差，第7年的租赁收入是倒算出来的，即未实现融资收益的余额。

(3) 每年年末业务处理：分期确认本期租赁收入（如图8-29中C1段运动所示）、收到租赁款项及增值税（如图8-29中C2段运动所示）。

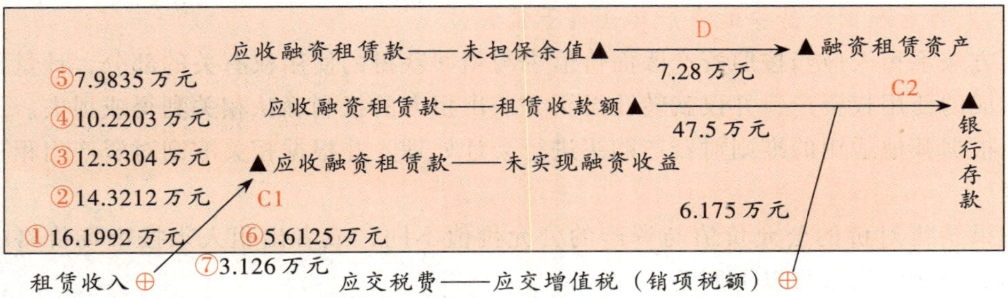

图8-29 甲出租人每期确认租赁收入和收取租金资金运动分析图

其具体会计分录见表8-13。

表8-13 各年度年末业务处理表 单位：元

年末	会计分录	①第1年	②第2年	③第3年	第④-⑦年
确认租赁收入（C1）	借：应收融资租赁款——未实现融资收益 贷：租赁收入	161 992	143 212	123 304	略
收到租金和增值税（C2）	借：银行存款	536 750			
	贷：应交税费——应交增值税（销项税额）	61 750			
	贷：应收融资租赁款——租赁收款额	475 000			

（4）20×8年12月31日，甲公司到期收回该租赁资产，其所引起的资金运动如图8-29中D段运动所示。

借：融资租赁资产　72 800

　贷：应收融资租赁款——未担保余值　72 800

为吸引客户，生产商或经销商出租人有时以较低利率报价。使用该利率会导致出租人在租赁期开始日确认的收入偏高。在这种情况下，生产商或经销商出租人应当将销售利得限制为采用市场利率所能取得的销售利得。

三、售后租回交易资金运动分析与会计处理

若企业（卖方兼承租人）将资产转让给其他企业（买方兼出租人），并从买方兼出租人租回该项资产，则卖方兼承租人和买方兼出租人均应按照售后租回交易的规定进行会计处理。企业应当按照《企业会计准则第14号——收入》（2017）的规定，评估确定售后租回交易中的资产转让是否属于销售，并区别进行会计处理。

在标的资产的法定所有权转移给出租人并将资产租赁给承租人之前，承租人可能会先获得标的资产的法定所有权。但是，是否具有标的资产的法定所有权本身并非会计处理的决定性因素。如果承租人在资产转移给出租人之前已经取得对标的资产的控制，则该交易属于售后租回交易。然而，如果承租人未能在资产转移给出租人之前取得对标的资产的控制，那么即便承租人在资产转移给出租人之前先获得标的资产的法定所有权，该交易也不属于售后租回交易。

（一）售后租回交易中的资产转让属于销售

卖方兼承租人应当按原资产账面价值中与租回获得的使用权有关的部分，计量售后租回所形成的使用权资产，并仅就转让至买方兼出租人的权利确认相关利得或损失。买方兼出租人根据其他适用的准则对资产购买进行会计处理，并根据相关准则对资产出租进行会计处理。

如果销售对价的公允价值与资产的公允价值不同，或者出租人未按市场价格收取租金，那么企业应当进行以下调整：

（1）将销售对价低于市场价格的款项作为预付租金进行会计处理；

（2）将销售对价高于市场价格的款项作为买方兼出租人向卖方兼承租人提供的额外融资进行会计处理。

同时，承租人按照公允价值调整相关销售利得或损失，出租人按市场价格调整租金收入。

售后租回交易1

在进行上述调整时，企业应当按以下二者中较易确定者进行：

（1）销售对价的公允价值与资产的公允价值的差异；

（2）合同付款额的现值与按市场租金计算的付款额的现值的差异。

（二）售后租回交易中的资产转让不属于销售

卖方兼承租人不终止确认所转让的资产，而应当将收到的货币资金作为金融负债的对价，并按照《企业会计准则第22号——金融工具确认和计量》（2017）进行会计处理。买方兼出租人不确认被转让资产，而应当将支付的货币资金作为获得的金融资产对价，并按照《企业会计准则第22号——金融工具确认和计量》（2017）进行会计处理。

（三）售后租回交易示例

1.售后租回交易中的资产转让不属于销售

【例8-56】甲公司（卖方兼承租人）以银行存款24 000 000元的价格向乙公司（买方兼出租人）出售一栋建筑物，交易前该建筑物的账面原值是24 000 000元，累计折旧是4 000 000元。与此同时，甲公司与乙公司签订了合同，取得了该建筑物18年的使用权（全部剩余使用年限为40年），年租金为2 000 000元，于每年年末支付，租赁期满时，甲公司将以100元购买该建筑物。根据交易的条款和条件，甲公司转让建筑物不满足《企业会计准则第14号——收入》（2017）中关于销售成立的条件。以上款项不含增值税，销售和购买不动产适用的增值税税率为13%，不动产出租适用的增值税税率为9%。该建筑物在销售当日的公允价值为36 000 000元。

分析：在租赁期开始日，甲公司将所收到的款项作为“长期应付款”处理。在租赁期开始日，乙公司将所付出的款项作为“长期应收款”处理。

2.售后租回交易中的资产转让属于销售

【例8-57】甲公司（卖方兼承租人）以银行存款40 000 000元的价格向乙公司（买方兼出租人）出售一栋建筑物，交易前该建筑物的账面原值是24 000 000元，累计折旧是4 000 000元。与此同时，甲公司与乙公司签订了合同，取得了该建筑物18年的使用权（全部剩余使用年限为40年），年租金为2 400 000元，于每年年末支付。根据交易的条款和条件，甲公司转让建筑物符合《企业会计准则第14号——收入》（2017）中关于销售成立的条件。假设不考虑初始费用。该建筑物在销售当日的公允价值为36 000 000元。以上款项均不包含增值税，销售和购买不动产适用的增值税税率为13%，不动产出租适用的增值税税率为9%。甲、乙公司均确定租赁内含年利率为4.5%。

甲公司业务资金运动分析与会计处理：

（1）在租赁期开始日，甲公司对该交易的会计处理如下。

①将超额售价4 000 000元确认为乙公司向甲公司提供的额外贷款（如图8-30中A段运动所示）。

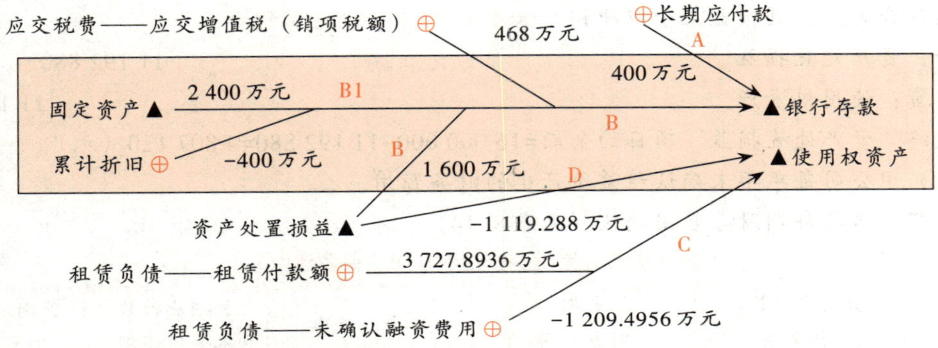

图8-30　甲公司售后租回初始业务资金运动分析图

借：银行存款　　4 000 000

　贷：长期应付款　　4 000 000

②确认资产出售收益（如图8-30中B段运动所示）。

借：银行存款　　40 680 000

　　累计折旧　　4 000 000

　贷：固定资产　　24 000 000

　　　资产处置损益　　16 000 000

　　　应交税费——应交增值税（销项税额）　　4 680 000

售后租回交易2

③确认租赁负债和使用权资产。

年付款额现值=2 400 000×（P/A，4.5%，18）=29 183 980（元）

其中，4 000 000元与额外融资相关，剩下的25 183 980元即为租赁付款额现值（该金额即为租赁负债和使用权资产的金额）。

年付款额中：

额外融资年付款额=2 400 000×（4 000 000÷29 183 980）=328 948（元）

租赁相关年付款额=2 400 000-328 948=2 071 052（元）

总的“租赁负债——租赁付款额”=2 071 052×18=37 278 936（元）

由此可知，

“租赁负债——未确认融资费用”=37 278 936-25 183 980=12 094 956（元）

如图8-28中C段运动所示。

借：使用权资产　　25 183 980

借：租赁负债——未确认融资费用　　12 094 956

　贷：租赁负债——租赁付款额　　37 278 936

④冲销未实现的资产处置损益，调整使用权资产账面价值。

由于是售后租回，使用权资产对应的原固定资产部分使用权的控制权一直掌握在甲公司手中，因此，甲公司不应该确认其对应部分的资产处置损益，应将原确认的这部分资产处置损益予以冲销。

计算该部分与转让至乙公司的权利相关的利得：

与该建筑物使用权相关的利得=16 000 000×（25 183 980÷36 000 000）=11 192 880（元）

该部分资产处置损益应予以冲销（如图8-30中D段运动所示）。

借：资产处置损益　　11 192 880

　贷：使用权资产　　11 192 880

最终“资产处置损益”项目的金额=16 000 000-11 192 880=4 807 120（元）

（2）甲公司每年年末确认租赁所产生的财务费用。

①超额借款每期财务费用确认（见表8-14）。

表8-14　**超额借款每期财务费用确认表（保留整数）**　单位：元

年度	长期应付款年初余额	本期财务费用	现金总流出	长期应付款本金偿还额	长期应付款年末余额
项目	①	②=①×4.5%	③	④=③-②	⑤=①-④
1	4 000 000	180 000	328 948	148 948	3 851 052
2	3 851 052	173 297	328 948	155 651	3 695 401
3	3 695 401	166 293	328 948	162 655	3 532 746
4	3 532 746	158 974	328 948	169 974	3 362 772
5	3 362 772	151 325	328 948	177 623	3 185 149
6	3 185 149	143 332	328 948	185 616	2 999 533
7	2 999 533	134 979	328 948	193 969	2 805 564
8	2 805 564	126 250	328 948	202 698	2 602 866
9	2 602 866	117 129	328 948	211 819	2 391 047
10	2 391 047	107 597	328 948	221 351	2 169 696
11	2 169 696	97 636	328 948	231 312	1 938 384
12	1 938 384	87 227	328 948	241 721	1 696 663
13	1 696 663	76 350	328 948	252 598	1 444 065
14	1 444 065	64 983	328 948	263 965	1 180 100
15	1 180 100	53 105	328 948	275 843	904 257
16	904 257	40 692	328 948	288 256	616 001
17	616 001	27 720	328 948	301 228	314 773
18	314 773	14 175*	328 948	314 773	0
	—	—	—		0

注：*为避免小数点误差，第18年的财务费用是倒算出来的，即328 948-314 773=14 175（元）。

②租金支出中未确认融资费用分期摊销（见表8-15）。

表 8-15　　未确认融资费用每期摊销表（保留整数）　　单位：元

年度	租赁负债年初余额	本期财务费用	未摊销融资费用	现金总流出	租赁负债本期付现	租赁负债年末余额
项目	①	②=①×4.5%	③=期初③-②	④	⑤=④-②	⑥=①-⑤
承租日	25 183 980	—	12 094 956	—	—	—
1	25 183 980	1 133 279	10 961 677	2 071 052	937 773	24 246 207
2	24 246 207	1 091 079	9 870 598	2 071 052	979 973	23 266 234
3	23 266 234	1 046 981	8 823 617	2 071 052	1 024 071	22 242 163
4	22 242 163	1 000 897	7 822 720	2 071 052	1 070 155	21 172 008
5	21 172 008	952 740	6 869 980	2 071 052	1 118 312	20 053 696
6	20 053 696	902 416	5 967 564	2 071 052	1 168 636	18 885 060
7	18 885 060	849 828	5 117 736	2 071 052	1 221 224	17 663 836
8	17 663 836	794 873	4 322 863	2 071 052	1 276 179	16 387 657
9	16 387 657	737 445	3 585 418	2 071 052	1 333 607	15 054 050
10	15 054 050	677 432	2 907 986	2 071 052	1 393 620	13 660 430
11	13 660 430	614 719	2 293 267	2 071 052	1 456 333	12 204 097
12	12 204 097	549 184	1 744 083	2 071 052	1 521 868	10 682 229
13	10 682 229	480 700	1 263 383	2 071 052	1 590 352	9 091 877
14	9 091 877	409 134	854 249	2 071 052	1 661 918	7 429 959
15	7 429 959	334 348	519 901	2 071 052	1 736 704	5 693 255
16	5 693 255	256 196	263 705	2 071 052	1 814 856	3 878 399
17	3 878 399	174 528	89 177	2 071 052	1 896 524	1 981 875
18	1 981 875	89 177*	0	2 071 052	1 981 875	0

注：*为避免小数点误差，第 18 年的财务费用是倒算出来的，即 2 071 052-1 981 875=89 177（元）。

（3）甲公司第 1 年年末财务费用的确认、租金的支付。

①确认超额借款的利息费用（如图 8-31 中 E1 段运动所示）。

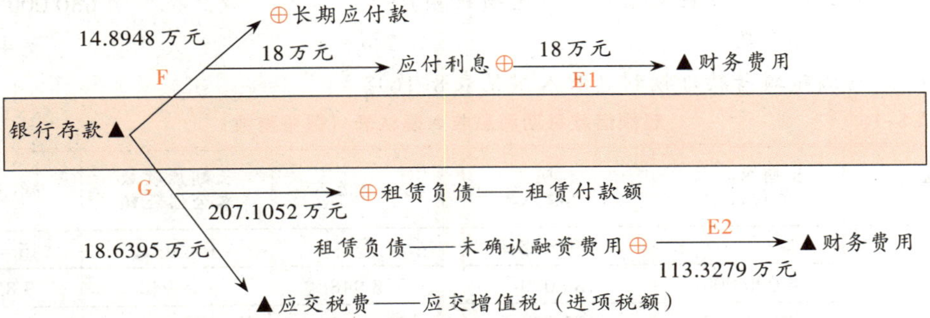

图 8-31　甲公司售后租回第 1 年年末业务资金运动分析图

借：财务费用　　180 000

　贷：应付利息　　180 000

②确认租金中本期应承担的融资费用（如图 8-31 中 E2 段运动所示）。

借：财务费用　　1 133 279

贷：租赁负债——未确认融资费用　　1 133 279

③支付超额售价中所包括的长期应付款及应付利息（如图8-31中F段运动所示）。

借：长期应付款　　148 948

应付利息　　180 000

贷：银行存款　　328 948

④支付租金及增值税，增值税税率为9%（如图8-31中G段运动所示）。

借：租赁负债——租赁付款额　　2 071 052

应交税费——应交增值税（进项税额）　　186 395

贷：银行存款　　2 257 447

其他各年的业务处理略。

乙公司业务处理分析：

（1）综合考虑租期占该建筑物剩余使用年限的比例等因素，乙公司将该建筑物的租赁分类为经营租赁。

在租赁期开始日，该业务所引起的资金运动如图8-32中A段运动所示。

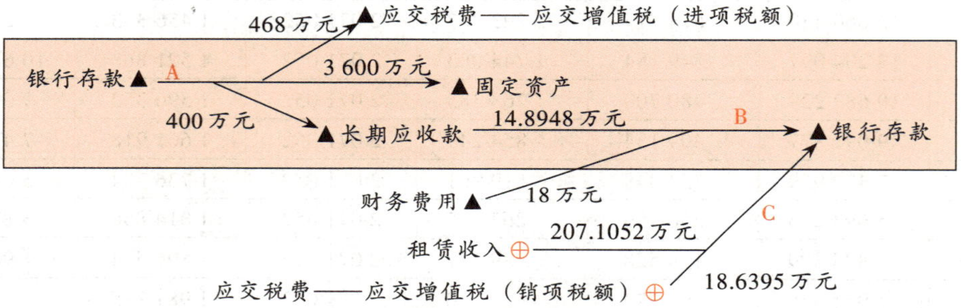

图8-32　乙公司经营租赁业务资金运动分析图

借：固定资产——建筑物　　36 000 000

长期应收款　　4 000 000

应交税费——应交增值税（进项税额）　　4 680 000

贷：银行存款　　44 680 000

（2）确认超额借款每期利息收入（见表8-16）。

表8-16　超额借款每期利息收入确认表（保留整数）　单位：元

年度	长期应收款年初余额	本期利息收入*	现金总流入	长期应收款本金偿还额	年末余额
	①	②=①×4.5%	③	④=③-②	⑤=①-④
1	4 000 000	180 000	328 948	148 948	3 851 052
2	3 851 052	173 297	328 948	155 651	3 695 401
3	3 695 401	166 293	328 948	162 655	3 532 746
4	3 532 746	158 974	328 948	169 974	3 362 772
5	3 362 772	151 325	328 948	177 623	3 185 149
6	3 185 149	143 332	328 948	185 616	2 999 533
7	2 999 533	134 979	328 948	193 969	2 805 564

续表

年度	长期应收款 年初余额	本期 利息收入*	现金总流入	长期应收款 本金偿还额	年末余额
8	2 805 564	126 250	328 948	202 698	2 602 866
9	2 602 866	117 129	328 948	211 819	2 391 047
10	2 391 047	107 597	328 948	221 351	2 169 696
11	2 169 696	97 636	328 948	231 312	1 938 384
12	1 938 384	87 227	328 948	241 721	1 696 663
13	1 696 663	76 350	328 948	252 598	1 444 065
14	1 444 065	64 983	328 948	263 965	1 180 100
15	1 180 100	53 105	328 948	275 843	904 257
16	904 257	40 692	328 948	288 256	616 001
17	616 001	27 720	328 948	301 228	314 773
18	314 773	14 175*	328 948	314 773	0

注：*为避免小数点误差，第 18 年的利息收入是倒算出来的，即：2 071 052−1 981 875=89 177 元。

（3）租赁期开始日之后，乙公司第 1 年年末确认利息收入、收取租金。

乙公司将从甲公司处取得的年收款额 2 400 000 元中的 2 071 052 元作为租赁收款额进行会计处理，剩下的 328 948 元作为与超额借款有关的款项进行处理。

①超额借款中包含的长期应收款中利息收入的确认与款项的收回（如图 8−32 中 B 段运动所示）。

借：银行存款　　328 948
　贷：财务费用　　180 000
　　　长期应收款　　148 948

②收到租金及增值税，增值税税率为 9%（如图 8−32 中 C 段运动所示）。

借：银行存款　　2 257 447
　贷：租赁收入　　2 071 052
　　　应交税费——应交增值税（销项税额）　　186 395

乙公司其他各年业务处理略。

思考题

1. 租赁的识别应注意哪些问题？
2. 租赁的分拆与合并应满足哪些条件？
3. 如何确定租赁期？
4. 租赁负债如何确定与计量？
5. 使用权资产如何确定与计量？
6. 出租人的租赁资产是如何分类的，其处理有什么特别之处？

立德育人

平安租赁创新小微租赁模式 打造小微租赁生态圈①

为支持小微企业发展，2022年5月，国务院印发《扎实稳住经济的一揽子政策措施》，强调“支持融资担保机构进一步扩大小微企业融资担保业务规模，降低融资担保费率；加大普惠小微贷款支持力度，指导金融机构和大型企业支持中小微企业应收账款质押等融资，以供应链融资和银企合作支持大中小企业融通发展”。

作为融资租赁行业的领军者，平安租赁紧跟政策暖风，精准施策唤醒小微企业新生机。平安租赁创新小微租赁模式，以设备为核心的泛租赁服务，围绕设备“买、用、修、卖”全链条探索布局产业生态服务，为小微企业提供以融物为担保的多元化服务。通过引入新设备采购融资、流动资金支持等创新金融方案，打造小微租赁生态圈，切实为小微企业提供多元化解决方案，满足差异化需求，提升小微企业的融资服务可得性。

针对小微企业不同阶段的融资需求，平安租赁通过多维度数据积累分析，迅速推进业务创新与精准滴灌，满足小微企业的差异化融资需求，同时以设备为核心，依托IOT（物联网）设备手环，全面盘活小微企业各项生产经营数据，极大程度丰富融资租赁“内涵”，助力智造升级。

在小微租赁生态圈的打造上，平安租赁从设备、系统和人才这三个方向持续探索，为小微企业提供更多支持，为中国制造2025助力。

平安租赁从“设备租赁”出发，以融资租赁为手段为企业提供设备采购融资服务；到“设备服务”，以设备手环为载体帮助企业采集设备的生产信息；再到“生产经营”，通过产业链延展构筑生态体系，打造小微租赁生态圈。

目前，平安租赁已完成构建工业领域新共享经济平台、一站式维保平台、人员撮合和技能提升平台、碳交易反哺企业平台等，逐步通过解决生产、维保、订单、用工等设备和市场核心难题，赋能客户、厂商以及政府，提供全方位大数据综合服务。

针对小微企业普遍存在的人才短缺等痛点，平安租赁借助科技赋能，积极探索孵化面向小微客群的人才培养共建创新平台，帮助小微企业提升人员综合能力，进一步激发人才红利与市场活力。

要求：请从开拓创新、社会责任、共同发展（人民至上）三个角度中任选其一，谈一谈你的想法和感受。

① 陈佳怡．平安租赁创新小微租赁模式 打造小微租赁生态圈［EB/OL］．［2022-09-27］．https://finance.eastmoney.com/a/202209272519575291.html.

第九章　衍生金融工具会计

学习目标

本章主要讲授衍生金融工具业务的会计处理。通过本章学习，应熟悉衍生金融工具的界定与分类；掌握套期的概念及经济后果；掌握套期会计的分类及各自特点；掌握套期有效性的评估；掌握套期业务所引起的资金运动及其会计处理。

第一节　衍生金融工具

衍生金融工具是从传统金融工具衍生而来的新型金融工具。其初始形式出现在芝加哥股票交易市场，是为了防止在正常商品交易过程中出现的风险而进行的防护措施。

一、衍生金融工具的定义

衍生金融工具源于“衍生”一词，它起源于原生性金融商品或基础性金融工具。原生性金融商品主要包括货币、外汇、债券、股票等；基础性金融工具则包括利率、汇率、股票指数、商品期货指数等。

一般来说，衍生金融工具是同时具有以下特征的金融合约：（1）其价值取决于一种或几种基础资产或指数，比如利率、汇率、证券价格、信用等级、价格指数或类似变量；（2）不要求初始投资，或相对于类似的其他类型合约，其所要求的初始投资较少；（3）在将来某个日期交割。

二、衍生金融工具的分类

衍生金融工具与远期合约

按照交易方式和特点，衍生金融工具可分为四类：（1）远期合约；（2）期货合约；（3）期权合约；（4）互换合约。

期货合约和期权合约通常是标准化的合约，是在交易所的场内交易市场上进行集中竞价交易，交易规则一般由交易所统一制定，而且交易合约的标准化格式也是由交易所统一制定的。而远期合约和互换合约并不是标准化的合约，是在场外市场（柜台市场）上分散地进行交易，交易规则和交易价格由交易双方自行约定，其交易合约也没有标准的统一格式。

此外，进行衍生金融工具交易的双方风险和收益并不一定对称。如果采用远期合约、期货合约或互换合约等衍生金融工具，则交易双方的风险和报酬对称，都负有在将来某一日期按照一定条件进行交易的义务。如果是采用期权合约或期权合约的变形如认股权证、可转换债券、利率上限、利率下限等，则交易双方的风险和报酬不对称，只有合约的买方有选择是否履约的权利。

（一）远期合约

远期合约，是指交易双方为购买或售出一定数量的金融工具、商品或外币，以事先确定的价格在未来某一特定日期交割或结算的合约。到期日的结算可根据合约中规定的条款进行实物交割，也可以通过净现金结算（净额计算）。

远期合约的主要特征包括：(1) 远期合约是在未来某一时刻按照事先约定价格买入或卖出某种资产的合约；(2) 远期合约在场外市场交易；(3) 远期合约在利率交易和外汇交易中最为流行。

【例 9-1】甲公司是一家中国公司。20×7 年 1 月 2 日，该公司打算从英国供应商处购买 1 000 000 英镑的机械设备，货款将在 20×8 年 1 月 2 日用英镑支付。20×7 年 1 月 2 日，外汇市场上人民币外汇报价见表 9-1。

表 9-1　20×7 年 1 月 2 日人民币外汇报价（每英镑所对应的人民币价格）　单位：元

项目	买入价	卖出价
即期汇率	8.5608	8.6209
7 天远期汇率	8.5322	8.5373
1 个月远期汇率	8.5457	8.5524
3 个月远期汇率	8.5767	8.5844
6 个月远期汇率	8.6176	8.6234
9 个月远期汇率	8.6485	8.6577
12 个月远期汇率	8.6861	8.6961

在 20×8 年 1 月 2 日付款之前，甲公司可能面临英镑相对于人民币的增值风险，为规避这一风险，甲公司与乙银行签订了一项外汇远期合约。合约约定：在 20×8 年 1 月 2 日，甲公司以 8 696 100 元人民币向乙银行换取 1 000 000 英镑。通过签订该项远期合约，甲公司锁定了未来应付账款（英镑）因外汇市场上汇率变动而形成的风险。该外汇远期合约的具体内容见表 9-2。

表 9-2　外汇远期合约内容

开始日	20×7 年 1 月 2 日
合约方	甲公司和乙银行
到期日	20×8 年 1 月 2 日
甲公司买入货币额	1 000 000 英镑
甲公司卖出货币额	8 696 100 元人民币
远期汇率	8.6961
结算方式	实物交割

（二）期货合约

1.期货合约定义

期货合约，是指由期货交易所统一制定的、规定在将来某一特定的时间和地点交割一定数量标的物的标准化合约。这个标的物，又称基础资产，可以是某种金融商品，如外汇或债券；也可以是某个金融指标，如3个月期银行同业拆借利率或股票指数。金融商品主要包括外汇、有息金融资产（如抵押存款证、中长期政府债券、国库券、商业票据、大额定期存单等）、股票和黄金。在这些金融商品中只有黄金是实物形态，其他的均属于非实物形态。金融指标主要包括外汇汇率、借款利率、股票指数等。

2.期货合约的种类

期货合约

期货合约的具体形式包括利率期货、外汇期货、股票指数期货等。

利率期货是以利率为标的物的期货合约，其目的是规避利率风险。

外汇期货是以汇率为标的物的期货合约，其目的是规避汇率风险。目前国际上货币期货合约所涉及的货币主要有英镑、美元、欧元、日元、瑞士法郎、加拿大元、澳大利亚元等。

股票指数期货是以股票指数为标的物的期货合约，如我国的沪深300股票指数。

3.期货合约的主要特点

期货合约与远期合约非常相似，可以说期货合约就是标准化了的远期合约。期货合约主要有以下特点：

（1）集中交易与统一清算。期货合约是在期货交易所内集中进行交易的，交易双方并不直接接触，交易所负责匹配买卖，撮合成交，集中清算。这种交易方式克服了远期合约信息不充分和违约风险较大的缺陷，在很大程度上提高了市场流动性和交易效率，降低了违约风险。目前，我国的期货交易所主要有大连商品交易所、郑州商品交易所、中国金融期货交易所、上海期货交易所等。而远期合约没有固定的交易地点，属于场外交易。

（2）交易的对象是标准化合约。期货合约除了价格这唯一的变量以外，商品数量、规格等级、交割日期等都是严格标准化的，交易双方都不得随意变更期货合约的这些规定。而远期合约不是标准化的合约，由交易双方自行协商。

（3）期货合约最终进行实物交割的比例很小。这是因为期货合约一般都是为了规避风险或者进行投机，因此绝大多数合约在到期前都会择机转手平仓。期货合约由交易所统一进行结算，交易双方的权利和义务都转向了结算机构，彼此互无关系。而远期合约在未到期之前不能随意转手，必须按照规定在到期日进行实际交割。

（4）保证金和逐日盯市制度。在期货开始交易之前，期货的买卖双方都必须在期货经纪公司设立专门的保证金账户，并存入一定数量的保证金。期货合约的保证金除了起到防止交易各方违约的作用外，还是票据交易所结算制度的基础。按保证金缴纳的时间和比例不同，保证金可分为初始保证金和追加保证金。当保证金低于最低余额时，交易者必须在规定的时间内补充保证金；否则在下一个交易日，交易所有权实施强制平仓。

逐日盯市制度是指结算部门在每日闭市后结算、检查保证金账户余额，通过实时发出保证金追加单，使保证金余额维持在一定水平之上，防止负债发生的结算制度。而远期合约交易不涉及保证金。

【例 9-2】20×7 年 3 月 10 日，甲公司约定从英国进口 1 250 000 英镑的货物，约定 6 个月后以英镑付款提货，现货市场的即期汇率为 1 英镑兑换 8.8799 元人民币。为防止 6 个月后英镑升值而使进口成本增加，甲公司在期货市场买入 6 个月后到期的英镑期货合约，该英镑期货合约约定价格为 1 英镑兑换 8.8899 元人民币。6 个月后，英镑对人民币升值，现货市场即期汇率为 1 英镑兑换 8.8999 元人民币，期货市场汇率为 1 英镑兑换 8.9099 元人民币。其具体内容见表 9-3。

表 9-3 外汇期货合约

项目	时间	现货市场	期货市场
汇率	20×7 年 3 月 10 日	即期汇率 GBP1=CNY8.8799	GBP1=CNY8.8899（6 个月后到期）
	20×7 年 9 月 10 日	即期汇率 GBP1=CNY8.8999	GBP1=CNY8.9099
交易过程	20×7 年 3 月 10 日	不做任何交易	买进英镑期货合约（开仓） 期货合约价值：CNY11 112 375 即：8.8899×1 250 000=11 112 375（元）
	20×7 年 9 月 10 日	买进 1 250 000 英镑	卖出英镑期货合约（平仓） 期货合约价值：CNY11 137 375 即：8.9099×1 250 000=11 137 375（元）
结果	（1）现货市场上，损失 25 000 元，即（8.8999−8.8799）×1 250 000=25 000（元）； （2）期货市场上，通过对冲获利 25 000 元，即（8.9099−8.8899）×1 250 000=25 000（元）； （3）现货市场亏损与期货市场盈利相互抵销，汇率风险得以转移		

（三）期权合约

期权合约是一种法律合约，它赋予购买者在特定期间或特定时日，以事先约定的价格购买（看涨期权，又称买权）或出售（看跌期权，又称卖权）一定数量特定金融工具、商品或外币的权利，但非义务。这种权利的购买者可以不行权；但一旦行权，则出售者必须履行合约。根据期权合约标的物的不同，期权合约可以分为股票期权、利率期权、外汇期权、股票指数期权等。根据可行权的时间不同，期权合约可以分为欧式期权和美式期权；其中欧式期权是只有在期权到期才可行权的期权，美式期权则是买入期权的一方在合约到期日前的任何工作日时间都可以行权的期权。在目前的国际市场上，期权主要以美式期权为主。

在期权合约中，股票权证最为常见。它可以分为认购权证和认沽权证。认购权证持有人有权利在未来一定期间内（或在未来的某一特定日期），以固定价格向发行权证的公司购买一定数量的特定股票。认沽权证持有者有权利在未来的一定期间内（或在未来的某一特定日期），以固定价格向发行权证的公司出售一定数量的特定股票。

认购（或认沽）权证的特定标的物可以是单一公司的股票，也可以是股票组合或股价指数。投资人向发行权证的公司购买权证所支付的金额称为权利金。权利金又称期权价值或期权费，主要由内在价值和时间价值两部分构成。

内在价值是指期权发行期间某一时点的股票市价与履约价格的差额。如以甲公司股票为特定标的物发行认购权证，每股的履约价格为10元；若甲公司股票目前为每股15元，则该认购权证的内在价值就为5元（15-10）；若甲公司股票目前为每股9元，则该认购权证的内在价值就为0。

对于认购权证来说，当标的股票市价高于履约价格时，内在价值为正，称为价内；若两者相等，则内在价值为0，称为价平；若市价低于履约价格，内在价值为0，称为价外。对于认沽权证而言，正好相反，当履约价格高于市价时称为价内，低于市价时称为价外。期权内在价值的分析见表9-4。

期权合约及其内在价值

表9-4　期权内在价值的分析

项目	认购权证（Call Warrants）	认沽权证（Put Warrants）
履约价格>标的物市价	价外	价内
履约价格<标的物市价	价内	价外
履约价格=标的物市价	价平	价平

时间价值是指认购（认沽）权证在发行流通期间，标的股票的市价可能上涨（或下跌）而产生的价内价值。认购（认沽）权证在发行时即使履约价格等于标的股票的市价（即没有内在价值），也可能存在时间价值。因为在流通期间，股票的市价可能上涨或下跌，因而可能会产生价内价值。因此，时间价值与权证的发行期间及标的股票的价格波动性成正比例关系；期间越长，涨价（跌价）的可能性越大，时间价值越高；标的股票的市场波动性越大，时间价值越高。时间价值在权证发行时最高，以后逐日递减，至到期日为0。

认购权证、认沽权证等期权的价值，可以用下列公式表示：

期权价值（或权利金、期权费）=内在价值+时间价值

【例9-3】美国进口商甲公司从英国进口一台价值1 000 000英镑的设备，6个月后交货付款。当时的即期汇率为GBP1=USD1.3500。为了防止6个月后英镑升值导致进口成本增加，甲公司决定购买英镑看涨期权。当日在期货市场上，行权价格为GBP1=USD1.3500、期限为6个月的英镑看涨期权的期权费为每英镑1美分。甲公司购买了40份期权合约（每份交易价格为25 000英镑，共计1 000 000英镑），支付期权费10 000美元。期权合约的具体内容见表9-5。

表9-5　英镑看涨期权合约（每份，共40份）

购买者	美国进口商甲公司
期权类型	英镑看涨期权
期满时间	6个月
面值金额	GBP25 000
行权价格	GBP1=USD1.3500
结算方式	实物交割
权利金（期权费）	250美元（40份，共计10 000美元）

甲公司购买的英镑看涨期权锁定了外汇风险。如英镑上涨到GBP1=USD1.6000，此时支付1 000 000英镑就需要支付1 600 000美元，比原来的1 350 000美元高出250 000美元。但在购买了看涨期权之后，甲公司可以以GBP1=USD1.3500的价格从期权卖出者手中买入1 000 000英镑，这样只需要支付1 350 000美元，其期权利得就为240 000美元（250 000-10 000）。英镑升值幅度越大，行使期权获得的利得也就越高。如果英镑贬值（即出现价外期权），甲公司将不会行使期权，其所遭受的损失就只是期权费10 000美元而已。

（四）互换合约

互换合约是指两个或两个以上的当事人按照共同约定的条件，在规定的时间内相互交换包含了一定支付款项的合约。互换合约的形式有很多，其中最基本的互换类型是利率互换和货币互换。利率互换是指同种债务货币以不同的利率进行调换的一种金融交易；货币互换是指在相同的利率水平上，以不同货币的债务进行调换的一种金融交易。

1.利率互换

有些公司凭借其信誉，在长期债务利率市场上具有优势，经常持有不同利率水平的债权、债务，时常面临利率和汇率变动的风险，并随时需要筹措不同利率的货币资金。在这种情况下，有些想取得固定利率的公司却只能获得浮动利率贷款，另外一些公司有时需要将固定利率贷款转换为浮动利率贷款，于是利率互换等交易应运而生。互换的结果使得浮动利率贷款转换为固定利率贷款，固定利率贷款转换为浮动利率贷款，满足了交易双方的各自需要。互换合约交易大多是在银行中介人的协助下完成的，银行收取中介手续费。交易双方往往在不知对方的情况下，经银行介入完成互换业务。

【例9-4】甲、乙两家公司筹措期限5年、1 000万元的资金。甲公司想借入6个月期LIBOR利率资金，乙公司想获得固定利率借款。两者的信用等级不同，其借款利率见表9-6。

表9-6　甲、乙公司借款利率

项目	固定利率	浮动利率
甲公司	11%	6个月的LIBOR+0.6%
乙公司	12.5%	6个月的LIBOR+1.1%

浮动利率LIBOR（London Inter-Bank Offered Rate），是伦敦时间上午11时的银行同业拆借利率，它由银行间交易确定，随市场变化而变化，一般是国际银团贷款的基准参考利率。

由表9-6可知，甲公司可以11%的利率发行公司债券，筹措资金，在固定利率市场上具有比较优势；乙公司在固定利率市场上比甲公司多付出1.5%的利息。而在浮动利率市场上，乙公司只比甲公司多付出0.5%的利息，比其在固定利率市场上具有比较优势。假设中介人丙银行掌握了甲、乙两公司的需求，介入并撮合协调成功。其具体情况如图9-1所示。

利率互换和货币互换

由图9-1可知，甲公司的现金流量为：（1）发行公司债券，按年利率11%向投资者支付利息；（2）根据与丙银行的互换合约，获得10.8%利率的利息；（3）同时，根据与丙银行的互换合约，向丙银行支付LIBOR利率的利息；（4）甲公司的净现金流出量为LIBOR+0.2%，即利息支出=11%+LIBOR-10.8%，比它在浮动利率市场上筹措资金减少了0.4%利率的利息支出。

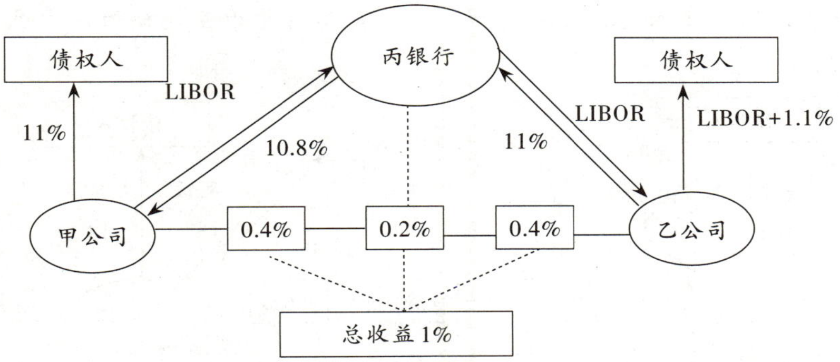

图 9-1　利率互换现金流量及收益分配

乙公司的现金流量为：(1) 筹措资金，向贷款人支付LIBOR+1.1%利率年利息；(2) 根据与丙银行的互换合约，获得LIBOR利率利息；(3) 同时，根据与丙银行的互换合约，向丙银行支付11%利率利息；(4) 乙公司的净现金流出量为12.1%，即利息支出=LIBOR+1.1%+11%-LIBOR，比它在固定利率市场上筹措资金减少了0.4%利率的利息支出。

中间人丙银行熟悉市场行情，在甲、乙双方都不知道对方的情况下，与它们签订互换合约，每天对冲可能产生的外汇风险，并获得净现金流入量为0.2%的利息收入（11%+LIBOR-10.8%-LIBOR）。

从这笔互换交易可知：(1) 甲、乙公司在债务本金不交换的情况下，债务利率即固定利率与浮动利率实现交换；(2) 这笔利率互换交易的潜在总收益为1%（（12.5%-11%）-［（LIBOR+1.1%）-（LIBOR+0.6%）］）。该收益在交易三方中进行分配，其中甲公司得到0.4%，乙公司得到0.4%，丙银行得到0.2%。

2. 货币互换

与利率互换相似，货币互换是由交易双方对货币债务不同的需求及各自的比较优势引起的债务互换，它是将一种货币的本金和固定利息与等价的另一种货币的本金和固定利息进行互换。在货币互换中，互换合约必须指明互换本金的货币名称，本金在互换交易有效期内交换两次，一次是在互换开始时交换，另一次是在互换结束时交换。

【例 9-5】甲、乙两家公司均可按固定利率获得美元借款和英镑借款。但甲公司需要英镑借款，乙公司需要美元借款。假设汇率为1英镑兑换1.5美元。它们的借款利率见表9-7。在丙银行中介人的撮合下，甲公司筹措5年期、15 000 000美元，乙公司筹措5年期、10 000 000英镑，并进行货币互换。

表 9-7　甲、乙公司借款利率

项目	美元	英镑
甲公司	10%	13.5%
乙公司	12%	14.0%

在表9-7中，甲公司在美元债务市场上筹措成本比乙公司低2%利息支出，具有比较优势；乙公司在英镑债务市场上比甲公司多付出0.5%利息支出，比其在美元债务市场上具有比较优势。这笔互换交易潜在总收益为1.5%利息收入（（12%-10%）-（14%-

13.5%））。中介丙银行介入后，分别与甲、乙公司签订货币互换合约，货币交易的现金流向如图9-2所示。

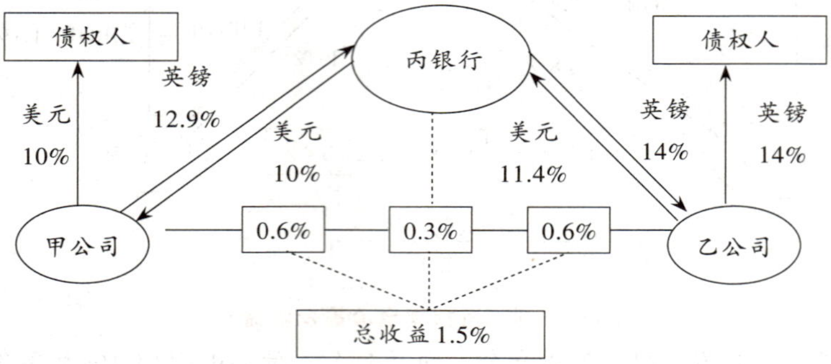

图9-2　货币互换现金流量及收益分配

由图9-2可知，甲公司的现金流量为：（1）发行美元债券，筹措15 000 000美元本金，每年按10%支付利息；（2）互换开始时，支付15 000 000美元本金，获取10 000 000英镑本金；（3）互换期内，按10%利率每年获取1 500 000美元利息，按12.9%利率每年支付1 290 000英镑利息；（4）互换结束，支付10 000 000英镑本金并收回15 000 000美元本金。

乙公司的现金流量为：（1）发行英镑债券，筹措10 000 000英镑本金，每年按14%支付利息；（2）互换开始时，支付10 000 000英镑本金，获取15 000 000美元本金；（3）互换期内，按14%每年获取1 400 000英镑利息，按11.4%利率每年支付1 710 000美元利息；（4）互换结束，支付15 000 000美元本金并收回10 000 000英镑本金。

丙银行每年可获得21万美元利息收益，即1 500万美元×（11.4%-10%）；并付出11万英镑利息支出，即1 000万英镑×（14%-12.9%）。同时，丙银行在互换期间内，采取购买11万英镑远期合约方式来锁定美元净收益，以避免汇率变动可能产生的损失。如果忽略币种差异，丙银行获得了0.3%利息收入（12.9%+11.4%-10%-14%）；甲公司净获得0.6%利息收入（13.5%-12.9%）；乙公司净获利0.6%利息收入（12%-11.4%）。交易三方获利总收益1.5%利息收入，与这笔货币互换交易潜在总收益1.5%利息收入是一致的。

三、衍生金融工具的会计问题

企业对融资及规避风险的需求促使了种类繁多的衍生金融产品的出现，由此也产生了如何确认、计量这些衍生金融产品的需求，从而出现了衍生金融工具会计。

（一）衍生金融工具对传统会计的影响

按照传统会计理论，资产是过去的交易或事项所引起的、企业拥有或控制的、能给企业带来未来经济利益的经济资源；负债是企业过去的交易或事项所产生的、企业需要承担的、将导致未来经济利益流出企业的现时义务。但衍生金融工具不是立足于过去发生的交易或事项，而是立足于未来期间合约的履行情况，而且衍生金融工具标的价格的波动性大、时间性强，决定了衍生金融工具未来经济利益的流动在时间上、金额上都具有较大的不确定性。所以，一般认为，与衍生金融工具交易有关的权利和义务不符合传统会计中资产和负债的定义，不应予以确认，只能作为表外项目在附注中进行说明。但是，衍生金融工具信息的相关性已使得对其进行确认与计量成为广泛共识。

另外，衍生金融工具能够以无成本或较低成本的方式取得，但它们的价值波动性很大，可能会使公司产生巨大的利润或损失。因为很多衍生金融工具的取得几乎没有成本，因而即使它们代表企业巨大的资产或负债，但根据传统的历史成本原则所编制的资产负债表却不能予以反映，这就使得公司的正常财务状况、经营成果、风险程度等经济本质得不到体现。另外，由于衍生金融工具能够迅速改变企业的财务状况、经营成果和风险水平的程度与性质，因而受到政策制定者的广泛关注。

（二）衍生金融工具的确认

传统上，零成本的衍生金融工具并不在资产负债表中确认，因为尽管签署了衍生金融工具合约，但企业并没有任何数量的现金或其他资产支付出现。然而，随着时间的推移以及基础变量（利率、汇率、价格、指数）价值的变化，衍生金融产品会出现正的或负的价值，所以，为了准确衡量企业的财务状况和经营成果以及估量由于运用衍生金融工具而给企业带来的巨大损失的可能性，企业应对衍生金融工具予以确认。

1.衍生金融工具的初始确认

企业一旦成为金融合约的一方，就应该将衍生金融工具确认为一项资产或负债。例如对于远期合约来说，应于承诺日确认为资产或负债，而不是等到交换实际发生日才予以确认。再如，当期权合约的购买者或者卖出者成为该合约的一方时，该期权合约应分别确认为资产或负债。

2.衍生金融工具的减值确认

衍生金融资产初始确认后，有客观证据能够表明已经出现减值迹象的，企业需要及时确认衍生金融工具的减值。企业应该在每一个资产负债表日评估该衍生金融资产是否存在任何实际减值的证据。如果确实存在这样的证据，企业就要作出详细的减值计算以决定是否确认该减值以及减值数额应该为多少。

3.衍生金融工具的终止确认

（1）衍生金融资产的终止确认

衍生金融工具的会计问题

对衍生金融资产的终止确认可通过三个不同层次的判断来进行：

①企业是否为获得衍生金融资产的现金流量权而转移了合约的权利；或者企业保留了该合约的权利，但同时承担了传递该现金流量权的合约义务。

②如果企业确认该衍生金融资产已经转移，那么就要进一步确定是否已经实质上转移了该资产的所有风险与产权收益。如果实质上已经转移了该资产的所有风险与产权收益，该资产就要终止确认；否则，该资产就不能终止确认。

③如果企业既没有保留也没有转移该资产的所有风险和利益，那么企业就要评估是否放弃了对该资产的控制权。如果企业没有控制该资产，那么终止确认就是合适的。如果企业一直保留对该资产的控制权，那么企业就应该继续确认该资产。

实际上，上述衍生金融资产终止确认的条件，可以简单地用控制予以表明，即当构成衍生金融资产或衍生金融资产的一部分的合约权利失去控制时，企业才能终止确认该衍生金融资产或该部分衍生金融资产。如果企业行使了合约中规定的控制权，或者这些权利已经逾期，或者企业已经放弃了这些权利，则表明企业对这些权利失去了控制。

(2) 衍生金融负债的终止确认

衍生金融负债的终止确认，也可采用与衍生金融资产同样的原则，即只有当衍生金融负债或衍生金融负债的一部分已经消除（义务解除、取消或逾期）时，企业才能将该项衍生金融负债或该项衍生金融负债的一部分从资产负债表中剔除。

(三) 衍生金融工具的计量

1.衍生金融工具的初始计量

在初始计量时，衍生金融工具应该以公允价值计量。

在具体确认项目上，如果企业是为了投机而使用衍生金融工具，则该衍生金融工具应确认为“衍生工具”项目；如果企业是为了套期保值而使用衍生金融工具，则该衍生金融工具应确认为“套期工具”项目。

投机是指一种在预测价格将要上涨时先买后卖，在预测价格将要下跌时先卖后买，从买卖价格差额中获取利润的行为。“在预测价格将要上涨时先买后卖”，这种做法被称为“买空”或“多头”；“在预测价格将要下跌时先卖后买”，这种做法被称为“卖空”或“空头”。无论是“买空”还是“卖空”，均存在相当大的风险，能否获利关键在于对价格变动的预测是否准确。

套期保值是指通过与被避险资产或负债价值变动方向相反的某类衍生金融工具进行对冲，对企业提供价格、利率或汇率等方面的保护，从而防止标的资产或负债价值发生负面变动带来经济上的损失。例如，签订远期外汇合约规避外币资产或外币负债因汇率变动而遭受的损失；在股市趋跌的预期下，卖空股价指数期货对目前持有的股票组合进行套期保值。

2.衍生金融工具的后续计量

在后续计量时，衍生金融工具应当采用公允价值计量。衍生金融工具的公允价值变动，应区分衍生金融工具出于投机还是套期保值目的而有所不同。对于用于投机的衍生金融工具，其公允价值变动应计入当期损益。对于出于套期保值目的而使用的衍生金融工具，其公允价值变动参见后续的套期保值会计。

【例 9-6】甲公司于20×7年4月1日向乙公司发行以其自身普通股为标的物的看涨期权，行权价为每股140元。根据该期权合约，如果乙公司行权，乙公司有权以每股140元的价格从甲公司购入普通股10 000股，期权将以现金净额结算。

其他有关资料如下：(1) 合约签订日为20×7年4月1日；(2) 行权日（欧式期权）为20×8年3月31日；(3) 20×7年4月1日每股市价135元，20×7年12月31日每股市价144元，20×8年3月31日每股市价143元；(4) 20×7年4月1日期权的公允价值为6 000元，20×7年12月31日期权的公允价值为42 000元，20×8年3月31日期权的公允价值为30 000元。

乙公司相关业务处理如下：

(1) 20×7年4月1日，购买看涨期权（如图9-3中A段运动所示）：

借：衍生工具——看涨期权	6 000	
贷：银行存款		6 000

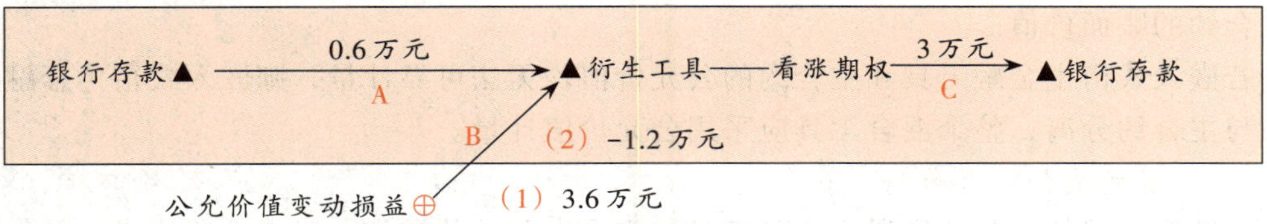

图9-3 乙公司看涨期权业务资金运动分析图

（2）20×7年12月31日，确认看涨期权的公允价值变动（如图9-3中B段运动（1）所示）：

借：衍生工具——看涨期权　　36 000

　贷：公允价值变动损益　　36 000

衍生金融工具的会计举例

（3）20×8年3月31日，确认看涨期权的公允价值变动（如图9-3中B段运动（2）所示）：

借：公允价值变动损益　　12 000

　贷：衍生工具——看涨期权　　12 000

同日，乙公司按净额结算期权合约（如图9-3中C段运动所示）：

借：银行存款　　30 000

　贷：衍生工具——看涨期权　　30 000

四、嵌入式衍生金融工具的确认与计量

嵌入式衍生金融工具确认与计量

（一）嵌入式衍生金融工具的含义

金融工具有时包括两个以上的合约，其中一个为主合约，其余为附属合约，此种金融工具被称为混合工具。附属合约若属于衍生金融工具，则称为嵌入式衍生金融工具。如可转换公司债券，是由公司债券（主合约）与认股权证（买权，附属合约）所构成。可转换公司债券本身就是一种混合工具；其转换权（认股权证）是一种衍生金融工具，因嵌入在公司债券之中，所以该转换权就称为嵌入式衍生金融工具。

（二）应与主合约分离的嵌入式衍生金融工具

每一种金融工具均有其经济特性与风险。如果两种以上的金融工具混合在一起，当各金融工具的经济特性及风险大致相同或紧密相关，且其现金流量及公允价值的变动基本一致时，则可以将该混合工具作为一个整体进行确认；反之，若各个合约的经济特性及风险并非紧密相关，或某一合约的现金流量变动可能被另一合约的现金流量变动所抵销，而使得混合工具本身的现金流量变动难以评估，则应将两种合约分离，分别确认。

（三）嵌入式衍生金融工具的计量

嵌入式衍生金融工具按照规定应与主合约分离的，若混合工具与嵌入式衍生金融工具均有可靠的公允价值，则嵌入式衍生金融工具应按其公允价值确认，混合工具减去嵌入式衍生金融工具的公允价值后的金额作为主合约的账面价值。若嵌入式衍生金融工具的公允价值无法确定，但混合工具和主合约有公允价值，则以两者之差作为其账面价值。若嵌入式衍生金融工具与主合约都有公允价值，不能按两者的相对公允价值比例来分摊混合工具的公允价值，而应该以其自身的公允价值作为嵌入式衍生金融工具的账面价值，剩下的作

为主合约的账面价值。

若嵌入式衍生金融工具和主合约的公允价值均无法可靠计量，则嵌入式衍生金融工具无法与主合约分离，整个混合工具应采用公允价值计量。

（四）可转换公司债券

可转换公司债券是一种混合金融工具，它是由公司债券与认股权证所构成。其中，认股权证（转换权）是一种衍生金融工具，它嵌入在公司债券中，因而属于嵌入式衍生金融工具。由于公司债券与权益转换的经济特性及风险不同，公司债券取决于公司的信用地位及市场利率的变动，而转换权取决于发行公司的普通股价格的变动，因而在对可转换公司债券确认计量时需要将两者分开，采用分拆法予以分别计量。其具体处理参见中级财务会计相关内容。

五、衍生金融工具的披露

企业应该将衍生金融工具分为交易类和套期保值类并做如下披露：衍生金融工具的性质、合约金额或名义金额；衍生金融工具的到期日、失效日或合约执行日；衍生金融工具的期末公允价值。

当企业拥有预期用于套期功能的衍生金融工具，且该套期关系符合运用套期会计方法的条件时，应当披露这些预期交易进行套期的策略，并对该套期披露如下具体内容：套期关系的描述；套期工具的描述及其在资产负债表日的公允价值；被套期风险的性质等。

第二节 套期会计概述

一、套期的概念

套期会计概述

套期，是指企业为管理外汇风险、利率风险、价格风险、信用风险等特定风险引起的风险敞口，指定金融工具为套期工具，以使套期工具的公允价值或现金流量变动，预期抵销被套期项目全部或部分公允价值或现金流量变动的风险管理活动。

例如，企业运用商品期货进行套期时，其套期策略通常是，买入（卖出）与现货市场数量相当但交易方向相反的期货合同，以期在未来某一时期通过期货合同的公允价值变动来对冲现货市场价格变动所带来的价格风险。又如，企业为规避外汇风险，与某金融机构签订外币期权合同，对现存数额较大的美元敞口进行外汇风险套期。

二、套期的分类

在套期会计中，套期分为公允价值套期、现金流量套期和境外经营净投资套期。

（一）公允价值套期

公允价值套期，是指对已确认资产或负债、尚未确认的确定承诺，或上述项目组成部分的公允价值变动风险敞口进行的套期。该公允价值变动源于特定风险，且将影响企业的损益或其他综合收益。其中，影响其他综合收益的情形，仅限于企业对指定为以公允价值计量且其变动计入其他综合收益的非交易性权益工具投资的公允价值变动风险敞口进行的套期。

以下是公允价值套期的例子：

（1）某企业签订一项以固定利率换浮动利率的利率互换合约，对其承担的固定利率负债的利率风险引起的公允价值变动风险敞口进行套期。

（2）某石油公司签订一项6个月后以固定价格购买原油的合同（尚未确认的确定承诺），为规避原油价格风险，该公司签订一项未来卖出原油的期货合约，对该确定承诺的价格风险引起的公允价值变动风险敞口进行套期。

（3）某企业购买一项看跌期权合同，对持有的选择以公允价值计量且其变动计入其他综合收益的非交易性权益工具投资的证券价格风险引起的公允价值变动风险敞口进行套期。

（二）现金流量套期

现金流量套期，是指对现金流量变动风险敞口进行的套期。该现金流量变动源于与已确认资产或负债、极可能发生的预期交易，或与上述项目组成部分有关的特定风险，且将影响企业的损益。

以下是现金流量套期的例子：

（1）某企业签订一项以浮动利率换固定利率的利率互换合约，对其承担的浮动利率债务的利率风险引起的现金流量变动风险敞口进行套期。

（2）某橡胶制品公司签订一项未来买入橡胶的远期合同，对3个月后预期极可能发生的与购买橡胶相关的价格风险引起的现金流量变动风险敞口进行套期。

（3）某企业签订一项购入外币的外汇远期合同，对以固定外币价格购入原材料的极可能发生的预期交易的外汇风险引起的现金流量变动风险敞口进行套期。

（三）境外经营净投资套期

境外经营净投资套期，是指对境外经营净投资外汇风险敞口进行的套期。境外经营净投资套期中的被套期风险是指境外经营的记账本位币与母公司的记账本位币之间的折算差额。

此外，企业对确定承诺的外汇风险进行套期的，可以将其作为现金流量套期或公允价值套期处理。例如，某航空公司签订一项3个月后以固定外币金额购买飞机的合同（尚未确认的确定承诺），为规避外汇风险，签订一项外汇远期合同，对该确定承诺的外汇风险引起的公允价值变动或者现金流量变动风险敞口进行套期。

三、套期会计方法

对于满足规定条件的套期，企业可运用套期会计方法进行处理。套期会计方法，是指企业将套期工具和被套期项目产生的利得或损失在相同会计期间计入当期损益（或其他综合收益）以反映风险管理活动影响的方法。

企业开展套期业务以进行风险管理，但是如果按照常规的会计处理方法，可能会导致损益产生更大的波动，这是因为企业被套期的风险敞口与对风险敞口进行套期的金融工具的确认和计量基础不一定相同。例如，企业使用衍生工具对某项极可能发生的预期交易的价格风险进行套期，按照常规会计处理方法，该衍生工具应当以公允价值计量且其变动计入当期损益，而预期交易则需到交易发生时才能予以确认，这样，企业利润表反映的损益就会产生较大的波动。再如，企业使用衍生工具对其持有的存货的价格风险进行套期，按照常规会计处理方法，该衍生工具应当以公允价值计量且其变动计入当期损益，而存货则以成本与可变现净值孰低计量，这同样会导致企业利润表反映的损益产生较大的波动。企业使用金融工具进行风险管理的目的是对冲风险，减少企业损益的波动，而由于常规会计处理方法中有关确认和计量基础不一致，在一定会计期间不仅可能无法如实反映企业的风险管理活动，反而可能会在财务报表上“扩大风险”。

因此，尽管从长期来看，被套期项目和套期工具实现了风险的对冲，但是在套期存续期所涵盖的各个会计报告期间内，在常规会计处理方法下有可能会产生会计错配和损益波动。套期会计方法基于企业风险管理活动，将套期工具和被套期项目产生的利得或损失在相同会计期间计入当期损益（或其他综合收益），有助于解决被套期项目和套期工具在确认和计量方面存在的上述差异，并在企业财务报告中如实反映企业进行风险管理活动的影响。

第三节　套期工具和被套期项目

一、套期工具

（一）符合条件的套期工具

套期工具

套期工具，是指企业为进行套期而指定的、其公允价值或现金流量变动预期可抵销被套期项目的公允价值或现金流量变动的金融工具。

企业可以将以下金融工具作为套期工具：

（1）以公允价值计量且其变动计入当期损益的衍生工具，但签出期权除外。企业只有在对购入期权（包括嵌入在混合合同中的购入期权）进行套期时，签出期权才可以作为套期工具。嵌入在混合合同中但未分拆的衍生工具不能作为单独的套期工具。

衍生工具通常可以作为套期工具。衍生工具包括远期合同、期货合同、互换和期权，以及具有远期合同、期货合同、互换和期权中一种或一种以上特征的工具等。例如，某企业为规避库存铜价格下跌的风险，可以卖出一定数量的铜期货合同，其中，铜期货合同即套期工具。

衍生工具无法有效地对冲被套期项目风险的，不能作为套期工具。企业的签出期权（除非该签出期权指定用于抵销购入期权）不能作为套期工具，因为该期权的潜在损失可能大大超过被套期项目的潜在利得，从而不能有效地对冲被套期项目的风险。而购入期权的一方可能承担的最大损失就是期权费，但可能拥有的利得通常等于或大大超过被套期项目的潜在损失，可被用来有效对冲被套期项目的风险，因此购入期权的一方可以将购入的期权作为套期工具。

（2）以公允价值计量且其变动计入当期损益的非衍生金融资产或非衍生金融负债，但指定为以公允价值计量且其变动计入当期损益，且其自身信用风险变动引起的公允价值变动计入其他综合收益的金融负债除外。

对于指定为以公允价值计量且其变动计入当期损益，且其自身信用风险变动引起的公允价值变动计入其他综合收益的金融负债，由于没有将整体公允价值变动计入当期损益，因此不能被指定为套期工具。

【例9-7】甲公司持有1年期的票据，其收益率与黄金价格指数挂钩。甲公司将该票据分类为以公允价值计量且其变动计入当期损益的金融资产。同时，甲公司签订了一项1年后以固定价格购买黄金的合同（尚未确认的确定承诺），以满足生产需要。

本例中，该票据作为以公允价值计量且其变动计入当期损益的非衍生金融资产，可以被指定为套期工具，对尚未确认的确定承诺的价格风险引起的公允价值变动风险敞口进行套期。

需要注意的是，并非所有以公允价值计量且其变动计入当期损益的金融工具均为符合条件的套期工具。企业应当对因运用公允价值选择权而被指定为以公允价值计量且其变动计入当期损益的金融工具进行评估，以确保套期工具的指定并未与运用公允价值选择权的目标相冲突，即不会再次产生已通过运用公允价值选择权消除的会计错配。

(3) 对于外汇风险套期，企业可以将非衍生金融资产（选择以公允价值计量且其变动计入其他综合收益的非交易性权益工具投资除外）或非衍生金融负债的外汇风险成分指定为套期工具。

【例9-8】甲公司的记账本位币为人民币，该公司发行了5 000万美元、年利率5%的固定利率债券，每半年支付一次利息，2年后到期。甲公司将该债券分类为以摊余成本计量的金融负债。甲公司同时签订了2年后到期的、5 000万美元的固定价格销售承诺（尚未确认的确定承诺）。

本例中，甲公司可以将以摊余成本计量的美元负债的外汇风险成分作为套期工具，对固定价格销售承诺的外汇风险引起的公允价值变动或者现金流量变动风险敞口进行套期。

（二）对套期工具的指定

在对套期工具进行指定时，企业需要注意以下方面：

(1) 企业在确立套期关系时，应当将前述符合条件的金融工具整体（或外汇风险套期中的非衍生金融资产或非衍生金融负债的外汇风险成分）指定为套期工具。因为企业对套期工具进行计量时，通常以该金融工具整体为对象，采用单一的公允价值基础对其进行计量。但是，由于期权的时间价值、远期合同的远期要素和金融工具的外汇基差通常具备套期成本的特征且可以单独计量，因此为提高某些套期关系的有效性，套期会计准则允许企业在对套期工具进行指定时，作出以下例外处理：

①对于期权，企业可以将期权的内在价值和时间价值分开，只将期权的内在价值变动指定为套期工具。期权的价值包括内在价值和时间价值。随着期权临近到期，期权的时间价值不断减少直至为零。当企业仅指定期权的内在价值变动为套期工具时，与期权的时间价值相关的公允价值变动被排除在套期有效性评估之外，从而能够提高套期的有效性。

②对于远期合同，企业可以将远期合同的远期要素和即期要素分开，只将即期要素的价值变动指定为套期工具。远期合同的即期要素反映了基础项目远期价格和现货价格的差异，而远期要素的特征取决于不同的基础项目。当企业仅指定远期合同的即期要素的价值

变动为套期工具时，能够提高套期的有效性。

③对于金融工具，企业可以将金融工具的外汇基差单独分拆，只将排除外汇基差后的金融工具指定为套期工具。外汇基差反映了货币主权信用差异、市场供求等因素所带来的成本。将外汇基差分拆，只将排除外汇基差后的金融工具指定为套期工具，能够提高套期的有效性。

（2）企业可以将套期工具的一定比例指定为套期工具，但不可以将套期工具剩余期限内某一时段的公允价值变动部分指定为套期工具。

【例9-9】甲公司拥有一项支付固定利息、收取浮动利息的互换合同，拟将其用于对该公司所发行的浮动利率债券进行套期。该互换合同的剩余期限为10年，而债券的剩余期限为5年。在这种情况下，甲公司不能将该互换合同剩余期限中某5年的互换合同公允价值变动指定为套期工具。

（3）企业可以将两项或两项以上金融工具（或其一定比例）的组合指定为套期工具（包括组合内的金融工具形成风险头寸相互抵销的情形）。

【例9-10】甲公司发行了10年期的固定利率债券。甲公司的风险管理策略为固定未来12个月的利率。因此，甲公司在发行该债券时签订了10年期收取固定利率、支付浮动利率的互换合同（互换条款与债券条款完全匹配）和1年期收取浮动利率、支付固定利率的互换合同。

本例中，如果其他套期会计条件均满足，甲公司可以将这两个互换合同的组合指定为对该债券利率风险进行公允价值套期的套期工具。

对于一项由签出期权和购入期权组成的期权（如利率上下限期权），或对于两项或两项以上金融工具（或其一定比例）的组合，其在指定日实质上相当于一项净签出期权的，不能将其指定为套期工具。只有在对购入期权（包括嵌入在混合合同中的购入期权）进行套期时，净签出期权才可以作为套期工具。

对于一项由签出期权和购入期权组成的期权，当同时满足以下条件时，实质上不是一项净签出期权，可以将其指定为套期工具：

①企业在期权组合开始时以及整个期间未收取净期权费；

②除了行权价格，签出期权组成部分和购入期权组成部分的关键条款是相同的（包括基础变量、计价货币及到期日）；

③签出期权的名义金额不大于购入期权的名义金额。

【例9-11】甲公司发行了5年期、1亿元的浮动利率债券。为了对该债券利率风险进行套期，甲公司在债券发行当日购入利率上下限期权组合以对债券高于8%、低于4%的利率风险进行套期。发行当日市场上同等期限债券的市场利率为6%。购入期权的上限8%（企业因购入一项期权而获得一项权利，该权利表现在当未来市场利率高于8%时，企业仍只需按8%来支付利息。因此，企业需要支付一定的期权费）与签出期权的下限4%（企业因卖出一项期权而承担一项义务，该义务表现在当未来市场利率低于4%时，企业依然按4%支付利息。因此，企业会因该承诺而收取一定的期权费）相比很可能产生溢价，因此甲公司支付净期权费50万元。该利率上下限期权组合中购入的上限8%和签出的下限4%的名义本金同为1亿元。

本例中，由于企业未收取净期权费（而是支付净期权费50万元，这说明签出期权所面临的潜在损失是比较小的），签出期权和购入期权的关键条款相同，且签出期权的名义本金不大于购入期权的名义本金，因此甲公司可以将该利率上下限期权组合指定为对浮动利率债券进行现金流量套期的套期工具。

（三）使用单一套期工具对多种风险进行套期

企业通常将单项套期工具指定为对一种风险进行套期。但是，如果套期工具与被套期项目的不同风险敞口之间有具体对应关系，则一项套期工具可以被指定为对一种以上的风险进行套期。

【例9-12】甲公司的记账本位币是人民币，其承担了一项5年期浮动利率的美元债务。为规避该金融负债的外汇风险和利率风险，甲公司与某金融机构签订一项交叉货币利率互换合同（互换合同的条款与金融负债的条款相匹配），并将该互换合同指定为套期工具。根据该互换合同，甲公司将定期收取以美元浮动利率计算确定的利息，同时支付以人民币固定利率计算确定的利息。

本例中，一项互换合同被指定为同时对金融负债的外汇风险和利率风险进行套期的套期工具。

二、被套期项目

（一）符合条件的被套期项目

被套期项目，是指使企业面临公允价值或现金流量变动风险，且被指定为被套期对象的、能够可靠计量的项目。

被套期项目

企业可以将下列单个项目、项目组合或其组成部分指定为被套期项目：

（1）已确认资产或负债。

（2）尚未确认的确定承诺。其中，确定承诺，是指在未来某特定日期或期间，以约定价格交换特定数量资源、具有法律约束力的协议；尚未确认，是指尚未在资产负债表中确认。

【例9-13】甲公司为我国境内企业，采用人民币作为记账本位币。甲公司与境外乙公司签订了一项设备购买合同，约定6个月后按固定的外币价格购入设备，即甲公司与乙公司达成了一项确定承诺。同时，甲公司签订了一份外币远期合同，以对该项确定承诺产生的外汇风险进行套期。

本例中，该确定承诺可以被指定为被套期项目，外币远期合同可以被指定为公允价值套期或现金流量套期中的套期工具。

（3）极可能发生的预期交易。其中，预期交易，是指尚未承诺但预期会发生的交易。评估预期交易发生的可能性不能仅依靠企业管理人员的意图，而应当基于可观察的事实和相关因素。

在评估预期交易发生的可能性时，企业应当考虑以下因素：①类似交易之前发生的频率；②企业在财务和经营上从事此项交易的能力；③企业有充分的资源能够完成此项交易；④交易不发生时可能对经营带来的损失和破坏程度；⑤为达到相同的业务目标，企业可能会使用在实质上不同的交易的可能性（例如，计划筹集资金的企业可以通过获取银行贷款或者发行股票等方式筹集资金）；⑥企业的业务计划。

此外，企业还应当考虑预期交易发生时点距离当前的时间跨度和预期交易的数量或价值占企业相同性质交易的数量或价值的比例。在其他因素相同的情况下，预期交易发生的时间越远或预期交易的数量或价值占企业相同性质交易的数量或价值的比例越高，预期交易发生的可能性就越小，就越需要有更强有力的证据来支持"极可能发生"的判断。例如，企业预计将在3年后发生的交易比预计将在3个月后发生的交易的可能性小，判断前者"极可能发生"时需要更多的证据支持；企业预计将在1个月内销售1 000件商品（假设在过去3个月平均每月的销售量为1 000件）比预计将在1个月内销售200件商品的可能性小，判断前者"极可能发生"时需要更多的证据支持。

企业应当明确区分预期交易与确定承诺。

【例9-14】预期交易：20×8年5月1日，甲公司预期2个月后将购买200吨铜，用于20×8年7月的生产。

确定承诺：20×8年5月1日，甲公司签订了一份法律上具有约束力的采购协议，约定于20×8年6月30日向乙公司以每吨4万元的价格购买200吨铜。

本例中，签订了法律上具有约束力的采购协议为确定承诺，而尚未承诺但预期会发生的交易为预期交易。

（4）境外经营净投资。境外经营净投资可以被指定为被套期项目。境外经营净投资，是指企业在境外经营净资产中的权益份额。企业既无计划也无可能在可预见的未来会计期间结算的长期外币货币性应收项目（含贷款），应视同实质性构成境外经营净投资的组成部分。

境外经营可以是企业在境外的子公司、合营安排、联营企业或分支机构。在境内的子公司、合营安排、联营企业或分支机构，采用不同于企业记账本位币的，也视同境外经营。

【例9-15】甲公司的记账本位币为人民币，20×8年1月1日，甲公司以1亿美元从非关联方处购买了境外乙公司的全部普通股股份，取得控制权。在购买日，乙公司可辨认净资产的公允价值为7 000万美元。甲公司合并财务报表中确认商誉3 000万美元。同时，在购买日，甲公司向乙公司提供长期借款2 000万美元，甲公司将其作为长期应收款处理，但甲公司既无计划也无可能在可预见的未来会计期间收回这笔长期应收款。

在购买日，如果甲公司计划对乙公司的境外经营净投资进行套期，则能够被指定为被套期项目的境外经营净投资的最大金额为1.2亿美元，包括所购境外经营的可辨认净资产7 000万美元，构成境外经营净投资一部分的商誉3 000万美元，以及甲公司对乙公司的长期应收款2 000万美元。

企业确定被套期项目时，应当注意以下几点：

（1）作为被套期项目，应当会使企业面临公允价值或现金流量变动风险（即被套期风险），在本期或未来期间会影响企业的损益或其他综合收益。与之相关的被套期风险，通常包括外汇风险、利率风险、商品价格风险、股票价格风险等。企业的一般经营风险（如固定资产毁损风险、亏损风险等）不能作为被套期风险，因为这些风险不能具体识别和单独计量。

(2) 采用权益法核算的股权投资不能在公允价值套期中作为被套期项目。因为权益法下，投资方只是将其在联营企业或合营企业中的损益份额确认为当期损益，而不确认投资的公允价值变动。与之相类似，对纳入合并财务报表范围的子公司投资也不能作为被套期项目。但对境外经营净投资可以作为被套期项目，因为相关的套期指定针对的是外汇风险，而不是境外经营净投资的公允价值变动风险。

(3) 在运用套期会计时，在合并财务报表层面，只有与企业集团之外的对手方之间交易形成的资产、负债、尚未确认的确定承诺或极可能发生的预期交易才能被指定为被套期项目；在合并财务报表层面，只有与企业集团之外的对手方签订的合同才能被指定为套期工具。对于同一企业集团内的主体之间的交易，在企业个别财务报表层面可以运用套期会计，在企业集团合并财务报表层面不得运用套期会计，但下列情形除外：

①在合并财务报表层面，投资性主体与其以公允价值计量且其变动计入当期损益的子公司之间的交易，可以运用套期会计。

②企业集团内部交易形成的货币性项目的汇兑收益或损失，不能在合并财务报表中全额抵销的，企业可以在合并财务报表层面将该货币性项目的外汇风险指定为被套期项目。

③企业集团内部极可能发生的预期交易，按照进行此项交易的主体的记账本位币以外的货币标价，且相关的外汇风险将影响合并损益的，企业可以在合并财务报表层面将该外汇风险指定为被套期项目。

(二) 项目组成部分作为被套期项目的规定和要求

企业可以将已确认资产或负债、尚未确认的确定承诺、极可能发生的预期交易以及境外经营净投资等单个项目整体或者项目组合指定为被套期项目，也可以将上述单个项目或者项目组合的一部分（项目组成部分）指定为被套期项目。

项目组成部分是指小于项目整体公允价值或现金流量变动的部分，它仅反映其所属项目整体面临的某些风险，或仅反映一定程度的风险（例如对某项目的一定比例进行指定时）。企业只能将下列项目组成部分或其组合指定为被套期项目：

(1) 项目整体公允价值或现金流量变动中仅由某一个或多个特定风险引起的公允价值或现金流量变动部分（风险成分）。

在风险管理实务中，企业经常不是为了对被套期项目整体公允价值或现金流量变动进行套期，而仅为了对特定风险成分进行套期。允许对风险成分进行指定使企业能够更灵活地识别被套期风险。在将风险成分指定为被套期项目时，该风险成分应当能够单独识别并可靠计量。

在识别可被指定为被套期项目的风险成分时，企业应当基于该类风险及相关套期活动所发生的特定市场环境进行评估，并考虑因风险和市场而异的相关事实和情况（例如，相关风险成分是否都有市场报价从而能够可靠计量）。同时，企业应当考虑该风险成分是合同明确的风险成分，还是非合同明确的风险成分。非合同明确的风险成分存在于下列两种情况中：①不构成合同的项目（如极可能发生的预期交易）；②未明确该风险成分的合同（例如确定承诺中仅包含一项单一价格，并未列明基于不同基础变量的定价公式）。

【例 9-16】甲公司与乙公司订立了一项以合同指定公式进行定价的长期天然气供应合同，该公式主要参考商品价格（如柴油）和其他因素（如运输费）对长期天然气进行定价。为了管理长期天然气供应合同涉及的长期天然气价格风险，甲公司利用柴油远期合同对该供应合同定价中的柴油价格风险进行套期。由于该供应合同的条款和条件对柴油组成部分作出了明确规定，因而柴油价格风险引起的公允价值变动部分属于合同明确的风险成分。

根据长期天然气供应合同定价公式，该风险成分能够单独识别；同时，市场上存在可交易的柴油远期合同，该风险成分能够可靠计量。因此，甲公司的长期天然气供应合同定价中的柴油价格风险引起的公允价值变动部分可以作为符合条件的风险成分，被指定为被套期项目。

【例9-17】甲公司为一家航空公司，为了管理其所消耗的航空燃油价格风险，对未来拟购买的部分航空燃油进行套期。

甲公司基于进行套期的时间跨度（时间跨度会影响衍生工具的市场流动性），使用了不同类型的套期工具对未来拟购买的航空燃油价格变动风险敞口进行套期。其中，对于较长的时间跨度（12个月至24个月），甲公司使用原油期货合同进行套期，因为只有此类原油期货合同才具有充分的市场流动性；对于6个月至12个月的时间跨度，甲公司使用具有充分流动性的柴油期货合同进行套期；对于6个月以下的时间跨度，甲公司则使用航空燃油期货合同进行套期。

尽管甲公司没有任何合同安排对航空燃油中的原油和柴油成分作出明确规定，但甲公司仍可得出结论，其购买航空燃油的价格风险包括原油价格风险成分和柴油价格风险成分，这两项风险成分属于非合同明确的风险成分，并且这两项风险成分能够单独识别并可靠计量。因此，甲公司可以将这两项风险成分指定为被套期项目。

【例9-18】甲公司持有一项固定利率债务工具，该债务工具可以与基准利率（如SHIBOR）相比较确定其价差，进而确定其票面利率，因此该债务工具的价格直接随着基准利率的变动而变化。

甲公司所持有的固定利率债务工具中基准利率的利率风险引起的公允价值变动部分是能够单独识别和可靠计量的风险成分，因此，甲公司可将该风险成分指定为被套期项目。

在企业风险管理活动中，有时企业只对被套期项目的单边风险进行套期，即对被套期项目公允价值或现金流量变动中仅高于或仅低于特定价格或其他变量的部分进行套期。该套期的部分风险也可被视为风险成分，可以被指定为被套期项目。例如，某企业预期将购买一批商品，为了管理该批商品未来价格上涨风险，企业可以将因该批商品未来价格上涨而导致的未来现金流量变动风险指定为被套期项目。在这种情况下，企业仅对商品高于特定价格所导致的现金流量损失部分进行指定。在风险管理活动中，企业通常会使用期权作为套期工具进行单边风险的套期。一项购入期权的内在价值，而非时间价值，反映的就是被套期项目的单边风险。

通货膨胀风险一般无法单独识别和可靠计量，因此不能被指定为金融工具的风险成分，除非该通货膨胀风险是合同明确的。

（2）一项或多项选定的合同现金流量。

在风险管理活动中，企业有时会对一项或多项选定的合同现金流量进行套期。例如，企业有一笔期限为10年、年利率8%、按年付息的长期银行借款，企业出于风险管理的需要，对该笔借款所产生的前5年应支付利息进行套期。一项或多项选定的合同现金流量可以被指定为被套期项目。

(3) 项目名义金额的组成部分。

项目名义金额的组成部分，是指项目整体金额或数量的特定部分，其可以是项目整体的一定比例部分（如一项贷款的合同现金流量的50%部分），也可以是项目整体的某一层级部分。不同的组成部分类型产生不同的会计处理结果。因此，企业在指定名义金额组成部分时应当与其风险管理目标保持一致。

项目某一层级部分可以从已设定但开放式的总体中指定一个层级，也可以从已设定的名义金额中指定一个层级。例如，下列各项均属于项目某一层级部分：

①货币性交易量的一部分。例如，甲公司20×7年1月实现首笔20万美元的出口销售之后，下一笔金额为20万美元的出口销售所产生的现金流量可以作为指定的被套期项目。

②实物数量的一部分。例如，甲公司储藏在某地的500万立方米的底层天然气可以作为指定的被套期项目。

③实物或其他交易量的一部分。例如，甲炼化公司20×7年6月购入的前1 000桶石油，乙发电企业20×7年6月售出的前100兆瓦小时的电力等，均可以作为指定的被套期项目。

④被套期项目的名义金额的某一层。例如，金额为1亿元的确定承诺的最后8 000万元部分；金额为1亿元的固定利率债券的底层2 000万元部分；可按公允价值提前偿付的总金额为1亿元（设定的名义金额为1亿元）的固定利率债券的顶层3 000万元部分。

如果某一层级部分在公允价值套期中被指定为被套期项目，则企业应从设定的名义金额中对其进行指定。企业应根据公允价值变动重新计量被套期项目（即根据归属于被套期风险的公允价值变动重新计量相关项目），以满足公允价值套期的要求。公允价值套期调整必须在损益中确认，且确认时间不得迟于该项目终止确认的时点。因此，企业应当对所设定的名义金额进行跟踪。例如，必须对上述设定的总名义金额1亿元的固定利率债券进行跟踪，以跟踪底层的2 000万元或顶层的3 000万元部分。

如果项目整体的某一层级部分包含提前还款选择权，且该提前还款选择权的公允价值受被套期风险变化的影响，那么企业不得将该层级指定为公允价值套期的被套期项目，但企业在计量被套期项目的公允价值时已包含该提前还款选择权影响的情况除外。

【例9-19】甲公司向乙银行申请了一笔本金为100万元人民币、期限为5年的贷款，该贷款允许债务人于每年年末最多偿还本金10万元，即贷款本金中的40万元可以提前偿还（分别在贷款第1年至第4年年末偿还），而贷款本金中的60万元则不可提前偿还且具有5年的固定期限。由于该60万元属于固定期限债务、不可提前偿还，且其公允价值不包含提前还款选择权的影响（即该层组成部分不包含提前还款选择权），因此，甲公司可将此项金额的某一层组成部分指定为被套期项目。但是，与可提前还款的40万元相关的公允价值变动则包含提前还款选择权（其公允价值受利率变动风险的影响），因此，40万元的该层组成部分无法成为符合条件的项目组成部分，不能作为被套期项目，除非甲公司在确定被套期项目的公允价值变动时已包含相关提前还款选择权的影响。

（三）汇总风险敞口作为被套期项目的规定和要求

企业可以将符合被套期项目条件的风险敞口与衍生工具组合形成的汇总风险敞口指定为被套期项目。在指定此类被套期项目时，企业应当评估该汇总风险敞口是不是由风险敞口与衍生工具相结合，从而产生了不同于该风险敞口的另一个风险敞口，并将其作为针对某项（或几项）特定风险的一个风险敞口进行管理。在这种情况下，企业可基于该汇总风险敞口指定被套期项目。

企业基于汇总风险敞口指定被套期项目时，应当在评估套期有效性和计量套期无效部分时考虑构成该汇总风险敞口的所有项目的综合影响。但是，构成该汇总风险敞口的项目仍须单独进行会计处理，具体要求如下：

（1）作为汇总风险敞口组成部分的衍生工具应当单独确认为以公允价值计量的资产或负债。

（2）如果在构成汇总风险敞口的各项目之间指定套期关系，则衍生工具作为汇总风险敞口组成部分的方式应当与该衍生工具在此汇总风险敞口层面上被指定为套期工具的方式保持一致。例如，对于构成汇总风险敞口的各项目之间的套期关系，如果企业在指定套期工具时将衍生工具的远期要素排除在外，则企业在将该衍生工具作为汇总风险敞口的组成部分指定为被套期项目时也应当将远期要素予以排除。

（四）项目组成部分与项目总现金流量之间的关系

当金融项目或非金融项目的现金流量的组成部分被指定为被套期项目时，该组成部分应当少于或等于整个项目的现金流量总额。但是，整个项目的所有现金流量可以被指定为被套期项目，而且被套期的只能是某一特定风险（如一项基准利率或者基准商品价格变动所形成的变动风险）。

【例9-20】甲公司发行了一笔固定利率债券，该债券利率以SHIBOR 4.20%减去20个基点为基础确定，即4.00%。在本例中，甲公司不能将该债券等于SHIBOR的利息部分（即4.20%）指定为被套期项目，因为该金额大于债券的合同现金流量总额。但是甲公司可以将该债券的所有合同现金流量指定为被套期项目，并明确这些被套期的现金流量是可归属于SHIBOR的变动部分。

（五）被套期项目的组合

当企业出于风险管理目的对一组项目进行组合管理，且组合中的每一个项目（包括其组成部分）单独都属于符合条件的被套期项目时，该项目组合可以被指定为被套期项目。一组风险相互抵销的项目形成风险净敞口，一组风险不相互抵销的项目形成风险总敞口。只有当企业出于风险管理目的以净额为基础进行套期时，风险净敞口才符合运用套期会计的条件。判断企业是否以净额为基础进行套期应当基于事实，而不仅仅是声明或文件记录。因此，如果仅仅为了达到特定的会计结果却无法反映企业的风险管理策略和风险管理目标，那么企业不得运用以净额为基础的套期会计。净敞口套期必须是既定风险管理策略的组成部分，通常应当获得企业关键管理人员的批准。

当企业将形成风险净敞口的一组项目指定为被套期项目时，应当将构成该净敞口的所有项目的项目组合整体指定为被套期项目，不应当将不明确的净敞口抽象金额指定为被套期项目。例如，某公司拥有一组在9个月后履约的金额为100万美元的确定销售承诺，以及一组在18个月后履约的金额为120万美元的确定购买承诺。在这种情况下，该公司不能将一个最大金额为20万美元的抽象金额的净头寸进行指定，而必须对形成该被套期净头寸的购买总额和销售总额进行指定。

风险净敞口并非在任何情况下都符合运用套期会计的条件。在现金流量套期中，企业仅可以将外汇风险净敞口指定为被套期项目，并且应当在套期指定中明确预期交易预计影响损益的报告期间，以及预期交易的性质和数量。

企业根据其风险管理目标，可以将一组项目的一定比例或某一层级指定为被套期项目。当企业将一组项目的某一层级部分指定为被套期项目时，应当同时满足以下条件：(1) 该层级能够单独识别并可靠计量；(2) 企业的风险管理目标是对该层级进行套期；(3) 该层级所在的整体项目组合中的所有项目均面临相同的被套期风险；(4) 对已经存在的项目（如已确认资产或负债、尚未确认的确定承诺）进行的套期，被套期层级所在的整体项目组合可识别并追踪；(5) 该层级包含提前还款选择权的，应当符合项目名义金额的组成部分中的相关要求。

【例9-21】甲公司拥有一个在同一个月发行的固定利率、分期还款的人民币贷款投资组合，但不可提前还款。该投资组合中的各项贷款遵循相同的分期还款时间表，且甲公司能够识别每一项贷款的合同现金流量的发生时间。该投资组合中所有贷款的名义金额之和为10亿元，甲公司的风险管理目标是对相当于该组贷款总额中底层名义金额2.5亿元部分的利率风险进行套期。为此，甲公司可以从该组贷款中识别出指定为被套期项目的2.5亿元底层贷款部分。

第四节 套期关系评估

一、运用套期会计的条件

套期关系评估

公允价值套期、现金流量套期或境外经营净投资套期同时满足下列条件的，才能运用套期会计方法进行处理：

(1) 套期关系仅由符合条件的套期工具和被套期项目组成。

(2) 在套期开始时，企业正式指定了套期工具和被套期项目，并准备了关于套期关系和企业从事套期的风险管理策略及风险管理目标的书面文件。该文件至少载明了套期工具、被套期项目、被套期风险的性质以及套期有效性评估方法（包括套期无效部分产生的原因分析以及套期比率确定方法）等内容。

(3) 套期关系符合套期有效性要求。套期有效性，是指套期工具的公允价值或现金流量变动能够抵销被套期风险引起的被套期项目公允价值或现金流量变动的程度。套期工具的公允价值或现金流量变动大于或小于被套期项目的公允价值或现金流量变动的部分为套期无效部分。

（一）风险管理策略和风险管理目标

企业应当区分风险管理策略和风险管理目标。风险管理策略由企业风险管理最高决策机构制定，一般在企业的有关纲领性文件中阐述，并通过含有具体指引的政策性文件在企业范围内贯彻落实。风险管理策略通常应当识别企业面临的各类风险，并明确企业如何应对这些风险，风险管理策略一般适用于较长时期的风险管理活动，并且包含一定的灵活性，以适应策略实施期间内环境的变化（例如，不同利率或商品价格水平导致不同程度的套期）。风险管理目标是指企业在某一特定套期关系层面上，确定如何指定套期工具和被套期项目，以及如何运用指定的套期工具对指定为被套期项目的特定风险敞口进行套期。因此，风险管理策略可以涵盖许多不同的套期关系，而这些套期关系的风险管理目标旨在落实整体的风险管理策略。

【例 9-22】甲公司制定了管理债务融资利率风险敞口的策略，该策略规定甲公司将维持20%～40%的固定利率债务。甲公司根据市场利率水平决定如何执行该风险管理策略，即其固定利率债务风险敞口将锁定在20%～40%范围内的某一位置。在市场利率较低时，与利率较高时相比，甲公司将选择维持更大比例的固定利率债务。在这种情况下，甲公司风险管理策略本身保持不变，但是根据市场利率变化对风险管理策略的执行发生了改变，即风险管理目标发生了变化（被套期的利率敞口发生了变化）。

（二）套期有效性要求

套期同时满足下列条件的，企业应当认定套期关系符合套期有效性要求：

（1）被套期项目和套期工具之间存在经济关系。该经济关系使得套期工具和被套期项目的价值因面临相同的被套期风险而发生方向相反的变动。

如果被套期项目和套期工具之间存在经济关系，则套期工具的价值与被套期项目的价值预期将产生系统性变动，以反映同一基础变量或一组因采用类似的方式来应对被套期风险而存在经济关系的基础变量产生的变动。

当对净头寸进行套期时，企业应当考虑净头寸中各项目的价值变动以及套期工具的公允价值变动。例如，甲公司为境内企业，记账本位币为人民币，拥有一组在9个月后履约的金额为100万美元的确定销售承诺，以及一组在18个月后履约的金额为120万美元的确定购买承诺。甲公司可利用未来购入金额为20万美元的外汇远期合同对其未来需支付20万美元的净头寸的外汇风险进行套期。在确定该套期关系是否符合套期有效性的要求时，企业应当考虑下列两者之间的关系：①外汇远期合同的公允价值变动及确定销售承诺与外汇风险相关的价值变动；②确定购买承诺与外汇风险相关的价值变动。

与此类似，如果在上述例子中企业持有一个净头寸为零的组合，则企业在确定该套期关系是否符合套期有效性的要求时，应当考虑确定销售承诺与外汇风险相关的价值变动和确定购买承诺与外汇风险相关的价值变动之间的关系。

（2）被套期项目和套期工具经济关系产生的价值变动中，信用风险的影响不占主导地位。

由于套期会计方法建立在套期工具和被套期项目所产生的利得和损失能够相互抵销这一基本概念之上，因此套期有效性不仅取决于套期工具和被套期项目之间的经济关系，还取决于信用风险对套期工具和被套期项目价值的影响。信用风险的影响意味着，即使套期工具与被套期项目之间存在经济关系，两者之间相互抵销的程度仍可能变得不规律。这可能是由于套期工具或被套期项目的信用风险的变化所致，而且此类信用风险的变化可能会达到一定程度，使信用风险将主导价值变动。例如，企业使用无担保的衍生工具对商品价格风险敞口进行套期。如果该衍生工具交易对手方的信用状况严重恶化，则与商品价格的变动相比，该交易对手方信用状况的变化对套期工具公允价值所产生的影响可能更大，而被套期项目的价值变动则主要取决于商品价格的变动。

如果由信用风险引起的损失或利得将干扰基础变量的变动对套期工具或被套期项目价值的影响，则信用风险的变化程度导致了信用风险在价值变动中起主导作用。

（3）套期关系的套期比率，应当等于企业实际套期的被套期项目数量与对其进行套期的套期工具实际数量之比。

被套期项目和套期工具的数量可根据其性质采用多种方式进行计量。作为一般原则，套期关系的套期比率应当与从风险管理角度设定的套期比率相同。在某些情况下，套期比率可能为1∶1，因为被套期项目的关键条款将与套期工具的关键条款相匹配；然而在实务中的很多情况下，由于多种原因，实际套期比率可能并非1∶1。如果企业对某一项目不足100%的风险敞口（如85%）进行套期，则其用来指定套期关系的套期比率应当与上述85%的风险敞口以及企业用于对上述85%的风险敞口进行套期的套期工具实际数量所形成的套期比率相一致。

套期比率不应当反映被套期项目和套期工具相对权重的失衡，这种失衡会导致套期无效，并可能产生与套期会计目标不一致的会计结果。因此，在指定套期关系时，企业必须调整由其实际使用的被套期项目数量和套期工具数量形成的套期比率，以避免这种失衡。

对于被套期项目和套期工具的特定权重导致的套期无效部分，企业应当确定该套期无效部分是否具有商业理由。例如，企业使用标准咖啡期货合同对100吨咖啡采购进行套期，每份期货合同的标准数量为37 500磅（1磅=0.4536千克）。企业只能使用5份或6份合同（分别相当于85吨和102吨）对100吨的咖啡采购进行套期。在这种情况下，企业应当采用由其实际使用的咖啡期货合同数量形成的套期比率来指定套期关系，因为由被套期项目和套期工具的权重不匹配导致的套期无效部分不会产生与套期会计目标不一致的会计结果。

企业不得为避免确认现金流量套期的无效部分而改变现金流量套期比率，也不得为创造更多的被套期项目公允价值调整而改变公允价值套期比率。这种会计结果不符合套期会计的目标。

（三）套期有效性评估方法

企业应当在套期开始日及以后期间持续地对套期关系是否符合套期有效性要求进行评估，尤其应当分析在套期剩余期限内预期将影响套期关系的套期无效部分产生的原因。企业至少应当在资产负债表日及相关情形发生重大变化将影响套期有效性要求时对套期关系进行评估。

一般情况下，套期工具和被套期项目的公允价值或现金流量变动难以实现完全抵销，因而会出现套期无效部分。套期工具的公允价值或现金流量变动大于或小于被套期项目的公允价值或现金流量变动的部分为套期无效部分。在计量套期无效部分时，企业应当考虑货币的时间价值。套期无效部分的形成源于多方面的因素。这些因素通常包括：①套期工具和被套期项目以不同的货币表示；②套期工具和被套期项目有不同的到期期限；③套期工具和被套期项目内含不同的利率或权益指数变量；④套期工具和被套期项目使用不同市场的商品价格标价；⑤套期工具和被套期项目对应不同的交易对手；⑥套期工具在套期开始时的公允价值不等于零等。

为计算被套期项目的价值变动，企业可使用其条款与被套期项目的主要条款相匹配的衍生工具（通常称为“虚拟衍生工具”），通过该衍生工具的价值变动来估算被套期项目的价值变动。

在评估被套期项目和套期工具之间是否存在经济关系时，企业可以采用定性或定量的方法。如果套期工具和被套期项目的主要条款（如名义金额、到期期限和基础变量）均匹配或大致相符，企业可以根据此类主要条款进行定性评估。如果套期工具和被套期项目的主要条款并非基本匹配，企业可能需要进行定量评估（例如通过比较被套期风险引起的套期工具和被套期项目公允价值或现金流量变动的比率，或通过采用回归分析方法分析套期工具和被套期项目价值变动的相关性），但两个变量之间仅仅存在某种统计相关性的事实本身不足以有效证明套期工具与被套期项目之间存在经济关系。

企业的风险管理策略是评估套期关系是否符合套期有效性要求的主要信息来源。这意味着，用于决策目的的管理分析信息可作为评估套期关系是否符合套期有效性要求的依据。因此，套期有效性评估方法应当与企业的风险管理策略相吻合，并在套期开始时就在风险管理有关的正式文件中详细加以说明。如果相关情况发生变化从而影响套期有效性，那么企业可能需要改变评估套期关系是否符合套期有效性要求的方法，以确保该评估仍能够考虑套期关系的相关特征（包括套期无效部分的来源）。当评估套期有效性的方法发生改变时，应当对套期关系书面文件作相应更新。

二、套期关系再平衡

套期关系由于套期比率的原因而不再符合套期有效性要求，但指定该套期关系的风险管理目标没有改变的，企业应当进行套期关系再平衡。

套期关系再平衡，是指对已经存在的套期关系中被套期项目或套期工具的数量进行调整，以使套期比率重新符合套期有效性要求。基于其他目的对被套期项目或套期工具所指定的数量进行变动，例如仅对特定风险敞口更多或更少的数量进行套期以符合企业的风险管理策略，不构成套期会计准则中所指的套期关系再平衡。

调整套期比率使得企业可以应对由于基础变量或风险变量而引起的套期工具和被套期项目之间关系的变动。例如，当套期关系中的套期工具和被套期项目具有不同但是相关的基础变量（如不同但相关的指数、比率或价格）时，套期关系会随着这两个基础变量之间关系的变动而发生变化。当套期工具和被套期项目之间关系发生的变动能通过调整套期比率得以弥补时，再平衡将可以使套期关系得到延续。但是，在套期工具与被套期项目之间的关系变动不能通过调整套期比率来弥补的情况下，再平衡并不能促使套期关系得到延续。

并非所有套期工具的公允价值变动和被套期项目的公允价值或现金流量变动之间抵销程度的变化，均会导致套期工具与被套期项目之间的套期关系发生变化。企业应当分析预期将在存续期内影响套期关系的套期无效部分的来源，并评估抵销程度的变化属于下列哪一种情形：

（1）抵销程度的变化属于围绕套期比率的正常波动（即能够继续适当反映套期工具与被套期项目之间的关系）；

（2）抵销程度的变化表明套期比率不再能够恰当反映套期工具与被套期项目之间的关系。

为应对每一特定结果而调整套期比率的做法，并不能减少围绕某个固定套期比率的上下波动及由此产生的套期无效部分。在该情况下，只需对套期无效部分进行确认和计量，而无须作出再平衡。

与此相反，如果抵销程度的变化表明该波动围绕着一个套期比率，而该套期比率不同于当前针对该套期关系所使用的套期比率，或存在偏离目前采用的套期比率的趋势，企业可以通过调整套期比率来减少套期无效部分，而保留原套期比率将显著增加的套期无效部分。在该种情况下，企业必须评价套期关系是否反映出被套期项目与套期工具之间权重的失衡，这种失衡可能产生套期无效（无论确认与否），并可能产生与套期会计目标不一致的会计结果。如果套期比率被调整，则会同时影响套期无效部分的确认和计量。

通常，再平衡中对被套期项目或套期工具数量的调整应当反映企业实际使用的套期工具或被套期项目的数量调整。但是，如果出现下列情况，则企业必须调整根据实际使用的被套期项目或套期工具的数量而得出的套期比率：

（1）由企业的套期工具或被套期项目的实际数量变动所产生的套期比率反映出某种失衡，这种失衡可能导致套期无效，并可能产生与套期会计目标不一致的会计结果；

（2）企业维持套期工具和被套期项目的实际数量而得出的套期比率在新的情况下反映出某种失衡，这种失衡可能导致套期无效，并可能产生与套期会计目标不一致的会计结果。

企业对套期关系作出再平衡，可以通过增加或减少被套期项目或套期工具数量的方式调整套期比率。但是，数量的减少并不一定意味着那些项目或交易不再存在，或预计不再发生，而是表明其不再是套期关系的一部分。例如，企业减少套期工具的数量，但仍然保留某项衍生工具，该衍生工具仅有一部分将继续作为套期关系中的套期工具。

三、套期关系的终止

企业不得撤销指定并终止一项继续满足套期风险管理目标并在再平衡之后继续符合套期会计条件的套期关系。但是，如果套期关系不再满足套期风险管理目标或在再平衡之后不符合套期会计条件等情形，则企业必须终止套期关系。

企业应当采用未来适用法，自不再满足套期会计条件或风险管理目标之日起终止运用套期会计。

当只有部分套期关系不再满足运用套期会计的条件时，套期关系将部分终止，其余部分将继续适用套期会计。例如，当对套期关系作出再平衡时，对套期比率进行的调整可能使得部分被套期项目的数量不再构成套期关系的一部分，因此，仅针对不再构成套期关系一部分的被套期项目的数量终止运用套期会计；或者当作为被套期项目的预期交易的部分数量不再极可能发生时，仅对不再极可能发生的被套期项目的数量终止运用套期会计。然而，如果企业曾将预期交易指定为被套期项目，并在后续期间确定该预期交易预计不再会发生，则企业在预测类似的预期交易时，其准确预测预期交易的能力将受到质疑，这将影响对于类似的预期交易是否极可能发生的评估，并进而影响到这些类似的预期交易是否符合被套期项目的评估。

企业发生下列情形之一的，应当终止运用套期会计（包括部分终止运用套期会计和整体终止运用套期会计）：

（1）因风险管理目标发生变化，导致套期关系不再满足风险管理目标。

【例 9-23】假定甲公司共发行1亿元的浮动利率债券，公司的风险管理策略是在其债务总额中需要维持20%～40%的固定利率债务。为此，公司在债券发行之初，选择了对其中4 000万元的浮动利率债券进行套期，通过互换合同将其转换为固定利率债券。此后，由于市场利率走低，公司管理层决定调低固定利率债务占比至20%。在此情况下，公司风险管理目标发生了变化，公司将原被套期的4 000万元浮动利率债券中的2 000万元终止运用套期会计。

（2）套期工具已到期、被出售、合同终止或已行使。在套期工具已到期、被出售、合同终止或已行使的情况下，套期关系或其一部分不再满足套期会计的条件，应当相应终止运用套期会计。

需要说明的是，企业发生下列情形之一的，不作为套期工具已到期或合同终止处理：

①套期工具展期或被另一项套期工具替换，而且该展期或替换是企业书面文件所载明的风险管理目标的组成部分。

②由于法律法规或其他相关规定的要求，套期工具的原交易对手方变更为一个或多个清算交易对手方（如清算机构或其他主体），以最终达成由同一中央交易对手方进行清算的目的。如果存在套期工具其他变更，该变更应当仅限于替换交易对手方所必需的变更。在将原交易对手方更换为清算交易对手方并确认相应变更的影响时，应当将该影响反映在套期工具的计量中，进而纳入对套期有效性的评估和计量。

例如，对于套期关系中被指定为套期工具的衍生工具，由于新的法律法规要求变更为中央交易对手方，且该变更仅涉及替换交易对手方所必需的变更，则企业应当将原有衍生工具终止确认，并新确认变更交易对手方后的衍生工具，但是变更前的套期关系将作为持续的套期关系进行会计处理，企业无须对套期关系终止运用套期会计。

（3）被套期项目与套期工具之间不再存在经济关系，或者被套期项目和套期工具经济关系产生的价值变动中，信用风险的影响开始占主导地位。

（4）套期关系不再满足所规定的运用套期会计方法的其他条件。例如，套期工具或被套期项目不再符合条件。在适用套期关系再平衡的情况下，企业应当首先考虑套期关系再平衡，然后评估套期关系是否满足所规定的运用套期会计方法的条件。

当部分或整体终止运用套期会计时，企业可以对原套期关系中套期工具或被套期项目指定新的套期关系，这种情况并不构成套期关系的延续，而是重新开始一项套期关系。例如，某一套期工具出现严重信用恶化，企业以新的套期工具将其取代，这意味着原套期关系未能实现风险管理目标，因此被整体终止。新的套期工具被指定为对先前被套期的相同风险敞口进行的套期，并形成新的套期关系。在这种情况下，被套期项目的公允价值或现金流量变动的计量起始日应当是新套期关系的指定日，而非原套期关系的指定日。

第五节　套期业务资金运动分析与会计处理

一、公允价值套期业务资金运动分析与会计处理

（一）公允价值套期会计处理原则

公允价值套期满足运用套期会计方法条件的，应当按照下列规定处理：

（1）套期工具产生的利得或损失应当计入当期损益。如果套期工具是对选择以公允价值计量且其变动计入其他综合收益的非交易性权益工具投资（或其组成部分）进行套期的，套期工具产生的利得或损失应当计入其他综合收益。

公允价值套期会计处理原则

（2）被套期项目因被套期风险敞口形成的利得或损失应当计入当期损益，同时调整未以公允价值计量的已确认被套期项目的账面价值。被套期项目为以公允价值计量且其变动计入当期损益的金融资产（或其组成部分）的，其因被套期风险敞口形成的利得或损失应当计入当期损益，其账面价值已经按公允价值计量，不需要调整；被套期项目为企业选择以公允价值计量且其变动计入其他综合收益的非交易性权益工具投资（或其组成部分）的，其因被套期风险敞口形成的利得或损失应当计入其他综合收益，其账面价值已经按公允价值计量，不需要调整。

需要说明的是，被套期项目为尚未确认的确定承诺（或其组成部分）的，其在套期关系指定后因被套期风险引起的公允价值累计变动额应当确认为一项资产或负债，相关的利得或损失应当计入各相关期间损益。当履行确定承诺而取得资产或承担负债时，应当以所确认的被套期项目的公允价值累计变动额调整该资产或负债的初始确认金额。

公允价值套期中，被套期项目为以摊余成本计量的金融工具（或其组成部分）的，企业对被套期项目账面价值所作的调整应当按照开始摊销日重新计算的实际利率进行摊销，并计入当期损益。该摊销可以自调整日开始，但不应当晚于对被套期项目终止进行套期利得和损失调整的时点。被套期项目为以公允价值计量且其变动计入其他综合收益的金融资产（或其组成部分）的，企业应当按照相同的方式对累计已确认的套期利得或损失进行摊销，并计入当期损益，但不调整金融资产（或其组成部分）的账面价值。

（二）公允价值套期业务资金运动分析与会计处理举例

【例9-24】20×7年1月1日，甲公司为规避所持有铜存货公允价值变动风险，与某金融机构签订了一项铜期货合同，并将其指定为对20×7年前两个月铜存货的商品价格变化引起的公允价值变动风险的套期工具。铜期货合同的标的资产与被套期项目铜存货在数量、质次和产地方面相同。假设不考虑期货市场中每日无负债结算制度的影响。

20×7年1月1日，铜期货合同的公允价值为0，被套期项目（铜存货）的账面价值和成本均为1 000 000元，公允价值为1 100 000元。20×7年1月31日，铜期货合同的公允价值上涨了25 000元，铜存货的公允价值下降了25 000元。20×7年2月28日，铜期货合同的公允价值下降了15 000元，铜存货的公允价值上涨了15 000元。当日，甲公司将铜存货以1 090 000元的价格出售，并将铜期货合同结算。该企业适用的增值税税率为13%。不

考虑其他因素。

甲公司通过分析发现，铜存货与铜期货合同存在经济关系，且经济关系产生的价值变动中信用风险不占主导地位，套期比率也反映了套期的实际数量，符合套期有效性要求。

（1）20×7年1月1日，甲公司指定铜存货为被套期项目（如图9-4中A段运动所示）：

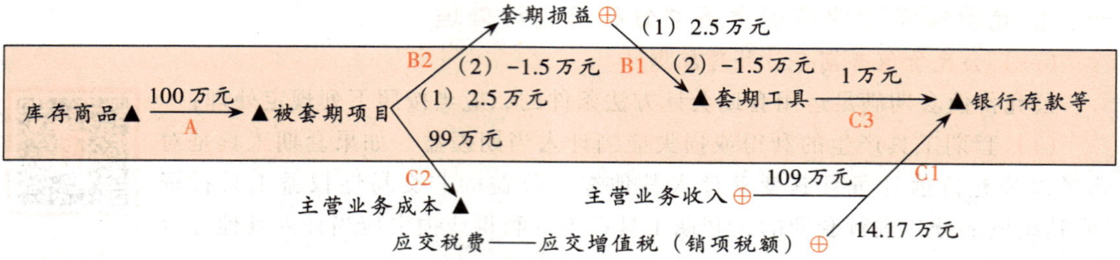

图9-4 甲公司套期保值业务资金运动分析图

借：被套期项目——库存商品铜　　1 000 000

　贷：库存商品——铜　　1 000 000

20×7年1月1日，被指定为套期工具的铜期货合同的公允价值为0，不作账务处理。

（2）20×7年1月31日，甲公司确认套期工具公允价值变动（如图9-4中B1段运动（1）所示）：

借：套期工具——铜期货合同　　25 000

　贷：套期损益　　25 000

甲公司确认被套期项目公允价值变动（如图9-4中B2段运动（1）所示）：

借：套期损益　　25 000

　贷：被套期项目——库存商品铜　　25 000

（3）20×7年2月28日，甲公司确认套期工具公允价值变动（如图9-4中B1段运动（2）所示）：

借：套期损益　　15 000

　贷：套期工具——铜期货合同　　15 000

甲公司确认被套期项目公允价值变动（如图9-4中B2段运动（2）所示）：

借：被套期项目——库存商品铜　　15 000

　贷：套期损益　　15 000

公允价值套期会计处理举例1

（4）20×7年2月28日，甲公司确认铜存货销售收入（如图9-4中C1段运动所示）：

借：银行存款等　　1 231 700

　贷：主营业务收入　　1 090 000

　　　应交税费——应交增值税（销项税额）　　141 700

结转铜存货销售成本（如图9-4中C2段运动所示）：

借：主营业务成本　　990 000

　贷：被套期项目——库存商品铜　　990 000

结算铜期货合同（如图9-4中C3段运动所示）：

借：银行存款　　10 000

　贷：套期工具——铜期货合同　　10 000

由于甲公司采用套期进行风险管理，规避了铜存货公允价值变动风险，因此其铜存货公允价值下降没有对预期毛利100 000元（1 100 000-1 000 000）产生不利影响。同时，甲公司运用公允价值套期将套期工具与被套期项目的公允价值变动损益计入相同会计期间，消除了因企业风险管理活动可能导致的损益波动。

【例9-25】甲公司为境内商品生产企业，采用人民币作为记账本位币。20×7年3月3日，甲公司与某境外公司签订了一项设备购买合同（确定承诺），设备价格为外币（本例以下简称FC）3 000 000，交货日期及付款日为20×7年4月30日。

20×7年3月3日，甲公司签订了一项购买FC3 000 000的外汇远期合同。根据该远期合同，甲公司将于20×7年4月30日支付人民币4 950 000元购入FC3 000 000。20×7年3月3日，外汇远期合同的公允价值为0。

甲公司将该外汇远期合同指定为对FC/人民币汇率变动可能引起的外币计价的确定承诺公允价值变动风险进行套期的套期工具。

20×7年4月30日，甲公司履行确定承诺并以净额结算该远期合同，20×7年4月30日的即期汇率为1FC=1.8元人民币。

与该套期有关的远期汇率以及外汇远期合同的资料见表9-8。

表9-8　　远期汇率与外汇远期合同相关资料表　　单位：元人民币

日期	20×7年4月30日的远期汇率（FC/人民币）	本期外汇远期合同公允价值变动	本期末外汇远期合同公允价值累计变动
20×7年3月3日	1.65	—	—
20×7年3月31日	1.68	90 000	90 000
20×7年4月30日	1.80	360 000	450 000

为简化核算，假定不考虑与购买设备有关的税费因素、设备运输和安装费用等。同时，本例中假设被套期项目与套期工具因FC/人民币汇率变动引起的公允价值变动金额相同。

根据上述资料，甲公司应当进行如下账务处理：

（1）20×7年3月3日，因为远期合同和确定承诺当日公允价值均为0，所以无须进行账务处理，但需编制指定文档。

（2）20×7年3月31日，确认确定承诺的公允价值变动（如图9-5中A1段运动（1）所示）：

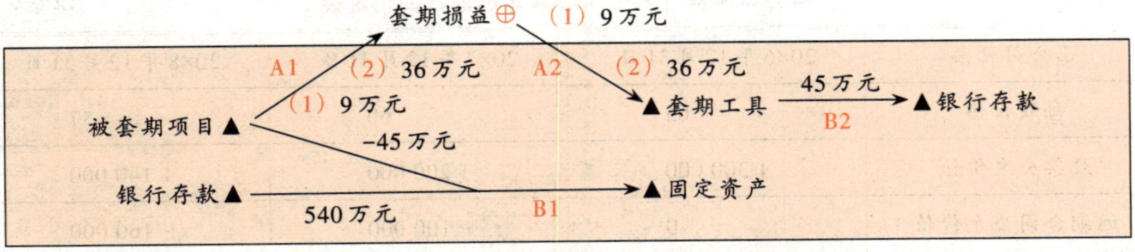

图9-5　甲公司套期保值业务资金运动分析图

借：套期损益　　90 000

　贷：被套期项目——确定承诺　　90 000

确认套期工具的公允价值变动（如图9-5中A2段运动（1）所示）：

借：套期工具——外汇远期合同　　90 000

　贷：套期损益　　90 000

（3）20×7年4月30日，确认确定承诺的公允价值变动（如图9-5中A1段运动（2）所示）：

借：套期损益　　360 000

　贷：被套期项目——确定承诺　　360 000

公允价值套期会计处理举例2

确认套期工具的公允价值变动（如图9-5中A2段运动（2）所示）：

借：套期工具——外汇远期合同　　360 000

　贷：套期损益　　360 000

（4）20×7年4月30日，履行确定承诺购入固定资产（如图9-5中B1段运动所示）：

借：固定资产——设备　　4 950 000

　　被套期项目——确定承诺　　450 000

　贷：银行存款　　5 400 000

结算远期合同（如图9-5中B2段运动所示）：

借：银行存款　　450 000

　贷：套期工具——外汇远期合同　　450 000

甲公司通过运用套期进行风险管理，使所购设备的成本锁定在确定承诺的购买价格FC3 000 000按1FC=1.65元人民币（套期开始日的远期合同汇率）进行折算确定的金额，即4 950 000元人民币。

【例9-26】20×6年1月1日，甲公司以每股50元的价格购入乙公司股票20 000股（占乙公司有表决权股份的3%），且选择将其指定为以公允价值计量且其变动计入其他综合收益的非交易性权益工具投资。为规避该股票价格下跌风险，甲公司于20×6年12月31日签订一份股票远期合同，约定将于20×8年12月31日以每股65元的价格出售其所持有的乙公司股票20 000股，20×6年12月31日该股票远期合同的公允价值为0。20×8年12月31日，甲公司履行远期合同，出售乙公司股票。甲公司盈余公积的提取比例为10%。假设不考虑远期合同的远期要素。

甲公司购入的乙公司股票和股票远期合同的公允价值见表9-9。

表9-9　甲公司所持有乙公司股票与远期合同情况表　单位：元

乙公司股票	20×6年12月31日	20×7年12月31日	20×8年12月31日
每股价格	65	60	57
股票公允价值	1 300 000	1 200 000	1 140 000
远期合同公允价值	0	100 000	160 000

据此，甲公司进行的套期有效性分析及账务处理如下：

（1）套期有效性分析：

甲公司通过分析发现，乙公司股票与远期合同存在经济关系，且价值变动中信用风险不占主导地位，套期比率也反映了套期的实际数量，符合套期有效性要求。

（2）甲公司相关套期业务资金运动分析及会计处理：

①20×6年1月1日，甲公司确认购进乙公司股票（如图9-6中A段运动所示）：

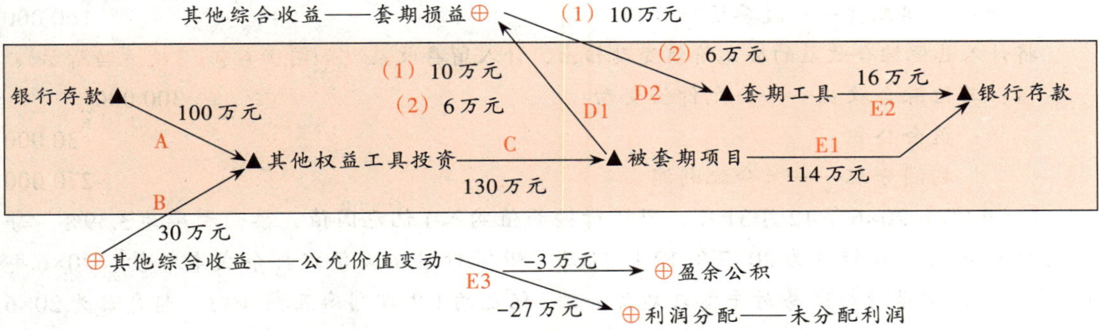

图9-6　甲公司套期保值业务资金运动分析图

借：其他权益工具投资　　1 000 000

　贷：银行存款　　1 000 000

②20×6年12月31日，确认乙公司股票的公允价值变动（如图9-6中B段运动所示）：

借：其他权益工具投资　　300 000

　贷：其他综合收益——公允价值变动　　300 000

将非交易性权益工具投资指定为被套期项目（如图9-6中C段运动所示）：

借：被套期项目——其他权益工具投资　　1 300 000

　贷：其他权益工具投资　　1 300 000

远期合同的公允价值为0，无须进行会计处理。

③20×7年12月31日，确认被套期项目公允价值变动（如图9-6中D1段运动（1）所示）：

借：其他综合收益——套期损益　　100 000

　贷：被套期项目——其他权益工具投资　　100 000

公允价值套期会计处理举例3

确认套期工具公允价值变动（如图9-6中D2段运动（1）所示）：

借：套期工具——股票远期合同　　100 000

　贷：其他综合收益——套期损益　　100 000

④20×8年12月31日，确认被套期项目公允价值变动（如图9-6中D1段运动（2）所示）：

借：其他综合收益——套期损益　　60 000

　贷：被套期项目——其他权益工具投资　　60 000

确认套期工具公允价值变动（如图9-6中D2段运动（2）所示）：

借：套期工具——股票远期合同　　60 000

贷：其他综合收益——套期损益　　60 000

⑤20×8年12月31日，出售乙公司股票（如图9-6中E1段运动所示）：

借：银行存款　　1 140 000

贷：被套期项目——其他权益工具投资　　1 140 000

履行远期合同（如图9-6中E2段运动所示）：

借：银行存款　　160 000

贷：套期工具——股票远期合同　　160 000

将计入其他综合收益的公允价值变动转出，计入留存收益（如图9-6中E3段运动所示）：

借：其他综合收益——公允价值变动　　300 000

贷：盈余公积　　30 000

利润分配——未分配利润　　270 000

【例9-27】20×6年12月31日，甲银行按面值购入1亿元国债，票面利率为3.39%，每季度付息一次，到期日为20×7年12月31日。甲银行对该国债以摊余成本计量。20×6年12月31日，甲银行与交易对手签订名义金额1亿元的1年期利率互换合约，起息日为20×6年12月31日。甲银行作为固定利率利息支付方，按季支付3.39%的固定利率利息，同时按季收取并重置SHIBOR_1M的浮动利率利息，首次利率确定日为20×6年12月30日。国债和利率互换合约均按照30/360计息。利率互换合约的初始公允价值为0。甲银行于20×6年12月31日将利率互换合约指定为套期工具，对该1亿元国债由于市场利率变动产生的公允价值变动风险进行套期。假设不考虑国债的信用风险。

20×7年7月1日，甲银行的风险管理目标发生变化，导致套期关系不再满足运用套期会计的条件，甲银行在当日对上述指定终止运用套期会计。

利率互换合约现金流量及公允价值变动见表9-10。

表9-10　**利率互换合约现金流量及公允价值变动表（取整数）**　单位：千元

时间	收：浮动利率	付：固定利率	净利息结算	期初余额（结算利息后）	本期公允价值变动	期末余额（结算利息后）
20×7年3月31日	5.009%	3.39%	405	—	131	131
20×7年6月30日	3.521%	3.39%	33	131	(651)	(520)
20×7年9月30日	3.091%	3.39%	(75)	(520)	237	(283)
20×7年12月31日	3.002%	3.39%	(97)	(283)	283	0

被套期项目因利率风险引起的公允价值变动金额见表9-11。

表9-11　**被套期项目因利率风险引起的公允价值变动表**　单位：千元

时间	因利率风险引起的公允价值变动	公允价值变动累计金额	调整后账面价值
20×7年6月30日	(129)	(129)	99 871
20×7年9月30日	656	527	100 527

据此，甲银行对被套期项目所作调整的摊销以及账务处理如下：

（1）对被套期项目所作调整的摊销。

如甲银行选择自调整日（20×7年3月31日）开始摊销，具体摊销情况见表9-12。

表9-12　　甲银行利率互换利息收入分期摊销表（取整数）　　单位：千元

20×7年	期初摊余成本	实际利率（已知）	实际利息收入	现金流入	本期摊销	期初摊余成本（调整前）	本期对被套期项目的调整	期末摊余成本
3月31日	100 000	3.39%	848	（848）	—	100 000	（129）	99 871
6月30日	99 871	3.56%	889	（848）	41	99 912	656	100 568
9月30日	100 568	2.24%	563	（848）	（285）	100 283	0	100 283
12月31日	100 283	2.24%	565	（100 848）	（283）	0	0	0

（2）20×6年12月31日，购入国债，并将其指定为被套期项目（如图9-7中A段运动所示）。

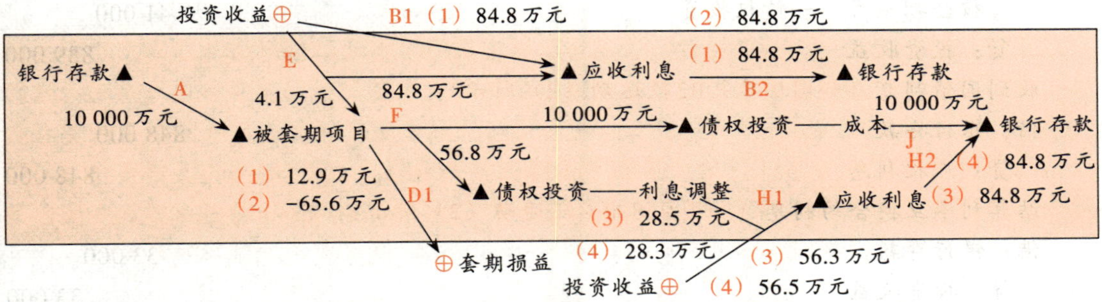

图9-7　甲公司被套期项目业务资金运动分析图

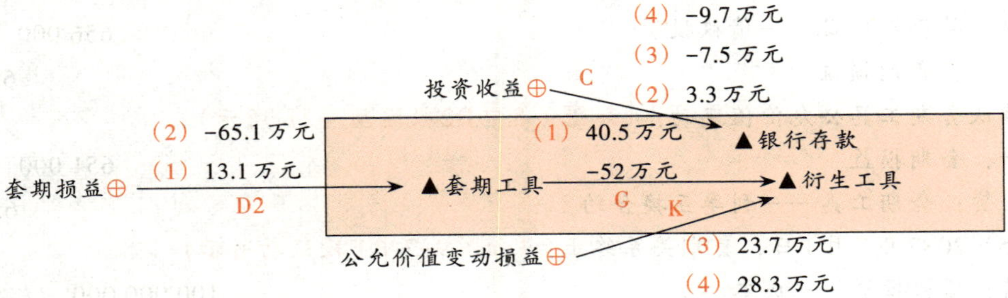

图9-8　甲公司套期工具业务资金运动分析图

借：被套期项目——债权投资　　100 000 000

　贷：银行存款　　100 000 000

被指定为套期工具的利率互换合约的初始公允价值为0，因此无须进行账务处理。

（3）20×7年3月31日，确认国债利息收入（如图9-7中B1段运动（1）所示）：

借：应收利息　　848 000

　贷：投资收益　　848 000

公允价值套期会计处理举例4

收到国债利息（如图9-7中B2段运动（1）所示）：

借：银行存款　　848 000

　贷：应收利息　　848 000

结算利率互换合约利息（如图9-8中C段运动（1）所示）：

借：银行存款　　405 000

　贷：投资收益　　405 000

确认被套期项目因利率风险引起的公允价值变动（如图9-7中D1段运动（1）所示）：

借：套期损益　　129 000

　贷：被套期项目——债权投资　　129 000

确认套期工具公允价值变动（如图9-8中D2段运动（1）所示）：

借：套期工具——利率互换合约　　131 000

　贷：套期损益　　131 000

（4）20×7年6月30日，确认国债利息收入（如图9-7中E段运动所示）：

借：应收利息　　848 000

　　被套期项目——债权投资　　41 000

　贷：投资收益　　889 000

收到国债利息（如图9-7中B2段运动（2）所示）：

借：银行存款　　848 000

　贷：应收利息　　848 000

结算利率互换合约利息（如图9-8中C段运动（2）所示）

借：银行存款　　33 000

　贷：投资收益　　33 000

确认被套期项目因利率风险引起的公允价值变动：（如图9-7中D1段运动（2）所示）

借：被套期项目——债权投资　　656 000

　贷：套期损益　　656 000

确认套期工具公允价值变动：（如图9-8中D2段运动（2）所示）

借：套期损益　　651 000

　贷：套期工具——利率互换合约　　651 000

（5）20×7年7月1日，套期关系终止：（如图9-7中F段运动所示）

借：债权投资——成本　　100 000 000

　　　　　　——利息调整　　568 000

　贷：被套期项目——债权投资　　100 568 000

将套期工具还原为衍生工具（如图9-8中G段运动所示）：

借：套期工具——利率互换合约　　520 000

　贷：衍生工具——利率互换合约　　520 000

（6）20×7年9月30日，确认国债利息收入（如图9-7中H1段运动（3）所示）：

借：应收利息　　848 000

　贷：投资收益　　563 000

　　　债权投资——利息调整　　285 000

收到国债利息（如图9-7中H2段运动（3）所示）：

借：银行存款 848 000

　贷：应收利息 848 000

结算利率互换合约利（如图9-8中C段运动（3）所示）：

借：投资收益 75 000

　贷：银行存款 75 000

确认利率互换合约公允价值变动（如图9-8中K段运动（3）所示）：

借：衍生工具——利率互换合约 237 000

　贷：公允价值变动损益 237 000

（7）20×7年12月31日，确认利息收入（如图9-7中H1段运动（4）所示）：

借：应收利息 848 000

　贷：投资收益 565 000

　　债权投资——利息调整 283 000

收到国债利息和本金（如图9-7中H2段运动（4）和J段运动所示）：

借：银行存款 100 848 000

　贷：应收利息 848 000

　　债权投资——成本 10 0000 000

结算利率互换合约利息（如图9-8中C段运动（4）所示）：

借：投资收益 97 000

　贷：银行存款 97 000

确认利率互换合约公允价值变动（如图9-8中K段运动（4）所示）：

借：衍生工具——利率互换合约 283 000

　贷：公允价值变动损益 283 000

本例中，甲银行对被套期项目所作调整的摊销，也可以自20×7年7月1日（被套期项目终止进行套期利得和损失调整的时点）开始。此外，如果甲银行在20×7年7月1日不终止套期会计，套期关系将持续至20×7年12月31日，即对被套期项目终止进行套期利得和损失调整的时点与被套期项目的到期日相同，则对于被套期项目所作调整的累计金额为0。在此情况下，如果甲银行选择自20×7年12月31日开始摊销，则甲银行在20×7年12月31日不需要进行额外会计处理。

二、现金流量套期业务资金运动分析与会计处理

（一）现金流量套期会计处理原则

现金流量套期的目的是将套期工具产生的利得或损失递延至被套期的预期未来现金流量影响损益的同一期间或多个期间。现金流量套期满足运用套期会计方法条件的，应当按照下列规定处理：

（1）套期工具产生的利得或损失中属于有效套期的部分，作为现金流量套期储备，应当计入其他综合收益。现金流量套期储备的金额，应当按照下列两项的绝对额中较低者确定：①套期工具自套期开始的累计利得或损失；②被套期项目自套期开始的预计未来现金

流量现值的累计变动额。每期计入其他综合收益的现金流量套期储备的金额应当为当期现金流量套期储备的变动额。

现金流量套期会计分析

（2）套期工具产生的利得或损失中属于无效套期的部分（即扣除计入其他综合收益后的其他利得或损失），应当计入当期损益。

同时，企业应当按照下列规定对现金流量套期储备进行后续处理：

（1）被套期项目为预期交易，且该预期交易使企业随后确认一项非金融资产或非金融负债，或者非金融资产或非金融负债的预期交易形成一项适用公允价值套期会计的确定承诺时，企业应当将原在其他综合收益中确认的现金流量套期储备金额转出，计入该资产或负债的初始确认金额。

（2）对于不属于上述（1）涉及的现金流量套期，企业应当在被套期的预期现金流量影响损益的相同期间，将原在其他综合收益中确认的现金流量套期储备金额转出，计入当期损益。

（3）如果在其他综合收益中确认的现金流量套期储备金额是一项损失，且该损失全部或部分预计在未来会计期间不能弥补，企业应当将预计不能弥补的部分从其他综合收益中转出，计入当期损益。

当企业对现金流量套期终止运用套期会计时，在其他综合收益中确认的累计现金流量套期储备金额，应当按照下列规定进行处理：

（1）被套期的未来现金流量预期仍然会发生的，累计现金流量套期储备的金额应当予以保留，并按照前述现金流量套期储备的后续处理规定进行会计处理。

（2）被套期的未来现金流量预期不再发生的，累计现金流量套期储备的金额应当从其他综合收益中转出，计入当期损益。被套期的未来现金流量预期不再极可能发生但可能预期仍然会发生，在预期仍然会发生的情况下，累计现金流量套期储备的金额应当予以保留，并按照前述现金流量套期储备的后续处理规定进行会计处理。

（二）现金流量套期业务资金运动分析与会计处理举例

【例 9-28】20×7 年 1 月 1 日，甲公司预期在 20×7 年 2 月 28 日销售一批商品，数量为 100 吨，预期售价为 1 100 000 元，成本为 700 000 元。为规避该预期销售中与商品价格有关的现金流量变动风险，甲公司于 20×7 年 1 月 1 日与某金融机构签订了一项商品期货合同，且将其指定为对该预期商品销售的套期工具。商品期货合同的标的资产与被套期预期销售商品在数量、质次、价格变动和产地等方面相同，并且商品期货合同的结算日和预期商品销售日均为 20×7 年 2 月 28 日。

20×7 年 1 月 1 日，商品期货合同的公允价值为 0。20×7 年 1 月 31 日，商品期货合同的公允价值上涨了 25 000 元，商品销售价格下降了 25 000 元。20×7 年 2 月 28 日，商品期货合同的公允价值上涨了 10 000 元，商品销售价格下降了 10 000 元。当日，甲公司将商品出售，并结算了商品期货合同，款项均已存入银行。该商品销售适用的增值税税率为 13%。

甲公司分析认为该套期符合套期有效性的条件。假定不考虑其他因素，且不考虑期货市场每日无负债结算制度的影响。

甲公司的账务处理如下：

（1）20×7 年 1 月 1 日，甲公司不作账务处理，但需编制指定文档。

（2）20×7年1月31日，确认现金流量套期储备（如图9-9A段运动中（1）所示）：

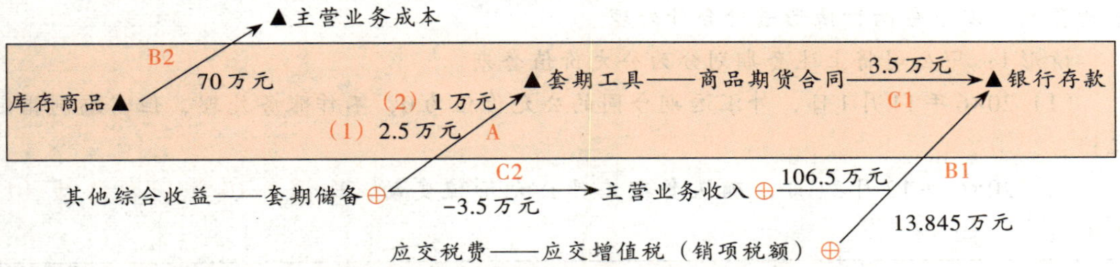

图9-9 甲公司套期保值业务资金运动分析图

借：套期工具——商品期货合同 25 000

　　贷：其他综合收益——套期储备 25 000

（3）20×7年2月28日，确认现金流量套期储备（如图9-9中A段运动（2）所示）：

借：套期工具——商品期货合同 10 000

　　贷：其他综合收益——套期储备 10 000

套期工具自套期开始的累计利得或损失与被套期项目自套期开始的预计未来现金流量现值的累计变动额一致，因此将套期工具公允价值变动全部作为现金流量套期储备计入其他综合收益。不需要考虑无效套期的问题。

（4）20×7年2月28日，确认商品的销售收入（如图9-9中B1段运动所示）：

借：银行存款 1 203 450

　　贷：主营业务收入 1 065 000

　　　　应交税费——应交增值税（销项税额） 138 450

同时结转所售商品成本70万元（如图9-9中B2段运动所示）：

借：主营业务成本 700 000

　　贷：库存商品 700 000

（5）20×7年2月28日，结算商品期货合同（如图9-9中C1段运动所示）：

借：银行存款 35 000

　　贷：套期工具——商品期货合同 35 000

现金流量套期会计举例1

将现金流量套期储备金额转出，调整主营业务收入（如图9-9中C2段运动所示）：

借：其他综合收益——套期储备 35 000

　　贷：主营业务收入 35 000

【例9-29】甲公司于20×6年11月1日与境外乙公司签订合同，约定于20×7年1月30日以外币（FC）每吨60元的价格购入1 000吨橄榄油。甲公司为规避购入橄榄油成本的外汇风险，于当日与某金融机构签订一项3个月到期的外汇远期合同，约定汇率为1FC=4.5元人民币，合同金额为FC60 000。20×7年1月30日，甲公司以净额方式结算该外汇远期合同，并购入橄榄油。

假定：（1）20×6年12月31日，FC对人民币1个月远期汇率为1FC=4.48元人民币；（2）20×7年1月30日，FC对人民币即期汇率为1FC=4.45元人民币；（3）该套期符合运用套期会计的条件；（4）不考虑增值税等相关税费和远期合同的远期要素。

对确定承诺的外汇风险进行的套期，既可以划分为公允价值套期，也可以划分为现金流量套期。以下分两种情形进行会计处理。

情形1：甲公司将上述套期划分为公允价值套期。

（1）20×6年11月1日，外汇远期合同的公允价值为0，不作账务处理，但需编制指定文档。

（2）20×6年12月31日，确认套期工具公允价值变动（如图9-10中A1段运动（1）所示）：

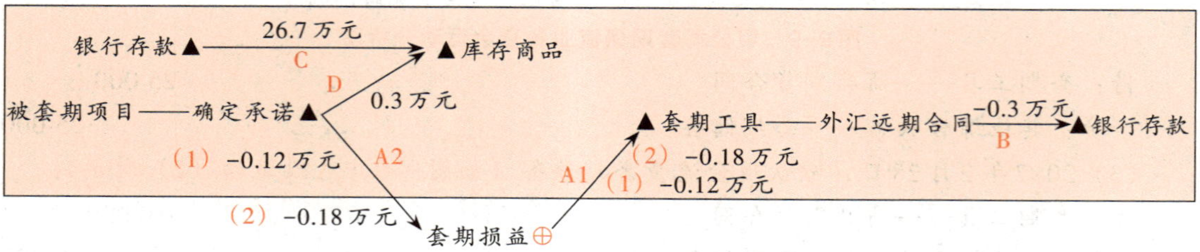

图9-10　甲公司套期保值业务资金运动分析图——公允价值套期

外汇远期合同的公允价值变动（下跌）=（4.5-4.48）×60 000=1 200（元人民币）

借：套期损益　　1 200

　贷：套期工具——外汇远期合同　　1 200

确认被套期项目公允价值变动（上涨）（如图9-10中A2段运动（1）所示）：

借：被套期项目——确定承诺　　1 200

　贷：套期损益　　1 200

（3）20×7年1月30日，确认套期工具公允价值变动（如图9-10中A1段运动（2）所示）：

外汇远期合同的累计公允价值变动（下跌）=（4.5-4.45）×60 000=3 000（元人民币）

套期工具本期应确认公允价值下跌1 800元。

借：套期损益　　1 800

　贷：套期工具——外汇远期合同　　1 800

确认被套期项目公允价值变动（上涨）（如图9-10中A2段运动（2）所示）：

借：被套期项目——确定承诺　　1 800

　贷：套期损益　　1 800

现金流量套期会计举例2

（4）20×7年1月30日，结算外汇远期合同（如图9-10中B段运动所示）：

借：套期工具——外汇远期合同　　3 000

　贷：银行存款　　3 000

购入橄榄油（如图9-10中C段运动所示）：

借：库存商品——橄榄油　　267 000

　贷：银行存款　　267 000

将被套期项目的余额转入橄榄油的账面价值（如图9-10中D段运动所示）：

借：库存商品——橄榄油　　3 000

　贷：被套期项目——确定承诺　　3 000

情形2：甲公司将上述套期划分为现金流量套期。

（1）20×6年11月1日，外汇远期合同的公允价值为0，不作账务处理，但需编制指定文档。

（2）20×6年12月31日，确认现金流量套期储备（如图9-11中A段运动（1）所示）：

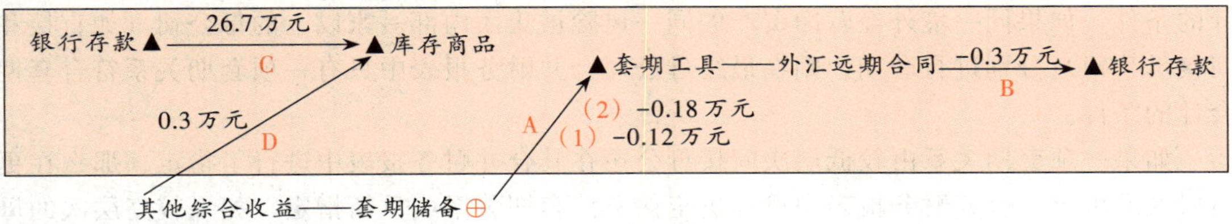

图9-11　甲公司套期保值业务资金运动分析图——现金流量套期

外汇远期合同的公允价值变动=（4.48-4.5）×60 000=-1 200（元人民币）

借：其他综合收益——套期储备　　1 200

　贷：套期工具——外汇远期合同　　1 200

（3）20×7年1月30日，确认现金流量套期储备（如图9-11中A段运动（2）所示）：

外汇远期合同的累计公允价值变动=（4.45-4.5）×60 000=-3 000（元人民币）

套期工具本期应确认公允价值下跌1 800元。

借：其他综合收益——套期储备　　1 800

　贷：套期工具——外汇远期合同　　1 800

（4）20×7年1月30日，结算外汇远期合同（如图9-11中B段运动所示）：

借：套期工具——外汇远期合同　　3 000

　贷：银行存款　　3 000

购入橄榄油（如图9-11中C段运动所示）：

借：库存商品——橄榄油　　267 000

　贷：银行存款　　267 000

将计入其他综合收益中的套期储备转出（如图9-11中D段运动所示）：

借：库存商品——橄榄油　　3 000

　贷：其他综合收益——套期储备　　3 000

三、境外经营净投资套期业务资金运动分析与会计处理

（一）境外经营净投资套期会计处理原则

对于境外经营净投资的套期，包括对作为净投资的一部分进行会计处理的货币性项目的套期，应当按照类似于现金流量套期会计的规定处理：

（1）套期工具形成的利得或损失中属于套期有效的部分，应当计入其他综合收益。全部或部分处置境外经营时，上述计入其他综合收益的套期工具利得或损失应当相应转出，计入当期损益。

境外经营净投资套期会计分析

（2）套期工具形成的利得或损失中属于套期无效的部分，应当计入当期损益。

（二）多个母公司进行的套期

在一项由境外经营净投资产生的外汇风险的套期中，被套期项目的金额可以等于或小

于母公司合并财务报表中该境外经营净资产账面价值。企业可以将被套期风险指定为境外经营的记账本位币与其任何母公司（直接的、中间的或最终的母公司）的记账本位币之间产生的外汇风险敞口。通过中间母公司持有净投资不影响最终母公司所面临外汇风险的性质。但是，境外经营净投资产生的外汇风险敞口只有在合并财务报表中才可能符合套期会计的条件。如果同一境外经营净资产的同一风险被集团内部一家以上的母公司（如直接和间接母公司）分别进行套期，则在最终母公司合并财务报表中只有一项套期关系符合套期会计的条件。

如果一项套期关系由较低层次间接母公司在其合并财务报表中进行了指定，那么在更高层次的母公司合并财务报表中可以决定保留该套期关系或重新指定。如果较高层次的母公司决定不保留该套期关系而是重新指定，那么，在较高层次母公司的合并财务报表中必须先转回较低层次母公司所运用的套期会计，再按照重新指定的套期关系运用套期会计。相反地，套期会计可以在较高层次母公司的合并财务报表中直接指定，不必在较低层次间接母公司的合并财务报表中进行指定。

（三）集团内可以持有套期工具的企业

一项衍生或非衍生金融工具（或衍生和非衍生金融工具的组合）可以被指定为境外经营净投资套期工具。只要满足对境外经营净投资套期的指定、文件记录和有效性要求，套期工具就可由集团内部的任一家或几家企业持有。

如果持有套期工具的企业的记账本位币与投资于境外经营的母公司的记账本位币相同，就较容易进行套期有效性评估，因为在评估套期有效性时，可以假设持有境外经营的母公司也同时持有套期工具。如果持有套期工具的企业的记账本位币与投资于境外经营的母公司的记账本位币不同，评估套期有效性会较为复杂。这种情况下，套期有效性不仅要反映持有套期工具的企业的利得或损失（如果不使用套期会计，应计入合并损益），还应当反映对套期工具重新折算为母公司记账本位币的影响（如果不使用套期会计，应在合并其他综合收益中确认）。有效性的评估并不受套期工具是不是衍生工具的影响，也不受合并方法的影响。

【例9-30】20×6年10月1日，甲公司（记账本位币为人民币）在其境外子公司有一项境外经营净投资外币（FC）5 000万。为规避境外经营净投资外汇风险，甲公司与某境外金融机构签订了一项外汇远期合同，约定于20×7年4月1日卖出FC5 000万。其他有关资料见表9-13。

表9-13　外币即期汇率和外汇远期合同情况表　单位：元人民币

日期	即期汇率（FC/人民币）	远期汇率（FC/人民币）	远期合同的公允价值
20×6年10月1日	1.71	1.70	0
20×6年12月31日	1.64	1.63	3 430 000
20×7年3月31日	1.60	不适用	5 000 000

假定不考虑远期合同的远期要素。甲公司的上述套期满足运用套期会计方法的所有条件。

甲公司的账务处理如下：

（1）20×6年10月1日，外汇远期合同的公允价值为0，不作账务处理。

（2）20×6年12月31日，确认外汇远期合同的公允价值上涨（如图9-12中A段运动（1）所示）：

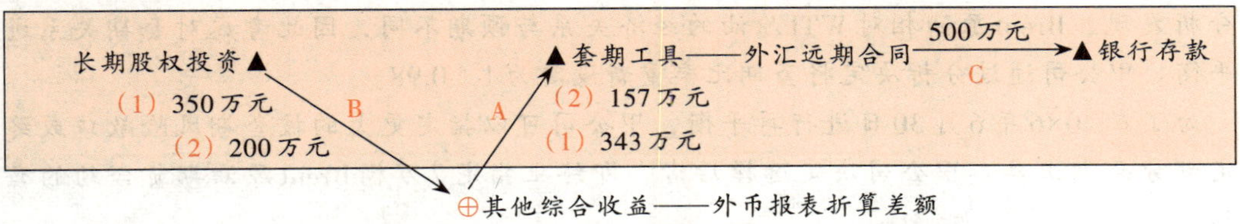

图9-12　甲公司境外经营净投资套期保值业务资金运动分析图

借：套期工具——外汇远期合同　3 430 000

　贷：其他综合收益——外币报表折算差额　3 430 000

确认对子公司净投资的汇兑损益（如图9-12中B段运动（1）所示）：

汇兑损失=（1.71-1.64）×50 000 000=3 500 000（元人民币）

借：其他综合收益——外币报表折算差额　3 500 000

　贷：长期股权投资　3 500 000

（3）20×7年3月31日，确认外汇远期合同的公允价值上涨（如图9-12中A段运动（2）所示）：

借：套期工具——外汇远期合同　1 570 000

　贷：其他综合收益——外币报表折算差额　1 570 000

确认对子公司净投资的汇兑损益（如图9-12中B段运动（2）所示）：

汇兑损失=（1.64-1.60）×50 000 000=2 000 000（元人民币）

借：其他综合收益——外币报表折算差额　2 000 000

　贷：长期股权投资　2 000 000

结算外汇远期合同（如图9-12中C段运动所示）：

借：银行存款　5 000 000

　贷：套期工具——外汇远期合同　5 000 000

境外经营净投资套期会计举例

境外经营净投资中套期工具形成的利得在其他综合收益中列示，直至子公司被处置。

（四）套期关系再平衡资金运动分析与会计处理

企业对套期关系作出再平衡的，应当在调整套期关系之前确定套期关系的套期无效部分，并将相关利得或损失立即计入当期损益。同时，更新在套期剩余期限内预期将影响套期关系的套期无效部分产生原因的分析，并相应更新套期关系的书面文件。

套期关系再平衡可能会导致企业增加或减少指定套期关系中被套期项目或套期工具的数量。企业增加了指定的被套期项目或套期工具的，增加部分自指定增加之日起作为套期关系的一部分进行处理；企业减少了指定的被套期项目或套期工具的，减少部分自指定减少之日起不再作为套期关系的一部分，作为套期关系终止处理。

【例9-31】20×6年1月1日，甲公司预计在未来12个月内采购100万桶西得克萨斯中质原油（WTI原油）。甲公司采用现金流量套期，并购入105万桶布伦特原油（Brent原油）

期货合约，以对极可能发生的100万桶WTI原油的预期采购进行套期（套期比率为1∶1.05）。该期货合约在指定日的公允价值为0。

20×6年6月30日，被套期项目WTI原油的预期采购自套期开始的预计未来现金流量现值的累计下降额为200万美元，套期工具的公允价值累计下降了229万美元。甲公司通过分析发现，Brent原油相对WTI原油的经济关系与预期不同，因此考虑对套期关系进行再平衡。甲公司通过分析决定将套期比率重新设定为1∶0.98。

为了在20×6年6月30日进行再平衡，甲公司可以指定更大的被套期风险敞口或终止指定部分套期工具。甲公司决定选择后者，即终止指定7万桶Brent原油期货合约的套期工具。

假定甲公司的上述套期满足运用套期会计方法的所有条件，不考虑其他因素。

甲公司的账务处理如下（假定美元对人民币的汇率为1∶6.5）：

套期关系再平衡会计处理

（1）20×6年1月1日，甲公司不作账务处理。

（2）20×6年6月30日，确认套期工具的公允价值变动（如图9-13中A段运动所示）：

套期有效性部分1 300万元（200万元×6.5），计入套期储备；

套期无效性部分1 885 000元（290 000元×6.5），计入当期损益。

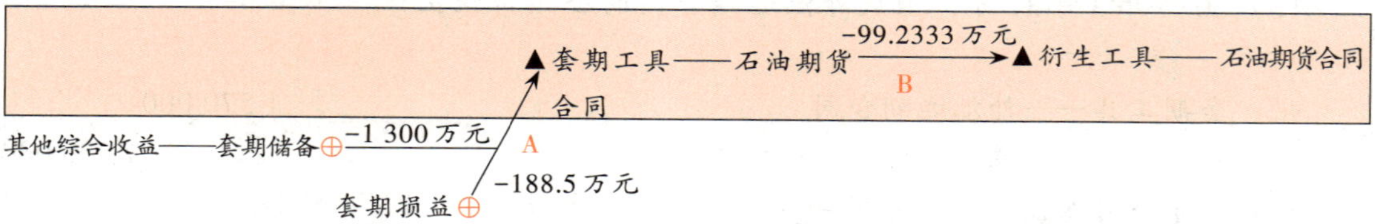

图9-13　甲公司套期关系再平衡业务资金运动分析图

借：其他综合收益——套期储备　　13 000 000

　　套期损益　　1 885 000

　贷：套期工具——石油期货合同　　14 885 000

在总计105万桶Brent原油期货合约中，7万桶不再属于该套期关系。因此，甲公司需将7/105的套期工具重分类为衍生工具，有关套期文件的书面记录应当相应更新。

再平衡时，重分类的原套期工具的公允价值为992 333元人民币（14 885 000×7/105）。

甲公司进行再平衡时（如图9-13中B段运动所示）：

借：套期工具——石油期货合同　　992 333

　贷：衍生工具——石油期货合同　　992 333

【例9-32】20×6年4月1日，甲公司预期极可能在5个月后采购10 000吨柴油。为此，甲公司采用现金流量套期，并指定9 500吨以D2柴油普氏价格为标的的期货合约，对极可能于9月1日采购的10 000吨柴油进行套期（套期比率为1∶0.95）。指定日期货合约公允价值为0。

20×6年6月30日，被套期项目自套期开始的预计未来现金流量现值的累计上涨额为820万美元，套期工具公允价值累计下降650万美元。基于分析，甲公司认为，未来适当的套期比率为1∶1.05。因此，甲公司决定进行套期关系再平衡，甲公司可以选择增加套期工具数量或减少被套期项目数量。根据成本效益分析，甲公司决定将被套期项目数量减少952吨（10 000–9 500/1.05）。

20×6年6月30日，甲公司从被套期项目中减少预期采购的952吨柴油，预期采购的剩余9 048吨仍保留在套期关系中。

甲公司的账务处理如下（假定美元对人民币的汇率为1∶6.5）：

（1）20×6年4月1日，甲公司不作账务处理。

（2）20×6年6月30日，确认套期工具的公允价值变动（如图9–14中A段运动所示）：

将套期工具公允价值的累计变动650万美元（即4 225万元人民币）作为现金流量套期储备计入其他综合收益。

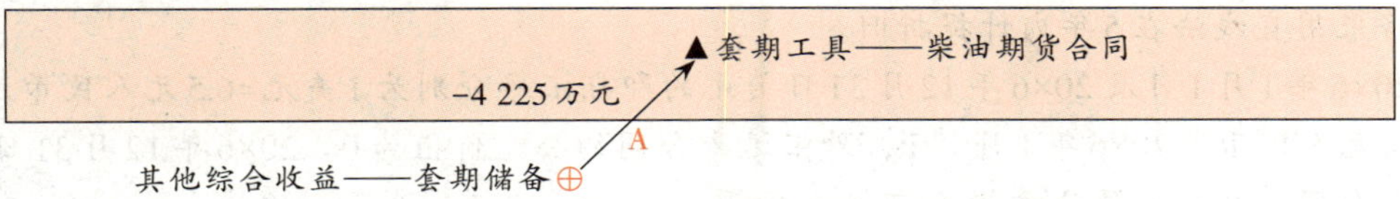

图9–14　甲公司套期关系再平衡业务资金运动分析图

借：其他综合收益——套期储备　　42 250 000

　贷：套期工具——柴油期货合同　　42 250 000

甲公司进行再平衡时，套期文件有关书面记录应当予以相应更新，无须进行账务处理。

四、一组项目套期资金运动分析与会计处理

（一）风险净敞口套期的会计处理

对于被套期项目为风险净敞口的套期，被套期风险影响利润表不同列示项目的，企业应当将相关套期利得或损失单独列示，不应当影响利润表中与被套期项目相关的损益列示项目（如营业收入或营业成本）金额。例如，某公司有一笔由100万美元的预期外币销售收入和80万美元的预期外币费用构成的外汇风险净头寸，该公司利用金额为20万美元的外汇远期合同对该外汇风险净头寸进行套期。当该外汇风险净头寸影响损益时，该外汇远期合同产生的现金流量套期储备重分类至损益的利得或损失应当与被套期的销售收入和费用区分开来并单独列示。如果销售收入产生的期间早于费用发生的期间，则销售收入仍应当按照即期汇率计量，相关的套期利得或损失应当单独列示，从而在损益中反映出净头寸套期的影响，并相应调整现金流量套期储备。如果被套期的费用将影响以后期间的损益（例如该费用将分期摊销），则之前对费用确认的套期利得或损失应在以后期间重分类至损益，且在利润表中与包含被套期费用的项目区分开单独列示。

再如，企业通过利率互换合同对固定利率债务工具的利率风险进行套期。企业的套期目标是将固定利率现金流量转换成浮动利率现金流量。在对净头寸（例如，一项固定利率资产和一项固定利率负债构成的净头寸）进行套期时，套期工具的应计净利息应当单独列示，以避免将单个套期工具产生的利得或损失净额以相互抵销的总额形式在不同的报表项目中分别列示（即不得将单项利率互换合同产生的净利息收入列示为利息收入总额和利息支出总额）。

一组项目套期会计处理分析

因此，企业开展净敞口套期业务的，应当在利润表中增设“净敞口套期收益”项目，将“净敞口套期收益”项目的当期发生额在该项目中列示。

对于被套期项目为风险净敞口的公允价值套期，涉及调整被套期各组成项目账面价值的，企业应当对各项资产和负债的账面价值作相应调整。

【例 9-33】20×6 年 1 月 1 日，甲公司预期 20×6 年 12 月 31 日将有一项 1 000 万美元的现金销售和一项 1 200 万美元生产车间用固定资产的现金采购，上述交易极有可能发生。甲公司的记账本位币为人民币。

20×6 年 1 月 1 日，甲公司签订了一项 1 年期外汇远期合同对上述 200 万美元的外汇净头寸进行套期，甲公司 1 年后将按 1 美元=6.5 元人民币的汇率购入 200 万美元。上述固定资产将采用直线法在 5 年内计提折旧。

20×6 年 1 月 1 日及 20×6 年 12 月 31 日美元的即期汇率分别为 1 美元=6.5 元人民币及 1 美元=6.4 元人民币。20×6 年 1 月 1 日，外汇远期合同的公允价值为 0。20×6 年 12 月 31 日，外汇远期合同的公允价值为亏损 20 万元人民币。

预期销售现金流入和预期采购现金流出如期于 20×6 年 12 月 31 日发生，外汇远期合同也于 20×6 年 12 月 31 日结算。假设不考虑外汇远期合同的远期要素。

甲公司相关账务处理如下：

（1）20×6 年 1 月 1 日，外汇远期合同公允价值为 0，无须进行账务处理。

（2）20×6 年 12 月 31 日，确认套期工具公允价值变动（如图 9-15 中 A 段运动所示）：

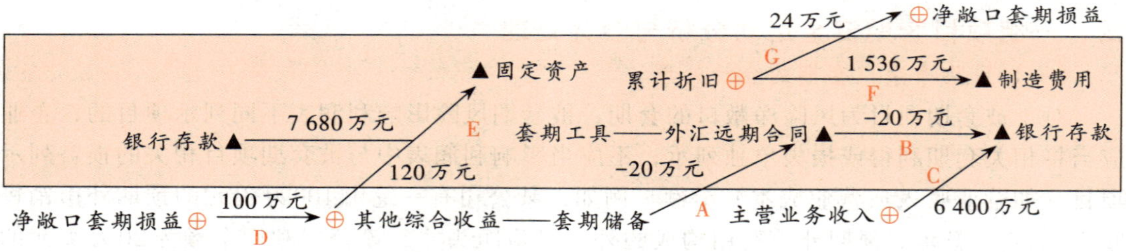

图 9-15　甲公司风险净敞口套期业务资金运动分析图

借：其他综合收益——套期储备　　200 000

　贷：套期工具——外汇远期合同　　200 000

（3）20×6 年 12 月 31 日，结算外汇远期合同（如图 9-15 中 B 段运动所示）：

借：套期工具——外汇远期合同　　200 000

　贷：银行存款　　200 000

（4）20×6 年 12 月 31 日，确认销售收入（如图 9-15 中 C 段运动所示）：

借：银行存款　　64 000 000

　贷：主营业务收入　　64 000 000

（5）20×6 年 12 月 31 日，将套期工具累计损失中对应预期销售的部分 1 000 000 元人民币（10 000 000×（6.5-6.4））利得从其他综合收益中转出，并将其计入净敞口套期损益（如图 9-15 中 D 段运动所示）：

借：其他综合收益——套期储备　　1 000 000

贷：净敞口套期损益 1 000 000

（6）20×6年12月31日，购进固定资产，并将套期工具累计损失中对应预期采购的部分-1 200 000元人民币（12 000 000×（6.4-6.5））损失从其他综合收益中转出，并将其计入固定资产的初始确认金额（如图9-15中E段运动所示）：

一组项目套期会计处理举例

借：固定资产 78 000 000

贷：银行存款 76 800 000

其他综合收益——套期储备 1 200 000

（7）后续第2年至第6年，基于固定资产采购价格（不含套期调整）每年计提折旧15 360 000元人民币（76 800 000÷5）（如图9-15中F段运动所示）：

借：制造费用——折旧费用 15 360 000

贷：累计折旧 15 360 000

（8）将套期调整在固定资产折旧期间进行摊销，金额为240 000元人民币（1 200 000÷5），并将其计入净敞口套期损益（如图9-15中G段运动所示）：

借：净敞口套期损益 240 000

贷：累计折旧 240 000

由于本例涉及净敞口套期，因此与被套期项目相关的利润表列示项目（即营业收入和营业成本）不会因采用套期会计而受到影响。

（二）其他一组项目套期的会计处理

除上述有关风险净敞口套期会计处理的规定外，对于被套期项目为一组项目的公允价值套期，企业在套期关系存续期间，应当针对被套期项目组合中各组成项目，分别确认公允价值变动所引起的相关利得或损失，计入当期损益或其他综合收益。涉及调整被套期各组成项目账面价值的，应当对各项资产和负债的账面价值作相应调整。

除上述有关风险净敞口套期会计的处理规定外，对于被套期项目为一组项目的现金流量套期，企业在将其他综合收益中确认的相关现金流量套期储备转出时，还应当按照系统、合理的方法将转出金额在被套期各组成项目中分摊，并进行相应处理。

五、期权时间价值业务资金运动分析与会计处理

企业将期权合同的内在价值和时间价值分开，只将期权的内在价值变动指定为套期工具时，应当区分被套期项目的性质是与交易相关还是与时间段相关，并进行不同的会计处理。

在评估期权是对与交易相关还是与时间段相关的被套期项目进行套期时，关键在于被套期项目的性质，包括被套期项目影响损益的方式和时间。不论是公允价值套期还是现金流量套期，企业均应当基于被套期项目的性质来评估。

期权时间价值会计处理分析

（一）被套期项目的性质与交易相关

在被套期项目的性质与交易相关的情况下，对其进行套期的期权的时间价值具备该项交易成本的特征。

如果该被套期项目导致确认一项初始计量包含交易成本的项目（如企业对预期交易或确定承诺涉及的商品价格风险进行套期，并将交易成本纳入存货的初始计量），则期权的时间价值应纳入特定的被套期项目的初始计量。与此类似，对构成预期交易或确定承诺商品销售的商品价格风险进行套期的企业，应当将期权的时间价值作为销售成本的一部分，在被套期的销售确认收入的相同期间计入损益。具体而言，企业应当将期权时间价值的公允价值变动中与被套期项目相关的部分计入其他综合收益，并按照与现金流量套期储备相同的会计处理方法进行处理。

（二）被套期项目的性质与时间段相关

对于被套期项目的性质与时间段相关的，对其进行套期的期权时间价值具备为保护企业在特定时间段内规避风险所需支付成本的特征。

例如，使用期限为6个月的期权对企业的存货在该6个月中的价格风险进行套期，期权的时间价值应在这6个月期间内采用系统、合理的方法进行摊销计入损益。又如，在使用外汇期权对境外经营净投资进行为期18个月的套期时，期权的时间价值将在这18个月期间内进行分摊。

当期权被用于对与时间段相关的被套期项目进行套期时，被套期项目的特征（包括被套期项目影响损益的方式和时间）同时会影响期权时间价值的摊销期间，这与运用套期会计时期权内在价值影响损益的期间相一致。例如，如果使用某一利率期权（利率上限）来防止浮动利率债券利息费用增加，则利率上限的时间价值摊销计入损益的期间与利率上限的内在价值影响损益的期间相同，即如果使用利率上限对5年期浮动利率债券的前3年的利率上升风险进行套期，则利率上限的时间价值在前3年摊销计入损益；或者如果利率上限是远期起始期权，用于对5年期的浮动利率债券的第2年至第3年的利率上升风险进行套期，则利率上限的时间价值应在第2年和第3年进行摊销计入损益。

具体而言，企业应当将期权时间价值的公允价值变动中与被套期项目相关的部分计入其他综合收益。同时，企业应当按照系统、合理的方法，将期权被指定为套期工具当日的时间价值中与被套期项目相关的部分，在套期关系影响损益或其他综合收益的期间内摊销，摊销金额从其他综合收益中转出，计入当期损益。由于期权的时间价值在期权到期时将归零，因此在期权存续期内的累计时间价值的公允价值变动等于指定套期时的时间价值。时间价值变动计入其他综合收益的金额应当根据变动的实际情况确定，但从其他综合收益转入当期损益（即摊销）的金额应当按照系统、合理的方法确定。转入和转出的金额最终是一致的，即指定套期时的时间价值。若企业终止运用套期会计，则其他综合收益中剩余的相关金额应当转出，计入当期损益。

期权的主要条款（如名义金额、期限和标的）与被套期项目相一致的，期权的实际时间价值与被套期项目相关；期权的主要条款与被套期项目不完全一致的，企业应当通过对主要条款与被套期项目完全匹配的期权进行估值确定校准时间价值，并确认期权的实际时间价值中与被套期项目相关的部分。

在套期关系开始时，期权的实际时间价值高于校准时间价值的，企业应当以校准时间价值为基础，将其累计公允价值变动计入其他综合收益，并将这两个时间价值的公允价值变动差额计入当期损益；在套期关系开始时，期权的实际时间价值低于校准时间价值的，企业应当将两个时间价值中累计公允价值变动的较低者计入其他综合收益，如果实际时间价值的累计公允价值变动扣减累计计入其他综合收益金额后尚有剩余，应当计入当期损益。

对期权时间价值的会计处理同样适用于由购入期权和签出期权组成的组合期权，该组合期权在被指定为套期工具之日的净时间价值为零（通常被称为“零成本上下限期权”）。在这种情况下，即使在套期关系的整个期间内时间价值的累计变动为零，企业也应当将各期间时间价值的变动计入其他综合收益。如果期权的时间价值涉及与交易相关的被套期项目，在套期关系结束时调整被套期项目或是重分类至损益的时间价值为零；如果期权的时间价值涉及与时间段相关的被套期项目，在套期关系结束时期权时间价值相关摊销金额为零。

【例9-34】甲公司发行了一项7年期浮动利率债券，并希望在前2年内使其免于因利率上升而导致利息费用增加所带来的风险。因此，甲公司买进了一份为期2年的利率上限期权。在现金流量套期中，仅将利率上限期权的内在价值指定为套期工具。

假定该期权被指定时的实际时间价值为200 000元，甲公司将该金额按照系统、合理的方法在保护期（即前2年）内分摊至当期损益。为简化核算，本例中以直线法分摊至当期损益。

（1）期权实际时间价值等于校准时间价值的情形。

由于期权被指定时的实际时间价值为200 000元（该金额未被指定，因此应作为衍生工具处理），假定其开始时的校准时间价值也为200 000元，因此，期权实际时间价值等于校准时间价值。假定期权的时间价值在第1年年末金额为130 000元。在这种情形下，期权时间价值的变动见表9-14。

表9-14　**期权时间价值变动表**　单位：元

项目	指定套期时	第1年年末	第2年年末	合计
期权的时间价值	200 000	130 000	0	—
计入其他综合收益的公允价值变动	—	70 000	130 000	200 000
从其他综合收益转出（分摊）的金额	—	100 000	100 000	200 000

甲公司有关期权时间价值的账务处理如下：

①第1年年末，确认期权时间价值的公允价值变动（如图9-16中A段运动（1）所示）：

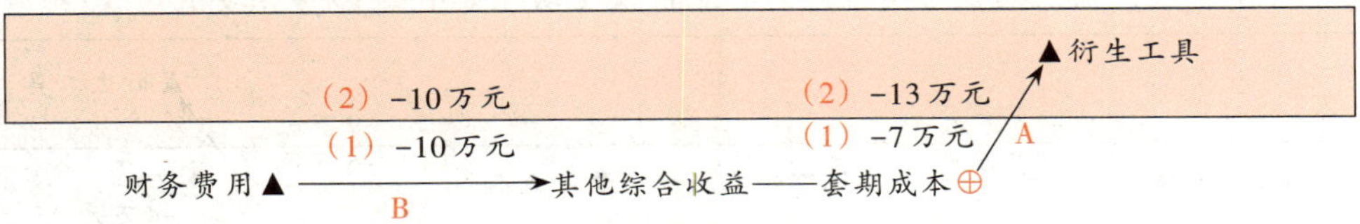

图9-16　甲公司期权时间价值业务资金运动分析图

借：其他综合收益——套期成本　　70 000

　贷：衍生工具——利率上限期权　　70 000

分摊本期应承担的期权时间价值，即100 000元（200 000÷2）（如图9-16中B段运动（1）所示）：

期权时间价值会计处理举例1

借：财务费用　　100 000

　贷：其他综合收益——套期成本　　100 000

②第2年年末，确认期权时间价值的公允价值变动（如图9-16中A段运动（2）所示）：

借：其他综合收益——套期成本　　130 000

　贷：衍生工具——利率上限期权　　130 000

分摊本期应承担的期权时间价值，即100 000元（200 000÷2）（如图9-16中B段运动（2）所示）：

借：财务费用　　100 000

　贷：其他综合收益——套期成本　　100 000

（2）期权实际时间价值高于校准时间价值的情形。

期权指定时的实际时间价值为200 000元，假定开始时的校准时间价值为1500 00元，此时期权实际时间价值高于校准时间价值。假定该期权的实际时间价值在第1年年末金额为100 000元，校准时间价值在第1年年末金额为90 000元。

在这种情形下，期权时间价值的变动见表9-15。

表9-15　期权时间价值变动表　单位：元

项目	指定套期时	第1年年末	第2年年末	合计
期权的实际时间价值	200 000	100 000	0	—
期权的校准时间价值	150 000	90 000	0	—
期权实际时间价值的变动金额	—	100 000	100 000	200 000
期权校准时间价值的变动金额（计入其他综合收益）	—	60 000	90 000	150 000
期权实际时间价值变动不计入其他综合收益的部分（计入公允价值变动损益）	—	40 000	10 000	50 000
从其他综合收益分摊（转出）的金额	—	75 000	75 000	150 000
影响当期损益的金额	—	115 000	85 000	200 000

甲公司有关期权时间价值的账务处理如下：

①第1年年末，确认期权时间价值的公允价值变动（如图9-17中A段运动（1）所示）：

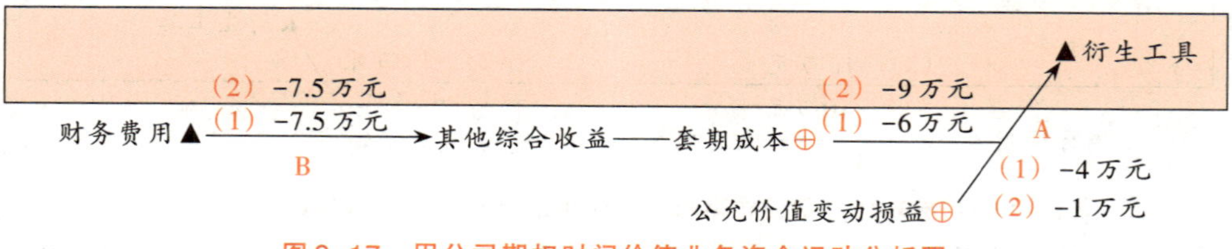

图9-17　甲公司期权时间价值业务资金运动分析图

借：其他综合收益——套期成本　　60 000

　　公允价值变动损益　　40 000

　贷：衍生工具——利率上限期权　　100 000

分摊本期应承担的期权校准时间价值，即75 000元（150 000÷2）（如图9-17中B段运动（1）所示）：

期权时间价值会计处理举例2

借：财务费用　　75 000

　贷：其他综合收益——套期成本　　75 000

②第2年年末，确认期权时间价值的公允价值变动（如图9-17中A段运动（2）所示）：

借：其他综合收益——套期成本　　90 000

　　公允价值变动损益　　10 000

　贷：衍生工具——利率上限期权　　100 000

分摊本期应承担的期权校准时间价值，即75 000元（150 000÷2）（如图9-17中B段运动（2）所示）：

借：财务费用　　75 000

　贷：其他综合收益——套期成本　　75 000

（3）实际时间价值低于校准时间价值的情形。

期权指定时的实际时间价值为200 000元，假定开始时的校准时间价值为240 000元，此时期权实际时间价值低于校准时间价值。假定该期权的实际时间价值在第1年年末金额为120 000元，校准时间价值在第1年年末金额为100 000元。

在这种情形下，期权时间价值的变动见表9-16。

表9-16　　期权时间价值变动表　　单位：元

项目	指定套期时	第1年年末	第2年年末	合计
期权的实际时间价值	200 000	120 000	0	—
期权的校准时间价值	240 000	100 000	0	—
期权实际时间价值的变动金额	—	80 000	120 000	200 000
期权校准时间价值的变动金额	—	140 000	100 000	240 000
计入其他综合收益的变动金额	—	80 000	120 000	200 000
从其他综合收益分摊（转出）的金额	—	100 000	100 000	200 000
影响当期损益的金额	—	100 000	100 000	200 000

甲公司有关期权时间价值的账务处理如下：

①第1年年末，确认期权时间价值的公允价值变动（如图9-18中A段运动（1）所示）：

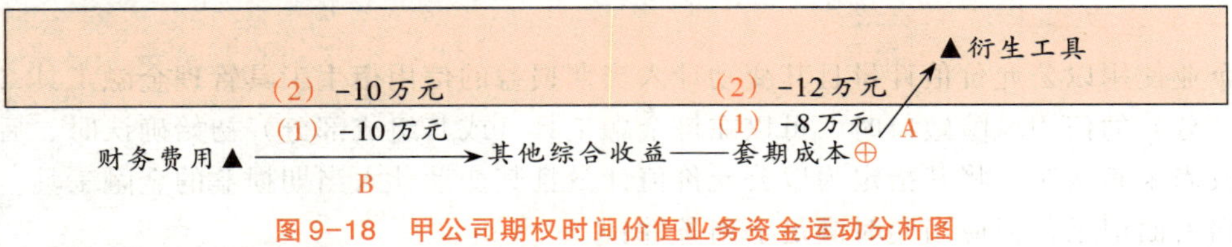

图9-18　甲公司期权时间价值业务资金运动分析图

借：其他综合收益——套期成本　　80 000

　贷：衍生工具——利率上限期权　　80 000

期权时间价值会计处理举例3

分摊本期应承担的期权实际时间价值，即100 000元（200 000÷2）（如图9–18中B段运动（1）所示）：

借：财务费用　　100 000

　贷：其他综合收益——套期成本　　100 000

②第2年年末，确认期权时间价值的公允价值变动（如图9–18中A段运动（2）所示）：

借：其他综合收益——套期成本　　120 000

　贷：衍生工具——利率上限期权　　120 000

分摊本期应承担的期权实际时间价值，即100 000元（200 000÷2）（如图9–18中B段运动（2）所示）：

借：财务费用　　100 000

　贷：其他综合收益——套期成本　　100 000

六、远期合同的远期要素和金融工具的外汇基差的会计处理

企业将远期合同的远期要素和即期要素分开、只将即期要素的价值变动指定为套期工具的，或者将金融工具的外汇基差单独分拆、只将排除外汇基差后的金融工具指定为套期工具的，可以按照与期权时间价值相同的处理方式对远期合同的远期要素或金融工具的外汇基差进行会计处理，也可以按照常规会计处理方法进行处理。

七、关于信用风险敞口的公允价值选择权

其他业务

许多金融机构通过信用衍生工具管理借贷活动产生的信用风险敞口。例如，金融机构运用信用衍生工具对信用风险敞口进行套期以将其贷款或贷款承诺的信用损失风险转移至第三方。但企业的信用衍生工具应当以公允价值计量且其变动计入当期损益，而贷款等并不一定以公允价值计量且其变动计入当期损益（如按摊余成本计量或尚未确认）。因此，在被套期风险敞口与信用衍生工具未采用相同的基础进行计量的情况下，将会产生会计错配。

由于金融项目的信用风险通常无法单独识别，不属于符合条件的被套期项目，因此使用信用衍生工具对信用风险敞口进行套期的企业将无法运用套期会计。

为解决这一问题，并允许企业在一定程度上反映其信用风险管理活动，套期会计准则允许企业选择采用以公允价值计量且其变动计入当期损益的方式计量被套期风险敞口的方法替代套期会计。

（一）指定条件

企业使用以公允价值计量且其变动计入当期损益的信用衍生工具管理金融工具（或其组成部分）的信用风险敞口时，可以在该金融工具（或其组成部分）初始确认时、后续计量中或尚未确认时，将其指定为以公允价值计量且其变动计入当期损益的金融工具，并同时作出书面记录，但应当同时满足下列条件：

（1）金融工具信用风险敞口的主体（如借款人或贷款承诺持有人）与信用衍生工具涉及的主体相一致；

（2）金融工具的偿付级次与根据信用衍生工具条款须交付的工具的偿付级次相匹配。

需要说明的是，与《企业会计准则第22号——金融工具确认和计量》规定的公允价值选择权不同，对采用信用衍生工具管理信用风险敞口的金融工具的公允价值选择权，有以下灵活性：①可以在金融工具初始确认后进行指定；②可以对金融工具的一部分作出指定，而非仅限于金融工具全部；③可以在一定条件下终止指定。

【例9-35】甲银行授予乙公司2亿元的不可撤销的贷款承诺，乙公司可以在5年内随时提取。第3年年末，甲银行认为有必要降低对乙公司的信用风险敞口。甲银行以乙公司作为目标主体订立了一项信用违约互换合同，对授予乙公司的贷款额度中5 000万元的信用风险进行管理。信用违约互换合同的期限为3年，贷款的受偿顺序与发生信用事件时根据信用衍生工具条款所交割贷款的受偿顺序一致，均为一般债务。

甲银行选择对未提用的5 000万元的贷款承诺指定为以公允价值计量且其变动计入当期损益的金融资产，以便与以公允价值计量且其变动计入当期损益的信用违约互换合同的后续计量相匹配。

（二）相关会计处理

金融工具（或其组成部分）被指定为以公允价值计量且其变动计入当期损益的，企业应当在指定时将其账面价值（如有）与其公允价值之间的差额计入当期损益。如该金融工具是分类为以公允价值计量且其变动计入其他综合收益的金融资产的，企业应当将之前计入其他综合收益的累计利得或损失转出，计入当期损益。

在选择运用针对信用风险敞口（全部或部分）的公允价值选择权之后，同时满足下列条件的，企业应当对金融工具（或其一定比例）终止以公允价值计量且其变动计入当期损益：

（1）所规定的条件不再适用，例如信用衍生工具或金融工具（或其一定比例）已到期、被出售、合同终止或已行使，或企业的风险管理目标发生变化，不再通过信用衍生工具进行风险管理。

（2）金融工具（或其一定比例）不满足以公允价值计量且其变动计入当期损益的金融工具的条件。

当企业对金融工具（或其一定比例）终止以公允价值计量且其变动计入当期损益时，其在终止时的公允价值应当作为其新的账面价值。同时，企业应当采用与该金融工具被指定为以公允价值计量且其变动计入当期损益之前相同的方法进行计量。

【例9-36】甲银行向乙公司提供了一笔1亿元的5年期浮动利率贷款。甲银行管理该贷款的业务模式以收取合同现金流量为目标，且合同现金流量特征仅为对本金和以未偿付本金金额为基础的利息的支付，因此以摊余成本计量。甲银行的信用风险政策要求针对整个贷款存续期内的全部信用风险进行风险管理。甲银行使用的风险管理工具为信用违约互换合同。

由于信用违约互换合同以公允价值计量且其变动计入当期损益，但贷款以摊余成本计量，为降低上述计量不一致所产生的损益波动，甲银行将贷款指定为以公允价值计量且其变动计入当期损益。为确保有可以恢复至以摊余成本计量的灵活性，甲银行清晰地记录了该指定是按照套期会计准则作出的。信用违约互换合同的目标债务为乙公司1亿元的5年期浮动利率债务，甲银行贷款的受偿顺序与发生信用损失事件时根据信用违约互换合同所交割贷款的受偿顺序一致，均为次级债务。

2年后，甲银行认为，根据银行的信用风险管理政策，该项贷款的信用风险已降至无须通过信用违约互换合同管理的程度，于是终止了该信用违约互换合同。此时贷款的公允价值为1.1亿元。

甲银行持有该项贷款的业务模式仍是以收取合同现金流量为目标，所以不满足以公允价值计量且其变动计入当期损益的条件。因此，甲银行对该贷款终止以公允价值计量且其变动计入当期损益，并开始以摊余成本计量，实际利率基于该项贷款的新账面价值1.1亿元计算。

思考题

1. 什么是衍生金融工具？衍生金融工具有什么特点？
2. 衍生金融工具主要有哪几种？各有什么特点？
3. 什么是套期保值？套期保值主要分为哪几种？
4. 如何评价套期有效性？如何进行套期再平衡？
5. 期权的内在价值与时间价值如何进行区分？

立德育人

助力实现碳达峰、碳中和目标　专家热议碳金融产品和服务创新[①]

近日，在中国能源研究会碳中和专委会、全联并购公会联合主办的碳中和金融产品创新研讨会上，与会嘉宾认为，碳金融是运用市场化手段推动“双碳”目标按期实现的重要工具，要用好碳市场和碳金融，破解技术研发资金难题和传统企业绿色低碳转型成本难题，促进绿色低碳新技术、新产业、新业态、新模式发展，助力实现碳达峰、碳中和目标。

中国能源研究会理事长史玉波表示，“双碳”目标下低碳经济的发展加速了我国传统金融向碳金融的转型，金融机构通过创新碳金融工具，利用市场化的手段将温室气体排放的环境外部性内部化，使得排放主体通过市场交易形成的价格来承担其碳排放的社会成本，是我国实现碳中和目标的重要工具。

“2021年7月全国碳市场启动以来，以碳排放权及其衍生品为代表的碳金融工具已经显现出成本低、效率较高、减排效果好等优势。”史玉波说，一些地方和金融机构探索创新推出碳中和债券、碳中和基金等碳金融产品，激发了市场减碳内生动力，进一步推动经济绿色低碳转型，我国碳金融产品和服务正驶入发展“快车道”。

红杉中国投资合伙人、中国能源研究会常务理事李俊峰表示，实现“双碳”目标是我国现代化进程的必修课，是履行《联合国气候变化框架公约》缔约的责任和义务；推进发展转型是实现“双碳”目标的基础路径，实现“双碳”目标也是我国实现高质量发展的内在要求，是一次更加广泛的改革开放。

① 杜燕飞. 助力实现碳达峰、碳中和目标　专家热议碳金融产品和服务创新［EB/OL］.［2022-08-08］. https: //baijiahao.baidu.com/s? id=1740582569149216904&wfr=spider&for=pc.

清华大学国家金融研究院绿色金融研究中心副主任孙天印表示，目前，人民银行确立了“三大功能”（金融支持绿色发展的资源配置、风险管理和市场定价三大功能），“五大支柱”（完善绿色金融标准体系、强化金融机构监管和信息披露要求、逐步完善激励约束机制、不断丰富绿色金融产品和市场体系、积极拓展绿色金融国际合作空间）绿色金融发展思路。金融机构本身以营利为目的，要想把资金全面转向绿色低碳项目，要考虑资源配置和风险管理，实现更大程度上金融资源有效地向绿色低碳配置，从机制和市场驱动性的角度把这件事情做得更好、更全面化。

当前，在助力实现碳达峰、碳中和目标过程中，越来越多的企业不断推动碳金融产品和服务创新。全联并购公会会长、尚融资本创始人及管理合伙人尉立东介绍，全联并购公会发挥桥梁作用，通过举办绿色金融圆桌论坛、气候金融高端峰会、“双碳”行动绿色金融公益活动等，推动绿色金融合作以及碳资产管理服务生态构建。德勤中国全国审计及鉴证领导人利佩珍表示，德勤将构建国际广泛认可、公正、透明的第三方鉴证机制，助力我国碳金融生态发展。联合赤道副总裁刘景允表示，建议地方政府建立区域性碳账户，摸清重点企业碳账户、碳数据、碳资产等情况，银行机构也可以利用数据创新金融产品。

要求：请从社会责任、全球视野、家国情怀、开拓创新四个角度中任选其一，谈一谈你的想法和感受。

第十章　合伙企业会计

学习目标

本章主要讲授合伙企业会计处理。通过本章学习，读者应熟悉合伙企业的界定及特点；掌握合伙企业会计的特点；掌握合伙企业从设立、经营、合伙人变动到清算业务所引起的资金运动及会计处理。

企业存在的形态和类型，主要有独资企业、合伙企业和公司制企业三种形式。合伙企业虽不是一个法律主体，但它是一个会计主体，对于日常经营中的一般交易与事项，依然应该按照相关的会计准则进行处理。它与公司制企业会计处理的主要差异在于企业的设立、损益的分配、所有者权益变动以及企业的解散与清算四个方面。

第一节　合伙企业的内涵及特征

一、合伙企业的概念

合伙是指两个或两个以上的个人为了共同的目的相互约定，共同出资、共同经营、共担风险、共享收益的一种自愿联合。根据《中华人民共和国合伙企业法》，合伙企业是指依法在中国境内设立的由各合伙人订立合伙协议，共同出资、合伙经营、共享收益、共担风险，并对合伙企业债务承担无限责任的营利性组织。

合伙企业内涵

合伙企业多见于专业化程度比较高的行业，合伙形式之所以在这样的行业深受欢迎，一方面是因为它可以集中专业人士的技术与才能；另一方面则是因为它可以分散风险，规范专业人士的责任。常见的合伙企业有律师事务所、会计师事务所、税务师事务所等。

二、合伙企业的种类

合伙企业按照不同的分类标准可以分为不同的类型，但常见的主要有两类。

（一）普通合伙和有限合伙

按照承担的责任不同，合伙人分为普通合伙人和有限合伙人。普通合伙人是指每个合伙人对合伙企业的债务都负有个人连带责任，当合伙企业的财产不足以清偿其债务时，合伙人应当以自己的个人财产承担该不足部分的清偿责任。

有限合伙是一种特殊的合伙企业，它由一名以上的普通合伙人和一名以上的有限合伙人组成。其中，普通合伙人执行合伙事务，对外代表合伙组织，并对合伙企业的债务承担无限责任；有限合伙人不执行合伙事务，不对外代表该合伙组织，只按照出资比例享受利润或分担亏损，并仅以其出资额为限对合伙企业的债务承担清偿责任，有限合伙人必须以现金或其他财产出资，不得以劳务或信用出资。

（二）个人合伙和法人合伙

按照合伙人的性质不同，合伙企业可以分为个人合伙和法人合伙。个人合伙企业是以两个或两个以上公民之间的协议为基础，以共同出资、共同经营为主要内容的一种自然人的联合体。法人合伙企业是以两个或两个以上的法人联营，共同出资，联营各方按照出资比例或协议的约定，以各自所有的或经营管理的财产承担连带责任的一种法人的联合体，并且该联合体不具有法人资格。在我国，法人之间的合伙被看作联营的一种形式。在法律方面，《中华人民共和国民法通则》中既有自然人合伙方面的规定又有法人合伙方面的规定，《中华人民共和国合伙企业法》主要针对的是自然人合伙企业。

三、合伙协议

虽然合伙协议可以按口头约定设定，也可默认设立，但合伙企业的设立仍然需要以书面形式的合伙协议为基础。《中华人民共和国合伙企业法》明确规定合伙企业的设立必须要有书面合伙协议。合伙协议应明确以下内容：（1）合伙企业的名称和主要营业场所的地点；（2）合伙目的和合伙经营范围；（3）合伙人的姓名或者名称、住所；（4）合伙人的出资方式、数额和缴付期限；（5）利润分配、亏损分担方法；（6）合伙事务的执行；（7）入伙与退伙；（8）争议解决办法；（9）合伙企业的解散与清算；（10）违约责任。如果协议未规定损益分配方法，那么不论所有合伙人的出资额及投入的时间，损益都平均分摊。

合伙协议经全体合伙人签名、盖章后生效。经全体合伙人一致同意，可以对合伙协议进行修订或补充。合伙人之间发生争执，若根据合伙协议不能解决，则可以通过仲裁或诉诸法院以求解决。

合伙协议与企业特征

四、合伙企业的基本特征

合伙企业属于合伙的范畴，但又与其他合伙有所区别。合伙企业通常有如下特征：

（1）由各合伙人组成。这是一项法律原则，合伙企业不是单个人的行为，而是多个人的联合。一家合伙企业要有两个以上（含两人）的合伙人。

（2）以合伙协议为法律基础。合伙协议是合伙人建立合伙关系、确定合伙人各自的权利、义务以及合伙企业设立的前提，同时也是合伙企业的基础。

（3）内部关系属于合伙关系。合伙关系是指共同出资、共同经营、共享收益、共担风险的关系。不管合伙企业订立的合伙协议如何，都不能违背上述基本原则。

（4）合伙人对合伙企业的债务承担无限连带责任。各合伙人必须以其个人财产承担合伙企业的债务，即当合伙企业的财产不足以清偿其债务时，合伙人应当以自己的个人财产承担不足部分的清偿责任。

（5）相互代理。除合伙人协议约定外，在合伙企业经营活动范围内，每一个合伙人都可以代表其他合伙人从事经营业务活动，其代表合伙企业的行为，对其他合伙人都有约束力。

(6) 有限经营期。合伙的法定经营期限随新合伙人的入伙，或原合伙人的退伙或死亡，或合伙人同意解散，或因破产等原因而终止。但是，合伙的法定组织解散，并不意味着作为一个独立企业主体或会计主体的合伙解散，合伙企业的经营通常会持续下去，不会因合伙人的进退而受到太多的干扰。

(7) 共有财产。当一个合伙人将其资产投资于合伙企业时，就失去了独立拥有该资产的权利，而是所有合伙人对投入企业的每一项资产共同所有。也就是说，合伙人不能对某项特定的资产提出要求权，也不能单独占有与该资产相关的收益。

(8) 合伙人共享收益，共担损失。合伙企业损益的分享或分担可以按照合伙人一致同意的办法在合伙人之间进行分配。损益的分配方法（或比例），应在合伙协议中明确规定，未做规定的，可按合伙人的出资比例分摊或平均分配。

(9) 非纳税主体。合伙企业不属于法人，因而不需要对其经营活动缴纳企业所得税，应依法缴纳个人所得税。合伙企业的经营净收益按一定方式分配给各合伙人后，由合伙人纳入其个人所得税纳税申报表进行申报。

第二节 合伙企业会计的特点

一、合伙企业会计核算的特点

合伙企业虽不是一个法律主体，但它是一个会计主体，对于日常经营中的一般交易和事项，应按照企业会计准则进行相应的会计处理。其与公司制企业的会计处理差别主要在企业的设立、损益的分配、所有者变动以及企业的解散与清算四个方面。

（一）合伙企业设立时的会计核算

合伙企业会计特点

对于公司制企业而言，非现金资产的投资应以经过独立评估机构评估所确认的公允价值作为入账价值。合伙企业设立时，非现金资产的公允价值应由所有合伙人协商确定，其所涉及的具体金额应在合伙协议中载明。因此，合伙协议是合伙企业进行会计核算的基础，在此基础上，人们可据此明确各合伙人实收资本的核算方法。

（二）合伙企业分配损益时的会计核算

公司制企业在损益分配上一般按照投资者的资本比例进行，而合伙企业的损益分配是按照合伙协议的约定进行的，如果分配的方法没有在合伙协议中约定，则应平均进行分配。因而对于合伙企业而言，损益的分配除需要考虑每一个合伙人的资本投入因素外，还需要考虑管理才能和时间投入等因素，因而合伙企业的损益分配要比公司制企业的损益分配复杂得多，需要分不同的情况进行处理。

（三）所有者变动时的会计核算

在公司制企业中，所有者的变动对企业的会计核算没有影响，但在合伙企业中，合伙人的变动却会影响合伙企业的利益分配格局。为维护合伙人的权益，在合伙人变动时要明确合伙人入伙或退伙的方式，同时还要对合伙企业的商誉进行评估，对合伙企业的资产进行评估，这给合伙企业的会计核算带来了重大影响。

（四）解散与清算时的会计核算

合伙企业解散时，合伙人之间的权益要进行最后的清算，合伙人之间以及合伙企业与外部企业之间的债权债务也需要进行最后的清理。但是，由于每一个合伙人都要对合伙企业的债务承担无限连带责任，因此其清算的程序及会计处理与公司制企业不同，需要根据合伙企业是否破产以及合伙人个人是否破产进行区别处理。

二、合伙企业会计账户设置特点

合伙企业为无限责任公司，合伙企业债权人的利益是以合伙企业的财产和合伙人的个人财产为保障的，且法律对于合伙企业利益分配以及资本抽回无任何严格限制，因而合伙企业的所有者权益无须像公司制企业那样进行区分。在实务中，合伙企业一般要设置两个所有者权益账户："实收资本——合伙人"（或合伙人资本）账户和"合伙人提款"（或合伙人往来）账户。

"实收资本——合伙人"账户用来核算合伙人投入的资本以及分享的经营所得。当合伙人投入资本时，贷记本账户，本账户贷方余额随着合伙人追加投资或分配利润而增加，并随着合伙人提用资产或分担企业亏损而减少。此外，本账户还会因合伙人的变动而增减。

合伙企业会计账户设置

"合伙人提款"账户用来核算合伙人当期从合伙企业提取的资产和从合伙资产中提取用于个人花费的支出。当合伙人提取一定数额的资产时，按提取数借记本账户，但对于导致合伙人的所有者权益永久性减少的巨额提款，则应直接借记"实收资本——合伙人"账户。会计年度末，将"合伙人提款"账户的借方余额结转到"实收资本——合伙人"账户。对于企业和合伙人之间的短期借款事项，则需要另设"其他应收款——合伙人"或"短期借款——合伙人"账户。如合伙企业在无担保的情况下借给合伙人巨额款项，随后该合伙人的偿还能力受到怀疑，则在资产负债表中最好将此应收款项抵减该合伙人的"实收资本"项目；否则，资产负债表内所列示的资产及合伙人权益均将因虚增而使人误解。

合伙企业损益的形成和分配（或分担）通过"本年利润"账户核算。会计年度终了，"本年利润"账户中的损益，应按照合伙协议的规定转入"实收资本——合伙人"账户。

第三节　合伙企业设立及经营资金运动分析与会计处理

一、合伙企业设立时初始投资业务资金运动分析与会计处理

合伙人对合伙企业的投资有多种形式，包括货币资金、实物资产、无形资产以及劳务等。合伙人以货币资金出资的，出资额即入账价值。合伙人以非现金资产出资的，应按投资当时的公允价值入账。从理论上讲，公允价值计量应建立在独立的评估机构的评估之上，但在实务中，由于合伙企业是根据合伙协议而设立的，因而非现金资产的公允价值由所有合伙人协商确定，所涉及的金额应在合伙协议中载明。

【例10-1】甲和乙两人各投资10万元成立了一家合伙企业，投资款项已全部到账。

该笔业务所引起的资金运动如图10-1所示。

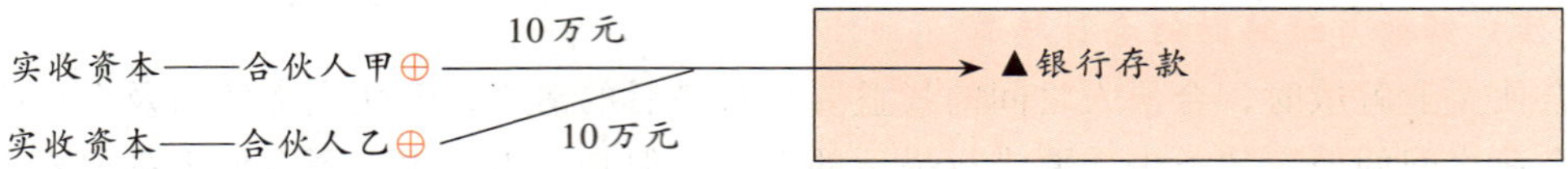

图10-1 合伙企业设立业务资金运动分析图

借：银行存款　　200 000

　贷：实收资本——合伙人甲　　100 000

　　　　　　　——合伙人乙　　100 000

【例10-2】甲和乙两人以现金和非现金资产组合投资成立合伙企业，甲、乙两人各自的出资方式及非现金资产的公允价值见表10-1。

表10-1 合伙人出资方式及公允价值一览表　　单位：元

项目	甲合伙人出资（公允价值）	乙合伙人出资（公允价值）
货币资金		100 000
设备（取得成本50 000元）	100 000	
建筑物（取得成本300 000元）	400 000	
存货（取得成本280 000元）		400 000+增值税进项税额52 000
合计	500 000	552 000

经合伙人甲和乙协商，同意将非现金资产按公允价值入账。

该笔业务所引起的资金运动如图10-2所示。

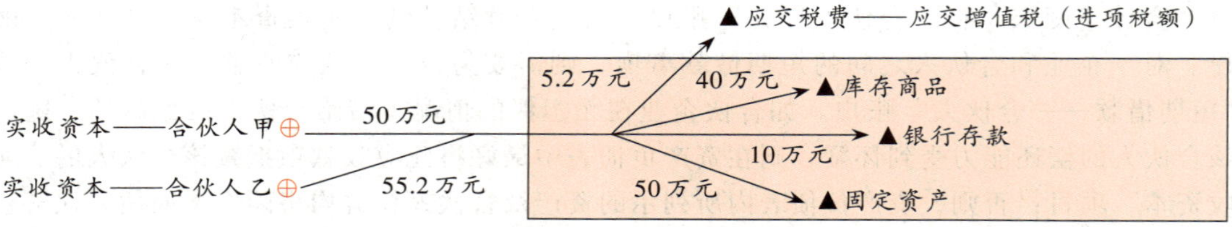

图10-2 合伙企业设立业务资金运动分析图

借：固定资产——设备　　100 000

　　　　　　——建筑物　　400 000

　　银行存款　　100 000

　　库存商品　　400 000

　　应交税费——应交增值税（进项税额）　　52 000

　贷：实收资本——合伙人甲　　500 000

　　　　　　　——合伙人乙　　552 000

设立时初始投资的会计处理1

二、合伙人初始投资中涉及不可辨认资产业务资金运动分析与会计处理

当合伙人资本权益比例与所投入的可辨认资产价值不一致时，就产生了初始投资如何计量的问题。以【例10-2】为例，甲与乙合伙人投入的可辨认资产分别为500 000元和552 000元，但甲、乙两人所签订的合伙协议中却是平分初始时的合伙资本，即每人占

50%。这种协议隐含着甲合伙人提供了某种不可辨认的资产，如甲合伙人的才干或甲合伙人与合伙企业的客户有着良好的关系等。在这种情况下，应将投入的资本在甲、乙两人之间进行调整。其调整的方法主要有两种：红利法和商誉法。

（一）红利法

在红利法下，合伙企业不确认不可辨认资产的价值，其合伙资本以合伙人投入的可辨认资产的总价值为基础。各合伙人权益资本按照协议约定的比例根据所确认的投入总资产来确定。

【例 10-3】，沿用【例 10-2】相关资料，假设合伙协议中约定，甲、乙在合伙资本中各占 50%。合伙企业采用红利法对合伙人的权益资本进行调整。该笔业务所引起的资金运动如图 10-3 所示。

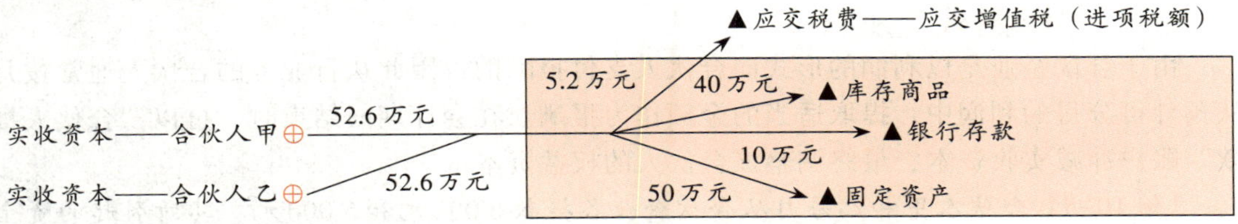

图 10-3　合伙企业设立业务资金运动分析图

借：固定资产——设备	100 000	
——建筑物	400 000	
银行存款	100 000	
库存商品	400 000	
应交税费——应交增值税（进项税额）	52 000	
贷：实收资本——合伙人甲		526 000
——合伙人乙		526 000

设立时初始投资的会计处理2

（二）商誉法

在商誉法下，合伙企业需要确认不可辨认资产的公允价值，以此完整地确认与计量各合伙人的全部投入资本；并按照确认了不可辨认资产的公允价值之后的总投入资产的价值作为合伙企业的资本金额。各合伙人按确认了不可辨认资产的公允价值之后的金额来确认其在合伙企业的权益资本。

【例 10-4】，资料同【例 10-2】，合伙协议约定，甲、乙两人在合伙资本中各占 50%。合伙企业采用商誉法调整合伙人的权益资本。

在商誉法下，应确认甲合伙人投入的不可辨认资产的公允价值为 52 000 元，并通过“商誉”项目来反映。其所引起的资金运动如图 10-4 所示。

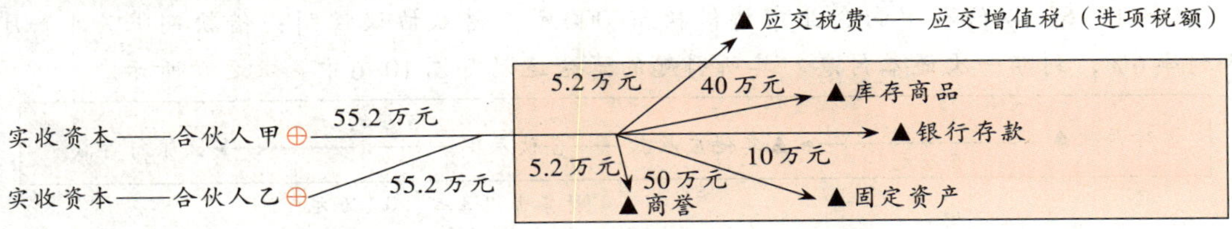

图 10-4　合伙企业设立业务资金运动分析图

借：固定资产——设备 100 000
　　　　　　——建筑物 400 000
　　银行存款 100 000
　　库存商品 400 000
　　应交税费——应交增值税（进项税额） 52 000
　　商誉 52 000
　贷：实收资本——合伙人甲 552 000
　　　　　　——合伙人乙 552 000

三、合伙人提款及合伙企业借贷业务资金运动分析与会计处理

（一）合伙人提款

由于合伙企业是以利润的形式向合伙人支付报酬的，因此执行业务的合伙人通常按月从预计可分得的利润中，提取适当的金额作为报酬。在会计期间结束时，再以“合伙人提款”账户冲减实收资本，最终调整该合伙人的权益资本。

【例10-5】合伙人甲和乙每月从合伙企业各提款6 000元和5 000元。其所引起的资金运动如图10-5中A段运动所示。

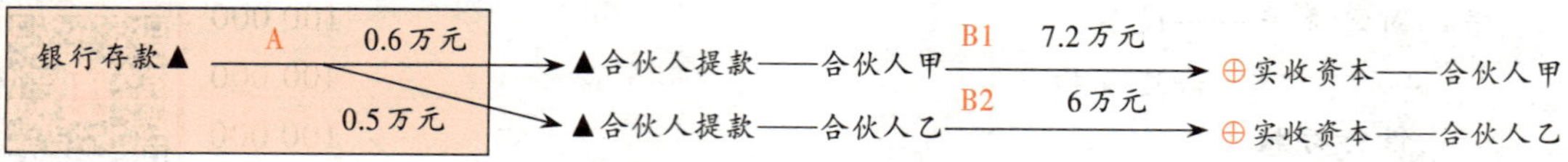

图10-5 合伙人提款业务资金运动分析图

借：合伙人提款——合伙人甲 6 000
　　　　　　　——合伙人乙 5 000
　贷：银行存款 11 000

到年底，甲、乙合伙人累计提款分别为72 000元和60 000元，将其冲减实收资本。其所引起的资金运动如图10-5中B1、B2段运动所示。

借：实收资本——合伙人甲 72 000
　　　　　　——合伙人乙 60 000
　贷：合伙人提款——合伙人甲 72 000
　　　　　　　　——合伙人乙 60 000

合伙人提款与借款业务

（二）合伙人向合伙企业借款

合伙人向合伙企业申请借款时，应提出申请并经同意，签署借款协议，标明所借款项的金额、偿还时间、偿还方式及利息，该业务应通过“其他应收款——合伙人”账户来反映。

【例10-6】合伙人甲向企业申请借款50 000元。借款协议注明：借款期限为4个月，年利率6%，到期一次还本付息。其所引起的资金运动如图10-6中A段运动所示。

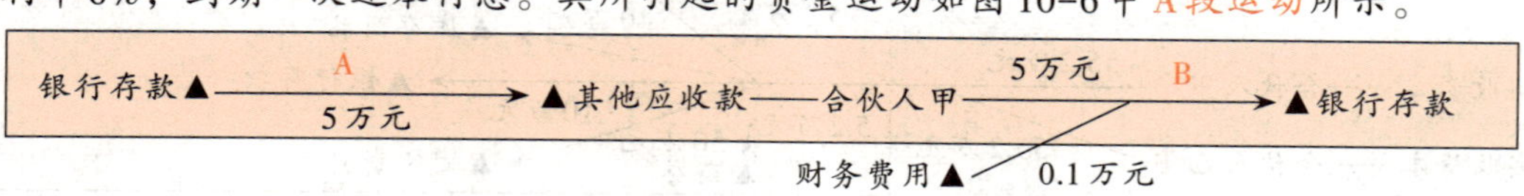

图10-6 合伙人向合伙企业借款资金运动分析图

借：其他应收款——合伙人甲　　50 000

　贷：银行存款　　50 000

到期收回本息时（如图10-6中B段运动所示）：

借：银行存款　　51 000

　贷：其他应收款——合伙人甲　　50 000

　　财务费用　　1 000

（三）合伙企业向合伙人借款

合伙企业由于自身经营状况不佳或者其他原因陷入临时资金周转困难时，可以向合伙人借款，同时签订借款协议，标明所借款项的金额、偿还时间、偿还方式及利息。该业务一般通过“短期借款——合伙人”账户来反映。

【例10-7】合伙企业由于临时资金周转困难，向合伙人乙借款300 000元。借款协议载明：借款期限3个月，年利率为8%，到期一次还本付息。其所引起的资金运动如图10-7中A段运动所示。

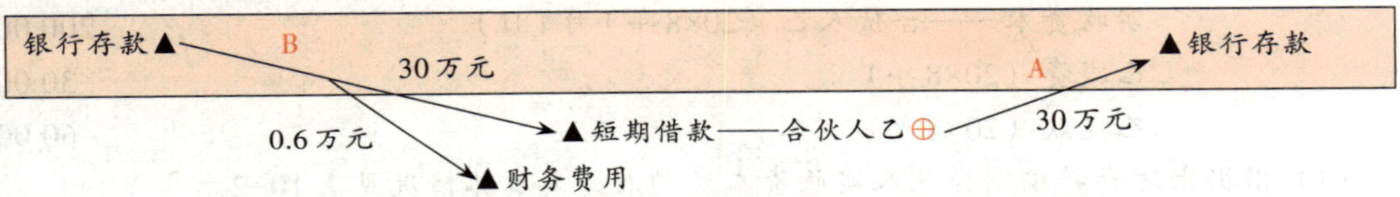

图10-7 合伙企业向合伙人借款业务资金运动分析图

借：银行存款　　300 000

　贷：短期借款——合伙人乙　　300 000

到期还本付息时（如图10-7中B段运动所示）：

借：短期借款——合伙人乙　　300 000

　　财务费用　　6 000

　贷：银行存款　　306 000

（四）合伙人增资与减资的会计处理

合伙协议中应当明确规定经营过程中关于增资和减资的各项条款。增资时，应根据上述初始投资的计价规则确定如何记入“实收资本——合伙人”账户。巨额而不正常的减资，应直接冲减“实收资本——合伙人”账户。

【例10-8】经合伙企业的各位合伙人同意，合伙人甲以货币资金向合伙企业增资100 000元。其所引起的资金运动如图10-8所示。

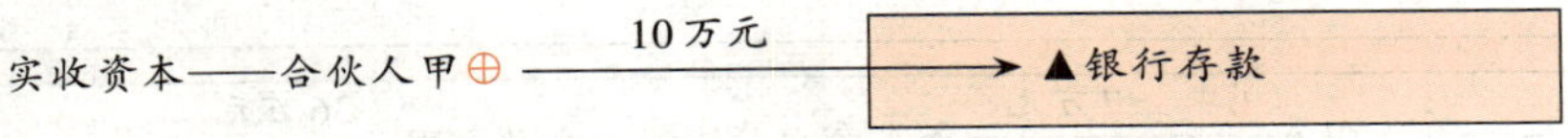

图10-8 合伙企业增资业务资金运动分析图

借：银行存款　　100 000

　贷：实收资本——合伙人甲　　100 000

【例10-9】经合伙企业的各位合伙人同意，合伙人丙以货币资金的形式从合伙企业撤资30 000元，其所引起的资金运动如图10-9所示。

借：实收资本——合伙人丙　　30 000

贷：银行存款　　30 000

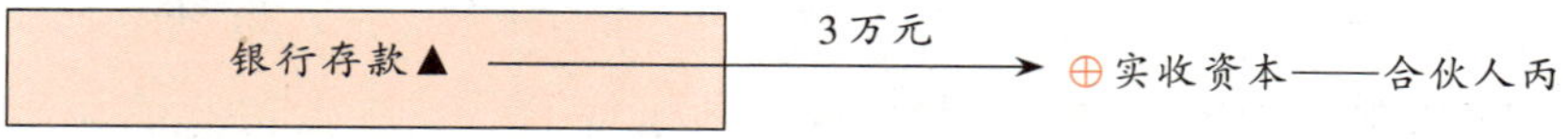

图 10-9　合伙企业减资业务资金运动分析图

为了反映利润分配前后资本变动的情况，反映期初投入资本余额和本期投入资本净额，以便于合伙人制定投资或减资政策，合伙企业可以编制合伙人实收资本变动表。合伙人实收资本变动表是合伙企业的主要报表之一，也是合伙企业组织形式所特有的报表。

【例 10-10】甲和乙为合伙人，其在合伙企业的损益分配比例为6∶4，20×8年有关合伙企业的资料如下（单位：元）：

合伙人增资与减资业务

合伙净利润（20×8年度）	600 000
实收资本——合伙人甲（20×8年1月1日）	300 000
甲增资（20×8年）	50 000
甲提款（20×8年）	70 000
实收资本——合伙人乙（20×8年1月1日）	200 000
乙减资（20×8年）	30 000
乙提款（20×8年）	60 000

（1）根据上述资料编制合伙人实收资本变动表，其具体情况见表10-2。

表 10-2　合伙人实收资本变动表　单位：元

经济事项	合伙人甲（60%）	合伙人乙（40%）	合计
期初资本余额（20×8年1月1日）	300 000	200 000	500 000
加：增资	50 000	—	50 000
减：减资	—	（30 000）	（30 000）
提款	（70 000）	（60 000）	（130 000）
投入资本净额	280 000	110 000	390 000
加：本期净利润	360 000	240 000	600 000
期末资本余额（20×8年12月31日）	640 000	350 000	990 000

（2）20×8年12月31日，合伙企业将本年实现的净利润在甲、乙合伙人之间进行分配（如图10-10中A段运动所示）：

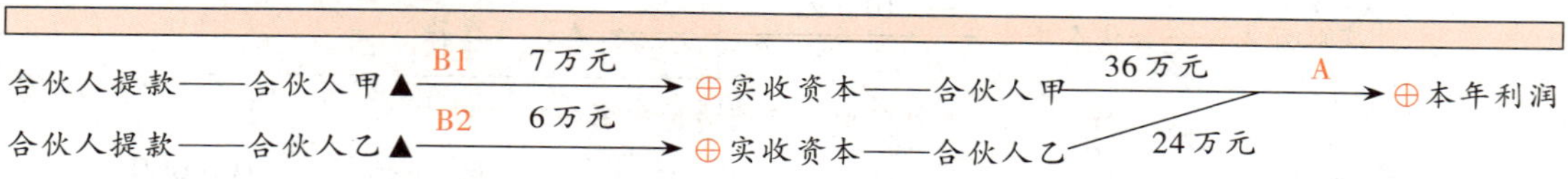

图 10-10　合伙利润分配及提款结转业务资金运动分析图

借：本年利润　　600 000
　贷：实收资本——合伙人甲　　360 000
　　　　　　——合伙人乙　　240 000

（3）将合伙人提款转入权益资本账户（如图10-10中B1、B2段运动所示）：

借：实收资本——合伙人甲　　70 000

　　　　　　——合伙人乙　　60 000

　贷：合伙人提款——合伙人甲　　70 000

　　　　　　　　——合伙人乙　　60 000

（五）合伙企业损益及其分配的会计处理

1. 合伙企业的合伙损益

合伙企业日常经营中的一般交易和事项的会计处理同公司制企业基本一样，但由于合伙企业的生产经营规模有限，合伙人对企业债务负有无限连带责任，并且合伙人对损益的分配不同于公司制企业，因此合伙企业只设置“本年利润”项目反映损益的形成与分配（或分担）。另外需要注意的是，在合伙损益计量时，不能将合伙人的私人费用列入合伙的经营费用中。如果企业单独设置了“工资备抵”项目来记录发放给合伙人的薪酬，则无论是在发放时通过“合伙人工资”还是“合伙人提款”账户核算，都应该视为企业经营利润对个别合伙人的分配，因而不能通过“本年利润”项目核算。

2. 合伙企业的合伙损益分配原则及分配的基本方法

（1）合伙企业的损益分配原则。

合伙企业损益与分配1

合伙企业的损益分配原则与方法通常必须在合伙协议中明确规定。合伙企业的利润或亏损要根据合伙人之间的协议进行分配，其具体的分配方法通常在合伙协议中明确约定，但对于普通合伙企业而言，合伙协议不得约定将全部利润分配给部分合伙人或由部分合伙人承担全部亏损。如果合伙协议中没有规定损益分配比例和方法，则损益应平均分配。

（2）合伙企业的损益分配的基本方法。

合伙企业损益分配的方法主要有：约定比例分配法、资本比例分配法、资本收益分配法、合伙人薪金分配法、合伙人红利或津贴分配法。

①约定比例分配法。

约定比例分配法是指合伙人在考虑了影响损益分配的各因素后，由合伙人事先商定按某一约定比例或以后各个不同时期的具体比例分配损益，并在合伙协议中加以规定的一种损益分配方法。

【例 10-11】甲、乙、丙三人合伙经营一家商店。合伙协议约定甲、乙、丙三人的损益分配比例为 4∶3∶3，当年实现净利润 600 000 元。其资金运动如图 10-11 所示。

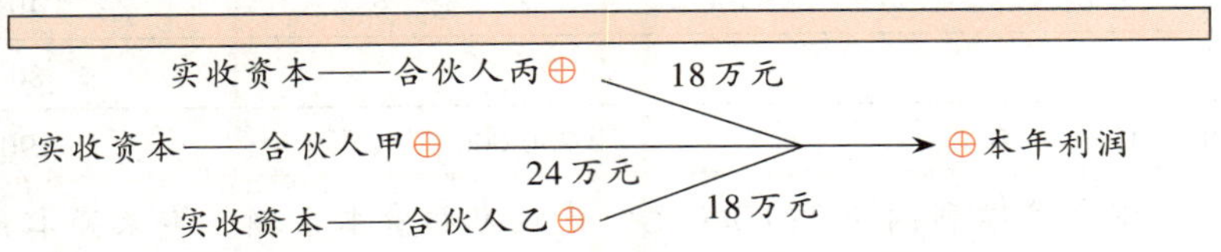

图 10-11　合伙企业利润分配业务资金运动分析图

借：本年利润　　600 000

　贷：实收资本——合伙人甲　　240 000

　　　　　　　——合伙人乙　　180 000

　　　　　　　——合伙人丙　　180 000

②资本比例分配法。

将合伙人投入资本的比例作为企业损益分配的标准，主要是考虑合伙人的出资比例。这种分配方法具有一定的合理性，特别是当企业的经营成果与资本之间有着较高的相关性时，更适合采用这种分配方法。但是，由于合伙企业的资本额经常发生变动，因此在采用该方法时应明确具体的分配依据。资本比例分配法通常有原始资本比例分配法、期初资本比例分配法、期末资本比例分配法、加权平均资本比例分配法之分。

原始资本比例分配法主要是考虑了合伙企业在开创时资本的重要性，按合伙人初始投入资本的比例进行分配的方法。该方法的不足之处在于忽略了合伙企业营业后的资本变动。

期初资本比例分配法，是以合伙人每期期初投入的资本比例作为损益分配标准的方法。该方法的不足之处在于没有考虑合伙人在经营期间内提取现金、商品和合伙人的增减资本等事项，因而在损益分配上不够合理。

合伙企业损益与分配2

期末资本比例分配法，是以合伙人期末投资额与往来账户余额合计数的比例作为损益分配依据的方法。它既考虑了原始投资，又考虑了会计期间各合伙人的增减资本以及合伙人与合伙企业之间的往来款项，但该方法没有考虑不同时间点的资本使用的时间权重，因此也具有一定的不合理性。

加权平均资本比例分配法，是以合伙人在损益分配的年度内平均资本额的比例作为损益分配标准的方法。该方法不仅考虑了合伙人投资额的大小，而且考虑了资本留在企业内的时间。投资数额越大，留存于企业内的时间越长，其所得的损益相应也就越多。

【例 10-12】甲、乙两人于20×8年1月1日合伙经营一家商店。每人出资200 000元。其在20×8年度内资本的变动情况见表10-3。

表 10-3　20×8年度内合伙企业资本变动情况表　单位：元

项目	合伙人甲	合伙人乙
资本余额（20×8年1月1日）	200 000	200 000
增资（4月1日）	20 000	—
减资（7月1日）	—	（50 000）
增资（9月1日）	30 000	—
减资（10月1日）	—	（40 000）
增资（12月30日）	—	80 000
资本余额（20×8年12月31日）	250 000	190 000

合伙企业20×8年度净利润为780 000元。请按期初资本余额、期末资本余额和加权平均资本余额（以“资本余额×流通月数”为权重）三种不同的方法分配合伙企业的净利润。

在以“资本余额×流通月数”作为权重的情况下，先计算各个资本余额的流通月数，后计算“资本余额×流通月数”，再将所计算出来的“资本余额×流通月数”进行加总，最后将加总的合计数除以12个月，就得出加权平均资本余额，其具体情况见表10-4。

表10-4　**甲乙合伙人加权平均资本计算表**　单位：元

甲的资本余额	流通月数	资本余额×流通月数	乙的资本余额	流通月数	资本余额×流通月数
200 000（1月1日）	3个月	600 000	200 000（1月1日）	6个月	1 200 000
220 000（4月1日）	5个月	1 100 000	150 000（7月1日）	3个月	450 000
250 000（9月1日）	4个月	1 000 000	110 000（10月1日）	3个月	330 000
			80000（12月30日）	0	0
合计	—	2 700 000	合计		1 980 000
甲加权平均资本余额		225 000	乙加权平均资本余额		165 000

合伙企业的净利润按三种不同分配方法分配的结果见表10-5。

表10-5　**合伙企业净利润分配表**　单位：元

分配依据	甲合伙人	乙合伙人
期初资本比例分配法（甲200 000元，乙200 000元）	390 000	390 000
期末资本比例分配法（甲250 000元，乙190 000元）	443 182	336 818
加权平均资本比例分配法（甲225 000元，乙165 000元）	450 000	330 000

③资本收益分配法。

该方法要求将损益先按各合伙人投入的资本约定的利率分配后，余额部分再按照合伙协议约定的分配方式进行分配。在这种分配方式下，合伙协议中需要规定：A.资本的利率（或收益率）；B.投入资本的计算依据，是按原始资本、期初资本、期末资本还是加权平均资本，通常是按照加权平均资本计算；C.剩余利润的分配方法；D.在出现亏损或所得不足以支付资本利息时，资本利息还要不要分配等。

【例10-13】甲、乙、丙三人合伙经营一家商店。合伙协议约定的资本利率为10%（无论盈亏都需要分配），利润扣除资本利息之后，余额平均分配。假设甲投入100 000元，乙投入60 000元，丙投入40 000元，当年实现净利润500 000元。

合伙企业首先分配资本利息：

合伙人甲分得资本利息=100 000×10%=10 000（元）

合伙人乙分得资本利息=60 000×10%=6 000（元）

合伙人丙分得资本利息=40 000×10%=4 000（元）

利润余额=500 000−10 000−6 000−4 000=480 000（元）

该金额在甲、乙、丙之间平均分配，每人分得160 000元。

合伙企业损益与分配3

④合伙人薪金分配法。

合伙企业损益与分配4

为了公平地分配合伙损益，当其他合伙人不在企业任职时，在企业任职的合伙人应得到薪金，但薪金可以因合伙人才能的差异而有所不同。

【例10-14】甲、乙、丙三人合伙经营一家商店。甲为负责业务的合伙人，乙为企业销售经理，丙不在企业任职。合伙协议规定：甲和乙每人每年各得60 000元的薪金，净利润扣除薪金后的余额由三人平均分配。合伙企业20×8年度实现净利润480 000元，20×9年度实现净利润90 000元，合伙企业20×8年度、20×9年度利润分配情况见表10-6。

表10-6　合伙企业20×8年度、20×9年度利润分配表　单位：元

20×8年度		合伙人甲	合伙人乙	合伙人丙	合计
净利润	480 000				
甲和乙的薪金	（120 000）	60 000	60 000		120 000
可分配的利润	360 000				
三人平均分配		120 000	120 000	120 000	360 000
净利润的分配		180 000	180 000	120 000	480 000
20×9年度		合伙人甲	合伙人乙	合伙人丙	合计
净利润	90 000				
甲和乙的薪金	（120 000）	60 000	60 000		120 000
可分配的利润	（30 000）				
三人平均分配		（10 000）	（10 000）	（10 000）	（30 000）
净利润的分配		50 000	50 000	（10 000）	90 000

通常，上述利润分配表可作为损益分配给各资本账户的依据。

⑤合伙人红利或津贴分配法。

该方法类似于合伙人薪金分配法，但又有一定的差异。合伙人薪金是事前确定的固定数额，而合伙人红利或津贴通常是不固定的，是按照净利润的一定比例计算出来的。

【例10-15】甲、乙、丙三人合伙经营一家商店。合伙协议规定：合伙人丙可获得合伙净利润的10%作为红利，甲和乙每人每年各获得60 000元薪金，剩下的净利润由三人平均分配。合伙企业20×8年度实现的净利润为480 000元，20×9年度实现的净利润为90 000元。其损益分配情况见表10-7。

表10-7　合伙企业20×8年度、20×9年度利润分配表　单位：元

20×8年度		合伙人甲	合伙人乙	合伙人丙	合计
净利润	480 000				
给丙的红利	（48 000）			48 000	48 000
可分配的利润	432 000				
甲和乙的薪金	（120 000）	60 000	60 000		120 000
可分配的利润	312 000				
三人平均分配		104 000	104 000	104 000	312 000
净利润的分配		164 000	164 000	152 000	480 000

续表

20×9年度		合伙人甲	合伙人乙	合伙人丙	合计
净利润	90 000				
给丙的红利	（9 000）			9 000	9 000
可分配的利润	81 000				
甲和乙的薪金	（120 000）	60 000	60 000		120 000
可分配的利润	（39 000）				
三人平均分配		（13 000）	（13 000）	（13 000）	（39 000）
净利润的分配		47 000	47 000	（4 000）	90 000

如果合伙协议的规定是：合伙人丙的红利以扣除合伙企业付出的薪金后的净利润作为计算基础，则20×8年合伙人丙的红利应为36 000元（（480 000−120 000）×10%）。

合伙企业损益与分配5

如果合伙协议的规定是：合伙人丙的红利以扣除合伙企业付出的薪金和红利后的净利润作为计算基础，则20×8年合伙人丙的红利计算如下：

假设A表示红利，则A=（480 000−120 000−A）×10%，由此可得A=32 727元。

第四节　合伙权益变动资金运动分析与会计处理

新合伙人的入伙或现任合伙人的退伙（或死亡），都会使现有的合伙主体解散，但这种解散不一定使合伙经营或作为独立会计主体的合伙企业终止。合伙权益的变更必须进行必要的会计处理。

一、转让合伙权益资金运动分析与会计处理（受让人未成为合伙人）

当某一合伙人将其合伙权益转让给第三方时，合伙并未因此而解散，因为这一转让并没有改变合伙人之间的关系。这种转让只是使被转让人有权取得转让人的权利，包括对未来净利润的分配权及清算时转让人对合伙财产的权利。但是，被转让人不能成为合伙人，而且无权管理该合伙企业，除非经全体合伙人同意，修改合伙协议使其成为合伙企业的新合伙人。如果被转让人并未成为合伙人，则合伙企业账上唯一改变的是将转让人的资本转换为被转让人的资本。

合伙权益变更会计处理1

【例10-16】合伙人甲将其在合伙企业的25%的权益部分转让给丁。该合伙人权益资本的账面价值为25万元。丁支付货币资金30万元，但丁并未成为合伙企业的合伙人。其资金运动如图10-12所示。

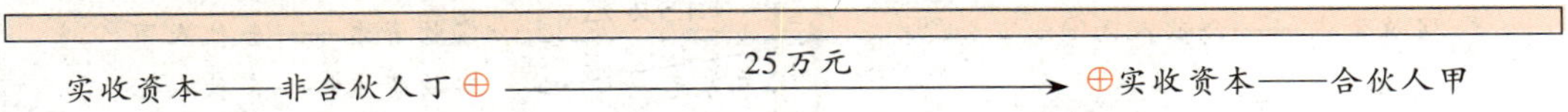

图10-12　合伙人转让合伙权益业务资金运动分析图

借：实收资本——合伙人甲　　250 000

　贷：实收资本——非合伙人丁　　250 000

合伙权益变更会计处理2

二、新合伙人入伙资金运动分析与会计处理

新合伙人的加入标志着原合伙关系的终止和新合伙关系的建立。新合伙人入伙可以采用两种方式：（1）购买原合伙人的部分或全部合伙权益；（2）直接向合伙企业投资取得权益。

（一）购买原合伙人的部分或全部合伙权益

1.向一位合伙人直接付款取得其部分或全部合伙权益

新合伙人直接向某一原合伙人购买合伙权益入伙，会计处理只需要将新合伙人购入的合伙权益比例所对应的金额从原合伙人的资本账户转到新合伙人的资本账户即可。

【例 10-17】甲、乙两人合伙经营一家商店，其合伙损益平均分配。截至目前，甲、乙的资本余额均为100 000元。经甲、乙两合伙人同意，丙以合伙人的身份加入合伙企业，并直接以60 000元从乙手中取得其一半的合伙权益。由此，由甲、乙、丙三人组成的新合伙企业设立，甲、乙、丙三人在合伙企业中的合伙损益的分配比例分别为50%、25%、25%。其资金运动如图10-13所示。

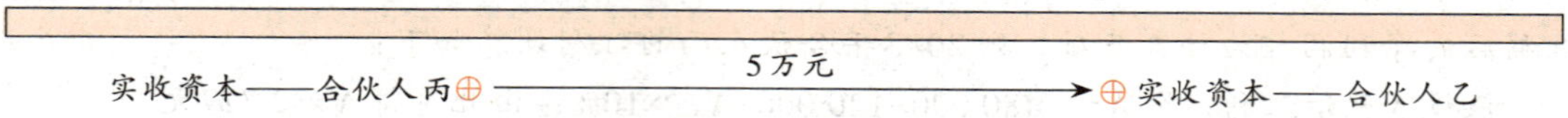

图10-13　合伙人转让合伙权益业务资金运动分析图

借：实收资本——合伙人乙　　50 000

　贷：实收资本——合伙人丙　　50 000

2.向两个或两个以上合伙人购入合伙权益

新合伙人如果通过向两个或两个以上合伙人购入合伙权益入伙，会计处理上仍只需要将新合伙人购进的合伙权益从原来的转出合伙人的资本账户转入新合伙人的资本账户，但通常情况下，新合伙人付出的款项要高于其享有的合伙权益比例，超出部分应按合伙损益分配的比例在原合伙人之间进行分配。对此，会计处理方法主要有两种：红利法和商誉法。

合伙权益变更会计处理3

（1）红利法。

在红利法下，不确认协议中承认的某种不可辨认的资产，新合伙人付出的超额部分直接按原合伙协议约定的损益分配比例在原合伙人之间进行分配。

【例 10-18】甲、乙两人合伙经营一家商店。甲、乙的资本余额分别为100 000元和80 000元，合伙损益平均分配。甲、乙同意丙直接支付两人各50 000元入伙。丙对新合伙企业的资本和损益享有50%的权益，甲、乙分别享有合伙损益的25%。其资金运动如图10-14所示。

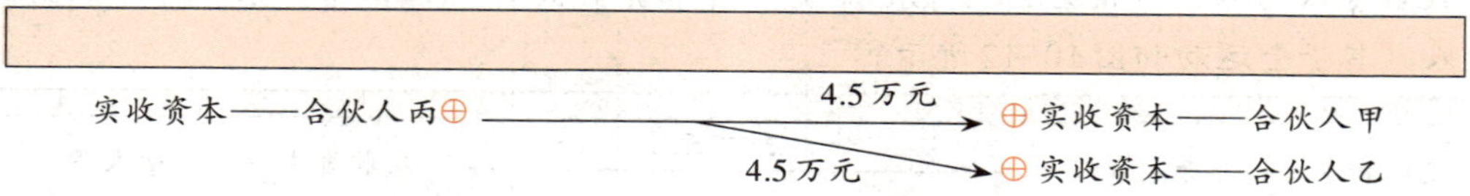

图10-14　合伙人转让合伙权益业务资金运动分析图

借：实收资本——合伙人甲　　45 000
　　　　　　——合伙人乙　　45 000
　贷：实收资本——合伙人丙　　90 000

甲、乙以等额的资本和等额的利润分配权转让给丙，则丙所付出的100 000元要平均分配，才显公平。因此甲、乙两人各得到货币资金50 000元（至于钱具体是怎么支付的，不是合伙企业的业务，合伙企业不需要进行账务处理）。

由甲、乙、丙三人新成立的合伙企业的资本账户余额具体见表10-8。

表10-8　新合伙企业甲、乙、丙资本账户余额表　金额单位：元

合伙人	账面价值	转（受）让资本	转（受）让后的资本	占有比例
甲	100 000	(45 000)	55 000	30.6%
乙	80 000	(45 000)	35 000	19.4%
丙	—	90 000	90 000	50.0%
合计	180 000	0	180 000	100%

在表10-8中，甲、乙合伙人的损益分配权虽然都是25%，但两人的资本余额比例却不相等，分别是30.6%和19.4%。

如甲、乙、丙三人在新设合伙企业时，希望各合伙人在合伙企业中的资本余额比例和损益分配比例均对等，即分别都为25%、25%和50%，则丙所支付的100 000元款项，甲应分得60 000元（50 000+10 000），乙应分得40 000元（50 000−10 000）。从表10-8的“转（受）让后的资本”来看，应减少合伙人甲的资本10 000元，应增加合伙人乙的资本10 000元，最后甲、乙的资本余额都为45 000元。其相关资金运如图10-15所示。

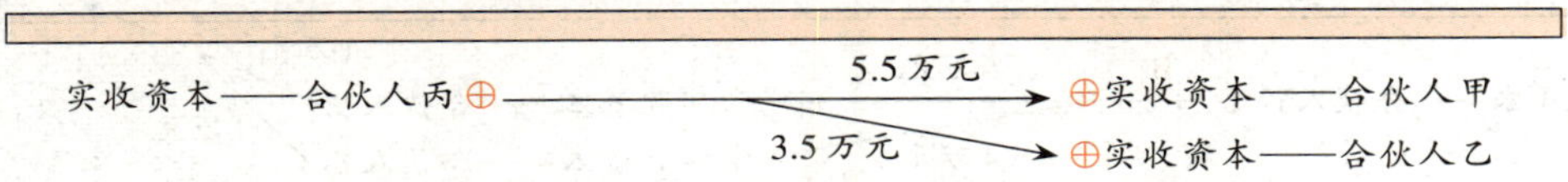

图10-15　合伙人转让合伙权益业务资金运动分析图——红利法

这样，新设的合伙企业中，甲、乙、丙三人的资本余额比例和合伙企业的损益分配比例就完全一致了，其比例分别为25%、25%和50%。

(2) 商誉法。

在商誉法下，要确认协议中承认的某种不可辨认的资产，这种不可辨认的资产也称为商誉。商誉是合伙企业的公允价值与账面价值的差额，该差额应按照损益分配比例在原合伙人之间进行分配，其计算方法如下：

商誉=新合伙人付款÷所购得的合伙权益比例−合伙企业原账面价值

【例10-19】沿用【例10-18】相关资料，假设对于丙合伙人超额支付的部分按商誉法进行处理。

商誉=100 000÷50%−180 000=20 000（元）

该商誉应在甲、乙之间按合伙损益分配比例进行分配，其所引起的资金运动如图10-16中A段运动所示。然后再确认新合伙人的合伙权益，其所引起的资金运动如图10-16中B段运动所示。

合伙权益变更会计处理4

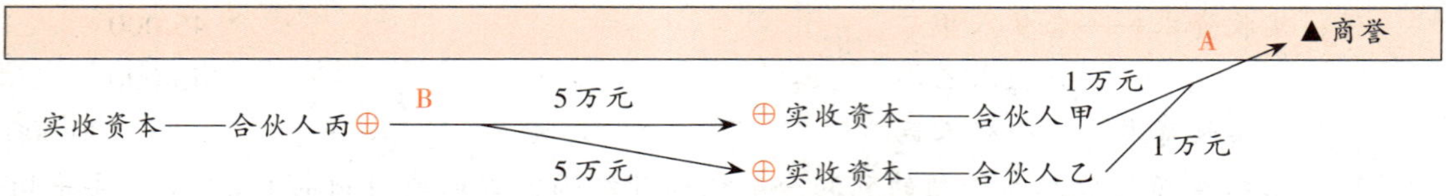

图 10-16　合伙人转让合伙权益业务资金运动分析图——商誉法

由甲、乙、丙三人新成立的合伙企业的资本账户余额具体见表 10-9。

表 10-9　　新合伙企业甲、乙、丙资本账户余额表　　金额单位：元

合伙人	原账面价值	商誉	转（受）让资本	转（受）让后的资本	占有比例
甲	100 000	10 000	（50 000）	60 000	30%
乙	80 000	10 000	（50 000）	40 000	20%
丙	—	—	100 000	100 000	50%
合计	180 000	20 000	0	200 000	100%

在表 10-9 中，甲、乙合伙人的损益分配权虽然都是 25%，但两人的资本余额比例却不相等，分别是 30% 和 20%。

如甲、乙、丙三人在新设合伙企业时，希望各合伙人在合伙企业中的资本余额比例和损益分配比例均对等，即分别都为 25%、25% 和 50%，则丙所支付的 100 000 元款项，甲应分得 60 000 元（50 000+10 000），乙应分得 40 000 元（50 000−10 000）。从表 10-9 的“转（受）让后的资本”来看，应减少合伙人甲的资本 10 000 元，应增加合伙人乙的资本 10 000 元，最后甲、乙的资本余额都为 50 000 元，其所引起的资金运动如图 10-17 中 B 段运动所示。

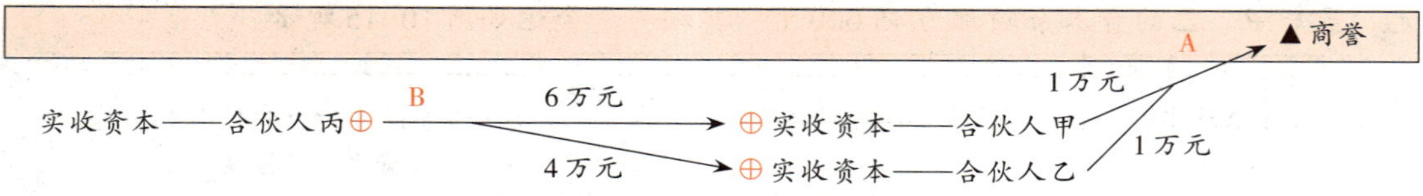

图 10-17　合伙人转让合伙权益业务资金运动分析图——商誉法

这样，新设的合伙企业中，甲、乙、丙三人的资本余额比例和合伙企业的损益分配比例就完全一致了，其比例分别为 25%、25% 和 50%。

（二）直接向合伙企业投资取得权益

新合伙人可以现金或非现金资产形式投资，也可以对合伙企业未来盈利有帮助的个人才干或带来客户而向合伙企业入伙。在这种情况下，原合伙企业依法解散，而对新合伙企业的投资应根据新合伙协议的规定入账。若新合伙人得到的资本权益小于其投资金额，它显示原合伙企业有未记录的资产，则以新合伙人的投资来确定新合伙的总价值较为妥当（因为它反映了合伙企业未确认的资产）。另外，若新合伙人得到的资本权益大于其投资额，而原合伙企业的可辨认资产又以公允价值入账，则说明新合伙人为企业带来了商誉。此时，新合伙企业的总价值则应参照原合伙企业的资本额确定。因此，在新合伙人入伙、取得合伙权益时，其会计处理通常有三种情况。

合伙权益变更会计处理 5

1. 取得的资本权益账面价值等于其投入资产的价值

在这种情况下，原合伙企业没有商誉存在，新合伙人也没有为企业带来商誉，合伙企

业直接按投入资产的价值确认新合伙人的资本权益。

【例 10-20】甲、乙合伙经营一家商店。甲、乙的资本余额分别为100 000元，合伙协议约定合伙损益平均分配。甲、乙两人同意丙以100 000元货币资金入伙，并在三人组成的新合伙企业中享有1/3的资本及利润分配权，其所引起的资金运动如图10-18所示。

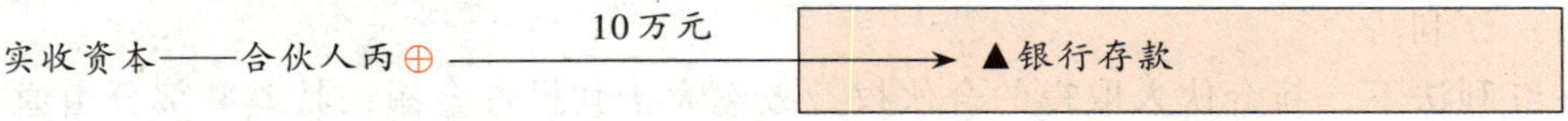

图10-18　直接向合伙企业投资入伙业务资金运动分析图（1）

2.取得的资本权益账面价值低于其投入资产的价值

如果合伙企业经营的时间较长，经营状况良好，有很强的获利能力，则原合伙人可要求新加入的合伙人付出较高的投资而取得某一低于其投资金额的合伙权益，从而取得合伙企业的合伙人资格。在这种情况下，会计处理有红利法和商誉法两种方法。

（1）红利法。

在红利法下，新合伙人投资额与资本账户的差额，按原合伙损益分配比例分配给原合伙人，不确认商誉。

【例 10-21】甲、乙合伙经营一家商店。甲、乙的资本余额分别为100 000元，合伙协议约定合伙损益平均分配。甲、乙两人同意丙以190 000元货币资金入伙，并在三人组成的新合伙企业中享有1/3的资本及利润分配权。上述业务相关资金运动如图10-19所示。

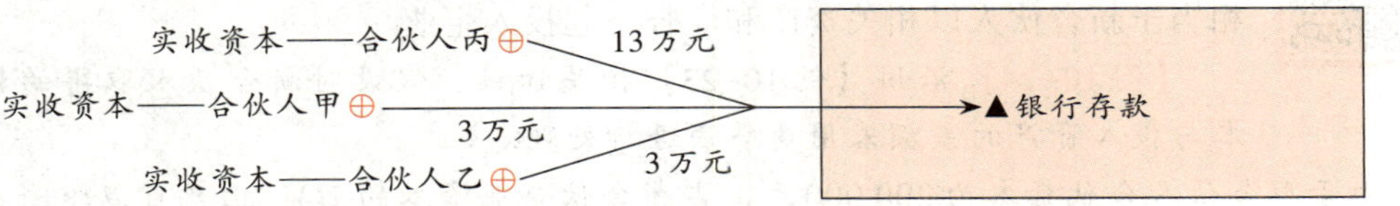

图10-19　直接向合伙企业投资入伙业务资金运动分析图（2）

（2）商誉法。

在商誉法下，确认商誉，并将该商誉价值在原合伙人之间进行分配。

【例 10-22】沿用【例 10-21】相关资料，假设采用商誉法处理新合伙人投入资本与权益资本之间的差异。

合伙权益变更会计处理6

既然丙愿意以190 000元的投资金额取得合伙企业1/3的资本，则表明原合伙企业有未记录的商誉，未记录的商誉的价值取决于丙的投资额。

新合伙企业的总资产价值=190 000÷（1/3）=570 000（元）

商誉=570 000-200 000-190 000=180 000（元）

该金额在原合伙人之间按原合伙协议约定的损益分配比例进行分配。

该商誉所引起的资金运动如图10-20中A段运动所示，丙投资者入伙所引起的资金运动如图10-20中B段运动所示。

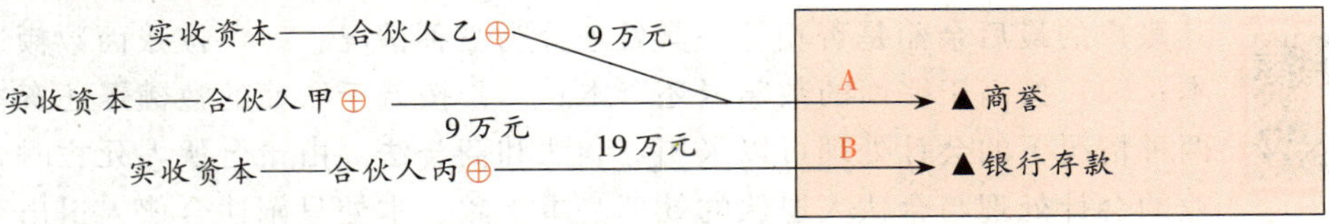

图10-20　直接向合伙企业投资入伙业务资金运动分析图（3）

3.取得的资本权益账面价值高于其投入资产的价值

有时，由于合伙企业面临技术瓶颈、资金周转困难或管理水平低下等问题，原合伙人可能会同意新合伙人以较少的投资取得多于其投资数额的合伙权益，此时新合伙人取得资本权益的账面价值高于其投入资产的价值，其会计处理方法有红利法和商誉法两种。

（1）红利法。

在红利法下，新合伙人取得的合伙权益数额大于其投资金额，其差额部分由原合伙人弥补，并相应减少原合伙人的资本额，减少的部分作为付给新合伙人的红利。

【例10-23】甲、乙合伙经营一家商店。甲、乙的资本余额分别为100 000元，合伙协议约定合伙损益平均分配。甲、乙两人同意丙以40 000元货币资金入伙，并在三人组成的新合伙企业中享有1/3的资本及利润分配权。上述业务所引起的资金运动如图10-21所示。

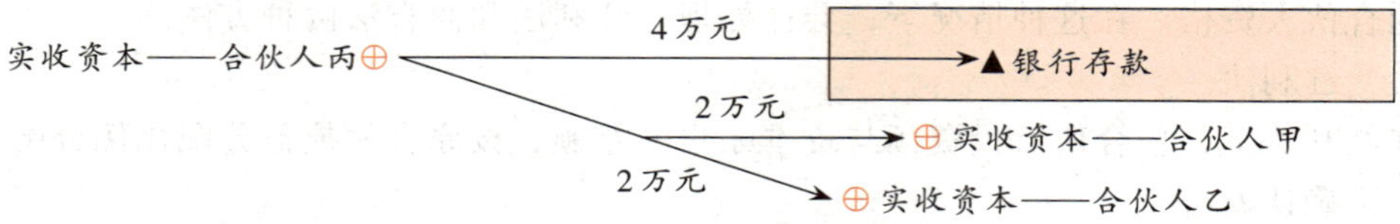

图10-21　直接向合伙企业投资入伙业务资金运动分析图（4）

合伙权益变更会计处理7

（2）商誉法。

在商誉法下，确认新合伙人本身给合伙企业所带来的商誉。也就是说，相当于新合伙人以相关资产和商誉一起投入企业。

【例10-24】沿用【例10-23】相关资料，假设对新合伙人取得的权益资本与投入资产的差额采用商誉法进行处理。

由于原合伙人合伙资本为200 000元，占新合伙企业资本的2/3，由此可以推断出新合伙企业的总资本为300 000元。商誉=300 000-200 000-40 000=60 000（元）。投资者丙入伙所引起的资金运动如图10-22所示。

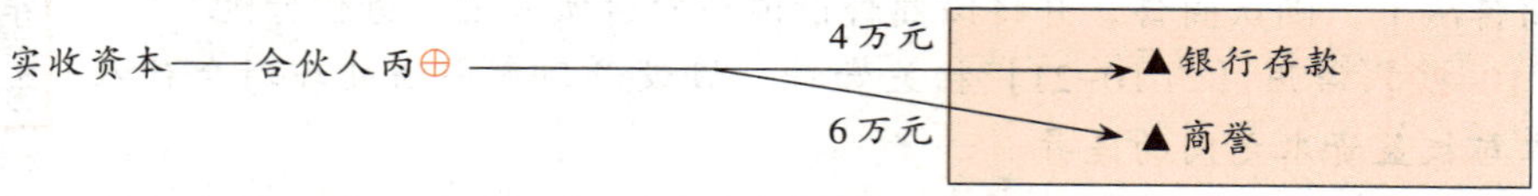

图10-22　直接向合伙企业投资入伙业务资金运动分析图（5）

三、合伙人退伙或死亡资金运动分析与会计处理

合伙企业的合伙人退伙或死亡都使得原合伙关系解散，因而需要解决退伙的合伙人或已故合伙人的财产问题。合伙财产的分配应该以解散当天的价值为准，合伙账簿应在退伙日或死亡日结清，在退伙日或死亡日后，退伙合伙人或已故合伙人的资本余额应重新确认为负债。在进行清偿时，视退伙合伙人（或已故合伙人的委托人）所收到的金额与其账户的最后余额是否相等，其处理分为三种情况：（1）按账面数额退还资本；（2）按高于账面的数额退还资本；（3）按低于账面的数额退还资本。后两种情况下的会计处理可以采用红利法和商誉法。由于合伙人死亡时合伙企业的会计处理与合伙人退伙的处理基本一致，本处只阐述合伙人退出企业时的会计处理。

合伙人退伙或死亡的会计处理1

（一）按账面数额退还资本

如果合伙企业的资产在退伙日的重估价值与其原有的账面价值一致或几乎没有明显的变化，则一般应按账面数额退还退伙人的资本。

（二）按高于账面的数额退还资本

按高于账面的数额退还资本，又称超额付款，是指合伙企业付给退伙人的财产数额高于退伙人在原合伙企业中的资本权益的账面价值。在该方法下，留在企业中的其他合伙人的资本数额就要相应减少，以弥补退出的合伙人多得的那一部分权益，其会计处理方法有红利法和商誉法两种。

【例 10-25】甲、乙、丙三人为合伙企业的合伙人，损益分配比例分别为40%、20%和40%，现合伙人丙决定退伙。在丙退伙日，甲、乙、丙三人的资本、利润分配情况见表10-10。丙在合伙权益的最后清偿中共得到184 000元。

表 10-10　合伙人资本及利润分配情况表　金额单位：元

合伙人	资本余额	资本比例	损益分配比例
甲	140 000	35%	40%
乙	100 000	25%	20%
丙	160 000	40%	40%
合计	400 000	100%	100%

在红利法下，合伙企业给合伙人丙的超额付款24 000元，应由甲、乙按照损益分配比例4∶2进行分配，即甲承担16 000元，乙承担8 000元，其所引起的资金运动如图10-23所示。

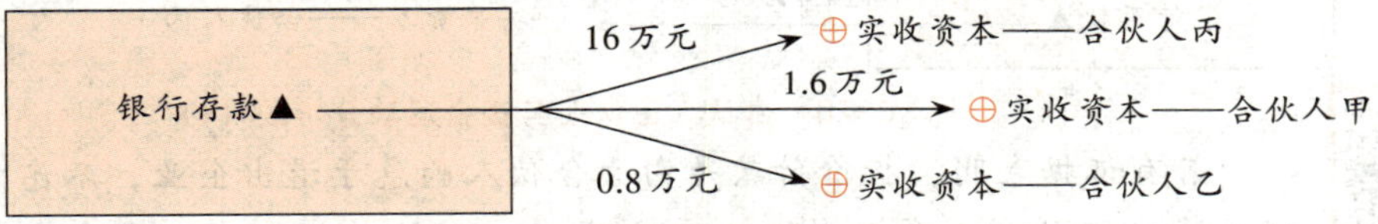

图 10-23　合伙人退伙业务资金运动分析图（1）

在商誉法下，其具体处理也可细分为两种处理方法：一是只确认退伙合伙人的那部分商誉，另一种是确认全部商誉。

在部分商誉确认时，合伙企业将给付合伙人丙的超额付款部分24 000元确认为商誉。其所引起的资金运动如图10-24所示。

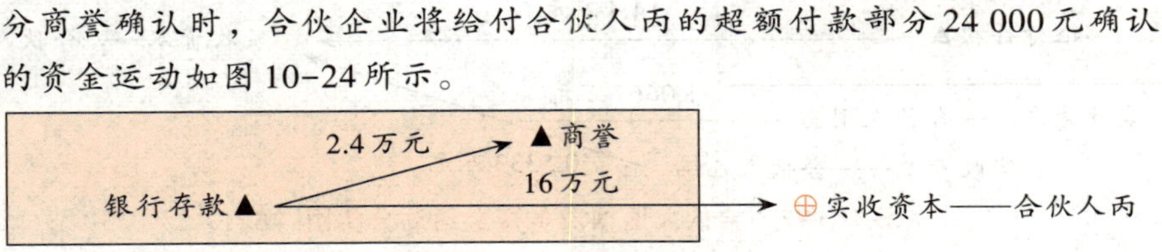

图 10-24　合伙人退伙业务资金运动分析图（2）

在全部确认商誉时，首先需要计算商誉，即商誉=退伙人权益增值部分÷退伙人损益分配比例，即60 000元（24 000÷40%），然后按照损益分配比例确认该笔商誉。商誉的确认所引起的资金运动如图10-25中A段运动所示。合伙人丙退伙引起的资金运动如图10-25中B段运动所示。

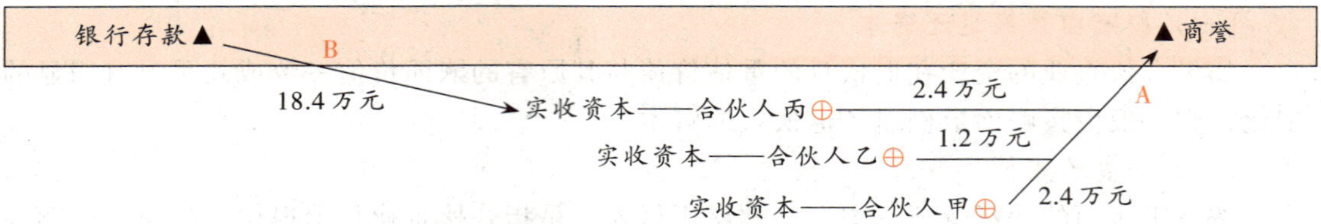

图 10-25　合伙人退伙业务资金运动分析图（3）

（三）按低于账面的数额退还资本

按低于账面的数额退还资本，也称折价付款，是指退出企业的合伙人从企业取得的资产价值低于其权益的账面价值。出现折价付款的情形主要有：（1）合伙人一致认为现有的合伙企业的资产的账面价值过高；（2）退出的合伙人急于退出合伙企业，不愿意再进行烦琐的资产评估，而愿意放弃一部分资产。在折价付款方式下，合伙企业退还给合伙人资本的业务在会计处理中一般采用红利法。

【例 10-26】，其基本资料同【例 10-25】。不同的是，合伙人丙在资本权益最后清算时获得144 000元，付给合伙人丙的退伙金额比其权益资本余额少了16 000元。

如少的16 000元表明合伙企业的资产被高估，则其被高估的金额为40 000元（16 000÷40%）。在此情况下，应指明何种资产被高估，并将该种资产的价值降为公允价值。

假设合伙企业发现存货被高估了，首先企业需要冲减存货被高估的价值，其所引起的资金运动如图10-26中A段运动所示。然后企业需向合伙人丙退还部分权益，其所引起的资金运动如图10-26中B段运动所示。

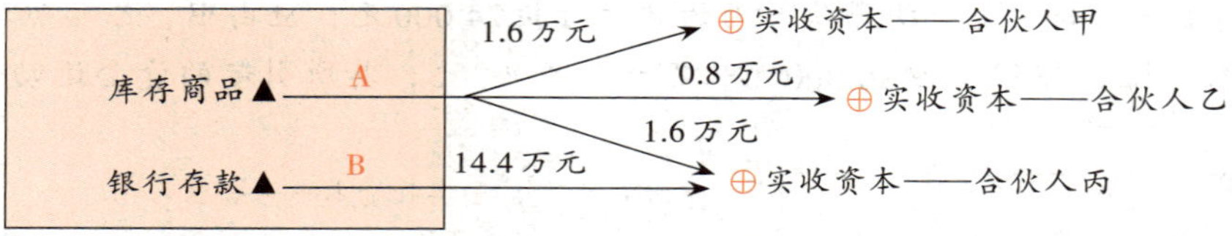

图 10-26　合伙人退伙业务资金运动分析图（4）

合伙人退伙或死亡的会计处理 2

若有证据表明，折价付款是由于合伙人丙急于退出企业，不愿意进行烦琐的资产评估，而愿意放弃一部分资产，则该差额16 000元应该在甲、乙之间按合伙协议损益分配的相对比例进行分配，即甲分得10 667元，乙分得5 333元。上述业务所引起的资金运动如图10-27所示。

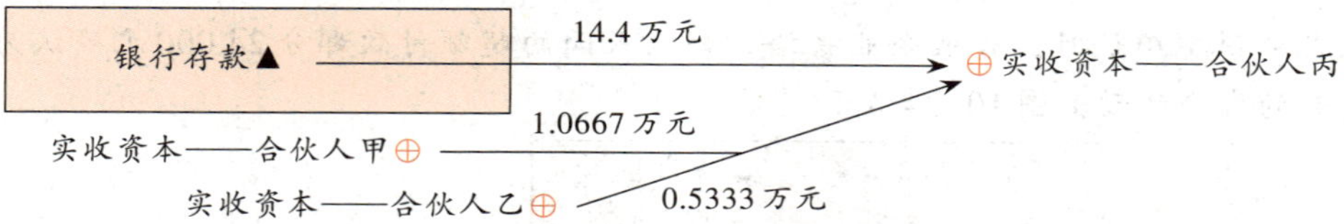

图 10-27　合伙人退伙业务资金运动分析图（5）

第五节　合伙解散与清算资金运动分析与会计处理

合伙解散仅指合伙人之间的合伙关系发生改变，以使作为法律主体的合伙终止。合伙解散后，可以签订新合伙协议继续合伙，或者就此终止合伙关系并解散合伙企业主体。终止合伙关系并解散企业主体所涉及的结束合伙事务，通常称为合伙清算。

一、合伙清算程序

一般而言，合伙清算程序涉及将非现金资产转为现金、确认损益及清算期间的清算费用、清偿债务，最后按照“实收资本——合伙人”账户余额将现金分配给各合伙人。上述清算过程是建立在一系列假设基础之上的：(1) 假设合伙企业有偿债能力，即合伙企业的资产超过负债；(2) 假设所有合伙人对合伙企业净资产具有权益（即无“实收资本——合伙人”账户借方余额），并且将现金分配给合伙人之前，已将所有资产转换为现金。若无上面的假设，合伙清算过程就较为复杂。本节先讨论合伙企业有偿债能力的情况，再讨论分次清偿以及清算时合伙企业无偿债能力的情况。

合伙企业清算时清偿顺序为：(1) 对合伙人以外的债权人所欠的债务进行清偿；(2) 对除资本、利润外，积欠合伙人的债务进行清偿；(3) 对合伙人应得的资本进行清偿。

合伙企业解散与清算1

二、合伙清算的会计处理方法

根据资产的性质与数量、偿债能力的强弱以及清算所需时间的长短，合伙企业的清算可以分为简单合伙清算和分期清算。

简单合伙清算，又称一次总付清算，是指将所有合伙资产全部变卖为现金，并在收回了债权、清偿了债务后，将剩余资本按照资本比例一次性分配给合伙人的清算方法。

分期清算是将资产分批出售所得现金，在清偿债务后，将所剩数额陆续分配给合伙人的一种清算方法。分期清算需要考虑安全清偿问题，即到底有多少现金可以安全分配给各合伙人。应该避免使偿债能力较差的合伙人分得过多现金而影响其他合伙人的利益。因而，分期清算应该遵循一个原则，即在清偿全部债务之后至整个清算过程结束之前的时期内，按承担损失的能力强弱程度，依次对合伙人分配现金，也就是对承担损失能力强的合伙人较早地分配现金，对承担损失能力较弱的合伙人较晚分配现金。通常分期清算可采用安全清偿表法和现金分配计划表法。

三、简单合伙清算

简单合伙清算是指将所有合伙资产全部转换为现金，解决合伙事务后，最后将现金一次性分配给合伙人。当清算过程中发生的所有损益均按照损益分配比例分配给各合伙人之后，“实收资本——合伙人”账户和“短期借款——合伙人”账户最后的余额等于应分配的资产金额。但是，企业分配资产时可能会出现下列情况：(1) 合伙企业有偿债能力；(2) 合伙企业无偿债能力。

（一）合伙企业有偿债能力

1.“实收资本——合伙人”账户为贷方余额

【例10-27】甲、乙两人合伙经营一家商店。20×8年12月31日的合伙企业资产负债表见表10-11。

表 10-11　　　　合伙企业资产负债表　　　　单位：元

资产		负债和所有者权益	
货币资金	20 000	应付账款	80 000
应收账款	60 000	短期借款——合伙人甲	20 000
存货	60 000	实收资本——合伙人甲	50 000
固定资产	80 000	实收资本——合伙人乙	70 000
合计	220 000	合计	220 000

甲、乙的损益分配比例为70%和30%。经协商，他们决定于20×9年1月1日以后尽快解散合伙。存货销售价为50 000元（未含增值税），固定资产销售价为60 000元（不含增值税），应收账款可收回44 000元，共发生清算损失46 000元。该合伙企业按简易计税方法处理，征收率为3%。

（1）存货销售，售价50 000元，成本60 000元，损失10 000元（如图10-28中A段运动所示）。

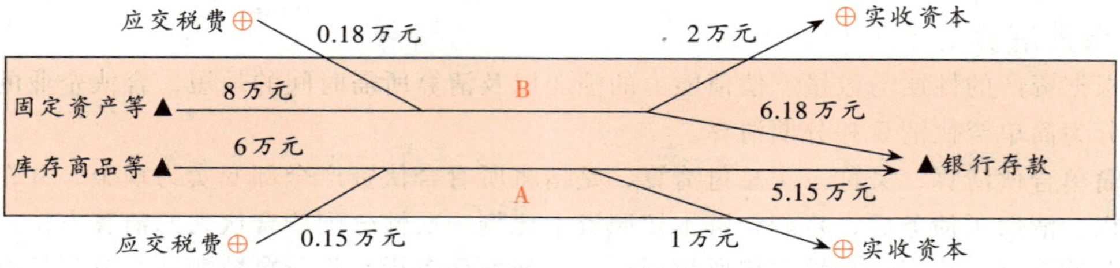

图10-28　合伙企业清算业务资金运动分析图（1）

借：银行存款　　51 500
　　实收资本——合伙人甲　　7 000
　　　　　　——合伙人乙　　3 000
　贷：库存商品　　60 000
　　　应交税费　　1 500

合伙企业解散与清算2

（2）固定资产销售，售价60 000元，成本80 000元，损失20 000元（如图10-28中B段运动所示）。

借：银行存款　　61 800
　　实收资本——合伙人甲　　14 000
　　　　　　——合伙人乙　　6 000
　贷：固定资产　　80 000
　　　应交税费　　1 800

（3）应收账款收回44 000元，成本60 000元，损失16 000元（如图10-29中C段运动所示）。

借：银行存款　　44 000
　　实收资本——合伙人甲　　11 200
　　　　　　——合伙人乙　　4 800
　贷：应收账款　　60 000

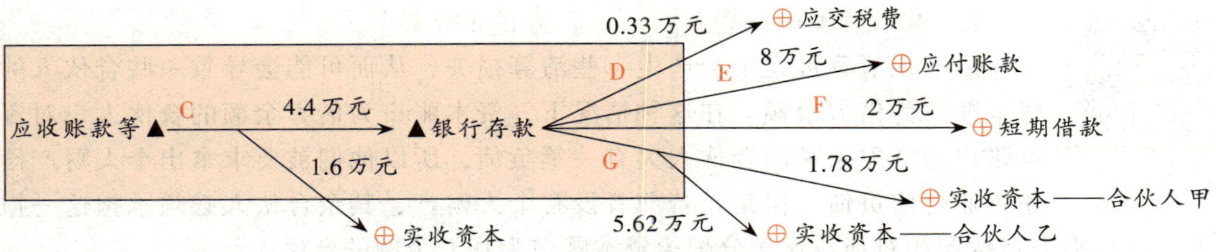

图10-29　合伙企业清算业务资金运动分析图（2）

（4）缴纳应交增值税3 300元（如图10-29中D段运动所示）：

借：应交税费　　3 300

　贷：银行存款　　3 300

（5）清偿非合伙人债务80 000元（如图10-29中E段运动所示）：

借：应付账款　　80 000

　贷：银行存款　　80 000

（6）清偿向合伙人甲借入的借款20 000元（如图10-29中F段运动所示）：

借：短期借款——合伙人甲　　20 000

　贷：银行存款　　20 000

（7）将剩余货币资金分配给甲、乙合伙人，结算合伙清算（如图10-29中G段运动所示）：

借：实收资本——合伙人甲　　17 800

　　　　　——合伙人乙　　56 200

　贷：银行存款　　74 000

合伙清算应汇总清算期间的交易和余额，编制合伙企业清算表。以【例10-27】为例，其合伙企业清算表见表10-12。

表10-12　　合伙企业清算表　　单位：元

项目	货币资金	非现金资产	应交税费	优先债务	甲的贷款	甲的资本	乙的资本
20×9年1月1日	20 000	200 000		80 000	20 000	50 000	70 000
出售存货	51 500	(60 000)	1 500	—	—	(7 000)	(3 000)
小计	71 500	140 000	1 500	80 000	20 000	43 000	67 000
出售固定资产	61 800	(80 000)	1 800			(14 000)	(6 000)
小计	133 300	60 000	3 300	80 000	20 000	29 000	61 000
应收账款收回	44 000	(60 000)				(11 200)	(4 800)
小计	177 300	—	3 300	80 000	20 000	17 800	56 200
缴纳税金	(3 300)		(3 300)				
小计	174 000	—	—	80 000	20 000	17 800	56 200
偿还债务	(80 000)	—		(80 000)			
小计	94 000	—		—	20 000	17 800	56 200
偿还甲贷款	(20 000)				(20 000)		
小计	74 000	—		—	—	17 800	56 200
分配给合伙人	(74 000)	—		—	—	(17 800)	(56 200)
	—	—		—	—	—	—

合伙企业解散与清算3

2.“实收资本——合伙人”账户为借方余额

由于在清算过程中会产生一些清算损失，从而可能会导致一些合伙人的资本账户为借方余额。在这种情况下，资本账户为借方余额的合伙人，对资本账户为贷方余额的合伙人欠有一笔负债，所以他们被要求拿出个人财产偿还企业合伙负债。但是，若前者没有个人财产，其余合伙人必须承担这一损失。这项损失将按照相对损益比例分配给资本账户为贷方余额的合伙人。

【例 10-28】甲、乙、丙三人组建的合伙企业正在进行清算，在所有资产均变现而且已清偿债务后，企业相关账户余额见表10-13。

表 10-13　合伙企业相关账户余额表　单位：元

账户	借方	贷方
货币资金	50 000	
实收资本——合伙人甲（损益分配比例 40%）	6 000	
实收资本——合伙人乙（损益分配比例 40%）		32 000
实收资本——合伙人丙（损益分配比例 20%）		24 000
合计	56 000	56 000

若甲有偿债能力，则甲应支付6 000元给合伙企业，以冲销其资本账户的借方余额。甲所支付的6 000元将使合伙企业的货币资金达到56 000元，以便在最后清算时，分配给乙和丙。

若甲无能力偿还债务，则这6 000元的损失将按照损益分配的相对比例由乙和丙分担，其中乙承担4 000元，丙承担2 000元。此时，合伙企业只需将货币资金50 000元分配给乙28 000元，分配给丙22 000元，合伙便宣告结束。

当“实收资本——合伙人”账户为借方余额的合伙人对合伙企业有一笔贷款时，该贷方余额应该与资本账户的借方余额相抵销，直至该资本账户的借方余额为0。

【例 10-29】甲、乙、丙三人组建的合伙企业正在进行清算，当所有资产均变现而且已清偿债务后，其账户余额见表10-14。

表 10-14　相关账户余额表　单位：元

账户	借方	贷方
货币资金	50 000	
短期借款——合伙人甲		10 000
实收资本——合伙人甲（损益分配比例 40%）	16 000	
实收资本——合伙人乙（损益分配比例 40%）		32 000
实收资本——合伙人丙（损益分配比例 20%）		24 000
合计	66 000	66 000

这时，即使应付给合伙人甲的短期借款比合伙人乙和合伙人丙的资本有较为优先的清

偿顺序，也不能清偿。这笔贷款应该先与“实收资本——合伙人甲”账户的借方余额相抵销，使得合伙人甲欠合伙企业的债务金额为6 000元。

若甲有偿债能力，则甲偿付6 000元后，乙和丙可以收到相当于其资本账户余额的款项。这和先偿付贷款10 000元，再从甲的个人财产中收取16 000元，所得到的结果是一样的。

若甲无能力偿还债务，情况就完全不同了。甲的资本账户抵销贷款项目后损失的6 000元将按照损益分配的相对比例由乙和丙分担，其中乙承担4 000元，丙承担2 000元；此时，合伙企业只需将货币资金50 000元分配给乙28 000元，分配给丙22 000元，合伙便宣告结束。

在出现合伙人兼债权人本身无偿债能力的情况下，未经合伙人的同意，不应该采用抵销规则。对于这些特殊问题，合伙人应该在合伙协议中事先进行约定。

（二）合伙企业无偿债能力

1.合伙人有偿债能力

当合伙企业的资产不足以清偿对外负债时，表明合伙企业资不抵债，无偿债能力。在这种情况下，清算所用的方法与前面有所不同。如果资本为亏损的合伙人能够清偿其所欠债务，则合伙企业自然就能清偿其债务。但是，对于债权人来讲，他可以向任何一个合伙人要求清偿。任何合伙人清偿了合伙企业的债务金额，都应反映在其资本账户的余额之上，以便日后向其他合伙人追偿。

合伙企业解散与清算4

【例10-30】甲、乙、丙三人合伙经营，合伙损益平均分配。合伙企业清算情况见表10-15。

表10-15　合伙企业清算表（部分）（不考虑增值税）　单位：元

项目	货币资金	其他资产	优先债务	甲的资本	乙的资本	丙的资本
清算日	240 000	1 360 000	1 040 000	288 000	160 000	112 000
其他资产变现	640 000	（1 360 000）	—	（240 000）	（240 000）	（240 000）
小计	880 000	—	1 040 000	48 000	（80 000）	（128 000）
偿还债务	（880 000）	—	（880 000）			
小计	—	—	160 000	48 000	（80 000）	（128 000）

从表10-15可知，如乙和丙分别把其所欠合伙企业的款项付清，则合伙企业的货币资金为208 000元。该金额刚好可以偿还债务（160 000元）和退还合伙人甲的资本金（48 000元）。

如果在合伙人乙和丙抵销付清其欠款之前，债权人向甲合伙人要求清偿其债权并获得了全数清偿，则合伙人甲的资本权益就由原来的48 000元增加到208 000元，合伙人甲就具备了对合伙人乙和合伙人丙的追偿权。等收到乙和丙的欠款后，合伙企业再将其退还给合伙人甲。

2.合伙人无偿债能力

【例10-31】资料同【例10-30】。合伙企业清算表（部分）同表10-15。与此同时，各合伙人不包括合伙企业的所有者权益在内的个人资产和负债情况见表10-16。

表 10-16　　不包括合伙企业的所有者权益在内的个人资产和负债　　单位：元

项目	个人资产	个人负债
甲	200 000	420 000
乙	400 000	400 000
丙	800 000	440 000

由于甲的个人财产不足以清偿其个人债务，乙的个人财产仅仅足以清偿其个人债务，因此所有合伙企业的债权只能从合伙人丙那里得到清偿，合伙人丙偿还了160 000元的合伙企业债务。该债务的偿还也导致合伙人丙的资本余额变为32 000元（-128 000+160 000）。

合伙企业解散与清算5

由于乙已经没有资产偿还合伙企业中的资本亏损数80 000元，该亏损数应该由甲和丙按照清算日的资本余额比例来分别承担。

甲承担的损失=80 000×（288 000÷400 000）=57 600（元）

丙承担的损失=80 000×（112 000÷400 000）=22 400（元）

在分担乙的损失后，甲的资本余额为-9 600元（48 000-57 600）；丙的资本余额为9 600元（32 000-22 400）。由此可知，合伙人甲还需向合伙人丙支付9 600元，该金额即为合伙人丙应得到的补偿。但是，由于合伙人甲已资不抵债，无法偿还该欠款，进而导致合伙人丙无法收到这笔补偿款。

四、分期清算

有偿债能力的合伙企业进行清算时，可按偿债能力的强弱依次分配现金，直到所有的非现金资产均已变现为止。当然，分配给合伙人之前，应先清偿合伙人以外的债务。一旦有现金可分配给合伙人，可先编制安全清偿表以确定可分配的金额。在开始清算时，如果资本账户的余额比例相当于损益分配比例，而且没有合伙人贷款或预支款，则不需要编制安全清偿表。在这种情况下，所有的分配均按相对损益分配比例进行。

参照安全清偿表确定分期清偿给各合伙人时，应采用将使剩余的资本账户余额（若有合伙人借款，则指权益余额）比例越来越接近损益分配比例的分配顺序。一旦在某一次分配中，所有合伙人均获得分配，则应使剩余的资本账户余额（权益）比例与损益分配比例一致，而以后期间将按损益分配比例进行分配。一旦清偿将按损益分配比例进行分配，就不需要再编制安全清偿表了。

（一）安全清偿表法

1.安全清偿

一般而言，合伙企业的清算过程需要花费相当长的时间。当所有债务清偿以后，所有非现金资产变现之前，已有一部分现金可供分配给各合伙人。若合伙人决定在非现金资产全部出售之前分配现金，则需要决定多少现金可以安全分配给各合伙人。安全清偿在于确保分配时所分配的金额不至于超额，换言之，分配出去的金额不应再退还给合伙企业。

计算合伙人的安全清偿额基于以下两个假设：（1）所有合伙人本身无偿债能力（即合伙人无法支付款项给合伙企业，也就是说，一旦分给合伙人现金，就不可能要求其退还）；（2）所有的非现金资产均有可能损失（即决定安全清偿时，将非现金资产视为损失）。除此之外，合伙企业应保留一定的现金以支付清算费用、支付未记录的负债以及一般或有事项。这一保留金额对于合伙企业而言为或有损失，但在决定安全清偿时，却将其视为实际损失。

安全清偿表法

2.安全清偿表法的应用

【例10-32】甲、乙、丙三人成立的合伙企业正在进行清算，其账户余额见表10-17。

表10-17 合伙企业清算相关项目金额表 单位：元

项目	借方金额	项目	贷方金额
货币资金	160 000	短期借款——合伙人丙	40 000
其他应收款——合伙人乙	20 000	实收资本——合伙人甲（损益分配比例为50%）	100 000
无形资产	40 000	实收资本——合伙人乙（损益分配比例为30%）	140 000
固定资产	280 000	实收资本——合伙人丙（损益分配比例为20%）	220 000
合计	500 000	合计	500 000

所有对合伙人以外的债务均已清偿，而合伙人预计固定资产和无形资产的出售将费时耗日，因此协商除保留20 000元以支付费用外，立即分配现金。

根据上述资料，合伙企业可编制一张安全清偿表以确定可安全分配给合伙人的现金数额。其具体情况见表10-18。

表10-18 合伙企业安全清偿表 单位：元

项目	可能损失	合伙人甲权益（损益分配比例为50%）	合伙人乙权益（损益分配比例为30%）	合伙人丙权益（损益分配比例为20%）
合伙人权益（资本±贷款余额）		100 000	120 000	260 000
非现金资产可能发生的损失	320 000	（160 000）	（96 000）	（64 000）
小计		（60 000）	24 000	196 000
或有事项可能产生的损失	20 000	（10 000）	（6 000）	（4 000）
小计		（70 000）	18 000	192 000
因合伙人甲可能产生的损失		70 000	（42 000）	（28 000）
小计		0	（24 000）	164 000
因合伙人乙可能产生的损失			24 000	（24 000）
可安全清偿金额			0	140 000

从表10-18可知，140 000元可安全分配给合伙人丙，而不能安全清偿给合伙人甲和乙。安全清偿表仅在确定分配金额时采用，它不影响账户余额和合伙清算表。

需要注意的是，给合伙人的任何分配，均要经所有合伙人的同意。如有合伙人反对预先分配现金，则合伙企业需要等到所有非现金资产均已变现后才能进行分配。

（二）现金分配计划表法

安全清偿表法是一种计算安全清偿给合伙人的金额，以防止超额分配的有效方法。如果财产分期清偿，因每次分配前都必须编制安全清偿表，直到资本账户的余额比例相当于损益分配比例为止，这样就导致这种方法效率不高。安全清偿表法也无法作为预测的工具，不能提供信息帮助合伙人预计他们将获得现金分配的时间。为弥补安全清偿表法的不足，企业可在清偿初期编制现金分配计划表。

现金分配计划表法

合伙清算时，现金分配计划表的拟定，涉及合伙人按其对可能损失易受伤害的程度排列优先顺序。由易受伤害程度的排序，可编制假定损失吸收表，再由假定损失吸收表编制现金分配计划表。

1.易受伤害程度的排序

【例10-33】甲、乙、丙三人设立的合伙企业将于20×8年12月31日以后尽快解散，除每月保留80 000元以支付或有事项外，每月月底将分配现金，直至清算完成为止。甲、乙、丙三人的损益分配比例分别为50%、30%和20%。20×8年12月31日的合伙企业资产负债表见表10-19。

表10-19 甲、乙、丙合伙企业资产负债表（简表） 单位：元

资产		负债和所有者权益	
货币资金	960 000	应付票据	1 200 000
应收账款	1 120 000	应付账款	800 000
其他应收款——合伙人丙	160 000	短期借款——合伙人乙	80 000
存货	1 600 000	实收资本——合伙人甲（损益分配比例为50%）	1 360 000
固定资产	1 200 000	实收资本——合伙人乙（损益分配比例为30%）	1 360 000
无形资产	400 000	实收资本——合伙人丙（损益分配比例为20%）	800 000
商誉	160 000		
合计	5 600 000	合计	5 600 000

首先，应确定各合伙人的权益余额，然后将合伙人权益除以其损益分配比例，以确定每个合伙人所能吸收而不致使其权益小于0的最大损失。甲、乙、丙三人易受伤害程度的排序见表10-20。

表10-20 甲、乙、丙合伙人易受伤害程度排序表

合伙人	合伙人权益（元）	损益分配比例	吸收损失程度（元）	易受伤害程度（从易到难）
甲	1 360 000	50%	2 720 000	1
乙	1 440 000	30%	4 800 000	3
丙	640 000	20%	3 200 000	2

表10-20中，由易受伤害程度排序表可知，合伙人甲最容易受到伤害（因为金额越小越易受到伤害）。当整个合伙清算损失达到4 800 000元之前，合伙人乙的权益足以吸收他

应负担的损失。

2.假定损失的吸收

编制假定损失吸收表是进行现金分配的第二步。这张表由清算前的权益开始，将损失额按损益分配比例分配，并从每一个合伙人权益中减去，而这笔损失的大小足以抵销最易受伤害合伙人的权益。下一步，再将另一笔损失按相对损益分配比例从合伙人剩余的权益中减除，此时这笔损失应足以抵销次一级受伤害合伙人的权益。一直继续下去，直到除最不易受伤害的合伙人之外，其他合伙人的权益都为0为止。沿用【例10-33】相关资料，甲、乙、丙合伙企业的假定损失吸收表见表10-21。

表10-21 甲、乙、丙合伙企业假定损失吸收表 单位：元

项目	合伙人甲（50%）	合伙人乙（30%）	合伙人丙（20%）	合计
清算前权益	1 360 000	1 440 000	640 000	3 440 000
吸收甲的假定损失	（1 360 000）	（816 000）	（544 000）	（2 720 000）
余额	0	624 000	96 000	720 000
吸收丙的假定损失		（144 000）	（96 000）	（240 000）
余额		480 000	0	480 000

从表10-21可知，在假定使合伙人甲（第一顺序易受伤害人）的权益变为0的情况下，合伙企业可能发生的损失是2 720 000元（1 360 000÷50%）；在该损失下，合伙人甲承担了1 360 000元的损失，合伙人乙承担了816 000元的损失，合伙人丙承担了544 000元的损失，从而导致合伙人甲的权益为0，合伙人丙的权益为96 000元，合伙人乙的权益为624 000元。

在假定使合伙人丙（第二顺序易受伤害人）的权益变为0的情况下，合伙企业可能发生的损失是240 000元（96 000÷40%）（乙与丙损益分配的相对比率）；在该损失下，合伙人乙承担了144 000元的损失，合伙人丙承担了96 000元的损失，从而导致合伙人乙的权益为480 000元，合伙人丙的权益为0元。

当合伙人丙的权益减为0之后，最不易受伤害的合伙人乙将有480 000元的权益。

3.现金分配计划表

合伙人乙应先分得480 000元，甲、乙、丙合伙企业现金分配计划表见表10-22。

表10-22 甲、乙、丙合伙企业现金分配计划表

序号	金额（元）	优先债务	乙贷款	甲	乙	丙
1	2 000 000	100%				
2	80 000		100%			
3	400 000				100%	
4	240 000				60%	40%
其余	剩余金额			50%	30%	20%

进行现金分配计划时，第一笔可供分配的现金用来偿还合伙人以外的债务，这些债务包括应付票据1 200 000元和应付账款800 000元。接下来的80 000元应分配给合伙人乙，以偿还向其取得的贷款。考虑到合伙人乙的资本账户，则接下来的400 000元应分配给合伙人乙；此项分配结束后，合伙人乙和丙各自的资本余额比例与其各自的损益分配比例一致。接下来的240 000元应按60%、40%的比例分配给合伙人乙和丙。此项分配结束后，甲、乙、丙合伙人各自的资本余额比例与其各自的损益分配比例趋于一致，因此剩余的分配将按照损益分配比例进行。

合伙人乙从表10–22中可以得知，当2 000 000元的现金分配给债权人之后，他就开始收到现金。同样地，乙和丙也可以利用此表确定他们有多少机会可收回全部或部分权益。如合伙人甲预测若合伙企业的所有资产可变现为3 200 000元，则他可以通过该表算出自己将收到的数额为240 000元（（3 200 000–2 720 000）×50%）。

4.现金分配表

现金分配计划表的进一步应用可举例如下，假定甲、乙、丙合伙分两期清算。第一期分配现金2 200 000元，第二期（即最后一期）分配现金1 000 000元。根据以上假定，利用现金分配计划表编制的现金分配表见表10–23。

表10–23　　甲、乙、丙合伙企业现金分配表　　单位：元

项目	可分配现金	优先债务	乙贷款	甲权益	乙权益	丙权益
第一期						
优先债权人	2 000 000	2 000 000				
乙贷款	80 000		80 000			
乙资本	120 000				120 000	
合计	2 200 000	2 000 000	80 000		120 000	
第二期						
乙资本	280 000				280 000	
乙和丙（6：4）	240 000				144 000	96 000
剩余现金（5：3：2）	480 000			240 000	144 000	96 000
合计	1 000 000			240 000	568 000	192 000

思考题

1.合伙企业应当如何界定？合伙企业的特征是什么？
2.合伙企业的种类有哪些？它们各有什么特点？
3.合伙企业的会计核算有什么特点？
4.合伙企业的损益分配有哪些方法？各有什么特点？
5.合伙企业的清算程序是怎样的？

立德育人

阿里执行副主席蔡崇信详解合伙人机制：避免关键人风险[①]

2018年9月18日，阿里巴巴2018全球投资者大会进入第二天。这是阿里巴巴宣布“传承计划”之后的第一次投资者大会，阿里巴巴执行副主席蔡崇信向与会投资人阐释了阿里巴巴合伙人制度的三大特征：树立道德标准，解决接班人问题，避免关键人风险。

蔡崇信指出，阿里巴巴合伙人制度首先为全公司树立了道德上的高标准。确保公司的操守文化，是合伙人群体最重要的责任之一。而在考察和选举合伙人时，道德品质也是非常重要的因素。每一位新成为合伙人的公司成员，一般都要经过长达3年的考察，还需获得75%现任合伙人的支持，这是一个非常高的门槛，以保证公司合伙人团队的高素质。

合伙人制度对公司治理的第二重意义，是它可以解决公司选拔接班人和培养人才的难题。2009年阿里巴巴集团成立十周年时，18位创始人辞去“创始人”身份，成为阿里巴巴集团的“合伙人”，蔡崇信回顾了阿里巴巴管理层当时的考虑。从创业起，阿里巴巴就立下了持续健康经营102年的宏愿，任何人都不可能陪伴公司走过那么长的时间，要通过一个制度让公司的使命、愿景、价值观和文化得以传承。在谈及合伙人制度和AB股制度的差异时，他分析说，AB股制度保障的是创始人个人，它解决不了创始人一旦离开之后公司的发展，而合伙人制度可以解决公司管理权长期可持续的接替。

在蔡崇信看来，合伙人制度对公司治理的第三个作用，是以集体决策避免少数关键人员变动给公司带来的管理风险。蔡崇信特别强调，在作出所有重大决策（如提名董事、吸收新的合伙人等）时，阿里巴巴的合伙人都遵守“一人一票”的平等决策机制。

根据蔡崇信的介绍，除了提名董事会的简单多数席位以外，合伙人更肩负着传承领导力、捍卫公司道德准则、践行公司社会责任的使命。蔡崇信还向与会的投资者展示了阿里巴巴合伙人的群像。阿里巴巴现有36位合伙人，女性合伙人达到12人，占1/3，其中还有两位“80后”。阿里巴巴现任的36位合伙人中，有32位的司龄超过10年，阿里巴巴的合伙人团队每年也会吸引新成员加入，以保持新鲜的活力，他们都持有公司的股权，这让合伙人的财富和阿里巴巴集团的价值密切相关。通过这样的制度安排，阿里巴巴合伙人得以在实现客户价值和员工价值的同时，更从长远角度守护股东的利益。

要求：请从开拓创新、契约意识、诚实守信、职业道德、团结精神五个角度中任选其一，谈一谈你的想法和感受。

① 吴晓璐. 阿里执行副主席蔡崇信详解合伙人机制：避免关键人风险［EB/OL］.［2018-09-18］. https://finance.eastmoney.com/a2/20180918947979054.html.

第十一章　清算会计

学习目标

本章主要讲授企业清算业务的处理。通过本章的学习，读者应了解企业清算的原因和清算的种类；熟悉企业清算的业务程序；掌握企业清算工作的主要内容；熟悉企业清算对传统会计理论的影响；掌握清算业务所引起的资金运动及会计处理。

第一节　清算会计概述

在竞争激烈的市场经济环境下，有些企业可能陷入财务困境，其中一些企业可以通过改变企业内部经营及政策从而摆脱财务困境，而有些企业则有着更严重的财务问题，被迫寻求其他补救办法。通常，这些补救办法有：与债权人直接协议进行债务重组、企业重组或进入破产清算程序。

一、企业清算概述

（一）企业清算的原因

企业清算是指企业按照公司章程的规定解散以及由于破产或其他原因宣布终止经营后，对企业的财产、债权、债务进行全面清查，并进行收取债权、清偿债务和分配剩余财产的经济活动。

导致企业清算的原因主要有以下几种：(1) 企业的经营期限届满，投资方无意继续经营；(2) 企业合并或者分立，需要解散；(3) 投资一方或各方不履行协议、合同、章程规定的义务，致使企业无法继续经营；(4) 企业发生严重亏损，无力继续经营；(5) 企业因自然灾害、战争等不可抗力因素遭受严重损失，无法继续经营；(6) 企业因违反国家法律、法规，危害社会公共利益，被依法撤销；(7) 企业宣告破产；(8) 股份有限公司和有限责任公司通过股东会议决定公司解散；(9) 法律、企业章程所规定的其他解散事由已经出现。

（二）企业清算的类型

企业的清算，按清算原因，可以分为普通清算和破产清算两种类型。

1.普通清算

普通清算，又称“解散清算”，是指对因经营期满或者其他经营方面的原因，导致不宜（或不能）继续经营而自愿（或被迫）解散的企业所进行的清算。

2.破产清算

破产清算，是指对依法宣告破产的企业进行的清算。

普通清算和破产清算都是结束被清算企业的各种债权、债务和法律关系，但二者还是有一定区别的：（1）清算的性质不同。普通清算属于自愿清算或行政清算，一般由企业或企业主管机关成立清算组进行清算，而破产清算属于司法清算，要依照法律规定组织清算组进行清算。（2）处理利益关系的侧重点不同。普通清算的重点是将剩余财产在企业内部各投资者之间进行分配；破产清算则主要是将有限的财产在企业外部债权人之间进行分配。

（三）企业清算的业务程序

企业清算的一般业务程序为：

1.成立清算组

清算会计概述与内容

企业宣布经营终止时，应当在规定的期限内成立清算组。清算组即清算机构，是企业经营终止后执行清算事务并代表企业行使职权的权力组织。有限责任公司的清算组，由股东组成；股份有限公司的清算组，由股东大会确定其人选；宣告破产的企业，则由人民法院指定管理人组成清算组。清算组负责企业清算期间的一切事宜。

清算组的职权主要有：（1）按清算的原则和程序，制订清算计划及清算方案；（2）清理企业的财产，编制资产负债表和财产清单；（3）通知或公告债权人；（4）处理与清算企业的未了结业务和各项遗留问题；（5）清缴企业所欠税款；（6）清理企业的债权和债务；（7）合理分配企业偿债后的剩余财产；（8）办理企业注销登记手续。

2.清查债务

清算组成立后，应按规定时间通知或公告债权人；债权人应在规定时间内向清算组申报债权，并提供证明材料和有关债权的说明；清算组要逐笔审核、登记，编制企业债务明细表。

3.清查财产和债权

清算企业的财产，包括宣布清算时企业的财产和清算期间取得的财产（如收回的债权等）。对在企业宣布经营终止前6个月至终止之日的期间内，按以下情况处理的财产应予以追回，作为清算财产：（1）隐匿、私分或无偿转让的财产；（2）非正常压价处理的财产；（3）对原来没有财产担保的债务提供的财产担保；（4）提前清偿的未到期债务；（5）放弃的债权。

已经作为担保的财产，相当于债务数额的部分不属于清算财产，超过所担保的债务数额的部分属于清算财产。租入、借入、代外单位加工和代销的财产，因企业对其不拥有所有权，因此也不属于清算财产。

清算组在对企业财产进行清查的同时，对企业的债权也要认真清理催收。

4.清偿债务

清算组在全面清查企业财产、债权和债务后，首先应将清算财产用于支付企业清算期间为开展清算工作所支出的全部费用，对支付清算费用后的剩余财产，应依照下列顺序逐项清偿企业的债务：（1）支付应付未付的职工工资、劳动保险费等；（2）缴纳所欠税款；

（3）清偿其他各项无担保债务。

如果企业财产不足以清偿债务，要立即向法院申请宣告破产，待法院宣告破产后，清算组应将清算事务移交给法院。对于宣告破产的企业，当破产财产不足以清偿同一顺序债务时，则在同一顺序内按比例清偿。

5.分配剩余财产

企业清偿债务后的剩余财产，应在投资者之间进行分配。其中，有限责任公司应按投资各方的出资比例或企业章程、协议规定的办法进行分配。股份有限公司，应按优先股股份面值对优先股股东分配；优先股股东分配后的剩余部分，应按普通股股东的股份比例分配给普通股股东。如果剩余财产不足以全额偿付优先股股本，则按优先股股东股份面值的比例分配。

6.编制清算报告和办理企业注销手续

企业清算结束，清算组应编制清算报告。清算报告经注册会计师验证后，报股东会或企业主管机关，并报企业原注册登记机关，办理注销手续，同时公告企业终止。

二、清算会计工作的内容

清算会计是指对被宣告解散企业各项清算业务进行反映和监督，向有关债权人、投资人及政府主管部门披露企业的财务状况、清算过程和结果等会计信息的一种专门会计。按企业清算的程序，清算会计工作的内容主要包括：

（一）进行财产清查，编制资产负债表和财产目录

资产负债表是企业财务状况的综合反映，也是清算企业进行财产、债权、债务清查的重要依据。为此，企业的清算会计应运用财产清查这一会计方法，对清算企业的财产、债权、债务进行全面清查。对企业财产合理作价，并将有关账簿、报表及凭证进行核对，在保证账证、账账、账表相符的基础上，编制清算开始时的资产负债表；同时对账面的各项财产物资、债权、债务编制明细表，以明晰企业的财务状况。

（二）核算和监督清算费用的支付

清算费用是指清算过程中所发生的各项费用支出，包括清算组人员工资、办公费、公告费、差旅费、诉讼费、审计费、公证费、财产估价费和变卖费等。清算会计应监督各项清算费用的合理开支，并保证其从企业的清算财产中优先支付。

（三）核算和监督债权的收回和债务的偿还

企业清算会计应对清算期间收回的债权及时反映，对确定无法收回的款项，报经批准后，作为坏账损失予以核销；对于各项债务，应按规定的日期通知债权人办理债权登记，并及时反映各项债务的偿还。

（四）核算和监督企业的清算损益

清算损益是企业清算过程中发生的清算收益同清算损失和清算费用相抵后的余额。清算过程中的清算收益大于清算损失、清算费用的部分为清算净收益；反之，为清算净损失。

清算收益是企业清算过程中所取得的全部收益，主要包括：（1）经营收益，是指清算过程中处理没有完结的经营业务取得的收入，如销售库存的产成品、半成品等；（2）财产

变现收益，是指财产变卖取得的收入大于账面价值的差额；(3) 财产估价收益，是指对不需变现的财产的估价大于其账面价值的差额；(4) 财产盘盈收益，是指盘盈财产的实际变现价值；(5) 无法偿付的债务，是指由于债权人自身的原因而导致确实无法偿付或不用偿付的债务。

与上述清算收益相对应，清算损失主要有经营损失、财产变现损失、财产估价损失、财产盘亏损失和无法收回的债权造成的坏账损失。

企业清算会计应在清算终了将清算期间的全部收益与全部的清算费用和清算损失相抵减，确定清算结果是清算净收益还是净损失。如为清算净收益，在依照税法规定弥补以前年度亏损后，应视同利润依法缴纳所得税。

（五）核算和监督剩余财产的分配

企业清算会计应正确计算企业清偿债务后可供分配的剩余财产，并依据法规或合同规定的分配办法，核算和监督剩余财产的分配。

（六）编制清算会计报表

为全面、系统地反映清算过程和结果，清算完毕清算会计应按规定编制清算会计报表。清算会计报表主要包括：清算资产负债表、清算损益表和债务清偿表。清算资产负债表，是反映清算企业在清算报告日的资产、负债和清算净损益的报表；清算损益表，是反映清算企业在清算期间发生的清算收益、损失和费用情况的报表；债务清偿表，是反映清算企业债务偿还情况的报表。

三、清算会计对传统财务会计理论的冲击

清算会计对会计理论的冲击

清算会计属于财务会计的范畴，是财务会计的一个分支。作为一个分支，清算会计无论在会计理论上还是在会计实务上，都与传统财务会计有着紧密的联系。但是，清算会计在会计对象、会计目标、会计假设、会计基本原则等方面有所变化，形成了一些自身的特点。

（一）会计对象的改变

传统财务会计的对象是企业生产经营过程中的资金运动，而清算企业由于在清算期间不得开展新的经营活动，因而其会计对象，是企业在清算过程中债权的回收、债务的清偿、财产的处理、各项损益和费用的发生以及剩余财产的分配等资金运动。

（二）会计目标的改变

传统财务会计的目标是向企业外部投资者、债权人、政府有关部门等提供企业财务状况和经营成果等会计信息。而清算会计的目标尽管仍然是向企业外部提供信息，但信息的使用者除企业的债权人、投资人、政府有关部门外，还包括管理破产案件的法院。从所提供的会计信息的内容来看，清算会计主要是提供破产企业债务偿还和清算财产处理的会计信息。可见，无论是会计信息的使用者，还是所提供会计信息的内容，清算会计都与传统财务会计有所不同。

（三）会计假设的改变

企业进入清算后，由于所处的环境发生了变化，一些传统财务会计的假设失去了存在的条件。清算会计除依旧遵循货币计量假设外，否定了持续经营假设和会计分期假设。另

外，在会计主体假设方面，也与传统的财务会计有所不同。

1.会计主体假设的改变

企业在正常经营的情况下，会计主体是企业自身；进入清算后，自愿清算和行政清算的企业，仍是独立的主体，清算组只是一个代理机构，其业务活动是一种代理行为，但在破产清算中，企业被宣告破产后便失去了法人资格，会计主体的地位也不复存在。

2.对持续经营假设的否定

企业进入清算后，持续经营假设显然不再成立，而代之以终止经营假设。在此假设基础上，清算会计采用了一系列不同于持续经营假设下的会计处理方法、计量基础和报告形式。

3.对会计分期假设的否定

企业进入清算后，在终止经营假设的基础上，已没有按公历年度分期考核经营成果和编制会计报表的必要。因此，从企业被宣告解散之日到清算终了之日为清算会计期间，其长短具有不确定性。

（四）会计原则的改变

企业的清算会计核算，依旧遵循传统财务会计核算的大部分原则，如客观性、可比性、及时性、明晰性等原则，但是由于企业进入清算后，会计核算的前提发生了变化，因此原来有些会计原则也变得不再适用（如历史成本原则、权责发生制原则、划分收益性支出与资本性支出原则（或称“资本性支出原则”）等），而相应地代之以可变现价值计价原则、收付实现制原则以及收益性支出原则。

1.可变现价值计价原则的建立

企业进入清算后，在终止经营假设的前提下，资产在按实际成本计价的同时，为维护债权人的利益，更注重以现时价格来计价，即按可变现价值来计价。

2.收付实现制原则的建立

企业进入清算后，会计分期的假设不复存在，权责发生制原则也就失去了存在的前提。清算会计的终止经营假设决定了清算企业必须以收付实现制取代权责发生制，即以实际收付款项为标准来确认收入和费用。

3.资本性支出原则的废止

在持续经营的前提下，为了正确计算企业当期损益，企业的各项支出应依据其支出的效益是否与本会计年度有关，划分为收益性支出与资本性支出。企业进入清算后，由于否定了持续经营假设和会计分期假设，也就废止了资本性支出原则，而只遵循收益性支出原则，对于发生的各项支出均作为清算期间的支出。

第二节　破产清算的会计处理

一、企业破产的处理程序

企业法人不能清偿到期债务，并且资产不足以清偿全部债务或者明显缺乏清偿能力的，根据《中华人民共和国企业破产法》（以下简称《破产法》）的规定，可以由人民法院依法将其全部财产抵付所欠的各种债务，并依法免除其无法偿还的债务。

从时间上看，企业破产要经历一个从企业申请破产起到破产财产分配完成为止的全过程。这一过程，可能要经过破产申请和受理、指定管理人、债权申报、召开债权人会议、重整、和解、破产宣告、破产清算、破产程序终结等程序。

企业破产处理程序与破产会计的一般核算程序

（一）破产的申请和受理

破产的申请和受理，标志着破产程序的开始。无论是债权人还是债务人均可以提出破产申请，破产申请应采用书面申请的形式。

当确认债务人不能清偿债务时，债权人为了维护自身合法权益，可以申请宣告债务人破产。债权人向人民法院提出破产申请，应当提交破产申请书和有关证据。破产申请书应当载明下列事项：(1) 申请人、被申请人的基本情况；(2) 申请目的；(3) 申请的事实和理由；(4) 人民法院认为应当载明的其他事项。

债务人也可以申请宣告自身破产。债务人提出破产申请时，除了破产申请书应当载明的事项外，还应当向人民法院提供如下材料：财产状况说明、债务清册、债权清册、有关财务会计报告、职工安置预案以及职工工资的支付和社会保险费用的缴纳情况。

受理破产申请的应是债务人所在地人民法院。债权人提出破产申请的，人民法院应当自收到申请之日起五日内通知债务人。债务人对申请有异议的，应当自收到人民法院的通知之日起七日内向人民法院提出。人民法院应当自异议期满之日起十日内裁定是否受理。除前述规定的情形外，人民法院应当自收到破产申请之日起十五日内裁定是否受理。有特殊情况需要延长前两款规定的裁定受理期限的，经上一级人民法院批准，可以延长十五日。

人民法院受理破产申请的，应当自裁定作出之日起五日内送达申请人。债权人提出申请的，人民法院应当自裁定作出之日起五日内送达债务人。债务人应当自裁定送达之日起十五日内，向人民法院提交财产状况说明、债务清册、债权清册、有关财务会计报告以及职工工资的支付和社会保险费用的缴纳情况。

人民法院裁定不受理破产申请的，应当自裁定作出之日起五日内送达申请人并说明理由。申请人对裁定不服的，可以自裁定送达之日起十日内向上一级人民法院提起上诉。

人民法院受理破产申请后至破产宣告前，经审查发现债务人不符合《破产法》第二条规定情形的，可以裁定驳回申请。申请人对裁定不服的，可以自裁定送达之日起十日内向上一级人民法院提起上诉。

人民法院裁定受理破产申请的，应当同时指定管理人。

人民法院应当自裁定受理破产申请之日起二十五日内通知已知债权人，并予以公告。通知和公告应当载明下列事项：(1) 申请人、被申请人的名称或者姓名；(2) 人民法院受理破产申请的时间；(3) 申报债权的期限、地点和注意事项；(4) 管理人的名称或者姓名及其处理事务的地址；(5) 债务人的债务人或者财产持有人应当向管理人清偿债务或者交付财产的要求；(6) 第一次债权人会议召开的时间和地点；(7) 人民法院认为应当通知和公告的其他事项。

（二）指定管理人

人民法院裁定受理破产申请的，应当同时指定管理人。债权人会议认为管理人不能依法、公正执行职务或者有其他不能胜任职务情形的，可以申请人民法院予以更换。管理人依照《破产法》规定执行职务，向人民法院报告工作，并接受债权人会议和债权人委员会的监督。管理人应当列席债权人会议，向债权人会议报告职务执行情况，并回答询问。

管理人可以由有关部门、机构的人员组成的清算组或者依法设立的律师事务所、会计师事务所、破产清算事务所等社会中介机构担任。人民法院根据债务人的实际情况，可以在征询有关社会中介机构的意见后，指定该机构具备相关专业知识并取得执业资格的人员担任管理人。有下列情形之一的，不得担任管理人：（1）因故意犯罪受过刑事处罚；（2）曾被吊销相关专业执业证书；（3）与本案有利害关系；（4）人民法院认为不宜担任管理人的其他情形。

管理人应当履行下列职责：（1）接管债务人的财产、印章和账簿、文书等资料；（2）调查债务人财产状况，制作财产状况报告；（3）决定债务人的内部管理事务；（4）决定债务人的日常开支和其他必要开支；（5）在第一次债权人会议召开之前，决定继续或者停止债务人的营业；（6）管理和处分债务人的财产；（7）代表债务人参加诉讼、仲裁或者其他法律程序；（8）提议召开债权人会议；（9）人民法院认为管理人应当履行的其他职责。

（三）债权申报

人民法院受理破产申请后，应当确定债权人申报债权的期限。债权申报期限自人民法院发布受理破产申请公告之日起计算，最短不得少于三十日，最长不得超过三个月。债权人应当在人民法院确定的债权申报期限内向管理人申报债权。

债务人所欠职工的工资和医疗、伤残补助、抚恤费用，所欠的应当划入职工个人账户的基本养老保险、基本医疗保险费用，以及法律、行政法规规定应当支付给职工的补偿金，不必申报，由管理人调查后列出清单并予以公示。职工对清单记载有异议的，可以要求管理人更正；管理人不予更正的，职工可以向人民法院提起诉讼。

债权人申报债权时，应当书面说明债权的数额和有无财产担保，并提交有关证据。申报的债权是连带债权的，应当说明。

在人民法院确定的债权申报期限内，债权人未申报债权的，可以在破产财产最后分配前补充申报；但是，此前已进行的分配，不再对其补充分配。为审查和确认补充申报债权的费用，由补充申报人承担。债权人未依照《破产法》规定申报债权的，不得依照本法规定的程序行使权利。

（四）召开债权人会议

依法申报债权的债权人为债权人会议的成员，有权参加债权人会议，享有表决权。债权尚未确定的债权人，除人民法院能够为其行使表决权而临时确定债权额的外，不得行使表决权。对债务人的特定财产享有担保权的债权人，未放弃优先受偿权利的，对于《破产法》第六十一条第一款第七项、第十项规定的事项不享有表决权。债权人可以委托代理人出席债权人会议，行使表决权。代理人出席债权人会议，应当向人民法院或者债权人会议主席提交债权人的授权委托书。债权人会议应当有债务人的职工和工会的代表参加，对有关事项发表意见。债权人会议设主席一人，由人民法院从有表决权的债权人中指定。债权人会议主席主持债权人会议。

债权人会议应当行使下列职权：(1) 核查债权；(2) 申请人民法院更换管理人，审查管理人的费用和报酬；(3) 监督管理人；(4) 选任和更换债权人委员会成员；(5) 决定继续或者停止债务人的营业；(6) 通过重整计划；(7) 通过和解协议；(8) 通过债务人财产的管理方案；(9) 通过破产财产的变价方案；(10) 通过破产财产的分配方案；(11) 人民法院认为应当由债权人会议行使的其他职权。

第一次债权人会议由人民法院召集，自债权申报期限届满之日起十五日内召开。以后的债权人会议，在人民法院认为必要时，或者管理人、债权人委员会、占债权总额1/4以上的债权人向债权人会议主席提议时召开。召开债权人会议，管理人应当提前十五日通知已知的债权人。债权人会议的决议，由出席会议的有表决权的债权人过半数通过，并且其所代表的债权额占无财产担保债权总额的1/2以上。但是，《破产法》另有规定的除外。债权人认为债权人会议的决议违反法律规定，损害其利益的，可以自债权人会议作出决议之日起十五日内，请求人民法院裁定撤销该决议，责令债权人会议依法重新作出决议。债权人会议的决议，对于全体债权人均有约束力。

(五) 重整

债权人申请对债务人进行破产清算的，在人民法院受理破产申请后、宣告债务人破产前，债务人或者出资额占债务人注册资本1/10以上的出资人，可以向人民法院申请重整。人民法院经审查认为重整申请符合《破产法》规定的，应当裁定债务人重整，并予以公告。自人民法院裁定债务人重整之日起至重整程序终止，为重整期间。在重整期间，经债务人申请，人民法院批准，债务人可以在管理人的监督下自行管理财产和营业事务。在重整期间，对债务人的特定财产享有的担保权暂停行使。但是，担保物有损坏或者价值明显减少的可能，足以危害担保权人权利的，担保权人可以向人民法院请求恢复行使担保权。在重整期间，债务人或者管理人为继续营业而借款的，可以为该借款设定担保。债务人合法占有的他人财产，该财产的权利人在重整期间要求取回的，应当符合事先约定的条件。在重整期间，债务人的出资人不得请求投资收益分配。在重整期间，债务人的董事、监事、高级管理人员不得向第三人转让其持有的债务人的股权。但是，经人民法院同意的除外。在重整期间，有下列情形之一的，经管理人或者利害关系人请求，人民法院应当裁定终止重整程序，并宣告债务人破产：(1) 债务人的经营状况和财产状况继续恶化，缺乏挽救的可能性；(2) 债务人有欺诈、恶意减少债务人财产或者其他显著不利于债权人的行为；(3) 由于债务人的行为致使管理人无法执行职务。

(六) 和解

和解是法院依法裁定宣告企业破产之前的一个重要程序。和解是指在法院受理破产申请后，债务人和债权人会议就企业延期清偿债务、减免债务数额、进行整顿等问题的解决达成协议。债务人可以依照《破产法》的规定，直接向人民法院申请和解；也可以在人民法院受理破产申请后、宣告债务人破产前，向人民法院申请和解。债务人申请和解，应当提出和解协议草案。人民法院经审查认为和解申请符合《破产法》规定的，应当裁定和解，予以公告，并召集债权人会议讨论和解协议草案。对债务人的特定财产享有担保权的权利人，自人民法院裁定和解之日起可以行使权利。债权人会议通过和解协议的决议，由出席会议的有表决权的债权人过半数同意，并且其所代表的债权额占无财产担保债权总额的2/3以上。债权人会议通过和解协议的，由人民法院裁定认可，终止和解程序，并予以公告。管理人应当向债务人移交财产和营业事务，并向人民法院提交执行职务的报告。和解协议草案经债权人会议表决未获得通过，或者已经债权人会议通过的和解协议未获得人民法院认可的，人民法院应当裁定终止和解程序，并宣告债务人破产。

经人民法院裁定认可的和解协议，对债务人和全体和解债权人均有约束力。和解债权人是指人民法院受理破产申请时对债务人享有无财产担保债权的人。和解债权人未依照《破产法》规定申报债权的，在和解协议执行期间不得行使权利；在和解协议执行完毕后，可以按照和解协议规定的清偿条件行使权利。和解债权人对债务人的保证人和其他连带债务人所享有的权利，不受和解协议的影响。债务人应当按照和解协议规定的条件清偿债务。因债务人的欺诈或者其他违法行为而成立的和解协议，人民法院应当裁定无效，并宣告债务人破产。

债务人不能执行或者不执行和解协议的，人民法院经和解债权人请求，应当裁定终止和解协议的执行，并宣告债务人破产。

和解程序并不是破产处理的必经程序，如果被申请破产的企业与债权人没有达成和解协议，或者和解协议未获得人民法院认可，就无此程序。

（七）破产宣告

破产宣告是人民法院裁定宣布债务人破产，并予以公告的一种法律行为。人民法院依照《破产法》规定宣告债务人破产的，应当自裁定作出之日起五日内送达债务人和管理人，自裁定作出之日起十日内通知已知债权人，并予以公告。债务人被宣告破产后，债务人称为破产人，债务人财产称为破产财产，人民法院受理破产申请时对债务人享有的债权称为破产债权。破产宣告前，有下列情形之一的，人民法院应当裁定终结破产程序，并予以公告：（1）第三人为债务人提供足额担保或者为债务人清偿全部到期债务的；（2）债务人已清偿全部到期债务的。

（八）破产清算

1. 确认债务人财产

破产申请受理时属于债务人的全部财产，以及破产申请受理后至破产程序终结前债务人取得的财产，为债务人财产。人民法院受理破产申请前一年内，涉及债务人财产的下列行为，管理人有权请求人民法院予以撤销：（1）无偿转让财产的；（2）以明显不合理的价格进行交易的；（3）对没有财产担保的债务提供财产担保的；（4）对未到期的债务提前清偿的；（5）放弃债权的。

涉及债务人财产的下列行为无效：（1）为逃避债务而隐匿、转移财产的；（2）虚构债务或者承认不真实的债务的。

债权人在破产申请受理前对债务人负有债务的，可以向管理人主张抵销。但是，有下列情形之一的，不得抵销：（1）债务人的债务人在破产申请受理后取得他人对债务人的债权的。（2）债权人已知债务人有不能清偿到期债务或者破产申请的事实，对债务人负担债务的。但是，债权人因为法律规定或者有破产申请一年前所发生的原因而负担债务的除外。（3）债务人的债务人已知债务人有不能清偿到期债务或者破产申请的事实，对债务人取得债权的。但是，债务人的债务人因为法律规定或者有破产申请一年前所发生的原因而取得债权的除外。

2.拨付破产费用

破产费用指在破产程序中为维护破产债权人的共同利益而从破产财产中支付的费用，主要包括：（1）破产案件的诉讼费用；（2）管理、变价和分配债务人财产的费用；（3）管理人履行职务的费用、报酬和聘用工作人员的费用。

为了给处理各项破产问题创造必要的工作条件，保障破产费用的及时支付，破产费用应当从破产财产中优先拨付。在进行破产处理之前，管理人应先作破产费用的预算，如果破产财产较少，不足以支付破产费用，便不能按法定程序进行破产处理，管理人应尽快将此情况通知债权人会议，并报人民法院裁定；经人民法院查证属实，即可宣告破产程序终结。

3.破产财产清偿顺序

破产财产在优先清偿破产费用和共益债务后，依照下列顺序清偿：（1）破产人所欠的职工工资和医疗、伤残补助、抚恤费用，所欠的应当划入职工个人账户的基本养老保险、基本医疗保险费用，以及法律、行政法规规定应当支付给职工的补偿金；（2）破产人欠缴的除前项规定以外的社会保险费用和破产人所欠税款；（3）普通破产债权。破产财产不足以清偿同一顺序的清偿要求的，按照比例分配。

（九）破产程序的终结

破产人无财产可供分配的，管理人应当请求人民法院裁定终结破产程序。管理人在最后分配完结后，应当及时向人民法院提交破产财产分配报告，并提请人民法院裁定终结破产程序。人民法院应当自收到管理人终结破产程序的请求之日起十五日内作出是否终结破产程序的裁定。裁定终结的，应当予以公告。管理人应当自破产程序终结之日起十日内，持人民法院终结破产程序的裁定，向破产人的原登记机关办理注销登记。管理人于办理注销登记完毕的次日终止执行职务。但是，存在诉讼或者仲裁未决情况的除外。

二、破产清算会计的一般核算程序

企业法人破产清算中会计核算的一般程序是：（1）设置会计科目，建立新的账户体系；（2）结转各破产清算账户的期初余额；（3）在财产清查的基础上，编制清查后的财产盘点表和资产负债表；（4）核算和监督破产企业财产的处置；（5）核算和监督清算费用的支付；（6）核算和监督破产企业财产的分配，结平各账户；（7）编制清算会计报表。

三、破产清算资金运动分析与会计处理

财政部2016年12月20日发布的《企业破产清算有关会计处理规定》对破产清算的会计处理作了比较详细的规定。

（一）设置破产清算会计科目并建立新的账户体系

破产企业的会计档案等财务资料经法院裁定由破产管理人接管的，应当在企业被法院宣告破产后，比照原有资产、负债类会计科目，根据实际情况设置相关科目，并增设相关负债类、清算净值类和清算损益类会计科目。破产企业还可以根据实际需要，在一级科目

下自行设置明细科目。

1.负债类科目设置

（1）“应付破产费用”科目，核算破产企业在破产清算期间发生的《破产法》规定的各类破产费用。

（2）“应付共益债务”科目，核算破产企业在破产清算期间发生的《破产法》规定的各类共益债务。

共益债务，是指在人民法院受理破产申请后，为全体债权人的共同利益而管理、变卖和分配破产财产所负担的债务，主要包括因管理人或者债务人（破产企业，下同）请求对方当事人履行双方均未履行完毕的合同所产生的债务、债务人财产受无因管理所产生的债务、因债务人不当得利所产生的债务、为债务人继续营业而应当支付的劳动报酬和社会保险费用以及由此产生的其他债务、管理人或者相关人员执行职务致人损害所产生的债务以及债务人财产致人损害所产生的债务。

2.清算净值类科目设置

破产会计科目设置

“清算净值”科目，核算破产企业在破产报表日结转的清算净损益科目余额，破产企业资产与负债的差额，也在本科目核算。

3.清算损益类科目设置

（1）“资产处置净损益”科目，核算破产企业在破产清算期间处置破产资产产生的、扣除相关处置费用后的净损益。

（2）“债务清偿净损益”科目，核算破产企业在破产清算期间清偿债务产生的净损益。

（3）“破产资产和负债净值变动净损益”科目，核算破产企业在破产清算期间按照破产资产清算净值调整资产账面价值，以及按照破产债务清偿价值调整负债账面价值产生的净损益。

（4）“其他收益”科目，核算除资产处置、债务清偿以外，在破产清算期间发生的其他收益。

（5）“破产费用”科目，核算破产企业破产清算期间发生的《破产法》规定的各项破产费用，主要包括破产案件的诉讼费用，管理、变价和分配债务人资产的费用，管理人执行职务的费用、报酬和聘用工作人员的费用。本科目应按发生的费用项目设置明细账。

（6）“共益债务支出”科目，核算破产企业破产清算期间发生的《破产法》规定的共益债务相关的各项支出。

（7）“其他费用”科目，核算破产企业破产清算期间发生的除破产费用和共益债务支出之外的各项其他费用。

（8）“所得税费用”科目，核算破产企业破产清算期间发生的企业所得税费用。

（9）“清算净损益”科目，核算破产企业破产清算期间结转的上述各类清算损益科目余额。

破产企业可根据具体情况增设、减少或合并某些会计科目。

（二）管理人会计处理的主要程序

管理人对清算过程的会计处理主要涉及如下几个方面：

1.破产宣告日余额结转

法院宣告企业破产时，管理人应当根据破产企业移交的科目余额表，将部分会计科目的相关余额转入以下新科目，并编制新的科目余额表。

（1）将原“应付账款”“其他应付款”等科目中属于《破产法》所规定的破产费用的余额，转入“应付破产费用”科目。

（2）将原“应付账款”“其他应付款”等科目中属于《破产法》所规定的共益债务的余额，转入“应付共益债务”科目。

（3）将原“商誉”“长期待摊费用”“递延所得税资产”“递延所得税负债”“递延收益”“股本”“资本公积”“盈余公积”“其他综合收益”“未分配利润”等科目的余额，转入“清算净值”科目。

管理人会计处理的主要程序

2.破产宣告日余额调整

（1）关于各类资产。破产企业应当对拥有的各类资产（包括原账面价值为零的已提足折旧的固定资产、已摊销完毕的无形资产等）登记造册，估计其破产资产清算净值，按照其破产资产清算净值对各资产科目余额进行调整，并相应调整“清算净值”科目。

（2）关于各类负债。破产企业应当对各类负债进行核查，按规定对各负债科目余额进行调整，并相应调整“清算净值”科目。

3.处置破产资产

（1）破产企业收回应收票据、应收款项类债权，应收款项类投资，按照收回的款项，借记“库存现金”“银行存款”等科目，按照应收款项类债权或应收款项类投资的账面价值，贷记相关资产科目，按其差额，借记（或贷记）“资产处置净损益”科目。

（2）破产企业出售各类投资，按照收到的款项，借记“库存现金”“银行存款”等科目，按照相关投资的账面价值，贷记相关资产科目，按其差额，借记（或贷记）“资产处置净损益”科目。

（3）破产企业出售存货、投资性房地产、固定资产及在建工程等实物资产，按照收到的款项，借记“库存现金”“银行存款”等科目，按照实物资产的账面价值，贷记相关资产科目，按应当缴纳的税费贷记“应交税费”科目，按上述各科目发生额的差额，借记（或贷记）“资产处置净损益”科目。

（4）破产企业出售无形资产，按照收到的款项，借记“库存现金”“银行存款”等科目，按照无形资产的账面价值，贷记“无形资产”科目，按应当缴纳的税费贷记“应交税费”科目，按上述各科目发生额的差额，借记（或贷记）“资产处置净损益”科目。

（5）破产企业的划拨土地使用权被国家收回，国家给予一定补偿的，按照收到的补偿金额，借记“库存现金”“银行存款”等科目，贷记“其他收益”科目。

（6）破产企业处置破产资产发生的各类评估、变价、拍卖等费用，按照发生的金额，借记“破产费用”科目，贷记“库存现金”“银行存款”“应付破产费用”等科目。

4.清偿债务

（1）破产企业清偿破产费用和共益债务，按照相关已确认负债的账面价值，借记“应付破产费用”“应付共益债务”等科目，按照实际支付的金额，贷记“库存现金”“银行存款”等科目，按其差额，借记（或贷记）“破产费用”“共益债务支出”科目。

（2）破产企业按照经批准的职工安置方案，支付的所欠职工的工资和医疗、伤残补助、抚恤费用，应当划入职工个人账户的基本养老保险、基本医疗保险费用和其他社会保险费用，以及法律、行政法规规定应当支付给职工的补偿金，按照相关账面价值借记“应付职工薪酬”等科目，按照实际支付的金额，贷记“库存现金”“银行存款”等科目，按其差额，借记（或贷记）“债务清偿净损益”科目。

（3）破产企业支付所欠税款，按照相关账面价值，借记“应交税费”等科目，按照实际支付的金额，贷记“库存现金”“银行存款”等科目，按其差额，借记（或贷记）“债务清偿净损益”科目。

（4）破产企业清偿破产债务，按照实际支付的金额，借记相关债务科目，贷记“库存现金”“银行存款”等科目。

破产企业以非货币性资产清偿债务的，按照清偿的价值借记相关负债科目，按照非货币性资产的账面价值，贷记相关资产科目，按其差额，借记（或贷记）“债务清偿净损益”科目。

债权人依法行使抵销权的，按照经法院确认的抵销金额，借记相关负债科目，贷记相关资产科目，按其差额，借记（或贷记）“债务清偿净损益”科目。

5.其他账务处理

（1）在破产清算期间通过清查、盘点等方式取得的未入账资产，应当按照取得日的破产资产清算净值，借记相关资产科目，贷记“其他收益”科目。

（2）在破产清算期间通过债权人申报发现的未入账债务，应当按照破产债务清偿价值确定计量金额，借记“其他费用”科目，贷记相关负债科目。

（3）企业经法院宣告破产的，应当按照法院或债权人会议要求的时点（包括破产宣告日、债权人会议确定的编报日、破产终结申请日等，以下简称“破产报表日”）编制清算财务报表，并由破产管理人签章。

破产企业在破产清算期间的资产应当以破产资产清算净值计量。资产是指《破产法》规定的债务人（破产企业）财产。破产资产清算净值，是指在破产清算的特定环境下和规定时限内，最可能的变现价值扣除相关的处置税费后的净额。最可能的变现价值应当为公开拍卖的变现价值，但是债权人会议另有决议或国家规定不能拍卖或限制转让的资产除外；债权人会议另有决议的，最可能的变现价值应当为其决议的处置方式下的变现价值；按照国家规定不能拍卖或限制转让的，应当将按照国家规定的方式处理后的所得作为变现价值。

破产企业在破产清算期间的负债应当以破产债务清偿价值计量。破产债务清偿价值，是指在不考虑破产企业的实际清偿能力和折现等因素的情况下，破产企业按照相关法律规定或合同约定应当偿付的金额。

在编制破产清算期间的财务报表时，应当对所有资产项目按其于破产报表日的破产资产清算净值重新计量，借记（或贷记）相关资产科目，贷记（或借记）“破产资产和负债净值变动净损益”科目；应当对所有负债项目按照破产债务清偿价值重新计量，借记（或贷记）相关负债科目，贷记（或借记）“破产资产和负债净值变动净损益”科目。

（4）破产企业在破产清算期间，作为买入方继续履行尚未履行完毕的合同的，按照收

续表

资产项目	账面价值	清算价值	负债项目	账面价值	清算价值
应收账款	50 000	44 000	其他应付款	13 000	13 000
存货	100 000	110 000	应付共益债务	3 000	3 000
固定资产	170 000	144 000	应付职工薪酬	26 000	26 000
无形资产	12 000	0	应交税费	4 000	4 000
			长期借款	100 000	100 000
合计	352 000	318 000	合计	334 000	334 000

管理人根据甲公司账面价值与清算价值对照表，调整相关项目的余额（如图11-2中B1段运动所示）。

借：存货　　100 000 000

　　破产资产和负债净值变动净损益　　340 000 000

　贷：应收账款　　60 000 000

　　　固定资产　　260 000 000

　　　无形资产　　120 000 000

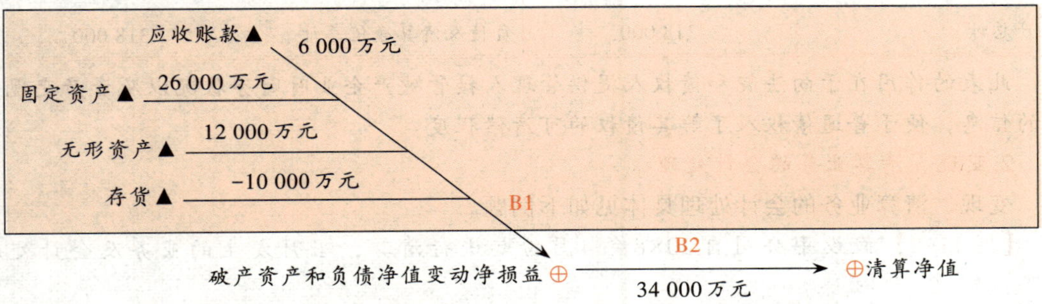

图11-2　甲公司破产宣告日项目余额调整资金运动分析图

将破产资产和负债净值变动净损益转入清算净值（如图11-2中B2段运动所示）。

借：清算净值　　340 000 000

　贷：破产资产和负债净值变动净损益　　340 000 000

根据上述有关资料，管理人为甲公司编制的清算资产负债表（简表）见表11-3。

表11-3　　清算资产负债表（简表）

编制单位：甲公司　　20×8年3月31日　　单位：万元

资产	期末数	负债及清算净值	期末数
货币资金	6 000	负债：	
应收票据	—	借款	100 000
应收账款	44 000	应付票据	60 000
其他应收款	—	应付账款	128 000

续表

资产	期末数	负债及清算净值	期末数
预付账款	—	预收账款	—
存货	110 000	其他应付款	13 000
金融资产投资	14 000	应付债券	—
长期股权投资	—	应付破产费用	—
投资性房地产	—	应付共益债务	3 000
固定资产	144 000	应付职工薪酬	26 000
在建工程	—	应交税费	4 000
无形资产	—		
		负债合计	334 000
		清算净值：	
		清算净值	-16 000
资产总计	318 000	负债及清算净值总计	318 000

此表的作用在于向法院和债权人提供管理人接管破产企业时财务状况以及资产变现情况的信息，便于普通债权人了解其债权的可清偿程度。

2. 变现、清算业务的会计处理

变现、清算业务的会计处理具体见如下例题。

【例 11-2】假设甲公司自20×8年4月份起进行清算，当月发生的业务及会计处理如下：

（1）确认甲企业职工遣散安置费14 000万元（如图11-3中C1段运动所示）。

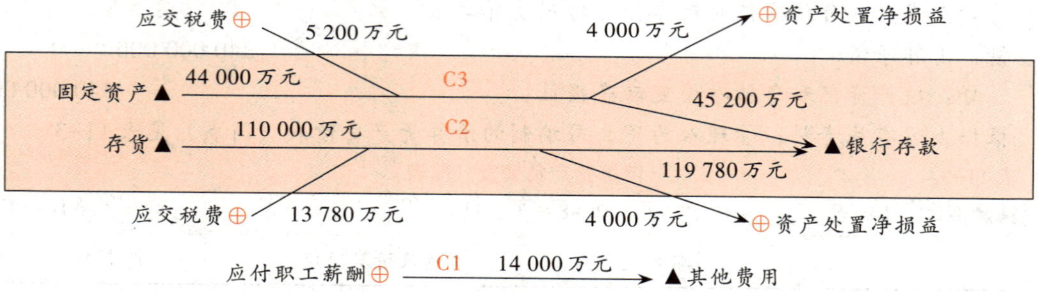

图 11-3　甲公司职工遣散费确认与资产处置资金运动分析图

借：其他费用　　　　140 000 000

　贷：应付职工薪酬　　　　140 000 000

（2）全部存货出售得款106 000万元（不含增值税），增值税税率为13%，款项已收存银行（如图11-3中C2段运动所示）。

借：银行存款　　1 197 800 000

　　资产处置净损益　　40 000 000

　贷：库存商品等　　1 100 000 000

　　　应交税费　　137 800 000

（3）设备清算净值为4.4亿元，出售得到4亿元，不含增值税，增值税税率为13%，款项已存入银行（如图11-3中C3段运动所示）。

借：银行存款　　452 000 000

　　资产处置净损益　　40 000 000

　贷：固定资产——设备　　440 000 000

　　　应交税费　　52 000 000

（4）房屋清算净值为10亿元，出售价款为9亿元（不含增值税），增值税税率为9%（如图11-4中C4段运动所示）。

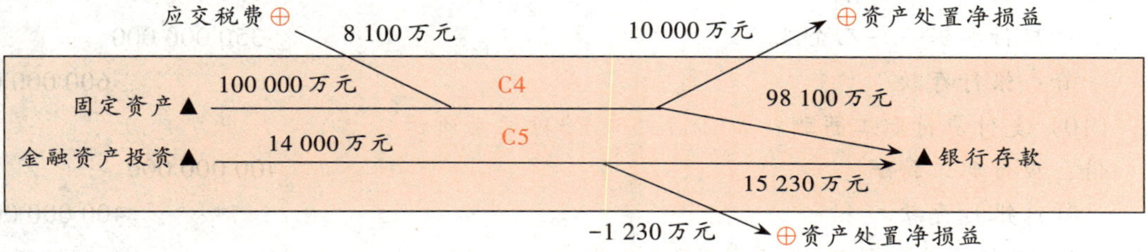

图11-4　甲公司固定资产与金融资产投资处置资金运动分析图

借：银行存款　　981 000 000

　　资产处置净损益　　100 000 000

　贷：固定资产——房屋　　1 000 000 000

　　　应交税费　　81 000 000

（5）处置交易性金融资产，取得银行存款1.523亿元（如图11-4中C5段运动所示）。

借：银行存款　　152 300 000

　贷：金融资产投资　　140 000 000

　　　资产处置净损益　　12 300 000

（6）应收账款收回4.3亿元，剩余的0.1亿元无法收回（如图11-5中C6段运动所示）。

借：银行存款　　430 000 000

　　资产处置净损益　　10 000 000

　贷：应收账款　　440 000 000

（7）支付清算期间管理人薪酬2 800 000元、诉讼费1 000 000元、审计评估费200 000元，同时支付财产保管费60 000元、设备设施维护费240000元（如图11-5中D段运动所示）。

借：其他费用　　300 000

　　破产费用　　4 000 000

　贷：银行存款　　4 300 000

（8）支付应付共益债务（如图11-5中E1段运动所示）。

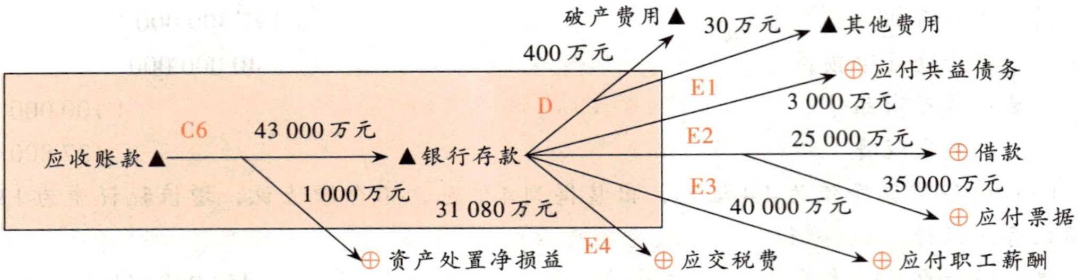

图11-5　甲公司资产处置、相关费用确认与债务偿还资金运动分析图

借：应付共益债务　　30 000 000

　贷：银行存款　　30 000 000

(9) 假设借款中有2.5亿元的工商银行借款有担保，应付票据中应付乙企业的票据3.5亿元有担保。企业以银行存款支付该有担保债务（如图11-5中E2段运动所示）。

借：借款——工商银行　　250 000 000

　　应付票据——乙企业　　350 000 000

　贷：银行存款　　600 000 00

(10) 支付应付职工薪酬（如图11-5中E3段运动所示）。

借：应付职工薪酬　　400 000 000

　贷：银行存款　　400 000 000

(11) 缴纳税金（如图11-5中E4段运动所示）。

借：应交税费　　310 800 000

　贷：银行存款　　310 800 000

(12) 债务人总的货币资金为33.091亿元，偿还优先债务13.811亿元，剩余货币资金为19.28亿元，债务人的剩余负债有：借款7.5亿元，应付票据2.5亿元，应付账款12.8亿元、其他应付款1.3亿元，共计24.1亿元。这些债务都属于普通债务，权利都一样，按比例偿还。其偿还比例=19.28÷24.1×100%=80%（如图11-6中F段运动所示）。

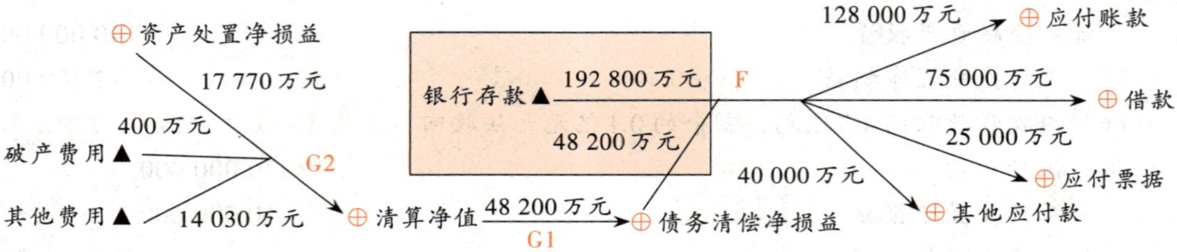

图11-6　甲公司债务偿还、损益结转资金运动分析图

借：借款　　750 000 000

　　应付票据　　250 000 000

　　应付账款　　1 280 000 000

　　其他应付款　　130 000 000

　贷：银行存款　　1 928 000 000

　　　债务清偿净损益　　482 000 000

（13）将清算期间的资产处置净损益、债务处置净损益、破产费用和其他费用结转至清算净值（如图11-6中G段运动所示）。

借：债务清偿净损益　　482 000 000

　贷：清算净值　　482 000 000

借：清算净值　　322 000 000

　贷：破产费用　　4 000 000

　　　其他费用　　140 300 000

　　　资产处置净损益　　177 700 000

最后，根据规定，管理人编制清算损益表、清算现金流量表和债务清偿表（假如破产程序终结时间为20×8年9月30日），具体见表11-4、表11-5和表11-6。

表11-4　　清算损益表

编制单位：甲公司　　20×8年3月31日至20×8年9月30日　　单位：万元

项目	本期数	累计数
一、清算收益（清算损失以“-”号表示）		
（一）资产处置净收益（净损失以“-”号表示）	-17 770	
（二）债务清偿净收益（净损失以“-”号表示）	48 200	
（三）破产资产和负债净值变动净收益（净损失以“-”号表示）	-34 000	
（四）其他收益	—	
小计	-3 570	
二、清算费用		
（一）破产费用（以“-”号表示）	-400	
（二）共益债务支出（以“-”号表示）		
（三）其他费用（以“-”号表示）	-14 030	
（四）所得税费用（以“-”号表示）		
小计	-14 430	
三、清算净收益（清算净损失以“-”号表示）	-18 000	

表11-5　　清算现金流量表

编制单位：甲公司　　20×8年3月31日至20×8年9月30日　　单位：万元

项目	本期数	累计数
一、期初货币资金余额	6 000	
二、清算现金流入		
（一）处置资产收到的现金净额	321 310	
（二）收到的其他现金	—	

续表

项目	本期数	累计数
清算现金流入小计	321 310	
三、清算现金流出		
（一）清偿债务支付的现金	252 800	
（二）支付破产费用的现金	400	
（三）支付共益债务的现金	3 000	
（四）支付税费的现金	31 080	
（五）支付的其他现金	40 030	
清算现金流出小计	327 310	
四、期末货币资金余额	0	

表 11-6　　债务清偿表

编制单位：甲公司　　20×8 年 9 月 30 日　　金额单位：万元

债务项目	期末额	经法院确认的金额	清偿比例	实际需清偿金额	已清偿金额	尚未清偿金额
	①	②	③	④=②×③	⑤	⑥=④-⑤
有担保的债务：						
××银行	25 000	25 000	100%	25 000	25 000	0
××企业	35 000	35 000	100%	35 000	35 000	0
⋮						
小计	60 000	60 000		60 000	60 000	0
普通债务：						
第一顺序：劳动债务						
其中：应付职工薪酬	40 000	40 000	100%	40 000	40 000	0
⋮						
⋮						
第二顺序：国家税款债务						
其中：应交税费	31 080	31 080	100%	31 080	31 080	0
⋮						
⋮						

续表

债务项目	期末额	经法院确认的金额	清偿比例	实际需清偿金额	已清偿金额	尚未清偿金额
	①	②	③	④=②×③	⑤	⑥=④-⑤
第三顺序：普通债务						
其中：借款						
——××银行	75 000	75 000	80%	60 000	60 000	0
——××企业						
应付债务工具						
——××银行						
——××企业						
应付票据	25 000	25 000	80%	20 000	20 000	0
应付款项	141 000	141 000	80%	112 800	112 800	0
——××银行						
——××企业						
小计	312 080	312 080	—	263 880	263 880	0
合计	372 080	372 080		323 880	323 880	0

破产财产分配完毕，由管理人提请人民法院终结破产程序。破产程序终结后，未得到清偿的债权不再清偿，除非债务企业出现：(1) 隐匿、私分或者无偿转让财产；(2) 非正常压价出售财产；(3) 对原来没有财产担保的债务提供财产担保；(4) 对未到期的债务提前清偿；(5) 放弃自己的债权。若债务企业有这些行为之一，自破产程序终结之日起一年内被查出的，由人民法院追回财产，并按规定偿还给债权人。

思考题

1. 企业清算的原因有哪些？企业清算的种类有哪些？
2. 企业清算的基本业务流程是怎样的？
3. 企业清算工作的主要内容有哪些？
4. 清算会计对传统会计理论有什么影响？

立德育人

广西柳州正菱集团有限公司及53家关联企业重整案[①]

柳州正菱集团有限公司（简称正菱集团）是广西综合性大型民营企业，曾两度入选全

① 黄俊伟. 广西柳州正菱集团有限公司及53家关联企业重整案［EB/OL］.［2021-09-18］. http: //m.hnqyfw.com/flfw/alfx/09/2676388.shtml.

国民营企业500强。然而，由于经营扩张过快导致资金链断裂，企业经营亏损，以2014年5月28日柳州市公安局宣布对正菱集团涉嫌非法吸收公众存款犯罪立案侦查为标志，开始爆发严重债务危机。正菱集团与53家关联公司陷入大量诉讼纠纷，涉债总额超过380亿元，诉讼纠纷除了广西，还涉及江苏、福建、湖南等全国多个地区。诉讼纠纷导致其资产全部被查封，严重资不抵债，不能清偿到期债务。2018年，广西壮族自治区高级人民法院遂以该案属于全区重大、疑难、复杂的案件为由，裁定予以受理。

正菱集团及53家关联企业司法重整案，是全国首例由高级法院受理的54名关联债务人实质合并重整案件。广西高院仅用时6个多月，就实现债权人会议高票赞成通过了相关重整计划草案。目前，管理人已与投资方完成资产交接，投资方已按重整计划草案约定时间支付了投资款。该案成功化解债务总额超过380亿元，涉及不含劳动债权的债权人多达2 039人，盘活破产企业资产价值约150亿元，化解诉讼案件约470件，涉案金额约77亿元。该案取得了以下四方面的突出成效：(1) 涉案26家金融机构债权全额或高额清偿，维护了地区金融安全；(2) 税务债权全额清偿，确保了国家税收和税源稳定；(3) 职工债权全额清偿，保障了职工基本生存权，同时10万元以下债权全额清偿，确保了1 922笔普通债权中每个债权人都有收获；(4) 解决执行案件2 300余件，为基本解决执行难提供新路径。

该案的典型意义有三个方面：(1) 充分保障各类债权人合法权益。为公平保障更多债权人利益，在保障抵押担保债权人权益的前提下，以12亿元重整资金专门解决非担保债权，使得破产重整费用、共益债务、建设工程债权、职工劳动债权、税收债权以及10万元以下的小额债权人均得到全额清偿。(2) 高质量审结、高效实践了多家关联公司实质合并重整的模式。为利于整合资源，提高司法效率，避免损害债权人利益，且关联公司与主要债权人均向法院明确表示合并受理符合债权人整体利益并书面请求合并受理，广西高院将54名债务人实质合并重整，仅用6个多月彻底解决了困扰五年多的社会问题，是实质合并重整的典型案例，具有较好的标杆示范意义。(3) 盘活生产型企业和土地类资产，助力地方经济增长。对具备基本盘活条件的生产型企业，通过厂房维修、升级改造等方式增加资产储备价值，引入战略投资者从根本"救活"企业。截至2020年12月，企业经营实现收入61 550万元。对重整项目资产中的土地类资产，积极引进国内知名房地产企业，打造品质楼盘，促成项目落地。同时积极配合政府对老旧城区的城市更新规划，改善地块周边居民的生活环境，打造城市新风貌。

要求：请从契约精神、法治意识、社会责任、开拓创新、人民至上（共同发展）、司法公平公正等角度中任选其一，谈一谈你的想法和感受。

附录　业财合一系列教材基础知识准备

一、会计对象、资金运动与“会计沙盘模型”的提出

会计对象是社会再生产过程中的资金运动。为了使抽象的资金运动具体化，以便更好地研究资金运动及其规律，本书提出了“会计沙盘模型”假设。

“会计沙盘模型”源自小孩玩沙子的游戏。借助“小孩之手”，该模型可以将企业经济业务所引起的资金运动通过游戏的形式全程地模拟出来，从而把深奥的会计理论和复杂的会计实务操作用最通俗易懂的语言与图形形象生动地描绘出来，进而使得这些会计理论和实务操作不仅仅是一种观念上的活动，更是一种随处可见的、看得见摸得着的有形实体运动。“会计沙盘模型”假设如附图1所示。

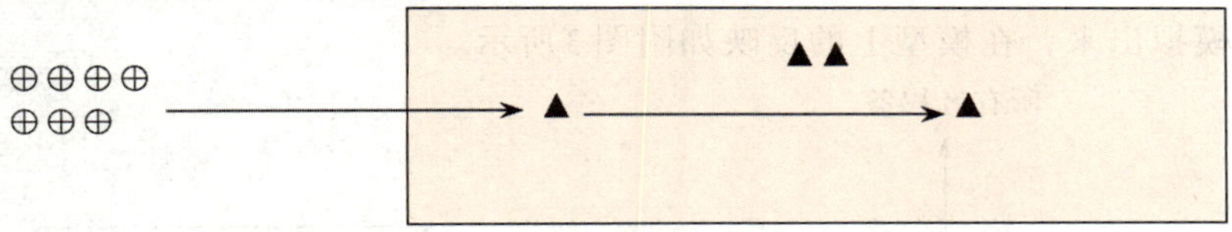

附图1　会计沙盘模型图

注：在模型中用“⊕”代表在平面之外的沙坑，用“▲”来表示平面之上的沙堆，用“沙”来代表资金，箭头表示沙的流向，平面内存放资产，平面外展示负债和所有者权益。

“会计沙盘模型”的含义是这样的：假设企业经济活动的空间范围就是这个平面及其周边；借助“小孩之手”，通过游戏的形式将企业经济业务所引起的资金运动在平面及其周边全程地、实体地模拟出来。在企业成立之前，该模型的平面及其周边什么都没有：平面之上没有沙堆，平面之外也没有沙坑。企业成立运作需要有初始的资本金；就像小孩玩游戏需要沙一样，小孩需要从平面之外挖取一把沙，并将其放置在平面之上。企业的整个经营过程，就相当于游戏中沙子在沙坑、沙堆之间流动与转换过程。企业终止，就相当于游戏之中的沙子又流回到原来的沙坑之中，平面里外又恢复到最初的原始状态，即平面及其周边什么都没有了。

企业的经济活动可以划分为筹资环节、供应环节（采购环节）、生产环节、销售环节和投资环节等五大环节。每一环节都有其基本的经济业务及其基本的资金运动。每一环节的具体业务都围绕着这些基本的经济业务展开；相应地，所引起的具体资金运动也都是在其基本资金运动的基础上推演而来的。

将企业各个环节的基本资金运动串联在一起，就构成了一个完整的企业基本资金运动流程图。该整体流程如附图2所示。

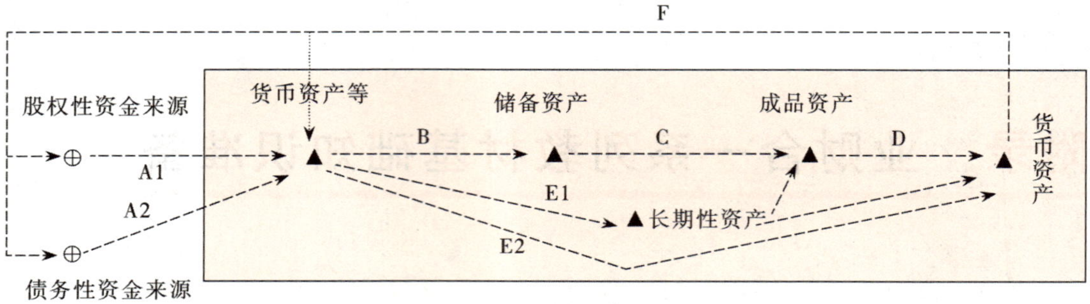

附图2　企业基本资金运动综合流程图

附注：A——筹资环节基本资金运动　B——储备环节基本资金运动　C——生产环节基本资金运动　D——销售环节基本资金运动　E——投资环节基本资金运动　F——重新投入再生产或退出企业

企业基本资金运动流程图是资金运动会计理论分析的基本框架。企业所有的业务都是在这个基本流程图上推演出来的。每一笔业务对应一段资金运动，资金运动环环相扣，从而构成企业资金运动全貌。

二、会计静态三要素在“会计沙盘模型”上的反映

资产、负债和所有者权益三要素是资金运动的静态表现形式。这种静态表现形式可以在模型上被模拟出来，在模型上的反映如附图3所示。

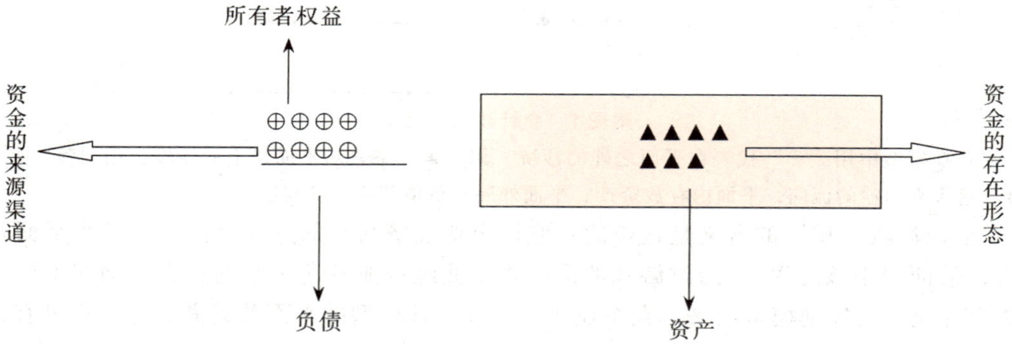

附录2图3　会计静态要素在模型上的反映图

从“会计沙盘模型”中可以看到，会计静态三要素被有形实体化，它们都变成了看得见、摸得着的实体。资产在模型上通过“沙堆▲”的形态被模拟出来，债权人权益（简称负债）和所有者权益则通过“沙坑⊕”的形态被模拟出来。

三、会计账户结构的重新诠释

传统的账户结构主要反映资金的增减变化，反映的是资金运动的结果；如账户的借方既可能反映资产的增加，也可能反映负债的减少。本书将从资金运动过程的新视角来重新诠释账户结构。

以“原材料”为例，在“会计沙盘模型”上，与原材料有关的资金运动如附图4所示。

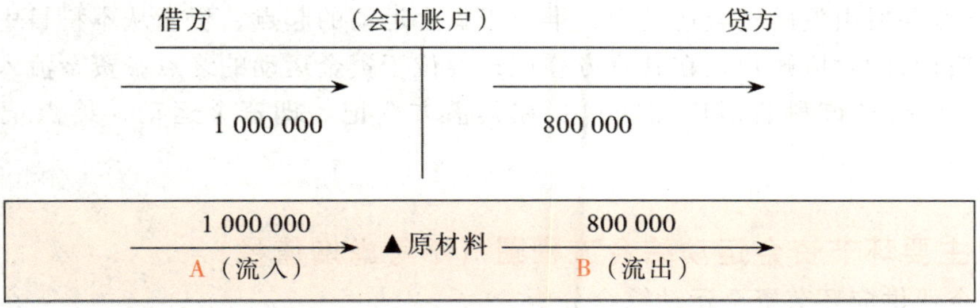

附图4　账户与资金运动过程的关系图

从资金运动的角度看，与“原材料”科目有关的资金运动只有两种情况：一种是资金流入到本科目中；另一种就是资金从本科目流出。正是由于其资金流入量和资金流出量，才引起本科目资金的增减变化，并由此而产生余额（资金流入量与流出量之差）。

因此，从资金运动过程的角度来看，账户只需要把资金流入量和资金流出量两个方面记录下来就可以反映该科目的资金变化。在此，将账户的结构与其对应科目的资金运动关联起来：参照从左到右的习惯，账户的左边部分（即借方）记录对应科目的资金流入量，账户的右边部分（即贷方）记录对应科目的资金流出量。

以附图4为例，如有1 000 000元的资金流入到“原材料”科目，相应地，就应该打开“原材料”科目所对应的账户，在其借方登记1 000 000元。如有800 000元的资金从“原材料”科目流出，相应地，就应该打开“原材料”科目所对应的账户，在其贷方登记800 000元。

四、借贷记账法新记账思路的重新诠释

传统的记账思路一般分为四步：找账户、辨性质、看增减、定方向；这种记账思路与从资金运动结果角度定义账户结构是一脉相承的。本书将从资金运动过程的新视角来重新诠释记账思路。

按照对账户的新诠释，账户借方登记对应科目的资金流入量，从资金运动的角度来看，所反映的本质就是谁位于资金运动的终点，就在其对应账户的借方登记，如附录2图4中A段运动所示。账户贷方登记对应科目的资金流出量，从资金运动的角度来看，所反映的本质就是谁位于资金运动的起点，就在其对应账户的贷方登记，如附图4中B段运动所示。简言之，资金运动，终点记借，起点记贷。这就是新的记账思路。

以“企业向银行申请短期借款100 000元，款项已存入银行”为例，其资金运动如附图5所示。

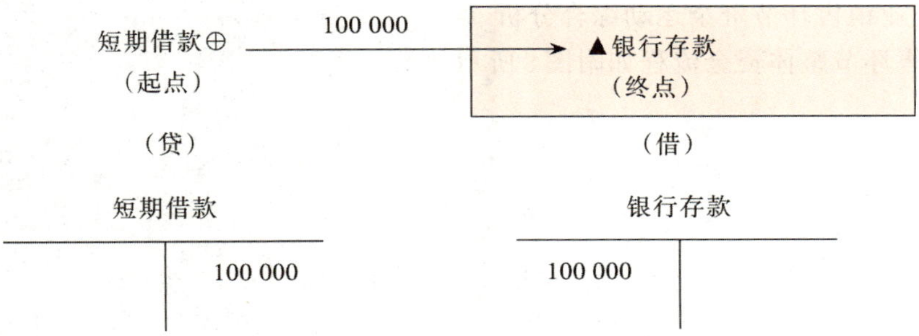

附图5　记账思路的重新诠释图

在经济业务所引发的资金运动中，谁位于资金运动的起点，资金从本科目中流出，就应该打开该科目的对应账户，在其贷方登记；谁位于资金运动的终点，资金流入到本科目之中，就应该打开该科目对应的账户，在其借方登记。即资金运动，终点记借，起点记贷。

五、企业主要环节资金运动综合流程图（不考虑增值税）

（一）企业供应环节资金运动综合分析

企业供应环节资金运动整体流程如附图6所示。

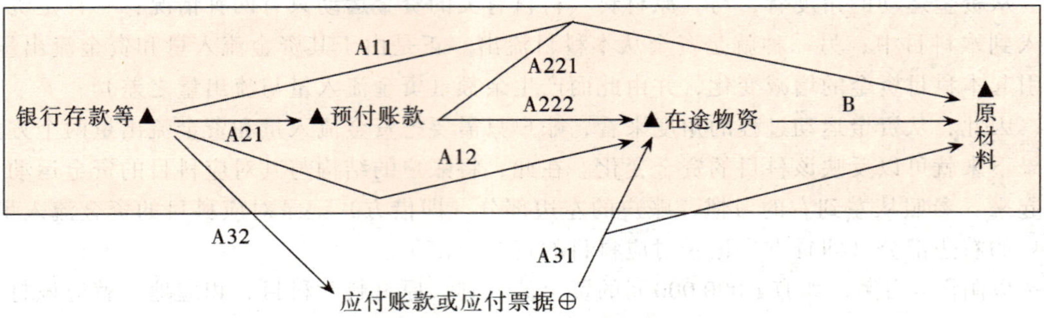

附图6 企业供应环节资金运动整体流程图

（二）企业生产环节资金运动综合分析

企业生产环节整体资金运动流程如附图7所示。

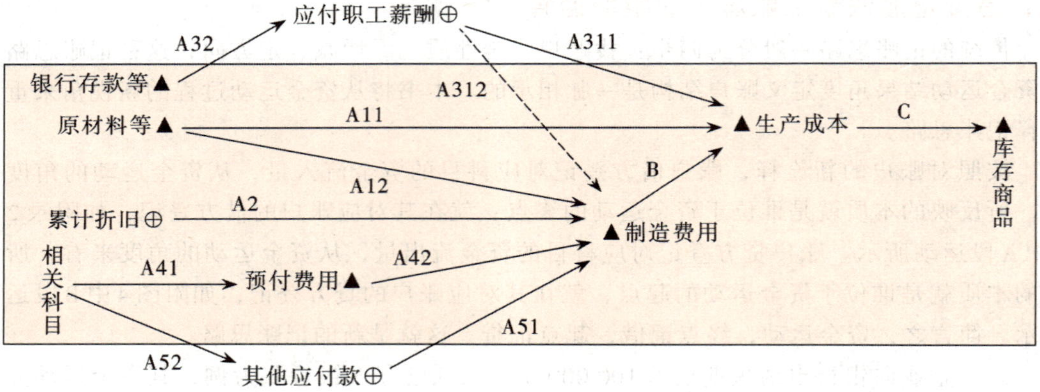

附图7 企业生产环节资金运动整体流程图

（三）企业销售环节资金运动综合分析

企业销售环节整体资金流程如附图8所示。

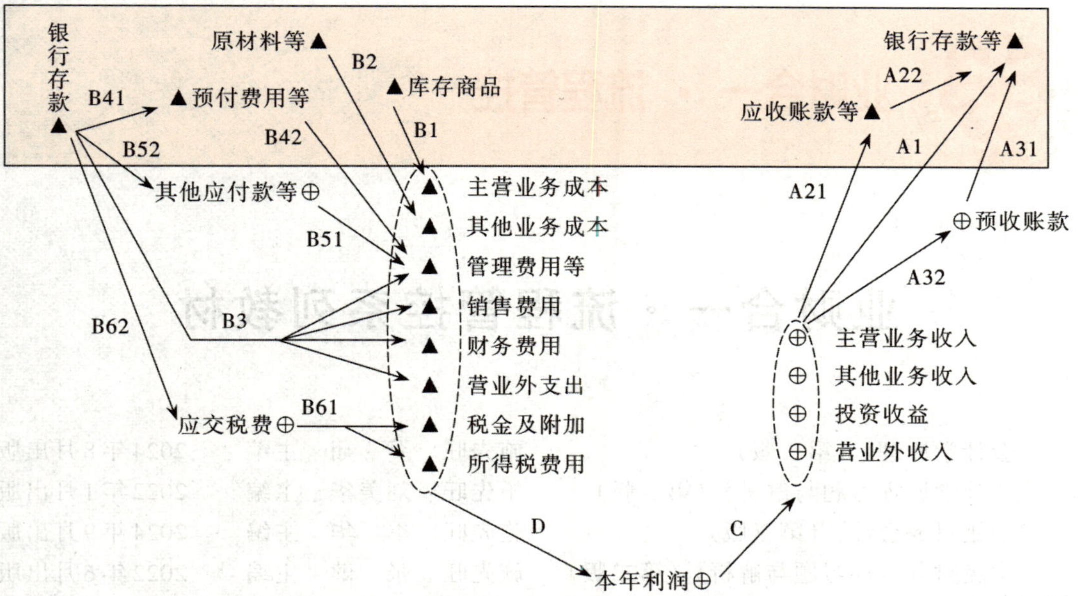

附图8　企业销售环节资金运动整体流程图

其具体内容可参见：《会计学原理》，施先旺、龚翔主编，东北财经大学出版社，2021年8月第二版。

业财合一 · 流程管控

业财合一 · 流程管控系列教材

《会计学原理》（第三版）	施先旺　龚　翔	主编	2024年8月出版
《会计学原理习题与解析》（第二版）	施先旺　刘美华	主编	2022年1月出版
《中级财务会计》（第三版）	施先旺　季　华	主编	2024年9月出版
《中级财务会计习题与解析》（第二版）	施先旺　张　健	主编	2022年6月出版
《高级财务会计》（第二版）	施先旺　马荣贵	主编	2023年3月出版
《高级财务会计习题与解析》	施先旺　李盈超	主编	2020年7月出版
《政府会计》	施先旺　周　磊	主编	2023年12月出版
《会计学》		拟出版	
《会计学习题与解析》		拟出版	
《会计与税法差异分析》		拟出版	
《会计与税法差异分析习题与解析》		拟出版	
《会计》（CPA考试辅导教材）		拟出版	
《会计习题与解析》（CPA考试辅导教材）		拟出版	
《会计》（注册税务师考试辅导教材）		拟出版	
《会计习题与解析》（注册税务师考试辅导教材）		拟出版	